全球股票市场基本情况图

图1　全球主要交易所股票市值（截至2018年12月31日）

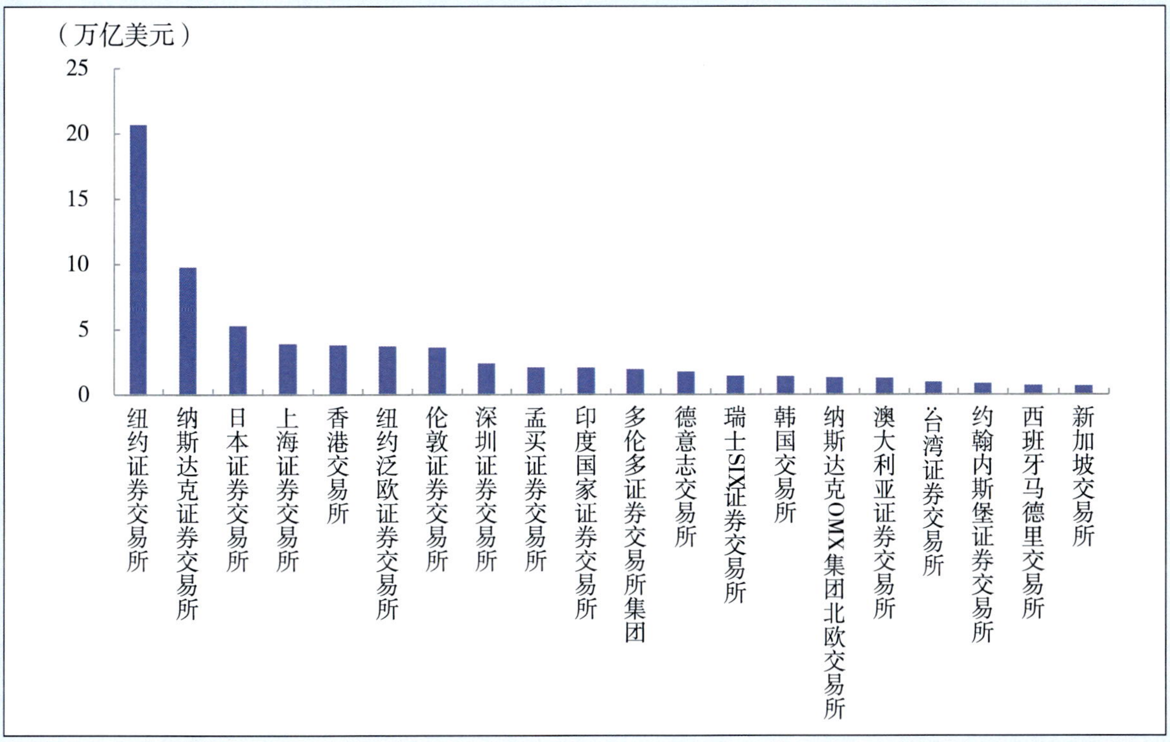

■ 资料来源：Wind资讯。

图2　2018年全球主要股票指数变动情况

■ 资料来源：Wind资讯。

图3 全球股票总市值历年变化情况

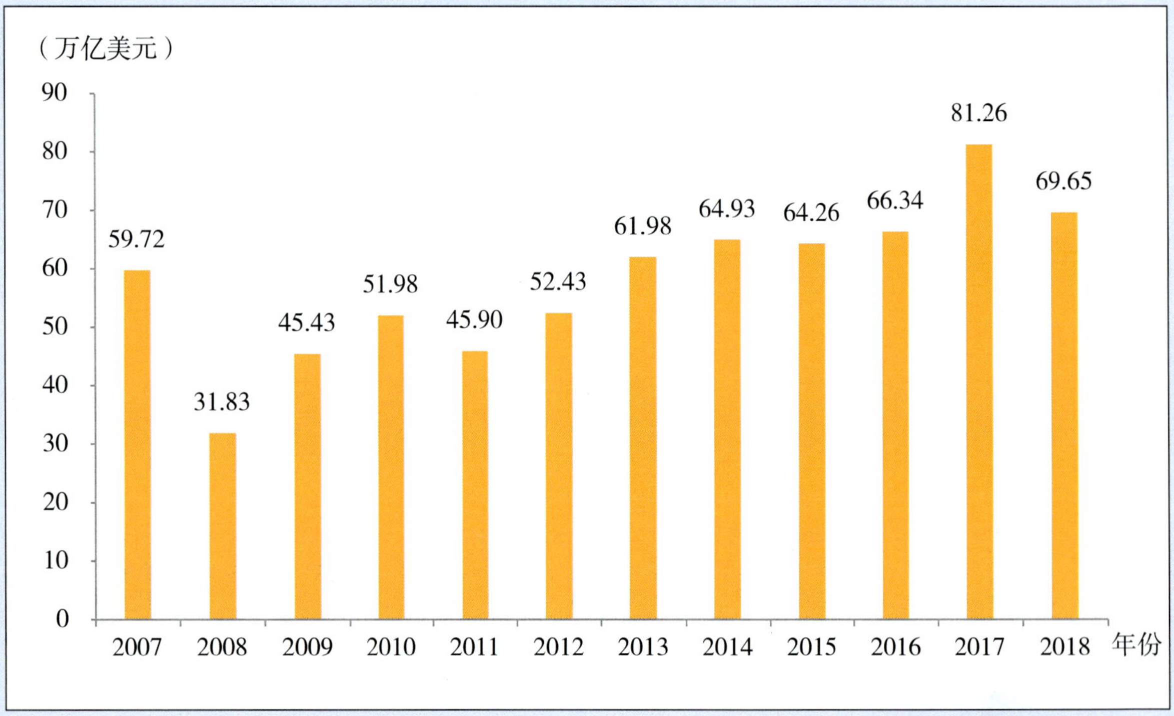

资料来源：Wind资讯。

图4 上证综合指数和深证综合指数走势

资料来源：Wind资讯。

图5　沪深300指数、中小板综指和创业板综指走势

■ 资料来源：Wind资讯。

图6　摩根士丹利全球股票指数走势

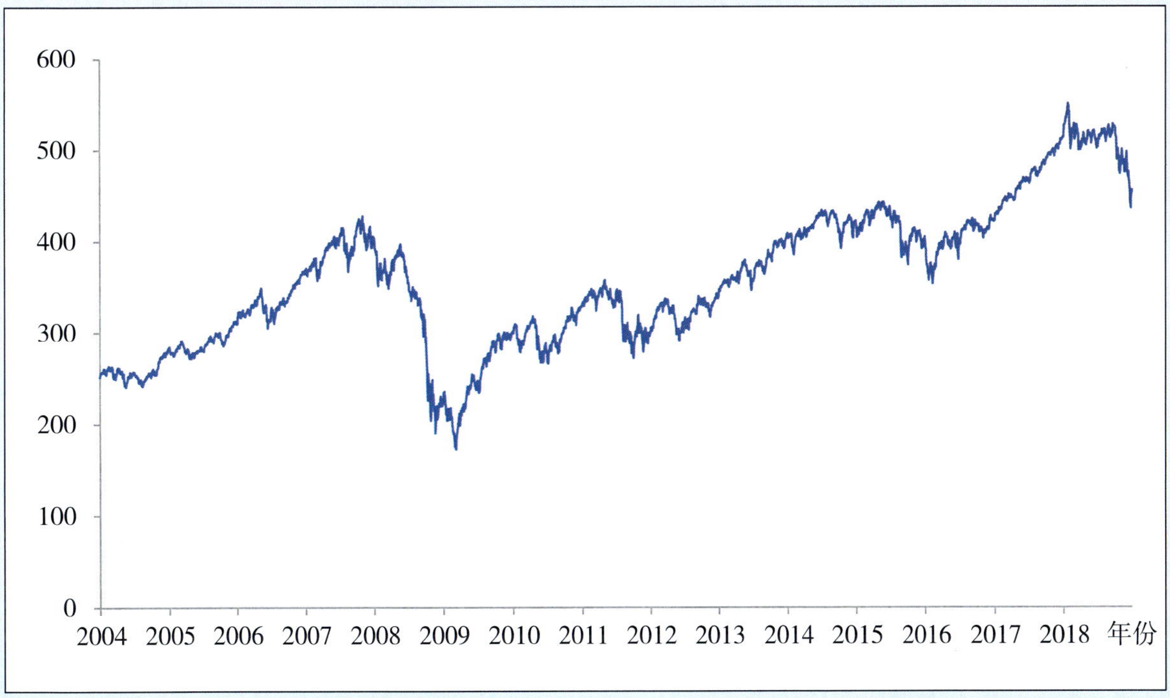

■ 资料来源：Bloomberg。

图7 摩根士丹利全球发达国家股票指数走势

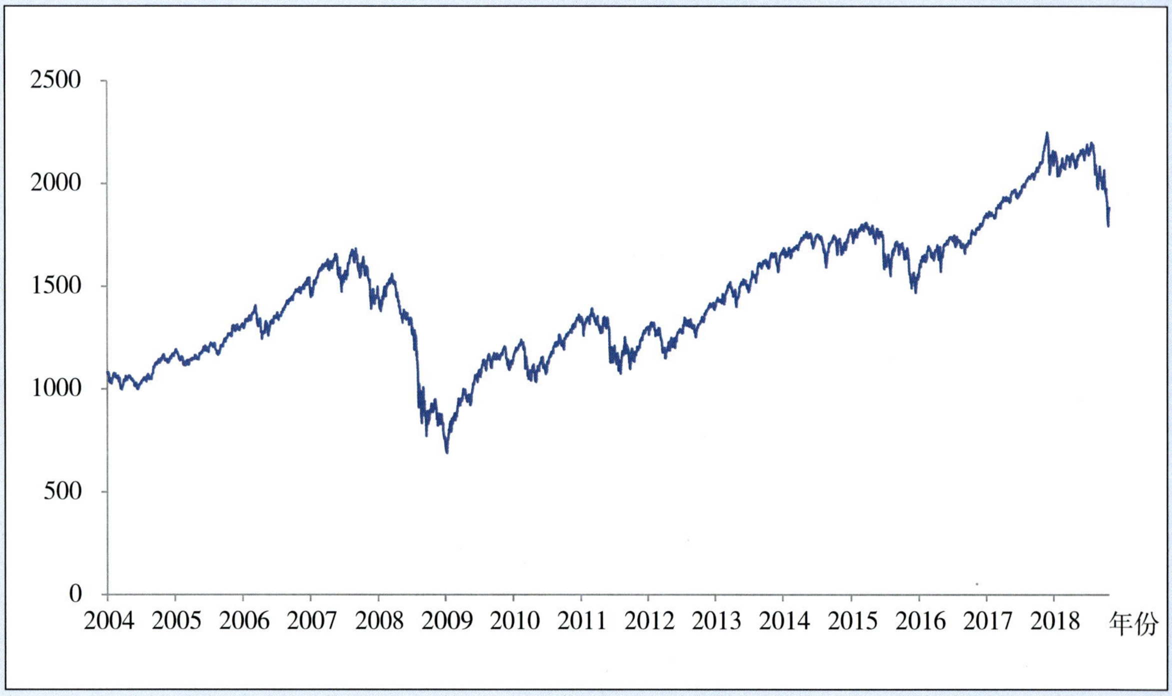

资料来源：Bloomberg。

图8 摩根士丹利发展中国家股票指数走势

资料来源：Bloomberg。

ALMANAC OF THE
CHINESE LISTED COMPANIES

中国上市公司年鉴

2019

中国证券监督管理委员会
中国上市公司协会　编

中国财经出版传媒集团
中国财政经济出版社

图书在版编目（CIP）数据

中国上市公司年鉴．2019 ／ 中国证券监督管理委员会，中国上市公司协会编．--北京：中国财政经济出版社，2020.10

ISBN 978－7－5223－0103－7

Ⅰ．①中… Ⅱ．①中… ②中… Ⅲ．①上市公司－中国－2019－年鉴 Ⅳ．①F279.246－54

中国版本图书馆 CIP 数据核字（2020）第 193020 号

责任编辑：付克华　　责任校对：胡永立

封面设计：北京兰卡绘世　　责任印制：党　辉

中国财政经济出版社 出版

URL：http：//www.cfeph.cn

E－mail：cfeph@cfeph.cn

社址：北京市海淀区阜成路甲 28 号　邮政编码：100142

营销中心电话：010－88191522

天猫网店：中国财政经济出版社旗舰店

网址：https：//zgczjjcbs.tmall.com

北京虎彩文化传播有限公司印刷　各地新华书店经销

成品尺寸：210mm×285mm　16 开　58.5 印张　2 000 000 字

2020 年 11 月第 1 版　2020 年 11 月北京第 1 次印刷

定价：998.00 元

ISBN 978－7－5223－0103－7

（图书出现印装问题，本社负责调换，电话：010－88190548）

本社质量投诉电话：010－88190744

打击盗版举报热线：010－88191661　QQ：2242791300

《中国上市公司年鉴》（2019）编辑委员会

闫　勇	中国证券监督管理委员会河北监管局	局长
孙春生	中国证券监督管理委员会山西监管局	局长
李　钢	中国证券监督管理委员会海南监管局	局长
鲁颂宾	中国证券监督管理委员会江苏监管局	局长
李立国	中国证券监督管理委员会吉林监管局	局长
李永春	中国证券监督管理委员会厦门监管局	局长
李至斌	中国证券监督管理委员会深圳监管局	局长
李秉恒	中国证券监督管理委员会湖北监管局	局长
杨宗儒	中国证券监督管理委员会广东监管局	局长
何庆文	中国证券监督管理委员会湖南监管局	局长
张　松	中国证券监督管理委员会西藏监管局	局长
张文鑫	中国证券监督管理委员会青岛监管局	局长
陈家琰	中国证券监督管理委员会山东监管局	局长
林　林	中国证券监督管理委员会福建监管局	局长
鱼向东	中国证券监督管理委员会内蒙古监管局	局长
胡巍东	中国证券监督管理委员会青海监管局	局长
柳　磊	中国证券监督管理委员会辽宁监管局	局长
姜新安	中国证券监督管理委员会广西监管局	局长
贾文勤	中国证券监督管理委员会北京监管局	局长
凌　峰	中国证券监督管理委员会贵州监管局	局长
郭元忠	中国证券监督管理委员会新疆监管局	局长
唐理斌	中国证券监督管理委员会江西监管局	局长
曹　勇	中国证券监督管理委员会黑龙江监管局	局长
韩　卓	中国证券监督管理委员会云南监管局	局长
韩少平	中国证券监督管理委员会四川监管局	局长
程合红	中国证券监督管理委员会上海监管局	局长

张红兵　张连锋　张宜泊　张轶飞　张卿萌　张　雪　张银晗
张敏聪　张彩霞　张婉姝　张雅洁　张智潇　张　婷　张　煜
张　瑶　陈　希　陈兰芳　陈永强　陈刚泰　陈雨竹　陈建鑫
陈　玲　陈显帆　陈　晨　陈　敏　陈燕苹　邵珠东　邵烈娜
林文杰　林起贤　松　隅　易华强　易　轰　金岸睿　金晟哲
周子歆　周星辰　郑连声　郑　怡　郎丰高　房永峰　赵江平
赵麦琪　赵金厚　赵　南　郝敬敬　胡　洁　胡文浩　段玉琳
侯国祥　侯　睿　姜志华　姜　娅　姜新安　祝庆松　弭杨囡
贺众营　贺　瑛　袁同济　袁　航　贾汝明　贾明星　贾春仙
柴小平　徐祎雯　徐　勇　徐雪洁　殷　茵　高丽萍　高瑞启
郭若超　唐大勇　唐　婕　黄　羽　黄天佑　黄锦涛　曹玲燕
崔　艳　康　佳　商丹丹　彭　渤　彭艳雯　彭　凰　彭　博
董　汉　董岚枫　董阅军　蒋　诚　蒋厚贤　韩轶超　韩　瑶
鲁斯嘉　童　惟　曾朵红　廖玉琪　熊　刚　熊城棋　樊晓晖
滕　飞　潘　俊　潘琼芳　薛　缘　戴建峰

支持单位：（排名不分先后）

中信证券股份有限公司　　上海证券交易所
申万宏源证券有限公司　　深圳证券交易所
博时基金管理有限公司　　伦敦证券交易所
长江证券股份有限公司　　东京证券交易所
渤海证券股份有限公司　　德意志交易所
山西证券股份有限公司　　银华基金管理股份有限公司
西南证券股份有限公司　　中信建投证券股份有限公司
华融证券股份有限公司　　中关村国睿金融与产业研究会
浙江核新同花顺网络信息股份有限公司
《中国证券报》　《上海证券报》　《证券时报》　《证券日报》

编写说明

《中国上市公司年鉴》由中国证监会、中国上市公司协会组织编撰，是一部全面反映中国上市公司经营、发展和改革状况，以及上市公司监管政策、法律法规体系的专业性、权威性、综合性年鉴。《中国上市公司年鉴》从2007年起，每年一卷，以作为上市公司、投资者、监管工作者、研究机构、证券公司、基金公司、有关中介机构等共享和沟通上市公司信息资源的平台。

《中国上市公司年鉴（2019）》全方位、多角度、跨地区、跨行业地汇集了上市公司2018年度的基本状况，尤其对不同行业、不同地区上市公司经营状况及相关数据进行了详尽地采集和深度地分析，使读者可以全面、细致、深入地了解上市公司的经营状况和发展前景。

《中国上市公司年鉴（2019）》共设有8个篇目，各篇目下按具体内容分为章、节、目、段多个层次。篇目内容依次为：综合发展篇、上市公司行业篇、上市公司地区篇、上市公司治理篇、上市公司并购重组篇、大事记、政策法规篇及统计篇。为方便读者，本年鉴配有CD－ROM电子出版物。另外，因篇幅所限，政策法规篇和统计篇的内容只进入了电子出版物。

《中国上市公司年鉴（2019）》"上市公司行业篇"中，上市公司的行业归属系根据中国证监会2018年第四季度发布的最新行业划分标准分类。

《中国上市公司年鉴（2019）》由中国证监会、中国上市公司协会、各证监局、上海证券交易所、深圳证券交易所、部分证券公司、相关媒体等单位及部分专家、学者共同参与编写，各种资料和数据权威、可靠，均经各撰稿单位审阅。

《中国上市公司年鉴（2019）》由中国证监会副主席阎庆民同志任编委会名誉主任，中国上市公司协会会长宋志平同志任编委会主任，中国证监会上市公司监管部、上海证券交易所、深圳证券交易所、中国上市公司协会的负责同志任编委会副主任，各证监局负责人任编委会委员。

《中国上市公司年鉴（2019）》"上市公司行业篇""上市公司地区篇"中的数据，除特别说明外，由浙江核新同花顺网络信息股份有限公司整理提供。

《中国上市公司年鉴（2019）》中的资料、数据，除特别说明外，截止时间为2018

年 12 月 31 日。

《中国上市公司年鉴（2019）》的编撰工作得到了各撰稿单位及撰稿人的大力支持，在此谨表示衷心的感谢！对本年鉴的不足之处，诚请提出批评和改进意见，以使《中国上市公司年鉴》日臻完善。

《中国上市公司年鉴》编辑部

2020 年 6 月　　北　京

目　录

第一篇　综合发展篇

第二篇　上市公司行业篇

第三篇　上市公司地区篇

第四篇　上市公司治理篇

第五篇　上市公司并购重组篇

大事记

注：限于篇幅，以下内容只进入随书 CD－ROM，目录只做列示

政策法规篇

法律

行政法规、法规性文件

附录

司法解释及其他司法文件

其他部委发布的相关部门规章及规范性文件

统计篇

第一篇

综合发展篇

- 2018 年上市公司基本情况
- 沪市上市公司 2018 年年报整体分析报告
- 沪市上市公司 2018 年年报会计问题分析报告
- 沪市上市公司 2018 年度审计问题分析报告
- 沪市上市公司 2018 年年报内部控制问题分析
- 深交所多层次资本市场上市公司 2018 年年报实证分析报告
- 深市上市公司 2018 年社会责任信息披露分析报告
- 深市上市公司 2018 年回购股份与增持计划情况分析
- 深市上市公司 2018 年年报会计问题和审计问题分析
- 深市上市公司 2018 年违规占用资金和对外担保情况分析
- 深市民营企业纾困方式梳理及纾困效果研究
- 深市上市公司 2018 年度商誉减值情况与监管应对分析
- 深市上市公司 2018 年国资改革情况与问题分析
- 深市文化上市公司经营情况与风险分析
- 2018 年海外股票市场基本情况

2018 年上市公司基本情况

2018 年，国际方面，全球经济形势风云诡谲：全球贸易局势趋紧、欧洲政治局势动荡，风险事件频出，全球经济复苏脚步明显放缓。年初美国依据相关调查结果，对中国进口的商品大规模征收关税，以此为起点，全球的贸易局势进入了“逆全球化”阶段，国际直接投资活动大幅下降；欧洲方面，英国脱欧、意大利预算案等“黑天鹅”频出，欧洲地区经济复苏明显放缓。受此影响，大宗商品价格回调，CRB 现货指数下降 5.36%；原油价格大幅调整，英国布伦特原油价格下跌 24.30%；全球股票市场大幅调整，美国三大股指标准普尔、道琼斯和纳斯达克指数分别下跌 6.42%、5.63% 和 3.88%，中国的上证综合指数和创业板指数分别下跌了 24.59% 和 28.65%。国内方面，政策波动较大，货币政策层面没有随着美联储紧缩货币，防范国内金融市场的系统性风险和金融去杠杆本来是全年的主线，但是由于全球局势的变化，金融市场改为稳杠杆；财政方面，推出了一系列减税降费政策，这些政策对于抵御外部风险、促进企业发展和提升居民生活水平起到了重要作用。

2018 年，中国名义 GDP 为 919281 亿元，同比增长 10.5%，按照不变价同比增长 6.8%，增长率较 2017 年小幅下降。全年 CPI 上涨 2.1%，较 2017 年有所上升；全年 PPI 上涨 3.6%，较 2017 年大幅下降；尽管 PPI 有所下降，但是减费降税使得企业利润继续增加，2018 年全国规模以上工业企业利润总额为 66351.4 亿元，按可比口径计算较上年同比增长 10.3%，增速比 2017 年下降 10.7 个百分点。进出口受到了贸易局势的影响，增速有所下降，但是由于“抢出口”的影响，贸易仍有所增加，全年货物进出口总额 305050 亿元，比 2017 年上涨 9.7%，贸易顺差有所回落，达到 23303 亿元。与此同时，中国产业结构优化升级加速，第二产业持续向高端制造业转型，高技术制造业增加值增长 11.7%，装备制造业增加值 8.1%。三新（新产业、新业态、新商业模式生产活动的集合）经济增加值，2018 年达到 145369 亿元，同比增长 12.2%。全年第三产业国内生产总值占 GDP 的比重达到 52.6%，高于第二产业 12.8 个百分点。高端制造业和现代服务业发展较快，新动能持续发展壮大。

由于全球贸易局势的紧张，2018 年 A 股上市公司经营业绩小幅提升。其中，大盘蓝筹股依然起到了中流砥柱的作用；中小板和创业板股票盈利小幅回落。

2018 年是资本市场监管由强转弱的一年，资管新规落地，防范金融市场的系统性风险的意图明显；但是中美贸易摩擦升级后，资管新规以及相关配套文件的相继出台，金融监管对资本市场的扰动开始不断减弱；为防范市场调整带来的风险，信用风险缓释工具、多渠道设立纾困计划、放开并购重组的监管措施、完善股票回购制度等一系列制度相继出台；资本市场改革也是2018年的一大亮点，创新企业境内IPO和CDR政策重磅推出，为资本市场注入了新的活力，也有利于更加充分地发挥资本市场的资源配置作用。

截至2018年年底，中国境内上市公司数量为3584家，上市公司总资产规模达到241.29万亿元，归属于上市公司母公司净利润达到3.36万亿元。

一、公司上市速度加快，支持创新创业

截至2018年年底，共有99只新股相继发行，总募资规模近1378亿元。中国股票市场上市公司数量增至3584家（见图1），较2017年增加99家，同比增长2.84%。其中，上交所上市公司为1450家，较2017年增加54家；深交所上市公司为2134家，较2017年增加45家，其中，主板、中小板、创业板分别为474家、919家、740家，除深市主板上市公司数量微降之外，深市中小板和创业板上市公司数量均增加，分别增长16家和30家。尽管相对于2017年上市公司数量增速有所放缓，但是中小板、创业板公司数量仍然逐步增加，且增速大于主板，由此可以看出中国重视创新创业理念，使得中小板、创业板得到了迅速发展。

截至2018年年底，3584家上市公司仅发行A股的数量为3485家，仅发行B股的上市公司为17家，A+B股上市公司为82家。

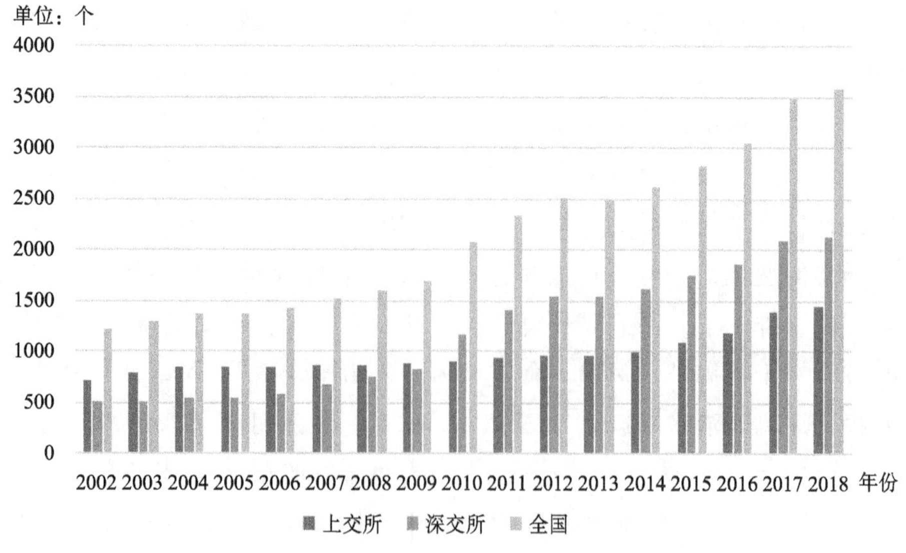

资料来源：沪深交易所，Wind。

图1　各年度全国上市公司数量（2001～2018年）

二、上市公司股本规模持续增加

2018年，上市公司数量增加，上市公司股本呈现扩大趋势。截至2018年12月31日，上市公司总股本（包括A股、B股和H股）达65109亿股，其中，境内股本规模（A股和B股）为57595亿股，境内流通股本规模48766亿股。上市公司平均总股本达到18.17亿股，其中，平均境内总股本为16.07亿股，平均境内流通股本规模为13.67亿股。

根据统计数据，1996年年底总股本规模在5亿股以上的上市公司数量为30家，2016年年底为1745家，2017年年底为1910家，2018年年底为2030家；总股本规模在10亿以上的企业在1996年年底仅为10家，2016年年底增至912家，2017年年底为1041家，2018年年底为1120家（见表1）。

表1　　2018年年底上市公司按股本规模数量分布　　单位：家

总股本规模	上海	深圳	合计
1亿股以下	38	81	119
1亿~2亿股（含2亿股）	162	289	451
2亿~3亿股（含3亿股）	136	210	346
3亿~5亿股（含5亿股）	244	394	638
5亿~10亿股（含10亿股）	310	600	910
10亿股以上	561	559	1120
合计	1451	2133	3584

资料来源：沪深交易所，Wind。

截至2018年年底，总股本达到100亿股以上的公司数量为76家，合计总股本29626亿股，较2017年增加9家（见表2）。其中，银行业公司共16家，总股本达到16192亿股，占这一区间股本总数的54.65%。

表2　　2018年年底总股本超过100亿的76家公司股本情况　　单位：亿股

证券代码	证券简称	总股本	境内A股	H股
601398. SH	工商银行	3564	2696	868
601288. SH	农业银行	3500	3192	307
601988. SH	中国银行	2944	2108	836
601939. SH	建设银行	2500	96	2404
601857. SH	中国石油	1830	1619	211
600028. SH	中国石化	1211	956	255
601328. SH	交通银行	743	393	350

续表

证券代码	证券简称	总股本	境内A股	H股
601818. SH	光大银行	525	398	127
601998. SH	中信银行	489	341	149
600010. SH	包钢股份	456	456	0
601319. SH	中国人保	442	355	87
600016. SH	民生银行	438	355	83
601668. SH	中国建筑	420	420	0
000725. SZ	京东方A	348	339	9
600050. SH	中国联通	310	310	0
600000. SH	浦发银行	294	294	0
601766. SH	中国中车	287	243	44
601628. SH	中国人寿	283	208	74
600036. SH	招商银行	252	206	46
600018. SH	上港集团	232	232	0
601899. SH	紫金矿业	230	173	57
601989. SH	中国重工	229	229	0
601390. SH	中国中铁	228	186	42
000166. SZ	申万宏源	225	225	0
600019. SH	宝钢股份	223	223	0
600900. SH	长江电力	220	220	0
603993. SH	洛阳钼业	216	177	39
601169. SH	北京银行	211	211	0
601166. SH	兴业银行	208	208	0
601618. SH	中国中冶	207	179	29
601088. SH	中国神华	199	165	34
601138. SH	工业富联	197	197	0
600795. SH	国电电力	197	197	0
600871. SH	石化油服	190	136	54
601991. SH	大唐发电	185	124	61
601318. SH	中国平安	183	108	74
600025. SH	华能水电	180	180	0
000001. SZ	平安银行	172	172	0
600221. SH	海航控股	168	164	4

续表

证券代码	证券简称	总股本	境内 A 股	H 股
601800. SH	中国交建	162	117	44
600011. SH	华能国际	157	110	47
601985. SH	中国核电	156	156	0
601669. SH	中国电建	153	153	0
601600. SH	中国铝业	149	110	39
601006. SH	大秦铁路	149	149	0
601727. SH	上海电气	147	118	30
002027. SZ	分众传媒	147	147	0
601111. SH	中国国航	145	100	46
600115. SH	东方航空	145	98	47
600023. SH	浙能电力	136	136	0
601186. SH	中国铁建	136	115	21
000100. SZ	TCL 集团	135	135	0
601898. SH	中煤能源	133	92	41
601018. SH	宁波港	132	132	0
601880. SH	大连港	129	77	52
600015. SH	华夏银行	128	128	0
600157. SH	永泰能源	124	124	0
600029. SH	南方航空	123	86	37
600606. SH	绿地控股	122	122	0
600030. SH	中信证券	121	98	23
600219. SH	南山铝业	120	120	0
600048. SH	保利地产	119	119	0
600104. SH	上汽集团	117	117	0
601866. SH	中远海发	117	79	38
600919. SH	江苏银行	115	115	0
600837. SH	海通证券	115	81	34
000002. SZ	万科 A	110	97	13
600022. SH	山东钢铁	109	109	0
601229. SH	上海银行	109	109	0
600688. SH	上海石化	108	73	35
601992. SH	金隅集团	107	83	23

续表

证券代码	证券简称	总股本	境内 A 股	H 股
000709. SZ	河钢股份	106	106	0
000630. SZ	铜陵有色	105	105	0
601238. SH	广汽集团	102	71	31
601919. SH	中远海控	102	76	26
601881. SH	中国银河	101	64	37

资料来源：沪深交易所，Wind。

三、并购重组量质提升，市场秩序明显好转

2018 年，并购重组仍然沿着服务推动新经济发展、供给侧改革以及国企改革服务。并购重组作为资本市场优化资源配置的重要方式，在助力上市公司加速转型升级、抵御风险挑战、实现高质量发展等方面，发挥着重要作用。

2018 年，沪市并购重组市场总体保持稳定，全年共进行并购交易 1226 家次，交易总金额 1.2 万亿元，较上一年度分别增长 42% 和 31%。重大资产重组方面，共有 131 家公司启动重组，与上一年度基本持平；披露 117 单方案，同比增长 18%，活跃度有所提升；涉及交易金额近 4000 亿元，接近上一年度的水平。这其中呈现出了一些良好态势，向好的动能正在积聚。并购重组服务供给侧改革与国企改革呈现新面貌：2018 年，沪市国有企业共进行并购 536 家次，交易总金额 6757 亿元，增长 25%；重大资产重组方面，共披露 37 单方案，占比约 32%，涉及交易金额 2029 亿元，占比约 53%。沪市国有企业通过并购重组化解过剩产能，整合优势产能，机制创新与技术升级同向发力，实现改革乘数效应的最大化。与此同时，并购重组助力民营企业获得发展新机遇。2018 年，沪市民营企业共进行并购重组 690 家次，交易总金额 5328 亿元，增长 40%；重大资产重组方面，共披露 80 单方案，占比约 68%，涉及交易金额 1804 亿元，占比约 47%。民营企业在利用并购重组促进自身发展的同时，正在深刻地改变着并购重组市场的生态结构。深市公司全年并购重组共计 2522 单，交易金额累计达 1.38 万亿元，分别占 A 股市场的 60% 和 54%，呈现良好的发展态势；其中，173 家次构成重大资产重组，交易金额达 5529 亿元，同比增长 17%。101 家公司完成重大资产重组，交易金额 2307 亿元（不含配套融资）。

四、上市公司行业分布改善，地区分布呈现两极分化

由于自然地理、历史文化、地区政策、市场结构和投资环境的不同，中国上市公司地域性差异依然存在，各地区经济

增长有着显著差别，上市公司的数量、规模和盈利能力也表现出不平衡性。

截至 2018 年年底，全国拥有上市公司数量前 5 名的地区为广东 581 家、浙江 434 家、江苏 398 家、北京 314 家、上海 286 家，均为发达地区，符合中国经济增长的区域格局；而上市公司数量排名靠后的则为青海、宁夏、西藏、内蒙古和贵州，大部分为相对落后的地区（见表 3）。

表 3　2018 年年底上市公司按省市数量分布　单位：家

地区	上市公司数量	地区	上市公司数量
广东省	588	重庆	50
浙江省	432	陕西省	49
江苏省	401	吉林省	41
北京市	314	江西省	42
上海市	287	广西壮族自治区	37
山东省	196	山西省	37
福建省	133	黑龙江省	36
四川省	121	云南省	33
湖南省	104	甘肃省	33
湖北省	102	海南省	31
安徽省	103	贵州省	29
河南省	79	内蒙古自治区	26
辽宁省	74	西藏自治区	17
新疆维吾尔自治区	55	宁夏回族自治区	13
河北省	57	青海省	12
天津市	50		

资料来源：沪深交易所，同花顺。

区域分布上，华东地区比重最大，共有 1594 家上市公司，占全部上市公司的 44.50%，同比增加 19.31%；中南地区次之，上市公司数量为 941 家，占比 26.27%，同比增加 15.13%；而上市公司分布最少的为东北地区，仅为 151 家，占比 4.22%（见表 4），同比增加 1.32%。整体来看，华东地区、中南地区上市公司占比进一步上升，同时华北地区、西南地区、东北地区、西北地区占比都有所下降。中国上市公司区域分布不平衡与中国目前的经济格局基本一致，且从 2017 年的分布情况来看，两极分化情况未得到改善，反而有加剧的趋势。

表 4　　2018 年年底全国上市公司区域分布

地区	数量	比例（%）	包括省份
华东地区	1594	44.50	鲁、苏、皖、浙、沪、赣、闽
中南地区	941	26.27	鄂、湘、桂、粤（含深圳市）、琼、豫
华北地区	484	13.51	京、津、冀、晋、内蒙古
西南地区	250	6.98	滇、黔、蜀、藏、渝
东北地区	151	4.22	辽、吉、黑
西北地区	162	4.52	陕、甘、宁、青、新
合计	3582	100	

资料来源：沪深交易所，同花顺。

截至 2018 年年底，中国制造业上市公司数量占上市公司总数的比例为 62.95%，与 2017 年相比下降 0.38 个百分点，信息传输、软件和信息技术服务业上市公司数量占比为 7.39%，与 2017 年相比上升 0.30 个百分点；批发和零售业上市公司占比相对于 2017 年下降 0.13 个百分点，占比为 4.58%；房地产业上市公司数量占比下降 0.13 个百分点，占比达到 3.54%。电力、热力、燃气及水生产和供应业，采矿业，建筑业，文化、体育和娱乐业，农林牧渔业，综合和住宿和餐饮业等均有小幅下降。交通运输、仓储和邮政业，金融业，租赁和商务服务业，科学研究和技术服务业，水利、环境和公共设施管理业，卫生和社会工作业，教育等均有所上升。住宿和餐饮业、卫生和社会工作业、教育的上市公司数量占比不足 0.5%（见表 5）。

表 5　　2018 年年底全国上市公司按门类行业比例分布

行业	上市公司家数	占比（%）	行业	上市公司家数	占比（%）
制造业	2256	62.95	租赁和商务服务业	52	1.45
信息传输、软件和信息技术服务业	265	7.39	科学研究和技术服务业	49	1.37
批发和零售业	164	4.58	水利、环境和公共设施管理业	48	1.34
房地产业	127	3.54	农、林、牧、渔业	41	1.14
电力、热力、燃气及水的生产和供应业	109	3.04	综合	23	0.64
交通运输、仓储和邮政业	101	2.82	卫生和社会工作业	10	0.28
建筑业	98	2.73	住宿和餐饮业	9	0.25
金融业	91	2.54	教育	5	0.14
采矿业	77	2.15	居民服务、修理和其他服务业	1	0.03
文化、体育和娱乐业	58	1.62	—	—	—

资料来源：沪深交易所，Wind。

制造业上市公司细分为 30 个行业大类，其中，公司总数超过 100 家的子行业分别是计算机、通信和其他电子设备制造业，化学原料及化学制品制造业，电气机械及器材制造业，医药制造业，专用设备制造业，通用设备制造业和汽车制造业（见表 6）。中国计算机、通信和其他电子设备制造业上市公司数量占制造业上市公司总数的比例为 15.16%，与 2017 年相比下降 0.06 个百分点；化学原料及化学制品制造业上市公司占比相对于 2017 年下降 0.09 个百分点，占比 10.33%；电气机械及器材制造业上市公司占比较 2017 年上升 0.09 个百分点，占比 10.06%。

表 6　2018 年年底全国制造业上市公司按行业大类分布

行业	上市公司家数	占比（%）	行业	上市公司家数	占比（%）
计算机、通信和其他电子设备制造业	342	15.16	食品制造业	41	1.82
化学原料及化学制品制造业	233	10.33	纺织业	40	1.77
电气机械及器材制造业	227	10.06	纺织服装、服饰业	37	1.64
医药制造业	216	9.57	黑色金属冶炼及压延加工业	31	1.37
专用设备制造业	200	8.87	造纸及纸制品业	29	1.29
通用设备制造业	131	5.81	家具制造业	24	1.06
汽车制造业	127	5.63	化学纤维制造业	23	1.02
非金属矿物制品业	83	3.68	其他制造业	21	0.93
橡胶和塑料制品业	74	3.28	石油加工、炼焦及核燃料加工业	16	0.71
有色金属冶炼及压延加工业	68	3.01	文教、工美、体育和娱乐用品制造业	14	0.62
金属制品业	59	2.62	印刷和记录媒介复制业	12	0.53
农副食品加工业	49	2.17	皮革、毛皮、羽毛及其制品和制鞋业	11	0.49
铁路、船舶、航空航天和其他运输设备制造业	48	2.13	木材加工及木、竹、藤、棕、草制品业	8	0.35
仪器仪表制造业	44	1.95	废弃资源综合利用业	5	0.22
酒、饮料和精制茶制造业	42	1.86	专用设备制造业	1	0.04

资料来源．沪深交易所，同花顺。

2018 年，中国经济结构得到进一步优化，服务业在国内生产总值中的比重上升至 52.6%，较 2016 年提高 0.7 个百分点，与此同时，中国上市公司行业分布也得到改善。一方面，以农、林、牧、渔业为代表的第一产业上市公司数量占比下降，而第三产业金融业，信息传输、软件和信息及商户服务业，租赁和商务服务业以及科学研究和技术服务业上市公司占比上升，上市公司行业分布向附加值更高的第三产业倾斜；另一方面，制造业上市公司中，医药制造业等占比上升，制造业上市公司分布向技术更为先进的中高端制造业倾斜。

五、供给侧改革继续推进，国企改革收获连连

2018 年，供给侧改革继续推进，“去杠杆”“降成本”等方面取得积极成效。根据统计局发布的数据，从杠杆率来看，2018 年年末，规模以上工业企业资产负债率为 56.5%，比 2017 年降低 0.5 个百分点；从企业成本来看，2018 年规模以上工业企业每百元主营业务收入中的成本和费用合计为 92.58 元，比上年降低 0.18 元；其中，每百元主营业务收入中的成本为 83.88 元，降低 0.2 元；随着负债率下降及成本持续降低，企业经营效益持续好转，2018 年规模以上工业企业主营业务收入利润率为 6.49%，比上年提高 0.11 个百分点。

2018 年，国企改革也收获连连。央企重组仍在加速，混合所有制改革改出新机制。首先，整合重组仍是改革热点，随着中核建设集团整体划归中核集团、武汉邮科院和电信科研院实施重组，2018 年国资委监管企业户数调整至 96 家；放眼全国，各省级国资委推动监管一级企业重组整合 36 组，涉及能源、交通、医药、房地产等领域。其次，混合所有制改革向纵深推进，国家电网在增量配电、交易机构和抽水蓄能电站等混合所有制改革探索的基础上，将继续扩围改革；央企在拓宽领域，提升层级，地方国企更加活跃，不断形成新的经营机制，通过引入战略投资者、组建多元董事会、精简机构人员、重构业务单元、创新产品服务、实施股权激励等方式，突破固有壁垒，形成新的突破。最后，国有资本投资运营公司扩容，中央经济工作会议强调加快实现从管企业向管资本转变，改组成立一批国有资本投资公司，组建一批国有资本运营公司；国资委确定航空工业集团、国家电投、国机集团等 11 家央企为国有资本投资公司试点企业。

六、2018 年上市公司经营情况

根据上市公司 2018 年年报披露数据，2018 年度全部上市公司共实现营业收入 452687.97 亿元，按可比口径计算，较 2017 年同比增长 11.46%；实现归属于母公司股东的净利润 33645.22 亿元，按可比口径计算，同比回落 1.85%。

2018 年上市公司年报数据呈现出以下特点：

（一）上市公司业绩整体承压

2018 年，上市公司业绩受到国内外冲击的影响，整体承压。一方面，2018 年全年 3584 家上市公司营业收入累计同

比增长 11.46%，较 2017 年增幅回落 6.22 个百分点；另一方面，2018 年全年上市公司归属于母公司股东的净利润同比下降 1.85%，较 2017 年的增幅大幅回落 20.52 个百分点。

根据年报披露情况，按可比口径计算，2018 年上市公司盈利的数量为 3125 家，占全部上市公司总数的 87.19%，较 2017 年有所下降；2018 年上市公司亏损公司的数量为 457 家，较 2017 年的 240 家增加 217 家。

根据上市公司盈利水平分布状况统计，按可比口径计算，2018 年度实现归属于母公司股东的净利润超过 6000 万元水平的上市公司数量为 2367 家，较 2017 年增加 267 家；实现归属于母公司股东的净利润超过 1 亿元的上市公司数量为 1977 家，较 2017 年增加 219 家，增加幅度为 12.46%；实现归属于母公司股东的净利润超过 10 亿元的上市公司数量为 407 家，较 2017 年增加 58 家；实现归属于母公司股东的净利润超过 100 亿元的上市公司数量为 53 家，较 2017 年增加 10 家。

（二）传统行业持续回暖，第三产业增长强劲

根据上市公司 2018 年年报数据，按可比口径计算，各行业的主营业务收入均实现了不同程度的增长（见图 2）。

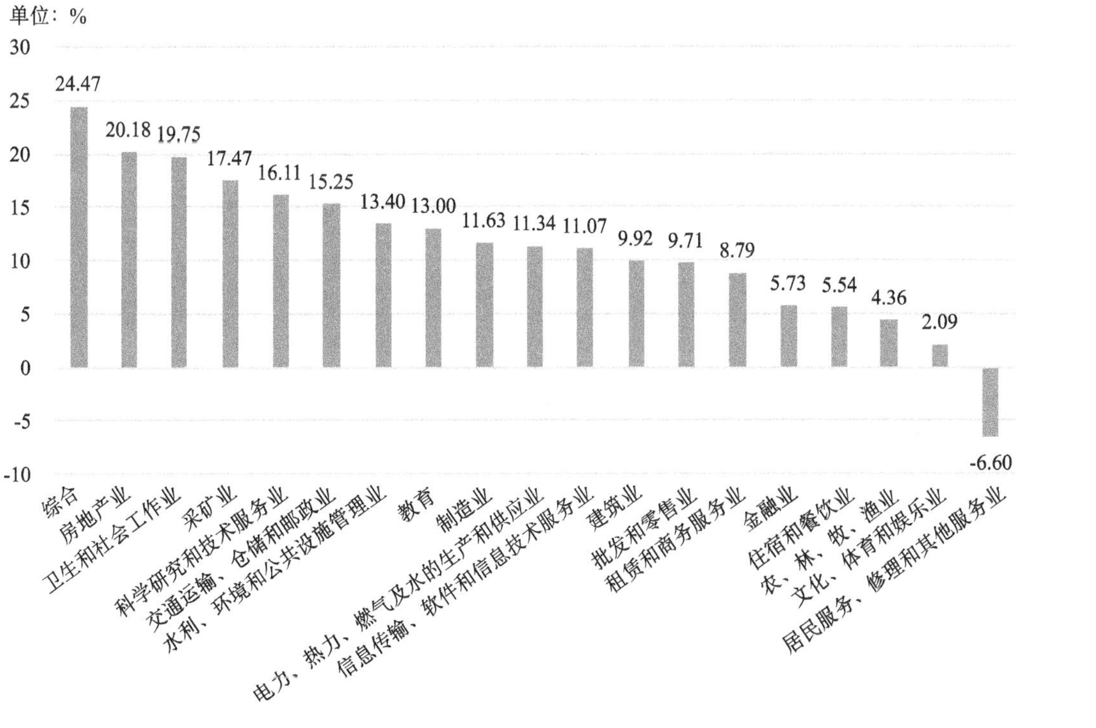

资料来源：沪深交易所，Wind。

图 2　2018 年上市公司分行业主营业务收入增长率

2018 年，受益于供给侧改革的降成本和减费降税政策，以及贸易局势紧张下的抢出口现象，各个行业营业收入出现了不同程度的上涨。具体来看，综合行业主营业务收入增长 24.47%，而 2017 年主营业务收入同比增长 12.76%，环比提升 11.71 个百分点；所有行业中只有居民服务、修理和其他服务业同比下降 6.60%（见图 3）。

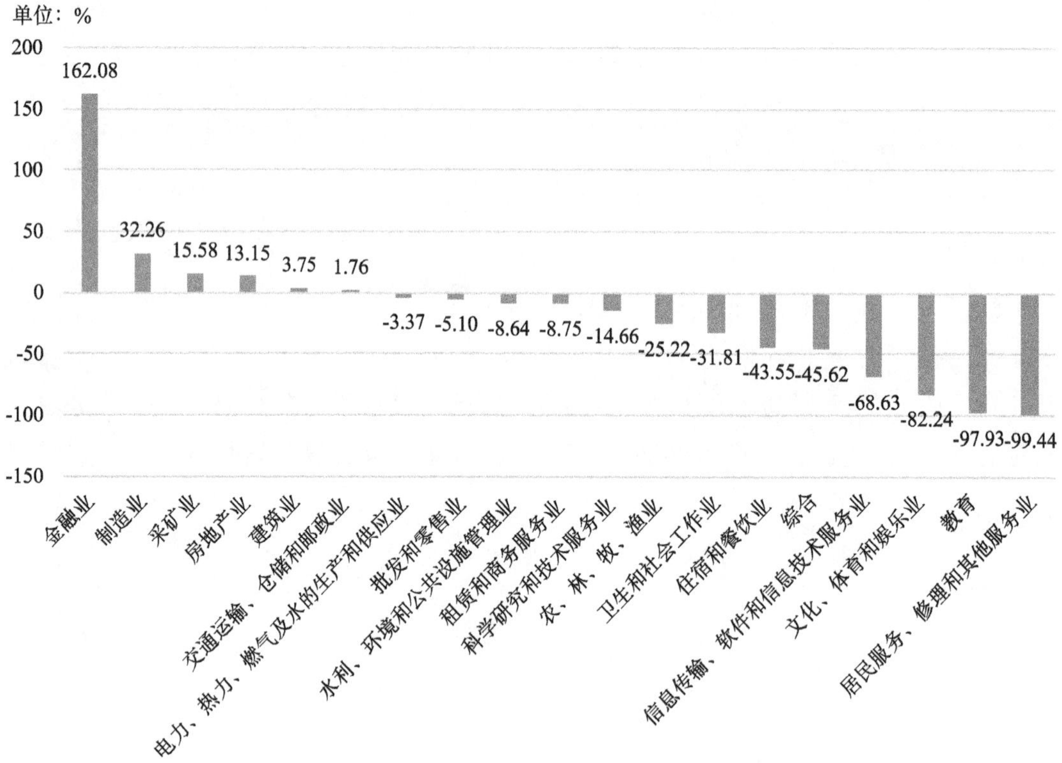

资料来源：沪深交易所，Wind。

图 3　2018 年上市公司分行业归属母公司净利润增长率

在毛利率方面，19 个门类中，有 11 个门类毛利率同比增长，其中，综合，房地产业，卫生和社会工作业，租赁和商务服务业，教育，科学研究和技术服务业，建筑业，批发和零售业，电力、热力、燃气及水的生产和供应业，制造业，金融业分别增长 5.20 个百分点、2.57 个百分点、1.79 个百分点、0.92 个百分点、0.69 个百分点、0.55 个百分点、0.43 个百分点、0.32 个百分点、0.27 个百分点、0.06 个百分点和 0.05 个百分点，而信息传输、软件和信息技术服务业，采矿业，住宿和餐饮业，文化、体育和娱乐业，交通运输、仓储和邮政业，水利、环境和公共设施管理业，农、林、牧、渔业，居民服务、修理和其他服务业分别下降了 0.25 个百分点、1.13 个百分点、1.21 个百分点、1.55 个百分点、1.64 个百分点、1.73 个百分点、2.02 个百分点和 8.92 个百分点（见图 4）。

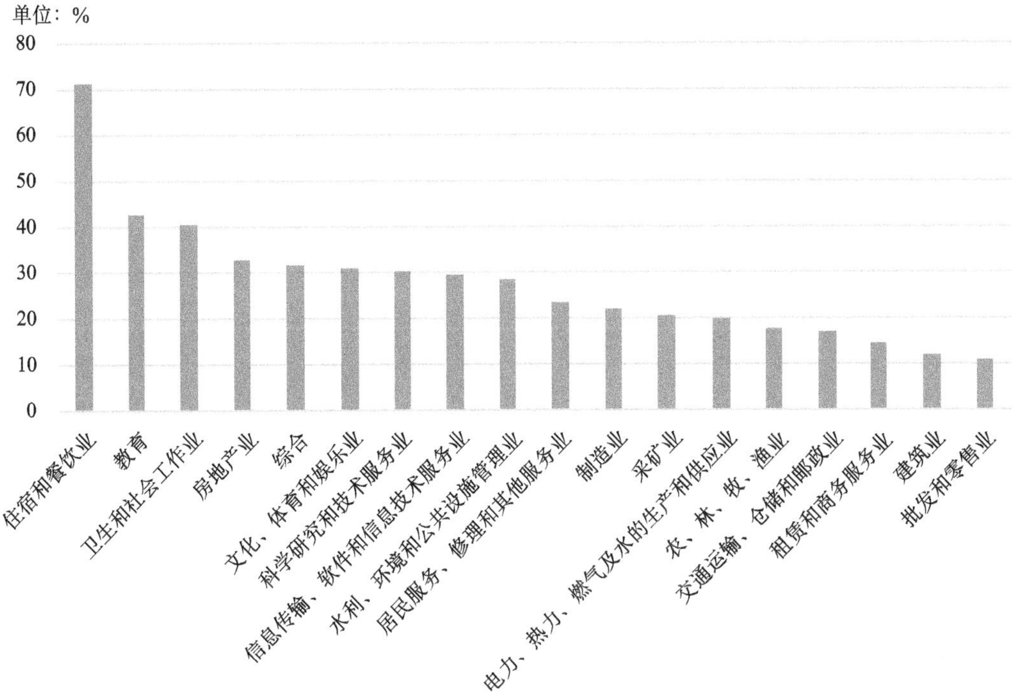

注：金融业不以毛利润作为盈利指标，故不在图中列出。

资料来源：沪深交易所，Wind。

图 4　2018 年上市公司分行业毛利润

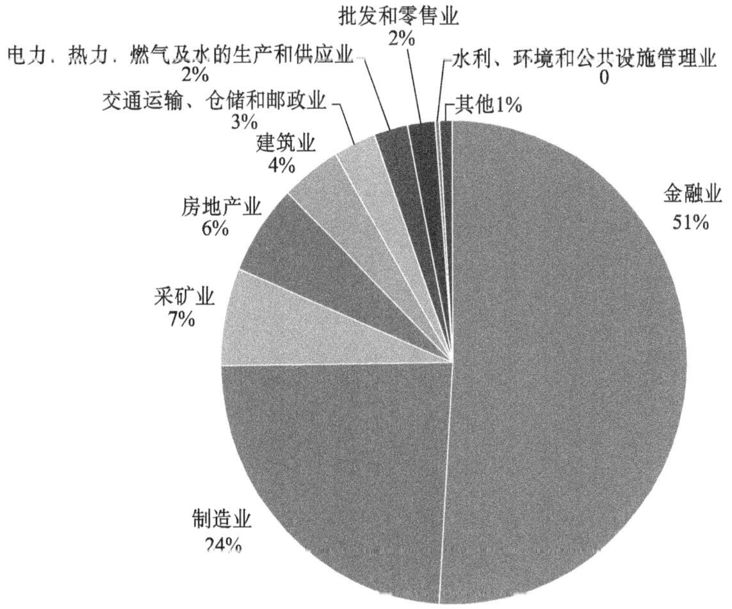

注：图中的其他行业包括文化、体育和娱乐业，租赁和商务服务业，信息传输、软件和信息技术服务业，农、林、牧、渔业，科学研究和技术服务业，综合业，卫生和社会工作，住宿和餐饮业，教育和居民服务、修理和其他服务业。

资料来源：沪深交易所，Wind。

图 5　2018 年上市公司净利润分行业构成

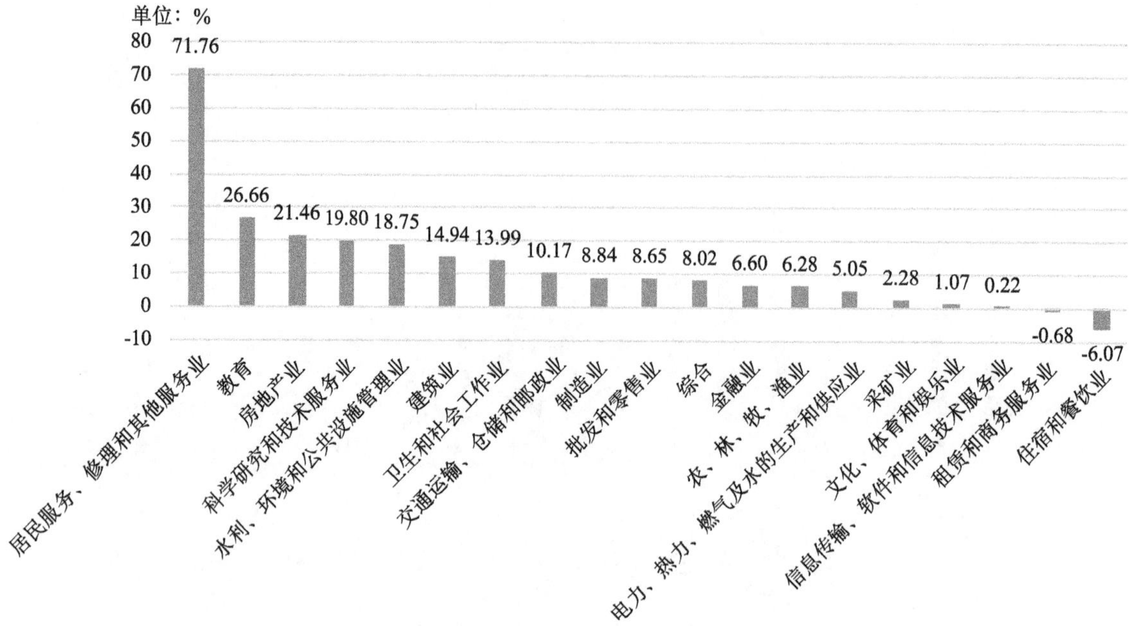

资料来源：沪深交易所，Wind。

图 6　2018 年上市公司分行业总资产增长率

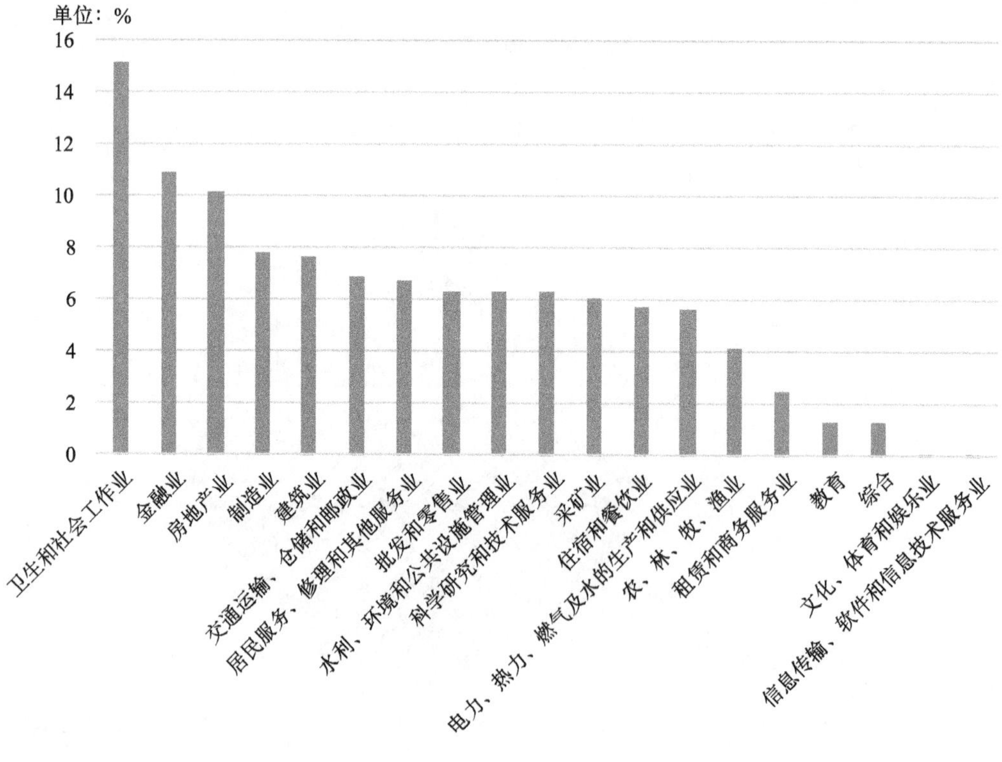

资料来源：沪深交易所，Wind。

图 7　2018 年上市公司分行业净资产收益率

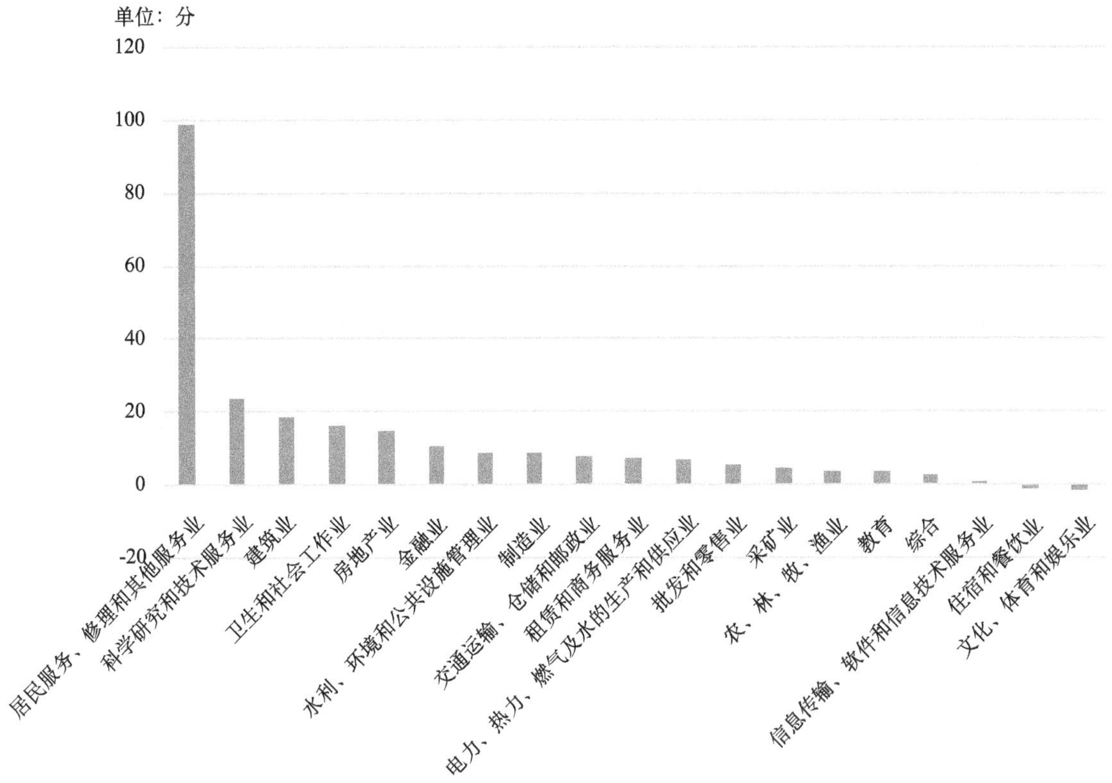

资料来源：沪深交易所，Wind。

图 8　2018 年上市公司分行业平均每股收益

（三）创新创业推动，新兴行业发展态势良好

2018 年，国际贸易形势愈发严峻，新兴产业作为中国经济发展新动能、增强竞争优势的重要手段，已经成为中国经济结构中的重要支撑力量；由于创新企业投入周期较长，部分上市公司业绩并未在 2018 年兑现，但是研发投入的提升、政策的支持以及国产替代的需求将使得创新企业业绩逐步兑现。

2018 年，新动能持续发展壮大，新业态新模式蓬勃发展，新产业、新产品快速成长。工业战略性新兴产业增加值比 2017 年增长 8.9%，增速快于全部规模以上工业 2.7 个百分点；战略性新兴服务业营业收入比 2017 年增长 14.6%，增速快于全部规模以上服务业 3.2 个百分点；新能源汽车、智能电视产量分别比 2017 年增长 66.2% 和 17.7%。全年实物商品网上零售额增长 25.4%，占社会消费品零售总额的比重达 18.4%，比 2017 年提高 3.4 个百分点。

（四）上市公司经营状况两极分化

根据上市公司年报数据统计，2018 年，占全部上市公司总数 20% 的上市公司（盈利居前的 716 家公司）实现营业收入 355510.82 亿元，占所有上市公司营业收入的 78.53%；实现归属母公司净利润33939.27亿元，占所有上市公司归属于母公司净利润的100.87%。

2018年，所有上市公司中归属于母公司净利润排名前10的分别是工商银行、建设银行、农业银行、中国银行、中国平安、招商银行、交通银行、中国石化、兴业银行、浦发银行。这10家上市公司共实现营业收入71944.24亿元，占全部上市公司营业收入的15.89%；实现归属于母公司净利润13764.17亿元，占全部上市公司归属于母公司净利润的40.91%。

（五）产业结构稳中向好

2018年，中国经济结构继续改善，国内生产总值中服务业占比达到52.6%；消费对经济增长的贡献率达76.2%。上市公司的经营数据也体现了这一结构性改善，第三产业的规模与效益均超过第一、二产业。

从规模来看，第三产业总资产比重达83.09%，远超第一、第二产业。从效益来看，第一产业下属的农林牧渔部门中，渔业、林业、农林牧渔服务业归母净利润负增长。第二产业中，采矿业、电力、燃气及用水生产供应业、建筑业净利润分别增长32.26%、15.58%、3.75%；制造业净利润下降8.64%。

2018年，第三产业营业收入达168268.86亿元，同比增长9.59%，归母净利润达21163.00亿元，同比下降2.42%。细分来看，信息传输、软件和信息技术服务业营业收入增长11.07%，归母净利润下降97.93%；金融业营业收入增长5.73%，归母净利润增长1.76%；房地产业营业收入增长20.18%，归母净利润增长13.15%；租赁和商务服务业营业收入增长8.79%，归母净利润下降-68.63%；水利、环境和公共设施管理业营业收入增长13.40%，归母净利润下降25.22%；文化、体育和娱乐业营业收入增长2.09%，归母净利润下降99.44%；卫生和社会工作行业营业收入增长19.75%，归母净利润增长162.08%。第三产业上市公司部分行业调整给整体业绩带来一定压力。

（六）各地上市公司经营状况呈现地域差异

中国上市公司存在区域发展分化的现象，沿海区域的产业结构、基础设施和经营理念仍然有一定优势，在供给侧改革去杠杆、降成本等改革下更加凸显，在贸易局势背景下，仍有一定的增长；而产业结构单一、基础设施落后、产能过剩集中的地区的上市公司，其经营情况表现弱于沿海地区。

根据上市公司2018年年报，平均每家上市公司营业收入靠前的省市依次是北京、上海、天津、河北、内蒙古，排名靠后的依次是宁夏、西藏、吉林、海南、黑龙江。北京的上市公司平均营业收入达539.69亿元/家，是宁夏上市公司平均营业收入的27.44倍，呈现悬殊的格局（见表7）。中国这种各地上市公司经营成果悬殊的状况与大部分国有大型企业总部设在北京且注册在北京的背景相符。

中国上市公司的盈利情况也存在区域性差异。2018 年，平均每家上市公司归属于母公司净利润靠前的省市依次是北京、贵州、上海、内蒙古、山西，排名靠后的依次是青海、宁夏、海南、黑龙江、吉林。与西部经济欠发达地区的上市公司相比，东部经济发达地区的上市公司数量较多且经营业绩更好，中国经济实力东强西弱的整体格局依然不变。

表 7　　2018 年年底全国各省区上市公司平均营业收入和归属于母公司净利润状况

省市	数量	营业收入（亿元）	归母净利润（亿元）	平均营业收入（亿元/家）	平均归母净利润（亿元/家）
广东省	588	62789.45	5023.37	106.78	8.54
浙江省	432	22734.8	1369.33	52.63	3.17
江苏省	401	20680.26	1476.85	51.57	3.68
北京	316	169415.96	15403.90	536.13	48.75
上海	287	47271.28	3532	164.71	12.31
山东省	196	17942.26	953.27	91.54	4.86
福建省	133	16823.74	1023.51	126.49	7.70
四川省	121	6446.46	494.25	53.28	4.08
湖南省	104	4941.81	214.46	47.52	2.06
安徽省	103	8810.64	642	85.54	6.23
湖北省	102	7265.02	296.08	71.23	2.90
河南省	79	4998.5	252.17	63.27	3.19
辽宁省	74	7784.8	211.21	105.2	2.85
新疆维吾尔自治区	55	4653.44	294.17	84.61	5.35
河北省	57	7512.32	458.81	131.80	8.05
天津	50	7333.12	123.53	146.66	2.47
重庆	50	4074.43	198.2	81.49	3.96
陕西省	49	2773.76	192.11	56.61	3.92
吉林省	41	1613.04	38.73	39.34	0.94
江西省	42	4936.82	196.92	117.54	4.69
广西壮族自治区	37	2390.11	114.43	64.60	3.09
山西省	37	4716.39	354.21	127.47	9.57
黑龙江省	36	1644.65	-32.71	45.68	-0.91
甘肃省	33	1933.20	84.13	58.58	2.55
云南省	33	3097.44	131.56	93.86	3.99

续表

省市	数量	营业收入（亿元）	归母净利润（亿元）	平均营业收入（亿元/家）	平均归母净利润（亿元/家）
海南省	31	1340.15	-85.78	43.23	-2.77
贵州省	29	1928.31	449.97	66.49	15.52
内蒙古自治区	26	3413.86	249.14	131.30	9.58
西藏自治区	17	346.85	45.77	20.40	2.69
宁夏回族自治区	13	255.68	-36.90	19.67	-2.84
青海省	12	819.43	-55.76	68.29	-4.65

资料来源：沪深交易所，同花顺。

审稿人：黄锦涛

撰稿人：黄锦涛

沪市上市公司 2018 年年报整体分析报告

2019 年 4 月 30 日，沪市有 1466 家上市公司对外披露 2018 年年报信息。2018 年是全面贯彻党的十九大精神的开局之年，三大攻坚战深入推进、供给侧结构性改革初见成效、改革开放力度持续加大，经济运行实现了总体平稳、稳中有进。沪市公司按照高质量发展要求，积极应对外部环境深刻变化，扎实经营，总体业绩延续增长态势，成绩来之不易。同时，经济运行仍然存在不少困难和问题，外部经济环境总体趋紧，国内经济存在下行压力，部分企业经营困难较多，需要有针对性地加以解决，推动上市公司质量提升。

一、沪市公司经营质量稳中向好，呈现七方面特征

2018 年，经济发展处于重要战略机遇期，经济结构也处于优化升级的关键阶段。作为经济建设的主力军，沪市公司迎难而上，经营业绩和经营质量整体表现良好，主要呈现 7 个方面的特征。

（一）业绩稳定增长发挥国民经济中坚作用

2018 年，沪市公司主动适应经济结构调整的新变化，提质增效，全年共实现营业收入 33.50 万亿元，同比增长 11%，占同期 GDP 的比重约 30%；共实现净利润 2.80 万亿元，同比增长 4%。在总体营业收入和净利润规模已经较大的基础上，增速较上年同期有所放缓，但依然保持了较好的增长势头。总体来看，沪市公司以占全国注册企业不到万分之一的数量，实现全国 GDP 约 1/3 的营业收入，充分展现了国民经济的中流砥柱作用。

同时，具有市场代表性的各项蓝筹股指数公司表现也依然稳健。代表大型龙头企业的上证 50、上证 180 经营增长高于沪市平均水平，分别实现营业收入 18.32 万亿元和 23.66 万亿元，同比增长均为 12%；分别实现净利润 2.01 万亿元和 2.44 万亿元，同比增长 8% 和 7%，发挥了经济排头兵的作用。

（二）九成公司盈利且多数聚焦于主业

纵观过去 3 年，沪市涌现出越来越多经营质量优良的公司，这些公司持续专注主业、稳健经营、规范运作，已成为市场主流群体。据统计，沪市 9 成公司均实现盈利。并且绝大多数公司专注主业，以体现主业经营质量的扣非后净利润为例，2016 ~ 2018 年连续 3 年扣非后净利润盈利的公司约 1100 家，占沪市公司总数近 8 成。这些优质公司 2018 年共实现营业

收入30.41万亿元，同比增长12%，占沪市公司全部营业收入的9成；共实现净利润2.86万亿元，同比增长7%。其中，还涌现出一批专注主业、经营规范、稳健增长的优质蓝筹企业，约740家公司实现营业收入和净利润的双增长，占比高达50%，实现30亿元以上净利润的公司达110余家。这些优质公司中，既有国民经济支柱巨头中国石油、中国神华、五大商业银行等，又有制造、消费等各行业的翘楚，如海螺水泥、中国核电、恒瑞医药、伊利股份、海天味业等。

（三）非金融实体经济增速已超金融行业企业

近年来，中国不断深化供给侧结构性改革，持续增强金融服务实体经济的能力，着力振兴实体经济。2018年沪市实体类公司（非金融类）收入和净利润实现双增长，延续了上年的良好态势。实体类公司全年实现营业收入26.53万亿元，同比增长13%；实现净利润1.15万亿元，同比增长7%。并且实体类公司的增长质量明显提升，扣非后净利润为1.01万亿元，同比增长10%。经营活动产生的现金流量净额2.33万亿元，同比增长18%。

实体类公司的资产负债率保持平稳，费用率有所下降。2018年实体类公司的资产负债率为61.59%，基本持平。同时，在去杠杆、降成本等政策的推动下，煤炭、钢铁等传统高杠杆行业，资产负债率分别为49.71%和54.73%，同比下降1.93个百分点和4.39个百分点；沪市实体类公司的销售费用、管理费用、财务费用合计费率为8.28%，同比下降1.11个百分点，税费负担占营业收入的比例为7.03%，同比下降0.16个百分点。

2018年，沪市金融类公司全年实现营业收入6.97万亿元，同比增长6%；实现净利润1.65万亿元，同比增长2%。其中，银行业实现净利润1.44万亿元，同比增长6%，业绩增长主要因为净息差回升，平均净息差较上年增加0.06个百分点，但业绩增速放缓，主要因为2018年银行夯实资产质量，加大拨备计提比例，平均拨备覆盖率同比提升20余个百分点；证券业实现净利润446亿元，同比下降约49%，主要因经纪业务收入下滑、权益类投资收益减少以及计提资产减值损失增加；保险业实现净利润1582亿元，同比基本持平，主要因为业绩增速承压，新金融工具准则实施对相关投资收益也产生一定的影响。

（四）上中游行业相较下游行业增幅更大

2018年，受益于供给侧结构性改革等因素，上中游多个行业延续增长态势，但在行业周期性、金融流动性、上下游结构性等因素的影响下，增速较往年大幅增长态势有所放缓。同时，在上游成本挤压、外部需求放缓、国家政策规范等多种因素的影响下，下游消费类行业业绩有所下滑。

上游行业中，受益于国际政治、主

要经济体经济增长等因素影响，国际石油价格回调，沪市石油行业业绩实现较快增长，共实现净利润1175亿元，同比增长58%；有色行业实现净利润98亿元，同比下滑17%，但剔除因投资损失巨亏的西部矿业后，有色行业实现净利润119亿元，同比增长5%，主要受益于供给侧结构性改革等因素的影响；煤炭行业实现净利润859亿元，同比增长2%，主要由于煤电联动等因素的影响，增幅较小。中游行业中，受益于国家环保政策、供给侧结构性改革等，化工行业实现净利润488亿元，同比大幅增长24%；同样，钢铁行业实现净利润615亿元，同比大幅增长38%。

上中游行业原材料价格的上涨，使下游行业成本端承压，加之消费需求扩张不及预期、部分行业转型调整等因素，下游行业业绩下滑较快。医药行业实现净利润311亿元，同比下滑21%；在汽车消费需求放缓的影响下，汽车行业实现净利润682亿元，同比下滑4%；家电行业实现净利润103亿元，同比下滑2%；批发零售行业实现净利润348亿元，同比下滑23%。当然，2018年，房地产行业实现较大增长，共实现营业收入1.17万亿元，同比增长20%，实现净利润1026亿元，同比增长16%，增长主要不是来源于2018年当年销售房产项目，而是前期预售房产预收款在2018年结转确认为收入所致。从结构上来看，保利地产、金地地产等大型房企业绩领先，均实现较快增长，行业集中度进一步提升。

（五）研发投入大幅增长推动产业优化升级

沪市公司积极贯彻落实国家战略，改造升级传统产业和培育发展新兴产业齐头并进。2018年，实体类公司研发投入约3900亿元，同比增长约21%，其中，研发投入占营业收入比例超10%的公司有60余家，超5%的公司有230余家。

在创新战略的引领下，沪市公司积极吸纳现代高新技术，对传统制造业和服务业进行设备改造和技术更新，强化企业核心竞争力，提升产业链整体水平。例如，福耀玻璃通过研发多种功能强大的高附加值产品，不断提升生产线建设的智能化水平，从“大制造”向“强智造”转型升级，为高品质、高效率、低成本生产奠定基础，2018年经营业绩实现较大幅度增长。再如，三一重工报告期内陆续推出多款极具竞争力的创新产品，持续加大智能化、无人化、节能环保产品研发力度，助力经营业绩持续高速增长。再如，陕西煤业2018年继续加大科技投入，取得智能化无人开采、无煤柱开采等国际领先的技术成果，目前已顺利完成4个智能化工作面生产任务，实现从薄煤层、中厚煤层到厚煤层的智能化开采全覆盖。

与此同时，战略性新兴产业逐步崛起，新产业、新模式、新业态集聚发展，成为经济增长的新引擎。例如，恒瑞医药长期专注研发创新，每年研发投入占销售额的比重达10%～15%，目前已有4个创新药成功上市，是中国内地最大抗肿瘤药物的研究和生产基地，业绩常年保持稳定增长。再如，中国巨石坚持自主创新，致力于为全球复合材料发展提供“巨石方案”，目前中高端玻纤产品比例已超80%，并投资近100亿元建造新材料智能制造基地，进一步优化产品结构。再如，汇顶科技近3年研发费用占营业收入的比例均超过10%，2018年研发费用占比更是高达22.5%，报告期内，公司率先攻克屏下指纹解锁技术，推动公司新一轮业绩增长。

（六）现金分红再创新高提升社会贡献水平

分红方面，沪市公司继续保持了历年来重回报、高分红的蓝筹特点。数据显示，有1108家公司在年报中提出了分红预案，合计拟派现金额达到9100余亿元，在2017年8100余亿元的基础上再创新高；平均分红比例约为41%，较2017年增加约4个百分点。派现公司中，800余家公司的分红比例在30%以上，220余家公司的分红比例超过50%。从公司分布情况来看，持续稳定高比例分红公司群体已形成，约480家公司连续3年分红比例超过30%。诸如中国神华、方大特钢、伊利股份等公司已经成为沪市公司长期大比例分红的典范。

沪市公司积极履行社会责任，有力推进精准脱贫、污染防治等各项工作。在税收贡献上，沪市公司对国家税收贡献持续稳定，现金流量表反映沪市公司支付的各项税费共计2.63万亿元，与沪市公司实现的净利润总量大致相当。在解决就业上，雇用员工数稳步上升，沪市公司创造了约1450余万个就业岗位，合计支付职工薪酬2.8万亿元，同比增加11%。在精准扶贫方面，沪市有620余家上市公司披露了精准扶贫信息。例如，中国石化以产业扶贫、消费扶贫、就业扶贫及教育扶贫为重点，投入资金2.28亿元，帮助3.22万个建档立卡贫困户脱贫。在污染防治方面，沪市已有570余家上市公司建立了环境信息披露机制，主动披露环保相关信息。

（七）并购重组推动资源优化配置取得新成效

并购重组作为资本市场优化资源配置的重要方式，在助力上市公司加速转型升级、抵御风险挑战、实现高质量发展等方面，发挥着重要作用。2018年，沪市并购重组市场总体保持稳定，全年共进行并购交易1226家次，交易总金额1.2万亿元，较2017年度分别增长42%和31%。重大资产重组方面，共有131家公司启动重组，与2017年度基本持平；披露117单方案，同比增长18%，活跃度有所提升；涉及交易金额近4000亿元，接近2017年度水平，并呈现出一些良好态势，向好的动能正在积聚。

2018年，以“同行业、上下游”整合为目标的产业并购数量已占全部交易的70%以上，产业逻辑已成为市场的主流和共识，并购重组支持服务实体经济的作用进一步发挥。其中，标的资产属于生物医药、高端设备制造、电子信息技术等战略新兴产业的方案数量和交易金额，占比均超过7成。例如，中国海防通过注入水下信息探测、获取、对抗系统及装备业务，与原有水下信息传输业务形成协同，成为国内水下信息系统和装备行业产业链最完整的企业。思维列控通过收购蓝信科技，实现在高速列车运行监测与信息管理系统等方面的技术整合。

二、沪市公司发展仍存在一些结构性制约因素

2018年，沪市公司专注主业，稳定经营，业绩表现良好。同时，在生产经营、市场估值、信息披露等方面也还存在一定的结构性制约因素，需要在后续改革中予以关注和解决。

（一）少数公司主业常年不振

少数公司存在经营陷入困局、造血功能丧失、治理不够规范等风险与问题。据统计，2018年，97家公司净利润下滑幅度超过50%；143家公司出现亏损，占公司总数的约10%。亏损公司占沪市整体比例不高，其中，不少公司出现大幅商誉减值或其他类别资产减值，其前期资产高估值交易的风险因素逐步释放。值得关注的是，也有部分公司因经营不善而面临退市风险。统计显示，2018年度，30家公司触及退市情形，被实施退市风险警示；1家公司将暂停上市；2家将终止上市。这些退市风险公司中，部分公司改善主业的动力不足，经营脱实向虚，沦为市场所诟病的“壳公司”。对于此类公司应继续从严监管，及时出清。也有部分公司受行业周期的影响，主业不振，但积极寻求突围改善经营，须加大对其正面引导和精准扶持，支持企业提升经营能力。

（二）部分民营企业生产经营面临一定困难

作为中国经济发展不可或缺的力量，民营经济在经济转型的过程中，抓住战略发展机遇，取得了较好的经营业绩，但同时也有部分民营企业遇到了一定的困难和问题。2018年，沪市民企业绩出现明显两级分化，由此也导致其整体表现不佳。据统计，沪市民企共实现营业收入5.63万亿元，同比增长13%；实现净利润3051亿元，同比下滑10%。从实现盈利的民企来看，共实现净利润3890亿元，同比增长15%，远高于沪市整体水平，体现多数民企较强的经营活力与韧性。从业绩亏损的民企来看，共有86家出现亏损，其中，净亏损30亿元以上的公司有10余家，多数为风险警示类公司。这些亏损公司中，有些在经营方面未能及时适应产业转型升级的要求，有些在治理方面存在不规范的短期行为，有些控股股东质押风险高企，对上市公司整体质量发展产生了一定影响。

（三）市场概念炒作仍在一定范围内存在

部分市场参与主体仍然热衷于概念炒

作，有些公司市场估值大幅偏离其基本面，对市场正常的估值结构造成不良影响，不利于建设良性的市场生态秩序。统计显示，沪市有些壳公司或者准壳公司员工人数不足百人，营业收入不足3000万元，长期扣非为负，但其估值并不低于市场同类行业企业，甚至屡有热点概念推波助澜。与此对照，也有一批公司专注主业，员工人数、营业收入、经营利润常年保持稳定，其市场估值反而往往不如个别概念炒作公司。此类情况在一定程度上影响了市场正常估值秩序，也不利于促进资源配置优胜劣汰，不利于鼓励长期投资和价值投资。对此，需要坚持对概念炒作从严监管，引导市场关注并聚焦于专注主业的公司，引导推动上市公司提升经营质量。

（四）部分公司信息披露质量有待提升

年报包含了行业发展、市场竞争格局、公司核心资源、业务模式、财务报表等关键信息，是投资者判断上市公司投资价值的重要渠道。但是实践中发现，部分公司的信息披露过于简略、笼统，决策有效性不足。例如，有的公司仅对宏观环境、行业发展进行简单描述，内容较为宽泛和空洞，未能进一步说明对公司自身经营的影响，甚至存在与公司现有业务相关性不大的问题；再如，有的公司仅罗列财务数据，对重大的财务数据变化，未能结合经营模式、市场环境、客户情况等作深入的解释说明，内容空泛，让投资者无法追寻变化的原因；再如，有的公司业务模式、竞争优劣势等信息阐述不清，针对性不足，并且在业务已发生变化的前提下，相关表述却未更新。对此，有必要进一步强化信息披露监管，提升信息披露质量。

三、思考与建议

2018年以来，在外部经济环境总体趋紧、不确定性继续增加的情况下，沪市公司积极应对，深耕主业，展现了国民经济发展中坚力量的风范，在整体下行的环境中实现了持续增长，积极回报投资者。面对未来经济下行压力、内外形势的复杂性，交易所要从提升上市公司质量，优胜劣汰，防范风险等方面，进一步深化资本市场改革，支持实体经济发展。

一是聚焦提升上市公司质量，服务实体经济。持续推动上市公司聚焦主业，提升经营质量，为此要强化信息披露监管，以充分发挥信息披露在资源配置中的作用，通过充分信息披露，揭示上市公司的核心价值信息和风险因素，让上市公司的内在价值能够通过价格得以体现，通过投资者的选择，来引导市场资源通过融资、投资等多种渠道向主业突出的优质公司倾斜，培育以提升上市公司质量为目标的市场优胜劣汰机制。

二是支持优质公司利用资本市场做大做强。完善并购重组等融资政策，一方面，鼓励引导优质公司利用并购重组实现产业整合和转型升级，夯实主业；另一方面，引导长期资金投向具有核心技术、行业领先、有良好发展前景和口碑的企业，优化配置资源。同时，做好信息披露服务和支持工作，提升培训服务水平，精简优化工作流程，降低上市公司信息披露成本，并提升市场对优质公司的关注度，形成资本市场与公司之间的良性循环。

三是促进劣质企业出清和市场净化。针对劣质公司，以保护投资者合法权益为核心，切实履行监管职责，重点打击财务造假、大股东违规占用、市场操纵、内幕交易等违法违规行为，提高资本市场违法违规成本，促使相关各方归位尽责，维护市场秩序和诚信基础。同时，进一步落实完善退市制度，疏通资本市场出口渠道，加快重大违法违规公司、僵尸企业、壳公司等劣质企业的出清，促进市场生态净化。

四是防范系统性风险，确保资本市场运行平稳有序。深刻认识尊重市场规律和内涵，重点加强对重大风险领域和重点风险公司的监管，做好风险预判，重点做好股票质押、债券违约、私募基金、场外配资等重点领域风险的防范化解处置工作，严防个案风险外溢，守住不发生系统性风险的底线，维护市场稳定。

（上海证券交易所　资本市场研究所年报分析小组）

执笔人：林晓璐　孙安其　韩逸颖

沪市上市公司2018年年报会计问题分析报告

"还投资者一个真实的上市公司"，提升上市公司质量，是资本市场的根本目的。本年度的年报审核工作围绕财务信息真实性和透明度、资金占用、商誉减值等重点财务监管事项开展。审核以会计准则为基础，利益动机识别为出发点，非财务分析为手段，结合公司运营的主要活动和流程，全面深入发掘存在的财务疑点，强化财务审核效果。审核发现，大部分公司财务信息披露质量较好的同时，也有一部分公司存在财务真实性、资金占用、商誉减值等方面的疑点。本报告结合公司销售活动和款项往来、生产活动和成本费用、投资活动和商誉减值问题、资金往来和投融资管理以及会计准则适用问题等方面，就审核中关注到的重点领域进行简要总结。

一、销售活动和款项往来方面

公司营业收入和利润的计量确认，与公司经营模式和行业发展具有高度的关联性，两者之间出现的差异可能反映公司业务存在一定真实性问题。而往来款情况和营业收入的印证则进一步反映了收入的质量，以及相关现金是否流入公司。结合公司销售活动来分析，可以关注是否存在虚增业务和收入、关联交易的商业实质和公允性、是否存在利用调整往来款项减值准备进行利润调节等疑点。

一是涉嫌虚增或提前确认收入，财务数据与经营模式和行业发展不匹配。真实性和可收回性存疑的业务往往在期后发生退货、出现应收账款持续无法收回等情况。同时，可以密切关注关联科目的变动是否匹配，相关数值与行业相比是否异常，如毛利率、存货周转率、产能与销量的对应、应收账款与营业收入的不匹配等。相关异常可能是与公司行业和自身经营状况相关的，也可能是潜在的盈余管理问题的反映，需要予以重点关注。

二是关联交易的商业实质和公允性存疑。部分公司存在关联交易占收入比重较高，甚至上下游均由关联方把控的极端情况，其收入、利润的质量存疑，需重点关注相关交易的商业实质和定价依据。此外，还存在关联交易非关联化的嫌疑，鉴于关联交易显失公允的部分应计入资本公积而非损益，实务中存在表面上交易对方为非关联方，实质上为过桥交易，将本应计入资本公积的利得计入损益，实现保壳等目的。此种情形往往在资产交易、并购标的完成业绩承诺的情形下较为常见。

三是不当调整应收账款、应收票据以及其他往来款等减值准备。鉴于对往来款项如应收账款、票据等流动资产计提的减值准备可以在后续年度转回，与业务发展情况不匹配的计提是操纵前后期报表业绩的重要手段，因此，关注其相关会计处理的变化和依据是否充分成为重点。审核中发现，部分公司可能通过不当调整坏账准备计提比例，重新划分相关款项的信用风险特征等方式，影响当期损益，也可能反映了前期业绩真实性的问题。

二、生产活动和成本费用方面

公司从事生产活动的过程中涉及多个环节和报表科目，从固定资产的投建和后续摊销，到各项费用的确认和发生，再到相关存货的管理和运输等，方方面面都可能影响到公司业绩。其中，固定资产、在建工程、无形资产、存货等资产科目的确认，既会影响公司当期折旧费用的计量，又是部分前期虚增利润的“藏身之处”。因此，需重点关注以下几方面变动的合理性：

一是少计或跨期确认成本费用。为实现利润或进行盈余管理，个别公司可能自成本费用端入手，例如，通过资金体外循环少计成本费用、跨期确认费用，通过在建工程延迟转固减少折旧摊销等。

二是固定资产与经营状况匹配度较差。可能存在通过虚增固定资产掩盖建设资金流出，或存在资产效益较差的风险。部分公司可能存在调整摊销政策、减持计提不到位等影响业绩的可能。

三是在建工程的真实性存疑，以及通过在建工程转固影响利润。鉴于在建工程尚未投产，无需每年计提折旧摊销，但应在存在减值迹象时及时计提减值准备。部分公司可能通过该科目进行盈余管理，例如，可能存在在建工程完工多年未转固，甚至相关产线已实际生产但延迟转固以增厚利润，操纵转入转出在建工程时点，或实际相关资产已减值但未及时计提等情形。问询中应重点关注相关产线状态、剩余开工产线产能与实际产量的匹配度、减值准备计提的充分性等。

四是存货异常，或存货周转率异常。虚增收入可能导致存货真实性存疑，部分明细存货项目异常增长，存货周转率显著异于行业，大额减值准备计提依据不明等现象。个别公司可能通过一次性计提大额资产减值准备进行“大洗澡”，从财务信息中“抹除”前期可能存在的资产真实性问题。

三、投资活动和商誉减值问题

近年来上市公司频繁进行多元化经营和对外投资，部分公司的投资成果不佳，并购资产质量偏低，资产情况披露不佳，除经营风险外，个别公司还可能存在通过对外投资转移资金等情形，在跨界投资中尤为明显。其中，涉及与大股东相关的投资更可能暗藏风险，存在相关利益变相流入大股东的可能。同时，“三高”并购带来了后续业绩承诺和商誉减值的压力，可能存在减值计提不当的问题。

一是投资效能较差，重组标的业绩踩线达标和期后变脸。部分公司存在并购标的业绩踩线达标，承诺期业绩持续下跌，承诺期满后业绩迅速变脸的情形。该现象既可能反映标的资产前期经营业绩真实性存疑，又可能体现公司对标的资产的整合与控制不足，应进一步细究前期是否实际控制标的，评估承诺期后的经营风险。

二是关键少数可能通过对外投资侵占上市公司利益。部分公司存在向与关联方共同投资公司单方面提供财务资助或担保、向控股股东购买亏损子公司、向大股东收购资产但长期不交割股权，大额投资大股东控制的结构化主体且不参与管理、频繁收购非主业资产后计提减值并高买低卖等情况。上述做法有违商业逻辑，业务实质存疑，不排除大股东或管理层等关键少数通过对外投资侵占上市公司利益的情形。

三是商誉减值大洗澡和准则执行问题。近年来，“三高”并购重组，特别是前期“泡沫化”重组带来了公司高额商誉减值问题，引发市场高度关注。且商誉减值测试专业化强，需要公司管理层、相关审计评估师建立完整的并购统计分析系统，细化资产组区分、折现率计算、经营预测分析等，方能合理判断计量商誉减值。部分公司存在在持续保壳压力、今年盈利无望的情况下通过商誉大额减值，出清前期高额并购损失的可能，需重点关注前期和本次商誉减值计提的合理性和准确性。

四、资金往来和投融资管理

资金链是公司经营的生命线，如何高效、合理地利用资金、匹配合适的投资和外部融资，是一个公司是否能够提升效能、健康发展的关键。本次审核尤其重视上市公司日常资金管理以及与关联方的往来情况，保障资金安全和使用效率，严防相关方通过多种手段侵占上市公司利益。具体可以关注以下几个方面：

一是关注其他流动资产等项目明细和流向。审核中发现，部分公司其他流动资产科目中的理财项目投向存疑，甚至出现逾期无法收回的情况，可能存在通过购买信托理财产品，变相将资金转移到大股东或关联方的情况。此外，部分公司疑似存在利用潜在关联交易形成的应付票据并由大股东贴现的方式，占用上市公司资金的问题。

二是关注往来款的合理性和明细。部分公司往来款增长与公司业务模式和上下游的关系不匹配，且去向和合理性存疑，可能存在通过构造交易创造预付款项，构造表面非关联化的关联交易形成应收款项，关联交易非公允定价转移利润等方式占用上市公司资金，通过账期和预付等结算政策阶段性占用资金等问题。

三是关注财务公司和现金管理业务。部分公司存在与行业发展不匹配的“存贷双高”、财务费用与融资规模、存款规模和利息收入不匹配的问题，可能存在银行配合下利用现金管理协议或抽屉协议占用上市公司资金问题。还有部分公司大股东利用集团财务公司资金归集功能，通过存贷支取的现金管理差异，以及融资和存款的息差，可能变相占用上市公司资金。

五、会计问题准则适用问题

随着新业务、新模式的不断出现，在原则导向的准则体系下，实务中对会计准则的理解和判断日益复杂，执行上可能出现了一定偏差。但财务信息反映的不仅仅只是对会计准则的执行和会计处理问题，还与国家宏观环境、经济政策的落地执行、监管成效的体现等相互交织，需要统筹考虑多方面因素，综合做出判断。审核中发现了以下几方面准则执行相关问题，尚需进一步探讨：

一是金融负债和权益工具的区分。在去杠杆的大环境下，部分国有大型企业在多部委的联合协调下，开展了“明股实债”的投资业务，通过条款设计使相关投资确认为权益工具，降低资产负债率。根据准则规定，区分金融负债和权益工具的关键在于公司是否可以无条件地避免交付现金、其他金融资产或可变数量的自身权益工具，若可以则符合权益工具定义，反之则应认定为金融负债。审核中发现，部分公司的债转股条款设计可能存在瑕疵，导致其无法无条件避免交付相关资产，应认定为金融负债。经讨论，公司完善了协议，使相关条款符合权益工具的认定标准。

二是控制的判断导致的合并范围问题。对控制的判断是确定合并范围的基础，历来是存在争议点较多的问题，涉及较为复杂的分析和主观判断，也可能成为盈余管理的手段之一。根据准则，对控制的判断需要综合考虑企业对相关主体是否拥有权力、是否享有可变回报及能否用权力影响可变回报的金额等。实务中发现，部分公司出于增厚利润、剥离亏损、优化资产质量等考虑，对于是否将相关主体纳入合并报表范围的判断依据可能存疑，特别对是否合并合伙企业和结构化主体等权利义务设计复杂的情况。同时，相关信息披露不完善，可能未在年报中充分披露关键协议条款等。

三是拟破产清算子公司的报表合并问题。近年来，在“僵尸企业”出清的政策背景下，部分上市公司或子公司面临停产和破产清算，加大了涉及破产清算子公司的合并报表编制的复杂性。审核中重点关注了相关子公司不再纳入合并范围的时点和超额亏损确认等问题。个别公司疑似在相关子公司破产清算申请尚未被法院受理，母公司仍控制子公司的情况下，提前将前期超额确认的少数股东损益转入归属母公司利润，导致本年度亏损进一步扩大，存在本期“大洗澡”以避免明年因亏损被实施*ST的嫌疑，相关会计处理的合规性需要进一步探讨。

四是收入确认的总额法和净额法存在分歧。实务中部分贸易类业务以总额法还是净额法确认存在一定分歧。特别是部分大型国企的收入与GDP高度相关，在财政部与国际会计准则的协调过程中也持审慎态度，将一般上市公司适用新收入准则的时间推迟至2020年。从影响上判断，收入确认采取何种方法甚至可能导致公司退市（收入不足1000万元），实践中也有部分公司利用贸易业务规避退市。根据准则理念，在判断收入应按总额法还是净额法确认时，应综合考虑主体的义务、存货保管和灭失风险、商品的定价权、供应商选择权、信用风险的承担等要素，判断公司是否为合同标的资产或服务提供的主要责任人，符合条件的方能按照总额法确认收入。但审核发现，部分公司虽以总额法确认收入，但并不承担货物和信用风险，也不具备商品定价权，公司可能并非主要责任人而是代理人，可能更适合净额法确认，但需要结合具体业务和合同综合考虑。

五是股权激励等股份支付问题。股权激励是通过资本市场提高上市公司经营效率的有效手段，但股份支付费用可能给公司带来较高的成本，继而影响经营业绩。历史上，创业板初期也曾考虑相关成本费用对上市的影响，采取了与准则相悖的处理。根据准则规定，除了解锁日后的限售因素外，限制性股票的公允价值应以普通股市价为基础进行计量。实务中存在部分公司对准则理解执行不到位的情形，使用了多种公允价值确定方法，相对计算出的股权激励成本往往低于市场价格。对于相关做法，理论上是不符合准则要求的。此外，对于解锁日后的限售因素的计量，目前准则规定较为原则，并无明确统一的做法，可以进一步探讨。

六是资产减值的判断问题。减值准备的计提一定程度上基于对未来预期的主观判断，不同主体可能出现不同的预期，一直是实务中的复杂问题。例如，2001～2003 年券商业绩大幅下滑时，曾出现大额计提资产减值准备，但事后发现可能过于谨慎的情况。因此，在当前环境下对于未来的预期判断具有相当的复杂性，也难以简单地判定对错。实务中出现不同主体在相关标的中地位和权益类似的情况下，两者本年对于标的未来发展预期不同，导致两者本年度对其计提的减值准备金额差异过大的情形，可能存在其中一方减值准备计提的恰当性存疑，也存在不同主体权利义务不同导致对减值的判断出现差异的可能。需要结合双方的判断依据、判断时所获取的信息等综合考虑。

七是资产证券化业务的会计处理。审核发现，部分上市公司通过发行资产支持证券，利用一系列复杂交易设计，表面上将相关资产转移至第三方，终止确认相关资产，但可能仍将相关资产的报酬和风险保持在上市公司或控股股东方，存在将关联交易包装为非关联交易，以达到创造利润、优化并表资产质量的可能。从准则和会计处理的角度，需要进一步结合相关产品分级设计、回售回购设计、应收账款追索权、大股东保证条款等分析报酬和风险转移情况，以判断相关资产是否已实质上转移。同时需关注相关转移是否为实质上的关联交易，若涉及明显有失公允的关联交易，额外收益可能应视作股东投入并计入资本公积。

六、监管思考

从目前发现的主要问题来看，部分上市公司的财务信息质量仍有一定的提升空间。可以通过多种措施进一步挤压盈余管理甚至财务造假的空间，减少准则适用的分歧，抑制滥用会计准则和判断的冲动等。具体可以从以下几个方面做好相关工作：

一是及时总结类型化问题，择机对外解读，引导公司实务。对于发现的类型化的会计监管和财务信息披露问题，如商誉减值测试的技术性错误、滥用准则主观判断空间进行盈余管理等，拟及时总结常见问题以及会计监管典型案例，通过培训、媒体公开等方式向市场公开，表明相关会计事项的监管理念，引导公司实务会计处理的方向。

二是对于发现的违规行为，及时制止和查处。对于年报审核中发现的疑点，分事项和严重程度及时进行分类处置。一方面，就发现财务疑点的公司以及可能存在审计问题的会计师事务所及时提交证监局关注或核查；另一方面，对于疑似资金占用和违规担保等违规行为，第一时间发出工作函或问询函，要求相关方归还占款并明确时间表，同步启动纪律处分程序。情节严重且未按期解决的，及时按照相关规定对其实施其他风险警示。

三是对于会计准则适用相关问题，通过监管协调机制予以统一。在原则化的会计准则框架下，差异化地判断和处理分歧不可避免，也存在涉及会计判断等探讨空间的问题。建议进一步优化系统内协调沟通机制，及时总结问题并提交系统内讨论。及时在证监系统内形成统一的倾向性处理方法，避免实践中出现过大差异，并及时通过培训等渠道将相关口径向市场公开。

沪市上市公司2018年度审计问题分析报告

审计意见是会计师对上市公司年报审计结果的看法和所持的态度，是投资者对上市公司财务信息分析判断的重要依据。根据财务报表是否在所有重大方面公允反映了被审计者的财务状况、经营成果和现金流量，审计意见分为标准无保留的审计意见和非标审计意见，其中，非标审计意见包括带有解释性说明的无保留意见、保留意见、否定意见和无法表示意见。本文分析了沪市上市公司2018年审计报告总体情况、主要存在的问题以及监管应对，并提出相关信息披露的监管建议。

一、2018年度审计总体情况

（一）非标意见增幅显著，严厉的审计意见大幅增加

截至2018年4月30日，沪市共有1466家上市公司按期披露年报，*ST毅达和*ST新亿因未按期披露年报未纳入本报告样本范围。按期披露年报的公司中，标准无保留意见的公司有1394家，占披露年报公司的95.02%；非标意见的公司有72家，占4.98%。与前期相比，本年的非标意见数量占比为近3年最高。整体来看，本年审计意见呈现出以下特点：

一是非标意见的审计意见数量明显升高。本年非标意见的审计报告共72家，占比4.98%，为近8年最高，呈显著升高趋势。非标意见本年升高的原因，第一可能是本年经济下行压力较大，上市公司前期隐藏的风险暴露；第二可能是本年加大会计监管力度，会计师和上市公司的信息披露更加审慎规范。

二是强调事项的审计意见仍占主要比例。本年带强调事项段的无保留意见41家，占非标意见报告数量的56.16%，与以前各年度基本持平。会计师的强调事项段主要作为对审计中发现的重要事项的提醒。一般来讲，强调事项主要分为两种情况：一是可能对财务报表产生重大影响，但被审计单位进行了恰当的会计处理，且在财务报表中做出充分披露；二是存在可能导致对持续经营能力产生重大疑虑的事项或情况。强调事项并不会影响会计师发表的无保留意见，是一种较为缓和的审计意见。但是在事后审核中仍然发现强调事项和审计重点事项标准较为模糊，以强调事项代替保留意见的情况。

三是无法表示意见和保留意见大幅增加。本年保留意见的审计报告22份，无法表示意见的审计报告8份，上年同期保留意见10份，无法表示意见7份，本年上述两种类型的审计意见均为近8年的最高值。保留意见和无法表示意见为审计中最严厉

的两种意见，尤其是无法表示意见与退市相挂钩，会计师在给出上述意见时，一般会较为谨慎。本年严厉的审计意见大幅增长，一方面原因是会计师的职业判断日趋谨慎和保守；另一方面也体现出在经济下行环境下，一些质量较差的上市公司风险充分暴露，在年末已经无法再采取补救措施来“美化”财务报表，是市场优胜劣汰的结果；同时本年年报前采取的一系列会计监管措施也起到了较好的作用。

（二）非标意见公司特征明显，出具非标意见的会计师事务所较为集中

被出具非标意见的公司特征较为显著，经过统计，呈现出行业集中，市值较小，主要为民营公司的特点。从行业上来看，计算机和通信电子设备制造行业、房地产行业和有色金属冶炼加工行业公司非标意见最多，分别为9家、6家和5家。其原因一是部分行业公司本身业务不具有持续性，主业不佳，常年处于经营困难状态，公司治理混乱，存在较高风险。二是部分周期性行业处于行业低谷时期，暂时经营较为困难，公司经营的薄弱环节风险暴露。从市值上来看，根据2018年12月31日的数据，部分非标意见的公司为100亿元市值以上的较高市值公司，此类公司有10家，占非标意见的10%左右。其中，ST康美的市值为458.09亿元，在二级市场上属于影响较大的公司。三是部分事务所更加“敢于”出具非标意见，其中，大华、天健和立信分别出具7份、7份和6份非标意见。其原因可能一是上述公司客户数量较多，二是上述会计师事务所的会计师职业判断更为审慎严格。

（三）审计意见变化情况与前期差异较大，非标意见跨越式变化较多

审计意见与公司经营情况及财务数据的真实性、可靠性密切相关，其变化情况是投资者做出决策的重要依据。一般而言，审计意见由非标意见变更为标准意见，表示上市公司财务状况、经营成果及持续经营能力等方面得到改善，导致出具非标意见的因素已经消除；反之，由标准意见变更为非标意见，则意味着上市公司某些方面出现不利状况，投资者需对相关事项予以关注。本年审计意见变化情况呈现出以下特点：

一是本年审计意见变化较前期幅度较大，多数公司变化为更为严厉的审计意见。本年由标准无保留意见转变为非标意见的公司有42家，较上年的18家呈现大幅增加。其中，直接转变为保留意见的有14家公司，如ST康美、庞大集团、东方金钰等，占比33.33%；直接转变为无法表示意见的有5家，有*ST刚泰、*ST鹏起、*ST秋林、*ST华业、*ST九有，整体的调整呈现出“跳级”的跨越式变化。由非标意见转变为标准意见的有12家，为近3年最少。

二是上年非标意见公司本年转好的数量较少，更加恶化的公司数量增加。本年连续两年均为非标意见的公司有31家，从数量上来看，与近两年的数量持平。但是从审计意见变化趋势上来看，本年由相对缓和的审计意见转为严厉的审计意见数量大幅增加，其中，由强调事项转为保留意见的有3家，有ST成城、西部资源、*ST金泰；由保留意见转为无法表示意见的有2家，有*ST信威、*ST大控。此外，由于连续两年被出具无法表示意见的公司将被暂停上市，很少有会计师事务所会对同一家公司连续两年出具无法表示意见。2018年，退市海润和*ST保千两家公司被连续两年出具无法表示意见。

表1　2017～2018年度审计意见变化情况表

变动状态	家数	变动情况			
两年均为标准意见	1387	变动方向	家数	具体情况	
非标意见与标准意见转换	53	标准意见转为非标意见	41	变动后审计意见类型	涉及公司
				保留意见14家	ST康美、庞大集团、东方金钰、长园集团、中天能源、银鸽投资、中珠医疗、博信股份、*ST瑞德、梦舟股份、ST中新、*ST百花、ST丰华、ST天成
				强调事项	23家
				无法表示意见	*ST刚泰、*ST鹏起、*ST秋林、*ST华业、*ST九有
		非标意见转为标准意见	12	变动前审计意见类型	涉及公司
				保留意见	大连港、农发种业
				强调事项	10家
均为非标意见	31	变动情形	家数	涉及公司	
		同为保留意见	2	新日恒力、宏达矿业	
		同为强调事项	16	略	
		强调事项转为保留意见	3	ST成城、西部资源、*ST金泰	
		保留意见转为强调事项	1	宏达股份	
		保留意见转为无法表示意见	2	*ST信威、*ST大控	
		无法表示意见转为保留意见	3	*ST工新、*ST信通、*ST富控	
		无法表示意见转为强调事项	1	ST天业	
		两年均为无法表示意见	2	退市海润、*ST保千	

（四）非标意见中严厉的意见比重上升，涉及事项较为集中

本年非标意见数量和比重均有所上升，较为严厉的意见数量和比重亦增幅较大，体现出以下特点：

一是无法表示意见数量进一步增加。本年共有8家公司被出具无法表示意见，上年为7家，同比持续增加，8家公司目前均已经被*ST。本年会计师出具无法表示意见的基础主要涉及如下事项，审计范围受限，大额资产、负债或者收入等相关重要科目无法核实其真实性，此类公司主要包括*ST华业、*ST保千、*ST秋林和*ST刚泰等公司；子公司失控，大额违规担保和违规借款且未履行决策程序等内部控制失效的情况，此类公司包括*ST九有、*ST华业、*ST保千和*ST鹏起等；业务停滞，巨额亏损等持续经营存在重大不确定性的情况，包括*ST海润和*ST信威等。上述公司大多数包含两项以上的高风险事项。

二是本年保留意见大幅增加，涉及事项较为多样。本年共有22家公司被出具保留意见，同比增加120%。保留意见涉及事项较为多样，包括内部控制缺陷、诉讼、关联方资金往来、会计处理恰当性、商誉减值、持续经营能力存疑、资产减值、债务违约和违规担保等。其中，有5家公司被出具强调事项的保留意见，分别是宏达矿业、ST成城、梦舟股份、西部资源和*ST富控。强调事项主要包括立案调查、偿债风险、诉讼和持续经营存在重大不确定性的相关说明。

三是强调事项中涉及风险事项比例升高，但仍以持续经营重大不确定性为主，强调公司债务风险的数量较多。本年共有41家公司被出具带有强调事项段的无保留意见。其中，涉及诉讼、或有事项、债券违约、资金占用、控股股东高比例质押、行政处罚、破产重整等重大风险事项或对损益影响重大的事项的公司有15家，数量上较往年同比大幅增加。值得注意的是，本年多家公司因存在大额借款、流动资本较低、偿债能力较弱被出具带强调事项段的无保留意见，包括海航控股、海航科技、海航创新等一批资本系公司，共15家。其余公司因公司治理不善、转型失败和累计待分配利润为负等经营问题被出具强调意见。

表2　　2018年度非标审计意见情况表

非标意见类型	事项性质	涉及公司
无法表示意见（8家）	审计范围受限、内部控制失效、持续经营能力重大不确定、诉讼、大额资金占用、大额违规担保、会计处理恰当性、立案调查、财务造假	*ST九有、*ST信威、*ST华业、*ST保千、*ST大控、*ST秋林、*ST刚泰、*ST鹏起
保留意见（22家）	内部控制缺陷、诉讼、关联方资金往来、会计处理恰当性、商誉减值、持续经营能力存疑、资产减值、债务违约、违规担保	ST中新、庞大集团、长园集团、宏达矿业、*ST金泰、中珠医疗、ST康美、ST成城、梦舟股份、*ST信通、新日恒力、西部资源、ST天成、博信股份、东方金钰、银鸽投资、*ST百花、*ST工新、中天能源、*ST瑞德、*ST富控、ST丰华
强调事项	诉讼、或有事项、债券违约、资金占用、控股股东高比例质押、行政处罚、破产重整等重大风险事项或对损益影响重大的事项	15家
	主要业务或产品停产、经营不善导致累计未分配利润为负导致的持续经营不确定性	12家

续表

非标意见类型	事项性质	涉及公司
强调事项	净资产负数、高负债率、营运资金负数、每股净资产低于股本、大额关联方资金占用等，导致持续经营存在重大不确定性事宜	12 家
	立案调查，结果未明	2 家
合计（同一家公司不重复计算）		41 家

（五）会计师事务所变更事项信息披露不足，与审计意见变化关联性较高

2018 年度，共有 122 家公司变更审计机构，占披露年报公司数量的 8.28%，占比呈上升趋势，主要体现出以下特征：

一是会计师事务所变更事项相关信息披露不足。相关信息披露不足表现为两方面：一方面是单独披露会计师变更相关公告的公司数量少。根据统计，单独发布会计师事务所变更公告的公司共 42 家，仅占 34.42%。另一方面是已经披露会计师事务所变更公告的相关公告内容信息含量少，在已经披露会计师事务所变更公告的公司中，只有极少数公司披露了变更原因，且大多数原因为公司业务需要和审计业务需要等较为原则性的原因，基本没有针对性地披露具体变更的背景和变更原因，信息披露有效性不足。

二是更换了会计师事务所的公司审计意见变更的比例更高。在 122 家更换了会计师事务所的公司中，有 12 家公司的审计意见发生了变更，占比 9.83%，远高于沪市变更审计意见的比例 4.43%。其中，7 家公司的审计意见变得更为严厉，5 家公司的审计意见更为缓和，审计意见变得更为严厉的原因可能是公司本年整体情况恶化，风险升高，也有可能是公司运营情况未发生变化，上年本应该出具更为严厉的审计意见，但会计师出具的审计意见不恰当。本年审计意见更为缓和的原因可能是公司本年运行好转，风险消除，但也不排除有个别公司通过更换会计师事务所“购买”审计意见的可能。

表 3　变更会计师事务所的公司审计意见更缓和的情况表

变更会计师事务所的公司审计意见更缓和的情况			
证券代码	证券简称	2017 年审计意见	2018 年审计意见
603555. SH	贵人鸟	带强调事项段的无保留意见	标准无保留意见
601880. SH	大连港	保留意见	标准无保留意见
600490. SH	鹏欣资源	标准无保留意见	带强调事项段的无保留意见
600807. SH	ST 天业	无法表示意见	带强调事项段的无保留意见
600634. SH	* ST富控	无法表示意见	保留意见

（六）财务审计与内控审计仍有差异，但部分财务审计意见中考虑到内控审计情况

本年共有1428家公司披露了内部控制审计报告，其中，标准无保留意见1357家，带强调事项段的无保留意见36家，否定意见35家。与审计意见相比较，共有95家公司的内部控制审计意见和财务报告审计意见是不同的，差异较大。具体体现为以下特点：

一是内控审计意见与财务报告审计意见关联性不强。本年内控审计意见为否定意见但审计意见为标准无保留的公司中，关联方大额资金占用的涉及中曼石油和汇嘉时代；子公司失控的涉及黄河旋风；业绩预测和实际情况差异较大涉及文投控股；商誉减值事项涉及飞乐音响。上述内控失效的情况均会对财务报告的真实性和准确性产生较大影响，但会计师未在审计意见中体现。

二是本年有部分公司的非标意见的审计报告中考虑到公司内部控制情况。例如，庞大集团的保留意见的审计报告中提示了投资者应付票据及现金相关的内控失效情况；*ST保千的无法表示意见的审计报告中提示了公司内部控制环境恶化，内部控制失效的风险；*ST鹏起的无法表示意见的审计报告中提示了公司多项财务方面内部控制失效的风险。

表4　两类审计意见类型差异表

内控审计意见类型	财务审计意见类型	公司名称
标准无保留	保留意见	新日恒力、宏达矿业、ST成城（3家）
	强调事项	28家
强调事项	标准意见	25家
	保留意见	*ST百花、西部资源、*ST金泰（3家）
否定意见	保留意见	ST康美、庞大集团、东方金钰、长园集团、中天能源、银鸽投资、中珠医疗、博信股份、*ST瑞德、梦舟股份、*ST工新、ST中新、ST丰华、ST天成、*ST信通、*ST富控（16家）
	强调事项	海航控股、海航基础、安通控股、海航创新、ST天业、*ST长投（6家）
	无法表示意见	*ST信威、*ST刚泰、*ST鹏起、*ST秋林、*ST华业、*ST保千、*ST大控、*ST九有（8家）
	标准意见	中曼石油、汇嘉时代、黄河旋风、文投控股、飞乐音响（5家）

（七）关键审计事项有效性增强，与现实情况更为贴近

2018年1月1日起，新审计报告准则全面实施，除无法表示意见审计报告外，上市公司财务报表的审计报告将增加“关键审计事项”部分，披露与被审计项目相关的个性化信息，以增加审计报告信息含量和相关性、提高审计项目的透明度。关键审计事项能够为财务报表预期使用者提供额外的信息，以帮助其了解注册会计师根据职业判断认为对本期财务报表审计最为重要的事项。本年为准则执行的第二年，总体来看，呈现出以下特征：

一是关键审计事项披露信息含量较多，针对性较强。本年关键审计事项信息类型较为丰富，其中，包括类型主要有日常经营的会计处理，本部分也是包含内容最丰富、涉及事项最广的类型，例如，收入、资产减值、存货等；监管重点事项的处理如商誉减值等；公司异常情况和风险事项的处理如子公司失控、诉讼、违规担保和资金占用等；行业特殊业务的会计处理如保险、银行证券等金融行业主体的合并、金融工具公允价值的确定等事项和航空航运业涉及飞机船舶减值、飞机租赁、采矿业对特许经营权以及矿产资源的处理等。

二是关键审计事项揭示风险作用较强。非标审计意见的公司尤其是保留意见的公司，在关键审计事项中均将公司存在的风险揭示得较为全面。如西部资源将长期股权投资作为关键审计事项，一方面体现了市场关注，另一方面向投资者提醒了相关风险。

二、审计存在的问题

（一）部分会计师出具审计意见不审慎，审计意见不合理

个别公司的会计处理事宜存在明显的违规和不恰当的情况，而年审会计师对此并未表示异议，其恰当性值得重点怀疑。例如，某公司在年报当天披露会计差错更正公告，由于公司采购付款、工程款支付以及确认业务款项、确认营业收入和营业成本时会计处理存在错误，造成公司应收账款少计 6.4 亿元；存货少计 195.46 亿元；在建工程少计 6.3 元；由于公司核算账户资金时存在错误，造成货币资金多计 299.44 亿元；营业收入多计 88.98 亿元；营业成本多计 76.62 亿元。上述巨额差错更正表明公司财务相关的内部控制基本失效。但会计师在出具保留意见的审计报告中并未将上述内控失效事项作为发表审计意见的基础。此外，上述科目均为公司报表中重要的科目，与其他科目关联性较大，影响广泛。且公司会计差错更正数额重大，对此报表出具保留意见的恰当性疑问较大。可以看出，个别审计机构出具审计意见时，职业判断可能不够审慎。

（二）因类似事项被出具的审计意见类型存在较大差异

审计意见部分依赖于会计师的职业判断，但是会计师对类似事项出具的意见可能存在较大差异，尤其对于《审计准则》中有关“重大性”和“广泛性”的认定描述较为原则性，会计师对于此类问题的处理体现出较大差异。例如，X 公司和 G 公司均涉及审计范围受限，无法确认子公司资产负债情况，无法确认交易真实性的问题和巨额亏损，持续经营能力存在重大不确定性的问题。但是 X 公司为无法表示意见，G 公司为

保留意见。其原因一是不同的会计师的主观职业判断不同，即使对相同的事项，会计师对其广泛性的认定也存在一定差异；二是虽然涉及的事项性质相同，但是相关事项对于财务报表的影响程度和广泛性可能确实存在一定差距，在这种情况下，会计师并未将相关事项的影响程度和职业判断详细披露，使用者也难以判断其合理性；三是结合相关公司可能存在的审计意见退市风险，不排除部分会计师未能勤勉尽责，出具了不审慎的审计意见的可能。

（三）各会计师出具审计意见标准不同，甚至出现同一事项出具不同意见的情况

在年报事后审核中我们还发现，部分公司运营情况和风险事项未发生重大变化，但两年审计意见却不同的情况。如D公司，2016年无法表示意见的基础为向关联方17.64亿元预付款是否有对应的货物交付无法确认；2017年，针对相同审计事项，公司通过一系列交易安排和临时还款后又将资金转出的操作，将未收回预付款降为4.4亿元，在审计报告出具之后临时退回的预付款被转出公司，相关交易被终止。会计师针对上述事项出具了保留意见的审计意见。2018年，与前两年相同的事项，会计师出具意见的基础为向关联方17.64亿元预付款可回收金额无法确定，会计师出具了无法表示意见的审计意见。公司连续3年均存在预付款无法收回的事项，但会计师出具的审计意见却不同。可能的原因一是所涉及事项两年之内有所变化，其性质和严重性有所差异，会计师根据实际变化情况做出的职业判断也有所不同，但其变化并未明确披露，投资者难以做出判断；二是2017年公司虽然通过暂时性安排临时降低相关事项影响，但是会计师的审慎性不足，出具意见的依据是否充分值得深究。此外，会计师是否与公司串通，审计意见的恰当性也需要进一步关注。

（四）审计意见类型变化的原因披露不充分

一般来讲，审计意见好转的原因应是导致非标意见的因素已经消除或减轻。但从披露情况来看，审计报告中无法反映相关情况，定期报告中对前期非标意见所涉事项的解决、纠正情况的披露不足。例如，会计师对公司持续经营能力产生疑虑的原因多是因为财务状况恶化，例如，连续亏损、负债逾期、流动负债高于流动资产、资产负债率高等，这些情况往往源于主营业务的经营不善。部分公司仅通过出售资产、债务豁免或政府补助等手段实现非经常性盈利，并未从根本上改善其经营状况，但其审计意见次年变更为较“优”的类型，其变更原因及适当性值得关注。

三、年报审计监管建议

（一）要求会计师披露职业判断

本年度出现部分会计师出具审计意见不审慎的情况，其中，部分审计意见可能

不合理。针对本年度出现的部分公司可能以无法表示意见、保留意见等非标意见代替职业判断的现象，对部分年报存在明显缺陷但会计师出具无保留意见的现象，建议在年报信息披露中加强监管。对审计报告中涉及具体会计处理事项，如发现会计师以“无法判断”“无法获取充分证据”等理由不发表明确意见时，应及时通过问询、约谈的方式，督促会计师补充披露其职业判断。职业判断确有困难的，应详细说明审计受限的原因及其对相关判断的影响。

（二）对审计意见变化的公司进行年报重点审核

审计意见与公司经营情况及财务数据的真实性、可靠性密切相关，其变化情况是投资者做出决策的重要依据。对于审计意见变化的情况，要重点关注、重点审核。例如，对于标准意见转为非标意见的情形，既需要关注导致非标意见的具体事项及其对公司未来财务状况、经营成果及业务运营的可能影响，也需关注导致非标意见的事项在以前年度是否存在，以判断以前年度审计意见的适当性；对于由非标意见转为标准意见的情形，需格外关注此前导致非标意见的事项是否已完全消除，并结合公司自身特点综合判断审计意见的恰当性。这些特点常见的有：是否存在因“摘星”“摘帽”或规避“戴帽”动机、是否拟筹划再融资等重大事项等而“美化”审计意见。即使同为非标意见，鉴于否定意见和无法表示意见均被纳入退市情形，若出现无法表示意见、否定意见转为其他非标意见的情形，需重点关注审计意见变化的适当性。

（三）加强内控审计意见与财务报告审计意见的联动监管

目前，内控审计意见与财务审计意见存在差异的现象较多。虽然不能认为财务审计与内控审计的审计意见类型应保持一致，但是若两者差异过大，应当就差异原因及相互影响情况进行必要的解释说明。建议从日常监管和规则制定两个角度着手实现两者的联动。一是在年报审核和日常监管中着重关注两者存在差异的公司，及时问询。在年报审核时可以进一步分析内控缺陷的影响范围及其对整体财务报表数据形成基础的影响程度，以分析判断其财务审计意见的适当性。通过问询，明确相关内部控制缺陷的影响和范围，以及其对财务报告审计的影响，以信息披露间接推动审计意见的严谨性和适当性的提升。二是建议进行审计相关信息披露规则的修订。建议修订现有关于审计意见的披露规则，要求会计师在两者存在差异时，说明是否考虑了两类审计意见的相互影响，明确做出审计判断的主要考虑和相应标准等。

（四）对会计师有变动的公司年报重点审核

从信息披露的角度来看，未披露或者未充分披露会计师事务所变更原因的情况一直较普遍，部分上市公司披露的随意性较大，针对性不强，很难从披露的内容中知悉更换会计师事务所的真正原因。变更会计师事务所的公司中，审计意见变化比例显著高于平均水平，这在一定程度上反映出该类公司的风险性。在年报审核中，应重点关注变更会计师事务所前后审计意见类型发生变化的公司，并将前后审计情况和年报情况相对比，通过分析审计意见类型的适当性，核查是否存在通过变更会计师事务所“购买”审计意见的情形。

（五）强化审计意见变更的信息披露

目前，在上市公司年报中未强制要求会计师就审计意见变更原因进行解释。特别是由非标意见变更为标准审计意见的公司，投资者无法获悉导致上一年度被出具非标意见事项的解决情况。对此，建议进一步完善关于审计意见变更的披露，要求公司和会计师说明上一年度非标审计意见类型所涉及的事项、公司为消除非标意见所涉事项所做的工作和进展、相关影响已消除的判断依据等，并结合审计意见变更情形，说明本年度审计意见的适当性。

（六）强化会计师事务所变更的信息披露

目前，上市公司对会计师事务所变更相关情况的披露比较随意，针对性不强，信息含量较少，其中，可能隐藏了审计分歧及“购买”审计意见等行为。建议发布专门的《上市公司变更审计机构公告格式指引》予以规范，一是进一步明确变更审计机构应单独披露的要求；二是要求披露变更审计机构的原因；三是要求原会计师出具说明，就与继任审计师的沟通情况、是否存在意见分歧、上一年度导致非标意见事项的后续进展情况等进行披露；四是针对年报披露前3个月内决定变更审计机构的情形，还应要求公司和原会计师详细说明临近年报审计变更审计机构的原因。

沪市上市公司2018年年报内部控制问题分析

内部控制是防范企业财务报告错误和舞弊的第一道防线，是提高企业经营活动效率和效果、提高其抗风险能力的必要保障。内部控制信息披露则是评价并反映企业内部控制制度是否建立健全和有效执行的重要手段，投资者可据此做出合理的投资决策。自2014年起，上市公司全面披露内部控制信息，相关内部控制制度及执行取得了显著的进步。近年来，沪市公司内部控制评价报告和内部控制审计报告披露数量逐年上升，信息披露质量提升的同时也揭示出一些不可忽视的问题。本文基于沪市公司2018年年报内部控制信息披露的情况，通过分析沪市公司内部控制建设及其信息披露存在的问题，提出相应监管思考与建议。

一、2018年沪市公司内部控制信息披露总体情况

按照财政部与证监会联合发布的《关于2012年主板上市公司分类分批实施企业内部控制规范体系的通知》，目前除因进行破产重整、借壳上市或重大资产重组以及新上市情况外，主板上市公司应当全面披露内部控制评价报告和内部控制审计报告。2018年度沪市公司内部控制信息披露整体情况良好，一方面，内部控制评价报告和内部控制审计报告的披露数量明显上升，纳入评价范围的单位指标占比有所提高；另一方面，内部控制自评结论无效、审计否定意见涉及的公司家数大幅增加，信息含量提升，其中，内部控制自评为无效的公司31家，审计意见为否定的公司35家，上市公司更多的缺陷和风险得以揭示。

（一）内部控制评价报告披露情况

随着监管要求的日益完善，沪市上市公司内部控制评价报告信息披露的数量和质量稳步提高。截至2019年4月30日，沪市披露2018年年度报告的1466家公司中，有1419家公司同时披露了内部控制评价报告，占比达到96.79%，除5月9日披露年报的*ST新亿和6月28日披露年报的*ST毅达之外，共有47家公司未披露内部控制评价报告，其中，新上市公司43家，因进行重大资产重组而尚未建立健全内部控制体系的上市公司4家，分别为天科股份、海越能源、天华院和北汽蓝谷。由表1可见，本年度内部控制评价报告披露家数大幅增加，占公司总数的比重明显上升，沪市公司合规意识有所增强。

表1　2016～2018年沪市公司内部控制评价报告披露情况　单位：家

年份	2016	2017	2018
年报披露家数	1214	1419	1466
内部控制评价报告披露家数	1095	1232	1419
内部控制评价报告披露占比%	89.5	86.8	96.8
内部控制评价报告未披露家数	129	187	47
其中：新上市公司家数	117	180	43
破产重整、借壳上市或重大资产重组家数	12	7	4

1. 32家公司财务报告内部控制自评无效

按期披露内部控制评价报告的1419家公司中，1388家公司认为其2018年度财务报告内部控制有效，32家公司“自曝家丑”，其财务报告内部控制评价结论为无效，分别是银鸽投资、ST天成、梦舟股份、ST康美、长园集团、中珠医疗、ST丰华、*ST富控、*ST瑞德、*ST工新、中天能源、ST中新、黄河旋风、飞乐音响、文投控股、中曼石油、*ST长投、安通控股、海航控股、海航基础、海航创新、*ST保千、*ST九有、*ST鹏起、*ST刚泰、*ST大控、*ST秋林、博信股份、汇嘉时代、*ST华业、东方金钰和*ST信通。认定内部控制无效的公司数量较去年的17家大幅增加，其中，*ST保千、黄河旋风、*ST信通、*ST富控、飞乐音响、*ST工新、ST大控7家公司内部控制已连续两年为无效。

2. 逾95%公司内部控制评价范围占比超过80%

根据《公开发行证券的公司信息披露编报规则第21号—年度内部控制评价报告的一般规定》（以下简称《一般规定》）要求，上市公司需按风险导向原则确定纳入评价范围的主要单位、业务和事项以及高风险领域，并对评价范围是否存在重大遗漏形成明确结论。对纳入评价范围的主要单位需披露资产总额占比及营业收入合计占比两个量化指标。据统计，2018年沪市公司披露的内控评价范围占比情况中，纳入评价范围单位的资产总额占合并报表资产总额之比达80%以上的公司共1366家，占披露内部控制评价报告公司家数的96.26%；营业收入合计占比80%以上的共1355家，占披露公司家数的95.49%。上述两项指标均优于2017年度，其中，半数以上的公司已将全部的资产和业务范围纳入评价。但仍有3家公司纳入评价范围的主要单位对应资产总额占比在50%以下，7家公司纳入评价范围的主要单位对应收入总额占比在50%以下，*ST保千已连续两年披露未能对构成内部控制重要方面的控制政策和程序进行评价，评价范围存在重大遗漏。

表 2　　2018 年沪市公司纳入内部控制评价范围单位两项指标分布情况

2018 年占比分布	纳入评价范围的资产总额		纳入评价范围的收入总额	
	公司家数	占比	公司家数	占比
100%以上（含）	753	53.07%	807	56.87%
80% ~100%	613	43.20%	548	38.62%
50% ~80%	50	3.52%	57	4.02%
50%以下	3	0.21%	7	0.49%
合计	1419	100.00%	1419	100.00%

3. 内部控制缺陷认定标准披露总体良好

根据《一般规定》，对于内部控制评价工作情况，公司应区分财务报告内部控制和非财务报告内部控制，分别披露重大、重要缺陷的认定标准、认定结果及整改情况等。2018 年披露内部控制评价报告的沪市公司能够结合公司规模、行业特征、风险偏好和风险承受度等因素，制定并披露适用于公司自身的具体缺陷认定标准。在定量标准方面，多数公司采用缺陷导致的错报对财务报表的影响程度，作为财务报告内部控制缺陷的量化指标，包括缺陷导致的总资产、净资产、营业收入、营业成本、税前/税后利润等指标的潜在错报金额，及其占财务报表对应项目的比重，并按不同取值范围确定为重大缺陷和重要缺陷；非财务报告内部控制缺陷定量标准的量化指标大多与此相同，部分公司采用直接财产损失、目标偏离度、受处罚金额、员工流失率、停产/业务中断时间等指标。在同类指标取值上，各家公司由于其所处行业或公司自身特点等原因，亦有所差异。在定性标准方面，多数公司的财务报告及非财务报告内部控制缺陷的定性标准包括董监高的舞弊行为、内部监督无效、会计师发现财务报告重大错报、财务报告更正，以及决策失误、违法违规、造成环境污染等，但总体而言，相关公司对定性标准的描述较为宽泛，未能充分体现行业特征。另有 14 家公司披露称对内部控制缺陷认定标准进行了调整或细化。

4. 少数公司内部控制存在缺陷，部分未整改完毕

缺陷认定结果方面，共有 35 家公司披露财务报告内部控制存在重大缺陷。截至报告基准日，博信股份、ST 天业、梦舟股份、长园集团、*ST 富控、*ST 大控、*ST工新和*ST长投披露已对相关控制完成整改。此外，ST 抚钢、圣济堂和庞大集团发现存在财务报告内部控制重大缺陷，但均披露其截至内部控制评价报告基准日，已不存在未完成整改的财务报告内部控制重大缺陷。上述公司认定的重大缺陷共 74 项，主要集中在财务管理、资产管理、投资管理等业务领域，主要涉及会计核算、资金占用、关联交易、票据管理等问题。31 家公司披露了非财务报告

内部控制重大缺陷，包括博信股份、ST天成、梦舟股份、ST康美、长园集团、中珠医疗、ST丰华、*ST富控、ST椰岛、广汇能源、航发科技、ST抚钢、大有能源、飞乐音响、昂立教育、光大证券、华铁科技、乾景园林、宏图高科、商赢环球、海越能源、南京新百、ST天业、*ST保千、*ST九有、*ST鹏起、*ST刚泰、*ST华业、*ST上普、*ST大控和*ST秋林，缺陷共计40项，主要集中在综合管理、资产管理、投资管理等业务领域，主要涉及决策授权、立案调查、关键人员失联以及信息披露等方面的违规行为。多数公司在报告基准日仍就相关缺陷进行整改中。

表3　2018年沪市公司内部控制缺陷认定及整改情况

	披露公司家数	截至基准日已完成整改公司家数
存在财务报告内部控制重大缺陷	35	11
存在财务报告内部控制重要缺陷	14	11
存在非财务报告内部控制重大缺陷	31	12
存在非财务报告内部控制重要缺陷	21	12

约6成公司对一般缺陷情况进行了披露。由于《一般规定》对一般缺陷未做强制披露要求，各公司披露较为宽泛，多称无一般缺陷，或仅笼统说明对一般缺陷已及时制定整改计划、落实整改措施。但也有部分公司详细披露了一般缺陷数量、内容、影响与整改措施等。

（二）内部控制审计报告披露情况

截至2019年4月30日，沪市披露年度报告的1466家公司中，有1424家公司披露内部控制审计报告，占比达到97.13%，相比2017年度内部控制审计报告披露占比的87.10%有明显提升。37家新上市公司自愿披露内部控制审计报告，另有部分公司完成重组后，积极建立健全内部控制体系，主动披露内部控制审计报告。未披露内部控制审计报告公司有42家，其中，新上市公司有38家，存在破产重整、借壳上市或重大资产重组等情形的公司有4家。相关审计意见如表4所示，其中，37家被出具带强调事项段的审计意见，35家被出具否定意见。另有13家因会计师在审计过程中注意到存在非财务报告重大缺陷，在审计报告中增加了“非财务报告重大缺陷段”进行说明。

表4　2016～2018年沪市公司内部控制审计非标意见情况

年份	2016	2017	2018
带强调事项段意见家数	45	32	37
否定意见家数	13	20	35

1. 带强调事项段的审计报告数量同比增加

带强调事项段的无保留意见内部控制审计报告共37份，较上年有所增加。强调事项大致分为6个方面：一是审计范围未涵盖相关业务的内部控制活动，如延长化建、创力集团等公司根据有关规定未将报告期内被并购企业纳入财务报告内部控制审计范围，属于法定豁免的情形。二是目前或曾经因违反证券法律受到监管部门处罚、立案调查等事项。如*ST仰帆、*ST中安和红阳能源等。三是审议审批程序不完备，如动力源多次将闲置募集资金用于临时周转，但未按照《募集资金管理办法》履行相关审批程序，又如华脉科技存在部分非主营性业务履行审批程序不完备，多家公司资金拆借事项未严格履行审批程序等。四是公司治理问题，如华银电力与控股公司在人员、机构方面未实现相互独立；康尼机电子公司龙昕科技原实际控制人以龙昕科技名义违规借款和担保等。五是对已整改缺陷的提示，如*ST百花未有效识别关联方，未披露关联交易，但截至审计报告日已进行整改；鹏博士2017年因部分资产折旧计算有误少确认累计折旧，但已于2018年作为会计差错进行了追溯调整。六是对持续经营能力重大不确定性的提示，如退市海润。

2. 否定意见数量大幅增加

否定意见内部控制审计报告共计35份，占比2.46%，较上年有明显增长。但该比例仍低于境外市场中，会计师事务所审计发现上市公司内部控制无效的比例，如2005～2014年，美国该平均比例已达6.24%。

导致否定意见的情形主要集中于关联方资金占用、往来款项管理、对子公司管理控制、公司治理结构、重大会计差错、商誉减值计提不足、担保及对外投资等重要事项的审议审批程序等方面。35家公司中，*ST大控连续3年被出具否定意见，*ST信威、*ST信通、*ST保千、*ST工新、ST天业、*ST富控和飞乐音响连续两年被出具否定意见，海航基础去年内部控制审计报告结论为带强调事项段的无保留意见，2018年内部控制审计报告被出具否定意见，中曼石油为2017年度新上市公司，本年度因关联资金拆借行为未履行董事会、股东大会等决策程序被出具否定意见审计报告。汇嘉时代、ST中新、庞大集团、*ST九有等25家公司的内控审计报告则由2017年度的标准无保留意见变更为否定意见。其中，庞大集团、长园集团、*ST保千、*ST大控、ST天业、*ST富控和*ST鹏起在本年度变更内部控制审计师事务所。

二、2018年沪市公司内部控制及其信息披露存在的主要问题

内部控制是保证财务报告公允反映公司财务状况和经营成果、保障公司经营目标顺利实现和长足发展的内在机制。良好的内部控制信息披露有助于投资者判定上市公司的内部控制有效性，据以评估公司的内在价值。但从沪市公司内部控制及信

息披露实践来看，在内部控制的建立健全和有效实施以及相关信息披露的及时性、规范性和充分性等方面还存在一定问题。

（一）沪市公司内部控制存在的主要问题

内部控制审计为否定意见，表明公司的内部控制在制定及实施过程中存在严重不足，无法为企业的控制目标提供合理保证。本年被出具内部控制否定意见的35家公司均为我部日常重点监管的公司，其中32家为高风险类公司，3家为重点关注类公司。相关公司具有显著的共性特征，如在盈利能力方面，共有26家2018年度净利润为负，其中不乏*ST工新、*ST富控等巨额亏损的公司，而扣非净利润为负的30家，其中*ST保千等15家公司已连续两年扣非亏损；即便盈利公司中，也存在每股收益不足0.1元的微利公司，亦有财务真实性存在重大嫌疑的情形。在股东层面，上述35家公司的实际控制人大部分为个人，另有部分无实际控制人或境外公司，且近8成公司大股东质押率在80%以上。对上述公司的内部控制情况进行分析，可归纳出以下问题：

一是关联方资金占用问题突出。2018年以来，因内外部环境因素，部分公司控股股东、实际控制人资金、信用紧张，其通过各种方式侵占公司资金、违规要求公司提供担保的情况有所增加，影响上市公司正常经营，严重侵害了上市公司及中小股东的合法权益。相关行为也是本次年报监管工作的重点。35份内部控制否定意见显示，11家上市公司存在突出的关联方资金占用问题。如ST中新，内部控制审计师认为公司在未经正常审批程序、无实际采购合同以及未履行必要的信息披露义务的情况下，将资金支付给供应商、劳务公司及部分个人，后资金继续划转给公司关联方，造成期末大额关联方非经营性资金占用。又如安通控股，其下属子公司未按照资金营运流程办理银行付款，财务管理部根据公司领导授权直接进行资金支付，形成关联方非经营性占用。ST天业存在控股股东方资金占用和违规担保，涉及金额巨大且迟迟未能解决。

二是会计核算不准确，财务真实性存在重大隐患。财务信息披露真实性是本次年报监管的首要任务。与之相关的内部控制失效，则无法为财务信息的真实准确完整提供合理保证。2018年度，ST康美财务核算存在重大缺陷，未能反映公司实际财务状况，并导致金额巨大的前期会计差错更正，而财务核算的重大缺陷往往反映出前端其他业务的内部控制问题，对于康美药业来说，其资金管理、关联交易管理等多个环节均存在重大缺陷，已被证监会立案调查。再如较为常见的费用或减值计提的合理性问题，如本年度在商誉减值监管趋严的背景下，长园集团、飞乐音响等公司未能及时、足额计提商誉减值，影响了商誉确认金额的准确性。

三是对控股公司的管理和控制存在重大缺陷。在当前并购、投资日渐活跃的环境中，上市公司应关注被投资标的，特别是异地公司的发展战略、重大投融资、重大担保、大额资金使用、主要资产处置、内部控制体系建设等重要事项。上述35家公司中，有7家存在对外投资管理和对子公司的管理控制问题。如*ST九有对子公司润泰供应链持有51%股权，但未能对其实施有效管理，且无法获取相关财务资料，致使子公司的财务报表未纳入合并范围，对财报产生了广泛性影响。又如梦舟股份，未能对影视剧投资款实施有效控制，无法确保资产安全。

四是销售及收款环节、采购及付款环节和关联交易等为重大缺陷的高发领域。按企业经营活动的主要业务领域分类，上述35家公司的重大缺陷领域集中在销售、采购、往来款项管理和关联交易等方面。如*ST华业，其应收账款业务发生欺诈事件，造成大额损失，相关案件正在公安侦查阶段。庞大集团的应付票据管理存在重大缺陷，对集团内各分子公司开具的银行承兑汇票缺少统一的审核和登记。又如飞乐音响，其子公司未能有效执行逾期应收账款催收制度，同时在客户多次提出延期支付的情况下亦未能采取有效措施，项目资金流得不到有效监控，导致重大项目款项未能按时收回，公司资金周转只能完全依赖大股东支持。再如博信股份无法保证关联方及关联交易被及时识别并履行相关的审批和披露事宜，相关内控失效。

五是缺乏有效的控制环境和内部治理，诱发控制缺陷。内部控制五要素中，内部环境是整个企业内部控制制度的基调和框架基础，它在很大程度上决定了其他要素的质量，是内部控制得以有效实施的保障。缺乏有效的内部环境，再多的控制措施也将流于形式。在35家公司中，不乏内部环境较差的公司，如*ST秋林董事长和副董事长对公司的经营业务超过董事会授权，相关职责分工和制衡机制失效，且公司本年度暴露出多个内部控制重大缺陷和重大风险。*ST保千生产经营停滞，大量员工离职，部分关键岗位缺位，组织不能正常运行，内部控制不能有效执行，内部控制审计工作无法开展。ST丰华财务总监同时在控股股东财务部任职，未能满足上市公司治理在人员等方面的独立性要求。同时，关注到存在违规资金往来等问题的公司，多为逾越内部控制和审批程序的情况，也体现了内控环境的薄弱。

（二）沪市公司内部控制信息披露的主要问题

1. 内部控制信息披露的及时性和完整性不足

2018年度，有部分公司在年报中提及已实施内部控制评价或内部控制审计，但未及时将相应报告公开披露，经监管提醒后才将相关资料进行上网。亦有少数公司未按照本所《备忘录一号》的要求，使用统一的内部控制报告编制模板编制，使得相应报告的可比性不足。个别上市公司内部控制相关信息披露不完整，或存在补充修订、对内部控制缺陷或内部控制审计意见等关键信息进行更正的情况。

2. 内部控制信息披露的规范性和恰当性不够

其一，内部控制评价范围重大遗漏标

准不明确。《一般规定》要求上市公司评价范围存在重大遗漏的，应当披露评价范围重大遗漏的具体情况及其对评价结论产生的影响，但在是否存在重大遗漏的判断标准方面却未予规范。2018年度，申华控股和洛阳玻璃2家公司纳入评价范围的单位资产及营业收入占比两项指标均低于50%，另有首创股份和*ST九有2家公司营业收入占比指标不足20%，但前述公司均认为其评价范围不存在重大遗漏。

其二，内部控制评价结论不准确。部分上市公司内控评价报告披露的内容前后矛盾，如庞大集团内控自评报告在“内部控制评价结论”段中称财务报告内部控制为“有效”，且于内部控制评价报告基准日“不存在财务报告内部控制重大缺陷”，但“内部控制缺陷认定及整改情况”部分显示，公司存在财务报告内部控制重大缺陷3个，且明细表中显示其报告期末未完成整改。同样*ST大控也存在整改情况前后披露不一致的问题。

其三，内部控制缺陷类别和等级认定混乱。部分公司存在财报、非财报缺陷混淆不清的情况，尤其是部分涉及资金活动等与财务报告相关的内部控制缺陷被列为非财报内控缺陷，这可能与指引仅要求注册会计师对财务报告内部控制有效性发表审计意见有关。另有少数公司对内控缺陷等级认定不当，将报告期内发生的重要违法违规等本应属于重大或重要缺陷的事项仅列为一般缺陷或未认定为内控缺陷。如有公司报告期内出现子公司高管挪用资金未及时上报上市公司及履行相应审批程序的行为，但鉴于上述事项已进行整改，未造成损失，公司认为不属于财务报告内部控制缺陷。相关认定依据及合理性存疑，有“避重就轻”之嫌。

其四，内部控制评价结论与内部控制审计意见存在差异。按照《企业内部控制审计指引》，会计师认为财务报告内部控制存在一项或多项重大缺陷的，除非审计范围受到限制，应当对财务报告内部控制发表否定意见。然而，个别公司未严格执行上述规定，内控自评与内控审计结论差异明显。例如，ST天业内部控制存在重大缺陷，被会计师出具否定意见的审计报告，但公司内控评价报告却称“公司在所有重大方面保持了有效的财务报告内部控制”“内部控制审计意见与公司对财务报告内部控制有效性的评价结论一致”，经监管问询后，公司对内控评价结论进行了修订。

3. 内控信息披露的充分性有待改善

一方面，部分违规行为未在内控评价或审计结论中体现。上市公司在年度内出现违规行为，甚至被采取监管措施或纪律处分，一定程度上可反映出公司在相应方面的内部控制已存在缺陷。但经核实，部分公司的违规行为并未在公司的内控评价报告或审计报告中予以体现。如根据年报审核情况，有24家公司控股股东及关联方资金占用发生额在5000万元以上，涉及金额较大，严重触及了监管红线，但其中10家公司的内控审计意见为标准无保留，且部分公司资金占用仍存在期末余额，表明其整改尚未完成。相应内部控制评价的充分性不足，内部控制审计认定是否恰当存在疑问。

另一方面，内部控制审计报告对重大缺陷的影响未详细披露。内部控制重大缺陷往往会造成上市公司报告期内的重大经济损失或潜在风险，但部分内部控制审计报告对公司重大缺陷的描述未能体现其具体影响程度。例如，*ST九有的内部控制审计报告中只是提到“由于对子公司失去控制，其资产负债表、2018 年 8 ~ 12 月的利润表及现金流量表未纳入合并范围，导致公司的财务状况、经营成果和现金流量产生重大变动，对财务报告影响重大且具有广泛性”，并没有对比实施控制与否两种情况下，公司财务状况、经营成果和现金流量相关财务数据可能存在的差异。再如，博信股份内部控制审计报告中提到“子公司部分销售业务相关内部控制存在重大缺陷，影响营业收入、营业成本、往来款项及存货等财务报表项目”，但没有测算该项缺陷对营业收入、营业成本、往来款项及存货等财务报表项目的计价影响的程度。

三、监管思考及建议

2018 年度，沪市上市公司内部控制及其信息披露情况总体良好，但在内部控制建设和信息披露方面仍然存在一些问题和不足。本年度内部控制非标意见，尤其是否定意见的公司家数，以及披露内部控制重大缺陷的公司家数较上年有明显增长，这一方面源于外部资金环境紧张，以及监管持续从严下的风险暴露，另一方面也体现了中介机构的“看门人”意识有所增强，会计师对于审计结论的认定更加严谨。在新的监管形势下，提高上市公司质量是上市公司监管工作的首要目标。给投资者一个真实、透明、合规的上市公司，是保护投资者合法权益的根本手段，而在监管过程中，内部控制是很重要的一个抓手。总结相关情况，本文提出以下 3 个方面的建议，以督促上市公司进一步提升内部控制水平，强化风险防范能力，提高经营管理水平，进而达到提高整体质量的目的。

（一）关注内部控制缺陷高频问题及相应的隐患公司，强化对控制环境薄弱公司的监管力度，贯彻分类监管与科技监管，加大违规成本。

中国正处在优化经济结构、转换增长动力的关键时期，市场环境和监管形势的变化必然给企业发展带来不可小觑的挑战与风险，并由此增加相应领域内控问题暴露的可能。鉴此，在监管工作中应重点关注以下几项内容：一是针对前文梳理的几类高频发生内部控制缺陷相关领域和问题，建议在日常监管中及时予以重点关注。根据缺陷所处业务领域分类统计发现，沪市公司内部控制重大缺陷的“高发带”主要集中于关联方资金占用、对控股公司管控、销售与采购环节、会计估计和会计核算等。对相关问题除通过定期报告审核等予以关注外，日常监管中关注度不足，亟须加强监督检查。二是梳理风险公司名单，关注行业特殊、主业亏损、股东异常的公司。实施分类监管是解决监管资源有限与监管压力加大这一矛盾的重要手段，要坚持管少管精，才能突出重点、精准监管。建议有针对性地对经营业绩不佳、控制环境较差以及近期完成重组置入资产，尤其是进行跨行业重组的公司在日常监管中予以重点关注。此外，当前大股东股权质押日趋频繁，股权质押平仓风险容易造成公司股权结构不稳定，可能导致大股东多种形式的侵占行为，极易引发上市公司内部控制和治理缺陷，需引起监管高度重视。三是加大违法成本，增强监管震慑力。提高违规成本是加强上市公司监管、提高上市公司质量的核心举措。后续将继续加大惩戒力度，并通过科技监管实现信息的互联互通和交叉验证，增强线索发现、分析和预警能力。

（二）提高公司对内部控制相关信息披露的意识，细化并统一披露要求，增强信息披露有效性，完善内部控制信息披露的监管标准。

一是提高公司对内部控制相关信息披露的意识。分析发现，上市公司内控信息披露存在诸多低级错误，如内部控制评价报告格式不规范、内部控制评价报告或内部控制审计报告未及时上网、内部控制评价报告前后矛盾等，这体现出公司对内部控制相关信息披露的严肃性不足。建议通过年报培训、监管提醒、适当惩戒等方式，提高上市公司相关责任人对内部控制信息披露的重视程度。二是建议在规则制定层面，进一步细化相关信息披露要求。例如，规范重大遗漏的判断标准，细化内部控制缺陷发现及整改的“过程型”信息披露要求等。再如，目前的规则对公司内部控制内容要求比较统一，在上市公司的经营模式和治理结构越来越多样化的情况下，建议要求公司结合自身特点在内部控制报告中各部分进行有针对性的披露，增强信息披露的针对性和有效性。三是完善内部控制信息披露的监管标准。一方面，将内部控制非标意见的情形与信披违规处罚相结合，并严格处罚标准，加大惩戒力度；另一方面，建议进一步加强对相关内部控制信息披露的及时性及披露质量的监管，持续加大对上市公司刻意隐瞒内控重大缺陷、披露不及时不充分，甚至披露虚假信息等违规情形的监管约束。

（三）强化对会计师内部控制审计执业行为的监管，明确规则的“模糊地带”，充分发挥外部监督作用。

实施内部控制审计，有利于保证上市公司内部控制信息的真实、可靠和完整。2018年度内部控制审计非标意见的比例有所上升，但从内部控制审计报告披露情况看，尚存在内部控制审计标准模糊、内部控制缺陷内容及其影响的披露不充分等问题。对此，有必要进一步加强对中介机构内部控制审计执业行为的监管力度，督促和引导会计师强化履职和责任担当意识，提高内部控制审计报告质量，强化会计师责任。一方面，建议明确内部控制审计的执行和认定标准，以减少内部控制审计执业过程的主观性，增强内部控制审计意见的可比性。如定性评价标准方面，可采取列举方式，从事件的性质上明确某项缺陷是否应认定为重大缺陷；定量评价标准方面，明确要求测算内部控制缺陷可能导致的财务报表错报金额或潜在风险损失金额，披露衡量缺陷严重程度时采用的具体指标，并保持一贯性。另一方面，建议细化内部控制审计报告的披露要求，如加入关键审计事项、具体说明重大缺陷的内容和影响等，避免内部控制审计报告信息披露避重就轻、描述过于宽泛、实质性内容披露少等问题。

深交所多层次资本市场
上市公司2018年年报实证分析报告

截至2019年4月30日，深市2159家上市公司中的2156家披露了2018年年报或年报数据，其中，主板公司472家，中小板公司929家，创业板公司755家。自2018年年初以来，中小板、创业板分别新增上市公司28家、45家。深市上市公司年报数据很大程度上反映了过去一年国民经济运行的整体情况，折射出经济转型的过程、方向和正在形成的突破口。

全样本统计分析显示：（1）深市公司营收延续增长，运营状况平稳；头部公司业绩表现良好，引领高质量发展；传统行业公司业绩持续向好，上游行业表现亮眼；现金流状况稳定，固定资产投资改善；海外业务保持稳定，深度参与“一带一路”项目建设；并购重组延续理性回归态势，坚守服务实体经济本源；研发投入不断加大，创新驱动日益增强；现金分红平稳增加，积极履行社会责任。（2）3个板块服务实体经济的层次化特征明显；主板蓝筹和国企平稳增长，服务供给侧结构性改革卓有成效；中小板细分龙头示范作用明显，营业收入保持稳步增长；创业板整体业绩承压，但发展动能强劲。（3）展望未来，2019年深市公司发展势头良好；加快新旧动能转换需持续深化金融供给侧结构性改革；商誉减值风险逐步释放但仍需持续关注；少数公司存在较大的退市风险。

一、上市公司总体情况分析

2018年，中国经济发展进入升级换挡的转型期。金融去杠杆和部分行业去产能取得了明显成效，有效缓解了金融风险，化解了部分周期行业的过剩产能，但也对部分行业的经营造成了压力。2018年国内经济下行压力有所加大，企业利润明显承压，但是也应看到，结构性优化、发展质量提升、风险缓释等一系列积极因素正在不断累积和壮大。上市公司经营情况较为清晰地反映了这些特点。

（一）营业收入延续增长，运营状况平稳

营业总收入延续增长态势。2018年深市上市公司实现营业总收入11.95万亿元，同比增长13.33%，其中，主板、中小板和创业板同比分别增长11.12%、15.55%和15.85%，均显著高于规模以上工业企业8.5%的营收增速。以可比数据为样本，近3年深市公司营业收入的年复合增长率为18.85%，增长态势仍然较为稳定。

净利润整体下滑，但盈利面基本保持稳定。2018 年深市上市公司归属母公司股东净利润合计 5834.83 亿元，同比下降 22.88%，其中，主板、中小板和创业板分别下降 4.37%、31.74% 和 65.61%。扣除非经常性损益后的净利润合计为 4374.69 亿元，同比下降 28.61%。在盈利面方面，深市 85.48% 的公司实现盈利，54.68% 的公司实现净利润同比增长；798 家公司净利润增速超过 20%，占比 37.01%。

资产减值损失对净利润的影响较大。2018 年深市公司资产减值损失 3592.86 亿元，同比上升 72.26%，对深市上市公司净利润的影响为 38.11%。其中，商誉减值 1278 亿元，同比上升近 4 倍；坏账损失 977.08 亿元，同比上升 58.22%；存货跌价损失 546.86 亿元，同比上升 93.24%。少数因资产减值而导致巨额亏损的公司，对整体业绩影响较大。

表 1　　2018 年深市上市公司总体业绩情况

板块	营业总收入增长率	归母净利润增长率	净资产收益率	毛利率（不含金融行业）	总资产周转率（不含金融行业）	应收账款周转率（不含金融行业）
全部公司	13.33%	-22.88%	6.86%	22.99%	0.58 次	6.03 次
主板	11.12%	-4.37%	9.09%	21.96%	0.51 次	9.37 次
中小板	15.55%	-31.74%	6.10%	22.32%	0.71 次	5.02 次
创业板	15.85%	-65.61%	2.44%	29.57%	0.55 次	3.29 次

盈利水平和运行效率保持稳定。2018 年深市非金融类上市公司的毛利率为 22.99%，总资产周转率为 0.58 次，应收账款周转率为 6.03 次，基本与上年同期保持一致，没有出现较大变化，整体运营平稳。

（二）头部公司业绩稳定，引领高质量发展

头部公司业绩贡献率高、增速快。头部公司往往是一个市场的基石和支柱，其发展质量很大程度上决定了整个市场的质量。2018 年深市市值前 20% 的公司贡献了超过 6 成收入，净利润合计超过深市整体；营业总收入和净利润分别同比增长 16.78% 和 3.22%，在体量较大的基础上持续增长。研发投入绝对金额明显高于其他公司，在深市整体中的占比超过 6 成。不论是从业绩增速还是创新驱动的角度来看，头部公司引领高质量发展的态势较为明显。

中小创企业龙头效应明显。在复杂多变的内外部环境下，龙头企业的竞争力和盈利能力显著强于小规模企业，表现出强者更强的发展态势。例如，中小板指 100 家成分股公司 2018 年净利润同比增长 4.08%，其中，权重合计占比超过 50% 的 24 家公司，净利润同比增长 14.11%；创业板指 100 家成分股中，权重合计占比超过 50% 的 20 家公司，净利润同比增长 12.16%。

（三）传统行业表现平稳，上游行业表现亮眼

上游行业业绩增速普遍较高。2018年供给侧结构性改革和环保限产驱动采掘、钢铁以及化工行业供需格局改善，产品价格上涨带动利润维持较高增速，根据申万行业分类，3个行业净利润增长率分别达到15.51%、35.09%和17.51%。受水泥行业价格上涨等因素影响，建筑材料业净利润增长率达到34.25%。

中游制造业成本抬升逐渐显现。上游原材料价格上涨抬高了中游制造业成本，汽车零部件、轻工制造、机械设备行业均有所表现。汽车制造业受上游成本端压力及购置税优惠退出等影响，净利润下滑55.42%。国防军工、轻工制造、机械设备、电气设备等行业受成本及政策环境的影响，业绩下滑较明显。

下游大消费行业业绩表现较好。2018年消费支出对经济增长的贡献率为76.2%，继续稳居经济增长的第一驱动力。上市公司层面，商业贸易增速领先，2018年净利润同比增长88.63%，中百集团、苏宁易购等龙头企业净利润超过上年的2倍。食品饮料业绩保持平稳增长，净利润增速达29.32%。家用电器营业总收入同比增长16.44%，行业整体业绩增速排名靠前。

医药行业头部企业表现亮眼。2018年生物医药行业净利润下降12.57%，扣除5家巨亏企业，净利润增长5.22%。大市值医药企业盈利稳健。医疗设备企业迈瑞医疗2018年净利润增长43.65%，龙头地位凸显。智飞生物业绩增速超过2倍，爱尔眼科、华兰生物、乐普医疗等细分行业龙头增速超上年同期30%以上。

此外，前期增长速度较快的计算机、传媒、通信等行业，受外部环境变化和并购重组整合效果的综合影响，业绩有所下滑。

（四）现金流状况稳定，固定资产投资改善

现金流状况整体保持稳定。受去杠杆及民企信用风险影响，上市公司外部融资收紧，2018年深市非金融上市公司筹资性现金流入增加4.92%，但是流出增加了25.35%，导致筹资活动净现金流较上年同期减少7861亿元。在经营活动方面，非金融类公司经营活动现金流入同比增长15.68%，现金流出同比增长13.52%，整体与营业收入增速保持一致，净现金流增加3265亿元。在投资活动方面，非金融类公司投资活动现金流入同比增长8.04%，受房地产投资下降等因素影响，投资活动现金流出同比增长0.97%（扣除房地产公司后同比增长4.91%），净现金流增加1891亿元。整体上来讲，2018年非金融类公司期末现金余额同比增长1.06%，整体保持稳定。

国有企业去杠杆成效明显，民营企业债务风险整体可控。2018年深市非金融地产类上市公司的资产负债率为52.85%，较上年增长0.83个百分点。其

中，国有企业资产负债率为56.46%，同比下滑1.16个百分点；民企负债率50.37%，同比上升2.14个百分点。民营企业债务规模扩张速度快于权益扩张速度，是杠杆率提升的直接原因。弥补自由现金流缺口、满足资本性开支需求，是债务扩张的主要因素。2018年民企负债总额同比增长14.61%，国有企业同比增长9.23%；民企资产规模同比增长9.75%，国有企业同比增长11.48%。在短期偿债能力方面，民企流动比率为1.38，高于国企的1.16。

近两年固定资产投资呈现温和扩张迹象。2018年非金融类公司购建固定资产、无形资产和其他长期资产支付的现金为9427.76亿元，较上年同比增长17.77%。其中，民营企业固定资产投资同比增长20.07%，高于国有企业的13.40%的投资水平。

（五）海外业务保持稳定，深度参与“一带一路”项目建设

开展海外业务的公司占比有所上升。2018年深市开展海外业务的公司共有1397家，占比64.80%，比上年同期增加0.14个百分点。2018年深市公司实现海外业务收入1.73万亿元，同比上升12%，占深市总营业收入的比例为14.48%，同比下降0.17个百分点，对营业总收入的贡献保持稳定。电子（36.85%）、家用电器（30.82%）、机械设备（23.59%）、通信（23.22%）、非银金融（21.32%）、汽车（18.57%）的海外业务收入占比居前。深市海外业务收入超过100亿元的企业共有33家，2018年营业收入同比增加11.15%。

深度参与“一带一路”项目建设。以美的集团、中联重科、潍柴动力等为代表的深市公司通过进出口贸易、工程建设、设立研发中心或生产基地、股权投资等多种方式参与“一带一路”项目建设，促进“一带一路”沿线国家经济发展与共同繁荣。例如，美的集团先后中标土耳其、越南、柬埔寨、印度尼西亚、菲律宾等国家项目，成为民族品牌“走出去”的代表；潍柴动力在白俄罗斯、哈萨克斯坦等“一带一路”沿线国家均拥有工业园或生产基地，打造潍柴全球科技创新平台。

（六）并购重组延续理性回归态势，坚守服务实体经济本源

在市场化改革和全链条监管“双轮”驱动下，2018年深市并购重组延续理性回归态势。2018年深市完成110单并购重组，同比下降40.86%；并购交易金额2395.99亿元，同比下降63.00%。其中，主板、中小板、创业板并购交易金额分别同比下降69.85%、57.24%和39.26%。虽然重大资产重组数量、金额有所下降，但是提质增效成果显著，突出服务实体经济主旨。

表2　　各板块公司重大资产重组事件数量和交易金额（2017～2018年）

年度	板块	主板	中小板	创业板	合计
2018	实施完成数量（起）	36	36	38	110
	完成交易金额（亿元）	1197.55	767.35	431.09	2395.99
2017	实施完成数量（起）	50	72	64	186
	完成交易金额（亿元）	3971.46	1794.45	709.77	6475.68
同比增长	实施完成数量（%）	-28.00	-50.00	-40.63	-40.86
	完成交易金额（%）	-69.85	-57.24	-39.26	-63.00

产业并购导向明显，上市公司之间的大额交易涌现。2018年披露的重大资产重组方案中超过6成为产业整合，出现多单上市公司之间的大额交易。既有A股公司之间的并购，如美的集团换股吸收合并小天鹅；又有A股和H股之间的整合，如中粮地产收购大悦城；还有A股公司与海外上市公司的交易，如天齐锂业收购在圣地亚哥、智利和美国三地上市的锂产品供应商SQM公司23.77%股权。

海外并购有所增长，重组上市保持理性。2018年深市中小板、创业板披露海外重大资产重组方案11单，交易金额578.04亿元，多于2017年的6单197.68亿元。海外标的主要集中于欧美等地，分布于电子、装备制造、研究和实验发展等行业。在重组上市方面，2018年深市共8家公司披露重组上市方案，交易金额543.59亿元，方案数量同比增加4起，交易金额同比增长9.45%。在多方的严格监管下，2018年深市公司利用“三方交易”、突击打散标的股权、委托表决权等方式规避重组上市方案明显减少，市场合规意识整体提升。

并购主体8成为民企，平台化整合成为国企改革亮点。2018年披露重大资产重组方案的公司中，约8成为民营企业，交易金额占比超过7成；且并购形式灵活多元，涌现出民企参与国企混合所有制改革等案例，如东方市场收购国望高科。随着国资国企深化改革的推进，央企集团积极探索构建集团总部管资本、专业化平台管资产的格局，将同类资产整合至同一平台。如招商局集团连续实施招商局蛇口吸收合并招商地产、招商公路吸收合并华北高速、深赤湾发行股份购买招商局港口等整合，有效推动地产、公路、港口等资源整体上市。

推出“小额快速”审核机制，大幅提升并购重组效率。借鉴成熟市场经验并结合监管实践，深市积极推动出台小额快速审核机制、优化重组配套融资用途。小额快速审核机制推出后，截至2018年年底深市共过会3单（东方中科、拓尔思、设研院），从披露到实施完成不超过4个月，大幅提升了并购效率。

（七）研发投入不断加大，创新驱动日益增强

研发金额持续增加。2018年，深市

公司研发投入金额合计3443.87亿元，同比增长22.30%，绝对额连续4年明显增加。计算机通信行业研发投入合计853.40亿元，占全部上市公司研发投入金额的24.78%；占比较高的行业还有电气机械和器材（占比11.95%）、软件和信息技术行业（占比10.24%）、汽车制造业（占比9.22%）等。

研发强度保持稳定。深市公司平均研发强度（研发支出占营业收入的比重）2.90%，中位数为3.80%。其中，仪器仪表制造业（8.34%）、软件和信息技术行业（7.40%）、计算机和通信行业（6.29%）、专用设备制造业（5.38%）、医药制造业（4.84%）、通用设备制造业（4.81%）等行业的研发强度均显著高于平均水平。

头部公司持续加大研发力度。2018年共有245家公司研发强度超过10%，占深市公司总数的11.36%。研发支出超过10亿元的公司有48家，较上年同期增加10家。中兴通讯、美的集团、比亚迪、格力电器、京东方A、潍柴动力、TCL集团7家公司研发支出超过50亿元。在研发人员方面，深市公司平均聘请技术人员720人，中位数为297人，200多家深市公司技术人员占比超过50%。

（八）现金分红平稳增加，积极履行社会责任

现金分红逐年稳步增加，回报股东力度不断增强。截至2019年4月30日，深市68.78%的上市公司（1483家）推出现金分红预案，分红金额2605.50亿元，同比上升13.07%，股利支付率为44.87%。深市盈利公司中，14.42%的公司（311家）股利支付率超过50%。2016～2018年连续3年分红的公司有1195家。分红金额最高的3个行业分别是房地产业、电气机械和器材制造业及计算机和通信设备制造业，分别为323.31亿元、318.07亿元和207.83亿元。

以多种方式积极主动精准扶贫。2018年深市公司结合自身产业特点与扶贫地区实际，通过成立扶贫产业基金、兴办实业、开展培训教育、参加扶贫公益活动等多种形式，推动产业发展脱贫、转移就业脱贫等。据不完全统计，截至目前深市有550家上市公司披露了2018年精准扶贫工作信息，共投入资金181.25亿元，物资折款77.68亿元，帮助建档立卡贫困人口脱贫超过63.36万人。

积极承担社会责任，加大环保落实力度。2018年深市共有1919家公司在年报中披露履行社会责任的相关信息或单独披露社会责任报告，较上年同期略有增加，上市公司承担社会责任的意识和意愿不断加强。2018年深市公司积极响应、深度参与环保攻坚战，共有665家公司详细披露了污染排放、环境保护等相关信息。环保资金投资金额也持续加大，根据已公布的数据，2018年中小板公司环保投入216亿元，同比增长38%。

二、三个板块差别化发展状况

随着中小板、创业板公司数量逐步增

加，以及主板公司运用资本市场工具持续整合、优化与发展，3个板块实现各自市场定位的基础更加稳固，服务实体经济的能力进一步增强，服务方式逐渐多元化。

（一）服务实体经济的层次化特征明显

三板块公司的行业分布差异化特征显著。主板公司国有企业占比高，传统行业公司数量占比较高。中小板74.2%的公司属于制造业，培育了一批制造业领军企业。创业板TMT行业、医药制造、文体娱乐、科学研究等行业公司数量合计占比超过50%，新材料、高端制造等行业公司数量占比约20%。

指数成分构成充分反映了板块特征。深证100指数行业面覆盖较广，金融地产、食品饮料、钢铁煤炭等传统行业公司的数量占比超过30%。中小板指数制造业和信息技术行业公司数量合计占比76%，其中，制造业主要分布在计算机通信、医药制造、新材料、高端设备等子行业，合计占比超过50%，高端制造群聚效应明显。创业板指数计算机通信、软件和信息技术、医药制造3个行业的公司数量占比53%，新经济引领创新发展的特征十分明显。

财务特征呈现阶梯状规律性排列。2018年主板、中小板、创业板公司平均总资产依次为375.18亿元、103.63亿元和34.40亿元，平均营业总收入依次为126.61亿元、49.67亿元和18.04亿元，平均净利润分别为7.41亿元、2.15亿元和0.45亿元，阶梯状差异特征显著。2018年主板、中小板、创业板非金融公司平均毛利率分别为21.96%、22.32%和29.57%，平均资产负债率分别为66.50%、51.78%和43.74%，差异化特征显著。

表3　深市多层次资本市场各板块发展概况

	平均总资产（亿元）	平均营业总收入（亿元）	平均净利润（亿元）	平均毛利率（剔除金融行业）	平均资产负债率（剔除金融行业）
主板	375.18	126.61	7.41	21.96%	66.50%
中小板	103.63	49.67	2.15	22.32%	51.78%
创业板	34.40	18.04	0.45	29.57%	43.74%

（二）主板：蓝筹和国企平稳增长，服务供给侧结构性改革卓有成效

深市主板聚集了一批市场化蓝筹公司，在较大盈利基数上仍实现了平稳增长。2018年，净利润排名前10的公司合计实现净利润1680.85亿元，同比增长19.45%，贡献了主板近5成的净利润。其中，万科、格力电器、平安银行、美的集团、招商蛇口、五粮液、华侨城7家公司净利润超过100亿元。主板国有企业数量占比近6成，2018年营业总收入和净利润同比分别增长13.30%和13.53%，在2017年增长的基础上，继续保持两位数增长。

2018年主板并购重组功能进一步增强，持续助力供给侧结构性改革。冀东水

泥整合金隅集团水泥资产，扭转了京津冀市场水泥供需失衡的局面，2018年冀东水泥净利润增长超12倍；华菱钢铁推出首单地方国企和钢铁行业的市场化、法治化债转股方案，财务状况显著改观。

（三）中小板：细分龙头示范作用明显，营业收入保持稳步增长

中小板营业收入保持稳步增长，行业结构有所优化。2018年中小板公司营业总收入同比增长15.55%，连续5年保持两位数以上的平稳增长。越来越多的公司逐步成长为细分行业龙头，2018年净利润前30名的公司主要集中在计算机通信、新材料、物流、金融等领域，营业收入和净利润分别同比增长26.20%和20.94%，净利润占板块的比重为61.13%，同比提高25个百分点。

作为培育行业龙头和领军企业的摇篮，中小板细分行业中的头部企业表现十分亮眼。苏宁易购、海康威视、宁波银行3家公司的净利润超过100亿元，洋河股份、分众传媒、顺丰控股、金风科技、比亚迪等27家公司的净利润超过20亿元，这些领军企业在经济发展中发挥了良好的示范引导作用。

（四）创业板：板块业绩承压，发展动能强劲

创业板公司高增长的发展特征十分鲜明。在2014～2016年间，创业板公司净利润每年均保持了22%以上的持续高增长。在外部环境不确定性较大的背景下，2017年增速开始下滑；2018年在化解前期外延式扩张带来的潜在风险时，部分公司计提大额减值，导致净利润大幅下滑。但从营业收入的角度来看，2013～2017年间均实现了24%以上的增长，2018年增长16%，增长态势依旧鲜明。

创新驱动力正在加速累积。板块内战略新兴产业占比超7成，34.57%的公司承担国家火炬计划项目，11.26%的公司承担国家863计划，23.31%获得国家创新基金支持，拥有与主营产品相关的核心专利技术项目2.6万项。板块平均研发强度5.06%，中位数5.40%，远高于深市平均水平。在创新驱动的引领下，涌现了宁德时代、迈瑞医疗、智飞生物等一批影响力大、创新能力强的行业龙头。

三、问题和趋势展望

2018年中国经济克服了重重困难，按照高质量发展要求，有效应对了外部环境的深刻变化，三大攻坚战开局良好，供给侧结构性改革深入推进。上市公司的发展也经历了极不平凡的一年。展望未来，在向高质量发展转变的过程中，上市公司表现出了良好的发展势头，但也面临着较多的困难和挑战。

（一）深市公司2019年开局势头良好

2019年以来，面对复杂严峻的形势，一季度宏观经济运行好于预期，固定资产投资、规模以上企业增加值等指标均明显改善，深市公司业绩也显现出整体回升的

发展势头。净利润扭转了2018年三季度和四季度连续下滑的态势，2019年一季度同比增长2.13%；营业收入增速在2018年一至四季度逐渐放缓，2019年一季度则扭转了这个局面，同比增长11.2%。实体公司方面（非金融地产类公司），毛利率连续5个季度维持在22%左右，整体保持平稳；筹资活动的现金流净额在2018年的三季度有所下滑，四季度明显改善，2019年一季度持续提升；以可比数据来看，2019年一季度筹资活动现金流净额占2018年全年的70%。可以预见，在实施积极的财政政策和稳健的货币政策总要求下，经济发展环境将进一步优化和提升，宏观政策对上市公司的积极影响将愈加凸显，助推经营绩效持续回升。

（二）加快新旧动能转换需持续深化金融供给侧结构性改革

加快实现新旧动能转换，是中国把握新一轮科技革命和产业变革大势、实施创新发展战略的必然要求。引导创新资源合理聚集和流动、强化企业的创新主体地位，是加快这一艰难蜕变过程的主要推动力。近年来中国全社会研发投入占GDP的比重一直低于2.2%，明显低于美日韩等国家；上市公司的研发强度虽然高于全社会平均水平，但是每家公司的投入仍然略显分散和不足，研发支出的中位数仅为5300万元。金融供给侧结构性改革就是要把这些分散的创新要素合理聚集和流动，集中力量突破科技瓶颈，引导优势企业加快转型升级。在创新主体方面，深市需要进一步打造一批能够引领行业和产业发展、引导科技创新方向的龙头企业，这些龙头必将产生于具有新技术、新产业、新模式、新业态发展特征的群体之中。金融供给侧结构性改革就是要加大对“四新”企业的支持，通过增量改革和存量优化提升上市公司的整体质量。

（三）商誉减值风险逐步释放但仍需持续关注

深市商誉规模随着并购重组的活跃而迅速攀升，2018年并购重组业绩承诺集中到期，部分公司为避免商誉减值影响未来业绩而选择一次性出清风险。2018年深市公司共计提1278亿元商誉减值，虽然对当期业绩带来较大冲击，但是减值风险也得到一定程度的缓释。随着并购重组的理性回归，预计商誉对净利润的影响将有所下降，但部分公司仍面临一定的减值压力。

（四）少数公司存在较大的退市风险

退市制度是资本市场实现优胜劣汰、有序进退的基础性制度。为进一步提升上市公司质量、优化市场生态，近年来上市公司退市逐渐市场化、法治化、常态化。2018年报数据显示，深市连续两年亏损的公司有49家，比上年同期增加28家；4家公司已连续3年亏损，29家公司的年报被出具无法表示意见，3家公司无法按时披露年报。少数公司存在较大的退市风险。

（深圳证券交易所 年报分析小组）
执笔人：于忠泊　孙　烨　涂倩筠

深市上市公司2018年社会责任信息披露分析报告

近年，公众对公司社会及环境风险事件容忍度降低、社会责任事项监管趋严、社会责任与公司财务绩效相关性增大、社会责任评级质量提高以及投资者加大责任投资布局等因素，促进全球社会责任信息披露快速发展。随着A股纳入明晟、富时、标普三大指数并提高权重，更多国际投资者将参与A股投资，并料将带动本土投资者提升社会责任投资意识。借鉴全球社会责任披露发展趋势，提升A股上市公司社会责任信息披露质量，更好满足投资者需求，是大势所趋。

一、2018年深市上市公司社会责任信息披露情况

（一）整体情况

报告期内，深市社会责任信息通过年报及独立社会责任报告两个互补的渠道进行披露，年报中的社会责任信息覆盖了上市公司履行社会责任的工作情况、精准扶贫以及环境保护三大部分内容。截至2019年4月30日，深市已披露年报的2156家上市公司中共有1919家在年报中披露履行社会责任的相关信息或单独披露社会责任报告，占全部上市公司的89%，与上年基本持平。披露独立报告的公司仅有368家，较上年增加41家，占全部上市公司的17%。

（二）上市公司参与精准扶贫情况

报告期内共有1432家上市公司披露了已开展或计划开展的精准扶贫工作，较上年增加168家；其中，已开展的有550家，占已披露年报上市公司的38%，较上年增加181家。共投入扶贫资金181.25亿元，与上年同期持平，物资折款77.68亿元，同比增长26.56%，支持扶贫项目2090个，同比增长19.2%，带动超过63.36万名群众脱贫，同比增长88.7%。分板块来看，主板上市公司直接资金与物资投入总额最高，合计为107.9亿元，占深市两项投入的比例为41.7%，帮助超过44.86万人实现脱贫，占全部脱贫人数的70.9%。

产业扶贫是深市上市企业精准扶贫工作的重要抓手，包括农林产业扶贫、电商扶贫、资产收益扶贫、科技扶贫。2018年深市公司结合自身产业特点与扶贫地区实际，开展产业发展脱贫项目2090个，同比增长19.2%；产业扶贫投入资金为143.53亿元，占扶贫资金投入总量的79.20%。通过农林产业扶贫、资产收益扶贫、旅游扶贫以及电商、科技扶贫等方式，充分发挥贫困地区独特气候、环境等

优势，以特色农产品生产、加工为重点，稳步推进贫困地区农林产业发展；积极推动扶贫和生态治理相结合，开展生态保护扶贫项目44个，同比增长12.8%，以生态脆弱贫困区为重点区域，通过推广生态产业模式，开展生态产业扶贫工程，增加贫困人口的经济收入，提高了生态脆弱贫困区的扶贫效益；深入推进医疗救助、异地搬迁、公益捐赠等公益性项目建设，有力地提升扶贫工作的整体效果。

（三）上市公司环保信息披露情况

报告期内，深市665家上市公司披露了公司及下属子公司排放超标情况，同比增加53%，其中，仅13家上市公司出现过污染超标事件，比上年同期减少一家；673家上市公司按国家要求编制了突发事件环境应急预案，同比增加62%，通过组织开展专家评审并按规定在当地环保部门进行备案，按照计划开展了突发环境事件应急演练，降低了重大突发环境事件发生的概率。170家上市公司建设了废水、废气在线监测装置并正常运行，同比增加26%，通过定期开展在线监测设施的有效性比对审核，同时委托第三方单位开展了手动环境监测，全面监控污染物排放情况。

二、存在的主要问题

我们将2018年沪深两市社会责任报告及年报信息与美、港等境外公司进行了对比①，发现以下3点问题仍较为突出②：

一是独立社会责任报告披露率长期未增长。A股上市公司社会责任信息披露途径主要有两个：一是通过年报“重要事项”章节披露；二是通过发布独立社会责任报告进行披露。除了发行境外上市外资股的公司、金融行业及纳入“深证100指数”和“上证公司治理板块”的公司强制披露外，其余公司为自愿披露。总体来讲，当前中国具有较高信息含量的披露载体仍为独立社会责任报告，年报中社会责任披露的信息含量较少③。然而，2018年沪深两市披露独立报告的公司仅有1026家，披露率为28.8%；与2011年29.3%的披露比率相比略有降低。此外，2018年两市公司在独立报告或年报中披露环境信息的公司家数为1235家，占比为34.7%。境外市场上市公司社会责任信息披露率上升较快：香港独立报告即《环境、社会与治理报告》已达到上市公

① 本文主要以美国、香港的大市值公司作为参照，因这两个市场在相关规则起步及对社会责任的认知等方面与沪深市场较为相近。其中，香港主要以港交所制定的指引为主，部分内容强制（环境信息全部强制，社会信息的政策部分强制），部分内容自愿（社会信息的关键绩效指标部分自愿），未来拟全面强制；美国以SEC的规则为主，与财务相关的重大环境信息强制披露，交易所制定相关指引为自愿性质。此外，各市场中公司社会责任披露质量参差不齐是普遍现象，因此，对披露质量的比较仅在投资者更为关注的大市值公司中。

② 另据国际投资机构荷宝投资对中国企业社会责任绩效的评估，中国企业在可持续发展各个方面的平均得分均低于全球同行，主要问题在于无法采集到相关信息（荷宝投资：《克服将ESG整合到A股的挑战》）。

③ 与独立的社会责任报告相比，年报中社会责任信息的披露要求更弱，仅环保和扶贫有了明确且部分强制的披露要求，其他披露要素并不足够明确且均为自愿披露，因此，信息含量不高。

司全覆盖；中国香港、美国环境信息披露覆盖全部上市公司。

二是公司对社会责任与业务运营及长期业绩相关性的认识不足。A股公司社会责任信息披露偏重披露扶贫、公益活动、节能环保、员工福利等“做好事”项目，社会责任与公司经营相对脱离。境外市场大公司的披露视角和要素则更丰富和相关。例如，美国大公司可持续报告的较典型做法是详细披露在可持续发展观下公司的发展战略，包括考虑社会责任因素对其竞争地位所产生的影响、如何在生态可承载的前提下提高生产力、产品创新时考虑如何用新的解决方案等①。部分公司还进一步将社会责任与公司原材料采购、生产、销售等日常经营活动紧密相连，识别社会责任要素对公司经营带来的机遇和可能存在的风险，例如，公司经营环节是否可能破坏环境，是否是一种可持续的生产方式，是否可能触犯他人利益，是否存在商业腐败及触犯商业道德的情况等。

三是定量信息披露少，定性描述偏重公司制定的相关政策，缺少具体执行效果的评价。中国上市公司除了环境及扶贫指标外，较少提供其他社会要素指标的定量信息，且定量信息通常不持续、不可对比。环境信息披露情况整体也弱于美、港，尤其是对环境风险的评估和具体资本投入披露较少；定性描述质量也偏低，多为披露公司相关制度政策，如编制了工作制度、预案、手册等。相比之下，美、港公司社会要素可采集到的定量信息更多，如员工教育程度、年龄、地理区域、性别等分布情况，员工培训范围和培训小时数，工伤比例，产品投诉事件数量等；环境信息披露内容更为丰富，环保资金投入、资源使用、温室气体排放等一般都有较细致的披露，并会较详细地披露具体防治措施、风险评估和预案执行情况。

中国证监部门高度重视上市公司社会责任披露，较早就制定了相关指引。我们认为，之所以社会责任披露质量不尽如人意，除了规则有一定提升空间外，最主要还是市场化驱动力不足。

三、披露规则有一定的提升空间

目前全球主要证券市场监管部门及交易所均加强对上市公司社会责任信息披露的规范和指引，监管部门建立并不断提高上市公司最低披露要求，对推动上市公司及投资者形成和强化社会责任认知十分重要。

沪深现行披露规则的强制性偏弱。现阶段沪深交易所制定的《社会责任信息披露指引》及相关要求是绝大部分上市公司披露社会责任信息的主要依据；公司披露达到“底线标准”是普遍情况，鲜有公司自愿参考其他国际标准。而规则中除环境信息在重污染行业公司层面强制性

① 例如，壳牌公司会将提高能源利用效率、推动低碳能源的使用、研究能源转型作为自己可履行的社会责任，并将联合国的可持续发展目标与公司的社会责任履行情况进行对比。

披露外，其余大部分社会要素在实际执行中均为自愿披露，仅少数公司强制披露。中国公司自身披露动力不足，在“底线标准”不高的情况下，难免披露质量不高。

从KPMG（2017）调查来看，在全球范围内，社会责任信息披露由自愿到部分强制再到全部强制已成为主流发展趋势，欧盟、巴西、南非、印度、新加坡、马来西亚等国家或地区已实现全面强制披露。境外市场实践表明，“底线标准”在提高信息质量方面发挥了一定作用。例如，中国香港现行的《环境、社会和治理（ESG）指引》中，涉及环境信息的公司内部政策和关键绩效指标均属强制披露范畴，因此，披露质量较高；而雇佣、产品安全等社会层面的信息中，政策制定属于强制披露范畴，关键绩效指标属于自愿披露的范畴，因此，鲜有公司充分披露社会层面关键绩效指标。正因如此，当前中国香港拟全面引入ESG强制披露政策，通过自上而下的监管要求强力推动上市公司ESG取得实质性进展。再如，中国香港和美国环境信息披露要求均高于沪深，均属于全上市公司强制披露①，促使中国香港、美国上市公司平均可获得的环境信息质量高于沪深：为满足较高的“底线标准”，公司须建立相应的信息采集系统，准确收集计量相关信息。

沪深现行披露规则的引导性偏弱。整体比较来看，中国披露规则的一级指标和境外采用的指标体系相差不大，基本涵盖了环境、社会中利益相关者的核心要素，但在具体披露内容上，沪深相关要求较为宽泛，这造成很多公司喜欢泛泛而谈。国际上较成熟的披露标准（如全球报告倡议组织标准）或者交易所层面（如港交所）制定的指引，通过设置细项指标和定量指标，引导公司做更详细的披露。如香港的披露指引在二级指标的设定中，提出了若干关键绩效指标，既有定性描述（如在资源使用层面，要描述能源使用效益计划及所得成果），又有定量信息（如在资源使用层面，要提供能源总耗量及密度、总耗水量及密度、制成品所用包装材料的总量及每单位占量等数据）。这些细项和定量指标的设定，推动公司披露更多实质性内容，甚至可能是负面内容，从而提高披露的客观性、可比性和可理解性。

四、A股社会责任“信息披露—评估—投资”的闭环尚未完善

形成“社会责任信息披露—责任风险评估—责任投资”闭环是提高披露质量的根本途径。通常认为，履行社会责任更好的公司，其发展方向更可持续、内控更好、发生违法违规的概率更低，总体上更

① 两市场披露要求侧重点略微有所差异：香港要求公司披露有关排污、资源使用的情况以及公司经营活动对环境和自然资源的影响；而美国要求披露的环境信息主要是与公司财务业绩相关的重要事项，包括控制污染的日常成本，环境相关的资本性支出、收益，重大环境未决诉讼事项，与环境相关的或有损失、环境相关的表外安排等。

可能为投资者创造长期稳定收益。当投资者偏向获得长期稳定收益时，会愈发关注公司的社会责任事项，从而敦促后者履行更多的社会责任，并不断完善信息披露。随着更多高质量的社会责任信息可被获取，评估机构更能从中甄选出有效内容来评估公司的可持续发展表现，相关评级、指数编撰就会更加准确，责任投资的收益将因此提高。进而吸引更多资金流入社会责任评估较好的公司，并激励更多公司做好披露，由此形成“信息披露—评估—责任投资”的良性闭环。

在全球范围内，社会责任因素已成为投资者的主流焦点之一。2018 年全球已有来自 50 多个国家超过 1700 家机构（包括资产持有人、投资经理及中介服务机构）签署联合国社会责任投资原则，这些机构管理着逾 68 万亿美元的资产，资产规模是 2010 年的 3 倍多①。责任投资的赚钱效应也越来越凸显，以明晟的 ESG 领先指数为例，该指数的累计收益率至少比道琼斯指数、标普 500 指数高出 15 个百分点，具有稳定的超额收益②。

社会责任评估工作也有了较大发展。越来越多的企业或营利组织及环保团体（统称“评级机构”）参与上市公司社会责任评估，涉及数据、信息、评分、评级、指数化等，明晟、富时罗素、标普、道琼斯及荷宝等国际主流指数公司也推出相关指数。指数产品等市场化力量已对公司社会责任事项履行形成一定制约，例如，2019 年，由于对其用户私人信息的使用持续存在争议，Facebook 被追踪社会责任实践的标普 500 ESG 指数剔除后，连续下跌了 10 个交易日，市值缩水 361.7 亿美元。

目前中国“社会责任信息披露—责任风险评估—责任投资”的闭环还不通畅。中国尚未形成强有力的责任投资者团体，联合国责任投资原则等国际协会对国内投资的影响也较小，难以市场化驱动企业提高社会责任信息披露；由于社会责任信息披露整体水平偏低，数据的缺乏导致责任风险评估工作难度较高，本地相关评级工作的社会认知度和市场认可度不高。市场化驱动力不足、评价体系不完善并存，导致中国上市公司社会责任的履行情况和信息披露质量长期未能显著提升。

五、政策建议

全球社会责任投资的蓬勃发展与中国向高质量发展的转型正形成交汇，A 股上市公司社会责任机制正面对越来越多的审查，推动资本市场社会责任“信息披露—评估—投资”良性循环发展迫在眉睫。考虑中国当前实际情况，建议：

一是自上而下强化社会责任披露规

① 数据来源：2018 年联合国责任投资组织报告。

② 2011～2017 年间，明晟的 ESG 领先指数收益率高于道琼斯指数和标普 500 指数的收益率。以 2011 年作为基年，2011～2017 年间，ESG 指数投资的累计收益率为 114.99%（复利收益率为 182.23%），标普 500 指数为 100.85%（复利收益率为 146.67%），道琼斯指数为 95.77%（复利收益率为 140.41%）。

则，打开突破口。在市场化驱动因素较弱的情况下，以政策指引作为突破口是短期内较为有效的办法。建议持续跟踪借鉴整合报告、可持续发展报告、国际社会责任指数编制等国际最新动向，提高强制性披露的指标范围，增加关键绩效指标等指引性指标。可合理采用分类分阶段执行、给予部分公司豁免期等措施，缓解提高披露要求给公司带来的成本压力。

二是督促并引导公司建立可持续发展蓝图，压实高质量披露的基础。支持专业机构为公司建立可持续发展相关的战略、组织、制度、规划、执行、绩效、沟通管理、信息系统等提供服务，帮助公司更好地了解社会责任和可持续发展的机遇和风险，推动公司行为的改变和改进，为未来提高披露层次做好准备。

三是发挥评级机构、投资者组织等市场力量的推动作用，提高内生动力。推动中介机构对上市公司社会责任履行情况进行评级，鼓励中介机构对社会责任表现及披露不足的公司予以揭示，形成一定的监督、约束作用。积极协调证券公司、指数公司和投资机构等，加强开发社会责任相关指数及产品。支持组建中国社会责任投资者组织，提高市场制约能力。

（深圳证券交易所　年报分析小组）

执笔人：孙　烨　贾　婧

深市上市公司2018年
回购股份与增持计划情况分析

受外围经济形势的影响，2018年A股上市公司业绩承压明显，深沪两市震荡盘跌。① 基于此，证监会会同深沪交易所积极推动股份回购制度的立法完善与规则优化，提升上市公司股份回购的灵活度，鼓励上市公司通过推出股份回购方案，向市场传递公司股价被低估的信息。同时，通过明确增持计划的信息披露规则，引导市场相关参与主体有序增持公司股票，彰显其对于上市公司基本面与发展前景的信心。

股份回购与增持计划在本次新规的调整中完成了观念上的重大转变。作为资本市场基础性制度的股份回购制度，在2018年10月的《公司法》修改中进一步丰富了适用情形。而增持计划信息披露规则的明确与完善，则有助于引导相关主体有序增持公司股票、减少内幕信息、保护中小投资者知情权。

本文结合2018年以来深市上市公司披露与实施的股份回购方案与增持计划，对相关上市公司的特征、两项制度的运行情况进行总结分析，并结合监管实践梳理归纳交易所在日常工作中应予关注的监管焦点，并就相关规则与交易所日常监管思路的完善提出针对性建议。

一、股份回购与增持计划的运行概况

（一）新政激发市场活力，A股市场股份回购增幅明显

从披露回购信息的公司数量来看，2018年新规实施前后，A股披露回购信息的公司数量大幅上升。统计显示，2016年深沪两市共11家公司披露回购方案，2017年为39家，而2018年则激增至511家，2019年前5个月两市共116家公司披露回购方案。

从新规推出的关键时点来看，随着回购新规的逐步明确，上市公司的回购热情日益高涨。2018年年初证监会向市场传递鼓励上市公司进行回购的信息、9月向社会公开征求《公司法修正案》草案意见、10月全国人大常委会正式通过《公司法》有关回购条款的修订案，通过比对可以发现，在这3个时间点，A股市场

① 2018年，深证成指全年下跌3839.85点，跌幅达34.66%；上证综指全年下跌820.13点，跌幅达24.75%。

披露股份回购信息的公司数量也呈现出区间峰值。同时，随着回购新规的逐步明朗，通过披露回购方案，积极参与股份回购公司的数量也稳步上升。

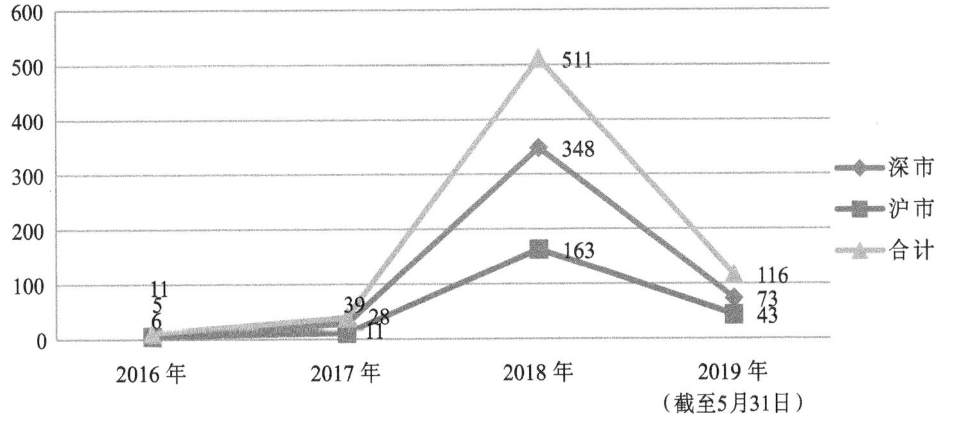

图 1　深沪两市近年发布回购信息的公司数量

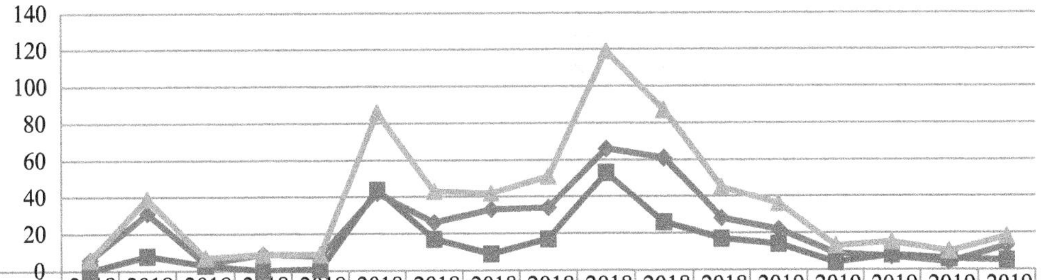

时间	2018.1	2018.2	2018.3	2018.4	2018.5	2018.6	2018.7	2018.8	2018.9	2018.10	2018.11	2018.12	2019.1	2019.2	2019.3	2019.4	2019.5
深市(家)	6	31	4	9	8	42	26	33	34	66	61	28	22	9	7	4	13
沪市(家)	0	8	3	0	1	44	17	9	17	53	26	17	14	4	8	6	5
合计(家)	6	39	7	9	9	86	43	42	51	119	87	45	36	13	15	10	18

图 2　深沪两市 2018 年 1 月至 2019 年 5 月每月披露回购信息公司数量

从资金规模来看，2018 年 A 股市场股份回购实现跨越式发展。统计显示，深沪两市 2016～2018 年股份回购的资金规模逐年扩大。其中，2018 年股份回购的资金规模大幅增长，是前一年度的 17.97 倍。

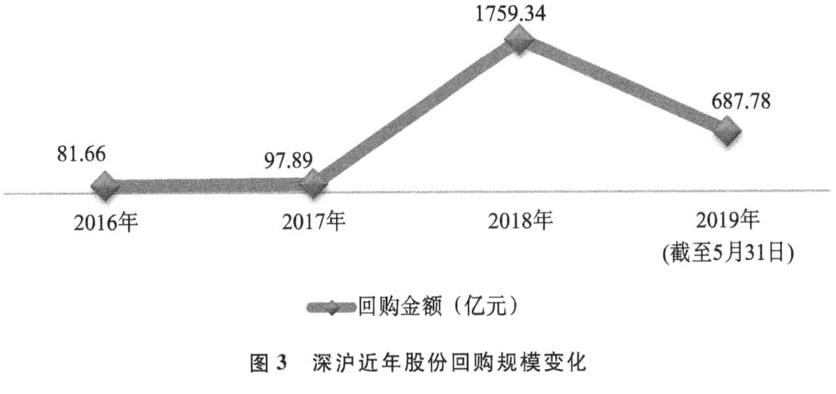

图 3　深沪近年股份回购规模变化

综上可知，2018 年参与股份回购的上市公司数量与资金规模较前期大幅增长，《公司法》股份回购规则的落地，也进一步激发了 A 股市场的整体活力。

（二）深市股份回购表现亮眼，回购整体量质齐升

从实施数据来看，深市略优于沪港两市。2018 年深市约 335 家上市公司实施回购，占深市上市公司总数的 15.69%；数据显示，同期港股 213 家公司实施回购，占港股上市公司总数的 9.15%；沪市则约为 157 家，占沪市上市公司总数的 10.82%。在实施金额方面，2018 年，深市股份回购金额约为 416.49 亿元，港股约为 259.11 亿元，沪市则约为 268.55 亿元。

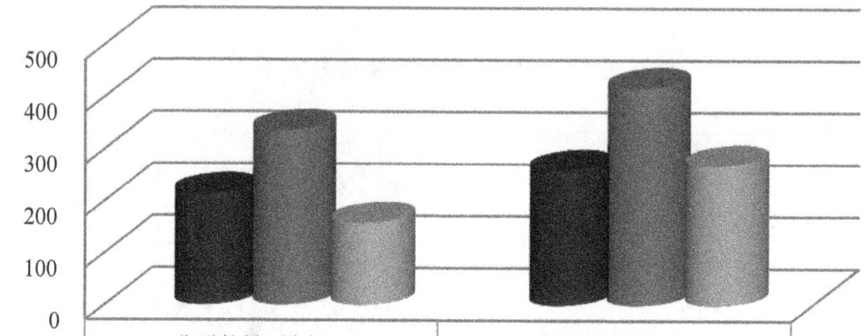

	公司数量（家）	回购金额（亿元）
香港	213	259.11
深市	335	416.49
沪市	157	268.55

图 4　2018 年深沪港三地交易所回购实施数据对比

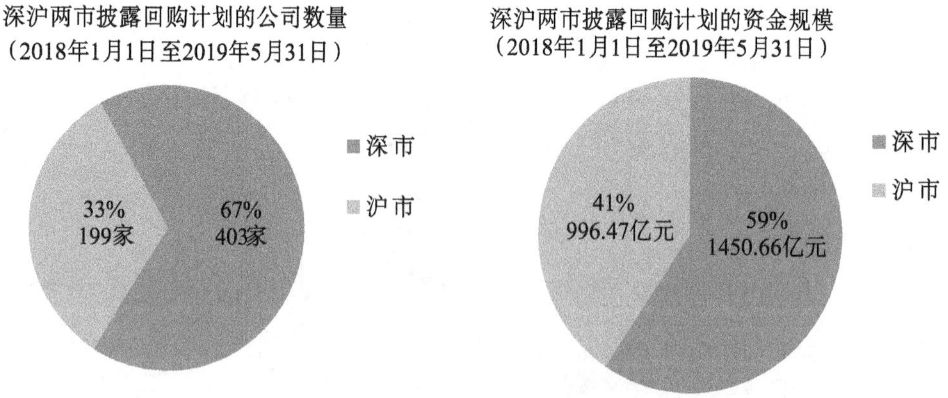

图 5　深沪两市近期披露股份回购的公司数量与资金规模

从披露数据来看，A股市场近6成回购来自深市。在方案数量方面，2018年1月1日至2019年5月31日，深沪两市合计602家上市公司披露回购信息。其中，深市合计403家,① 占深市上市公司总数的18.60%；沪市合计199家，占沪市上市公司总数的13.52%。在资金规模方面，2018年1月1日至2019年5月31日，深沪两市合计披露拟回购金额2447.13亿元。其中，深市1450.66亿元，占比为59.28%；沪市996.47亿元，占比为40.72 %。

从实施进展来看，深市上市公司回购实施程度较高。2018年1月1日至2019年5月31日，超过4成回购方案已实施完成，仅4家次因回购期限届满未完成，且其中2家次公司已通过展期的形式继续实施。在4家次终止实施的公司中，股份回购存在资金压力、筹划或存在发行股份募集资金事项成为终止回购的主要原因。

表1　　深市上市公司近期股份回购进展

所处阶段	提议阶段	董事会通过	股东大会否决	正在实施	完成实施	届期未完成	终止实施
公司家次数	2	10	2	236	179	4	4

注：该表格236家次正在实施的股份回购包括：26家次处于股东大会通过但尚未实施阶段的方案，210家次处于正在实施阶段的方案。

综上可知，在新规新政的支持引导下，深市上市公司积极进行股份回购，回购方案整体有着较为良好的实施进度，深市整体表现亮眼。

（三）深市增持计划运行平稳，相关主体增持积极

2018年1月1日至2019年5月31日，深市366家上市公司合计推出408份有效增持计划②。其中，主板111家、中小板172家、创业板125家；涉及金额约为562.65亿元。增持计划完成度整体较高，共311家次完成增持计划，占比约84.97%；仅29家公司存在增持计划无法完成的情况，占比约为7.92%。

二、实施股份回购与增持计划公司的特点及成因分析

（一）民营企业积极回购增持，大股东成为增持主力

数据显示，民营企业成为股份回购与增持计划的中坚力量。在股份回购方面，深市合计403家上市公司披露股份回购信息，其中，349家为民营企业，占比达到86.60%。而在增持计划方面，深市合计366家上市公司推出增持计划，其中，

① 2018年1月1日至2019年5月31日，深市共403家上市公司披露437条回购计划信息，其中，包括拟实施股份回购或股份回购方（预）案公告。

② 有效增持计划是指，在2018年1月1日至2019年5月31日披露，含有明确增持主体、增持时间、增持金额或股份数等信息的增持计划，不包括增持完成公告、增持倡议书及缺少核心信息的增持计划。

298 家为民营企业，占比达到 81.42%。

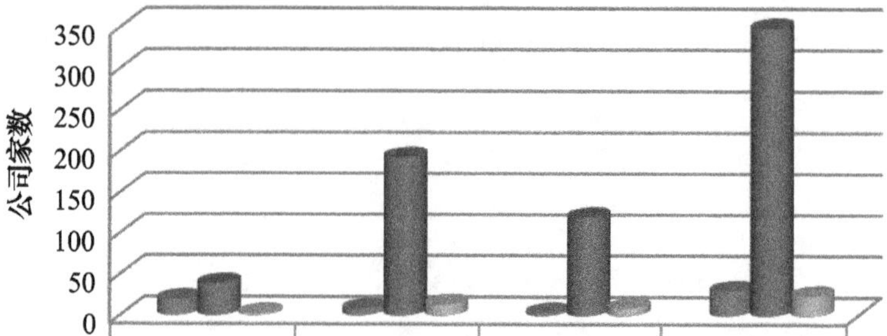

	主板	中小板	创业板	合计
国有企业（家）	19	8	3	30
民营企业（家）	38	192	119	349
其他类别的企业（家）	2	13	9	24

图 6　深市披露股份回购信息的公司性质

这一方面是因为民营企业在深市上市公司中的整体占比较高；另一方面是因为民营企业决策机制较为灵活、决策流程较短，能够及时响应新规新政。

同时，大股东成为增持计划的主要参与者。在深市 408 份有效的增持计划中，291 份有上市公司实际控制人、大股东及其一致行动人的参与，占比达到 71.32%。

这是因为增持计划与大股东的自身利益紧密相连。一是市场普遍将股东披露的增持计划视为利好信息，该信息在一定程度上有助于公司股价的上涨；二是大股东持有上市公司的股票数量较其他主体更多，公司股价的涨跌与其经济利益紧密相连，因此，其主观上具有更为强烈的参与意愿；三是部分上市公司大股东存在股份质押的情形，通过增持计划提振股价，有助于缓解其自身的质押平仓压力。

（二）制造业企业在股份回购中表现突出

统计数据表明，制造业企业成为股份回购的绝对主力。深市共 301 家制造业企业披露回购信息，占披露回购信息公司总数的 74.69%。不仅如此，截至 2019 年 5 月 31 日，A 股市场回购资金规模最大的股份回购方案也来自于深市制造业企业——美的集团（000333）。

这一方面与制造业企业在深市上市公司中整体占比较高的客观因素有关；另一方面是由于制造业企业市盈率普遍偏低、上市公司更具动力进行回购。

表 2　深市披露回购信息公司行业分布　单位：家

	主板	中小板	创业板	总计
采矿业	3	0	1	4
电力、热力、燃气及水生产和供应业	2	2	0	4

续表

	主板	中小板	创业板	总计
房地产业	10	0	0	10
建筑业	1	3	1	5
交通运输、仓储和邮政业	1	1	0	2
金融业	0	1	0	1
居民服务、修理和其他服务业	0	0	1	1
科学研究和技术服务业	0	2	4	6
农、林、牧、渔业	1	1	1	3
批发和零售业	4	5	1	10
水利、环境和公共设施管理业	2	0	1	3
卫生和社会工作	1	1	1	3
文化、体育和娱乐业	0	2	0	2
信息传输、软件和信息技术服务业	2	15	21	38
制造业	30	174	97	301
租赁和商务服务业	2	6	2	10
总计	59	213	131	403

（三）回购资金多源于自有资金

数据显示，回购资金的来源构成多样，以自有资金为主。深市上市公司股票回购的资金来源除自有资金与自筹资金外，还包括发行债券获得的资金、募投项目的节余资金或永久补流的募集资金等。由于自有资金具有使用便捷、获取成本低等优点，其成为公司股份回购资金的主要来源，占比达到90.32%。①

表3　深市上市公司股份回购的资金来源分布

资金来源	自有资金	自筹资金	发行债券	募投项目的节余资金/永久补流的募投资金
家次	392	166	5	3

（四）员工持股计划、股权激励成为回购股票的主要用途

统计显示，减资、员工持股计划或股权激励、可转债换股成为回购后股份的主要用途。其中，77.8%的回购方案将员工持股计划与股权激励作为回购后股票的主要用途。这是因为，2018年部分公司的股票价值被低估，此时回购能够降低后期员工持股计划或股权激励的成本。此外，

① 437条回购信息中，434条披露了回购资金来源，3条未披露，故在计算比例时剔除。

部分公司在披露回购计划时提出了多种用途，以保证回购后股份用途的灵活性。

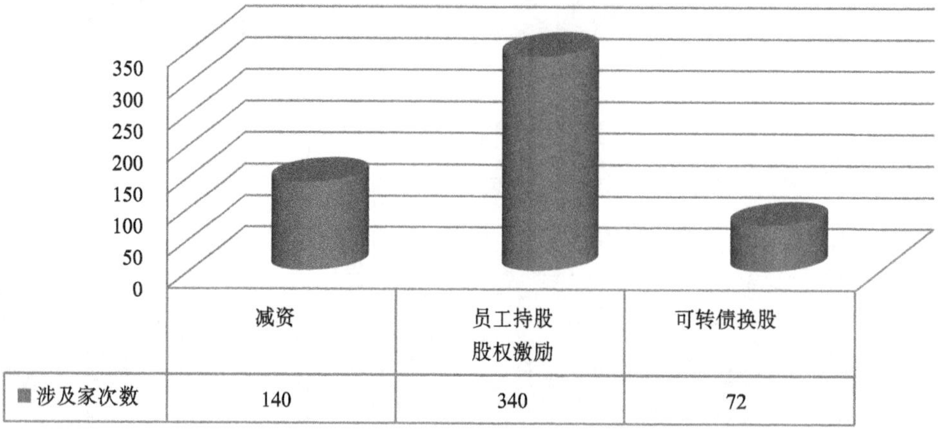

图7　深市上市公司股份回购后的主要用途

三、股份回购与增持计划对公司股价的影响

（一）股份回购对个股股价具有正向刺激作用

从短期来看，股份回购对个股股价的提振作用明显。数据显示，437家次深市上市公司在发布回购信息当日，325家次上涨，占比74%；其中，33家次涨停，占比7.5%；95家次下跌，占比22%；与同期深证成指的偏离值平均为+1.78%。相关信息发布后10个交易日，277家次累计上涨，占比63%；150家次下跌，占比34%；与同期深证成指的偏离值平均为+2.58%。

从中长期来看，股份回购对个股股价的提振效果日益凸显。前述公司在回购信息发布后3个月内累计涨跌幅，237家次上涨，占比58%；172家次下跌，占比42%；与同期深证成指的偏离值平均为+3.61%。相关信息发布后6个月累计涨跌幅，210家次上涨，占比59%；147家次下跌，占比41%；与同期深证成指的偏离值平均为+5.97%。

（二）增持计划对个股股价的提振效果较弱

从短期来看，增持计划对个股股价具有一定提振作用。2018年1月1日至2019年5月1日，408家次深市上市公司在发布增持计划当日，244家次上涨，占比59.80%；其中，13家次涨停，占比3.18%；148家次下跌，占比36.27%；与同期深证成指的偏离值平均为+0.47%。相关信息发布后10个交易日，224家次累计上涨，占比54.9%；181家次下跌，占比44.36%；与同期深证成指的偏离值平均为+0.62%。值得注意的是，部分公司在发布增持计划后，股价不增反跌，甚至出现连续跌停的情形。通过分析发现，出现此类情形的股票，多存在公司基本面较差、公司或相关股东存在负面新闻、涉嫌违法违规等事项。

从中长期来看，增持计划对股价的提振效果逐步减弱，下跌数量日益增加。2018年1月1日至2019年5月1日，394家次深市上市公司发布增持计划后3个月内累计涨跌幅，174家次上涨，占比44.16%；220家次下跌，占比55.84%；与同期深证成指的偏离值平均为+2.76%。相关信息发布后6个月累计涨跌幅，125家次上涨，占比33.16%；252家次下跌，占比66.84%；与同期深证成指的偏离值平均为+1.84%。

（三）回购增持对个股股价影响程度的差异分析

通过前述数据可知，股份回购对个股股价的影响较为积极，而增持计划影响则各有差异。通过分析可知，产生这一差异的原因主要有以下3个方面：

第一，股份回购涉及的资金规模更大。与增持计划的资金来源于大股东或董监高个人不同，股份回购的资金多源于上市公司自有资金或自筹资金。由于上市公司的资金实力更为雄厚，因此股份回购投入的资金规模普遍较增持计划更大。

第二，股份回购减少了市场上流通的股份数量，提高了股票单价。现行规则规定，上市公司在回购股份后，需经过一段时间后才可以股权激励、可转债或二级市场出售等方式再次进入市场。这实质上减少了市场中股票的供应，间接提升了股票单价。

第三，基本面是决定公司股价走势的决定性因素。股份回购与增持计划仅为相关参与主体对于公司价值的主观判断，而真正决定公司未来股价走势的是盈利能力、发展前景、核心技术等基本面信息。部分基本面较差的公司，即使推出回购方案或增持计划，其对公司股价的提振作用也不明显。以*ST康得（000048）为例，由于其存在大股东高比例质押、涉嫌违法违规等情形，其在2018年年末披露股份回购预案后，股价仍出现连续跌停的情况。无独有偶，由于*ST节能（000820）的大股东出现流动性危机、上市公司核心业务受到市场质疑，相关主体在2018年年初出台的增持计划并未对公司股价起到提振作用，公司股票连续跌停，增持计划也未能落实。

四、制度运行中应予关注的监管焦点

（一）关注公司存在的潜在风险

关注推出回购与增持公司大股东高比例质押的情形。通过交叉对比上市公司披露的大股东股份质押数据与股份回购、增持计划数据可以发现，部分推出股份回购与增持计划的上市公司存在大股东质押比例较高的情形。

针对这一情形，交易所在日常监管中应密切关注回购与增持的实施进展、公司的基本面情况，防范大股东借助推出“忽悠式”回购或增持计划，以达到在短期内刺激公司股价、暂时缓解其质押平仓压力的短视行为。

（二）关注相关行为的逻辑关系与合理性

1. 股份回购、增持计划与股份减持并行的情形

实践中存在股份回购、增持计划与股东减持并行的情形。在公司股东通过股份回购或增持彰显相关主体对于公司未来发展的信心、提升公司股价的同时，部分股东通过出台减持计划、减持公司股票，实现高位套现。以深市某上市公司为例，2018年5~6月，该公司先后存在相关股东披露减持计划、第一大股东高比例质押、公司股价连续下跌、公司披露回购方案的情形。在公司披露股份回购方案的次日，公司股票打开跌停板，当日振幅超过14.61%，并以上涨2.02%收盘。针对此情形，深交所通过关注函，要求公司及相关方就公司回购方案与股东减持计划之间的逻辑做出解释，向市场揭示相关疑点与风险，以维护公司与中小投资者的合法权益。

2. 股份回购与配股等再融资并行的情形

实践中，部分公司在推出股份回购方案的前后一段时间内存在配股、定增、发行可转债的事项。尽管现行规则对上市公司在回购期间不得发行股份募集资金做出了明确规定，但是并未禁止公司在回购的同时进行配股、发行可转债，或在定增后进行回购。但二者在逻辑上存在一定矛盾，在实践中存在套利空间。在逻辑层面，回购方案的实施需要上市公司以现金通过二级市场回购公司股票，其前提是该公司具备充裕的货币资金与宽松的现金流环境。与此同时，配股、定增作为市场常见的再融资方式，其向市场传递的信息是上市公司需要资金用于主营业务发展或相关项目建设。若上市公司具备充裕的现金用于回购，其推出再融资方案来筹集资金的必要性存疑，二者在同一段时间内出现，前后逻辑存在矛盾。在实践层面，上市公司需以二级市场价格回购公司股票，而以配股、定增等方式发行股份的价格通常较二级市场存在一定折价，可能引发市场对公司高买低发行为合理性的关注。

针对前述情形，交易所在日常信息披露监管中可以通过关注问询类函件的形式及时向市场揭示相关行为之间存在的逻辑矛盾点与潜在风险，充分发挥监管问询类函件的“软法”功能。

（三）关注回购增持在实施过程中的变化

1. 股份回购变更的主要情形

随着股份回购事项的逐步推进，对股份回购方案进行调整的情形主要包括：因股价上涨超过回购方案规定的金额上限而暂时中止、进一步明确回购股份用途、延长实施期限、下调回购规模、到期无法完成等。

针对前述情形，交易所在日常监管中应在维护市场正常秩序、中小股东合法权益的基础上，结合市场相关客观因素与公司存在的现实原因对公司调整或无法按时完成回购的事项予以关注。对于明显不具

备回购条件而推出回购方案的“忽悠式回购”、违反回购实施细则的行为及时予以严肃处分；对于确因客观原因而对回购方案进行调整的行为保持密切跟踪。

2. 增持计划变更的主要情形

实践中，部分增持计划存在到期未实施、完成比例较低、变更实施期限的情形。由于相关增持信息已向市场披露，市场对相关主体增持已产生相应预期，若届期无法依约完成，存在误导投资者、信息披露不实等问题。

基于此，交易所在日常监管中应当在结合增持计划推出时市场整体走势、公司客观情况与增持主体主观动机的基础上，对随意违反、变更增持计划的行为做出综合判断。在增持计划的事中事后监管中，切实做到分类监管、精准打击，维护市场的正常秩序与严肃性。

五、规则制度与监管思路的完善建议

（一）规则制度的完善

1. 借鉴境外思路，优化股份回购的资金来源

为保护公司及中小股东利益，建议对公司股份回购的资金来源予以限缩。由于股份回购的实质是将公司资产向股东转移，因此，包括中国在内的世界主要国家将股份回购视为公司分配的一种方式。在美英等国的实践中，回购与分红成为上市公司回馈股东的重要方式。① 应当注意的是，为维护公司的资产安全、保护中小股东利益、保证公司债务偿付能力，域外各国或地区多将股份回购的资金来源限定于可分配盈余和资本公积，与现金分红在逻辑上保持一致。然而，中国现行规则则将公司回购股份的资金来源扩展至除公司自有资金外的超募资金和金融机构借款，公司可能在不具备可分配利润的前提下，通过举债方式进行回购，这实质上增加了公司的潜在风险。建议结合实践运行情况，在后续规则优化的过程中对现行规则下股份回购资金来源的合理性与适当性、是否将回购视为现金分红予以进一步研究。

2. 维护规则稳定，鼓励设立中长期回购规划

境外成熟市场实践经验显示，上市公司持续性的股份回购对个股及大盘的股价走势具有更为积极的作用。以美股为例，2008 年金融危机后，标普 500 指数持续上涨。截至 2018 年 12 月，标普 500 指数超过 2900 点，创造了美股有史以来最长的牛市。与此同时，美股回购规模持续扩大，2018 年整体超过 7000 亿美元，刷新历史高位。通过对比自 2000 年以来标普 500 指数的走势与标普 500 的回购金额可以发现，指数的变动趋势与回购金额的规模有着密切的联系，回购规模的扩大对指

① 相关数据显示，2018 年美股分红回购规模达到 1.25 万亿美元，其中，股份回购达到 7979 亿美元，分红派息 4563 亿美元。

数的上涨具有助推作用。

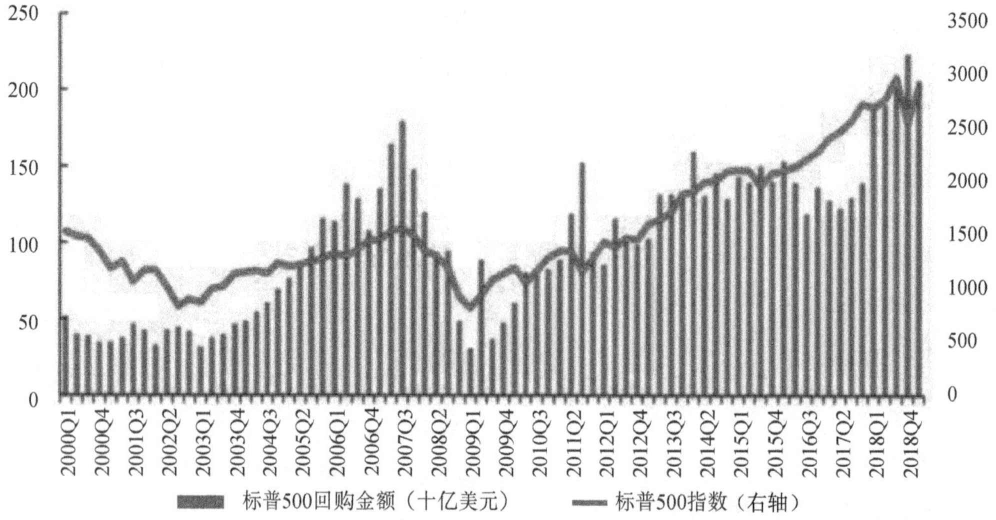

注：该数据来源于新时代证券分析师孙金钜、任浪相关研究，参见《回购专题：A 股迎史上最大回购潮，多维度寻找回购投资机会》。

图 8　2000～2018 年标普 500 指数走势与回购金额对比图

不仅如此，通过比对标普 500 指数与标普 500 回购指数自 2000 年以来的变化趋势可以发现，二者有着较为明显的正相关性。2008 年金融危机后，两项指数的上涨趋势明显。

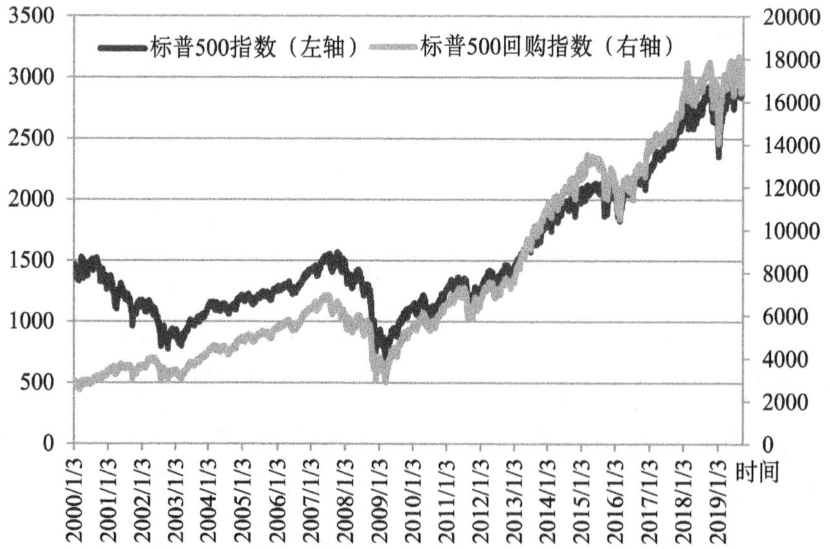

图 9　2000～2018 年标普 500 指数与标普 500 回购指数走势对比图

由此可见，持续性回购对于指数的持续性上涨具有正向作用，常态化、规范化的回购规划相较于一次性、短期的回购方案更具优势。第一，有助于避免股价短期暴涨暴跌，中长期平稳上涨。这是因为中长期回购计划向市场释放的是对公司股价中长期看涨的积极信号，有助于稳定市场预期；同时，在股价面临下行压力时，回购对于股价异常波动具有一定的抑制效果。第二，设定中长期回购规划，每年按照利润规模的比例预留资金用于回购，有助于上市公司提前安排年度资金预算，制定完善的税务筹划方案，实现可持续发展。第三，将回购规划与分红规划相结合，实现对于公司股东的中长期回馈，有助于增强股东信心，保护中小股东的合法权益。

3. 细化披露要求，强化增持计划的信息披露

针对增持计划的变更存在随意性的问题，建议进一步加强事前监管、事中监管。一方面，强化对于相关方履行能力的信息披露，防范“忽悠式”增持计划。要求相关方在披露增持计划时详细说明增持资金的来源，重点关注增持主体是否存在高比例质押的情形，是否具有与增持金额相当的资金实力，自筹资金的来源与具体构成等。另一方面，强化增持主体的持续披露责任。要求增持主体在进展公告中说明增持实施情况与增持计划相差较大的原因、计划完成的时间，若预计无法完成应及时向市场披露。

（二）日常监管的优化

1. 灵活运用各类函件，充分揭示潜在风险

在交易所日常监管中，应坚持以信息披露为中心。一方面，通过监管问询督促公司或增持主体及时实施股份回购或增持计划；另一方面，通过关注问询类函件及时向市场揭示股份回购与增持计划存在的疑点，提示投资者予以重点关注。

2. 持续加强监管联动，密切关注实施进展

第一，强化信息披露监管、二级市场交易监控与现场检查的监管联动。股份回购方案及增持计划的披露与实施对于二级市场股价具有一定影响。其一方面涉及信息披露的真实、准确、完整与及时；另一方面可能涉及二级市场内幕交易、市场操纵等事项。因此，通过信息披露监管或二级市场监察发现可疑问题，必要时提请现场检查，有助于保护公司及中小股东的利益，维护市场正常秩序。第二，在日常监管中密切关注存在潜在违规风险的公司，切实做到事前强化信息披露，事中持续关注实施进展，事后及时采取监管措施。第三，区分违规行为形成具体原因，对于“忽悠式”回购或“忽悠式”增持，拉抬股价、配合相关股东减持等恶性违规行为予以严肃处理。

3. 适时发布优秀案例，发挥正向引导作用

通过集中发布一批优秀的股份回购与增持计划的案例，引导各方依法、合规、高效地进行回购与增持。一是及时向社会各界反馈新政新规的实施成效，凸显股份回购与增持计划对于提振公司股价、回馈中小股东、维护市场稳定的积极作用。二是及时树立回购与增持事项日常监管的标

准与尺度，通过优秀案例向市场传递交易所在股份回购和增持计划涉及信息披露与具体实施中关注的焦点。三是发挥优秀案例的示范作用，通过向市场展示优秀案例，进一步明确股份回购与增持计划的信息披露标准与具体实施规范。

（三）对政策引导下市场行为的监管思考

1. 事前充分论证，丰富规则储备

资本市场的政策规则对市场整体具有一定的调节作用，新政新规的出台应在充分研究论证的基础上审慎推出。实践中，市场走势瞬息万变，对规则进行充分思考论证的时间较为紧迫。这一客观事实要求证券监管机构应当加大日常对于资本市场政策规则的储备，具体包括：第一，充分研究境外成熟资本市场相关规则的出台背景、演变过程、运行状况。第二，结合中国资本市场的特点，对境外相关规则有所甄别地予以借鉴，及时反思、优化。第三，加强市场调研力度，结合日常监管实践，设计符合中国资本市场的政策规则。第四，在规则推出前，通过压力测试、数据模拟测算等方式，进行充分论证。

2. 事中因司施策，防控潜在风险

第一，提升规则实施的包容度。监管机构在新政新规推出的过程中，一方面可以鼓励公司积极响应，另一方面也应充分考虑不同公司的发展阶段、个体情况，因司施策，实现差异化发展。第二，重点防控在事前研究中重点关注的潜在风险点，与市场主体保持顺畅沟通，保障新政新规的平稳运行。第三，对公司而言，应在维护自身利益、保护股东权益的基础上，结合公司财务状况，适时适度推进相关事项。

3. 事后结合规则出台背景，及时进行反思优化

在监督规则执行层面，一方面，在秉承三公原则、维护市场稳定、保护上市公司与中小股东合法权益的思路下，充分发挥一线监管职能，对于违法违规行为做到及时关注、及时发现、及时处理；另一方面，在制定处分标准、采取监管措施时，应统筹考虑新政新规出台的特定背景、公司及相关主体执行新政新规的主客观条件，兼顾监管政策导向对市场、上市公司及相关主体的影响，保证相关处分标准的科学性、一致性、均衡性和谦抑性。

在新政新规的完善层面，第一，与市场建立良性互动机制，积极听取各参与方的建议与反馈，持续跟踪政策规则的实施效果，及时反思、及时调整、及时完善。第二，关注新政新规相关配套制度的建设，构筑完善、统一、相协调的规则体系，防范规则套利。第三，维持政策规则的稳定性，给予各参与方稳定的制度预期。

（深圳证券交易所　年报分析小组）

执笔人：朱德睿

深市上市公司2018年年报会计问题和审计问题分析

根据对上市公司年度报告事后审查情况，并结合日常会计监管工作中关注的问题，本文对深市上市公司2018年度披露的年报中存在的会计问题和审计问题进行了分析，具体如下：

一、会计问题分析

近年来，随着监管力度的加强、披露要求的细化，上市公司年报披露质量逐步提高。然而，仍有公司利用会计处理和职业判断空间粉饰财务报表。在2018年年报事后审核中，深交所重点关注了公司业绩的真实性。常见的利润调节手段包括以下5类：

（一）自主变更会计政策、会计估计

会计政策和会计估计的变更是基于公司对报告期内经营情况的主观判断，通常难以对其合理性进行定量分析，因此，成为了公司调节利润的常见手段之一。2018年度，深市有15家公司自主变更了会计政策，109家公司变更了会计估计。由于会计政策变更的方式有限，且受到会计准则的约束和要求更多，而会计估计的变更则主要依靠经验判断，因此进行会计估计变更的公司数远多于进行会计政策变更的公司。

1. 会计政策变更

在15家自主变更会计政策的公司中，有6家公司将投资性房地产的计量方式由成本模式变更为公允价值模式，占总数的40%。变更为公允价值模式后，公司进行追溯调整，以公允价值计量带来的资产账面价值的增加、后续公允价值的提升和不再对资产计提折旧使得上述会计政策变更对公司期初未分配利润和当期业绩产生较大影响。例如，步步高（002251）因该政策变更，增加公司2018年度净利润1523.60万元，增加期初未分配利润1.25亿元；中南建设（000961）因该政策变更，增加公司2018年度净利润1.07亿元，增加公司期初未分配利润8464.44万元。

2. 会计估计变更

在109家变更会计估计的公司中，有77家公司涉及应收款项（含应收账款和其他应收款）坏账准备计提的比例及方法，占总数的70.64%。例如，蓝海华腾（300484）通过调减应收款项坏账计提比例，少计提资产减值损益1100.95万元，增加净利润936.83万元，占净利润的38.21%。华力创通（300045）通过同样的方式，少计提资产减值损益4697.02万

元，增加净利润3992.47万元，占净利润的33.44%。

针对自主变更会计政策、估计，深交所高度关注变更的原因与合理性。大多数公司对于变更的原因披露过于笼统，多为“为了更加真实、客观地反映公司的财务状况以及经营成果”“结合管理实践”或“参考同行业做法”，未能结合具体判断的依据，做出有针对性的解释。此外，部分公司未就变更事项对财务报表的影响进行说明，如*ST凯迪（000939）、中科新材（002290）、金杯电工（002533）等公司对坏账计提比例进行了变更，但在年报中表示无法测算影响金额。就上述情况，深交所需深入问询，要求公司结合自身业务与同行业公司做法分析变更的原因与合理性，并要求测算影响的具体金额，增加公司通过该方式调节利润的难度。

（二）确认大额非经常性损益

当公司业绩下滑，可能出现亏损时，存在利用非经常性损益调节利润的动机，避免连续两个会计年度经审计净利润为负数。其中，非货币性资产交换不涉及现金支付的问题，交易的完成相对容易；出售股权交易价格的公允性难以判断，常被用于期末突击创利。

1. 非货币性资产交换

如金固股份（002488）2018年实现净利润1.62亿元，扣除非经常性损益后的净利润为亏损1.41亿元，公司将子公司好快全100.00%股权作为对价，向江苏康众汽配有限公司增资，取得其16.27%股权。公司丧失对好快全的控制权，将其公允价值与账面价值的差额计入当期损益，确认股权处置收益3.76亿元，占净利润的228.79%。再如，神农基因（300189）以13项房产、土地使用权作为实物出资，与自然人共同设立公司，公司持有其19.47%股权，该事项形成资产处置收益2636.12万元，占净利润的154.82%。在此类交易中，深交所重点关注换出资产的价值是否公允，估值方法的选取、可比对象的选择、主要参数的来源等重要数据是否合理。

2. 出售股权确认投资收益

海航投资（000616）2018年实现净利润3.46亿元，扣除非经常性损益后的净利润为亏损1.41亿元。报告期内，公司将子公司上海前滩项目公司100%股权转让给上海励亘，确认投资收益约4.56亿元。上述交易对外披露后，深交所收到多起投资者投诉，质疑交易作价的公允性。公司上一年度净利润仅为792.84万元，通过处置上述股权，公司2018年净利润大幅提升。类似案例还有万泽股份（000534）、华联股份（000882）等，深交所重点关注上述交易价格的公允性、是否与交易对手方存在关联关系、股权转让款的收回是否存在重大不确定性等。

（三）操纵坏账准备计提比例

根据《企业会计准则第22号——金融工具》的规定，当有客观证据表明该金融资产价值已恢复，且客观上与确认该损失后发生的事项有关，原确认的减值损失应当予以转回。因此，公司可以利用应收账款的坏账计提进行盈余管理。

1. 无充分证据的情况下，全额计提坏账准备

2017年ST冠福（002102）净利润为2.78亿元，2018年公司净利润为亏损27.66亿元，业绩大幅下滑。报告期末，公司计提资产减值损失金额为16.3亿元，针对违规对外担保部分公司计入营业外支出金额为10.48亿元。公司无法提供充分证据说明上述处理的合理性，且从资产负债表日后的判决结果来看，公司诉讼结果并非全部败诉。公司后期可根据法院判决结果，冲回已计提的预计负债，在下一年度对减值转回进行利润调控。

2. 精准选择坏账准备计提比例，避免净资产为负

报告期末，华塑控股（000509）应收上海友备9248.64万元，公司综合各项原因判断该款项的可回收金额为4624.32万元，计提坏账准备4624.32万元，计提比例50%。公司2018年归属于上市公司股东的净资产仅余1046.30万元，如上述应收账款计提坏账准备的比例提高至60%，则可能将导致公司净资产由正转负、被实施退市风险警示。同时，公司归属于上市公司股东的净利润常年呈现盈亏交替的状态，扣除上述坏账准备计提的影响，净利润仍然亏损747.77万元，如公司2019年主业持续亏损，不排除公司通过于2018年过度计提坏账准备，再于2019年转回的方式，实现2019年净利润扭亏为盈，规避2018年、2019年净利润连续两年为负、被实施退市风险警示的情形。

（四）合并范围确定存在争议，导致报表失真

上市公司会在定期报告中披露报告期内合并范围变动情况，合并范围的确定对公司当期的资产明细及利润情况产生重大影响，因此，也是深交所在定期报告事后审核中的一个关注重点。

1. 重组标的失控，仍将其纳入合并范围

2017年4月，东方精工（002611）以发行股份及支付现金相结合的方式购买普莱德100%股权。在公司2018年度审计中，年审会计师立信会计师事务所（特殊普通合伙）就关联交易定价公允性、产品质量保证金计提、收入真实性等事项对普莱德出具审计调整，减少普莱德净利润5.08亿元。对上述审计调整，普莱德管理层表示不认可，并召开媒体发布会，明确指责公司和年审会计师对于普莱德2018年财务数据的调整缺乏事实依据。前期，公司将普莱德纳入2018年年报合并报表范围。但尽管东方精工名义上持有普莱德100%的股份，普莱德董事会中2/3的席位由原股东委派，根据公司章程，原股东可以在董事会中对主要经营事项进行表决。同时，普莱德的管理层已经召开媒体发布会，明确公开与东方精工的矛盾。因此，东方精工对普莱德的控制能力存疑，将其纳入合并范围或存在不当之处。

2. 临近报告期末出售子公司，规避商誉减值计提

2018年11月30日，思美传媒（002712）与舟山壹德、刘申签订协议，以32024万元转让爱德康赛100%的股权。2018年12月20日，爱德康赛召开新股东会，对爱德康赛的董事会进行了改选，新董事会成员中无思美传媒派驻的董事。2018年12月24日，爱德康赛完成股权过户及董事变更的工商登记手续。基于上述情况，公司将爱德康赛的资产负债表调出合并范围，并将其2018年度利润表和现金流量表纳入合并财务报表范围。然而，舟山壹德并未按期依约支付相应股权转让款，截至2019年3月31日，公司仅收到股权转让款2000万元，公司因此向浙江省高级人民法院提起诉讼。按照协议条款，公司有权要求舟山壹德退回爱德康赛股权。同时，在爱德康赛改选董事会时，由于公司并未收到相应股权转让款，董事会的改选存在法律障碍，公司有权以改选无效提起诉讼。在上述情况下，断定公司在资产负债表日丧失对爱德康赛的控制值得商榷。

公司在收购爱德康赛时形成了2.38亿元商誉，根据爱德康赛的财务状况和未来经营预期，如果继续将其纳入合并范围，当期公司需要计提大额商誉减值。2018年公司的净利润为3224.21万元，计提商誉减值将导致公司业绩下降甚至出现亏损。调出合并范围，则规避了上述情形的发生。

（五）操纵业绩补偿款确认时点

公司连续两年出现业绩补偿事项，但业绩补偿收益的确认时点的处理原则不同，可能存在盈余管理的情形。

1. 两年业绩补偿均确认在当期，大幅提高当期净利润

2017年8月15日，安洁科技（002635）通过发行股份及支付现金的方式购买威博精密100%股权，此次交易产生了27.91亿元商誉。威博精密2017年度和2018年度均未完成业绩承诺，完成率分别为69.70%和25.11%。2018年6月，公司完成对威博精密2017年业绩承诺未达标对应股份的回购注销，已注销部分的公允价值变动收益2.56亿元计入2018年的营业外收入。2018年年报显示，公司将威博精密2018年业绩承诺补偿股票的公允价值5.04亿元计入当期损益。至此，公司将威博精密两年业绩补偿收益均在2018年进行了确认。公司2018年净利润为5.45亿元，如2018年的业绩补偿计入2019年，公司2018年净利润将大幅下滑甚至可能亏损，公司存在盈余管理的动机。

2. 业绩补偿义务人用债权冲抵业绩补偿款

2016年7月19日，坚瑞沃能（300116）通过发行股份和支付现金相结合的方式购买沃特玛100.00%股权。业绩承诺的补偿义务人李瑶承诺对沃特玛2016~2018年的扣非后累积净利润做出承诺。2017年和2018年沃特玛均未完成业绩承诺，李瑶所持上市公司股份被司法冻结且个人负有大额担保责任，股份补偿不具可操作性。经双方协商，公司从李瑶给沃特玛的借款中分别扣除0.96亿元和10.12亿元作为2017年和

2018年业绩承诺补偿款，同时将上述两笔金额计入2018年度损益。上市公司2018年年底净资产仅有2.00亿元，同时将两年的业绩补偿款计入本报告期，存在规避2018年期末净资产为负进而触及暂停上市条件的强烈动机。同时，目前沃特玛深陷债务危机，李瑶对沃特玛的10.12亿元债权可收回金额远低于账面价值，相应经济利益是否能够流入母公司存在较大不确定性，债权与业绩补偿直接抵消可能损害上市公司利益。

二、审计问题分析

2018年度，深市共145家公司财务报告被出具非标审计意见，较2017年增加64家，非标意见数量显著增多。非标意见主要涉及财务报告内部控制存在重大缺陷、无法对重要资产减值计提的适当性做出判断、未能识别关联方及关联交易、公司或子公司的持续盈利能力存在重大不确定性、重大诉讼的影响存在不确定性、被证监会立案调查等事项。在梳理非标意见的过程中，我所归纳出以下3类可能存在审计意见不恰当的类型。

（一）临近披露时点更换审计机构情况

针对2018年度财务报告审计工作，深市有41家公司在年报审核期间更换2018年度财务报告审计机构，其中，主板12家，中小板21家，创业板8家。更换审计机构的公司中有14家公司2018年度财务报告被出具非标意见，其中，无法表示意见6家，保留意见5家，带强调事项段的无保留意见3家。特别值得关注的是，*ST尤夫（002427）2017年年度财务报告被前任年审会计师众华会计师事务所出具无法表示意见，主要原因包括公司涉及多起借贷纠纷诉讼、大宗贸易及资金往来目的和性质不明以及公司被证监会立案调查。2019年2月27日，公司改聘利安达会计师事务所（特殊普通合伙）为2018年度财务审计机构，利安达会计师事务所（特殊普通合伙）对公司2018年年度财务报告出具带强调事项段的保留意见。公司立案调查未有结论，突击变更审计机构且审计意见由无法表示变更为带强调事项段的保留意见，公司存在变更审计机构以出具非无法表示意见审计意见而规避暂停上市的动机。

（二）以保留意见代替否定意见与无法表示意见

永安林业（000663）2018年年度财务报告被年审会计师出具保留意见，会计师未能就公司大额计提应收款项坏账准备和商誉减值的金额获取充分、适当的审计证据，因而，无法确定是否有必要对上述金额进行调整，也无法确定应调整的金额。同时，公司的子公司存在违规对外担保情形，会计师称由于此类违规担保事项未在中国人民银行征信系统登记，因而，未能就公司的子公司是否完整披露对外担保事项获取充分、适当的审计证据，也无法确定该事项对财务报表的影响金额。会计师在审计范围受限的情况下明确表示保留事项明显违反企业会计准则及相关信息披露规范依据和合理性，会计师对相关事项不具有广泛性影响的判断理由不充分，可能存在以保留意见代替无法表示意见或否定意见的情形。出现类似情况的还有*ST斯太（000760）、ST银亿（000981）、*ST华信（002018）、北玻股份（002613）等公司。

（三）以无法表示意见逃避审计责任

坚瑞沃能（300116）因公司未能提供部分银行账户信息、部分存货被查封以及公司未能安排异地存货盘点、应收账款函证存在大量未回函或回函不符情况、抵账资产的市场价值无法判断等情况，年审会计师出具了无法表示意见的审计意见。公司2018年年末净资产仅2.00亿元，公司存在规避因期末净资产为负从而股票被暂停上市的动机，上述货币资金、存货、应收账款等资产减值金额对公司净资产是否为负极为重要。会计师以未能获得充分适当的审计证据为由，回避对上述事项是否真实的判断。

*ST东网（002175）因持续经营能力存在重大不确定性，*ST天圣（002872）因原董事长等人被公安机关刑拘，被会计师出具无法表示意见。上述事项一般来说并未对公司财务报表的数据产生直接影响，而会计师在审计意见中未详细说明其已获取的审计证据与审计范围受限的具体情形，会计师可能存在以无法表示意见代替其他意见进而免除其审计责任的情形。

三、监管措施

针对上述会计和审计问题，深交所及时采取了监管措施，并切实落实全链条监管安排。

（一）向中介机构发出问询函或关注函

中介机构作为资本市场的“看门人”，深交所高度关注中介机构的质量。结合日常监管和2018年年报披露情况，深交所共向上市公司年审会计师发出181封关注函，在公开的440余份年报问询函中有1300多个问题明确要求年审会计师、评估师、独立财务顾问等中介机构发表核查意见。

（二）上报会计监管线索与问题

年报事后审查完成后，深交所会计专业技术小组牵头组织3板块公司管理部对日常监管中关注到的2018年度审计与评估机构执业质量存疑的相关情况进行了梳理，形成了检查线索汇总表上报会计部，其中，审计机构检查线索32条，评估机构检查线索13条。

（三）提请证监局进行关注或现场检查

2019年年初，深交所向辖区证监局发出提请关注函、协助调查函58份，提请其对相关会计问题予以关注、协助调查，与证监局保持持续有效沟通，形成监管合力。

四、思考与建议

（一）以科技监管为抓手，关注媒体舆情，继续强化会计审计监管

会计审计监管是上市公司监管工作中重要的组成部分，但近年来监管形势发生了新的变化。一是科技监管成为了提高会计审计监管效率和强化上市公司财务信息披露审查的重要抓手，二是媒体对上市公司财务造假、信息披露违规等事项的关注度加大，社会影响也在扩大。对此，监管人员一方面应积极学习应用“企业画像”等科技监管工具，用足用好监管手段，提高科技监管水平；另一方面可结合媒体客观、合理的报道内容，大胆怀疑，小心求证，尽早发现公司会计处理的不当之处，督促公司提供更加准确的会计信息。

（二）加快规则修订流程，强化对非经常性损益的监管

目前，根据上市规则规定，深交所有权对最近两个会计年度经审计的净利润连续为负值的上市公司实行退市风险警示。2018 年度，深市共有 40 家公司通过非经常性损益避免连续两年亏损，主要手段包括出售资产、调节业绩补偿款确认时点等。为了避免公司利用非经常性损益项目随意改变公司盈亏状态，从而导致公司财务信息失真，建议通过完善年报披露格式，细化非经常性损益的披露内容，除了目前要求披露的项目和金额以外，增加披露非经常性交易的具体内容、会计处理及相关会计科目的影响金额等。同时，可以考虑对上市规则进行修订，以扣非后净利润作为实行退市风险警示的财务指标或者要求审计机构对公司非经常性损益出具专项审计报告，以强化对上市公司非经常性损益项目的监管。

（三）加强对财务人员的指导和培训，引导上市公司进行会计处理和披露

财政部自 2017 年起对企业会计准则和财务报表格式进行了多次修订，深交所大部分上市公司已于 2019 年 1 月 1 日起执行新金融工具准则，并将自 2020 年 1 月 1 日起执行新收入准则，因此，可预见上市公司 2019 年度、2020 年度财务报告的格式和内容都将发生较大的变化，上述变化对上市公司的财务人员的专业水平也提出了更高的要求。为此，深交所可以采取事前培训、事中关注、事后梳理跟踪等措施，引导公司进行会计处理和披露。

第一，事前培训，深交所可通过编写会计监管案例、专题分析报告，向上市公司传达监管中的关注事项，提高财务人员理解准则的准确度和深度。

第二，事中关注，上市公司监管员在日常监管中，及时对公司涉及新企业会计准则重大交易事项的会计处理进行重点关注问询，必要时向年审会计师事务所发出关注函予以提示。

第三，事后梳理跟踪，主要通过年报审查对公司相关会计处理进行复核，对于异常会计处理及时向证监会会计部上报会

计监管问题。

（四）进一步明确审计意见类型判断标准，提高上市公司审计质量

根据《中国注册会计师审计准则第1502号》应用指南，当注册会计师无法获取充分、适当的审计证据对财务报表产生或可能产生的影响重大且具有广泛性，审计意见类型应是无法表示意见；重大但不具有广泛性，审计意见类型应是保留意见。无法表示意见和保留意见的主要区分在于相关影响是否具有广泛性。根据目前审计准则及应用指南的规定，对于广泛性的衡量没有明确定义或量化指标，会计师需进行职业判断。建议推动财政部研究明确对广泛性定量或定性标准，强化对注册会计师执业的监督，提高上市公司审计质量。

（深圳证券交易所　年报分析小组）

执笔人：蒋雪蓉

深市上市公司2018年违规占用资金和对外担保情况分析

2018年以来，部分上市公司控股股东、实际控制人出现经营困难、资金紧张的局面，控股股东、实际控制人及其关联方占用上市公司资金、上市公司违规对外提供担保等行为有所抬头。违规占用资金和对外担保直接损害上市公司和投资者合法权益，影响上市公司正常经营，引发较大风险。

一、深市总体情况①

截至2019年7月31日，深市发生96单控股股东、实际控制人及其关联方占用上市公司资金和上市公司违规对外担保事项，涉及上市公司72家，占深市公司总家数的3.31%。从违规性质来看，50家公司涉及资金占用，报告期内发生额约325.86亿元；46家公司涉及违规担保，报告期内发生额约519.1亿元。其中，24家公司同时涉及资金占用和违规担保。

分板块来看，涉嫌违规的公司中，存在资金占用的主板、中小板、创业板公司分别为8家、25家和17家；存在违规担保的主板、中小板、创业板公司分别为9家、26家和11家。分行业来看，按照所属证监会行业划分，制造业企业40家，为违规占用资金和对外担保的高发区，信息传输、软件和信息技术服务业为6家，电力、热力、燃气及水生产和供应业为5家，文化、体育与娱乐业为4家。分区域来看，涉嫌违规的公司涉及23个辖区，浙江、广东、北京、江苏等辖区违规情形较多，分别有11家、8家、8家和6家。

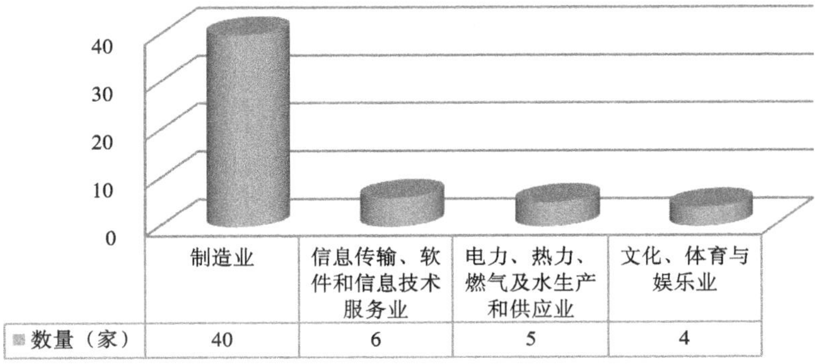

资料来源：Wind数据库。

图1　深市违规资金占用和对外担保公司行业分布

① 如无特别说明，本文数据均系对2018年年报数据整理。

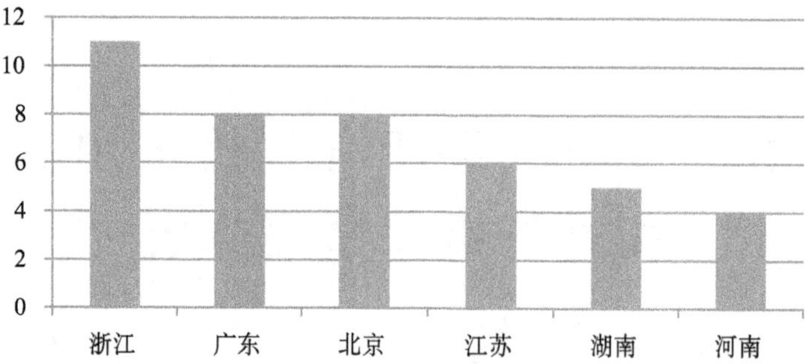

资料来源：Wind 数据库。

图 2　深市违规资金占用和对外担保公司地域分布（家）

与以前年度相比，2018 年以来深市资金占用和违规担保行为高发。2017 年深市对资金占用和违规担保的处分数量合计仅 6 单，而 2018 年及 2019 年 1～7 月分别为合计 15 单和 24 单，是 2017 年的 2.5 倍和 4 倍。2017 年深市处分案例涉及金额合计仅 30 亿元，而 2018 年和 2019 年 1～7 月分别为合计 50 亿元和 114 亿元，是 2017 年的 1.67 倍和 3.8 倍。由于处分相对于违规事项发生具有滞后性，2019 年的处分情况集中反映了 2018 年违规行为呈集聚爆发态势。

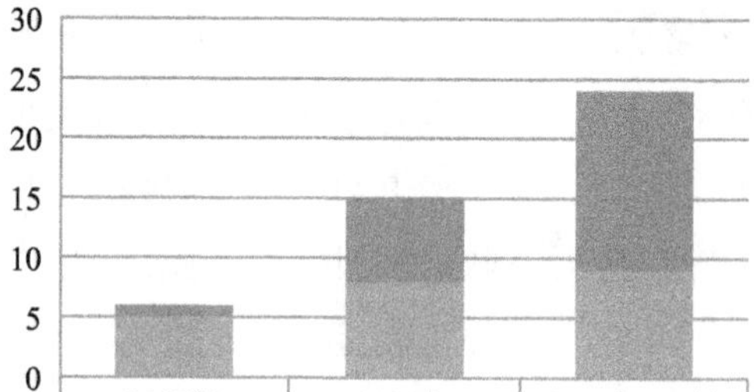

	2017年	2018年	2019年1~7月
违规担保（单）	1	7	15
资金占用（单）	5	8	9

资料来源：根据历年纪律处分数据整理。

图 3　近年深市资金占用与违规担保处分数量

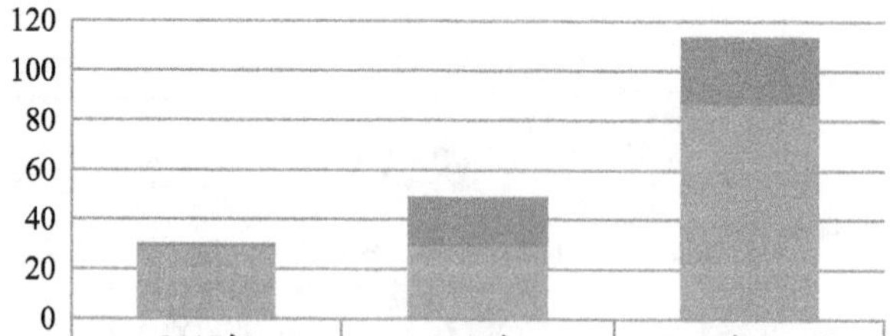

	2017年	2018年	2019年1~7月
违规担保	1.35	19.93	27.23
资金占用	28.93	29.11	86.53

资料来源：根据历年纪律处分数据整理。

图 4　近年深市资金占用与违规担保处分涉案金额（亿元）

二、2018 年资金占用及违规担保高发的原因及影响

（一）原因

1. 宏观原因

2018 年，中国面临着经济转型阵痛凸显的严峻挑战。经济运行稳中有变、变中有忧，中美经贸摩擦给一些上市公司生产经营和市场预期带来不利影响。同时，资管新规①、质押新规②等金融领域降杠杆、防风险举措引起融资环境发生变化。2018 年 3 月实施质押新规，提高融资门槛，严控质押集中度，限制资金用途和质押率，禁止加杠杆买入股票，严防资金脱实向虚，聚焦服务实体经济。2018 年 4 月资管新规发布，提出打破刚兑、消除多层嵌套、限制通道业务、禁止资金池业务等降杠杆、防风险举措，导致信用扩张速度大幅降低，部分企业风险出清和影子银行业务收缩，实体流动性相对偏紧。在前两个因素的共同作用下，个股出现流动性困难，原有以信托计划、资管计划、银行理财等金融产品形式持股的机构需要应监管政策变化而及时调整甚至变现，使得闪崩股频现，进而累及同行业、同板块或与其相关的个股。投资者在急于卖出时或选择流动性较好的标的时，叠加羊群效应，使得大盘蓝筹股也出现下跌，投资者预期转差导致个股继续下跌，形成恶性循环，二级市场股价出现异常波动。

2. 微观原因

部分前期依靠资金信用扩张维持运行的大股东盲目加杠杆扩张，高比例质押股票，甚至反复质押、循环质押。当宏观环境发生变化时，二级市场剧烈波动，不断抬高大股东的杠杆率，加剧其债务风险和质押风险，导致面临流动性危机，融资需求迫切，资金占用和违规担保就成为大股东快速、低成本获取资金的手段。

部分上市公司一股独大、权力制衡机制薄弱，大股东的控制权缺乏有效监督。在股权较为集中的情况下，大股东利用手中股权积极推选董事、监事及高管，部分由控股股东委派或提名的董事、监事、高级管理人员道德风险突出，违反勤勉尽责义务，纵容大股东资金占用及违规担保等侵占公司利益行为，甚至提供支持和掩护，导致董事会、监事会的独立性名存实亡，独立董事也很难在公司治理中发挥重要作用，为资金占用和违规担保提供可乘之机。

（二）影响

1. 阻碍上市公司正常运营

大股东占用资金会影响上市公司现金周转，拖垮上市公司生产经营，而远超出上市公司正常承担能力的违规担保更是给

① “资管新规”指 2018 年 4 月 27 日，中国人民银行、银保监会、证监会、国家外汇管理局联合发布的《关于规范金融机构资产管理业务的指导意见》。

② “质押新规”指 2018 年 3 月 12 日，沪深交易所正式发布实施的《股票质押式回购交易及登记结算业务办法（2018 年修订）》。

上市公司带来超负荷的财务风险，上市公司被迫承担大额负债和损失，甚至导致核心资产被冻结，卷入复杂的违规担保诉讼中。经统计，最近3年涉嫌违规的公司亏损家数逐年递增，且2018年亏损家数为2016年的16倍、2017年的4倍；归属于上市公司母公司的净利润逐年减少，且2018年亏损金额急剧加大。

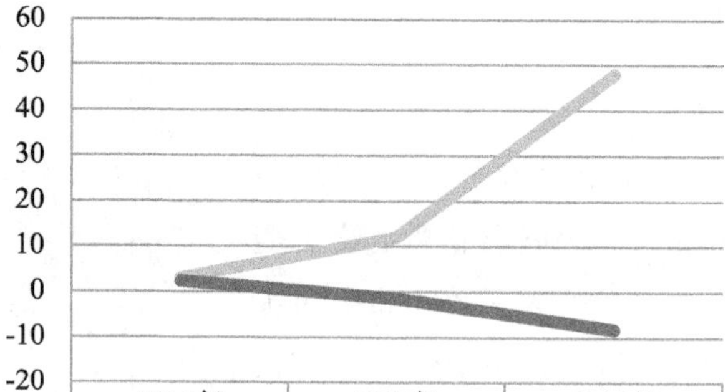

	2016年	2017年	2018年
亏损公司数量（家数）	3	12	48
平均净利润（亿元）	2.31	-1.48	-8.22

资料来源：Wind 数据库。

图5　深市违规资金占用和对外担保公司最近3年业绩比较

另外，违规行为还可能导致上市公司被实施其他风险警示，直接影响其市场信誉，加大从资本市场获取融资的难度，加剧经营和财务风险。同时，上市公司及其董监高可能被给予纪律处分或行政处罚，对公司并购重组、再融资等资本运作产生负面影响，董监高甚至可能因触犯刑法而面临牢狱之灾。

2. 侵害中小投资者利益

资金占用与违规担保风险一旦爆发，上市公司股价往往呈现断崖式下跌，投资者损失惨重，严重损害中小投资者合法权益，被迫为大股东的违法违规行为买单。经统计，涉嫌违规资金占用和对外担保的公司2018年股价较2017年股价平均下跌43.45%，较深市整体下跌幅度高出13.44个百分点。

3. 破坏资本市场良好生态

资金占用和违规担保行为一方面危及上市公司经营管理，阻碍上市公司健康发展，不利于夯实资本市场发展的基石；另一方面，违规行为集中出现加剧了股市波动风险，扰乱资本市场秩序，削弱投资者对资本市场的信心，不利于构建资本市场良好生态。

三、违规表现形式及典型案例

（一）资金占用的表现形式及典型案例

1. 传统的资金占用方式

（1）有偿或无偿拆借上市公司资金。

上市公司以向关联方支付预付款项等名义有偿或无偿地向控股股东、实际控制人或其关联方拆借上市公司资金。2017年6～11月，甲公司向实际控制人、董事长周某控制的A公司预付材料款1.7亿元，2017年12月全部收回，并于2018年3月收到利息240.38万元。2018年1～2月，甲公司及控股子公司再次向关联方A公司拆借资金3.6亿元。2018年4月20日，A公司归还全部借款本金及利息。

（2）通过银行或非银行金融机构向关联方提供委托贷款。

控股股东、实际控制人或其关联方通过银行或非银行金融机构或其他第三方委托收取上市公司的款项，或要求上市公司向其提供委托贷款，形成资金占用。2017年8～12月，乙公司控股股东B公司采用委托收款和支付的方式，借助C、D、E3家公司非经营性占用乙公司资金，累计发生额为1.06亿元，日最高占用余额为7430万元，占2016年度经审计净资产的10.57%。

（3）为其开具没有真实交易背景的商业承兑汇票。

上市公司为控股股东、实际控制人及关联方开具没有真实交易背景的商业承兑汇票。2017年2月至2018年7月，丙公司控股股东暨实际控制人林某等人未履行上市公司审批决策程序，以丙公司或其控股子公司名义开具商业承兑汇票并贴现、对外借款、提供债权确认及应收账款转让确认等，非经营性占用上市公司资金合计19.85亿元，占2017年经审计净资产的37.16%。

（4）经营性往来在资产交易后形成非经营性资金占用。

上市公司与合并范围内的子公司存在资金拆借，上市公司拟向控股股东、实际控制人或其关联人出售该子公司，交易完成后，该子公司成为上市公司关联方，导致形成非经营性资金占用。2018年10月，丁公司将所持有的F公司100%股权转让给实际控制人的关联方丁集团。转让前上市公司对F公司及其子公司曾提供借款本息合计5445.11万元，转让后前述款项形成关联方非经营性资金占用。2019年3月，丁集团已承接该部分债务并归还完毕。

该种方式的反向模式为上市公司关联方与上市公司拟收购的关联方资产之间存在资金拆借，上市公司收购该资产时关联方未归还相关款项，收购后形成对上市公司的非经营性资金占用。

2. 新型的资金占用方式

（1）与银行签订现金管理合作协议实现资金上拨下划。

戊公司控股股东戊集团与银行签订现金管理合作协议，实现对集团及其下属企业账户的联动，由此对资金进行上拨下划，可能构成对上市公司的资金占用。截至报告期末，戊公司账面货币资金为153.16亿元，其中，122.1亿元存放于某银行。戊集团与该银行签订《现金管理合作协议》，为其及下属企业提供现金管理服务。联动账户开立后，其子公司包括上市公司可以加入现金管理业务合作协议并开立账户，各子账户的资金全额归集到康得投资集团账户，实现上拨下划功能。

戊集团有机会从其自有账户提取上市公司上拨的款项，公司资金可能通过现金管理合作协议被存入控股股东及其关联人控制的账户。目前尚在中国证监会立案调查中。

（2）通过保理业务形成资金闭环间接占用上市公司资金。

2018年12月25日，己公司全资孙公司G公司利用从H公司等5家客户收回的应收账款及退回的预付账款合计18亿元，购买某定向资产管理计划的收益权，该资产计划投资的产品为两家商业保理公司的多项应收账款保理合同收益权，该应收账款保理合同的被保理人为H公司和G公司的两家客户及供应商。公司控股股东己集团及其关联方通过G公司真实性存疑的贸易业务占用上市公司部分应收账款及预付账款用于补充生产经营资金，而前述保理业务为其资金占用事项构成资金闭环。

（3）上市公司作为共同借款人为大股东借款。

庚公司与控股股东、实际控制人及其关联方作为共同借款人向第三方借款，所借款项提供给实际控制人及其关联方使用，形成非经营性资金占用。2017年10月至2018年1月之间，庚公司与控股股东I公司、第二大股东J公司、实际控制人韦某的关联方K公司等3人作为共同借款人向第三方借款，全部款项被用于关联方K公司的项目建设，形成关联方非经营性资金占用金额2.75亿元。

（4）主导上市公司开展商业实质存疑的投资。

辛公司控股股东、实际控制人主导上市公司开展明显缺乏商业实质的对外投资，交易目的存疑，实际上资金最终流向实际控制人，形成对上市公司的资金占用。2017～2018年，辛公司的控股股东L公司主导上市公司向两家关联方企业增资、收购两家企业股权、投资一家有限合伙企业等，部分交易未经审计、评估，定价公允性存疑，部分交易对方未识别为关联方；主导上市公司向新增的供应商M公司采购，采购的商品始终未交付，相关款项最终流入L公司及实际控制人徐某控制的其他商业主体，公司认定M公司与控股股东及实际控制人存在特殊利益关系。L公司及徐某合计形成对上市公司的非经营性资金占用20.13亿元。

（5）与供应商等第三方虚构交易。

上市公司通过与供应商、客户或其他无关联第三方虚构交易，向第三方支付资金，再由相关方将资金转入控股股东及其关联方账户，从而达到转移占用上市公司资金的目的。表面上来看，上市公司与第三方的交易已履行审议程序和披露义务，但协议条款设置是否合理、预付资金比例是否符合行业惯例、交易是否按协议约定正常推进、投资本金及收益是否按期收回等事项存疑。壬公司的控股股东安排公司与供应商签订采购协议，公司按协议付款要求预付给供应商部分货款，后采购协议取消未执行，供应商本应将款项退回给公司，但退款时受大股东指示，将款项退给大股东指定的N公司，形成资金占用

24.31 亿元。

（6）盗用或假借上市公司名义借款。

控股股东、实际控制人凌驾于上市公司内部控制之上，盗用或假借上市公司名义为其借款，相关资金直接流向控股股东或实际控制人及其关联方，形成非经营性资金占用。2019 年6 月4 日，癸公司收到公司与某商业保理公司签署盖章的 5000 万元借款合同（指定收款单位为第一大股东 O 公司），以及公司实际控制人陈某、刘某、O 公司与该保理公司于 2017 年 10 月 29 日签署盖章的保证合同。2017 年 11 月和 2018 年 1 月，O 公司收到实际借款金额 3000 万元后直接支付给实际控制人陈某担任董事的 P 公司，形成非经营性资金占用本息合计 4120.44 万元。

（二）违规担保的表现形式及典型案例

1. 挪用上市公司公章为担保协议用印

控股股东、实际控制人及其关联方挪用上市公司公章，为其借款协议的担保协议用印，未经上市公司董事会及股东大会审议批准，形成违规对外担保。此种方式是 2018 年深市违规对外担保行为最常见的方式。寅公司控股股东 Q 公司的第一大股东 R 公司法定代表人、上市公司董事长王某未履行内部决策程序，使用公司公章签署保证合同，使上市公司为 R 公司及其关联方与债权人之间的借款承担连带担保责任。

2. 伪造上市公司公章为担保协议用印

控股股东、实际控制人及其关联方伪造上市公司公章，为其借款协议的担保协议用印，未经上市公司董事会及股东大会审议批准，形成违规对外担保，涉嫌违法，性质恶劣。2018 年 1 月卯公司原董事长周某去世，公司随即发现周某及其控制的卯集团系企业存在利用伪造公司印章及冒用公司名义对外借款、为周某和卯集团系企业的对外借款或融资租赁等提供担保的情形，导致公司后续面临大量的诉讼仲裁案件及财产保全措施。

3. 子公司对外担保未告知上市公司

上市公司子公司未按照《股票上市规则》及上市公司的对外担保管理制度将对外担保事项提交上市公司董事会及股东大会履行审议程序，也未告知上市公司及时履行信息披露义务，导致违规对外担保。此种方式主要由于上市公司对子公司的内部控制管理不到位、子公司的合规意识淡薄所致。

四、解决方式及典型案例

（一）资金占用的解决方式及典型案例

截至 2019 年 7 月 31 日，深市公司资金占用余额已降至 157.24 亿元，归还金额比例超过 50%，主要解决方式包括现金清偿、以资抵债、转让资产或股权变现以及债务转移。

1. 现金清偿

现金清偿是最常见的资金占用解决方式，资金占用方以货币资金归还其所占用的资金，优点在于真金白银、直接明了，不存在资产价值高估或股权受限等风险，但不适用于经营状况欠佳且流动性紧张的资金占用方。

2. 以资抵债

以资抵债是资金占用方以所持有的资产注入上市公司，用于抵偿其所占用的资金，适用于经营状况欠佳的大股东，但可能资产质量不佳或与上市公司没有协同性，交易作价可能存在估值合理性问题。

2019 年 7 月，辰公司的控股股东以现金及其持有的 S 公司 37% 股权作价 25.9 亿元转让给上市公司，以抵偿其及关联方对上市公司所占用的资金及损失。但 S 公司仍在建设过程中，环保设施建设、安全生产设施短期内尚达不到验收条件，且后续投资尚存数十亿元资金缺口。前期，S 公司在 2018 年 7 月、8 月及 2019 年 6 月的评估作价由 280 亿元降至 180 亿元和 70 亿元，估值合理性存疑。

3. 资产或股权转让变现

该种方式是资金占用方将所持有的其他公司股权或资产转让给第三方获得交易价款，将相应款项归还上市公司，事实上实现了现金清偿，但交易耗时较长、手续相对繁琐，且控股股东的债权人较多时，上市公司未必能够优先受偿。

巳公司由第三方主导发起设立基金，承接控股股东巳集团持有的部分债权和部分股权资产，交易作价 1 亿元，资产变现后所得款项偿还占用巳公司的资金。

4. 债务转移

债务转移是上市公司将债务转移给资金占用方偿还，用以抵偿资金占用方所占用的资金。一般来讲，上市公司转移的债务尚未到期，且资金占用方可在债务转移后与债权人再次协商还款条件与期限，可为资金占用方筹措偿还资金争取一定的时间。

巳公司对 T 公司投资借款本息共计 6.2 亿元。公司控股股东巳集团、实际控制人陈某、巳公司与 T 公司签订债务转移协议，巳公司将其中的 3.3 亿元债务转移给巳集团，以抵销巳集团对公司的 4.3 亿元违规占用资金中的 3.3 亿元。

值得一提的是，政府纾困为 2018 年解决资金占用问题提供了重要支持，股权纾困方面有协议转让控股股东股权、参与上市公司定增、重组控股股东等方式，债权纾困有发行纾困专项债、信用风险缓释工具和再担保、以贷款为主的转质押等，极大地缓解了控股股东的财务风险，挽回上市公司的经济损失。

（二）违规担保的解决方式及典型案例

截至 2019 年 7 月 31 日，深市公司违规担保余额已降至 444.02 亿元，剔除乐视网一家公司后，解除金额比例超过 20%，主要解决方式包括被担保方清偿债务解除担保、补充审议程序及履行披露义务、将涉事相关公司出售、与债权人签订解除担保协议、通过司法诉讼确认违规担保无效等。

1. 被担保方清偿债务解除担保

这是最常见的违规担保解决方式，适用于被担保方尚有偿债能力和偿债意愿的情形，可以彻底消除上市公司的担保风险。

2017年5月至2018年6月，午公司及全资子公司U公司和V公司使用定期存款为3家公司的银行贷款提供担保，担保余额为5.82亿元，未履行内部审议程序及信息披露义务。午公司在2018年下半年例行内部审计中自查发现问题。截至2019年1月31日，3家企业相关贷款已全额归还，公司银行存单已解除质押。

2. 上市公司补充审议程序及履行披露义务

此种方式较多发生于上市公司知悉相关担保事项且担保金额较小、风险可控，基于对担保事项的审议及披露要求不熟悉、对下属公司的担保事项管理薄弱等原因而发生的违规担保。

未公司为子公司W公司和非关联方X公司提供担保3.75亿元，未履行上市公司内部审议程序形成违规担保。公司将对外担保事项补充提交董事会和股东大会审议并获通过，同时履行信息披露义务，纠正违规担保行为。

3. 通过司法诉讼确认违规担保无效

此种方式较多发生于被担保方在上市公司不知情的情况下对上市公司设定担保，上市公司对担保事项不予认可并诉诸司法途径，请求法院确认违规担保无效，从而解除担保责任，但诉讼耗时较长，且诉讼结果存在不确定性。如新疆克拉玛依市中级法院和北京高院分别支持了ST准油和上交所的亿阳信的违规担保无效，但浙江高院认定*ST步森的违规担保有效。

4. 与债权人签订解除担保协议

此种方式较多发生于被担保方可能存在其他替代担保方或可用于补充担保的优质资产，或者已部分清偿债务，债权人同意解除上市公司的担保义务。寅公司与部分债权人签署担保义务解除协议，债权人同意解除上市公司的担保义务，豁免承担债务的担保及优先清偿义务。

5. 将涉事相关公司出售

上市公司将存在违规担保情形的相关子公司或其他主体在事发后出售给控股股东、实际控制人或其他关联方，转移担保风险，避免担保损失。申公司原副总经理苏某以子公司Y公司名义为其本人及其控制的公司提供担保，未履行上市公司审议程序及信息披露义务。公司将存在违规担保的子公司江苏金一出售给控股股东。

政府纾困在解决2018年违规担保问题中也发挥了积极作用，如酉公司的控股股东酉集团拟将其持有的上市公司股份合计3.4亿股（占公司总股本的29.8%）转让给宁波某公司，后者及其相关方为酉集团提供不超过6亿元借款，用于解决公司与酉集团之间的违规担保事项。酉集团在收到借款后直接归还银行贷款，解除公司及子公司的存单质押。

五、监管思考及应对建议

（一）监管难点

1. 发现难

经统计，在发现违规事项的途径中，

上市公司主动披露的为38单，占比为53.52%；中介机构核查发现的为18单，占比为25.35%；通过监管信息审查发现的为15单，占比为21.13%。

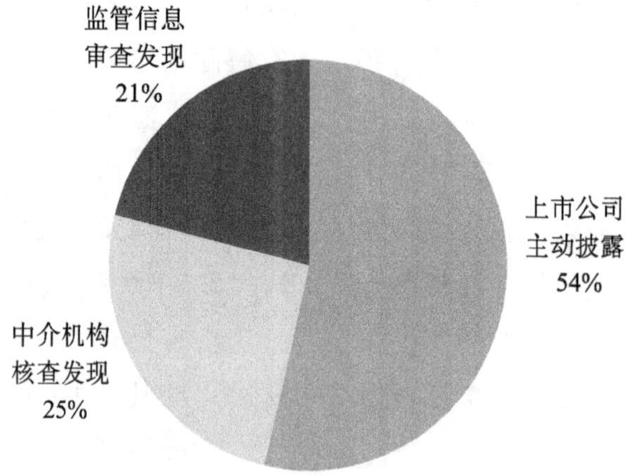

资料来源：根据2018年年报数据整理。

图6　2018年深市发现违规资金占用和对外担保事项的途径

通过监管信息审查发现违规事项较少的主要原因为部分违规占用资金及对外担保事项属于表外行为，且手段愈发具有隐蔽性、复杂性，在公司治理失效、相关方刻意规避上市公司内部控制的情况下，通过公告审查和财务报表分析发现违规线索的难度较大。

2. 认定难

在发现违规线索后，交易所主要通过关注函、问询函等方式充分问询，但如果相关当事人未充分、准确、完整地就违规事实进行回复或拖延回复，交易所难以认定违规事实性质和金额，需借助提请现场检查、证监局立案调查或稽查局稽查予以查实，获得确切的调查结果将耗时较长。

3. “占用即冻结”执行难

中国证监会在2006年《关于进一步加快推进清欠工作的通知》中提出，上市公司董事会要建立对大股东所持股份“占用即冻结”的机制，即发现控股股东侵占资产的应立即申请司法冻结，凡不能以现金清偿的，通过变现股权偿还侵占资产。主板和中小板上市公司的《规范运作指引》也要求，公司董事会应当自知悉控股股东、实际控制人及其关联人占用公司资金的事实之日起5个交易日内，办理有关当事人所持公司股份的锁定手续。

但该规定在执行中面临现实困难：一是对于已质押的股份，质权人享有优先受偿权，股份冻结不影响质权人行使权利，上市公司利益无法得到保障；二是部分上市公司董事会的关键人员是控股股东、实际控制人的代言人，难以自动自发做出锁定控股股东股份的决策；三是冻结相关方所持上市公司股份将会进一步降低其资金变现能力，加重其债务风险，无法通过正常的股份转让变现归还占用资金，不利于解决资金占用风险。

4. 解决难

要求控股股东归还占用资金和解除违规担保需要其资金充裕和拥有可以变现的股票或优质资产，但出现违规行为的大股东通常面临着资金链紧张的流动性危机，存在较高的财务风险和质押风险，监管政策对被立案调查和纪律处分的股东和董监高又限制转让股票变现，短期内迅速解决违规问题面临较大挑战。

（二）应对建议

1. 识别违规特征

（1）股东特征：民营为主，一股独大，高比例质押风险突出。

涉嫌违规的上市公司中，民营企业控股的有68家，占违规上市公司的94.44%，其中，个人控制的公司为55家、无实际控制人的公司为9家。另外，国务院国资委控制的公司为1家、地方政府及地方国资委控制的公司为5家、境外企业控制的公司为1家。

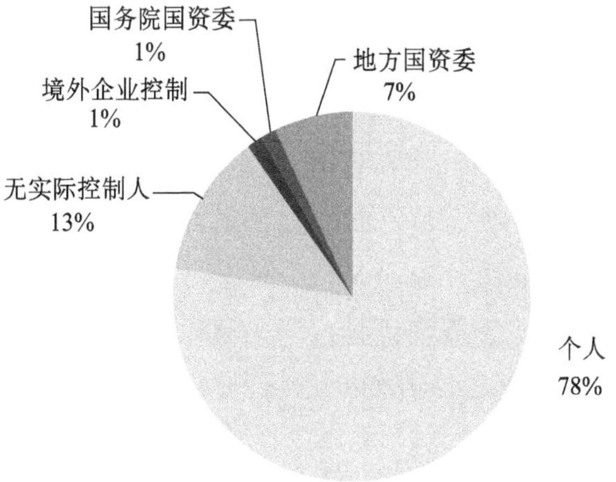

资料来源：Wind 数据库。

图7 深市违规资金占用和对外担保公司性质

第一大股东持股比例超过第二大股东持股比例15%的有40家，占比为56.34%；第一大股东持股比例超过第二大股东持股比例20%的有28家，占比为39.44%。一股独大的股权结构决定第一大股东处于绝对控股地位，中小股东对大股东难以实行有效的制约，为资金侵占和违规担保提供了先天便利。

截至2019年7月31日，涉嫌违规的72家公司股东有69家质押了上市公司股份，占比95.83%。其中，65家公司的第一大股东质押了所持上市公司的股份，占比90.28%；55家公司的大股东累计质押股数占持股数的比例超过80%，占比为76.39%。这反映了违规公司的控股股东股票质押率较高，在上市公司股价出现较大跌幅时，为避免股票质押爆仓导致公司实际控制权变更，控股股东对上市公司实施非经营性资金占用和要求上市公司违规提供担保。

（2）主体特征：治理机制不健全，内控薄弱，财务混乱。

涉嫌违规的大部分公司的股权过于集中，多数董事、高级管理人员由控股股东、实际控制人提名或委派，实际控制人、控股股东能够对股东大会、董事会、管理层实施控制，权力制衡机制薄弱。部分上市公司关键管理人员同时在大股东兼职，进一步强化了大股东对上市公司的控制，便利大股东资金占用和上市公司违规提供担保。

涉嫌违规的公司中，2018 年内部控制自我评价报告被出具非标准无保留意见的有 50 家，占比为 69.44%，显示相关公司内部控制存在重大缺陷，部分公司在资金管理、采购与销售款项收支、信息披露、内部审计等方面存在缺陷，个别公司甚至存在管理层舞弊、控股股东及实际控制人凌驾于上市公司内部控制之上导致内部控制失效等情节严重的情形。

涉嫌违规的公司中，2018 年财务报告被出具非无保留意见的有 48 家，占比为 66.67%，其中，无法表示意见的有 17 家。非无保留意见除涉及资金占用、违规担保事项外，还涉及多项会计处理存疑或无法提供充分、有效的审计证据，反映出违规上市公司的财务管理混乱、会计处理存疑。

（3）财务特征：重要会计科目和勾稽关系可能存在异常。

其他应收款是反映违规资金占用的传统会计科目，无商业实质的控股股东资金占用往往通过其他应收款项目进行，如应收股东借款、关联企业往来款等。

企业发生的与日常经营活动直接相关的应收应付款项往来通过应收账款、应付账款、预付账款等科目核算，反映企业的资金被供应商或客户无偿占用。如果交易对方为上市公司的控股股东或关联方，交易性质通常为经营性资金往来，但 2018 年以应收款项形式掩护非经营性资金占用的案例逐渐增多，如癸公司对无商业实质的关联交易支付大额预付款、甲公司以向关联方预付款项名义拆借资金等。

如果上市公司存在大量的应收和预付项目，且其增速和营业收入及营业成本增速不匹配，交易对方为关联方或存在其他利益安排，交易在商业实质上存疑，上市公司可能出现经营问题或者发生非经营性资金占用。如果对关联方的应收款项计提大额坏账准备，也可能是将相关款项永久性转移给关联方。

“存贷费”勾稽关系是深交所在审查戊公司定期报告时首次提出的财务分析思路，并在发现其他公司资金占用等案例中被广泛应用及验证有效的识别方法。“存贷费”涉及货币资金（含库存现金和银行存款）、短期有息贷款（短期借款 + 应付利息 + 一年内到期的非流动负债）、利息收入/利息费用科目。如果上市公司长期持有过高金额或比例的货币资金，说明资金充裕甚至可能缺乏合适的投资机会，除非短期内有收购或投资计划，否则不应大量举债，因此，“存贷费”不应同时高企。如果上市公司长期以大量的短期有息负债维持高额货币资金，那么货币资金的流动性能力就存疑，可能存在货币资金虚高、受限或者被控股股东占用的情形。

个别控股股东主导上市公司进行没有商业实质的投资，形成上市公司的长期股权投资。但被投资方往往没有开展实质经营，后续出现投资亏损，资金最终流向控股股东，上市公司将对该等对外投资计提长期股权投资减值准备。因此，如果长期股权投资减值准备科目等相关会计科目出现异常，也可能发生控股股东占用上市公司资金。

（4）行为特征：违规手段更加隐蔽，多种违规行为相互交织。

梳理深市2018年年报事后审查发现的违规典型案例发现，资金占用方式和违规担保方式都愈加隐蔽。以资金占用方式为例，除了中国证监会《关于规范上市公司与关联方资金往来及上市公司对外担保若干问题的通知》（证监发〔2003〕56号）规定的传统占用方式之外，还出现上文提及的众多新型占用资金手段，部分违规行为不体现在财务报表内，发现难度大。

多种违规行为相互交织是2018年违规占用资金和对外担保的重要特点，相关违规事项往往与未披露对外投资、账户司法冻结、发生重大诉讼等事项的信息披露违规行为同时发生，部分公司还存在挪用募集资金、会计处理与交易实质不符、部分交易未记账的会计处理不规范问题。除此之外，个别控股股东、实际控制人及其关联方甚至还涉嫌伪造公章、挪用资金等违法行为，涉案金额巨大，情节严重，性质恶劣。

2. 发现违规线索

（1）关注投诉、司法冻结、担保涉诉等日常监管信息。

对于不在财务报表体现的违规占用资金和对外担保行为，需要监管人员对日常监管信息抽丝剥茧地深入分析，提高监管的敏感性，加强质疑式问询。统计发现，对投资者投诉、对外担保涉诉案件、主要资产或账户被司法冻结等事项进一步审查及监管问询能够有效发现资金占用和违规担保线索。

例如，2018年8月和10月，某公司连续遭投资者投诉，深交所向公司发出问询函和关注函，在回函中发现公司可能存在违规担保和资金占用等问题。经查实，上市公司有8.3亿元资金被控股股东占用，并对控股股东及其关联方违规提供5.96亿元担保。

（2）紧盯控股股东财务风险。

2018年部分控股股东、实际控制人受市场融资环境变化、高比例股份质押等因素的影响，资金周转出现困难，信用风险逐渐暴露，发生占用上市公司资金和违规担保。因此，紧盯存在高比例质押的上市公司控股股东是否出现财务危机、质押股票平仓风险等，是及早识别违规风险的重要方式。例如，2017年11月某公司控股股东质押比例较高，2017年12月起公司持续停牌至2018年5月，其间深交所发现控股股东存在债务危机和质押股票平仓风险，经约谈实际控制人及公司管理层，发现公司存在违规担保事项。

（3）深入分析上市公司财务信息。

上市公司年度报告的“关联方关系及其交易的披露”部分和公司非经营性资金占用及其他关联资金往来情况汇总表及其专项审核报告通常会反映控股股东与上市公司之间的资金往来或占用关系。控股股东、实际控制人及其关联方占用上市公司的资金情况主要通过应收账款、预付账款和其他应收款等会计科目进行反映，审查上市公司财务报告时，应当重点关注相关科目及勾稽关系是否存在异常。如戊公司存在存贷费高企的情况，深交所分别对公司2017年半年报、2017年年报下发问询函，重点问询货币资金问题，在其资金占用问题暴露前提前识别相关风险。

（4）重视中介机构核查意见。

中介机构核查是发现违规占用资金及对外担保的重要方式，注册会计师对上市公司年度报告和内部控制报告实施审计是对上市公司是否存在违规占用资金和对外担保的有效监督手段。如果公司财务报告和内部控制报告被出具非无保留意见，尤其是内部控制报告审计意见显示公司存在控股股东凌驾于内部控制之上等内部控制失效情形，往往容易出现违规资金占用及对外担保。另外，保荐机构对上市公司的年度现场检查报告也值得关注。如某公司并购标的原实际控制人挪用并购标的印章违规对外提供担保1.73亿元，被保荐机构在年度现场检查时发现并反映在报告中。

3. 及时处置风险

（1）加强监管协作，发挥监管合力。

在证监会系统内部，应当充分发挥相关单位部门的协作机制。针对发现违规线索且难以通过问询查实的，应及时提请现场检查和向证监局提请关注和协助调查，必要时及时向稽查局上报线索。同时，加强与证监局的监管协作和信息共享，形成监管合力，充分利用股票质押监测平台等大数据、媒体平台信息，做到“三及时”（及时发现、及时制止、及时查处）。

在对外监管协作中，对于国有控股股东归还占用资金进度缓慢或存在困难的，建议及时通报国有资产监管机构；对于非国有控股股东或实际控制人不积极采取措施清偿所占用资金的，建议通报银行业监督管理机构对其信用情况予以高度关注。对于情况复杂、金额重大、解决难度大、涉嫌刑事犯罪情形的，建议及时主动报告地方政府相关部门，提请支持和关注。

另外，建议联合中国人民银行、银保监会、各省市国资委、民航铁路等相关部门，加强监管信息共享，将资金占用、违规担保的主要责任人纳入诚信惩戒名单予以惩戒，实施限高限消等措施，完善失信联合惩戒机制。

（2）保持高压态势，严肃处理违规行为。

坚持“发现一起、处理一起”，及时发现并全面查清资金占用和违规担保相关事实，以主动高效为原则，持续保持对上市公司大股东及实际控制人资金占用、违规担保的高压态势，及时采取提请立案、纪律处分、实施其他风险警示等监管措施“组合拳”予以严厉打击。针对违规事实清晰、法律规则明确、涉案金额较大、市场影响恶劣的资金占用、违规担保行为，应当加快纪律处分进度。综合运用公开谴责、公开认定不适合担任上市董监高等纪律处分措施，对频繁违规、情节严重、影响恶劣的坚决予以顶格处理，时机成熟时启用惩罚性违约金的处分方式。

4. 妥善化解风险

（1）积极探索解决方式。

2005年《国务院批转证监会关于提高上市公司质量意见的通知》（国发〔2005〕34号）提出控股股东要针对不同情况，采取现金清偿、红利抵债、以股抵债、以资抵债等方式加快偿还速度。统计显示，2018年大部分控股股东采取现金清偿方式解决资金占用问题，以股权转让变现抵债、以资抵债、红利抵债等其他解决方式较少出现。

针对以股权转让变现抵债方式，在资金紧张无力补充质押和归还占用资金的情况下，上市公司实际控制人往往希望通过竞价交易、大宗交易、协议转让减持股份，以偿还债务降低质押平仓风险和归还占用资金，由于《上市公司股东、董监高减持股份的若干规定》对减持比例要求严格，受限的减持比例不足以完全解决资金占用问题。且《深圳证券交易所上市公司股份协议转让业务办理指引》规定，转让价格不得低于协议签署日前一个交易日收盘价的90%，买卖双方对该原则确定的价格可能无法达成一致。因此，以股抵债方式未成为2018年解决资金占用问题的主要方式。为支持上市公司控股股东纾困解难，建议适当放宽竞价交易、大宗交易的减持比例限制，统筹完善协议转让的定价原则，赋予市场主体更大的定价空间。

对于以资抵债方式，由于控股股东、实际控制人拟用于抵债的资产在资产盈利能力、资产评估增值合理性、交易定价公允性等方面往往存在问题，较少被上市公司、投资者及监管机构认可。建议通过加强监管问询、强化评估机构监管、强化业绩承诺约束等方式，在相关资产评估作价公允合理的前提下，支持以资抵债解决上市公司资金占用问题。

（2）持续优化公司治理。

一是优化公司治理结构。通过上市公司实际控制人、财务总监、董事会秘书培训等契机，督促上市公司持续落实《上市公司治理准则》，进一步完善法人治理结构，健全各项内控制度并强化落实，规范“三会”运作，切实发挥独立董事、监事会的监督职责，从制度建设和制度执行层面保障上市公司的独立性，从根源上减少资金占用发生机率。对于存在资金占用和违规担保的，建议要求相关当事人参加规范运作与公司治理相关的专项培训并考试合格方可继续参与上市公司经营管理。另外，建议将公司治理纳入近期及未来一段时间的监管重点和现场检查重点，关注公司治理披露情况、独立性、三会规范运作、内部控制情况等，及时发现苗头，督促公司整改。

二是建立健全内部控制制度。通过日常监管、培训宣传和审计机构外部监督等方式督促上市公司建立并完善防范控股股东、实际控制人及其关联方占用上市公司资金的相关内部制度，督促董事、监事及高级管理人员关注上市公司是否存在被关联人占用资金等侵占公司利益的问题。上市公司在拟购买或者参与竞买控股股东、实际控制人或者其关联人的项目或者资产时，监管人员应当特别关注其是否存在潜在的资金占用情形，要求公司有效解决相关占用后，才可向其购买有关项目或者资产，切实防范可能发生的资金占用。

（3）放宽“占用即冻结”机制。

鉴于违规的实际控制人目前普遍资金紧张、资产冻结，为助力控股股东纾困解难，建议适当放宽占用即冻结机制，引导占用人通过转让股份、变卖资产、引入新股东等方式筹措资金，及时归还占用资金，解决违规担保。

（4）强化中介机构监管。

中介机构应当严格履行核查验证、专业把关等法定职责，切实发挥好资本市场“看门人”作用。建议强化中介机构监管，压实中介机构责任，加大问责力度，督促其勤勉尽责，切实提高执业质量，对资金占用、违规担保等行为形成有效外部监督。如深交所通过与相关证监局联合举办年审审计机构监管培训，就2018年年报会计审计监管重点问题提前进行沟通，要求审计机构重点关注大股东利用异常并购交易“掏空”上市公司的行为。

5. 加强制度供给

（1）强化《证券法》等对违规行为的打击力度。

目前，中国证监会对资金占用、违规担保行为的处罚依据是《证券法》第193条关于“发行人、上市公司或者其他信息披露义务人未按照规定披露信息，或者所披露的信息有虚假记载、误导性陈述或者重大遗漏”的相应罚则，仅对未按规定披露前述信息设有罚则，而对资金占用和违规担保此类禁止性行为本身未直接设有罚则。如果相关信息披露义务人如实披露了资金占用、违规担保情况，监管机构将面临着处罚则依据不明确、不充分，不处罚则有损监管权威和违背监管红线。《上市公司信息披露管理办法》也有类似情形①。建议修改《证券法》和《上市公司信息披露管理办法》的相关罚则，强化对违规行为的打击力度。

（2）推动《担保法》司法解释尽快出台。

2018年8月最高人民法院关于《担保法》的司法解释征求意见稿明确未经内部决策程序审议的以上市公司名义对外担保原则上对上市公司不发生效力。2019年7月《全国法院民商事审判工作会议纪要（最高人民法院民二庭向社会公开征求意见稿）》对这一司法解释口径进行了调整，提出在债权人善意、法定代表人的行为构成表见代理的情况下，法定代表人越

① 《上市公司信息披露管理办法》第六十一条规定，信息披露义务人未在规定期限内履行信息披露义务，或者所披露的信息有虚假记载、误导性陈述或者重大遗漏的，中国证监会按照《证券法》第一百九十三条处罚。

权与债权人签订担保合同，对公司仍发生法律效力。债权人应提供证据证明其在订立合同时对董事会决议、股东会或者股东大会决议进行了形式审查。公司以机关决议系法定代表人伪造或变造、决议形式程序违法、签章（名）不实、担保金额超过法定限额等事由抗辩的，人民法院不应支持，除非公司能够证明债权人明知上述情形。会议纪要未充分考虑上市公司的特殊性，原则上上市公司董事会、股东大会决议均对外披露，债权人获取相关决议的途径畅通。如果以前述事由抗辩的法院不予支持，不利于维护上市公司的合法利益。建议针对上市公司相关担保事项未经决策程序的效力研究出台针对性条款，并推动《担保法》司法解释尽快出台，为震慑违规行为提供有力保障。

（深圳证券交易所　年报分析小组）
执笔人：覃舜宜

深市民营企业纾困方式梳理及纾困效果研究

2018年10月以来，针对中国民营企业面临的突出困难，各地政府积极响应中央支持民营企业改革发展的精神，以缓解股权质押和债务风险为突破口，多措并举为民营企业纾困。本文以上市公司问卷调查结果为数据基础，总结2018年度以来深市191家上市公司接受地方政府及国资企业纾困情况，了解被纾困企业所存在的困难，梳理纾困方式，对纾困成效及实际执行中出现的问题进行研究，并提出相应工作建议。

一、民企主要困难分析

当前中国民营企业面临的困难以资金问题最为突出，表现为上市公司债务风险及控股股东高比例质押风险，此外，企业自身盈利能力下降，形成民企三大困境。根据问卷调查的反馈结果，191家被纾困企业自身经营及突出风险情况如表1所示。

表1　被纾困民企纾困前经营情况及所存困难列示　单位：家

公司风险	创业板	中小板	主板	总计
2018年业绩下滑超30%	43	41	6	90
2018年净利润为负	25	26	5	56
控股股东质押平仓风险	64	61	3	128
上市公司资金链紧张	33	29	7	69

（一）内外部因素引发民企经营困境

2018年以来，中国经济一方面面临的诸多外部因素不确定性提高，全球主要经济体增速放缓，中美贸易摩擦不断升级，人民币贬值压力上升，为企业经营带来负面影响；另一方面内部环境中，中国经济正处于转型阶段，需求结构快速调整，行业集中度进一步提高，给企业带来转型升级压力。深市191家接受纾困的民企中，111家2018年业绩出现下滑，其中，90家业绩下滑超过30%，56家出现亏损。

（二）控股股东风险意识缺失引发高比例质押风险

深市部分上市公司控股股东风险意识缺失，大量质押所持股份套取资金。2018年以来市场持续下跌，使控股股东高比例质押风险逐渐凸显。而民企普遍存在的公司治理和内部控制偏弱的问题导致股权质押风险极易引发连锁反应，不仅影响上市公司控制权稳定及上市公司融资能力，而且大股东的违规动机也进一步增强，深市已出现部分控股股东通过资金占用、违规担保等违规行为侵占上市公司利益，缓解自身平仓压力的现象。191 家被纾困企业中有 128 家反馈其在纾困前存在控股股东质押平仓风险。

（三）粗放经营叠加信用环境变化引发民企债务危机

在过去经济高速增长、宽信用环境中，部分民营企业经营较为粗放，导致自身负债比例较高，且在目前经济周期出现变化的形势下，其仍延续过去高杠杆经营的方式。此外，民企融资与国企相比一直存在难度更大、周期更短、成本更高的天然缺陷，而在 2018 年“去杠杆”大环境下，民营企业融资劣势被进一步放大。粗放经营后遗症与信用环境变化两因素叠加使这类企业成为信用风险爆发的“重灾区”。深市 191 家被纾困企业中，69 家公司在被纾困前存在资金链压力，38 家公司在被纾困前银行融资存在困难，已出现无法展期、被抽贷断贷等情况。

二、主要纾困方式

截至 2019 年 6 月 30 日，深市共有 191 家上市公司通过多种方式被纾困，其中，主板 9 家、中小板 92 家、创业板 90 家。纾困方式主要分类如图 1 所示。

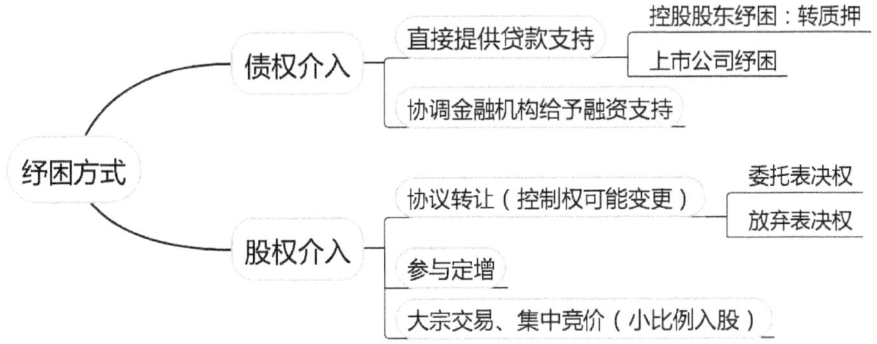

图 1　纾困方式分类

（一）债权纾困

深市共有 113 家上市公司通过债权介入被纾困，其中，26 家纾困对象为上市公司，87 家纾困对象为控股股东或其他大股东。债权类纾困具体方式主要包括纾困方直接提供贷款、纾困方协调金融机构给予融资支持两大类。

1. 直接贷款支持

深市共 79 家公司控股股东或其他大股东获得纾困方直接贷款支持，13 家上市公司获得纾困方直接资金支持。79 例直接资金支持纾困大股东的案例中，56 家通过“转质押”方式实现，其他通过资产抵押贷款或受让其他资产实现。“转质押”模式的纾困原理，一是通过提高再次质押的质押率使控股股东获得较市场质押更多的资金；二是降低再次质押平仓线缓解平仓风险；三是延长质押时限，延缓到期无法偿还风险。

2. 协调金融机构给予融资支持

深市13家公司通过纾困方协调金融机构获得融资支持。代表类型有两种：一是保证银行正常授信，帮助公司获得续贷，维持资金链正常运转，如胜利精密（002426）在政府协调下与授信银行在锁定授信总额、正常续贷等方面达成协议。二是推动资产重组，避免资金链断裂，如*ST猛狮（002684）战略投资者中国建材帮助联系四大国有资产管理公司参与公司战略重整及债务重组工作。另有13家公司大股东通过纾困方协调金融机构给予融资支持获得纾困，纾困内容主要聚焦于协调处理质押平仓风险。

（二）股权纾困

股权类纾困指纾困方通过入股上市公司或入股控股股东改变上市公司的股权结构，同时，大股东获得资金缓解自身资金困境，在此过程中可能伴随上市公司控制权的转移。2018年以来，深市共有78家上市公司披露接受国资战略入股，12家获纾困方入股控股股东。

1. 协议转让入股上市公司

深市66家通过协议转让获取股权的纾困案例中，40例已转让完成，24例尚未完成转让，2例已终止转让，25家在转让完成后完成控制权变更。部分案例为规避股权转让中存在的障碍，通过协议转让股权与让渡或放弃表决权委托的一揽子交易方案，达到控制权变更目的。深市纾困案例中10家通过“协议转让+委托表决权”方式实现了控制权变更，4家通过“放弃部分表决权+协议转让”的方式，达到控制权变更的目的。

2. 参与上市公司定增方式

纾困方参与上市公司定增可直接为上市公司提供股权融资，缓解上市公司资金压力且为日后发展提供资金助力。实践中部分案例通过“协议转让+参与定增”一揽子交易方式进行控制权转让，既达到缓解大股东资金困境的目的，又避免了大股东获取大量资金拿钱走人的不良示范效果。但由于再融资限制条件较多、推进速度较慢等原因，深市仅2家上市公司通过此种方式纾困。

3. 纾困方入股控股股东

纾困方入股控股股东的纾困对象主要为控股股东。纾困方通过增资入股、股权转让等方式改变控股股东股权结构，继而改善控股股东资产质量，间接改善上市公司流动性及控制权稳定性。深市公司12家上市公司通过纾困方入股控股股东进行纾困，5家案例中纾困方通过控制控股股东间接控制上市公司。另有少数案例中入股控股股东与债权类融资同步进行，将控股股东股权做为质押物，实质属于名股实债，针对转让款项设置固定收益利率，并明确“不会主动谋求控股股东地位”。

三、纾困效果分析

根据调查问卷结果及客观财务数据分析，截至2019年6月30日，深市接受纾困的191家上市公司整体质押风险与短期资金困境获一定程度缓解，获得国资大比例入股的公司风险改善最为明显，但整体风险的根本化解仍然存在难点。

（一）质押风险纾困初见成效，完全化解仍存难度

1. 控股股东高比例质押数量小幅下降，平仓风险暂时降低

本次问卷调查结果显示，128家被纾困公司在纾困前存在控股股东质押平仓风险，截至2019年6月30日，95家被纾困公司认为自身控股股东质押平仓风险已得到缓解。

表2　纾困前存在控股股东高比例质押风险公司质押情况　单位：家

	创业板	中小板	主板	总计
被纾困前存在平仓风险	64	61	3	128
质押平仓风险得到缓解	51	41	3	95
控股股东质押比例				
80%以下	38	24	1	63
80%～90%	8	7	0	15
90%～100%	18	30	2	50

注：数据截至2019年6月30日，根据上市公司反馈情况整理。

质押比例方面，已有63家公司控股股东质押比例降至80%及以下，但同时仍有50家控股股东质押比例大于90%，结构性特点依然突出。部分公司质押比例虽高，但质押平仓线出现下降，一定程度上缓解质押风险。截至2019年6月30日，65家控股股东质押比例大于80%的被纾困公司中，25家表示质押平均平仓线较纾困前出现下降。以采取“转质押”纾解控股股东质押风险的公司为例，虽16家控股股东质押比例目前依然大于80%，但平均转质押占其持股比例大于50%，转质押平仓线均低于市场水平，甚至11家未对质押股份设置平仓线，平仓发生概率较小，平仓风险较低。

2. 未来展期风险依然严峻

本轮纾困中，虽大部分被纾困控股股东表示平仓风险暂缓，但未来展期风险依然严峻。本次问卷调查中，仍有44家纾困前存在平仓风险的公司认为其控股股东存在未来质押到期无法展期风险。一方面，纾困资金成本较高，控股股东资金链可能无法长期承受。深市70%的“转质押”资金使用年化利率大于8%，最高可达12%。另一方面，上市公司经营不佳，影响股票价值。存在展期风险的公司中，20家公司2018年出现亏损，平均亏损金额高达14.55亿元，未来经营情况存忧。

而上市公司经营不佳又进一步推高纾困资金成本，为质押风险的根本化解带来障碍。

（二）部分企业短期资金困境得缓解，整体财务状况无明显改善

以69家在被纾困前存在资金链紧张风险的公司为样本进行财务指标分析，其资产负债率及偿债能力指标均无明显改善（见图2、图3），多数公司资产负债率进一步提高，速动比例进一步下降。从不同纾困方式进行分析，大比例股权介入纾困为民企带来的“国资”光环对公司融资能力改善十分明显；而债权介入纾困方面，企业短期资金周转压力得到缓解，但财务成本却呈现提高趋势。

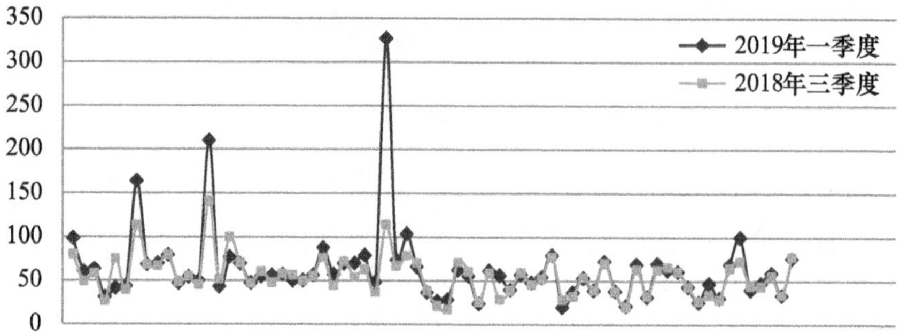

图2 资产负债率（%）变动情况

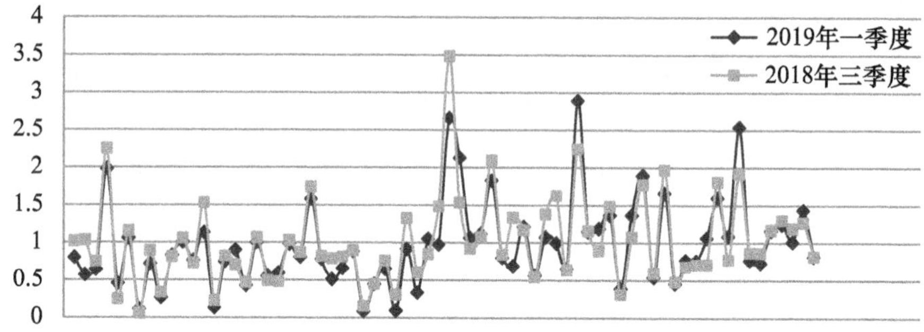

图3 速动比率变动情况

1. 大比例股权纾困下融资能力改善明显

深市共30家公司国资在入股后所拥有表决权比例大于15%，此类上市公司均反馈国资入股后公司融资能力得到提升，主要表现在以下两个方面：一是国资背景下上市公司信用得到提升，银行融资条件得到放宽，资本运作项目吸引力增强。如鸿利智汇（300219）表示国资入股后将可获得银行纯信用融资，无需大股东担保；怡亚通（002183）在国资入股背景下10亿元公司债成功发行上市。二是公司融资渠道得到拓宽，棕榈股份（002431）表示国资入股后其下属金融企业，将与上市公司开展融资租赁、融资担保等业务，拓宽了上市公司融资渠道。但与国资大比例入股效果相比，国资小比例入股对上市公司融资能力的改善不甚明

显，深市共42家公司国资入股比例低于10%，仅8家表示融资能力有所提高，多数公司表示国资小比例入股仅为纾解大股东质押平仓风险。

2. 债权介入缓解短期融资压力，资金利率高，成本压力增大

深市共22家公司债权纾困资金已落地，其中，13例通过纾困方协调金融机构获得融资支持，13例接受纾困方借款①。22家公司已到位纾困金额129.81亿元，平均每家公司获得5.9亿元，其中，16家表示上市公司短期资金困境得到缓解，公司日常经营得到维持。纾困方借款方式中资金使用期限多为1年，最长为4年，利率为4.35%~15%不等，平均使用利率为6.89%，高于银行基准贷款利率4.35%。22例获得债权介入纾困的公司中，仅5家2019年1季度财务费用与营业收入之比较2018年3季度出现下降。被纾困企业短期资金压力缓解，但资金成本压力出现增长趋势。

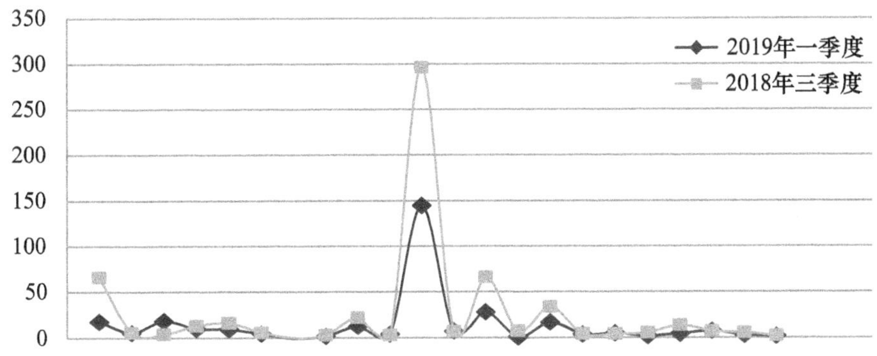

图4　获资金支持企业财务费用/营业总收入比例变化情况

（三）部分公司获得资源助力，实现国企民企资源互补

国资战略入股上市公司，部分上市公司在国资的帮助下获取更多资源。一是引入业务资源，实现优势互补。如清新环境（002573）引入四川发展下属企业国润环境，国润环境从事供排水服务、生活垃圾处理等业务，而清新环境从事大气污染治理，公司表示两者将联手打造环境综合服务商。二是共同设立产业投资基金，推动企业战略发展。如深投控入股怡亚通后，发起设立总规模50亿元的供应链产业投资基金，以帮助怡亚通开展新业务及产业并购整合等。

（四）股权介入公司治理结构发生改变

部分被纾困上市公司随着国资入股的完成，企业公司治理结构发生改变。一是国资派驻董事，参与公司经营。深市41

① 其中4家公司同时获得两种方式纾困。

家上市公司在国资入股后董事会构成发生变化，其中，除控制权发生变更的公司外，18家控制权未发生变更公司也获国资派驻董事。二是公司决策机制发生变化。10家上市公司反映国资成为控股股东后，公司决策流程发生不同层次变化。多数公司表示国资虽充分尊重和授权上市公司现有管理团队进行日常经营管理，但重大事项须履行国资审批流程。国资审批流程虽时间较慢但流程规范，对于改善民营企业普遍存在的公司治理和内部控制较弱的问题将产生积极影响。

四、纾困中的相关问题

（一）纾困双方诉求差异大，部分谈判进展缓慢

部分民企对纾困方所提出的条件难以接受，导致谈判破裂或进展缓慢。问卷调查中，一是有公司反馈纾困资金的条件较多，需要提供抵押物、质押物、担保等，而存在困难的被纾困方本身可以提供的有价值担保物十分有限；二是有较多公司反馈纾困方提出的资金回报率太高，有案例要求融资利率甚至超过15%，难以与被纾困方达成一致；三是有公司反馈异地纾困中，地方国资作为纾困方出于向本地引入产业及税收的考虑，大部分都提出了迁址或获取控制权的苛刻要求，部分上市公司大股东无法接受。

（二）纾困可持续性不明，民企政策依赖

目前，民企纾困已取得初步阶段性效果，但除国资入股导致控制权变更方式外，其他方式都无法从根源化解风险。纾困为民企争取到了宝贵喘息时间，但注入控股股东或上市公司的纾困资金初步约定存在退出时间，转质押资金多为两年，上市公司借款时间多为1年。如困难民企未能在目前宝贵的喘息时间内实现企业盈利及投资回报预期的全面回升，则在资金到期时能否获得展期将存在疑问，民企或对现有纾困资金产生依赖，未来纾困资金退出时，暂时缓解的风险仍将爆发。

（三）股权转让存在交易阻力，纾困效率受到影响

上市公司纾困股权转让过程中普遍存在各种转让受限的问题，影响纾困效率，导致部分交易搁置或终止：对于法定限售期、股份被司法冻结、质押、减持新规及董监高身份等受限情形，部分案例通过让渡或放弃表决权委托的方法达到规避效果，但后续可能出现撤销委托或转让障碍解除后受让方未按照计划受让剩余股权的情形，控制权变更存在隐患；对于因实际控制人增持股份行为、承诺事项导致的转让受限，证监会统筹协调下已做出明确要求，有一定程度松绑；目前因表决权委托认定一致行动人触发要约收购义务导致转让受限的问题较为突出，股权转让难度加大，对纾困的顺利推进产生不利影响。

（四）国资纾困边界不明，问题企业无法出清

存在困难的企业除受经济环境影响之外，多数与自身前期经营粗放所导致的高负债、高风险存在很大关系。在经济转型阶段，一些企业被市场所淘汰是市场发展良性循环的表现。而纾困资金的过度介入不仅不利于高质量发展预期的树立，反而强化了延续旧模式发展的观念，形成不良示范效应。

表 3　　被纾困企业 2019 年 6 月风险评级情况　　单位：家

风险评级	创业板	中小板	主板	总计
A（正常类公司）	10	2	0	12
B（关注类公司）	38	45	1	84
C（重点关注类公司）	33	25	4	62
D（高风险类公司）	9	20	4	33
总计	90	92	9	191

深市 191 家被纾困上市公司中，有 33 家属于上市公司风险排查评级为 D 的高风险公司，存在业务造血能力差、持续经营能力存疑、规范运作意识薄弱等除短期资金链紧张之外的风险。国资纾困边界不明，在经济下行压力较大的背景下，掩盖与延迟暴露风险将导致相关风险的进一步放大。

（深圳证券交易所　年报分析小组）
执笔人：辛　静

深市上市公司2018年度商誉减值情况与监管应对分析

2018年度上市公司“商誉减值潮”的爆发对资本市场造成巨大冲击。经过本轮减计，上市公司商誉减值压力虽然得到部分释放，但是商誉余额高企的现象并未彻底改观。而伴随上市公司并购重组的持续开展，商誉余额必将继续增长。鉴于此，我们梳理了深市商誉及其减值情况，剖析了商誉减值的问题和成因，并提出了相关政策建议，希望在并购重组市场平稳发展过程中，逐步化解商誉减值压力，避免系统性风险的因素进一步集聚。现将有关情况汇报如下：

一、深市商誉及其减值情况

（一）余额增速回落，规模维持高位

深市商誉余额的增长速度与并购重组的活跃度高度契合，余额增速在2014年、2015年达到顶峰，自2016年以来显著放缓，并在2018年首次为负。深市并购重组自2011年起逐渐活跃，商誉余额增速也随之上升，2011年年末商誉余额为356.36亿元，同比增长104.73%，较以往年度明显加速。2014～2015年深市并购重组的活跃度达到高峰，商誉余额达到1603.95亿元、3583.01亿元，商誉增速高达126.20%、123.39%。2016年之后，深市并购重组逐渐回归理性，商誉余额增速也在2016年迎来拐点，降至74.91%。2017年，深市商誉余额创下历史新高，达到8194.90亿元，但是增速进一步下滑至30.76%。受并购重组活跃度持续下降和大额商誉减值的双重影响，2018年深市商誉余额增速首次为负（-1.93%），商誉余额及其占净资产的比重出现双降，较期初下降158亿元及0.96个百分点。

另外，2018年深市商誉余额虽然有所下降，但是整体规模仍然维持在高位。纵向来看，2018年年末深市商誉余额达到8036.45亿元，占净资产的比重为8.26%，商誉余额及其占比分别相当于重组高峰期前一年（即2013年）商誉余额及占比的11.33倍、4.76倍。其中，深市主板、中小板、创业板商誉余额分别为2529.89亿元、3213.73亿元、2292.83亿元，相当于2013年的8.38倍、12.56倍、15.14倍，商誉余额占各板块净资产的5.38%、9.01%、15.67%，相当于2013年的3.81倍、5.15倍、4.98倍。横向来

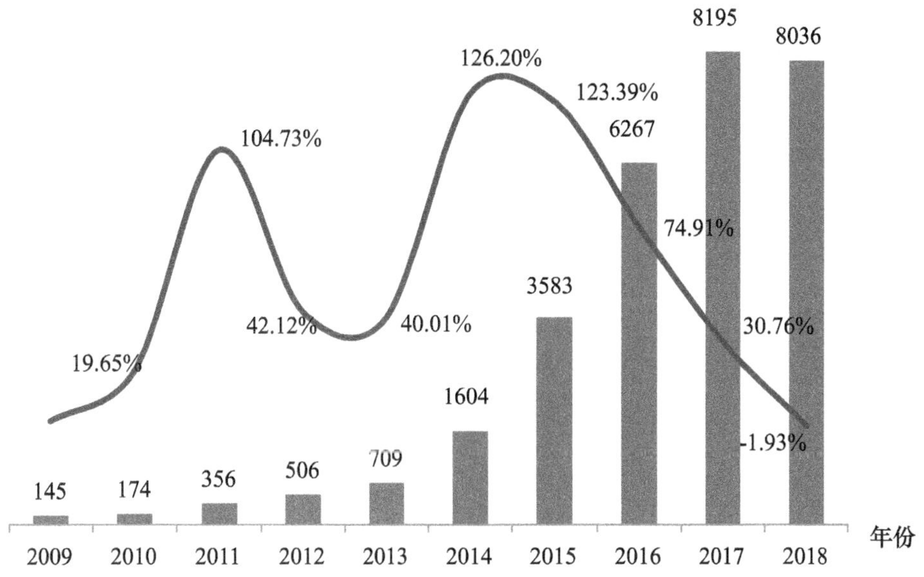

资料来源：Wind数据库。

图1　深市商誉余额及增速历年变化情况（单位：亿元）

看①，沪市商誉余额为5057.19亿元，商誉余额占净资产的比重为1.68%，商誉余额及占比仅相当于深市的62.93%、20.34%，商誉占比仅相当于深市主板、中小板、创业板的31.23%、18.65%、10.72%。港股商誉余额虽然高于深市，但是商誉占比仅4.20%，相当于深市的一半。

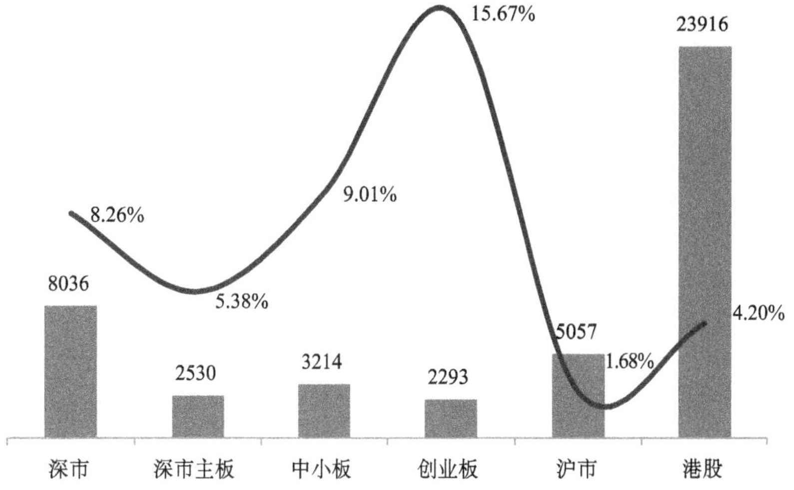

资料来源：Wind数据库。

图2　深沪港三市商誉余额及其占净资产比重情况（单位：亿元）

① 为了横向比较的全面性，我们同时也统计了NYSE、NASDAQ的商誉余额，分别高达人民币276338亿元、93616亿元，商誉余额占净资产比重高达27.66%、40.46%。但是鉴于NYSE、NASDAQ与A股资本市场发展水平存在较大差距，为避免误导，故而未将NYSE、NASDAQ作为最终参照对象在文中列示。

（二）商誉减值严重拖累公司业绩

2018年发生商誉减值的深市上市公司数量众多，减值金额庞大，严重拖累深市业绩。整体来看，2018年深市共620家上市公司计提了合计1282.59亿元的商誉减值准备，涉及上市公司数量占深市上市公司总数的28.73%，减值金额相当于深市净利润的19.58%①，减值公司数量及减值金额同比大幅增长74.65%、390.90%。具体来看，商誉减值准备计提金额与净利润比值的绝对值超过100%、50%的上市公司数量分别为85家、180家，其中，49家上市公司更是因为商誉减值由盈转亏②。

剔除商誉减值影响后，深市业绩大幅改善。2018年深市、深市主板、中小板、创业板净利润分别为6550.62亿元、4073.96亿元、2127.71亿元、348.95亿元，同比下滑19.46%、0.60%、30.54%、64.07%。然而，商誉减值是企业管理层基于特定资产组未来盈利能力恶化判断而对已经发生合并成本的一次性减计，减值具有很强的主观判断成分，减值本身并不改变上市公司当下的主营业务和现金流状况，因此，可能在一定程度上夸大了深市上市公司基本面恶化程度。剔除商誉减值的税后影响，深市、深市主板、中小板、创业板净利润分别为7512.57亿元、4208.80亿元、2566.71亿元、737.06亿元，深市主板净利润同比微增2.13%，深市、中小板、创业板净利润同比下滑9.80%、18.32%、30.82%，较剔除商誉减值前的下滑幅度减少了9.66个百分点、12.22个百分点、33.25个百分点，减少幅度为49.64%、40.01%、51.90%。

表1 计提商誉减值准备前后深市净利润情况 单位：亿元

	主板	中小板	创业板	合计
净利润	4073.96	2127.71	348.95	6550.62
同比变动	-0.60%	-30.54%	-64.07%	-19.46%
减值前净利润	4208.80	2566.71	737.06	7512.57
同比变动	2.13%	-18.32%	-30.82%	-9.80%

资料来源：Wind数据库。

① 经统计，钢铁、建材、金融业发生商誉减值的上市公司数量及减值金额较少，而上市公司净利润规模较大。因此，深市整体指标低估了商誉减值的影响。剔除钢铁、建材、金融业后，深市共有603家上市公司计提了合计1275.40亿元的商誉减值准备，涉及公司数量占深市上市公司总数的29.30%，减值金额则相当于深市净利润的25.16%，两者分别较文中对应指标高0.57个百分点、5.58个百分点。

② 经统计，49家公司商誉减值金额与净利润比值小于-1。表示净利润为负，且商誉减值金额大于亏损额。

（三）中小创、TMT受减值影响更大

分板块来看，2018年深市主板受到商誉减值浪潮的冲击最小，中小板发生商誉减值的规模最大，而创业板受到的影响最严重，商誉减值剧增是导致中小板、创业板业绩大幅下滑的重要原因。整体而言，2018年深市主板、中小板、创业板计提商誉减值的上市公司数量分别为110家、273家、237家，占各板块上市公司总数的23.76%、29.26%、31.10%，计提商誉减值准备金额分别为179.78亿元、585.34亿元、517.48亿元，与各板块净利润的比值分别为4.41%、27.51%、148.29%。深市主板计提商誉减值准备的上市公司家数和减值金额仅相当于中小板对应指标的40.29%、30.71%，减值家数占板块上市公司总数的比重、减值金额与净利润的比值仅相当于创业板对应指标的76.40%、2.97%。

表2　　2018年深市各板块商誉减值情况

	主板	中小板	创业板	合计
减值公司数量（家）	110	273	237	620
占板块公司总数比重	23.76%	29.26%	31.10%	28.73%
减值金额（亿元）	179.78	585.34	517.48	1282.59
占板块净利润的比重	4.41%	27.51%	148.29%	19.58%

资料来源：Wind数据库。

具体而言，2018年中小板、创业板商誉减值准备计提金额与净利润比值的绝对值超过50%的上市公司数量分别为76家、82家，而深市主板仅有22家。深市商誉减值准备计提金额排名前10的上市公司明细中，分别有5家中小板、3家创业板上市公司，仅有2家深市主板上市公司且相关公司减值金额排名靠后。其中，天神娱乐、东方精工、掌趣科技计提商誉减值准备的金额均超过30亿元，天神娱乐商誉减值准备的计提金额甚至超过了该公司市值。

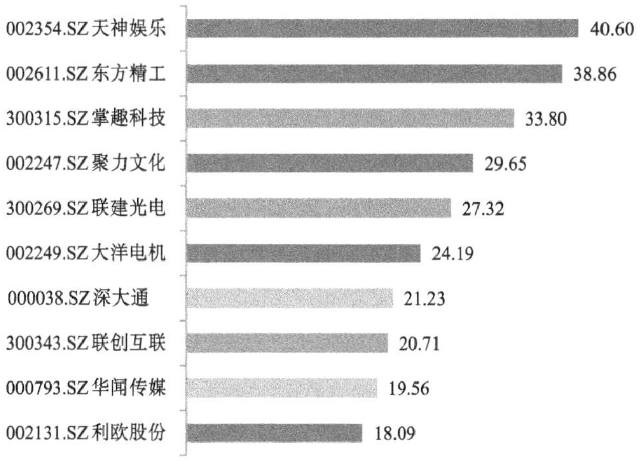

资料来源：Wind数据库。

图3　深市商誉减值准备计提金额前10名公司情况（单位：亿元）

分行业来看，2018 年商誉减值浪潮对 TMT 等轻资产行业的影响更大，对钢铁、建材、金融等传统、重资产行业的影响极小。整体而言，2018 年深市 TMT 行业发生商誉减值的上市公司家数达到 182 家，减值金额高达 675.78 亿元，占深市计提商誉减值准备的上市公司数量及减值金额的 28.98%、52.69%。相比之下，钢铁、建材、金融等传统、重资产行业发生商誉减值的上市公司家数合计仅为 18 家，减值金额仅为 7.19 亿元，仅相当于 TMT 行业相关指标的 9.89%、1.06%。

具体而言，2018 年传媒行业共 60 家上市公司计提商誉减值准备，减值金额高达 450.20 亿元，为 TMT 行业细分行业之最。计算机、通信、电子行业公司分别有 53 家、20 家、49 家上市公司发生商誉减值，减值金额分别为 106.62 亿元、63.79 亿元、55.16 亿元。而钢铁、建材、金融行业计提商誉减值准备的上市公司家数仅为 2 家、12 家、4 家，减值金额仅有 0.12 亿元、3.33 亿元、3.74 亿元。传媒行业上市公司商誉减值准备计提金额均值高达 7.50 亿元，而深市涉及商誉减值的上市公司商誉减值计提金额均值为 2.07 亿元，前者高达后者的 3.62 倍。而钢铁、建材、金融行业上市公司商誉减值准备计提金额均值分别仅为 0.06 亿元、0.28 亿元、0.94 亿元，均未超过 1 亿元，不及深市均值的一半。

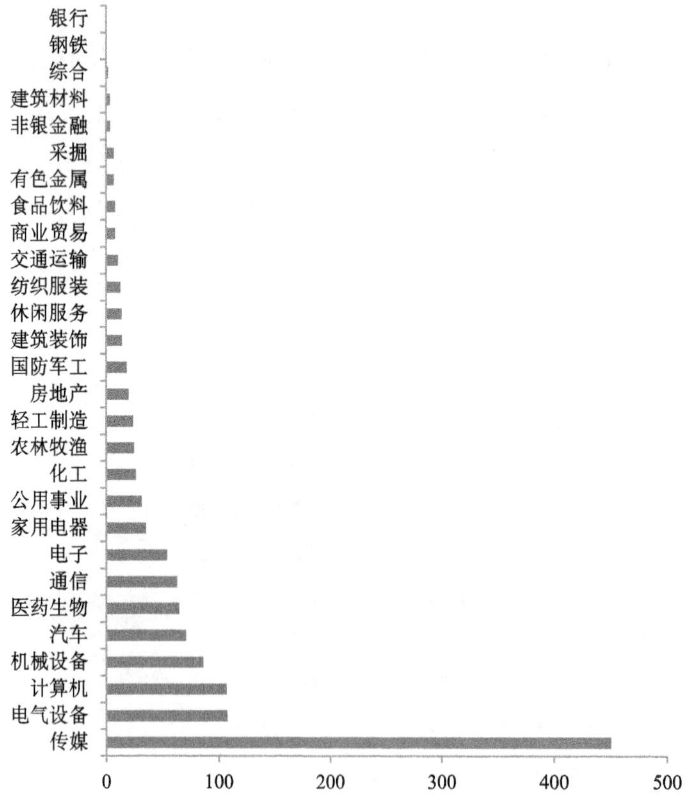

资料来源：Wind 数据库。

图 4　2018 年深市各行业商誉减值准备计提情况（单位：亿元）

二、商誉减值问题和成因

（一）商誉减值风险集中爆发

2018年深市出现了上市公司集中计提大额商誉减值准备的反常现象。如上文所述，共620家上市公司计提了高达1282.59亿元的商誉减值准备，而2016年、2017年，发生商誉减值的上市公司数量分别仅为247家、355家，减值金额仅为76.53亿元、261.28亿元。2018年发生商誉减值的上市公司数量超过2016年、2017年之和，2018年计提的商誉减值金额接近2016年、2017年之和的4倍。

商誉减值风险集中爆发是主客观因素共同作用的结果。主观因素包括：部分在并购重组高峰期完成重组方案实施的上市公司选择在业绩对赌期届满后“挤水分”，部分上市公司和中介机构忌惮监管趋严和商誉摊销的会计政策预期而实施“洗大澡”式不当盈余管理等；客观因素包括：2018年宏观经济景气度下行，部分标的公司所在行业政策发生大幅调整等。

1. 业绩对赌机制积弊渐显

近年来，并购重组方案普遍设置了3年期的业绩对赌，对应于2015年出现的并购重组高峰期，2018年正好是对赌期届满后第一年。因此，2018年大量公司正好处于标的公司新老管理层正式交接，标的公司业绩下滑、亏损、上市公司计提大额商誉减值准备无需交易对方补偿的特殊过渡时期。“一赌遮百丑”式的对赌机制积弊渐显，是造成2018年商誉减值风险集中爆发的重要原因。

业绩对赌容易滋生标的公司财务粉饰行为。为完成业绩承诺，交易对方往往与上市公司协商一致，在对赌期内保留对标的公司的管控权力。在交易对方的管控下，如遇业绩下滑，标的公司能够轻易通过提前确认收入、延后确认费用，甚至财务造假等手段完成既定业绩目标。上述行为在财务上的具体体现，很可能就是标的公司在业绩承诺期内业绩精准达标，承诺期届满后业绩断崖式下滑。

为验证上述观点，我们将业绩完成率介于100%～105%之间的情形定义为业绩精准达标。2018年为3年承诺期届满后第一年的并购重组案例①中，2015年、2016年、2017年业绩承诺完成率分别为84.96%、77.88%、61.95%，其中，业绩承诺精准达标的案例数量占承诺完成案例数量的46.35%、37.50%、43.57%。可见，随着时间的推移，标的公司承诺完成率逐渐下滑，且完成业绩承诺的方案中，超过4成存在业绩精准达标现象。3年业绩承诺完成比例均高于105%的案例数量占并购重组方案总数的比例仅为14.16%。

---

① 我们通过问卷的形式向深市上市公司搜集相关数据，统计范围为2014年及之后完成的达到股东大会审议标准的并购重组方案，其中，2018年为承诺期届满后第一年、承诺期自2015年开始的并购重组方案共235单（有效数据226单）。

此外，业绩承诺期届满后第一年即2018年业绩下滑的案例占方案总数的比例达到75.25%，业绩下滑50%以上及由盈转亏的案例占比分别为35.64%和17.82%。期后业绩大幅下滑或亏损的案例中，又有超过8成公司在2018年集中计提商誉减值。

2. 监管趋严及商誉摊销预期

2018年11月，证监会对外发布《会计监管风险提示第8号——商誉减值》（以下简称《8号会计提示》），重点关注商誉减值测试的合规性，并对会计师、评估师执行商誉减值测试业务提出了较高的监管要求。另外，自2018年以来，会计师、评估师因执业行为不审慎而被证监会处罚的案例明显增多。例如，2018年12月底，证监会密集披露了对瑞华、立信、中天运会计师事务所的处罚，3家事务所分别涉及华泽钴镍、*ST国药、粤传媒财务错报案件。因此，上市公司，特别是会计师、评估师对商誉后续计量的会计处理较往年更为审慎，倾向于从严对待商誉及其减值的会计处理。甚至出现上市公司因为会计师内审部门临时对商誉减值会计处理提出更高要求，而导致业绩“爆雷”的情形。例如，ST银亿在年报披露前夕大幅下修业绩，由盈利2亿元至4亿元修正为亏损5.70亿元至6.30亿元，主要原因就是上市公司根据审计机构意见，并基于谨慎性原则，临时补充计提了大额商誉减值。

2019年1月4日，财政部会计准则委员会网站公告了企业会计准则咨询委员会咨询委员对IFRS会计准则咨询论坛“商誉及其减值”议题文件的反馈意见。大部分咨询委员同意对商誉的摊销处理，认为摊销比减值更为恰当。这一公告在市场上引起轰动，在一定程度上也刺激了商誉余额较高的上市公司集中计提商誉减值准备。加之深市整体估值处于低位，上市公司预计当期计提减值对市值造成的影响有限，反而有利于来年的轻装上阵。因此，上市公司不仅仅为了迎合政策趋向，自身也有动力主动计提商誉减值，而上市公司间的“羊群效应”以及“法不责众”的侥幸心理，更刺激了问题的爆发。

3. 经济景气度下行

2018年，国内经济潜在增长率下降，叠加主动去库存周期、金融去杠杆周期、房地产调控周期和中美贸易战等负面因素，宏观经济环境较差。受此影响，不少标的公司业绩确实受到较大打击，出现了商誉减值迹象。例如，根据相关公告，因总体经济环境低迷，下游客户降低营销支出，联建光电、深大通各自的标的公司四川分时广告传媒有限公司、浙江视科文化传播有限公司广告营销业务陷入困境，业绩亏损或大幅下滑，联建光电、深大通分别计提商誉减值准备27.32亿元、21.23亿元；因消费电子终端需求不振、业内竞争加剧，智能手机出货量大幅下滑，叠加电子行业向5G技术升级，智能手机金属外观件整体市场容量急剧萎缩，奋达科技、银禧科B技分别对各自的并购标的欧朋达科技（深圳）有限公司、兴科电子科技有限公司计提了商誉减值准备6.56

亿元、4.90亿元。

4. 部分行业政策大幅调整

2018年，由于游戏、医药、新能源等行业的相关政策发生重大变化，部分并购标的业绩出现亏损或较大幅度下滑。例如，因游戏版号停发、总量限制政策，ST中南的并购标的上海极光网络科技有限公司、中文在线的并购标的上海晨之科信息技术有限公司、三七互娱并购标的上海墨鹍数码科技有限公司大量游戏无法上线，业绩大幅低于预期，ST中南、中文在线、三七互娱2018年分别一次性计提商誉减值准备15.29亿元、12.54亿元、9.60亿元；由于国家相继出台的一致性评价、两票制、带量采购等一系列医药相关政策，金城医药的并购标的北京朗依制药有限公司产品销售受到较大冲击，业绩承诺完成率不足50%，导致上市公司计提商誉减值准备1.22亿元；而2018年受新能源车辆购置税补贴全面退出影响，动力总成系统的价格多次下调，大洋电机的并购标的上海电驱动股份有限公司亏损1.65亿元，新能源车的变速器等上游零部件需求也出现了进一步萎缩的迹象，ST银亿的并购标的宁波东方亿圣投资有限公司亏损7.92亿元，标的公司业绩大幅亏损导致大洋电机、ST银亿两家上市公司分别计提高达24.19亿元、10.27亿元的商誉减值准备。

（二）高溢价并购导致商誉风险积聚

上市公司集中计提商誉减值问题的根源在于高溢价并购导致的商誉风险不断积聚。商誉产生于非同一控制下的企业合并，是合并成本大于取得的被购买方可辨认净资产公允价值的差额。本质上，商誉是企业获取未来超额收益的一种能力，商誉的产生并不必然导致减值，但是当购买方对并购标的未来业绩过于乐观，赋予过高估值时，形成的商誉超出了原本的内涵，则会导致并购重组泡沫化，这是造成商誉减值的深层原因。2018年商誉减值风险集中爆发不过是并购重组泡沫化在会计上的延后反映，同时也是必然的风险释放过程。

那么，什么原因导致了上市公司的高溢价并购，究其根源在于内外因两个方面：内因包括上市公司迫于业绩压力，企图通过财务型并购在短期内获取业绩，上市公司内部治理结构不完善导致控股股东借用资本运作的形式侵害中小股东利益等；外因包括一二级市场估值套利，中介机构未能归位尽责等。

1. 财务型并购的短视行为

不同于整合型并购，财务型并购的主要动因是缓解上市公司业绩压力或实现市值管理目的，上市公司在主营业务增长乏力的前提下，希望通过并购重组维持业绩增速、扮靓财报。因此，财务型并购更多着眼于标的公司的短期业绩，以及标的是否属于热门行业，而较少考虑并购溢价水平、协同效应、未来经营整合风险等。财务型并购带来上市公司短期业绩暴增之余，商誉减值风险不断积聚。

业绩压力下，部分上市公司罔顾实际、盲目跟风，不惜以超高溢价并购热门标的。2014～2016年，深市实施完成的并购重组方案中，并购标的属于互联网、游戏、影视等热门领域的方案数量约占方案总数的3成，其中，又有一半左右的方案属于传统行业的上市公司跨界并购。而标的公司属于互联网、游戏、影视等热门领域的并购溢价率高达1015.29%、1642.79%、1648.32%，远高于并购重组的平均溢价率，高溢价并购最终在上市公司合并报表账面上形成了巨额商誉。这种现象直至2016年6月证监会收紧对互联网、游戏、影视、VR等行业的并购重组之后，才有所缓解。

2. 内部治理结构不完善

商誉风险积聚也体现了部分上市公司内部治理结构不完善的问题，控股股东通过资本运作的形式肆无忌惮地侵害中小股东利益。与境外成熟市场相比，A股上市公司的股权集中度一直处于高位。在许多上市公司，尤其是民营上市公司中，以董事会为中心的现代公司治理机制尚未成熟，独立董事和监事会的监督职责无法有效实行，股东中心主义的控制模式仍然是主流。加之社会股东参与公司治理的积极性有限，控股股东能够轻易超越董事会和股东大会，直接控制上市公司的人事权和财务权，决定上市公司重大事项，为自身利益服务。而在这种内部治理结构失衡前提下发生的并购重组，往往为上市公司带来较大的商誉风险。

根据锁定期及择时理论，大股东有强烈的动机在解禁前后通过资本运作实施市值管理，为自身的减持做准备。通过检查2010～2018年期间大股东解禁时间窗口与上市公司实施资本运作的关系，我们发现以并购重组为代表的资本运作集中于限售股解禁前后半年内，半年内的资本运作公告数量占比超过50%。更为典型的案例就是忽悠式重组。例如，2017年某并购交易中，标的公司提供含有虚假收入和利润数据的财务会计报告，上市公司为了卖“壳”，对标的公司的财务信息不做核实。交易对方与上市公司控股股东形成利益共同体，利用信息不对称和控制权优势进行利益输送，合谋侵害中小股东利益。

3. 一二级市场估值套利

作为溢价部分，商誉还在一定程度上反映了一二级市场的估值差异。深市动态市盈率达到20倍，创业板达到50倍，而一级市场估值一般在10～15倍。一二级市场估值差异远远超过了流动性、透明性、融资便利性等因素可以解释的范畴，必然吸引市场主体进行充分套利，从而为高溢价并购提供了可能性。同时，《上市公司重大资产重组管理办法》限定了股份对价的发行底价，交易对方为了获取符合预期的支付对价，往往选择抬高标的公司交易价格，以覆盖股价的不确定性风险，从而进一步推升了商誉水平。

此外，由于经济转型换挡，部分上市公司内生增长乏力，通过外延并购乃至跨界并购，寻求新的增长点实现战略转型，上市公司股东同时也能够实现标的公司一二级市场估值套利。并购重组交易双方博弈约束机制弱化，部分细分行业龙头、热门行业公司成为上市公司竞相争购的标的，也导致了标的公司估值水平攀升。

4. 中介机构未能归位尽责

在并购重组实践中，大多数中介机构过于关注方案设计环节，缺乏定价能力，更不负责后期整合，只负责应付监管机构审核，未能真正地归位尽责。在中介机构不正确的执业导向下，外部投资者很难通过中介机构制作的重组报告书对上市公司、标的公司的业务发展及其整合计划做出合理预期，尤其是绝大多数中小投资者还缺乏充足的专业知识和财务知识，也就无法对交易作价的合理性做出准确判断。更有甚者，部分中介机构与利益相关方沆瀣一气，大肆侵害中小股东利益。例如，2014年某并购案中，标的公司虚构业绩和应收账款，财技拙劣，而中介机构未能在审计中发现问题，事后券商主办人甚至还被司法机关查明存在向上市公司管理层行贿的恶行。

（三）监管体系仍需持续完善

商誉减值风险的集中爆发，很大程度上还在于上市公司怀揣从众心理和侥幸心理，利用监管体系漏洞，通过集中计提商誉减值“洗大澡”。这是商誉减值风险集中爆发的重要背景。

根据证监会披露的《2018年上市公司年报会计监管报告》，部分上市公司商誉减值测试存在未考虑归属于少数股东权益的商誉、随意变更商誉所涉及的资产组或资产组组合、商誉减值披露不充分等问题。《2018年度证券资产评估市场分析报告》也提示了部分上市公司无合理理由随意变更商誉所涉及的资产组、商誉账面价值未得到合理分摊、盈利预测缺乏合理性、折现率确定缺少可比性、评估报告披露不充分等违规情形。但是《公开发行证券的公司信息披露内容与格式准则第2号——年度报告的内容与格式（2017年修订）》（以下简称《2号格式准则》）并未对商誉及其减值情况的披露做出明确要求，《公开发行证券的公司信息披露编报规则第15号——财务报告的一般规定（2014年修订）》（以下简称《15号编报规则》）要求披露商誉的变化情况，商誉减值测试过程、参数及商誉减值损失的确认方法，但缺乏细化要求，许多上市公司披露得较为模糊。

不同于其他长期资产，商誉适用减值测试法而非逐期摊销，上市公司对于商誉何时减值、减值多少具有较大的自由裁量权。而在商誉及其减值信息的后续披露过程中，由于缺乏细化的强制性规定，上市公司往往在最低限度内披露商誉及其减值测试过程，而关于资产组的认定、相关预测收入、主要参数假设的合理性以及上述要素相对于并购重组方案的变化情况均语焉不详，使得商誉沦为上市公司盈余调节的“黑箱”，后续监管的难度也较大。

三、监管思考及政策建议

（一）商誉增量的应对措施

首先，防范上市公司商誉减值风险，根本在于对高溢价并购重组保持审慎态度，以信息披露为抓手，加强监管问询。前文已经指出，信息不对称的存在，是控股股东、交易对方能够凭借自身信息优势，实施信息操纵侵害中小投资者利益的重要前提。财务型并购、公司内部治理结构不完善，都是高溢价并购的温床。因此，应当继续坚持以信息披露为核心，通过积极、主动、刨根问底式的审查问询，迫使上市公司、交易对方充分揭示估值等风险，尽可能地降低信息不对称水平，同时，在审查时注重上市公司并购目的、公司内部治理情况等，充分、及时揭示相关风险，及早向市场传递信息。

其次，奖惩并举，引导上市公司管理层、中介机构归位尽责。在并购重组筹划前期，上市公司应当对标的公司资产负债状况、发展前景等有清晰、完整的了解。如果上市公司只是为了追求短期业绩而并购，那么还需要对并购标的未来经营整合风险做出基本判断，审慎评估交易对价。为引导上市公司审慎决策，交易所可以整合并购重组数据并公示，若上市公司、中介机构实施的并购重组方案出现忽悠式重组、业绩承诺大幅未完成、并表后短期内置出、标的失控等情形，则在后续的并购重组、再融资审核中从严、审慎审核，反之则可以进入快速审核通道。此外，从立法和执行角度，增强对控股股东利用资本运作侵害上市公司利益行为的惩处力度，从重处罚虚假信息披露、信息操纵、内幕交易等违法违规行为，增加违法违规成本，从成本收益上迫使控股股东、中介机构丧失违规动力。

最后，引导上市公司在商誉初始确认时充分辨识无形资产。作为改善上市公司质量的重要手段，合理的并购重组仍需要继续支持，不排除部分符合商业逻辑的并购重组也会产生一定商誉。在向市场充分提示风险的同时，也应当关注购买日无形资产是否已经被充分辨识，商誉金额在初始确认时是否被高估。例如，部分标的公司可能存在未在账面确认、但存在相关资质证书的、可为企业带来相关经济利益的专利技术、著作权，可辨认的合同权益、客户关系，这一现象在新兴行业的表现尤为突出，这类资产辨认不充分会导致商誉金额在初始确认时被高估。

（二）商誉减值的应对措施

首先，加大对商誉减值异常案例的监察力度。事实上，商誉减值并非 A 股的专利。过去 3 年美国上市公司每年计提的商誉减值准备约 400 亿美元，其中，2018 年三季度通用电气在撤换 CEO 后进一步计提 230 亿美元的商誉减值，随后美国司法部、证监会迅速介入调查。对于 A 股上市公司涉嫌通过商誉减值调节利润的情形，同样应当加大检查执法力度；对于交易对方不顾企业运行规律、调节业绩突击完成承诺，甚至进行业绩粉饰、财务造假的情形应当予以坚决查处；对于控股股东通过资本运作推高市值后迅速套现离场、上市公司业绩“变脸”的行为高度警惕、刨根问询，深度挖掘违法违规线索，打击违法违规行为，切实保护中小股东利益。

其次，督促业绩补偿的按时履行。在

以往的监管案例中，部分交易对方业绩补偿承诺的履行出现种种异常。例如，业绩对赌方中江信托认为国盛证券有限责任公司的亏损是由于国盛金控不当行为导致的，其已退出国盛证券的经营活动，不愿承担业绩补偿责任；坚瑞沃能业绩对赌方李瑶所持上市公司股份已经全部被司法冻结，无法履行业绩补偿承诺。对于业绩补偿异常案例，应当及时采取纪律处分，加大问询力度，督促业绩补偿的合理履行；推动《重组管理办法》等规则增加对业绩承诺失信主体的监管、处罚细则，限制失信主体参与资本市场活动，增大违规成本；此外，完善定向可转债作为并购重组支付方式，探索发行认股权证等新型支付手段，增强上市公司对业绩对赌方履约的控制力。

（三）商誉余额的应对措施

首先，应当继续增强商誉及其减值信息的持续披露要求。境内资本市场的结构性特点决定了利润表和净利润指标在上市公司信息披露中的核心地位。而商誉减值的相关会计处理可能对净利润造成巨大影响，因此，提高商誉相关信息的披露要求具有现实必要性。建议推动定期报告相关披露规则的完善，引导上市公司充分披露商誉所在资产组的相关信息，对标的公司经营情况、商誉减值迹象、上市公司整合情况等在定期报告专门章节进行披露；监督上市公司充分披露减值测试过程，例如，在可收回金额采用资产预计未来现金流量现值计算时，根据准则及相关规定要求披露重要假设及其理由、关键参数（如预测期增长率、稳定期增长率、利润率、预测期、折现率等）及其确定依据等重要信息；针对标的公司频繁出现业绩异常波动、期后业绩大幅下滑的情形，还应当要求上市公司出具专项说明。

其次，引导上市公司合理处置风险资产。为避免大额商誉减值拖累上市公司业绩、导致业绩补偿无法实施乃至标的失控等问题，部分上市公司在并表一定时间后又对外置出了标的公司。合理的资产处置能够化解上市公司经营和财务风险，解决业绩补偿争议，但是短期内并表又置出标的公司的行为极大地改变了投资者预期，并且容易潜藏利益输送问题。因此，在引导上市公司合理处置风险资产、改善上市公司资产质量的同时，应当重点关注此类交易可能存在的变相变更业绩承诺、利益输送和掩盖标的资产财务造假等问题，发现一起，查处一起，并加大对相关案例的宣传，以儆效尤。

（深圳证券交易所　年报分析小组）

执笔人：何志云

深市上市公司2018年国资改革情况与问题分析

国有企业是国民经济的重要支柱，国有企业改革始终是中国经济体制改革的中心环节。为把握2018年以来国资国企改革的最新动态，切实做好深交所服务国企改革工作，本文总结了2018年以来国资国企改革相关的政策文件，以深市上市国企为基础梳理了国资国企改革的进展情况，挖掘国资国企改革过程中可能存在的问题，并提出政策建议及深交所服务国资国企改革的可行举措。

一、国资改革的政策背景和环境

本轮国资国企改革始于2013年十八届三中全会，2015年以来，国企改革“四梁八柱”拔地而起，形成了“1+N”文件体系。进入2018年以来，国企改革进入了加速落地阶段。2018年政府工作报告提出推进国资国企改革，2019年政府工作报告则定调加快国资国企改革。过去一年国家层面在不同场合以会议或文件等方式，共20多次对国企改革做出了部署，改革国有企业工资决定机制等改革举措密集推出。

“双百行动”方面，2018年3月，国资委发布《关于开展“国企改革双百行动”企业遴选工作的通知》，决定选取百家中央企业子企业和百家地方国有骨干企业，在2018~2020年期间实施“国企改革双百行动”，深入推进改革。2018年8月，“双百行动”正式启动，近400家企业入围“双百行动”，其中，央企有近200家，地方国企有200多家。

“两类公司”试点方面，2018年7月30日，国务院发布《关于推进国有资本投资、运营公司改革试点的实施意见》，通过改组组建国有资本投资、运营公司，改革国有资本授权经营体制，实现国有资本所有权与企业经营权分离，实行国有资本市场化运作。2018年，航空工业集团、国家电投、国机集团等11家央企被纳入国有资本投资公司试点。2019年4月，国务院印发《改革国有资本授权运营体制方案》，明确规定对国有资本投资、经营公司授权放权内容，主要包括战略布局和主业管理、选人用人和股权激励、工资总额和严重财务事项管理等。

完善国有资产经营体制方面，2018年5月13日，国务院发布《关于改革国有企业工资决定机制的意见》，改革国企工资总额决定机制与管理方式，完善企业内部工资分配管理。2018年9月18日，《关于扩大国有科技型企业股权和分红激励暂行办法实施范围等有关事项的通知》将国有科技型中小企业、国有控股上市公司所出资的各级未上市科技子企业、转制院所企业投资的科技型企业纳入激励实施范围。2019年政府工作报告提出完善公司治理结构，健全市场化经营机制，建立职业经理人等制度。

混合所有制改革方面，2018年9月18日，发改委公布由8部委联合制定的《关于深化混合所有制改革试点若干政策的意见》，提出要积极探索中央企业集团公司层面开展混合所有制改革的可行路径，内容主要涉及国有资产定价机制、员工持股、集团公司层面开展混合所有制改革、工资总额管理制度等。2019年5月，国务院国有企业改革领导小组召开第二次会议，审议通过了国有企业混合所有制改革第四批试点名单，并对推进第四批混改试点提出了具体工作要求。

从国企改革新政内容来看，2018年以来，国企改革总的原则就是要在强化监管、防止流失的前提下，把更多的精力放在增强企业活力、激发企业家干事创业上来。在2020年见成效时间表“倒逼”下，2019年“双百行动”进入实质落地期，结构性去杠杆、专业化重组、混合所有制改革等举措也有望进一步激发国企活力。

二、深市2018年度国资改革情况

国有上市公司在深市多层次市场占据重要地位。截至2018年12月31日，深市共有国有控股上市公司428家，占所有上市公司的比例为20.07%，市值4.71万亿元，占比28.21%；其中，央企控股上市公司152家，市值2.00万亿元；在深市总市值排名前10的企业中，国有企业占据4席。

从板块分布来看，主板具备国有企业比例高的特点，而其他两个板块则以民营企业为主导。从公司所在行业来看，深市国有上市公司多集中在制造业、批发零售、房地产业、水电燃气等行业，具体涉及电子信息、交通运输、国防科工、机械制造等领域。

表1　深市国有企业数量和占比（截至2018年12月31日）　单位：家

	主板	中小板	创业板	合计
上市公司总数	473	922	739	2134
国有上市公司数	267	130	31	428
国有上市公司占比	56.45%	14.10%	4.19%	20.06%

资本市场是国资改革实施的重要平台。党的十九大明确提出，要发挥市场在资源配置中的决定性作用。与此相适应，必须按照市场化要求和取向深化国企改革，在坚持公有制为主体的同时，推进国有企业市场化改革，有效的解决方式就是加快推进公有制的多种有效实现形式，实现股权多元化，发展混合所有制，这决定

了多层次资本市场将是国企改革的重要载体。

2018 年以来，深市国有上市公司在国企改革方面重点突破、多点开花，呈现良好态势。

（一）优化资源配置，并购重组助力高质量发展

1. 并购重组规模回落

按方案实施口径来看，深市国有控股上市公司重组单数及金额在 2017 年达到高峰。2018 年，深市国企从重组单数和重组金额上均出现了回落，其中，重组单数由 37 单减少至 22 单，重组金额由 2772. 30 亿元减少至 1025. 75 亿元。虽然 2018 年国企重组金额不及 2017 年的峰值水平，但是 2018 年国企重组总金额及平均每单涉及金额在近 5 年中仍相对靠前，并且 2018 年深市国企重组单数占全市场重组单数的 20. 95%，为近 5 年最高。国企重组单数与比例具体如图 1 和表 2 所示。

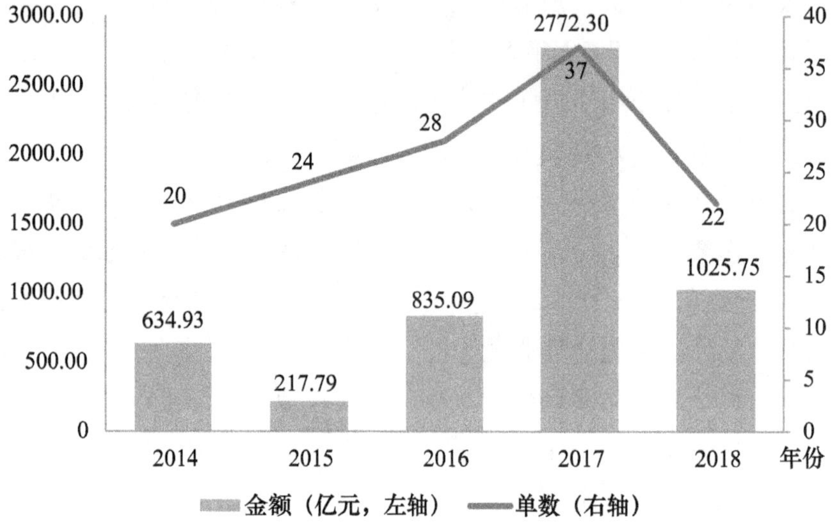

图 1　近五年深市国有上市公司并购重组实施情况

表 2　深市国有上市公司实施重组情况

年份	2014	2015	2016	2017	2018
国企重组单数	20	24	28	37	22
深市总重组单数	137	267	220	191	105
国企重组比例	14. 60%	8. 99%	12. 73%	19. 37%	20. 95%

在交易涉及的金额方面，2018 年深市频现市场关注度高、金额大的重组案例，其中，金额超过百亿元的重组方案共 4 单，分别为招商港口（001872）整体上市，交易金额 246. 50 亿元；国望高科借壳东方市场（000301），交易金额 127. 33 亿元；快乐购（300413）收购湖南广播电视台传媒资产，交易金额 115. 51 亿元；中航国际将电子元器件资产注入深天马 A（000050），交易金额 111. 09 亿元。此外，

2018年披露的中原特钢（002423）注入中粮资本、中粮地产收购大悦城等金额大、影响力广的方案已于2019年上半年实施完成。

2. 并购重组深度服务国企改革

从实施效果来看，深市国有上市公司通过重组实现了发展混合所有制经济、提高集团公司证券化率、增强企业竞争力和活力等目标，以下根据重组类型对国企重组予以说明并附上典型案例。

（1）平台化整合助力央企做优做强。

央企集团积极利用资本市场探索国有资本运营新模式，构建集团总部“管资本”、专业化平台公司“管资产”的格局。2018年央企关联方注入类重组共实施4单，交易金额456.94亿元，占央企重组单数和金额的比例分别为50%、92.26%，是央企重组最主要的形式。

2018年央企平台资源整合也涌现了许多经典案例。2018年12月24日，深赤湾（000022）完成向CMID收购其持有的招商局港口38.72%股份，并与招商局香港签署了一致行动协议。该次交易重组金额达到246.5亿元，是深市上市公司2018年完成金额最大的并购重组交易，是继2015年招商蛇口整体上市、2017年招商公路整体上市后，招商局集团又一落实国企改革总体部署、集中资源做强做优主业、提升资产证券化水平的成果。

2018年，中粮集团在资本运作方面屡现“大手笔”。中粮生化收购中粮集团燃料乙醇、淀粉、玉米深加工研发企业，转型为中粮旗下唯一集科研、生产于一体的玉米深加工公司；2019年2月中粮地产完成了对大悦城的收购，实现中粮集团对下属境内外两家上市公司的内部整合，重组完成后中粮地产成为中粮集团房地产业务板块的唯一专业化平台；2019年2月中原特钢置出连年亏损特钢业务，购买中粮资本100%股权，业务范围涵盖信托、期货、保险、银行等多项金融业务，转型为以农业金融为特色的投资控股平台。

（2）多点开花服务地方经济发展。

2018年，深市地方国有上市公司共披露关联方资产注入类重组7笔、交易金额372.47亿元，分别占地方国企重组单数和金额的50%、70.22%，涉及地区包括广东（2单）、广西、山东、河北、山西、湖南。

2018年10月，深圳国资旗下的深深宝发行股份购买深粮集团100%股权，随后上市平台更名为深粮控股（000019），重组前，上市公司主要从事利乐软包饮料、发酵型乳酸菌饮料生产销售业务，重组完成后，上市公司新增粮油储备、粮油贸易、粮油加工业务，资产总额增加4.7倍以上，净资产增加3.2倍以上，2018年实现净利润3.2亿元，成功实现扭亏为盈，同时，深圳国资旗下粮油业务实现整体上市，有利于推动上市公司的转型升级。

湖南省国资委下属上市公司华菱钢铁（000932）于2018年12月披露了深市首单借助并购重组实施市场化、法治化债转股的方案，同时，这也是全市场首单地方国有企业债转股方案。本次方案分两步走：第一步，将子公司债务转换为子公司股权，第二步，上市公司发行股份购买资产，整体交易金额近105亿元，交易完成后，公司资产负债率下降近5.4个百分点，预计节约财务费用不低于1.64亿元/年，本次方案对地方国有企业利用并购重组优化资本结构、增强盈利能力具有十分重要的意义。

（3）央地联动盘活国企资源。

通常来讲，央企在管理与资金上有优势，地方国企具有区域发展优势，两者合作有利于跳出单个企业的局限，将央企资本与地方资本紧密联系，发挥出“1+1>2”的作用。

华侨城集团入股云南旅游（002059）是央地联动混改的典型案例。2016年12月，华侨城集团以增资的方式取得云南世博集团51%的股份，从而间接取得云南旅游控制权，云南国资委持有云南世博集团剩余49%的股权。入主云南旅游后，华侨城集团完成了下属优质资产在上市公司间的腾挪，优化了资源配置。2017年8月，华侨城集团作价10.17亿元从华侨城A处收购了文旅科技60%的股权；2018年7月，华侨城集团披露方案，拟将文旅科技注入云南旅游，该次重组实现了文旅科技登陆资本市场，并帮助云南旅游夯实了景区运营的主业，实现云南旅游传统旅游业务模式的转型升级。

（4）市场化并购规模有限。

相比国资体系内部的资源整合，国有上市公司向无关联第三方进行市场化并购的单数和金额都相对较小。2018年深市国有上市公司实施关联方并购11单，涉及金额829.41亿元，而市场化并购仅实施5单，涉及金额162.80亿元。如剔除东方市场借壳重组，则市场化并购仅4单，涉及金额仅35.47亿元。

2018年落地的市场化并购案例中，航天发展（000547）发行股份购买锐安科技43.34%的股权、壹进制100%的股权及航天开元100%的股权，交易金额合计14.5亿元，该交易可有效增强航天发展信息安全领域的技术研发能力，提高市场占有率和经营业绩；隆平高科发行股份作价13.87亿元购买联创种业90%的股权，通过此次交易，隆平高科将延伸在国内玉米种子行业的布局，进一步拓展相关业务规模并大幅加快提升玉米市场占有率的步伐；中环股份发行股份作价6.59亿元购买国电光伏90%的股权，有利于延伸公司光伏业务产业链。从以上案例可以看出，国有企业开展市场化并购有助于公司补齐发展短板、构建核心竞争力。

整体来看，国资上市公司的重组更多为围绕央企集团或地方国资内部的资源整合，外延式的并购单数较少且体量不大。

（5）资产剥离实现减负前行。

2018年国有企业重组的另一特点是资产剥离式重组占比较高。2018年深市国企共有6单资产剥离重组，占重组总单数的27.27%，2017年该比例仅为10.81%。

出现该现象的原因可能是部分国企自身由于所处行业不景气、历史包袱较重、经营管理效率低下等原因导致盈利能力较低，加之2018年宏观经济增速放缓及市场资金面紧张等因素叠加，相关国企愈发艰难，急需通过资产出售实现自我减负、扭亏为盈等目的。资产剥离可缓解其短期业绩和资金压力，但此类企业仍需进一步深化改革，摆脱经营困境。

（二）提升融资能力，资本运作服务做优做强

2018 年，深市合计实施再融资方案的国有企业数量为 17 家，涉及金额 377 亿元，分别较上年下降 48.48%、37.31%。2018 年，深市国企实施再融资单数占深市所有上市公司方案的比例为 15.89%，较上年减少 5.68%；实施再融资的金额比例为 23.31%，较上年减少 4.82%。近 5 年深市国企与民企再融资方案数量和金额情况具体如图 2 所示。

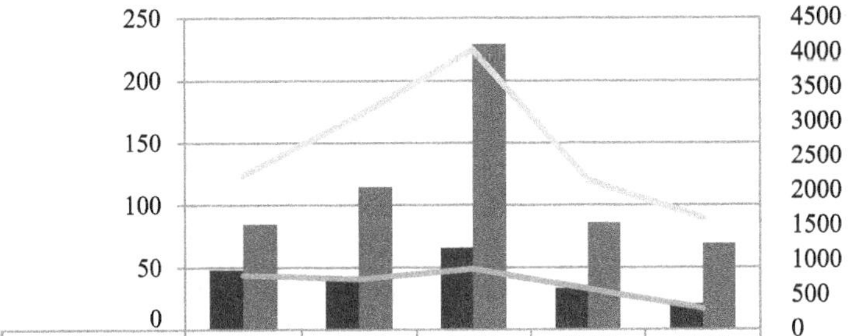

年份	2014	2015	2016	2017	2018
国企(亿元)	865	757	1181	602	377
民企(亿元)	1521	2056	4121	1538	1241
国企(单数)	44	41	49	33	17
民企(单数)	124	172	225	120	90

图 2　深市国有上市公司实施再融资情况

从再融资方式来看，2018 年深市国企再融资的方式较以往更为丰富，在 17 单再融资中，可转债占到 4 席、配股占到 1 席，扭转了以往年度非公开发行几乎是再融资唯一手段的局面。近 5 年深市国企各再融资方式金额情况具体如图 3 所示。

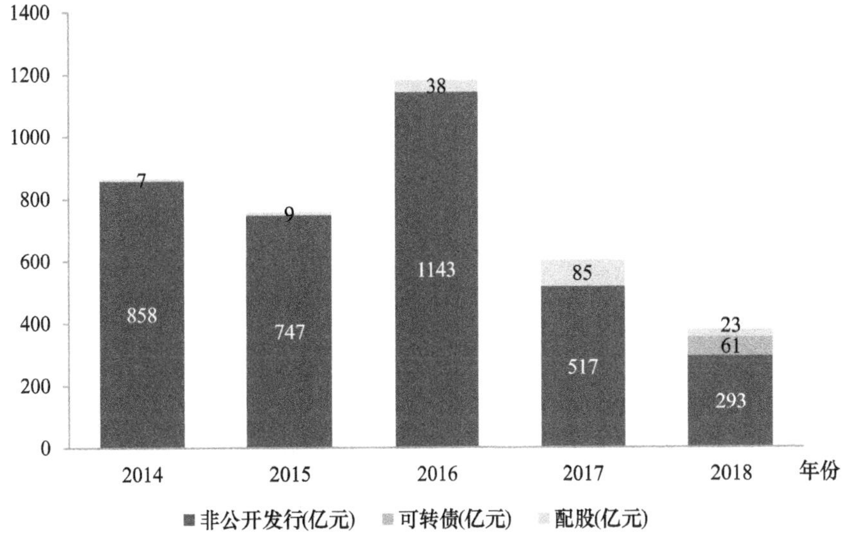

图 3　深市国有上市公司实施股权再融资情况

（三）把握发展机遇，国资控制权有序进退

1. 纾困背景下屡现国资并购上市公司

2017 年以来民企上市公司控股股东资金链断裂、股权质押和流动性风险问题突显。在此背景下，各地政府纷纷响应中央关于民营企业纾困的号召，通过直接提供信贷支持、协调金融机构、推动债转股及战略入股等形式向民企伸出驰援之手，部分救助方式中涉及上市公司股权变动。2018 年至 2019 年 7 月 31 日，深市已有 37 家民营上市公司的控制权转移至国资，远超以前年度的数据。

（1）国企并购上市公司概况。

截至 2019 年 7 月 31 日，已完成的 37 单国企收购民企上市公司的案例情况具体如图 4 所示。

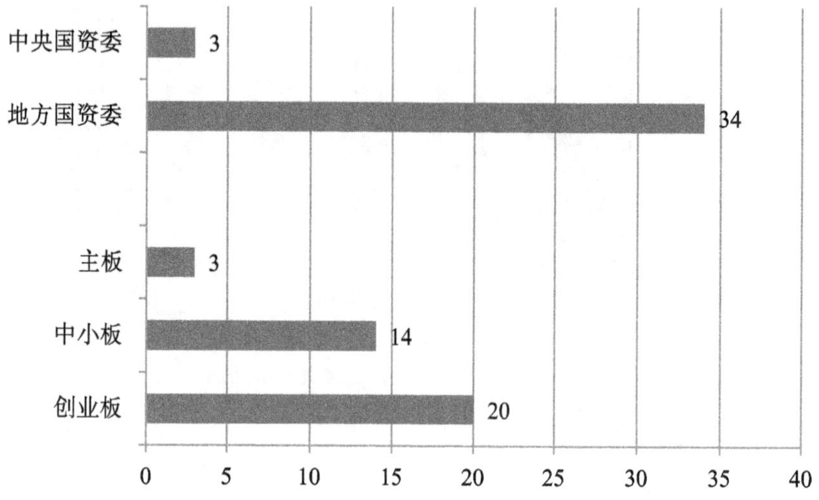

图 4　国资收购上市公司情况（单位：单）

上述 37 单已完成的国资收购，呈现以下特点：

一是以地方国资为主，跨省收购频现。上述案例中，地方国资参与 34 例，共涉及 15 省市，其中，广东省与四川省表现最为活跃，分别收购 8 家和 6 家。此外，江苏省和江西省也分别完成了 3 家上市公司收购。值得注意的是，深市 37 单国企收购案例中，有 23 家为跨省收购，占比达 62.16%。

二是以中小创为主，民企控股股东流动性风险高企。从板块来看，中小板与创业板公司是国企收购的主要对象，合计占到 34 单。中小板与创业板上市公司以民营企业为主，在股票市场波动、杠杆去化的背景下，相关公司的控股股东更容易陷入流动性危机。经统计，37 单国企收购中有 27 单控股股东的质押比例超过 80%，有 28 单控股股东出现资金链紧张。

三是收购方式以协议转让为主。国资进行上市收购的主体包括国资旗下的投资公司、实业公司及产业基金。从收购方式来看，37 单国企收购中有 33 单为协议收购或在协议收购的基础上与委托表决权、

放弃表决权、一致行动协议等进行组合，另外4单分别为要约收购、委托表决权及签署一致行动协议。

（2）国资收购的原因、逻辑与典型做法。

2018年以来国资收购民企的原因可以概括为地方政府纾困行为、落实资本市场发展计划及国资资本市场运作需求等，下面简要介绍几个具有代表性的国资收购案例。

案例一　深圳：市场化运作，发展本地优势产业。

民营经济在深圳的发展中起到了重要作用。自2018年10月成立专项工作小组以来，深圳市国资积极构建风险共济机制，驰援民营企业。深圳模式有以下特点：

一是资金筹措方式多、力度强。例如，2018年10月26日，深投控在深交所发行规模为10亿元的纾困专项公司债券，成为市场首单纾困专项公司债券；深投控、远致投资发起设立了3只总规模达200亿元的纾困股权投资专项基金；提出设立总规模1000亿元的深圳市民营企业平稳发展基金。深圳国资借助资本市场发债、设立基金引入外部资本等方式，筹集了大量驰援资金，为民企纾困提供了“弹药”。

二是坚持市场化、法制化导向。深圳市政府提出了“在上市公司实际控制人尽责自救的基础上，按照市场化运作”的原则。在纾困对象的选择、纾困方式等方面，市政府仅提出指导性原则，由市属企业按照市场化、法制化原则，自主开展专业运作，依托自身发展战略，对项目自主决策、自担风险、自负盈亏，自行决定纾困对象、参股深度、入股价格等。

三是优先发展本地优势产业。纾困行动以来，深圳国资入股的上市公司有铁汉生态、达实智能、捷顺科技、和而泰等，完成了对天音控股、怡亚通、麦捷科技的收购。从行业属性来看，这些企业普遍属于高新技术企业以及战略性新兴产业、优势传统产业和现代供应链等领域的上市公司，契合深圳发展高新技术产业、打造国家创新型城市的规划。

案例二　泸州老窖集团：多元化发展，打造大型企业集团。

近年来，泸州老窖集团在发展白酒主业的同时，已形成了包括金融、商贸、大健康、食品等多个业务板块的多元化经营模式，拥有A股上市公司泸州老窖（000568）、华西证券（002926）。集团提出了坚持以资本经营为中心，以控股参股形式实施多元化发展，实现快速做实做大，用5年时间再造一个泸州老窖，用10年时间成为世界500强。

在本轮国资收购浪潮中，泸州老窖集团继续发挥资本运营中心的优势，进行了多元化并购。2018年6月以来，泸州老窖集团通过协议转让及二级市场增持的方式，取得了鸿利智汇（300219）的控制权，后者主营LED封装业务，产品广泛应用于通用照明、背光源、汽车信号/照明、特殊照明、专用照明、显示屏等众多领域，2018年实现归母利润约2亿元。

2019年6月，泸州老窖集团与跨境通（002640）实际控制人进行磋商，拟取得上市公司控制权。跨境通主营跨境电商业务，与泸州老窖集团第三大业务——商贸业务存在一定协同性，并且泸州老窖集团旗下的酒类产品也可以通过跨境通电商平台对外推广。此外，跨境通年收入超过200亿元，收购该公司也有助于泸州老窖集团实现“到2023年产值和销售收入突破千亿目标”。

案例三 佛山南海区：国资联合社会资本，做出业绩承诺及股权激励安排。

2019年3月8日，佛山市澜海瑞兴股权投资合伙企业（有限合伙）（以下简称“澜海瑞兴”）与天银机电实际控制人签订股权转让协议，以11.41亿元的对价受让其持有的上市公司28.5225%的股份，交易完成后佛山市南海区公有资产管理办公室成为公司实际控制人。本次交易有以下亮点：

一是收购主体联合了社会资本。本次收购中，民企深圳山汇投资管理有限公司持有澜海瑞兴基金GP份额的49%，并担任基金的管理人，LP中亦有民营资本。收购主体联合民营资本，一方面有利于降低国资的收购成本，另一方面该结构在国资取得上市公司控制权时即实现了一部分混改目标。

二是股权转让协议中约定了业绩承诺。原实际控制人承诺了2019~2021年3年间的业绩目标，如无法达成则需对收购人进行补偿。该安排有利于保障国资利益，减少国资由于不熟悉标的公司业务而带来的信息不对称。

三是股权转让协议中安排了后续的股权激励计划，约定将对上市公司2019年及2020年的经营情况进行业绩考核，拟对受激励对象授予限制性股票。该安排有利于稳固公司原有的经营团队，激发员工活力。

2. 混改深化下国资出让控制权

（1）国资出让控制权概况。

《中共中央、国务院关于深化国有企业改革的指导意见》指出，“通过股权运作、价值管理、有序进退，促进国有资本合理流动，实现保值增值”。在深化改革开放、国企改革走向深水区的大背景下，近年来部分上市公司国有股东进行了让渡控制权的尝试，2016年以来深市共计有14家上市公司实际控制人由国资变更为个人或无实际控制人，具体情况如表3所示。

表3 深市国有上市公司变为民营企业情况

证券代码	证券简称	年份	控制权变更前实际控制人	控制权变更后实际控制人	控制权变更前一年扣非利润（亿元）
000813	德展健康	2016	新疆国资委	张湧	-0.05
000913	钱江摩托	2016	温岭市财政局	李书福	-1.53
000510	金路集团	2016	德阳市国资委	刘江东	-1.46
000953	*ST河化	2016	国务院国资委	熊续强	-1.11

续表

证券代码	证券简称	年份	控制权变更前实际控制人	控制权变更后实际控制人	控制权变更前一年扣非利润（亿元）
000918	嘉凯城	2016	浙江省国资委	许家印	-25.88
000751	锌业股份	2017	国务院国资委	于洪	1.53
000538	云南白药	2017	云南省国资委	无实际控制人	27.00
002033	丽江旅游	2017	丽江玉龙雪山管委会	张松山	2.19
000601	韶能股份	2017	韶关市国资委	无实际控制人	4.37
000597	东北制药	2018	沈阳市国资委	方威	1.15
000678	襄阳轴承	2018	湖北省国资委	贾志宏	-0.06
000301	东方盛虹	2018	苏州市吴江区国资委	缪汉根，朱红梅	1.57
300291	华录百纳	2018	国务院国资委	何剑锋	1.00
000715	中兴商业	2019	沈阳市国资委	方威	0.95

从控制权变更后国资占比来看，除金路集团外其他上市公司国资持股比例均大于5%，表明国企并非简单让渡控制权，而是继续参与企业经营，与企业共进退。

国资让渡控制权基本围绕做大做优做强上市平台、实现国有资产保值增值的主题进行，如2018年襄阳轴承在控股股东层面通过引进战略投资者的方式出让控制权，东方盛虹通过重组置入盈利能力较强的民用涤纶长丝业务。但从控制权变更前一年的扣非利润来看，国资让渡控制权的逻辑有所变化，表现在2016年让渡控制权的公司均为主业亏损的企业，国资让渡控制权可能原因在于借助民企的力量帮助上市扭亏，而2017年以后控制权变化的公司主要为盈利企业，可能的原因是借助混改进一步帮助企业做大做强、通过股权转让实现国有资本保值增值。

进入2019年，国资让渡控制权的逻辑可能进一步演化，如格力集团拟通过公开征集受让方的形式让渡格力电器（000651）15%的股权，自身将只保留约3.22%股份，或意味着国资可能将进一步退出完全竞争领域。

（2）云南国资：大幅让渡股权，深入推进混改。

近年来云南省国资进行了混合所有制的大力尝试。2016年云南白药（000538）通过混改引入新华都和江苏鱼跃，成为混改标杆；2017年转让云南旅游（002059）控制权给华侨城集团，成为央地混改的先行案例；2018年以来，云南国资将云南冶金集团控制权划转给中国铝业，间接让渡驰宏锌锗（600497）、云铝股份（000807）控制权；2019年以来又筹划将云南锡业集团控制权转移给中国五矿集团，间接让渡贵研铂业（600459）、锡业股份（000960）控制权。

云南省国资通过让渡控制权，实现放大国有资本功能，改变了国企单一的股权结构，实现了股权多元化。云南省国资让渡控制权存在以下特点：

一是让渡方式上采取集团层面股权多元化。自“白药模式”推出以来，云南省国资出让控制权均是在上市公司控股股东或集团层面进行，辐射影响的范围较仅在上市公司层面混改更广，并可以通过整体上市的方式进一步提高证券化率。

二是根据行业特性选择控制权让渡对象。对于充分竞争行业的云南白药，采取与民营企业合作的模式，有利于引入市场化机制与活力；有色金属行业的驰宏锌锗、云铝股份、贵研铂业、锡业股份则与中铝集团、中国五矿进行合作；而对于旅游业这一云南省支柱性产业，选择与旅游行业龙头企业华侨城集团合作、保持国有资本控制，有助于夯实云南旅游业的优势地位。

三是与合作方在产业链上有较强的协同效应。如中铝集团是中国规模最大的原铝生产商，是云铝股份的上游，实施混改后，云铝股份将与中铝集团构建铝制品上下游一体化产业链。

（四）释放改革活力，建立健全中国特色现代国有企业制度

在市场经济的浪潮中，国有企业要更加注重完善治理结构和管理体系，不断建立健全中国特色现代国有企业制度。

1. 充分发挥党的领导核心作用

继2016年11月2日，国务院国资委发布《关于将中央企业党建工作要求纳入公司章程有关事项的通知》后，2018年召开的全国国企改革座谈会再次强调，充分发挥党委（党组）的领导核心作用，切实落实和维护董事会依法行使重大决策、选人用人、薪酬分配等权力，保障经理层经营自主权，加快形成有效制衡的法人治理结构。2018年9月修订发布的《上市公司治理准则》明确要求“国有控股上市公司根据《公司法》和有关规定，结合企业股权结构、经营管理等实际，把党建工作有关要求写入公司章程”。

经统计，截至2018年12月31日，深市已有374家国有控股上市公司（约占深市国有控股上市公司的87.38%）修订《公司章程》，设置专门章节纳入党建工作要求，并且6家A+H的国企已均完成党建入章工作。

2. 积极探索经理层成员选聘

2018年1月22日，国务院国资委官网发布《11家央企80位领导人员职务变动》的信息，其中，有关央企总经理、副总经理的人选，国资委使用的提法为“提名”，而不再是“任命”。国企实行公司制的关键是董事会的地位与权力，而经营体制改革的焦点是经营高管的产生，但长期以来国有企业董事会的职权受限，经理人选直接由国资委进行委派。此次国资委不再委任总经理，而是交由董事会聘任，体现了国资监管理念从“管资产到管资本”的变化，表明现代公司法人治理结构将持续建设。

赋予董事会选聘经营管理者的权利，促进了职业经理人制度的落地，部分深市上市公司已积极开展市场化选聘经理人的尝试。以一汽轿车为例，一汽轿车（000800）2018年盈利能力出现波动，在

此背景下，一汽轿车于2019年3月开展高级管理人员市场化选聘，根据竞聘结果，一汽轿车完成了26个处级岗位市场化选聘，原总经理连任，更换了部分副总经理和董秘。在本次选聘中，总经理一职附加了明确的任务目标，包括2019～2021年的净利润指标和自主销量指标，如若考核结果为D级，将进行重新竞聘，原总经理将被“降级降档”处理。

3. 股权激励和员工持股持续推进

从激励方案总数来看，2016年后国企进行员工激励的数量较以往年度有显著增加，2018年深市国企共实施了17单激励方案，仅次于2016年的18单。进入2019年以来，深市国企实施员工激励的节奏更为紧凑，仅前7个月就实施了11单。

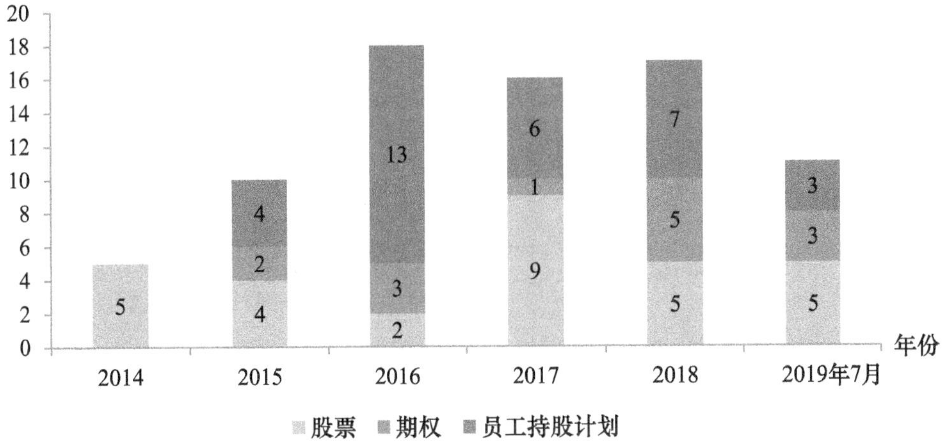

图5　深市国有上市公司实施股权激励、员工持股情况（单位：单）

与民营企业相比，国有上市公司推出股权激励和员工持股方案相对较少。2018年，深市公司推出股权激励和员工持股计划的总数为388家次，而国有企业占17家次，占比仅为4.38%，与以往年度占比相近。但2019年前7个月国有上市公司提出的激励方案占比为8.27%，为近5年最高。

三、国资改革中的需要关注的问题和建议

2018年，在国家政策的有力支持和国有上市公司积极践行落实下，国企改革取得了各界公认的成效，但在实际运作过程中也存在一些问题。以下将对部分问题进行分析，并提出相应政策建议及深交所服务国企改革的可行举措。

（一）国资改革过程中需要关注的问题

1. 国资在“管资本”中可能存在的问题

一是“两类公司”被虚化。国资进行“管资本”的尝试，核心做法是组建“两类公司”，但两类公司可能存在被虚化的情形，如国有企业的股权划入了平台

公司后，国资部门仍穿越平台公司直接管理这些国有企业，或者“两类公司”回归行政化，在管理上延伸了国资委进行行政管控的模式，失去了组建投资运营公司的意义。

二是过渡期时间过长问题。许多央企集团及地方国资对“管资本”的结构设置、授权放权模式已有充分认识，但在执行中可能设置了较长的过渡期或没有明确时间表，又或者过渡期中两类公司的部门建制、人员机构设置进度缓慢，导致国资委、两类公司及经营实体之间的权责分配依然模糊、延续老模式，导致权力不能及时下放，影响改革进度。

2. 国资在“混资本”中可能存在的问题

一是部分国资虽在短期内以较低成本快速获得多家上市公司控制权，但上述行为可能因缺乏一盘棋的投资战略布局，未能充分整合国资与民企资源，难以实现资本与经济发展需求的最佳配置。另外，也可能因为仓促出手导致尽职调查工作没有做到位。

二是“混”之后的融合难问题。国资在收购或引进民间资本的两个方向的混改中，难以避免地会遇到不同基因的融合问题，例如，公司的决策机制问题、人才的流失问题、企业文化碰撞问题等。普遍的情况是不少企业在“混”了所有权后，国有股比例占比较高，一股独大使得企业在决策时，容易国有股“一只手压倒一片手”，社会资本没有足够的话语权，所谓的参与混改其实就是财务投资。

3. 国资在“谋发展”中可能存在的问题

一是部分国企交易积极性不足。深市国有企业占比达 20.07%（截至 2018 年 12 月），而 2018 年实施再融资方案、股权激励计划及员工持股计划的国有企业占全部推出方案的公司的比例分别为 15.89%、4.38%，整体来看，国企开展资本运作的比例仍相对较低。此外，尚有一些公司利用资本市场的意识不足，部分企业上市以来从未开展任何资本运作事项。

二是国企使用资本市场工具的丰富程度有待提高。以再融资工具为例，2018 年非公开发行仍是深市国企最主要的融资方式，虽有部分可转债落地，但数量和金额仍相对少；此外，国企使用定向可转债作为重组工具的数量也远少于民营企业。

三是部分国企在经营过程中存在不规范情形，部分违规行为如业绩变脸、环境污染事件等造成不良的社会影响，不利于营造良好的国企改革环境。

（二）进一步支持国资改革的建议

1. 加大授权放权，激发微观主体活力

一是地方政府尽快推出授权放权清单。2019 年 6 月，国务院国资委发布《国务院国资委授权放权清单（2019 年版）》，重点选取了 5 大类 35 项授权放权事项。地方政府可在参考国务院国资委对央企的授权放权清单的基础上，出台符合地方情况的地方版授权放权清单，落实中央关于简政放权的精神。

二是进一步扩大董事会职权，虽然该工作开展已久，但从部分上市公司的反馈来看，国资委仍在企业战略决策、高级人员选聘等方面掌握主要话语权，董事会权力未能落实。建议进一步扩大董事会职权改革试点范围，全面推进董事会职权落实。

三是建议尽快明确“两类公司”的授权，明确两类公司和国资委及下属企业的关系，明确投资公司与运营公司的区别，完善两类公司的治理结构，促进国资监管机制进一步从管资产向管资本转变。

2. 既要“混”更要“改”，加强国资与民企融合

一是做好并购后的整合工作：对于具有核心技术或优势项目的上市公司，国资企业收购后可保留原经营管理核心团队，并利用国资的增信作用拓宽企业的融资渠道，促进企业发展，异地收购中还可考虑引导上市公司将核心技术及优势项目引入本地，促进本地同类产业的发展；对于不具有持续经营能力的上市公司，国资方要提前考虑后续资本运作，将国资旗下其他优质资产注入上市公司，实现优质资产证券化。

二是针对部分国企在“混”后不“改”的问题，应强调平衡国有股东和非国有股东的话语权，从机制上使得非国有股东能够事实上行使参与决策和监督管理层和其他股东的权利，可尝试将独董和监事的提名和投票权更多地赋予非国有股东，更好地促进公司运作中决策、执行和监督职能的分离，提高监事会和独立董事相对于国有大股东的独立性，以形成制衡有效的法人治理结构。

3. 深交所持续助力国资国企改革

一是深交所可持续跟踪从中央到地方推出的国资改革政策和新实践，并根据国有上市公司所处的行业、其行业内地位、历史经营情况、公司治理等，结合相关股东资产证券化率、未上市资产和业务情况，及时掌握各大型集团的资产分布情况、深市各国有企业的改革进程、改革可能性和未来发展动向，积极推动深市国资改革有序进行。

二是加强国企改革成功案例的宣传力度。持续跟踪国资改革案例，考察已完成重组、再融资或其他改革措施的国企的改革成效，以重组标的业绩承诺完成情况、公司治理改善情况等为考察指标，总结、分析改革的经验与教训，向国有上市公司进行宣传培训，引导国有上市公司结合自身特点，探索符合自身发展的改革方式。以此作为切入点，深交所作为资本市场的信息枢纽，可以发挥公共平台的作用，为国有上市公司搭建展示、交流、合作的综合性服务平台。

三是持续关注日常监管问题，督促公司履行关于减少关联交易、解决同业竞争问题或者注入资产的相关承诺，通过组织信息披露培训、刊物宣传等，向国企传达最新监管动态及监管中存在的问题等，提升国企上市公司信息披露质量，树立国企良好形象。

（深圳证券交易所　年报分析小组）

执笔人：郑嘉义

深市文化上市公司经营情况与风险分析

2018年以来，深市文化上市公司①出现营收增长趋缓、商誉减值激增、亏损面扩大、资金紧张、违法违规事件增多等问题和风险，其经营情况和风险下一步会如何演变，备受各方关注。本文基于年报数据，分析了深市文化上市公司的经营情况和风险成因，对文化产业下一步发展进行了初步预判，并据此提出政策建议。

一、营收增长趋缓，盈利能力下降

2018年深市128家文化上市公司共实现营业收入3963.60亿元，同比增长8.31%②，但增速同比下降了3.52个百分点，低于深市整体③13.33%的水平。其中，玩具制造和影视电信设备行业的营业收入增速降幅最大，分别下降27.67个百分点和26.47个百分点。

受商誉减值等因素影响，2018年深市文化上市公司归属母公司股东的净利润（以下简称“净利润”）为-215.63亿元，比2017年同期减少477.44亿元。其中，有4家公司连续两年及以上亏损；有74家公司的净利润同比下滑，比2017年增多24家；在20家亏损10亿元以上的公司中，有19家在2017年是盈利状态。

二、偿债压力上升，融资能力下降

深市文化上市公司债务负担加重，2018年年末负债共计5282.25亿元，同比增加6.35%；资产负债率为43.68%，同比上升2.63个百分点；有32只债券④存续，其中，一只公司债已出现实质性违约，另有3只在2019年到期，也存在一

① 报告的样本筛选，以《文化及相关产业分类（2018）》为分类标准，以2018年深市文化上市公司财务数据为基础，当上市公司文化业务的营业收入比重大于或等于50%，将其划入文化产业；当上市公司文化业务的营业收入比重小于50%，但其利润在公司所有业务利润中最高，该公司也归属为文化；当公司文化业务的利润并非最高，则考虑公司的发展规划、控股股东的情况、行业的相对稳定性等，综合做出判断。截至2018年年末，深市文化上市公司达128家（主板19家、中小板60家、创业板49家），2018年新增3家。行业主要包括：游戏、影视、广告、文化用品生产、文化旅游、工艺美术品生产、设计、传统纸媒、玩具制造等领域。部分行业细分的特征不同，分析时会进一步划分，如将影视划分为影视制作和影视电信设备；将传统纸媒划分为出版和印刷复制。部分行业深市上市公司的数量较少，分析时统一归入“其他”类别。

② 有76家公司实现了营业收入正增长，同比减少17家。

③ 即指深市全部上市公司。

④ 包括公司债、短融、中票等，不包括可转债。

定的偿还压力和违约风险①。

但公司偿债能力下降，扣除存货后流动资产对流动负债的覆盖倍数为 1.24，同比下降 7.96%；货币资金直接覆盖短期债务②的值为64.28%，同比下降 17.71 个百分点，其中，19 家公司的这一比率不到 20%。

同时，公司筹资能力减弱，2018 年筹资活动现金流入共计 1561.24 亿元，同比减少 14.00%。几乎整个深市文化板块都面临较大的资金缺口，仅旅游、设计业的现金及现金等价物净额为正，其余行业均为负。尤其在游戏、影视制作领域，筹资现金流入大幅减少，用于偿债支付的现金大幅增加，经营活动现金流入有所减少，面临较大资金压力。部分公司有资金链断裂的风险，如 JRWL 的现金及现金等价物净额为 -25.94 亿元。

三、多个风险点③集中出现

（一）商誉集中减值，严重影响利润

2018 年共 53 家深市文化上市公司计提商誉减值损失 339.89 亿元，家数和金额同比分别增长 55.88%、863.09%。其中，游戏、影视和广告行业计提的商誉减值损失最多，达 256.61 亿元，占计提总额的 75.50%。商誉减值对利润影响较大，出版、玩具制造、影视制作、游戏行业的减值金额占毛利润④的比重分别达 64.23%、69.94%、40.50%、36.56%。即便进行了减值，截至 2018 年年末，深市文化上市公司的商誉账面余额仍较大，共 956.19 亿元，占净资产的 23.41%。其中，游戏公司的占比最高，达 36.31%；另有 7 家公司的商誉余额高于净资产价值。一旦现存商誉再次减值，公司的经营风险将进一步加大。

（二）对赌集中到期，标的业绩承诺不达预期或业绩变脸

2014 ~ 2016 年，在深市文化上市公司发起并完成的 45 起并购中，有 44 起包含了业绩对赌协议。其中，2017 年和 2018 年有 27 起对赌协议到期，有 10 起的业绩承诺未达预期，业绩达标率为 82.51%。部分并购标的在对赌协议到期后出现了业绩变脸。例如，HWWH 收购的标的公司在对赌协议到期后，业绩大幅下滑，导致 2018 年 HWWH 不得不对其计

① 例如，JCGF 发行的公司债 A 将于 2019 年 12 月 9 日到期，届时将支付本息 6.45 亿元，而 JCGF2018 年净利润同比下滑 91.28%，货币资金 2018 年年末为 5.42 亿元，2019 年一季度降为 1.25 亿元。

② 货币资金直接覆盖短期债 = 货币资金/（短期借款 + 应付账款 + 应付票据 + 一年内到期的非流动负债）。

③ 判断是否是深市文化上市公司存在的突出风险点，主要依据有 3 个：一是该风险是 2018 年前后深市文化上市公司存在的突出风险，亟需解决；二是对比文化与其他行业、对比深市与沪市文化上市公司发现，该风险在文化领域、在深市文化上市公司中特别突出；三是在文化的产业特性作用下，该风险的负面影响、严重程度、受关注度等方面有所增强。

④ 选用毛利润指标，主要因为毛利润减去期间费用、减值损失等费用后才得到净利润，即商誉侵蚀净利润是通过侵蚀毛利润实现的；商誉减值在毛利润中的占比越高，对利润的侵蚀就越大。

提 12.97 亿元的商誉减值损失。随着更多对赌协议的到期，标的资产出现业绩变脸的可能性增大，将直接影响上市公司的业绩。

（三）股权质押比例偏高，面临控制权转移风险

截至 2018 年年末，深市文化上市公司的整体质押比例①达 26.39%，远高于 A 股 11.04% 的水平。其中，工艺美术品生产和游戏行业的比例较高，分别为 43.05% 和 32.15%；有 14 家公司的比例超过 50%。而从第一大股东的质押比例来看，广告和工艺美术品生产行业最高，分别为 82.81% 和 82.70%；有 50 家公司的比例超过 80%，部分公司面临较高的控制权转移风险。到 2019 年 5 月，已有 HWWH 等公司的控制权发生变更。

（四）发生多起违法违规事件

2018 年前后，部分文化上市公司及其实际控制人陆续被爆出有违法违规行为，被地方证监局出具警示函、证监会立案调查、交易所启动强制退市或公安机关拘留等，对市场产生了极坏影响。例如，JYKJ 伪造账户、虚增业绩、欺诈发行，证监会对其违法情节查实并移送公安机关，深交所对其启动强制退市；DFWL 存在多项违规行为，被广西监管局出具警示函等。

四、当前问题和风险的成因

文化产业当前发生的问题和风险，是在资本市场政策和内容监管政策双趋紧、宏观经济与 A 股市场双下行的背景下，以往过度依赖并购进行外延增长的模式难以延续的表现。

（一）依赖外延增长，内容创新和企业内部控制能力不足

文化公司的核心竞争力本应是内容，但通过高质量的内容创新进行内生式发展的难度大、周期长②。过去数年间，很多文化公司选择通过不断并购进行外延增长。外延增长较依赖资金投入，也积累了大额商誉，公司在规模增长的同时，也积累了融资风险和减值风险。如下文所述，2018 年宏观经济、融资环境、行业政策等同时收紧，资金紧张、商誉减值的压力激增，外延增长模式前期累积的风险集中爆发，文化产业因此发生大面积经营困难。

依赖外延增长一定程度上也导致文化公司忽视内部控制和精细化经营。2018 年文化领域违法违规事件的发生，多因公司及其实际控制人未将重心放在扎实修炼“内功”上，反而出于逐利等目的不惜违

① 质押比例 = 质押股份合计/A 股合计 × 100%。

② 例如，游戏、影视、动漫、演艺等行业的基本经营模式是项目制，一个产品即是一个项目，由创意到商品，再到出售的过程不确定性大。例如，任何游戏产品都有失败的可能，即使产品成功，仍有发行推广成本过高而导致公司亏损的风险；再如，影视产品从创意、编剧到拍摄、上映，期间报批、审核、投资、演员等方面变数大，传统影视公司产品还有被互联网视频内容替代的风险。

反政策；或因其缺少经验而采取激进的发展战略，从而导致风险事件发生。

（二）资本市场政策和内容监管政策双趋紧

近年来，文化产业政策变化对资本市场传媒板块走势有明显影响。政策变化是导致2018年文化领域的风险集中爆发的重要原因。

一方面，资本市场层面政策收紧。2016年以来，游戏、影视的跨界并购受限，文化板块在2017年出现向下拐点，在2018年集中爆发了商誉、对赌等风险。这一定程度意味着依靠并购驱动文化高增长的时代结束。

另一方面，2018年内容层面监管趋严。版号申办业务暂停、网络游戏总量控制等多重监管叠加作用，游戏行业的整体业绩和市场表现均欠佳。而因明星天价片酬、阴阳合同、偷漏税等问题，影视行业持续整顿，影视制作公司的业务开展受影响。同时，影视内容还面临严格审查，中小影视公司的项目播出慢、回款慢、税收补缴压力大，造成许多项目开机推迟，在横店等地拍摄的项目大幅减少，部分上市公司的头部产品被突然叫停或延期上线。

（三）宏观经济与A股市场双下行

2018年中国宏观经济整体下行和股市震荡下行，对文化产业及文化上市公司的融资、业绩表现、股权质押及并购标的业绩等都形成较大冲击，相关风险被暴露。

一是融资环境收紧[①]，影响了以民营企业居多的深市文化上市公司的融资能力；二是宏观经济下行，居民消费能力减弱，广告等顺周期行业的公司倾向于降低刊挂率[②]以及刊例价[③]，进而业绩受影响，2018年深市广告上市公司的净利润同比下跌了112.48%；三是受A股市场整体下行的影响，债权人很难通过市场出售的方式转让其持有的股权，导致股权质押流动性阻滞、质押比例过高；四是A股市场整体下行，影响了并购标的的业绩增速，业绩承诺完成情况不乐观，进而导致上市公司出现大额商誉减值、净利润下滑、净资产承压、股票估值安全边际降低等一系列连锁问题。

五、形势预判及建议

综上所述，内外因叠加导致深市文化上市公司在2018年以来集中出现问题和风险。我们认为，内容监管政策趋紧是冲击力最强的影响因素：一是不稳定性高，企业难以影响、把握和预判；二是直击文化产业特有核心环节，并进一步影响资本

① 2018年社会融资规模为192584亿元，同比减少14.01%，其中，非金融企业境内股票融资3606亿元，同比减少58.71%。

② 刊挂率指，在一定时间的循环内实际播放的广告视频数量与可容纳的视频广告数量的比率。

③ 刊例价指，每家媒体官方对外报出的价格，根据媒体的知名度、发行量、发行区域等因素，每家媒体都会核定适合自己定位的刊例价格。

市场监管政策、投资者预期、融资环境等其他因素的松紧。过于依赖外延增长是内因，但也是长期因素，只能逐步转变；宏观经济和A股市场双下行形势是各行各业面临的共同因素。

我们判断，2019年适逢新中国成立70周年等重要纪念日，大幅放松内容监管的可能性不大；二季度宏观经济数据和上市公司半年报都表明中国经济下行压力较大，A股迎来牛市的基础还不牢固。由于政策环境和宏观、市场形势暂无根本转变，文化上市公司的情况也难以明显好转，但由于风险已经过一年多的释放，再大幅恶化的可能性也不大。预计2019年及未来一段时期内，文化企业大概率处于与政策深度磨合、暂缓外延式粗放发展、将重心放回内容打造和竞争力提升、继续消化前期累积的风险的阶段，形成新的可持续发展模式还需一定时间。

在此期间内，文化产业整体市场竞争会加剧、公司两极分化更明显。相应地，以下特征的公司更有可能获得较好发展：（1）弘扬主旋律和主流价值观、有政策优势；（2）前期并购较少，商誉减值等风险基本消除，融资能力强、资金相对充裕；（3）拥有竞争力强的头部产品，例如，2018年游戏市场已明显向头部集中，当然头部游戏也面临生命周期缩短、变现能力萎缩的问题。

基于上述判断，建议持续关注文化产业两点风险：（1）文化上市公司的资金继续承压、更多对赌协议到期后业绩承诺不达预期、商誉再次减值的风险；（2）中小型游戏、影视公司生存愈发艰难，发生大规模倒闭潮的风险。

建议加强关注已出现风险或有潜在风险的文化上市公司，尤其加强对其商业模式转变情况、主要项目盈利变化情况等的考察；此外，要鼓励文化上市公司与行业主管部门及交易所加强沟通，积极应对并妥善披露政策风险，并探索通过发行固定收益产品、借力纾困基金等方式扩大其融资渠道。

（深圳证券交易所　年报分析小组）

执笔人：卢一宣　贾　婧

2018 年海外股票市场基本情况

（一）2018 全球经济增长情况

2018 年全球经济增速相对 2017 年有所放缓，按照国际货币基金组织的统计，全球经济同比增长 3.6%，低于 2017 年的 3.8%。全球经济总量达到 85.9 万亿美元，人均 GDP 达到 11312 美元，同比增长 5.0%。按汇率法计算，金砖国家依然是全球经济增长的主要动力，贡献度达到 37.67%。七国集团次之，贡献 30.43%，在主要国家中，中国贡献了全球经济增长的 27.44%，美国贡献了 20.34%，中国依然是全球经济增长的领头羊。印度的贡献度为 7.62%，较 2017 年提高 0.01 个百分点。

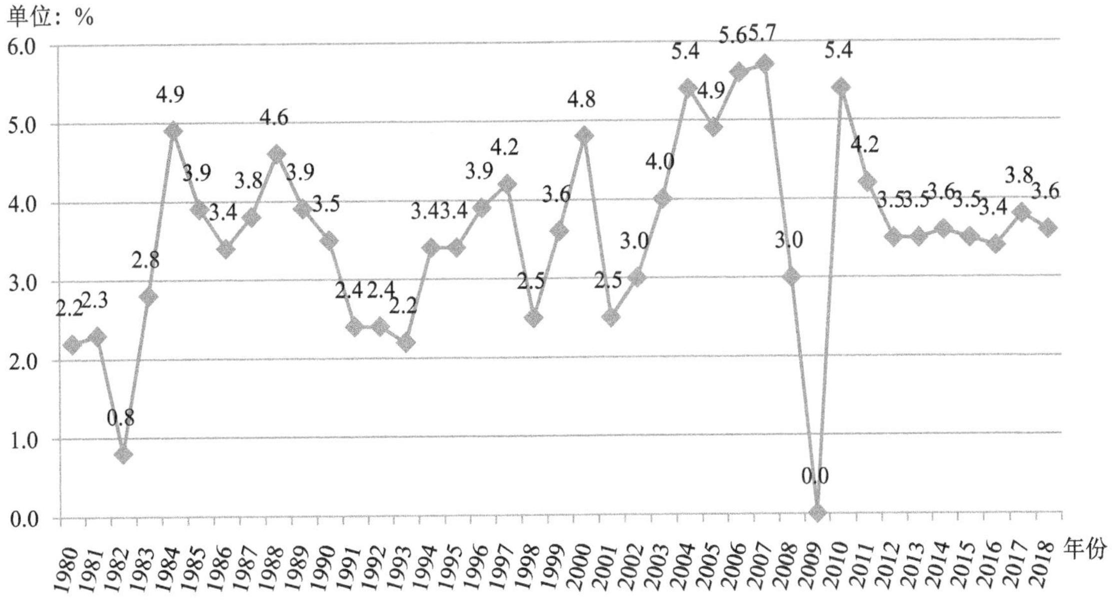

资料来源：Wind 资讯，世界银行。

图 1　世界经济增长趋势

在可统计的 44 个国家中，高出全球平均增幅的有 16 个国家，其中 7 个国家增长速度高于 6%，分别是爱尔兰 8.13%、孟加拉国 7.93%、越南 7.08%、蒙古 6.91%、缅甸 6.83%、印度 6.81%、中国 6.57%、菲律宾 6.24%。经济表现较差的是委内瑞拉、伊朗和阿根廷。经济制裁和债务危机是导致这 3 个国家经济萎缩的主要原因。全球有 16 个国家经济总量超过 1 万亿美元，排名前十的国家分别是美国、中国、日本、德国、英国、法国、印度、意大利、巴西和韩国。由于英国、法国和印度经济总量非常接近，因此，未来经济总量排序很有可能出现进一步变化，印度可能会相继超越法国和英国，成为全球第五大经济体。

导致经济不振的主要还是债务压力，家庭债务（贷款和债券）占 GDP 的比重持续抬高，美、中、日、德、法、英普遍超过 50%，其中，英国和美国分别达到 87.2% 和 75.9%，虽然相比十年前的平均 95% 以上的水平有所回落，但是依然是负债率比较高的国家。所有报告国 2018 年年底的杠杆率达 59.4%，相对 5 年前发达国家居民杠杆率整体有所回落，但依然高达 71.8%，而新兴国家则提升较快，从 5 年前的 29.7% 提升到 2018 年的 29.8%。债务水平的提高抑制了消费的增长，全球家庭最终支出仅增长 3.1%。

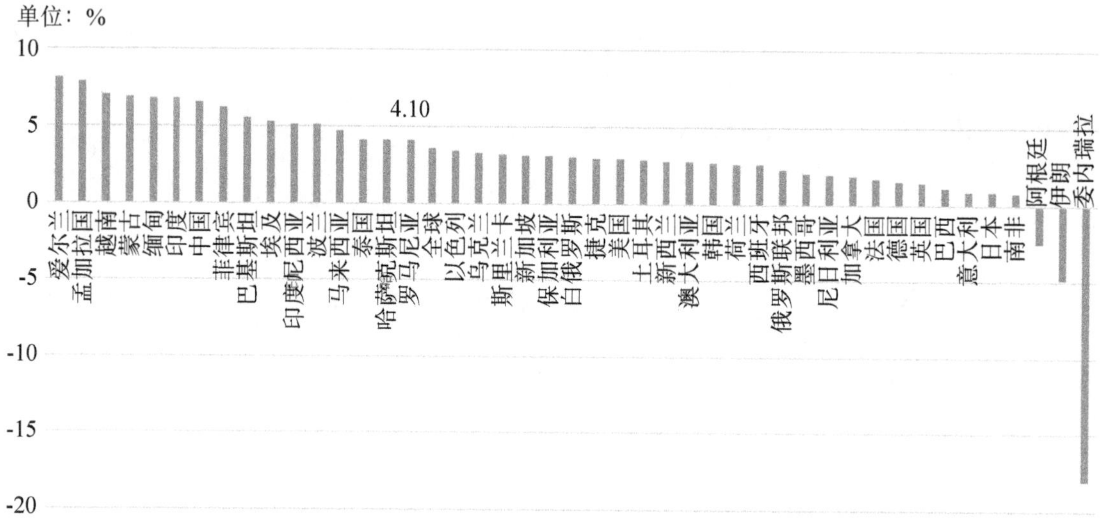

资料来源：Wind 资讯，世界银行。

图 2　全球主要国家 2018 年经济增长

从区域来看，南亚是全球经济增长最快的地区，2018 年增长速度达到 6.7%，孟加拉国、马尔代夫、印度和尼泊尔的增速都在 6.6% 以上；中欧和波罗的海区域以 4.3% 的增速位居第二，主要领涨国家是波兰（5.15%）、匈牙利（5.10%）和斯洛伐克（4.0%）；位居第三的地区是东亚和太平洋地区，主要领涨国家是中国，位居前三的地区也是拉动全球经济增长的主要动力，增速均高于全球增长速度。北美以 2.4% 的增速位居第四，撒哈拉以南非洲、欧盟、中东北非以及欧洲和中亚等均有 2.0% 以上的增长，只有拉丁美洲和加勒比海地区经济增速不足 1%，地区合计仅增长 0.5%。受制于石油价格的疲软和地区战争，阿拉伯世界有 1/4 的经济体表现为衰退，最好的沙特经济也仅有 2.21% 的增长。伊朗、舒利亚、也门和利比亚均表现为衰退。

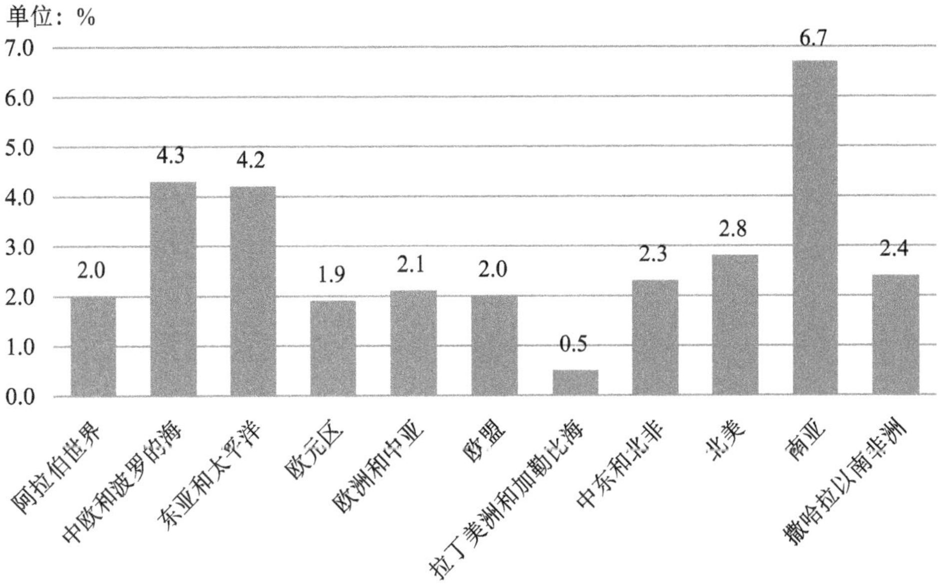

资料来源：Wind 资讯，世界银行。

图 3　2018 年全球主要经济体经济增速

受原油价格上涨 31.6% 的影响，2018 年全球贸易增长依然高出经济增速不少，19.47 万亿美元的出口额，同比增长 9.8%，在全球 GDP 中的占比上升到 22.67%，占比提升 0.76 个百分点。主要经济体之间的贸易摩擦并没有对全球贸易总量产生明显影响，除了原油价格提升导致燃料出口在商品出口中的占比提升 0.66 个百分点，制造业在出口商品中的占比也有 0.2 个百分点的提升。

（二）全球股市情况

2018 年全球上市公司总市值 68.65 万亿美元，较 2017 年下降 13.36%。全球不同国家股市表现略有分化，但全球大部分国家上市公司市值呈下降趋势。纵观全年，南非上市公司市值降幅居前，达到 29.27%。2018 年无论是发达国家还是发展中国家，大部分国家的股市表现都不及 2017 年。

2018 年全球资本市场上市公司数为 43342 个，相对 2017 年减少 102 个，上市公司总市值 GDP 占比为 97.78%，相对 2017 年下降 18.92 个百分点。其中，高收入国家上市公司市值占比为 79.9%，中等偏上国家市值占比为 15.4%，中低收入国家占比为 4.6%。高收入国家占比上升 1.72 个百分点，中上收入国家占比下降了 1.88 个百分点。近 10 年全球市场的主体结构基本稳定，高收入国家稳定在 80% 左右，而中等偏上收入国家稳定在 15% ~18%。

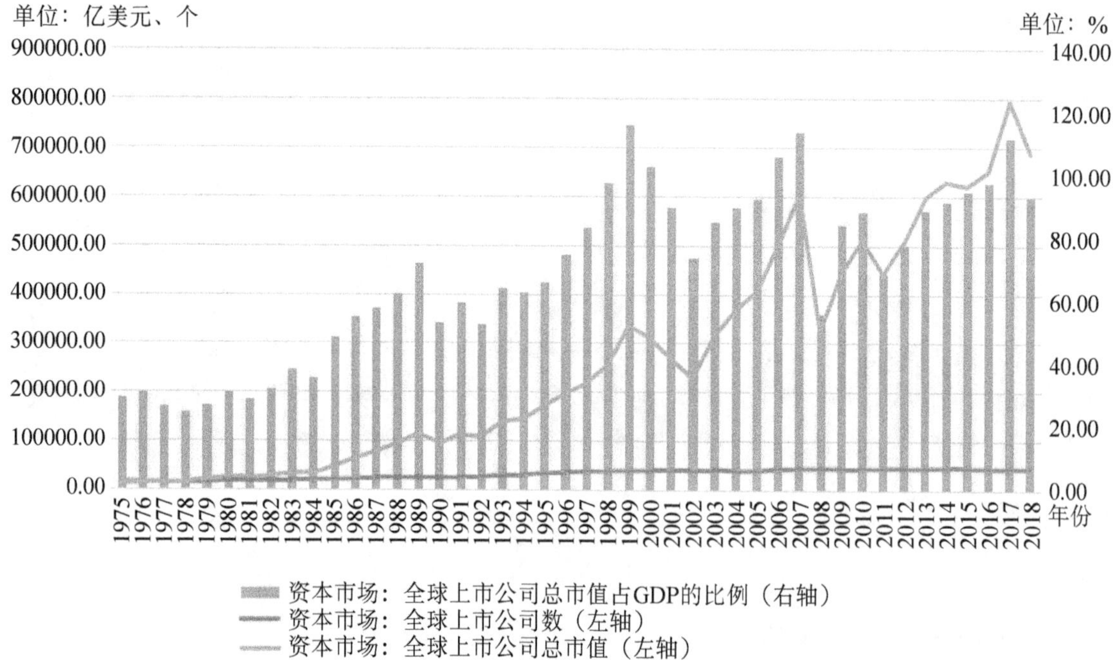

资料来源：Wind 资讯，世界银行。

图 4　全球资本市场概述

2018 年，全球重要股指走势向弱，仅发展中国家中巴西、印度股指表现较好。涵盖发达国家市场和新兴市场的 MSCI 全球指数在 2018 年表现偏弱，自年初 1 月 26 日涨至全年最高点 621.57 后，全年震荡下行，降幅为 9.49%，MSCI 新兴市场指数和发达市场指数呈现同样的下行态势，降幅分别为 12.25% 和 9.13%。就全球重要股指具体指数来看，上证综合指数全年降幅居前，达到 24.59%。香港恒生指数下降 13.61%，富士新加坡 STI 指数下降 9.82%，日经 225 指数总体下降 12.08%，德国 DAX 指数下降 18.26%，欧洲斯托克 50 指数下降 13.15%，标普 500 指数下降 6.24%。圣保罗 IBOVESPA 指数上涨 15.03%，为上述指数中唯一上涨的股票指数。

1. 主要发达国家整体股市下行

2018 年，美国股票指数中，道琼斯工业指数下降 5.63%，标普 500 指数下降 6.24%；亚太市场中，日经 225 指数下降 12.08%。欧洲市场方面，欧洲斯托克 50 指数下降 13.15%，德国法兰克福指数降幅为 18.26%，居整个欧洲前列。法国 CAC 指数降幅为 10.95%，意大利 ITLMS 指数降幅为 16.71%。

2. 新兴市场表现各异

2018 年，新兴市场各股票指数表现与各国基本面相一致。上证综合指数下降 24.59%，降幅居世界前列。相比之下，俄罗斯 RTS 指数下降幅度较小，为 7.42%。其他一些发展中国家如印度、巴西股指变动幅度为正，印度孟买 Sensex30 指数上涨 5.91%，巴西圣保罗 IBOVESPA 指数上涨 15.03%，涨幅居世界前列。

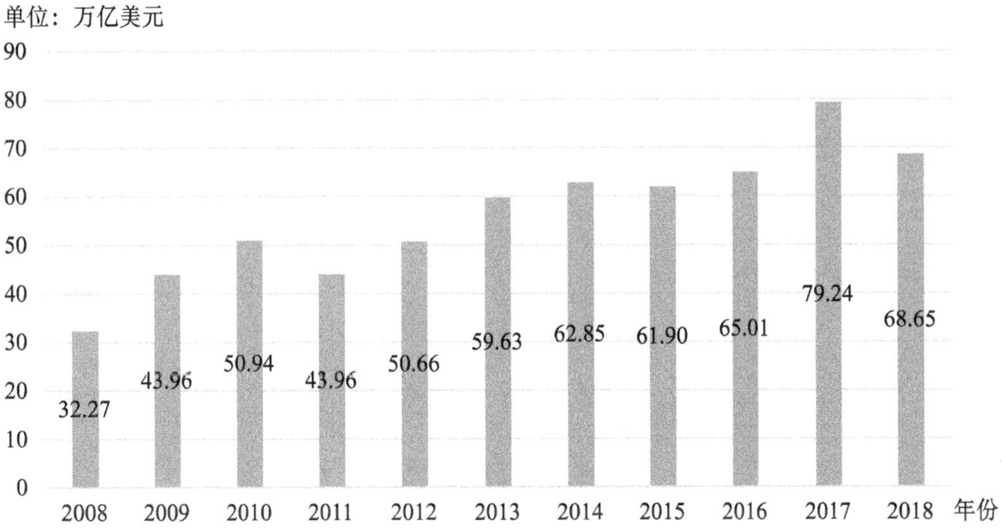

资料来源：Wind 资讯。

图 5　全球股市总市值

一、美国

（一）2018 全球经济增长情况

美国经济 2018 年取得 2.93% 的增长，创下 2005 年以来的最好记录，相对 2017 年加快 0.56 个百分点，GDP 总量达 20.54 万亿美元，对全球经济贡献度（汇率法）为 20.34%。私营经济的强劲表现是美国经济增长的主要动力，采掘业、制造业、建筑业、信息产业、运输业以及零售和专业商务服务都有较快增长。在消费结构中，又以研究和开发表现强劲，该板块增速领先不含研究开发的消费增速 0.7 个百分点。

从 20 世纪 80 年代以来，美国经济通过不断的科技投入，成功实现了经济结构的转型，成为引领全球经济增长的主要动力。从 20 世纪 80 年代以来，相继经历 4 次科技发展的阶段性高潮，里根时期的科技革命、90 年代的网络科技、新世纪的材料与新能源发展以及近几年的信息产业与生物科技。每一轮科技高潮均催生了不少世界级的科技企业，不仅增强了美国经济的竞争实力，而且也给全球经济指引了方向。

低通胀、低失业率是 2018 年美国经济的特点，失业率月度数据创出了 20 世纪 60 年代末期以来的新记录，比 20 世纪 90 年代网络经济繁荣时期的失业水平还要好。全年物价指数在 1.9 ~ 2.9 之间波动，波动中枢稳定在近 30 多年的均值水平。

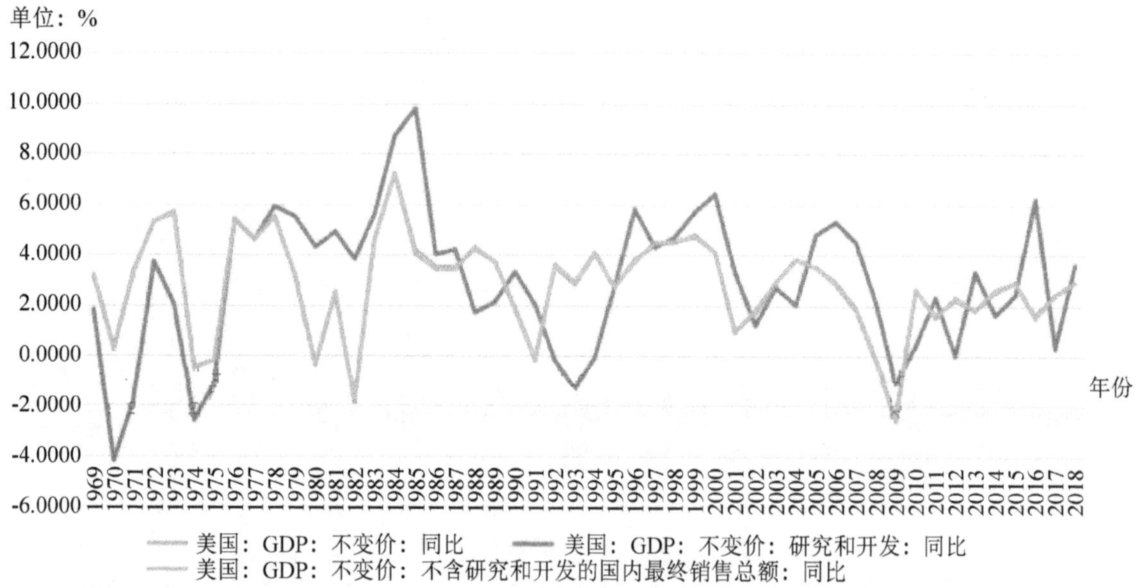

资料来源：Wind 资讯，世界银行。

图 6　美国经济增长分析

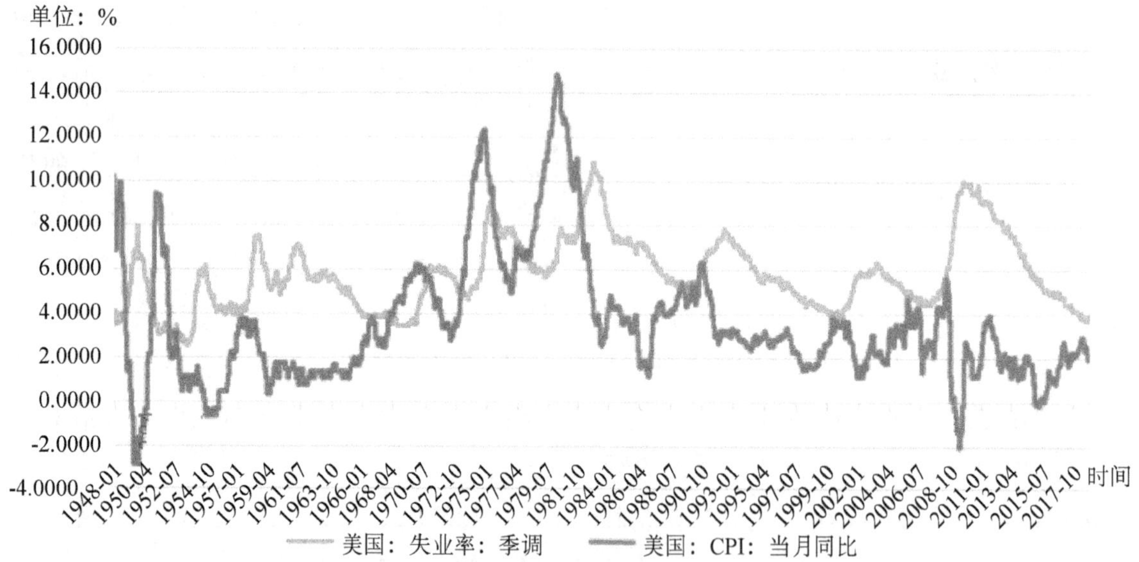

资料来源：Wind 资讯，世界银行。

图 7　美国失业率和物价指数

2018 年，美国经济最大的政策是减税，受减税政策的影响，美国财政税收收入增长在 2018 年下半年迅速下降，其中，个税收入增长速度从一季度的 14.8% 一路下行至四季度的 -9.56%。企业所得税收收入增长速度也从三季度的最高值 25.79% 下降到四季度的 12.65%。减税进一步增强了美国国民的消费能力，但更多的是提高了美国上市公司的现金储备，增强了上市公司回购股票的能力。2018 年，美国企业花费 8060 亿美元来回购自己公司的股票，数额创历史新高。

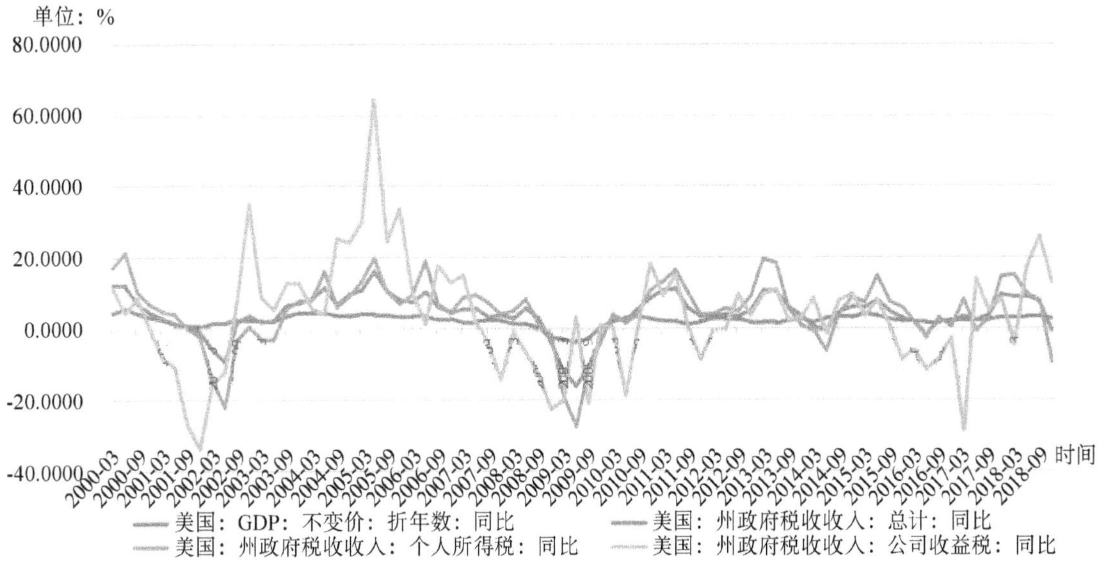

资料来源：Wind 资讯，世界银行。

图 8　美国经济与减税

加息是 2018 年美国经济的另一件大事，2018 年连续 4 个季度上调利率，是 2006 年以来的第一次，联邦基准利率从 2017 年的 1.50% 上调到 2018 年的 1.50%。持续的利率上调意味着 2008 年以来的宽松政策的结束。为了应对金融危机，2007 年以后美国实行了宽松的货币政策，导致社会债务水平高涨，社会债务率一度高达 378.1%（2009 年），经过收紧信贷后，2018 年依然高达 350.6%，其中，联邦债务 GDP 占比突破 100%。不断攀升的债务水平和利率，势必增加利息费用支出，增加财政支出压力。2015 年以来，联邦财政预算赤字率不断上调，从 2015 年的 2.5% 提升到 2018 年的 3.8%，2019 年甚至高达 5.1%。

2019 年，减税边际效益减弱，高比例的债务水平以及利率的提高，都将给美国经济带来不小压力，经济增速回落将是大概率事件。

（二）2018 年美国三大股指走势

截至 2018 年 12 月 31 日，道琼斯指数报收 23327.46，较 2017 年 12 月 31 日的 24719.22 下降 5.63%。标准普尔 500 指数报收 2506.85，较 2017 年 12 月 31 日的 2673.61 下降 6.24%。纳斯达克指数报收 6635.28，较 2017 年 12 月 31 日的 6903.39 下降 3.88%（见图 5、图 6、图 7）。

三大指数整体呈现高位盘整的走势，相对前两年的震荡上行，2018 年的走势是 2009 年以来表现最差的一年。

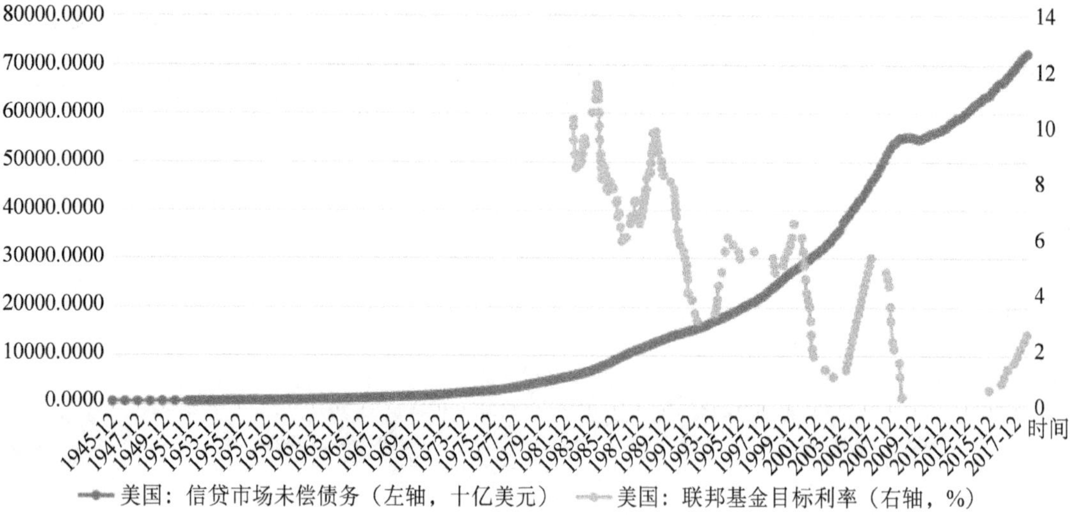

资料来源：Wind 资讯，世界银行。

图 9　联邦基准利率和信贷市场未偿还债务

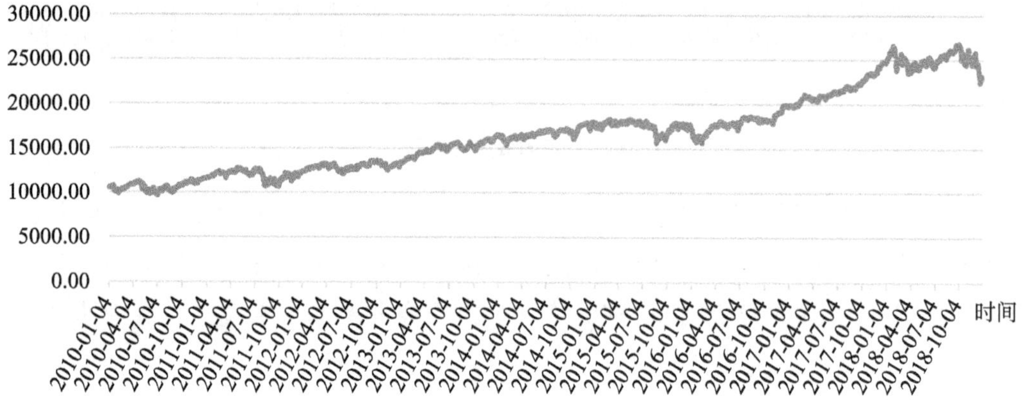

资料来源：Wind 资讯。

图 10　美国：道琼斯指数

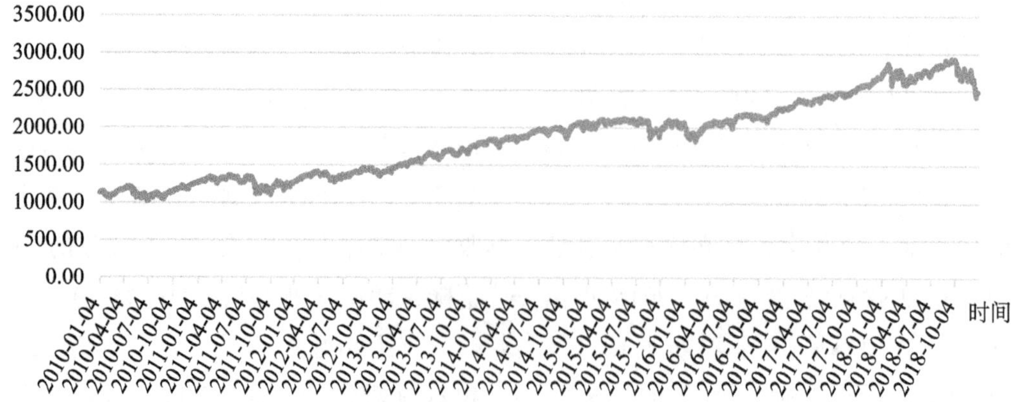

资料来源：Wind 资讯。

图 11　美国：标准普尔 500 指数

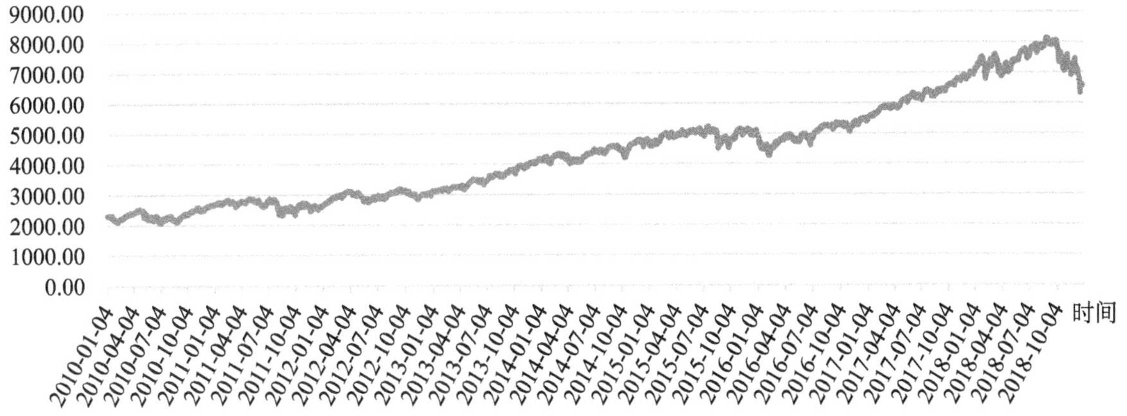

资料来源：Wind 资讯。

图 12　美国：纳斯达克综合指数

（三）2018 年美国股票市值及占比情况

美国股票 2018 年总市值相对 2017 年总市值有所下降，由 2017 年的 32.12 万亿美元下降到 30.44 万亿美元，但美股股票市场总市值全球占比却有所上升，由 2017 年的 40.54% 上升至 44.33%（见图 13）。

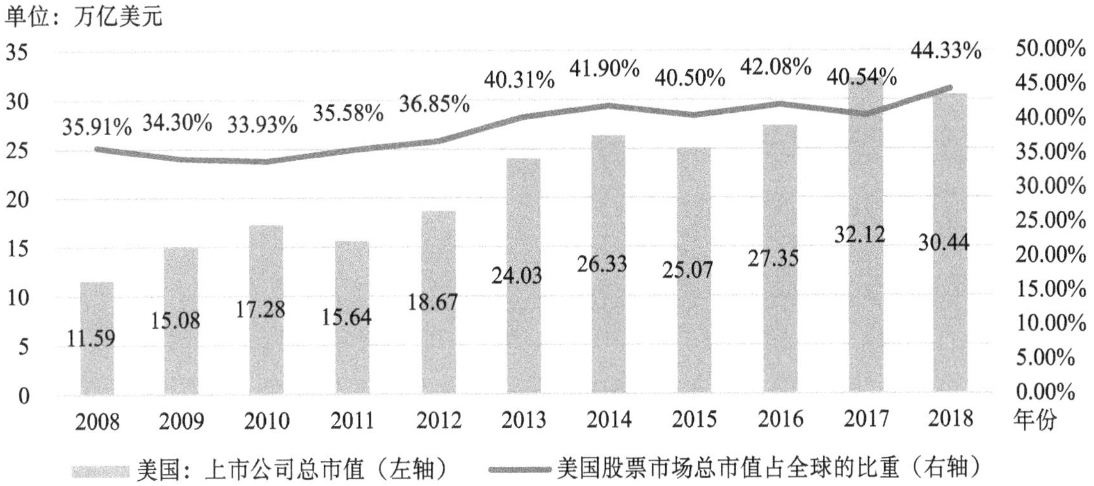

资料来源：Wind 资讯。

图 13　美国股票总市值及全球比重

2018 年，美国上市公司市值在 GDP 中的占比有所回落，由 2017 年的 164.85% 回落到 148.15%，市场连续两年呈现资本净流入，流入资金净额为 1423.97 亿美元。自 1995 年以后，美国上市公司市值占 GDP 的比例多数时间都在 100% 以上，仅有 2002 年、2008 年和 2011 年低于 100%。

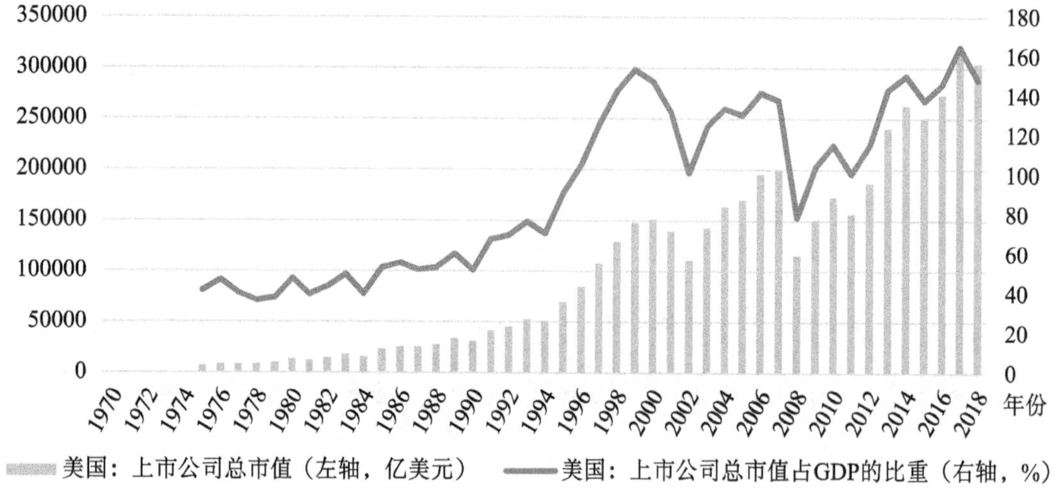

资料来源：Wind 资讯。

图 14　美国资本市场市值及 GDP 占比

二、欧盟

（一）2018 欧盟经济增长情况

欧盟经济 2018 年呈现下行态势，欧盟 28 国 1～4 季度经济增长速度分别为 2.3%、2.3%、1.9% 和 1.7%，基本延续了 2017 年三季度见顶回落的趋势。28 国全年实现 GDP 15.9 万亿欧元，比 2017 年增加 4951 亿欧元。其中，欧盟 28 国的增速要略高于欧元区经济增速。欧元区经济 2018 年全年增长 1.9% 达 11.56 亿欧元，增速低于 2017 年 0.6 个百分点，对全球经济贡献度（汇率法）为 10.77%。

在欧盟 28 国经济的消费、投资和净出口中，消费和投资表现略好，3.0% 和 5.3% 的增速要远好于净出口 4% 的下降。欧盟是全球举足轻重的经济体，也是全球主要的产品出口区域，在全球十大出口国中，欧盟以 5 席在全球各大洲中居首，德国、荷兰、法国、意大利和英国出口规模分列世界第 3、5、7、8、9 位。特别是法国、爱尔兰和荷兰的高科技产品出口在制造业中的占比均高出美国 18.90% 的水平，3 国分别达到 25.92%、24.68% 和 22.70%。

在 28 个欧盟国家中，爱尔兰以 8.2% 的增速独领风骚，其次是增速 6.8% 的马耳他，波兰和匈牙利以 5.1% 的增速居第三。而传统的欧洲经济大国德国、法国、意大利增速均低于 2%。在 28 个国家中，仅有 8 个国家增速相对 2017 年有所加快，其中，卢森堡、匈牙利、丹麦和希腊，分别加快 1.3 个、0.8 个和 0.4 个百分点，是经济增速最大的。其余多数国家经济呈现下行态势，德国和法国分别有 1 个和 0.6 个百分点的下降。

步入脱欧进程的英国经济 2018 年延续跌势，第四个年度走低，全年经济增长

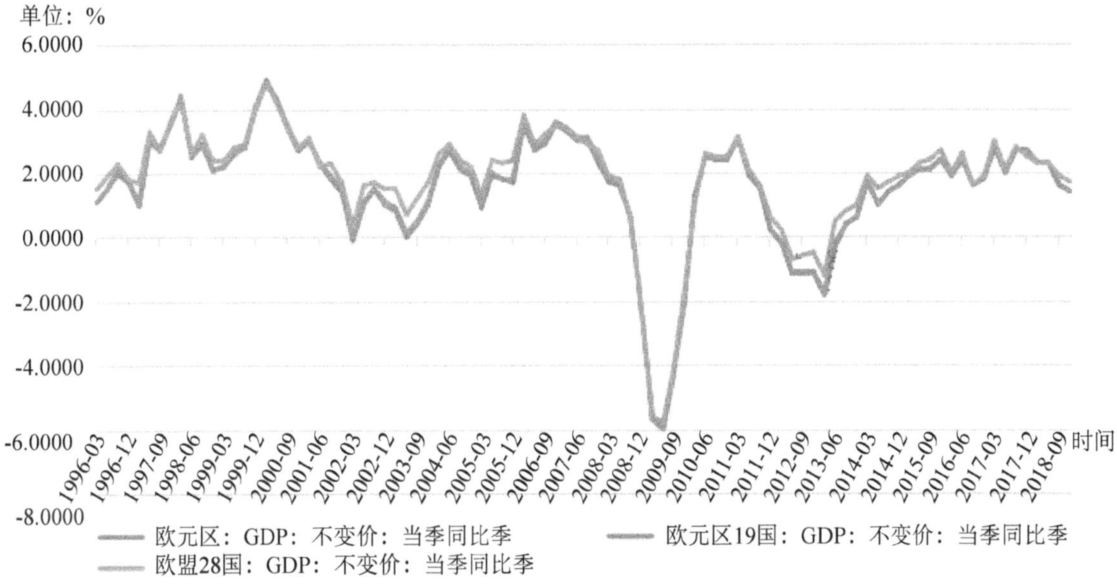

资料来源：Wind 资讯，世界银行。

图 15　欧盟经济增长分析

1.38%，相对 2017 年的 1.89% 回落 0.51 个百分点。在经济增量中，服务业贡献了 71.04%，工业贡献了 17.51%，连续 5 年走低。

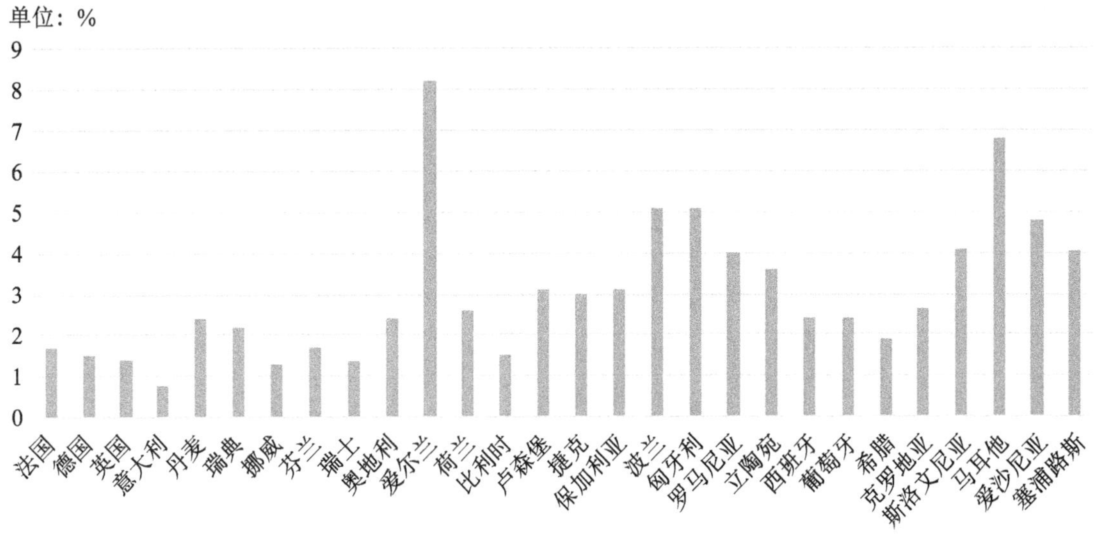

资料来源：Wind 资讯，世界银行。

图 16　欧盟 28 国 2018 年经济增长速度

（二）2018 年欧元区主要国家股指走势

2018 年，欧洲股指震荡走弱，与欧洲经济的基本面一致。具体来看，德国法兰克福指数由 2017 年年底的 12917.64 点降至 2018 年年底的 10558.96 点，跌幅 18.26%。法国 CAC40 指数由 2017 年年底的 5312.56 点降至 2018 年年底 4730.69 点，跌幅 10.95%。意大利 ITLMS 指数由 2017 年年底的 24191.88 点降至 2018 年年底的 24191.88 点，跌幅 16.71%。

2018 年，德国法兰克福指数涨幅前五的权重股依次为 WIRECARD、莱茵集团、阿迪达斯、德意志交易所、慕尼黑再保险；法国 CAC40 指数涨幅前五的权重股依次为 NOKIA、赛峰公司、达索系统、标致、欧莱雅；意大利 ITLMS 指数涨幅前五的权重股依次为 MONCLER SPA、意法半导体、阿兹慕、伦巴第银行、BPE 银行。

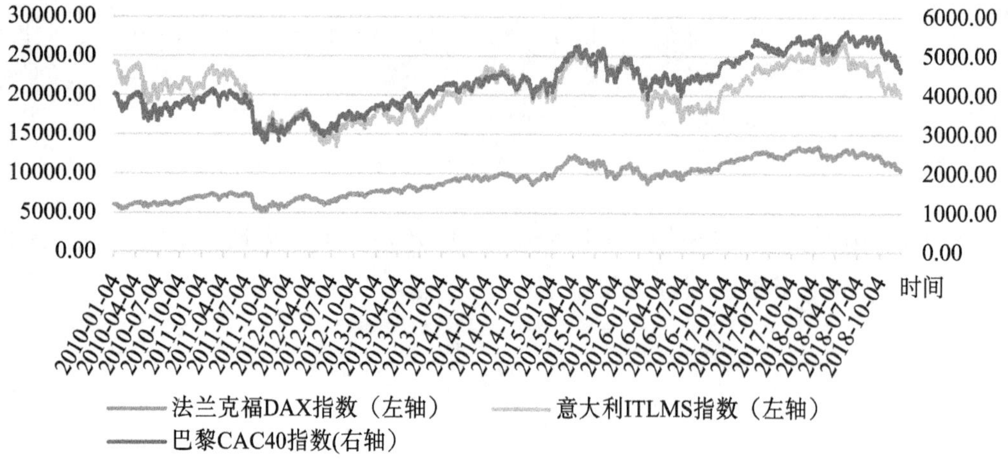

资料来源：Wind 资讯。

图 17　欧元区主要国家股指走势

（三）2018 年欧元区主要国家股票市值及全球占比情况

2018 年 12 月 31 日，德国股票总市值为 1.76 万亿美元，占全球总市值的 2.56%，比 2017 年有所下降（见图 18）。法国股票总市值为 2.37 亿美元，占全球总市值的 3.45%，与 2017 年相比略有下降（见图 19）。德法经济体股市市值变化基本符合经济基本面的走势规律。

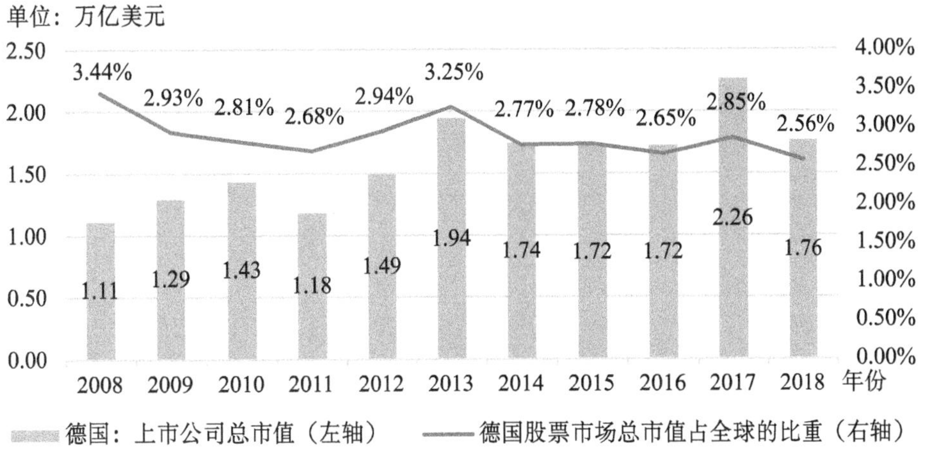

资料来源：世界银行、Wind 资讯。

图 18 德国股票总市值及全球比重

资料来源：世界银行、Wind 资讯。

图 19 法国股票总市值及全球比重

三、金砖国家

（一）2018 年金砖国家经济增长情况

2018 年，金砖国家实现 GDP 总量 22.22 万亿美元，名义增长速度为 7.7%，相对 2017 年有所放缓，但相对 2015 ~ 2016 年的徘徊，依然表现较为强劲的增长。在全球经济中的占比进一步提升至 23.8%，比 2017 年提高 0.4 个百分点。

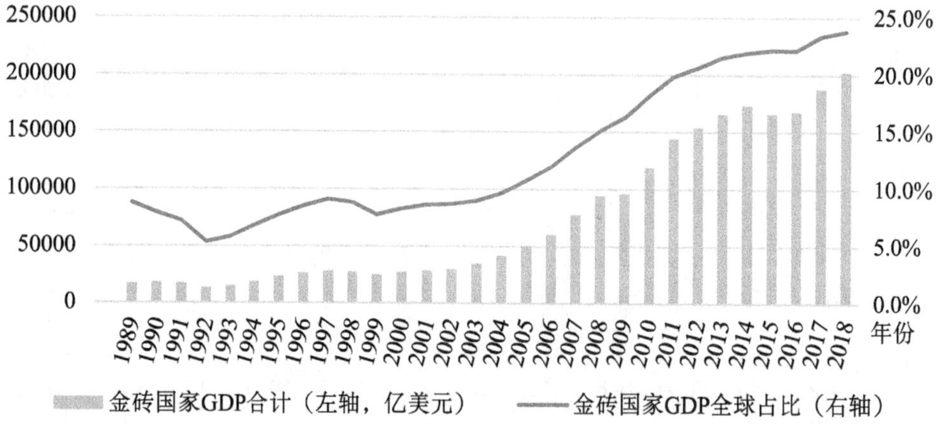

资料来源：世界银行、Wind资讯。

图20　金砖国家GDP及全球占比

金砖五国中，中国和印度依然是领涨的主要经济体，2018年分别增长6.6%和6.8%，均高出全球平均3个百分点以上。俄罗斯和巴西经济发展也较2017年有所加快，但增长速度依然低于全球经济平均增速。

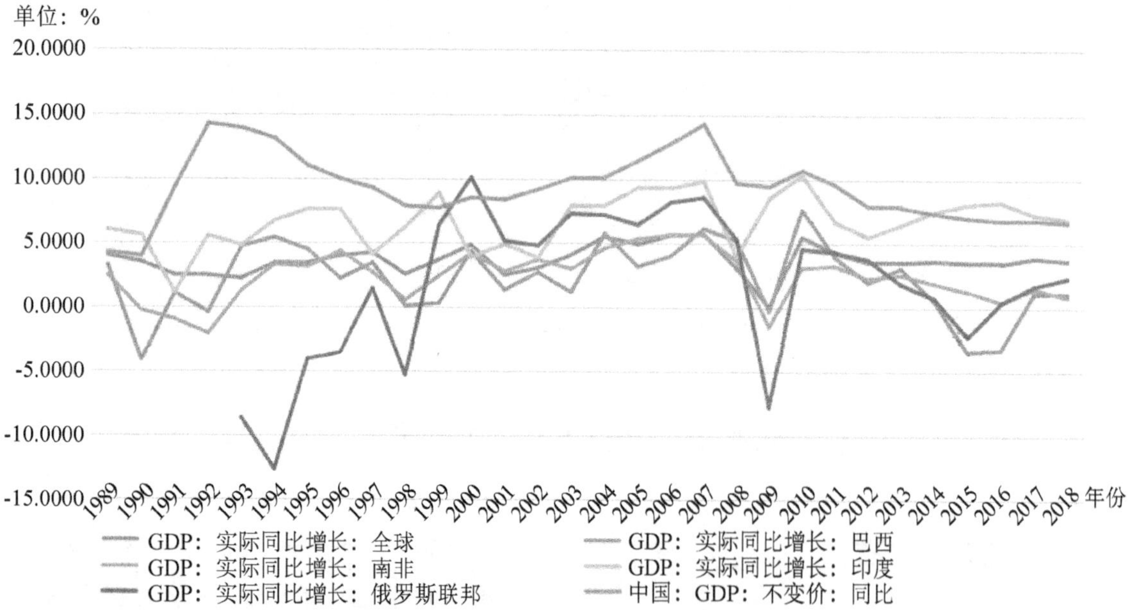

资料来源：世界银行、Wind资讯。

图21　金砖国家GDP增长分析

在经济结构中，金砖五国除印度农业经济依然占比达14.6%之外，其余四国农业经济占比均低于10%，中国略高于巴西、南非和俄罗斯，农业增加值在GDP中的占比均呈现下降态势，其中，印度下降幅度为1个百分点。服务业是拉动金砖国家经济增长的主要动力，五国服务业各自在经济中的比例基本都在50%以上，印度略低一点为49.12%，资本形成、商品和服务出口以及工业对经济的拉动各有特点。在五国中，中国和印度的资本形成占比最高，分别达到44%和31.3%，商品和服务出口占比以俄罗斯和南非最高，分别达到30.74%和29.9%。工业增加值占比以中国和俄罗斯最高，分别达到40.65%和30.6%。

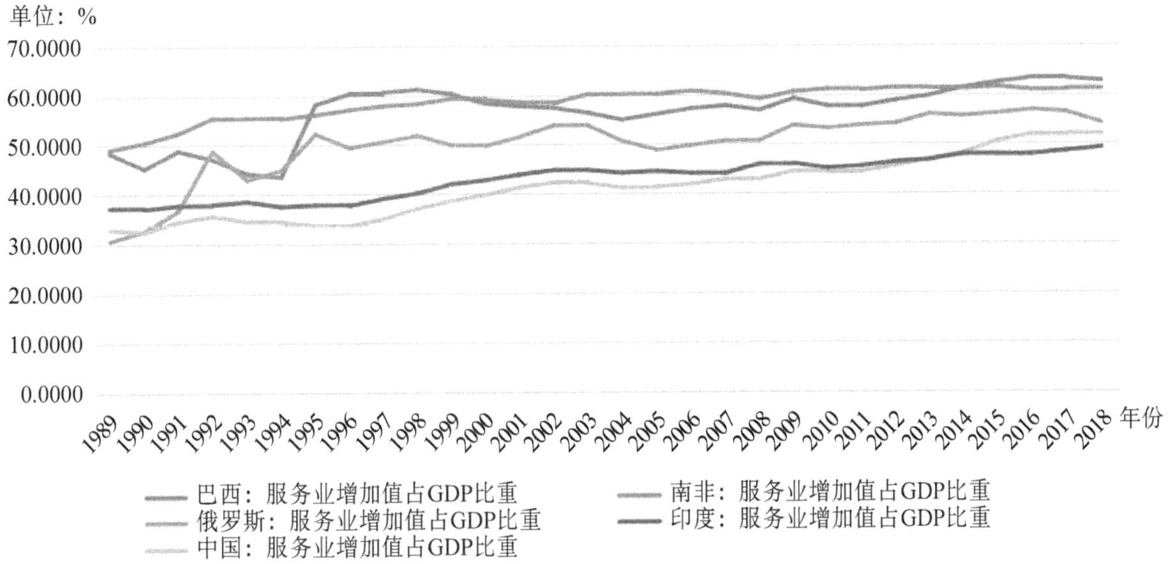

资料来源：世界银行、Wind资讯。

图22　金砖国家服务业发展分析

（二）2018年金砖国家股指走势

2018年，金砖国家股指大部分表现相对一致，除印度孟买股指与巴西圣保罗股指出现震荡上行外，其他金砖国家普遍震荡下行。上证综合指数全年震荡下行，降幅为24.59%，从2017年年底的3307.17点降至2018年年底的2493.90点。圣保罗IBOVESPA指数在5月、6月、8月相对回落，全年涨幅15.03%，由2017年年底的76402.08点涨至2018年年底的87887.26点。南非富时综指1月、2月持续大幅下行后，3月、5月、7月陆续有出现回弹，但8~11月指数再次持续大幅下降，虽然年底12月再次回弹，但是全年依旧呈现11.37%的降幅，从2017年年底的59504.67点降至2018年年底的52736.86点，降幅在金砖5国中仅次于中国上证指数。俄罗斯RTS指数虽然2月、4月、9月出现大幅回弹，但是全年总体呈下行趋势，全年总体降幅7.42%，从2017年年底的1154.43点降至2018年年底的1068.72点。印度孟买Sensex30指数2018年震荡上行，2月、3月、9月、10月相对回落，从2017年年底的34056.83点涨至36068.33点，总体上涨5.91%。

2018年，圣保罗IBOVESPA指数涨幅前五的权重股依次为MAGAZINE LUIZA S、B2W CIA DIGITAL、CEMIG－PREF、

GOL - PREF、PETROBRAS；俄罗斯 RTS 指数涨幅前五的权重股依次为 NOVATEK OAO、TATNEFT - CLS、LUKOIL OAO、ROSNEFT OAO、Tatneft - Pref 3 Series；印度孟买 Sensex30 指数涨幅前五的权重股依次为 HINDUSTAN UNILEV、KOTAK-BANK、RELIANCE、ASIAN PAINTS、HDFC。

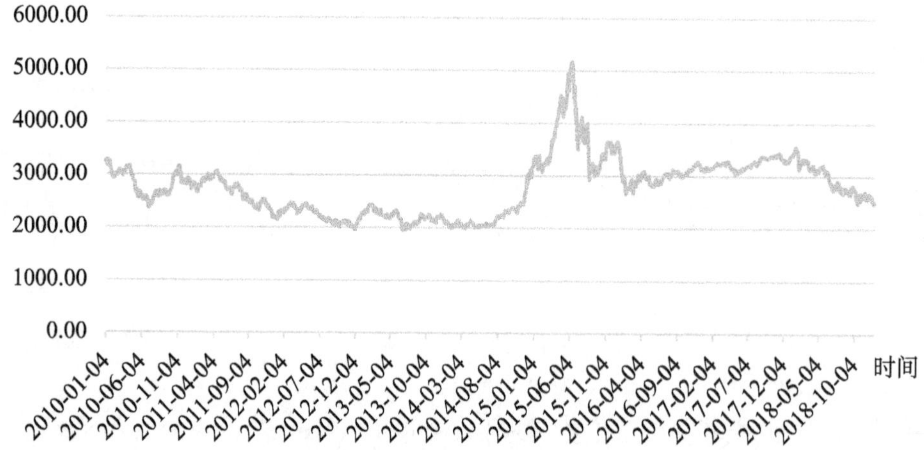

资料来源：Wind 资讯。

图 23　中国上证综合指数走势

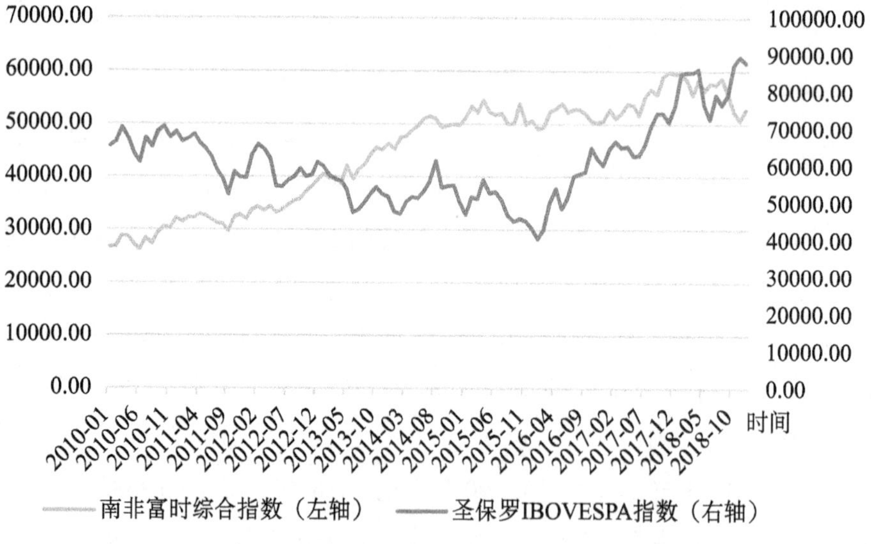

资料来源：Wind 资讯。

图 24　巴西圣保罗交易所指数和富时/JSE 南非综合指数走势

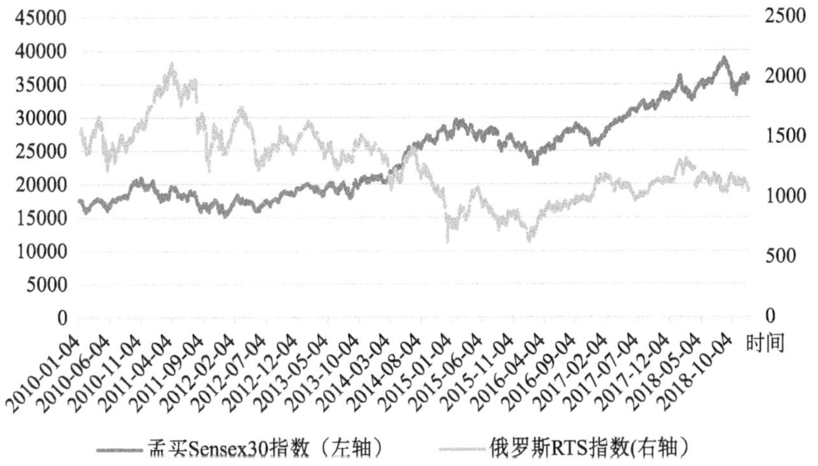

资料来源：Wind 资讯。

图 25　孟买 Sensex30 和俄罗斯 RTS 指数走势

（三）2018 年金砖国家股票市值及全球占比情况

2018 年 12 月 31 日，印度股票市场总市值为 2.08 万亿美元，全球占比 3.03%，较 2017 年的 2.94% 略微增长 0.09%；巴西股票市场总市值 0.92 万亿美元，全球占比 1.34%，较 2017 年 0.95 万亿美元的市值有所下降，但全球占比较 2017 年的 1.2% 反而稍有上涨。俄罗斯股票市场总市值为 0.58 万亿美元，全球占比 0.84%，较 2017 年的 0.78% 有所上升。南非股票市场总市值为 0.87 万亿美元，全球占比 1.27%，较 2017 年的 1.55% 下降 0.29%。中国 2018 年年底上市公司总市值为 6.32 万亿美元，全球占比 9.21%，较 2017 年的全球占比下降 1.78%，在金砖五国中下降幅度最大。具体如图 26 至图 30 所示。

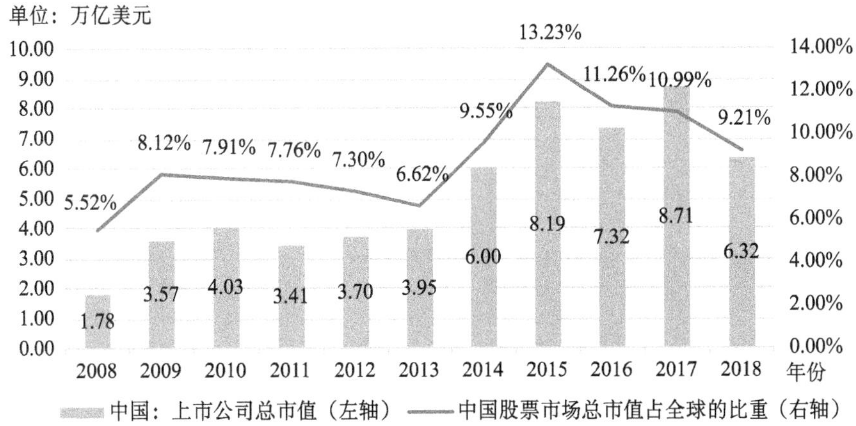

资料来源：世界银行、Wind 资讯。

图 26　中国股票总市值及全球比重

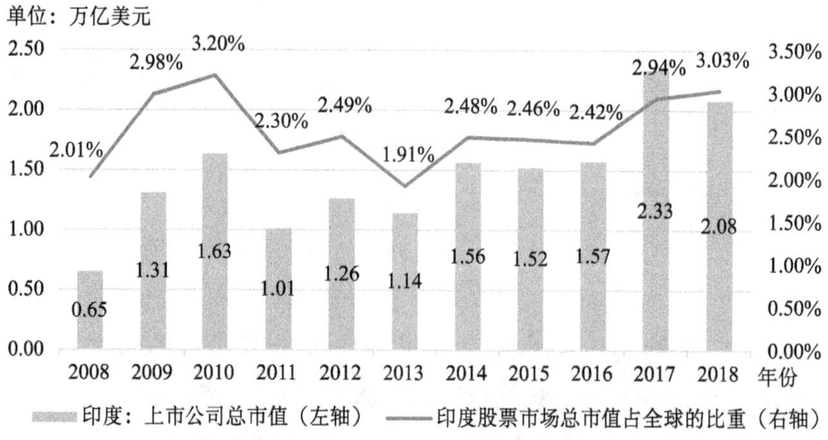

资料来源：世界银行、Wind资讯。

图27　印度股票总市值及全球比重

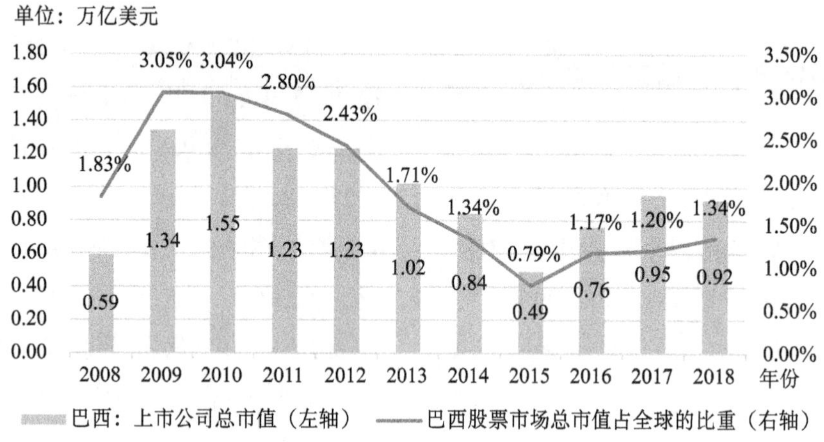

资料来源：世界银行、Wind资讯。

图28　巴西股票总市值及全球比重

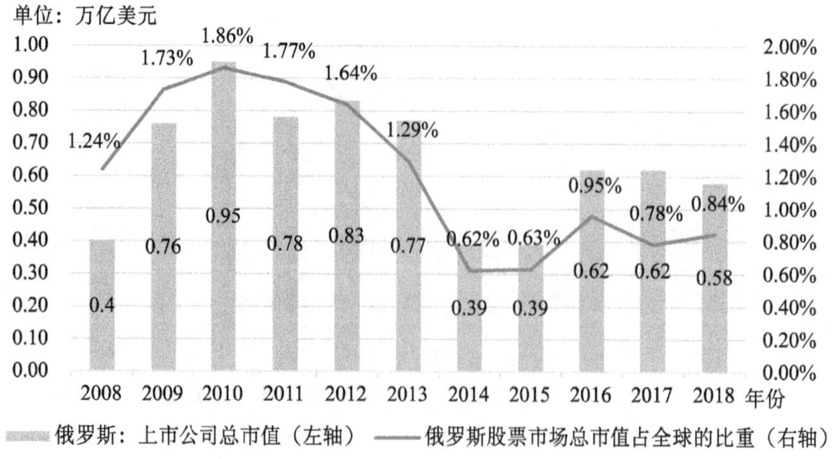

资料来源：世界银行、Wind资讯。

图29　俄罗斯股票总市值及全球比重

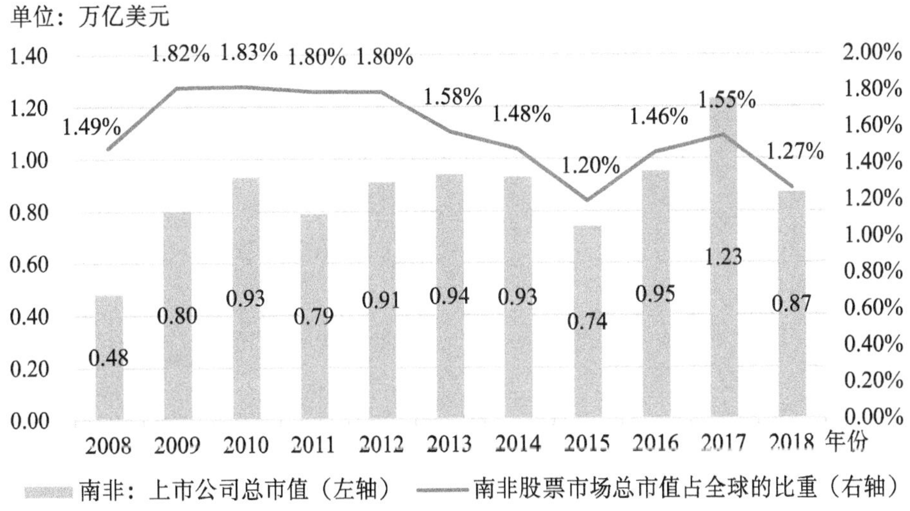

资料来源：世界银行、Wind资讯。

图30　南非股票总市值及全球比重

四、亚洲主要国家和地区

（一）2018年亚洲主要国家和地区经济增长情况

亚洲经济相比欧美，多数经济体量都不大，除了金砖国家中国和印度之外，经济总量超过万亿美元的仅有日本、韩国和印度尼西亚。中东石油国家虽然人均GDP不输欧美发达国家，但是人口少，经济总量依然不大，如沙特阿拉伯在中东属于最大经济体，但是7865亿美元的总量依然不及荷兰。2018年亚洲除中国和印度之外，体量最大的日本、韩国和印度尼西亚经济增长速度呈现越大越慢的特点，日本增长速度不及1%，仅有0.79%，相对2017年有近1.1个百分点的下降；韩国经济增长2.67%，也较2017年有1个百分点的下降；印度尼西亚经济2018年增长5.17%，相对2017年有0.1个百分点的加快。

企业设备投资增长和政府消费增长是日本经济2018年的主要动力，但私人消费、私人住宅投资以及进出口的下降是拖累日本经济走低的主要原因。而韩国经济则表现为整体回落，投资、消费和出口都表现欠佳。

2018年，亚洲表现活跃的其他经济体有越南7.08%、孟加拉国7.93%、菲律宾6.24%和缅甸6.83%。其中，除菲律宾之外，其他3国都是呈现加速态势，增长速度都有小幅加快。近几年，东盟和南亚经济发展态势良好，成为新兴市场比较受关注的重点地区。特别是印度、越南和孟加拉国，近十年多数年份资本市场都呈现资本净流入，如印度市场，近十年净流入资本达1119亿美元。

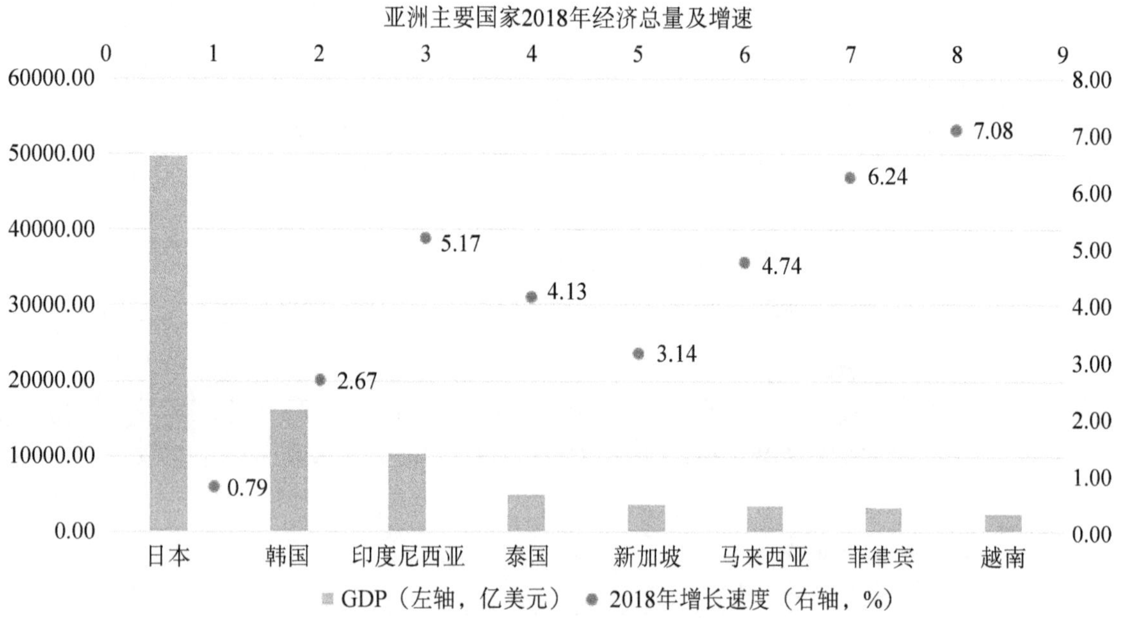

资料来源：世界银行、Wind 资讯。

图 31 亚洲主要经济体增长分析

中国台湾和香港地区经济 2018 年也呈现下行态势，3.0% 和 2.75% 的增速分别较 2017 年回落 0.8 个百分点和 0.56 个百分点。而带动香港和台湾经济回落的主要是进出口贸易，香港离岸出口增速相对 2017 年下降 2.9 个百分点，台湾出口增速则由 2017 年的 2.4% 回落至 2018 年的 1%。

（二）2018 年亚洲主要国家和地区股指走势

2018 年，中国香港恒生指数和中国台湾地区加权指数总体呈现下降态势。其中，香港地区较 2017 年年末降幅较大，幅度达到 13.61%，中国台湾地区虽然降幅不及中国香港，但是与 2017 年年末相比，降幅也达到 8.60%。

中国周边国家股票市场主要指数普遍呈现下降趋势，日经 225 指数 2018 年上半年震荡下行后整个 9 月回弹上行，于 2018 年 10 月 2 日达到全年最高点 24270.62 点，自该日后至 12 月底前日经 225 指数再次震荡下行，于 2018 年 12 月 25 降至全年最低值 19155.74 点，虽然在 12 月最后两个交易日回弹至 20014.77 点，但全年整体降幅 12.08%；韩国综合指数自 2018 年 1 月持续上升至全年最高点 2598.19 点后，全年震荡下行，在 10 月 29 日降至全年最低点 1996.05 点，因此，虽然年末有所回弹，但是全年降幅依旧达到 17.28%，从 2017 年年底的 2467.79 点降至 2018 年年底 2041.04 点。东南亚地区，新加坡海峡指数全年降幅为 9.82%；泰国 SET 指数降幅为 10.82%；马来西亚吉隆坡指数下降 5.91%；印度尼西亚雅加达指数 2018 年年底较 2017 年年底下降 2.54%，降幅为东南亚地区最低，菲律宾综合指数降幅为 12.76%，在前述亚洲地区主要指数中降幅仅次于韩国综合指数和中国香港恒生指数。

2018年，中国香港恒生指数涨幅前五的权重股依次为粤海投资、华润置地、中国燃气、中国中铁、申洲国际；中国台湾地区加权指数涨幅前五的权重股依次为世纪钢构、威盛电子、承启、铼德科技、台船公司；日经225指数涨幅前五的权重股依次为富士通、住友大阪水泥、GS汤浅、富士电机、福冈金融集团；韩国综合指数涨幅前五的权重股依次为BUSAN INDUS、STX、DAEHO AL、FEELUX、DONGSUNG PHARM；新加坡海峡指数涨幅前五的权重股依次为Ascendasreit、CapitaMall、CapitaComm、HPH Trust、COMFORTDELGRO；菲律宾综合指数涨幅前五的权重股依次为ALLIANCE GLOBAL、EMPERADOR、SM PRIME HLDGS、GLOBE TELECOM、JG SUMMIT HLDG。

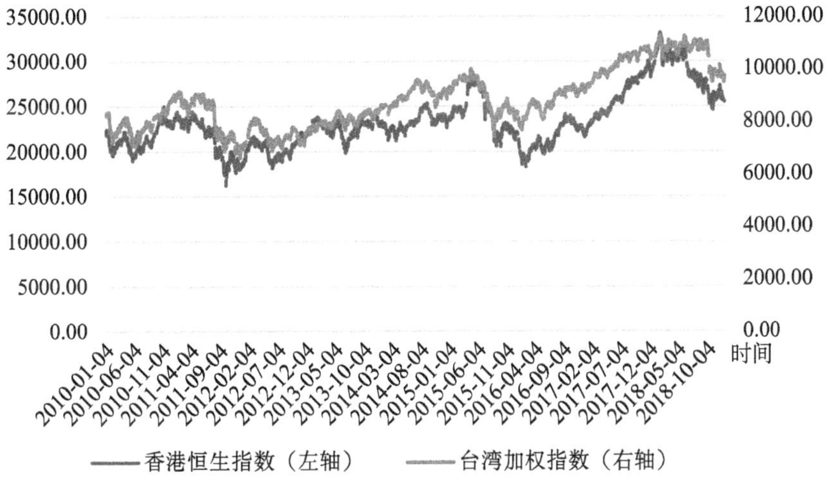

资料来源：Wind资讯。

图32　香港恒生指数和台湾加权指数走势

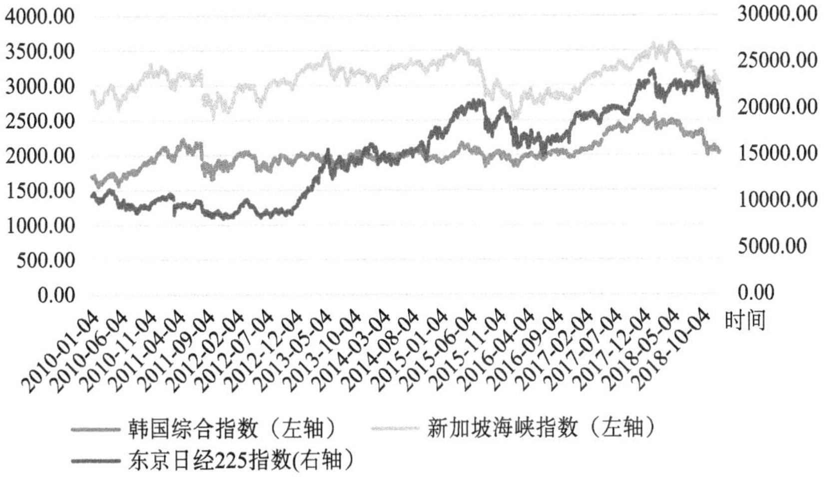

资料来源：Wind资讯。

图33　韩国综合指数、新加坡海峡指数和东京日经225指数走势

资料来源：Wind 资讯。

图 34　印度尼西亚雅加达综合指数、菲律宾马尼拉综合指数和马来西亚吉隆坡指数走势

资料来源：Wind 资讯。

图 35　泰国 SET 股市指数走势

（三）2018 年亚洲主要国家与地区股票市值及占比情况

2018 年 12 月 31 日，中国香港地区股票总市值为 3.82 万亿美元，占全球股票总市值的 5.56%，较 2017 年稍微上升 0.07%（见图 36）。中国台湾地区股票总市值为 0.96 万亿美元，全球占比 1.40%，较 2017 年的 1.35% 也是略微上涨 0.05%（见图 37）。

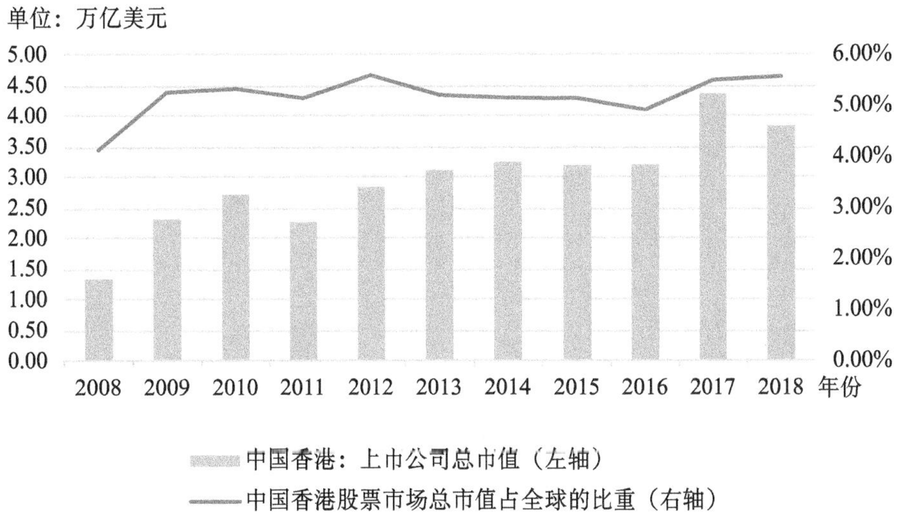

资料来源：世界银行、Wind资讯。

图36 中国香港股票总市值及全球比重

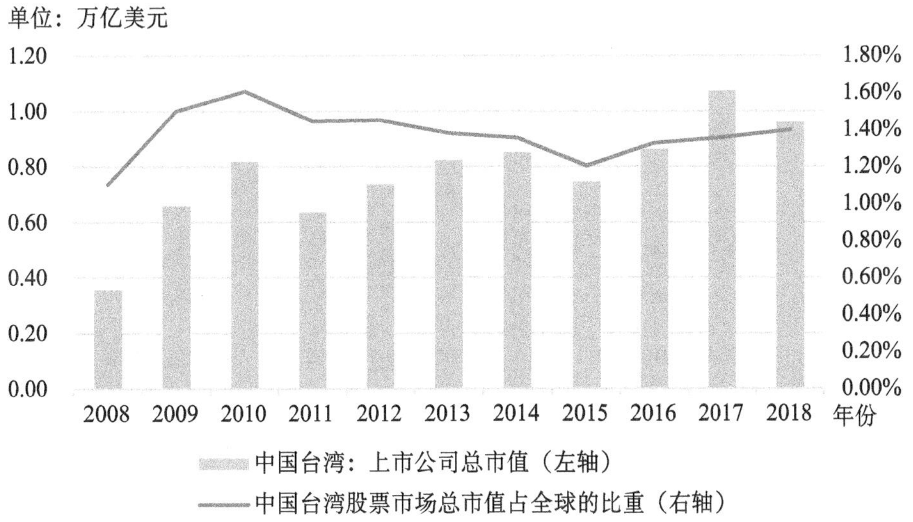

资料来源：世界银行、Wind资讯。

图37 中国台湾股票总市值及全球比重

东亚地区股票市值及全球占比都略微有所下降，日本股票总市值为5.30万亿美元，全球占比7.72%，较2017年下降0.13%（见图38）。韩国股票总市值为1.41万亿美元，全球占比2.06%，与2017年的占比数据相比，下降0.18%（见图39）。

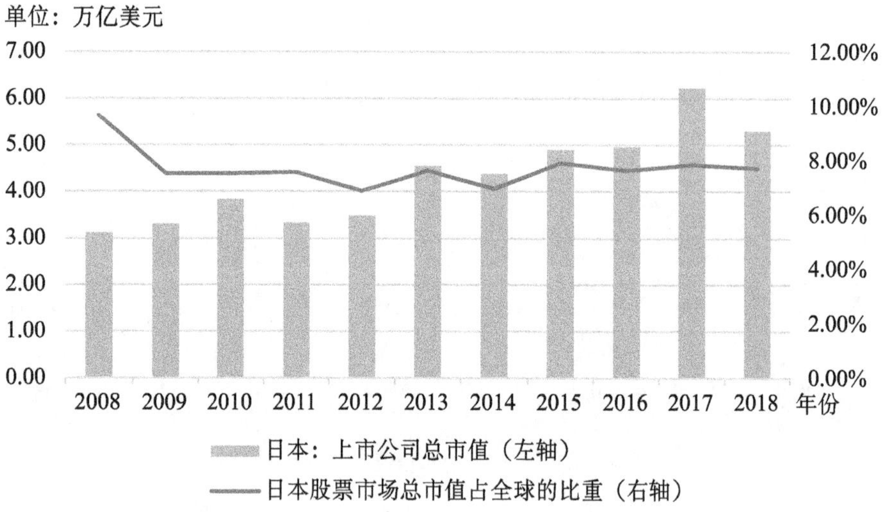

资料来源：世界银行、Wind资讯。

图38　日本股票总市值及全球比重

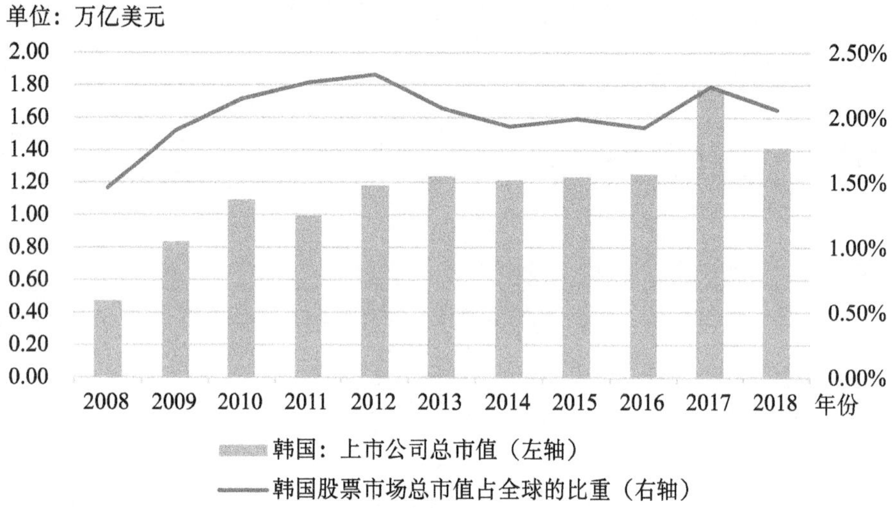

资料来源：世界银行、Wind资讯。

图39　韩国股票总市值及全球比重

东南亚国家股市市值及全球比例浮动不大。新加坡股票总市值为0.69万亿美元，占全球股票总市值的1.00%，与2017年的0.99%相比，无太大变化（见图40）。印度尼西亚股票总市值为0.49万亿美元，占全球股票总市值的0.71%，与2017年相比，略微上升0.05%（见图41）。马来西亚股票总市值为0.40万亿美元，占全球股票总市值的0.58%，与2017年相比，毫无变化（见图42）。泰国股票总市值为0.50万亿美元，全球占比0.73%，较2017年稍涨0.04%（见图43）。菲律宾股票总市值为0.26万亿美元，全球占比0.38%，与过去几年相比，无太多变化（见图44）。

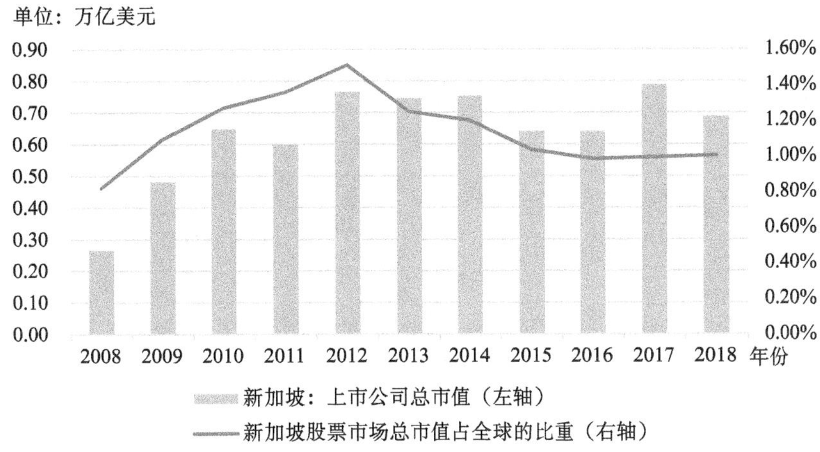

资料来源：世界银行、Wind资讯。

图40 新加坡股票总市值及全球比重

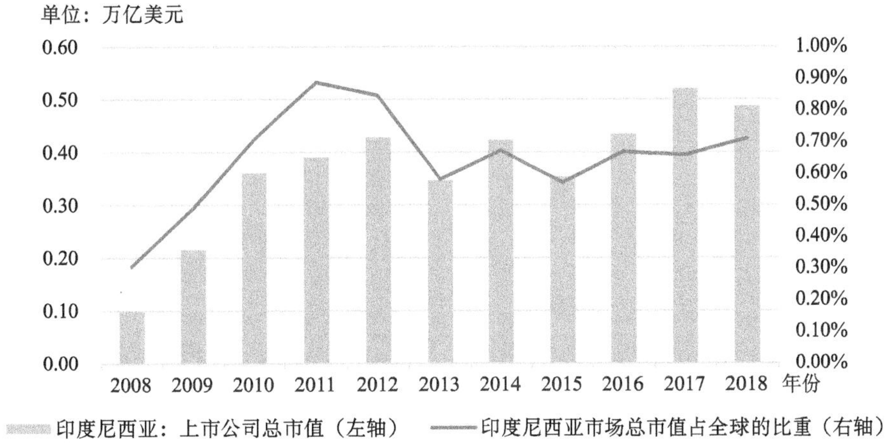

资料来源：世界银行、Wind资讯。

图41 印度尼西亚股票总市值及全球比重

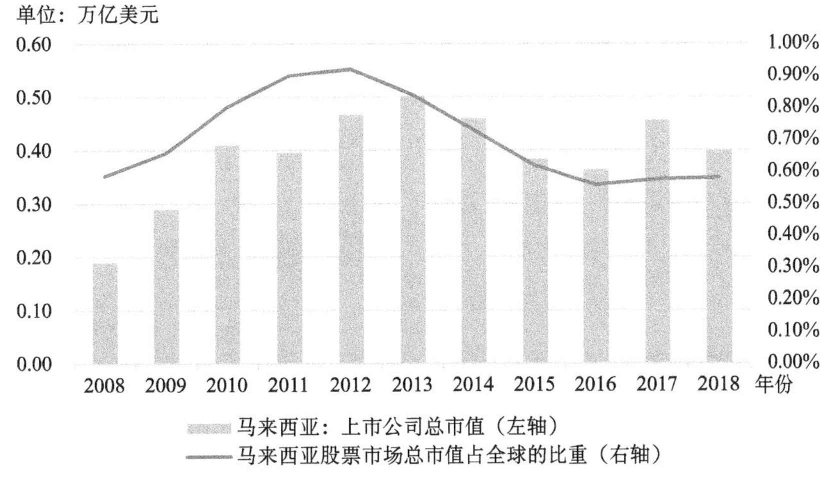

资料来源：世界银行、Wind资讯。

图42 马来西亚股票总市值及全球比重

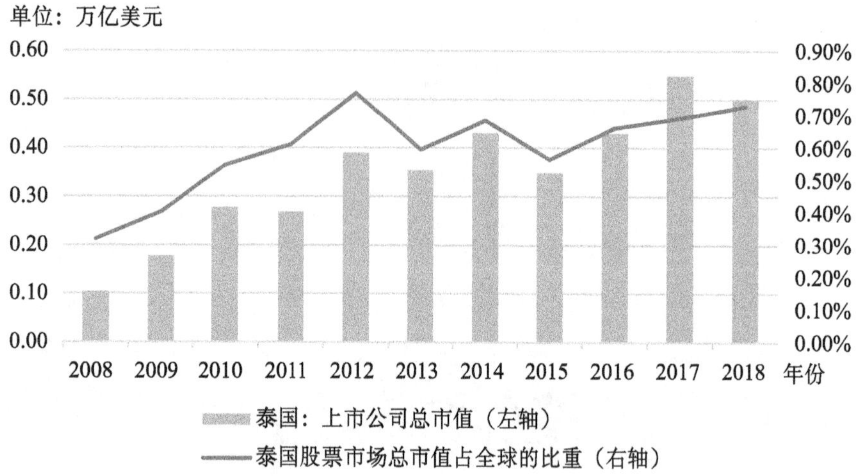

资料来源：世界银行、Wind 资讯。

图 43　泰国股票总市值及全球比重

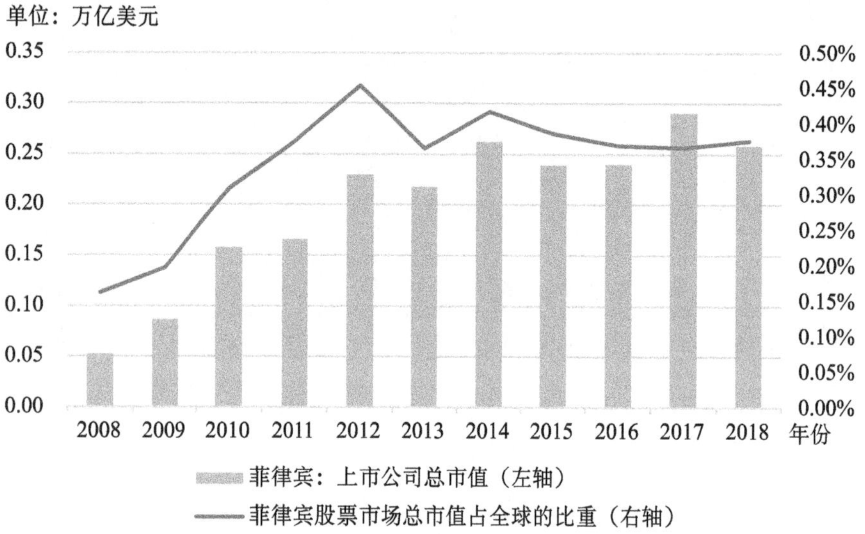

资料来源：世界银行、Wind 资讯。

图 44　菲律宾股票总市值及全球比重

五、中国企业赴海外上市基本情况

2018 年，中国企业海外上市依然聚焦于香港和美国市场，上市主体依然以新经济和科技类企业居多。2018 年全年共有 101 家中国内地公司在香港上市，其中，在主板上市的有 84 家，在创业板上市的有 17 家。43 家公司在美国市场发行存托凭证或普通股。

（一）香港证券交易所

2018 年，101 家中国内地公司在香港上市，合计融资 1079.5 亿港元，相对 2017 年增长 74.7%，其中，H 股融资

1077.95亿港元，红筹股融资1.55亿港元。红筹+VIE架构上市是2018年香港内地企业上市的特点，共有18家公司选择了该模式，包括平安好医生、美团点评、小米集团和华兴资本控股等内地具有影响的企业。从行业分布来看，制造业是2018年在香港上市最多的行业，有15家，其次是金融行业和资讯科技业，分别是11家和10家。

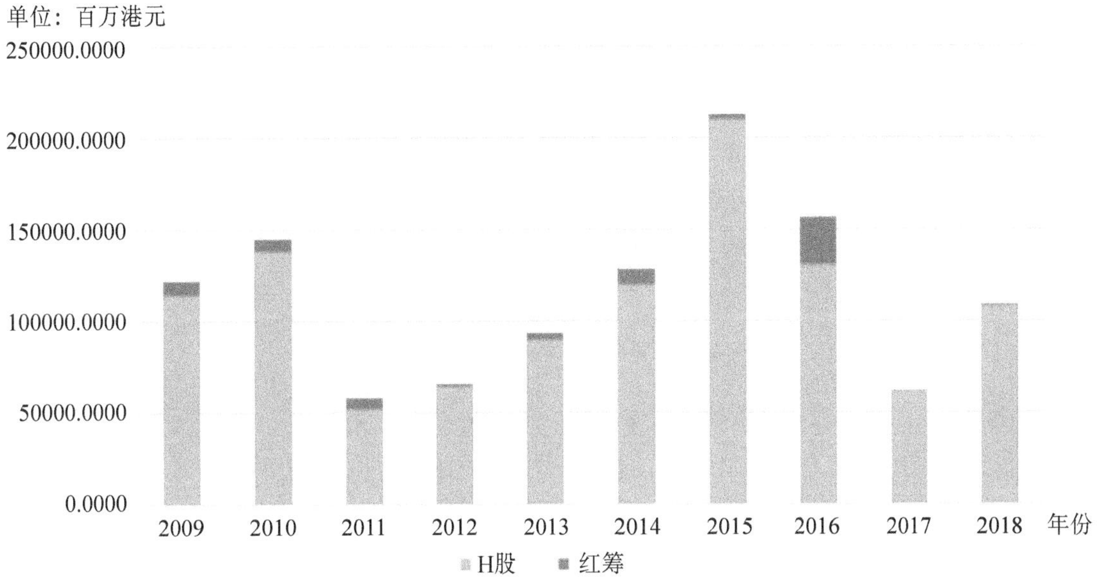

资料来源：Wind资讯。

图45　中资股香港募资分析

（二）美国证券交易所

2018年，中国公司赴美上市是一个丰收年，43家公司在美国市场发行存托凭证或普通股，合计融资87.6亿美元，IPO公司数量和融资净额分别较2017年增长59%和167%。IPO数量创下近十年的新高，但募资金额不及2014年的水平，主要是没有独角兽类公司上市。2018年募资净额超过10亿美元的公司仅3家，分别是爱奇艺、拼多多和腾讯音乐，分别募资净额21.76亿美元、15.73亿美元和10.16亿美元。

行业分布主要集中于软件与服务、多元金融、消费者服务Ⅱ和零售业，IPO数量分别是10家、9家、7家和6家公司，这4个行业占据全部上市公司数的74.4%，其余行业每一个领域在美国证券交易所IPO数量均没有超过两家公司。

（三）德意志交易所

2018年10月24日，青岛海尔D股在法兰克福德意志交易所上市，发行价为1.05欧元，首日高开1%，报1.06欧元。海尔共计发行2.65亿股D股，募集资金2.78亿欧元。参与认购的机构投资者包括来自全球各地的长线基金、对冲基金、主权基金和零售投资者。

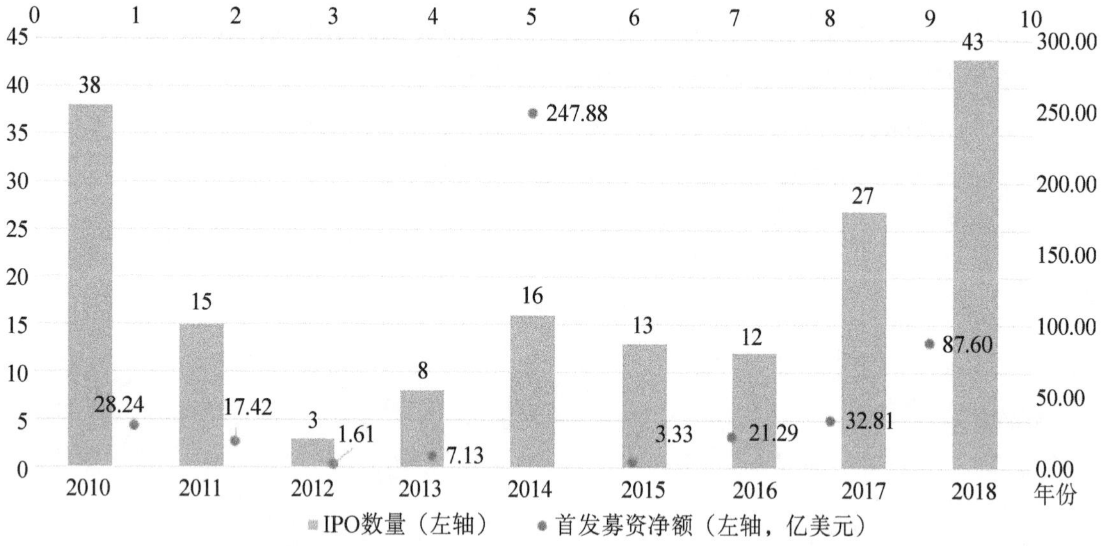

资料来源：Wind 资讯。

图 46　中国内地公司美国市场融资分析

D 股就是在中欧国际交易所股份有限公司（简称中欧所）上市。中欧所是上海证券交易所、德意志交易所和中国金融期货交易所于 2015 年在法兰克福设立的合资公司，上交所、德交所、中金所三方股东股份占比分别为 40%、40% 和 20%。中欧所 D 股市场是法兰克福证券交易所欧盟监管市场的组成部分。

第二篇

上市公司行业篇

- 农、林、牧、渔业
- 采矿业
- 制造业
- 电力、热力、燃气及水生产和供应业
- 建筑业
- 批发和零售业
- 交通运输、仓储和邮政业
- 住宿和餐饮业
- 信息传输、软件和信息技术服务业
- 金融业
- 房地产业
- 租赁和商务服务业
- 科学研究和技术服务业
- 水利、环境和公共设施管理业
- 教　育
- 卫生和社会工作
- 文化、体育和娱乐业
- 综　合

农、林、牧、渔业

一、农、林、牧、渔业总体概况

（一）行业整体运行情况

2018年中国农业总体经济继续保持平稳增长，生产形势良好，整体增速略有回升。2018年，农、林、牧、渔业总产值为113579.53亿元，较2017年增长3.89%。其中农业总产值为61452.60亿元，同比增长5.84%；林业总产值为5432.61亿元，同比增长9.08%；牧业总产值为28697.40亿元，同比下降2.26%；渔业总产值为12131.51亿元，同比增长4.79%。2018年第十三届全国人民代表大会第一次会议举行第四次全体会议听取了国务院机构改革方案，将组建农业农村部，不再保留农业部，旨在统筹研究和组织实施“三农”工作战略、规划和政策。全年各级农业农村部门认真贯彻落实党中央国务院决策部署，落实高质量发展要求，以乡村振兴战略为总抓手，科学防灾减灾稳生产，培育壮大乡村产业促融合，狠抓人居环境整治优生态，统筹做好农业农村各项工作，农业农村经济继续保持了平稳向好态势。

（二）细分行业运行概况

从细分行业来看，农、林、牧、渔业均保持增长态势。农业方面，夏粮与秋粮有所下滑，粮食产量在连续12年增产后出现小幅减产。2018年粮食种植面积继续调减，全年粮食种植面积11704万公顷，比上年减少95万公顷。其中，小麦种植面积2427万公顷，减少24万公顷；稻谷种植面积3019万公顷，减少56万公顷；玉米种植面积4213万公顷，减少27万公顷。经济作物播种面积有增有减：棉花种植面积335万公顷，增加16万公顷；油料种植面积1289万公顷，减少33万公顷；糖料种植面积163万公顷，增加9万公顷。全年粮食产量65789万吨，较2017年减少371万吨，减产0.6%。其中，夏粮产量13878万吨，减产2.1%；早稻产量2859万吨，减产4.3%；秋粮产量49052万吨，增产0.1%。在主要粮食品种中，稻谷、小麦、玉米产量分别为21213万吨、13143万吨、25733万吨，同比分别减少0.3%、2.2%、0.7%。2017年棉花大幅增产，全年棉花产量610万吨，同比增产7.8%。油料产量3439万吨。糖料产量11946万吨。

2018年，全国林业产业与生态建设并驾齐驱保持较快发展。全年林业产业总产值达到76272亿元，较2017年增长7.0%。全国林产品进出口贸易额约为1653亿美元，同比增加10.7%，木材产量8811万立方米，人造板产量2.99亿立方米。全国木本药材产量363.9万吨，同比增长13.9%。2018年全国林业旅游与休闲人数达到36.6亿人次，较2017年增加5.6亿人次。

2018年受国家宏观经济环境等多方因素的影响，中国畜牧业总产值继续下滑，为28697.40亿元，同比下降2.26%。2018年中国全年猪牛羊禽肉产量8517万吨，比上年下降0.3%。其中，猪肉产量5404万吨，下降0.9%；牛肉产量644万吨，增长1.5%；羊肉产量475万吨，增长0.8%；禽肉产量1994万吨，增长0.6%。禽蛋产量3128万吨，增长1.0%。牛奶产量3075万吨，增长1.2%。年末生猪存栏42817万头，下降3.0%；生猪出栏69382万头，下降1.2%。从中国最为主要的畜种生猪来看，肉猪出栏量从2014年开始下跌，存栏量从2012年开始逐渐下降，总体处于产能出清的阶段。而2018年8月非洲猪瘟的爆发，更是对中国生猪养殖业造成较大影响。在疫情防控的需求下，国家采取禁止活猪及其产品调运的措施，对生猪产销均产生了一定影响，全国产区与销区的生猪价格分化明显。总体上来看，畜牧产业基础仍在不断夯实，经营体制机制不断改革发展，规模养殖已经成为畜牧业生产的中坚力量，规模化程度稳步提升。未来随着中国调整农业生产结构及畜牧业现代化水平的提高，中国畜牧业产值将保持稳定上升。畜牧业也将从家庭副业逐步成长成为保障食物安全和促进农民增收的支柱产业，成为促进国民经济协调发展的基础性产业。

2018年全国渔业系统落实高质量发展要求，持续深化渔业供给侧结构性改革。全年渔业总产值为12815.41亿元，同比增长3.9%。全国水产品总产量6458万吨，比上年增长0.2%。其中养殖产量4991万吨，同比增长1.7%，捕捞产量1467万吨，同比下降4.7%；海水产品产量3301万吨，同比下降0.6%，淡水产品产量3156万吨，同比增长1.0%。海水产品与淡水产品的产量比例为51.1∶48.9。水产品供给得到充分保障。全国水产养殖面积7190千公顷，同比下降3.5%；其中，海水养殖面积2043千公顷，同比下降2.0%；淡水养殖面积5146千公顷，同比下降4.1%；海水养殖与淡水养殖的面积比例为28.4∶71.6。

二、行业内上市公司发展概况

（一）行业内上市公司基本情况

表1　　2018年农、林、牧、渔业上市公司发行股票概况

门　类	A、B股总数	A股股票数	B股股票数	境内总市值（亿元）	流通A股市值（亿元）	流通B股市值（亿元）
农、林、牧、渔业	41	40	1	3867.36	2962.38	3.86
占沪深两市比重（%）	1.12	1.09	0.03	0.89	0.84	0.28

资料来源：沪深交易所，同花顺。

（二）行业内上市公司构成情况

表 2　　2018 年农、林、牧、渔业上市公司构成情况　　单位：家

门　类	沪市			深市			ST/*ST
	仅 A 股	仅 B 股	A+B 股	仅 A 股	仅 B 股	A+B 股	
农、林、牧、渔业	15	0	0	25	1	0	1/0
占行业内上市公司比重（%）	36.59	0.00	0.00	60.98	2.44	0.00	2.44/0.00

资料来源：沪深交易所，同花顺。

（三）行业内上市公司融资情况

表 3　　2018 年农、林、牧、渔业上市公司与沪深两市融资情况对比　　单位：家

门　类	融资家数	新股	增发	配股
农、林、牧、渔业	3	0	3	0
沪深两市总数	358	105	238	15
占比（%）	0.84	0.00	1.26	0.00

资料来源：沪深交易所，同花顺。

其中，首发的 0 家公司中，有 0 家沪市，0 家深市；增发的 3 家公司中，有 1 家沪市，2 家深市。

按行业大类划分，进行融资的 3 家公司中，农业 2 家，渔业 1 家。

从融资效果来看，上述公司实际发行数量为 47768 万股；实际募集资金 37.58 亿元，基本完成了融资计划。

2018 年农、林、牧、渔业上市公司融资情况明细见附录。

（四）行业内上市公司资产及业绩情况

表 4　　2018 年农、林、牧、渔业上市公司资产情况　　单位：亿元

指　标	2018 年	2018 年可比样本增长（%）	2017 年	2017 年可比样本增长（%）	2015 年
总资产	2619.01	6.28	2626.99	14.73	2369.95
流动资产	1173.46	4.55	1200.87	5.53	1199.16
占比（%）	44.81	-0.74	45.71	-3.99	50.60
非流动资产	1445.55	7.73	1426.11	23.82	1170.79
占比（%）	55.19	0.74	54.29	3.99	49.40
流动负债	953.43	15.45	895.88	14.95	785.81
占比（%）	36.40	2.89	34.10	0.06	33.16

续表

指　标	2018 年	2018 年可比样本增长（%）	2017 年	2017 年可比样本增长（%）	2015 年
非流动负债	255.04	-8.05	302.76	62.53	187.73
占比（%）	9.74	-1.52	11.52	3.39	7.92
归属于母公司股东权益	1329.54	3.43	1344.93	8.00	1316.79
占比（%）	50.76	-1.40	51.20	-3.19	55.56

资料来源：沪深交易所，同花顺。

表 5　　2018 年农、林、牧、渔业上市公司收入实现情况　　单位：亿元

指　标	2018 年	2018 年可比样本增长（%）	2017 年	2017 年可比样本增长（%）	2016 年
营业收入	1505.11	4.36	1567.92	8.25	1456.07
利润总额	64.60	-41.97	110.77	-44.65	203.70
归属于母公司所有者的净利润	58.33	-43.55	103.95	-45.44	193.48

资料来源：沪深交易所，同花顺。

（五）利润分配情况

2018 年全年农、林、牧、渔业上市公司中共有 21 家公司实施了分红配股。其中，0 家上市公司实施送股或转增股，18 家上市公司实施派息，其中，3 家公司既实施了送股、转增，又实施了派息。

2018 年农、林、牧、渔业上市公司分红明细见附录。

（六）其他财务指标情况

1. 盈利能力指标

表 6　　2018 年农、林、牧、渔业上市公司盈利能力情况

指　标	2018 年	2018 年可比样本变动	2017 年	2017 年可比样本变动	2016 年
毛利率（%）	17.91	-2.02	18.99	-5.34	24.51
净资产收益率（%）	4.39	-3.65	7.73	-7.57	14.69
销售净利率（%）	4.00	-3.29	6.71	-6.68	13.53
资产净利率（%）	2.37	-2.22	4.28	-5.16	9.29

资料来源：沪深交易所，同花顺。

2. 偿债能力指标

表 7　　2018 年农、林、牧、渔业上市公司偿债能力指标

指　标	2018 年	2018 年可比样本变动	2017 年	2017 年可比样本变动	2016 年
流动比率	1.23	-0.13	1.34	-0.12	1.34
速动比率	0.73	-0.10	0.84	-0.11	0.84
资产负债率（%）	46.14	1.37	45.63	3.45	45.63

资料来源：沪深交易所，同花顺。

3. 营运能力指标

表 8　　2018 年农、林、牧、渔业上市公司营运能力情况　　单位：次

营运能力指标	2018 年	2018 年可比样本变动	2017 年	2017 年可比样本变动	2016 年
存货周转率	2.68	-0.07	2.97	0.06	2.85
应收账款周转率	17.91	-1.38	16.93	-2.33	18.69
流动资产周转率	1.31	-0.03	1.34	-0.08	1.37
固定资产周转率	2.01	-0.22	2.32	-0.25	2.51
总资产周转率	0.59	-0.04	0.64	-0.07	0.69
净资产周转率	1.09	-0.01	1.14	0.09	1.17

资料来源：沪深交易所，同花顺。

三、重点细分行业介绍

表 9　　2018 年农、林、牧、渔业上市公司数量分布及市值情况

大　类	上市公司家数（家）	占行业内比重（%）	境内总市值（亿元）	占行业内比重（%）
农、林、牧、渔服务业	1	2.44	13.69	0.35
渔业	9	21.95	231.95	6.00
畜牧业	12	29.27	2621.80	67.79
农业	15	36.59	862.36	22.30
林业	4	9.76	137.55	3.56

资料来源：沪深交易所，同花顺。

（一）农业

1. 行业概况

2018年中国农业总体经济继续保持平稳向好态势，整体增速略有放缓。在坚持“稳中求进”的总基调下，各级农业部门围绕高质量发展要求，科学防灾减灾，扎实推进稳定生产，统筹做好农业各项工作。农业生产稳中调优，粮食生产总体稳定，畜禽水产养殖小幅调整。

2018年“调整粮食种植结构”的主基调继续延续，播种面积继续下降，粮食产量小幅下降。2018年全年粮食产量65789万吨，较2017年减少371万吨，增产0.6%。其中，夏粮、秋粮产量分别为13878万吨、49052万吨，同比分别减产2.1%、增产0.1%；早稻产量为2859万吨，同比减产4.3%。在主要粮食品种中，稻谷、小麦产量分别为21213万吨、13143万吨，同比分别减产0.3%、2.2%；玉米产量为25733万吨，同比减产0.7%。

2018年棉花、糖料、茶叶实现增产，油料产量略有下滑。其中，棉花继续大幅增产，全年棉花产量610万吨，同比增产7.8%。糖料产量11976万吨，同比增产6.3%。油料产量3439万吨，同比减产1.0%。茶叶产量261万吨，同比增产5.9%。

2. 行业内上市公司发展情况

表10　　2018年农业上市公司收入及资产增长情况　　单位：亿元

指　标	2018年	2018年可比样本增长（%）	2017年	2017年可比样本增长（%）	2016年
营业收入	271.53	-10.10	302.02	2.34	299.41
利润总额	21.51	22.26	17.60	38.86	13.28
归属于母公司所有者的净利润	21.39	25.00	17.11	27.62	13.93
总资产	723.67	2.39	706.70	7.88	680.34
归属于母公司股东权益	411.02	8.79	377.81	1.73	392.93

资料来源：沪深交易所，同花顺。

表11　　2018年农业上市公司盈利能力情况

指　标	2018年	2018年可比样本变动	2017年	2017年可比样本变动	2016年
毛利率（%）	25.56	2.28	23.26	-0.39	23.88
净资产收益率（%）	5.20	0.67	4.53	0.92	3.55
销售净利率（%）	7.77	2.46	5.31	1.39	4.01
资产净利率（%）	2.95	0.60	2.35	0.48	1.88

资料来源：沪深交易所，同花顺。

表 12　　2018 年农业上市公司偿债及营运情况

指　标	2018 年	2018 年可比样本变动	2017 年	2017 年可比样本变动	2016 年
资产负债率（%）	40.29	-1.25	41.54	3.37	37.24
存货周转率（次）	2.13	-0.44	2.56	-0.11	2.69
总资产周转率（次）	0.38	-0.06	0.44	-0.04	0.47

资料来源：沪深交易所，同花顺。

（二）林业

1. 行业概况

2018 年全国林业产业稳中有增运行良好。全年林业产业总产值达到 7.63 万亿元，比 2017 年增长 7.0%。其中，林业第一产业总产值 24581 亿元，林业第二产业总产值 34996 亿元，林业第三产业总产值 16696 亿元。

2018 年全国林产品进出口总额继续保持稳定增长，达到 1653 亿美元，同比增加 10.2%。商品材总产量为 8811 万立方米，人造板产量 2.99 亿立方米。全国森林食品产量 383 万吨，木本药材产量 364 万吨，木本油料 677 万吨。林业旅游与休闲产业继续保持健康发展态势，达 36.6 亿人次，同比增加 5.6 亿人次，其中，全国森林旅游人数达 16 亿人次，同比增长 15%。

2018 年全国林业投资完成额为 4817 亿元，与 2017 年基本持平，其中，国家资金（含中央资金和地方资金）达到 2432 亿元，比 2017 年增长 7.67%。

2. 行业内上市公司发展情况

表 13　　2018 年林业上市公司收入及资产增长情况　　单位：亿元

指　标	2018 年	2018 年可比样本增长（%）	2017 年	2017 年可比样本增长（%）	2016 年
营业收入	19.82	12.34	17.58	-12.31	20.04
利润总额	-0.74	81.86	-3.76	-326.50	1.66
归属于母公司所有者的净利润	-1.75	56.75	-3.74	-431.00	1.13
总资产	99.38	2.74	96.71	0.68	96.06
归属于母公司股东权益	41.37	-5.77	44.22	-7.24	47.67

资料来源：沪深交易所，同花顺。

表 14 2018 年林业上市公司盈利能力情况

指　标	2018 年	2018 年可比样本变动	2017 年	2017 年可比样本变动	2016 年
毛利率（%）	19.25	-0.36	21.55	-3.59	25.14
净资产收益率（%）	-4.24	5.00	-8.46	-10.83	2.37
销售净利率（%）	-7.22	16.38	-21.91	-28.55	6.65
资产净利率（%）	-1.46	2.86	-3.99	-5.45	1.46

资料来源：沪深交易所，同花顺。

表 15 2018 年林业上市公司偿债及营运情况

指　标	2018 年	2018 年可比样本变动	2017 年	2017 年可比样本变动	2016 年
资产负债率（%）	54.48	4.90	49.24	3.81	45.43
存货周转率（次）	0.36	0.01	0.33	-0.04	0.37
总资产周转率（次）	0.20	0.02	0.18	-0.04	0.22

资料来源：沪深交易所，同花顺。

（三）畜牧业

1. 行业概况

2018 年全国畜牧业继续深化供给侧结构性改革，扎实抓好动物疫病防控和兽医卫生监管工作，不断推进畜牧业增产增收和提质提效，综合生产能力总体稳固。全年畜牧业总产值约为 28697 亿元，同比继续下降 2.12%。全年肉类总产量 8517 万吨、禽蛋产量 3128 万吨、牛奶产量 3075 万吨，比 2017 年分别下降 0.30%、增长 1.00% 和增长 1.20%。畜牧产业基础不断夯实，经营体制机制不断改革发展，兽医卫生风险管控能力不断增强，非洲猪瘟疫情得到有效控制，其他重大动物疫病疫情形势平稳。在国家政策重点支持和鼓励下，规模化、集约化和产业化的现代畜牧产业链逐渐成型，规模养殖已经成为畜牧业生产的中坚力量。畜牧业绿色发展取得积极进展，现代畜牧业建设稳步推进。总的来看，中国畜牧产业发展方式逐步改变，产业结构日益优化，产业综合竞争力稳步提升。

2. 行业内上市公司发展情况

表 16 2018 年畜牧业上市公司收入及资产增长情况 单位：亿元

指　标	2018 年	2018 年可比样本增长（%）	2017 年	2017 年可比样本增长（%）	2016 年
营业收入	1022.74	8.03	1072.47	8.26	982.38
利润总额	42.99	-55.64	96.04	-46.74	179.42
归属于母公司所有者的净利润	39.16	-56.61	90.58	-47.05	170.58
总资产	1484.73	8.37	1532.91	19.97	1262.14
归属于母公司股东权益	710.99	1.05	762.82	12.19	675.16

资料来源：沪深交易所，同花顺。

表 17　　2018 年畜牧业上市公司盈利能力情况

指　标	2018 年	2018 年可比样本变动	2017 年	2017 年可比样本变动	2016 年
毛利率（%）	15.54	-3.48	17.72	-8.08	25.75
净资产收益率（%）	5.51	-7.32	11.87	-13.29	25.27
销售净利率（%）	3.98	-5.86	8.66	-9.11	17.86
资产净利率（%）	2.85	-4.68	6.61	-9.47	16.14

资料来源：沪深交易所，同花顺。

表 18　　2018 年畜牧业上市公司偿债及营运情况

指　标	2018 年	2018 年可比样本变动	2017 年	2017 年可比样本变动	2016 年
资产负债率（%）	48.70	2.40	47.64	3.84	43.53
存货周转率（次）	3.55	-0.01	3.94	0.00	3.94
总资产周转率（次）	0.72	-0.05	0.76	-0.14	0.90

资料来源：沪深交易所，同花顺。

（四）渔业

1. 行业概况

2018 年是印发《全国渔业发展第十三个五年规划》的第三年，也是贯彻党的十九大精神、实施乡村振兴战略的开局之年，全国渔业系统持续深化渔业供给侧结构性改革，坚持提质增效、减量增收、绿色发展、富裕渔民，促进渔业经济平稳健康发展。

全年渔业总产值为 12815 亿元，同比增长 4.1%。全国水产品总产量 6458 万吨，比 2017 年增长 0.2%。其中，养殖产量 4991 万吨，同比增长 1.7%，捕捞产量 1467 万吨，同比下降 4.7%；海水产品产量 3301 万吨，同比增长 0.6%，淡水产品产量 3156 万吨，同比增长 1.0%。海水产品与淡水产品的产量比例为 51.1∶48.9。加工水产品 2653 万吨，同比下降 0.99%。

2018 年全国水产养殖面积为 7190 千公顷，同比下降 3.5%。其中，海水养殖面积 2044 千公顷，同比下降 2.0%。淡水养殖面积 5146 千公顷，同比下降 4.1%，海水养殖与淡水养殖的面积比例为 28.4∶71.6，水产养殖面积整体继续呈现下降态势。

2. 行业内上市公司发展情况

表 19　　2018 年渔业上市公司收入及资产增长情况　　单位：亿元

指　标	2018 年	2018 年可比样本增长（%）	2017 年	2017 年可比样本增长（%）	2016 年
营业收入	171.74	6.41	161.39	23.65	137.45
利润总额	0.12	-83.03	0.71	-86.23	8.75
归属于母公司所有者的净利润	-1.00	-781.32	-0.11	-102.41	7.50
总资产	286.81	6.73	268.74	11.93	269.81
归属于母公司股东权益	150.40	2.51	146.71	10.75	157.44

资料来源：沪深交易所，同花顺。

表 20　　2018 年渔业上市公司盈利能力情况

指　标	2018 年	2018 年可比样本变动	2017 年	2017 年可比样本变动	2016 年
毛利率（%）	19.92	0.43	19.49	4.26	17.51
净资产收益率（%）	-0.67	-0.59	-0.08	-3.63	4.77
销售净利率（%）	-0.44	-0.42	-0.01	-3.63	5.70
资产净利率（%）	-0.27	-0.26	-0.01	-2.05	2.99

资料来源：沪深交易所，同花顺。

表 21　　2018 年渔业上市公司偿债及营运情况

指　标	2018 年	2018 年可比样本变动	2017 年	2017 年可比样本变动	2016 年
资产负债率（%）	45.84	1.53	44.31	0.36	40.55
存货周转率（次）	1.98	-0.02	2.00	0.16	1.75
总资产周转率（次）	0.62	-0.02	0.63	0.07	0.52

资料来源：沪深交易所，同花顺。

（五）农、林、牧、渔服务业

1. 行业概况

农、林、牧、渔服务业指对农、林、牧、渔业生产活动进行的各种专业及辅助性生产活动，包含种子育苗培育服务、农业机械服务、灌溉服务、农产品初加工服务，但不包括各种科学技术和专业技术服务活动。该行业在国内尚且处于初步发展阶段，2018 年国内农业上市公司中该行业只有 1 家公司，且行业内公司规模小、专业化水平低。然而，随着国内农业转型升级，专业化、规模化进一步发展，对农、林、牧、渔专业经济辅助性服务需求将日渐增长，该领域在未来会有巨大的发展空间，将会有专业服务公司为行业带来专业的增值性服务。

2. 行业内上市公司发展情况

表 22　　2018 年农、林、牧、渔服务业上市公司收入及资产增长情况　　单位：亿元

指　标	2018 年	2018 年可比样本增长（%）	2017 年	2017 年可比样本增长（%）	2016 年
营业收入	19.27	33.21	14.47	18.81	16.79
利润总额	0.72	301.57	0.18	-40.12	0.59
归属于母公司所有者的净利润	0.53	356.27	0.12	-45.48	0.33
总资产	24.43	11.38	21.93	5.79	61.58
归属于母公司股东权益	15.76	17.88	13.37	-3.68	43.58

资料来源：沪深交易所，同花顺。

表 23　　2018 年农、林、牧、渔服务业上市公司盈利能力情况

指　标	2018 年	2018 年可比样本变动	2017 年	2017 年可比样本变动	2016 年
毛利率（%）	16.27	1.32	14.95	-1.76	20.13
净资产收益率（%）	3.37	2.50	0.87	-0.67	0.77
销售净利率（%）	2.98	1.97	1.01	-0.81	2.45
资产净利率（%）	2.48	1.79	0.69	-0.44	0.99

资料来源：沪深交易所，同花顺。

表 24　　2018 年农、林、牧、渔服务业上市公司偿债及营运情况

指　标	2018 年	2018 年可比样本变动	2017 年	2017 年可比样本变动	2016 年
资产负债率（%）	33.53	-3.61	37.14	4.20	28.82
存货周转率（次）	2.11	0.42	1.69	0.00	1.20
总资产周转率（次）	0.83	0.15	0.68	0.06	0.40

资料来源：沪深交易所，同花顺。

四、重点上市公司介绍

（一）牧原股份

牧原食品股份有限公司创立于 1992 年，于 2014 年在深圳证券交易所上市。公司是集饲料加工、生猪育种、种猪扩繁、商品猪饲养、屠宰加工为一体的农业产业化国家重点龙头企业。

公司 2018 年生猪出栏量继续实现快速增长，全年共销售生猪 1101.1 万头，同比增长 52.14%；其中，商品猪 1010.9 万头，仔猪 86.4 万头，种猪 3.8 万头。2018 年面对宏观经济去杠杆、民营企业融资环境恶化、猪价低迷、非洲猪瘟疫情爆发等多重不利因素，公司实现营业收入 133.88 亿元，同比增长 33.32%；实现归属于母公司所有者的净利润 5.20 亿元，同比下降 78.01%。截至 2018 年年底，公

司养猪生产类全资、控股子公司数量已经达到84个，分布在13个省区。

公司坚持采用大规模、一体化的养殖模式，经过20多年的发展，已形成了集科研、饲料加工、生猪育种、种猪扩繁、商品猪饲养为一体的完整封闭式生猪产业链，目前是中国较大的生猪养殖企业、生猪育种企业。

公司在长期探索和发展中形成特色的生猪养殖模式：公司自建饲料厂和研究营养配方，生产饲料，供应各环节生猪饲养；自行设计猪舍和自动化设备；建立育种体系，自行选育优良品种；建立曾祖代—祖代—父母代—商品代的扩繁体系，自行繁殖种猪及商品猪；采取全程自养方式，使各养殖环节置于公司的严格控制之中，从而使公司在食品安全控制、产品质量控制、疫病防治、规模化经营、生产成本控制等方面，具有显著的特色和优势。

（二）圣农发展

公司专注于白羽肉鸡生产30多年，是集饲料加工、祖代与父母代种鸡养殖、种蛋孵化、肉鸡饲养、肉鸡屠宰加工为一体，同行业现代化程度最高、规模最大的的一体化全产业链联合型企业。

2018年在经济下行压力加大、外部环境复杂多变的形势下，公司以稳定现有产量为前提，将工作重心由产能增量转向优化内部质量，通过挖掘内部潜力，实施降本增效优选方案，鸡肉生食转调理、调理转熟食的战略不断推进，公司盈利能力、经营能力的稳定性得到进一步提升，经营业绩大幅上涨。2018年公司销售鸡肉87.29万吨，同比下降3.61%。实现营业总收入115.47亿元，同比增长13.67%，归属于上市公司股东的净利润15.05亿元，比2017年同期增长377.79%。

公司核心竞争力为产业链一体化经营模式，该模式集饲料加工、祖代与父母代种鸡养殖、种蛋孵化、肉鸡饲养、肉鸡屠宰加工、熟食加工等环节于一体，布局白羽肉鸡全产业链。一体化的产业链使公司在疫病防控、产品质量稳定、规模化经营、供货稳定等方面拥有明显的竞争优势。经过多年的市场积累，公司已在行业内树立了产品质量优势明显、规模大、供货稳定的市场形象，与一系列客户建立了长期而稳定的合作关系并享有良好的声誉，保有稳定的市场份额。

2018年公司启动农业4.0战略，旨在实现管理智能化，生产自动化，食品安全系统化，环保、消防标准化，极大地提高了生产、管理的系统化、科学性，生产效率及生产性能均实现历史性突破。同时，持续优化内部管理，通过强化内部激励机制、量化考核标准、增强可操作性等举措，进一步完善责任制，构建了切实可行的管理核算体系。

五、上市公司在行业中的影响力

2018年，国务院办公厅印发《中共中央国务院关于实施乡村振兴战略的意见》，对实施乡村振兴战略进行了全面部署。文件指出，实施乡村振兴战略，是解决人民日益增长的美好生活需要和不平衡不充分的发展之间矛盾的必然要求，是实现“两个一百年”奋斗目标的必然要求，是实现全体人民共同富裕的必然要求。

文件从提升农业发展质量、推进乡村绿色发展、繁荣兴盛农村文化、构建乡村治理新体系、提高农村民生保障水平、打好精准脱贫攻坚战、强化乡村振兴制度性供给、强化乡村振兴人才支撑、强化乡村振兴投入保障、坚持和完善党对“三农”工作的领导等方面进行安排部署。走中国特色社会主义乡村振兴道路，让农业成为有奔头的产业，让农民成为有吸引力的职业，让农村成为安居乐业的美丽家园。确定了实施乡村振兴战略的目标任务。坚持农业农村优先发展。把实现乡村振兴作为全党的共同意志、共同行动，做到认识统一、步调一致，在干部配备上优先考虑，在要素配置上优先满足，在资金投入上优先保障，在公共服务上优先安排，加快补齐农业农村短板。

总体来讲，中央突出统筹推进农村经济建设、政治建设、文化建设、社会建设、生态文明建设和党的建设，加快推进乡村治理体系和治理能力现代化，加快推进农业农村现代化，坚持走中国特色社会主义乡村振兴道路。

具体来讲，在农业乡村振兴的大浪潮中，在信息化、现代化持续推进的大环境下，以下几类公司将受益：（1）依托科技创新，实现业务升级，加速转型发展的企业；（2）为行业提供专业性辅助的农业服务型公司；（3）依托互联网信息技术、新型农业金融模式的企业。

审稿人：赵金厚

撰稿人：朱珺逸

采矿业

一、采矿业总体概况

（一）行业整体运行情况

2018 年采矿业形势总体稳中向好，除了铁矿石、铝和锌的价格略有下跌之外，煤、油、铜、铅和萤石等矿产品价格均延续上行趋势，主要矿产品产量也稳中有升，行业资产负债表得到进一步修复。

（二）细分行业运行概况

黑色金属矿产采选方面，2018 年全国规模以上铁矿企业原矿产量 7.6 亿吨，同比下降 37.91%。2018 年铁矿石价格总体震荡运行，国产铁精矿平均价格为 638 元/吨，同比下降 1.2 元/吨，降幅为 0.2%。2018 年年底规模以上矿山实现主营业收入 3374 亿元，同比下降 2.4%，2018 年利润总额 72.6 亿元，同比下降 34.4%。

石油和天然气开采方面，2018 年规模以上企业实现收入 8711 亿元，同比增长 23.4%；利润总额 1628 亿元，同比增长 438.9%；资产总计 1.93 万亿元，同比增加 2.8%；资产负债率 41.60%。其中，原油产量 1.89 亿吨，下降 1.14%；天然气产量（含煤层气，下同）1601.59 亿立方米，增长 8.19%。

开采辅助活动方面，2018 年布伦特原油均价 71.69 美元/桶，同比上升 30.83%。国内市场方面，中国石油、中国石化、中海油 2018 年勘探及开发资本支出分别为 1961 亿元、422 亿元、621 亿元，合计 3004 亿元，开采辅助行业持续向好。

煤炭开采方面，自供给侧改革以来，先进产能置换、落后产能退出，全国原煤产量从 2017 年起恢复小幅增长，从 2017 年的 35.24 亿吨，到 2018 年度原煤产量达到 37.5 亿吨，呈现上涨趋势，煤价全年高位震荡运行，代表性品种秦皇岛港 5500 大卡动力煤全年均价 648 元/吨，同比 2017 年 638 元/吨的均价上涨 1.6%，行业盈利水平继续改善。

有色金属矿采选方面，2018 年主要有色金属矿产品价格波动不大，铜、铝、铅、锌现货均价分别为 50583 元/吨、14198 元/吨、19085 元/吨、23401 元/吨，同比分别上升 2.8%、下降 1.7%、上升 4.1%、下降 2.2%。产量小幅增长，2018 年 10 种有色金属产量 5688 万吨，同比增长 6.0%。企业效益略有提升，2018 年采选利润 420 亿元，同比增长 0.2%。

非金属矿采选方面，目前该分类下仅有金石资源一家上市公司，主要从事萤石的开采与销售业务。2018 年国内萤石价格大幅上涨，年初国内均价为 2555 元/吨，年末价格为 3633 元/吨，价格整体大幅上涨，全年涨幅为 42.2%。

二、行业内上市公司发展概况

(一) 行业内上市公司基本情况

表 1　2018 年采矿业上市公司发行股票概况

门　类	A、B 股总数	A 股股票数	B 股股票数	境内总市值（亿元）	流通 A 股市值（亿元）	流通 B 股市值（亿元）
采矿业	77	76	1	28849.27	27730.93	108.08
占沪深两市比重（%）	2.10	2.07	0.03	6.63	7.87	7.89

资料来源：沪深交易所，同花顺。

(二) 行业内上市公司构成情况

表 2　2018 年采矿业上市公司构成情况　单位：家

门　类	沪市			深市			ST/*ST
	仅 A 股	仅 B 股	A+B 股	仅 A 股	仅 B 股	A+B 股	
采矿业	50	1	0	26	0	0	1/4
占行业内上市公司比重（%）	64.94	1.30	0.00	33.77	0.00	0.00	1.30/5.19

资料来源：沪深交易所，同花顺。

(三) 行业内上市公司融资情况

表 3　2018 年采矿业上市公司与沪深两市融资情况对比　单位：家

门　类	融资家数	新股	增发	配股
采矿业	5	0	4	1
沪深两市总数	358	105	238	15
占比（%）	1.40	0.00	1.68	6.67

资料来源：沪深交易所，同花顺。

其中，增发和配股的 4 家公司中，有 4 家沪市公司和 1 家深市公司。

按行业大类划分，进行融资的 5 家公司中，煤炭开采和洗选业 1 家，石油和天然气开采业 1 家，有色金属矿采选业 2 家，开采辅助活动业 1 家，分别占比

20%、20%、40%、20%。

从融资效果来看，上述公司实际发行数量为382806万股；实际募集资金296亿元，基本完成了融资计划。

2018年采矿业上市公司融资情况明细见附录。

（四）行业内上市公司资产及业绩情况

表4　　2018年采矿业上市公司资产情况　　单位：亿元

指　标	2018年	2018年可比样本增长（%）	2017年	2017年可比样本增长（%）	2016年
总资产	68405.46	2.28	66233.16	3.51	62965.11
流动资产	18906.29	5.18	17866.81	16.04	14515.51
占比（%）	27.64	0.76	26.98	2.91	23.05
非流动资产	49499.17	1.22	48366.35	-0.46	48449.60
占比（%）	72.36	-0.76	73.02	-2.91	76.95
流动负债	20584.04	1.41	20041.38	9.83	17453.91
占比（%）	30.09	-0.26	30.26	1.74	27.72
非流动负债	11520.61	-1.77	11561.08	-6.15	12287.04
占比（%）	16.84	-0.69	17.46	-1.80	19.51
归属于母公司股东权益	30830.06	3.61	29599.30	3.06	28537.81
占比（%）	45.07	0.58	44.69	-0.20	45.32

资料来源：沪深交易所，同花顺。

表5　　2018年采矿业上市公司收入实现情况　　单位：亿元

指　标	2018年	2018年可比样本增长（%）	2017年	2017年可比样本增长（%）	2016年
营业收入	67284.26	17.47	56832.94	24.76	45005.66
利润总额	3901.42	32.80	2900.81	81.02	1572.66
归属于母公司所有者的净利润	2206.24	32.26	1643.17	167.67	596.05

资料来源：沪深交易所，同花顺。

（五）利润分配情况

2018年全年采矿业上市公司中共有49家公司实施了分红配股。其中，4家上市公司实施送股或转增股，45家上市公司实施派息。

2018年采矿业上市公司分红明细见附录。

（六）其他财务指标情况

1. 盈利能力指标

表 6　　2018 年采矿业上市公司盈利能力情况

指　标	2018 年	2018 年可比样本变动	2017 年	2017 年可比样本变动	2016 年
毛利率（%）	20.77	-1.13	21.87	-0.64	22.63
净资产收益率（%）	7.16	1.55	5.55	3.41	2.09
销售净利率（%）	4.20	0.34	3.85	1.54	2.29
资产净利率（%）	4.18	0.80	3.36	1.70	1.65

资料来源：沪深交易所，同花顺。

2. 偿债能力指标

表 7　　2018 年采矿业上市公司偿债能力指标

指　标	2018 年	2018 年可比样本变动	2017 年	2017 年可比样本变动	2016 年
流动比率	0.92	0.03	0.89	0.05	0.83
速动比率	0.68	0.03	0.66	0.06	0.60
资产负债率（%）	46.93	-0.95	47.71	-0.05	47.23

资料来源：沪深交易所，同花顺。

3. 营运能力指标

表 8　　2018 年采矿业上市公司营运能力情况　　单位：次

营运能力指标	2018 年	2018 年可比样本变动	2017 年	2017 年可比样本变动	2016 年
存货周转率	11.24	1.27	9.92	1.50	9.04
应收账款周转率	27.99	4.34	23.57	5.29	19.70
流动资产周转率	3.65	0.21	3.42	0.34	3.23
固定资产周转率	2.92	0.44	2.48	0.50	1.97
总资产周转率	0.99	0.12	0.87	0.15	0.72
净资产周转率	1.89	0.21	1.67	0.28	1.38

资料来源：沪深交易所，同花顺。

三、重点细分行业介绍

表 9　　2018 年采矿业上市公司数量分布及市值情况

大　类	上市公司家数（家）	占行业内比重（%）	境内总市值（亿元）	占行业内比重（%）
煤炭开采和洗选业	27	35.06	6481.69	22.47
非金属矿采选业	1	1.30	29.52	0.10
有色金属矿采选业	23	29.87	3859.83	13.38
黑色金属矿采选业	5	6.49	251.84	0.87
石油和天然气开采业	5	6.49	16910.02	58.62
开采辅助活动	16	20.78	1316.36	4.56

资料来源：沪深交易所，同花顺。

（一）黑色金属矿采选业

1. 行业概况

2018 年，铁矿石市场景气度出现下滑，2018 年全国规模以上铁矿企业原矿产量 7.6 亿吨，同比下降 37.91%。2018 年铁矿石价格总体震荡运行，国产铁精矿平均价格为 638 元/吨，同比下降 1.2 元/吨，降幅为 0.2%。2018 年年底规模以上矿山实现主营业收入 3374 亿元，同比下降 2.4%，2018 年利润总额 72.6 亿元，同比下降 34.4%，规模以上铁矿企业数量减少 363 家，行业亏损面近 30%。

2. 行业内上市公司发展情况

表 10　　2018 年黑色金属矿采选业上市公司收入及资产增长情况　　单位：亿元

指　标	2018 年	2018 年可比样本增长（%）	2017 年	2017 年可比样本增长（%）	2016 年
营业收入	105.42	1.53	198.19	16.76	130.93
利润总额	-4.89	-192.12	15.19	123.17	-72.68
归属于母公司所有者的净利润	-7.01	-845.11	8.23	112.76	-67.00
总资产	278.74	-7.50	406.08	17.59	246.42
归属于母公司股东权益	167.04	-5.90	220.53	25.88	140.66

资料来源：沪深交易所，同花顺。

表 11　　2018 年黑色金属矿采选业上市公司盈利能力情况

指　标	2018 年	2018 年可比样本变动	2017 年	2017 年可比样本变动	2016 年
毛利率（%）	31.48	-11.23	30.82	9.79	9.11
净资产收益率（%）	-4.20	-3.78	3.73	40.54	-47.63
销售净利率（%）	-6.06	-7.92	5.90	46.11	-55.40
资产净利率（%）	-2.20	-2.90	3.11	15.96	-15.29

资料来源：沪深交易所，同花顺。

表 12　2018 年黑色金属矿采选业上市公司偿债及营运情况

指　标	2018 年	2018 年可比样本变动	2017 年	2017 年可比样本变动	2016 年
资产负债率（%）	31.31	-0.51	38.23	-3.52	40.44
存货周转率（次）	4.07	0.81	5.46	-0.22	7.67
总资产周转率（次）	0.36	-0.01	0.53	0.21	0.28

资料来源：沪深交易所，同花顺。

（二）开采辅助活动

1. 行业概况

开采辅助活动方面，2018 年布伦特原油均价 71.69 美元/桶，同比上升 30.83%。

国内市场方面，中国石油、中国石化、中海油 2018 年勘探及开发资本支出分别为 1961 亿元、422 亿元、621 亿元，合计 3004 亿元，同比增长 22.04%。根据中国石油、中国石化和中海油公布的资本开支预算，2019 年预计勘探及开发资本支出额合计 3679 亿元，比 2018 年实际勘探及开发资本支出增长 22.47%，开采辅助行业持续向好。

2. 行业内上市公司发展情况

表 13　2018 年开采辅助活动上市公司收入及资产增长情况　单位：亿元

指　标	2018 年	2018 年可比样本增长（%）	2017 年	2017 年可比样本增长（%）	2016 年
营业收入	1687.67	12.27	1484.52	11.49	824.94
利润总额	29.04	141.88	-74.13	67.99	-250.64
归属于母公司所有者的净利润	6.12	106.97	-91.46	62.28	-255.38
总资产	2989.46	1.21	2914.71	-5.12	2177.53
归属于母公司股东权益	1093.22	7.23	994.54	-4.88	880.06

资料来源：沪深交易所，同花顺。

表 14　2018 年开采辅助活动上市公司盈利能力情况

指　标	2018 年	2018 年可比样本变动	2017 年	2017 年可比样本变动	2016 年
毛利率（%）	10.00	2.59	6.60	9.09	-9.44
净资产收益率（%）	0.56	9.17	-9.20	14.00	-29.02
销售净利率（%）	0.46	6.22	-6.09	12.15	-30.95
资产净利率（%）	0.26	3.12	-3.02	4.49	-11.24

资料来源：沪深交易所，同花顺。

表 15　　2018 年开采辅助活动上市公司偿债及营运情况

指　标	2018 年	2018 年可比样本变动	2017 年	2017 年可比样本变动	2016 年
资产负债率（%）	63.02	-1.99	65.40	-0.30	59.22
存货周转率（次）	4.01	0.83	3.19	0.51	5.23
总资产周转率（次）	0.57	0.07	0.50	0.08	0.36

资料来源：沪深交易所，同花顺。

（三）煤炭开采和洗选业

1. 行业概况

煤炭开采方面，自供给侧改革以来，先进产能置换、落后产能退出，全国原煤产量从 2017 年起恢复小幅增长，从 2017 年的 35.24 亿吨，到 2018 年度原煤产量达到 37.5 亿吨，呈现上涨趋势，煤价全年高位震荡运行，代表性品种秦皇岛港 5500 大卡动力煤全年均价 648 元/吨，同比 2017 年 638 元/吨的均价上涨 1.6%，行业盈利水平继续改善。

2. 行业内上市公司发展情况

表 16　　2018 年煤炭开采和洗选业上市公司收入及资产增长情况　　单位：亿元

指　标	2018 年	2018 年可比样本增长（%）	2017 年	2017 年可比样本增长（%）	2016 年
营业收入	9293.01	9.23	8004.18	40.63	5702.51
利润总额	1491.56	6.04	1370.31	144.24	562.90
归属于母公司所有者的净利润	908.81	1.43	868.43	172.55	320.94
总资产	19342.78	4.53	17880.26	6.11	16875.24
归属于母公司股东权益	7990.81	9.11	7170.81	4.96	6852.42

资料来源：沪深交易所，同花顺。

表 17　　2018 年煤炭开采和洗选业上市公司盈利能力情况

指　标	2018 年	2018 年可比样本变动	2017 年	2017 年可比样本变动	2016 年
毛利率（%）	32.06	-0.95	33.77	3.74	30.01
净资产收益率（%）	11.37	-0.86	12.11	7.45	4.68
销售净利率（%）	12.26	-0.60	13.27	5.99	7.30
资产净利率（%）	6.02	-0.16	6.12	3.62	2.49

资料来源：沪深交易所，同花顺。

表 18　　2018 年煤炭开采和洗选业上市公司偿债及营运情况

指　标	2018 年	2018 年可比样本变动	2017 年	2017 年可比样本变动	2016 年
资产负债率（%）	49.89	-1.77	50.96	-0.74	51.61
存货周转率（次）	16.26	1.60	14.04	3.33	10.59
总资产周转率（次）	0.49	0.01	0.46	0.12	0.34

资料来源：沪深交易所，同花顺。

（四）石油和天然气开采业

1. 行业概况

2018 年年末石油和天然气开采业企业单位数 123 家，实现收入 8711 亿元，同比增长 23.4%；利润总额 1628 亿元，同比增长 438.9%；资产总计 1.93 万亿元，同比增加 2.8%；资产负债率 41.60%；主营收入利润率为 15.76%，同比上升 12.98%；行业亏损面 41%，同比缩小 1 个百分点。

2018 年中国原油产量 1.89 亿吨，下降 1.14%；天然气产量（含煤层气，下同）1601.59 亿立方米，增长 8.19%；液化天然气产量 900 万吨，增幅 8.6%。全年进口原油 4.6 亿吨，同比增长 10.1%，对外依存度 69.8%；进口天然气 1256.8 亿立方米，增幅 31.5%，对外依存度约 45.3%。

2. 行业内上市公司发展情况

表 19　　2018 年石油和天然气开采业上市公司收入及资产增长情况　　单位：亿元

指　标	2018 年	2018 年可比样本增长（%）	2017 年	2017 年可比样本增长（%）	2016 年
营业收入	52633.31	19.92	43889.75	23.48	35532.14
利润总额	2192.35	55.33	1411.44	12.15	1254.14
归属于母公司所有者的净利润	1181.66	57.92	748.30	36.18	545.65
总资产	40958.86	0.65	40689.70	2.69	39562.67
归属于母公司股东权益	19572.02	0.82	19409.53	1.11	19182.66

资料来源：沪深交易所，同花顺。

表 20　　2018 年石油和天然气开采业上市公司盈利能力情况

指　标	2018 年	2018 年可比样本变动	2017 年	2017 年可比样本变动	2016 年
毛利率（%）	19.52	-1.14	20.66	-2.47	23.13
净资产收益率（%）	6.04	2.18	3.86	0.99	2.84
销售净利率（%）	2.95	0.49	2.46	-0.05	2.50
资产净利率（%）	3.80	1.11	2.69	0.42	2.26

资料来源：沪深交易所，同花顺。

表21 2018年石油和天然气开采业上市公司偿债及营运情况

指　标	2018年	2018年可比样本变动	2017年	2017年可比样本变动	2016年
资产负债率（%）	43.96	-0.52	44.48	0.66	43.77
存货周转率（次）	12.23	1.32	10.91	1.51	9.42
总资产周转率（次）	1.29	0.20	1.09	0.19	0.90

资料来源：沪深交易所，同花顺。

（五）有色金属矿采选业

1. 行业概况

有色金属矿采选方面，2018年主要有色金属矿产品价格波动不大，铜、铝、铅、锌现货均价分别为50583元/吨、14198元/吨、19085元/吨、23401元/吨，同比分别上升2.8%、下降1.7%、上升4.1%、下降2.2%。产量小幅增长，2018年10种有色金属产量5688万吨，同比增长6.0%。企业效益略有提升，2018年采选利润420亿元，同比增长0.2%。

2. 行业内上市公司发展情况

表22 2018年有色金属矿采选业上市公司收入及资产增长情况 单位：亿元

指　标	2018年	2018年可比样本增长（%）	2017年	2017年可比样本增长（%）	2016年
营业收入	3558.97	8.82	3252.53	15.54	2815.14
利润总额	191.48	4.72	176.98	123.00	78.93
归属于母公司所有者的净利润	115.28	3.36	108.90	108.51	51.84
总资产	4820.49	9.19	4330.12	6.01	4103.24
归属于母公司股东权益	1998.56	10.06	1796.63	22.41	1482.01

资料来源：沪深交易所，同花顺。

表23 2018年有色金属矿采选业上市公司盈利能力情况

指　标	2018年	2018年可比样本变动	2017年	2017年可比样本变动	2016年
毛利率（%）	14.48	-1.09	15.39	3.93	11.46
净资产收益率（%）	5.77	-0.37	6.06	2.50	3.50
销售净利率（%）	3.80	-0.05	3.73	1.80	1.92
资产净利率（%）	2.93	-0.03	2.89	1.41	1.46

资料来源：沪深交易所，同花顺。

表 24　　2018 年有色金属矿采选业上市公司偿债及营运情况

指　标	2018 年	2018 年可比样本变动	2017 年	2017 年可比样本变动	2016 年
资产负债率（%）	51.24	-1.86	53.67	-3.18	56.68
存货周转率（次）	6.13	0.02	6.13	-0.34	6.47
总资产周转率（次）	0.77	0.00	0.77	0.01	0.76

资料来源：沪深交易所，同花顺。

（六）非金属矿采选业

1. 行业概况

目前该分类下仅有金石资源一家上市公司，主要从事萤石的开采与销售业务。2018 年国内萤石价格大幅上涨，年初国内均价为 2555 元/吨，年末价格为 3633 元/吨，价格整体大幅上涨，全年涨幅为 42.20%。2018 年国内萤石价格最低价出现在 5 月 30 日，国内均价为 2320 元/吨，国内萤石价格最高价出现在年底，均价为 3633.33 元/吨，全年最大振幅为 56.61%。

2. 行业内上市公司发展情况

表 25　　2018 年非金属矿采选业上市公司收入及资产增长情况　　单位：亿元

指　标	2018 年	2018 年可比样本增长（%）	2017 年	2017 年可比样本增长（%）	2016 年
营业收入	5.88	55.64	3.78	33.25	—
利润总额	1.87	81.98	1.03	59.23	—
归属于母公司所有者的净利润	1.38	78.49	0.77	53.62	—
总资产	15.13	23.07	12.29	25.74	—
归属于母公司股东权益	8.41	15.75	7.27	55.13	—

资料来源：沪深交易所，同花顺。

表 26　　2018 年非金属矿采选业上市公司盈利能力情况

指　标	2018 年	2018 年可比样本变动	2017 年	2017 年可比样本变动	2016 年
毛利率（%）	53.98	8.45	45.53	8.37	—
净资产收益率（%）	16.37	5.75	10.61	-0.10	—
销售净利率（%）	23.41	3.00	20.41	2.71	—
资产净利率（%）	10.03	3.05	6.98	1.58	—

资料来源：沪深交易所，同花顺。

表 27　　2018 年非金属矿采选业上市公司偿债及营运情况

指　标	2018 年	2018 年可比样本变动	2017 年	2017 年可比样本变动	2016 年
资产负债率（%）	44.20	3.50	40.70	-11.14	—
存货周转率（次）	4.63	-1.56	6.18	-1.38	—
总资产周转率（次）	0.43	0.09	0.34	0.04	—

资料来源：沪深交易所，同花顺。

四、重点上市公司介绍

（一）中国石油

中国石油是国内规模最大的油气生产商，受益于原油、成品油价格变化上涨，2018 年中国石油营业收入和净利润均同比增加，2018 年公司实现营业收入 23536 亿元，比上年同期增长 16.8%，实现归属于母公司股东的净利润为 526 亿元，同比增加 130.7%。生产方面，2018 年公司实现原油产量 8.90 亿桶（约 1.20 亿吨），较 2017 年同期增长 0.4%；实现天然气产量 1021 亿立方米，较 2017 年同期增长 5.4%。截至 2018 年年底，公司原油证实储量 76.41 亿桶，同比增加 2.1%，天然气证实储量 21653 亿/立方米，同比下降 0.5%。

（二）中国石化

中国石化是国内规模最大的炼油炼化企业，是国内第二大的油气生产商，在国内乃至世界油气领域均具有举足轻重的地位。受益于原油、成品油价格变化上涨，2018 年中国石化营业收入和净利润均同比增长，实现营业收入 28912 亿元，较上年同期增长 22.5%，实现归属于母公司股东的净利润为 631 亿元，较上年同期增长 23.4%。生产方面，2018 年公司实现原油产量 2.89 亿桶（约 0.41 亿吨），较 2017 年同期下降 1.8%；实现天然气产量 276.74 亿立方米，较 2017 年同期增长 7.1%，油气当量产量 4.51 亿桶，较 2017 年同期增长 0.6%。截至 2018 年年底，公司原油证实储量 16.66 亿桶，较 2017 年年底同比增长 4.2%，天然气证实储量 1928 亿/立方米，较 2017 年年底同比下降 2.7%。

（三）中国神华

中国神华是国内最大的综合性矿业集团，目前煤炭产能国内第一、火电装机全国第五、铁路运营里程仅次于中国铁路总公司。公司实行“煤电港运航化”一体化的运营策略，在产业链上纵向扩张，将外部风险不断内部化，有效抵御周期波动。2018 年公司实现营业收入 2641 亿元，同比增加 6.2%，归母净利 439 亿元，同比减少 2.6%，年中实施分红 181 亿元。

（四）海南矿业

公司拥有的石碌铁矿属多金属矿区，

以富铁矿石储量大、品位高而著称，储量大，铁矿石品位居中国第一，能够生产块矿直接用于生铁冶炼，被誉为中国最大的富铁矿生产商。海南矿业的矿山开采机械化程度较高，具有采矿、选矿、尾矿回收、设备维修、金属加工等综合生产能力。海南矿业拥有的铁矿石保有储量2.61亿吨，平均品位46.66%。2018年公司成品铁矿石产量221.17万吨，同比下降44.75%；铁矿石销售量272.04万吨，同比下降31.18%。2018年实现营业收入13.87亿元，归属于上市公司股东的净利润为亏损7.66亿元。

（五）紫金矿业

紫金矿业是一家以金、铜、锌等金属矿产资源勘查和开发为主的大型矿业集团，是中国最大的黄金生产企业、第二大矿产铜生产企业、第六大锌生产企业和中国控制金属矿产资源最多的企业之一。位居2018年《福布斯》全球2000强企业第947位及其中的全球有色金属企业第14位、全球黄金企业第2位，居2018年《财富》中国企业500强第82位。2018年公司实现销售收入1060亿元，同比增长12.11%；实现归属母公司股东净利润41亿元，同比增长16.71%。截至2018年12月底，总资产为1129亿元，较年初增长26.38%；净资产为473亿元，其中归属母公司股东净资产为405亿元，较年初增长15.59%。

（六）山东黄金

山东黄金是山东黄金集团有限公司控股的上市公司，以黄金开采为主业，公司控制及经营12座中国矿山，主要生产标准金锭和各种规格的投资金条和银锭等产品。2018年，公司矿产金产量达到39.32吨，同比增长9.57%；公司总资产449.46亿元，同比增长6.72%；资产负债率47.99%，同比减少11.24个百分点。2018年实现营业收入547.88亿元，同比增加37.47亿元，增幅7.34%；实现利润总额14.49亿元，同比减少1.80亿元，降幅11.03%；实现加权平均净资产收益率4.92%，同比减少2.2个百分点。

五、上市公司在行业中的影响力

2018年黑色金属矿采选业企业共1528家，比上年减少363家，其中上市公司5家，上市公司数量占比不足1%。受益于供给侧改革，黑色金属矿采选企业数量不断减少，行业内小型私营企业数量较多。从经营情况来看，2018年黑色金属矿采选企业主营业务收入为3276.3亿元，上市公司营业收入为105.42亿元，占比仅3.0%。2018年全年黑色金属矿采选企业实现利润总额72.6亿元，上市公司利润总额-4.89亿元。从亏损面来看，2018年共计亏损企业449家，亏损企业占比29.38%，亏损总额达176.3亿元。上市公司亏损2家，亏损企业占比40%。

2018年石油和天然气开采行业上市公司共5家，分别为中国石油、中国石化、广汇能源、洲际油气、蓝焰控股。行业内上市公司在油气产量方面继续保持绝对领先地位。中国石油和中国石化两家上市公司自上市以来，在市场化的浪潮中不断锤炼，生产经营效率不断优化，并率先实施“走出去”战略，为中国的能源安全和国民经济健康稳定发展做出了突出贡献。其他3家上市公司中，广汇能源是中国民营能源企业的优秀代表，除传统的煤工业务以外，公司也是国内少有的获批建设LNG接收站的民营企业之一；洲际油气在海外油气资源并购方面走在国内民营企业前列；蓝焰控股是中国主要的煤层气开发企业，目前已经形成了煤层气上中下游一体化的产业链。

2018年煤炭采选业企业有4505家，上市公司仅27家，行业内仍然存在大量小型民营企业；2018年全行业营业收入22660亿元，上市公司9293亿元，占比41%；2018年行业利润总额2888亿元，上市公司利润总额1492亿元，占比52%，上市资产盈利能力显著优于非上市资产；2018年全行业原煤产量37.5亿吨，上市公司产量10.2亿吨，占比27%，行业资产证券化率依旧较低，近几年来煤炭企业在资本市场运作很少，新股已经断了多年，再融资也较少，供给侧改革以后，煤炭市场总体回暖，大量煤炭资产将具备注入上市公司或者独立上市的条件，行业资产证券化率有望进一步提升。

2018年非金属矿采选业上市公司仅金石资源一家，主要从事萤石开采，不能代表非金属矿采选业的全貌。就萤石开采领域而言，金石资源是中国萤石行业中拥有资源储量、开采及加工规模最大的企业，同时还是“国家矿产资源综合利用示范基地”的主要承建单位和行业标准《萤石》修订的承担单位。目前拥有资源储量2700万吨，采矿规模102万吨/年，均位居国内第一。

2018年有色金属矿采选业有上市公司23家，年内共计实现营业收入3559亿元，利润总额191亿元，资产总额4820亿元，占据行业主体地位。行业内各品类的龙头公司基本都已实现上市，近年来业内还不断向海外扩张，获取大量海外资源，对价格的话语权不断增强。

审稿人：金晟哲

撰稿人：吴　鹏

制造业

农副食品加工业

一、农副食品加工业总体概况

（一）行业整体运行情况

2018 年，国内宏观经济增速持续放缓，农副食品加工行业发展情况较为稳定，行业整体运行态势稳中有降。全行业规模以上企业 2.5 万家，同比减少 0.15 万家；资产总额 30808.60 亿元，较 2017 年下降 9.52%；实现营业收入 47758.3 亿元，同比下降 26.33%；实现利润总额 2124.4 亿元，同比下降 32.49%；整体毛利率 9.86%（去年同期 10.23%），较 2017 年水平略有下降。行业财务状况稳定，截至 2018 年年底，全行业的资产负债率达到 54.68%，较 2017 年上升 4.20 个百分点。

（二）细分行业运行概况

农副食品加工行业共分为 8 个细分子行业：饲料加工业，植物油加工业，制糖业，屠宰及肉制品加工业，水产品加工业，蔬菜、水果和坚果加工业，谷物磨制业以及其他农副食品加工业，下面介绍其中几个细分子行业的运行情况。

饲料加工业：全国工业饲料产值和产量上升，产业集中度继续提升。2018 年，全国饲料工业总产值 8872 亿元，同比增长 5.7%；总营业收入 8689 亿元，同比增长 6.0%，全国饲料总产量 22788 万吨，同比增长 2.8%。其中，配合饲料 20529 万吨、同比增长 4.6%，浓缩饲料 1606 万吨、同比下降 13.4%，添加剂预混合饲料 653 万吨、同比下降 5.1%。从品种来看，表现为“猪弱禽强、水产反刍快涨”，其中，猪饲料 9720 万吨、同比下降 0.9%，蛋禽饲料 2984 万吨、同比增长 1.8%，肉禽饲料 6509 万吨、同比增长 8.2%，水产饲料 2211 万吨、同比增长 6.3%，反刍动物饲料 1004 万吨、同比增长 8.9%，其他饲料 360 万吨、同比下降 10.7%。全国饲料添加剂产品总量 1094 万吨，同比增长 5.8%。从行业集中度来看，全国万吨规模以上饲料生产厂达 3742 家，比上年增加 196 家，饲料产量占总产量 94.6%，比上年增加 1.6 个百分点；其中，10 万吨规模以上厂家数量达 656 家，比上年增加 81 家，饲料产量占总产量的 49.7%，比上年增加 5.4 个百分点。全国工业饲料十强省合计产量占全国比重71.3%，比上年提高1.7个百分点。

植物油加工业：中国精制食用植物油产量连续回落，并向优势地区进一步集中，食用植物油消费量稳步上升。受供给过多的影响，2018年食用油行业的销售收入为7147.1亿元，同比下降28.3%。其中，2018年精制食用植物油产量5066.00万吨，同比下降1005.82万吨，价格也呈现持续低迷状态。从生产分步来看，2018年中国精制食用植物油产量超过百万吨的省份有17个，其中，广东、山东以及江苏分别以659.49万吨、550.94万吨和526.11万吨位居前三位；中国精制食用植物油前五省产量集中度为48.21%，较2017年46.4%提高1.8个百分点；产量主要集中分布在东南沿海地区，华北地区总产量为16923021吨，占比为33.41%，其次为华南地区9933833吨，占比为19.61%。从消费角度来看，2018年中国食用植物油消费量合计3767万吨，同比增长2.2%，整体保持平稳，消费结构主要以大豆油和菜籽油消费为主，占比分别为43%和22%。

制糖业：价格震荡下行，消费量稳中有增。受印度、泰国、欧盟增产影响，2018年全球白糖供应过剩，糖价震荡下行，全年柳糖均价6147.86元/吨，同比下滑6%。2018年中国累计进口糖280万吨，同比增长22.3%。从消费来看，整体保持平稳，主要以工业消费和民用消费（占比41%）为主，18/19榨季全国消费量1580万吨，同比增长0.64%。

屠宰及肉制品加工业：猪肉量价下跌，其他替代肉量价微增，肉制品行业集中度提升。受非洲猪瘟影响，2018年猪肉产量5404万吨，下降0.9%，均价为18.57元/公斤，较2017年下降12%。牛羊禽肉稳步增加，2018年全国牛肉产量644万吨，增长1.5%；羊肉产量475万吨，增长0.8%；禽肉产量1994万吨，增长0.6%。牛肉价格长期维持在60元/公斤以上，2018年年底为68元/公斤，较2017年年底上涨6%左右；羊肉均价为55.70元/公斤，较2017年上涨17%；牛肉均价为57.45元/公斤，较2017年上涨7%；鸡肉均价为15元/公斤左右，较2017年上涨约7%。

中国肉制品生产区域性较强，与养殖地区分布大体一致，大多集中在河北、江苏、安徽、山东、河南、湖南、四川、广东、湖北等地。随着品牌化经营战略的实施，行业开始进入整合期，龙头企业优势明显。目前，双汇独占鳌头，雨润、金锣、龙大、得利斯等肉制品品牌在保证份额的同时，奋力追赶。

水产品加工业：产量小幅下降，行业集中度提升。2018年中国水产品加工企业数量由2017年的9674个下降至2018年的9336个，水产品加工企业水产品加工能力由2017年的2926.23万吨/年下降至2018年的2892.16万吨/年，规模以上加工企业由2017年的2636个下降至2018年的2524个。水产品产量同比减少0.99%，为2653.41万吨；分产品类别来看，用于加工的淡水产品和海水产品数量分别下降，分别为554.39万吨、2099.02万吨。从价格来看，主要水产品价格以上行为主，草鱼、鲤鱼、扇贝、海参的均价同比上涨8%、10%、18%、22%，鲫鱼、鲍鱼均价小幅下行-11%、4%。

二、行业内上市公司发展概况

（一）行业内上市公司基本情况

表1　　2018年农副食品加工业上市公司发行股票概况

门　类	A、B股总数	A股股票数	B股股票数	境内总市值（亿元）	流通A股市值（亿元）	流通B股市值（亿元）
农副食品加工业	50	49	1	3817.45	3204.42	2.13
占沪深两市比重（%）	1.36	1.34	0.03	0.01	0.01	0.00

资料来源：沪深交易所，同花顺。

（二）行业内上市公司构成情况

表2　　2018年农副食品加工业上市公司构成情况

门　类	沪市			深市			ST/*ST
	仅A股	仅B股	A+B股	仅A股	仅B股	A+B股	
农副食品加工业（家）	15	0	0	33	0	1	2/3
占行业内上市公司比重（%）	30.61	0.00	0.00	67.35	0.00	2.04	0.04/0.06

资料来源：沪深交易所，同花顺。

（三）行业内上市公司融资情况

表3　　2018年农副食品加工业上市公司与沪深两市融资情况对比　　单位：家

门　类	融资家数	新股	增发	配股
农副食品加工业	1	0	1	0
沪深两市总数	358	105	238	15
占比（%）	0.28	0.00	0.42	0.00

资料来源：沪深交易所，同花顺。

（四）行业内上市公司资产及业绩情况

表 4　　2018 年农副食品加工业上市公司资产情况　　单位：亿元

指　标	2018 年	2018 年可比样本增长（%）	2017 年	2017 年可比样本增长（%）	2016 年
总资产	3264.83	12.86	2875.95	15.89	2255.59
流动资产	1410.89	9.76	1284.23	20.98	945.75
占比（%）	43.21	-1.22	44.65	1.88	41.93
非流动资产	1853.94	15.34	1591.72	12.08	1309.85
占比（%）	56.79	1.22	55.35	-1.88	58.07
流动负债	1360.13	32.20	1024.20	24.18	740.33
占比（%）	41.66	6.09	35.61	2.38	32.82
非流动负债	257.40	8.24	238.09	26.43	158.55
占比（%）	7.88	-0.34	8.28	0.69	7.03
归属于母公司股东权益	1508.44	1.16	1480.37	9.47	1251.40
占比（%）	46.20	-5.35	51.47	-3.02	55.48

资料来源：沪深交易所，同花顺。

表 5　　2018 年农副食品加工业上市公司收入实现情况　　单位：亿元

指　标	2018 年	2018 年可比样本增长（%）	2017 年	2017 年可比样本增长（%）	2016 年
营业收入	3871.09	9.55	3547.47	11.84	2833.80
利润总额	169.32	-8.29	171.71	-15.79	178.96
归属于母公司所有者的净利润	114.24	-14.96	121.81	-23.89	140.96

资料来源：沪深交易所，同花顺。

（五）利润分配情况

2018 年全年农副食品加工业上市公司中共有 31 家公司实施了分红配股。其中，30 家上市公司已经实施送股或转增股。

2018 年农副食品加工业上市公司分红明细见附录。

（六）其他财务指标情况

1. 盈利能力指标

表 6　　2018 年农副食品加工业上市公司盈利能力情况

指　标	2018 年	2018 年可比样本变动	2017 年	2017 年可比样本变动	2016 年
毛利率（%）	14.79	-0.45	15.46	0.75	14.39
净资产收益率（%）	7.57	-1.44	8.23	-3.61	11.26
销售净利率（%）	3.32	-0.85	3.74	-1.67	5.34
资产净利率（%）	4.17	-1.31	4.95	-2.52	7.20

资料来源：沪深交易所，同花顺。

2. 偿债能力指标

表 7　　2019 年农副食品加工业上市公司偿债能力指标

指　标	2018 年	2018 年可比样本变动	2017 年	2017 年可比样本变动	2016 年
流动比率	1.04	-0.21	1.25	-0.03	1.28
速动比率	0.64	-0.14	0.78	-0.02	0.80
资产负债率（%）	49.54	5.76	43.89	3.07	39.85

资料来源：沪深交易所，同花顺。

3. 营运能力指标

表 8　　2018 年农副食品加工业上市公司营运能力情况　　单位：次

营运能力指标	2018 年	2018 年可比样本变动	2017 年	2017 年可比样本变动	2016 年
存货周转率	6.45	-0.32	6.81	-0.70	7.70
应收账款周转率	28.41	-1.91	30.02	-0.99	30.77
流动资产周转率	2.87	-0.14	3.02	-0.17	3.18
固定资产周转率	4.38	-0.21	4.61	-0.15	4.63
总资产周转率	1.26	-0.06	1.32	-0.06	1.35
净资产周转率	2.37	0.08	2.30	-0.02	2.23

资料来源：沪深交易所，同花顺。

三、重点上市公司介绍

（一）牧原股份

牧原股份是集饲料加工、生猪育种、种猪扩繁、商品猪饲养、屠宰加工为一体的农业产业化国家重点龙头企业，主营业务为种猪和商品猪的养殖与销售，主要产品为种猪、商品猪。2018 年公司共销售生猪 1101.1 万头，同比增长 52.14%；其中，商品猪 1010.9 万头，仔猪 86.4 万头，种猪 3.8 万头；实现营业收入 133.88 亿元，同比增长 33.32%；2018 年公司实现归属于母公司所有者的净利润 5.20 亿元，同比下降 78.01%。公司业绩下滑主要系猪肉价格下行所致，全年商品猪销售均价为11.62元/公斤，较2017年下降19.70%。作为行业自繁自养龙头，公司拥有充裕的种猪资源、土地储备和在建工程项目，且在加速跑马圈地，成本优势明显，未来有望发展成为中国领先的生猪养殖、销售龙头。

（二）中宠股份

公司是一家全球宠物食品领域多元化品牌运营商，旗下有“Wanpy”“ZEAL?”“Dr. Hao”“King Kitty”“中宠”“Jerky Time”“Sea Kingdom”“脆脆香”以及“Happy100”等自主品牌，主要从事犬用及猫用宠物食品的研发、生产和销售，具体产品涵盖零食和主粮两大类。2018年，公司实现营业收入141225.83万元，同比增长39.09%；营业利润6551.54万元，同比减少42.01%；利润总额6789.52万元，同比减少38.79%；实现归属于上市公司股东的净利润5644.47万元，同比减少23.39%。

公司海外市场发展良好，2018年公司海外实现主营业务收入116026.60万元，同比增长35.02%；境内实现主营业务收入25199.23万元，同比增长61.54%。中国宠物市场正迎来快速发展阶段，公司在巩固国外市场的基础上，充分挖掘公司自主品牌的优势，不断拓展国内市场，与阿里巴巴、苏宁达成战略合作，组建南京云吸猫、中宠颂智以及威海好宠等电商团队，负责重点推进线上渠道的拓展，不断提升市场占有率，未来有望发展成为中国领先的宠物食品龙头公司。

（三）生物股份

公司主要从事兽用生物制品的研发、生产与销售，产品种类涵盖猪、禽、宠物和反刍类四大系列100余种动物疫苗。公司拥有农业部口蹄疫和高致病性禽流感两大强制免疫疫苗的定点生产资质，工艺技术和产品质量保持国内领先水平。2018年，受非洲猪瘟影响拖累公司业绩，公司实现营业收入189661万元，同比减少0.23%，其中，生物制药营业收入为184882万元；实现归属于上市公司股东的净利润75447万元，同比减少13.29%。尽管下游去产能化对公司短期业绩造成了一定影响，但是行业对于生物安全的重视以及养殖规模化的趋势不改，优质疫苗的需求不改。随着公司产品梯队不断健全，销售和技术服务方案的完善，研发端不断加码，公司有望继续夯实动物保护行业龙头地位。

四、上市公司在行业中的影响力

2018年，农副食品加工行业规模以上企业实现资产总额30808.6亿元，较2017年下降9.52%；行业内上市公司总资产3264.83亿元，较2017年增长12.86%，上市公司总资产占行业总资产10.60%，较2017年增加2.10个百分点。

2018年，农副食品加工行业规模以上企业实现营业收入47758.3亿元，较2017年下降26.33%；行业内上市公司营业收入 3869.28 亿元，较 2017 年增长 9.55%，上市公司总收入占行业总收入为 8.10%，较 2017 年增加 2.65 个百分点。

2018 年，农副食品加工行业规模以上企业实现利润总额 2124.4 亿元，较 2017 年下降 32.49%。行业内上市公司利润总额 169.31 亿元，较 2017 年减少 8.31%，上市公司总利润占行业总利润 7.97%，较 2017 年增加 2.10 个百分点。

总体来讲，上市公司盈利能力好于行业整体，总资产、营业收入、利润总额占行业比重继续上升，行业集中度进一步提高。

审稿人：金晟哲

撰稿人：宋星琦

食品制造业

一、食品制造业总体概况

（一）行业整体运行情况

2018 年宏观经济增速继续放缓，食品制造业属于稳健刚需，仍保持一定景气态势。从行业整体来看，需求端继续承压，营收和利润增速小幅下滑。2018 年，全行业规模以上企业 8981 家，资产总额 15641.90 亿元，较 2017 年增长 7.00%；实现营业收入 18679.80 亿元，较 2017 年增长 7.30%，增速较同期下降 1.00 个百分点；实现利润总额 1552.20 亿元，较 2017 年增长 6.10%，增速较同期下行 0.60 个百分点。行业整体毛利率 21.62%，销售利润率 8.31%，总体盈利能力有小幅提高，消费升级趋势延续。截至 2018 年年底，全行业的资产负债率为 45.91%，较 2017 年上升 1.23 个百分点，整体财务状况保持相对稳定。

（二）细分行业运行概况

食品制造业共分为 7 个细分子行业：焙烤食品制造业、糖果、巧克力及蜜饯制造业、方便食品制造业、调味品发酵制品业、乳制品制造业、罐头食品制造业和其他食品制造业。其中，其他制品制造业包括营养食品制造业、保健食品制造业、冷冻饮品及食用冰制造业、盐加工业、食品及磁疗添加剂制造业等。

以烘焙食品和乳制品为例：烘焙食品主要包括面包、糕点、饼等几大类产品，作为休闲食品的重要子分类广受消费者欢迎。中国烘焙行业起步相对较晚，但发展较快，2013～2018 年 GAGR 为 11.3%，2018 年市场规模约 2089 亿元，同比增长 11.3%。中国烘焙行业的集中度较低，2018 年 CR5 约为 10.7%，其中行业龙头达利园市占率约为 4.0%，桃李面包和盼盼分列市场份额的二、三位，占比为 3.2%和 1.3%。乳制品行业方面，根据 Euromonitor，2018 年零售额 3977 亿，同比增长 6.0%，2013～2018 年 CAGR 为 5.2%，预计 2018～2021 年 CAGR 约 6.0%。

竞争格局上，龙头企业市占率提升较快且较为集中，2018 年伊利和蒙牛市占率合计 46.2%，相比 2013 年的市占率提高 11.1 个百分点。

二、行业内上市公司发展概况

（一）行业内上市公司基本情况

表 1　　2018 年食品制造业上市公司发行股票概况

门　类	A、B 股总数	A 股股票数	B 股股票数	境内总市值（亿元）	流通 A 股市值（亿元）	流通 B 股市值（亿元）
食品制造业	41	41	0	5881.00	5403.97	0.00
占沪深两市比重（%）	1.14	1.14	0.00	0.01	0.02	0.00

资料来源：沪深交易所，同花顺。

（二）行业内上市公司构成情况

表 2　　2018 年食品制造业上市公司构成情况

门　类	沪市			深市			ST/*ST
	仅 A 股	仅 B 股	A＋B 股	仅 A 股	仅 B 股	A＋B 股	
食品制造业（家）	22	0	0	19	0	0	0/1
占行业内上市公司比重（%）	53.66	0.00	0.00	46.34	0.00	0.00	0.00/0.02

资料来源：沪深交易所，同花顺。

（三）行业内上市公司融资情况

表 3　　2018 年食品制造业上市公司与沪深两市融资情况对比　　单位：家

门　类	融资家数	新股	增发	配股
食品制造业	3	1	2	0
沪深两市总数	358	105	238	15
占比（%）	0.84	0.95	0.84	0.00

资料来源：沪深交易所，同花顺。

其中，首发的 1 家公司在上交所上市；增发的 2 家公司中，有 1 家沪市、1 家创业板公司。

从融资效果来看，上述公司实际发行数量为 27924 万股；实际募集资金 16.27 亿元，基本完成了融资计划。

2018 年食品制造业上市公司融资情况明细见附录。

（四）行业内上市公司资产及业绩情况

表 4　　2018 年食品制造业上市公司资产情况　　单位：亿元

指　标	2018 年	2018 年可比样本增长（%）	2017 年	2017 年可比样本增长（%）	2016 年
总资产	2411.33	10.50	2195.96	12.87	1904.65
流动资产	1166.01	1.67	1158.23	20.79	939.52
占比（%）	48.36	-4.20	52.74	3.46	49.33
非流动资产	1245.32	20.28	1037.73	5.17	965.13
占比（%）	51.64	4.20	47.26	-8.46	50.67
流动负债	833.31	9.05	768.93	22.29	614.27
占比（%）	34.56	-0.46	35.02	2.70	32.25
非流动负债	176.06	30.17	135.69	-4.65	140.82
占比（%）	7.30	1.10	6.18	-1.13	7.39
归属于母公司股东权益	1324.99	7.72	1238.41	10.09	1100.13
占比（%）	54.95	-1.42	56.40	-1.42	57.76

资料来源：沪深交易所，同花顺。

表 5　　2018 年食品制造业上市公司收入实现情况　　单位：亿元

指　标	2018 年	2018 年可比样本增长（%）	2017 年	2017 年可比样本增长（%）	2016 年
营业收入	2323.69	11.90	2068.85	14.87	1763.41
利润总额	236.30	12.21	210.47	10.64	183.85
归属于母公司所有者的净利润	191.74	12.92	169.65	11.47	147.19

资料来源：沪深交易所，同花顺。

（五）利润分配情况

2018 年全年食品制造业上市公司中共有 32 家公司实施了分红配股。29 家公司仅实施派息，3 家公司既实施了送股、转增，又实施了派息。

2018 年食品制造业上市公司分红明细见附录。

（六）其他财务指标情况

1. 盈利能力指标

表 6　　2018 年食品制造业上市公司盈利能力情况

指　标	2018 年	2018 年可比样本变动	2017 年	2017 年可比样本变动	2016 年
毛利率（%）	35.12	0.62	34.42	-1.24	35.34
净资产收益率（%）	14.47	0.67	13.70	0.17	13.38
销售净利率（%）	8.39	-0.03	8.45	-0.26	8.61
资产净利率（%）	8.49	0.00	8.44	0.12	8.23

资料来源：沪深交易所，同花顺。

2. 偿债能力指标

表 7　　2018 年食品制造业上市公司偿债能力指标

指　标	2018 年	2018 年可比样本变动	2017 年	2017 年可比样本变动	2016 年
流动比率	1.40	-0.10	1.51	-0.02	1.53
速动比率	1.10	-0.12	1.21	0.01	1.21
资产负债率（%）	41.86	0.64	41.19	1.56	39.64

资料来源：沪深交易所，同花顺。

3. 营运能力指标

表 8　　2018 年食品制造业上市公司营运能力情况　　单位：次

营运能力指标	2018 年	2018 年可比样本变动	2017 年	2017 年可比样本变动	2016 年
存货周转率	6.38	-0.16	6.38	0.55	5.85
应收账款周转率	18.31	0.24	17.36	-0.22	17.54
流动资产周转率	2.01	0.03	1.95	0.00	1.96
固定资产周转率	3.40	0.22	3.18	0.29	2.90
总资产周转率	1.01	0.00	1.00	0.04	0.96
净资产周转率	1.73	0.03	1.68	0.06	1.62

资料来源：沪深交易所，同花顺。

三、重点上市公司介绍

（一）涪陵榨菜

涪陵榨菜是一家以榨菜为根本，立足于佐餐开胃菜领域快速发展的农业产业化企业集团。公司拥有多款产品，其中，乌江系列榨菜、惠通系列泡菜是公司主导产品。涪陵榨菜占据青菜头优质原产地，具有很大的地理优势，通过 30 年的发展，具有很高的市场占有率和品牌知名度，2018 年在包装酱腌菜行业市占率为 40.0%，位居第一。

酱腌菜是以可食蔬菜为主要原料，经不同的腌制工艺制作的各种蔬菜制品的总称。榨菜是酱腌菜中的主要子品类，与德国甜酸甘蓝、法国酸黄瓜并列为世界三大名腌菜。目前，中国榨菜企业众多，随着竞争加剧，行业整合将会不断涌现，行业集中度将进一步提高。2018 年中国榨菜行业规模达 60.04 亿元，近 5 年复合增速约 9.70%，随着消费者对食品健康、卫生和品质等要求的提高，预计未来行业产值仍会保持较快的增长趋势。

2018 年，公司实现营业收入为 19.14 亿元，较 2017 年增长 25.92%；实现利润总额 7.86 亿元，较 2017 年增长 67.31%；

归属母公司净利润为6.62亿元，较2017年增长59.78%。2018年综合毛利率为55.76%，较2017年同期上升7.54个百分点；归母净利率为34.57%，较2017年提升7.33个百分点。

（二）伊利股份

伊利集团稳居全球乳业第一阵营，蝉联亚洲乳业第一，也是中国规模最大、产品品类最全的乳制品企业。公司生产和销售“伊利”牌液态奶、酸奶、冰淇淋、奶粉等1000多种产品。根据Euromonitor，2018年公司在乳制品行业中市占率达到23.6%，相对于2013年提升5.9个百分点。随着人们消费水平的提升以及对生活品质有更高的要求，健康、营养的乳制品可能更受消费者青睐，预计国内乳制品行业仍将维持增长。根据Euromonitor预测，2018~2023年国内乳制品市场规模复合增速将达6.00%，至2023年规模将增至5321亿元。

分产品品类来看，2018年公司液态乳营业收入达到656.79亿元，5年复合增速12.09%；奶粉及奶制品营业收入80.45亿元，5年复合增速7.86%；冷饮营业收入49.97亿元，5年复合增速3.33%。在传统奶业的基础上，伊利加大力度向多元化方向发展，2018年公司在已有的大事业部基础上，新成立健康饮品和奶酪事业部，希望通过多年品牌培育经验和完善的渠道销售网络复制公司乳制品成长路径，使公司成为像达能、雀巢一样的健康食品大平台。

2018年，公司实现营业收入795.53亿元，较2017年增长16.89%；实现利润总额75.78亿元，较2017年增长7.12%；归属母公司净利润64.40亿元，较2017年增长7.31%。2018年综合毛利率为37.82%，较2017年同期提升0.54个百分点；归母净利率为8.17%，较2017年提升0.72个百分点。

四、上市公司在行业中的影响力

2018年，食品制造业行业规模以上企业实现资产总额15641.90亿元，较2017年增长7.00%；行业内上市公司总资产2343.22亿元，2018年可比样本较2017年增长10.63%，上市公司总资产占行业总资产的14.98%。

2018年，食品制造业行业规模以上企业实现营业收入18679.80亿元，较2017年增长7.30%；行业内上市公司营业收入2246.62亿元，2018年可比样本较2017年增长12.05%，上市公司总收入占行业总收入的12.03%。

2018年，食品制造业行业规模以上企业实现利润总额1552.20亿元，较2017年增长6.10%。行业内上市公司利润总额224.64亿元，2018年可比样本较2017年增长12.02%，上市公司总利润占行业总利润的14.47%。

审稿人：薛　缘
撰稿人：印高远

酒、饮料和精制茶制造业

一、酒、饮料和精制茶制造业总体概况

（一）行业整体运行情况

2018年，外部贸易战叠加内部宏观经济下行，国内消费压力仍大，但不改结构优化趋势。从社会零售数据来看，增速换档、势能减弱，2018年社会零售增速8.98%，增速相较2017年下降1.22%。可选消费如烟酒、饮料在2018年2～5月份均出现了同比增速走弱的状况。中国虽已进入经济新常态，宏观经济下行压力仍在，但消费升级趋势不减，行业发生结构性变化。此外，减税降费等边际利好亦释放消费新动能。2018年消费升级趋势带来行业平均单价提升，龙头企业依靠渠道深耕市占率提升带来盈利能力改善。

截至2018年12月31日，酒、饮料和精制茶制造业全行业规模以上企业有6805家，企业单位数较2017年减少4.45%；全行业资产总额17688.7亿元，较2017年增长4.42%；全行业合计实现营业收入15534.9亿元，较2017年下滑12.99%；实现利润总额2094.3亿元，较2017年增长3.81%，全行业财务状况基本保持稳定。

（二）细分行业运行概况

2018年白酒行业在中美贸易战不确定下延续结构升级和头部集中趋势，龙头保持理性保证行业维持较高景气度。名优酒企量价齐升，结构升级叠加规模扩张继续贡献毛利率和净利率提升。

而其他细分行业如啤酒、红酒、黄酒和软饮料行业仍处于蓄势调整阶段。成本端，2018上半年成本上涨压力较大，但从下半年开始重要原材料如玻璃、瓦楞纸等价格有不同程度回调，一定程度上减缓成本压力。

二、行业内上市公司发展概况

（一）行业内上市公司基本情况

表1　2018年酒、饮料和精制茶制造业上市公司发行股票概况

门　类	A、B股总数	A股股票数	B股股票数	境内总市值（亿元）	流通A股市值（亿元）	流通B股市值（亿元）
酒、饮料和精制茶制造业	44	42	2	14903.62	14017.18	71.30
占沪深两市比重（%）	1.20	1.15	0.05	0.03	0.04	0.05

资料来源：沪深交易所，同花顺。

（二）行业内上市公司构成情况

表 2　　2018 年酒、饮料和精制茶制造业上市公司构成情况

门　类	沪市			深市			ST/*ST
	仅 A 股	仅 B 股	A+B 股	仅 A 股	仅 B 股	A+B 股	
酒、饮料和精制茶制造业（家）	27	0	0	13	0	2	0/2
占行业内上市公司比重（%）	64.29	0.00	0.00	30.95	0.00	4.76	0.00/0.05

资料来源：沪深交易所，同花顺。

（三）行业内上市公司融资情况

表 3　　2018 年酒、饮料和精制茶制造业上市公司与沪深两市融资情况对比　　单位：家

门　类	融资家数	新股	增发	配股
酒、饮料和精制茶制造业	4	1	3	0
沪深两市总数	358	105	238	15
占比（%）	1.12	0.95	1.26	0.00

资料来源：沪深交易所，同花顺。

其中，首发的 1 家公司在沪市；增发的 3 家公司中，有 2 家沪市、1 家深市。

从融资效果来看，上述公司实际发行数量为 11044560.57 万股；实际募集资金 8482.06 亿元，基本完成了融资计划。

2018 年酒、饮料和精制茶制造业上市公司融资情况明细见附录。

（四）行业内上市公司资产及业绩情况

表 4　　2018 年酒、饮料和精制茶制造业上市公司资产情况　　单位：亿元

指　标	2018 年	2018 年可比样本增长（%）	2017 年	2017 年可比样本增长（%）	2016 年
总资产	5601.71	14.82	4802.28	15.07	4147.89
流动资产	4160.38	19.90	3367.49	18.46	2825.06
占比（%）	74.27	3.15	70.12	2.00	68.11
非流动资产	1441.32	2.31	1434.80	7.84	1322.83
占比（%）	25.73	-3.15	29.88	-2.00	31.89
流动负债	1619.43	14.43	1429.76	13.94	1243.32
占比（%）	28.91	-0.10	29.77	-0.30	29.97

续表

指　标	2018 年	2018 年可比样本增长（%）	2017 年	2017 年可比样本增长（%）	2016 年
非流动负债	123.81	4.88	111.69	-3.43	114.97
占比（%）	2.21	-0.21	2.33	-0.45	2.77
归属于母公司股东权益	3752.86	15.78	3158.69	16.12	2707.16
占比（%）	67.00	0.56	65.77	0.59	65.27

资料来源：沪深交易所，同花顺。

表 5　　2018 年酒、饮料和精制茶制造业上市公司收入实现情况　　单位：亿元

指　标	2018 年	2018 年可比样本增长（%）	2017 年	2017 年可比样本增长（%）	2016 年
营业收入	2933.07	18.28	2392.39	18.93	1984.33
利润总额	1081.90	30.41	797.73	40.49	564.17
归属于母公司所有者的净利润	768.54	30.46	565.42	40.45	399.60

资料来源：沪深交易所，同花顺。

（五）利润分配情况

2018 年全年酒、饮料和精制茶制造业上市公司中共有 33 家公司实施了分红配股。其中，3 家上市公司实施送股或转增股，33 家上市公司实施派息，其中，3 家公司既实施了送股、转增，又实施了派息。

2018 年酒、饮料和精制茶制造业上市公司分红明细见附录。

（六）其他财务指标情况

1. 盈利能力指标

表 6　　2018 年酒、饮料和精制茶制造业上市公司盈利能力情况

指　标	2018 年	2018 年可比样本变动	2017 年	2017 年可比样本变动	2016 年
毛利率（%）	67.38	3.53	64.46	3.17	61.55
净资产收益率（%）	20.48	2.30	17.90	3.10	14.76
销售净利率（%）	27.47	2.63	24.74	3.92	20.95
资产净利率（%）	15.37	1.94	13.19	2.43	10.74

资料来源：沪深交易所，同花顺。

2. 偿债能力指标

表 7　2018 年酒、饮料和精制茶制造业上市公司偿债能力指标

指　标	2018 年	2018 年可比样本变动	2017 年	2017 年可比样本变动	2016 年
流动比率	2.57	0.12	2.36	0.09	2.27
速动比率	1.93	0.15	1.70	0.14	1.57
资产负债率（%）	31.12	-0.31	32.10	-0.74	32.75

资料来源：沪深交易所，同花顺。

3. 营运能力指标

表 8　2018 年酒、饮料和精制茶制造业上市公司营运能力情况　单位：次

营运能力指标	2018 年	2018 年可比样本变动	2017 年	2017 年可比样本变动	2016 年
存货周转率	0.96	0.03	0.94	0.03	0.89
应收账款周转率	103.58	9.73	93.85	14.88	78.65
流动资产周转率	0.77	0.00	0.77	0.00	0.77
固定资产周转率	3.34	0.55	2.80	0.28	2.49
总资产周转率	0.56	0.03	0.53	0.02	0.51
净资产周转率	0.81	0.03	0.79	0.03	0.75

资料来源：沪深交易所，同花顺。

三、重点上市公司介绍

（一）贵州茅台

2018 年贵州茅台实现营业收入 771.99 亿元，同比增长 26.43%；归母净利润 352.04 亿元，同比增长 30%；扣非归母净利润 355.85 亿元，同比增长 30.71%。

2018 年公司酒类营业收入 735.65 亿元，同比增长 26.47%。其中，茅台酒营业收入 654.87 亿元，同比增长 24.99%，全年茅台酒投放量 3.25 万吨，同比增长 7.48%，吨价 201.7 万元，同比增长 16.29%，提价驱动吨价提升。期末预收款 135.77 亿元，同比减少 8.53 亿元。其他系列酒营收 80.77 亿元，同比增长 39.88%，2019 年公司将坚持“建网络、抓陈列、搞品鉴、塑品牌”四大工程，在销量 3 万吨不变的情况下，实现 100 亿元的销售目标，不再新招商，2019 年系列酒价格提升，做大单品可期。

2018 年毛利率 91.14%，同比增长 1.35%，其中，茅台酒毛利率 93.74%，同比增长 0.92%，主要是提价贡献，其

他系列酒毛利率 71.05%，同比增长 8.3%，主要是吨价同比提升 40%。销售费用率 3.33%，同比下降 1.56%，广告宣传及市场拓展费用 19.7 亿元，同比下降 16.6%，费效比领跑行业，彰显公司长久累积的品牌力。

（二）五粮液

2018 年五粮液实现营业收入 400.3 亿元，同比增长 32.6%；归母净利润 133.8 亿元，同比增长 38.4%；扣非净利润 134.0 亿元，同比增长 39.0%。

自李曙光 2017 年 3 月担任集团董事长以来，公司体制逐渐理顺，营销改革持续落地。公司 2018 年全年酒类营收 377.5 亿元，同比增长 34.4%。其中，高价位酒营收 301.9 亿元，同比增长 41.1%，中低价位酒营收 75.6 亿元，同比增长 12.9%。全年高端五粮液系列投放量 2 万吨，同比增长 25%。系列酒预计接近完成百亿元目标。公司在宏观经济形势波动期间呈现出供需两旺的局面，主要是因为：（1）行业消费升级持续，且在行业增速换档期加速向头部品牌集中，五粮液作为千元价格带第一品牌，旺季放量明显；2018 年四季度起茅台供应偏紧、批价高也为公司提供了较有利的外部环境。（2）2018 年 6 月普通五粮液停货，三季度清理渠道库存，四季度旺季动销提升，环比提速。

毛利率与费效比同升，消费税基数消化完毕。2018 年酒类毛利率 77.6%（增长 0.88%），主因普通五粮液平均打款价提升且普通五粮液“1 + 3”上沿产品占比提升。销售费用率 9.44%，同比降低 2.57%，销售综合费用 32.8 亿元，同比几乎持平，费效比提升。2018 年圆满收官，公司从产品体系、品质、现代营销体系、品牌传播四大方面强化品牌大建设，实现品牌价值强势回归。

四、上市公司在行业中的影响力

2018 年，全行业资产总额 17688.7 亿元，较 2017 年增长 4.42%；全行业合计实现营业收入 15534.9 亿元，较 2017 年下滑 12.99%。行业内上市公司总资产为 5666.40 亿元，2018 年可比样本较 2017 年增长 17.99%；上市公司实现营业收入 3005.00 亿元，2018 年可比样本较 2017 年增长 27.12%；上市公司实现利润总额 1085.29 亿元，2018 年可比样本较 2017 年增长 36.05%。

从经营情况来看，上市公司的总资产增速、营业收入增速、利润总额增速均有所加速，且盈利能力有较大幅度提升。

审稿人：董岚枫　王　勇
撰稿人：李　旻　杨默曦

纺织业

一、纺织业总体概况

2018年，中国纺织行业面临的外部形势总体较为复杂，发展压力有所加大。全行业坚持贯彻稳中求进的工作总基调，积极深化供给侧结构性改革，大力推动高质量发展，着力化解各种外部风险。纺织行业经济运行态势基本正常，与行业所处的外部环境及自身发展阶段总体相符，主要运行指标增长水平大体符合预期，企业景气情况较为平稳，高质量发展特征逐步显现。

（一）生产缓中有进

2018年，全国3.7万户规模以上纺织企业工业增加值同比增长2.9%，较2017年放缓1.9个百分点。分行业来看，除棉纺织及印染精加工行业外，其他主要子行业生产均保持较好增长态势，化纤行业工业增加值同比增长7.6%，服装、家纺和产业用纺织品行业工业增加值同比分别增长4.4%、3.7%和8.6%，纺机行业工业增加值同比增长9.5%。

（二）内销快速增长

2018年，全国限额以上服装鞋帽、针纺织品类零售额同比增长8%，增速较2017年提高0.2个百分点。网上零售继续保持快速增长，2018年全国网上穿着类商品零售额同比增长22%，增速高于2017年1.7个百分点。

（三）出口持续回暖

2018年中国纺织品服装出口总额为2767.3亿美元，同比增长3.5%，增速较2017年提高2个百分点。其中，纺织品国际竞争力稳定，出口额同比增长8.1%，增速高于2017年3.6个百分点，占纺织品服装出口总额的比重由2017年的41.12%提高到43%。

（四）质效稳步提升

2018年，全国规模以上纺织企业累计实现主营业务收入53703.5亿元，同比增长2.9%，增速较2017年放缓1.3个百分点；实现利润总额2766.1亿元，同比增长8.0%，增速较2017年同期加快1.1个百分点；企业销售利润率为5.2%，较2017年提高0.2个百分点。其中，化纤行业主营业务收入和利润总额同比分别增长12.4%和10.3%，成为纺织行业经济增长的重要支撑。

（五）投资稳中有增

2018年，纺织全行业固定资产投资

完成额同比增长5.0%，较2017年略下降0.2个百分点。分行业来看，纺织业固定资产投资完成额同比增长5.1%；化纤业固定资产投资完成额同比增长29.0%，连续8个月保持高速增长；服装业固定资产投资完成额同比减少1.5%，但同比降幅呈现整体收窄走势。

二、行业内上市公司发展概况

（一）行业内上市公司基本情况

表1　　2018年纺织业上市公司发行股票概况

门　类	A、B股总数	A股股票数	B股股票数	境内总市值（亿元）	流通A股市值（亿元）	流通B股市值（亿元）
纺织业	42	40	2	1497.68	1193.24	22.59
占沪深两市比重（%）	1.15	1.09	0.05	0.00	0.00	0.02

资料来源：沪深交易所，同花顺。

（二）行业内上市公司构成情况

表2　　2018年纺织业上市公司构成情况

门　类	沪市			深市			ST/*ST
	仅A股	仅B股	A+B股	仅A股	仅B股	A+B股	
纺织业（家）	17	0	1	21	0	1	0/2
占行业内上市公司比重（%）	42.50	0.00	2.50	52.50	0.00	2.50	0.00/0.05

资料来源：沪深交易所，同花顺。

（三）行业内上市公司融资情况

表3　　2018年纺织业上市公司与沪深两市融资情况对比　　单位：家

门　类	融资家数	新股	增发	配股
纺织业	3	0	3	0
沪深两市总数	358	105	238	15
占比（%）	0.84	0.00	1.26	0.00

资料来源：沪深交易所，同花顺。

其中，2018年无首发上市公司；增发的3家公司中，有1家沪市主板公司、2家深市中小板公司。

从融资效果来看，上述公司实际发行数量为22559.66万股；实际募集资金210528亿元，基本完成了融资计划。

2018 年纺织业上市公司融资情况明细见附录。

（四）行业内上市公司资产及业绩情况

表 4　　2018 年纺织业上市公司资产情况　　单位：亿元

指　标	2018 年	2018 年可比样本增长（%）	2017 年	2017 年可比样本增长（%）	2016 年
总资产	1838.79	5.20	1705.43	10.45	1567.89
流动资产	1000.02	7.62	895.68	15.73	764.96
占比（%）	54.38	1.22	52.52	2.39	48.79
非流动资产	838.76	2.45	809.75	5.15	802.93
占比（%）	45.62	-1.22	47.48	-2.39	51.21
流动负债	746.95	15.55	624.92	10.15	557.35
占比（%）	40.62	3.64	36.64	-0.10	35.55
非流动负债	117.03	-7.89	125.52	-14.54	154.30
占比（%）	6.36	-0.90	7.36	-2.15	9.84
归属于母公司股东权益	938.28	-0.03	920.42	14.78	827.19
占比（%）	51.03	-2.67	53.97	2.04	52.76

资料来源：沪深交易所，同花顺。

表 5　　2018 年纺织业上市公司收入实现情况　　单位：亿元

指　标	2018 年	2018 年可比样本增长（%）	2017 年	2017 年可比样本增长（%）	2016 年
营业收入	1206.66	7.16	1075.20	16.22	887.57
利润总额	61.43	-31.94	87.08	16.88	67.77
归属于母公司所有者的净利润	42.42	-39.77	68.22	20.74	51.14

资料来源：沪深交易所，同花顺。

（五）利润分配情况

2018 年全年纺织业上市公司中共有 30 家公司实施了利润分配。其中，5 家上市公司实施送股或转增股，30 家上市公司实施派息，5 家公司既实施了送股、转增，又实施了派息。

2018 年纺织业上市公司分红明细见附录。

（六）其他财务指标情况

1. 盈利能力指标

表 6　2018 年纺织业上市公司盈利能力情况

指　标	2018 年	2018 年可比样本变动	2017 年	2017 年可比样本变动	2016 年
毛利率（%）	20.55	-0.18	20.78	-0.68	20.63
净资产收益率（%）	4.52	-2.98	7.41	0.37	6.18
销售净利率（%）	3.76	-2.79	6.62	0.24	5.98
资产净利率（%）	2.53	-1.95	4.38	0.38	3.53

资料来源：沪深交易所，同花顺。

2. 偿债能力指标

表 7　2018 年纺织业上市公司偿债能力指标

指　标	2018 年	2018 年可比样本变动	2017 年	2017 年可比样本变动	2016 年
流动比率	1.34	-0.10	1.43	0.07	1.37
速动比率	0.83	-0.09	0.91	0.02	0.92
资产负债率（%）	46.99	2.73	44.00	-2.25	45.39

资料来源：沪深交易所，同花顺。

3. 营运能力指标

表 8　2018 年纺织业上市公司营运能力情况　单位：次

营运能力指标	2018 年	2018 年可比样本变动	2017 年	2017 年可比样本变动	2016 年
存货周转率	2.70	-0.29	2.89	0.14	2.75
应收账款周转率	7.32	-0.36	7.48	-0.18	7.45
流动资产周转率	1.25	-0.07	1.29	0.03	1.21
固定资产周转率	2.47	0.02	2.36	0.24	2.09
总资产周转率	0.67	-0.01	0.66	0.04	0.59
净资产周转率	1.24	-0.01	1.20	0.02	1.09

资料来源：沪深交易所，同花顺。

三、重点上市公司介绍

（一）健盛集团

健盛集团是一家专业生产制造各类袜子及无缝内衣的现代化织袜企业。2015 年上市后，公司积极探索自有品牌的发展，较早地引进了世界先进的棉袜、无缝内衣生产设备，并引入日本的生产技术和工艺流程。多年生产经验的积累，先进的设备规模优势，优秀的生产管理及员工队伍确保了公司在棉袜、无缝内衣生产制造领域的领先地位。

公司销售方面以外贸出口为主，产品主要销往欧洲、日本、澳大利亚、美国等国际市场，目前主要经营模式为以 ODM、OEM 的方式为世界知名品牌商和零售商自有品牌提供专业服务。在巩固发展外贸市场的同时，公司尝试开拓国内市场自有品牌的销售。2018 年公司外贸销售实现 13.4 亿元，国内市场销售中贴牌业务实现销售 2.21 亿元，自有品牌实现销售 1154 万元。自有品牌以 Jasan Home 品牌为主，由公司自行组织研发设计、组织生产及对外销售，主要通过实体门店、渠道商经销和线上销售等方式完成。

2018 年公司实现销售 15.77 亿元，同比增长 38.62%，实现归母净利润 2.06 亿元，同比增长 56.98%。

（二）台华新材

台华新材是一家中外合资股份有限公司，下属包括从事纺丝、织造、染整业务的多家控股子公司。目前公司已形成锦纶纺丝、织造、染色及后整理等完整的锦纶纺织产业链，主要从事锦纶长丝、锦纶坯布和锦纶成品面料的研发、生产和销售，是国内为数不多的锦纶全产业链生产企业。

公司经过多年发展，培育了稳定的客户群，在客户中形成了较高的美誉度，优势稳定的客户资源为公司稳定发展建立了基础。近年来公司凭借产品开发优势、技术优势、产业链优势和产品质量优势，赢得了如迪卡侬、安踏、美国维克罗、探路者、C&A、H&M、海澜之家、乔丹等国内外知名品牌客户的信任，并与之建立了稳定的合作关系。通过与品牌客户合作、共同研究流行趋势、合作开发新产品，公司的实力得到进一步提升，成功跻身国内外同行前列，产品远销世界各地。

2018 年，公司实现营业收入 29.74 亿元，较 2017 年同期增长 9.01%；实现归属于母公司股东的净利润 3.45 亿元，比 2017 年同期减少 5.98%。

四、上市公司在行业中的影响力

2016～2018 年，纺织行业规模以上工业企业总资产分别为 24726.4 亿元、24272.3 亿元和 21819.8 亿元，其中，上市公司的总资产占行业整体的比重分别为 6.24%、7.2%和 8.43%。

2016～2018 年，纺织行业规模以上工业企业主营业务收入总额分别为 40869.7 亿元、37976.7 亿元和 27242.3 亿元，其中，上市公司的主营收入占行业整体的比重逐年上升，2016 年为 2.26%，2017 年为 2.97%、2018 年为 4.43%。

2016～2018 年，纺织行业整体利润总额分别为 2194.1 亿元、1976.5 亿元和 1265.3 亿元，其中，上市公司的利润总额占行业整体的比重稳中有升，依次为 3.4%、4.57%和 4.86%。

审稿人：刘小勇

撰稿人：石　晋

纺织服装、服饰业

一、纺织服装、服饰业总体概况

2018年，面对内外复杂的环境和压力，中国服装行业逆势而进、创新而行，紧紧抓住新技术、新模式、新业态的变革机遇，着力科技进步和文化创新，加快转型升级步伐，加快新旧动能转换，服装产业正在由规模发展向质量发展跃变。

（一）生产基本稳定，产量小幅下降

根据国家统计局的数据，2018年服装行业规模以上企业累计完成服装产量222.74亿件，同比下降3.37%，比2017年同期回落0.75个百分点。其中，梭织服装111.57亿件，同比下降3.10%；针织服装111.17亿件，同比下降3.62%。从梭织服装各品类产量来看，羽绒服装、西服套装和衬衫产量呈不同幅度的下降，分别比2017年同期下降5.40%、2.39%和8.20%。

（二）内销保持较快增长

2018年以来，中国服装内需市场保持平稳较快增长。根据国家统计局的数据，2018年1~12月，社会消费品零售总额380987亿元，同比增长9.0%。其中，限额以上单位服装类商品零售额累计9870.4亿元，同比增长8.5%。根据国家统计局的数据，2018年1~12月，全国实物商品网上零售额70198亿元，同比增长25.4%。在实物商品网上零售额中，穿类商品同比增长22.0%，增速比2017年同期加快1.7个百分点，成为服装内销市场保持快速增长的第一驱动力。

2018年以来，全国服装类商品零售价格指数和居民衣着类价格消费指数延续2017年温和的增长态势，增幅趋于同步，而衣着类生产者出厂价格指数比2017年同期有所回落。国家统计局的数据显示，2018年1~12月全国服装类商品零售价格同比上涨1.3%，较2017年同期提高0.2个百分点；衣着类居民消费价格同比上涨1.2%，较2017年同期回落0.1个百分点。

（三）出口止跌回升

根据中国海关的数据，2018年中国累计完成服装及衣着附件出口1576.33亿美元，同比增长0.3%，比2017年同期提升0.7个百分点。其中，针织服装出口表现优于梭织服装，中国针织服装及衣着附件出口733.35亿美元，同比增长2.1%，梭织服装及衣着附件出口713.02亿美元，同比下降2.9%。中国对美国、日本服装出口恢复增长，对欧盟出口降幅有所收

窄，对部分“一带一路”沿线国家出口增势较好。

（四）行业投资降幅收窄

根据国家统计局的数据，2018 年 1 ~ 12 月，中国服装行业实际完成投资同比下降 1.5%。一方面，国内受成本上涨、盈利压力加大等因素的影响，企业对上产能、补库存等项目保持谨慎态度，越来越多的优秀企业加大了海外产业投资力度；另一方面，在行业发展的新阶段，企业投资方向发生变化，更加注重供应链优化、品牌文化创意、科技创新等软实力的提升。

（五）运行质效稳中有升

2018 年以来，中国服装行业运行质量基本平稳，效益增速明显提升。根据国家统计局的数据，2018 年 1 ~ 12 月服装行业规模以上（年主营业务收入 2000 万元及以上）企业 14827 家，累计实现主营业务收入 17106.57 亿元，同比增长 4.07%；利润总额 1006.75 亿元，同比增长 10.84%；销售利润率为 5.89%，比 2017 年同期提升 0.36 个百分点；销售毛利率为 15.10%，比 2017 年同期提升 0.26 个百分点；三费比例为 9.46%，比 2017 年同期增加 0.08 个百分点。行业盈利能力和资金周转效率比 2017 年同期有所提升。

二、行业内上市公司发展概况

（一）行业内上市公司基本情况

表 1　2018 年纺织服装、服饰业上市公司发行股票概况

门　类	A、B 股总数	A 股股票数	B 股股票数	境内总市值（亿元）	流通 A 股市值（亿元）	流通 B 股市值（亿元）
纺织服装、服饰业	37	37	0	2120.37	1631.34	0.00
占沪深两市比重（%）	1.03	1.03	0.00	0.00	0.00	0.00

资料来源：沪深交易所，同花顺。

（二）行业内上市公司构成情况

表 2　2018 年纺织服装、服饰业上市公司构成情况

门　类	沪市			深市			ST/*ST
	仅 A 股	仅 B 股	A + B 股	仅 A 股	仅 B 股	A + B 股	
纺织服装、服饰业（家）	16	0	0	21	0	0	0/0
占行业内上市公司比重（%）	43.24	0.00	0.00	56.76	0.00	0.00	0.00/0.00

资料来源：沪深交易所，同花顺。

（三）行业内上市公司融资情况

表 3　　2018 年纺织服装、服饰业上市公司与沪深两市融资情况对比　　单位：家

门　类	融资家数	新股	增发	配股
纺织服装、服饰业	3	1	2	0
沪深两市总数	358	105	238	15
占比（%）	0.84	0.95	0.84	0.00

资料来源：沪深交易所，同花顺。

其中，首发的 1 家公司在主板上市；增发的 2 家公司中，有 1 家沪市公司、1 家深市中小板公司。

从融资效果来看，上述公司实际发行数量为 14628.61 万股；实际募集资金 261044.44 亿元，基本完成了融资计划。

2018 年纺织服装、服饰业上市公司融资情况明细见附录。

（四）行业内上市公司资产及业绩情况

表 4　　2018 年纺织服装、服饰业上市公司资产情况　　单位：亿元

指　标	2018 年	2018 年可比样本增长（%）	2017 年	2017 年可比样本增长（%）	2016 年
总资产	2032.50	4.44	1928.02	13.52	1555.79
流动资产	1269.98	5.53	1188.89	9.14	979.69
占比（%）	62.48	0.64	61.66	-2.47	62.97
非流动资产	762.52	2.68	739.13	21.33	576.10
占比（%）	37.52	-0.64	38.34	2.47	37.03
流动负债	667.91	9.10	608.07	14.48	471.59
占比（%）	32.86	1.40	31.54	0.27	30.31
非流动负债	178.18	8.93	163.08	6.67	142.49
占比（%）	8.77	0.36	8.46	-0.54	9.16
归属于母公司股东权益	1149.14	1.42	1120.06	13.76	913.81
占比（%）	56.54	-1.68	58.09	0.13	58.74

资料来源：沪深交易所，同花顺。

表 5　　2018 年纺织服装、服饰业上市公司收入实现情况　　单位：亿元

指　标	2018 年	2018 年可比样本增长（%）	2017 年	2017 年可比样本增长（%）	2016 年
营业收入	1555.09	6.25	1443.89	20.75	1012.86
利润总额	112.37	-24.88	143.81	9.76	113.39
归属于母公司所有者的净利润	73.50	-31.77	103.63	6.81	84.28

资料来源：沪深交易所，同花顺。

（五）利润分配情况

2018年全年纺织服装、服饰业上市公司中共有26家公司实施了利润分配。其中，2家上市公司实施送股或转增股，26家上市公司实施派息，2家公司既实施了送股、转增，又实施了派息。

2018年纺织服装、服饰业上市公司分红明细见附录。

（六）其他财务指标情况

1. 盈利能力指标

表6　　2018年纺织服装、服饰业上市公司盈利能力情况

指　标	2018年	2018年可比样本变动	2017年	2017年可比样本变动	2016年
毛利率（%）	36.29	1.98	33.75	-1.21	30.53
净资产收益率（%）	6.40	-3.11	9.25	-0.60	9.22
销售净利率（%）	4.83	-2.78	7.43	-0.75	8.34
资产净利率（%）	3.77	-2.31	5.92	-0.27	5.81

资料来源：沪深交易所，同花顺。

2. 偿债能力指标

表7　　2018年纺织服装、服饰业上市公司偿债能力指标

指　标	2018年	2018年可比样本变动	2017年	2017年可比样本变动	2016年
流动比率	1.90	-0.06	1.96	-0.10	2.08
速动比率	1.25	-0.11	1.35	-0.02	1.40
资产负债率（%）	41.63	1.76	40.00	-0.28	39.47

资料来源：沪深交易所，同花顺。

3. 营运能力指标

表8　　2018年纺织服装、服饰业上市公司营运能力情况　　单位：次

营运能力指标	2018年	2018年可比样本变动	2017年	2017年可比样本变动	2016年
存货周转率	2.44	-0.17	2.62	0.42	2.24
应收账款周转率	8.09	-1.11	9.11	-0.21	9.05
流动资产周转率	1.26	-0.01	1.27	0.09	1.10
固定资产周转率	7.27	0.06	7.19	1.18	5.49
总资产周转率	0.78	-0.02	0.80	0.04	0.70
净资产周转率	1.32	-0.01	1.33	0.04	1.17

资料来源：沪深交易所，同花顺。

三、重点上市公司介绍

（一）地素时尚

地素时尚2002年创立于中国上海，是一家多品牌运作的时尚集团。自成立以来，公司围绕中高端品牌定位，分别创立“DAZZLE”“DIAMONDDAZZLE”“d’ zzit”和“RAZZLE”4个知名服装品牌，形成对时装领域多维度、深层次的渗透。公司

通过强大的设计研发、丰富的产品组合、敏捷的供应链管理、策略性的营销网络布局、精准的品牌定位及优质客户群的培育积累，品牌影响力和市场竞争力逐渐增强，市场占有率处于行业前列，品牌风格和时尚内涵得到市场的广泛认可。

公司通过策略性发展优质经销商，填补直营终端尚未达到的市场区域，初步形成了“一二线城市为核心，三四线城市并举”的全国性营销网络规模，截至2018年12月31日，公司在全国共拥有1062个零售网点，其中，直营终端达到378家，经销终端达到684家。由于中高端品牌女装的市场定位，公司的销售终端主要位于中高端的商业物业中，2018年，公司与北京SKP、久光、王府井、伊势丹、银泰等高端百货及新鸿基、恒隆、华润、万达等在内的商业地产集团建立了合作关系。

2018年，公司实现营业收入210045.46万元，较2017年同期增加7.94%；归属于上市公司股东的净利润57410.81万元，较2017年同期增加19.59%。

（二）安奈儿

安奈儿是一家主营中高端童装业务的自有品牌服装企业，旗下拥有“Annil 安奈儿”童装品牌，从事童装产品价值链中的自主研发设计、供应链管理、品牌运营推广及直营与加盟销售等核心业务环节。公司产品涵盖大童装与小童装两大类别，包括上衣、外套、裤、裙、羽绒服、家居服等多个品类，广泛满足从初生婴儿到大龄儿童的各式衣着需求。

公司自成立以来，采取直营与加盟相结合，线上与线下互补的多元化营销网络发展模式。公司在营销网络扩张时，充分发挥品牌辐射效应，采取“国内一二线城市树品牌，其他城市促增长”的发展策略，通过在一二线城市的知名商场、购物中心设立直营门店的方式带动销售渠道的经营扩张，从而实现营销网络的合理布局和有效链接，并通过充分挖掘和利用加盟商的经营潜力，以相对较低的投入快速拓展营销渠道覆盖面。

2018年，公司实现主营业务收入12.09亿元，同比增长17.64%，其中，线上渠道实现主营业务收入4.17亿元，同比增长37.85%，线下渠道实现主营业务收入7.92亿元，同比增长9.21%；净利润8338.67万元，同比增长21.08%。

四、上市公司在行业中的影响力

2016~2018年，纺织服装、服饰业规模以上工业企业总资产分别为13955.4亿元、13924.3亿元和12515.9亿元，其中，上市公司的总资产占行业整体的比重逐年上升，分别为12.27%、13.98%和16.24%。

2016~2018年，纺织服装、服饰业规模以上工业企业主营收入总额分别为23405.1亿元、21903.9亿元和17106.6亿元，其中，2018年上市公司的主营收入总额占行业整体的比重快速上升，依次为5.14%、6.69%和9.09%。

2016~2018年，纺织服装、服饰业

规模以上工业企业利润总额分别为1364.7亿元、1263.7亿元和1006.8亿元，其中，上市公司的利润总额占行业整体的比重依次为10.11%、11.84%和11.16%。

审稿人：刘小勇

撰稿人：石　晋

皮革、毛皮、羽毛及其制品和制鞋业

一、皮革、毛皮、羽毛及其制品和制鞋业总体概况

2018年，中国皮革行业面临严峻的外部形势，市场增长动力偏弱，环保监管日趋严格，企业成本居高不下，行业增长压力加大。承压前行的皮革行业，深入推进转型升级，抓住新技术、新模式、新业态等变革机遇，总体保持运行平稳，但稳中趋缓。

（一）行业发展趋势稳中有升

2018年，皮革、毛皮、羽毛及其制品和制鞋业汇总企业单位数8550个，亏损企业数995个，亏损率11.63%，主营业务收入12092.45亿元，同比增加4.84%。其中，皮革鞣制加工业主营业务收入1260.33亿元，同比增加5.54%；皮革制品制造业主营业务收入2739.52亿元，同比减少0.44%；皮革服装制造业主营业务收入654.45亿元，同比增加2.87%；皮箱、包（袋）制造业主营业务收入1506.94亿元，同比增加2.98%；毛皮鞣制及制品加工业主营业务收入538.95亿元，同比减少0.42%；羽毛（绒）加工及制品制造业主营业务收入844.41亿元，同比增长15.81%；制鞋业主营业务收入6709.24亿元，同比增长6.19%。

2018年，皮革、毛皮、羽毛及其制品和制鞋业汇总企业利润总额720.98亿元，同比增加4.15%。其中，皮革鞣制加工业利润总额81.06亿元，同比增加9.63%；皮革制品制造业利润总额155.06亿元，同比增加0.19%；皮革服装制造业利润总额49.26亿元，同比增加6.27%；皮箱、包（袋）制造业利润总额65.09亿元，同比增加10.51%；毛皮鞣制及制品加工业利润总额31.88亿元，同比增加4.26%；羽毛（绒）加工及制品制造业利润总额35.69亿元，同比增加19.18%；制鞋业利润总额417.28亿元，同比增长3.55%。

（二）出口增长甚微

2018年，中国鞋类出口总额444.58亿美元，同比下降2.49%。从鞋类出口的目标市场来看，对第一大市场——美国

的出口保持了 1.2% 的微增，占比为 26.95%，而对欧盟、非洲出口则有所下降。对欧盟出口同比下降 0.56%，占比为 22.66%，其中，对英国出口同比大幅下降 35.84%；对非出口占比为 7.39%，同比下降 3.61%。

（三）进口增幅显著

2018 年，中国皮革主体行业的进口增幅明显，全年进口 111.42 亿美元，同比增长 13.31%。其中，原料进口额占比为 32.57%，具体到细分类别降幅不一，成品革进口下降 11.75%，半成品革进口下降 6.70%，已鞣毛皮进口下降 24.34%。鞋的进口额为 41.45 亿美元，箱包的进口额为 29.15 亿美元，合计占皮革行业进口总额的 63.36%，同比分别增长 29.67% 和 27.69%。从地区进口来看，行业进口主要集中在上海、广东、江苏三地，合计占比 75.63%。其中，上海主要以制品进口为主，占中国鞋类进口总额的 42.63%，箱包进口总额的 70.19%；而广东以原料进口为主，占中国成品革进口额的 53%，半成品革进口额的 37.78%；江苏占中国鞋类进口总额的 39.19%。

从进口来源地来看，东盟占中国鞋类进口总额的 65.02%，占已鞣毛皮进口总额的 85.23%。欧盟是中国鞋类进口第二大来源地，占比 23.06%；同时也是中国成品革的第一大来源地，占比 28.83%。

二、行业内上市公司发展概况

（一）行业内上市公司基本情况

表 1　　2018 年皮革、毛皮、羽毛及其制品和制鞋业上市公司发行股票概况

门　类	A、B 股总数	A 股股票数	B 股股票数	境内总市值（亿元）	流通 A 股市值（亿元）	流通 B 股市值（亿元）
皮革、毛皮、羽毛及其制品和制鞋业	11	11	0	313.20	216.86	0.00
占沪深两市比重（%）	0.31	0.31	0.00	0.00	0.00	0.00

资料来源：沪深交易所，同花顺。

（二）行业内上市公司构成情况

表 2　　2018 年皮革、毛皮、羽毛及其制品和制鞋业上市公司构成情况

门　类	沪市			深市			ST/*ST
	仅 A 股	仅 B 股	A+B 股	仅 A 股	仅 B 股	A+B 股	
皮革、毛皮、羽毛及其制品和制鞋业（家）	8	0	0	3	0	0	0/0
占行业内上市公司比重（%）	72.73	0.00	0.00	27.27	0.00	0.00	0.00/0.00

资料来源：沪深交易所，同花顺。

（三）行业内上市公司融资情况

表 3　　2018 年皮革、毛皮、羽毛及其制品和制鞋业上市公司与沪深两市融资情况对比　　单位：家

门　类	融资家数	新股	增发	配股
皮革、毛皮、羽毛及其制品和制鞋业	0	0	0	0
沪深两市总数	358	105	238	15
占比（%）	0.00	0.00	0.00	0.00

资料来源：沪深交易所，同花顺。

2018 年皮革、毛皮、羽毛及其制品和制鞋业上市公司无融资。

（四）行业内上市公司资产及业绩情况

表 4　　2018 年皮革、毛皮、羽毛及其制品和制鞋业上市公司资产情况　　单位：亿元

指　标	2018 年	2018 年可比样本增长（%）	2017 年	2017 年可比样本增长（%）	2016 年
总资产	299.61	2.51	292.28	10.04	237.42
流动资产	208.81	1.04	206.66	9.53	169.56
占比（%）	69.69	-1.01	70.71	-0.33	71.42
非流动资产	90.80	6.05	85.62	11.32	67.86
占比（%）	30.31	1.01	29.29	0.33	28.58
流动负债	78.01	18.59	65.79	9.19	49.46
占比（%）	26.04	3.53	22.51	-0.18	20.83
非流动负债	4.76	-67.03	14.44	9.75	12.67
占比（%）	1.59	-3.35	4.94	-0.01	5.34
归属于母公司股东权益	215.44	2.06	211.09	10.45	174.32
占比（%）	71.91	-0.31	72.22	0.27	73.42

资料来源：沪深交易所，同花顺。

表 5　　2018 年皮革、毛皮、羽毛及其制品和制鞋业上市公司收入实现情况　　单位：亿元

指　标	2018 年	2018 年可比样本增长（%）	2017 年	2017 年可比样本增长（%）	2016 年
营业收入	177.50	-3.46	183.86	2.36	155.35
利润总额	16.08	-8.94	17.66	0.92	14.17
归属于母公司所有者的净利润	12.34	-9.76	13.67	0.63	10.87

资料来源：沪深交易所，同花顺。

（五）利润分配情况

2018 年全年皮革、毛皮、羽毛及其制品和制鞋业上市公司中共有 9 家公司实施了利润分配。其中，0 家上市公司实施送股或转增股，9 家上市公司实施派息，0 家公司既实施了送股、转增，又实施了派息。

2018 年皮革、毛皮、羽毛及其制品和制鞋业上市公司分红明细见附录。

（六）其他财务指标情况

1. 盈利能力指标

表 6　　2018 年皮革、毛皮、羽毛及其制品和制鞋业上市公司盈利能力情况

指　标	2018 年	2018 年可比样本变动	2017 年	2017 年可比样本变动	2016 年
毛利率（%）	35.00	1.01	34.00	0.54	34.03
净资产收益率（%）	5.73	-0.75	6.48	-0.63	6.24
销售净利率（%）	7.13	-0.41	7.54	-0.11	7.10
资产净利率（%）	4.28	-0.69	4.97	-0.28	4.72

资料来源：沪深交易所，同花顺。

2. 偿债能力指标

表 7　　2018 年皮革、毛皮、羽毛及其制品和制鞋业上市公司偿债能力指标

指　标	2018 年	2018 年可比样本变动	2017 年	2017 年可比样本变动	2016 年
流动比率	2.68	-0.46	3.14	0.01	3.43
速动比率	1.66	-0.33	2.00	0.14	1.99
资产负债率（%）	27.63	0.18	27.45	-0.19	26.17

资料来源：沪深交易所，同花顺。

3. 营运能力指标

表 8　　2018 年皮革、毛皮、羽毛及其制品和制鞋业上市公司营运能力情况　　单位：次

营运能力指标	2018 年	2018 年可比样本变动	2017 年	2017 年可比样本变动	2016 年
存货周转率	1.49	-0.10	1.59	0.06	1.41
应收账款周转率	4.60	-1.09	5.69	-0.61	6.81
流动资产周转率	0.85	-0.08	0.93	-0.03	0.93
固定资产周转率	4.70	-0.29	4.98	0.08	5.18
总资产周转率	0.60	-0.06	0.66	-0.03	0.67
净资产周转率	0.83	-0.08	0.91	-0.11	0.97

资料来源：沪深交易所，同花顺。

三、重点上市公司介绍

振静股份

振静股份是一家在上海证券交易所主板上市的企业。公司自设立以来，主营业务未发生变化，拥有汽车革、鞋面革、家私革三大产品线，产品链条完整。

公司将汽车革领域作为未来重要的业务发展方向，紧跟国内乘用车市场发展趋势，不断提升汽车革的技术工艺、产品设计，与广汽集团、比亚迪等汽车企业形成了稳定的合作关系。公司凭借多年积累的经验和技术，着力拓展鞋面革领域，鞋面革产销量增长较快，产品已得到 New Balance、新百丽等著名鞋履厂商的认可。家私革方面，公司继续发挥在中高档家私革领域的品牌和质量优势，与亚振家居、慕思家居、顾家家居等知名家私生产企业建立了长期良好的合作关系。

2018 年，公司销售收入 6.19 亿元，同比下降 5.58%，净利润为 0.60 亿元，同比下降 4.06%。主营业务中，汽车革营业收入 1.64 亿元，同比增长 17.04%；鞋面革产品营业收入 2.69 亿元，同比增长 3.07%；同时减少了低端家私革产品的生产、销售，家私革营业收入为 1.81 亿元，同比下降 17.01%，毛利率同比上升 1.5 个百分点；新设控股子公司振静服饰，主营羊皮鞋面革产品，主营业务收入为 0.17 亿元。

四、上市公司在行业中的影响力

2016～2018 年，皮革、毛皮、羽毛及其制品和制鞋业规模以上工业企业总资产分别为 7379.9 亿元、7247.9 亿元和 6511.3 亿元，其中，上市公司的总资产占行业整体的比重逐年攀升，分别为 3.6%、4.03%和 4.6%。

2016～2018 年，皮革、毛皮、羽毛及其制品和制鞋业规模以上工业企业主营收入总额分别为 15118.8 亿元、14693.4 亿元和 12092.5 亿元，其中，上市公司的主营收入总额占行业整体的比重整体平稳，分别为 1.19%、1.25%和 1.47%。

2016～2018 年，皮革、毛皮、羽毛及其制品和制鞋业规模以上工业企业利润总额分别为 912.5 亿元、896.9 亿元和 721 亿元，其中，上市公司的利润总额占行业整体的份额温和上升，依次为 1.92%、1.97%和 2.23%。

审稿人：刘小勇

撰稿人：石　晋

木材加工及木、竹、藤、棕、草制品业

一、木材加工及木、竹、藤、棕、草制品业总体概况

国家统计局数据显示，2018 年中国木材加工及木、竹、藤、棕、草制品业总资产为5403.90 亿元，同比减少 10.81%；行业销售收入 9210.30 亿元，同比下降 28.87%；行业利润总额为 475.30 亿元，同比下降 37.37%。

截至 2018 年年底，中国木材加工及木、竹、藤、棕、草制品业企业数量达 9153 家，其中，824 家企业出现亏损，行业亏损率为 9.00%。

从木材加工及木、竹、藤、棕、草制品业三费占主营业务收入的比重变化情况来看，2018 年行业三费占木材加工及木、竹、藤、棕、草制品业行业销售收入的 6.43%，占比较 2017 年上升 0.58 个百分点。其中，销售费用、财务费用和管理费用分别上涨 0.16 个百分点、0.08 个百分点和 0.34 个百分点。

从木材加工及木、竹、藤、棕、草制品业盈利能力来看，2018 年木材加工及木、竹、藤、棕、草制品业总体盈利能力略有回落，2018 年木材加工及木、竹、藤、棕、草制品业销售毛利率为 11.99%，较 2017 年回落 0.22 个百分点，2018 年销售利润率为 5.16%，较 2017 年回落 0.26 个百分点。

二、行业内上市公司发展概况

（一）行业内上市公司基本情况

表 1　　2018 年木材加工及木、竹、藤、棕、草制品业上市公司发行股票概况

门　类	A、B 股总数	A 股股票数	B 股股票数	境内总市值（亿元）	流通 A 股市值（亿元）	流通 B 股市值（亿元）
木材加工及木、竹、藤、棕、草制品业	8	8	0	300.37	268.84	0.00
占沪深两市比重（%）	0.22	0.22	0.00	0.00	0.00	0.00

资料来源：沪深交易所，同花顺。

（二）行业内上市公司构成情况

表2　　2018年木材加工及木、竹、藤、棕、草制品业上市公司构成情况

门类	沪市			深市			ST/*ST
	仅A股	仅B股	A+B股	仅A股	仅B股	A+B股	
木材加工及木、竹、藤、棕、草制品业（家）	4	0	0	4	0	0	0/1
占行业内上市公司比重（%）	50.00	0.00	0.00	50.00	0.00	0.00	0.00/0.13

资料来源：沪深交易所，同花顺。

（三）行业内上市公司融资情况

表3　　2018年木材加工及木、竹、藤、棕、草制品业上市公司与沪深两市融资情况对比　　单位：家

门类	融资家数	新股	增发	配股
木材加工及木、竹、藤、棕、草制品业	1	0	1	0
沪深两市总数	358	105	238	15
占比（%）	0.28	0.00	0.42	0.00

资料来源：沪深交易所，同花顺。

其中，只有1家主板公司进行增发融资。

从融资效果来看，上述公司实际发行数量为19129.68万股；实际募集资金6.45亿元，基本完成了融资计划。

2018年木材加工及木、竹、藤、棕、草制品业上市公司融资情况明细见附录。

（四）行业内上市公司资产及业绩情况

表4　　2018年木材加工及木、竹、藤、棕、草制品业上市公司资产情况　　单位：亿元

指标	2018年	2018年可比样本增长（%）	2017年	2017年可比样本增长（%）	2016年
总资产	303.19	17.66	318.47	18.98	289.55
流动资产	160.44	19.71	157.29	24.89	147.31
占比（%）	52.92	0.90	49.39	2.34	50.88
非流动资产	142.75	15.45	161.19	13.73	142.24
占比（%）	47.08	-0.90	50.61	-2.34	49.12
流动负债	88.10	28.18	95.22	21.44	87.37
占比（%）	29.06	2.38	29.90	0.61	30.18
非流动负债	13.30	75.80	16.21	-8.12	18.13
占比（%）	4.39	1.45	5.09	-1.50	6.26
归属于母公司股东权益	197.11	11.40	201.74	21.40	178.13
占比（%）	65.01	-3.66	63.35	1.26	61.52

资料来源：沪深交易所，同花顺。

表 5　2018 年木材加工及木、竹、藤、棕、草制品业上市公司收入实现情况　单位：亿元

指　标	2018 年	2018 年可比样本增长（%）	2017 年	2017 年可比样本增长（%）	2016 年
营业收入	225.93	13.72	208.92	27.77	168.00
利润总额	24.32	13.25	22.45	16.02	18.78
归属于母公司所有者的净利润	20.63	14.84	18.10	13.19	15.75

资料来源：沪深交易所，同花顺。

（五）利润分配情况

2018 年全年木材加工及木、竹、藤、棕、草制品业上市公司中共有 6 家公司实施了利润分配。其中，1 家上市公司实施送股或转增股，6 家上市公司实施派息，其中 1 家公司既实施了送股、转增，又实施了派息。

2018 年木材加工及木、竹、藤、棕、草制品业上市公司分红明细见附录。

（六）其他财务指标情况

1. 盈利能力指标

表 6　2018 年木材加工及木、竹、藤、棕、草制品业上市公司盈利能力情况

指　标	2018 年	2018 年可比样本变动	2017 年	2017 年可比样本变动	2016 年
毛利率（%）	25.88	-0.25	26.76	-1.08	26.22
净资产收益率（%）	10.46	0.31	8.97	-0.65	8.84
销售净利率（%）	9.29	-0.11	9.20	-0.74	9.40
资产净利率（%）	7.48	-0.37	6.56	0.44	5.45

资料来源：沪深交易所，同花顺。

2. 偿债能力指标

表 7　2018 年木材加工及木、竹、藤、棕、草制品业上市公司偿债能力指标

指　标	2018 年	2018 年可比样本变动	2017 年	2017 年可比样本变动	2016 年
流动比率	1.82	-0.13	1.65	0.05	1.69
速动比率	1.08	-0.09	0.99	0.02	1.13
资产负债率（%）	33.45	3.84	34.99	-0.90	36.44

资料来源：沪深交易所，同花顺。

3. 营运能力指标

表 8　　2018 年木材加工及木、竹、藤、棕、草制品业上市公司营运能力情况　　单位：次

营运能力指标	2018 年	2018 年可比样本变动	2017 年	2017 年可比样本变动	2016 年
存货周转率	2.83	-0.06	2.72	0.39	2.39
应收账款周转率	13.30	-0.35	13.80	1.76	11.37
流动资产周转率	1.53	-0.10	1.48	0.23	1.13
固定资产周转率	3.14	0.10	2.80	0.82	1.91
总资产周转率	0.81	-0.03	0.71	0.10	0.58
净资产周转率	1.18	-0.01	1.10	0.09	0.98

资料来源：沪深交易所，同花顺。

三、重点上市公司介绍

大亚圣象

大亚圣象家居股份有限公司创建于 1999 年，是中国人造板和地板行业龙头企业。公司股票于 1999 年 6 月 30 日在深圳证券交易所上市交易，截至 2018 年 12 月 31 日，公司拥有总股本 55398 万股。

公司以人造板、地板为主业，已建成一条完善的涵盖资源、基材、工厂、研发、设计、营销、服务等各大环节的森工行业上下游的绿色产业链。旗下拥有“圣象”地板和“大亚”人造板，目前，“圣象”品牌已成为公司最核心、最具价值的无形资产，2018 年“中国 500 最具价值品牌”排行榜显示“圣象”品牌价值已达 415.62 亿元，位居中国家居行业榜首。同时，大亚人造板以 125.86 亿元的品牌价值荣登 2018 年“中国 500 最具价值品牌”人造板行业榜首。

2018 年，公司继续调整和梳理管理体制，优化资源配置，加强内部控制建设，不断完善法人治理结构，确保股东大会、董事会、监事会和经营层在各自权限范围内规范、高效、科学运行，以保障公司规范、健康的运营。2018 年，公司实现营业收入 726128.31 万元，同比增加 3.02%；实现营业利润 90110.36 万元，同比增加 5.45%；实现利润总额 90173.52 万元，同比增加 5.63%；实现净利润 76487.39 万元，同比增加 3.72%；归属于母公司所有者的净利润 72480.32 万元，同比增加 9.95%。

四、上市公司在行业中的影响力

总体来看，上市公司在行业内影响力在逐年加大。

2016～2018 年，木材加工和木、竹、藤、棕、草制品业行业整体总资产分别为 6532.10 亿元、6523.30 亿元和 5403.90 亿元，上市公司的总资产占行业整体的比

重呈上升趋势，2016 年为 4.43%，2017 年为 4.88%，2018 年上升至 5.61%。

2016～2018 年，木材加工和木、竹、藤、棕、草制品业行业营业收入总额分别为 14703.70 亿元、13962.40 亿元和 9210.40 亿元，上市公司的营业收入总额占行业整体的比重不断上升，由 2016 年的 1.14%，2017 年的 1.50%，上升至 2018 年的 2.45%。

2016～2018 年，木材加工和木、竹、藤、棕、草制品业行业整体利润总额分别为 870.90 亿元、811.30 亿元和 475.30 亿元，上市公司的利润总额占行业整体的比重逐年上升，由 2016 年的 2.16%，上升至 2017 年的 2.77%% 和 2018 年的 5.12%。

审稿人：刘小勇
撰稿人：李欣谢

家具制造业

一、家具制造业总体概况

国家统计局数据显示，2018 年，中国家具制造业主营业务收入 7081.70 亿元，同比下降 19.42%；利润总额 425.90 亿元，同比下降 25.09%。截至 2018 年年底，中国家具制造业总资产达到 5624.10 亿元，较 2017 年年末下降 1.98%；规模以上企业数量达 6300 家，其中，788 家企业出现亏损，行业亏损率为 12.51%。

行业三费占销售收入的比例有所上升。2018 年行业三费占家具制造行业销售收入的比例为 10.50%，较 2017 年上升 0.97 个百分点。其中，销售费用比例为 4.22%，较 2017 年上升 0.20 个百分点；财务费用比例为 0.64%，较 2017 年下降 0.19 个百分点；管理费用比例为 5.64%，较 2017 年上升 0.97 个百分点。

行业总体盈利水平略有回落。2018 年家具制造业毛利率为 17.27%，较 2017 年上升 4.38 个百分点；2018 年家具制造业销售利润率为 6.07%，较 2017 年回落 0.17 个百分点，主要在于三费占比有所上升；2018 年家具制造业资产报酬率为 7.57%，较 2017 年回落 2.34 个百分点。

二、行业内上市公司发展概况

（一）行业内上市公司基本情况

表 1　　2018 年家具制造业上市公司发行股票概况

门　类	A、B 股总数	A 股股票数	B 股股票数	境内总市值（亿元）	流通 A 股市值（亿元）	流通 B 股市值（亿元）
家具制造业	24	24	0	1488.19	620.39	0.00
占沪深两市比重（%）	0.67	0.67	0.00	0.00	0.00	0.00

资料来源：沪深交易所，同花顺。

（二）行业内上市公司构成情况

表 2　　2018 年家具制造业上市公司构成情况

门　类	沪市			深市			ST/*ST
	仅 A 股	仅 B 股	A+B 股	仅 A 股	仅 B 股	A+B 股	
家具制造业（家）	15	0	0	9	0	0	0/0
占行业内上市公司比重（%）	62.50	0.00	0.00	37.50	0.00	0.00	0.00/0.00

资料来源：沪深交易所，同花顺。

（三）行业内上市公司融资情况

表 3　　2018 年家具制造业上市公司与沪深两市融资情况对比　　单位：家

门　类	融资家数	新股	增发	配股
家具制造业	5	2	3	0
沪深两市总数	358	105	238	15
占比（%）	1.40	1.90	1.26	0.00

资料来源：沪深交易所，同花顺。

其中，首发的 2 家公司中，有 1 家在主板上市，1 家在创业板上市；增发的 3 家公司中，有 1 家沪市、2 家中小板公司。

从融资效果来看，上述公司实际发行数量为 15345.24 万股；实际募集资金 39.24 亿元，基本完成了融资计划。

2018 年家具制造业上市公司融资情况明细见附录。

（四）行业内上市公司资产及业绩情况

表 4　　2018 年家具制造业上市公司资产情况　　单位：亿元

指　标	2018 年	2018 年可比样本增长（%）	2017 年	2017 年可比样本增长（%）	2016 年
总资产	1088.96	22.65	876.86	34.46	515.06
流动资产	563.95	6.83	522.26	41.42	299.46
占比（%）	51.79	-7.67	59.56	2.93	58.14
非流动资产	525.02	45.84	354.60	25.36	215.60
占比（%）	48.21	7.67	40.44	-2.93	41.86

续表

指　标	2018 年	2018 年可比样本增长（%）	2017 年	2017 年可比样本增长（%）	2016 年
流动负债	384.46	23.36	305.79	24.23	180.01
占比（%）	35.30	0.21	34.87	-2.87	34.95
非流动负债	122.17	86.37	65.20	52.68	39.84
占比（%）	11.22	3.84	7.44	0.89	7.73
归属于母公司股东权益	565.60	12.60	497.49	38.11	292.42
占比（%）	51.94	-4.64	56.74	1.50	56.77

资料来源：沪深交易所，同花顺。

表 5　2018 年家具制造业上市公司收入实现情况　单位：亿元

指　标	2018 年	2018 年可比样本增长（%）	2017 年	2017 年可比样本增长（%）	2016 年
营业收入	803.19	22.88	638.18	31.44	304.40
利润总额	62.13	-22.35	78.61	19.47	41.21
归属于母公司所有者的净利润	47.65	-28.75	65.59	23.67	32.35

资料来源：沪深交易所，同花顺。

（五）利润分配情况

2018 年全年家具制造业上市公司中共有 19 家公司实施了利润分配。其中，5 家上市公司实施送股或转增股，18 家上市公司实施派息，其中 4 家公司既实施了送股、转增，又实施了派息。

2018 年家具制造业上市公司分红明细见附录。

（六）其他财务指标情况

1. 盈利能力指标

表 6　2018 年家具制造业上市公司盈利能力情况

指　标	2018 年	2018 年可比样本变动	2017 年	2017 年可比样本变动	2016 年
毛利率（%）	34.51	-0.53	34.90	-1.43	35.08
净资产收益率（%）	8.43	-4.89	13.18	-1.54	11.06
销售净利率（%）	6.02	-4.17	10.24	-0.54	10.39
资产净利率（%）	4.89	-3.70	8.55	-0.66	7.05

资料来源：沪深交易所，同花顺。

2. 偿债能力指标

表 7　　2018 年家具制造业上市公司偿债能力指标

指　标	2018 年	2018 年可比样本变动	2017 年	2017 年可比样本变动	2016 年
流动比率	1.47	-0.23	1.71	0.21	1.66
速动比率	1.13	-0.24	1.38	0.23	1.28
资产负债率（%）	46.52	4.04	42.31	-1.98	42.68

资料来源：沪深交易所，同花顺。

3. 营运能力指标

表 8　　2018 年家具制造业上市公司营运能力情况　　单位：次

营运能力指标	2018 年	2018 年可比样本变动	2017 年	2017 年可比样本变动	2016 年
存货周转率	4.53	0.09	4.42	0.49	3.14
应收账款周转率	8.65	-1.32	9.89	0.65	6.66
流动资产周转率	1.47	0.02	1.43	-0.12	1.21
固定资产周转率	3.83	-0.12	3.93	0.17	3.22
总资产周转率	0.81	-0.03	0.83	-0.02	0.68
净资产周转率	1.47	-0.02	1.47	-0.08	1.19

资料来源：沪深交易所，同花顺。

三、重点上市公司介绍

索菲亚

索菲亚家居股份有限公司设立于2003 年，注册资本 92342.631 万元，总厂位于广州市增城宁西工业园，主要从事全屋定制家具及配套家居产品的设计、生产及销售，为消费者提供全屋定制的空间解决方案，产品主要品牌为“索菲亚”全屋定制、司米“定制橱柜”、米兰纳MILANA 定制木门、华鹤定制木门以及易福诺地板。公司厂房面积逾 50000 多平方米，拥有世界先进电脑控制的电子开料机、压板机、全自动封边机、打孔机等德国著名公司的家具加工设备。

截至 2018 年 12 月 31 日，“索菲亚”全屋定制产品拥有经销商 1400 多位，开设专卖店约 2600 家（不含 20～60 平方米的超市店，约 291 家），其中，省会城市门店数占比 18%（贡献收入占比 35%），地级城市门店数占比 29%（贡献收入占比 32%），四五线城市门店数占比 53%（贡献收入占比 33%）。截至 2018 年年底，索菲亚客户数逾 55.4 万，同比增长

3.35%，实现客单价10945元/单（出厂口径，不含司米橱柜），同比增长9.89%。2019年度索菲亚计划加快整改旧有店面形象，新开300家门店（其中包括原有城市继续加密开店，并继续下沉销售网络至四五线城市），以及计划开设大家居店150家。

凭借在柔性化生产制造、销售渠道、品类拓展以及大数据运营等方面综合竞争优势，公司在2018年度实现了营业收入73.11亿元，同比增长18.66%；归属于上市公司股东的净利润9.59亿元，比上期增长5.77%。

四、上市公司在行业中的影响力

总体来看，上市公司在行业内的影响力在逐年加大。

2016~2018年，家具制造业整体总资产分别为5416.60亿元、5934.60亿元和5624.10亿元，其中，上市公司的总资产占行业整体的比重有所上升，由2016年的9.51%，提升至2017年的14.78%，随后又上升至2018年的19.36%。

2016~2018年，家具制造业整体营业收入分别为8559.50亿元、9056.00亿元和7081.70亿元，其中，上市公司的营业收入占行业整体的比重呈现上升趋势，由2016年的3.56%，上升至2017年的7.05%，再上涨至2018年的11.34%。

2016~2018年，家具制造业整体利润总额分别为537.50亿元、565.20亿元和425.90亿元，其中，上市公司的利润总额占行业整体的比重逐年上升，由2016年的7.67%，提升至2017年的13.91%，2018年上升到14.59%。

审稿人：刘小勇

撰稿人：李欣谢

造纸及纸制品业

一、造纸及纸制品业总体概况

2018年，造纸及纸制品行业投资规模保持稳定，全年行业累计固定资产投资同比增长5.10%。全行业规模以上企业6704家，资产总额14715.20亿元，同比增长4.20%；实现营业收入14012.80亿元，同比增长8.50%；实现利润总额766.40亿元，同比下滑8.50%；整体毛利率13.44%，较2017年同期下滑2.20个百分点；销售利润率5.58%，较2017年同期下滑1.19个百分点。行业整体盈利能力小幅下滑。

二、行业内上市公司发展概况

（一）行业内上市公司基本情况

表1　　2018年造纸及纸制品业上市公司发行股票概况

门　类	A、B股总数	A股股票数	B股股票数	境内总市值（亿元）	流通A股市值（亿元）	流通B股市值（亿元）
造纸及纸制品业	30	28	2	1537.43	1177.23	29.65
占沪深两市比重（%）	0.82	0.76	0.05	0.00	0.00	0.02

资料来源：沪深交易所，同花顺。

（二）行业内上市公司构成情况

表2　　2018年造纸及纸制品业上市公司构成情况

门　类	沪市			深市			ST/*ST
	仅A股	仅B股	A+B股	仅A股	仅B股	A+B股	
造纸及纸制品业（家）	14	0	0	13	1	1	0/0
占行业内上市公司比重（%）	48.28	0.00	0.00	44.83	3.45	3.45	0.00/0.00

资料来源：沪深交易所，同花顺。

（三）行业内上市公司融资情况

表3　　2018年造纸及纸制品业上市公司与沪深两市融资情况对比　　单位：家

门　类	融资家数	新股	增发	配股
造纸及纸制品业	2	1	1	0
沪深两市总数	358	105	238	15
占比（%）	0.56	0.95	0.42	0.00

资料来源：沪深交易所，同花顺。

其中，首发的1家公司中，有1家在沪市上市，有0家在中小板上市，0家在创业板上市；增发的1家公司中，有1家沪市、0家深市及0家中小板公司。

从融资效果来看，上述公司实际发行数量为8363.66万股；实际募集资金9.98亿元，基本完成了融资计划。

2018年造纸及纸制品业上市公司融资情况明细见附录。

（四）行业内上市公司资产及业绩情况

表 4　　2018 年造纸及纸制品业上市公司资产情况　　单位：亿元

指　标	2018 年	2018 年可比样本增长（%）	2017 年	2017 年可比样本增长（%）	2016 年
总资产	3104.57	7.78	2838.08	17.57	2399.86
流动资产	1404.73	4.50	1327.67	22.87	1073.60
占比（%）	45.25	-1.42	46.78	2.02	44.74
非流动资产	1699.84	10.66	1510.42	13.28	1326.26
占比（%）	54.75	1.42	53.22	-2.02	55.26
流动负债	1423.80	10.31	1261.35	17.62	1066.18
占比（%）	45.86	1.05	44.44	0.02	44.43
非流动负债	387.74	11.92	337.61	11.37	302.99
占比（%）	12.49	0.46	11.90	-0.66	12.63
归属于母公司股东权益	1249.53	5.46	1180.80	17.92	993.85
占比（%）	40.25	-0.89	41.61	0.12	41.41

资料来源：沪深交易所，同花顺。

表 5　　2018 年造纸及纸制品业上市公司收入实现情况　　单位：亿元

指　标	2018 年	2018 年可比样本增长（%）	2017 年	2017 年可比样本增长（%）	2016 年
营业收入	1765.38	13.83	1505.87	29.72	1146.14
利润总额	161.73	-3.90	160.05	91.78	81.29
归属于母公司所有者的净利润	131.09	-3.51	128.29	107.50	60.53

资料来源：沪深交易所，同花顺。

（五）利润分配情况

2018 年全年造纸及纸制品业上市公司中共有 22 家公司实施了利润分配。其中，3 家上市公司实施送股或转增股，21 家上市公司实施派息，没有公司既实施了送股、转增，又实施了派息。

2018 年造纸及纸制品业上市公司分红明细见附录。

（六）其他财务指标情况

1. 盈利能力指标

表 6　　2018 年造纸及纸制品业上市公司盈利能力情况

指　标	2018 年	2018 年可比样本变动	2017 年	2017 年可比样本变动	2016 年
毛利率（%）	21.53	-2.44	24.39	2.90	21.46
净资产收益率（%）	10.49	-0.98	10.86	4.69	6.09
销售净利率（%）	7.64	-1.35	8.75	3.29	5.42
资产净利率（%）	4.51	-0.73	5.02	2.31	2.67

资料来源：沪深交易所，同花顺。

2. 偿债能力指标

表7　　2018年造纸及纸制品业上市公司偿债能力指标

指　标	2018年	2018年可比样本变动	2017年	2017年可比样本变动	2016年
流动比率	0.99	-0.05	1.05	0.04	1.01
速动比率	0.76	-0.06	0.84	0.04	0.80
资产负债率（%）	58.35	1.51	56.34	-0.65	57.05

资料来源：沪深交易所，同花顺。

3. 营运能力指标

表8　　2018年造纸及纸制品业上市公司营运能力情况　　单位：次

营运能力指标	2018年	2018年可比样本变动	2017年	2017年可比样本变动	2016年
存货周转率	4.65	-0.04	4.68	0.66	3.99
应收账款周转率	7.47	0.20	7.29	1.13	6.17
流动资产周转率	1.28	0.01	1.25	0.12	1.12
固定资产周转率	1.79	0.16	1.61	0.32	1.28
总资产周转率	0.59	0.01	0.57	0.08	0.49
净资产周转率	1.39	0.03	1.32	0.08	1.23

资料来源：沪深交易所，同花顺。

三、重点上市公司介绍

太阳纸业

太阳纸业主要从事铜版纸、白板纸、双胶纸以及白卡纸等高端纸品的生产和销售，是中国最大的民营造纸企业、中国500强企业之一。

2018年，公司实现营业收入217.68亿元，同比上升15.21%；归属于上市公司股东的净利润为22.37亿元，同比增长10.54%；实现每股收益0.86元。公司盈利能力保持稳定。毛利率为23.45%，同比下滑2.58个百分点；销售净利率10.30%，同比下滑1.61个百分点；净资产收益率19.54%，同比下滑3.11个百分点。

2018年年末，公司的资产负债率为57.23%，同比下降1.23个百分点。

四、上市公司在行业中的影响力

从行业整体情况来看，2018年行业总资产、营业收入和利润总额分别为14715.20亿元、14012.80亿元和766.40亿元，上市公司占比分别为21.09%、12.59%和21.10%。对行业的影响力逐步提升。

审稿人：张　旭

撰稿人：王　磊

印刷和记录媒介复制业

一、印刷和记录媒介复制业总体概况

2018 年，印刷和记录媒介复制业投资规模保持稳定，全年累计固定资产投资同比增长 7.20%。全行业规模以上企业 5706 家，资产总额 5752.40 亿元，同比增长 3.60%；实现营业收入 6471.10 亿元，同比增长 5.20%；实现利润总额 425.60 亿元，同比增长 6.10%。整体毛利率 16.81%，较 2017 年同期上涨 0.85 个百分点；销售利润率 6.66%，较 2017 年同期下降 0.25 个百分点。行业整体盈利能力保持稳定。

二、行业内上市公司发展概况

（一）行业内上市公司基本情况

表 1　　2018 年印刷和记录媒介复制业上市公司发行股票概况

门　类	A、B 股总数	A 股股票数	B 股股票数	境内总市值（亿元）	流通 A 股市值（亿元）	流通 B 股市值（亿元）
印刷和记录媒介复制业	12	12	0	518.44	396.05	0.00
占沪深两市比重（%）	0.33	0.33	0.00	0.00	0.00	0.00

资料来源：沪深交易所，同花顺。

（二）行业内上市公司构成情况

表 2　　2018 年印刷和记录媒介复制业上市公司构成情况

门　类	沪市			深市			ST/*ST
	仅 A 股	仅 B 股	A+B 股	仅 A 股	仅 B 股	A+B 股	
印刷和记录媒介复制业（家）	5	0	0	7	0	0	0/0
占行业内上市公司比重（%）	41.67	0.00	0.00	58.33	0.00	0.00	0.00/0.00

资料来源：沪深交易所，同花顺。

（三）行业内上市公司融资情况

表 3　　2018 年印刷和记录媒介复制业上市公司与沪深两市融资情况对比　　单位：家

门　类	融资家数	新股	增发	配股
印刷和记录媒介复制业	0	0	0	0
沪深两市总数	358	105	238	15
占比（%）	0.00	0.00	0.00	0.00

资料来源：沪深交易所，同花顺。

2018 年印刷和记录媒介复制业上市公司未有融资事项。

2018 年印刷和记录媒介复制业上市公司融资情况明细见附录。

（四）行业内上市公司资产及业绩情况

表 4　　2018 年印刷和记录媒介复制业上市公司资产情况　　单位：亿元

指　标	2018 年	2018 年可比样本增长（%）	2017 年	2017 年可比样本增长（%）	2016 年
总资产	317.96	4.35	304.70	14.31	258.82
流动资产	151.96	-2.29	155.51	13.49	133.75
占比（%）	47.79	-3.25	51.04	-0.37	51.68
非流动资产	166.01	11.28	149.19	15.18	125.07
占比（%）	52.21	3.25	48.96	0.37	48.32
流动负债	90.44	3.40	87.46	-2.87	87.85
占比（%）	28.44	-0.26	28.70	-5.08	33.94
非流动负债	11.78	20.45	9.78	4.11	8.47
占比（%）	3.70	0.49	3.21	-0.31	3.27
归属于母公司股东权益	209.08	4.25	200.57	28.12	151.93
占比（%）	65.76	-0.07	65.82	7.10	58.70

资料来源：沪深交易所，同花顺。

表 5　　2018 年印刷和记录媒介复制业上市公司收入实现情况　　单位：亿元

指　标	2018 年	2018 年可比样本增长（%）	2017 年	2017 年可比样本增长（%）	2016 年
营业收入	169.32	23.65	136.93	8.12	121.93
利润总额	29.92	19.64	25.01	12.69	21.07
归属于母公司所有者的净利润	24.08	21.12	19.88	15.92	16.17

资料来源：沪深交易所，同花顺。

（五）利润分配情况

2018 年全年印刷和记录媒介复制业上市公司中共有 10 家公司实施了利润分配。其中，6 家上市公司实施送股或转增股，8 家上市公司实施派息，没有公司既实施了送股、转增，又实施了派息。

2018 年印刷和记录媒介复制业上市公司分红明细见附录。

（六）其他财务指标情况

1. 盈利能力指标

表 6　　2018 年印刷和记录媒介复制业上市公司盈利能力情况

指　标	2018 年	2018 年可比样本变动	2017 年	2017 年可比样本变动	2016 年
毛利率（%）	35.55	1.12	34.26	0.81	33.27
净资产收益率（%）	11.51	1.60	9.91	-1.04	10.64
销售净利率（%）	14.94	-0.58	15.52	0.69	14.60
资产净利率（%）	8.13	0.69	7.44	-0.11	7.37

资料来源：沪深交易所，同花顺。

2. 偿债能力指标

表 7　　2018 年印刷和记录媒介复制业上市公司偿债能力指标

指　标	2018 年	2018 年可比样本变动	2017 年	2017 年可比样本变动	2016 年
流动比率	1.68	-0.10	1.78	0.26	1.52
速动比率	1.21	-0.04	1.26	0.20	1.06
资产负债率（%）	32.15	0.23	31.91	-5.39	37.22

资料来源：沪深交易所，同花顺。

3. 营运能力指标

表 8　　2018 年印刷和记录媒介复制业上市公司营运能力情况　　单位：次

营运能力指标	2018 年	2018 年可比样本变动	2017 年	2017 年可比样本变动	2016 年
存货周转率	2.49	0.43	2.07	0.14	1.88
应收账款周转率	4.90	0.54	4.37	0.15	4.27
流动资产周转率	1.10	0.17	0.94	-0.03	0.95
固定资产周转率	2.24	0.38	1.86	-0.01	1.87
总资产周转率	0.54	0.06	0.48	-0.03	0.50
净资产周转率	0.80	0.07	0.73	-0.07	0.79

资料来源：沪深交易所，同花顺。

三、重点上市公司介绍

劲嘉股份

劲嘉股份是烟标印刷行业龙头企业，主要从事高端包装印刷品和包装材料的研究生产，主要产品有高技术和高附加值的烟标、高端知名消费品牌包装以及相关镭射包装材料镭射膜和镭射纸等。

2018 年，公司实现营业收入 33.74 亿元，同比上升 14.56%；归属于上市公司股东的净利润为 7.25 亿元，同比上升 26.27%；实现每股收益 0.49 元。毛利率为 43.66%，同比下滑 0.45 个百分点；销售净利率 24.17%，同比提升 1.33 个百分点；净资产收益率 11.27%，同比下滑 0.36 个百分点。

2018 年年末，公司的资产负债率为 17.45%，同比下降 0.19 个百分点。

四、上市公司在行业中的影响力

从行业整体情况来看，2018 年行业总资产、营业收入和利润总额分别为 5752.40 亿元、6471.10 亿元和 425.60 亿元，上市公司占比分别为 5.52%、2.61% 和 7.03%。在行业总体情况中占比较小，对行业影响力有限。

审稿人：张　旭

撰稿人：王　磊

文教、工美、体育和娱乐用品制造业

一、文教、工美、体育和娱乐用品制造业总体概况

国家统计局数据显示，2018 年，中国文教、工美、体育和娱乐用品制造业企业共有 9307 家，较 2017 年小幅减少 1.74%。近年来中国 GDP 增长已经转入增长结构与方式发生转变的阶段，给行业发展带来持续动力。同时，在国家十三五规划中进一步明确了加大消费战略以及文化产业的支柱性，文教、工美、体育和娱乐用品制造业受到了国家政策的大力支持，有利于推动文教体育用品行业与文化创意和设计服务产业融合发展，提高产品附加值；同时促进企业技术创新、产品创新和营销模式创新，提升行业国际竞争力；并扩大文教体育用品中高端产品供给，满足居民消费升级需要，培育新的消费增长点。

截至 2018 年 12 月 31 日，文教、工美、体育和娱乐用品制造业总资产为 8689.6 亿元，较 2017 年增长 3.1%；行业全年实现营业收入 13408.8 亿元，较

2017 年增长 5%；实现利润总额 710.9 亿元，较 2017 年增长 7.1%。2018 年 12 月 31 日，行业资产负债率为 52.99%，相比 2017 年增长 3.48 个百分点。因国家统计局统计范畴发生变化，2017～2018 年绝对值虽有下降，但实际同比口径为增长。

二、行业内上市公司发展概况

（一）行业内上市公司基本情况

表 1　　2018 年文教、工美、体育和娱乐用品制造业上市公司发行股票概况

门　类	A、B 股总数	A 股股票数	B 股股票数	境内总市值（亿元）	流通 A 股市值（亿元）	流通 B 股市值（亿元）
文教、工美、体育和娱乐用品制造业	14	14	0	747.86	628.34	0.00
占沪深两市比重（%）	0.39	0.39	0.00	0.00	0.00	0.00

资料来源：沪深交易所，同花顺。

（二）行业内上市公司构成情况

表 2　　2018 年文教、工美、体育和娱乐用品制造业上市公司构成情况

门　类	沪市			深市			ST/*ST
	仅 A 股	仅 B 股	A+B 股	仅 A 股	仅 B 股	A+B 股	
文教、工美、体育和娱乐用品制造业（家）	2	0	0	12	0	0	0/0
占行业内上市公司比重（%）	14.29	0.00	0.00	85.71	0.00	0.00	0.00/0.00

资料来源：沪深交易所，同花顺。

（三）行业内上市公司融资情况

表 3　　2018 年文教、工美、体育和娱乐用品制造业上市公司与沪深两市融资情况对比　　单位：家

门　类	融资家数	新股	增发	配股
文教、工美、体育和娱乐用品制造业	2	1	1	0
沪深两市总数	358	105	238	15
占比（%）	0.56	0.95	0.42	0.00

资料来源：沪深交易所，同花顺。

其中，首发的 1 家公司，在创业板上　　市；增发的 1 家公司，为深市公司。

从融资效果来看，上述公司实际发行数量为 6021.52 万股；实际募集资金 12.1745 亿元，基本完成了融资计划。

2018 年文教、工美、体育和娱乐用品制造业上市公司融资情况明细见附录。

（四）行业内上市公司资产及业绩情况

表 4　　2018 年文教、工美、体育和娱乐用品制造业上市公司资产情况　　单位：亿元

指　标	2018 年	2018 年可比样本增长（%）	2017 年	2017 年可比样本增长（%）	2016 年
总资产	367.80	13.48	340.54	17.86	320.20
流动资产	211.06	20.94	179.67	28.24	140.14
占比（%）	57.38	3.54	52.76	4.27	43.77
非流动资产	156.74	4.77	160.86	8.09	180.06
占比（%）	42.62	-3.54	47.24	-4.27	56.23
流动负债	131.34	37.74	96.98	12.10	92.60
占比（%）	35.71	6.29	28.48	-1.46	28.92
非流动负债	6.98	-19.69	9.94	-33.73	28.76
占比（%）	1.90	-0.78	2.92	-2.27	8.98
归属于母公司股东权益	225.21	4.42	229.21	24.12	195.58
占比（%）	61.23	-5.31	67.31	3.40	61.08

资料来源：沪深交易所，同花顺。

表 5　　2018 年文教、工美、体育和娱乐用品制造业上市公司收入实现情况　　单位：亿元

指　标	2018 年	2018 年可比样本增长（%）	2017 年	2017 年可比样本增长（%）	2016 年
营业收入	233.80	17.17	218.35	19.30	185.29
利润总额	3.35	-81.72	18.30	-14.84	23.10
归属于母公司所有者的净利润	1.01	-93.62	15.85	-14.73	20.70

资料来源：沪深交易所，同花顺。

（五）利润分配情况

2018 年全年文教、工美、体育和娱乐用品制造业上市公司中共有 11 家公司实施了分红配股。其中，4 家上市公司实施送股或转增股，10 家上市公司实施派息，其中 3 家公司既实施了送股、转增，又实施了派息。

2017 年文教、工美、体育和娱乐用品制造业上市公司分红明细见附录。

（六）其他财务指标情况

1. 盈利能力指标

表 6　　2018 年文教、工美、体育和娱乐用品制造业上市公司盈利能力情况

指　标	2018 年	2018 年可比样本变动	2017 年	2017 年可比样本变动	2016 年
毛利率（%）	28.75	-2.04	28.63	-1.86	30.29
净资产收益率（%）	0.45	-6.86	6.92	-3.15	10.58
销售净利率（%）	0.52	-7.27	7.16	-2.82	10.98
资产净利率（%）	0.35	-4.87	4.96	-2.26	7.37

资料来源：沪深交易所，同花顺。

2. 偿债能力指标

表 7　　2018 年文教、工美、体育和娱乐用品制造业上市公司偿债能力指标

指　标	2018 年	2018 年可比样本变动	2017 年	2017 年可比样本变动	2016 年
流动比率	1.61	-0.22	1.85	0.23	1.51
速动比率	1.27	-0.14	1.43	0.27	1.10
资产负债率（%）	37.61	5.51	31.40	-3.74	37.90

资料来源：沪深交易所，同花顺。

3. 营运能力指标

表 8　　2018 年文教、工美、体育和娱乐用品制造业上市公司营运能力情况　　单位：次

营运能力指标	2018 年	2018 年可比样本变动	2017 年	2017 年可比样本变动	2016 年
存货周转率	3.91	0.48	3.87	0.26	3.80
应收账款周转率	7.06	-1.04	7.85	0.16	8.27
流动资产周转率	1.21	-0.06	1.37	-0.07	1.44
固定资产周转率	4.86	0.24	4.91	0.51	4.27
总资产周转率	0.68	0.01	0.69	-0.03	0.67
净资产周转率	1.04	0.03	1.04	-0.03	1.02

资料来源：沪深交易所，同花顺。

三、重点上市公司介绍

晨光文具

2018 年年报显示，晨光文具实现营业收入 85.35 亿元，同比增长 34.26%；归属于上市公司股东的净利润 8.07 亿元，同比增长 27.25%，实现基本每股收益 0.88 元。

传统业务方面，公司具备核心技术优势、品牌黏性极强：公司传统业务实现营

业收入 54.08 亿元，同比增长 6%，收入增长稳健。公司传统业务的高速成长主要来源于对渠道的深耕和聚焦：公司在对现有销售门店持续优化升级的基础上，专注于四大产品渠道，多管齐下，持续扩大公司的市场占有率。此外，公司积极探索精品文创新型渠道，为第三方文具店打包提供高端产品，预计其未来高附加值的产品比例将持续提升。科力普业务方面，抢滩中国万亿办公直销蓝海市场（2016 年中国大办公用品市场规模达 1.6 万亿元），2018 年收入实现翻倍增长至 25.86 亿元，是国内发展速度最快的办公用品一站式采购服务平台。此外，公司还积极探索九木杂物社和晨光生活馆的线下直营模式，向文创龙头迈进，2018 年晨光生活馆（含九木杂物社）实现营业收入 3.06 亿元，同比增长 49.15%。

精细化管理下，管理费用（含研发费用）率下降 0.24% ~5.79%。综合来看，由于科力普业务净利率较低而收入占比提高，公司的净利率同比下降 0.52% ~9.45%。预计随着科力普业务盈利效率提升、精品文创业务持续拉动产品附加值，公司盈利水平有望稳中向上。

传统业务渠道优势明显，加快新产品的市场拓展及渠道升级：截至 2018 年年末，公司已在全国拥有 35 家一级（省级）合作伙伴、超过 1200 个城市的二三级合作伙伴，构建了超过 7.6 万家零售终端的庞大零售终端网络。在竞争激烈的内需市场确立了自主品牌销售的龙头地位。报告期内，公司加强对传统终端的掌控能力并占据新出现的精品渠道，通过九木杂物社、晨光生活馆和晨光科技形成从消费者洞察到销售实现的闭环。产品方面，调结构、促增长，保持原有大众品类的优势，拓展儿童美术和办公品类，大力推动精品文创的增长，适应消费升级的趋势，使之成为推动公司成长的第二引擎。

四、上市公司在行业中的影响力

上市公司市场份额持续提高：2016 ~2018 年上市公司总资产占行业总体的比重由 37.06% 逐年提高至 50.33%，营业收入占比由 10.03% 提高至 15.05%，利润总额由 25.47% 下滑至 5.23%，主要系 2018 年行业内部分上市公司如奥飞娱乐发生较大亏损。近年来，面对业内激烈的竞争，上市公司加强渠道建设、聚焦提升品牌知名度，费用投放力度较大，获得了高于行业平均的收入增速，加速行业集中。

审稿人：董岚枫　王　勇

撰稿人：李　旻　史凡可

石油加工、炼焦及核燃料加工业

一、石油加工、炼焦及核燃料加工业总体概况

截至2018年年底，全国石油加工、炼焦和核燃料加工业规模以上企业数量为2001家，其中，448家出现亏损，平均亏损金额为3592万元。石油加工、炼焦及核燃料加工行业资产合计31488.4亿元，较2017年增加11.44%；实现销售收入47910.8亿元，较2017年增加18.79%；完成利润总额2270.8亿元，较2017年增加2.97%。

二、行业内上市公司发展概况

（一）行业内上市公司基本情况

表1　　2018年石油加工、炼焦及核燃料加工业上市公司发行股票概况

门　类	A、B股总数	A股股票数	B股股票数	境内总市值（亿元）	流通A股市值（亿元）	流通B股市值（亿元）
石油加工、炼焦及核燃料加工业	16	16	0	1209.09	960.52	0.00
占沪深两市比重（%）	0.45	0.45	0.00	0.00	0.00	0.00

资料来源：沪深交易所，同花顺。

（二）行业内上市公司构成情况

表2　　2018年石油加工、炼焦及核燃料加工业上市公司构成情况

门　类	沪市			深市			ST/*ST
	仅A股	仅B股	A+B股	仅A股	仅B股	A+B股	
石油加工、炼焦及核燃料加工业（家）	10	0	0	6	0	0	1/0
占行业内上市公司比重（%）	62.50	0.00	0.00	37.50	0.00	0.00	0.06/0.00

资料来源：沪深交易所，同花顺。

（三）行业内上市公司融资情况

表3　2018年石油加工、炼焦及核燃料加工业上市公司与沪深两市融资情况对比　单位：家

门　类	融资家数	新股	增发	配股
石油加工、炼焦及核燃料加工业	1	0	1	0
沪深两市总数	358	105	238	15
占比（%）	0.28	0.00	0.42	0.00

资料来源：沪深交易所，同花顺。

其中，增发的1家公司是山西焦化，为沪市主板上市公司。

按行业大类划分，该公司属于石油加工、炼焦及核燃料加工业，在沪深两市融资公司中占比0.28%。

从融资效果来看，上述公司实际发行数量为66646.86万股；实际募集资金42.9亿元，基本完成了融资计划。

2018年石油加工、炼焦及核燃料加工业上市公司融资情况明细见附录。

（四）行业内上市公司资产及业绩情况

表4　2018年石油加工、炼焦及核燃料加工业上市公司资产情况　单位：亿元

指　标	2018年	2018年可比样本增长（%）	2017年	2017年可比样本增长（%）	2016年
总资产	1928.19	12.76	1685.69	7.82	1614.05
流动资产	882.74	20.84	729.65	19.28	634.78
占比（%）	45.78	3.06	43.29	4.16	39.33
非流动资产	1045.45	6.74	956.03	0.45	979.27
占比（%）	54.22	-3.06	56.71	-4.16	60.67
流动负债	688.83	3.08	653.63	-0.26	678.48
占比（%）	35.72	-3.36	38.78	-3.14	42.04
非流动负债	184.33	59.18	110.07	-14.94	145.30
占比（%）	9.56	2.79	6.53	-1.75	9.00
归属于母公司股东权益	985.07	14.41	857.11	19.40	728.25
占比（%）	51.09	0.74	50.85	4.93	45.12

资料来源：沪深交易所，同花顺。

表5　2018年石油加工、炼焦及核燃料加工业上市公司收入实现情况　单位：亿元

指　标	2018年	2018年可比样本增长（%）	2017年	2017年可比样本增长（%）	2016年
营业收入	2358.98	14.04	2068.51	27.03	1633.85
利润总额	173.99	17.38	148.40	-0.94	149.51
归属于母公司所有者的净利润	133.55	19.64	111.80	-5.63	117.55

资料来源：沪深交易所，同花顺。

（五）利润分配情况

2018年全年石油加工、炼焦及核燃料加工业上市公司中共有12家公司实施了分红配股。其中，12家上市公司实施派息，1家公司既实施了送股又实施了派息，1家公司既实施了转增又实施了派息。

2018年石油加工、炼焦及核燃料加工业上市公司分红明细见附录。

（六）其他财务指标情况

1. 盈利能力指标

表6　　2018年石油加工、炼焦及核燃料加工业上市公司盈利能力情况

指　标	2018年	2018年可比样本变动	2017年	2017年可比样本变动	2016年
毛利率（%）	17.88	-2.08	19.95	-3.99	24.04
净资产收益率（%）	13.56	0.59	13.04	-3.46	16.14
销售净利率（%）	5.95	0.35	5.61	-1.89	7.42
资产净利率（%）	7.72	0.64	7.14	-0.69	7.51

资料来源：沪深交易所，同花顺。

2. 偿债能力指标

表7　　2018年石油加工、炼焦及核燃料加工业上市公司偿债能力指标

指　标	2018年	2018年可比样本变动	2017年	2017年可比样本变动	2016年
流动比率	1.28	0.19	1.12	0.18	0.94
速动比率	0.98	0.16	0.85	0.17	0.69
资产负债率（%）	45.28	-0.57	45.30	-4.89	51.04

资料来源：沪深交易所，同花顺。

3. 营运能力指标

表8　　2018年石油加工、炼焦及核燃料加工业上市公司营运能力情况　　单位：次

营运能力指标	2018年	2018年可比样本变动	2017年	2017年可比样本变动	2016年
存货周转率	10.17	0.57	9.63	1.29	8.49
应收账款周转率	25.77	0.57	25.20	6.53	17.48
流动资产周转率	2.92	-0.16	3.08	0.22	2.76
固定资产周转率	3.64	0.43	3.25	0.76	2.41
总资产周转率	1.30	0.03	1.27	0.23	1.01
净资产周转率	2.38	-0.05	2.43	0.15	2.26

资料来源：沪深交易所，同花顺。

三、重点上市公司介绍

中国石化

中国石化2018年实现营业收入28911.79亿元，较2017年增加22.50%。实现归母净利润630.89亿元，较2017年同比增长23.42%。

2018年度集团的营业利润为人民币1014.74亿元，较2017年度的营业利润人民币869.65亿元增加16.68%。归属于母公司股东的净利润为630.89亿元，每股收益0.52元。2018年度经营活动现金净流入量为人民币1758.68亿元，较2017年的现金净流入人民币1909.35亿元减少7.89%。

从销售收入的产品构成来看，公司炼油收入占总收入的43.70%，2018年共实现营业收入12634.07亿元，较2017年增加24.86%；毛利率24.60%，较2017年减少5.85个百分点。化工收入占比18.91%，实现营业收入5467.33亿元，较2017年增加24.89%；毛利率9.40%，较2017年减少2.40个百分点。勘探及开采实现营业收入2001.91亿元，较2017年增加27.10%，毛利率为17.36%，较2017年增加15.28个百分点。公司其他主营业务占比47.34%，2018年实现营业收入13685.83亿元，较2017年增加40.38%；毛利率为0.20%，较2017年减少0.99个百分点。从销售地区来看，国外销售收入总额为7715.99亿元，占比26.69，较2017年增加28.20%；中国大陆销售收入为21195.80亿元，占比73.31%，较2017年增加20.54%。

四、上市公司在行业中的影响力

2018年，行业的资产规模、营业收入及利润总额稳定增长。截至2018年年底，全行业总资产达31488.4亿元，上市公司占比由2017年的5.97%上升至6.12%；行业全年实现主营业务收入47910.8亿元，上市公司占比由2017年的5.13%略微下降至4.92%；行业全年实现利润总额2270.8亿元，其中，上市公司占比由2017年的6.73%上升至7.66%。

审稿人：宋　涛

撰稿人：马昕晔

化学原料及化学制品制造业

一、化学原料及化学制品制造业总体概况

2018年，中国规模及以上（主营业务收入达到2000万元及以上）化学原料及化学制品企业数量为23513家，亏损企业达到3682家，平均亏损金额为1592.6万元。行业累计总资产74928.7亿元，较2017年下降2.01%。实现销售收入72065.9亿元，较2017年下降11.99%，利润总额5146.2亿元，较2017年同比下降11.89%。

二、行业内上市公司发展概况

（一）行业内上市公司基本情况

表1　　2018年化学原料及化学制品制造业上市公司发行股票概况

门　类	A、B股总数	A股股票数	B股股票数	境内总市值（亿元）	流通A股市值（亿元）	流通B股市值（亿元）
化学原料及化学制品制造业	237	232	5	13421.55	9944.37	48.26
占沪深两市比重（%）	6.46	6.33	0.14	0.03	0.03	0.04

资料来源：沪深交易所，同花顺。

（二）行业内上市公司构成情况

表2　　2018年化学原料及化学制品制造业上市公司构成情况

门　类	沪市			深市			ST/*ST
	仅A股	仅B股	A+B股	仅A股	仅B股	A+B股	
化学原料及化学制品制造业（家）	80	1	3	148	0	1	6/5
占行业内上市公司比重（%）	34.33	0.43	1.29	63.52	0.00	0.43	0.03/0.02

资料来源：沪深交易所，同花顺。

（三）行业内上市公司融资情况

表 3　　2018 年化学原料及化学制品制造业上市公司与沪深两市融资情况对比　　单位：家

门　类	融资家数	新股	增发	配股
化学原料及化学制品制造业	32	7	22	3
沪深两市总数	358	105	238	15
占比（%）	8.94	6.67	9.24	20.00

资料来源：沪深交易所，同花顺。

其中，首发的 7 家公司中，有 1 家在中小板上市，2 家在创业板上市，4 家在主板上市；增发的 22 家公司中，有 17 家沪市、5 家深市。

按行业大类划分，进行融资的 32 家公司全部属于化学原料及化学制品制造业，在沪深两市融资公司中占比 8.94%。

从融资效果来看，上述公司实际发行数量为 466930 万股；实际募集资金 538.8 亿元，基本完成了融资计划。

2018 年化学原料及化学制品制造业上市公司融资情况明细见附录。

（四）行业内上市公司资产及业绩情况

表 4　　2018 年化学原料及化学制品制造业上市公司资产情况　　单位：亿元

指　标	2018 年	2018 年可比样本增长（%）	2017 年	2017 年可比样本增长（%）	2016 年
总资产	16642.77	5.38	15403.15	12.27	14142.59
流动资产	7240.42	5.21	6676.77	22.21	5986.68
占比（%）	43.50	-0.07	43.35	3.53	42.33
非流动资产	9402.35	5.52	8726.38	5.68	8155.90
占比（%）	56.50	0.07	56.65	-3.53	57.67
流动负债	6416.97	2.88	6033.24	12.75	5898.49
占比（%）	38.56	-0.94	39.17	0.17	41.71
非流动负债	1868.66	-8.92	1976.86	-0.85	1917.89
占比（%）	11.23	-1.76	12.83	-1.70	13.56
归属于母公司股东权益	7732.86	11.35	6841.56	15.24	5898.27
占比（%）	46.46	2.49	44.42	1.15	41.71

资料来源：沪深交易所，同花顺。

表 5　　2018 年化学原料及化学制品制造业上市公司收入实现情况　　单位：亿元

指　标	2018 年	2018 年可比样本增长（%）	2017 年	2017 年可比样本增长（%）	2016 年
营业收入	11286.28	10.59	10112.84	27.49	8110.11
利润总额	1126.94	26.70	860.50	88.67	416.76
归属于母公司所有者的净利润	848.92	28.74	633.71	93.54	293.95

资料来源：沪深交易所，同花顺。

（五）利润分配情况

2018 年全年化学原料及化学制品制造业上市公司中共有 192 家公司实施了分红配股。其中，187 家上市公司实施了派息，5 家上市公司仅实施了送股或转增，31 家公司既实施了送股或转增又实施了派息。

2018 年化学原料及化学制品制造业上市公司分红明细见附录。

（六）其他财务指标情况

1. 盈利能力指标

表 6　　2018 年化学原料及化学制品制造业上市公司盈利能力情况

指　标	2018 年	2018 年可比样本变动	2017 年	2017 年可比样本变动	2016 年
毛利率（%）	23.25	0.93	21.85	2.02	17.93
净资产收益率（%）	10.98	1.48	9.26	3.75	4.98
销售净利率（%）	8.13	1.14	6.79	2.37	3.84
资产净利率（%）	5.66	0.81	4.71	1.95	2.32

资料来源：沪深交易所，同花顺。

2. 偿债能力指标

表 7　　2018 年化学原料及化学制品制造业上市公司偿债能力指标

指　标	2018 年	2018 年可比样本变动	2017 年	2017 年可比样本变动	2016 年
流动比率	1.13	0.02	1.11	0.09	1.01
速动比率	0.87	0.00	0.86	0.08	0.77
资产负债率（%）	49.79	-2.70	52.00	-1.53	55.27

资料来源：沪深交易所，同花顺。

3. 营运能力指标

表 8　　2018 年化学原料及化学制品制造业上市公司营运能力情况　　单位：次

营运能力指标	2018 年	2018 年可比样本变动	2017 年	2017 年可比样本变动	2016 年
存货周转率	5.44	-0.20	5.71	0.30	4.65
应收账款周转率	9.52	-0.56	10.24	0.70	7.99
流动资产周转率	1.60	-0.05	1.67	0.06	1.44
固定资产周转率	2.03	0.08	1.97	0.28	1.70
总资产周转率	0.70	0.00	0.69	0.07	0.61
净资产周转率	1.42	-0.05	1.47	0.10	1.38

资料来源：沪深交易所，同花顺。

三、重点上市公司介绍

（一）华鲁恒升

2018 年华鲁恒升实现营业收入 143.57 亿元，同比增长 37.94%，实现归属于母公司股东的净利润 30.20 亿元，同比增长 147.10%。

公司为多业联产的新型化工企业，主要业务包括化工产品及化学肥料的生产、销售，发电及供热业务。主要产品有肥料、有机胺、己二酸及中间品、醋酸及衍生品、多元醇等。未来几年，公司将围绕提升企业竞争力的核心，突出可持续发展和精益化运营两条主线，坚持科技引领和创新驱动，加快结构调整和优化产业布局，推动传统产能改造升级，积极发展合成气下游深加工项目，与石油化工下游产业链融合，打造高端新材料板块。母公司华鲁恒升集团是全国化工综合效益百强和山东省 200 家重点企业集团之一。

按主营产品划分，肥料实现营业收入 29.26 亿元，较 2017 年增长 47.77%，毛利率为 28.04%，较 2017 年增长 15.1 个百分点；有机胺实现营业收入 20.91 亿元，较 2017 年增长 9.93%，毛利率 38.54%，较 2017 年增长 8.92 个百分点；己二酸及中间品实现营业收入 18.32 亿元，较 2017 年增长 0.05%，毛利率 23.42%，较 2017 年增长 5.75 个百分点；醋酸及衍生品实现营业收入 24.96 亿元，较 2017 年增长 49.01%，毛利率 54.51%，较 2017 年增长 24.18 个百分点；多元醇实现营业收入 19.41 亿元，较 2017 年增长 37.95%，毛利率 4.92%，较 2017 年减少 0.87 个百分点。

按地区划分，出口实现营业收入 5.82 亿元，较 2017 年增长 3.74%；北方实现营业收入 103.08 亿元，较 2017 年增长 57.78%；南方实现营业收入 32.55 亿元，较 2017 年增长 2.06%。

（二）万华化学

万华化学是国内 MDI（二苯基甲烷二异氰酸酯）制造龙头企业，是亚太地区最大的 MDI 制造企业。公司主要从事聚氨酯（MDI、TDI、多元醇），丙烯及其下游丙烯酸、环氧丙烷等系列石化产品，SAP、TPU、PC、PMMA、有机胺、ADI、水性涂料等精细化学品及新材料的研究开发、生产和销售。

2018 年公司实现销售收入 606.21 亿元，同比增长 14.11%；实现归属于上市公司股东的净利润 106.10 亿元，同比下降 4.71%；每股收益 3.88 元。

2018 年年末，公司资产总额 769.13 亿元，同比增长 16.84%；归属母公司所有者权益 337.79 亿元，同比增长 23.82%；公司加权平均净资产收益率 36.82%，同比下降 13.84 个百分点；每股净资产 12.36 元，同比增长 23.84%；资产负债率 48.97%，同比下降 4.31 个百分点。

公司主营业务按照产品来分，2018 年聚氨酯系列实现营业收入 309.52 亿元，较 2017 年增长 3.74%，毛利率 50.30%，比 2017 年减少 5.11 个百分点；石化系列实现营业收入 189.08 亿元，较 2017 年增长 23.52%，毛利率 9.98%，较 2017 年减少了 2.50 个百分点；精细化学品及新材料系列实现营业收入 57.03 亿元，较 2017 年增长 35.88%，毛利率 31.33%，较 2017 年减少 0.17 个百分点。主营业务按地区分，国内市场营业收入 393.41 亿元，较 2017 年增长 6.45%；国外市场营业收入 205.21 亿元，较 2017 年增长 30.01%。

（三）中国巨石

中国巨石股份有限公司是中国建材股份有限公司（3323.HK）玻璃纤维业务的核心企业，以玻璃纤维及制品的生产与销售为主营业务，是中国新材料行业进入资本市场早，企业规模大的上市公司之一。2018 年公司玻璃纤维及其制品业务合计实现营业收入 95.37 亿元，占全年营业收入的比例为 95.06%。公司拥有浙江桐乡、江西九江、四川成都、埃及苏伊士、美国南卡（在建）5 个生产基地，已建成玻璃纤维大型池窑拉丝生产线 10 多条，玻纤纱年产能超过 140 万吨；公司玻纤产品品种广泛、品类齐全，有 100 多个大类近 1000 个规格品种，主要包括无碱玻璃纤维无捻粗纱、短切原丝、短切毡、方格布、电子布等玻纤产品。公司建有玻纤研发实验基地，包括国家认定企业技术中心、省级重点实验室及博士后科研工作站等研发机构，所属检测中心通过了国家实验室认可委员会认可，并获得德国船级社 GL 认证。目前公司设立了巨石美国、加拿大、南非、法国、意大利、西班牙、日本、韩国、印度等 14 家海外销售公司，已建立起布局合理的全球销售网络，并与包括北美、中东、欧洲、东南亚、非洲在内的 100 多个国家和地区的客户建立了长期稳定的合作关系，客户中有不少世界 500 强企业及行业龙头企业。

2018 年公司全年实现营业收入

100.32 亿元，较 2017 年同期增长 15.96%；实现归属于上市公司股东的净利润 23.74 亿元，较 2017 年同期增长 10.43%；经营活动产生的净现金流达到 38.62 亿元，同比增长 1.55%，基本每股收益为 0.68 元，较 2017 年同期减少 8.10%。

公司主营产品为玻纤及制品，2018 年实现营业收入 95.37 亿元，较 2017 年同期增长 13.17%；毛利率为 47.05%，较 2017 年增长 0.41 个百分点。公司主营业务按地区分，国内实现营业收入 54.57 亿元，较 2017 年增长 15.93%；国外实现营业收入 44.51 亿元，较 2017 年增长 14.59%。

（四）巨化股份

巨化股份是国内领先的氟化工、氯碱化工综合配套的氟化工先进制造业基地，主要经营为基本化工原料、食品包装材料、电子化学材料、氟化工原料及后续产品的研发、生产与销售，拥有氯碱化工、硫酸化工、基础氟化工等氟化工、电子化学材料必需的产业自我配套体系，形成了液氯、氯仿、三氯乙烯、四氯乙烯、AHF 为配套原料支撑的氟致冷剂、有机氟单体、氟聚合物完整的氟化工产业链，并涉足石油化工产业。公司核心产业氟化工及其他主导产品在规模、技术上均处于行业领先水平。

2018 年，公司实现营业收入 156.56 亿元，较 2017 年增长 13.42%；实现利润总额 26.21 亿元，同比增长 120.15%；实现归属上市公司股东的净利润 21.53 亿元，较 2017 年增长 136.97%。

主营业务按产品来分，2018 年含氟精细化工品营业收入 0.54 亿元，较 2017 年增长 25.58%，毛利率 42.71%，较 2017 年减少 19.89 个百分点；氟化工原料营业收入 19.02 亿元，较 2017 年增长 51.19%，毛利率 18.46%，较 2017 年增长 9.53 个百分点；石化材料营业收入 16.26 亿元，较 2017 年增长 12.99%，毛利率 16.68%，较 2017 年增长 4.27 个百分点；制冷剂营业收入 45.91 亿元，较 2017 年增长 24.14%，毛利率 32.93%，较 2017 年增长 3.31 个百分点；含氟聚合物材料营业收入 16.94 亿元，较 2017 年增长 42.23%，毛利率 33.84%，较 2017 年增长 6.1 个百分点。主营业务按地区分，国外销售营业收入 12.77 亿元，较 2017 年减少 19.27%；国内销售营业收入 111.59 亿元，较 2017 年增长 33.64%。

（五）扬农化工

扬农化工是国家重点高新技术企业，中国拟除虫菊酯类农药生产基地，全国化工企业环境保护先进单位。公司积极发展环境友好型农药，现拥有省拟除虫菊酯类农药工程研究中心、省农药清洁生产技术重点实验室、全国农药标准化技术委员会拟除虫菊酯工作组等创新平台。公司以振兴民族菊酯工业为己任，坚持自主创新，实施名牌战略，积极推进中国农药产业结构升级。现已形成以菊酯为核心，农药为主导，精细化学品为补充的多元化产品格局。公司的主要经营范围包括农药的制造、加工，精细化工产品的制造、加工，精细化工产品、农药的技术开发、应用服务，自营和代理各类商品及技术的进出口。

2018 年公司实现营业收入 52.91 亿元，较 2017 年增长 19.22%；实现利润总额 10.89 亿元，同比增长 56.12%；实现归属上市公司股东的净利润 8.95 亿元，较 2017 年增长 55.73%。

主营业务按产品来分，2018 年杀虫剂营业收入 0.54 亿元，较 2017 年增长 25.58%，毛利率较 2017 年减少 19.89 个百分点；除草剂营业收入 20.23 亿元，较 2017 年增长 1.96%，毛利率 29.86%，较 2017 年减少 1.03 个百分点。主营业务按地区来分，国外销售营业收入 34.13 亿元，较 2017 年增长 18.50%；国内销售营业收入 17.88 亿元，较 2017 年增长 20.32%。

四、上市公司在行业中的影响力

2018 年行业资产规模较 2017 年出现下降。营业收入下降 11.99%，利润总额下降 11.89%。上市公司在其中的占比都出现了较大幅度的增长。截至 2018 年年底，全行业累计总资产达 74928.7 亿元，上市公司占比由 2017 年的 20.14% 上升至 22.21%；行业全年实现营业收入 72065.9 亿元，上市公司占比由 2017 年的 12.35% 上升至 15.66%；行业全年实现利润总额 5146.2 亿元，其中，上市公司占比由 2017 年的 14.73% 上升至 21.89%。

审稿人：宋　涛

撰稿人：马昕晔

医药制造业

一、医药制造业总体概况

（一）行业整体运行情况

2018 年，中国经济增长总体平稳，供给侧改革持续，经济结构不断优化。从增加值数据来看，2018 年规模以上医药工业增加值同比增长 9.70%，增速较上年同期减少 2.70 个百分点，高于全国工业整体增速 3.50 个百分点，位居工业全行业前列。

从营业收入数据来看，2018 年医药工业规模以上企业实现主营业务收入 25840.00 亿元，同比减少 8.32%，增速较上年同期减少 8.76 个百分点，增速高于全国工业整体增速 3.90 个百分点。

从盈利水平数据来看，2018 年医药

工业规模以上企业实现利润总额 3364.50 亿元，同比增长 1.52%，增速较上年同期减少 8.84 个百分点，高于全国工业整体增速 4.79 个百分点。利润增速高于主营业务收入增速，2018 年主营业务收入利润率较上年增长 1.26 个百分点。

从出口数据来看，2018 年医药工业规模以上企业实现出口交货值 1459.40 亿元，同比减少 4.16%，增速较上年同期减少 7.43 个百分点。根据海关进出口数据，2018 年医药品出口额为 174.32 亿美元，同比增长 15.57%，增速较上年增长 4.70 个百分点。

（二）细分行业运行概况

医药制造业共分为 7 个细分子行业，分别为：化学药品原料药制造、化学药品制剂制造、中药饮片加工、中成药制造、生物药品制造、卫生材料及医药用品制造、医疗仪器设备及器械制造。

从营业收入数据来看，各细分子行业情况如下：化学药品原料药制造行业 2018 年实现主营业务收入 3843.30 亿元，同比减少 23.01%，增速较 2017 年下降 22.15 个百分点；化学药品制剂制造行业 2018 年实现主营业务收入 8715.40 亿元，同比增长 4.49%，增速较 2017 年下降 6.20 个百分点；中药饮片加工行业 2018 年实现主营业务收入 1714.90 亿元，同比减少 20.80%，增速较 2017 年下降 31.48 个百分点；中成药制造行业 2018 年实现主营业务收入 4655.20 亿元，同比减少 18.84%，增速较 2017 年下降 4.49 个百分点；生物药品制造行业 2018 年实现主营业务收入 2443.00 亿元，同比减少 26.22%，增速较 2017 年下降 25.05 个百分点；卫生材料及医药用品制造行业 2018 年实现主营业务收入 1784.70 亿元，同比减少 21.27%，增速较 2017 年下降 27.96 个百分点；医疗仪器设备及器械制造行业 2018 年实现主营业务收入 2522.30 亿元，同比减少 10.81%，增速较 2017 年下降 13.08 个百分点。由以上数据可以看出，仅有化学药品制剂制造子行业的主营业务收入增速高于医药工业的整体增速水平；而化学药品原料药制造子行业、中药饮片加工子行业、中成药制造子行业、生物药品制造子行业、卫生材料及医药用品制造子行业、医疗仪器设备及器械制造子行业的主营业务收入增速则低于医药工业的整体增速水平。各子行业中，主营业务收入增速均较上年出现一定的下滑。

从盈利水平数据来看，各子行业情况如下：化学药品原料药制造行业 2018 年实现利润总额 407.70 亿元，同比减少 6.51%，增速较 2017 年下降 4.46 个百分点；化学药品制剂制造行业 2018 年实现利润总额 1195.00 亿元，同比增长 2.11%，增速较 2017 年下降 21.02 个百分点；中药饮片加工行业 2018 年实现利润总额 139.10 亿元，同比减少 9.32%，增速较 2017 年下降 20.26 个百分点；中成药制造行业 2018 年实现利润总额 641.00 亿元，同比减少 9.36%，增速较 2017 年下降 5.41 个百分点；生物药品制造行业 2018 年实现利润总额 445.40 亿元，同比减少10.74%，增速较2017年下降29.52个百分点；卫生材料及医药用品制造行业2018年实现利润总额182.70亿元，同比减少14.59%，增速较2017年下降26.14个百分点；医疗仪器设备及器械制造行业2018年实现利润总额349.00亿元，同比增长7.35%，增速较2017年提高5.28个百分点。由以上数据可以看出，化学药品制剂制造以及医疗仪器设备及器械制造子行业的利润总额增速高于医药工业的整体增速水平；而化学药品原料药制造、制药专用设备制造、卫生材料及医药用品制造、中药饮片加工、中成药制造以及生物药品制造子行业的利润总额增速则低于医药工业的整体增速水平。各子行业中，医疗仪器设备及器械制造与化学药品原料药制造的利润率增幅较大。

二、行业内上市公司发展概况

（一）行业内上市公司基本情况

表1　2018年医药制造业上市公司发行股票概况

门　类	A、B股总数	A股股票数	B股股票数	境内总市值（亿元）	流通A股市值（亿元）	流通B股市值（亿元）
医药制造业	218	216	2	21550.03	17781.49	17.14
占沪深两市比重（%）	5.95	5.89	0.05	0.05	0.05	0.01

资料来源：沪深交易所，同花顺。

（二）行业内上市公司构成情况

表2　2018年医药制造业上市公司构成情况

门　类	沪市			深市			ST/*ST
	仅A股	仅B股	A+B股	仅A股	仅B股	A+B股	
医药制造业（家）	71	0	2	143	0	0	1/1
占行业内上市公司比重（%）	32.87	0.00	0.93	66.20	0.00	0.00	0.00/0.00

资料来源：沪深交易所，同花顺。

（三）行业内上市公司融资情况

表3　2018年医药制造业上市公司与沪深两市融资情况对比　单位：家

门　类	融资家数	新股	增发	配股
医药制造业	15	4	9	2
沪深两市总数	358	105	238	15
占比（%）	4.19	3.81	3.78	13.33

资料来源：沪深交易所，同花顺。

其中，首发的4家公司中，有3家在中小板上市，1家在沪市主板上市；增发的9家公司中，有4家沪市公司、5家深市公司，其中，4家为主板公司、2家为中小板公司、3家为创业板公司。

按行业大类划分，进行融资的15家公司中，化学制药业8家，生物制品业3家，医疗器械业2家，中药业2家，分别占比53.33%、20.00%、13.33%和13.33%。

从融资效果来看，上述公司实际发行数量为140177.23万股；实际募集资金135.58亿元，基本完成了融资计划。

（四）行业内上市公司资产及业绩情况

表4 **2018年医药制造业上市公司资产情况** 单位：亿元

指　标	2018年	2018年可比样本增长（%）	2017年	2017年可比样本增长（%）	2016年
总资产	13923.18	10.10	12464.39	17.04	10166.81
流动资产	7565.35	9.98	6795.64	19.40	5478.80
占比（%）	54.34	-0.06	54.52	1.08	53.89
非流动资产	6357.83	10.23	5668.76	14.33	4688.01
占比（%）	45.66	0.06	45.48	-1.08	46.11
流动负债	4095.33	19.55	3355.71	18.88	2697.53
占比（%）	29.41	2.33	26.92	0.42	26.53
非流动负债	1333.10	10.76	1188.44	27.22	900.10
占比（%）	9.57	0.06	9.53	0.76	8.85
归属于母公司股东权益	7964.57	5.49	7466.66	14.85	6208.87
占比（%）	57.20	-2.50	59.90	-1.14	61.07

资料来源：沪深交易所，同花顺。

表5 **2018年医药制造业上市公司收入实现情况** 单位：亿元

指　标	2018年	2018年可比样本增长（%）	2017年	2017年可比样本增长（%）	2016年
营业收入	7624.60	19.94	6328.08	15.57	5212.38
利润总额	883.26	-20.49	1108.76	22.55	865.21
归属于母公司所有者的净利润	666.24	-21.31	850.44	19.25	683.91

资料来源：沪深交易所，同花顺。

（五）利润分配情况

2018年全年医药制造业上市公司中共有174家公司实施了分红配股。其中，27家上市公司实施送股或转增股，172家上市公司实施派息，其中，25家公司既实施了送股、转增，又实施了派息。

2018年医药制造业上市公司分红明细见附录。

（六）其他财务指标情况

1. 盈利能力指标

表6　　2018年医药制造业上市公司盈利能力情况

指　标	2018年	2018年可比样本变动	2017年	2017年可比样本变动	2016年
毛利率（%）	49.84	0.78	48.55	2.18	46.38
净资产收益率（%）	8.37	-2.85	11.39	0.42	11.02
销售净利率（%）	9.44	-5.00	14.53	0.71	13.89
资产净利率（%）	5.42	-2.41	7.95	0.18	7.78

资料来源：沪深交易所，同花顺。

2. 偿债能力指标

表7　　2018年医药制造业上市公司偿债能力指标

指　标	2018年	2018年可比样本变动	2017年	2017年可比样本变动	2016年
流动比率	1.85	-0.16	2.03	0.01	2.03
速动比率	1.38	-0.13	1.59	0.00	1.60
资产负债率（%）	38.99	2.38	36.46	1.18	35.39

资料来源：沪深交易所，同花顺。

3. 营运能力指标

表8　　2018年医药制造业上市公司营运能力情况　　单位：次

营运能力指标	2018年	2018年可比样本变动	2017年	2017年可比样本变动	2016年
存货周转率	2.13	-0.08	2.43	-0.11	2.52
应收账款周转率	4.93	-0.23	5.25	-0.40	5.64
流动资产周转率	1.06	0.05	1.01	-0.06	1.06
固定资产周转率	3.13	0.30	2.87	0.15	2.78
总资产周转率	0.57	0.03	0.55	-0.02	0.56
净资产周转率	0.92	0.08	0.85	-0.03	0.88

资料来源：沪深交易所，同花顺。

三、重点上市公司介绍

（一）恒瑞医药

2018年，恒瑞医药实现营业收入174.18亿元，较2017年增长25.89%，归属于上市公司股东的净利润40.66亿元，比2017年同期增长26.39%；稀释每股收益1.10元，较2017年增长26.39%；利润分配方案为每10股派送现金2.20元（含税），每10股送红股2股。

在销售工作方面，公司继续推进销售分线，建立学术营销体系，加强人员补充力度。销售收入增长主要来自肿瘤药、造影剂、手术麻醉用药。肿瘤药营业收入较2017年增长29.23%；造影剂产品营业收入较2017年增长22.67%；手术麻醉用药同比增长29.25%。

在研发创新方面，一是继续加大研发投入。2018年公司累计研发资金26.70亿元，比2017年增长51.81%，研发投入占销售收入的比重达到15.33%，有力地支持了公司的项目研发和创新发展。二是完善研发质量系统，加强合规管理，推进跨部门项目管理，确保研究工作有序、有效、合规进行。三是积极推进仿制药质量和疗效一致性评价工作，2018年内取得了3个一致性评价批件，递交18种产品参比制剂备案材料，完成10种产品的BE工作，完成15种产品的一致性评价申报工作。四是专利申请和维持工作顺利开展。2018年递交国内申请专利144件，递交国际PCT新申请78件，获得国内授权26件，获得国外授权39件。五是项目注册申报有序推进。2018年取得创新药制剂生产批件2个，仿制药制剂生产批件7个；取得创新药临床批件16个，仿制药临床批件2个。

在国际化方面，2018年公司继续加大国际化战略实施力度，积极拓展海外市场。仿制药国际化方面，地氟烷、注射用塞替派、磺达肝癸钠注射液等在美国获批，碘克沙醇注射液在英国和荷兰获批，盐酸右美托咪定注射液在日本获批；此外，2018年公司分别向美国FDA递交了2个注射剂、1个原料药，向日本递交1个原料药的注册申请；其他新兴市场如澳大利亚、南非、中东地区等国家也逐步加强注册力度。创新药国际化方面，SHR0302片、INS068注射液、SHR0410注射液3个产品获准在海外开展临床试验。

（二）复星医药

2018年，复星医药实现营业收入249.18亿元，较2017年增长34.45%。2018年，公司实现归属于上市公司股东的净利润27.08亿元，较2017年减少13.33%；实现归属于上市公司股东的扣除非经常性损益的净利润20.90亿元，较2017年减少10.92%。稀释每股收益1.07元，较2017年减少13.33%。利润分配方案为每10股派发现金红利3.20元（含税）。

分板块来看，药品制造与研发业务实

现营业收入186.81亿元，较2017年增长41.57%（剔除新并购的Gland Pharma等企业的可比因素等影响后，药品制造与研发业务收入较2017年同口径增长24.87%）；医疗诊断与医疗器械业务实现营业收入36.39亿元，较2017年增长13.22%；医疗服务业务实现营业收入25.63亿元，较2017年增长22.72%。

集团药品制造与研发业务继续保持稳定增长，专业化经营团队建设进一步强化。2018年，非布司他片（优立通）、匹伐他汀（邦之）、富马酸喹硫平片（启维）、抗结核系列、万古霉素、依诺肝素注射液、阿法骨化醇片（立庆）、注射用哌拉西林钠舒巴坦钠（强舒西林）等保持高速增长。其中，非布司他片（优立通）、匹伐他汀（邦之）、富马酸喹硫平片（启维）、万古霉素销量增长分别为146%、213%、37%和80%。

集团持续推进创新体系建设，完善"仿创结合"的药品研发体系，研发投入进一步加强。集团制药业务的研发投入为225047.25万元，较2017年增加97536.39万元，增长76.49%，制药业务研发投入占制药业务收入的12.0%；其中，研发费用为125516.16万元，较2017年增加45618.36万元，增长57.10%，占制药业务收入的6.7%。2018年，集团在研新药、仿制药、生物类似药及仿制药一致性评价等项目215项，其中，小分子创新药15项、生物创新药10项、生物类似药17项、国际标准的仿制药117项、一致性评价项目54项、中药2项。2018年，集团制药板块销售额过亿的制剂单品或系列共29个，其中，销售额过10亿元的制剂单品或系列共2个，销售额在5亿元到10亿元之间的制剂单品或系列为7个，销售额在3亿元到5亿元之间的制剂单品或系列为5个。为契合自身竞争优势，集团的研发项目持续专注于抗肿瘤、心血管系统、中枢神经系统、血液系统、代谢及消化系统、抗感染等治疗领域，且主要产品均在各自细分市场占据领先地位。

医疗服务方面，2018年，集团继续强化已初步形成的沿海发达城市高端医疗、二三线城市专科和综合医院相结合的医疗服务业务的战略布局。通过持续推进医疗机构的专科建设布局、内部整合及外延扩张打造区域性医疗中心和大健康产业链，持续提升业务规模和盈利能力。截至2018年年末，集团已初步形成沿海发达城市高端医疗、二三线城市专科和综合医院相结合的医疗服务战略布局以及省、市、区三级重点学科规划及专科医院和第三方诊断的产业布局。

医疗器械与医学诊断方面，Sisram（复锐医疗科技）在继续加快开拓全球市场并重点关注新兴市场的同时，进一步加强新产品尤其是医用治疗器械的开发，产品线向临床治疗领域拓展；2018年，Sisram（复锐医疗科技）实现营业收入美元15391.90万元，较2017年增长12.44%（根据Sisram财务报表）；Sisram（复锐医疗科技）1个产品通过欧盟CE认证、2个产品获得美国FDA批准。2018年，HPV诊断试剂和T-SPOT试剂盒的营业收入均较2017年快速增长。集团代理的“达芬奇手术机器人”手术量继续保持快速增长，于中国大陆及香港地区手术量同比增长超过20%。

（三）长春高新

2018年长春高新实现主营业务收入53.75亿元，较2017年增长31.03%；实现归属于上市公司股东的净利润10.06亿元，较2017年增长52.05%。稀释每股收益5.92元，较2017年增长52.05%。利润分配方案为每10股派发现金红利8.00元（含税）。

旗下子公司业绩方面，2018年，金赛药业实现收入31.96亿元，同比增长53.36%，实现净利润11.32亿元，同比增长65.08%。百克生物实现收入10.32亿元，同比增长40.30%，实现净利润2.04亿元，同比增长62.97%。华康药业实现收入5.28亿元，同比下降19.13%，实现净利润3169.50万元，同比下降5.69%。高新地产实现收入5.92亿元，同比减少0.98%，实现净利润7421.72万元，同比减少19.00%。

金赛药业方面，2018年，公司顶住外部竞争和医药市场政策调整压力，克服带量采购等市场环境的不利影响，坚持差异化的市场策略不动摇，组织了一万多场市场促销活动以及近150场省级以上大型会议，不断提高客服满意度，实现了销售的持续快速增长，巩固了核心产品的市场领先地位。儿科新患数大幅增加，全国市场份额增长3%，医院累计进药覆盖率大幅提高，产品荣获长春市市长质量奖。聚乙二醇重组人生长激素注射液完成Ⅳ期临床试验，提前7个月获得再注册批件。百克生物方面，面对7月下旬爆发的“长生事件”，在整个医药体系强化监管的大环境下，百克生物疫苗车间严格按照批准工艺进行生产，紧抓细节管理，排查操作过程中存在的风险并有针对性采取措施。同时努力提高员工整体素质修养、专业技能，确保生产有序、质量稳定。有针对性地调整供货进度，维持了产品销售的连续性，保住了核心客户，维护了良好的商业信誉。鼻喷冻干流感减毒活疫苗已申报生产，正等待批准。2018年水痘疫苗获得批签量较上年同期增加163万人份。2018年水痘疫苗整体销量创最新记录，市场占有率预计达到36%，居全国首位。

（四）云南白药

2018年云南白药实现主营业务收入267.08亿元，同比增长9.84%；实现归属于上市公司股东的净利润33.07亿元，同比增长5.14%。稀释每股收益3.18元，较2017年增长5.14%。利润分配方案为每10股派发现金红利20.00元（含税）。分板块来看，2018年公司工业销售收入为107.27亿元，较2017年增长7.68%；商业销售收入为159.37亿元，较2017年增长11.58%。

公司现有业务涵盖中药资源、中西药原料/制剂、个人护理产品、原生药材、商业流通等，产品目前共计19个剂型390余个品种。公司继续夯实根基，全力推进“新白药，大健康”事业版图的打造。公司紧跟变革与创新的时代步伐，以市场为导向、以资本为纽带、以盈利为目的、以改革为动力，对内主动提升企业效能，加速产品结构优化，增强核心竞争力；对外聚焦主营业务，转变思维模式，深耕市场牢固产业根基，借助控股股东层面的混合所有制改革的改革红利，进一步理顺体制，激活机制，提振公司发展动力，有效提升了云南白药的品牌价值、资源整合能力和平台竞争力，有力地促进和保证了公司的持续健康良性发展。

药品板块，以云南白药系列（如云南白药气雾剂、云南白药膏、云南白药创可贴等）专注于止血镇痛、消肿化瘀的产品为主，涵盖补益气血、伤风感冒、心脑血管、妇科、儿童等领域的天然特色药物；同时，采用“1 +1 合作共同体”的营销策略，结合专属 IP 资源的支持，与国际、国内最顶尖平台寻求全方位合作，加大产品立体投入。

健康板块，牙膏业务年内依旧保持了快速增长，市场占有率位居全国第二位、民族品牌第一位，2018 年云南白药儿童牙膏、活性肽系列等新品的上市，金口健益优清新系列包装及概念升级，品牌取得良性发展；养元青洗护系列产品，坚定功效定位，进一步巩固局域市场品牌影响力；采之汲美肤系列产品，通过与高校、国际先进技术平台合作的形式为良好产品品质输出奠定良好基础。

中药资源板块，围绕药材运营、植提、进出口、终端运营四大核心板块持续深耕，积极探索“基地 + 白药 + 采购方”合作共建产地加工厂模式，实现对中药材资源的可持续利用；核心产品“豹七”三七，继续提升其品牌打造力度，同时开展以“白药生活 + 体验店”为主导的新零售模式，使公司更贴近和了解市场需求。

（五）上海医药

2018 年，上海医药实现营业收入 1590.84 亿元，较 2017 年增长 21.58%。实现归属于上市公司股东净利润 38.81 亿元，较 2017 年增长 10.24%，归属于上市公司股东的扣除经常性损益的净利润 26.52 亿元，较 2017 年减少 6.80%。稀释每股收益 1.37 元，较 2017 年增长 10.24%。利润分配方案为每 10 股派送现金 4.10 元（含税）。

公司医药工业销售收入 194.62 亿元，较 2017 年同期增长 29.86%，毛利率 57.63%，较 2017 年同期上升 3.77 个百分点。公司完成了工业三大中心建设，建立高效协调的销、产、研管理平台，进一步深化集约化发展水平，公司医药工业销售收入已连续 7 个季度保持高速增长，全年销售收入过亿元产品达 31 个，较 2017 年增加 3 个。公司围绕核心治疗领域，积极布局相关产品线，通过持续建设一流营销体系和强化营销专业化管理，实现核心领域销售规模强劲增长，60 个重点产品销售收入同比增长 28.52%。公司完成收购广东天普 26.34% 股权，实现绝对控股，引进了一批国际化的生物医药人才，推动向生物医药创新领域战略转型。两大核心产品注射用乌司他丁（天普洛安）及注射用尤瑞克林（凯力康）填补了公司产品线在尿蛋白领域的空白，公司已把全球第一、中国唯一上市的溶瘤病毒安柯瑞（重组人5型腺病毒）交由广东天普启动再上市计划，拓展肿瘤细分市场。公司将通过并购及项目引进等方式不断丰富产品线，持续为广东天普发展注入新动能，为将广东天普打造为“在危重症领域成为值得尊敬和合作的生物医药领军者”而努力。

在不断优化营销体系的同时，公司大力投入研发创新。2018年，公司研发总投入13.89亿元（含在建工程、固定资产等资本化投入）。研发费用化投入合计10.61亿元，同比增长34.22%，占工业销售收入的5.45%。其中18.70%投向创新药研发，19.93%投向仿制药研发，33.60%投向现有产品的二次开发，27.77%投向仿制药质量和疗效一致性评价。公司卡托普利片、盐酸氟西汀胶囊、盐酸二甲双胍缓释片及氢氯噻嗪片4个品种已通过一致性评价，盐酸度洛西汀肠溶胶囊、左炔诺孕酮片及布洛芬缓释胶囊等32个品规已完成BE试验并申报至国家药监局。

公司在创新药研发方面不断加快研发模式创新与优化，着力海外布局，在全球多地落成新品研发与产业化平台，在国际化战略中迈出坚实一步。2018年公司通过收购组建了美国上药费城实验室作为海外高端制剂研发平台，以中美双报、满足临床需求为目标，开展公司在美国的药物研发和申报注册，加快公司产品能级提升；正式启动美国圣地亚哥研发中心，开展生物医药对外合作与股权投资，助力公司与全球前沿生物医药技术接轨，提升公司在生物医药领域的整体创新能力；设立上药生物治疗中心，以实体瘤CAR－T的研发为导向，兼顾成熟血液瘤CAR－T产品，专注细胞治疗全面开发；出资1700万美金参股美国Oncternal公司，拓展肿瘤产品布局，在血液及实体肿瘤领域进行全面探索，并推动其产品生产上市；与国内领先的高端制剂团队合资设立了上海惠永药物研究有限公司，聚焦新型制剂、关键设备和给药装置及药用辅料等方面的研发。

2018年公司医药分销业务实现销售收入1394.45亿元，同比增长20.06%；毛利率6.85%，较2017年同期上升0.73个百分点。2018年2月中国医药商业史上最大规模的并购尘埃落定，公司完成对康德乐中国的收购，通过整合协同，显著提升上海医药分销业务整体的竞争格局和产业优势，进一步巩固在多个细分业务与创新领域的领先地位，加速整体战略目标的实现。上药康德乐全年实现经营性净利润1.81亿元，同比增长15%，净利率从0.5%提升至近0.9%。在融合康德乐后，上海医药成为全中国最大的进口总代理商和分销商，无论在进口的品规数和销售金额都位居全国第一。公司提供国内一流水平的仓库管理，高质量控制标准的全方位物流管理和服务，给客户提供完整的产品供应链解决方案。公司相继与罗氏、默沙东、吉利德科学、葛兰素史克、拜耳及百时美施贵宝等全球知名药企签署战略合作协议，强化交流合作，引入重磅新药，造福中国患者，为进口业务的深化发展提供潜能。在 2018 年 CDE 批准上市的新药中，通过全国商业分销公司进口代理的品种共计 20 个，上海医药共获得其中 15 个进口药品全国总代理，囊括了两大 PD－1 新药欧狄沃（Opdivo）与可瑞达（Keytruda）及日本卫材公司的肝癌一线治疗新药乐卫玛（甲磺酸仑伐替尼胶囊）等重磅产品。2018 年公司进口药品占公司药品分销收入的 55.04%，已成公司分销业务重要组成部分。

（六）爱尔眼科

2018 年，爱尔眼科实现营业收入 80.09 亿元，较 2017 年增长 34.31%。实现归属于上市公司股东净利润 10.09 亿元，较 2017 年增长 35.88%。稀释每股收益 0.42 元，较 2017 年增长 35.88%。利润分配方案为每 10 股派送现金 2.00 元（含税），转增 3 股。

2018 年，公司继续以构建“眼健康生态圈”为指引，进一步夯实发展基础，持续加大管理机制创新，加速医疗网络的战略布局，借助国际化平台优势，整合利用全球资源，加大高端人才引进，提升产学研平台创新能力，促进各学科、全眼科业务协同发展，公司继续保持高质量的快速增长态势。公司门诊量 5735650 人次，同比增长 13.00%；手术量 564542 例，同比增长 9.07%，剔除白内障手术量，同比增长 18.26%。

2018 年，公司和产业并购基金继续加快“广覆盖、深密度”的医疗网络布局。纵向推进省域内省会医院、地级医院、县级医院（视光门诊）分级连锁体系建设；横向拓展同城医院、眼视光中心（诊所）、社区眼健康服务中心的分级诊疗体系建设，逐步试点互联网医院建设，让更多患者能享有就近、便捷、优质的眼科医疗服务。公司分别收购了陇西爱尔、资阳爱尔、内江爱尔和宜宾爱尔 51% 股权，宜城爱尔 55% 股权、醴陵三三一爱尔 81% 股权，新建了宁乡爱尔、临夏爱尔、白银爱尔、沈阳爱尔、沈阳爱尔卓越，广州黄埔爱尔等医院；公司下属子公司娄底爱尔新建了双峰爱尔，其他全国各地子公司新建了眼视光门诊部（诊所）23 家。同时，公司依托庞大的眼科医疗网点，进一步完善眼科医疗服务产品体系，丰富眼健康医疗服务内容，加强信息化建设，大力推进 CRM 系统建设与应用，初步建立患者不同年龄阶段的眼健康电子档案，积极打造爱尔特色的眼健康终身服务体系。

（七）乐普医疗

2018 年，乐普医疗实现营业收入 63.56 亿元，较 2017 年增长 40.08%。实现归属于上市公司股东净利润 12.19 亿元，较 2017 年增长 35.55%。稀释每股收益 0.68 元，较 2017 年增长 35.55%。利润分配方案为每 10 股派送现金 1.65 元

（含税）。

医疗器械板块仍是公司权重最大的板块，包含自产器械产品和器械产品代理配送业务两部分。2018 年，该板块实现营业收入 290736.04 万元，同比增长 15.31%，实现净利润 76861.89 万元，同比增长 19.34%，保持了较快的增长态势。由于公司战略性放缓相对低毛利、回款较慢的器械产品代理配送业务，略微拉低了器械板块总体营业收入的增长，但板块净利润仍保持稳定增长。

药品板块是公司成长最快的板块。公司拥有国内多种类、多品种的抗凝、降血脂、降血压、抗心衰、降血糖等心血管药品生产平台和原料药供应平台，借助“医疗机构 + 药店 OTC + 第三终端”的药品营销平台形成心血管药品集成竞争优势，将保证药品板块的可持续性发展。2018 年，药品板块实现营业收入 317186.57 万元，同比增长 82.09%，实现净利润 73542.10 万元，同比增长 36.70%。其中，制剂业务实现营业收入 264865.25 万元，同比增长 93.21%，实现净利润 66316.64 万元，同比增长 29.28%；原料药业务实现营业收入 52321.32 万元，同比增长 41.01%，实现净利润 7225.46 万元，同比增长 189.03%。若剔除 2018 年对药品板块中明盛达和北京乐普药业计提商誉减值的影响，药品板块实际实现净利润 78133.94 万元，制剂业务实现净利润 70908.48 万元，同比增长 45.24%、38.23%。

（八）科伦药业

2018 年，科伦药业实现营业收入 163.52 亿元，较 2017 年增长 43.00%。实现归属于上市公司股东净利润 12.13 亿元，较 2017 年增长 62.04%，归属于上市公司股东的扣除经常性损益的净利润 11.13 亿元，较 2017 年增长 698.96%。稀释每股收益 0.85 元，较 2017 年增长 62.04%。利润分配方案为每 10 股派送现金 2.096 元（含税）。

2018 年，公司获得 NMPA 创新药物临床试验批件 5 项，向美国 FDA 提出创新药物 IND 申请 1 项，并已获准开展临床研究；获得仿制药物生产批件 12 项，其中首仿获批 4 项；通过口服制剂一致性评价 6 项，其中首家获批 4 项；仿制药物申报生产 14 项，其中首仿申报 5 项；申报一致性评价 13 项（包括口服一致性评价和注射一致性评价），其中首家申报 9 项。

公司输液产品实现营业收入 98.80 亿元，同比增长 30.37%，毛利率 71.18%，同比增长 7.48%。公司非输液板块 2018 年实现销售收入 62.42 亿元，同比增长 66.37%，毛利率 42.68%，同比增长 15.07%。抗生素中间体、原料药实现销售收入 32.94 亿元，同比增长 79.62%。其中，子公司伊犁川宁二期技改项目通过环保部验收，产能释放，实现销售收入实现销售收入 32.86 亿元，实现扭亏为盈，净利润 6.09 亿元，为公司长期可持续发展奠定坚实的现金流基础。2018 年伊犁川宁关于国家环境保护抗生素菌渣无害化处理与资源化利用工程技术中心的建设进展顺利，其 4 个产品获得美国食品药品管理局登记审核通过。广西科伦、邛崃项目技改稳步推进，工艺攻关取得进展。阿莫西林、盐酸克林霉素胶囊等4个临床广泛使用的口服抗生素通过仿制药一致性评价，其中，甲硝唑片、替硝唑片为全国首家通过仿制药一致性评价。目前公司还有多项抗感染类药物已申报生产，抗生素全产业链竞争优势正在逐步显现。

（九）迈瑞医疗

2018年，迈瑞医疗实现营业收入137.53亿元，较2017年增长23.09%。实现归属于上市公司股东净利润37.19亿元，较2017年增长43.65%，归属于上市公司股东的扣除经常性损益的净利润36.91亿元，较2017年增长43.05%。稀释每股收益3.34元，较2017年增长43.65%。利润分配方案为每10股派送现金10.00元（含税）。

2018年，公司生命信息与支持业务实现营业收入522413.61万元，同比增长23.33%。在生命信息与支持领域，公司在国内市场已经享有较高的品牌声誉，国内市场占有率继续稳步上升。2018年，该领域全线产品的销售均实现了良好增长，高端监护、高端麻醉和高端呼吸机等进入了更多医院的重症和麻醉科。手术灯床塔产品也随着医院的新建和扩建项目的增多取得了较高的增长。国际市场方面，公司产品已经进入欧美众多知名综合大型医院和教学医院，品牌声誉不断提升。

2018年，公司体外诊断业务实现营业收入462563.91万元，同比增长23.66%。目前，公司体外诊断产品包括单机产品、流水线产品和试剂，能够满足各级医院的临床诊断需要。2018年，公司化学发光免疫类产品随着仪器装机量的提升和试剂种类的增多，增长亮眼。血球分析仪和生化分析仪的销售也稳中有升。血球产品的质量、功能和性能卓越，产品的设计和开发更是在满足中国用户特有的需求方面表现突出。

2018年，公司医学影像业务实现营业收入359687.13万元，同比增长22.55%。在医学影像领域，公司已经从追随世界领先技术步入引领世界技术的行列，特有的剪切波弹性成像技术应用于域成像技术平台上的高端台式彩超，一经推出，就获得了国内外专家的一致好评。迈瑞超声系列产品目前已经完全覆盖国内高中低端市场，高端彩超快速进入众多大型三级甲等医院，实现国产彩超在高端市场零的突破。

（十）药明康德

2018年，药明康德实现营业收入96.14亿元，较2017年增长23.80%。实现归属于上市公司股东净利润22.61亿元，较2017年增长84.22%，归属于上市公司股东的扣除经常性损益的净利润15.59亿元，较2017年增长59.18%。稀释每股收益2.21元，较2017年增长84.22%。利润分配方案为每10股派送现金5.80元（含税），转增4股。

2018年公司新增客户1400余家，活跃客户超过3500家。得益于原有客户业务量持续增加以及新增客户的不断拓展，公司各板块业务均保持良好的发展势头。公司实现营业收入961368.36万元，同比增长23.80%。其中，中国区实验室服务实现收入511340.45万元，同比增长24.09%；CDMO/CMO服务实现收入269888.55万元，同比增长28.00%；美国区实验室服务实现收入120415.22万元，同比增长6.10%；临床研究及其他CRO服务实现收入58463.03万元，同比增长64.17%。

公司致力于运用最新的科学技术，赋能医药研发创新，帮助客户将新药从理念变为现实。公司拥有全球领先的新药研发平台和丰富的尖端项目经验，密切跟随新药研发科学技术发展的最前沿。以此为基础，公司通过探索包括人工智能、医疗大数据、自动化实验室等前沿科技，力求将其早日运用于新药研发流程当中，帮助客户提高研发效率，在最大程度上降低新药研发的门槛。凭借对行业趋势、新兴技术的深入理解，公司可以帮助客户了解最新的行业趋势，协助客户解读、研究最新的科研发现并将其转化为可行的商业成果，为客户赋能。公司自2015年初开始为国内客户提供一体化新药发现和开发服务，2018年，助力客户完成27个小分子创新药的IND申报工作，并获得17个项目的临床试验批件（CTA）。截至2018年12月31日，已累计完成55个项目的IND申报工作，并获得34个项目的CTA。公司通过上市许可人制度（MAH）等法规协助国内药企及科研院所开展新药研发。2018年，公司帮助歌礼制药的丙型肝炎新药戈诺卫、和记黄埔的结直肠癌新药爱优特在国内成功上市，为中国上市许可持有人（MAH）制度下两个创新药获批品种。

四、上市公司在行业中的影响力

2018年，医药制造业总资产规模为32913.10亿元，较2017年增长5.99%；上市公司资产规模为14117.57亿元，较2017年增长10.72%（可比样本）；上市公司占总资产的比重为42.89%，较2017年上升1.83个百分点。

2018年，医药制造业实现营业收入23986.30亿元，较2017年减少14.90%；上市公司实现营业收入为7731.95亿元，较2017年增长19.49%（可比样本）；上市公司占营业收入的比重为32.23%，较2017年上升9.28个百分点。

2018年，医药制造业实现利润总额3094.20亿元，较2017年减少6.64%；上市公司实现利润总额为907.76亿元，较2017年减少19.81%（可比样本）；上市公司占利润总额的比重为26.90%，较2017年下降4.82个百分点。

综合以上数据分析可以看出，从资产规模和营业收入角度来看，2018年医药制造类上市公司在行业中的地位进一步提升，但从利润总额的角度来看，上市公司2018年利润总量和占比均出现一定的下滑。

审稿人：王洪磊

撰稿人：甘英健　陈　晨

化学纤维制造业

一、化学纤维制造业总体概况

根据国家统计局的数据，2018 年，化学纤维制造业共有企业 1832 家，实现营业收入 8394 亿元，同比增长 2.89%；实现利润总额 393.9 亿元，同比减少 11.46%；行业总资产 7769.5 亿元，同比增长 5.26%。亏损企业 334 家，占比 18.23%，同比增加 93 家，亏损总额 39.1 亿元，同比增长 65.68%。

全国全年共生产化学纤维 5011.1 万吨，同比增长 7.70%。其中涤纶长丝 3797 万吨，占比 75.77%，为最大宗化纤产品。

二、行业内上市公司发展概况

（一）行业内上市公司基本情况

表 1　　2018 年化学纤维制造业上市公司发行股票概况

门　类	A、B 股总数	A 股股票数	B 股股票数	境内总市值（亿元）	流通 A 股市值（亿元）	流通 B 股市值（亿元）
化学纤维制造业	23	23	0	2996.91	1883.79	0.00
占沪深两市比重（%）	0.64	0.64	0.00	0.01	0.01	0.00

资料来源：沪深交易所，同花顺。

（二）行业内上市公司构成情况

表 2　　2018 年化学纤维制造业上市公司构成情况

门　类	沪市			深市			ST/*ST
	仅 A 股	仅 B 股	A+B 股	仅 A 股	仅 B 股	A+B 股	
化学纤维制造业（家）	8	0	0	15	0	0	0/1
占行业内上市公司比重（%）	34.78	0.00	0.00	65.22	0.00	0.00	0.00/0.04

资料来源：沪深交易所，同花顺。

（三）行业内上市公司融资情况

表 3　　2018 年化学纤维制造业上市公司与沪深两市融资情况对比　　单位：家

门　类	融资家数	新股	增发	配股
化学纤维制造业	7	0	7	0
沪深两市总数	358	105	238	15
占比（%）	1.96	0.00	2.94	0.00

资料来源：沪深交易所，同花顺。

按行业大类划分，进行融资的 7 家公司中，涤纶业 4 家，粘胶业 2 家，锦纶业 1 家，分别占比 57%、29%、14%。

从融资效果来看，上述公司实际发行数量为 633599.78 万股；实际募集资金 453.18 亿元，基本完成了融资计划。

2018 年化学纤维制造业上市公司融资情况明细见附录。

（四）行业内上市公司资产及业绩情况

表 4　　2018 年化学纤维制造业上市公司资产情况　　单位：亿元

指　标	2018 年	2018 年可比样本增长（%）	2017 年	2017 年可比样本增长（%）	2016 年
总资产	4806.82	58.09	2407.02	23.69	1850.87
流动资产	1564.03	46.51	882.00	11.50	749.54
占比（%）	32.54	-2.57	36.64	-4.01	40.50
非流动资产	3242.79	64.36	1525.02	32.05	1101.33
占比（%）	67.46	2.57	63.36	4.01	59.50
流动负债	2001.11	46.29	1065.70	28.17	794.72
占比（%）	41.63	-3.36	44.27	1.55	42.94
非流动负债	1085.43	218.88	216.87	9.41	181.77
占比（%）	22.58	11.39	9.01	-1.18	9.82
归属于母公司股东权益	1499.61	29.35	952.21	13.73	812.47
占比（%）	31.20	-6.93	39.56	-3.47	43.90

资料来源：沪深交易所，同花顺。

表 5　　2018 年化学纤维制造业上市公司收入实现情况　　单位：亿元

指　标	2018 年	2018 年可比样本增长（%）	2017 年	2017 年可比样本增长（%）	2016 年
营业收入	3921.19	24.90	2692.92	45.88	1683.50
利润总额	176.91	6.98	131.64	51.86	76.21
归属于母公司所有者的净利润	134.36	-0.83	105.70	49.21	61.84

资料来源：沪深交易所，同花顺。

（五）利润分配情况

2018 年全年化学纤维制造业上市公司中共有 19 家公司实施了分红配股。其中，4 家上市公司实施送股或转增股，19 家上市公司实施派息，其中 4 家公司既实施了送股、转增，又实施了派息。

2018 年化学纤维制造业上市公司分红明细见附录。

（六）其他财务指标情况

1. 盈利能力指标

表 6　　2018 年化学纤维制造业上市公司盈利能力情况

指　标	2018 年	2018 年可比样本变动	2017 年	2017 年可比样本变动	2016 年
毛利率（%）	9.61	0.23	9.00	-0.98	10.04
净资产收益率（%）	8.96	-2.73	11.10	2.64	7.61
销售净利率（%）	3.69	-0.81	4.14	0.27	3.71
资产净利率（%）	3.69	-1.92	5.12	1.20	3.61

资料来源：沪深交易所，同花顺。

2. 偿债能力指标

表 7　　2018 年化学纤维制造业上市公司偿债能力指标

指　标	2018 年	2018 年可比样本变动	2017 年	2017 年可比样本变动	2016 年
流动比率	0.78	0.00	0.83	-0.12	0.94
速动比率	0.55	-0.05	0.64	-0.13	0.76
资产负债率（%）	64.21	8.03	53.28	0.37	52.76

资料来源：沪深交易所，同花顺。

3. 营运能力指标

表 8　　2018 年化学纤维制造业上市公司营运能力情况　　单位：次

营运能力指标	2018 年	2018 年可比样本变动	2017 年	2017 年可比样本变动	2016 年
存货周转率	9.89	-4.12	14.15	3.58	10.02
应收账款周转率	35.94	-2.14	33.86	4.16	29.55
流动资产周转率	2.98	-0.37	3.22	0.64	2.47
固定资产周转率	3.55	0.14	3.39	0.95	2.43
总资产周转率	1.00	-0.25	1.24	0.23	0.97
净资产周转率	2.57	-0.18	2.64	0.36	2.18

资料来源：沪深交易所，同花顺。

三、重点上市公司介绍

恒力股份

恒力股份是从涤纶长丝起步，逐渐向上游延伸产业链。目前拥有2000万吨石油炼化项目，可生产450万吨PX，满足自身下游需要。恒力股份是全球单体装置最大的和产能规模最大的PTA制造商，现有产能660万吨，在建500万吨，达产后产能接近1200万吨。恒力股份还拥有涤纶长丝产能150万吨。

2018年，恒力股份实现营业总收入600.67亿元，同比增长26.51%，归属上市公司股东扣非净利润27.93亿元，同比增长85.43%。截至2018年12月31日，公司总资产1252.42亿元，较2017年657.27亿元增长90.55%。

四、上市公司在行业中的影响力

2018年，化学纤维制造业行业总资产7769.5亿元，实现营业收入8394.0亿元，利润总额393.9亿元。同期，上市公司总资产4806.8亿元，实现营业收入3921.2亿元，实现利润总额176.9亿元。上市公司占行业的比重分别为61.9%、46.7%和44.9%。

审稿人：易华强

撰稿人：王　刚

橡胶和塑料制品业

一、橡胶和塑料制品业总体概况

2018年，中国橡胶和塑料制品业各项经营指标较2017年同期形势向好，盈利能力稳步提升。2018年，行业总资产规模达到22027.6亿元，与2017年同期相比增长2.0%；营业收入24845.2亿元，与2017年同期相比增长3.6%；实现利润总额1248.6亿元，与2017年同期相比增长3.6%。

二、行业内上市公司发展概况

（一）行业内上市公司基本情况

表1　2018年橡胶和塑料制品业上市公司发行股票概况

门　类	A、B股总数	A股股票数	B股股票数	境内总市值（亿元）	流通A股市值（亿元）	流通B股市值（亿元）
橡胶和塑料制品业	74	74	0	3377.69	2338.99	0.00
占沪深两市比重（%）	2.06	2.06	0.00	0.01	0.01	0.00

资料来源：沪深交易所，同花顺。

（二）行业内上市公司构成情况

表 2　　2018 年橡胶和塑料制品业上市公司构成情况

门　类	沪市			深市			ST/*ST
	仅 A 股	仅 B 股	A+B 股	仅 A 股	仅 B 股	A+B 股	
橡胶和塑料制品业（家）	20	0	0	54	0	0	0/1
占行业内上市公司比重（%）	27.03	0.00	0.00	72.97	0.00	0.00	0.00/0.01

资料来源：沪深交易所，同花顺。

（三）行业内上市公司融资情况

表 3　　2018 年橡胶和塑料制品业上市公司与沪深两市融资情况对比　　单位：家

门　类	融资家数	新股	增发	配股
橡胶和塑料制品业	6	2	4	0
沪深两市总数	358	105	238	15
占比（%）	1.68	1.90	1.68	0.00

资料来源：沪深交易所，同花顺。

其中，首发的 2 家公司中，有 1 家在主板上市，1 家在创业板上市；增发的 4 家公司均为深市公司，其中有 1 家主板公司，2 家中小板公司，1 家创业板公司。

从融资效果来看，上述公司实际发行数量为 4.62 亿股；实际募集资金 74.74 亿元，基本完成了融资计划。

2018 年橡胶和塑料制品业上市公司融资情况明细见附录。

（四）行业内上市公司资产及业绩情况

表 4　　2018 年橡胶和塑料制品业上市公司资产情况　　单位：亿元

指　标	2018 年	2018 年可比样本增长（%）	2017 年	2017 年可比样本增长（%）	2016 年
总资产	3412.46	8.41	3122.99	13.98	2621.51
流动资产	1865.44	5.17	1764.48	14.32	1469.61
占比（%）	54.67	-1.69	56.50	0.17	56.06
非流动资产	1547.03	12.60	1358.5	13.53	1151.90
占比（%）	45.33	1.69	43.50	-0.17	43.94
流动负债	1253.47	14.14	1090.26	13.81	923.79
占比（%）	36.73	1.84	34.91	-0.05	35.24
非流动负债	326.96	1.42	317.35	24.05	250.90
占比（%）	9.58	-0.66	10.16	0.83	9.57
归属于母公司股东权益	1792.42	6.47	1680.23	12.42	1415.72
占比（%）	52.53	-0.96	53.80	-0.75	54.00

资料来源：沪深交易所，同花顺。

表 5　　2018 年橡胶和塑料制品业上市公司收入实现情况　　单位：亿元

指　标	2018 年	2018 年可比样本增长（%）	2017 年	2017 年可比样本增长（%）	2016 年
营业收入	2322.21	5.03	2202.91	19.62	1743.18
利润总额	126.33	-15.23	145.32	-6.13	142.38
归属于母公司所有者的净利润	100.81	-17.87	121.16	-4.27	116.30

资料来源：沪深交易所，同花顺。

（五）利润分配情况

2018 年全年橡胶和塑料制品业上市公司中共有 54 家公司实施了分红配股。其中，12 家上市公司实施送股或转增股，54 家上市公司实施派息，其中 12 家公司既实施了送股、转增，又实施了派息。

2018 年橡胶和塑料制品业上市公司分红明细见附录。

（六）其他财务指标情况

1. 盈利能力指标

表 6　　2018 年橡胶和塑料制品业上市公司盈利能力情况

指　标	2018 年	2018 年可比样本变动	2017 年	2017 年可比样本变动	2016 年
毛利率（%）	20.55	-0.07	20.44	-2.27	22.42
净资产收益率（%）	5.62	-1.67	7.21	-1.26	8.21
销售净利率（%）	4.45	-1.23	5.55	-1.45	6.81
总资产净利率（%）	3.15	-1.12	4.17	-0.90	4.91

资料来源：沪深交易所，同花顺。

2. 偿债能力指标

表 7　　2018 年橡胶和塑料制品业上市公司偿债能力指标

指　标	2018 年	2018 年可比样本变动	2017 年	2017 年可比样本变动	2016 年
流动比率	1.49	-0.13	1.62	0.01	1.59
速动比率	1.17	-0.10	1.28	0.00	1.26
资产负债率（%）	46.31	1.18	45.07	0.78	44.81

资料来源：沪深交易所，同花顺。

3. 营运能力指标

表 8　　2018 年橡胶和塑料制品业上市公司营运能力情况　　单位：次

营运能力指标	2018 年	2018 年可比样本变动	2017 年	2017 年可比样本变动	2016 年
存货周转率	4.83	-0.26	5.08	0.42	4.64
应收账款周转率	4.83	-0.15	5.01	0.10	4.98
流动资产周转率	1.28	-0.06	1.33	0.01	1.31
固定资产周转率	2.58	-0.07	2.65	0.23	2.37
总资产周转率	0.71	-0.04	0.75	0.03	0.72
净资产周转率	1.30	-0.06	1.36	0.00	1.36

资料来源：沪深交易所，同花顺。

三、重点上市公司介绍

（一）伟星新材

伟星新材主要从事各类中高档新型塑料管道的制造与销售，产品分为三大系列：一是 PPR 系列管材管件，主要应用于建筑内冷热给水；二是 PE 系列管材管件，主要应用于市政供水、采暖、燃气、排水排污等领域；三是 PVC 系列管材管件，主要应用于排水排污以及电力护套等领域。公司业务分为零售业务和工程业务。零售业务主要依托经销渠道进行经营，是公司营业收入和利润增长的主要驱动因素；工程业务主要通过直销和经销的方式经营，发展态势良好。

2018 年，公司实现营业收入 45.70 亿元，比 2017 年同期增长 17.08%；实现归属于上市公司股东的净利润 9.78 亿元，比 2017 年同期增长 19.12%。2018 年 PPR 业务逆势增长 18.08%，出口业务同比增长 25.81%。

（二）福斯特

福斯特主营业务为光伏封装材料的研发、生产和销售。光伏封装胶膜和背板是太阳能电池组件关键封装材料，对太阳能电池组件起到封装和保护的作用，能够提高组件的光电转换效率，并延长组件的使用寿命。2018 年，受“531 政策”的影响，光伏行业形势短暂回落，但随着组件价格的下跌，海外光伏电站的市场需求被充分激发，公司全年共计销售光伏封装胶膜 5.81 亿平方米，比 2017 年同期增长 0.69%；背板产品 4298.34 万平方米，比 2017 年同期增长 15.09%。

2018 年，公司实现营业收入 48.10 亿元，比 2017 年同期增长 4.90%；实现归属于上市公司股东的净利润 7.51 亿元，比 2017 年同期增长 28.38%。

（三）金发科技

金发科技的主营业务为化工新材料的研发、生产和销售，主要产品包括改性塑料、完全生物降解塑料、高性能碳纤维及复合材料、特种工程塑料和环保高性能再生塑料五大类，广泛应用于汽车、家用电器、现代农业、轨道交通、航空航天、高端装备、新能源、通信、电子电气和建筑装饰等行业，并与众多国内外知名企业建立了战略合作伙伴关系。

目前，公司是全球化工新材料行业产品种类最为齐全的企业之一，其中在改性塑料板块，公司是亚太地区规模最大、产品种类最为齐全的改性塑料生产企业。在完全生物降解塑料、特种工程塑料和热塑性复合材料板块，公司研发技术及产品质量已达到国际先进水平，市场占有率快速增长。公司逐步实现从改性塑料到化工新材料的升级，从功能材料向结构材料的拓展，产品结构不断向产业高端和高附加值方向延伸。

2018 年，公司实现营业收入 253.17 亿元，同比增长 9.42%；实现归属于上市公司股东的净利润 6.24 亿元，同比增长 13.89%。全年实现产成品（不含贸易品）销量 149.10 万吨，同比增长 3.31%，保持了良好的发展态势。

（四）中鼎股份

中鼎股份主营业务为密封件、特种橡胶制品（汽车、摩托车、电器、工程机械、矿山、铁道、石化、航空航天等行业基础元件）的研发、生产、销售与服务，连续 10 年销售收入、出口创汇、利润总额以及主导产品市场占有率等各项指标位居国内同行业首位，并自 2011 年起连续入选“全球非轮胎橡胶制品 50 强排行榜”，2018 年度排名第 13 位，国内第一。

2018 年，公司实现营业收入 123.68 亿元，同比增长 5.08%；实现归属于上市公司股东的净利润 11.16 亿元，同比下降 0.98%。

四、上市公司在行业中的影响力

2018 年橡胶和塑料制造业总资产规模达到 22027.6 亿元，较 2017 年增长 2.0%；其中，全行业上市公司资产总额为 3412.46 亿元，2018 年可比样本较 2017 年增长 9.5%；上市公司资产总额占行业资产总额的 15.5%。

2018 年橡胶和塑料制造业营业收入达 24845.2 亿元，较 2017 年增长 3.6%；其中，全行业上市公司实现营业收入 2322.21 亿元，2018 年可比样本较 2017 年增长 5.5%；上市公司营业收入占行业营业收入总额的 9.3%。

2018 年橡胶和塑料制造业利润总额达 1248.6 亿元，较 2017 年增长 3.6%；其中，全行业上市公司实现利润总额 126.33 亿元，2018 年可比样本较 2017 年下降 12.6%；上市公司利润总额占行业利润总额的 10.1%。

审稿人：王　喆

撰稿人：李鸿钊

非金属矿物制品业

一、非金属矿物制品业总体概况

2018年，非金属矿物制品行业认真贯彻落实党中央、国务院决策部署，深入推进供给侧结构性改革，化解过剩产能取得进一步成效，经济效益明显提升，产业结构逐步优化，行业运行总体保持稳中向好态势。

（1）生产保持适度增长。2018年全年，非金属矿物制品工业增加值同比增长4.6%，1～4月略有下降，之后开始回升，呈现前低后高态势。主要产品产量保持增长，其中，水泥产量21.8亿吨，同比增长3.0%，平板玻璃产量8.7亿重量箱，同比增长2.1%，商品混凝土产量同比增长12.4%。

（2）价格水平稳步回升。2018年非金属矿物制品产品全年均价在2017年企稳回升的基础上继续上涨，其中，2018年12月当月非金属矿物制品价格指数为105.3，同比增长6.5%。全国通用水泥平均出厂价格396.7元/吨，同比增长22%，平板玻璃平均出厂价75.7元/重量箱，同比增长3.5%。

（3）经济效益明显提高。2018年非金属矿物制品工业规模以上企业完成主营业务收入4.9万亿元，同比增长15.4%，利润总额4287.8亿元，同比增长43%，销售利润率8.85%。其中，水泥主营业务收入8823亿元，同比增长25%；利润1546亿元，同比增长114%。平板玻璃主营业务收入761亿元，同比增长7.2%；利润116亿元，同比增长29%。卫生陶瓷、防水材料、玻璃纤维及制品、石灰石膏制品、非金属矿利润总额同比分别增长15.9%、26.6%、29.2%、41.5%、10.3%。

（4）固定资产投资实现增长。2018年非金属矿物制品业固定资产投资同比增长19.7%。全年固定资产投资增长主要来源于技术改造及环保领域，新建扩能项目投资占比较少，其中，民间投资占全行业投资比重超过90%。

（5）产业结构逐步优化。大型企业推进联合重组，推动产业集中度明显提高。其中，前10家水泥企业（集团）熟料产能集中度已达64%，比2015年提高12个百分点。新兴产业加快发展，传统产业比重有所下降。

综合分析，虽然2018年非金属矿物制品行业整体运行良好，但是水泥、平板玻璃产能过剩矛盾没有根本解决，相当部分过剩产能只是处于停产状态，随时有可能恢复生产冲击市场，当前供给侧结构性矛盾仍是主要矛盾。

二、行业内上市公司发展概况

（一）行业内上市公司基本情况

表 1　　2018 年非金属矿物制品业上市公司发行股票概况

门　类	A、B 股总数	A 股股票数	B 股股票数	境内总市值（亿元）	流通 A 股市值（亿元）	流通 B 股市值（亿元）
非金属矿物制品业	86	83	3	6889.62	6132.68	90.00
占沪深两市比重（%）	2.35	2.26	0.08	0.02	0.02	0.07

资料来源：沪深交易所，同花顺。

（二）行业内上市公司构成情况

表 2　　2018 年非金属矿物制品业上市公司构成情况

门　类	沪市			深市			ST/*ST
	仅 A 股	仅 B 股	A＋B 股	仅 A 股	仅 B 股	A＋B 股	
非金属矿物制品业（家）	32	0	2	48	0	1	0/2
占行业内上市公司比重（%）	38.55	0.00	2.41	57.83	0.00	1.20	0.00/0.02

资料来源：沪深交易所，同花顺。

（三）行业内上市公司融资情况

表 3　　2018 年非金属矿物制品业上市公司与沪深两市融资情况对比　　单位：家

门　类	融资家数	新股	增发	配股
非金属矿物制品业	7	1	5	1
沪深两市总数	358	105	238	15
占比（%）	1.96	0.95	2.10	6.67

资料来源：沪深交易所，同花顺。

其中，首发的 1 家公司中，有 0 家在中小板上市，1 家在创业板上市；增发的 5 家公司中，有 1 家沪市、4 家深市及 1 家中小板公司。

按行业大类划分，进行融资的 7 家公司中，建筑型材业 1 家，混凝土业 1 家，玻璃业 1 家，涂料及油漆业 1 家，分别占比 15%、15%、15%、15%。

从融资效果来看，上述公司实际发行数量为 51416.6 万股；实际募集资金 73.6

亿元，基本完成了融资计划。

（四）行业内上市公司资产及业绩情况

表 4　　2018 年非金属矿物制品业上市公司资产情况　　单位：亿元

指　标	2018 年	2018 年可比样本增长（%）	2017 年	2017 年可比样本增长（%）	2016 年
总资产	10704.70	11.94	9530.63	12.91	8524.61
流动资产	5426.69	18.35	4567.41	22.99	3735.39
占比（%）	50.69	2.75	47.92	3.93	43.82
非流动资产	5278.01	6.03	4963.22	5.00	4789.22
占比（%）	49.31	-2.75	52.08	-3.93	56.18
流动负债	4063.52	13.72	3551.26	11.95	3178.05
占比（%）	37.96	0.60	37.26	-0.32	37.28
非流动负债	1324.44	-4.38	1390.21	6.36	1313.79
占比（%）	12.37	-2.11	14.59	-0.90	15.41
归属于母公司股东权益	4802.29	15.10	4200.38	16.97	3658.47
占比（%）	44.86	1.23	44.07	1.53	42.92

资料来源：沪深交易所，同花顺。

表 5　　2018 年非金属矿物制品业上市公司收入实现情况　　单位：亿元

指　标	2018 年	2018 年可比样本增长（%）	2017 年	2017 年可比样本增长（%）	2016 年
营业收入	5644.45	29.10	4435.80	35.49	3264.85
利润总额	1007.13	52.53	656.72	80.60	359.05
归属于母公司所有者的净利润	740.98	52.13	488.39	78.50	269.46

资料来源：沪深交易所，同花顺。

（五）利润分配情况

2018 年全年非金属矿物制品业上市公司中共有 60 家公司实施了分红配股。其中，10 家上市公司实施送股或转增股，58 家上市公司实施派息，没有公司既实施了送股、转增，又实施了派息。

（六）其他财务指标情况

1. 盈利能力指标

表 6　　2018 年非金属矿物制品业上市公司盈利能力情况

指　标	2018 年	2018 年可比样本变动	2017 年	2017 年可比样本变动	2016 年
毛利率（%）	32.30	1.05	30.59	2.65	27.83
净资产收益率（%）	15.43	3.76	11.63	4.01	7.37
销售净利率（%）	14.00	2.12	11.65	3.06	8.48
资产净利率（%）	7.80	1.99	5.75	2.15	3.51

资料来源：沪深交易所，同花顺。

2. 偿债能力指标

表 7　　2018 年非金属矿物制品业上市公司偿债能力指标

指　标	2018 年	2018 年可比样本变动	2017 年	2017 年可比样本变动	2016 年
流动比率	1.34	0.05	1.29	0.12	1.18
速动比率	0.90	0.04	0.85	0.03	0.82
资产负债率（%）	50.33	-1.51	51.85	-1.22	52.69

资料来源：沪深交易所，同花顺。

3. 营运能力指标

表 8　　2018 年非金属矿物制品业上市公司营运能力情况　　单位：次

营运能力指标	2018 年	2018 年可比样本变动	2017 年	2017 年可比样本变动	2016 年
存货周转率	2.32	0.02	2.31	0.12	2.18
应收账款周转率	7.58	1.12	6.53	0.92	5.60
流动资产周转率	1.13	0.07	1.07	0.11	0.95
固定资产周转率	1.69	0.34	1.37	0.28	1.08
总资产周转率	0.56	0.07	0.49	0.07	0.41
净资产周转率	1.14	0.11	1.04	0.15	0.87

资料来源：沪深交易所，同花顺。

三、重点上市公司介绍

（一）海螺水泥

海螺水泥主营业务为水泥、商品熟料及骨料的生产、销售，其中，水泥品种主要包括 42.5 级水泥、32.5 级水泥及 52.5 级水泥，产品广泛应用于国家基础设施建设（包括铁路、公路、机场和水利工程等大型工程项目），以及房地产、水泥制品和农村市场等。

随着在建项目的稳步推进及完工项目的陆续投产，公司整体产能规模逐步扩大。截至 2018 年年末，公司熟料产能总计约 2.52 亿吨/年，同比增长 2.44%；另配备配套余热发电装机容量 1224.86 兆瓦，同比增长 2.64%；水泥产能 3.53 亿吨，同比增长 5.37%；骨料产能 3870 万吨，同比增长 33.91%，整体拥有显著的规模优势。

截至 2018 年年末，公司资产总额为 1495.47 亿元，同比增长 22.44%；受益于建材贸易业务的新增，2018 年公司全年营业总收入 1284.03 亿元，同比增长 70.50%。2018 年公司利润总额 396.29 亿元，同比增长 86.68%，全年实现净利润 306.36 亿元，同比增长 86.48%，所有者权益收益率为 26.32%，同比提高 8.46 个百分点，整体盈利能力显著增强。

根据公司战略规划，公司将紧抓“一带一路”发展机遇，有序推进国际化发展战略，着力提升海外已投产项目运营质量；做好缅甸曼德勒海螺、老挝琅勃拉邦海螺等项目工程建设；加快推进老挝万象海螺、乌兹别克斯坦卡尔希海螺等项目的前期工作，并加强对海外潜在项目的调研和论证，储备项目载体。在国内发展方面，公司将把握行业供给侧结构性改革和国家加大环保治理的有利时机，按照有利于完善国内市场布局、增强竞争实力的原则，积极寻找合适的并购标的，探索合作新模式；加快培育发展新动能，大力发展骨料产业，稳步拓展混凝土产业，探索装配式建筑。

（二）北新建材

北新集团建材股份有限公司（简称北新建材）是世界 500 强中央企业中国建材集团所属绿色建筑新材料产业平台，1979 年在邓小平同志亲切关怀下成立，1997 年在深交所上市（000786.SZ），目前已发展成为中国最大的绿色建筑新材料集团、全球最大的石膏板产业集团（石膏板业务规模 27 亿平方米）。是中国建筑材料行业唯一荣获工业和质量领域最高奖“中国工业大奖 + 全国质量奖 + 中国杰出质量人”的三冠王。

公司以“绿色建筑未来”为产业理念，大力发展循环经济，推进建筑节能和装配式建筑，从绿色原料、绿色生产、绿色建造、绿色应用、绿色回收等环节打造全生命周期的绿色建筑产业链，为各类建筑提供石膏板墙体吊顶系统、矿棉板吊顶吸声系统、金邦板外墙屋面系统、内外墙环保涂料系统、岩棉防火保温系统等节能环保新型建材全套解决方案。2018 年公司实现营业收入 125.64 亿元，同比增长 12.55%；营业利润 30.30 亿元，同比增长 10.53%；归属于上市公司股东的净利润 24.66 亿元，同比增长 5.20%；基本每股收益 1.46 元/股。

公司围绕石膏板核心资源和优势，构建“紧密协同、互相增强”的业务组合，为客户打造“四位一体”绿色建筑新材料解决方案（IPEW solution）：石膏板龙骨万能板全屋装配室内系统（Interior solution）、粉料涂料砂浆系统（Premix solution）、外墙保温节能系统（Exterior solution）、防水系统（Waterproof solution），将公司打造成为全球布局、跨国经营的世界级工业标杆。

（三）中国巨石

中国巨石是国内玻璃纤维行业的龙头企业，主营业务为玻璃纤维及制品的生产和销售，主要产品有20多个种类，近500个品种，可分为无碱玻璃纤维纱、中碱玻璃纤维纱、玻璃纤维制品及其他产品4个主要的业务板块，具体包括无碱SP纱、无碱直接纱、无碱SMC纱、无碱增强纱以及无碱TP短切纱等。

截至2018年年末，公司共拥有19条玻璃纤维窑拉丝生产线，各类玻纤产品设计产能合计超过170万吨/年，主要分布在桐乡、成都、九江和埃及4个生产基地，为世界最大的玻纤生产企业之一。

2018年，公司实现营业收入100.3亿元，同比增长16.0%，归母净利润23.7亿元，同比增长10.4%，扣非归母净利润24.0亿元，同比增长14.6%。每股收益0.69元，并10股派2.25元（含税）。

根据规划，未来公司将适度提升玻纤产能，重点提高玻纤制品的比重，提升高附加值产品占比，产品种类将覆盖中碱、无碱、粗纱、细纱、玻纤毡、粗纱布、电子布等，并将在各类产品的规模、品质、品种、新产品的研发等方面有所突破，成为世界玻纤行业生产规模最大、品种最齐全的企业。

四、上市公司在行业中的影响力

近年来，非金属矿物制品业上市公司在行业中的影响力显著提高。2018年全年非金属矿物制品业上市公司的总资产、营业收入、利润总和在行业中的占比分别较2017年提高3.5个百分点、4.0个百分点和8.3个百分点。

审稿人：易华强

撰稿人：彭　渤

黑色金属冶炼和压延加工业

一、黑色金属冶炼和压延加工业总体概况

2018年，中国黑色金属冶炼和压延加工业固定资产投资额为4329.18亿元，较2017年上升13.80%，工业增加值同比增长7.00%。

2018年，中国黑色金属冶炼和压延加工业主营业务收入达到64006.50亿元，较2017年增加15.00%，利润总额为4029.30亿元，较2017年上升37.80%。

二、行业内上市公司发展概况

（一）行业内上市公司基本情况

表 1　　2018 年黑色金属冶炼和压延加工业上市公司发行股票概况

门　类	A、B 股总数	A 股股票数	B 股股票数	境内总市值（亿元）	流通 A 股市值（亿元）	流通 B 股市值（亿元）
黑色金属冶炼及压延加工业	33	31	2	5917.44	5273.39	32.72
占沪深两市比重（%）	0.90	0.85	0.05	0.01	0.01	0.02

资料来源：沪深交易所，同花顺。

（二）行业内上市公司构成情况

表 2　　2018 年黑色金属冶炼和压延加工业上市公司构成情况

门　类	沪市			深市			ST/*ST
	仅 A 股	仅 B 股	A+B 股	仅 A 股	仅 B 股	A+B 股	
黑色金属冶炼及压延加工业（家）	19	0	1	10	0	1	1/2
占行业内上市公司比重（%）	61.29	0.00	3.23	32.26	0.00	3.23	0.03/0.06

资料来源：沪深交易所，同花顺。

（三）行业内上市公司融资情况

表 3　　2018 年黑色金属冶炼及压延加工业上市公司与沪深两市融资情况对比　　单位：家

门　类	融资家数	新股	增发	配股
黑色金属冶炼及压延加工业	2	0	2	0
沪深两市总数	358	105	238	15
占比（%）	0.56	0.00	0.84	0.00

资料来源：沪深交易所，同花顺。

从融资效果来看，上述公司实际发行数量为 485864.59 万股；实际募集资金 67.62 亿元，基本完成了融资计划。

2018 年黑色金属冶炼和压延加工业上市公司融资情况明细见附录。

（四）行业内上市公司资产及业绩情况

表 4　　2018 年黑色金属冶炼和压延加工业上市公司资产情况　　单位：亿元

指　标	2018 年	2018 年可比样本增长（%）	2017 年	2017 年可比样本增长（%）	2016 年
总资产	17083.58	2.61	16490.12	2.48	16495.35
流动资产	6238.34	8.00	5725.96	12.34	5343.28

续表

指　标	2018 年	2018 年可比样本增长（%）	2017 年	2017 年可比样本增长（%）	2016 年
占比（%）	36.52	1.82	34.72	3.05	32.39
非流动资产	10845.24	-0.26	10764.16	-2.09	11152.07
占比（%）	63.48	-1.82	65.28	-3.05	67.61
流动负债	8365.00	-5.10	8734.46	-1.97	9118.29
占比（%）	48.97	-3.97	52.97	-2.40	55.28
非流动负债	1549.13	-3.58	1590.17	-17.91	1953.49
占比（%）	9.07	-0.58	9.64	-2.40	11.84
归属于母公司股东权益	6519.38	14.69	5629.78	17.79	4937.06
占比（%）	38.16	4.02	34.14	4.44	29.93

资料来源：沪深交易所，同花顺。

表 5　　2018 年黑色金属冶炼和压延加工业上市公司收入实现情况　　单位：亿元

指　标	2018 年	2018 年可比样本增长（%）	2017 年	2017 年可比样本增长（%）	2016 年
营业收入	14942.18	12.91	13076.92	36.07	9548.53
利润总额	1285.38	37.38	903.28	358.92	224.97
归属于母公司所有者的净利润	1001.27	33.67	723.79	418.03	159.43

资料来源：沪深交易所，同花顺。

（五）利润分配情况

2018 年全年黑色金属冶炼和压延加工业上市公司中共有 20 家公司实施了分红配股。其中，4 家上市公司实施送股或转增股，19 家上市公司实施派息，其中 3 家公司既实施了送股、转增，又实施了派息。

2018 年黑色金属冶炼和压延加工业上市公司分红明细见附录。

（六）其他财务指标情况

1. 盈利能力指标

表 6　　2018 年黑色金属冶炼和压延加工业上市公司盈利能力情况

指　标	2018 年	2018 年可比样本变动	2017 年	2017 年可比样本变动	2016 年
毛利率（%）	15.46	1.44	13.86	2.72	11.43
净资产收益率（%）	15.36	2.18	12.86	9.93	3.23
销售净利率（%）	7.31	1.19	5.98	4.50	1.73
资产净利率（%）	6.48	1.53	4.80	3.88	1.01

资料来源：沪深交易所，同花顺。

2. 偿债能力指标

表 7　2018 年黑色金属冶炼和压延加工业上市公司偿债能力指标

指　标	2018 年	2018 年可比样本变动	2017 年	2017 年可比样本变动	2016 年
流动比率	0.75	0.09	0.66	0.08	0.59
速动比率	0.51	0.07	0.44	0.08	0.38
资产负债率（%）	58.03	-4.56	62.61	-4.80	67.12

资料来源：沪深交易所，同花顺。

3. 营运能力指标

表 8　2018 年黑色金属冶炼和压延加工业上市公司营运能力情况　单位：次

营运能力指标	2018 年	2018 年可比样本变动	2017 年	2017 年可比样本变动	2016 年
存货周转率	6.43	0.49	5.90	0.86	4.82
应收账款周转率	39.02	5.49	33.21	7.62	21.00
流动资产周转率	2.49	0.05	2.42	0.36	1.88
固定资产周转率	1.80	0.20	1.59	0.36	1.18
总资产周转率	0.89	0.08	0.80	0.18	0.59
净资产周转率	2.23	-0.08	2.29	0.36	1.81

资料来源：沪深交易所，同花顺。

三、重点上市公司介绍

（一）鞍钢股份

鞍钢股份是大型钢铁集团鞍钢集团下属子公司，拥有烧结、焦化、炼铁、炼钢、轧钢等完整的钢铁生产流程及配套设施。公司主要产品涵盖热轧板、冷轧板、镀锌板、彩涂板、中厚板、大型材、重轨、线材、无缝钢管、冷轧硅钢等。产品广泛应用于机械、冶金、石油、化工、煤炭、电力、铁路、船舶、汽车、建筑、家电、航空等行业。铁路用钢、集装箱用钢板和造船板保持“中国名牌产品”称号。公司深海高压油气输送用高强厚壁管线钢等系列产品技术工艺水平处于行业领先地位，并拥有中国首个海洋装备用金属材料及其应用国家重点实验室。公司全面通过 ISO9002 质量体系认证，船用钢通过 9 国船级社认证，石油管通过 API 认证，建筑材料获英国劳氏公司 CE 标志认证书，钢铁主体通过 ISO14000 环境管理体系认证和 OSHMS 职业安全健康管理体系认证。钢材产品按国际先进水平标准组织生产有了可靠保证。

2018 年公司实现营业收入 1051.57 亿元，较 2017 年增长 14.70%；毛利率较 2017 年提高 2.4 个百分点至 16.20%；营业利润 100.88 亿元，较 2017 年增长

58.64%；归属于上市公司净利润79.52亿元，较2017年增长19.80%；净资产收益率提高0.27个百分点至7.18%；EPS1.10元，较2017年增长41.03%。2018年年末，公司资产负债率41.72%，较2017年下降1.8个百分点。

（二）太钢不锈

太钢不锈是集铁矿山采掘和钢铁生产、加工、配送、贸易为一体的特大型钢铁联合企业，也是全球不锈钢行业领军企业。公司拥有完整的钢铁生产工艺流程及相关配套设施，主要从事不锈钢及其他钢材、钢坯、钢锭、黑色金属、铁合金、金属制品的生产、销售；钢铁生产所需原辅材料的国内贸易和进出口等业务。公司是全球品种规格最全的不锈钢企业，几大系列产品囊括了板、管、型、线、带和超薄、超宽、超厚等极限规格，实现了不锈钢品种规格的全覆盖。公司积极推进由常规产品、同质化产品向特色产品、高端产品的转变，以不锈钢为核心，极具品种特色和品牌影响力。公司先后荣获“中国工业大奖”“首届中国政府质量奖提名奖”“全国质量奖”“全国循环经济先进单位”“全国自主创新十强”“国家技术创新示范企业”“全国最具社会责任感企业”“全国模范劳动关系和谐企业”“全国企业文化建设先进单位”“全国绿化模范单位”等荣誉称号。

2018年公司实现营业收入729.46亿元，较2017年增长7.61%；毛利率较2017年下降0.26个百分点至16.05%；营业利润53.24亿元，较2017年增长17.15%；归属于上市公司净利润49.77亿元，较2017年增长7.69%；净资产收益率提高0.63个百分点至5.35%；EPS0.87元，较2017年增长0.07%。2018年年末，公司资产负债率57.08%，较2017年下降6.22个百分点。

四、上市公司在行业中的影响力

2018年黑色金属冶炼和压延加工业总资产规模达到61103.8亿元，较2017年增长2.40%；其中，全行业上市公司资产总额为17083.58亿元，较2017年增长12.48%；上市资产总额占行业资产总额的27.96%。

2018年黑色金属冶炼和压延加工业营业收入达到64006.50亿元，较2017年增加15.00%；其中，全行业上市公司实现营业收入为14936.03亿元，较2017年增长14.26%；上市公司营业收入占行业营业收入总额的23.34%。

2018年黑色金属冶炼和压延加工业利润总额达到4029.30亿元，较2017年增长37.80%；其中，全行业上市公司实现利润总额1285.38亿元，较2017年增长42.3%；上市公司利润总额占行业利润总额的31.90%。

审稿人：宋　涛

撰稿人：马昕晔

有色金属冶炼和压延加工业

一、有色金属冶炼和压延加工业总体概况

2018年，中国有色金属冶炼和压延加工业固定资产投资额5199.61亿元，较2017年提高3.20%，工业增加值同比增长7.80%。

2018年，中国有色金属冶炼和压延加工业主营业务收入达到49996.60亿元，较2017年下降9.33%，利润总额为1397.10亿元，较2017年下降30.97%。

二、行业内上市公司发展概况

（一）行业内上市公司基本情况

表1　　2018年有色金属冶炼和压延加工业上市公司发行股票概况

门　类	A、B股总数	A股股票数	B股股票数	境内总市值（亿元）	流通A股市值（亿元）	流通B股市值（亿元）
有色金属冶炼和压延加工业	68	68	0	5948.28	4980.71	0.00
占沪深两市比重（%）	1.90	1.90	0.00	0.01	0.01	0.00

资料来源：沪深交易所，同花顺。

（二）行业内上市公司构成情况

表2　　2018年有色金属冶炼和压延加工业上市公司构成情况

门　类	沪市			深市			ST/*ST
	仅A股	仅B股	A+B股	仅A股	仅B股	A+B股	
有色金属冶炼和压延加工业（家）	27	0	0	41	0	0	0/0
占行业内上市公司比重（%）	39.71	0.00	0.00	60.29	0.00	0.00	0.00/0.00

资料来源：沪深交易所，同花顺。

（三）行业内上市公司融资情况

表 3　　2018 年有色金属冶炼和压延加工业上市公司与沪深两市融资情况对比　　单位：家

门　类	融资家数	新股	增发	配股
有色金属冶炼和压延加工业	7	1	4	2
沪深两市总数	358	105	238	15
占比（%）	1.96	0.95	1.68	13.33

资料来源：沪深交易所，同花顺。

从融资效果来看，上述公司实际发行数量为 369624.54 万股；实际募集资金 109.00 亿元，基本完成了融资计划。

2018 年有色金属冶炼和压延加工业上市公司融资情况明细见附录。

（四）行业内上市公司资产及业绩情况

表 4　　2018 年有色金属冶炼和压延加工业上市公司资产情况　　单位：亿元

指　标	2018 年	2018 年可比样本增长（%）	2017 年	2017 年可比样本增长（%）	2016 年
总资产	10503.69	7.63	9589.56	11.6	8167.39
流动资产	4672.08	4.05	4356.27	16.63	3505.26
占比（%）	44.48	-1.53	45.43	1.96	42.92
非流动资产	5831.60	10.68	5233.40	7.77	4662.13
占比（%）	55.52	1.53	54.57	-1.94	57.08
流动负债	4396.05	2.32	4253.95	9.36	3653.87
占比（%）	41.85	-2.17	44.36	-0.91	44.74
非流动负债	1752.52	32.68	1307.64	11.56	1113.12
占比（%）	16.68	3.15	13.64	0.00	13.63
归属于母公司股东权益	3912.56	8.70	3501.95	11.94	3028.11
占比（%）	37.25	0.37	36.52	0.11	37.08

资料来源：沪深交易所，同花顺。

表 5　　2018 年有色金属冶炼和压延加工业上市公司收入实现情况　　单位：亿元

指　标	2018 年	2018 年可比样本增长（%）	2017 年	2017 年可比样本增长（%）	2016 年
营业收入	11028.45	7.18	10072.87	15.57	8109.96
利润总额	179.20	-48.33	308.63	95.82	144.03
归属于母公司所有者的净利润	94.66	-60.31	200.10	116.36	84.61

资料来源：沪深交易所，同花顺。

（五）利润分配情况

2018 年全年有色金属冶炼和压延加工业上市公司中共有 36 家公司实施了分红配股。其中，4 家上市公司实施送股或转增股，36 家上市公司实施派息，其中 4 家公司既实施了送股、转增，又实施了派息。

2018 年有色金属冶炼和压延加工业上市公司分红明细见附录。

（六）其他财务指标情况

1. 盈利能力指标

表 6　　2018 年有色金属冶炼和压延加工业上市公司盈利能力情况

指　标	2018 年	2018 年可比样本变动	2017 年	2017 年可比样本变动	2016 年
毛利率（%）	8.51	-0.60	8.92	1.43	7.76
净资产收益率（%）	2.42	-4.21	5.71	2.76	2.79
销售净利率（%）	0.94	-1.68	2.29	1.10	1.15
资产净利率（%）	1.03	-1.91	2.54	1.31	1.16

资料来源：沪深交易所，同花顺。

2. 偿债能力指标

表 7　　2018 年有色金属冶炼和压延加工业上市公司偿债能力指标

指　标	2018 年	2018 年可比样本变动	2017 年	2017 年可比样本变动	2016 年
流动比率	1.06	0.02	1.02	0.06	0.96
速动比率	0.68	0.02	0.63	0.01	0.62
资产负债率（%）	58.54	0.98	58.00	-0.91	58.37

资料来源：沪深交易所，同花顺。

3. 营运能力指标

表 8　　2018 年有色金属冶炼和压延加工业上市公司营运能力情况　　单位：次

营运能力指标	2018 年	2018 年可比样本变动	2017 年	2017 年可比样本变动	2016 年
存货周转率	5.98	-0.28	6.20	-0.24	6.31
应收账款周转率	22.23	0.87	21.57	0.77	22.02
流动资产周转率	2.41	-0.08	2.49	0.12	2.37
固定资产周转率	3.38	-0.05	3.36	0.32	2.88
总资产周转率	1.09	-0.03	1.11	0.08	1.01
净资产周转率	2.60	-0.07	2.67	0.10	2.47

资料来源：沪深交易所，同花顺。

三、重点上市公司介绍

（一）江西铜业

江西铜业系原国家国有资产管理局国资企发〔1996〕231号文件等批准，由原江西铜业公司、香港国际铜业（中国）投资有限公司、深圳宝恒（集团）股份有限公司等机构于1997年1月24日共同发起设立，并于1997年和2001年分别在香港、上海完成H股和A股上市。截至目前，公司已成为集采矿、选矿、冶炼、贸易、技术为一体的国内最大的综合性铜生产企业。公司生产的阴极铜在伦敦金属交易所和上海期货交易所注册，是期货市场主要交割品牌之一。

2018年公司实现营业收入2152.90亿元，较2017年上升4.99%；毛利率较2017年下降0.86个百分点至3.63%；营业利润32.66亿元，较2017年上升13.06%；归属于上市公司净利润24.47亿元，较2017年上升52.43%；净资产收益率上升1.64个百分点至5.03%；每股收益0.71元，较2017年上升54.35%。2018年年末，公司资产负债率49.42%，较2017年上升0.70个百分点。

（二）赣锋锂业

赣锋锂业是全球领先的锂化合物生产商及金属锂生产商。公司的产品广泛用于众多应用领域，尤其在电动汽车、化学品及制药方面。公司拥有垂直整合的业务模式，业务涵盖上游锂提取、中游锂化合物及金属锂加工以及下游锂电池生产及回收等价值链的各重要环节。公司从中游锂化合物及金属锂制造商起步，并成功扩大到产业链的上下游，以取得具有竞争力的锂原材料供应、确保成本及营运效益、于各个业务线间实现协同效应、收集最新的市场信息及发展顶尖技术。

2018年公司实现营业收入50.04亿元，较2017年上升14.15%；毛利率较2017年下降4.37个百分点至36.10%；营业利润13.71亿元，较2017年下降21.89%；归属于上市公司净利润12.23亿元，较2017年下降16.73%；净资产收益率下降19.44个百分点至26.93%；每股收益1.07元，较2017年下降45.96%。2018年年末，公司资产负债率41.00%，较2017年下降8.45个百分点。

（三）中国铝业

中国铝业是中国有色金属行业的龙头企业，综合实力位居全球铝行业前列，也是中国铝行业唯一集铝土矿、煤炭等资源勘探开采，氧化铝、原铝和铝合金产品生产、销售、技术研发，国际贸易，物流产业，火力发电、新能源发电于一体的大型生产经营企业。公司以保障国家战略资源开发和利用为己任，在军工用铝、航空航天、轨道交通、民用高端合金等方面发挥了极为重要的作用，先后为中国第一颗人造卫星、第一座核反应堆、第一艘核潜艇以及长征系列火箭、神舟系列飞船、嫦娥工程、大飞机、航空母舰、高铁动车等国防军工、建筑交通等提供了大量的高品质的关键型材。

2018 年公司实现营业收入 1802.40 亿元，较 2017 年下降 0.43%；毛利率较 2017 年上升 0.53 个百分点至 8.84%；营业利润 24.24 亿元，较 2017 年下降 23.20%；归属于上市公司净利润 8.70 亿元，较 2017 年下降 38.41%；净资产收益率下降 1.66 个百分点至 1.89%；每股收益 0.04 元，较 2017 年下降 55.56%。2018 年年末，公司资产负债率 66.31%，较 2017 年下降 0.96 个百分点。

四、上市公司在行业中的影响力

2018 年有色金属冶炼和压延加工业总资产规模达到 40306.40 亿元，较 2017 年下降 3.11%；其中，全行业上市公司资产总额为 10503.69 亿元，较 2017 年增加 8.88%；上市资产总额占行业资产总额的 26.06%。

2018 年有色金属冶炼和压延加工业营业收入达到 52215.30 亿元，较 2017 年下降 8.48%；其中，全行业上市公司实现营业收入为 11026.96 亿元，较 2017 年增加 7.93%；上市公司营业收入占行业营业收入总额的 21.12%。

2018 年有色金属冶炼和压延加工业利润总额达到 1397.10 亿元，较 2017 年下降 30.97%；其中，全行业上市公司实现利润总额 179.20 亿元，较 2017 年减少 47.52%；上市公司利润总额占行业利润总额的 12.83%。

审稿人：宋　涛

撰稿人：马昕晔

金属制品业

一、金属制品业总体概况

2018 年，中国金属制品业固定资产投资额为 11989.92 亿元，较 2017 年上升 15.4%，工业增加值同比增长 3.80%。

2018 年，中国金属制品业主营业务收入达到 33681.50 亿元，较 2017 年下降 9.21%，利润总额为 1590.20 亿元，较 2017 年下降 20.72%。

二、行业内上市公司发展概况

（一）行业内上市公司基本情况

表 1　　2018 年金属制品业上市公司发行股票概况

门　类	A、B 股总数	A 股股票数	B 股股票数	境内总市值（亿元）	流通 A 股市值（亿元）	流通 B 股市值（亿元）
金属制品业	60	59	1	2607.11	1894.70	14.58
占沪深两市比重（%）	1.64	1.61	0.03	0.01	0.01	0.01

资料来源：沪深交易所，同花顺。

（二）行业内上市公司构成情况

表 2　　2018 年金属制品业上市公司构成情况

门　类	沪市			深市			ST/*ST
	仅 A 股	仅 B 股	A＋B 股	仅 A 股	仅 B 股	A＋B 股	
金属制品业（家）	19	0	0	39	0	1	0/0
占行业内上市公司比重（%）	32.20	0.00	0.00	66.10	0.00	1.69	0.00/0.00

资料来源：沪深交易所，同花顺。

（三）行业内上市公司融资情况

表 3　　2018 年金属制品业上市公司与沪深两市融资情况对比　　单位：家

门　类	融资家数	新股	增发	配股
金属制品业	5	2	3	0
沪深两市总数	358	105	238	15
占比（%）	1.40	1.90	1.26	0.00

资料来源：沪深交易所，同花顺。

从融资效果来看，上述公司实际发行数量为 13516.80 万股；实际募集资金 18.22 亿元，基本完成了融资计划。

2018 年金属制品业上市公司融资情况明细见附录。

（四）行业内上市公司资产及业绩情况

表 4　　2018 年金属制品业上市公司资产情况　　单位：亿元

指　标	2018 年	2018 年可比样本增长（%）	2017 年	2017 年可比样本增长（%）	2016 年
总资产	4345.81	13.29	4148.19	10.41	4235.31
流动资产	2354.71	17.02	2178.90	13.43	2145.30
占比（%）	54.18	1.73	52.53	1.40	50.65
非流动资产	1991.10	9.17	1969.29	7.25	2090.01
占比（%）	45.82	－1.73	47.47	－1.40	49.35

续表

指 标	2018 年	2018 年可比样本增长（%）	2017 年	2017 年可比样本增长（%）	2016 年
流动负债	1858.24	23.81	1686.30	13.47	1682.21
占比（%）	42.76	3.64	40.65	1.10	39.72
非流动负债	529.21	-7.60	591.85	-9.33	706.61
占比（%）	12.18	-2.75	14.27	-3.11	16.68
归属于母公司股东权益	1749.51	8.98	1707.41	16.34	1695.96
占比（%）	40.26	-1.59	41.16	2.10	40.04

资料来源：沪深交易所，同花顺。

表 5　　2018 年金属制品业上市公司收入实现情况　　单位：亿元

指 标	2018 年	2018 年可比样本增长（%）	2017 年	2017 年可比样本增长（%）	2016 年
营业收入	2773.72	16.10	2580.32	17.86	2722.11
利润总额	219.33	34.30	172.25	41.64	164.71
归属于母公司所有者的净利润	150.01	27.48	125.58	50.01	118.59

资料来源：沪深交易所，同花顺。

（五）利润分配情况

2018 年全年金属制品业上市公司中共有 43 家公司实施了分红配股。其中，7 家上市公司实施送股或转增股，43 家上市公司实施派息，其中 7 家公司既实施了送股、转增，又实施了派息。

2018 年金属制品业上市公司分红明细见附录。

（六）其他财务指标情况

1. 盈利能力指标

表 6　　2018 年金属制品业上市公司盈利能力情况

指 标	2018 年	2018 年可比样本变动	2017 年	2017 年可比样本变动	2016 年
毛利率（%）	19.20	0.00	18.83	0.51	18.40
净资产收益率（%）	8.57	1.24	7.36	1.65	6.99
销售净利率（%）	5.62	0.39	5.14	1.19	4.45
资产净利率（%）	3.81	0.41	3.36	0.85	3.13

资料来源：沪深交易所，同花顺。

2. 偿债能力指标

表 7　　2018 年金属制品业上市公司偿债能力指标

指　标	2018 年	2018 年可比样本变动	2017 年	2017 年可比样本变动	2016 年
流动比率	1.27	-0.07	1.29	0.00	1.28
速动比率	0.91	-0.09	0.97	0.02	0.97
资产负债率（%）	54.94	0.88	54.92	-2.01	56.40

资料来源：沪深交易所，同花顺。

3. 营运能力指标

表 8　　2018 年金属制品业上市公司营运能力情况　　单位：次

营运能力指标	2018 年	2018 年可比样本变动	2017 年	2017 年可比样本变动	2016 年
存货周转率	3.88	-0.09	4.00	0.33	4.46
应收账款周转率	5.62	0.19	5.27	-0.01	5.97
流动资产周转率	1.27	0.02	1.26	0.00	1.40
固定资产周转率	3.22	0.21	3.02	0.24	3.11
总资产周转率	0.68	0.03	0.65	0.02	0.70
净资产周转率	1.49	0.05	1.48	0.03	1.60

资料来源：沪深交易所，同花顺。

三、重点上市公司介绍

（一）中集集团

中集集团于 1980 年 1 月 14 日创立于深圳，1994 年 4 月 8 日在深圳证券交易所上市，目前主要股东为招商局集团和中远集团等，是国有控股的公众上市公司。经过 20 多年的发展，中集集团已经成为根植于中国本土的世界领先的物流装备和能源装备供应商。公司在集装箱、道路运输车辆、能源化工及食品装备、海洋工程、物流服务、空港设备等业务领域提供高品质、可信赖的装备和服务，占据领先地位。

2018 年中集集团实现营业收入 934.98 亿元，较 2017 年上升 22.54%；毛利率较 2017 年下降 3.48 个百分点至 14.88%；营业利润 64.77 亿元，较 2017 年上升 55.26%；归属于上市公司净利润 33.80 亿元，较 2017 年上升 34.72%；净资产收益率上升 1.56 个百分点至 9.69%；每股收益 1.11 元，较 2017 年上升 37.04%。2018 年年末，公司资产负债率 67.02%，较 2017 年上升 0.12 个百分点。

（二）新兴铸管

新兴铸管是一家跨地区、跨行业、集

科工贸于一体的大型企业，国家520家重点企业之一，主营业务为离心球墨铸铁管及配套管件、钢铁冶炼及压延加工、铸造制品和机械设备和电子工程等，形成了六大产品系列：新兴铸管、新兴管件、新兴钢铁、新兴格板、新兴钢塑管、新兴机械。新兴铸管产品先后通过了SGSISO9001质量体系认证、法国BV质量体系认证，获得了欧盟15个国家承认的PSB证书，通过了德国、新加坡、埃及等十几个国家的商检，通过了ISO14001环保体系认证，获国际尤卡斯环保证书。

2018年新兴铸管实现营业收入405.47亿元，较2017年下降1.74%；毛利率较2017年上升7.10个百分点至17.90%；营业利润33.76亿元，较2017年上升94.75%；归属于上市公司净利润21.01亿元，较2017年上升92.25%；净资产收益率上升4.56个百分点至10.47%；每股收益0.52元，较2017年上升89.46%。2018年年末，公司资产负债率58.13%，较2017年上升0.18个百分点。

四、上市公司在行业中的影响力

2018年金属制品业总资产规模达到27657.00亿元，较2017年上升5.60%；其中，全行业上市公司资产总额为4326.55亿元，较2017年增加13.37%；上市资产总额占行业资产总额的15.64%。

2018年金属制品业营业收入达到33681.50亿元，较2017年下降9.21%；其中，全行业上市公司实现营业收入为2757.77亿元，较2017年增加16.47%；上市公司营业收入占行业营业收入总额的8.19%。

2018年金属制品业利润总额达到1590.20亿元，较2017年下降20.72%；其中，全行业上市公司实现利润总额218.27亿元，较2017年增加34.65%；上市公司利润总额占行业利润总额的13.73%。

审稿人：王鹤涛

撰稿人：易　轰

通用设备制造业

一、通用设备制造业总体概况

通用设备制造业是装备制造业中的基础性产业，为工业行业提供基础动力、基础加工零部件和整机，在航空航天、交通运输、石油化工、轻工纺织等领域具有重要应用价值。通用设备制造业有较强的周期性，特别与宏观经济政策、固定资产投资等变量高度相关。2018年，国际政治经济环境错综复杂，国外经济增长趋缓，中国经济下行压力加大，注塑机、机床、工业机器人等通用设备需求受到抑制，行业总体业绩和ROE承压。

2018年全行业实现营业收入37688.9亿元，较2017年下滑19.8%，实现利润总额2526.9亿元，较2017年下降19.1%。由于下游两个主要需求行业汽车和电子行业终端需求减弱，行业收入端下滑显著，但是行业经营质量仍然稳健，盈利能力稳定。

2018年，随着全球贸易保护主义抬头和部分发达国家货币政策的趋紧，以及地缘政治紧张带来的不利影响，全球经济增长动力有所减弱，不确定因素增加，复苏进程整体有所放缓，区域分化更加明显。在日益复杂的国际政治经济环境下，中国经济增长面临的下行压力有所加大，但整体经济运行仍保持在合理区间，总体平稳、稳中有进态势持续显现，经济结构继续优化，质量效益稳步提升。通用机械行业在宏观经济环境平稳增长的大环境下，深化供给侧改，坚持稳中求进，持续推进产业结构优化和创新发展，落实高质量发展，加强内部管理，加大技术创新力度，下游行业将更多地考虑产品质量而非成本，通用设备小企业的市场份额将逐步被大企业蚕食，行业马太效应将日益明显，细分领域龙头业绩有望充分受益。从结构上来看，竞争能力较弱的低端通用装备仍在继续消化过剩产能，而高端装备进口替代能力较强的龙头订单已在持续复苏中。在《中国智造2025》的指引下，掌握智能制造核心技术、关键零部件和系统解决方案的先进制造龙头将引领中国制造业的转型创新升级。

二、行业内上市公司发展概况

（一）行业内上市公司基本情况

表1　　2018年通用设备制造业上市公司发行股票概况

门　类	A、B股总数	A股股票数	B股股票数	境内总市值（亿元）	流通A股市值（亿元）	流通B股市值（亿元）
通用设备制造业	136	128	8	5794.36	4390.18	89.51
占沪深两市比重（%）	3.71	3.49	0.22	0.01	0.01	0.07

资料来源：沪深交易所，同花顺。

（二）行业内上市公司构成情况

表2　　2018年通用设备制造业上市公司构成情况

门　类	沪市			深市			ST/*ST
	仅A股	仅B股	A+B股	仅A股	仅B股	A+B股	
通用设备制造业（家）	34	1	3	89	2	2	2/3
占行业内上市公司比重（%）	25.95	0.76	2.29	67.94	1.53	1.53	0.02/0.02

资料来源：沪深交易所，同花顺。

（三）行业内上市公司融资情况

表 3　　2018 年通用设备制造业上市公司与沪深两市融资情况对比　　单位：家

门　类	融资家数	新股	增发	配股
通用设备制造业	11	4	7	0
沪深两市总数	358	105	238	15
占比（%）	3.07	3.81	2.94	0.00

资料来源：沪深交易所，同花顺。

其中，首发的 4 家公司中，有 1 家在中小板上市，1 家在创业板上市；增发的 7 家公司中，有 1 家沪市、2 家深市和 3 家中小板公司。

从融资效果来看，上述公司实际发行数量为 142055 万股；实际募集资金 121 亿元，基本完成了融资计划。

2017 年通用设备制造业上市公司融资情况明细见附录。

（四）行业内上市公司资产及业绩情况

表 4　　2018 年通用设备制造业上市公司资产情况　　单位：亿元

指　标	2018 年	2018 年可比样本增长（%）	2017 年	2017 年可比样本增长（%）	2016 年
总资产	9731.86	3.29	9408.89	12.20	16117.24
流动资产	6228.59	-0.27	6258.04	10.83	10267.41
占比（%）	64.00	-2.28	66.51	-0.82	63.70
非流动资产	3503.27	10.28	3150.85	15.03	5849.83
占比（%）	36.00	2.28	33.49	0.82	36.30
流动负债	4564.89	1.73	4532.13	13.57	10197.25
占比（%）	46.91	-0.72	48.17	0.58	63.27
非流动负债	1032.50	21.53	830.70	7.58	1075.33
占比（%）	10.61	1.59	8.83	-0.38	6.67
归属于母公司股东权益	3793.06	0.42	3742.30	12.19	4024.85
占比（%）	38.98	-1.11	39.77	-0.01	24.97

资料来源：沪深交易所，同花顺。

表 5　　2018 年通用设备制造业上市公司收入实现情况　　单位：亿元

指　标	2018 年	2018 年可比样本增长（%）	2017 年	2017 年可比样本增长（%）	2016 年
营业收入	4495.93	13.35	4031.72	9.41	3918.03
利润总额	146.95	-51.66	294.23	27.60	368.46
归属于母公司所有者的净利润	66.29	-70.05	213.16	50.09	190.75

资料来源：沪深交易所，同花顺。

（五）利润分配情况

2018 年全年通用设备制造业上市公司中共有 94 家公司实施了分红配股。其中，10 家上市公司实施送股或转增股，94 家上市公司实施派息，其中 10 家公司既实施了送股、转增，又实施了派息。

2017 年通用设备制造业上市公司分红明细见附录。

（六）其他财务指标情况

1. 盈利能力指标

表 6　　2018 年通用设备制造业上市公司盈利能力情况

指　标	2018 年	2018 年可比样本变动	2017 年	2017 年可比样本变动	2016 年
毛利率（%）	21.83	-1.73	22.64	-0.25	28.07
净资产收益率（%）	1.75	-4.11	5.70	1.44	4.74
销售净利率（%）	2.30	-4.30	6.29	1.34	7.57
资产净利率（%）	1.08	-1.86	2.85	0.54	1.92

资料来源：沪深交易所，同花顺。

2. 偿债能力指标

表 7　　2018 年通用设备制造业上市公司偿债能力指标

指　标	2018 年	2018 年可比样本变动	2017 年	2017 年可比样本变动	2016 年
流动比率	1.36	-0.03	1.38	-0.03	1.01
速动比率	1.05	-0.01	1.06	-0.03	0.88
资产负债率（%）	57.52	0.87	57.00	0.20	69.94

资料来源：沪深交易所，同花顺。

3. 营运能力指标

表 8　　2018 年通用设备制造业上市公司营运能力情况　　单位：次

营运能力指标	2018 年	2018 年可比样本变动	2017 年	2017 年可比样本变动	2016 年
存货周转率	2.44	0.24	2.26	0.08	2.18
应收账款周转率	3.19	0.41	2.81	0.10	2.85
流动资产周转率	0.72	0.05	0.68	-0.01	0.40
固定资产周转率	3.37	0.22	3.22	0.03	3.31
总资产周转率	0.47	0.02	0.45	-0.01	0.25
净资产周转率	1.09	0.07	1.05	-0.04	0.87

资料来源：沪深交易所，同花顺。

三、重点上市公司介绍

（一）上海机电

2018 年上海机电实现营业收入 212.3 亿元，较 2017 年增长 9.1%；实现利润总额 24.3 亿元，较 2017 年下滑 10.2%；归母净利润 12.7 亿元，较 2017 年下滑 8.8%；扣非归母净利润 12.0 亿元，较 2016 年下滑 5.9%；每股收益为 1.24 元。综合毛利率为 19.1%，较 2017 年下降 2.70%。营业收入上升但净利润下滑的主要原因是虽然房地产开发速度的总体放缓影响到新梯市场需求，但公共交通设施建设、旧梯改造、老房加装电梯仍能带来大量需求增量，电梯市场整体平稳增长。但由于原材料价格持续上涨以及产能过剩等因素，电梯市场的竞争更趋激烈，致使公司盈利能力下滑。

分板块来看，电梯收入 200.7 亿元，较 2017 年增长 8.35%，毛利率 19.1%，较 2016 年下滑 2.86%，电梯行业继续保持龙头地位，针对市场情况以及战略客户集聚度提升的趋势，充分重视与战略大客户的关系维护与开发，与恒大、中海、绿地、碧桂园、龙湖、复地等核心伙伴继续保持密切合作，同时加强对二、三线城市的核心及大项目的跟踪力度，实现了收入的小幅增长。毛利率有一定幅度的下滑，主要由于原材料普遍上涨和行业产能过剩，公司积极提质增效，强调加强成本管理，提高企业盈利能力。2018 年，上海三菱电梯安装、维保等服务业收入超过 60 亿元，占营业收入的比例为 30%，在国内同行中处于领先水平。精密减速器业务方面，公司将充分利用与日本纳博的合作平台，紧紧抓住中国机器人产业快速发展的机遇，并积极在国内开拓精密减速器在机床、自动化、太阳能光热发电等新领域的应用。

（二）机器人

2018 年机器人实现营业收入 30.9 亿元，较 2017 年增长 26.1%；实现利润总额 5.3 亿元，较 2017 年增长 3.9%；归母净利润 4.5 亿元，较 2017 年增长 3.9%；扣非归母净利润 1.3 亿元，较 2017 年增长 23.2%；每股收益为 0.29 元。综合毛利率 31.2%，较 2017 年下滑 1.8%。2018 年宏观经济环境复杂多变，公司依托核心竞争力和完善的市场布局促进经营业务持续稳定增长。2018 年，公司完成投资韩国新盛 FA 项目，扩大了在面板与半导体领域的市场影响力，拓展了业务规模。

分版块来看，机器人业务 2018 年实现收入 9.4 亿元，较 2017 年增长 22.1%，毛利率 28.8%，较 2017 年下滑 1.2%，公司申报的“面向半失能老人的辅助机器人技术与系统”项目获中央财政拨款，体现公司在智能机器人行业的龙头地位。同时智能物流系统综合实力持续增强，公司智能物流新产品硕果累累，2018 年实现收入 9.7 亿元，较 2017 年增长 35.4%，毛利率 30.8%，较 2016 年下滑 0.64%。

自动化装配与检测及系统集成收入8.2亿元，较2017年增长7.6%，毛利率36.4%，较2017年增长1.37%。2018年公司智能交通装备拓展新市场，除成功承接沈阳地铁九号线综合监控系统、自动售检票系统，及门禁系统项目之外，为哈尔滨地铁3号线一期工程、北京地铁八通线、澳大利亚墨尔本地铁及海南三亚轻轨提供智能交通装备与服务，交通自动化系统收入3.6亿元，较2016年增长85.1%，毛利率28.2%，较2017年下滑2.69%。

（三）拓斯达

2018年拓斯达实现营业收入11.2亿元，较2017年增长56.7%；实现利润总额2.0亿元，较2017年增长25.1%；归母净利润1.7亿元，较2017年增长24.5%；扣非归母净利润1.56亿元，较2016年增长23.2%；每股收益为1.32元。综合毛利率36.11%，较2016年下滑0.67%。2018年营业收入快速增长原因是：各主营业务模块都保持健康发展势头，机器人相关业务营收占比持续上升，注塑机配套设备及自动供料系统、智能能源及环境管理系统业务两大主营业务模块也都保持持续增长态势。但注塑机配套设备及自动供料系统、智能能源及环境管理系统业务毛利率有所下滑，拖累整体毛利率小幅下滑。

分版块来看，工业机器人及自动化应用系统营业收入7.1亿元，较2017年增长62.1%，毛利率40.4%，较2017年上升1.2%，毛利率有所提升，主要原因是工业机器人技术水平提升及公司议价能力提升，市场拓展成效显著，机器人相关业务营收占比持续上升；注塑机配套设备及自动供料系统营业收入2.3亿元，较2017年增长9.4%，毛利率41.5%，较2017年下滑3.8%；智能能源及环境管理系统营业收入2.4亿元，较2017年增长134.1%，毛利率1.56%，较2017年下滑5.6%。

（四）双环传动

2018年双环传动实现营业收入31.5亿元，较2017年增长19.4%；实现利润总额2.2亿元，较2017年下滑16.7%；归母净利润2.0亿元，较2017年下滑19.5%；扣非归母净利润1.2亿元，较2017年下滑42.8%；每股收益为0.29元。综合毛利率20.3%，较2017年下滑2.4%。2018年，国内外市场环境发生重大变化，汽车市场出现一定程度下滑，但公司营业收入总体依然维持稳定增速，主要系公司在自动变速器转型升级以及新能源车领域迅猛发展的情况下率先布局，并在经营上进行资源倾斜配置，实现比亚迪、博格华纳等客户新能源项目快速上量，确保了经营业绩的总体平稳。但材料成本上升、股权激励费用增加和借款利息及计提可转债相关费用增加导致公司盈利能力下降。

分版块来看，乘用车齿轮2018年实现收入10.5亿元，较2017年增长11.0%，毛利率20.6%，较2017年下滑3.6%。工程机械齿轮2018年实现收入

5.8 亿元，较 2017 年增长 36.3%，毛利率 27.4%，较 2017 年下滑 5.2%。商用车齿轮 2018 年实现收入 4.7 亿元，较 2017 年增长 11.1%，毛利率 24.2%，较 2017 年下滑 3.2%。钢材 2018 年实现收入 7.4 亿元，较 2017 年增长 29.4%，毛利率 4.11%，较 2017 年下滑 1.24%。电动工具齿轮 2018 年实现收入 1.2 亿元，较 2017 年增长 0.8%。摩托车齿轮 2018 年实现收入 0.81 亿元，较 2017 年下滑 4.1%。值得关注的是减速机业务开始贡献收入，为 0.63 亿元。公司通过多年的自主研发，在国家“863 计划”和工信部智能制造专项支持下，公司 RV 减速机业务提升显著，市占率明显提高，产品受到业界认可，有望打破日欧垄断局面，2018 年定增募投项目已实现效益 574 万元。研究院全年完成 26 个型号的机器人精密减速器的新品开发，申请专利 24 项，为公司新生业务的突破发展做好了技术和项目储备。

（五）纽威股份

2018 年纽威股份实现营业收入 27.8 亿元，较 2017 年增长 16.1%；实现利润总额 3.4 亿元，较 2017 年增长 32.0%；归母净利润 2.7 亿元，较 2017 年增长 31.0%；扣非归母净利润 2.6 亿元，较 2017 年增长 44.6%；每股收益为 0.37 元。综合毛利率 34.5%，较 2017 年下滑 3.2%。2018 年，面对外部环境带来的巨大经营压力，公司积极通过调整市场战略布局、完善全球化技术研发体系、全面提高生产效率与产品质量、改革员工绩效考核机制等有效措施，大幅度地提高了公司的经营效率，公司全年产销量、净利润、技术优势、市场占有率、品牌影响力等业绩指标均得到明显提升，保持了公司行业领先地位公司和经营业务稳定增长。公司与 SHELL、BP、TOTAL、恒力石化、浙江石化、万华化学等行业巨头实施了深度战略合作，扩大了市场占有率。

分版块来看，阀门业务 2018 年实现收入 26.2 亿元，较 2017 年增长 14.6%，毛利率 33.2%，较 2017 年上升 1.5%，公司深海阀门国产化业绩稳步增长、成功实现量产，核电阀门为具有中国自主知识产权的三代核电技术“华龙一号”项目（防城港 3&4 号机组）配套研制的核级电动波纹管截止阀样机通过鉴定，同时超低温三偏心蝶阀通过 SHELL 认证、蝶阀率先获得 API641 低逸散型式认证。零件业务 2018 年实现收入 1.29 亿元，较 2017 年增长 93.7%；毛利率 68.7%，较 2017 年上升 32.7%。管件业务收入 1.16 亿元，较 2017 年下降 54.4%；毛利率 -42.7%，较 2017 年下降 28.4%。铸件业务收入 0.19 亿元，较 2017 年下降 14.7%；毛利率 15.7%，较 2017 年下降 13.1%。

（六）天奇股份

2018 年天奇股份实现营业收入 35.0 亿元，较 2017 年增长 42.5%；实现利润总额 1.8 亿元，较 2017 年增长 36.6%；归母净利润 1.4 亿元，较 2017 年增长 63.3%；扣非归母净利润 1.17 亿元，较

2017 年增长 130.2%；每股收益为 0.37 元。综合毛利率 20.3%，较 2017 年下滑 4.6%。公司营业利润、利润总额增加主要系全资子公司天奇力帝（湖北）环保科技集团有限公司 2018 年受益于行业发展形势，废钢破碎生产设备供不应求，订单量剧增，2018 年业绩较上年同期有较大增长所致。

分版块来看，智能装备业务 2018 年实现收入 15.3 亿元，较 2017 年增长 34.5%，毛利率 13.6%，较 2017 年下降 5.4%，随着汽车行业规模平稳增长，与汽车相关的自动化装备业务也逐渐呈现出稳定发展趋势，2018 年公司积极开拓业务实现营收大幅增长，但由于外部市场竞争加剧、原材料价格上涨，智能装备业务毛利率有所下降。重工装备业务 2018 年实现收入 6.97 亿元，较 2017 年增长 9.5%，毛利率 20.5%，较 2017 年下降 1.5%，公司重工装备业务主要客户包括通用电气（GE）、西门子（Siemens）、歌美飒（Gamesa）、远景能源、金风科技等国内外大型企业，公司持续开展技术研发，已研制成功并销售数台大兆瓦海上风电轮毂。循环产业收入 11.4 亿元，较 2017 年上升 86.9%，毛利率 30.1%，较 2017 年下降 2.7%，主要受钢铁产业供给侧改革、行业去产能不断深入的影响，地条钢产能快速清除，废钢价格触底反弹，全国钢铁工业扭亏为盈，钢材产业市场回暖，对废钢的需求增大，带动了公司废钢加工设备需求的增长。

（七）亚威股份

2018 年亚威股份实现营业收入 15.3 亿元，较 2017 年增长 6.5%；实现利润总额 1.3 亿元，较 2017 年增长 9.2%；归母净利润 1.1 亿元，较 2017 年增长 17.8%；扣非归母净利润 1.17 亿元，较 2017 年增长 13.2%；每股收益为 0.30 元。综合毛利率 28.0%，较 2017 年上升 1.4%。2018 年，公司销售总量保持稳定增长，国内市场在汽车、钢材加工及配送等重点行业的市场开拓不断取得新突破和新进展，国外市场全年实现外销订单 2.41 亿元，同比增长 12.6%。其中，激光加工装备外销订单 1.17 亿元，同比增长 42.7%。同时，新兴产品业务持续快速成长，8KW 以上超高功率二维激光切割机全年实现销售 22 台，其中代表行业当前最高水平的 15KW 超高功率二维激光切割机实现销售。

分版块来看，金属成形机床业务 2018 年实现收入 10.1 亿元，较 2017 年增长 0.28%，毛利率 29.0%，较 2017 年上升 1.8%，保持稳定增长态势，主要产品规模效益稳居国内前列，数控折弯机产销量大于 1800 台套，在全球同行业名列前茅。激光加工装备业务 2018 年实现收入 4.57 亿元，较 2017 年增长 22.5%，毛利率 25.5%，较 2017 年上升 2.1%，持续快速成长，公司创新研发全新产品，激光加工装备技术不断向高端化发展，同时公司积极采取针对性营销策略，持续提升产品性能质量，盈利能力明显提升。智能制造解决方案收入0.69亿元，较2017年上升11.6%，毛利率29.7%，较2017年下降5.8%，工业机器人业务订单超8000万元，同比增长24%，其中，外部客户市场开拓取得新突破，进入军工、船舶、航空航天等高端行业领域。

四、上市公司在行业中的影响力

2018年，通用设备制造业上市公司总资产占行业总量的23.1%；营业收入占行业总量的11.9%；利润总额占行业总量的5.8%。上市公司的体量在行业中的占比持续提升。

中国通用设备制造业数量超过2万家，整体呈现小、散、乱、弱的格局，除个别细分行业外，行业集中度较低，产品相似度高、竞争激烈，小型企业数量占比接近90%，大型企业数量占比不到1%，呈现大而不强的特点。2018年，随着全球贸易保护主义抬头和部分发达国家货币政策趋紧，全球经济增长动力有所减弱，中国经济下行压力加大，行业总资产、营业收入和利润总额增长承压，行业内分化趋势加剧，龙头企业集中度提升。大型企业中年收入规模在百亿元级别以上的有6家，即上海电气、东方电气、金风科技、上海机电、海立股份、三花智控，在130余家上市公司中仍有约50家企业收入低于10亿元，但数量较2017年已有所下降。随着行业内部结构转型升级，未来龙头的市场集中度有望继续提升，百亿元营业收入级别企业有望增多。

审稿人：董岚枫　王　勇

撰稿人：李　旻　陈昱帆

专用设备制造业

一、专用设备制造业总体概况

（一）行业整体运行情况

专用设备制造业是专用于特定行业的设备制造业，下游应用行业包括矿山、冶金、建筑、化工、木材、非金属加工、食品、饮料、烟草及饲料生产专用设备九大行业。作为典型的下游驱动型行业，专用设备制造业与国家宏观经济政策、固定资产投资、下游特定行业资本开支等变量高度相关。受益于国内外经济回暖，行业从2016年下半年以来订单持续复苏，以工程机械等为代表的细分行业在2018年延续周期性高速增长态势，公司资产负债表和ROE修复进一步提升。

2018年全行业总资产达39752.7亿元，较2017年上升0.8%；实现营业收入29920.0亿元，较2017年下降17.2%；

实现利润总额2035.1亿元，较2017年下降18.3%。

（二）细分行业运行概况

2018年，受益于世界主要经济体的经济持续复苏，加上供给侧结构性改革成效逐步显现，中国经济持续转型升级，经济运行总体稳中向好、好于预期。行业收入端略有波动，但是行业经营质量明显改善，盈利能力提升。以工程机械、海工装备等为代表的周期行业迎来周期性量价齐升，资产负债表修复加速；以锂电设备、3C自动化设备为代表的高成长行业细分方向受益于下游行业高景气下的产能扩张，业绩增速具备较大弹性。

二、行业内上市公司发展概况

（一）行业内上市公司基本情况

表1　　2018年专用设备制造业上市公司发行股票概况

门　类	A、B股总数	A股股票数	B股股票数	境内总市值（亿元）	流通A股市值（亿元）	流通B股市值（亿元）
专用设备制造业	203	201	2	12470.41	8385.09	56.25
占沪深两市比重（%）	5.54	5.48	0.05	0.03	0.02	0.04

资料来源：沪深交易所，同花顺。

（二）行业内上市公司构成情况

表2　　2018年专用设备制造业上市公司构成情况

门　类	沪市			深市			ST/*ST
	仅A股	仅B股	A+B股	仅A股	仅B股	A+B股	
专用设备制造业（家）	66	0	2	133	0	0	0/1
占行业内上市公司比重（%）	33.00	0.00	1.00	66.00	0.00	0.00	0.00/0.01

资料来源：沪深交易所，同花顺。

（三）行业内上市公司融资情况

表3　　2018年专用设备制造业上市公司与沪深两市融资情况对比　　单位：家

门　类	融资家数	新股	增发	配股
专用设备制造业	25	9	16	0
沪深两市总数	358	105	238	15
占比（%）	6.98	8.57	6.72	0.00

资料来源：沪深交易所，同花顺。

其中，首发的8家公司中，有3在沪市主板上市，1家在中小板上市，4家在创业板上市；增发的17家公司中，有2家沪市、2家深市主板、6家中小板、7家创业板公司。

从融资效果来看，上述公司实际发行数量为253995万股；实际募集资金294.58亿元，基本完成了融资计划。

2018年专用设备制造业上市公司融资情况明细见附录。

（四）行业内上市公司资产及业绩情况

表4　　2018年专用设备制造业上市公司资产情况　　单位：亿元

指　标	2018年	2018年可比样本增长（%）	2017年	2017年可比样本增长（%）	2016年
总资产	13122.15	11.91	13646.32	8.57	10080.21
流动资产	8485.83	13.35	8501.93	7.43	6455.62
占比（%）	64.67	0.82	62.30	-0.66	64.04
非流动资产	4636.31	9.37	5144.39	10.52	3624.58
占比（%）	35.33	-0.82	37.70	0.66	35.96
流动负债	5540.08	16.79	5509.44	5.43	4151.28
占比（%）	42.22	1.77	40.37	-1.21	41.18
非流动负债	1396.89	7.00	1804.90	-1.96	1188.35
占比（%）	10.65	-0.49	13.23	-1.42	11.79
归属于母公司股东权益	5768.13	9.56	5706.55	13.88	4423.36
占比（%）	43.96	-0.94	41.82	1.95	43.88

资料来源：沪深交易所，同花顺。

表5　　2018年专用设备制造业上市公司收入实现情况　　单位：亿元

指　标	2018年	2018年可比样本增长（%）	2017年	2017年可比样本增长（%）	2016年
营业收入	6240.24	20.75	6583.34	23.58	3649.88
利润总额	464.21	0.24	544.32	189.66	94.06
归属于母公司所有者的净利润	342.17	-3.50	403.01	344.88	25.90

资料来源：沪深交易所，同花顺。

（五）利润分配情况

2018年全年专用设备制造业上市公司中共有143家公司实施了分红配股。其中，21家上市公司实施送股或转增股，142家上市公司实施派息，其中18家公司既实施了送股、转增，又实施了派息。

2018 年专用设备制造业上市公司分红明细见附录。

（六）其他财务指标情况

1. 盈利能力指标

表 6　　2018 年专用设备制造业上市公司盈利能力情况

指　标	2018 年	2018 年可比样本变动	2017 年	2017 年可比样本变动	2016 年
毛利率（%）	28.01	-0.53	26.23	2.34	25.69
净资产收益率（%）	5.93	-0.80	7.06	5.25	0.59
销售净利率（%）	5.89	-1.56	6.93	4.57	1.37
资产净利率（%）	2.96	-0.44	3.48	2.42	0.51

资料来源：沪深交易所，同花顺。

2. 偿债能力指标

表 7　　2018 年专用设备制造业上市公司偿债能力指标

指　标	2018 年	2018 年可比样本变动	2017 年	2017 年可比样本变动	2016 年
流动比率	1.53	-0.05	1.54	0.03	1.56
速动比率	1.14	-0.05	1.18	0.02	1.19
资产负债率（%）	52.86	1.28	53.60	-2.63	52.97

资料来源：沪深交易所，同花顺。

3. 营运能力指标

表 8　　2018 年专用设备制造业上市公司营运能力情况　　单位：次

营运能力指标	2018 年	2018 年可比样本变动	2017 年	2017 年可比样本变动	2016 年
存货周转率	2.22	0.14	2.51	0.25	1.84
应收账款周转率	2.76	0.41	2.82	0.54	1.79
流动资产周转率	0.78	0.08	0.80	0.10	0.58
固定资产周转率	3.11	0.39	3.03	0.39	2.17
总资产周转率	0.50	0.05	0.50	0.05	0.38
净资产周转率	1.05	0.08	1.11	0.11	0.79

资料来源：沪深交易所，同花顺。

三、重点上市公司介绍

（一）三一重工

2018 年三一重工实现营业收入 558.2 亿元，较 2017 年增长 45.8%；实现利润总额 61.2 亿元，较 2017 年增长 75.5%；归母净利润为 51.7 亿元，较 2017 年增长 163.2%；每股收益为 0.79 元；综合毛利率 30.62%，较 2017 年增长 0.55%。业绩增长的主要原因是基建和地产投资复苏带动工程机械需求持续回暖，资产负债表逐渐修复，板块整体盈利实现大幅提升，龙头复苏速度快于行业整体增速。而更新、基建、一带一路三大因素将使行业复苏更具持续性，行业龙头也将强者恒强。

板块方面，挖掘机械引领收入复苏，2018 年实现收入 192.47 亿元，较 2017 年增长 40.8%，挖掘机毛利率 38.7%，较 2016 年下降 1.96%。同时，其他板块如混凝土机械、起重机械、桩工机械和路面机械受到趋势传导，销售收入均较 2017 年大幅增长；其中，混凝土机械实现收入 169.64 亿元，较 2017 年增长 34.64%，毛利率 25.2%，较 2017 年上升 1.86%；起重机械实现收入 93.47 亿元，较 2017 年增长 78.26%，毛利率 24.9%，较 2017 年增长 1.86%。2018 年海外市场贡献收入 136.27 亿元，同比增长 17.29%，东南亚、印度尼西亚、拉美等八大海外大区、三一印度、三一欧洲、三一美国销售额均实现快速增长。海外市场销售额占比为 21.13%，远高于工程机械同行的水平，良好的海外收入有利于收入结构多元化和平滑行业周期波动性。

（二）恒立液压

2018 年恒立液压实现营业收入 42.1 亿元，较 2017 年增长 51.0%；实现利润总额 8.4 亿元，较 2017 年增长 9.6%；归母净利润为 8.3 亿元，较 2017 年增长 115.6%；每股收益为 0.95 元；综合毛利率为 36.58%，较 2017 年提升 3.76%。受益于下游工程机械高景气和新产品渗透率提升，业绩大幅增长。

板块方面，挖掘机专用油缸收入 18.11 亿元，较 2017 年增长 56.95%；非标油缸收入 11.43 亿元，较 2017 年增长 9.73%，其中，盾构机油缸收入达 3.44 亿元，增长迅猛；液压泵阀收入 4.78 亿元，同比增长 92.46%，受益于 15T 以下小型挖掘机用主控泵阀批量供货，在主机厂的份额不断提升，以及重大挖泵阀产品研发加速推进，并小批量配套主机厂。综合毛利率 36.59%，较 2017 年上升 3.80%，规模效应下盈利能力显著；其中，挖掘机专用油缸毛利率 41.35%，较 2017 年上升 2.55%。为应对下游行业的持续火热，2018 年公司对现有油缸产线进行了技术改造，产能提升了 30% 后仍超负荷运转，销售收入大幅提升并小批量配套主机厂，成功应用于一系列规模大且技术难度高的液压系统项目，树立了公司在液压集成领域的领先地位。

（三）浙江鼎力

2018年浙江鼎力实现营业收入17.1亿元，较2017年增长50.6%；实现利润总额4.8亿元，较2017年增长5.7%；归母净利润为4.5亿元，较2017年增长69.7%；每股收益为1.94元；综合毛利率为41.52%，较2017年降低0.45%。业绩增长的主因为浙江鼎力作为国内高空作业平台的绝对龙头，其技术品质、品牌口碑、实践经验和营销管理都构筑了较深的护城河，对标欧美市场的高空作业平台保有量，销售具备持续增长的较大空间。

板块方面，剪叉式高空作业平台收入12.82亿元，较2017年增长50.32%，为增速最快的板块；随着行业发展及施工场景的多样化，臂式产品需求正逐步增加，公司2018年臂式收入2.07亿元，较2017年增长103.22%。分地区来看，2018年实现海外收入9.24亿元，较2017年增长30.18%，在总收入中的占比升至56.36%。公司凭位居全球高空作业设备制造商十强，是唯一一家上榜中国品牌。

（四）振华重工

2018年振华重工实现营业收入218.1亿元，较2017年下降0.2%；实现利润总额4.4亿元，较2017年增长5.4%；归母净利润为3.2亿元，较2016年增长27.3%；基本每股收益为0.08元；综合毛利率达17.10%，较2017年下降0.47%。

板块方面，主业港机收入149.83亿元，较2017年增长1.68%，毛利率达23.88%，公司港机产品具有市场议价能力，自动化码头推广等方面也具有竞争优势；以海工为主的重型装备收入27.46亿元，较2017年下降18.87%，毛利率减少3.89%，海工行业有所复苏，但没有带来明显的逆转和提升。传统港机新设备的需求增量总体放缓，但国内外大流量港口对自动化码头的建造需求逐步加大。分地区来看，国内收入100.43亿元，同比下降0.98%；海外收入115.39亿元，同比增长0.34%。

（五）先导智能

2018年先导智能实现营业收入38.9亿元，较2017年增长79.0%；实现营业利润7.4亿元，较2017年增长8.4%；归母净利润为8.1亿元，较2017年增长34.7%；每股收益为1.06元；综合毛利率为39.08%，较2017年下滑2.06%。

板块方面，锂电设备收入34.4亿元，较2017年增长88.95%，主要系合并了泰坦新动力全年的经营业绩、公司自身快速发展以及营业收入大幅增加所致。毛利率38.72%，较2017年下降0.73%；光伏设备收入2.64亿元，较2017年增长13.90%。公司研发人员年末达到1193人，占公司总人数的23.89%，本年度公司的研发整体投入2.83亿元，占本年度收入的7.29%。目前，公司在高端锂电池生产设备、光伏配套生产设备、3C智能检测设备及电容器生产设备领域均具有较成熟的技术。

（六）晶盛机电

2018年晶盛机电实现收入25.4亿元，较2017年增长30.9%；实现利润总额5.8亿元，较2017年增长6.5%；归母净利润5.8亿元，较2017年增长51.2%；每股收益为0.46元；综合毛利率39.51%，较2017年上升1.15%。

板块方面，晶体硅生长设备收入19.39亿元，较2017年增长23.36%，主要系公司作为单晶硅设备龙头，随着光伏产业的发展及单晶市场份额持续提升所致；智能加工设备（包括光伏和LED）收入2.76亿元，较2017年增长10.92%，主要系中为光电产业升级与新业务开拓。蓝宝石材料收入1.24亿元，同比增长33.25%，主要受益于北京、上海、广东等地方政府纷纷出台了一系列旨在鼓励产业发展的配套政策，集成电路产业关键设备国产化迎来机遇期。

（七）弘亚数控

2018年弘亚数控实现收入11.9亿元，较2017年增长45.9%；实现利润总额2.7亿元，较2017年增长3.2%；归母净利润2.9亿元，较2017年增长17.3%；每股收益为2.00元；综合毛利率37.56%，较2017年下降0.63%。

分版块来看，主营封边机收入5.11亿，较2017年增长19.18%，毛利率49.73%，较2017年上升0.37%，裁板锯收入2.08亿元，较2017年增长16.73%，毛利率28.40%，较2017年增长1.07%。定制化产线为主的数控钻、加工中心两大板块均实现较快发展。其中，数控钻（含多排钻）共实现收入1.81亿元，同比增长55.55%；加工中心业务实现收入2.31亿元，同比增长01.11%。2018年，公司通过收购提升了公司数控产品的研发实力以及产品制造水平，大大缩短了与先进发达国家之间的技术差距。

（八）北方华创

2018年北方华创实现收入33.2亿元，较2017年增长49.8%；实现利润总额2.3亿元，较2017年增长3.5%；归母净利润2.1亿元，较2017年增长67.7%；每股收益为0.51元；综合毛利率38.38%，较2017年上升1.79%。

分版块来看，电子元件实现收入7.88亿元，较2017年增长3.23%，毛利率49.44%，主要受益于电子工艺装备销售及订单、生产规模较上期增加。电子工艺装备实现收入25.21亿元，较2017年增长75.68%。全球半导体设备投资延续2017年的增长态势，中国大陆半导体设备投资额上升为全球第二位，成为主要投资地区之一。受益于单晶硅高效电池技术发展和成本的下降。2018年北方华创维持高研发投入，研发费用占总收入的比例达26.28%。

（九）杰瑞股份

2018年杰瑞股份实现收入46.0亿元，较2017年增长45.1%；实现利润总额6.2亿元，较2017年上升7.5%；归母净利润3.8亿元，较2017年增长940.1%。每股收益为0.64元；综合毛利率31.65%，较2017年增长4.85%。

分版块来看，维修改造及配件销售板块营收13.35亿元，同比增长53.46%，毛利率31.10%，同比增长1.03%。油田业务技术服营收7.98亿元，同比增长10.49%，毛利率11.20%，同比增长4.84%。受益于国际原油均价回升及国内能源安全战略推动，油田服务市场景气度显著提升，市场对于油田技术服务及钻完井设备等业务需求快速增加，钻完井设备国内外营业收入实现大幅增长，环保服务及设备板块实现营业收入3.37亿元，同比增长73.85%，主要系公司加大环保产品线的投入，环保服务及设备收入大幅增加。

四、上市公司在行业中的影响力

2018年，专用设备制造业上市公司总资产13103.98亿元，占全行业总量的32.96%；营业收入6205.14亿元，占全行业总量的20.74%；利润总额2035.10亿元，占全行业总量的22.66%。

中国专用设备制造业企业较多，市场较分散，细分领域竞争较激烈，近年来由于全球经济去产能去库存周期资本开支整体下行，设备企业的营业收入和利润也持续下行，行业内部经历出清和洗牌。而2016年下半年开始全球经济复苏带动的补库存周期叠加国内基建和地产投资回暖，2018年部分周期性较强的细分行业的订单延续复苏态势，周期量价齐升，行业集中度继续提高，其中，占据行业龙头地位的上市公司将处于竞争优势地位，未来影响力和市占率有望继续提升。而在高成长细分领域，具备核心竞争力的先进制造公司也将在下游持续高景气周期中继续获得良好业绩。

审稿人：董岚枫　王　勇

撰稿人：李　旻　陈显帆

汽车制造业

一、汽车制造业总体概况

（一）行业整体运行情况

2018年中国汽车产销分别完成2780.92万辆/2808.06万辆，同比分别下降4.16%/2.76%，比2017年分别降低7.35/5.80个百分点，自1990年以后汽车行业首次出现负增长，行业整体承压，原因在于前期小排量乘用车购置税优惠对需求的透支以及经济面临下行压力下居民对收入预期的不乐观，减少了对作为可选消费品汽车的需求。

从财务数据来看，2018 年汽车行业累计实现营业收入 83372.60 亿元，同比增长 3.40%，增幅同比减少 7.50 个百分点；累计实现利润总额 6091.30 亿元，同比下降 4.70%，变动幅度同比减少 10.50 个百分点。

2018 年新能源汽车仍保持快速增长态势：根据中国汽车工业协会的数据，2018 年新能源汽车销量达 125.62 万辆，同比增长 61.67%，占汽车整体的比重达 4.47%，同比提升 1.78 个百分点。其中，新能源乘用车销量达 105.30 万辆，同比增长 82.17%，新能源商用车销量达 20.32 万辆，同比增长 2.65%。从数据来看，新能源乘用车成为增长主力，销量占比高达 83.82%。

（二）细分行业运行概况

分领域来看，首先，2018 年乘用车产销分别为 2352.94 万辆/2370.98 万辆，同比分别下降 5.15%/4.08%。其中，轿车产销同比增速为 -3.95%/-2.70%，MPV 为 -17.87%/-16.22%，SUV 为 -3.19%/-2.52%，交叉型为 -20.75%/-17.26%。

其次，商用车产销分别为 427.98 万辆/437.08 万辆，同比分别增长 1.69%/5.05%。其中，货车产销分别为 379.07 万辆/388.56 万辆，同比分别增长 2.93%/6.94%；客车产销分别为 48.91 万辆/48.52 万辆，同比分别下降 7.03%/7.98%。

分品牌来看，2018 年自主品牌乘用车销售 998.74 万辆，同比下降 8.14%，占乘用车销量总量的 42.19%，比 2017 年同期降低 1.75 个百分点。日系、德系、美系份额分别为 18.76%、21.45%、10.47%，同比分别变动 1.76 个百分点、1.85 个百分点、-1.82 个百分点。

出口方面，2018 年汽车出口 104.07 万辆，同比增长 16.82%，虽比 2017 年有所放缓，但仍保持较快增长。

二、行业内上市公司发展概况

（一）行业内上市公司基本情况

表 1　　2018 年汽车制造业上市公司发行股票概况

门　类	A、B 股总数	A 股股票数	B 股股票数	境内总市值（亿元）	流通 A 股市值（亿元）	流通 B 股市值（亿元）
汽车制造业	132	126	6	13157.71	10416.07	86.60
占沪深两市比重（%）	3.60	3.44	0.16	0.03	0.03	0.06

资料来源：沪深交易所，同花顺。

（二）行业内上市公司构成情况

表 2 2018 年汽车制造业上市公司构成情况

门　类	沪市			深市			ST/*ST
	仅 A 股	仅 B 股	A+B 股	仅 A 股	仅 B 股	A+B 股	
汽车制造业（家）	59	1	1	62	0	4	0/0
占行业内上市公司比重（%）	46.46	0.79	0.79	48.82	0.00	3.15	0.00/0.00

资料来源：沪深交易所，同花顺。

（三）行业内上市公司融资情况

表 3 2018 年汽车制造业上市公司与沪深两市融资情况对比 单位：家

门　类	融资家数	新股	增发	配股
汽车制造业	14	6	8	0
沪深两市总数	358	105	238	15
占比（%）	3.91	5.71	3.36	0.00

资料来源：沪深交易所，同花顺。

其中，首发的 6 家公司中，有 3 家在主板上市，3 家在创业板上市；增发的 8 家公司中，有 2 家沪市、6 家深市及 2 家中小板公司。

按行业大类划分，进行融资的 14 家公司中，整车行业 2 家，汽车零部件行业 12 家，分别占比 14.29%、85.71%。

从融资效果来看，上述公司实际发行数量为 152929.22 万股；实际募集资金 397.85 亿元，基本完成了融资计划。

2018 年汽车制造业上市公司融资情况明细见附录。

（四）行业内上市公司资产及业绩情况

表 4 2018 年汽车制造业上市公司资产情况 单位：亿元

指　标	2018 年	2018 年可比样本增长（%）	2017 年	2017 年可比样本增长（%）	2016 年
总资产	26355.20	6.31	21902.32	18.51	19824.46
流动资产	15054.48	5.72	12594.52	18.86	11181.61
占比（%）	57.12	-0.32	57.50	0.17	56.40
非流动资产	11300.72	7.10	9307.80	18.04	8642.85
占比（%）	42.88	0.32	42.50	-0.17	43.60
流动负债	12717.14	4.86	10967.99	20.90	9523.97
占比（%）	48.25	-0.66	50.08	0.99	48.04

续表

指　标	2018 年	2018 年可比样本增长（%）	2017 年	2017 年可比样本增长（%）	2016 年
非流动负债	2807.75	22.32	1613.06	4.32	2134.10
占比（%）	10.65	1.39	7.36	-1.00	10.77
归属于母公司股东权益	9682.86	3.68	8518.88	19.58	7294.92
占比（%）	36.74	-0.93	38.89	0.35	36.80

资料来源：沪深交易所，同花顺。

表 5　　2018 年汽车制造业上市公司收入实现情况　　单位：亿元

指　标	2018 年	2018 年可比样本增长（%）	2017 年	2017 年可比样本增长（%）	2016 年
营业收入	22763.00	3.42	20035.10	14.37	18180.87
利润总额	1254.70	-13.95	1310.21	1.68	1290.02
归属于母公司所有者的净利润	873.20	-17.20	949.36	-1.61	953.41

资料来源：沪深交易所，同花顺。

（五）利润分配情况

2018 年全年汽车制造业上市公司中共有 109 家公司实施了分红配股。其中，18 家上市公司实施送股或转增股，109 家上市公司实施派息，其中 18 家公司既实施了送股、转增，又实施了派息。

2018 年汽车制造业上市公司分红明细见附录。

（六）其他财务指标情况

1. 盈利能力指标

表 6　　2018 年汽车制造业上市公司盈利能力情况

指　标	2018 年	2018 年可比样本变动	2017 年	2017 年可比样本变动	2016 年
毛利率（%）	16.40	-0.72	16.67	-0.08	16.81
净资产收益率（%）	9.02	-2.27	11.14	-2.40	13.07
销售净利率（%）	4.74	-1.01	5.66	-0.72	6.14
资产净利率（%）	4.22	-1.34	5.62	-0.98	6.17

资料来源：沪深交易所，同花顺。

2. 偿债能力指标

表 7　　2018 年汽车制造业上市公司偿债能力指标

指　标	2018 年	2018 年可比样本变动	2017 年	2017 年可比样本变动	2016 年
流动比率	1.18	0.01	1.15	-0.02	1.17
速动比率	1.00	0.00	0.99	-0.02	1.01
资产负债率（%）	58.91	0.73	57.44	-0.01	58.81

资料来源：沪深交易所，同花顺。

3. 营运能力指标

表 8　　2018 年汽车制造业上市公司营运能力情况　　单位：次

营运能力指标	2018 年	2018 年可比样本变动	2017 年	2017 年可比样本变动	2016 年
存货周转率	8.40	-0.72	10.18	-0.12	10.10
应收账款周转率	7.73	-0.82	8.52	-0.63	9.25
流动资产周转率	1.55	-0.14	1.73	-0.11	1.81
固定资产周转率	5.79	-0.51	6.38	0.01	6.23
总资产周转率	0.89	-0.08	0.99	-0.04	1.00
净资产周转率	2.15	-0.18	2.33	-0.08	2.40

资料来源：沪深交易所，同花顺。

三、重点上市公司介绍

（一）上汽集团

上汽集团是国内 A 股市场最大的汽车上市公司，总股本达到 116.83 亿股。目前，上汽集团主要业务包括整车（含乘用车、商用车）的研发、生产和销售，正积极推进新能源汽车、互联网汽车的商业化，并开展智能驾驶等技术研究和产业化探索；零部件（含动力驱动系统、底盘系统、内外饰系统，以及电池、电驱、电力电子等新能源汽车核心零部件和智能产品系统）的研发、生产、销售；物流、汽车电商、出行服务、节能和充电服务等汽车服务贸易业务；汽车相关金融、保险和投资业务；海外经营和国际商贸业务；并在产业大数据和人工智能领域积极布局。

上汽集团所属主要整车企业包括乘用车公司、上汽大通、上汽大众、上汽通用、上汽通用五菱、南京依维柯、上汽依维柯红岩、上海申沃等。

2018 年，上汽集团整车销量达到 705.2 万辆，同比增长 1.8%，高出总体市场增速 5.6 个百分点。2018 年，公司实现营业收入 8876.26 亿元，归属母公司所有者的净利润为 360.09 亿元，同比分别增长 3.46% 和 4.65%，第十四次入选《财富》杂志世界 500 强，排名第 36 位，比上一年上升了 5 位。

表 9　　上汽集团 2015～2018 年财务指标

项　目	2018 年	2017 年	2016 年	2015 年
营业收入（万元）	88762620.73	85797771.79	74623674.12	66137392.98
营业成本（万元）	76998582.25	74238241.23	65021810.59	58583288.32
营业利润（万元）	5367381.78	5410998.71	4843300.30	4358803.04
利润总额（万元）	5434384.98	5426101.26	5049245.75	4580967.65
归属母公司股东的净利润（万元）	3600921.06	3441033.95	3200861.07	2979379.07
毛利率（%）	13.25	13.47	12.87	11.42
净利率（%）	5.45	5.49	5.89	6.06
资产负债率（%）	63.63	62.39	60.20	58.78

资料来源：Wind 资讯。

（二）广汽集团

广汽集团成立于 2005 年 6 月 28 日，目前拥有员工超过 8.4 万人，是国内首家实现 A + H 股整体上市的大型国有控股股份制汽车集团。广汽集团前身为成立于 1997 年 6 月的广州汽车集团有限公司。

自 2013 年以来，广汽集团连续 6 年入围《财富》世界 500 强，2018 年位列世界企业第 202 位，比 2017 年排名上升 36 位。

广汽集团坚持合资合作与自主创新共同发展，业务涵盖整车（汽车、摩托车）及零部件研发、制造、汽车商贸服务、汽车金融等，是国内产业链最为完整的汽车集团之一，也是国内汽车行业首家拥有保险、保险经纪、汽车金融、融资租赁、财务等多块金融行业牌照的企业集团。目前，广汽集团旗下共有广汽本田、广汽丰田、广汽乘用车、广汽新能源、广汽研究院、广汽菲亚特克莱斯勒、广汽三菱等数十家知名企业与研发机构，整车核心业务板块形成自主品牌、日系合资、欧美系合资“三足鼎立”稳步发展格局。

2018 年，广汽集团汽车产销量分别为 219.40 万辆和 214.79 万辆，同比增长超 8.77% 和 7.34%；实现营业总收入 715.15 亿元，归属母公司所有者的净利润为 109.03 亿元，分别同比增长 0.53% 和 1.08%。

表 10　　广汽集团 2015～2018 年财务指标

项　目	2018 年	2017 年	2016 年	2015 年
营业收入（万元）	7151451.89	7114388.12	4941767.62	2941822.27
营业成本（万元）	5824071.57	5477800.81	3955835.44	2481615.30

续表

项　目	2018 年	2017 年	2016 年	2015 年
营业利润（万元）	1164490.17	1180650.53	683216.15	406481.00
利润总额（万元）	1186713.21	1197649.50	705071.71	440692.72
归属母公司股东的净利润（万元）	1090264.54	1078621.99	628821.59	423235.19
毛利率（%）	18.56	23.00	19.95	15.64
净利率（%）	15.31	15.21	12.74	13.62
资产负债率（%）	41.02	41.13	45.38	41.28

资料来源：Wind 资讯。

（三）长城汽车

长城汽车是中国最大的 SUV 制造企业，于 2003 年、2011 年分别在香港 H 股和国内 A 股上市，截至 2018 年年底资产总计达 1118.00 亿元。目前，旗下拥有哈弗、长城、WEY 和欧拉 4 个品牌，并与宝马合作，签署合资合同，拟成立合资公司光束汽车有限公司，产品涵盖 SUV、轿车、皮卡三大品类，拥有 4 个整车生产基地，具备发动机、变速器等核心零部件的自主配套能力，下属控股子公司 40 余家，员工 7 万余人。

2018 年，公司坚持研发过度投入，不断提升公司产品品质，满足消费者不断升级的需求。在生产环节，公司目前拥有保定（含徐水区）、天津两大生产基地，2018 年，公司积极拓展外埠工厂规划，分别在重庆永川、山东日照及浙江平湖等地完成布局，提升总体产能，其中，重庆永川工厂已于 3 月开工建设。

在新能源领域方面，公司积极拓展新能源汽车业务，2018 年发布纯电动欧拉品牌，加速新能源市场布局，同时，投资澳洲锂矿公司，加快新能源业务发展步伐。

在品牌建设方面，公司成绩斐然，完成了四大品牌的独立运营。产品结构也随着市场变化有所改变，一些低端产品逐步淡出市场，新推出的哈弗 F5、哈弗 F7 和 WEY VV6 等车型的占比逐渐攀升，产品价格向更高区间发展。新能源品牌欧拉推出的 iQ 和 R1 两款车型上市后，受到市场广泛欢迎。

公司不断扩大经营规模、优化产品结构，持续聚焦 SUV 品类，打造高性价比产品，并致力于提升客户满意度，使得经营收入稳步提升。2018 年，公司实现营业收入 978.00 亿元，归属母公司所有者的净利润为 52.07 亿元，分别同比下降 2.68% 和增长 3.58%。

表 11　　长城汽车 2015～2018 年财务指标

项　目	2018 年	2017 年	2016	2015 年
营业收入（万元）	9779985.92	10049161.82	9844366.51	7595458.60
营业成本（万元）	8148094.26	8196690.36	7436022.35	5686391.14
营业利润（万元）	623203.73	585415.24	1226070.49	928042.28
利润总额（万元）	647707.20	623296.60	1248306.08	968857.68
归属母公司股东的净利润（万元）	520731.40	502729.80	1055115.89	805933.25
毛利率（%）	16.69	18.43	24.46	25.13
净利率（%）	5.37	5.02	10.72	10.61
资产负债率（%）	52.87	55.44	48.70	46.62

资料来源：Wind 资讯。

（四）长安汽车

长安汽车为中国汽车行业第一阵营，多年来位居全国工业企业 500 强、中国制造业 100 强、重庆上市公司前 10 强之列。公司业务涵盖整车（乘用车、商用车）研发、制造和销售以及发动机的研发、生产，并利用自身主机厂优势积极发展电子商务、分时租赁等新业务。

经过多年的发展，公司现已形成轿车、SUV、MPV、交叉型乘用车、客车、货车等多档次、宽系列、多品种的产品谱系，覆盖传统燃油和新能源车型，拥有排量从 1.0L 到 2.0L 的发动机平台。公司旗下拥有长安乘用车、长安欧尚、长安福特、长安马自达、长安铃木、长安 PSA、长安客车等众多知名品牌。

截至目前，公司已成功推出睿骋 CC、逸动系列、悦翔系列、CS 系列 SUV、科赛、欧尚、欧诺等一系列经典自主品牌车型；合资品牌新一代福克斯、新蒙迪欧、翼虎、锐界、昂克赛拉、CX－5、CX－8、维特拉、启悦、DS7 等多款知名产品。同时，打造了逸动 EV、新奔奔 EV、CS75PHEV 等新能源车型，深受市场欢迎和消费者的喜爱。

科技创新方面，国家科技支撑计划项目——S10TGDI、H15TGDI 两款高效清洁发动机顺利通过国家验收。在国家发改委发布的国家企业技术中心评价中，长安汽车连续 5 届 10 年位居中国汽车行业第一；睿骋 CC 获得德国红点设计大奖，并成功挑战 C－NCAP 史上最严苛碰撞试验。

2018 年，公司实现销量 213.78 万辆，其中长安品牌销量 149.97 万辆。2018 年，公司实现营业收入 662.98 亿元，归属母公司所有者的净利润为 6.81 亿元，分别同比下降 17.14% 和 90.46%。

表 12　　长安汽车 2015～2018 年财务指标

项　目	2018 年	2017 年	2016	2015 年
营业收入（万元）	6629827.04	8001220.52	7854244.18	6677158.05
营业成本（万元）	5658346.84	6936303.27	6448760.59	5340671.07
营业利润（万元）	-20143.83	715162.75	945817.15	958745.62
利润总额（万元）	65822.53	718088.96	1034982.48	1001188.50
归属母公司股东的净利润（万元）	68072.84	713723.47	1028528.41	995271.42
毛利率（%）	14.65	13.31	17.89	20.02
净利率（%）	1.09	9.01	13.08	14.86
资产负债率（%）	50.63	55.28	59.30	61.78

资料来源：Wind 资讯。

（五）宇通客车

宇通客车是一家集客车产品研发、制造与销售为一体的大型现代化制造企业，日产整车达 430 台，年生产能力达 70000 台以上。主厂区位于河南省郑州市宇通工业园。宇通客车于 1997 年在上海证券交易所上市，是国内客车行业第一家上市公司。

目前，公司已形成了 5～25 米，覆盖公路客运、旅游、公交、团体、校车、专用客车等各个细分市场，包括普档、中档、高档等各个档次，国内 75 个产品系列，海外 69 个产品系列的完整产品链。公司自主研发的新能源客车动力系统已成为行业主流动力系统，形成了具有国际竞争力的 6～18 米系列化新能源客车产品，并已在全国 334 个城市累计推广近 9 万辆。

近几年来，宇通客车的销售服务网络已经覆盖欧洲、独联体、拉美、非洲、中东、亚太等海外主要市场，产品批量远销至英国、法国、俄罗斯、以色列、沙特阿拉伯、智利、哥伦比亚、委内瑞拉、澳大利亚、马来西亚、菲律宾以及港澳台等几十个国家和地区。

2018 年，公司大中型客车的产销量稳居行业第一，龙头地位稳固。公司客车产品实现销售 6.09 万辆，其中销售新能源客车 2.47 万辆；2018 年，公司实现营业收入 317.46 亿元，归属母公司所有者的净利润为 23.01 亿元，分别同比下降 4.44% 和 26.45%。

表 13 宇通客车 2015～2018 年财务指标

项　目	2018 年	2017 年	2016 年	2015 年
营业收入（万元）	3174584.46	3322194.88	3585044.2	3121087.39
营业成本（万元）	2370609.07	2447863.83	2587631.9	2330589.85
营业利润（万元）	246799.66	360155.28	439333.03	382828.30
利润总额（万元）	254653.48	363594.52	478229.03	410434.49
归属母公司股东的净利润（万元）	230149.44	312919.39	404374.56	353521.59
毛利率（%）	25.33	26.32	27.82	25.33
净利率（%）	7.33	9.54	11.44	11.49
资产负债率（%）	54.47	56.85	61.09	57.07

资料来源：Wind 资讯。

（六）华域汽车

华域汽车是目前国内业务规模最大、产品品种最多、客户覆盖最广、应用开发能力最强的综合性汽车零部件上市公司，于 1996 年在上海证券交易所上市，公司在汽车零部件业务上深耕 30 余年，主要业务涵盖汽车内外饰件、金属成型和模具、功能件、电子电器件、热加工件、新能源等。

公司内外饰件板块中的仪表板、汽车座椅、车灯、气囊、保险杠等产品以及功能性总成件板块中的底盘结构件、传动轴、空调压缩机、转向机、摇窗机等产品的细分市场占有率均居于国内前列。同时，公司汽车内饰、轻量化铸铝、油箱系统、汽车电子等业务和产品已积极拓展至国际市场，例如，公司所属延锋汽车内饰系统有限公司在全球汽车内饰市场占有率保持较高。

公司持续加大在智能互联、新能源等领域的研发和产业化投入，公司技术中心和电子分公司 24GHz 后向毫米波雷达实现批产供货，全年共生产 16922 套，成为国内首家自主研发实现量产的毫米波雷达供应商，客户端反馈良好；延锋汽车饰件系统有限公司把握未来智能互联趋势，发挥业务单元的协同作用，加快智能座舱系统域控制器、智能饰件等产品的创新研发；华域汽车电动系统有限公司的驱动电机产品技术和制造能力逐步得到德国大众、上汽乘用车等客户的认可，已为荣威、MG 等多款纯电动车型提供配套，规模效应初显；华域麦格纳电驱动系统有限公司正按照德国大众全球纯电动车平台（MEB）供货要求，有序推进电驱动系统的开发及生产准备等工作。

公司的区域布局广度及集群效应在国内汽车零部件行业处于优势地位，公司所属企业在全国设立有 355 个研发、制造和服务基地，同时在美国、德国、泰国、俄罗斯、澳大利亚等国家设立有 93 个生产制造（含研发）基地。

2018年，公司积极把握消费结构升级、核心客户及自主品牌增长等机会，优化产品结构调整，深化精益生产管理，着力提高运营效率，保持全年业绩的稳中有增。2018年，公司实现营业收入1571.70亿元，归属母公司所有者的净利润为80.27亿元，分别同比增长11.88%和22.48%。

表14　　华域汽车2015～2018年财务指标

项　目	2018年	2017年	2016年	2015年
营业收入（万元）	15717023.50	14048725.05	12429581.30	9112020.45
营业成本（万元）	13548382.78	12016040.85	10607459.19	7808091.00
营业利润（万元）	1096583.65	1030508.07	941363.31	736293.59
利润总额（万元）	1152229.83	1049227.96	986078.18	772675.27
归属母公司股东的净利润（万元）	802717.69	655392.29	607575.86	478338.23
毛利率（%）	13.80	14.47	14.66	14.31
净利率（%）	6.65	6.50	6.90	7.60
资产负债率（%）	59.14	59.53	57.40	57.22

资料来源：Wind资讯。

四、上市公司在行业中的影响力

主营业务收入方面，2018年，汽车行业累计实现营业收入83372.60亿元，同比增长3.40%；2018年行业内上市公司营业收入为22763.00亿元，同比增长4.06%，高于行业增速0.66个百分点；上市公司营业收入占行业的比重为27.30%，较2017年同期增加4.47个百分点。

利润总额方面，2018年，汽车行业累计实现利润总额6091.30亿元，同比降低4.70%；2018年行业内上市公司利润总额为1254.70亿元，同比降低13.77%，低于行业增速9.07个百分点；上市公司利润总额占行业的比重为20.60%，较2017年同期增加1.42个百分点。

总体来看，汽车上市公司在行业中的影响较大，主要汽车企业集团均已实现整体或部分上市，并在行业营业收入、利润总额等方面占比较高。

审稿人：王洪磊

撰稿人：郑连声　陈兰芳

铁路、船舶、航空航天和其他运输设备制造业

一、铁路、船舶、航空航天和其他运输设备制造业总体概况

2018年，金融防风险去杠杆不断推进，宏观经济增长有所放缓，工业增长和投资需求均有所回落。从企业景气指数来看，2018年各季度铁路、船舶、航空航天和其他运输设备制造业的企业景气指数分别为124.90、123.20、119.20、122.90，与2017年同比增速分别为0.32%、-1.44%、-3.17%、-0.24%，景气度有所回落。

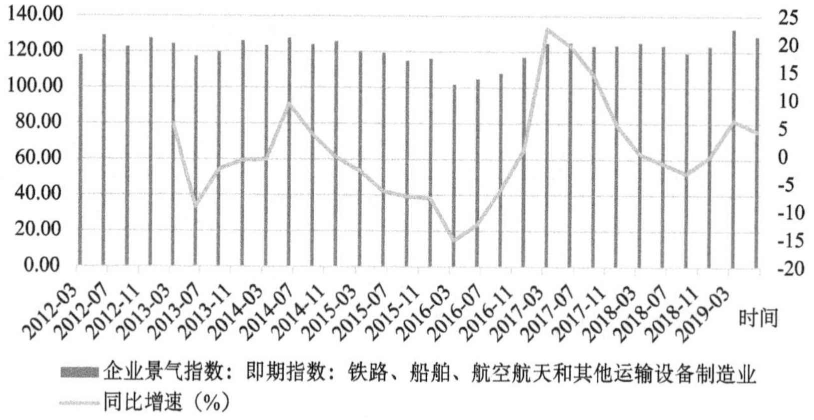

资料来源：国家统计局，Wind资讯。

图1 2012~2019Q2铁路、船舶、航空航天和其他运输设备制造业企业景气指数

从货物周转量数据来看，2018年，中国货物周转量总计完成20.96万亿吨公里，同比增长4.29%。其中，铁路货物周转量完成2.88万亿吨公里，同比增长6.89%；公路货物周转量完成7.12万亿吨公里，同比增长6.73%；水运货物周转量完成9.93万亿吨公里，同比增长1.90%；民航货邮周转量完成262.42亿吨公里，同比增长7.75%。受宏观经济增长放缓的影响，2018年货物周转总量和所有子行业货物周转量增速均有不同程度的回落。

从旅客周转量数据来看，2018年，中国旅客周转量总计完成3.42万亿人公里，同比增长4.27%。其中，铁路旅客周转量完成1.41万亿人公里，同比增长5.13%；高铁旅客周转量完成6871.90亿人公里，占铁路的比重达48.58%；公路旅客周转量完成9275.50亿人公里，同比下降5.01%；水运旅客周转量完成79.80

亿人公里，同比增长2.70%；民航旅客周转量完成1.07万亿人公里，同比增长12.60%。

二、行业内上市公司发展概况

（一）行业内上市公司基本情况

表1　　2018年铁路、船舶、航空航天和其他运输设备制造业上市公司发行股票概况

门　类	A、B股总数	A股股票数	B股股票数	境内总市值（亿元）	流通A股市值（亿元）	流通B股市值（亿元）
铁路、船舶、航空航天和其他运输设备制造业	51	47	4	7625.12	6246.06	17.31
占沪深两市比重（%）	1.39	1.28	0.11	0.02	0.02	0.01

资料来源：沪深交易所，同花顺。

（二）行业内上市公司构成情况

表2　　2018年铁路、船舶、航空航天和其他运输设备制造业上市公司构成情况

门　类	沪市			深市			ST/*ST
	仅A股	仅B股	A+B股	仅A股	仅B股	A+B股	
铁路、船舶、航空航天和其他运输设备制造业（家）	24	0	2	20	1	1	1/1
占行业内上市公司比重（%）	50.00	0.00	4.17	41.67	2.08	2.08	0.02/0.02

资料来源：沪深交易所，同花顺。

（三）行业内上市公司融资情况

表3　　2018年铁路、船舶、航空航天和其他运输设备制造业上市公司与沪深两市融资情况对比单位：家

门　类	融资家数	新股	增发	配股
铁路、船舶、航空航天和其他运输设备制造业	5	2	3	0
沪深两市总数	358	105	238	15
占比（%）	1.40	1.90	1.26	0.00

资料来源：沪深交易所，同花顺。

其中，首发的2家公司中，有1家在沪市上市，1家在中小板上市；增发的3家公司中，有2家沪市、1家深市公司。

从融资效果来看，上述公司实际发行

数量为 408078.21 万股；实际募集资金 251.53 亿元，基本完成了融资计划。

2018 年铁路、船舶、航空航天和其他运输设备制造业上市公司融资情况明细见附录。

（四）行业内上市公司资产及业绩情况

表 4　　2018 年铁路、船舶、航空航天和其他运输设备制造业上市公司资产情况　　单位：亿元

指　标	2018 年	2018 年可比样本增长（%）	2017 年	2017 年可比样本增长（%）	2016 年
总资产	10685.24	-0.83	10541.05	9.01	9630.86
流动资产	7025.48	-2.63	7066.73	10.90	6179.18
占比（%）	65.75	-1.22	67.04	1.14	64.16
非流动资产	3659.76	2.84	3474.32	5.36	3451.67
占比（%）	34.25	1.22	32.96	-1.14	35.84
流动负债	4977.45	-2.90	4974.93	5.10	4647.84
占比（%）	46.58	-1.00	47.20	-1.75	48.26
非流动负债	843.18	-20.05	1013.88	-9.58	1169.03
占比（%）	7.89	-1.90	9.62	-1.98	12.14
归属于母公司股东权益	4360.26	8.88	3972.54	14.61	3433.49
占比（%）	40.81	3.64	37.69	1.84	35.65

资料来源：沪深交易所，同花顺。

表 5　　2018 年铁路、船舶、航空航天和其他运输设备制造业上市公司收入实现情况　　单位：亿元

指　标	2018 年	2018 年可比样本增长（%）	2017 年	2017 年可比样本增长（%）	2016 年
营业收入	5210.74	4.75	4872.76	-4.04	4964.90
利润总额	225.62	-17.84	269.17	2.01	276.73
归属于母公司所有者的净利润	171.31	-18.44	203.27	11.57	179.56

资料来源：沪深交易所，同花顺。

（五）利润分配情况

2018 年全年铁路、船舶、航空航天和其他运输设备制造业上市公司中共有 32 家公司实施了分红配股。其中，2 家上市公司实施送股或转增股，24 家上市公司实施派息，其中 6 家公司既实施了送股、转增，又实施了派息。

2018 年铁路、船舶、航空航天和其他运输设备制造业上市公司分红明细见附录。

（六）其他财务指标情况

1. 盈利能力指标

表 6　　2018 年铁路、船舶、航空航天和其他运输设备制造业上市公司盈利能力情况

指　标	2018 年	2018 年可比样本变动	2017 年	2017 年可比样本变动	2016 年
毛利率（%）	17.98	-1.17	18.93	1.30	18.12
净资产收益率（%）	3.93	-1.32	5.12	-0.14	5.23
销售净利率（%）	3.42	-1.03	4.41	0.48	4.16
资产净利率（%）	1.66	-0.50	2.13	0.00	2.17

资料来源：沪深交易所，同花顺。

2. 偿债能力指标

表 7　　2018 年铁路、船舶、航空航天和其他运输设备制造业上市公司偿债能力指标

指　标	2018 年	2018 年可比样本变动	2017 年	2017 年可比样本变动	2016 年
流动比率	1.41	0.00	1.42	0.07	1.33
速动比率	1.01	0.00	1.02	0.10	0.92
资产负债率（%）	54.47	-2.89	56.81	-3.73	60.40

资料来源：沪深交易所，同花顺。

3. 营运能力指标

表 8　　2018 年铁路、船舶、航空航天和其他运输设备制造业上市公司营运能力情况　　单位：次

营运能力指标	2018 年	2018 年可比样本变动	2017 年	2017 年可比样本变动	2016 年
存货周转率	2.14	0.13	2.00	-0.13	2.12
应收账款周转率	3.35	-0.08	3.46	-0.28	3.69
流动资产周转率	0.73	0.00	0.73	-0.09	0.81
固定资产周转率	2.91	0.10	2.79	-0.21	2.69
总资产周转率	0.49	0.00	0.48	-0.06	0.52
净资产周转率	1.10	-0.08	1.16	-0.25	1.38

资料来源：沪深交易所，同花顺。

三、重点上市公司介绍

（一）中国中车

中国中车是经国务院同意，国务院国资委批准，由中国北车、中国南车按照对等原则合并组建的 A+H 股上市公司。经中国证监会核准，2015 年 6 月 8 日，中国中车在上海证券交易所和香港联交所成功上市。中国中车承继了中国北车、中国南车的全部业务和资产，是全球规模最大、

品种最全、技术领先的轨道交通装备供应商。

2018 年是中国中车重组成立完整运营的第三年，实现营业收入 2190.83 亿元，同比增长 3.82%；实现归属于母公司所有者的净利润 113.05 亿元，同比增长 4.76%；扣非后归属母公司所有者的净利润 81.44 亿元，同比下降 6.92%；基本每股收益 0.39 元，同比增长 2.63%；加权平均净资产收益率 9.06%，同比下降 0.08 个百分点。

分业务板块来看，铁路装备业务的营业收入比 2017 年同期增长 11.46%，主要是本期动车组收入增加所致；营业成本比 2017 年同期增长 12.41%，主要是本期铁路产品结构不同所致。城市轨道与城市基础设施业务的营业收入比 2017 年同期增长 3.52%，主要是本期城市轨道车辆的收入增加所致；营业成本比 2017 年同期增长 3.07%，主要是随着营业收入的增长成本随之增加，因产品类型不同，使成本增长略低于收入的增长。新产业业务的营业收入比 2017 年同期下降 7.71%，主要是新能源汽车业务转让所致；营业成本比 2017 年同期下降 4.62%，主要是随收入的下降所致。现代服务业务的营业收入比 2017 年同期下降 8.84%，主要是本期缩减物流贸易业务规模所致；营业成本比 2017 年同期下降 11.17%，主要是随收入的下降所致。

（二）中航飞机

中航飞机是科研、生产一体化的特大型航空工业企业，是国内首家注入航空整机资产的上市公司。中航飞机是中航工业的龙头公司，也是中国唯一的运输机、轰炸机生产厂商。公司主营业务主要分为军用飞机整机、民用飞机整机、国产飞机零部件和国际转包飞机零部件。

2018 年，中航飞机实现营业收入 334.68 亿元，同比增长 7.69%；实现归属于母公司所有者的净利润 5.58 亿元，同比增长 18.38%；扣非后归属母公司所有者的净利润 5.29 亿元，同比增长 57.90%；基本每股收益 0.20 元，同比增长 17.65%；加权平均净资产收益率 3.51%，同比提升 0.48 个百分点。

分主要产品业务来看，军机产品方面，按期完成了生产交付任务，确保了国家防务的需要；民机产品方面，交付新舟系列飞机 3 架；起落架和制动系统方面，按期完成配套交付任务；国际合作项目方面，交付 3517 架份部组件。

四、上市公司在行业中的影响力

2018 年铁路、船舶、航空航天和其他运输设备制造业总资产规模达到 16398.50 亿元，较 2017 年增加 1.30%；其中，全行业上市公司资产总额为 10685.24 亿元，2018 年可比样本较 2017 年增长 0.71%，上市公司资产总额占行业资产总额的 65.16%。

2018 年铁路、船舶、航空航天和其他运输设备制造业营业收入规模达到 11853.70 亿元，较 2017 年增长 3.8%；

其中，全行业上市公司营业收入为5208.36亿元，2018年可比样本较2017年增长4.74%，上市公司营业收入占行业营业收入总额的43.94%。

2018年铁路、船舶、航空航天和其他运输设备制造业利润规模达到673.00亿元，较2017年增长5.8%；其中，全行业上市公司利润为225.62亿元，2018年可比样本较2017年下降17.84%，上市公司利润总额占行业利润总额的33.52%。

审稿人：易华强

撰稿人：黄　羽

电气机械及器材制造业

一、电气机械及器材制造业总体概况

（一）行业整体运行情况

根据国家统计局的数据，2018年全国规模以上电气机械及器材制造行业企业数量为24190家，行业总资产合计68960.70亿元，较2017年增长3.11%。

2018年，电气机械及器材制造业实现营业收入64643.30亿元，较2017年下降9.82%；实现利润总额3758.00亿元，较2017年下降19.31%；2018年，电气机械及器材制造行业毛利率为15.88%，较2017年增长0.19百分点。

2018年，电气机械及器材制造业固定资产投资完成额累计15135.17亿元，较2017增长13.40%。从国家统计局发布的细分行业景气指数来看，2017年四季度电气机械及器材制造业景气指数为131.7，较2017年四季度的134.1有所下降。

（二）细分行业运行概况

1. 电器设备类公司

电气设备类公司景气度与电力投资完成情况密切相关。根据国家能源局的统计数据，2018年，全社会用电量68449亿千瓦时，较2017年增长8.52%。新增发电设备12439万千瓦时，较2017年下降6.98%。其中，水电新增设备容量854万千瓦时，较2017年下降33.67%；火电新增设备容量4119万千瓦时，较2017年下降10.02%；核电新增设备容量884万千瓦时，较2017年增长306.44%；风电新增设备容量2100万千瓦时，较2017年增长7.6%；太阳能新增设备容量4473万千瓦时，较2017年下降16.20%。2018年，新增220千伏及以上变电设备容量22082万千伏安，新增220千伏及以上线路长度41035千米。

2018 年，全国发电设备累计平均利用 3862 小时，较 2017 年增加 76.22 小时。其中，水电累计平均利用 3613 小时，较 2017 年增加 34.07 小时；火电累计平均利用 4361 小时，较 2017 年增加 152.1 小时；风电累计平均利用 2095 小时，较 2017 年增加 146.99 小时；核电累计平均利用小时 7184 小时，较 2017 年增加 76.06 小时。

2018 年，电源工程投资完成额 2721 亿元，较 2017 年下降 0.80%。其中，水电工程投资完成额 674 亿元，较 2017 年增长 9.07%；火电工程投资完成额 777 亿元，较 2017 年增长 4.99%；核电工程投资完成额 437 亿元，较 2017 年增长 10.53%；风电投资完成额 642 亿元，较 2017 年小幅下降 0.18%；2018 年，电网基本建设工程投资完成额 5373 亿元，较 2017 年小幅增长 0.60%。

2. 家电类公司

家电类公司景气度与房地产投资完成情况紧密相关。2018 年，全国房地产开发投资完成额 120263.51 亿元，较 2017 年增长 9.53%，增幅比 2017 年提高 2.53 个百分点。

2018 年，彩电累计生产量 20381.5 万台，较 2017 年增长 18.27%；空调累计生产量 20486 万台，较 2017 年增长 13.56%；家用电冰箱累计生产量 7876.7 万台，较 2017 年降低 9.15%；家用洗衣机累计生产量 7150.7 万台，较 2017 年下降 4.67%；冷柜累计生产量 1704.5 万台，较 2017 年下降 4.93%。

二、行业内上市公司发展概况

（一）行业内上市公司基本情况

表 1　　2018 年电气机械及器材制造业上市公司发行股票概况

门　类	A、B 股总数	A 股股票数	B 股股票数	境内总市值（亿元）	流通 A 股市值（亿元）	流通 B 股市值（亿元）
电气机械及器材制造业	230	226	4	19624.13	15141.80	82.93
占沪深两市比重（%）	6.27	6.16	0.11	0.05	0.04	0.06

资料来源：沪深交易所，同花顺。

（二）行业内上市公司构成情况

表 2　　2018 年电气机械及器材制造业上市公司构成情况

门　类	沪市			深市			ST/*ST
	仅 A 股	仅 B 股	A+B 股	仅 A 股	仅 B 股	A+B 股	
电气机械及器材制造业（家）	71	0	0	152	1	3	0/4
占行业内上市公司比重（%）	31.28	0.00	0.00	66.96	0.44	1.32	0.00/0.02

资料来源：沪深交易所，同花顺。

（三）行业内上市公司融资情况

表 3　　2018 年电气机械及器材制造业上市公司与沪深两市融资情况对比　　单位：家

门　类	融资家数	新股	增发	配股
电气机械及器材制造业	22	7	14	1
沪深两市总数	358	105	238	15
占比（%）	6.15	6.67	5.88	6.67

资料来源：沪深交易所，同花顺。

其中，首发的 8 家公司中，有 1 家在中小板上市，2 家在创业板上市；增发的 13 家公司中，有 2 家沪市、6 家深市及 5 家中小板公司。

按行业大类划分，进行融资的 22 家公司中，电气设备行业 15 家，机械设备行业 3 家，电子行业 2 家，化工行业 1 家，有色金属行业 1 家，分别占比 68.18%、13.64%、9.09%、4.55%、4.55%。

从融资效果来看，上述公司实际发行数量为 2452937.35 万股；实际募集资金 20.77 亿元，基本完成了融资计划。

2018 年电气机械及器材制造业上市公司融资情况明细见附录。

（四）行业内上市公司资产及业绩情况

表 4　　2018 年电气机械及器材制造业上市公司资产情况　　单位：亿元

指　标	2018 年	2018 年可比样本增长（%）	2017 年	2017 年可比样本增长（%）	2016 年
总资产	21861.26	7.91	19349.67	22.77	15769.58
流动资产	14222.85	7.23	12708.65	23.64	10290.90
占比（%）	65.06	-0.42	65.68	0.46	65.26
非流动资产	7666.12	9.60	6641.03	21.16	5478.68
占比（%）	35.07	0.55	34.32	-0.46	34.74
流动负债	10304.60	10.13	8978.32	22.02	7340.16
占比（%）	47.14	0.95	46.40	-0.29	46.55
非流动负债	1978.85	1.36	1888.61	49.72	1301.86
占比（%）	9.05	-0.59	9.76	1.76	8.26
归属于母公司股东权益	8906.48	7.43	7895.50	18.65	6649.62
占比（%）	40.74	-0.33	40.80	-1.42	42.17

资料来源：沪深交易所，同花顺。

表 5　　2018 年电气机械及器材制造业上市公司收入实现情况　　单位：亿元

指　标	2018 年	2018 年可比样本增长（%）	2017 年	2017 年可比样本增长（%）	2016 年
营业收入	15871.98	13.06	13586.86	29.77	10271.52
利润总额	962.19	-21.59	1156.61	11.60	1008.79
归属于母公司所有者的净利润	689.35	-28.50	910.42	12.33	787.35

资料来源：沪深交易所，同花顺。

（五）利润分配情况

2018 年全年电气机械及器材制造业上市公司中共有 149 家公司实施了分红配股。其中，3 家上市公司实施送股或转增股，129 家上市公司实施派息，其中 17 家公司既实施了送股、转增，又实施了派息。

2018 年电气机械及器材制造业上市公司分红明细见附录。

（六）其他财务指标情况

1. 盈利能力指标

表 6　　2018 年电气机械及器材制造业上市公司盈利能力情况

指　标	2018 年	2018 年可比样本变动	2017 年	2017 年可比样本变动	2016 年
毛利率（%）	24.90	-0.56	25.27	-1.26	26.41
净资产收益率（%）	7.74	-3.85	11.53	-0.65	11.84
销售净利率（%）	4.96	-2.39	7.15	-1.15	8.23
资产净利率（%）	3.73	-1.94	5.53	-0.62	6.03

资料来源：沪深交易所，同花顺。

2. 偿债能力指标

表 7　　2018 年电气机械及器材制造业上市公司偿债能力指标

指　标	2018 年	2018 年可比样本变动	2017 年	2017 年可比样本变动	2016 年
流动比率	1.38	-0.04	1.42	0.02	1.40
速动比率	1.13	-0.03	1.15	-0.01	1.17
资产负债率（%）	56.19	0.37	56.16	1.47	54.80

资料来源：沪深交易所，同花顺。

3. 营运能力指标

表 8　　2018 年电气机械及器材制造业上市公司营运能力情况　　单位：次

营运能力指标	2018 年	2018 年可比样本变动	2017 年	2017 年可比样本变动	2016 年
存货周转率	4.78	-0.21	4.97	0.10	4.96
应收账款周转率	4.72	-0.13	4.88	0.32	4.58
流动资产周转率	1.15	-0.02	1.18	0.06	1.11
固定资产周转率	5.14	-0.02	5.16	0.54	4.61
总资产周转率	0.75	-0.02	0.77	0.03	0.73
净资产周转率	1.71	-0.02	1.74	0.12	1.61

资料来源：沪深交易所，同花顺。

三、重点上市公司介绍

（一）美的集团

美的于 1968 年成立于中国广东，业务与客户迄今已遍及全球。美的是一家消费电器、暖通空调、机器人与自动化系统、智能供应链（物流）的科技集团，提供多元化的产品种类与服务，包括以厨房家电、冰箱、洗衣机及各类小家电为核心的消费电器业务；以家用空调、中央空调、供暖及通风系统为核心的暖通空调业务；以库卡集团、美的机器人公司等为核心的机器人及自动化系统业务；以安得智联为集成解决方案服务平台的智能供应链业务。同时，美的为全球领先机器人智能自动化公司德国库卡集团最主要股东（约 95%）。

美的集团 2018 年实现营业总收入 2618.20 亿元，同比增长 8.23%，实现利润总额 257.73 亿元，同比增长 17.93%，其中，归属于母公司的净利润为 202.31 亿元，同比增长 17.05%，基本每股收益 3.08 元，2017 年为 2.66 元。

（二）格力电器

珠海格力电器股份有限公司成立于 1991 年，1996 年 11 月在深交所挂牌上市。公司成立初期，主要依靠组装生产家用空调，现已发展成为多元化的工业集团，产业覆盖空调、高端装备、生活品类、通信设备等领域。格力电器在全球建有珠海、重庆、合肥、郑州、武汉、石家庄、芜湖、长沙、杭州、巴西、巴基斯坦十一大空调生产基地以及长沙、郑州、石家庄、芜湖、天津五大再生资源基地，下辖凌达压缩机、格力电工、凯邦电机、新元电子、生活电器、智能装备、精密模具等子公司，覆盖了从上游零部件生产到下游废弃产品回收的全产业链条。

格力电器 2018 年实现营业总收入 2000.24 亿元，同比增长 33.33%，实现利润总额 312.74 亿元，同比增长 17.50%，其中，归属于母公司的净利润为 262.03 亿元，同比增长 16.97%，基本每股收益 4.36 元，2017 年为 3.72 元。多年以来，公司深耕制冷空调领域，商用空调国内市场占有率第一，产品涵盖 20 个大类，400

个系列，12700多个品种规格，远销160多个国家和地区，用户超过3亿。

（三）青岛海尔

诞生于1984年的海尔，是海尔集团家电主品牌。全球设有29个制造基地、8个综合研发中心、19个海外贸易公司，主要从事冰箱/冷柜、洗衣机、空调、热水器、厨电、小家电、U-home智能家居产品等的研发、生产和销售，为消费者提供智慧家庭成套解决方案；公司渠道综合服务业务主要为客户提供物流服务、家电及其他产品分销、售后及其他增值服务。公司成立至今始终秉承“以用户为是，以自己为非”的理念，坚持创业、创新精神，不断适应时代发展。公司通过自身持续耕耘与并购重组日本三洋白电业务、GE家电业务、受托管理新西兰Fisher&Paykel业务、持股墨西哥MABE，已在海内外构建研发、制造、营销三位一体的竞争力，实现世界级品牌的布局与全球化运营，2018年海外收入占比41.83%，近100%为自有品牌收入。

青岛海尔2018年实现营业总收入1833.17亿元，同比增长12.17%，实现利润总额116.29亿元，同比增长10.72%，其中，归属于母公司的净利润为74.40亿元，同比增长7.71%，基本每股收益1.21元，2017年为1.14元。

（四）正泰电器

浙江正泰电器股份有限公司成立于1997年8月，是正泰集团核心控股公司。公司专业从事配电电器、控制电器、终端电器、电源电器和电力电子等100多个系列10000多种规格的低压电器产品的研发、生产和销售。正泰电器于2010年1月21日在上海证券交易所成功上市，2016年，正泰电器收购正泰新能源开发有限公司100%的股权，注入光伏发电资产及业务，形成了“低压电器+光伏新能源”双主业。

正泰电器2018年实现营业总收入274.21亿元，同比增长17.10%，实现利润总额42.43亿元，同比增长24.99%，其中，归属于母公司的净利润为35.92亿元，同比增长26.47%，基本每股收益1.68元，2017年为1.34元。

（五）亨通光电

亨通光电成立于1993年，专注于光通信网络、智能电网领域高端技术与产品研发、制造及系统集成服务，向通信运营服务、新能源汽车充电运营服务、智慧社区、大数据领域发展，布局芯片高端技术研发、制造，在“产品+运营+服务”综合服务模式基础上，形成运营一代、储备一代、布局一代的可持续发展的业务生态，在全国13省市和海外9个国家设立研发产业基地。

亨通光电2018年实现营业总收入338.66亿元，同比增长30.50%，实现利润总额30.43亿元，同比增长18.81%，其中，归属于母公司的净利润为25.32亿元，同比增长20.27%，基本每股收益1.33元，2017年为1.63元。

（六）汇川技术

汇川技术成立于2003年，是专门从事工业自动化和新能源相关产品研发、生产和销售的高新技术企业。经过15年的发展，公司已经从单一的变频器供应商发展成机电液综合产品及解决方案供应商，已在电机驱动与控制、电力电子、工业网络通信等核心技术方面取得了领先优势。目前主要产品包括：服务于智能装备领域的工业自动化产品；服务于工业机器人领域的核心部件、整机及解决方案；服务于新能源汽车领域的动力总成产品；服务于轨道交通领域的牵引与控制系统；服务于设备后服务市场的工业互联网解决方案等。

汇川技术2018年实现营业总收入58.74亿元，同比增长22.96%，实现利润总额12.84亿元，同比增长6.77%，其中，归属于母公司的净利润为11.67亿元，同比增长10.08%，基本每股收益0.71元，2017年为0.65元。

（七）老板电器

老板电器创立于1979年，专业生产吸油烟机、家用灶具、消毒柜、电烤箱、蒸汽炉、微波炉、洗碗机、净水器等家用厨房电器产品，致力于为千万家庭创造更高品质的厨房新生活。经过30多年的发展与壮大，老板电器现已成为中国厨房电器行业发展历史、市场份额、生产规模、产品类别、销售区域都排在前列的品牌。

老板电器2018年实现营业总收入74.25亿元，同比增长5.81%，实现利润总额17.02亿元，同比增长0.57%，其中，归属于母公司的净利润为14.74亿元，同比增长0.85%，基本每股收益1.55元，2017年为1.54元。

（八）特变电工

特变电工是中国变压器行业首家上市公司，拥有对外经济技术合作经营权和国家外援项目建设资质。主营业务包括输变电业务、新能源业务及能源业务。公司输变电业务主要包括变压器、电线电缆及其他输变电产品的研发、生产和销售，输变电国际成套系统集成业务等；新能源业务主要包括多晶硅、逆变器的生产与销售，为光伏、风能电站提供设计、建设、调试及运维等全面的能源解决方案；能源业务主要包括煤炭的开采与销售、电力及热力的生产和供应。特变电工建有中国唯一的国家级特高压变压器工程技术研究中心，四大国家级工程实验室、5家国家级企业技术中心。

特变电工2018年实现营业总收入396.56亿元，同比增长3.59%，实现利润总额27.87亿元，同比下降8.92%，其中，归属于母公司的净利润为20.48亿元，同比下降6.73%，基本每股收益0.49元，2017年为0.61元。

（九）阳光电源

阳光电源是一家专注于太阳能、风能、储能、电动汽车等新能源电源设备的研发、生产、销售和服务的国家重点高新技术企业。主要产品有光伏逆变器、风能变流器、储能系统、新能源汽车驱动系统、水面光伏浮体、智慧能源运维服务等，并致力于提供全球一流的光伏电站解决方案。阳光电源先后承担了20余项国家重大科技计划项目，主持起草了多项国家标准，是行业内为数极少的掌握多项自主核心技术的企业之一。

阳光电源2018年实现营业总收入103.69亿元，同比增长16.69%，实现利润总额9.23亿元，同比下降20.58%，其中，归属于母公司的净利润为8.10亿元，同比下降20.95%，基本每股收益0.56元，2017年为0.71元。

（十）宏发股份

宏发股份成立于1984年，产品涵盖继电器、低压电器、高低压成套设备、电容器、精密零件及自动化设备等多个类别，继电器产品作为宏发电声的主营业务，共有160多个系列40000多种常用规格，年生产能力达到20亿只，且能够根据客户要求定制数千余种特规产品及承接OEM生产，产品应用于工业、能源、交通、信息、生活电器、医疗、国防等领域。宏发股份目前建立了三大区域研发生产基地，全球雇员逾14000人。

宏发股份2018年实现营业总收入68.80亿元，同比增长14.28%，实现利润总额11.12亿元，同比下降3.34%，其中，归属于母公司的净利润为6.99亿元，同比增长2.02%，基本每股收益0.94元，2017年为1.29元。

（十一）杉杉股份

宁波杉杉股份有限公司成立于1992年，公司自1996年A股上市以来由国内第一家上市的服装企业转型为新能源产业领军企业，现有业务覆盖锂离子电池材料、电池系统集成（包括锂离子电容、动力电池PACK）、能源管理服务和充电桩建设及新能源汽车运营等新能源业务，以及服装、创投和融资租赁等业务，其中，新能源业务已经成为公司主要的业绩来源及未来发展重点。杉杉股份已经成为全球规模最大的锂离子电池材料综合供应商。

杉杉股份2018年实现营业总收入88.53亿元，同比增长7.05%，实现利润总额15.34亿元，同比增长23.19%，其中，归属于母公司的净利润为11.15亿元，同比增长24.46%，基本每股收益0.99元，2017年为0.80元。

四、上市公司在行业中的影响力

2018年，上市公司对行业的引领作用显著上升。2018年，电气机械及器材制造业总资产规模达到68960.70亿元，上市公司资产总额占行业的31.70%。2018年，全行业实现营业收入64643.30亿元，上市公司实现营业收入占比24.48%。2018年，全行业实现利润总额3758.00亿元，上市公司实现利润总额占比25.60%。

审稿人：董岚枫　王　勇

撰稿人：李　旻　曾朵红

计算机、通信和其他电子设备制造业

一、计算机、通信和其他电子设备制造业总体概况

2018 年，计算机、通信和其他电子设备制造业营业收入保持提升趋势，利润较 2017 年有较大幅度下滑。2018 年，行业总资产规模达到 31682.89 亿元，与 2017 年同期相比增长 13.83%；营业收入 22707.95 亿元，与 2017 年同期相比增长 12.42%；实现利润总额 868.83 亿元，与 2017 年同期相比下滑 34.24%。

二、行业内上市公司发展概况

（一）行业内上市公司基本情况

表 1　　2018 年计算机、通信和其他电子设备制造业上市公司发行股票概况

门　类	A、B 股总数	A 股股票数	B 股股票数	境内总市值（亿元）	流通 A 股市值（亿元）	流通 B 股市值（亿元）
计算机、通信和其他电子设备制造业	349	341	8	31630.33	21616.26	64.77
占沪深两市比重（%）	9.52	9.30	0.22	0.07	0.06	0.05

资料来源：沪深交易所，同花顺。

（二）行业内上市公司构成情况

表 2　　2018 年计算机、通信和其他电子设备制造业上市公司构成情况

门　类	沪市			深市			ST/*ST
	仅 A 股	仅 B 股	A+B 股	仅 A 股	仅 B 股	A+B 股	
计算机、通信和其他电子设备制造业（家）	84	0	2	250	1	5	1/6
占行业内上市公司比重（%）	24.56	0.00	0.58	73.10	0.29	1.46	0.00/0.02

资料来源：沪深交易所，同花顺。

（三）行业内上市公司融资情况

表 3　　2018 年计算机、通信和其他电子设备制造业上市公司与沪深两市融资情况对比　　单位：家

门　类	融资家数	新股	增发	配股
计算机、通信和其他电子设备制造业	44	15	29	0
沪深两市总数	358	105	238	15
占比（%）	12.29	14.29	12.18	0.00

资料来源：沪深交易所，同花顺。

其中，首发的 15 家公司中，有 4 家在中小板上市，6 家在创业板上市；增发的 26 家公司中，有 2 家沪市、24 家深市及 11 家中小板公司。

按行业大类划分，进行融资的 41 家公司中，电子元器件业 22 家，通信业 7 家，计算机业 6 家，其他行业 6 家，分别占比 53.66%、17.07%、14.63%、14.63%。

从融资效果来看，上述公司实际发行数量为 1046345.01 万股；实际募集资金 1087.90 亿元，基本完成了融资计划。

2018 年计算机、通信和其他电子设备制造业上市公司融资情况明细见附录。

（四）行业内上市公司资产及业绩情况

表 4　　2018 年计算机、通信和其他电子设备制造业上市公司资产情况　　单位：亿元

指　标	2018 年	2018 年可比样本增长（%）	2017 年	2017 年可比样本增长（%）	2016 年
总资产	31682.88	13.83	25259.24	15.74	21246.53
流动资产	18214.46	9.13	14774.43	12.62	12695.55
占比（%）	57.49	-2.48	58.49	-1.62	59.75
非流动资产	13468.43	20.87	10484.81	20.44	8550.97
占比（%）	42.51	2.48	41.51	1.62	40.25
流动负债	13259.65	15.37	9734.12	15.86	8125.41
占比（%）	41.85	0.56	38.54	0.04	38.24
非流动负债	4149.20	20.34	3349.07	14.43	2907.04
占比（%）	13.10	0.71	13.26	-0.15	13.68
归属于母公司股东权益	12942.48	9.81	11136.40	18.00	9193.70
占比（%）	40.85	-1.49	44.09	0.84	43.27

资料来源：沪深交易所，同花顺。

表 5　　2018 年计算机、通信和其他电子设备制造业上市公司收入实现情况　　单位：亿元

指　标	2018 年	2018 年可比样本增长（%）	2017 年	2017 年可比样本增长（%）	2016 年
营业收入	22707.95	12.42	15972.32	17.39	12935.97
利润总额	872.49	-33.96	1052.32	18.07	806.87
归属于母公司所有者的净利润	654.80	-37.57	837.54	21.72	616.10

资料来源：沪深交易所，同花顺。

（五）利润分配情况

2018 年全年计算机、通信和其他电子设备制造业上市公司中共有 246 家公司实施了分红配股。其中，61 家上市公司实施送股或转增股，246 家上市公司实施派息，其中 60 家公司既实施了送股、转增，又实施了派息。

2018 年计算机、通信和其他电子设备制造业上市公司分红明细见附录。

（六）其他财务指标情况

1. 盈利能力指标

表 6　　2018 年计算机、通信和其他电子设备制造业上市公司盈利能力情况

指　标	2018 年	2018 年可比样本变动	2017 年	2017 年可比样本变动	2016 年
毛利率（%）	18.94	-1.15	22.02	0.72	20.95
净资产收益率（%）	5.06	-3.84	7.52	0.23	6.70
销售净利率（%）	3.06	-2.50	5.66	0.21	5.17
资产净利率（%）	2.33	-2.02	3.84	0.01	3.54

资料来源：沪深交易所，同花顺。

2. 偿债能力指标

表 7　　2018 年计算机、通信和其他电子设备制造业上市公司偿债能力指标

指　标	2018 年	2018 年可比样本变动	2017 年	2017 年可比样本变动	2016 年
流动比率	1.37	-0.08	1.52	-0.04	1.56
速动比率	1.09	-0.07	1.23	-0.04	1.27
资产负债率（%）	54.95	1.27	51.80	-0.11	51.93

资料来源：沪深交易所，同花顺。

3. 营运能力指标

表 8　　2018 年计算机、通信和其他电子设备制造业上市公司营运能力情况　　单位：次

营运能力指标	2018 年	2018 年可比样本变动	2017 年	2017 年可比样本变动	2016 年
存货周转率	5.20	-0.04	4.70	-0.06	4.74
应收账款周转率	4.41	-0.20	4.51	-0.02	4.51
流动资产周转率	1.30	0.01	1.15	-0.03	1.15
固定资产周转率	3.85	-0.28	3.53	-0.05	3.52
总资产周转率	0.76	-0.02	0.68	-0.02	0.68
净资产周转率	1.67	0.01	1.41	-0.03	1.40

资料来源：沪深交易所，同花顺。

三、重点上市公司介绍

（一）中兴通讯

中兴通讯成立于 1985 年，前身为深圳市中兴半导体有限公司，1997 年 11 月首次发行 A 股并在深圳交易所主板上市，2004 年 12 月发行 H 股并在香港联交所主板上市。公司是全球领先的综合通信解决方案提供商，通过为全球 160 多个国家和地区的电信运营商和企业网客户提供创新技术与产品解决方案，让全世界用户享有语音、数据、多媒体、无线宽带等全方位沟通。截至 2017 年 12 月 31 日，中兴通讯专利资产累计超过 6.9 万件，全球授权专利数量超过 3 万件。持续在 5G/4G、智能终端、光通信、云计算、大数据等重点产品和技术领域构建技术和专利优势，不断加强专利风险的防御能力。

2018 年实现营业总收入 855.13 亿元，同比增速为 -21.41%，实现归属于母公司净利润 -69.84 亿元，同比增速为 -252.88%。

（二）烽火通信

烽火通信是全球知名的通信信息网络产品与解决方案供应商，中国光通信产业龙头，A 股稀缺的光通信标的。公司持续专注于光通信产品的研发、生产和销售，提出“云网一体化”的信息服务策略，从生态、组织、管理、应用等方面全面实现烽火通信的数字化转型。此外，烽火通信在武汉、南京、西安等核心城市建立了云计算、数据中心相关研发机构，成功发布烽火 FitCloud 云网一体化技术战略。公司作为国内第三大系统设备商，产品类别涵盖通信系统、光纤光缆及电缆、数据网络产品 3 类，有望凭借成本优势和一站式光通信解决方案，以及在“一带一路”倡议下，助力公司海外市场突破。此外，公司下属烽火星空、烽火集成和烽火超微，分别切入网络安全和大数据、行业信息化和高端服务器等 ICT 业务领域，驱动

ICT战略转型加速，打开公司新增长空间。

2018年实现营业总收入242.35亿元，同比增速为15.10%，实现归属于母公司净利润8.44亿元，同比增速为2.29%。

（三）东山精密

东山精密系前身东山钣金于2007年12月整体变更发起设立，经过多年的整合和发展，已经成为中国领先的智能互联核心器件的制造商，并逐步打造出以印刷电路板、电子器件和通信设备为代表，以FPC、LED封装、滤波器、基站天线为核心的产品群。公司致力于为智能互联、互通的世界提供技术领先的核心器件，为全球客户提供全方位的智能互联解决方案，业务涵盖印刷电路板、电子器件和通信设备等领域，产品广泛应用于消费电子、电信、工业、汽车等市场。公司已经成为全球前五名的柔性线路板的制造商，行业知名的基站天线通讯设备部件供应商之一，LED在部分小间距细分领域市场份额第一。

2018年实现营业总收入198.25亿元，同比增速为28.82%，实现归属于母公司净利润8.11亿元，同比增速为54.14%。

（四）三安光电

三安光电主要从事Ⅲ－Ⅴ族化合物半导体材料的研发与应用，着重于砷化镓、氮化镓、碳化硅、磷化铟、氮化铝、蓝宝石等半导体新材料所涉及的外延、芯片为核心主业。主要产品包含LED芯片、LED特殊应用和第二代、第三代半导体芯片。公司研发实力突出，主力产品各项技术指标均达到国际先进水平。截至2017年年底，公司拥有专利及专有技术达1300件。此外，公司承担并顺利完成了国家“十五”“十一五”科技攻关项目、国家“863”计划项目、国家“973”计划项目、国家科技部火炬计划、信息产业部重点招标项目和国家发改委产业升级专项等。公司未来5年将在南安投资333亿元，投资LED、射频和光通讯三大方向，预计7年内全部达产，增厚公司业绩。

2018年实现营业总收入83.64亿元，同比增速为－0.35%，实现归属于母公司净利润28.30亿元，同比增速为－10.56%。

（五）艾华集团

湖南艾华集团股份有限公司成立于1985年，历经32年的持续发展，已逐步建立起电极箔腐蚀及化成技术、电解液技术、铝电解电容器技术、高分子固态铝电解电容器技术、铝电解电容器生产设备制造技术，以及品质专业管理软件开发技术六大核心技术模块。通过不断努力研发和改良新品，公司目前具有微型电容器、大容量电容器、高分子固态电容器和照明专用电容器四大产品系列。截至2017年年底，公司已经拥有授权专利124个，获评“国家知识产权优势企业”荣誉称号。公司所主持的“CD11GE 耐高纹波电流特长寿命铝电解电容器产业化项目”被评定为国家火炬项目及省级重大科技项目。公司自主研发和生产的节能照明专用铝电解电容器，性能已达到国际同行先进水平。公司的产品获得众多国内外知名客户认可，在照明应用类、电源应用类、消费电子类及工业电源应用类等领域积累大量核心客户，并与德国欧司朗、荷兰飞利浦、日本松下、东芝、海尔、海信、长虹等知名企业达成长期合作关系。

2018 年实现营业总收入 21.66 亿元，同比增速为 20.81%，实现归属于母公司净利润 2.99 亿元，同比增速为 2.37%。

（六）蓝思科技

蓝思科技创始人周群飞女士 1993 年在深圳开始创业，2003 年创立蓝思科技，2006 年 12 月在湖南浏阳经开区投资设立了蓝思科技（湖南）有限公司，2011 年 3 月又以之作为主体，通过内部资产并购重组后变更设立为蓝思科技股份有限公司，2015 年 3 月 18 日，公司在深交所创业板正式挂牌上市（股票代码 300433）。蓝思科技以研发、生产、销售高端视窗触控防护玻璃面板、触控模组及视窗触控防护新材料为主营业务，同时公司紧跟消费电子产品技术升级带来的整机更新热潮，积极跟踪各大品牌对上游技术要求的发展动态，进一步延伸至摄像头防护镜片、精密结构陶瓷、金属件、指纹识别模组等领域。

2018 年实现营业总收入 277.17 亿元，同比增速为 16.94%，实现归属于母公司净利润 6.37 亿元，同比增速为 -68.88%。

（七）长飞光纤

长飞光纤是全球领先的光纤预制棒、光纤和光缆供应商，主要生产和销售通信行业广泛采用的各种标准规格的光纤预制棒、光纤、光缆，基于客户需求的各类特种光纤、光缆，以及射频同轴电缆、配件等产品，公司拥有完备的集成系统、工程设计服务与解决方案，为世界通信行业及其他行业（包括公用事业、运输、石油化工、医疗等）提供各种光纤光缆产品及综合解决方案，在全球 70 多个国家和地区提供优质的产品与服务。

2018 年实现营业总收入 113.60 亿元，同比增速为 9.59%，实现归属于母公司净利润 14.89 亿元，同比增速为 17.41%。

（八）紫光股份

紫光股份背靠紫光集团和清华大学，收购新华三公司后形成当前“云网”产业版图。1988 年，清华大学科技开发总公司成立，是清华大学为加速科技成果产业化成立的第一家综合性校办企业。1993 年，清华大学科技开发总公司更名为紫光集团。1999 年，紫光集团发起设立紫光股份有限公司，同年 11 月成功上市。2002 年，紫光进行了资产重组，调整后的紫光股份成为主营信息产业的高科技上市公司。2016 年，紫光股份从惠普公司收购新华三51%股权，并在北京成立新华三集团（简称“新华三”）。紫光股份是国内少数可以提供从产品到咨询、设计、建设和运营的全产业链云网服务企业，并拥有计算、存储、网络、安全、超融合系统和IT管理系统等全系列云架构产品，提供云计算、大数据、大互联、大安全、大安防、物联网、边缘计算、人工智能、区块链在内的一站式、全方位数字化平台解决方案，是国内领先的私有云、混合云方案提供商。紫光股份“云网”板块主要分为网络产品线、IT产品线、安全产品线、云数产品线。

2018年实现营业总收入483.06亿元，同比增速为23.63%，实现归属于母公司净利润17.04亿元，同比增速为8.86%。

（九）中际旭创

中际旭创是一家集光通信器件设计研发制造、智能装备制造于一身的技术创新型企业。公司业务涉及高端光通信模块、电机定子绕组制造装备等多个产业领域。目前，公司旗下拥有苏州旭创科技有限公司、山东中际智能装备有限公司两家实体企业，在烟台、苏州、铜陵建有生产基地，在美国和中国台湾地区设有研发中心。近年来公司先后获得包括国家高新技术企业、国家级企业技术中心、中国驰名商标、博士后科研工作站等在内的多项荣誉。截至2018年年底，公司共申请专利486项，授权专利161项，并在海外申请专利23项，海外授权7项。

2018年实现营业总收入51.56亿元，同比增速为118.76%，实现归属于母公司净利润6.23亿元，同比增速为285.82%。

（十）剑桥科技

剑桥科技成立于2006年，主营业务为基于合作模式（ODM/JDM）的家庭、企业及工业应用类终端的研发、生产和销售。公司产品起步于GPON业务，现已成为全球ICT终端设备制造的优势厂商，产品涵盖电信宽带终端、智能家庭网关、无线网络设备及工业物联网软硬件及解决方案等。2017年11月，公司在上交所上市。2018年5月，公司成功与MACOM达成战略合作，收购MACOM日本子公司FiBest，获得高速光模块组件（OSA）和100GCWDM4技术。2019年3月，公司收购Oclaro（日本）部分资产，切入5G光模块市场，数通+5G光模块市场布局全面。另外，公司加速布局小基站业务，夯实无线网络设备业务增长基础，迎5G新机遇。

2018年实现营业总收入31.56亿元，同比增速为26.94%，实现归属于母公司净利润0.77亿元，同比增速为26.69%。

（十一）光迅科技

光迅科技成立于2001年，前身是1976年成立的邮电部固体器件研究所，2009年8月登陆深圳证券交易所，成为国内首家上市的光电子器件公司。2012年12月，光迅科技和武汉电信器件有限公司（WTD）重组合并，推动企业在产业规模、技术研发等方面的快速发展。2013年，公司收购丹麦IPX公司，切入核心芯片技术，进军高端无源芯片市场。2016年，增资大连藏龙光电子科技有限公司，并与法方合资成立阿尔玛伊科技公司。根据OVUM等第三方机构的统计数据，2016年，光迅科技市场份额继续保持全球前五。

2018年实现营业总收入49.29亿元，同比增速为8.26%，实现归属于母公司净利润3.33亿元，同比增速为-0.47%。

（十二）飞荣达

深圳市飞荣达科技股份有限公司，1993年创立于深圳，为国家高新技术企业，主要产品为电磁屏蔽材料及器件、导热材料及器件和其他电子器件，是中国领先的、创新型专业电磁屏蔽及导热解决方案服务商。公司与多家国内外知名企业建立了良好的业务合作关系，客户包括世界500强或行业内知名企业华为、中兴、诺基亚、思科、联想、微软和阿尔卡特—朗讯等以及行业内领先的EMS企业富士康、和硕、新美亚、捷普和伟创力。

2018年实现营业总收入13.26亿元，同比增速为27.92%，实现归属于母公司净利润1.62亿元，同比增速为50.22%。

（十三）振芯科技

振芯科技主要围绕北斗卫星导航应用的“元器件—终端—系统—运营”产业链提供产品和服务，致力于打造卫星导航、遥感于一体的卫星综合信息化服务。主要产品及业务包括北斗导航关键元器件、高性能集成电路、北斗导航终端销售及运营服务、视频图像安防监控、遥感地理信息产品等。振芯科技在北斗应用领域已构建了“元器件—终端—系统及运营”完整产业链，完善天线、基带芯片、射频芯片、功放等上游全产业链布局，终端产品包括手持型、车载型、指挥型等九大系列50多种，基于军用标准和采用自主研发的北斗芯片模块推出北斗手机翼·phone；在运营服务业务方面推出了基于北斗的企业级卫星互联网综合应用平台“橙魔方”和基于北斗的户外赛事安全及通讯保障平台“优徒”。

2018年实现营业总收入4.44亿元，同比增速为0.54%，实现归属于母公司净利润0.16亿元，同比增速为-47.05%。

（十四）思创医惠

思创医惠成立于2003年，2010年4月在深圳创业板上市，思创医惠作为智慧医疗和商业智能整体解决方案供应商，是一家集科研、生产、服务于一体的国家火炬高新技术企业。2012年公司收购了全球首个发明EAS保护的国际品牌MW，成为EAS领域的龙头企业。目前公司已成长为拥有从芯片研发、标签制造到系统集成的全产业链优势的全球性高科技企业。公司在数字化零售和RFID应用领域处于世界领先地位，产品在国内外市场极具竞争力，出口遍及欧洲、美洲、中东、东南亚等70多个国家及地区。思创医惠以技术创新为核心引擎，拥有1000多名专业技术人才，专利申请总量近千件，以“互联物联　改变生活”为理念，创造性地将互联网和物联网两大技术在终端、网络、平台等各个层面进行融合，积极推动互联网医疗、健康、生活等快速发展。

2018年实现营业总收入12.95亿元，同比增速为16.40%，实现归属于母公司净利润1.43亿元，同比增速为10.14%。

（十五）京东方A

京东方科技集团股份有限公司（BOE）创立于1993年4月，是一家为信息交互和人类健康提供智慧端口产品和专业服务的物联网公司。核心事业包括端口器件、智慧物联和智慧医工三大领域。目前全球有超过1/4的显示屏来自BOE（京东方），其超高清、柔性、微显示等解决方案已广泛应用于国内外知名品牌。美国商业专利数据显示，2018年BOE（京东方）美国专利授权量全球排名第17位；世界知识产权组织（WIPO）发布2018年全球国际专利申请（PCT）情况，BOE（京东方）以1813件PCT申请位列全球第七。BOE（京东方）在北京、合肥、成都、重庆、福州、绵阳、武汉、昆明、苏州、鄂尔多斯、固安等地拥有多个制造基地，子公司遍布美国、德国、英国、法国、瑞士、日本、韩国、新加坡、印度、俄罗斯、巴西、阿联酋等19个国家和地区，服务体系覆盖欧、美、亚、非等全球主要地区。

2018年实现营业总收入971.09亿元，同比增速为3.53%，实现归属于母公司净利润34.35亿元，同比增速为－54.61%。

（十六）华正新材

华正新材于2003年在浙江成立，2017年A股上市，是国内最早研发生产FR4覆铜板的企业之一，公司致力于高频高速覆铜板的研发生产，目前主要从事高频高速材料、导热材料、蜂窝材料等研发与生产、销售，2018年公司基板月产能达150万平方米。产品主要应用在通讯信息交换系统、云计算储存系统等领域。

2018年实现营业总收入16.78亿元，同比增速为10.85%，实现归属于母公司净利润0.75亿元，同比增速为－19.78%。

（十七）恒为科技

恒为科技（上海）股份有限公司成立于2003年，是国内领先的网络可视化基础架构以及嵌入式与融合计算平台提供商，致力于为信息安全、无线网络、网络通信、特种装备、云计算与视频等领域提供业界领先的产品和解决方案。恒为科技的网络可视化基础架构产品涵盖网络可视化应用系统的基础设备、核心模块及解决方案，主要包括针对宽带互联网、移动网互联网、企业网和行业专网等不同标准、不同规模的网络，在各种网络接口进行流量数据的采集、分流、分析和管理的设备、模块与相关软件。嵌入式与融合计算平台则主要包括基于行业标准的与定制化的网络应用平台、嵌入式单板计算机、异构计算平台、大数据处理平台等，提供可集成、可二次开发的信息系统平台或解决方案。

2018 年实现营业总收入 4.31 亿元，同比增速为 38.18%，实现归属于母公司净利润 1.05 亿元，同比增速为 39.78%。

审稿人：赵麦琪　黄天佑　于海宁

撰稿人：赵麦琪　黄天佑　于海宁

仪器仪表制造业

一、仪器仪表制造业总体概况

2018 年，中国仪器仪表行业出现明显下滑，全行业实现销售收入 8091.6 亿元，同比下滑 15.35%，实现利润总额为 780.5 亿元，同比下滑 10.19%，利润率为 9.65%，较 2017 年提升 0.56 个百分点。同时，出口也出现较大幅度下滑，行业出口交货值为 1295.4 亿元，同比下滑 14.05%，出口交货值占行业收入的比重为 16.01%，比 2017 年提升 0.24 个百分点。

从费用情况来看，2018 年，仪器仪表行业期间费用总计 1097.9 亿元，期间费用率为 13.57%，同比上升 2.18 个百分点。其中，营业费用为 379.6 亿元，销售费用率为 4.69%，同比上升 0.81 个百分点；管理费用为 675.1 亿元，管理费用率为 8.34%，同比上升 1.52 个百分点；财务费用为 43.2 亿元，财务费用率为 0.53%，同比下滑 0.15 个百分点。

从偿债能力来看，截至 2018 年 12 月 31 日，仪器仪表行业总资产为 9833 亿元，同比增长 6.06%，总负债为 4378.9 亿元，同比增长 6.91%，资产负债率为 44.53%，较 2017 年年末上升 0.36 个百分点。

二、行业内上市公司发展概况

（一）行业内上市公司基本情况

表 1　　2018 年仪器仪表制造业上市公司发行股票概况

门　类	A、B 股总数	A 股股票数	B 股股票数	境内总市值（亿元）	流通 A 股市值（亿元）	流通 B 股市值（亿元）
仪器仪表制造业	44	44	0	1446.80	961.04	0.00
占沪深两市比重（%）	1.23	1.23	0.00	0.00	0.00	0.00

资料来源：沪深交易所，同花顺。

（二）行业内上市公司构成情况

表 2　　2018 年仪器仪表制造业上市公司构成情况

门　类	沪市			深市			ST/*ST
	仅 A 股	仅 B 股	A+B 股	仅 A 股	仅 B 股	A+B 股	
仪器仪表制造业（家）	7	0	0	37	0	0	0/0
占行业内上市公司比重（%）	15.91	0.00	0.00	84.09	0.00	0.00	0.00/0.00

资料来源：沪深交易所，同花顺。

（三）行业内上市公司融资情况

表 3　　2018 年仪器仪表制造业上市公司与沪深两市融资情况对比　　单位：家

门　类	融资家数	新股	增发	配股
仪器仪表制造业	3	1	2	0
沪深两市总数	358	105	238	15
占比（%）	0.84	0.95	0.84	0.00

资料来源：沪深交易所，同花顺。

其中，首发的 1 家公司在沪市主板上市；增发的 2 家公司都在深市创业板。

从融资效果来看，上述公司实际发行数量为 5059.5 万股；实际募集资金 9.51 亿元，基本完成了融资计划。

2018 年仪器仪表制造业上市公司融资情况明细见附录。

（四）行业内上市公司资产及业绩情况

表 4　　2018 年仪器仪表制造业上市公司资产情况　　单位：亿元

指　标	2018 年	2018 年可比样本增长（%）	2017 年	2017 年可比样本增长（%）	2016 年
总资产	1205.24	7.08	1275.20	26.73	975.43
流动资产	718.95	8.04	722.77	18.64	588.39
占比（%）	59.65	0.53	56.68	-3.86	60.32
非流动资产	486.29	5.69	552.43	39.13	387.04
占比（%）	40.35	-0.53	43.32	3.86	39.68
流动负债	370.49	15.48	358.98	25.56	276.65
占比（%）	30.74	2.24	28.15	-0.26	28.36
非流动负债	139.73	9.75	151.24	62.39	92.92
占比（%）	11.59	0.28	11.86	2.60	9.53
归属于母公司股东权益	672.83	2.59	740.18	22.11	584.84
占比（%）	55.83	-2.44	58.04	-2.20	59.96

资料来源：沪深交易所，同花顺。

表 5　　2018 年仪器仪表制造业上市公司收入实现情况　　单位：亿元

指　标	2018 年	2018 年可比样本增长（%）	2017 年	2017 年可比样本增长（%）	2016 年
营业收入	465.87	8.84	469.70	28.08	344.80
利润总额	37.87	-48.29	83.84	48.20	52.51
归属于母公司所有者的净利润	28.43	-52.80	69.01	49.34	42.79

资料来源：沪深交易所，同花顺。

（五）利润分配情况

2018 年全年仪器仪表制造业上市公司中共有 36 家公司实施了分红配股。其中，5 家上市公司实施送股或转增股，36 家上市公司实施派息。

2018 年仪器仪表制造业上市公司分红明细见附录。

（六）其他财务指标情况

1. 盈利能力指标

表 6　　2018 年仪器仪表制造业上市公司盈利能力情况

指　标	2018 年	2018 年可比样本变动	2017 年	2017 年可比样本变动	2016 年
毛利率（%）	38.03	-1.12	40.33	2.12	38.10
净资产收益率（%）	4.23	-4.96	9.32	1.70	7.32
销售净利率（%）	6.54	-8.14	15.23	2.23	12.85
资产净利率（%）	2.61	-3.53	6.27	0.69	5.36

资料来源：沪深交易所，同花顺。

2. 偿债能力指标

表 7　　2018 年仪器仪表制造业上市公司偿债能力指标

指　标	2018 年	2018 年可比样本变动	2017 年	2017 年可比样本变动	2016 年
流动比率	1.94	-0.13	2.01	-0.12	2.13
速动比率	1.63	-0.14	1.72	-0.12	1.84
资产负债率（%）	42.33	2.52	40.01	2.34	37.89

资料来源：沪深交易所，同花顺。

3. 营运能力指标

表 8　　2018 年仪器仪表制造业上市公司营运能力情况　　单位：次

营运能力指标	2018 年	2018 年可比样本变动	2017 年	2017 年可比样本变动	2016 年
存货周转率	2.69	-0.23	2.92	-0.01	2.93
应收账款周转率	2.26	-0.10	2.36	0.05	2.26
流动资产周转率	0.67	-0.03	0.71	0.00	0.69
固定资产周转率	2.22	-0.07	2.42	-0.13	2.46
总资产周转率	0.40	-0.02	0.41	-0.02	0.42
净资产周转率	0.68	-0.01	0.67	-0.03	0.68

资料来源：沪深交易所，同花顺。

三、重点上市公司介绍

（一）精测电子

精测电子主要从事平板显示检测系统的研发、生产与销售，主营产品包括模组检测系统、面板检测系统、OLED 检测系统、AOI 光学检测系统和平板显示自动化设备。平板显示检测系统涉及基于机器视觉的光学检测、自动化控制以及基于电讯技术的信号检测等多项技术，涵盖电路优化设计、精密光学、集成控制与信息处理等多个领域，具有跨专业、多技术融汇的特点，技术门槛较高。

公司成立以来，主要专注于基于电讯技术的信号检测，坚持实施自主创新，注重技术的积累与创新，以市场需求为导向，紧随平板显示产业发展趋势，成功研发了多项平板显示检测系统，是国内较早开发出适用于液晶模组生产线的 3D 检测、基于 DP 接口的液晶模组生产线的检测和液晶模组生产线的 Wi-Fi 全无线检测产品的企业，也是行业内率先具备 8k×4k 模组检测能力的企业。

截至 2018 年年底，公司已取得 473 项专利（其中，187 项发明专利，177 项实用新型专利）、119 项软件著作权、47 项软件产品登记证书、6 项商标。公司目前已是行业内少数在基于机器视觉的光学检测和自动化控制、基于电讯技术的信号检测等方面均具有较高技术水平的企业，并拥有多项专利、软件著作权和软件产品登记证书，形成了“光、机、电、算、软”技术一体化的优势。

2018 年，公司实现营业收入 13.90 亿元，同比增长 55.24%，实现归母净利润 2.89 亿元，同比增长 73.19%，每股收益 1.80 元，扣除非经常性损益后归属母公司净利润为 2.65 亿元，对应每股收益为 1.65 元。

（二）永新光学

永新光学是中国光学精密仪器及核心

光学部件供应商，主要从事光学显微镜、光学元件组件和其他光学产品的研发、生产和销售，主要产品包括生物显微镜及工业显微镜、条码扫描仪镜头、平面光学元件、专业成像光学镜片及镜头，拥有“NOVEL”“NEXCOPE”“江南”等自主品牌，产品主要出口欧美、日本、新加坡等国家和地区。

公司是中国仪器仪表行业协会副理事长单位、光学仪器分会理事长单位和光学显微镜国家标准制定单位，在光学元件和光学显微镜的研发制造领域积累了丰富的经验，技术沉淀雄厚，研发实力突出，掌握高性能光学镀膜、小球面镜片加工等一系列高端光学生产制造技术。公司先后承担“嫦娥二号”“嫦娥三号”“嫦娥四号”星载光学镜头的制造。截至 2018 年年末，公司共拥有 60 项专利成果，其中发明专利 11 项。主持国际、国家标准各 1 项，参与制修订国家、行业标准 12 项，共主持及参与制修订已发布的国家和行业标准 86 项。

2018 年，公司实现营业收入 5.61 亿元，同比增长 9.22%，实现归母净利润 1.22 亿元，同比增长 14.19%，每股收益为 1.79 元，扣除非经常性损益后归属母公司净利润为 1.04 亿元，对应每股收益为 1.52 元。

四、上市公司在行业中的影响力

2018 年仪器仪表制造业总资产规模达到 9833 亿元，较 2017 年增加 6.06%；其中，全行业上市公司资产总额为 1205.24 亿元，2018 年可比样本较 2017 年增长 7.08%，上市公司资产总额占行业资产总额的 12.26%。

2018 年仪器仪表制造业营业收入规模达到 8091.6 亿元，较 2017 年下降 15.35%；其中，全行业上市公司营业收入为 465.87 亿元，2018 年可比样本较 2017 年增长 8.84%，上市公司营业收入占行业营业收入总额的 5.76%。

2018 年仪器仪表制造业利润规模达到 780.5 亿元，较 2017 年下降 10.19%；其中，全行业上市公司利润为 37.87 亿元，2018 年可比样本较 2017 年下降 48.29%，上市公司利润总额占行业利润总额的 4.85%。

审稿人：易华强

撰稿人：胡文浩

其他制造业

一、其他制造业总体概况

根据国家统计局的数据，2018年其他制造业合计实现营业收入1091.79亿元，同比下降2.27%；实现利润总额-92.19亿元，同比下降226.76%；行业毛利率水平10.81%，较2017年同期下降3.04个百分点。

二、行业内上市公司发展概况

（一）行业内上市公司基本情况

表1　　2018年其他制造业上市公司发行股票概况

门　类	A、B股总数	A股股票数	B股股票数	境内总市值（亿元）	流通A股市值（亿元）	流通B股市值（亿元）
其他制造业	22	21	1	904.85	552.45	46.01
占沪深两市比重（%）	0.60	0.57	0.03	0.00	0.00	0.03

资料来源：沪深交易所，同花顺。

（二）行业内上市公司构成情况

表2　　2018年其他制造业上市公司构成情况

门　类	沪市			深市			ST/*ST
	仅A股	仅B股	A+B股	仅A股	仅B股	A+B股	
其他制造业（家）	8	0	1	12	0	0	0/0
占行业内上市公司比重（%）	38.10	0.00	4.76	57.14	0.00	0.00	0.00/0.00

资料来源：沪深交易所，同花顺。

（三）行业内上市公司融资情况

表3　　2018年其他制造业上市公司与沪深两市融资情况对比　　单位：家

门　类	融资家数	新股	增发	配股
其他制造业	2	2	0	0
沪深两市总数	358	105	238	15
占比（%）	0.56	1.90	0.00	0.00

资料来源：沪深交易所，同花顺。

其中，首发的2家公司中，均在主板上市。

从融资效果来看，上述公司实际发行数量为16800万股；实际募集资金9.74亿元，基本完成了融资计划。

2018年其他制造业上市公司融资情况明细见附录。

（四）行业内上市公司资产及业绩情况

表4　　2018年其他制造业上市公司资产情况　　单位：亿元

指　标	2018年	2018年可比样本增长（%）	2017年	2017年可比样本增长（%）	2016年
总资产	1223.90	-5.88	1323.54	16.12	1221.03
流动资产	818.51	-5.29	868.27	19.56	764.16
占比（%）	66.88	0.41	65.60	1.89	62.58
非流动资产	405.39	-7.04	455.27	10.08	456.88
占比（%）	33.12	-0.41	34.40	-1.89	37.42
流动负债	611.61	13.62	534.78	13.86	494.48
占比（%）	49.97	8.58	40.41	-0.80	40.50
非流动负债	142.75	-32.44	207.66	22.99	167.83
占比（%）	11.66	-4.59	15.69	0.88	13.75
归属于母公司股东权益	428.93	-17.53	550.61	16.41	530.51
占比（%）	35.05	-4.95	41.60	0.10	43.45

资料来源：沪深交易所，同花顺。

表5　　2018年其他制造业上市公司收入实现情况　　单位：亿元

指　标	2018年	2018年可比样本增长（%）	2017年	2017年可比样本增长（%）	2016年
营业收入	1091.79	-1.47	1117.17	16.82	1021.24
利润总额	-92.19	-233.53	72.73	10.17	81.17
归属于母公司所有者的净利润	-96.16	-303.26	50.78	9.88	57.23

资料来源：沪深交易所，同花顺。

（五）利润分配情况

2018年全年其他制造业上市公司中共有9家公司实施了分红配股。其中，4家上市公司实施送股或转增股，9家上市公司实施派息，其中4家公司既实施了送股、转增，又实施了派息。

2018年其他制造业上市公司分红明细见附录。

（六）其他财务指标情况

1. 盈利能力指标

表 6　　2018 年其他制造业上市公司盈利能力情况

指　标	2018 年	2018 年可比样本变动	2017 年	2017 年可比样本变动	2016 年
毛利率（%）	10.81	-2.95	13.85	-0.43	15.35
净资产收益率（%）	-22.42	-31.52	9.22	-0.55	10.79
销售净利率（%）	-8.68	-13.56	5.14	-0.27	6.15
资产净利率（%）	-7.51	-11.96	4.67	-0.65	6.11

资料来源：沪深交易所，同花顺。

2. 偿债能力指标

表 7　　2018 年其他制造业上市公司偿债能力指标

指　标	2018 年	2018 年可比样本变动	2017 年	2017 年可比样本变动	2016 年
流动比率	1.34	-0.27	1.62	0.08	1.55
速动比率	0.71	-0.14	0.88	-0.02	0.92
资产负债率（%）	61.64	3.99	56.09	0.08	54.24

资料来源：沪深交易所，同花顺。

3. 营运能力指标

表 8　　2018 年其他制造业上市公司营运能力情况　　单位：次

营运能力指标	2018 年	2018 年可比样本变动	2017 年	2017 年可比样本变动	2016 年
存货周转率	2.48	-0.20	2.73	-0.34	3.20
应收账款周转率	7.40	-1.33	8.71	-3.13	12.81
流动资产周转率	1.30	-0.09	1.40	-0.06	1.50
固定资产周转率	15.41	-2.23	20.27	-0.08	16.10
总资产周转率	0.87	-0.05	0.91	-0.08	0.99
净资产周转率	2.14	-0.02	2.06	-0.08	2.13

资料来源：沪深交易所，同花顺。

三、重点上市公司介绍

倍加洁

倍加洁位于江苏省扬州市杭集工业园，成立于 1997 年，公司主要从事口腔清洁护理用品以及一次性卫生用品的研发、生产和销售，其中，口腔清洁护理用品主要包括牙刷、牙线、齿间刷、牙线签、假牙清洁片等产品，一次性卫生用品主要包括湿巾等产品。经过多年发展，公司已成为国内口腔清洁护理用品以及一次性卫生用品生产规模及出口规模领先的企业。公司先后参与行业内多项国家标准的制定，恒生模具作为高新技术企业，在牙刷模具领域取得多项高新技术产品认证，还建立起了经 CNAS 认证的研发检测中心，在口腔清洁护理用品和一次性卫生用品行业中均占有重要地位。公司拥有的“倍加洁”商标已连续 10 多年被评为江苏省著名商标。

2018 年，公司实现营业收入 7.55 亿元，较 2017 年同期增长 12.95%；实现营业利润 1.16 亿元，实现归属于上市公司股东净利润 9441.21 万元，同比增长 9.07%。2018 年公司国内销售收入分别为 3.52 亿元，占公司主营业务收入的比重为 46.78%。海外销售收入为 4.00 亿元，占公司主营业务收入的比重为 53.22%。

公司实行“以销定产”的经营方针，经过多年发展，公司形成了以 ODM 为主、兼顾自主品牌、国内和国外市场并重的业务格局。国内市场主要包括贴牌销售、自主品牌销售两种模式。在 ODM 业务方面，公司主要客户包括舒客、冷酸灵、云南白药、蓝天、纳爱斯等知名品牌和屈臣氏、乐购、永辉超市、华润万家等大型商超等。在自主品牌方面，公司的“倍加洁”牌牙刷市场销量保持稳定。自主品牌销售一般包括经销、代销和直销模式，前两者主要包括国际性大卖场、本土大型连锁超市、中小型超市、便利店、食杂店等，后者主要是在天猫、京东等电商平台上进行自主品牌直销。

口腔清洁护理用品是公司的发展基础和核心业务，未来 3 年仍将在公司主营业务中占据主导地位。公司坚持国内国际市场拓展并重的经营方针，继续做大做强牙刷业务规模，重点扩大齿间刷、牙线、牙线签等口腔清洁护理用品的销售规模，加快电动牙刷、牙膏等新产品研发和新技术开发，进一步完善口腔护理产品线，扩大和进入医用口腔护理产品领域，继续保持口腔清洁护理用品业务在国内同行业中的领先地位。

一次性卫生用品领域是公司积极发展的业务领域，目前该项业务已占公司主营业务收入的两成以上，未来 3 年业务规模将继续扩大。公司将依托国际国内成熟的营销网络，增加和扩建新生产线，提升生产智能化水平，着力提高生产效率。同时，扩大医用护理湿巾的市场占用率，进一步加大在 OTC、NDC 和 EPA 等医用湿巾领域的研发投入，加快注册登记步伐，形成新的增长点和增长极。同时，加大功效型湿巾的研发力度，扩大 ODM 领域国际、国内市场规模，适时开展吸收性卫生用品的研发，大力提升一次性卫生用品业务所占比重，增强公司业务的盈利能力，巩固公司口腔清洁护理用品和一次性卫生用品“双轮驱动”的发展格局。

审稿人：易华强

撰稿人：吕　梁

废弃资源综合利用业

一、废弃资源综合利用业总体概况

根据国家统计局的数据，截至2018年12月废弃资源综合利用业企业资产总计2470.4亿元，同比增长8.20%；负债总计1477.6亿元，同比增长1%。

废弃资源综合利用业企业合计实现营业收入4086亿元，同比增长22.10%；实现利润总额217.2亿元，同比增长31.60%。

国家统计局发布的细分行业企业景气指数中，2018年四季度废弃资源综合利用业投资景气指数为94.80，较2017年四季度的87.60有所上升。

二、行业内上市公司发展概况

（一）行业内上市公司基本情况

表1　　2018年废弃资源综合利用业上市公司发行股票概况

门　类	A、B股总数	A股股票数	B股股票数	境内总市值（亿元）	流通A股市值（亿元）	流通B股市值（亿元）
废弃资源综合利用业	6	5	1	391.16	344.43	6.50
占沪深两市比重（%）	0.16	0.14	0.03	0.00	0.00	0.00

资料来源：沪深交易所，同花顺。

（二）行业内上市公司构成情况

表2　　2018年废弃资源综合利用业上市公司构成情况

门　类	沪市			深市			ST/*ST
	仅A股	仅B股	A+B股	仅A股	仅B股	A+B股	
废弃资源综合利用业（家）	1	0	1	3	0	0	0/0
占行业内上市公司比重（%）	20.00	0.00	20.00	60.00	0.00	0.00	0.00/0.00

资料来源：沪深交易所，同花顺。

（三）行业内上市公司融资情况

表 3　　2018 年废弃资源综合利用业上市公司与沪深两市融资情况对比　　单位：家

门　类	融资家数	新股	增发	配股
废弃资源综合利用业	1	0	1	0
沪深两市总数	358	105	238	15
占比（%）	0.28	0.00	0.42	0.00

资料来源：沪深交易所，同花顺。

增发的 1 家为深市公司。

从融资效果来看，上述公司实际发行数量为 33626.37 万股；实际募集资金 18.36 亿元，基本完成了融资计划。

2018 年废弃资源综合利用业上市公司融资情况明细见附录。

（四）行业内上市公司资产及业绩情况

表 4　　2018 年废弃资源综合利用业上市公司资产情况　　单位：亿元

指　标	2018 年	2018 年可比样本增长（%）	2017 年	2017 年可比样本增长（%）	2016 年
总资产	462.25	-2.94	476.88	20.09	316.88
流动资产	245.18	-4.07	256.23	26.83	158.23
占比（%）	53.04	-0.63	53.73	2.85	49.93
非流动资产	217.07	-1.62	220.65	13.11	158.65
占比（%）	46.96	0.63	46.27	-2.85	50.07
流动负债	208.92	6.19	196.46	25.58	129.41
占比（%）	45.20	3.89	41.20	1.80	40.84
非流动负债	75.75	-5.52	80.17	22.65	58.63
占比（%）	16.39	-0.45	16.81	0.35	18.50
归属于母公司股东权益	166.14	-11.81	189.28	14.35	119.29
占比（%）	35.94	-3.61	39.69	-1.99	37.65

资料来源：沪深交易所，同花顺。

表 5　　2018 年废弃资源综合利用业上市公司收入实现情况　　单位：亿元

指　标	2018 年	2018 年可比样本增长（%）	2017 年	2017 年可比样本增长（%）	2016 年
营业收入	224.58	14.07	195.10	29.15	127.42
利润总额	-25.80	-206.79	25.88	49.08	16.11
归属于母公司所有者的净利润	-30.60	-263.56	20.37	49.45	12.80

资料来源：沪深交易所，同花顺。

（五）利润分配情况

2018年全年废弃资源综合利用业上市公司中共有2家公司实施了利润分配。其中，2家上市公司实施派息。

2018年废弃资源综合利用业上市公司分红明细见附录。

（六）其他财务指标情况

1. 盈利能力指标

表6　　2018年废弃资源综合利用业上市公司盈利能力情况

指　标	2018年	2018年可比样本变动	2017年	2017年可比样本变动	2016年
毛利率（%）	23.90	-4.78	29.13	2.10	26.58
净资产收益率（%）	-18.42	-28.35	10.76	2.53	10.73
销售净利率（%）	-13.01	-23.29	11.23	1.80	10.72
资产净利率（%）	-6.23	-10.86	5.01	1.16	4.75

资料来源：沪深交易所，同花顺。

2. 偿债能力指标

表7　　2018年废弃资源综合利用业上市公司偿债能力指标

指　标	2018年	2018年可比样本变动	2017年	2017年可比样本变动	2016年
流动比率	1.17	-0.13	1.30	0.01	1.22
速动比率	0.83	-0.08	0.92	0.01	0.89
资产负债率（%）	61.58	3.44	58.01	2.15	59.34

资料来源：沪深交易所，同花顺。

3. 营运能力指标

表8　　2018年废弃资源综合利用业上市公司营运能力情况　　单位：次

营运能力指标	2018年	2018年可比样本变动	2017年	2017年可比样本变动	2016年
存货周转率	2.29	0.26	2.02	0.20	2.41
应收账款周转率	3.41	0.02	3.30	-0.40	3.24
流动资产周转率	0.90	0.04	0.85	0.04	0.89
固定资产周转率	2.18	0.01	2.15	0.08	2.10
总资产周转率	0.48	0.03	0.45	0.04	0.44
净资产周转率	1.19	0.14	1.04	0.14	1.05

资料来源：沪深交易所，同花顺。

三、重点上市公司介绍

中再资环

中再资源环境股份有限公司为中华全国供销合作总社旗下中国再生资源开发有限公司的控股公司，主营业务为废弃电器电子产品的回收与拆解处理和产业园区固体废弃物一体化处置，主要产品为废弃电器电子产品拆解物。公司回收废弃电器电子产品，对其进行拆解、分拣和部分深加工，将其中可利用的二次资源出售获取部分收入。

截至2018年，公司拥有11家全资子公司和1家控股子公司。其中，10家子（孙）公司主营废弃电器电子产品的回收与拆解处理，1家子公司（环服公司）主营产业园区固体废弃物一体化处置，1家子公司主营废弃电器电子产品的回收。

按照国家环境保护部《废弃电器电子产品处理资格许可管理办法》的规定，公司所属主营废电回收与拆解处理的子（孙）公司均持有环境保护主管部门颁发的废弃电气电子产品处理资格证书，按照核定处理废弃电气电子产品的类别和能力开展生产业务。目前，各子公司所持有废弃电气电子产品处理资格证书均在有效期限内。

此外，国家对处理企业按照实际完成拆解处理的废弃电器电子产品（指整机，不包括零部件或散件）数量给予定额补贴。2015年，四部委对补贴标准进行了细化和调整，下调了电视机和微型计算机的补贴标准，上调了空调和洗衣机的补贴标准。最新的补贴标准为：电视机60/70元/台；微型计算机70元/台；洗衣机35/45元/台；电冰箱80元/台；空气调节器130元/台。

2018年，公司营业总收入31.36亿元，同比增长14.61%；利润总额4.01亿元，同比增长37.03%；归属于母公司所有者的净利润3.16亿元，同比增长31.58%；基本每股收益0.23元。截至2018年最后一个交易日，中再资环的市盈率（TTM）为26.10，平均市净率（LF）为3.38。

四、上市公司在行业中的影响力

废弃资源综合利用业公司普遍偏小。2018年，5家上市公司总资产合计462.25亿元，营业收入合计224.58亿元，利润总额合计-25.80亿元，分别占行业总体的18.71%、5.50%和-11.88%。上市公司的总资产规模在行业中占比较高，但盈利能力仍有待提高。

审稿人：张红兵

撰稿人：张婉姝

电力、热力、燃气及水生产和供应业

一、电力、热力、燃气及水生产和供应业总体概况

2018 年，电力、热力、燃气及水生产和供应业发展较为平稳。根据国家统计局的数据，2018 年，全国发电量为 67914 亿千瓦时，同比增长 6.8%，增速比 2017 年加快 1.1 个百分点；全国水电发电量为 11028 亿千瓦时，同比增长 1.9%，约占全部发电量的 16.24%；火电发电量为 49795 亿千瓦时，同比增长 6.8%，约占全部发电量的 73.32%；核电发电量为 2865 亿千瓦时，同比增长 15.5%，约占全部发电量的 4.22%。

2018 年，全社会用电量 68449 亿千瓦时，同比增长 8.5%。分产业来看，第一产业用电量 728 亿千瓦时，同比增长 9.8%，占全社会用电量的比例为 1.1%；第二产业用电量 47235 亿千瓦时，同比增长 7.2%，占全社会用电量的比例为 69.0%；第三产业用电量 10801 亿千瓦时，同比增长 12.7%，占全社会用电量的比例为 16.8%。城乡居民生活用电量 9685 亿千瓦时，同比增长 10.4%，占全社会用电量的比例为 14.1%。

二、行业内上市公司发展概况

（一）行业内上市公司基本情况

表 1　2018 年电力、热力、燃气及水生产和供应业上市公司发行股票概况

门类	A、B 股总数	A 股股票数	B 股股票数	境内总市值（亿元）	流通 A 股市值（亿元）	流通 B 股市值（亿元）
电力、热力、燃气及水生产和供应业	113	109	4	15899.58	12352.91	38.01
占沪深两市比重（%）	3.08	2.97	0.11	3.65	3.50	2.77

资料来源：沪深交易所，同花顺。

（二）行业内上市公司构成情况

表 2　　2018 年电力、热力、燃气及水生产和供应业上市公司构成情况　　单位：家

门　类	沪市			深市			ST/*ST
	仅 A 股	仅 B 股	A+B 股	仅 A 股	仅 B 股	A+B 股	
电力、热力、燃气及水生产和供应业（家）	62	0	2	43	0	2	0/0
占行业内上市公司比重（%）	56.88	0.00	1.83	39.45	0.00	1.83	0.00/0.00

资料来源：沪深交易所，同花顺。

（三）行业内上市公司融资情况

表 3　　2018 年电力、热力、燃气及水生产和供应业上市公司与沪深两市融资情况对比　　单位：家

门　类	融资家数	新股	增发	配股
电力、热力、燃气及水生产和供应业	10	3	7	0
沪深两市总数	358	105	238	15
占比（%）	2.79	2.86	2.94	0.00

资料来源：沪深交易所，同花顺。

其中，首发的 3 家公司均在主板上市；增发的 7 家公司中，有 4 家沪市、3 家深市，其中有 2 家中小板公司。

按行业大类划分，进行融资的 10 家公司中，水的生产和供应业 1 家，燃气生产和供应业 2 家，电力、热力生产和供应业 7 家，分别占比 10%、20%、70%。

从融资效果来看，上述公司实际发行数量为 493766.51 万股；实际募集资金 244.87 亿元，基本完成了融资计划。

2018 年电力、热力、燃气及水生产和供应业上市公司融资情况明细见附录。

（四）行业内上市公司资产及业绩情况

表 4　　2018 年电力、热力、燃气及水生产和供应业上市公司资产情况　　单位：亿元

指　标	2018 年	2018 年可比样本增长（%）	2017 年	2017 年可比样本增长（%）	2016 年
总资产	40423.46	5.05	38021.30	5.04	32754.36
流动资产	6061.15	10.90	5507.19	11.92	4569.77
占比（%）	14.99	0.79	14.48	0.89	13.95
非流动资产	34362.31	4.09	32514.11	3.96	28184.58
占比（%）	85.01	-0.79	85.52	-0.89	86.05

续表

指　标	2018 年	2018 年可比样本增长（%）	2017 年	2017 年可比样本增长（%）	2016 年
流动负债	11087.03	3.97	10567.08	7.58	8792.84
占比（%）	27.43	-0.29	27.79	0.65	26.84
非流动负债	15146.17	4.24	14281.92	5.04	12068.06
占比（%）	37.47	-0.29	37.56	0.00	36.84
归属于母公司股东权益	11687.72	6.06	10928.90	3.46	9814.82
占比（%）	28.91	0.27	28.74	-0.44	29.96

资料来源：沪深交易所，同花顺。

表 5　　2018 年电力、热力、燃气及水生产和供应业上市公司收入实现情况　　单位：亿元

指　标	2018 年	2018 年可比样本增长（%）	2017 年	2017 年可比样本增长（%）	2016 年
营业收入	11541.81	11.34	10077.82	13.98	8157.15
利润总额	1185.32	16.39	1060.95	-28.22	1392.01
归属于母公司所有者的净利润	794.38	15.58	713.06	-24.04	897.31

资料来源：沪深交易所，同花顺。

（五）利润分配情况

2018 年全年电力、热力、燃气及水生产和供应业上市公司中共有 80 家公司实施了分红配股。其中，9 家上市公司实施送股或转增股，80 家上市公司实施派息，其中 9 家公司既实施了送股、转增，又实施了派息。

2018 年电力、热力、燃气及水生产和供应业上市公司分红明细见附录。

（六）其他财务指标情况

1. 盈利能力指标

表 6　　2018 年电力、热力、燃气及水生产和供应业上市公司盈利能力情况

指　标	2018 年	2018 年可比样本变动	2017 年	2017 年可比样本变动	2016 年
毛利率（%）	19.99	0.27	20.06	-7.23	27.20
净资产收益率（%）	6.80	0.56	6.52	-2.36	9.14
销售净利率（%）	8.24	0.47	8.38	-5.16	13.92
资产净利率（%）	2.41	0.25	2.28	-1.14	3.53

资料来源：沪深交易所，同花顺。

2. 偿债能力指标

表 7　　2018 年电力、热力、燃气及水生产和供应业上市公司偿债能力指标

指　标	2018 年	2018 年可比样本变动	2017 年	2017 年可比样本变动	2016 年
流动比率	0.55	0.03	0.52	0.02	0.52
速动比率	0.47	0.03	0.45	0.02	0.45
资产负债率（%）	64.90	-0.58	65.36	0.65	63.69

资料来源：沪深交易所，同花顺。

3. 营运能力指标

表 8　　2018 年电力、热力、燃气及水生产和供应业上市公司营运能力情况　　单位：次

营运能力指标	2018 年	2018 年可比样本变动	2017 年	2017 年可比样本变动	2016 年
存货周转率	12.10	0.38	11.57	1.74	9.68
应收账款周转率	7.50	-0.59	8.10	-0.32	8.29
流动资产周转率	2.00	0.00	1.93	0.04	1.85
固定资产周转率	0.50	0.02	0.47	0.04	0.44
总资产周转率	0.29	0.01	0.27	0.02	0.25
净资产周转率	0.84	0.04	0.78	0.10	0.71

资料来源：沪深交易所，同花顺。

三、重点细分行业介绍

表 9　　2018 年电力、热力、燃气及水生产和供应业上市公司数量分布及市值情况

大　类	上市公司家数（家）	占行业内比重（%）	境内总市值（亿元）	占行业内比重（%）
水的生产和供应业	15	13.76	1233.14	7.76
燃气生产和供应业	24	22.02	1637.13	10.30
电力、热力生产和供应业	70	64.22	13029.31	81.95

资料来源：沪深交易所，同花顺。

（一）电力、热力生产和供应业

行业内上市公司发展情况

表 10　　2018 年电力、热力生产和供应业上市公司收入及资产增长情况　　单位：亿元

指　标	2018 年	2018 年可比样本增长（%）	2017 年	2017 年可比样本增长（%）	2016 年
营业收入	9858.18	10.99	8602.71	13.18	7021.96
利润总额	1037.59	26.72	863.61	-33.5	1222.33
归属于母公司所有者的净利润	689.55	27.56	568.27	29.57	771.71
总资产	35631.88	4.05	33810.67	4.15	29241.47
归属于母公司股东权益	9791.10	6.31	9135.78	2.07	8289.89

资料来源：沪深交易所，同花顺。

表 11　　2018 年电力、热力生产和供应业上市公司盈利能力情况

指　标	2018 年	2018 年可比样本变动	2017 年	2017 年可比样本变动	2016 年
毛利率（%）	20.00	0.52	19.90	-8.14	27.90
净资产收益率（%）	7.04	1.17	6.22	-2.79	9.31
销售净利率（%）	8.50	1.28	7.95	-5.91	14.22
资产净利率（%）	2.40	0.47	2.06	-1.28	3.46

资料来源：沪深交易所，同花顺。

表 12　　2018 年电力、热力生产和供应业上市公司偿债及营运情况

指　标	2018 年	2018 年可比样本变动	2017 年	2017 年可比样本变动	2016 年
资产负债率（%）	66.35	-0.85	67.07	0.78	65.24
存货周转率（次）	12.15	0.28	11.7	1.77	9.75
总资产周转率（次）	0.28	0.02	0.26	0.02	0.24

资料来源：沪深交易所，同花顺。

（二）燃气生产和供应业

行业内上市公司发展情况

表13　　2018年燃气生产和供应业上市公司收入及资产增长情况　　单位：亿元

指　标	2018年	2018年可比样本增长（%）	2017年	2017年可比样本增长（%）	2016年
营业收入	1245.68	11.91	1105.09	20.48	814.83
利润总额	57.78	-43.79	100.7	-1.73	93.81
归属于母公司所有者的净利润	35.41	-49.68	68.56	-2.91	65.27
总资产	2546.74	8.41	2330.05	12.06	1877.61
归属于母公司股东权益	944.51	0.54	924.53	10.32	759.64

资料来源：沪深交易所，同花顺。

表14　　2018年燃气生产和供应业上市公司盈利能力情况

指　标	2018年	2018年可比样本变动	2017年	2017年可比样本变动	2016年
毛利率（%）	14.99	-1.52	16.23	-1.93	17.96
净资产收益率（%）	3.75	-3.74	7.42	-1.01	8.59
销售净利率（%）	3.25	-4.07	7.21	-1.58	9.10
资产净利率（%）	1.65	-2.01	3.61	-0.59	4.28

资料来源：沪深交易所，同花顺。

表15　　2018年燃气生产和供应业上市公司偿债及营运情况

指　标	2018年	2018年可比样本变动	2017年	2017年可比样本变动	2016年
资产负债率（%）	55.20	2.12	53.34	1.20	51.95
存货周转率（次）	12.99	0.55	12.49	-1.86	15.16
总资产周转率（次）	0.51	0.01	0.50	0.02	0.47

资料来源：沪深交易所，同花顺。

（三）水的生产和供应业

行业内上市公司发展情况

表16　　2018年水的生产和供应业上市公司收入及资产增长情况　　单位：亿元

指　标	2018年	2018年可比样本增长（%）	2017年	2017年可比样本增长（%）	2016年
营业收入	437.95	17.86	370.02	14.32	320.36
利润总额	89.95	-7.09	96.63	25.55	75.87
归属于母公司所有者的净利润	69.41	-9.10	76.23	24.39	60.32
总资产	2244.84	19.18	1880.59	13.78	1635.27
归属于母公司股东权益	952.11	9.32	868.59	12.14	765.28

资料来源：沪深交易所，同花顺。

表 17　　2018 年水的生产和供应业上市公司盈利能力情况

指　标	2018 年	2018 年可比样本变动	2017 年	2017 年可比样本变动	2016 年
毛利率（%）	33.96	-1.06	35.05	-0.36	35.29
净资产收益率（%）	7.29	-1.48	8.78	0.86	7.88
销售净利率（%）	16.54	-5.49	22.08	2.35	19.63
资产净利率（%）	3.51	-1.12	4.62	0.56	4.03

资料来源：沪深交易所，同花顺。

表 18　　2018 年水的生产和供应业上市公司偿债及营运情况

指　标	2018 年	2018 年可比样本变动	2017 年	2017 年可比样本变动	2016 年
资产负债率（%）	52.78	3.35	49.48	0.14	49.37
存货周转率（次）	8.90	1.56	7.31	3.15	4.12
总资产周转率（次）	0.21	0.00	0.21	0.00	0.21

资料来源：沪深交易所，同花顺。

四、重点上市公司介绍

（一）华能国际

2018 年，华能国际实现营业收入 1698.61 亿元，同比增长 11.04%，营业利润 36.48 亿元，同比减少 7.63%，归属于母公司的净利润 14.39 亿元，同比减少 17.42%，摊薄每股收益 0.07 元。

华能国际的主要业务是利用现代化的技术和设备，利用国内外资金，在国内外开发、建设和运营大型燃煤、燃气发电厂、新能源发电项目及配套港口、航运、增量配电网等设施，为社会提供电力、热力及综合能源服务。华能国际的主要业绩驱动因素包括但不限于发电量（供热量）、电价（热价）及燃料价格等方面。同时，技术创新、环境政策、人才队伍等亦会间接影响公司当期业绩和发展潜力。公司发电量和供热量受到国家整体经济运行形势、公司装机容量、区域布局、装机结构、市场竞争等多重因素综合影响，2018 年华能国际电力产品销售收入约占公司主营业务收入的 93.68%；中国境内各运行电厂按合并报表口径累计完成发电量 4304.57 亿千瓦时，同比增长 9.12%；供热量累计完成 2.16 亿吉焦，同比增长 22.73%；各运行电厂平均上网结算电价为 418.48 元/兆瓦时，同比上升 1.08%。同时，受煤炭价格同比大幅上涨的影响，2018 年公司境内电厂全年售电单位燃料成本为 236.89 元/兆瓦时，同比上涨 4.85%。

（二）长江电力

2018年，长江电力实现营业收入512.14亿元，同比增长2.13%，营业利润273.92亿元，同比增长1.16%，归属于母公司的净利润226.11亿元，同比增长1.57%，摊薄每股收益1.03元。

长江电力是全球最大的水电上市公司，拥有总装机容量4549.5万千瓦，占全国水电装机的比例为12.92%，2018年发电量2154.82亿千瓦时，占全国水电发电量的17.48%。梯级电站单日、单月和全年发电量，以及三峡、溪洛渡年发电量均刷新历史纪录，三峡电站发电量首次突破千亿大关，再次刷新国内单座水电站年发电量纪录。2018年，三峡水库成功应对4场超44000立方米每秒洪水，梯级水库累计拦洪150亿立方米，最高削峰率近3成，成功避免了荆江河段超警戒水位；通过优化联合调度，梯级电站全年累计节水增发电量99.3亿千瓦时，三峡电站年发电量首次突破千亿，梯级电站发电量创历史新高；开展溪洛渡—向家坝—三峡联合生态调度试验，利用调度手段创造适合鱼类产卵繁殖的条件；三峡水库枯水期累计为长江中下游补水227亿立方米。

（三）首创股份

2018年，首创股份实现营业收入124.55亿元，同比增长34.14%，营业利润13.35亿元，同比增长32.24%，归属于母公司的净利润7.19亿元，同比增长17.55%，摊薄每股收益0.14元。

作为第一个锁定水务环保领域的国企上市公司，首创股份历经多年积累，已成为国内水务运营经验最丰富的企业，实现了涵盖供水、污水处理以及管网、泵站建设、运营维护的城镇水体综合治理一体化服务；同时，也全面布局人居环境改善领域，构建了市政和商业废物处理、危险废弃物处理以及垃圾资源再生利用、新能源开发的全覆盖式服务体系。目前，首创股份已形成全国性的业务布局，公司水务投资、工程项目分布于23个省、市、自治区，超过100个城市，并在湖南、山东、安徽等地区实现了区域优势和规模效应，并向村镇市场进行纵深化拓展。自2003年水务行业首次举办“水业十大影响力企业”评选活动以来，公司连续16年名列前茅。首创股份目前拥有2628.92万吨/日的水处理能力。

2018年，首创股份城镇水务业务增长态势良好，通过并购成都市金强自来水项目，实现省会城市供水项目突破；签约内江项目、中山EPC+O项目实现环境综合治理业务快速布局。控股子公司首创环境作为公司开拓固废处理业务的主要平台，在充分借鉴、吸收、消化境外公司固废处理先进经验的基础上，深度应用于国内同类型项目。未来首创股份将不断提升固废平台的公司地位，强化公司在固废处理市场上的竞争力。首创股份污泥处置应急服务、委托运营及设备供应等轻资产业务有序展开，信息化及采购业务稳步推进。公司在工程建设管理方面实行“工程事业部、工程分部、建设期项目公司”

的三级组织架构，各级之间定位清晰，职责明晰。通过工程项目整体管控，降低了工程及设备采购成本，有效提升了公司盈利能力。首创股份战略采购平台于2018年初步搭建完成，未来计划把物资采购培养成为公司的战略新兴产业，通过“自营业务”和“集成业务”的开展，打造公司新的利润增长点。

（四）深圳燃气

2018年，深圳燃气实现营业收入127.41亿元，同比增长15.22%，营业利润12.73亿元，同比增长10.66%，归属于母公司的净利润10.31亿元，同比增长16.24%。摊薄每股收益0.36元。

深圳燃气主要从事城市管道燃气供应、液化石油气批发、瓶装液化石油气零售及燃气投资业务。城市管道燃气业务为特许经营业务。目前公司在广东、广西、江西、安徽、湖南、江苏、浙江、云南8省（区）拥有39个城市（区）管道燃气特许经营权。公司天然气销售收入79.71亿元，同比增长26.31%；销售量27.67亿立方米，同比增长25.39%。其中，管道天然气25.94亿立方米，同比增长27.24%。深圳地区管道天然气销售18.11亿立方米，同比增长18.59%；主要是电厂天然气销售量增长所致，全年电厂天然气销售量为8.56亿立方米，同比增长30.47%。公司液化石油气批发销售收入25.60亿元，与2017年基本持平；销售量63.73万吨，同比下降10.10%。同时，深圳燃气开通多项线上智慧服务渠道，缩短工商用户燃气报装时间，提升服务水平，深圳地区全年发展工商客户1841户，完成锅炉改造90台，学校改造146所、医院24所、食街905户，预计每年可新增天然气销量6000万立方米。

五、上市公司在行业中的影响力

2018年，电力、热力、燃气及水生产和供应业共实现主营业务收入71313.3亿元，比2017年增长9.9%，其中，上市公司共实现主营业务收入11541.81亿元，上市公司总收入规模占全行业的比重达16.18%，比2017年占比增加1.01个百分点；2018年，电力、热力、燃气及水生产和供应业共实现利润总额4140.5亿元，同比增加1.25%，其中，上市公司共实现利润总额1185.32亿元，上市公司利润总额占全行业的比重达28.63%，比2017年增加2.68个百分点。总体来看，上市公司在行业中影响力略有提升。

审稿人：王洪磊

撰稿人：滕　飞

建筑业

一、建筑业总体概况

2018 年以来，受国内金融去杠杆与地方政府隐性债务清理的影响，国内房地产行业与基础设施建设行业的建设资金来源持续收紧，建筑业的融资环境持续恶化。受此影响，2018 年建筑业订单与业绩增速出现整体放缓的趋势。

2018 年，全国建筑业企业（指具有资质等级的总承包和专业承包建筑业企业，不含劳务分包建筑业企业，下同）完成建筑业总产 23.5 万亿元，同比增长 9.9%；完成竣工产值 12.1 万亿元，同比增长 3.4%；签订合同总额 49.4 万亿元，比 2017 年增长 12.5%，增速比 2017 年下降 5.6 个百分点。其中，本年新签合同额 27.2 万亿元，比 2017 年增长 7.1%，增速比 2017 年下降 13.3 个百分点；本年新签合同额占签订合同总额比例为 55.2%，比 2017 年降低 2.8 个百分点。全年完成房屋施工面积 140.9 亿平方米，同比增长 7.0%；完成房屋竣工面积 41.4 亿平方米，同比下降 1.3%；实现利润 8104 亿元，同比增长 8.2%。

截至 2018 年年底，全国有施工活动的建筑业企业 95400 个，同比增长 8.3%；从业人数 5563.3 万人，同比增长 0.5%；按建筑业总产值计算的劳动生产率为 37.3 万元/人，同比增长 7.4%。

2018 年年底，全社会就业人员总数 7.8 亿人，其中，建筑业从业人数 5563 万人，比 2017 年年末增加 26.4 万人，增长 0.5%。建筑业从业人数占全社会就业人员总数的 7.2%，比 2017 年提高 0.04 个百分点，占比再创新高。建筑业在吸纳农村转移人口就业、推进新型城镇化建设和维护社会稳定等方面继续发挥显著作用。

2018 年，中国对外承包工程业务完成营业额 1690 亿美元，比 2017 年增长 0.3%，增速比 2017 年降低 5.48 个百分点。新签合同额 2418 亿美元，比 2017 年减少 8.9%，增速比 2017 年下降 17.6 个百分点。

二、行业内上市公司发展概况

（一）行业内上市公司基本情况

表 1　　2018 年建筑业上市公司发行股票概况

门　类	A、B 股总数	A 股股票数	B 股股票数	境内总市值（亿元）	流通 A 股市值（亿元）	流通 B 股市值（亿元）
建筑业	100	97	3	13050.29	11430.38	10.38
占沪深两市比重（%）	2.73	2.65	0.08	3.00	3.24	0.76

资料来源：沪深交易所，同花顺。

（二）行业内上市公司构成情况

表 2　　2018 年建筑业上市公司构成情况

门　类	沪市			深市			ST/*ST
	仅 A 股	仅 B 股	A+B 股	仅 A 股	仅 B 股	A+B 股	
建筑业（家）	47	1	1	48	0	1	0/4
占行业内上市公司比重（%）	47.96	1.02	1.02	48.98	0.00	1.02	0.00/4.08

资料来源：沪深交易所，同花顺。

（三）行业内上市公司融资情况

表 3　　2018 年建筑业上市公司与沪深两市融资情况对比　　单位：家

门　类	融资家数	新股	增发	配股
建筑业	11	2	8	1
沪深两市总数	358	105	238	15
占比（%）	3.07	1.90	3.36	6.67

资料来源：沪深交易所，同花顺。

其中，首发的 2 家公司中，有 1 家在中小板上市，1 家在沪市主板上市；增发的 8 家公司中，有 4 家沪市主板、3 家中小板公司和 1 家创业板公司。

按行业大类划分，进行融资的 11 家公司中，建筑装饰和其他建筑业 3 家，土木工程建筑业 8 家，分别占比 27.27%、72.73%。

从融资效果来看，上述公司实际发行数量为 163819.7 万股；实际募集资金 108.90 亿元，基本完成了融资计划。

2018 年建筑业上市公司融资情况明细见附录。

（四）行业内上市公司资产及业绩情况

表 4　　2018 年建筑业上市公司资产情况　　单位：亿元

指　标	2018 年	2018 年可比样本增长（%）	2017 年	2017 年可比样本增长（%）	2016 年
总资产	76351.10	14.94	68196.04	12.39	59636.13
流动资产	51090.15	9.61	48383.19	8.21	43964.54
占比（%）	66.91	-3.26	70.95	-2.74	73.72
非流动资产	25260.96	27.48	19812.86	24.10	15671.59
占比（%）	33.09	3.26	29.05	2.74	26.28
流动负债	44948.77	13.80	40586.91	13.19	35182.69
占比（%）	58.87	-0.59	59.52	0.42	59.00
非流动负债	13196.36	14.47	11973.14	5.02	11300.25
占比（%）	17.28	-0.07	17.56	-1.23	18.95
归属于母公司股东权益	14017.16	11.77	12778.20	14.09	10943.28
占比（%）	18.36	-0.52	18.74	0.28	18.35

资料来源：沪深交易所，同花顺。

表 5　　2018 年建筑业上市公司收入实现情况　　单位：亿元

指　标	2018 年	2018 年可比样本增长（%）	2017 年	2017 年可比样本增长（%）	2016 年
营业收入	47849.07	9.92	43547.88	9.98	39036.05
利润总额	2135.49	8.99	1967.02	16.72	1653.07
归属于母公司所有者的净利润	1393.42	3.75	1352.05	17.87	1123.48

资料来源：沪深交易所，同花顺。

（五）利润分配情况

2018 年全年建筑业上市公司中共有 73 家公司实施了分红配股。其中，10 家上市公司实施送股或转增股，73 家上市公司实施派息，其中 10 家公司既实施了送股、转增，又实施了派息。

2018 年建筑业上市公司分红明细见附录。

（六）其他财务指标情况

1. 盈利能力指标

表 6　　2018 年建筑业上市公司盈利能力情况

指　标	2018 年	2018 年可比样本变动	2017 年	2017 年可比样本变动	2016 年
毛利率（%）	12.06	0.43	11.64	0.33	11.29
净资产收益率（%）	9.94	-0.77	10.58	0.34	10.27
销售净利率（%）	3.47	-0.02	3.50	0.19	3.29
资产净利率（%）	2.32	-0.08	2.36	0.04	2.31

资料来源：沪深交易所，同花顺。

2. 偿债能力指标

表 7　　2018 年建筑业上市公司偿债能力指标

指　标	2018 年	2018 年可比样本变动	2017 年	2017 年可比样本变动	2016 年
流动比率	1.14	-0.04	1.19	-0.05	1.25
速动比率	0.77	0.06	0.71	-0.04	0.75
资产负债率（%）	76.15	-0.66	77.07	-0.81	77.94

资料来源：沪深交易所，同花顺。

3. 营运能力指标

表 8　　2018 年建筑业上市公司营运能力情况　　单位：次

营运能力指标	2018 年	2018 年可比样本变动	2017 年	2017 年可比样本变动	2016 年
存货周转率	2.41	0.25	2.06	-0.03	2.09
应收账款周转率	5.18	0.39	4.81	-0.03	4.82
流动资产周转率	0.98	0.02	0.94	-0.02	0.95
固定资产周转率	11.88	0.60	11.25	0.34	10.94
总资产周转率	0.67	-0.02	0.68	-0.03	0.70
净资产周转率	2.85	-0.19	3.00	-0.21	3.21

资料来源：沪深交易所，同花顺。

三、重点细分行业介绍

表 9　　2018 年建筑业上市公司数量分布及市值情况

大　类	上市公司家数（家）	占行业内比重（%）	境内总市值（亿元）	占行业内比重（%）
建筑装饰和其他建筑业	29	29.59	1305.13	10.00
土木工程建筑业	66	67.35	11599.23	88.88
房屋建筑业	2	2.04	114.39	0.88
建筑安装业	1	1.02	31.53	0.24

资料来源：沪深交易所，同花顺。

（一）房屋建筑业

1. 行业概况

房屋建筑业指的是居民住宅、商业建筑、学校医院、港口码头等房屋建筑主体的施工，是建筑业最传统的业务组成部分。上市公司中大部分公司都有业务涉及房屋建筑。

2. 行业内上市公司发展情况

表 10　　2018 年房屋建筑业上市公司收入及资产增长情况　　单位：亿元

指　标	2018 年	2018 年可比样本增长（%）	2017 年	2017 年可比样本增长（%）	2016 年
营业收入	476.07	4.35	456.22	2.82	11.14
利润总额	6.51	18.12	5.51	8.06	0.42
归属于母公司所有者的净利润	4.49	15.86	3.88	7.21	0.29
总资产	725.32	3.27	702.35	3.67	34.84
归属于母公司股东权益	77.46	4.84	73.89	35.49	7.30

资料来源：沪深交易所，同花顺。

表 11　　2018 年房屋建筑业上市公司盈利能力情况

指　标	2018 年	2018 年可比样本变动	2017 年	2017 年可比样本变动	2016 年
毛利率（%）	5.25	0.04	5.22	-0.99	14.91
净资产收益率（%）	5.80	0.55	5.25	-1.38	4.02
销售净利率（%）	1.11	0.18	0.93	0.03	3.03
资产净利率（%）	0.74	0.13	0.61	0.01	0.90

资料来源：沪深交易所，同花顺。

表 12　　2018 年房屋建筑业上市公司偿债及营运情况

指　标	2018 年	2018 年可比样本变动	2017 年	2017 年可比样本变动	2016 年
资产负债率（%）	86.88	-2.07	88.95	-2.53	79.29
存货周转率（次）	1.78	-0.05	1.83	-0.17	1.47
总资产周转率（次）	0.67	0.01	0.66	-0.01	0.30

资料来源：沪深交易所，同花顺。

（二）建筑安装业

1. 行业概况

建筑安装业是指建筑物主体工程竣工后，建筑物内各种设备的安装，如生产设备、动力设备、起重设备、运输设备、传动设备、医疗实验设备及其他各种设备的装配、安置工程作业，包括建筑物主体施工中的敷设线路、管道的安装以及铁路、机场、港口、隧道、地铁的照明和信号系统的安装，与设备相连的工作台、梯子、栏杆的装设工程作业和被安装设备的绝缘、防腐、保温、油漆等工程作业，不包括工程收尾的装饰，如对墙面、地板、天花板、门窗等处理。建筑安装是房地产开发行业中必不可少的环节，通常认为房地产的竣工面积与建筑安装行业完成的建筑面积较为相近，其在建筑业总产值中的比例在8%左右。中国建筑安装业起步于20世纪80年代，目前仍处于快速发展阶段。

2. 行业内上市公司发展情况

表13 2018年建筑安装业上市公司收入及资产增长情况 单位：亿元

指　标	2018年	2018年可比样本增长（%）	2017年	2017年可比样本增长（%）	2016年
营业收入	22.56	26.68	17.81	-16.83	20.85
利润总额	1.90	27.91	1.48	-27.67	2.05
归属于母公司所有者的净利润	1.61	25.53	1.28	-22.41	1.65
总资产	19.35	16.34	16.63	13.10	14.28
归属于母公司股东权益	11.00	12.25	9.80	9.41	8.88

资料来源：沪深交易所，同花顺。

表14 2018年建筑安装业上市公司盈利能力情况

指　标	2018年	2018年可比样本变动	2017年	2017年可比样本变动	2016年
毛利率（%）	11.57	-2.20	13.77	0.13	13.81
净资产收益率（%）	14.64	1.55	13.09	-5.37	18.61
销售净利率（%）	7.16	-0.04	7.20	-0.53	7.93
资产净利率（%）	8.98	0.80	8.18	-4.31	12.67

资料来源：沪深交易所，同花顺。

表15 2018年建筑安装业上市公司偿债及营运情况

指　标	2018年	2018年可比样本变动	2017年	2017年可比样本变动	2016年
资产负债率（%）	42.22	2.16	40.06	1.48	37.83
存货周转率（次）	7.21	1.48	5.72	-0.15	5.71
总资产周转率（次）	1.25	0.12	1.14	-0.48	1.60

资料来源：沪深交易所，同花顺。

（三）建筑装饰和其他建筑业

1. 行业概况

建筑装饰是建筑业的重要组成部分，随着中国经济快速增长，城市化进程不断加快，建筑装饰业处于快速增长阶段，成为成长性较好的新兴行业之一，在国民经济中的地位和重要性不断提升。建筑装饰按照服务对象划分，可以分为公共建筑装饰（简称“公装”）和家庭住宅装饰（简称“家装”）。

2. 行业内上市公司发展情况

表 16　2018 年建筑装饰和其他建筑业上市公司收入及资产增长情况　单位：亿元

指　标	2018 年	2018 年可比样本增长（%）	2017 年	2017 年可比样本增长（%）	2016 年
营业收入	1433.39	11.96	1280.23	10.40	1135.38
利润总额	56.13	-34.53	85.82	13.34	74.32
归属于母公司所有者的净利润	39.75	-41.41	67.83	13.80	58.65
总资产	2226.55	11.74	1991.56	9.11	1800.59
归属于母公司股东权益	744.19	5.48	705.82	11.01	629.99

资料来源：沪深交易所，同花顺。

表 17　2018 年建筑装饰和其他建筑业上市公司盈利能力情况

指　标	2018 年	2018 年可比样本变动	2017 年	2017 年可比样本变动	2016 年
毛利率（%）	17.25	-0.99	17.07	0.00	17.14
净资产收益率（%）	5.34	-4.27	9.61	0.24	9.31
销售净利率（%）	2.89	-2.54	5.43	0.18	5.28
资产净利率（%）	1.96	-1.68	3.64	0.04	3.61

资料来源：沪深交易所，同花顺。

表 18　2018 年建筑装饰和其他建筑业上市公司偿债及营运情况

指　标	2018 年	2018 年可比样本变动	2017 年	2017 年可比样本变动	2016 年
资产负债率（%）	64.83	1.80	63.02	-0.70	63.54
存货周转率（次）	5.31	0.27	5.11	0.20	4.87
总资产周转率（次）	0.68	0.01	0.67	-0.02	0.68

资料来源：沪深交易所，同花顺。

（四）土木工程建筑业

1. 行业概况

土木工程建筑业指土木工程主体的施工活动，主要是指铁路、道路、隧道和桥梁工程建筑、水利和港口工程建筑、工矿工程建筑、架线和管道工程建筑以及公园、高尔夫球场等其他工程建筑，不包括主体工程施工签订土方挖运、拆除爆破等工程准备活动。土木工程建筑业是建筑业中最主要细分行业之一，产值在行业总产值中占比较大。上市公司大部分集中在这个细分领域内。

2. 行业内上市公司发展情况

表 19　　2018 年土木工程建筑业上市公司收入及资产增长情况　　单位：亿元

指　标	2018 年	2018 年可比样本增长（%）	2017 年	2017 年可比样本增长（%）	2016 年
营业收入	45917.05	9.91	41793.62	10.06	37868.69
利润总额	2070.95	10.95	1874.20	16.96	1576.28
归属于母公司所有者的净利润	1347.56	6.11	1279.06	18.19	1062.89
总资产	73379.89	15.17	65485.50	12.60	57786.42
归属于母公司股东权益	13184.50	12.19	11988.69	14.17	10297.11

资料来源：沪深交易所，同花顺。

表 20　　2018 年土木工程建筑业上市公司盈利能力情况

指　标	2018 年	2018 年可比样本变动	2017 年	2017 年可比样本变动	2016 年
毛利率（%）	11.97	0.47	11.54	0.35	11.11
净资产收益率（%）	10.22	-0.59	10.67	0.36	10.32
销售净利率（%）	3.51	0.06	3.46	0.19	3.23
资产净利率（%）	2.35	-0.04	2.34	0.04	2.27

资料来源：沪深交易所，同花顺。

表 21　　2018 年土木工程建筑业上市公司偿债及营运情况

指　标	2018 年	2018 年可比样本变动	2017 年	2017 年可比样本变动	2016 年
资产负债率（%）	76.40	-0.72	77.38	-0.80	78.40
存货周转率（次）	2.38	0.25	2.03	-0.03	2.05
总资产周转率（次）	0.67	-0.02	0.68	-0.03	0.70

资料来源：沪深交易所，同花顺。

四、重点上市公司介绍

（一）中国建筑

中国建筑是中国专业化经营历史最久、市场化经营最早、一体化程度最高的投资建设集团，在房屋建筑工程、基础设施建设与投资、房地产开发与投资、勘察设计等领域居行业领先地位。中国建筑是全球最大的工程承包商，在《财富》“世界 500 强”2018 年榜单上位列第23位；在《财富》“中国500强”排名中连续3年位列前3名；在美国《工程新闻记录》（ENR）2018年度“全球工程承包商250强”榜单上继续位居首位。国际三大评级机构标普、穆迪、惠誉继续将中国建筑的评级维持为A/A2/A，展望维持“稳定”，保持行业内全球最高信用评级。

中国建筑是中国最具实力的投资商之一，主要投资方向为房地产、基础设施、城镇综合建设等领域。公司强化内部资源整合与业务协同，打造“规划设计、投资开发、基础设施建设、房屋建筑工程”等“四位一体”的商业模式，为城市建设提供全领域、全过程、全要素的一揽子服务。

中国建筑是世界上最大的工程承包商，业务范围涉及城市建设的全部领域与项目建设的每个环节，具有全国布局的综合设计能力、施工能力和土地开发能力，拥有包括产品技术研发、勘察设计、地产开发、工程承包、设备制造、物业管理等在内完整的建筑产品产业链条，全国绝大多数的300米以上超高层，众多技术含量高、结构形式复杂的建筑均由中国建筑承建。

2018年，公司新签合同额26271亿元，同比增长7.1%。建筑业务新签合同额同比增长4.7%，至23285亿元，其中，房建业务新签合同额为16801亿元，同比增长13.9%；基建业务新签合同额为6355亿元，同比降低13.8%。公司地产业务实现合约销售额2986亿元，同比增长30.6%；合约销售面积2051万平方米，同比增长29.2%。

2018年，公司业务结构更趋优化。营业收入同比增长13.8%，至11993亿元。房建业务实现营业收入7242亿元，同比增长15.9%，仍是公司最主要收入贡献板块，占比上升1.1个百分点至60.4%；基建业务营业收入2767亿元，同比增长19.8%，占比上升1.2个百分点至23.1%；房地产业务营业收入1841亿元，同比增长2.7%，占比下降1.6个百分点至15.4%。

公司盈利能力稳步增强。2018年，公司实现归属于上市公司股东净利润同比增长16.1%，至382.4亿元；收入净利率为4.6%，同比增加0.2个百分点；加权平均净资产收益率为15.97%，继续保持行业领先水平；基本每股收益0.87元，同比增长14.5%。

公司经营性现金流扭负为正。全年实现净流入103亿元，同比增加净流入538亿元；投资收支比80%，同比提高4个百分点。

公司资产负债结构稳中有降。2018年，公司资产负债率同比下降1.1个百分点至76.9%。总资产同比增长20.0%，比负债增长率18.5%高出1.5个百分点。公司应收账款周转率及应收账款周转天数分别为7.0次和51天，基本与2017年持平，位居行业前列。

（二）中国铁建

中国铁建业务涵盖工程承包、勘察设

计咨询、工业制造、房地产开发、物流与物资贸易及其他业务，具有科研、规划、勘察、设计、施工、监理、维护、运营和投融资等完善的行业产业链，涉及高原铁路、高速铁路、高速公路、桥梁、隧道和城市轨道交通工程设计及建设领域。目前，中国铁建经营业务遍及包括台湾省在内的全国32个省、自治区、直辖市和香港、澳门特别行政区，以及世界121个国家。

公司是中国乃至全球最具实力、最具规模的特大型综合建设集团之一。公司连续入选美国《工程新闻记录》（ENR）杂志“全球250家最大承包商”，2018年排名第3位；连续入选《财富》杂志“世界500强”，2018年排名第58位；连续入选“中国企业500强”，2018年排名第14位。

2018年，中国铁建实现营业收入7301.230亿元，同比增长7.22%；实现利润总额251.053亿元，同比增长18.11%，净利润198.384亿元，同比增长17.25%；净利润率2.72%，同比增加0.23个百分点，创历年最好水平；基本每股收益1.26元；资产总额达到9176.706亿元，同比增加957.831亿元；资产负债率77.41%，同比下降0.85个百分点。

新签合同额15844.722亿元，同比增长5.05%。其中，国内业务新签合同额14542.529亿元，占新签合同总额的91.78%，同比增长3.63%；海外业务新签合同额1302.193亿元，占新签合同总额的8.22%，同比增长24.03%。截至2018年年末，本集团未完合同额27087.002亿元，同比增长13.02%。其中，国内业务未完合同额21969.510亿元，占未完合同总额的81.11%；海外业务未完合同额5117.492亿元，占未完合同总额的18.89%。

五、上市公司在行业中的影响力

上市建筑公司引领行业增长。建筑业的上市公司充分利用公共公司的品牌、公信力方面的优势，依靠资本市场融资条件优势，在整个行业中始终处在排头兵的位置，具有较强的代表性。2018年，建筑业上市公司共完成营业收入4.86万亿元，同比增长10.19%，占建筑业总产值的20.68%，实现利润1470亿元，同比增长3.63%，占行业总利润的18.14%。

上市建筑公司在细分领域普遍处于行业龙头地位。2018年，全球工程建设领域最权威的学术杂志《工程新闻纪录》（ENR），对全世界工程建筑领域的重要建筑企业进行排名，选出营业收入排在全球前250名的工程公司，上榜的中国企业大部分为上市的建筑公司。

审稿人：易华强

撰稿人：贺众营

批发和零售业

一、批发和零售业总体概况

（一）行业整体运行情况

2018年，宏观经济增速进一步放缓，批发零售行业承压，但中国将持续受益于人口结构红利、低线城市红利和社会结构红利，并有望于2020年成为世界最大的消费市场。从经济结构来看，2018年GDP为91.9万亿元，较2017年增长6.7%，增速下降0.2个百分点。2018年最终消费对经济增长的贡献率为76.2%，比2017年提升18.6个百分点。全国百家重点大型零售企业零售额较2017年增长0.7%，增速相比2017年下降2.1个百分点。

国家统计局的数据显示，2004～2018年，中国城镇居民人均可支配收入稳步提升，从2004年的9422元增长到2018年的39251元。2018年社会消费品零售总额38.1万亿元，较2017年名义增长9.0%（扣除价格因素实际增长6.9%）。2018年网上零售额9.0万亿元，较2017年增长23.9%。其中，实物商品网上零售额7.0万亿元，增长25.4%，占社会消费品零售总额的比重为18.4%。在实物商品网上零售额中，吃、穿和用类商品分别增长33.8%、22.0%和25.9%。

批发零售业是社会化大生产过程中的重要环节，是决定经济运行速度、质量和效益的引导性力量，是中国市场化程度最高、竞争较为激烈的行业之一。从长远来看，中国居民消费无论是从总量上，还是从结构上都有相当大的发展空间，这为中国批发零售行业的发展提供了良好的中长期宏观环境。

2018年，行业持续受益于减税降费、消费升级计划、完善促进消费体制机制等政策。中国已进入消费需求持续增长、消费结构加快升级、消费拉动经济作用明显增加的重要阶段。以传统消费提质升级、新兴消费蓬勃兴起为主要内容的新消费，及其催生的相关产业发展、科技创新、基础设施建设和公共服务等领域的新投资新供给，蕴藏着巨大的发展潜力和空间。

（二）细分行业运行概况

根据商品在流通环节中的批发活动和零售活动，批发与零售业主要分为批发业和零售业两个大类。

批发行业自20世纪90年代起进入快速发展期，限额以上批发业企业销售额增速自2008年后不断放缓，近年来传统批发行业均出现萎缩态势。一方面，批发市场份额增长渐缓、批发商数量不断减少；

另一方面，批发行业经营利润迅速下滑、用户留存率降低。从客流量、货物量、利润率等多个方面来看，昔日红火的批发市场都已大不如前。随着流通便利性增加及互联网与新模式的迅速发展，传统批发业正面临发展瓶颈。总体来讲，中国批发企业规模较小，市场集中度偏低，难以形成规模效应。

零售行业景气底部开始回暖，整体集中度开始提升，各细分业态基本面结构性差异较大。线上延续较高增长，随着互联网信息技术的高速发展，电商交易成为商品交易的重要方式。国家统计局调查显示，2018 年全国电子商务交易额达 31.6 万亿元，较 2017 年增长 8.5%，但增速有所放缓。

除了阿里巴巴、京东商城等综合电商保持较好增长之外，如跨境电商、社交电商、电商服务行业涌现龙头。2018 年中国进口跨境电商交易规模达 9 万亿元，同比增长 11.6%，相比 2017 年增速下降 8.63 个百分点。拼多多 2018 年 GMV 达 4716 亿元人民币，同比增长 234%；营业收入 131.2 亿元，较 2017 年同比增长 652%；归属于普通股股东的净亏损为 102.98 亿元，上一年同期为 4.99 亿元；非通用会计准则下，平台归属于普通股股东的净亏损为 34.56 亿元，对比上一年同期为 3.72 亿元。南极电商在 2018 年营业收入 33.53 亿元，较 2017 年增长 240.12%；归属净利润 8.86 亿元，较 2017 年增长 65.92%。

反观线下商企，整体仍处于洗牌整合过程，限额以上零售业单位中的超市、百货店、专业店和专卖店零售额比上年分别增长 6.8%、3.2%、6.2% 和 1.8%，增速持续放缓。生鲜超市作为线上线下融合模式的代表，增长迅速，百货行业则相对持续低迷。同时新技术、新模式开始在线上线下融合过程中试探、应用，以超市、百货为主的传统零售企业关店、重组、调整已成为常态，互联网数字化技术对商品流通产业链的智能化改造开启“新零售”时代。

二、行业内上市公司发展概况

（一）行业内上市公司基本情况

表 1　2018 年批发和零售业上市公司发行股票概况

门　类	A、B 股总数	A 股股票数	B 股股票数	境内总市值（亿元）	流通 A 股市值（亿元）	流通 B 股市值（亿元）
批发和零售业	173	164	9	11893.92	9352.28	63.49
占沪深两市比重（%）	4.72	4.47	0.25	2.73	2.65	4.63

资料来源：沪深交易所，同花顺。

（二）行业内上市公司构成情况

表 2　　2018 年批发和零售业上市公司构成情况

门　类	沪市			深市			ST/*ST
	仅 A 股	仅 B 股	A+B 股	仅 A 股	仅 B 股	A+B 股	
批发和零售业（家）	93	0	5	62	0	4	1/3
占行业内上市公司比重（%）	56.71	0.00	3.05	37.80	0.00	2.44	0.61/1.83

资料来源：沪深交易所，同花顺。

（三）行业内上市公司融资情况

表 3　　2018 年批发和零售业上市公司与沪深两市融资情况对比　　单位：家

门　类	融资家数	新股	增发	配股
批发和零售业	11	1	10	0
沪深两市总数	358	105	238	15
占比（%）	3.07	0.95	4.20	0.00

资料来源：沪深交易所，同花顺。

其中，首发的 1 家公司在主板上市；增发的 10 家公司中，有 8 家沪市、2 家深市。

按行业大类划分，进行融资的 11 家公司中，批发业 3 家，零售业 8 家。

从融资效果来看，上述公司实际发行数量为 445014.04 万股；实际募集资金 449.27 亿元，基本完成了融资计划。

2018 年批发和零售业上市公司融资情况明细见附录。

（四）行业内上市公司资产及业绩情况

表 4　　2018 年批发和零售业上市公司资产情况　　单位：亿元

指　标	2018 年	2018 年可比样本增长（%）	2017 年	2017 年可比样本增长（%）	2016 年
总资产	27518.43	8.65	24785.39	12.93	21564.74
流动资产	18100.96	10.47	15972.38	12.48	13750.50
占比（%）	65.78	1.08	64.44	-0.26	63.76
非流动资产	9417.46	5.33	8813.01	13.75	7814.23
占比（%）	34.22	-1.08	35.56	0.26	36.24
流动负债	14592.30	11.52	12787.99	12.03	10844.15

续表

指　标	2018年	2018年可比样本增长（%）	2017年	2017年可比样本增长（%）	2016年
占比（%）	53.03	1.36	51.59	-0.41	50.29
非流动负债	2841.83	5.88	2626.16	5.84	2523.2
占比（%）	10.33	-0.27	10.60	-0.71	11.70
归属于母公司股东权益	8858.02	3.81	8376.53	14.99	7355.95
占比（%）	32.19	-1.50	33.80	0.60	34.11

资料来源：沪深交易所，同花顺。

表5　　2018年批发和零售业上市公司收入实现情况　　单位：亿元

指　标	2018年	2018年可比样本增长（%）	2017年	2017年可比样本增长（%）	2016年
营业收入	39293.15	9.71	35315.06	31.54	25536.87
利润总额	1050.64	4.35	987.70	28.65	729.92
归属于母公司所有者的净利润	639.46	-3.37	660.54	30.90	477.04

资料来源：沪深交易所，同花顺。

（五）利润分配情况

2018年全年批发和零售业上市公司中共有118家公司实施了分红配股。其中，18家上市公司实施送股或转增股，114家上市公司实施派息。

2018年批发和零售业上市公司分红明细见附录。

（六）其他财务指标情况

1. 盈利能力指标

表6　　2018年批发和零售业上市公司盈利能力情况

指　标	2018年	2018年可比样本变动	2017年	2017年可比样本变动	2016年
毛利率（%）	10.87	0.32	10.39	-0.89	11.41
净资产收益率（%）	7.22	-0.54	7.89	0.96	6.49
销售净利率（%）	1.92	-0.19	2.13	-0.01	2.13
资产净利率（%）	2.86	-0.34	3.21	0.28	2.79

资料来源：沪深交易所，同花顺。

2. 偿债能力指标

表 7　　2018 年批发和零售业上市公司偿债能力指标

指　标	2018 年	2018 年可比样本变动	2017 年	2017 年可比样本变动	2016 年
流动比率	1.24	-0.01	1.25	0.00	1.27
速动比率	0.84	-0.02	0.87	0.00	0.88
资产负债率（%）	63.35	1.09	62.19	-1.12	61.99

资料来源：沪深交易所，同花顺。

3. 营运能力指标

表 8　　2018 年批发和零售业上市公司营运能力情况　　单位：次

营运能力指标	2018 年	2018 年可比样本变动	2017 年	2017 年可比样本变动	2016 年
存货周转率	6.43	-0.43	6.96	0.97	5.62
应收账款周转率	12.12	-1.18	13.15	-0.37	15.49
流动资产周转率	2.28	-0.06	2.34	0.22	2.03
固定资产周转率	14.05	0.38	13.66	2.17	11.14
总资产周转率	1.49	-0.03	1.51	0.14	1.31
净资产周转率	4.00	-0.06	4.05	0.24	3.60

资料来源：沪深交易所，同花顺。

三、重点细分行业介绍

表 9　　2018 年批发和零售业上市公司数量分布及市值情况

大　类	上市公司家数（家）	占行业内比重（%）	境内总市值（亿元）	占行业内比重（%）
零售业	86	52.44	7160.39	60.20
批发业	78	47.56	4733.54	39.80

资料来源：沪深交易所，同花顺。

（一）零售业

1. 行业概况

零售业指从工农业生产者、批发贸易业或居民购进商品，转卖给城乡居民作为生活消费和售给社会集团作为公共消费的商品流通企业。它是百货商店、超级市场、专门零售商店、品牌专卖店、售货摊等主要面向最终消费者（如居民等）的销售活动，包括以互联网、邮政、电话、售货机等方式的销售活动。

2018年，零售业行业内改革和变革优化在加快：存量优化方面，关店出清大幅提速、并购整合频率提升；增量布局方面，跨境电商、农村电商、互联网金融及电商代运营等细分领域具备较强的成长性，越来越多的企业借助资本纽带，通过外延并购整合切入其中。

2. 行业内上市公司发展情况

表10　　2018年零售业上市公司收入及资产增长情况　　单位：亿元

指　标	2018年	2018年可比样本增长（%）	2017年	2017年可比样本增长（%）	2016年
营业收入	14358.74	7.33	13173.13	12.35	11579.87
利润总额	546.55	-1.18	505.9	34.03	376.58
归属于母公司所有者的净利润	377.43	-1.75	353.67	34.55	257.84
总资产	13459.59	10.26	11933.23	10.67	12149.51
归属于母公司股东权益	5047.93	5.00	4744.99	14.12	4541.65

资料来源：沪深交易所，同花顺。

表11　　2018年零售业上市公司盈利能力情况

指　标	2018年	2018年可比样本变动	2017年	2017年可比样本变动	2016年
毛利率（%）	18.38	0.55	17.52	0.28	17.30
净资产收益率（%）	7.48	-0.51	7.45	1.13	5.68
销售净利率（%）	2.75	-0.33	2.86	0.50	2.38
资产净利率（%）	3.08	-0.52	3.31	0.48	2.55

资料来源：沪深交易所，同花顺。

表12　　2018年零售业上市公司偿债及营运情况

指　标	2018年	2018年可比样本变动	2017年	2017年可比样本变动	2016年
资产负债率（%）	59.04	1.67	57.03	-1.64	58.99
存货周转率（次）	5.62	-0.32	6.22	0.34	5.09
总资产周转率（次）	1.12	-0.05	1.16	-0.04	1.07

资料来源：沪深交易所，同花顺。

（二）批发业

1. 行业概况

批发业是指批发商向批发、零售单位及其他企业、事业、机关批量销售生活用品和生产资料的活动，以及从事进出口贸易和贸易经纪与代理的活动。批发商可以对所批发的货物拥有所有权，并以本单位、公司的名义进行交易活动；也可以不拥有货物的所有权，而以中介身份做代理销售商；还包括各类商品批发市场中固定摊位的批发活动。

中国的批发企业存在规模过小、商品流通效率低下、市场交易秩序混乱等缺陷。

2. 行业内上市公司发展情况

表 13　2018 年批发业上市公司收入及资产增长情况　单位：亿元

指　标	2018 年	2018 年可比样本增长（%）	2017 年	2017 年可比样本增长（%）	2016 年
营业收入	24934.41	12.61	22141.93	46.43	13957.00
利润总额	504.10	4.63	481.80	23.44	353.35
归属于母公司所有者的净利润	262.03	-14.61	306.87	26.93	219.21
总资产	14058.84	9.39	12852.16	15.11	9415.22
归属于母公司股东权益	3810.09	4.92	3631.53	16.13	2814.30

资料来源：沪深交易所，同花顺。

表 14　2018 年批发业上市公司盈利能力情况

指　标	2018 年	2018 年可比样本变动	2017 年	2017 年可比样本变动	2016 年
毛利率（%）	6.54	0.34	6.14	-0.51	6.53
净资产收益率（%）	6.88	-0.57	8.45	0.72	7.79
销售净利率（%）	1.45	-0.09	1.69	-0.27	1.93
资产净利率（%）	2.66	-0.17	3.11	0.08	3.09

资料来源：沪深交易所，同花顺。

表 15　2018 年批发业上市公司偿债及营运情况

指　标	2018 年	2018 年可比样本变动	2017 年	2017 年可比样本变动	2016 年
资产负债率（%）	67.48	0.68	66.98	-0.82	65.86
存货周转率（次）	6.94	-0.52	7.43	1.35	6.08
总资产周转率（次）	1.83	0.00	1.84	0.3	1.60

资料来源：沪深交易所，同花顺。

四、重点上市公司介绍

（一）永辉超市

永辉超市是中国大陆首批将生鲜农产品引进现代超市的流通企业之一。近年来，公司采取差异化战略进行错位竞争，形成以生鲜为特色的市场品牌。永辉是行业内为数不多的依然在扩张并能够在大部分地区盈利的超市企业。

公司2018年新开大型门店135家（不含会员店、超级物种），面积96.25万平方米；已开业大型门店合计708家，覆盖全国24个省和直辖市；已签约未开业门店达240家，储备面积188.48万平方米。

本年度公司继续推进线上业务，2018年超市到家业务已覆盖20个省区的88个城市，共计490家门店为消费者提供到家服务，实现销售额16.8亿元，占比2.4%，同比提高1.5%。其中，京东到家连接公司超市门店330家，同比新增95家。着力打造自营到家模式永辉生活APP，与互联网巨头合作快速拓展线上业务，强化线上场景服务能力，深入社区。

2018年永辉超市营业收入达705.17亿元，较2017年增长20.35%；营业利润12.64亿元，较2017年下降34.84%；归属母公司净利润达14.80亿元，较2017年下降18.52%。2018年，永辉超市食品用品收入为338.78亿元，占主营业务收入的51.69%，生鲜及加工收入为316.63亿元，占主营业务收入的48.31%。

表16　　永辉超市2015～2018年财务指标

项　目	2018年	2017年	2016年	2015年
营业总收入（万元）	7051665	5859134	4923165	4214482
营业总成本（万元）	6992092	5676481	4790901	4132593
营业利润（万元）	126446	194065	149760	76074
利润总额（万元）	144902	203316	155649	79732
归属母公司股东的净利润（万元）	148035	181679	124201	60532
销售毛利率（%）	22.15	20.84	20.19	19.83
销售净利率（%）	1.41	2.88	2.47	1.42
资产负债率（%）	50.96	37.91	34.64	39.51

资料来源：Wind资讯。

（二）苏宁易购

苏宁易购是中国3C（家电、电脑、通信）家电连锁零售行业的领先者。截至2018年，公司拥有8815家直营店，其中，家电3C店2105家、苏宁易购直营店2368家、母婴店157家、超市店8家、苏宁小店4177家（不单独列示苏宁易购广场）。整体格局上来看，公司已经形成了

“一大、两小、多专”的业态产品族群，“一大”是指苏宁易购广场，“两小”是指苏宁小店与苏宁易购直营店；“多专”是指专注于垂直类目经营的，如家电3C、母婴、超市、家居生活等业态店面。2018年，公司大陆地区家电3C可比店面收入同比上升2.39%。

截至2018年12月末，苏宁易购零售注册用户数4.07亿，2018年12月移动端月活跃用户同比增长43.25%。2018年，公司总商品销售规模3367.57亿元，同比增长38.39%，线上平台交易总规模为2083.54亿元，同比增长64.45%，其中，线上平台自营商品销售规模1497.92亿元，同比增长53.70%，开放平台商品交易规模为585.62亿元，同比增长100.31%。

苏宁物流及天天快递2018年拥有仓储及相关配套合计面积950万平方米，拥有27444个快递网点、50个物流基地、264个县级综合服务中心。2017年苏宁物流收入（不含天天快递）32.7亿元，同比增长16.6%。

苏宁金融聚焦支付、供应链金融、消费金融、产品销售四大核心业务，募资53.35亿元引入战略股东，进一步强化在资金、场景、人才资源方面的竞争力。2018年金融服务收入25.72亿元，同比增80.44%。

2018年，苏宁易购实现营业收入2449.56亿元，较2017年增长30.35%；实现利润总额139.45亿元，较2017年增长221.91%；归属母公司股东的净利润达到133.28亿元，较2017年增长216.38%。

表17　　苏宁易购2015～2018年财务指标

项　目	2018年	2017年	2016年	2015年
营业总收入（万元）	24495657	18792776	14858533	13554763
营业总成本（万元）	24593427	18848013	14999501	11598118
营业利润（万元）	1365855	407610	205	-61002
利润总额（万元）	1394546	433204	90089	88896
归属母公司股东的净利润（万元）	1332756	421252	70441	87250
销售毛利率（%）	15.00	14.10	14.36	13.70
销售净利率（%）	5.16	2.15	0.33	0.56
资产负债率（%）	55.78	46.83	49.02	63.75

资料来源：Wind资讯。

（三）王府井

王府井拥有极高的品牌价值和市场影响力，是中国零售业最知名的品牌之一。公司主要业务为商品零售和商业物业出租业务，覆盖传统百货、购物中心、奥特莱斯及超市四大主力业态，形成了处于不同发展阶段的门店梯次，同时拥有线上自建零售渠道和加速扩张的便利店品牌。公司营业收入主要来自于公司旗下各门店的商品销售收入以及功能商户的租金收入。

截至2018年年末，王府井旗下共有51家门店，包括31家百货、11家购物中心、9家奥特莱斯，合计经营建筑面积264.6万平方米，涉及东北、华北、华中、华南、华东、西南、西北七大经济区域的31个城市。公司51家门店中自有物业门店17家，总自有经营建筑面积109.1万平方米。2018年，公司新开门店1家，关店4家，净减少3家门店。

受关店和消费低迷的影响，2018年公司百购收入增长承压，同比减少0.1%；奥特莱斯延续高增长，2018年收入同比增加8.5%。2018年西南、西北地区营业收入分别同比增加4.1%、2.8%；长春奥莱开业和次新店成长带动东北地区收入同比增加18.7%。2018年贝尔蒙特贡献收入、净利润分别为65.1亿元、3.3亿元，分别同比增加4.2%、29.08%。京外重要子公司盈利提升，2018年武汉、洛阳、西宁、包头百货净利润分别同比增加18.6%、16.7%、9.3%、7.6%。2018年公司有效税率同比减少2.6个百分点至28.0%。

2018年，公司实现营业收入267.11亿元，同比增长2.40%；营业利润16.29亿元，同比增长21.97%，实现归属于上市公司股东的净利润12.01亿元，同比增长32.05%。

表18　　王府井2015～2018年财务指标

项　目	2018年	2017年	2016年	2015年
营业总收入（万元）	2671116	2608522	1779512	1732763
营业总成本（万元）	2511250	2474869	1700396	1645078
营业利润（万元）	162887	133544	78858	105954
利润总额（万元）	170285	134336	84853	93573
归属母公司股东的净利润（万元）	120143	90982	57483	66124
销售毛利率（%）	21.18	20.72	21.38	21.43
销售净利率（%）	4.59	3.57	3.18	3.82
资产负债率（%）	47.11	45.56	40.01	47.06

资料来源：Wind资讯。

（四）拼多多

公司依托于微信的巨大流量池、创新的社交拼购模式的快速崛起，通过去中间化、去品牌溢价打造极致性价比，目前已经成长为国内第三大综合性电子商务平台（用户规模维度）。

截至2018年年末，拼多多年度活跃用户4.19亿（阿里同期6.36亿）、移动月活用户2.73亿（阿里同期6.99亿），在用户规模上稳居电商第二名，并进一步拉近与头名阿里的差距。2018年拼多多实现GMV4716亿元，同比增长233.99%，人均年均消费1126.88元，同比增长95.37%，处于快速提升期。2018 年，拼多多实现营业收入 131.20 亿元，同比增长 652.26%；其中，广告营销收入 115.16 亿元，同比增长 852.27%，广告货币化率 0.9%（2017 年 2.4%）；佣金收入 16.04 亿元，同比增长 201.91%，佣金货币化率 0.34%（2018 年 0.4%）。

2018 年，公司实现营业收入 131.20 亿元，同比上升 652.26%；GAAP 净亏损 102.98 亿元，净利润率 -77.87%（2017 年 -30.11%）；Non-GAAP 净亏损 34.56 亿元，净利润率 -26.34%（2017 年 -21.34%）。

表 19　　拼多多 2015~2018 年财务指标

项　目	2018 年	2017 年	2016 年	2015 年
营业总收入（万元）	1311999	174408	50486	/
营业总成本（万元）	2391973	233980	79107	/
营业利润（万元）	-1079974	-59572	-28621	/
净利润（GAAP，万元）	-1029762	-49870	-32241	/
净利润（Non-GAAP，万元）	-345605	-37220	-31834	/
销售毛利率（%）	77.86	58.56	-14.46	/
销售净利率（%）	-77.87	-30.11	-57.83	/
资产负债率（%）	56.41	90.95	79.87	/

资料来源：Wind 资讯。

（五）天虹股份

天虹股份是中外合资的连锁零售企业，其控股股东是中国航空工业集团下属的中国航空技术深圳有限公司。公司成立于 1984 年，立足珠三角向全国扩张。公司已进驻广东、江西、湖南、福建、江苏、浙江、北京、四川共计 8 个省市。2018 年公司新开 6 家购物中心、8 家 sp@ce 独立超市、2 家百货及 48 家便利店，新签 17/13 个百购/独立超市项目。截至 2018 年年底，公司拥有 68 家百货、13 家购物中心、81 家超市（含店中店）和 159 家便利店。

2018 年公司百货、购物中心、超市业态可比店收入分别同比增加 0.03%、5.55%、4.02%，利润总额分别同比增加 20.22%、64.41%、2.70%。估算剔除联营转租赁影响，2018 年公司可比店销售额、收入分别同比增加 8.58%、6.62%。

公司数字化成效显著，持续推进供应链建设。超市到家业务“天虹到家”销售额同比增加 118%；数字化经营管理提效工具大内总管日均启动近 4 万次；超市自助买单销售额占比 35%，全年数字化专柜 571 个。截至 2018 年年底天虹数字化会员人数达 1644 万，其中，虹领巾会员同比增加 40% 至 840 万，线上 GMV 同比增加 32%。国际、生鲜直采销售额分别同比增加 61%、3.2%；自有品牌销售额同比增加102%，即食食品销售额同比增加39%。

2018年，公司实现营业收入191.38亿元，同比增长3.25%；利润总额11.69亿元，同比增长25.51%；实现归属于上市公司股东的净利润9.04亿元，同比增长25.92%。

表20　　天虹股份2015～2018年财务指标

项　目	2018年	2017年	2016年	2015年
营业总收入（万元）	1913795	1853628	1727296	1739606
营业总成本（万元）	1811818	1771511	1665922	1682427
营业利润（万元）	116295	92309	67261	175948
利润总额（万元）	116880	93126	71529	167103
归属母公司股东的净利润（万元）	90438	71819	52411	120841
销售毛利率（%）	27.25	25.76	24.16	23.57
销售净利率（%）	4.73	3.87	3.03	6.94
资产负债率（%）	59.57	60.88	62.07	60.29

资料来源：Wind资讯。

（六）家家悦

家家悦的主营业务为超市连锁经营，公司是以大卖场和综合超市为业态主体，以区域一体化物流为支撑，以发展现代农业生产基地和食品深加工产业链为保障，以经营生鲜为特色的全供应链、多业态的综合性零售服务商。2018年年末，公司各业态连锁门店数量732家，其中，大卖场108家、综合超市537家、百货店13家、宝宝悦等其他业态门店74家。2018年，门店生鲜和食品的销售占比达到90.80%。

2018年公司同店增加2.7%，其中大卖场、综超同店增加2.9%、2.8%。2018年公司新开门店76家，其中，大卖场、综超、宝宝悦、便利店分别为10、40、13、13家。全年闭店28家，净开店48家，其中，胶东、山东其他地区分别展店54、22家。2018年公司改造门店100余处。

2018年公司新增西部56个门店试点合伙人制，总合伙人制门店达到89家，试点门店销售同比高于平均水平；10多家门店增加线上业务，线下会员与线上微信会员全面打通，总会员数603万。2018年公司综合毛利率同比增长0.20个百分点至21.77%，销售、管理、财务费用率分别同比减少0.07个百分点、增加0.19个百分点、增加0.09个百分点，借助生鲜加工中心、中央厨房、食品工业园优势，2018年公司自有品牌占比同比提升0.87个百分点至9.83%。

2018年，公司实现营业收入127.31亿元，同比增长12.36%；利润总额5.12亿元，同比增长25.03%；实现归属于上市公司股东的净利润4.30亿元，同比增长38.35%。

表 21　　家家悦 2015～2018 年财务指标

项　目	2018 年	2017 年	2016 年	2015 年
营业总收入（万元）	1273071	1133038	1077696	1048558
营业总成本（万元）	1228287	1093337	1043392	1013824
营业利润（万元）	51304	41410	34198	34657
利润总额（万元）	51194	40954	36261	37265
归属母公司股东的净利润（万元）	42992	31074	25125	24725
销售毛利率（%）	21.77	21.58	21.68	22.14
销售净利率（%）	3.34	2.74	2.33	2.36
资产负债率（%）	60.76	60.42	61.17	77.73

资料来源：Wind 资讯。

五、上市公司在行业中的影响力

批发与零售是中国市场化程度最高、竞争最激烈的行业。中国地域分布较广，渠道深度大，在商业区域代理格局下，上市公司区域格局明显。

根据 CCFA 发布了《2018 年中国连锁百强名单》，上榜的 100 家连锁企业合计实现销售额 2.39 万亿元（含税），同比增长 7.7%。排名前三的连锁企业分别为苏宁易购、国美零售和华润万家，2018 年分别实现销售额 3368 亿元、1382 亿元、1013 亿元（含税），同比增加 38.4%、减少 10.1%、减少 2.3%。2018 年连锁百强名单入围门槛为销售额 32.61 亿元，前 10 名连锁企业中有 7 个实现销售额正增长，头部连锁企业市场地位进一步巩固。

2018 年，百强连锁企业合计门店 13.83 万家，同比增长 16.0%。截至 2018 年年末，头部连锁苏宁易购、国美零售、华润万家分别拥有门店总数 11064 家、2122 家、3192 家，同比增加 183.3%、32.3%、0.9%，龙头连锁企业快速展店。

电商保持较快增长，与实体合作加强。2018 年是电商与实体合作持续推进的一年，例如，阿里巴巴和高鑫零售加强合作，天猫超市的休闲零食、家清家居、收纳日用、洗护美妆等快消品在大润发上架。京东和永辉超市合作持续，京东到家连接永辉超市门店 330 家，同比新增 95 家。

在未来的双线融合发展中，批发与零售行业上市公司需进一步提升采购、仓储物流、IT 系统等供应链效率，在行业洗牌中进一步提升市场份额，转型升级，在创新中寻求发展。

审稿人：金晟哲

撰稿人：宋星琦

交通运输、仓储和邮政业

一、交通运输、仓储和邮政业总体概况

（一）行业整体运行情况

2018年，国内外宏观经济稳健复苏，全社会货运量及客货周转量均较2017年有所增长，客运量增速较2017年小幅下降。2018年全社会旅客运输量累计完成179.2亿人次，较2017年下降3.1%；全社会旅客运输周转量完成34213.5亿人公里，较2017年增加4.3%。2018年全社会货运量累计完成514.6亿吨，较2017年增加7.1%；全社会货运周转量累计完成205451.6亿吨公里，较2017年增加4.1%。其中，除公路、水路客运量有所降低之外，公路、水路货运量，铁路、航空客货运量均有所提升。

根据交通运输部的统计数据，2018年交通运输固定资产投资完成32235亿元，较2017年增长0.7%，增速较2017年大幅放缓。其中，铁路运输固定资产投资完成8028亿元，较2017年增加0.2%；水上运输业固定资产投资完成1191亿元，较2017年减少3.8%；道路运输业固定资产投资完成21335亿元，较2017年增加0.4%，增速较2017年放缓；航空运输业固定资产投资完成857亿元，较2017年下降1.3%。

（二）细分行业运行概况

2018年，各细分行业景气不一，从不同的细分运输方式来看，公路旅客运输量完成136.50亿人次，较2017年降低6.30%；公路旅客运输周转量完成9275.50亿人公里，较2017年降低5.01%。铁路旅客运输量完成33.70亿人次，较2017年增长9.28%；铁路旅客运输周转量完成14146.60亿人公里，较2017年增长5.13%。水路旅客运输量完成2.80亿人次，较2017年减少1.06%；水路旅客运输周转量完成79.80亿人公里，较2017年增长2.70%。航空旅客运输量完成6.10亿人次，较2017年增长10.60%；航空旅客运输周转量完成107.12亿人公里，较2017年增长12.60%。

2018年公路货运量完成395.90亿吨，较2017年增长7.38%；公路货运周转量完成71202.50亿吨公里，较2017年增长6.64%。铁路货运量完成40.30亿吨，较2017年增长9.25%；铁路货运周转量完成28821.00亿吨公里，较2017年增长6.89%。水路货运量完成69.90亿吨，较2017年增长4.66%；水路货运周转量完成99303.60亿吨公里，较2017年

增长0.70%；航空货运量完成738.50万吨，较2017年增长4.62%；航空货运周转量完成262.40亿吨公里，较2017年增长7.74%。

2018年，全国港口完成货物吞吐量143.51亿吨，比2017年增长2.5%。其中，沿海港口完成94.63亿吨，增长4.5%；内河港口完成48.88亿吨，下降1.3%。全国港口完成集装箱吞吐量2.51亿TEU（国际标准箱单位），比2017年增长5.3%。其中，沿海港口完成2.22亿TEU，增长5.2%；内河港口完成2909万TEU，增长29.4%。

二、行业内上市公司发展概况

（一）行业内上市公司基本情况

表1　　2018年交通运输、仓储和邮政业上市公司发行股票概况

门　类	A、B股总数	A股股票数	B股股票数	境内总市值（亿元）	流通A股市值（亿元）	流通B股市值（亿元）
交通运输、仓储和邮政业	107	100	7	16262.67	11883.29	96.14
占沪深两市比重（%）	2.92	2.73	0.19	3.74	3.37	7.01

资料来源：沪深交易所，同花顺。

（二）行业内上市公司构成情况

表2　　2018年交通运输、仓储和邮政业上市公司构成情况

门　类	沪市			深市			ST/*ST
	仅A股	仅B股	A+B股	仅A股	仅B股	A+B股	
交通运输、仓储和邮政业（家）	64	0	4	30	1	2	0/0
占行业内上市公司比重（%）	63.37	0.00	3.96	29.70	0.99	1.98	0.00/0.00

资料来源：沪深交易所，同花顺。

（三）行业内上市公司融资情况

表3　　2018年交通运输、仓储和邮政业上市公司与沪深两市融资情况对比　　单位：家

门　类	融资家数	新股	增发	配股
交通运输、仓储和邮政业	14	5	9	0
沪深两市总数	358	105	238	15
占比（%）	3.91	4.76	3.78	0.00

资料来源：沪深交易所，同花顺。

其中，首发的5家公司中，有2家在中小板上市，0家在创业板上市；增发的9家公司中，有6家沪市、3家深市及1家中小板公司。

按行业大类划分，进行融资的14家公司中，仓储业1家，道路运输业2家，航空运输业3家，水上运输业4家，装卸搬运和运输代理业2家，邮政业2家，分别占比7.14%、14.29%、21.43%、28.57%、14.29%、14.29%。

从融资效果来看，上述公司实际发行数量为450481.97万股；实际募集资金484.38亿元，基本完成了融资计划。

2018年交通运输、仓储和邮政业上市公司融资情况明细见附录。

（四）行业内上市公司资产及业绩情况

表4　**2018年交通运输、仓储和邮政业上市公司资产情况**　单位：亿元

指　标	2018年	2018年可比样本增长（%）	2017年	2017年可比样本增长（%）	2016年
总资产	31993.86	16.45	27473.92	9.61	24441.06
流动资产	6585.06	16.10	5671.97	13.56	5375.18
占比（%）	20.58	-0.06	20.64	0.72	21.99
非流动资产	25408.80	16.54	21801.94	8.63	19065.88
占比（%）	79.42	0.06	79.36	-0.72	78.01
流动负债	9017.62	23.40	7307.77	15.71	6475.45
占比（%）	28.19	1.59	26.60	1.40	26.49
非流动负债	8372.56	13.30	7389.95	2.29	7309.53
占比（%）	26.17	-0.73	26.90	-1.92	29.91
归属于母公司股东权益	12704.86	10.28	11520.54	10.76	9590.12
占比（%）	39.71	-2.22	41.93	0.44	39.24

资料来源：沪深交易所，同花顺。

表5　**2018年交通运输、仓储和邮政业上市公司收入实现情况**　单位：亿元

指　标	2018年	2018年可比样本增长（%）	2017年	2017年可比样本增长（%）	2016年
营业收入	13747.25	15.25	11466.23	17.45	9120.66
利润总额	1437.77	-14.16	1599.77	39.70	998.45
归属于母公司所有者的净利润	999.85	-14.66	1146.54	43.58	688.57

资料来源：沪深交易所，同花顺。

（五）利润分配情况

2018 年全年交通运输、仓储和邮政业上市公司中共有 88 家公司实施了分红配股。其中，10 家上市公司实施送股或转增股，88 家上市公司实施派息，没有公司既实施送股、转增，又实施派息。

2018 年交通运输、仓储和邮政业上市公司分红明细见附录。

（六）其他财务指标情况

1. 盈利能力指标

表 6　　2018 年交通运输、仓储和邮政业上市公司盈利能力情况

指　标	2018 年	2018 年可比样本变动	2017 年	2017 年可比样本变动	2016 年
毛利率（%）	16.85	-1.64	18.43	-1.28	18.93
净资产收益率（%）	7.87	-2.04	9.95	2.27	7.18
销售净利率（%）	8.15	-2.92	10.96	1.93	8.37
资产净利率（%）	3.67	-1.21	4.78	1.16	3.27

资料来源：沪深交易所，同花顺。

2. 偿债能力指标

表 7　　2018 年交通运输、仓储和邮政业上市公司偿债能力指标

指　标	2018 年	2018 年可比样本变动	2017 年	2017 年可比样本变动	2016 年
流动比率	0.73	-0.05	0.78	-0.01	0.83
速动比率	0.66	-0.02	0.68	-0.02	0.70
资产负债率（%）	54.35	1.06	53.50	-0.52	56.40

资料来源：沪深交易所，同花顺。

3. 营运能力指标

表 8　　2018 年交通运输、仓储和邮政业上市公司营运能力情况　　单位：次

营运能力指标	2018 年	2018 年可比样本变动	2017 年	2017 年可比样本变动	2016 年
存货周转率	16.20	1.61	14.29	0.63	10.75
应收账款周转率	17.65	0.66	16.73	1.15	11.71
流动资产周转率	2.20	0.02	2.15	0.11	1.88
固定资产周转率	1.01	0.06	0.93	0.11	0.80
总资产周转率	0.45	0.01	0.44	0.04	0.39
净资产周转率	0.98	0.02	0.94	0.14	0.88

资料来源：沪深交易所，同花顺。

三、重点细分行业介绍

表 9　　2018 年交通运输、仓储和邮政业公司数量分布及市值情况

大　类	上市公司家数（家）	占行业内比重（%）	境内总市值（亿元）	占行业内比重（%）
道路运输业	36	35.64	2754.34	16.94
铁路运输业	4	3.96	1543.56	9.49
仓储业	9	8.91	370.45	2.28
航空运输业	13	12.87	4164.56	25.61
水上运输业	28	27.72	4477.18	27.53
装卸搬运和其他运输代理业	6	5.94	292.91	1.80
邮政业	5	4.95	2659.68	16.35

资料来源：沪深交易所，同花顺。

（一）仓储业

1. 行业概况

2018 年，中国社会物流总额高达 283.1 万亿元，与 5 年前相比增长 43% 左右，5 年年均可比增幅约为 7.5%；社会物流总费用与 GDP 的比率从 5 年前的 18.0%，降至 2018 年的 14.8%，物流行业运行效率有所提升。

2. 行业内上市公司发展情况

表 10　　2018 年仓储业上市公司收入及资产增长情况　　单位：亿元

指　标	2018 年	2018 年可比样本增长（%）	2017 年	2017 年可比样本增长（%）	2016 年
营业收入	510.98	8.04	401.80	63.32	244.39
利润总额	-28.21	-207.00	24.84	24.59	20.30
归属于母公司所有者的净利润	-31.96	-267.72	17.48	27.29	14.01
总资产	391.70	5.85	438.48	5.25	432.51
归属于母公司股东权益	182.55	-13.95	215.98	9.55	208.29

资料来源：沪深交易所，同花顺。

表 11　　2018 年仓储业上市公司盈利能力情况

指　标	2018 年	2018 年可比样本变动	2017 年	2017 年可比样本变动	2016 年
毛利率（%）	6.33	0.53	7.25	-4.92	12.32
净资产收益率（%）	-17.51	-26.49	8.09	1.13	6.73
销售净利率（%）	-6.24	-10.39	4.53	-1.43	6.13
资产净利率（%）	-8.37	-13.75	4.26	0.37	3.83

资料来源：沪深交易所，同花顺。

表 12　　2018 年仓储业上市公司偿债及营运情况

指　标	2018 年	2018 年可比样本变动	2017 年	2017 年可比样本变动	2016 年
资产负债率（%）	50.78	10.47	44.49	-4.15	47.80
存货周转率（次）	24.27	14.23	8.48	3.65	4.68
总资产周转率（次）	1.34	0.05	0.94	0.29	0.63

资料来源：沪深交易所，同花顺。

（二）道路运输业

1. 行业概况

2018 年，全国营业性客运车辆完成公路客运量 136.72 亿人次，旅客周转量 9279.68 亿人公里，比 2017 年分别减少 6.2% 和 5.0%，平均运距为 67.87 公里。完成货运量 395.69 亿吨，货物周转量 71249.21 亿吨公里，比 2017 年分别增长 7.3% 和 6.7%，平均运输距离为 180.06 公里。

全年完成公路建设投资 21335 亿元，比 2017 年增长 0.4%。其中，高速公路建设完成投资 9972 亿元，增长 7.7%；普通国省道建设完成投资 6378 亿元，下降 12.2%；农村公路建设完成投资 4986 亿元，增长 5.4%。

2. 行业内上市公司发展情况

表 13　　2018 年道路运输业上市公司收入及资产增长情况　　单位：亿元

指　标	2018 年	2018 年可比样本增长（%）	2017 年	2017 年可比样本增长（%）	2016 年
营业收入	1220.20	-1.12	1185.69	11.15	975.86
利润总额	371.27	10.11	333.57	12.83	250.49
归属于母公司所有者的净利润	274.65	11.51	243.50	12.06	185.28
总资产	5833.88	5.66	5202.30	6.20	4261.38
归属于母公司股东权益	2681.07	3.62	2537.28	7.41	1974.33

资料来源：沪深交易所，同花顺。

表 14　　2018 年道路运输业上市公司盈利能力情况

指　标	2018 年	2018 年可比样本变动	2017 年	2017 年可比样本变动	2016 年
毛利率（%）	33.37	0.24	33.37	-1.18	34.22
净资产收益率（%）	10.24	0.73	9.60	0.40	9.38
销售净利率（%）	24.20	2.74	22.08	0.47	19.68
资产净利率（%）	5.20	0.14	5.18	0.36	4.59

资料来源：沪深交易所，同花顺。

表 15　　2018 年道路运输业上市公司偿债及营运情况

指　标	2018 年	2018 年可比样本变动	2017 年	2017 年可比样本变动	2016 年
资产负债率（%）	50.36	0.52	47.90	0.00	50.69
存货周转率（次）	3.29	-0.03	3.30	0.80	2.42
总资产周转率（次）	0.21	-0.02	0.23	0.01	0.23

资料来源：沪深交易所，同花顺。

（三）航空运输业

1. 行业概况

2018 年，航空运输业完成运输总周转量 1206.53 亿吨公里，较 2017 年增加 123.45 亿吨公里，增长 11.40%；其中，旅客周转量 10711.6 亿人公里，较 2017 年增加 1198.6 亿人公里，增长 12.60%；货邮周转量 262.40 亿吨公里，较 2017 年增加 18.85 亿吨公里，增长 7.74%。

2018 年，国内航线完成运输周转量 771.51 亿吨公里，较 2017 年增加 76.91 亿吨公里，增长 11.07%；其中，港澳台航线完成 17.51 亿吨公里，较 2017 年增加 1.41 亿吨公里，增加 8.76%；国际航线完成运输周转量 435.02 亿吨公里，较 2017 年增加 46.54 亿吨公里，增长 11.98%。

2018 年，全行业完成旅客运输量 61000 万人次，较 2017 年增加 5844 万人次，增长 10.60%。国内航线完成旅客运输量 54807 万人次，较 2017 年增加 5196 万人次，增长 10.47%；其中，港澳台航线完成 1127 万人次，较 2017 年增加 100 万人次，增加 9.75%；国际航线完成旅客运输量 6367 万人次，较 2017 年增加 822 万人次，增加 14.83%。

2018 年，全行业完成货邮运输量 738.50 万吨，较 2017 年增长 4.62%。国内航线完成货邮运输量 495.79 万吨，较 2017 年增长 2.48%；其中，港澳台航线完成 23.48 万吨，较 2017 年下降 2.98%；国际航线完成货邮运输量 242.72 万吨，较 2017 年增加 9.28%。

截至 2018 年年底，民航全行业运输飞机期末在册架数 3639 架，较 2017 年增加343架。定期航班航线4945条，按不重复距离计算的航线里程为838.0万公里。

2. 行业内上市公司发展情况

表16　　2018年航空运输业上市公司收入及资产增长情况　　单位：亿元

指　标	2018年	2018年可比样本增长（%）	2017年	2017年可比样本增长（%）	2016年
营业收入	5374.60	13.18	4714.19	12.87	4189.31
利润总额	267.29	-42.99	464.41	18.67	391.33
归属于母公司所有者的净利润	194.52	-40.56	323.49	17.65	274.94
总资产	10859.89	7.34	10062.81	11.94	8989.00
归属于母公司股东权益	3590.41	9.93	3254.67	14.65	2838.74

资料来源：沪深交易所，同花顺。

表17　　2018年航空运输业上市公司盈利能力情况

指　标	2018年	2018年可比样本变动	2017年	2017年可比样本变动	2016年
毛利率（%）	12.82	-2.21	14.98	-4.55	19.78
净资产收益率（%）	5.42	-4.60	9.94	0.25	9.69
销售净利率（%）	3.95	-3.69	7.62	0.39	7.21
资产净利率（%）	2.03	-1.77	3.77	0.26	3.51

资料来源：沪深交易所，同花顺。

表18　　2018年航空运输业上市公司偿债及营运情况

指　标	2018年	2018年可比样本变动	2017年	2017年可比样本变动	2016年
资产负债率（%）	63.22	-0.34	63.47	-1.08	64.55
存货周转率（次）	72.64	8.53	64.17	9.72	54.45
总资产周转率（次）	0.51	0.02	0.49	0.01	0.49

资料来源：沪深交易所，同花顺。

（四）水上运输业

1. 行业概况

2018年水上运输业完成客运量2.80亿人，比2017年下降1.1%，旅客周转量79.57亿人公里，比2017年增长2.5%。完成货运量70.27亿吨，增长5.2%，货物周转量99052.82亿吨公里，增长0.4%。其中，内河运输完成货运量37.43亿吨、货物周转量15365.89亿吨公里；沿海运输完成货运量25.14亿吨、货物周转量31760.34亿吨公里；远洋运输完成货运量7.70亿吨、货物周转量51926.58亿吨公里。

全年完成水运建设投资1191亿元，比2017年下降3.8%。其中，内河建设完成投资628亿元，增长10.3%；沿海建设完成投资563亿元，下降15.8%。

2. 行业内上市公司发展情况

表19　　2018年水上运输业上市公司收入及资产增长情况　　单位：亿元

指　标	2018年	2018年可比样本增长（%）	2017年	2017年可比样本增长（%）	2016年
营业收入	3458.38	15.61	2894.03	16.81	2713.62
利润总额	423.75	-13.08	430.94	109.20	195.01
归属于母公司所有者的净利润	268.86	-15.27	295.17	173.34	100.61
总资产	11352.67	14.37	8795.72	8.47	8767.45
归属于母公司股东权益	3935.39	6.89	3419.12	6.89	3089.83

资料来源：沪深交易所，同花顺。

表20　　2018年水上运输业上市公司盈利能力情况

指　标	2018年	2018年可比样本变动	2017年	2017年可比样本变动	2016年
毛利率（%）	18.15	-1.02	18.88	2.65	14.42
净资产收益率（%）	6.83	-1.79	8.63	5.26	3.26
销售净利率（%）	9.66	-3.79	12.13	6.08	5.19
资产净利率（%）	3.14	-1.32	4.15	2.31	1.70

资料来源：沪深交易所，同花顺。

表21　　2018年水上运输业上市公司偿债及营运情况

指　标	2018年	2018年可比样本变动	2017年	2017年可比样本变动	2016年
资产负债率（%）	55.05	2.70	54.26	0.40	58.51
存货周转率（次）	9.37	-0.45	9.57	-6.04	8.78
总资产周转率（次）	0.33	-0.01	0.34	0.04	0.33

资料来源：沪深交易所，同花顺。

（五）铁路运输业

1. 行业概况

2018 年全国铁路完成旅客发送量 33.75 亿人，比 2017 年增长 9.4%，旅客周转量 14146.58 亿人公里，增长 5.1%。其中，国家铁路旅客发送量 33.17 亿人，增长 9.2%，旅客周转量 14063.99 亿人公里，增长 5.0%。

2018 年全国铁路完成货运总发送量 40.26 亿吨，比 2017 年增长 9.2%，货运总周转量 28820.99 亿吨公里，增长 6.9%。其中，国家铁路完成货运总发送量 31.91 亿吨，增长 9.3%，货运总周转量 25800.96 亿吨公里，增长 7.1%。

2018 年全国铁路总换算周转量完成 42967.57 亿吨公里，比 2017 年增加 2548.44 亿吨公里，增长 6.3%。其中，国家铁路 39864.95 亿吨公里，比 2017 年增长 6.3%。

2018 年全国铁路固定资产投资完成 8028 亿元，投产新线 4683 公里，其中，高速铁路 4100 公里。

2. 行业内上市公司发展情况

表 22　2018 年铁路运输业上市公司收入及资产增长情况　单位：亿元

指　标	2018 年	2018 年可比样本增长（%）	2017 年	2017 年可比样本增长（%）	2016 年
营业收入	1145.72	29.44	863.11	25.67	686.81
利润总额	226.49	13.21	187.06	75.19	106.78
归属于母公司所有者的净利润	159.83	8.16	147.83	72.36	85.77
总资产	1967.07	5.41	1755.52	3.93	1689.09
归属于母公司股东权益	1459.44	5.22	1373.75	8.31	1268.30

资料来源：沪深交易所，同花顺。

表 23　2018 年铁路运输业上市公司盈利能力情况

指　标	2018 年	2018 年可比样本变动	2017 年	2017 年可比样本变动	2016 年
毛利率（%）	19.38	-2.89	21.01	6.09	14.93
净资产收益率（%）	10.95	0.30	10.76	4.00	6.76
销售净利率（%）	15.35	-2.07	16.83	4.48	12.35
资产净利率（%）	9.17	0.50	8.43	3.27	5.16

资料来源：沪深交易所，同花顺。

表 24　　2018 年铁路运输业上市公司偿债及营运情况

指　标	2018 年	2018 年可比样本变动	2017 年	2017 年可比样本变动	2016 年
资产负债率（%）	21.76	-0.15	20.89	-2.99	23.88
存货周转率（次）	18.16	4.46	13.63	0.82	12.80
总资产周转率（次）	0.60	0.10	0.50	0.08	0.42

资料来源：沪深交易所，同花顺。

（六）装卸搬运和运输代理业

1. 行业概况

2018 年中国物流总额达到 283.1 万亿元，按可比价格计算，较 2017 年上涨 6.4%。2018 年中国装卸搬运和运输代理业就业人数出现了一定的下滑，较 2017 年下跌 26.70%，至 31.38 万人。

2. 行业内上市公司发展情况

表 25　　2018 年装卸搬运和运输代理业上市公司收入及资产增长情况　　单位：亿元

指　标	2018 年	2018 年可比样本增长（%）	2017 年	2017 年可比样本增长（%）	2016 年
营业收入	314.34	24.00	270.22	39.50	142.47
利润总额	20.83	-6.87	33.52	49.27	16.26
归属于母公司所有者的净利润	14.87	-4.24	26.16	38.37	14.25
总资产	291.14	22.03	318.96	21.33	189.95
归属于母公司股东权益	135.50	20.69	181.11	15.48	128.58

资料来源：沪深交易所，同花顺。

表 26　　2018 年装卸搬运和运输代理业上市公司盈利能力情况

指　标	2018 年	2018 年可比样本变动	2017 年	2017 年可比样本变动	2016 年
毛利率（%）	12.50	-2.19	13.55	-0.70	12.35
净资产收益率（%）	10.98	-2.86	14.44	2.39	11.08
销售净利率（%）	5.23	-1.65	10.40	0.26	10.51
资产净利率（%）	6.21	-1.93	9.66	1.23	9.08

资料来源：沪深交易所，同花顺。

表 27　　2018 年装卸搬运和运输代理业上市公司偿债及营运情况

指　标	2018 年	2018 年可比样本变动	2017 年	2017 年可比样本变动	2016 年
资产负债率（%）	48.60	1.08	39.19	2.36	27.80
存货周转率（次）	20.71	-3.06	27.63	-3.84	25.86
总资产周转率（次）	1.19	0.00	0.93	0.10	0.86

资料来源：沪深交易所，同花顺。

（七）邮政业

1. 行业概况

2018 年，邮政行业业务总量完成 12345.2 亿元，同比增长 26.4%。邮政行业业务收入（不包括邮政储蓄银行直接营业收入）完成 7904.7 亿元，同比增长 19.4%。其中，2018 年，快递服务企业业务量完成 507.1 亿件，同比增长 26.6%；快递业务收入完成 6038.4 亿元，同比增长 21.8%。快递业务收入占行业总收入的比重为 76.4%，比 2017 年提高 1.5 个百分点，快递业务收入在行业中的占比继续提升。

2018 年，民营快递企业市场份额进一步提升。全年民营快递企业业务量完成 437.1 亿件，实现业务收入 5048.1 亿元。民营快递企业业务量市场份额为 86.2%，业务收入市场份额为 83.6%。

2. 行业内上市公司发展情况

表 28　　2018 年邮政业上市公司收入及资产增长情况　　单位：亿元

指　标	2018 年	2018 年可比样本增长（%）	2017 年	2017 年可比样本增长（%）	2016 年
营业收入	1723.02	28.35	1137.19	24.24	168.18
利润总额	156.36	17.94	125.43	21.75	18.28
归属于母公司所有者的净利润	119.08	21.00	92.91	16.26	13.72
总资产	1297.51	29.60	900.12	28.63	111.68
归属于母公司股东权益	720.50	26.11	538.64	42.15	82.05

资料来源：沪深交易所，同花顺。

表 29　　2018 年邮政业上市公司盈利能力情况

指　标	2018 年	2018 年可比样本变动	2017 年	2017 年可比样本变动	2016 年
毛利率（%）	17.31	-1.05	19.21	-0.29	13.56
净资产收益率（%）	16.53	-0.70	17.25	-3.84	16.72
销售净利率（%）	6.82	-0.50	8.16	-0.56	8.16
资产净利率（%）	10.22	-0.95	11.59	-1.99	15.80

资料来源：沪深交易所，同花顺。

表 30　　2018 年邮政业上市公司偿债及营运情况

指　标	2018 年	2018 年可比样本变动	2017 年	2017 年可比样本变动	2016 年
资产负债率（%）	43.86	1.18	39.87	-5.89	26.53
存货周转率（次）	187.37	-22.02	177.94	1.22	525.58
总资产周转率（次）	1.50	-0.03	1.42	-0.14	1.94

资料来源：沪深交易所，同花顺。

四、重点上市公司介绍

（一）大秦铁路

大秦铁路拥有的铁路干线衔接了中国北方地区最重要的煤炭供应和中转枢纽，处于“承东启西”的战略位置。2018 年大秦铁路在全国铁路煤炭运输市场的占有率为 23.1%，较 2017 年提升 0.1 个百分点，继续在全国铁路货运市场中占有重要地位，在区域煤炭运输方面具有较强的竞争优势。

大秦铁路主要经营铁路客、货运输业务。铁路货物运输业务是公司最主要的业务，2018 年货运收入占公司主营业务收入的 77.9%。运输的货品以动力煤为主，主要用于火力发电，发运的其他货品还包括焦炭、钢铁等大宗物资以及零散货物、集装箱等。铁路旅客运输方面，大秦铁路担当开行的普通旅客列车及高铁列车覆盖全国大部分省市、自治区，2018 年客运收入占公司主营业务收入的 9.6%。

2018 年，国内煤炭生产继续向资源禀赋好、竞争能力强的中西部地区集中。中国煤炭工业协会数据显示，晋陕蒙三省区原煤产量占全国的 69.6%，同比提高 2.7 个百分点。煤炭供应重心的转移，进一步拉升了区域铁路运输的需求。同时，国家出台《推进运输结构调整三年行动计划（2018～2020 年）》，从政策层面优化全社会运输结构，公路货运车辆超限超载得到有效遏制，沿海港口汽运大宗货物进一步减少，铁路承担的大宗货物运输量显著提高。受益于“公转铁”政策的延续和深化，大秦铁路煤炭运输业务得到进一步的巩固和提升。

2018 年，大秦铁路货物发送量完成 64173 万吨，同比增长 7.7%；换算周转量 4074 亿吨公里，同比增长 7.9%。大秦铁路核心经营资产大秦线货物运输量完成 45100 万吨，较 2017 年增长 4.3%；日均开行重车 84.9 列。其中，2 万吨 60.6 列，1.5 万吨 8.0 列，单元万吨 3.7 列，组合万吨 12.5 列。侯月线货物运输量完成 8776 万吨。

（二）招商公路

招商公路系中国投资运营里程最长、覆盖区域最广、产业链最完整的综合性公路投资运营商，多年来专注公路运营、深耕公路投资，在行业内积累了丰富的经验，业务经营范围包括投资运营、交通科技、智慧交通及招商生态四大板块，四大板块相互支撑，覆盖公路全产业链重要环节。截至2018年年末，招商公路投资经营的公路总里程达8824公里，在国内经营性高速公路企业中稳居第一。其中，114条高速公路（含桥）总里程为8686公里（注：11座特大型桥梁里程为327公里），6条普通公路（含桥）138公里，权益里程为2163公里。

2018年以来，招商公路先后成功收购沪渝高速、渝黔高速、成渝高速（重庆）、亳阜高速项目，新增主控里程276公里、参股里程109公里。主业项目的接连收购标志着招商公路在落实“十三五”战略、做强做优做大公路主业的征程中迈出了重要步伐，新项目的并入亦使得招商公路管控里程超过900公里，覆盖全国10个省、自治区和直辖市。

2018年，招商公路核心经营资产表现稳健：甬台温高速实现日均车流量35510辆，同比下降0.7%；京津塘高速实现日均车流量19773辆，同比下降1.4%；鄂东大桥实现日均车流量22563辆，同比增长9.6%；沪渝高速实现日均车流量16657，同比增长24.2%。整体来看，招商公路高速公路运营业务持续稳定发展。

2018年，招商公路投资运营板块完成营业收入47.78亿元，同比增长35.87%；交通科技板块完成营业收入14.17亿元，同比增长1.65%；智慧交通板块完成营业收入3.78亿元，同比增长34.15%；招商生态板块完成营业收入1.86亿元，同比增长25.61%。全年招商公路合计完成营业收入67.59亿元，完成年初董事会制定的2018年总体营业收入不低于65亿元的考核指标。

（三）上港集团

上海港位于中国大陆东海岸的中部、“黄金水道”长江与沿海运输通道构成的“T”字形水运网络的交汇点，前通中国南、北沿海和世界各大洋，后贯长江流域及江、浙、皖内河、太湖流域。公路、铁路网纵横交错，集疏运渠道畅通，地理位置重要，自然条件优越，腹地经济发达。

上港集团是上海港公共码头运营商，国内首家整体上市的港口股份制企业。目前是中国大陆地区最大的港口类上市公司，也是全球最大的港口公司之一，主要经营指标居行业前列，依托长三角和长江流域经济腹地，辐射整个东北亚经济腹地的主枢纽港地位已经形成。公司主要从事港口相关业务，主营业务分为集装箱、散杂货、港口物流和港口服务四大板块，经营范围包括国内外货物装卸、储存、中转和水陆运输，船舶引水、拖带等。通过为客户提供港口及相关服务，公司相应收取港口作业包干费、堆存保管费和港口其他收费。

2018年，上港集团母港货物吞吐量完成5.61亿吨，同比增长0.1%。其中，母港散杂货吞吐量完成1.50亿吨，同比下降8.4%，主要因能源结构变化影响，上港集团进行了生产结构调整，年内煤炭等散杂货吞吐量较2017年有所下降。2018年全年母港集装箱吞吐量完成4201.0万标准箱，同比增长4.4%。其中，洋山港区完成集装箱吞吐量1842.5万标准箱，同比增长11.3%，占全港集装箱吞吐量的43.9%，占比较2017年进一步提升。2018年全年水水中转业务持续增长，洋山枢纽港作用进一步凸显，全年水水中转完成1967.6万标准箱，同比增长4.7%，水水中转比例为46.8%。2018年全年上港集团实现营业收入380.4亿元，同比增长1.7%，实现归属母公司的净利润102.8亿元，同比下降10.9%。

（四）中远海控

中远海控，原名“中国远洋”，成立于2005年3月，分别于2005年6月和2007年6月上市香港联交所和上交所，目前公司主要通过全资子公司中远海运集运和控股子公司东方海外国际，经营国际、国内海上集装箱运输服务及相关业务。

集装箱航运业务方面，成功收购东方海外国际后，中远海控集装箱船队规模实现跨越式发展，服务网络进一步扩大，促进本集团掌握更丰富的全球化资源，加快推进全球化战略，形成更全面的地理覆盖，搭建更均衡的航线网络，实现更灵活的运力调控。截至2018年年底，中远海控经营的集装箱船队规模达477艘、276万标准箱，并持有订单运力近18万标准箱。共建立了覆盖全球范围的集装箱航运销售、服务网点近700个，共经营291条国际航线（含国际支线）、47条中国沿海航线及87条珠江三角洲和长江支线，所经营的船队在全球约100个国家和地区的329个港口均有挂靠。中远海运集运、东方海外货柜所在的海洋联盟，在航线数量、覆盖面、服务频率、中转时间、班期可靠性等方面均处于市场领先地位。港口业务方面，中远海控持续推进码头业务成长和全球化布局，不断优化全球码头组合，提升港口管理和营运效率。截至2018年年末，中远海控下属中远海运港口在全球36个港口投资48个集装箱码头，共营运192个集装箱泊位，年处理能力达1.06亿标准箱，码头网络遍及中国沿海五大港口群、东南亚、欧洲及地中海等。

2018年，全球集装箱运输需求温和增长，集装箱船队运力受集中交付影响增速加快，集运市场供需关系无实质改善。中国出口集装箱运价综合指数（CCFI）全年均值818点，与2017年同期基本持平。国际油价整体维持高位，新加坡380CST燃油全年平均单价同比上涨31.5%。全年中远海控集运业务完成货运量（提单箱量）2179.2万标准箱，同比增长29.0%，其中，中远海运集运完成货运量1836.6万标准箱，同比增长8.7%；东方海外国际7～12月份完成货运量342.6万标准箱。公司码头业务全年完成总吞吐量1.2亿标准箱，同比增长21.0%。

（五）上海机场

上海机场经营范围包括航空运输地面

服务及其他相关业务。2004 年资产重组后公司以上海浦东机场为主要资产，对浦东机场进行经营管理，提供地面保障。公司经营业务主要分为航空性业务和非航空性业务。

2018 年，浦东机场的年旅客吞吐量巩固了全国第二的地位，国际和地区旅客量继续保持全国第一，航空运量比肩全球超大型枢纽机场。2018 年浦东机场共实现飞机起降 50.48 万架次，较 2017 年增长 1.61%；旅客吞吐量 7400.63 万人次，较 2017 年增长 5.72%；货邮吞吐量 376.86 万吨，较 2017 年减少 1.46%。在浦东机场运营的航空公司达到 106 家。其中，国际航空公司 69 家，国内航空公司（含港澳台）37 家。新辟 2 条国际远程航线，截至 2018 年年底，浦东机场共有通航点 272 个，其中国际通航点 134 个，国内通航点 138 个。

上海浦东国际机场三期扩建工程项目于 2015 年年底动工，截至 2018 年年底项目进度达 80%。浦东机场三期扩建工程建设顺利推进，本项目位于浦东机场内，工程主要建设内容包括飞行区工程、航站区工程和生产辅助设施工程，卫星厅工程是该工程的主体工程，为目前世界上最大单体卫星厅。工程的设计目标年是 2025 年，卫星厅建成后，浦东机场可以满足年旅客吞吐量 8000 万人次的运行需求。

（六）中国国航

中国国航是中国唯一载旗航空公司，品牌优势明显。2007～2018 年公司连续 11 年荣列世界品牌实验室“世界品牌 500 强”，排名由 2007 年第 461 位上升至 2018 年第 287 位。公司主要定位中高端公商务主流旅客市场，目前拥有中国规模最大、价值最高的客户群体。截至 2018 年 12 月 31 日，凤凰知音会员已超过 5600 万人，常旅客贡献收入占公司客运收入的 45.1%，贡献收入同比增加 11.6%。

公司以北京首都国际机场为主基地，长期以来坚持“国内国际均衡发展，以国内支撑国际”的市场布局原则，在多年的经营过程中形成了以北京、成都、上海和深圳为节点的四角菱形网络结构和广泛均衡的国内、国际航线网络。截至 2018 年 12 月 31 日，公司经营的客运航线条数达到 754 条，其中国际航线 138 条，地区航线 27 条，国内航线 589 条；通航国家及地区 42 个，通航城市 184 个，其中国际 66 个，地区 3 个，国内 115 个。此外，公司还积极开展国际化合作，36 家合作伙伴为公司提供每周 14087 班次代码共享航班；通过与星空联盟成员合作，将服务进一步拓展到全球 193 个国家的 1317 个目的地。

2018 年，本集团投入 2736.00 亿可用座位公里，同比增加 10.41%；实现客运总周转量 2205.28 亿客公里，同比增长 9.67%；客座利用率为 80.60%，同比下降 0.54 个百分点。投入 142.40 亿可用货运吨公里，同比增加 6.92%；实现货运总周转量 79.70 亿吨公里，同比增长 5.52%；货邮载运率为 55.96%，同比下降 0.74 个百分点。

（七）中储股份

中储股份是业务涵盖期现货交割物流、大宗商品供应链、互联网＋物流、工程物流、消费品物流、金融物流等领域的现代综合物流企业，为中国特大型全国性仓储物流企业。

中储股份仓储网络覆盖亚洲、欧洲、美洲等世界主要经济区域，在国内20多个省、直辖市和自治区投资运营了物流园区，形成了立足中国、服务全球的仓储物流服务能力，能够为中外企业的全球化经营提供物流支持。中国实体网络覆盖北京、上海、天津、江苏、山东、湖北、湖南、广东、四川、河北、河南、陕西、山西、辽宁等地，拥有土地面积600多万平米，年吞吐能力6000万吨。此外，中储股份还是一家同时拥有海内外主要期货交易所交割库资质的企业。

公司拥有近50条专用线，累计长度近40公里，具备公、铁运输转换的重要条件；公司天津、青岛、上海等地区分子公司拥有靠近港口的优势，无锡、南京等地区分公司拥有货运码头，有利于形成水、公、铁运输方式的转换及联运。

2018年，公司实现主营业务收入380.09亿元，同比增长15.10%。其中，仓储业务收入7.79亿元，同比增长12.65%；进出库收入6.99亿元，同比下降0.43%；配送运输业务收入104.59亿元，同比增长74.61%；集装箱业务收入0.66亿元，同比下降15.61%；现货市场收入2.16亿元，同比增长15.31%；金融物流收入739.46万元，同比下降32.64%，商品流通业务收入253.30亿元，同比增长2.00%。

（八）顺丰控股

顺丰控股是国内领先的快递物流综合服务商，经过多年的发展，已初步建立为客户提供一体化综合物流解决方案的能力。公司的物流产品主要包含：时效快递、经济快递、同城配送、仓储服务、国际快递等多种快递服务，以零担为核心的重货快运等快运服务，以及为生鲜、食品和医药领域的客户提供冷链运输服务。此外，顺丰控股还提供保价、代收货款等增值服务，以满足客户个性化需求。顺丰控股是A股目前首家采用直营模式的快递公司，也是中国最大的邮政业上市企业。

顺丰精准定位中高端，凭借直营模式、“天网＋地网＋信息网”三网合一网络资源、以及强大的科技实力，稳居国内快递行业龙头地位。截至2018年年底，顺丰控股业务覆盖全国336个地级市，2775个县区级城市，近1.56万个自营网点，以及0.26万个顺心快运的加盟网点。顺丰控股共在飞50架自有全货机，平均机龄23.26年，租赁16架全货机，共执行航线65条，覆盖43个国内主要城市（含港澳台）及金奈、新加坡、纽约等11个国际站点。国际业务方面，国际标快、国际特惠业务覆盖美国、欧盟、俄罗斯、加拿大、日本、韩国、东盟、印度、巴西、墨西哥、智利等54个国家；国际小包业务覆盖全球225个国家及地区。顺丰控股凭借领先的服务时效和质量，赢得了品牌美誉度和市场号召力。

2018 年顺丰控股实现快递件量 38.69 亿票，同比增长 26.77%；营业收入 909.43 亿元，同比增长 27.60%。其中，时效板块不含税营业收入为 533.6 亿元，同期增长 14.3%；经济产品不含税营业收入为 204.0 亿元，较 2017 年同比增长 37.6%；快运产品实现不含税营业收入 80.5 亿元，同比增长 83.0%，年底业务日均货量近万吨；冷运及医药业务整体实现不含税营业收入达 42.4 亿，同比增长 84.9%；同城业务实现不含税营业收入 10.0 亿，同比增长 172.2%；国际业务实现不含税营业收入 26.3 亿元，同比增长 28.7%。

五、上市公司在行业中的影响力

整体来看，交通运输、仓储和邮政业作为支撑客货运流转的基础行业，在国民经济中处于重要地位，经过多年的发展，交运各细分子行业的龙头公司或具较强影响力的企业，基本均已登陆资本市场，因此，交运上市公司基本代表了交通运输、仓储和邮政业各领域的变化发展。

其中，航空板块最具代表性，目前国内体量最大的四大国有航企（中国国航、南方航空、东方航空和海航控股），以及民营航空领军企业春秋航空和吉祥航空均已上市，上述航空公司 2018 年合计完成客运量 4.89 亿人次，占全国民航客运总量的 80%。四大航企为国内全服务航空的代表，而吉祥航空为民营全服务航空的特色代表航企，而春秋为国内低成本航空的领导者，也是国内第一家上市的低成本航企。总体来看，A 股上市航企从业务量到航空细分市场的服务类型上，均具高度的代表性和较强影响力。

上市机场同样在机场行业中具有较强的代表性。目前 A 股上市机场中的上海机场、白云机场、深圳机场和厦门空港，以及在香港上市的北京首都国际机场，均为所在区域的核心航空枢纽。其中，首都机场、上海机场和白云机场位居国内吞吐量前三位，2018 年国内上市机场旅客吞吐量达 3.2 亿人次，占全国机场旅客吞吐量的 25.3%。上述上市机场也基本代表了国内几大核心经济区的对外交流活跃程度，也是国内机场最强盈利能力的代表企业。

铁路方面，目前已上市的大秦铁路、广深铁路和铁龙物流均具有较强的代表性。大秦铁路是中国“西煤东运”战略中最重要的一环，并且具有世界先进的重载运输装备和技术体系，且大秦铁路市值超千亿元，为交运领域重要的权重股。2018 年，煤炭供应中心持续向晋陕蒙三省区转移与《推进运输结构调整三年行动计划（2018～2020 年）》出台，全国铁路货运业务量增量明显，区域铁路运输需求提升，大秦铁路继续在全国铁路货运市场中占有重要地位。广深铁路是区域铁路客运的代表，铁龙物流承担全国铁路特种集装箱运输业务，两者均是铁路客、货物流的重要企业，业务特性与经营情况均具有一定的代表性。

从水上运输业来看，国内代表性航运公司均已上市，其中，中远海控在2018年相继进行了收购东方海外国际、完成非公开发行、制定股票期权激励计划等重大运作决策，船队规模及运营能力大幅提升，激励机制进一步健全。中远海控品牌形象、市场认可度稳步提升，逐步成为具有较强国际竞争力的班轮公司。

邮政业板块方面，上市快递企业在邮政业中具有较强的代表性，目前国内业务量排名前列的电商快递企业（韵达股份、圆通速递和申通快递），以及时效件快递领军企业顺丰控股均已上市（中通快递和百世集团在美股上市）。A股上市快递公司2018年合计完成业务量226.3亿件，占全国快递业务量总量的44.6%。总体来看，A股上市快递公司在行业内具有较高的影响力和代表性。

审稿人：韩轶超

撰稿人：鲁斯嘉　张宜泊　张银晗

住宿和餐饮业

一、住宿和餐饮业总体概况

（一）行业整体运行情况

2018 年，住宿和餐饮业国内生产总值达 16023 亿元，同比增长 6.5%，占全国 GDP 总值的比例为 1.8%，与 2017 年相比基本持平。根据中国饭店协会的数据，2018 年度住宿餐饮业总收入近 5 万亿元。2018 年住宿餐饮迈入高质量发展的关键期，行业规模持续扩大，行业管理趋向精细化发展。乡村振兴、休闲旅游持续推动行业规模的增长，中产崛起、中端酒店将成为未来主要的增长点。消费细分市场成为住宿业提档升级的新机会，“互联网 +”将推动企业盈利模式发生颠覆性变化，体验经济已成为企业竞争的最重要手段，绿色饭店也迎来最好的发展机遇。同时，宏观经济不确定性给企业经营战略带来挑战，包括行业边界日益模糊、企业一体化发展带来竞争对手定位的复杂性，大数据的挖掘与利用对单个企业资源和技术能力的挑战，以及人力资源短缺给企业带来的模式转型难题和人才培养困境等。

（二）细分行业运行概况

住宿业：国家统计局的数据显示，2018 年全国限额以上住宿业企业营业收入达 4059.7 亿元，同比增长 2.42%。2018 年国民旅游消费需求旺盛，全域旅游聚焦美好生活，旅游与文化、创意、科技的融合创新备受关注，品质提升与绩效改善趋势越发明显。在“一带一路”政策的刺激下，酒店住宿行业的投资与并购进程加速。随着居民出游方式多样化的不断提高和旅游市场环境的日趋改善，旅游需求较为旺盛，相关消费持续增长。2018 年国内酒店市场供给（房间数）增速为 14.5%。根据在线市场数据统计，2018 年酒店间夜量同比增长 71.4%，国内酒店需求增速超过供给增速。中国酒店房间分布呈现梯形结构，豪华型酒店区域性过剩，中高端总量不足，经济型酒店总体供给平衡但整合空间较大。在总量饱和的背景下，中国酒店的供需结构已从早期的供不应求，逐渐转变为地域性与结构性供需失衡，呈现一定的供给周期性。

餐饮业：国家统计局的数据显示，2018 年全国餐饮收入 42716 亿元，同比增长 9.5%，高于同期社会消费品零售总额增速 0.5 个百分点，2018 年全国餐饮收入占社会消费品零售总额的比重为 11.2%，比 2017 年提高 0.4 个百分点；其中，限额以上单位餐饮收入 9236 亿元，同比增长 6.4%。餐饮消费成为国内消费市场的重要力量，外卖、团餐、婚庆喜宴等新业态新模式领跑餐饮消费市场。在互联网、物流冷链技术的推动下，餐饮企业呈现出新零售属性，即“堂食＋外卖＋外送＋流通食品”的特点显著。随着追求新奇性、互动性、体验性的新生代消费群体成为消费主力，高体验式消费场景成为餐饮门店的新趋势。人们在通过互联网享受便利的过程中，大数据应用也成为餐饮业提质增效的重要手段，除了为消费者精确画像精准营销之外，大数据正在应用于餐厅定位、选址、经营决策、营销策划、供应链、运营管理等领域。此外，绿色餐饮也成为餐饮业优化升级的重要内容。

二、行业内上市公司发展概况

（一）行业内上市公司基本情况

表 1　2018 年住宿和餐饮业上市公司发行股票概况

门　类	A、B 股总数	A 股股票数	B 股股票数	境内总市值（亿元）	流通 A 股市值（亿元）	流通 B 股市值（亿元）
住宿和餐饮业	11	9	2	549.56	403.64	25.49
占沪深两市比重（%）	0.30	0.25	0.05	0.13	0.11	1.86

资料来源：沪深交易所，同花顺。

（二）行业内上市公司构成情况

表 2　2018 年住宿和餐饮业上市公司构成情况

门　类	沪市			深市			ST/*ST
	仅 A 股	仅 B 股	A＋B 股	仅 A 股	仅 B 股	A＋B 股	
住宿和餐饮业（家）	2	0	1	5	0	1	0/1
占行业内上市公司比重（%）	22.22	0.00	11.11	55.56	0.00	11.11	0.00/11.11

资料来源：沪深交易所，同花顺。

（三）行业内上市公司融资情况

表 3　2018 年住宿和餐饮业上市公司与沪深两市融资情况对比　　单位：家

门　类	融资家数	新股	增发	配股
住宿和餐饮业	0	0	0	0
沪深两市总数	358	105	238	15
占比（%）	0.00	0.00	0.00	0.00

资料来源：沪深交易所，同花顺。

（四）行业内上市公司资产及业绩情况

表 4　　2018 年住宿和餐饮业上市公司资产情况　　单位：亿元

指　标	2018 年	2018 年可比样本增长（%）	2017 年	2017 年可比样本增长（%）	2016 年
总资产	752.99	-6.07	801.65	0.18	783.92
流动资产	197.85	-9.28	218.08	18.51	178.41
占比（%）	26.28	-0.93	27.20	4.21	22.76
非流动资产	555.14	-4.87	583.57	-5.29	605.51
占比（%）	73.72	0.93	72.80	-4.21	77.24
流动负债	176.22	-2.03	179.80	-32.84	258.88
占比（%）	23.40	0.97	22.43	-11.03	33.02
非流动负债	258.13	-13.77	299.36	29.24	227.97
占比（%）	34.28	-3.06	37.34	8.40	29.08
归属于母公司股东权益	296.16	0.03	296.13	8.05	270.01
占比（%）	39.33	2.40	36.94	2.69	34.44

资料来源：沪深交易所，同花顺。

表 5　　2018 年住宿和餐饮业上市公司收入实现情况　　单位：亿元

指　标	2018 年	2018 年可比样本增长（%）	2017 年	2017 年可比样本增长（%）	2016 年
营业收入	346.92	5.54	328.72	20.47	219.23
利润总额	27.27	-6.61	29.20	93.54	14.57
归属于母公司所有者的净利润	18.35	-8.75	20.12	125.94	8.68

资料来源：沪深交易所，同花顺。

（五）利润分配情况

2018 年全年住宿和餐饮业上市公司中共有 5 家公司实施了利润分配。其中，0 家上市公司实施送股或转增股，5 家上市公司实施派息，其中 0 家公司既实施了送股、转增，又实施了派息。

2018 年住宿和餐饮业上市公司分红明细见附录。

（六）其他财务指标情况

1. 盈利能力指标

表 6　　2018 年住宿和餐饮业上市公司盈利能力情况

指　标	2018 年	2018 年可比样本变动	2017 年	2017 年可比样本变动	2016 年
毛利率（%）	71.34	-1.21	72.55	2.06	84.24
净资产收益率（%）	6.20	-0.60	6.79	3.54	3.21
销售净利率（%）	5.35	-0.81	6.15	2.79	4.05
资产净利率（%）	2.39	-0.14	2.53	1.09	1.40

资料来源：沪深交易所，同花顺。

2. 偿债能力指标

表 7　　2018 年住宿和餐饮业上市公司偿债能力指标

指　标	2018 年	2018 年可比样本变动	2017 年	2017 年可比样本变动	2016 年
流动比率	1.12	-0.09	1.21	0.53	0.69
速动比率	1.04	-0.05	1.09	0.50	0.59
资产负债率（%）	57.68	-2.10	59.77	-2.63	62.10

资料来源：沪深交易所，同花顺。

3. 营运能力指标

表 8　　2018 年住宿和餐饮业上市公司营运能力情况　　单位：次

营运能力指标	2018 年	2018 年可比样本变动	2017 年	2017 年可比样本变动	2016 年
存货周转率	5.27	1.64	3.63	0.59	1.31
应收账款周转率	22.67	-2.25	24.93	-3.99	24.35
流动资产周转率	1.67	0.03	1.64	-0.14	1.42
固定资产周转率	2.27	0.18	2.08	0.30	1.44
总资产周转率	0.45	0.04	0.41	-0.02	0.34
净资产周转率	1.08	0.03	1.05	0.18	0.91

资料来源：沪深交易所，同花顺。

三、重点细分行业介绍

表 9　　2018 年住宿和餐饮业上市公司数量分布及市值情况

大　类	上市公司家数（家）	占行业内比重（%）	境内总市值（亿元）	占行业内比重（%）
餐饮业	3	33.33	80.68	14.68
住宿业	6	66.67	468.89	85.32

资料来源：沪深交易所，同花顺。

（一）住宿业

1. 行业概况

近年来，随着大众旅游时代的到来，酒店业市场迎来了更加激烈的竞争环境。高端酒店不断加强一二线城市布局，经济型连锁酒店努力求变，精品酒店借助资本力量快速扩张，民宿、客栈等非标住宿随政策春风持续成长。由于中产消费群体的崛起，消费升级导致顾客需求发生极大的变化，对经济型酒店形成挑战。另外，优质酒店物业日益稀缺，人工租金能耗成本不断上涨，以及产品的持续老化，使得经济型酒店行业面临不断洗牌和新一轮的转型突破。随着中产阶级比重提升、消费升级及高端转移，中端酒店需求增长，已成为市场新的投资热点，国内各大酒店集团均在大力拓展中端酒店市场，市场主要品牌运营情况、增长势头良好，本土中端连锁酒店已经进入高速增长期。对标欧美酒店“高:中:低”占比稳定在“2:5:3”的格局，中国中端酒店目前占比34%左右，未来国内酒店业结构有望转化为橄榄型。与此同时，国外酒店巨头也纷纷加入中端酒店市场的围猎。包括万豪、洲际、雅高在内的多家外资酒店集团都启动在华的战略，加速布局中端酒店，开放中档酒店的特许经营权。

2. 行业内上市公司发展情况

表10　　2018年住宿业上市公司收入及资产增长情况　　单位：亿元

指　标	2018年	2018年可比样本增长（%）	2017年	2017年可比样本增长（%）	2016年
营业收入	323.38	6.30	304.21	22.48	194.75
利润总额	25.81	-5.86	27.41	104.02	12.92
归属于母公司所有者的净利润	17.45	-8.42	19.05	140.42	7.70
总资产	719.14	-6.51	769.18	0.05	752.49
归属于母公司股东权益	274.25	0.00	274.26	8.33	249.12

资料来源：沪深交易所，同花顺。

表11　　2018年住宿业上市公司盈利能力情况

指　标	2018年	2018年可比样本变动	2017年	2017年可比样本变动	2016年
毛利率（%）	72.61	-1.28	73.88	1.91	87.87
净资产收益率（%）	6.36	-0.58	6.95	3.82	3.09
销售净利率（%）	5.43	-0.82	6.26	2.99	4.02
资产净利率（%）	2.36	-0.11	2.47	1.14	1.29

资料来源：沪深交易所，同花顺。

表 12　　2018 年住宿业上市公司偿债及营运情况

指　标	2018 年	2018 年可比样本变动	2017 年	2017 年可比样本变动	2016 年
资产负债率（%）	58.88	-2.17	61.05	-2.67	63.44
存货周转率（次）	4.96	1.64	3.32	0.59	0.93
总资产周转率（次）	0.43	0.04	0.40	-0.01	0.32

资料来源：沪深交易所，同花顺。

（二）餐饮业

1. 行业概况

围绕全面建成小康社会和人民日益增长的美好生活需要与消费结构升级的需求，中高端餐饮业开始了转变方式、提升品质的转型发展道路。从营业额增长率、门店数量增长情况、营业面积变动、员工数量变动、门店变动等指标来看，较大规模的餐饮企业整体规模持续扩大，中大型企业仍然处于持续扩张阶段，其平均增长率为 12.6%，超过了全国餐饮营业收入增长率，餐饮业集中化程度不断提升，品牌企业影响力不断扩大。当前中国餐饮行业发展态势明显，主要体现在连锁经营、品牌培育、技术创新、管理科学化为代表的现代餐饮企业，逐步替代传统餐饮业的手工随意性生产、单店作坊式、人为经验管理型的企业，快步向产业化、集团化、连锁化和现代化迈进。大众化消费越来越成为餐饮消费市场的主体，连锁化程度逐渐加强但呈现马太效应，直营仍是首选；部分市场表现突出，高品质化餐饮成为市场新机会。饮食文化已经成为餐饮品牌培育和餐饮企业竞争的核心，成为餐饮竞争的分水岭，技术、品牌和文化经营成为餐饮企业的核心竞争力。

2. 行业内上市公司发展情况

表 13　　2018 年餐饮业上市公司收入及资产增长情况　　单位：亿元

指　标	2018 年	2018 年可比样本增长（%）	2017 年	2017 年可比样本增长（%）	2016 年
营业收入	23.55	-3.92	24.51	0.12	24.48
利润总额	1.46	-18.12	1.78	8.16	1.65
归属于母公司所有者的净利润	0.91	-14.64	1.06	8.74	0.98
总资产	33.85	4.25	32.47	3.30	31.43
归属于母公司股东权益	21.91	0.50	21.87	4.69	20.89

资料来源：沪深交易所，同花顺。

表 14　　2018 年餐饮业上市公司盈利能力情况

指　标	2018 年	2018 年可比样本变动	2017 年	2017 年可比样本变动	2016 年
毛利率（%）	53.95	-2.01	55.96	0.62	55.35
净资产收益率（%）	4.13	-0.73	4.87	0.18	4.68
销售净利率（%）	4.17	-0.69	4.88	0.55	4.33
资产净利率（%）	2.96	-0.77	3.74	0.36	3.38

资料来源：沪深交易所，同花顺。

表 15　　2018 年餐饮业上市公司偿债及营运情况

指　标	2018 年	2018 年可比样本变动	2017 年	2017 年可比样本变动	2016 年
资产负债率（%）	32.19	2.45	29.53	-0.69	30.22
存货周转率（次）	10.85	-0.46	11.31	0.60	10.71
总资产周转率（次）	0.71	-0.06	0.77	-0.01	0.78

资料来源：沪深交易所，同花顺。

四、重点上市公司介绍

锦江股份

2018 年面对行业发展的转型升级期，在机遇与挑战并存的经营环境下，公司执行“深耕国内、全球布局、跨国经营”发展战略，积极实施变革整合等措施，实现提质增效。2018 年度，公司实现合并营业收入 1469742 万元，比 2017 年同期增长 8.21%。实现营业利润 155011 万元，比 2017 年同期增长 21.52%。实现归属于上市公司股东的净利润 108246 万元，比 2017 年同期增长 22.76%。实现归属于上市公司股东的扣除非经常性损益后的净利润 73935 万元，比 2017 年同期增长 9.88%。

2018 年度，公司有限服务型酒店业务实现合并营业收入 1446074 万元，比 2017 年同期增长 8.50%；实现营业利润 158758 万元，比 2017 年同期增长 11.31%。中国大陆境内实现营业收入 1035891 万元，比 2017 年同期增长 9.76%；中国大陆境外实现营业收入 410183 万元，比 2017 年同期增长 5.43%；中国大陆境内营业收入占全部酒店业务的比重为 71.63%。公司合并营业收入中的前期服务费收入 59421 万元，比 2017 年同期增长 18.57%；持续加盟费收入 203762 万元，比 2017 年同期增长 4.65%。2018 年新开业酒店 1243 家，开业退出酒店 494 家，净增开业酒店 749 家，其中，直营酒店减少 43 家，加盟酒店增加 792 家。截至 2018 年 12 月 31 日，已经开业的酒店合计达到 7443 家，已经开业的酒店客房总数达到 732701 间。

五、上市公司在行业中的影响力

国家统计局的数据显示，2018 年住宿和餐饮业营业收入是 9682.6 亿元，限额以上住宿和餐饮业企业资产总计为 18649.9 亿元，主营业务利润为 4904.1 亿元。住宿餐饮业上市公司 2018 年年末的营业总收入为 346.92 亿元，资产总额为 752.99 亿元，利润总额为 27.27 亿元，分别占行业整体的 3.58%、4.04%、0.56%，相比 2017 年经营状况的小幅提升，但资产及利润总额占比有所回落。住宿餐饮业整体集中度不高，上市公司在行业中的影响不大。

2017 年住宿和餐饮业营业收入是 9276.71 亿元，限额以上住宿和餐饮业企业资产总计为 17650.05 亿元，主营业务利润为 4529.31 亿元。住宿餐饮业上市公司 2017 年年末的营业总收入为 328.72 亿元，资产总额为 801.65 亿元，利润总额为 29.20 亿元，分别占行业整体的 3.54%、4.54%、0.64%，相比 2016 年经营状况小幅提升。

2016 年住宿和餐饮业营业收入是 8938.19 亿元，限额以上住宿和餐饮业企业资产总计为 17651.40 亿元，主营业务利润为 4417.05 亿元。住宿餐饮业上市公司 2016 年年末的营业总收入为 219.23 亿元，资产总额为 783.92 亿元，利润总额为 14.57 亿元，分别占行业整体的 2.45%、4.44%、0.33%。

审稿人：曹玲燕

撰稿人：谷　茜

信息传输、软件和信息技术服务业

一、信息传输、软件和信息技术服务业总体概况

（一）行业整体运行情况

当前信息技术已逐渐成为推动国民经济发展和促进全社会生产效率提升的强大动力，信息产业作为关系到国民经济和社会发展全局的基础性、战略性、先导性产业，受到了越来越多国家和地区的重视。中国也处于对外提高国际竞争力，对内实现经济转型、产业升级及“两化融合”进程的深入阶段，信息化需求不断被激发，并带来巨大的市场机遇。《“十三五”国家政务信息化工程建设规划》等政策性文件的推出也为信息产业的发展持续提供支持。

随着信息技术应用程度的深入，信息技术服务与企业生态链的结合越来越紧密，对于提高运营效率，改进管理方式的重要作用越发凸显，对企业长期发展的战略价值也在不断扩大。信息传输、软件和信息技术服务业是信息产业的重要支柱，是国民经济和社会信息化的重要基础，已经全面融入到国民经济体系中的各个行业，提升了传统产业的生产、经营方式的演进程度，提高了经济社会的运行效率。因此，信息传输、软件和信息技术服务业的重要性得到进一步强化，其市场规模的深度和广度都在持续增长。

2018年国民经济继续运行在合理区间，实现了总体平稳、稳中有进。但是经济运行稳中有变、变中有忧，外部环境复杂严峻，经济面临下行压力，前进中的问题必须有针对性地解决。在此基础上，中国经济处于逐步过渡到高质量发展阶段，经济运行开始显现新的特点：市场需求对供给的要求发生了重大变化，个性化、多元化的消费特点日益突出。社会总需求将由主要关注数量的快速扩张转为温和增长。从供给方面来看，中国物质技术基础已经达到较大规模，多种产品生产能力位居世界前列，对社会总需求的数量保障能力显著提高。社会生产力发展的重点，必然从强调“快和多”转为强调“好和省”。同时，新的企业还在进入中国，无论是服务业还是制造业，外资企业在全球调整布局，这会给中国带来经济结构的调整。因此，加快发展信息传输、软件和信息技术服务业，能够加快增强信息技术在国民经济中的渗透带动作用，成为经济持续增长的良好支撑基础和条件，促进经济结构保持不断调整优化的前进态势。

（二）细分行业运行概况

从细分行业来看，按可比口径计算，

2018年中国信息传输、软件和信息技术服务业增加值32431亿元，增长30.7%，增速居国民经济各行业之首，占GDP的比重达3.6%，已成为经济平稳较快增长的重要推动力量。

2018年，中国通信业深入贯彻落实党中央、国务院决策部署，大力推进网络强国建设，着力提升基础设施能力，助力信息消费活力释放。行业发展稳中有进，对国民经济和社会发展支撑作用不断增强。电信业务总量持续增长，电信收入增速保持平稳，2018年电信业务总量达到65556亿元，比2017年增长137.9%。电信业务收入累计完成13010亿元，比2017年增长3.0%。收入结构继续调整，话音业务收入占比持续大幅下降，融合业务快速发展，数据和互联网业务收入占比稳步提高。

2018年，全国各级广播电视部门和单位加强优质内容供给，提高传输覆盖能力，促进事业产业协同发展，推动广播电视行业向高质量发展目标迈进，总体情况保持稳中向好态势。2018年全国广播电视节目制作时间保持平稳，内容创作持续繁荣，优质内容供给能力持续提升，电视剧、电视动画片销售额实现较快增长。全国广播综合人口覆盖率98.94%，电视综合人口覆盖率99.25%，比2017年分别提高了0.23个百分点和0.18个百分点。网络视听节目服务繁荣发展，内容创作日益活跃，数量质量持续提升，用户规模快速扩大，服务模式不断创新，服务收入大幅增长，影响力与日俱增。

2018年中国网民规模达8.29亿，普及率达59.6%，其中，手机网民使用率达71.4%。网络视频、网络音乐和网络游戏的用户规模分别为6.12亿、5.76亿和4.84亿，使用率分别为73.9%、69.5%和58.4%。网络广告整体市场规模达3717亿元，同比增长25.7%，保持稳定发展态势。在线政务服务用户规模达3.94亿，占整体网民的47.5%。同时，2018年中国在5G、量子信息、人工智能、云计算、大数据、区块链、虚拟现实、物联网等领域发展势头向好，为网络强国开拓新局面。

2018年中国软件和信息技术服务业运行态势良好，收入和效益保持较快增长，吸纳就业人数稳步增加；产业向高质量方向发展步伐加快，结构持续调整优化，新的增长点不断涌现，服务和支撑两个强国建设能力显著增强，正在成为数字经济发展、智慧社会演进的重要驱动力量。全国软件和信息技术服务业规模以上企业3.78万家，累计完成软件业务收入63061亿元，同比增长14.2%。全行业实现利润总额8079亿元，同比增长9.7%。

二、行业内上市公司发展概况

（一）行业内上市公司基本情况

表 1　　2018 年信息传输、软件和信息技术服务业上市公司发行股票概况

门　类	A、B 股总数	A 股股票数	B 股股票数	境内总市值（亿元）	流通 A 股市值（亿元）	流通 B 股市值（亿元）
信息传输、软件和信息技术服务业	267	265	2	22094.02	14651.73	37.39
占沪深两市比重（%）	7.28	7.23	0.05	5.08	4.16	2.73

资料来源：沪深交易所，同花顺。

（二）行业内上市公司构成情况

表 2　　2018 年信息传输、软件和信息技术服务业上市公司构成情况

门　类	沪市			深市			ST/*ST
	仅 A 股	仅 B 股	A＋B 股	仅 A 股	仅 B 股	A＋B 股	
信息传输、软件和信息技术服务业（家）	58	0	2	205	0	0	0/0
占行业内上市公司比重（%）	21.89	0.00	0.75	77.36	0.00	0.00	0.00/0.00

资料来源：沪深交易所，同花顺。

（三）行业内上市公司融资情况

表 3　　2018 年信息传输、软件和信息技术服务业上市公司与沪深两市融资情况对比　　单位：家

门　类	融资家数	新股	增发	配股
信息传输、软件和信息技术服务业	27	7	18	2
沪深两市总数	358	105	238	15
占比（%）	7.54	6.67	7.56	13.33

资料来源：沪深交易所，同花顺。

其中，首发的 7 家公司中，有 1 家在中小板上市，3 家在创业板上市，有 3 家沪市上市；增发的 18 家公司中，有 4 家沪市、14 家深市。

按行业大类划分，进行融资的 27 家公司中，软件和信息技术服务业 23 家，互联网和相关服务业 2 家，电信、广播电视和卫星传输服务业 2 家，分别占比 85.19%、7.41%、7.41%。

从融资效果来看，上述公司实际发行数量为 943801.74 万股；实际募集资金 820.81 亿元，基本完成了融资计划。

2018 年信息传输、软件和信息技术服务业上市公司融资情况明细见附录。

（四）行业内上市公司资产及业绩情况

表 4　　2018 年信息传输、软件和信息技术服务业上市公司资产情况　　单位：亿元

指　标	2018 年	2018 年可比样本增长（%）	2017 年	2017 年可比样本增长（%）	2016 年
总资产	18275.83	0.22	17697.19	9.46	15045.10
流动资产	8007.86	4.15	7404.79	13.64	5878.60
占比（%）	43.82	1.65	41.84	1.54	39.07
非流动资产	10267.97	-2.64	10292.40	6.63	9166.49
占比（%）	56.18	-1.65	58.16	-1.54	60.93
流动负债	6419.04	0.16	6283.28	-3.92	6101.45
占比（%）	35.12	-0.02	35.50	-4.95	40.55
非流动负债	1033.02	-4.12	1065.29	3.06	988.22
占比（%）	5.65	-0.26	6.02	-0.37	6.57
归属于母公司股东权益	8811.46	1.57	8321.38	22.96	6160.27
占比（%）	48.21	0.64	47.02	5.16	40.95

资料来源：沪深交易所，同花顺。

表 5　　2018 年信息传输、软件和信息技术服务业上市公司收入实现情况　　单位：亿元

指　标	2018 年	2018 年可比样本增长（%）	2017 年	2017 年可比样本增长（%）	2016 年
营业收入	9703.48	11.07	8446.44	12.35	6896.97
利润总额	168.58	-68.51	488.77	-19.97	514.79
归属于母公司所有者的净利润	9.76	-97.76	397.86	-23.88	445.16

资料来源：沪深交易所，同花顺。

（五）利润分配情况

2018 年全年信息传输、软件和信息技术服务业上市公司中共有 220 家公司实施了分红配股。其中，58 家上市公司实施送股或转增股，213 家上市公司实施派息，其中 51 家公司既实施了送股、转增，又实施了派息。

2018 年信息传输、软件和信息技术服务业上市公司分红明细见附录。

（六）其他财务指标情况

1. 盈利能力指标

表 6　　2018 年信息传输、软件和信息技术服务业上市公司盈利能力情况

指　标	2018 年	2018 年可比样本变动	2017 年	2017 年可比样本变动	2016 年
毛利率（%）	29.38	-0.25	29.35	-0.18	28.88
净资产收益率（%）	0.10	-4.91	4.78	-2.94	7.23
销售净利率（%）	0.66	-4.38	4.74	-2.39	6.59
资产净利率（%）	0.35	-2.18	2.36	-1.28	3.26

资料来源：沪深交易所，同花顺。

2. 偿债能力指标

表 7　2018 年信息传输、软件和信息技术服务业上市公司偿债能力指标

指　标	2018 年	2018 年可比样本变动	2017 年	2017 年可比样本变动	2016 年
流动比率	1.25	0.05	1.18	0.18	0.96
速动比率	1.10	0.04	1.05	0.16	0.86
资产负债率（%）	40.78	-0.27	41.52	-5.32	47.12

资料来源：沪深交易所，同花顺。

3. 营运能力指标

表 8　2018 年信息传输、软件和信息技术服务业上市公司营运能力情况　单位：次

营运能力指标	2018 年	2018 年可比样本变动	2017 年	2017 年可比样本变动	2016 年
存货周转率	7.67	0.13	7.61	-0.37	8.29
应收账款周转率	4.59	-0.19	4.79	-0.45	5.40
流动资产周转率	1.24	0.03	1.21	-0.13	1.34
固定资产周转率	2.00	0.21	1.74	0.11	1.52
总资产周转率	0.53	0.03	0.50	-0.01	0.50
净资产周转率	0.90	0.01	0.89	-0.09	0.96

资料来源：沪深交易所，同花顺。

三、重点细分行业介绍

表 9　2018 年信息传输、软件和信息技术服务业上市公司数量分布及市值情况

大　类	上市公司家数（家）	占行业内比重（%）	境内总市值（亿元）	占行业内比重（%）
软件和信息技术服务业	190	71.70	12776.37	57.83
电信、广播电视和卫星传输服务	15	5.66	2994.39	13.55
互联网和相关服务	60	22.64	6323.27	28.62

资料来源：沪深交易所，同花顺。

（一）电信、广播电视和卫星传输服务

1. 行业概况

（1）电信行业保持健康发展。

2018 年电信业务总量高速增长，电信收入增速保持平稳。2018 年电信业务总量达到 65556 亿元（按照 2015 年不变单价计算），比 2017 年增长 137.9%。电信业务收入累计完成 13010 亿元，比 2017 年增长 3.0%。

固定通信业务增长加快，话音业务收入占比继续下降。2018 年，固定通信业

务收入完成3876亿元，比2017年增长9.1%，在电信业务收入中占29.8%，占比较2017年提高1.7个百分点；移动通信业务实现收入9134亿元，比2017年增长0.6%，在电信业务收入中占70.2%。在互联网应用的替代作用及取消长途漫游资费双重影响下，2018年，话音业务收入完成1776亿元，比2017年下降25.7%，在电信业务收入中的占比降至13.7%，比2017年下降4.2个百分点。

融合业务快速发展，数据和互联网业务收入占比稳步提高。大力拓展光纤宽带接入业务，带动家庭智能网关、视频通话、IPTV等融合服务加快发展，用户价值不断提升。2018年，固定数据及互联网业务收入完成2072亿元，比2017年增长5.1%，在电信业务收入中的占比由2017年的15.6%提升到15.9%；移动数据及互联网业务收入6057亿元，比2017年增长10.2%，在电信业务收入中的占比从2017年的43.5%提高到46.6%。IPTV业务收入比2017年增长19.4%；物联网业务收入比2017年大幅增长72.9%。

电信网络提速和普遍服务效果显著。2018年，全国电话用户净增1.37亿户，总数达到17.5亿户，比2017年年末增长8.5%。全年净增移动电话用户达到1.49亿户，总数达到15.7亿户，移动电话用户普及率达到112.2部/百人，比2017年年末提高10.2部/百人。全国已有24个省市的移动电话普及率超过100部/百人。固定电话用户总数1.82亿户，比2017年年末减少1151万户，普及率为13.1部/百人。网络提速加快，百兆光纤宽带接入用户占比超7成。截至12月底，移动宽带用户（即3G和4G用户）总数达13.1亿户，全年净增1.74亿户，占移动电话用户的83.4%。4G用户总数达到11.7亿户，全年净增1.69亿户。截至12月底，3家基础电信企业的固定互联网宽带接入用户总数达4.07亿户，全年净增5884万户。其中，光纤接入（FTTH/O）用户3.68亿户，占固定互联网宽带接入用户总数的90.4%，较2017年年末提高6.1个百分点。宽带用户持续向高速率迁移，100Mbps及以上接入速率的固定互联网宽带接入用户总数达2.86亿户，占固定宽带用户总数的70.3%，占比较2017年年末提高31.4个百分点。网络扶贫继续推进，农村宽带用户增长加速。截至12月底，全国农村宽带用户全年净增2364万户，总数达1.17亿户，比2017年年末增长25.2%，增速较城市宽带用户高11.4个百分点；在固定宽带接入用户中占28.8%，占比较2017年年末提高1.9个百分点。

移动数据流量消费继续高速增长。移动互联网接入月户均流量（DOU）继续呈现成倍上升态势。2018年，各种线上线下服务加快融合，移动互联网业务创新拓展，带动移动支付、移动出行、移动视频直播、餐饮外卖等应用加快普及，刺激移动互联网接入流量消费保持高速增长。2018年，移动互联网接入流量消费达711亿GB，比2017年增长189.1%，增速较2017年提高26.9个百分点。全年移动互联网接入月户均流量（DOU）达

4.42GB/月/户，是2017年的2.6倍。其中，手机上网流量达到702亿GB，比2017年增长198.7%，在总流量中占98.7%。移动短信业务止跌转升，话音业务量小幅下滑。在服务登录和身份认证等应用带动下，移动短信业务量大幅提升。2018年，全国移动短信业务量同比增长14%；收入完成392亿元，同比增长9%，增速自年初以来保持正增长态势；移动彩信业务量同比下降15.9%。互联网应用对话音业务替代效应继续显现。2018年，全国移动电话去话通话时长2.54万亿分钟，比2017年减少5.4%。

网络基础设施能力不断提升。光网改造工作效果显著，4G移动网络向纵深覆盖。光纤宽带部署规模不断扩大，完成骨干网IPv6部署，构建云网互联平台，夯实为各行业提供服务的网络能力。4G网络覆盖盲点不断消除，移动网络服务质量持续提升。2018年，新建光缆线路长度578万公里，全国光缆线路总长度达4358万公里。互联网宽带接入端口“光进铜退”趋势更加明显，截至12月底，互联网宽带接入端口数量达到8.86亿个，比2017年年末净增1.1亿个。其中，光纤接入（FTTH/0）端口比2017年年末净增1.25亿个，达到7.8亿个，占互联网接入端口的比重由2017年年末的84.4%提升至88%。xDSL端口比2017年年末减少578万个，总数降至1646万个，占互联网接入端口的比重由2017年年末的2.9%下降至1.9%。2018年，全国净增移动通信基站29万个，总数达648万个。其中，4G基站净增43.9万个，总数达到372万个。

（2）广播电视行业变革继续。

目前，全球有线电视行业正迎来结构性的发展下滑，国内有线电视行业发展也呈现颓势，用户流失、市场份额减少、缴费率下降已成为行业性趋势。在IPTV、OTT等新兴媒体的冲击下，传统有线电视网络定位正在发生变化。广播电视行业走向智能化、移动化、互联网化的变革正在加剧。

2018年全国广播电视节目制作时间保持平稳，内容创作持续繁荣，农村农业、新闻资讯和专题服务类节目制作时间稳步增加，优质内容供给能力持续提升。2018年全国广播节目制作时间801.76万小时，比2017年（788.83万小时）增加12.93万小时，同比增长1.64%。全国电视节目制作时间357.74万小时，比2017年（365.18万小时）减少7.44万小时，同比下降2.04%。

广播电视节目播出时间持续增加，农村农业、新闻资讯、纪录片、公益广告等类型节目播出时间占比稳步提高，内容播出结构不断优化，舆论引导能力进一步增强。2018年全国公共广播节目播出时间1526.74万小时，比2017年（1491.89万小时）增加34.85万小时，同比增长2.34%。其中，农村广播节目播出时间441.46万小时，比2017年（435.36万小时）增加6.1万小时，同比增长1.40%，占公共广播节目播出总时长的28.92%。全国公共电视节目播出时间1925.03万小时，比2017年（1881.02万小时）增加

44.01 万小时，同比增长 2.34%。其中，农村电视节目播出时间 417.79 万小时，比 2017 年（405.88 万小时）增加 11.91 万小时，同比增长 2.93%，占公共电视节目播出总时长的 21.70%；播出少儿节目时间 57.33 万小时，比 2017 年（57.11 万小时）增加 0.22 万小时，同比增长 0.39%。

内容产业持续繁荣，电视节目制作投资额保持平稳，电视剧、电视动画片销售额实现较快增长。2018 年全国电视节目制作投资额达 427.24 亿元，与 2017 年基本持平；电视节目国内销售额 387.86 亿元，比 2017 年（360.37 亿元）增长 7.63%。其中，电视剧国内投资额 242.85 亿元，电视剧国内销售额 260.95 亿元，与 2017 年基本持平。纪录片国内投资额 23.77 亿元，比 2017 年（17.42 亿元）增长 36.45%；纪录片国内销售额 11.62 亿元，比 2017 年（12.59 亿元）下降 7.70%。电视动画国内投资额 16.53 亿元，比 2017 年（14.43 亿元）增长 14.55%；电视动画国内销售额 15.69 亿元，比 2017 年（13.77 亿元）增长 13.94%。

广播电视传输覆盖情况进一步改善。各级广播电视机构统筹有线、无线、卫星等协同传输覆盖，全国广播电视综合人口覆盖率稳步提升，广播电视现代化传输传送能力进一步提高。截至 2018 年年底，全国广播综合人口覆盖率 98.94%，电视综合人口覆盖率 99.25%，比 2017 年（广播 98.71%，电视 99.07%）分别提高了 0.23 个百分点和 0.18 个百分点。随着中央广播电视无线数字化覆盖工程的推进，全国广播电视无线覆盖率稳步提升。2018 年全国广播节目无线覆盖率 97.85%，比 2017 年（97.48%）提高了 0.37 个百分点；全国电视节目无线覆盖率 97.46%，比 2017 年（96.99%）增加 0.47 个百分点。2018 年全国有线广播电视覆盖用户数达 3.46 亿户，比 2017 年（3.36 亿户）增加 0.10 亿户。其中，数字电视覆盖用户数 3.23 亿户，双向电视覆盖用户数 2.08 亿户，比 2017 年（3.04 亿户和 1.86 亿户）分别增长 6.25% 和 11.83%。2018 年全国有线广播电视实际用户数 2.18 亿户，与 2017 年基本持平。其中，全国有线数字电视实际用户数 2.01 亿户，比 2017 年（1.94 亿户）增加 0.07 亿户，同比增长 3.61%；数字电视实际用户占有线电视实际用户数比例为 92.20%，比 2017 年（90.65%）提高 1.55 个百分点，有线电视数字化率进一步提升。有线电视网络高清化、智能化发展态势良好。2018 年全国高清有线电视用户 9257 万户，比 2017 年（7371 万户）增加 1886 万户，同比增长 25.59%；有线电视智能终端用户 1884 万户，比 2017 年（701 万户）增加 1183 万户，同比增长 168.76%，智能终端普及提速。电信专网、互联网成为用户收看广播电视节目重要途径。2018 年全国交互式网络电视（IPTV）用户 1.54 亿户，互联网电视（OTT）用户 4.20 亿户。

网络视听节目服务繁荣发展，内容创作日益活跃，数量质量持续提升，用户规模快速扩大，服务模式不断创新，服务收入大幅增长，影响力与日俱增。2018 年，网络视听付费用户规模达 3.47 亿人，比 2017 年（2.8 亿人）增加 0.67 亿人，同比增长 23.93%，付费用户群体不断扩大，消费习惯逐步形成。网络视听节目服务收入 223.94 亿元，比 2017 年（142.98 亿元）增长 56.62%。其中，用户付费收入 187.96 亿元，比 2017 年（112.75 亿元）增长 66.71%；节目版权收入 29.40 亿元，比 2017 年（21.99 亿元）增长 33.70%，网络视听节目服务成为行业发展新的增长点。

广播电视服务业收入实现大幅增长，收入结构继续发生改变。全国广播电视服务业总收入、实际创收收入实现大幅增长，2018 年全国广播电视服务业总收入 6952.14 亿元，比 2017 年（6070.21 亿元）增加 881.93 亿元，同比增长 14.53%。其中，财政补助收入 774.99 亿元，比 2017 年（699.04 亿元）增加 75.95 亿元，同比增加 10.86%；广告收入 1864.49 亿元，比 2017 年（1651.24 亿元）增加 213.25 亿元，同比增长 12.91%。其中，广播广告收入 140.37 亿元，比 2017 年（155.56 亿元）减少 15.19 亿元，同比下降 9.76%；电视广告收入 958.86 亿元，比 2017 年（968.34 亿元）减少 9.48 亿元，同比下降 0.98%；网络媒体广告收入 491.88 亿元，比 2017 年（306.71 亿元）增加 185.17 亿元，同比增长 60.37%，占广告收入总额的比例从 18.57% 提高到 26.38%，网络等新媒体广告成为新的收入增长点。2018 年有线电视网络收入 779.48 亿元，比 2017 年（834.43 亿元）减少 54.95 亿元，同比下降 6.59%，降幅较 2017 年有所收窄。其中，有线广播电视收视维护费收入 368.38 亿元，付费数字电视收入 56.85 亿元，三网融合业务收入 111.41 亿元。2018 年新媒体业务收入 467.76 亿元，比 2017 年（277.66 亿元）增加 190.10 亿元，同比增长 68.47%，占实际创收收入的比例从 5.73% 提高到 8.29%。其中，交互式网络电视（IPTV）收入 100.45 亿元，比 2017 年（67.61 亿元）增长 48.57%；互联网电视（OTT）收入 46.96 亿元，比 2017 年（18.31 亿元）增长 156.47%。广播电视节目交易活动活跃，节目销售收入继续保持快速增长。2018 年全国广播电视节目销售收入 642.56 亿元，比 2017 年（523.54 亿元）增加 119.02 亿元，同比增长 22.73%。

（3）卫星传输服务带动产业链协同快速增长。

2018 年中国卫星导航与位置服务产业总体产值达 3016 亿元，较 2017 年增长 18.3%，其中，与卫星导航技术研发和应用直接相关的，包括芯片、器件、算法、软件、导航数据、终端设备、基础设施等在内的产业核心产值达 1069 亿元，占总产值的 35.44%，北斗对产业的核心产值贡献率达 80%，由卫星导航衍生带动形成的关联产值达 1947 亿元。

北斗应用市场进一步拓展，发展前景广。2018 年年底，北斗三号基本系统完成建设，并开始提供全球服务，这标志着北斗系统正式从区域走向全球。北斗系统目前已广泛应用于交通、海事、电力、民政、气象、渔业、测绘、矿产、公安、农业、林业、国土、水利、金融等十几个行业领域。截至2018年年底，各类国产北斗终端产品应用规模已累计超过8000万台/套，采用北斗兼容芯片的终端产品社会总保有量接近7亿台/套（含智能手机）。在北斗系统定位精度不断提升以及芯片性能价格进一步稳定的背景下，智慧城市、公共安全、工农机械、无人系统等应用领域的细分市场已经显现出新一轮快速增长态势。

2018年，北斗系统在智能网联汽车、民航、海洋观测等新兴市场得到应用。2018年年底，中国民用航空局全面启动北斗星基增强系统民航应用验证评估工作，将助力北斗系统服务中国民航。北斗在海洋观测领域的应用不断突破。截至2018年9月底，中国已经在太平洋、印度洋及南大洋、地中海等海域累计布放423个剖面浮标，其中，国产北斗剖面浮标30个，北斗系统也因此成为服务于全球海洋观测网的3大卫星系统之一。中国卫星导航与位置服务产业将与移动通信、移动互联网、物联网、大数据等技术加速实现融合创新，以北斗提供的时空信息为核心的导航定位授时服务产品，必将被越来越多地应用到电子商务、移动智能终端、智能网联汽车、互联网位置服务中，大规模进入到行业应用、大众消费、共享经济和民生服务等领域。

产业群体自主创新能力显著增强，区域集聚发展规模进一步扩大。目前，中国卫星导航与位置服务领域企事业单位数量保持在1.4万家左右，从业人员数量超50万。产业群体的自主创新能力显著增强，包括国产北斗芯片、模块等关键技术在2018年进一步取得全面突破，性能指标与国际同类产品相当，并已形成一定价格优势。截至2018年年底，中国卫星导航专利申请累计总量（包括发明专利和实用新型专利）已突破6万件，位于全球首位。2018年珠三角、京津冀、长三角、华中、西部五大卫星导航与位置服务产业发展区域，总体实现产值2388亿元，在全国卫星导航与位置服务产业总体产值中占比高达79.6%。

2. 行业内上市公司发展情况

表10　2018年电信、广播电视和卫星传输服务上市公司收入及资产增长情况　单位：亿元

指　标	2018年	2018年可比样本增长（%）	2017年	2017年可比样本增长（%）	2016年
营业收入	3480.10	4.70	3323.94	1.22	3274.39
利润总额	169.90	73.04	98.18	7.50	91.89
归属于母公司所有者的净利润	76.28	26.97	60.07	-14.86	70.95
总资产	7368.05	-2.70	7572.14	-2.61	7757.08
归属于母公司股东权益	2521.67	6.24	2373.45	38.62	1703.05

资料来源：沪深交易所，同花顺。

表 11　　2018 年电信、广播电视和卫星传输服务上市公司盈利能力情况

指　标	2018 年	2018 年可比样本变动	2017 年	2017 年可比样本变动	2016 年
毛利率（%）	26.24	1.20	25.00	1.15	23.85
净资产收益率（%）	3.03	0.49	2.53	-1.59	4.17
销售净利率（%）	3.82	1.41	2.41	-0.02	2.45
资产净利率（%）	1.78	0.73	1.04	0.00	1.05

资料来源：沪深交易所，同花顺。

表 12　　2018 年电信、广播电视和卫星传输服务上市公司偿债及营运情况

指　标	2018 年	2018 年可比样本变动	2017 年	2017 年可比样本变动	2016 年
资产负债率（%）	41.19	-3.08	44.28	-12.44	56.73
存货周转率（次）	20.04	-0.74	20.78	-1.09	22.27
总资产周转率（次）	0.47	0.03	0.43	0.00	0.43

资料来源：沪深交易所，同花顺。

（二）互联网和相关服务

1. 行业概况

基础资源保有量稳步提升，互联网普及率接近 6 成。截至 2018 年 12 月，中国 IPv6 地址数量为 41079 块/32，年增长率为 75.3%；域名总数为 3792.8 万个，其中，“.CN”域名总数为 2124.3 万个，占域名总数的 56.0%。2018 年中国域名高性能解析技术不断发展，自主知识产权软件研发取得新突破，域名服务安全策略本地化定制能力进一步增强。截至 2018 年 12 月，中国网民规模达 8.29 亿，普及率达 59.6%，较 2017 年年底提升 3.8 个百分点，全年新增网民 5653 万。中国手机网民规模达 8.17 亿，网民通过手机接入互联网的比例高达 98.6%，全年新增手机网民 6433 万。2018 年，互联网覆盖范围进一步扩大，贫困地区网络基础设施“最后一公里”逐步打通，居民入网门槛进一步降低，信息交流效率得到提升。

互联网市场进一步拓展，规范化、高质量、高效率成为趋势。截至 2018 年 12 月，中国网络购物用户规模达 6.10 亿，年增长率为 14.4%，网民使用率为 73.6%。在经历多年高速发展后，网络消费市场逐步进入提质升级的发展阶段，供需两端“双升级”正成为行业增长新一轮驱动力。截至 2018 年 12 月，中国手机网络支付用户规模达 5.83 亿，年增长率为 10.7%，手机网民使用率达 71.4%。线下网络支付使用习惯持续巩固，网民在线下消费时使用手机网络支付的比例由 2017 年年底的 65.5% 提升至 67.2%。在跨境支付方面，支付宝和微信支付已分别在 40 个以上国家和地区合规接入；在境

外本土化支付方面，中国企业已在亚洲9个国家和地区运营本土化数字钱包产品。

互联网娱乐进入规范发展轨道。截至2018年12月，网络视频、网络音乐和网络游戏的用户规模分别为6.12亿、5.76亿和4.84亿，使用率分别为73.9%、69.5%和58.4%。2018年中国网络游戏（包括客户端游戏、手机游戏、网页游戏等）业务收入达1948亿元，同比增长17.8%，收入增速较2017年呈高位回落态势。中国网络广告整体市场规模达3717亿元，同比增长25.7%，保持稳定发展态势。短视频用户规模达6.48亿，用户使用率为78.2%，随着众多互联网企业布局短视频，市场成熟度逐渐提高，内容生产的专业度与垂直度不断加深，优质内容成为各平台的核心竞争力。在线政务服务效能得到提升。截至2018年12月，中国在线政务服务用户规模达3.94亿，占整体网民的47.5%。2018年，中国“互联网+政务服务”深化发展，各级政府依托网上政务服务平台，推动线上线下集成融合，将县广播电视台、县党报、县属网站等媒体单位全部纳入，负责全县所有信息发布服务，实现资源集中、统一管理、信息优质、服务规范。

2. 行业内上市公司发展情况

表13　　2018年互联网和相关服务上市公司收入及资产增长情况　　单位：亿元

指　标	2018年	2018年可比样本增长（%）	2017年	2017年可比样本增长（%）	2016年
营业收入	2605.49	17.21	2110.45	25.53	1379.93
利润总额	-126.96	-239.49	67.60	-60.64	119.80
归属于母公司所有者的净利润	-147.86	-266.74	68.29	-56.86	115.64
总资产	3611.43	-5.96	3549.57	23.56	2264.07
归属于母公司股东权益	2004.68	-9.61	1995.59	25.72	1240.22

资料来源：沪深交易所，同花顺。

表14　　2018年互联网和相关服务上市公司盈利能力情况

指　标	2018年	2018年可比样本变动	2017年	2017年可比样本变动	2016年
毛利率（%）	25.19	-1.38	26.32	-4.65	28.25
净资产收益率（%）	-7.38	-11.37	3.42	-6.55	9.32
销售净利率（%）	-5.98	-8.72	1.87	-7.22	7.92
资产净利率（%）	-4.18	-5.93	1.23	-5.20	5.70

资料来源：沪深交易所，同花顺。

表 15　　2018 年互联网和相关服务上市公司偿债及营运情况

指　标	2018 年	2018 年可比样本变动	2017 年	2017 年可比样本变动	2016 年
资产负债率（%）	42.84	2.24	42.43	-0.27	43.04
存货周转率（次）	25.84	4.50	21.02	5.71	17.95
总资产周转率（次）	0.70	0.06	0.66	-0.05	0.72

资料来源：沪深交易所，同花顺。

（三）软件和信息技术服务业

1. 行业概况

目前，中国软件产业呈蓬勃发展态势，产业规模效益明显提升，新业态、新模式大量涌现，技术迭代加快，应用领域持续拓宽，对经济发展支撑作用增强。

2018 年中国软件和信息技术服务业运行态势良好，收入和效益保持较快增长，吸纳就业人数稳步增加；产业向高质量方向发展步伐加快，结构持续调整优化，新的增长点不断涌现，服务和支撑两个强国建设能力显著增强，正在成为数字经济发展、智慧社会演进的重要驱动力量。

软件业务收入保持较快增长，出口形势仍然低迷。2018 年，全国软件和信息技术服务业规模以上企业 3.78 万家，累计完成软件业务收入 63061 亿元，同比增长 14.2%。盈利能力稳步提升。2018 年软件和信息技术服务业实现利润总额 8079 亿元，同比增长 9.7%；行业人均创造业务收入 98.06 万元，同比增长 9.6%，高质量发展成效初显。软件出口形势低迷。2018 年，全国软件和信息技术服务业实现出口 554.5 亿美元，同比增长 0.8%。从业人数稳步增加。2018 年，全国软件和信息技术服务业从业人数 643 万人，比 2017 年增加 25 万人，同比增长 4.2%。

软件产品与嵌入式系统软件收入持续增长，信息技术服务加快云化发展。2018 年，全行业实现软件产品收入 19353 亿元，同比增长 12.1%，占全行业的比重为 30.7%。其中，信息安全和工业软件产品实现收入 1698 亿元和 1477 亿元，分别增长 14.8% 和 14.2%，为支撑信息系统安全和工业领域的自主可控发展发挥重要作用。全行业实现嵌入式系统软件收入 8952 亿元，同比增长 6.8%，占全行业收入的比重为 14.2%。嵌入式系统软件已成为产品和装备数字化改造、各领域智能化增值的关键性带动技术。2018 年，全行业实现信息技术服务收入 34756 亿元，同比增长 17.6%，增速高出全行业平均水平 3.4 个百分点，占全行业收入的比重为 55.1%。其中，云计算相关的运营服务（包括在线软件运营服务、平台运营服务、基础设施运营服务等在内的信息技术服务）收入 10419 亿元，同比增长 21.4%，占信息技术服务收入的比重达 30.0%；电子商务平台技术服务收入

4846亿元，同比增长21.9%。

从区域发展情况来看，东部地区稳步发展，中西部地区软件业加快增长。2018年，东部地区完成软件业务收入49795亿元，同比增长14.2%，占全国软件业的比重为79.0%。中部和西部地区完成软件业务收入为3163亿元和7189亿元，分别增长19.2%和16.2%，高于全国增速5.0个百分点和2.0个百分点；占全国软件业的比重为5.0%和11.4%，同比均提高0.2个百分点。东北地区完成软件业务收入2914亿元，同比下降0.4个百分点，占全国软件业的比重为4.6%。

2. 行业内上市公司发展情况

表16　　2018年软件和信息技术服务业上市公司收入及资产增长情况　　单位：亿元

指　标	2018年	2018年可比样本增长（%）	2017年	2017年可比样本增长（%）	2016年
营业收入	3617.89	13.43	3012.05	17.99	2242.65
利润总额	126.24	-63.54	322.99	-7.08	303.10
归属于母公司所有者的净利润	81.33	-71.59	269.50	-8.27	258.57
总资产	7296.35	6.94	6575.47	19.12	5023.96
归属于母公司股东权益	4285.12	4.92	3952.33	13.96	3217.00

资料来源：沪深交易所，同花顺。

表17　　2018年软件和信息技术服务业上市公司盈利能力情况

指　标	2018年	2018年可比样本变动	2017年	2017年可比样本变动	2016年
毛利率（%）	35.41	-1.13	36.26	0.39	36.63
净资产收益率（%）	1.90	-5.11	6.82	-1.65	8.04
销售净利率（%）	2.41	-6.99	9.32	-2.57	11.81
资产净利率（%）	1.23	-3.56	4.64	-1.79	6.02

资料来源：沪深交易所，同花顺。

表18　　2018年软件和信息技术服务业上市公司偿债及营运情况

指　标	2018年	2018年可比样本变动	2017年	2017年可比样本变动	2016年
资产负债率（%）	39.33	1.60	37.87	2.77	34.13
存货周转率（次）	3.39	0.12	3.25	-0.20	3.34
总资产周转率（次）	0.51	0.00	0.50	-0.04	0.51

资料来源：沪深交易所，同花顺。

四、重点上市公司介绍

（一）中国联通

中国联通是国内三大移动运营商之一，通过联通红筹公司及其所属子公司面向全国提供全方位的电信服务，包括移动宽带（WCDMA、LTEFDD、TD－LTE）、固网宽带、GSM、固网本地电话、信息通信技术服务、数据通信服务以及其他相关增值服务。2018 年，公司在市场环境深刻变化、提速降费及取消长途漫游费等国家监管政策调整、行业激烈竞争、经营发展面临严峻挑战的情况下，深化实施聚焦创新合作战略，围绕轻触点、轻成本，创新商业模式，加大力度推动互联网化运营转型。截至2018 年年底，公司拥有约3.2 亿移动出账用户，其中，4G 用户约 2.2 亿户，约 8088 万固网宽带用户及约 5590 万本地电话用户。

2018 年，公司经营业绩持续显著改善。全年实现主营业务收入 2637 亿元，同比增长 5.9%，领先于行业平均 3.0% 的增幅；EBITDA1 达到852 亿元，同比增长 4.3%；利润总额达到 121 亿元，归属于母公司净利润达到 41 亿元，同比增长 858%，盈利持续反弹。

公司坚持以精准投资和共享合作促进网络效能提升，在确保网络竞争力的同时，全年资本开支继续得到有效控制，为 449 亿元。得益于收入的持续增长以及支出的良好控制，公司自由现金流再创历史新高，达到500 亿元；资产负债率由2017 年同期的 46.5% 进一步下降至 41.5%，公司财务状况更加稳健，资本实力持续增强。未来公司将继续努力提升盈利能力和股东回报。

（二）歌华有线

歌华有线是国内有线网络首家上市公司、北京市第一批文化体制改革试点单位、北京市高新技术企业。公司主要负责北京地区有线广播电视网络的建设开发、经营管理和维护，广播电视节目的收转、传送，广播电视网络信息服务等，属于有线电视行业。近年来，公司围绕“一网两平台”战略，大力推进以有线电视网络为基础的“首都公共文化服务网络”基础设施建设，不断推动以高清交互数字电视平台为核心的“首都新媒体信息综合服务平台”和以上市公司资本平台为核心的“首都文化产业发展投融资平台”能力提升。通过实施“一网两平台”战略，实现了用户和营收的双线增长与社会效益和经济效益双效提升，保持了公司平稳、有序、健康、快速发展，为首都广电产业发展提供资源保障和发展助力，为北京市文化产业繁荣发展做出了重要贡献。

2018 年，公司实现营业利润 70174 万元，同比减少 6486 万元，同比下降 8.46%。实现归属于母公司所有者的净利润 69422 万元，较 2017 年同期减少 6709 万元，同比下降 8.81%。截至 2018 年 12 月 31 日，公司资产总额为 159.33 亿元，比 2017 年年末增加 6.06 亿元，增长了

3.96%；归属于母公司股东权益合计为130.47亿元，比2017年年末增加2.63亿元，增幅2.06%。公司积极拓展高清超高清交互、家庭宽带与宾馆酒店数字化市场，继续拓展大数据业务合作，集客业务发展提速，融媒体业务初见端倪，新媒体业务持续创新。截至2018年12月底，公司有线电视注册用户594.5万户，较2017年年底增长7.7万户；高清超高清交互数字电视用户526.5万户，增长26万户；家庭宽带在线用户62.3万户，增长5.4万户。

（三）三七互娱

三七互娱主要从事互动娱乐业务以及汽车塑料燃油箱制造、销售业务，其中互动娱乐业务以手机游戏和网页游戏的研发、发行和运营为主，同时布局影视、动漫、音乐、VR及直播等泛娱乐业务。报告期内，公司聚焦以手机游戏和网页游戏的研发、发行和运营为基础的文化创意业务，同时布局影视、动漫、音乐、教育、社交、VR等文化细分领域。公司围绕IP稳步推进“精品化、多元化、平台化、全球化”的发展战略，综合实力位于中国互联网百强第23位，在榜单A股游戏公司中位列第一。

2018年公司实现营业收入76.33亿元，同比增长23.33%；利润总额12.19亿元，同比下降36.38%；归属于上市公司股东的净利润10.09亿元，同比下降37.77%；非公认会计原则净利润15.01亿元，同比增长6.56%。公司手机游戏业务取得营业收入55.82亿元、毛利45.18亿元，同比分别增长69.99%、79.89%。公司的手机游戏业务收入和研发投入均呈增长态势，手机游戏业务继续在国内和海外多地市场保持领先地位。公司以优质内容为战略方向，在维持游戏核心业务的高速增长同时，布局其他高速增长的文创细分领域，深度挖掘影视、动漫、音乐、文学、VR/AR、互联网健康、互联网教育等领域的延伸空间，目标是建立一个能够为全年龄段提供优质内容的品牌。结合自身优势，持续挖掘优质IP以打造包括游戏在内的精品文化产品。

（四）启明星辰

启明星辰是国内极具实力的、拥有完全自主知识产权的网络安全产品、可信安全管理平台、安全服务与解决方案的综合提供商。目前，启明星辰已对网御星云、杭州合众、书生电子进行了全资收购，自此，集团成功实现了对网络安全、数据安全、应用业务安全等多领域的覆盖，形成了信息安全产业生态圈。多年来，启明星辰一直保持着中国入侵检测/入侵防御、统一威胁管理、安全管理平台、运维安全审计、数据审计与防护市场占有率第一位。作为信息安全产业的领军企业，启明星辰以用户需求为根本动力，通过不断耕耘，已经成为政府、电信、金融、税务、能源、交通、军队、军工、制造等国内高端企业级客户的首选品牌。启明星辰为上海世博会、广州亚运会、APEC大会、G20杭州峰会、“一带一路”峰会、金砖国家领导人第九次峰会、十九大以及嫦娥号、上海合作组织青岛峰会等众多国家级重大安保项目网络安全保驾护航，成为国家网络安全发展中不可或缺的主力军。

2018 年公司的经营情况良好，业绩也实现了稳定增长，全年完成营业收入 25.2 亿元，营业利润 5.59 亿元、归属于上市公司股东的净利润为 5.69 亿元，分别比 2017 年同期增长 10.68%、56.24% 和 25.90%。费用比 2017 年同期增长 10.33%，研发投入比 2017 年同期增长 16.54%。公司在智慧城市安全运营、工业互联网安全等战略新业务方面发展成效显著，有力地促进了数据安全与平台和安全服务的业绩较快增长，公司整体业务持续增长、良性发展；公司有效加强经营管理，经营效益不断提升。2018 年是公司在新的“I3”发展阶段——独立运营（Independence）、互联（Interconnect）、智能（Intelligence），在全国范围内大力开拓独立安全运营业务的完整一年，继国内首个智慧城市安全运营中心——成都安全运营中心启动运营之后，截至目前，建成、在建运营中心约 20 个，包括成都、济南、青岛、天津、广州、南昌、西宁、三门峡、攀枝花等城市，安全运营效果赢得用户的认可和市场的检验。未来 2～3 年，此项业务有望取得高速成长。公司三大战略新业务（智慧城市安全运营、工业互联网安全、云安全）的业绩初现规模，实现销售约 4 亿元，确认收入超过 2 亿元。

（五）平治信息

平治信息的主营业务为数字阅读，聚合海量优质的文字和有声阅读内容，通过 PC、智能手机、平板电脑、电子阅读器、车载、可穿戴设备等阅读载体为用户提供高品质的数字阅读服务，内容涵盖网络文学、出版书籍、杂志、报纸、电台广播、曲艺杂谈、教育培训讲座等，可全方位满足用户的阅读需求。内容是数字阅读平台的核心竞争力，而内容的挖掘依赖于编辑和作者。为了最大限度地发挥编辑的个人创造力，最大程度地保证责权利统一，平治信息在业内率先采用了多团队并行的模式，俗称“百足模式”。通过不断吸收业内精英人才，短期内孵化了一大批原创阅读内容生产平台。公司不断探索围绕 IP 为核心的网络文学立体化产业发展新路径，加快作品 IP 全版权运作，不断加大漫画、有声、影视等板块的投入力度。公司荣获“2018 年中国互联网百强企业”“中国创业板上市公司价值五十强”等众多奖项。

公司依托高效、专业的运营管理团队，内容及营销推广上的优势，持续创新的业务模式，不断加大内容版权和研发投入，加快渠道拓展，不断打造价值 IP，构建泛娱乐新生态，推动了公司业务的快速稳定增长。2018 年实现营收 8.72 亿元，同比减少 4.13%；实现归母净利润 2.17 亿元，同比增长 121.85%。

截至 2018 年年底，公司内容储备扩容明显：公司已拥有各类优质文字阅读产品40000余本，签约作者原创作品28000余本，引入有声作品近7000余部，时长45000小时，自制精彩有声内容近10000小时。公司2017年下半年业务重心从自有阅读站搭建转到CPS分发，控股杭州有书、麦睿登并建立平治云，打通第三方公众号的内容合作分销，吸引大量的自媒体和内容供应方入驻公司旗下小说代理分销平台，公司运营效率和利润率大幅提升，几家CPS分发公司在公众号分发领域排行靠前。截至2018年6月底，加入公司CPS模式的自媒体已经近30万家。公司还与vivo合作进一步拓展渠道，将在部分vivo手机中预装阅读APP，公司则负责提供移动阅读服务，二者根据收入进行分成，合作vivo是平治渠道拓展上的又一次崭新尝试。此外，公司持续加强渠道管理能力，打通微信新渠道，快速扩大影响力。同时，公司充分利用社交工具强大的传播力，推出微信公众号/小程序阅读模式。

（六）卫宁健康

卫宁健康是国内第一家专注于医疗健康信息化的上市公司，致力于提供医疗健康卫生信息化解决方案，不断提升人们的就医体验和健康水平。公司通过持续的技术创新，自主研发适应不同应用场景的产品与解决方案，业务覆盖智慧医院、区域卫生、基层卫生、公共卫生、医疗保险、健康服务等领域，是中国医疗健康信息行业具有竞争力的整体产品、解决方案与服务供应商。公司自2015年起，积极布局医疗健康服务领域，推动互联网+模式下的医疗健康云服务等创新业务的发展，贯彻公司“4+1”发展战略（云医、云药、云险、云康+创新服务平台）。

2018年公司实现营业收入143876.13万元，同比增长19.52%；营业利润31028.15万元，同比增长20.55%；利润总额30952.33万元，同比增长20.80%；归属于上市公司股东净利润30303.52万元，同比增长32.42%。其中，公司核心产品软件销售及技术服务业务的收入增长率为31.92%，增速有所提高；硬件销售业务的收入增长率为-13.81%，公司经营活动产生的现金流量净额同比增长55.28%，均高于营业收入和应收账款的增速；业务订单快速增长，使得预收账款同比增长115.48%；资本化研发支出占研发投入的比例下降为49.40%，资本化研发支出占当期净利润的比重下降为46.84%。

在传统医疗卫生信息化领域，医疗卫生信息化利好政策不断，以电子病历、互联互通和区域医联体建设为重点，医疗卫生信息化迎来投资建设高峰期，公司凭借多年行业积累，继续扩大综合优势提高市场占有率，加快推进各省域内服务网络布局，在订单总金额及平均金额上均有较为明显的提升，智慧医院以高水平信息化等级评审为抓手，重点聚焦医院内部的全面智慧化，涵盖患者就医流程优化、临床业务智能辅助、管理决策全面精细等维度，全方位打造高水平医院的样板。公司在巩固和提高传统医疗卫生信息化产品能级和项目建设规模的同时，积极开拓互联网+医疗健康业务发展，通过卫宁互联网，作为卫宁创新业务的平台和孵化器，推动公司“互联网+”模式下的医疗健康云服务等创新业务的发展，整合4朵云间业务资源、数据资源、服务资源，实现4朵云间业务联动、协同输出。

（七）东方财富

东方财富是国内领先的互联网金融服务平台综合运营商，通过以“东方财富网”为核心，集互联网财经门户平台、金融电子商务平台、金融终端平台及移动端平台等为一体的互联网金融服务大平台，向海量用户提供基于互联网平台应用的产品和服务。公司运营的以“东方财富网”为核心的互联网金融服务大平台已成为中国用户访问量最大、用户黏性最高的互联网金融服务平台之一，“东方财富网”“天天基金网”和“股吧”等，在用户数量和用户黏性方面长期保持竞争优势，具有市场领先地位，形成了公司的核心竞争力。公司主要业务有证券业务、金融电子商务服务业务、金融数据服务业务及互联网广告服务业务等。

2018年公司主要业务发展及整体财务状况健康良好。报告期内实现营业总收入3123446007.42元，同比增长22.64%，公司营业总成本2272442976.05元，同比增长9.67%。2018年度公司实现归属于上市公司股东的净利润958695412.88元，同比增长50.52%。公司进一步加强证券业务发展，证券经纪业务和融资融券业务实现快速发展，用户规模得到进一步提升，证券业务相关收入同比实现较大幅度增长。进一步做好基金第三方销售服务业务，互联网金融电子商务平台基金销售额同比较大幅度增长，金融电子商务服务业务收入同比实现较大幅度增长。继续做好金融数据服务业务，公司金融数据服务业务收入和互联网广告服务业务收入，同比有一定幅度下降。

（八）同花顺

同花顺是国内领先的互联网金融信息服务提供商，产品及服务覆盖产业链上下游的各层次参与主体，包括证券公司、公募基金、私募基金、银行、保险、政府、研究机构、上市公司等机构客户，以及广大个人投资者。公司主要业务是为各类机构客户提供软件产品和系统维护服务、金融数据服务、智能推广服务，为个人投资者提供金融资讯和投资理财分析工具。同时，公司基于现有的业务、技术、用户、数据优势，积极探索和开发基于人工智能、大数据、云计算等前沿技术的产品和应用，以期形成新的业务模式和增长点。公司已构建同花顺AI开放平台，可面向客户提供智能语音、自然语言处理、智能金融问答、知识图谱、智能投顾等多项AI产品及服务，为银行、证券、保险、基金、私募等行业提供智能化解决方案。

2018年公司主营业务健康平稳发展，实现营业总收入1386887015.18元，同比减少1.62%；实现营业利润683374804.02元，同比减少15.27%；实现利润总额

682780829.25 元，同比减少 15.31%；实现归属上市公司股东的净利润 633934218.67 元，同比减少 12.64%。公司继续聚焦互联网金融信息服务领域，紧紧围绕整体战略目标，积极推进、全面落实年度工作计划。公司坚持以用户需求为中心，加强产品和服务的研发创新，继续在多个行业探索大数据与人工智能服务的技术应用，全新推出智能外呼机器人、智能客服等产品，持续提升整体服务质量和水平，深挖行业潜力，努力克服证券市场单边下行、用户需求不振所带来的不利影响。

（九）用友软件

用友软件是领先的综合型、融合化、生态式的企业服务提供商，致力于服务中国及全球企业与公共组织的数字化转型与智能化发展，推动企业服务产业变革，用创想与技术推动商业和社会进步。基于移动互联网、云计算、大数据、人工智能、物联网、区块链等新一代企业计算技术和客户导向、员工能动、全球资源、数据驱动、智能运营、实时企业等互联网时代商业范式，形成了以“云服务、软件、金融”为三大核心业务的新一代企业服务，业务领域从之前的企业管理扩展到业务运营和企业金融，服务层级从企业级走向社会级，形成了以客户为中心的综合型、融合化、生态式的企业数字化平台和企业服务产业的共享平台与生态，公司已经全面进入 3.0 发展时期。公司连续多年被评定为国家“规划布局内重点软件企业”，“用友 ERP 管理软件”系“中国名牌产品”，“用友”系中国驰名商标，公司拥有系统集成一级资质，获中国绿色公司百强。

2018 年公司实现营业收入 7703495046 元，同比增加 1359836497 元，增长 21.4%；归属于上市公司股东的净利润为 612130382 元，同比增加 223049488 元，增长 57.3%；归属于上市公司股东的扣除非经常性损益后的净利润为 532161942 元，同比增加 239086793 元，增长 81.6%。2018 年，公司持续加大了研发投入，研发投入共计 1485971439 元，同比增长 14.5%；经营活动产生的现金流净额 2042653091 元，同比增长 42.8%。软件业务实现收入 5578559683 元，同比增长 8.7%；云服务业务实现收入 2094244202 元，其中，云平台（PaaS）、应用服务（SaaS）、非金融类业务运营服务（BaaS）及数据服务（DaaS）收入 850630308 元，同比增长 108.0%；支付服务收入 155208182 元，同比增长 81.8%，互联网投融资信息服务收入 1088405712 元，同比增长 51.8%。云服务业务累计注册企业客户数 467.21 万家，累计付费企业客户数 36.19 万家，较 2017 年年末增长 55%。

公司云服务业务继续围绕打造综合型、融合化、生态式的企业服务平台，为各行业、各领域不同规模企业和公共组织提供多态融合的云服务，包括 PaaS（平台服务）、SaaS（应用服务）、DaaS（数据服务）、BaaS（业务服务）、FaaS（金融服务）和多种专业服务（知识/咨询/

培训服务、部署/迁移/实施服务等），形成了IT服务、业务服务、金融服务的整合发展，实现了云服务业务的高速增长。公司软件业务继续保持效益化稳定增长。公司通过优化软件业务的客户经营体系，深化客户经营，提高客户满意度，提高经营效率与效益，同时结合云和金融服务业务，形成更丰富的解决方案，拉动软件产品销售。此外，公司参与设立合伙企业，有利于借力资本力量，通过专业化运作发掘投资机会，将促进公司加速在企业云服务产业的战略发展。

（十）科大讯飞

科大讯飞专业从事于人工智能技术研究、软件及芯片产品开发、知识服务，人工智能相关核心技术始终保持国际领先水平。公司以“让机器能听会说，能理解会思考，用人工智能建设美好世界”为使命，承建有首批国家新一代人工智能开放创新平台、语音及语言信息处理国家工程实验室以及中国在人工智能高级阶段——认知智能领域的首个国家级重点实验室等国家级重要平台。在人工智能领域，科大讯飞有着语音合成、机器翻译技术等众多开创性突破。基于拥有自主知识产权的世界领先的人工智能技术，科大讯飞持续推进“平台+赛道”的人工智能战略，在教育、政法等领域的应用成果不断显现。

2018年公司各项业务健康发展，业务收入、毛利快速增长，用户规模高速增长，综合实力持续增强，源头技术驱动的战略布局成果不断显现。公司全年实现营业总收入791722.19万元，较2017年同期增长45.41%；实现毛利396067.57万元，较2017年同期增长41.58%；实现归属于上市公司股东的净利润54206.60万元，较2017年同期增长24.71%；经营活动产生的现金流量净额达114813.64万元，较2017年同期增长216.53%，达到历史最好水平；讯飞开放平台落地应用规模持续扩大，合作伙伴达92万。

公司持续在感知智能和认知智能核心技术领域的研究攻关上加大投入，核心技术始终保持国际领先。教育产品和服务业务较2017年同期增长44.93%，政法业务较2017年同期增长85.96%，开放平台业务较2017年同期增长124.61%，智能硬件较2017年同期增长171.93%，以讯飞听见为代表的移动互联网产品及服务较2017年同期增长369.36%。公司人工智能战略正式进入2.0时代：赛道控盘、规模应用、效益起飞，以战略聚焦为抓手，全面推进增量绩效管理，提升经营效益，在人员没有大幅增长的情况下，保持收入和毛利快速增长。

（十一）国电南瑞

国电南瑞是以能源电力智能化为核心的能源互联网整体解决方案提供商，是中国能源电力及工业控制领域卓越的IT企业和电力智能化领军企业。公司以先进的控制技术和信息技术为基础，以“大数据、云计算、物联网、移动互联、人工智能”等技术为核心，为电网、发电、轨道交通、水利水务、市政公用、工矿等行业和客户提供软硬件产品、整体解决方案及应用服务，公司的业务发展与相关行业的发展方向、投资规模、投资结构和技术升级等相关。历经数十年自主创新和产业发展，公司已形成电网自动化及工业控制、继电保护及柔性输电、电力自动化信息通信、发电及水利环保四大业务板块。公司实行订单式生产。主要通过市场招投标方式获取订单，接单后根据客户不同需求先进行工程设计，再采购电子电气设备、电子元器件等配套材料设备，与公司具有自主知识产权的核心技术、软硬件产品配置或开发，再进行系统集成后销售给客户实现利润。公司积极转变发展方式，大力拓展工程总包、运维服务、设备租赁服务、PPP等商业模式和新型业务，培育新的利润增长点。

2018年公司实现营业收入285.40亿元，完成年度计划的107.29%，较2017年同期增长17.96%，实现归属于母公司所有者的净利润41.62亿元，较2017年同期增长28.44%。面对深刻变化的外部环境和中国经济转型阵痛凸显的严峻挑战，公司继续保持稳健快速发展的良好态势，坚持创新驱动，2018年研发投入19.01亿元，占年度营业收入的6.6%，发明专利292项，20项成果达到国际领先水平。进一步推动结构优化，市场拓展取得突破。国家电网系统市场稳中有升，集招中标额同比大幅。同时，大力推动新兴产业发展，加快低效资产处置和业务转型。

（十二）恒生电子

恒生电子是中国领先的金融软件和网络服务供应商。主要业务系为境内的金融机构提供软件产品和服务以及金融数据业务，为个人投资者提供财富管理IT工具等。公司提供的业务主要包括传统的金融IT软件产品与服务，以及基于互联网、云计算等技术的创新IT服务。公司最主要的收入系软件产品与服务收入。公司的客户群体主要包括券商、期货公司、公募基金、信托公司、保险资管公司、银行、各类交易所、私募基金、三方理财销售公司等，并逐步拓展到和金融生态圈有关的互联网企业以及C端个人客户。公司基本覆盖了境内绝大部分的金融机构客户，并与其建立了业务合作或联系，在行业内处于领先的地位。

2018年度公司实现营业收入3262879215.76元人民币，较2017年2666121404.34元人民币，同比增加22.38%，实现归属于母公司的净利润645370439.29元人民币，较2017年471218989.46元人民币，增加36.96%。2018年总体来看，公司收入继续保持增长，收入的实际增速超过年初的预算增速，其中，结合云计算等新技术的创新业务收入也保持了良好的增长。公司对人员和费用控制得力，员工薪酬总体保持一定比例的增长，公司2018年度净利润增长良好，业务合同总体仍保持一定增长，但相比2017年同期增速有所下降。

公司制定了“online”的主题战略，

全面启动产品技术、解决方案和服务体系、创新业务的升级。在研发与产品方面，公司目前已基本形成了由恒生研究院、研发中心以及业务部门平台研发组成的三级研发架构体系。产品质量与2017年同比有提升。在投资与并购方面，公司为进一步优化和整合公司在香港的业务布局，控制大智慧（香港）投资控股有限公司96.45%股权。公司设立了星禄二期基金，继续推进公司在金融科技生态圈的投资布局，主要着眼于补充技术能力、补充产品线和战略协同3个方面。公司参股投资了海致星图，为银行提供数据知识图谱解决方案，丰富了公司的产品线。公司参股投资了标贝科技，补充了语音合成领域相关技术。公司参股投资了灵犀金服，为今后保险科技领域拓展打下基础。报告期内，公司大部分的产品线，包括券商核心交易系统、投资管理系统、TA系统等核心产品线的市场占有率仍然处于行业领先的地位。

（十三）万兴科技

万兴科技自成立以来一直从事消费类软件产品的研发、销售及提供相应的技术支持服务，是全球领先的APP应用软件提供商，连续多年获得国家高新技术企业、国家规划布局内重点软件企业等认证。公司自主开发并在售的软件产品达60余款，主要包括数字化创意类、数据管理类、办公效率类三大类，可广泛应用于个人电脑、智能手机、平板电脑等不同应用终端，适用Windows、macOS、iOS、Android等主要操作系统，满足个人用户使用个人电脑、智能手机及平板电脑过程中对音视频处理、影音格式转换、数据安全、数据与设备交互和管理、数字文档处理等方面的软件应用需求。公司产品主要采用线上销售的方式，通过自建的电子商务平台向全球用户提供消费类软件以及相关增值服务。

2018年公司实现营业收入5.46亿元，同比增长16.91%；归属于上市公司股东的净利润8266.76万元，同比增长20.51%；归属于上市公司股东的扣除非经常性损益的净利润6473.11万元，同比下降9.21%。2018年度，公司研发费用投入金额为9749.93万元，同比增长5.42%。近3年公司研发投入金额及占营业收入的比例逐年增加。

公司不断加大消费软件产品的研发投入，逐步实现从传统License模式向SaaS模式转型，从跨端（桌面端、移动端）服务模式向多端（桌面端、移动端、云端）整合服务模式升级。公司各主要产品持续快速迭代研发及运营创新，及时响应用户需求并不断进行技术革新，完成了数十个迭代版本的开发。公司积极开拓办公效率类软件的企业级市场，通过参加海外知名度高、影响力大的行业展会，获得众多企业合作机会，欧美企业市场开拓效果明显，2018年度B端市场销售增长60%以上，同时，公司面向中国市场领域组建独立的国内营销团队，拓展中国市场的企业级用户。同时，公司在数据管理类产品领先的技术优势和品牌影响力得到中国知名手机企业——华为的青睐，完成转机类项目的商务合作，为产品线的销售带来较高增长，进一步提升数据管理产品的品牌影响力。

（十四）广联达

广联达的主营业务为立足建筑产业，围绕工程项目全生命周期，为客户提供建设工程领域专业应用产品和解决方案，搭建以产业大数据、产业新金融等为增值服务的数字建筑平台。经过20年的发展，公司业务领域由招投标阶段拓展至设计阶段和施工阶段；产品从单一的预算软件扩展到工程造价、工程施工、产业新金融等多个业务板块，涵盖工具类、解决方案类、大数据、移动互联网、云计算、智能硬件设备、产业金融服务等业务形态；服务的客户从中国境内拓展到全球100多个国家和地区；累计为行业20余万家企业、百余万产品使用者提供专业化服务，成为中国建筑产业信息化卓越品牌。

2018年公司实现营业总收入2904399978.78元，同比增长23.24%；实现营业利润484557353.66元，同比下降5.79%；实现归属于上市公司股东的净利润439076938.97元，同比下降7.02%。公司造价业务云转型的产品种类和区域范围进一步扩大，商业模式由销售软件产品逐步转向提供服务的SaaS模式。

公司持续优化研发管理流程，加大战略性关键技术投入，构建自主知识产权体系，有力支撑公司产品及业务发展。持续投入的BIM、云计算、大数据与人工智能技术等在多项指标上取得突出进展，图形技术达到国内领先水平并进入全新发展阶段；强化知识产权保护，取得58项授权专利、693项软件著作权。公司积极构建数字建筑生态，推进业务重大战略合作。牵手微软、华为联合发布建筑业混合云解决方案，满足建筑领域云计算应用需求；与大华、碧桂园、景瑞地产、龙湖地产等签署合作协议，共推建筑业数字化转型；与华中科技大学共建数字建筑研究中心，为建筑业数字化变革与发展注入新的力量。

（十五）中国软件

中国软件是中国电子信息产业集团有限公司（CEC）控股的大型高科技上市企业，是CEC网络安全与信息化板块的核心企业。多年来，公司打造了完整的从操作系统、数据库、中间件、安全产品到应用系统的产品链条；在全国税务、党政、交通、知识产权、金融、能源、医卫、安监、信访、应急、工商、公用事业等国民经济重要领域积累了上万家客户群体；同时，紧随IT行业发展趋势，着力推动云计算、物联网、移动互联网、大数据等新技术的应用。公司现拥有系统集成、软件开发等众多国内一级行业资质，通过了国际质量管理、服务管理、信息安全管理等体系认证，是首批通过全国“软件企业”认证的企业，连续多年被评定为“国家规划布局内重点软件企业”，并入选国家软件百强企业。

2018年公司实现营业收入46.13亿元，同比减少6.67%，实现营业利润9661.94万元，实现归属于上市公司股东的净利润1.11亿元，同比增加47.95%。其中，自主软件产品营业收入5.72亿元，同比下降39.52%，平均毛利率14.29%；行业解决方案营业收入25.84亿元，同比下降1.08%，主要包括电子政务、知识产权、现代数字城市、轨道交通等国民经济重要行业的信息系统集成、国产软硬件产品替代升级，以及以oracle和SAP为代表的国外软件产品分销等业务；服务化业务营业收入14.21亿元，同比增加4.99%，平均毛利率71.44%，同比增加2.85个百分点，主要包括税务行业的信息系统运维、党建云等业务。2018年公司研发投入10.07亿元，研发投入资本化率仅3.47%，研发人员数量达到3340。

公司以本质安全为核心，打造自主可控的电子政务信息系统，形成软件产品+解决方案的系统布局。公司电子政务业务在安全可靠生态体系建设方面，不断提高自主可控的基础软件生态，促进基础生态、系统生态、应用生态融合。随着安全可控产业化的推进，全国产化终端及服务器将进入用户积累期，国产操作系统覆盖将由党政机关为先，八大行业包括金融、电力的国产化工作已在规划中。党政机关的推广会加速民用市场的渗透，市场化在即。公司全力打造自主可控产业体系：操作系统、办公软件、数据安全产品、自主可控的计算平台、服务平台、安全平台，开发了电子公文、办公系统、电子政务内网等应用产品。公司构建的新一代的生态环境建设进一步向纵深发展，行业地位持续巩固，市场位势保持领先，是国家信息化安全可靠的实力服务商，应用前景十分广阔。

五、上市公司在行业中的影响力

2018年，信息传输、软件和信息技术服务业增加值84665亿元，增速居国民经济各行业之首，已成为经济平稳较快增长的重要推动力量。按照可比样本的测算口径，信息传输、软件和信息技术服务业国内上市公司营业收入占行业总收入的比重为11.46%，占比得到有效提高。按照细分行业来看，各个子行业，电信、广播电视和卫星传输服务业和软件行业上市公司在行业中营业收入占比明显上升，而互联网营业收入占比均有所下降，各细分子行业情况如下：

2018年，电信、广播电视和卫星传输服务业国内上市公司收入行业占比为26.74%，较2017年上升11个百分点。2018年上市公司占行业收入的比重明显上升，其主要原因是2018年新上市的相关公司数量增加带来上市公司营业收入增长明显，同时广播电视等行业的萎缩导致行业相对基数降低，而行业龙头都是上市公司，因此，行业占比有所提升，但是上市公司营收增长高于行业增长率，上市公司营收行业占比增长迅速。不过营收占比偏低的原因主要还是由于行业内重量级企业如中国移动、中国电信和华为等均未在国内上市，导致行业头部企业的缺失。从行业的发展趋势来看，行业内各个细分行业的龙头不仅是整个行业的中流砥柱和优秀行业代表，而且也是未来上市首选品种。因此，随着电信、广播电视和卫星传输服务行业开启5G时代，宽带化、移动化、互联网化将是行业进一步演进趋势，行业重要性将快速提升。伴随着多种上市形式的出现，未来电信、广播电视和卫星传输服务业将吸纳更多公司上市，覆盖到更多的细分领域，影响力有望得到进一步增长。

2018年，软件和信息技术服务业国内上市公司收入行业占比为5.74%，较2017年继续上升0.3个百分点。2018年软件类上市公司整体盈利能力持续性提高。软件外包出口等业务的稳步增长，同期国内兴起的人工智能技术、大数据业务和存储类业务给国内的软件企业带来了崭新的发展风口，AI加速了计算力的提升、CDN和IDC等业务开拓出广阔的数据市场，由此诞生了一大批小型创新类的公司，并吸引更多的资金投入该行业，由此带来行业内公司业务创新与新的利润点出现。此外自主可供兴起，软件和信息技术服务业的重要性得到空前提升，同时国家也加大在基础软件方面的投入，通过软件业发展加快经济发展方式转变和产业结构调整，提高国家信息安全保障能力。上市公司占行业收入比例偏低的原因主要是行业内很多外资（包括台资）企业从事相关组件外包业务，以及一些大型互联网软件企业并未在国内上市；同时该行业产业链较分散，产业集中度较低，导致上市公司体量都相对较小，进而导致占比较低。随着新技术如区块链、云计算等出现，行业结构会重新整合，以及科创板的设立，越来越多的软件类企业进入上市公司体系，这样必然会增强上市公司群体在整个行业的影响力。

2018年，互联网和相关服务业国内上市公司营业收入行业占比为30.32%。2018年是互联网产业快速扩张的一年，特别是移动互联网规模处于迅速膨胀的阶段，其中，电子商务平台比2017年增长13.1%；网络游戏业务比2017年增长17.8%。新的上市公司数量也在增多，业务分类也在进一步细化。基于统计口径的变化，国内上市公司营收占比迅速提升，这也显示出整个互联网行业对中国国内生产总值的贡献越来越大，成长为国民经济中重要先导性产业，而上市类企业一般都是行业内盈利较好的细分行业龙头。2018年以来，以上市公司为主体的互联网企业开发了内容丰富的新型互联网应用，业内出现了各种新型网络商业模式，用户通过其平台开展信息获取、娱乐、购物、沟通交流，使得流量变现等网络商业规模越来越大，增速远远超越传统行业。互联网数据中心业务保持稳步增长，游戏类应用、生活服务类、电子商务类应用和金融类应用增幅超过20%。社交通信领域新上线应用数量占比居各领域前列，子弹短信、短视频社交、匿名社交等新业态引发了社交通讯领域新一轮的创新浪潮。在行业快速上升期，资本的助力不可缺失，一方面上市公司依托资本市场，加快了业内横向和产业链纵向的并购，大大增加了自身的实力；另一方面有技术实力与成熟商业模式的互联网公司通过上市快速扩大规模。因此，上市公司在推动互联网传输的传统业务向新型服务性移动互联网经济转变、加速整个行业爆发方面，起到了非常重要的作用。

审稿人：王洪磊

撰稿人：徐　勇

金融业

一、金融业总体概况

（一）行业整体运行情况

金融市场运行总体平稳，2018 年年末广义货币供应量（M2）余额为 182.67 万亿元，比上年年末增长 8.1%，增速提高 0.1 个百分点；狭义货币供应量（M1）余额为 55.17 万亿元，同比增长 1.5%，增速与上年同期低 10.3 个百分点；流通中现金（M0）余额为 7.32 万亿元，增长 3.6%。全部金融机构各项贷款余额 141.75 万亿元，同比增长 12.9%。其中，人民币贷款余额 136.3 万亿元，同比增长 13.5%，增速提高 0.8 个百分点；外币贷款余额 7948 亿美元，同比下降 5.2%。2018 年年末，全部金融机构各项存款余额 182.52 万亿元，同比增长 7.8%，下降 1.0 个百分点。其中，人民币存款余额 177.52 万亿元，同比增长 8.2%，增速下降 0.8 个百分点；外币存款余额 7275 亿美元，同比下降 8%。社会融资继续较快增长，根据人民银行的统计，2018 年全年社会融资规模增量为 19.26 万亿元，比上年少 3.14 万亿元。其中，人民币贷款增加 15.67 万亿元，同比多增 1.83 万亿元；外币贷款折合人民币减少 4201 亿元，同比多减 4219 亿元；委托贷款减少 1.61 万亿元，同比多减 2.38 万亿元；信托贷款减少 6901 亿元，同比多减 2.95 亿元；未贴现的银行承兑汇票减少 6343 亿元；企业债券净融资 2.48 万亿元，同比多增 2.03 万亿元；非金融企业境内股票融资 3606 亿元，同比减少 5153 亿元。

2018 年，债券市场整体发行规模继续保持增长，现券交易量增加，债券收益率曲线下移，市场投资者结构进一步多元化；货市场利率有所下行，回购交易量增加较多；互换利率下降，股票指数全年下行，两市成交额下降。2018 年，债券市场共发行各类债券 43.6 万亿元，较上年增长 6.8%。其中，银行间债券市场发行债券 37.8 万亿元，同比增长 2.9%。2018 年，银行间市场信用拆借、回购交易总成交量 862 万亿元，同比增长 24%。其中，同业拆借累计成交 139.3 万亿元，同比增长 76%；质押式回购累计成交 708.7 万亿元，同比增长 20.5%；买断式回购累计成交 14 万亿元，同比减少 50.2%；债券市场现券交易量 156.7 万亿元，同比增长 44.6%。2018 年 12 月份，银行间货币市场同业拆借月加权平均利率为 2.57%；质押式回购月加权平均利率为 2.68%。2018 年，债券收益率曲线整体下移。12 月末，1 年、3 年、5 年、7 年、10 年期国债收益率分别为 2.6%、2.87%、2.97%、3.16%、3.23%，分别较上年同期下行 119、91、87、74、65 个基点；5 年期 AAA 级、AA + 级和 AA 级中短期票据收益率分别为 4.0621%、4.3584%、5.0411%；中债国债总指数收盘价为 182.93，较上年同期上涨 14.91；中债新综合全价指数收盘价为 117.54，较上年同期上涨 5.37。

2018 年，股票市场股指整体震荡下行，上证指数 2018 年年末收于 2494 点，较 2017 年年末跌 24.6%，年内最高点为 3587.03 点，最低点为 2449.20 点。沪市全年累计成交 40.02 万亿元，日均成交 1647 亿元，同比下降 20.5%。深证成指收于 7240 点，较 2017 年年末跌 34.4%，年内最高点为 11608 点，最低点为 7187 点。深市全年累计成交 49.70 万亿元，日均成交为 2045 亿元，同比下降 18.6%。根据 Wind 发行日统计，沪深两市共筹集资金 27120.42 亿元。其中，沪深两市 IPO 募集资金 1374.88 亿元，发行 103 只；增发 262 只，募集资金 7854.83 亿元；配股 12 只，募集资金 188.78 亿元；优先股 2 支，募集资金 150.00 亿元；可转债 67 只，募集资金 787.50 亿元；可交换债 29 只，募集资金 473.74 亿元；公司债募集资金 16575.65 亿元。截至 2018 年 12 月末，沪深两市总市值 43.49 万亿元，流通市值 35.38 万亿元，分别比 2017 年年底下降 23.3% 和下降 21.3%。流通市值占总市值的 81.3%，比 2018 年年底上升 2.12 个百分点。

2018 年，期货市场活跃度较 2017 年有所上升，全国期货市场累计成交量为 30.3 亿手，同比下降 1.54%；累计成交额为 210.8 万亿元，同比增长 12.20%。2018 年共 60 个商品期货品种，从各品种的成交量来看，排在前六位的分别是热轧卷板、豆油、苹果、石油沥青、聚乙烯、纤维板，分别占全国期货市场总成交量的 38.8%、32.4%、27.0%、17.5%、7.9%、7.8%。从国内五大交易所的整体成交情况来看，上海期货交易所累计成交量为 11.8 亿手，同比下降 13.84%，累计成交额为 81.5 万亿元，同比下降 9.33%，分别占全国市场的 38.81% 和 38.68%；上海国际能源交易中心累计成交量为 0.27 亿手，累计成交额为 12.7 万亿元，分别占全国市场的 0.88% 和 6.04%；郑州商品交易所累计成交量为 8.2 亿手，累计成交额为 38.2 万亿元，同比分别上升 39.55% 和 78.88%，分别占全国市场的 27.00% 和 18.13%；大连商品交易所累计成交量为 9.8 亿手，累计成交额为 52.2 万亿元，同比分别下降 10.84% 和上升 0.36%，分别占全国市场的 32.42% 和 24.76%；中国金融期货交易所累计成交量为 0.27 亿手，累计成交额为 26.1 万亿元，同比分别增长 10.63% 和 6.22%，分别占全国市场的 0.90% 和 12.39%。

（二）细分行业运行概况

2018 年 12 月末，中国银行业金融机构境内外本外币资产总额为 268.24 万亿元，同比增长 6.3%。其中，大型商业银行资产总额98.35万亿元，占比36.7%，同比增长6.0%；股份制商业银行资产总额47.02万亿元，占比17.5%，同比增长4.6%。银行业金融机构境内外本外币负债总额为246.58万亿元，同比增长5.9%。其中，大型商业银行负债总额90.38万亿元，占比36.7%，同比增长5.6%；股份制商业银行负债总额43.59万亿元，占比17.7%，同比增长4.0%。

2018年普惠金融力度加大，银行业金融机构用于小微企业的贷款达33.5万亿元，同比增长8.9%，涉农贷款和保障性安居工程贷款分别达32.7万亿元、6.0万亿元，同比分别增长5.6%、32.7%。商业银行不良贷款余额2.03万亿元，不良贷款率1.83%；关注类贷款余额3.46万亿元，关注类贷款率3.13%。商业银行贷款损失准备余额为3.77万亿元，较上年年末增加6790亿元；拨备覆盖率为186.31%，较上年年末上升4.89个百分点；贷款拨备率为3.41%，较上年年末上升0.25个百分点。

2018年国内保险行业在经济下行压力加大的情况下保持增长。2018年保险行业全年实现保费收入3.80万亿元，同比增长3.9%。其中，财产险业务继续保持较快增长，保费收入1.08万亿元，同比增长9.5%；人身险业务保费收入2.72万亿元，同比增长1.9%。2018年全年的寿险业务原保险保费收入2.07万亿元，同比下降3.4%；健康险业务原保险保费收入5448亿元，同比增长24.1%；意外险业务原保险保费收入1076亿元，同比增长19.3%。2018年，保险公司总资产达到18.3万亿元，较年初增长9.4%；保险资金运用余额为16.4万亿元，占保险业总资产的89.5%，较年初增加1.5万亿元，增幅为10.0%。从投资收益来看，2018年保险资金运用平均收益率为4.34%，同比下降1.43个百分点。

中国证券业协会的数据显示，2018年131家证券公司当期实现营业收入2662.87亿元，各主营业务收入分别为代理买卖证券业务净收入（含席位租赁）623.42亿元、证券承销与保荐业务净收入258.46亿元、财务顾问业务净收入111.50亿元、投资咨询业务净收入31.52亿元、资产管理业务净收入275.00亿元、证券投资收益（含公允价值变动）800.27亿元、利息净收入214.85亿元，当期实现净利润666.20亿元，106家公司实现盈利。据统计，截至2018年12月31日，131家证券公司总资产为6.26万亿元，净资产为1.89万亿元，净资本为1.57万亿元，客户交易结算资金余额（含信用交易资金）9378.91亿元，托管证券市值32.62万亿元，受托管理资金本金总额14.11万亿元。2018年年底，融资融券余额达7557亿元，同比下降26.4%，其中，融资余额7490亿元，约占融资融券余额的99.1%；融券余额67亿元，约占0.89%，同比上涨49.2%。

2018年中国信托业下降幅度明显，截至2018年年末，全国68家信托公司管理资产规模为22.7万亿元（平均每家信托公司资产规模3338亿元），同比下降

13.5%，较2017年的增速下降43.3个百分点；从季度环比增速来看，2018年4个季度分别环比下降2.4%、5.2%、4.7%、1.9%，均呈下降趋势。从营业收入来看，2018年年末，信托业实现经营收入1141亿元（平均每家信托公司16.8亿元），同比下降4.2%；从具体构成来看，利息收入为65.9亿元，同比增长5.7%，收入占比从2017年的5.2%上升至5.8%，信托业务收入781.8亿元，同比下降2.9%，占经营收入的比从重2017年的67.6%增加至2018年的68.5%，投资收益244.4亿元，同比下降14.2%，收入占比从2017年的23.9%增加至21.4%。从利润总额来看，2018年，信托业实现利润总额732亿元（平均每家信托公司10.8亿元），同比下降11.2%；从人均利润来看，2018年，信托业实现人均利润275.0万元，相对于2017年下降11.6%。

二、行业内上市公司发展概况

（一）行业内上市公司基本情况

表1　　2018年金融业上市公司发行股票概况

门　类	A、B股总数	A股股票数	B股股票数	境内总市值（亿元）	流通A股市值（亿元）	流通B股市值（亿元）
金融业	92	91	1	95515.26	84963.77	8.97
占沪深两市比重（%）	2.51	2.48	0.03	21.95	24.10	0.65

资料来源：沪深交易所，同花顺。

（二）行业内上市公司构成情况

表2　　2018年金融业上市公司构成情况

门　类	沪市			深市			ST/*ST
	仅A股	仅B股	A+B股	仅A股	仅B股	A+B股	
金融业（家）	63	0	1	27	0	0	0/0
占行业内上市公司比重（%）	69.23	0.00	1.10	29.67	0.00	0.00	0.00/0.00

资料来源：沪深交易所，同花顺。

（三）行业内上市公司融资情况

表3　　2018年金融业上市公司与沪深两市融资情况对比　　单位：家

门　类	融资家数	新股	配股	增发
金融业	17	10	6	1
沪深两市总数	358	105	238	15
占比（%）	4.75	9.52	2.52	6.67

资料来源：沪深交易所，同花顺。

2018年，金融业有17家公司（邮储银行、渝农商行、华泰证券、红塔证券、浙商银行、陕国投A等）进行了融资。

2018年金融业上市公司融资情况明细见附录。

（四）行业内上市公司资产及业绩情况

表4　　2018年金融业上市公司资产情况　　单位：亿元

指　标	2018年	2018年可比样本增长（%）	2017年	2017年可比样本增长（%）	2016年
总资产	1803410.87	6.60	1663577.82	6.65	1545654.15
总负债	1645349.13	6.27	1524154.58	6.26	1423028.32
归属于母公司股东权益	152378.29	10.12	135056.65	11.09	119412.93

资料来源：沪深交易所，同花顺。

表5　　2018年金融业上市公司收入实现情况　　单位：亿元

指　标	2018年	2018年可比样本增长（%）	2017年	2017年可比样本增长（%）	2016年
营业收入	72698.27	5.73	63282.69	8.28	57637.05
利润总额	21674.43	0.21	21046.61	5.01	19713.73
归属于母公司所有者的净利润	17149.06	1.76	16478.06	7.18	15185.37

资料来源：沪深交易所，同花顺。

（五）利润分配情况

2018年，金融业共有76家上市公司实施分红配股。76家上市公司均实施派息，2家上市公司实施送股，4家上市公司实施转增股。

三、重点细分行业介绍

表6　　2018年金融业上市公司数量分布及市值情况

大　类	上市公司家数（家）	占行业内比重（%）	境内总市值（亿元）	占行业内比重（%）
货币金融服务	29	31.87	61954.25	64.86
资本市场服务	44	48.35	16840.84	17.63
保险业	7	7.69	15290.67	16.01
其他金融业	11	12.09	1429.50	1.50

资料来源：沪深交易所，同花顺。

（一）货币金融服务业

1. 行业概况

截至2018年年底，中国货币金融服务业金融机构共有法人机构4588家，从业人员417万人。包括3家政策性银行、6家大型商业银行（2018年邮储银行被首次列为国有大型商业银行）、12家股份制商业银行、134家城市商业银行、1397家农村商业银行、30家农村合作银行、812家农村信用社、68家信托公司、253家企业集团财务公司、69家金融租赁公司、5家货币经纪公司、25家汽车金融公司、23家消费金融公司，还有1689家其他机构，包括新型农村金融机构等。

银行业资产和负债规模稳步增长。2018年12月末，中国银行业金融机构境内外本外币资产总额为268.24万亿元，同比增长6.3%。其中，大型商业银行资产总额98.35万亿元，占比36.7%，同比增长6.0%；股份制商业银行资产总额47.02万亿元，占比17.5%，同比增长4.6%。银行业金融机构境内外本外币负债总额为246.58万亿元，同比增长5.9%。其中，大型商业银行负债总额90.38万亿元，占比36.7%，同比增长5.6%；股份制商业银行负债总额43.59万亿元，占比17.7%，同比增长4.0%。存贷款继续平稳增长，截至2018年年底，银行业金融机构本外币各项存款余额为182.5万亿元，较年初增加13.2万亿元，同比增长7.8%。其中，住户存款余额为72.4万亿元，较年初增加7.2万亿元，同比增长11.1%；非金融企业人民币存款余额为56.3万亿元，较年初增加2.1万亿元，非金融企业外汇各项存款余额为3807亿美元，较年初减少667亿美元。本外币各项贷款余额为141.75万亿元，较年初增加16.1万亿元，同比增长12.9%。其中，短期贷款余额为43.3万亿元，较年初增加2.7万亿元，同比增长6.7%；中长期贷款余额为85.4万亿元，较年初增加10.4万亿元，同比增长13.9%；票据融资余额为5.8万亿元，较年初增加1.9万亿元，同比增长48.7%。资本充足率继续维持在较高水平。2018年12月末，商业银行（不含外国银行分行）加权平均核心一级资本充足率为11.0%，较年初上升0.3个百分点；加权平均一级资本充足率为11.6%，较年初上升0.2个百分点；加权平均资本充足率为14.2%，较年初上升0.5个百分点。

资产质量保持平稳，截至2018年年底，商业银行不良贷款余额为2.03万亿元，比年初增加3197亿元，不良贷款率为1.83%，较年初上升0.09个百分点。

针对信用风险计提的减值准备金额较大。2018年12月末，商业银行贷款损失准备金余额3.8万亿元，较年初增加6790亿元，同比增长22%；拨备覆盖率186.3%，较年初上升4.89个百分点；贷款拨备率3.4%，较年初上升0.25个百分点。

银行业利润持续增长。2018年商业银行实现税后利润为1.8万亿元，同比增长4.7%，商业银行资本利润率11.7%，比年初下降0.8个百分点；资产利润率0.9%，较年初基本持平。

流动性水平比较充裕。截至2018年年底，商业银行流动性比例55.31%，较年初上升5.3个百分点；人民币存贷款比例74.3%，较年初上升3.8个百分点；人民币超额备付率2.64%，较年初上升0.6个百分点。

2. 行业内上市公司发展状况

表7　2018年货币金融服务上市公司收入及资产增长情况　单位：亿元

指　标	2018年	2018年可比样本增长（%）	2017年	2017年可比样本增长（%）	2016年
营业收入	42253.33	8.27	38685.54	2.67	37645.56
利润总额	18151.32	3.61	17353.75	1.86	17030.35
归属于母公司所有者的净利润	14825.18	5.58	13910.26	4.82	13263.75
总资产	1591159.84	6.50	1480171.96	6.25	1392168.41
归属于母公司股东权益	122916.09	11.11	109762.74	10.79	98999.25

资料来源：沪深交易所，同花顺。

表8　2018年货币金融服务业上市公司盈利能力情况　单位:%

指　标	2018年	2018年可比样本增长	2017年	2017年可比样本增长	2016年
净利差	2.07	0.09	1.98	-0.13	2.11
净息差	2.15	0.07	2.07	-0.15	2.22
成本收入比率	29.52	-0.94	30.46	0.86	29.28
ROAE	12.87	-0.56	13.43	-0.76	14.38
ROAA	0.88	0.00	0.88	-0.04	0.92

资料来源：Wind资讯。

表9　2018年货币金融服务业上市公司资本充足情况　单位:%

指　标	2018年	2018年可比样本增长	2017年	2017年可比样本增长	2016年
核心一级资本充足率	10.30	0.22	10.08	-0.16	10.15
资本充足率	13.99	0.71	13.29	0.43	12.83

资料来源：Wind资讯。

表 10　　2018 年货币金融服务业上市公司资产质量情况

指　标	2018 年	2018 年可比样本增长（%）	2017 年	2017 年可比样本增长（%）	2016 年
不良贷款余额（亿元）	13241.75	6.91	12322.00	4.07	11717.26
不良贷款率（%）	1.54	-0.05	1.59	-0.10	1.68
贷款损失准备（亿元）	26616.90	21.16	21827.96	13.39	19234.06
拨备覆盖率（%）	201.01	23.64	177.15	14.57	164.15

资料来源：沪深交易所，同花顺。

（二）资本市场服务

1. 行业概况

截至 2018 年年底，全国共有证券公司 131 家，与 2017 年持平，131 家证券公司中，共有 34 家证券公司在沪、深证券交易所上市，新上市的有华西证券、中信建投、南京证券、长城证券、天风证券。

根据中国证券业协会的数据，截至 2018 年年底，131 家证券公司总资产为 6.26 万亿元，同比增长 2.0%，平均每家证券公司总资产为 478 亿元，比 2017 年年末增长 2.0%；全部证券公司净资产规模合计 1.89 万亿元，同比增长 2.2%；净资本为 1.57 万亿元，同比减少 0.6%。从证券行业整体的杠杆倍数来看，由 2017 年的 2.75 倍提升至 2018 年的 2.82 倍。

2018 年证券公司规模的 CR5 集中率发生变化，总资产集中度有所上升，净资产集中度、净资本集中度有所下降，具体来看，2018 年行业内总资产、净资产、净资本前 5 家证券公司的集中率分别为 39.26%、31.44% 和 22.63%，而 2017 年 3 项指标 CR5 分别为 37.95%、32.09% 和 23.34%。

2018 年证券公司实现营业收入 2663 亿元，同比减少 14.5%；实现净利润 666 亿元，同比减少 41%；行业净资产收益率（ROE）为 3.52%，同比减少 2.59%。从 2018 年证券公司的收入结构来看，经纪业务和自营业务在总收入中的占比分别为 23.4% 和 30.1%，两项业务的合计占比 53.5%，较 2017 年下降 0.6%；融资融券业务收入占比 8.1%，比 2017 年下降 3.1%，受托客户资产管理业务收入占比由 9.96% 升至 10.33%，投资咨询业务收入占比由 1.09% 增至 1.18%。

截至 2018 年年底，全国证券公司营业部共 11468 家，与 2017 年相比增加 595 家。从区域分布来看，沿海地区仍然是证券公司营业部布局的必争之地，而西部地区在奋起追赶。在 2018 年新增设的 595 家营业部中，广东、浙江、江苏省合计占 37.3%，分别增加了 83 家、72 家、67 家，其中，江苏和浙江近年来营业部扩张速度一直较快；此外，海南、新疆、福建、安徽、山西增速居前，分别增长了 7 家、10 家、43 家、26 家、13 家，部分地区增长快有低基数的原因。

截至 2018 年年底，证券行业（含证

券公司和证券投资咨询机构）已注册从业人员数达 34.43 万人，同比减少 6321 人，降幅为 1.8%。从业人员中，一般从业人员 20.35 万人，证券经纪业务营销人员 0.12 万人，证券经纪人 8.3 万人，证券投资咨询业务（分析师）0.31 万人，证券投资咨询业务（投资顾问）4.73 万人，保荐代表人 0.37 万人，投资主办人 0.22 万人。从构成来看，与 2017 年相比，各类证券从业人员变动幅度分化较大：证券投资咨询业务（分析师）同比增长 13.4%，证券投资咨询业务（投资顾问）从业人员较 2017 年增长 11.6%；保荐人代表人同比增加 5.5%，投资主办人同比增加 4.7%。除以上各类岗位从业人员人数有正向变动外，其余均为负向变动：证券经纪人同比减少 8.2%，一般从业人员数量同比下降 2.1%；证券经纪业务营销人员数量同比大幅下降 21.9%。

2. 行业内上市公司发展状况

表 11　　2018 年资本市场服务上市公司收入及资产增长情况　　单位：亿元

指　标	2018 年	2018 年可比样本增长（%）	2017 年	2017 年可比样本增长（%）	2016 年
营业收入	3238.86	-9.31	3323.95	3.52	2580.53
利润总额	964.81	-37.32	1441.4	0.50	1139.04
归属于母公司所有者的净利润	669.57	-38.73	1019.67	0.33	851.34
总资产	69190.58	3.11	62835.66	4.51	47186.06
归属于母公司股东权益	15700.24	3.33	14127.20	10.51	10853.46

资料来源：沪深交易所，同花顺。

表 12　　2018 年资本市场服务业上市公司盈利能力情况　　单位:%

指　标	2018 年	2018 年可比样本增长	2017 年	2017 年可比样本增长	2016 年
净资产收益率	4.26	-2.93	7.22	-0.73	8.16
总资产收益率	1.13	-0.71	1.84	-0.02	1.83

资料来源：同花顺。

表 13　　2018 年资本市场服务业上市公司营运能力情况

指　标	2018 年	2018 年可比样本增长（%）	2017 年	2017 年可比样本增长（%）	2016 年
总资产周转率（%）	0.05	-0.01	0.05	0.00	0.05

资料来源：沪深交易所，同花顺。

（三）保险业

1. 行业概况

2018 年保险行业在 2017 高基数下仍然实现增长，保险市场“十三五”规划第三年收局良好。一是保费规模再创新高，2018 年全行业原保费收入 3.80 万亿元，同比增长 3.9%，增速较 2017 年下降 14.2%。人身险业务增速有所回落，实现原保费收入 2.72 万亿元，同比小幅增长 1.9%，其中，寿险业务实现原保险保费收入 2.07 万亿元，同比下降 3.4%；健康险业务快速增长，实现原保险保费收入 5448 亿元，同比增长 24.1%；财产险业务实现原保险保费收入 1.08 万亿元，同比增长 9.5%。从业务结构来看，与国计民生密切相关的农业保险业务继续保持较快增长，分别实现原保险保费收入 572.65 亿元，同比增长 19.54%，占产险业务的比例为 5.32%；健康险业务占人身险业务的 20.0%，同比上升 3.6 个百分点。二是市场集中度有所上升，从行业结构来看，人身险公司前 10 家公司原保险保费收入合计 1.93 万亿元，市场份额为 73.5%，同比上升 2.2 个百分点；财产险公司前 10 家公司原保险保费收入合计 1.0 万亿元，市场份额为 85.2%，同比下降 0.1 个百分点。三是保障能力大幅增强，2018 年，保险业提供保险金额 6897.04 万亿元，同比增长 66.23%。其中，机动车辆保险提供风险保障 211.26 万亿元，同比增长 24.92%；责任险 866.14 万亿元，同比增长 244.04%；寿险 30.00 万亿元，同比下降 5.46%；健康险 797.80 万亿元，同比增长 50.02%。寿险本年累计新增累计保单 0.89 亿件，下降 19.86%。

2018 年，保险行业积极助力经济社会发展的重点领域和薄弱环节，推动科技创新，维护社会稳定，不断提升保险服务实体经济的效率和水平。从助推脱贫攻坚来看，截至 2018 年 12 月末，农业保险为 1.95 亿户次农户提供风险保障金额 3.46 万亿元，同比增长 24.23%；涉农小额贷款保证保险赔付支出 8.3 亿元，帮助 20 万农户撬动“三农”融资贷款 138 亿元。从服务实体经济来看，保险业定期存款余额超过 2.44 万亿元，是实体经济中长期贷款的重要资金来源；以债券和股票为实体经济直接融资超过 7 万亿元，较年初增长 8.1%。截至 2018 年，保险资金通过各类资管产品，支持“一带一路”投资达 9612 亿元；服务长江经济带和京津冀协同发展投资分别达 4248 亿元和 1717 亿元；支持清洁能源、资源节约与污染防治等绿色产业达 6942 亿元；支持资本市场稳定健康发展，2018 年保险业在股票和基金方面共投资近 2 万亿元，占比接近 12%。截至 2018 年年末，全国共有保险专业中介机构 2689 家，同比增加 48 家。其中，保险中介集团 5 家，保险专业代理机构 1790 家（全国性保险代理公司 240 家，区域性保险代理公司 1550 家），保险经纪机构 499 家，保险公估机构 395 家。

全国共有保险兼业代理机构 3.2 万家，代理网点 22 万余家。

2. 行业内上市公司发展状况

表 14　　2018 年保险业经营情况表　　单位：万元

原保险保费收入	380166228.65
1. 财产险	107700823.61
2. 人身险	272465405.04
（1）寿险	207228622.38
（2）健康险	54481260.62
（3）人身意外伤害险	10755522.03
人身保险公司保户投资款新增交费	79537298.76
人身保险公司投连险独立账户新增交费	3328530.93
原保险赔付支出	122978747.97
1. 财产险	58973204.19
2. 人身险	64005543.78
（1）寿险	43885216.59
（2）健康险	17443361.27
（3）人身意外伤害险	2676965.91
业务及管理费	47177328.57
银行存款	243634975.90
投资	1397248775.61
资产总额	1833089187.19

资料来源：中国银行保险监督管理委员会。

表 15　　2018 年保险业上市公司收入及资产增长情况　　单位：亿元

指　标	2018 年	2018 年可比样本增长（%）	2017 年	2017 年可比样本增长（%）	2016 年
营业收入	26864.28	4.13	20916.70	21.39	17230.10
利润总额	2466.01	1.83	2106.83	46.04	1442.60
归属于母公司所有者的净利润	1598.94	-1.15	1451.07	44.62	1003.35
总资产	137921.10	9.23	116383.56	11.72	104174.70
归属于母公司股东权益	12740.67	9.44	10272.03	13.75	9030.68

资料来源：沪深交易所，同花顺。

表 16　　2018 年保险业上市公司盈利能力情况　　单位：%

指　标	2018 年	2018 年可比样本增长	2017 年	2017 年可比样本增长	2016 年
净资产收益率	13.12	-1.64	14.75	3.31	11.44
总资产收益率	1.21	-0.14	1.35	0.27	1.08

资料来源：上市公司年报，Wind 资讯。

表 17　　2018 年保险业上市公司偿债能力情况　　单位：%

指　标	2018 年	2018 年可比样本增长	2017 年	2017 年可比样本增长	2016 年
偿付能力充足率	234.16	9.08	225.08	0.47	224.61

资料来源：上市公司年报，Wind 资讯。

表 18　　2018 年保险业上市公司资金运用效率情况　　单位：%

指标	2018 年	2018 年可比样本变动	2017 年	2017 年可比样本增长	2016 年
保险资金运用率	63.29	2.58	60.71	0.03	60.69
资金运用盈利率	3.87	-1.69	5.56	0.50	5.06

资料来源：上市公司年报，Wind 资讯。

（四）其他金融业

1. 行业概况

其他金融业包含金融信托与管理、金融租赁、邮政储蓄、典当、其他未列明的金融活动等。2018 年，中美贸易摩擦不断升温，国内经济面临下行压力。基于外部环境的明显变化，宏观经济政策正以主动预调微调的方式来形成推动高质量发展的强大合力，向好态势的苗头逐渐显现。信托业较好地把握了行业发展的节奏和力度，适时调整发展重点，实现了降中趋稳、提质增效的整体效果。信托业出现了四个新特点：一是信托资产规模呈现降中趋稳，资产质量有所优化，资产配置能力则是稳中变强；二是信托业日益提高防控金融风险意识，在主动收缩业务规模的前提下，人均利润同比的微升反映了行业“增效”的努力；三是单一信托占比平稳下降，体现信托公司主动管理能力的集合信托占比平稳上升，一升一降的稳速显示了信托业取得的“提质”进展；四是服务实体经济成为行业共识，尽管资金信托总数减少，但是流向工商企业的资金占比是稳中有升。根据中国信托业协会公布的数据，截至 2018 年年末，全国 68 家信托公司管理的信托资产规模为 22.7 万亿元（平均每家信托公司 3338 亿元），同比下降 13.5%，较 2017 年年末的 29.8% 下降 43.3 个百分点；环比下降 1.9%，较 2018 年 3 季度的 -4.7% 上升 2.8 个百分点。在经历了 2017 年较大幅度的调整后，2018 年信托业资产规模下降幅度明显。从信托资金的来源来看，单一类资金信托占比整体呈下降趋势，而集合类资金信托和管理财产类信托占比上行趋势愈加明显。截至2018年年末，单一类信托占比由2017年年末的45.7%降至43.3%，下降幅度为2.4个百分点；集合类信托占比由37.7%增至40.1%，上升幅度为2.4个百分点；管理财产类信托占比与上年持平为16.5%。信托资金来源持续向多样化和均衡化发展。从信托功能来看，2018年，投资类、融资类和事务管理类信托产品三分天下局面进一步改变，事务管理类信托产品发展速度有所放缓。融资类信托占比提升，2018年年末为19.1%，比2017年年末上升2.3个百分点，相对于历史最高占比即2010年的59.0%，降幅高达39.9个百分点；投资类信托2018年年末占比为22.5%，比2017年小幅下降1.0个百分点，与此同时，事务管理类信托的占比有所下降，2018年年末为58.4%，较2017年小幅下降1.3个百分点。从信托资金的投向来看，工商企业依然稳居信托投向的榜首，其后依次是金融机构、基础产业、房地产、证券投资。截至2018年年末，五大投向占比情况如下：工商企业占比29.90%，金融机构占比15.99%，基础产业占比14.59%，房地产行业占比14.18%，证券投资占比11.59%。与2017年年末相比，变化在于房地产超过证券投资升至第四位。

截至2018年年末，信托行业固有资产规模达到7193.15亿元（平均每家信托公司105.78亿元），同比增长9.3%，环比增长4.2%，同比增速较2017年年末的18.1%有所回落，但固有资产规模依旧持续增长。从固有资产的结构来看，投资类资产依然是主要形式，规模为5595.86亿元，占固有资产的比例为77.8%；货币类资产规模为609.79亿元，占比8.5%；贷款类资产规模为354.87亿元，占比仅为4.9%。

从所有者权益来看，2018年年末信托全行业规模为5749.30亿元（平均每家信托公司84.55亿元），同比增长9.5%，环比增长4.9%。从所有者权益的构成来看，2018年年末实收资本占所有者权益的比例为46.2%，与2017年年末相比，所占比例降低0.1个百分点；未分配利润占比28.4%，所占比例下降1.2个百分点；信托赔偿准备占比28.4%，所占比例上升0.3个百分点。

所有者权益规模与构成的变化一定程度上反映了信托公司主动防控风险的意图和成效。2018年年末，信托全行业实收资本由2017年年末的2417.70亿元上升至2654.15亿元，同比增长9.8%；未分配利润由1550.09亿元上升至1631.13亿元，同比增长5.2%；信托赔偿准备上升至260.71亿元，同比增长17.9%。实收资本增加是近两年来信托公司持续增资扩股效应的直接体现，未分配利润和信托赔偿准备的增加能够直接提升信托公司抵御风险的能力。

2018年，信托全行业实现经营收入1141亿元，相对于2017年的1191亿元，同比下降4.2%。2018年年末信托全行业实现利润总额731.80亿元，较2017年年末下降11.2%。从经营收入的构成来看，信托业务收入仍是经营收入增长的主要驱动力。截至2018年年末，信托业务收入为782亿元，占比为68.5%，同比下降2.9%；投资收益为244亿元，占比为21.4%，同比下降14.2%；利息收入为66亿元，占比仅为5.8%，同比增长5.7%。信托业务是信托公司的主业，随着整个金融行业回归本源和信托行业转型升级的推进，信托业务收入占比仍有继续提升的空间。

2018年，宏观经济下行压力增大，受行业监管体制和会计准则即将发生重大变化等因素的影响，企业数量、注册资金和业务总量的增速都明显减缓。

截至2018年年底，全国融资租赁企业（不含单一项目公司、分公司、SPV公司和收购海外的公司）总数约为11777家，较2017年年底的9090家增加了2687家，同比增长29.6%。其中，截至2018年年底，已经获批开业的金融租赁企业为69家，与2017年持平。全国内资融资租赁试点企业总数达到397家，较2017年年底的276家增加121家，同比增长43.8%；外资租赁企业继续保持增长，截至2018年年底，全国共约11311家，较2017年年底的8745家增加2566家，同比增长29.3%。

截至2018年年底，行业注册资金统一以1:6.9的平均汇率折合成人民币计算，约合32763亿元，较2017年年底的32031亿元增加732亿元，增长2.3%。其中，金融租赁为2262亿元，较2017年年底的1974亿元增加288亿元，增长14.59%；内资租赁为2117亿元，较2017年年底的2057亿元增加60亿元，增长2.92%；外资租赁约为28383亿元，较2017年年底的28000亿元增加383亿元，增长1.4%。

截至2018年年底，全国融资租赁合同余额约为66500亿元人民币，较2017年年底的60600亿元增加5900亿元，同比增长9.7%。其中，金融租赁约25000亿元，较2017年年底的22800亿元增加2200亿元，同比增长9.6%。内资租赁约20800亿元，较2017年年底的18800亿元增加2000亿元，同比增长10.6%。外商租赁约20700亿元，较2017年年底的19000亿元增加1700亿元，同比增长8.9%。

截至2018年12月底，全国31个省、市、区都设立了融资租赁公司，但绝大部分企业仍分布在东南沿海一带。其中，广东、上海、天津、辽宁、北京、福建、江苏、浙江、山东、陕西10个省市的企业总数占到了全国的95%以上。

2. 行业内上市公司发展状况

表19　2018年年底全国融资租赁企业概况

指　标	2018年年底企业数（家）	2017年年底企业数（家）	2018年比上年增加（家）	企业数量增长（%）	企业数量所占比重（%）
金融租赁	69	59	10	16.9	0.76
内资租赁	276	204	72	35.3	3.04
外资租赁	8745	6873	1862	27.1	96.2
总计	9090	7136	1954	27.4	100.0

资料来源：中国租赁联盟。

表 20　　2018 年年底全国融资租赁企业注册资金　　单位：亿元

指　标	2018 年年底注册资金	2017 年年底注册资金	2018 年比上年增加	注册资金增长 增长率（%）
金融租赁	1974	1686	288	17.1
内资租赁	2057	1420	637	44.9
外资租赁	28000	22463	5537	24.6
总计	32031	25569	6462	25.3

资料来源：中国租赁联盟。

表 21　　2018 年全国融资租赁业务发展概况　　单位：亿元

指　标	2018 年年底业务总量	2017 年年底业务总量	2018 年比上年增加	2018 年比上年增长（%）	业务总量所占比重（%）
金融租赁	22800	20400	2400	11.8	37.6
内资租赁	18800	16200	2600	16.0	31.0
外资租赁	19000	16700	2300	13.8	31.4
总计	60600	53300	7300	13.7	100.0

资料来源：中国租赁联盟。

表 22　　2018 年其他金融业上市公司收入及资产增长情况　　单位：亿元

指　标	2018 年	2018 年可比样本增长（%）	2017 年	2017 年可比样本增长（%）	2016 年
营业收入	341.80	-6.11	356.5	9.96	180.87
利润总额	92.30	-37.83	144.62	13.05	101.74
归属于母公司所有者的净利润	55.36	-44.81	97.07	16.05	66.94
总资产	5139.35	21.38	4186.64	67.45	2124.99
归属于母公司股东权益	1021.29	11.64	894.68	30.70	529.55

资料来源：沪深交易所，同花顺。

表 23　　2018 年其他金融业上市公司盈利能力情况　　单位：亿元

指　标	2018 年	2018 年可比样本变动	2017 年	2017 年可比样本变动	2016 年
毛利率（%）	67.88	1.46	65.49	7.59	86.93
净资产收益率（%）	5.42	-5.54	10.85	-1.37	12.64
销售净利率（%）	20.13	-10.66	30.53	1.06	41.42
资产净利率（%）	1.47	-1.84	3.25	-0.77	3.72

资料来源：沪深交易所，同花顺。

表 24　　2018 年其他金融业上市公司偿债及营运情况

指　标	2018 年	2018 年可比样本变动	2017 年	2017 年可比样本变动	2016 年
资产负债率（%）	76.22	0.04	76.40	6.72	72.57
存货周转率（次）	4.99	-0.52	29.61	12.56	19.78
总资产周转率（次）	0.07	-0.03	0.11	-0.03	0.09

资料来源：沪深交易所，同花顺。

四、重点上市公司介绍

（一）兴业银行

兴业银行股份有限公司成立于 1988 年 8 月，是经国务院、中国人民银行批准成立的首批股份制商业银行之一，2007 年 2 月 5 日在上海证券交易所正式挂牌上市，现已发展成为治理完善、特色鲜明、服务优良的全国性股份制商业银行，2018 年在全球银行 1000 强、世界企业 500 强榜单上，兴业银行排名分别跃升至第 23 位、第 213 位。

公司主要从事商业银行业务，经营范围包括：吸收公众存款；发放短期、中期和长期贷款；办理国内外结算；办理票据承兑与贴现；发行金融债券；代理发行、代理兑付、承销政府债券；买卖政府债券、金融债券；代理发行股票以外的有价证券；买卖、代理买卖股票以外的有价证券；资产托管业务；从事同业拆借；买卖、代理买卖外汇；结汇、售汇业务；从事银行卡业务；提供信用证服务及担保；代理收付款项及代理保险业务；提供保管箱服务；财务顾问、资信调查、咨询、见证业务；经中国银行业监督管理机构批准的其他业务。

2018 年年末，兴业银行资产总额 6.71 万亿元，较 2017 年年末增长 4.6%，客户贷款总额 2.93 万亿元，较 2017 年年末增长 20.7%；客户存款总额 3.3 万亿元，较 2017 年年末增长 7.0%。

2018 年兴业银行实现归属于股东的净利润 606.20 亿元，同比增长 6.0%；拨备前利润 1143.18 亿元，同比增长 14.0%；实现利息净收入 956.57 亿元，同比增长 8.1%；实现非利息净收入 626.3 亿元，同比增长 21.6%。

2018 年年末，兴业银行不良贷款余额 461.4 亿元，较 2017 年年末增加 74.86 亿元，同比增长 19.4%；不良贷款率 1.57%，较 2017 年年末降低 0.02 个百分点，拨备覆盖率为 207.28%，较 2017 年年末下降 4.50 个百分点；贷款拨备率 3.26%，较 2017 年年末降低 0.11 个百分点。

（二）招商银行

招商银行公司成立于 1987 年，总部位于中国深圳，是一家在中国具有一定规模和实力的全国性商业银行。公司业务以中国市场为主，分销网络主要分布在长江三角洲地区、珠江三角洲地区、环渤海经济区等中国重要经济中心区域，以及其他地区大中城市。公司在中国境内设有1813家分支机构，境外设有9家分支机构。2002年4月，公司在上海证券交易所上市。2006年9月，公司在香港联交所上市。公司向客户提供各种批发及零售银行产品和服务，亦自营及代客进行资金管理业务。

2018年年末，招商银行资产总额6.75万亿元，较2017年年末增长7.12%，客户贷款总额3.93万亿元，较2017年年末增长10.3%；客户存款总额4.4万亿元，较2017年年末增长8.28%。

2018年招商银行实现归属于股东的净利润805.6亿元，同比增长14.8%；实现拨备前利润1674.45亿元，同比增长11.3%；实现利息净收入1603.84亿元，同比增长10.7%；实现非利息净收入881.71亿元，同比增长15.9%。

2018年年末，招商银行不良贷款余额536.05亿元，较2017年年末减少37.88亿元，同比减少6.6%，不良贷款率1.36%，较2017年年末降低0.25个百分点，拨备覆盖率为358.18%，较2017年年末上升96.07个百分点；贷款拨备率4.88%，较2017年年末上升0.66个百分点。

（三）中国人寿

2018年，中国人寿归属于母公司股东的净利润为113.95亿元，同比下降64.7%；一年新业务价值达495.11亿元，同比下降17.6%。截至2018年年底，中国人寿内含价值为7950.52亿元，同比增长8.3%。2018年中国人寿总保费为5358.26亿元，同比增长4.7%；其中，首年期交保费为1044.19亿元，同比下降7.7%，首年期交保费占长险首年保费比重为90.16%，同比提升26.17个百分点；趸交保费为113.99亿元，同比下降82.1%；续期保费达3646.78亿元，同比增长26.6%。健康险业务总保费为836.14亿元，同比增长23.5%。意外险业务总保费为146.72亿元，同比小幅上涨1.6%。个险渠道总保费达4082.78亿元，同比增长15.4%。其中，个险首年期交保费同比下降12.2%，十年期及以上首年期交保费同比增长42.1%，五年期及以上和十年期及以上首年期交保费占首年期交保费的比重分别为61.65%和46.35%；短期险业务同比增长2.1%；个险渠道续期保费同比增长25.0%，续期拉动作用效果明显。公司坚持扩量提质的队伍发展策略，在队伍规模平稳增长的同时，升级新人和主管培养体系，着力改善队伍质态。截至2018年12月31日，公司长险有效保单数量达2.85亿份，同比增长6.3%；退保率为4.69，同比上升0.56个百分点。本报告期内，保单持续率（14个月及26个月）分别达91.1%和86.0%。

截至2018年年末，公司投资资产达31057.90亿元，较2017年年底增长12.7%；2018年，公司实现总投资收益951.48亿元，较2017年的951.48亿元，同比下降30.1%；净投资收益率为4.64%，同比下降0.27个百分点；包含联营企业和合营企业收益净额在内的总投资收益率为 3.28%，较 2017 年下降 1.88 个百分点；考虑当期计入其他综合收益的可供出售金融资产公允价值变动净额后，综合投资收益率为 3.10%，较 2017 年下降 1.47 个百分点。

（四）新华人寿

新华人寿保险股份有限公司是一家全国性的大型寿险企业，目前拥有新华资产管理股份有限公司、新华家园养老企业管理（北京）有限公司等子公司。新华人寿于 2011 年 12 月在 A 股市场上市，成为第四家在 A 股上市的保险业公司。

2018 年，新华归属于母公司股东的净利润为 79.22 亿元，同比提升 47.2%；2018 年，公司实现一年新业务价值 122.10 亿元，同比增长 1.2%；内含价值达到 1731.51 亿元，同比增长 12.8%；剩余边际为 1956.37 亿元，较 2017 年年末的 1704.35 亿元增长 14.8%。2018 年公司实现寿险业务收入为 1222.86 亿元，较 2017 年增长 11.9%，其中，首年期交保费收入 160.20 亿元，同比下降 26.3%；续期保费收入 798.08 亿元，同比增长 26.1%。按渠道分析，2018 年，个险渠道聚焦以健康险为核心的保障型业务，采取“以附促主”的销售策略，实现保费收入 991.66 亿元，同比增长 13.6%。其中，长险首年期交保费收入 160.20 亿元，同比下降 26.3%；十年期及以上期交保费 126.03 亿元，同比下降 31.2%；续期保费 798.08 亿元，同比增长 26.1%；银保渠道积极拓宽合作空间，把握发展契机，通过专项合作和产品升级，全年实现保费收入 207.93 亿元，同比增长 4.3%。其中，首年保费 47.18 亿元，同比下降 27.3%；长险首年期交保费 47.14 亿元，同比下降 26.9%；续期保费 160.43 亿元，同比增长 19.3%，银代续期保费稳步增长。

相对于 2017 年，保费结构优化，首年期交占首年保费的比例由 93.0% 下降至 78.5%，续期保费增长 24.9% 至 958.60 亿元；年期结构优化，十年期及以上期交业务占首年期交的比例提升 3.4 个百分点至 60.6%；产品结构优化，健康险长期险首年保费占长期险首年保费的比例达 58.7%，同比提升 26.0 个百分点。

相对于 2017 年，业务质量不断改善。继续率提升，个人寿险业务 13 个月和 25 个月继续率为 90.7% 和 84.9%，分别较 2017 年提升 1.3 个百分点和 1.9 个百分点。退保情况改善，全年退保率为 4.8%，同比降低 0.4 个百分点，退保金同比减少 2.6%。

2018 年，公司投资组合总投资收益率为 4.6%，净投资收益率为 5.0%，债权型金融资产投资方面，投资金额 4599.02 亿元，在总投资资产中占比为 65.7%，较 2017 年年末减少 1.6 个百分点。股权型金融资产投资方面，投资金额 1160.58 亿元，在总投资资产中占比为 16.6%，较 2017 年年末减少 2.5 个百分点。

（五）中信证券

中信证券的前身是中信证券有限责任

公司。中信证券有限责任公司成立于1995年10月25日，1999年12月29日完成增资扩股工作，改制为中信证券股份有限公司。2002年12月，公司首次公开发行A股于2003年1月6日在上交所上市交易。2011年9月，中信证券在香港联交所上市。

2018年，公司实现营业收入372.21亿元，归属于母公司股东的净利润93.90亿元，继续位居国内证券公司首位，公司各项业务继续保持市场前列。

2018年，公司紧密围绕“践行国家战略、服务实体经济”的工作方针，有效推动各项业务发展，保持了较强的核心竞争力。其中，境内股权业务承销规模1783亿元，市场份额14.75%，排名行业第一；债券业务承销规模7659亿元，市场份额5.11%，排名同业第一；境内并购重组（中国证监会通道类业务）交易规模723亿元，排名行业第二。境内代理股票基金交易总量11.05万亿元（不含场内货币基金交易量），市场份额6.09%，保持行业第二。资产管理规模1.34万亿元，市场份额10.40%，主动管理规模5528亿元，均排名行业第一。融资融券、股票质押、约定购回余额行业排名领先。互换、场外期权、结构化产品和收益凭证等合约规模1200亿元，保持市场第一。

（六）国泰君安

1998年8月，国泰君安由当时著名的国泰证券与君安证券合并形成，注册资本37亿元。随后公司在2005年向中央汇金公司定向增发10亿股，注册资本增长到47亿元。2007年公司进行第二次增资，向上海国资公司定向增发4亿股，同时向原有股东进行10亿股的配股融资，增资完成后公司注册资本达到61亿元。2010年公司全资子公司国泰君安国际（1788）在港交所成功上市，为公司搭建海外业务平台。2015年在上交所成功上市，发行股份15.25亿元，募集资金超过300亿元，注册资本76.26亿元。2017年4月，经中国证监会核准及香港联交所批准，公司发行10.4亿股H股并于2017年5月在超额配售权获行使后发行0.489338亿股H股，注册资本变更为87.14亿元。

2018年，公司实现营业收入227.19亿元，同比下降4.56%；归属于上市公司股东的净利润67.08亿元，同比减少32.11%；公司已连续11年获得证券公司分类评价A类AA级。公司规模持续领先，盈利能力突出；2007~2017年，本集团的净利润一直居于行业前3位；2011~2017年，本集团的营业收入、总资产连续7年排名行业前3位。根据中国证券业协会的统计，2018年公司营业收入、净利润均排名行业第2位，总资产、净资产、净资本分别排名行业第4位、第2位和第2位。

本集团业务体系全面均衡，主营业务稳居于行业前列。报告期内，在机构金融方面，股权承销金额排名行业第3位、股票质押回购融出资金排名行业第4位；在个人金融方面，本集团代理买卖证券业务净收入（含席位租赁）排名行业第1位，托管客户交易结算资金余额排名行业第2位，融资融券余额排名行业第2位，国泰君安期货月均客户权益和金融期货成交量均排名行业第3位；在投资管理方面，资产管理业务月均资产管理规模及月均主动资产管理规模均排名行业第2位；在国际业务方面，国泰君安国际主要经营指标继续排名香港中资券商前列。

五、上市公司对行业的影响

资产规模方面，截至2018年年底，银行业上市公司总资产为157.6万亿元，同比增长6.46%。截至2018年年底，银行业金融机构境内外本外币资产总额为268.24万亿元，同比增长6.3%。上市公司总资产占全行业的比重为58.74%，同比上升0.1个百分点。

盈利能力方面，银行业上市公司盈利规模在行业内占比仍较大。2018年，银行业上市公司全年共实现归属于母公司所有者的净利润1.47万亿元，同比增长5.61%，上市公司净利润占全行业的比重为46.24%，较2017年提高大约4.44个百分点。

资本市场服务业：截至2018年年底，券商A股上市共有36家，新上市的有华西证券、中信建投、南京证券、长城证券、天风证券。2018年，资本市场服务业上市证券公司共实现主营业务收入2673亿元，同比减少12.10%，好于行业同比减少14.5%的水平；实现利润总额788亿元，同比减少42.11%，低于行业同比减少41%的水平；实现归属于母公司所有者的净利润627亿元，净资产收益率为4.46%，同比下降3.17个百分点，净资产收益率好于行业的3.52%水平。

根据中国证券业协会的数据，截至2018年年底，131家证券公司总资产为6.26万亿元，同比增长2.0%，实现营业收入2663亿元，同比减少14.5%；实现净利润666亿元，同比减少41%；行业净资产收益率（ROE）为3.52%，同比减少2.59%。

保险业：截至2018年年底，A股保险业上市公司共7家，分别为中国平安、中国人寿、中国太保、新华保险、中国人保、天茂集团、西水股份。2018年，保险业上市公司总资产为137921亿元，同比增长9.2%；归属于母公司股东权益为12741亿元，同比增长9.4%。2018年，保险业上市公司共实现营业收入26864亿元，同比增长4.1%；实现利润总额2466亿元，同比增长1.8%；实现归属于母公司所有者的净利润1599亿元，同比下降1.1%。截至2018年12月底，保险行业资产总额达到18.3万亿元，较年初增长9.4%。从资产角度来看，上市保险公司占行业总资产的比重为75.2%。从原保险保费收入的角度来看，2018年各公司合计达到2.25万亿元，同比增长9.9%，占行业总保费的比重为59.1%。

其他金融业：信托业、金融租赁业上市公司数量和规模均较小，不具有行业代表性。

审稿人：金晟哲

撰稿人：吴　鹏

房地产业

一、房地产业总体概况

2018 年，受政策收紧和供需降温的影响，国内房地产市场增速整体放缓，但市场景气度地域差异比较突出；“坚持住房居住属性”的调控总基调保持不变，年内出台的一系列房地产金融监管政策使行业融资压力加大；房地产企业对现金流及风险管理重视程度增加，多数房企拿地和开发节奏均有放缓。

政策方面，2018 年延续了“房住不炒”和“因城施策”的政策方针，上半年多地出台或重申了限购、限售、限贷政策，从需求方面加强调控，下半年相关部门加强了市场监管和秩序整顿，从供给方面进行约束，阶段性市场管理和长期性制度安排制度体系不断完善。总体来看，全年调控从供需两侧精准发力，调控效果明显，市场预期逐步回归理性，政策取得阶段性效果。

销售方面，2018 年商品房市场总体保持稳定，全国商品房销售面积 17.2 亿平方米，同比增长 1.3%，增速较 2017 年下降 6.4 个百分点。其中，商品住宅销售面积 14.8 亿平方米，同比增长 2.2%，较 2017 年回落 3.1 个百分点。分城市来看，2018 年，一线城市成交规模趋稳，商品住宅月均成交 50 万平方米，同比增长约 4.3%；二线代表城市市场延续分化格局，商品住宅月均成交 84 万平方米，同比增长 4.3%，城市之间差异明显，海口下降超 7 成，无锡成交同比增长超 7 成。2017 年拉动全国销售面积上扬的三、四线城市降温明显，月均成交面积约 36 万平方米，同比下降 2.4%。

价格方面，2018 年，百城住宅成交均价 13998 元/平方米，上涨 5.09%，涨幅较 2017 年回落 2.06 个百分点。分季度来看，各季度累计涨幅较 2017 年均有回落，三、四季度的交接期，房价上涨预期发生转变。分城市来看，一线城市在调控持续高压叠加中低端产品集中入市的影响下，价格趋稳，2018 年房价累计上涨 0.4%，较 2017 年收窄 1.02 个百分点；二线代表城市房价累计上涨 7.84%，较 2017 年收窄 1.54 个百分点；三线城市房价累计上涨 8.53%，较 2017 年收窄 3.79 个百分点。

土地市场方面，2018 年，全国 300 城土地市场供求继续增长，各类用地供应同比增长 24.8%，成交同比增长 16.8%。随着市场预期的改变，土地竞拍热度降低，各类用地成交楼面价、溢价率均出现下降，全国 300 城土地成交楼面价同比下跌 11.6%，平均溢价率 13.2%，较 2017

年下降15.6个百分点，土地市场降温显著，土地流拍现象增加。分城市来看，一线城市住宅用地供应面积同比下降2.0%，二线城市同比增长17.3%，三线城市同比增长32.0%。

总体来看，2018年全国房地产市场热度有所降温，主要指标增速较2017年均有一定程度的放缓。另外，相关政策整体依然趋紧，并且兼顾供需改革，楼市和土地市场价格预期逐渐回归理性。

二、行业内上市公司发展概况

（一）行业内上市公司基本情况

表1　　2018年房地产业上市公司发行股票概况

门　类	A、B股总数	A股股票数	B股股票数	境内总市值（亿元）	流通A股市值（亿元）	流通B股市值（亿元）
房地产业	136	124	12	17931.69	15489.57	167.41
占沪深两市比重（%）	3.71	3.38	0.33	4.12	4.39	12.21

资料来源：沪深交易所，同花顺。

（二）行业内上市公司构成情况

表2　　2018年房地产业上市公司构成情况

门　类	沪市			深市			ST/*ST
	仅A股	仅B股	A+B股	仅A股	仅B股	A+B股	
房地产业（家）	61	1	6	54	2	3	4/1
占行业内上市公司比重（%）	48.03	0.79	4.72	42.52	1.57	2.36	3.15/0.79

资料来源：沪深交易所，同花顺。

（三）行业内上市公司融资情况

表3　　2018年房地产业上市公司与沪深两市融资情况对比　　单位：家

门　类	融资家数	新股	增发	配股
房地产业	6	1	5	0
沪深两市总数	358	105	238	15
占比（%）	1.68	0.95	2.10	0.00

资料来源：沪深交易所，同花顺。

其中，首发的1家公司中，有1家在沪市主板上市；增发的5家公司中，有3

家沪市、1家深市及1家中小板公司。

从融资效果来看，上述公司实际发行数量为566772.89万股；实际募集资金323.37亿元，基本完成了融资计划。

2018年房地产业上市公司融资情况明细见附录。

（四）行业内上市公司资产及业绩情况

表4　2018年房地产业上市公司资产情况　单位：亿元

指　标	2018年	2018年可比样本增长（%）	2017年	2017年可比样本增长（%）	2016年
总资产	101626.75	21.46	81884.51	27.53	61307.06
流动资产	84681.94	20.85	68475.24	27.39	51716.42
占比（%）	83.33	-0.42	83.62	-0.09	84.36
非流动资产	16944.81	24.61	13409.27	28.26	9590.64
占比（%）	16.67	0.42	16.38	0.09	15.64
流动负债	58794.44	28.09	44632.27	36.80	31261.95
占比（%）	57.85	2.99	54.51	3.69	50.99
非流动负债	22632.22	12.44	19803.92	18.27	16107.16
占比（%）	22.27	-1.79	24.19	-1.89	26.27
归属于母公司股东权益	15148.26	10.29	13597.24	13.06	11329.44
占比（%）	14.91	-1.51	16.61	-2.13	18.48

资料来源：沪深交易所，同花顺。

表5　2018年房地产业上市公司收入实现情况　单位：亿元

指　标	2018年	2018年可比样本增长（%）	2017年	2017年可比样本增长（%）	2016年
营业收入	20814.49	20.18	17042.42	6.50	15505.51
利润总额	3620.83	22.91	2921.88	23.78	2247.50
归属于母公司所有者的净利润	2042.92	13.15	1784.84	23.73	1363.11

资料来源：沪深交易所，同花顺。

（五）利润分配情况

2018年全年房地产业上市公司中共有93家公司实施了利润分配。其中，10家上市公司实施送股或转增股，93家上市公司实施派息，其中10家公司既实施了送股、转增，又实施了派息。

2018年房地产业上市公司分红明细见附录。

（六）其他财务指标情况

1. 盈利能力指标

表 6　2018 年房地产业上市公司盈利能力情况

指　标	2018 年	2018 年可比样本变动	2017 年	2017 年可比样本变动	2016 年
毛利率（%）	32.88	2.57	30.51	2.23	27.70
净资产收益率（%）	13.49	0.34	13.13	1.13	12.03
销售净利率（%）	12.45	-0.02	12.56	1.88	10.46
资产净利率（%）	2.80	-0.11	2.93	-0.02	2.92

资料来源：沪深交易所，同花顺。

2. 偿债能力指标

表 7　2018 年房地产业上市公司偿债能力指标

指　标	2018 年	2018 年可比样本变动	2017 年	2017 年可比样本变动	2016 年
流动比率	1.44	-0.09	1.53	-0.11	1.65
速动比率	0.51	-0.02	0.54	-0.01	0.55
资产负债率（%）	80.12	1.21	78.69	1.80	77.27

资料来源：沪深交易所，同花顺。

3. 营运能力指标

表 8　2018 年房地产业上市公司营运能力情况　单位：次

营运能力指标	2018 年	2018 年可比样本变动	2017 年	2017 年可比样本变动	2016 年
存货周转率	0.28	-0.02	0.29	-0.05	0.35
应收账款周转率	14.96	-2.65	18.25	-5.74	24.23
流动资产周转率	0.27	-0.01	0.28	-0.05	0.33
固定资产周转率	14.27	0.09	14.07	-1.19	19.06
总资产周转率	0.22	-0.01	0.23	-0.04	0.28
净资产周转率	1.10	0.03	1.06	-0.12	1.21

资料来源：沪深交易所，同花顺。

三、重点上市公司介绍

（一）万科 A

万科企业股份有限公司成立于 1984 年，经过 30 余年发展，已成为国内领先的城乡建设与生活服务商，2018 年，公司位列《财富》“世界 500 强”第 332 位。

2018 年，公司实现销售面积 4037.7 万平方米，销售金额 6069.5 亿元，分别增长 12.3% 和 14.5%；公司在全国商品房市场中的份额上升至4.05%（2017年为3.96%），在24个城市的销售金额位列当地第一。2018年，公司实现营业收入2976.8亿元，归属于上市公司股东的净利润337.7亿元，同比分别增长22.6%和20.4%。每股基本盈利3.06元，同比增长20.4%；全面摊薄净资产收益率为21.7%，较2017年增加0.54个百分点。

现金流情况，公司坚持“以现金流为基础的持续真实价值创造”理念，强化资金管控，2018年全年实现经营性现金净流入336.2亿元，截至2018年年底，公司持有货币资金1884.2亿元，远高于一年内到期的流动负债总和931.8亿元。货币资金中，人民币占比97.1%，美元、港币、英镑等外币合计占比2.9%。

负债情况，截至2018年年底，资产负债率为84.59%，净负债率为30.9%；有息负债合计人民币2612.1亿元，占总资产的比例为17.1%。有息负债中，短期借款和一年内到期的有息负债合计人民币931.8亿元，占比为35.7%；一年以上有息负债人民币1680.3亿元，占比为64.3%，有息负债以中长期负债为主。

融资情况，公司总体融资成本继续处于较低水平。2018年，公司债券（5年期）最低发行利率4.05%，超短期融资券（188天）最低发行利率3.13%，中期票据（3年期）最低发行利率4.03%。全年公司实际利息支出合计141.5亿元，其中，资本化的利息合计59.6亿元。

2018年公司获取新项目227个，总规划建筑面积4681.4万平方米，权益规划建筑面积2490.2万平方米，权益地价总额约1351.4亿元，新增项目均价5427元/平方米。按建筑面积计算，其中，82.6%的新增项目为合作项目，72.1%位于一、二线城市。截至2018年年底，公司在建项目总建筑面积约9012.7万平方米，权益建筑面积约5402.1万平方米；规划中项目总建筑面积约5936.2万平方米，权益建筑面积约3579.6万平方米。

开竣工面积同比增长。2018年公司开发项目新开工面积约4992.8万平方米，同比增长36.7%，较年初计划增长40.8%；竣工面积约2756.3万平方米，同比增长19.8%，较年初计划增长4.8%。

（二）招商蛇口

招商蛇口为国内房地产上市龙头企业之一，是A级央企招商局集团城市综合开发运营板块的旗舰公司，是招商局集团在国内重要的核心资产整合及业务协同平台。公司于2015年吸收合并招商地产上市，整合了原招商地产和蛇口工业区两大平台的优势资源，致力于成为“中国领先的城市及园区综合开发和运营服务商”。目前，公司主要业务包括园区开发运营、社区开发运营、邮轮建设运营。

2018年，公司在近60个城市及地区拥有在售项目214个，全年实现签约销售面积827.35万平方米，同比增加45.15%；累计实现签约销售金额1705.84亿元，同比增加51.26%。全年公司新增项目80个，扩充项目资源1357

万平方米，其中，权益面积 738 万平方米。

2018 年，公司实现营业收入总额 882.78 亿元，同比增长 16.25%，实现归属于上市公司股东的净利润 152.40 亿元，同比增长 20.42%，基本每股收益为 1.89 元，同比增长 18.13%；来自社区开发与运营的收入为 786.89 亿元，占比 89.14%，来自园区开发与运营的收入为 90.19 亿元，占比为 10.22%；来自邮轮产业建设与运营的收入为 5.70 亿元，占比为 0.65%。社区开发与运营为公司主要的收入来源。

负债方面，2018 年年末，公司资产负债率 74.28%，同比上升 2.17 个百分点；剔除预收款后的资产负债率为 68.71%，同比上升 2.01 个百分点；净负债率 64.59%，处于行业较低水平。偿债能力方面，公司 2018 年流动比率 1.54，较 2017 年下降 0.19，速动比率 0.62，较 2017 年下降 0.11。

现金流情况，2018 年年末，公司持有货币资金 673.75 亿元，占总资产的 15.92%。

融资情况，2018 年公司新增 200 亿中期票据、超短融注册额度；顺利发行公司债券、超短期融资券、永续中票等直接融资 130 亿元；完成国内首单储架式长租公寓 CMBS 产品“招商创融—招商蛇口长租公寓第一期资产支持专项计划”的首期发行 20 亿元。全年公司综合资金成本为 4.85%，在行业内具有较大的资金成本优势。

（三）华侨城 A

华侨城 A 是华侨城集团旗下旅游及房地产板块的上市公司，致力于成为国内主题公园的领导者、旅游产业的领军者、城镇化价值的实现者。经过 20 余年探索与升级，华侨城 A 以旅游综合、房地产为主营业务，构筑了成熟的成片综合开发模式。近年来，公司在业务创新上不断进行探索实践，在探索文化旅游发展新模式、房地产综合业务体系的构造、旅游互联网业务研发等方面进行了探索与实践。

2018 年，实现营业收入 481 亿元，同比增长 13.7%；利润总额 154 亿元，同比增长 20%。公司资产规模、收入和利润指标均达到历史最高水平，经营质量显著提高。旅游业务方面，公司旗下共有景区 13 家、酒店 23 家，旅行社 1 家以及相关的文化、艺术、旅游综合体等文化旅游设施，2018 年共计接待游客 4696 万人次，同比增长 16%。

2018 年，公司一方面加大对全国范围内尚未进入重点区域和中心城市的战略布局，取得了突破性进展，实现河南郑州、山东章丘、山西太原等项目落地；另一方面，抓住粤港澳大湾区发展的战略机遇，全力推进大湾区布局，完成除港澳以外 9 个城市 40 多个项目的拓展；此外，公司持续加强对长三角、京津冀和中部地区等经济发达区域的拓展，实现扬州、杭州、无锡、常熟、襄阳等多个项目落地。全年公司在全国 28 个城市实现项目落地，在拓展资源版图的同时，增加了资源储备。2018年年末，待开发土地面积1778.83万平方米，待开发计容面积2378.69万平方米。

2018年年末，公司资产负债率73.77%，较2017年增加3.88个百分点；剔除预收款后的资产负债率为69.07%，同比上升4.17个百分点；公司持有货币资金272.28亿元，短期有息负债为218.77亿元，公司短期资金安全。

（四）保利地产

保利地产是中国保利集团控股的大型中央企业，福布斯世界500强第269位。公司是国内较早从事不动产投资开发的企业之一，旗下“保利地产”是业内知名领军品牌。公司的不动产投资、开发、运营业务，已实现国际化规模经营，业务遍布全球一百多个城市。公司战略为“以不动产投资开发为主，以综合服务与不动产金融为翼”，搭建不动产生态发展平台。不动产投资开发是公司坚定的主业方向，公司销售规模稳居行业前五、央企第一。

2018年，公司实现签约面积2766.11万平方米，同比增长23.36%；实现签约金额4048.17亿元，同比增长30.91%，市场占有率提升至2.70%，其中，一、二线城市及六大核心城市群销售贡献均达77%。

2018年，公司拓展项目132个，新增容积率面积3116万平方米，是年度签约面积的114%；拓展成本1927亿元，平均楼面地价6186元/平方米。公司持续加大一、二线城市及核心城市群的渗透深耕，年内一、二线城市拓展金额和面积分别为74%和61%，且三、四线城市新增容积率面积中53%位于珠三角、长三角城市群。2018年，公司实现新开工面积4396万平方米，竣工面积2217万平方米。2018年年末，公司待开发面积9154万平方米，其中，一、二线城市占比60%，六大城市群合计占比69%。

2018年，公司实现营业总收入1945.55亿元，同比增长32.66%；净利润261.49亿元，同比增长32.78%；归母净利润189.04亿元，同比增长20.92%。2018年，公司毛利率提升1.45个百分点至32.49%，房地产结转毛利率达到32.68%；全年实现投资收益26.90亿元，同比大幅增长60.06%；净利率13.44%，与2017年基本持平。

现金流方面，2018年，公司持续优化资金管理。提高销售回笼管理精细度，全年累计实现销售回笼3562亿元，回笼率达88%，在资金趋紧的背景下保持回笼率稳中有升。

融资方面，年内发行3年期中期票据50亿元、美元债券10亿美元，储备低成本长期资金；发行永续中期票据15亿元，充实权益资本。

负债情况，2018年年末，公司资产负债率77.97%，同比上升0.69个百分点；剔除预收款后的资产负债率为65.89%，同比下降0.52个百分点；净负债率80.55%，同比下降5.82个百分点。账面有息负债2636.57亿元，其中，银行贷款、直接融资占比分别为71%和15%，有息负债综合成本约为5.03%。

四、上市公司在行业中的影响力

房地产上市公司作为房地产公司中的优秀企业，在品牌影响力、信息和资源获取能力、人才吸引力、融资能力、市场研判能力、管理能力、研发能力、销售能力等方面都具有较强的优势。目前，房地产行业正在从快速发展期向成熟期过度，上市房企凭借自身的优势，有更强的风险控制能力和更高效的资源配置能力，市场占有率还将不断提升。

品牌影响力提升：过去的黄金十年，房地产行业优胜劣汰，注品牌、重形象的上市公司在行业中的地位不断巩固，万科、保利、招商、金地、华侨城等已经成为行业中的知名房地产品牌。良好的品牌形象使这些房地产企业在获取资源、融资、销售等方面都具有很强的优势和议价能力。

管理能力不断提高：作为公众公司，上市公司在组织架构、公司运作、财务会计、信息披露等方面更加规范、高效、透明。同时，为了更好地回报股东，上市公司在成本、费用管理、运营能力等方面也在不断提升。

信息获取能力和研发能力：上市房地产公司信息一般比较公开、透明，受市场关注度较高，容易与投资者和相关机构形成互动，在互动中更容易获得更多市场信息。大型房地产上市公司业务布局城市非常多，在与当地相关部门、客户、金融机构的互动中，也能获取更多市场信息。大量市场信息的获得有利于上市公司提高研发能力。

融资能力更强：由于信息公开透明，上市公司能获得金融机构、评级机构、资产评估机构等中介机构更好的评级，在融资方面相对非上市公司更容易，同时融资成本也相对较低。

土地资源获取能力：基于品牌影响力、信息获取能力、研发能力、融资能力等方面的优势，房地产上市公司更容易受到当地政府的青睐，更容易获得土地资源。

总体来看，房地产行业上市公司汇聚了房地产行业的优秀企业，代表了行业发展的方向，拥有品牌、信息、资源、规模、研发等方面的优势，在未来的市场中将会更具优势、强者恒强。

审稿人：张红兵

撰稿人：平海庆

租赁和商务服务业

一、租赁和商务服务业总体概况

2018 年，全国租赁和商务服务业增加值为 24427 亿元，同比增长 8.9%，占国内生产总值（现价）的比重为 2.7%，较 2017 年上升 0.03 个百分点。2018 年租赁和商务服务业对国内生产总值增长的贡献率为 3.60%，较 2017 年下降 0.2 个百分点。2018 年租赁和商务服务业固定资产投资额同比增长 14.2%。就业人员数保持稳步增长，但就业人员增速有所放缓，2018 年租赁和商务服务业就业人员 529.52 万人，同比增长 1.32%；就业人员平均工资 85147 元，同比增长 4.61%。

二、行业内上市公司发展概况

（一）行业内上市公司基本情况

表 1　　2018 年租赁和商务服务业上市公司发行股票概况

门　类	A、B 股总数	A 股股票数	B 股股票数	境内总市值（亿元）	流通 A 股市值（亿元）	流通 B 股市值（亿元）
租赁和商务服务业	53	51	2	5109.26	3733.59	13.70
占沪深两市比重（%）	1.45	1.39	0.05	1.17	1.06	1.00

资料来源：沪深交易所，同花顺。

（二）行业内上市公司构成情况

表 2　　2018 年租赁和商务服务业上市公司构成情况

门　类	沪市			深市			ST/*ST
	仅 A 股	仅 B 股	A + B 股	仅 A 股	仅 B 股	A + B 股	
租赁和商务服务业（家）	16	1	0	34	0	1	0/0
占行业内上市公司比重（%）	30.77	1.92	0.00	65.38	0.00	1.92	0.00/0.00

资料来源：沪深交易所，同花顺。

（三）行业内上市公司融资情况

表 3　　2018 年租赁和商务服务业上市公司与沪深两市融资情况对比　　单位：家

门　类	融资家数	新股	增发	配股
租赁和商务服务业	5	1	3	1
沪深两市总数	358	105	238	15
占比（%）	1.40	0.95	1.26	6.67

资料来源：沪深交易所，同花顺。

其中，首发的 1 家公司在创业板上市；增发的 3 家公司中，有 1 家沪市、1 家深市及 1 家中小板公司。

按行业大类划分，进行融资的 5 家公司中，商业服务业 4 家，租赁业 1 家，分别占比 80%、20%。

从融资效果来看，上述公司实际发行数量为 79226.08 万股；实际募集资金 78.8 亿元，基本完成了融资计划。

2018 年租赁和商务服务业上市公司融资情况明细见附录。

（四）行业内上市公司资产及业绩情况

表 4　　2018 年租赁和商务服务业上市公司资产情况　　单位：亿元

指　标	2018 年	2018 年可比样本增长（%）	2017 年	2017 年可比样本增长（%）	2016 年
总资产	8610.47	-0.68	7317.74	21.95	5789.79
流动资产	3540.57	-0.72	3191.84	14.33	2637.26
占比（%）	41.12	-0.01	43.62	-2.91	45.55
非流动资产	5069.90	-0.66	4125.91	28.58	3152.53
占比（%）	58.88	0.01	56.38	2.91	54.45
流动负债	2976.43	-4.50	2693.04	17.37	2198.91
占比（%）	34.57	-1.38	36.80	-1.44	37.98
非流动负债	2591.44	-4.62	2366.89	43.67	1606.45
占比（%）	30.10	-1.24	32.34	4.89	27.75
归属于母公司股东权益	2571.23	0.52	2020.24	11.23	1748.95
占比（%）	29.86	0.36	27.61	-2.66	30.21

资料来源：沪深交易所，同花顺。

表 5　　2018 年租赁和商务服务业上市公司收入实现情况　　单位：亿元

指　标	2018 年	2018 年可比样本增长（%）	2017 年	2017 年可比样本增长（%）	2016 年
营业收入	6680.65	8.79	5739.63	34.76	4160.05
利润总额	176.84	-49.90	284.81	-1.43	281.70
归属于母公司所有者的净利润	75.30	-68.63	194.32	-7.93	206.14

资料来源：沪深交易所，同花顺。

（五）利润分配情况

2018 年全年租赁和商务服务业上市公司中共有 30 家公司实施了利润分配。其中，3 家上市公司实施送股或转增股，30 家上市公司实施派息，其中 3 家公司既实施了送股、转增，又实施了派息。

2018 年租赁和商务服务业上市公司分红明细见附录。

（六）其他财务指标情况

1. 盈利能力指标

表 6　　2018 年租赁和商务服务业上市公司盈利能力情况

指　标	2018 年	2018 年可比样本变动	2017 年	2017 年可比样本变动	2016 年
毛利率（%）	14.55	1.61	12.94	-1.02	13.94
净资产收益率（%）	2.93	-6.69	9.62	-2.00	11.79
销售净利率（%）	1.48	-2.27	3.75	-1.64	5.38
资产净利率（%）	1.15	-2.09	3.23	-1.03	4.33

资料来源：沪深交易所，同花顺。

2. 偿债能力指标

表 7　　2018 年租赁和商务服务业上市公司偿债能力指标

指　标	2018 年	2018 年可比样本变动	2017 年	2017 年可比样本变动	2016 年
流动比率	1.19	0.05	1.19	-0.03	1.20
速动比率	1.02	0.03	1.02	-0.02	1.03
资产负债率（%）	64.66	-2.62	69.15	3.45	65.73

资料来源：沪深交易所，同花顺。

3. 营运能力指标

表 8　　2018 年租赁和商务服务业上市公司营运能力情况　　单位：次

营运能力指标	2018 年	2018 年可比样本变动	2017 年	2017 年可比样本变动	2016 年
存货周转率	11.72	-0.14	11.74	1.37	10.30
应收账款周转率	10.42	-0.21	10.61	0.83	10.09
流动资产周转率	1.88	-0.01	1.92	0.35	1.63
固定资产周转率	3.10	-0.33	3.25	-0.71	3.86
总资产周转率	0.77	-0.01	0.86	0.07	0.81
净资产周转率	2.27	0.00	2.66	0.69	2.33

资料来源：沪深交易所，同花顺。

三、重点细分行业介绍

表 9　　2018 年租赁和商务服务业上市公司数量分布及市值情况

大　类	上市公司家数（家）	占行业内比重（%）	境内总市值（亿元）	占行业内比重（%）
商务服务业	48	92.31	4822.37	94.38
租赁业	4	7.69	286.89	5.62

资料来源：沪深交易所，同花顺。

（一）租赁业

1. 行业概况

据中国租赁联盟、联合租赁研发中心和天津滨海融资租赁研究院的统计，截至 2018 年 12 月底，全国融资租赁企业总数约为 11777 家，同比增加 2101 家，增长 21.7%；其中，金融租赁 69 家，同比持平；内资租赁 397 家，同比增长 41.8%；外资租赁 11311 家，同比增长 21.3%。注册资金约 32763 亿元，同比增加 432 亿元，增长 1.33%。全国融资租赁合同余额约为 66500 亿元人民币，同比增加约 5700 亿元，增长 9.38%；其中，金融租赁合同余额约 25000 亿元，同比增长 9.65%；内资租赁合同余额约 20800 亿元，同比增长 10.64%；外商租赁合同余额约 20700 亿元，同比增长 7.81%。全国融资租赁业呈现出继续发展态势，行业运转总体正常，受行业监管体制和会计准则发生重大变化等因素的影响，企业数量、注册资金和业务总量的增速都明显减缓。

截至 2018 年 12 月底，全国 31 个省、市、区都设立了融资租赁公司，但绝大部分企业仍分布在东南沿海一带。其中，广东、上海、天津、辽宁、北京、福建、江苏、浙江、山东、陕西10个省市的企业总数占到了全国的95%以上。

2. 行业内上市公司发展情况

表10　　2018年租赁业上市公司收入及资产增长情况　　单位：亿元

指　标	2018年	2018年可比样本增长（%）	2017年	2017年可比样本增长（%）	2016年
营业收入	6245.60	8.50	5354.92	34.41	3884.92
利润总额	153.80	-50.17	240.39	-4.49	244.47
归属于母公司所有者的净利润	58.24	-72.57	166.54	-10.49	181.12
总资产	5612.84	1.84	4155.73	12.55	3481.42
归属于母公司股东权益	2173.36	-1.16	1660.74	13.52	1395.67

资料来源：沪深交易所，同花顺。

表11　　2018年租赁业上市公司盈利能力情况

指　标	2018年	2018年可比样本变动	2017年	2017年可比样本变动	2016年
毛利率（%）	13.01	1.21	10.92	-1.56	12.43
净资产收益率（%）	2.68	-6.98	10.03	-2.69	12.98
销售净利率（%）	1.23	-2.75	3.38	-1.59	4.95
资产净利率（%）	1.38	-3.12	4.61	-1.02	5.82

资料来源：沪深交易所，同花顺。

表12　　2018年租赁业上市公司偿债及营运情况

指　标	2018年	2018年可比样本变动	2017年	2017年可比样本变动	2016年
资产负债率（%）	56.83	0.61	55.86	-0.41	55.76
存货周转率（次）	11.17	-0.21	11.23	1.34	9.81
总资产周转率（次）	1.12	-0.01	1.36	0.23	1.18

资料来源：沪深交易所，同花顺。

（二）商务服务业

1. 行业概况

商务服务业属于现代服务业的范畴，行业门类较多，包括市场管理、旅行社、企业管理服务、广告业等，是符合现代服务业要求的人力资本密集行业，也是高附加值行业。2018年中国服务业商务活动指数总体运行平稳，平均商务活动指数为54.43%，较2017年的均值下降0.13个百分点。

2018年，全国电子商务交易额继续保持较快增长，全年达到31.63万亿元，同比增长 8.5%；其中，商品、服务类电商交易额 30.61 万亿元，同比增长 14.5%。

2018 年，中国文旅融合开局顺利，国内旅游市场持续高速增长，入境旅游市场稳步进入缓慢回升通道，出境旅游市场平稳发展。2018 年，国内旅游人数 55.39 亿人次，同比增长 10.8%；入出境旅游总人数 2.91 亿人次，同比增长 7.8%；全年实现旅游总收入 5.97 万亿元，同比增长 10.5%。全年全国旅游业对 GDP 的综合贡献为 9.94 万亿元，占 GDP 总量的 11.04%。旅游直接就业 2826 万人，旅游直接就业和间接就业 7991 万人，占全国就业总人口的 10.29%。

2018 年，中国物流业物流总额达 283.10 万亿元，同比增长 12.01%，物流费用总额为 13.3 万亿元，同比增长 10.13%，物流总费用占 GDP 的比重为 14.8%，同比上升 0.2 个百分点。物流业总收入达 10.1 万亿元，同比增长 14.5%。铁路物流、公路物流及内河航道物流里程数分别为 13.1 万公里、484.65 万公里和 12.71 万公里，同比分别增长 3.15%、1.53% 和 0.08%。

2018 年，中国广告产业继续保持良好发展势头，广告经营额达到 7991.49 亿元，同比增长 15.88%；全国广告经营单位 137.59 万户，同比增长 22.51%，从业人员达 558.23 万人，同比增长 27.39%。CTR 媒介数据显示，2018 年中国广告刊例花费同比增长 2.9%，其中，传统媒体广告花费同比减少 1.5%，广播成为传统媒体广告上扬的主要拉动力，同比增长 5.9%；生活圈媒体方面，电梯类媒体在保持着稳定的增长，电梯电视和电梯海报广告花费同比增长 23.4% 和 24.9%，影院视频媒体广告刊例花费同比增长 18.8%；互联网媒体广告刊例花费增长稳定，同比增长 7.3%。

2018 年，中国亿元以上商品交易专业市场数量为 3042 个，同比减少 8.04%；亿元以上商品交易专业市场营业面积达 21135.78 万平方米，同比减少 1.81%；亿元以上商品交易专业市场成交额达 83317.04 亿元，同比增长 1.1%。

2. 行业内上市公司发展情况

表 13　　2018 年商务服务业上市公司收入及资产增长情况　　单位：亿元

指　标	2018 年	2018 年可比样本增长（%）	2017 年	2017 年可比样本增长（%）	2016 年
营业收入	435.05	13.09	384.71	39.83	275.13
利润总额	23.04	-48.07	44.41	19.28	37.24
归属于母公司所有者的净利润	17.06	-38.53	27.78	11.05	25.02
总资产	2997.63	-5.09	3162.01	36.98	2308.37
归属于母公司股东权益	397.87	10.81	359.51	1.76	353.28

资料来源：沪深交易所，同花顺。

表 14　　2018 年商务服务业上市公司盈利能力情况

指　标	2018 年	2018 年可比样本变动	2017 年	2017 年可比样本变动	2016 年
毛利率（%）	36.72	-4.34	41.06	5.74	35.32
净资产收益率（%）	4.29	-3.44	7.73	0.65	7.08
销售净利率（%）	5.11	-3.82	8.94	-2.53	11.47
资产净利率（%）	0.72	-0.53	1.26	-0.44	1.69

资料来源：沪深交易所，同花顺。

表 15　　2018 年商务服务业上市公司偿债及营运情况

指　标	2018 年	2018 年可比样本变动	2017 年	2017 年可比样本变动	2016 年
资产负债率（%）	79.34	-7.27	86.61	5.85	80.76
存货周转率（次）	534.13	309.62	224.53	33.82	190.71
总资产周转率（次）	0.14	0.00	0.14	-0.01	0.15

资料来源：沪深交易所，同花顺。

四、重点上市公司介绍

（一）渤海租赁

渤海租赁是首家于中国 A 股上市的租赁产业集团。公司主营业务涵盖飞机租赁、集装箱租赁、境内融资租赁等，旗下拥有 Avolon、Seaco、天津渤海租赁、横琴国际租赁等境内外细分行业领先的租赁公司，是全球第三大飞机租赁商、第二大集装箱租赁商。渤海租赁致力于为全球客户提供全方位的租赁服务和配套金融服务。截至 2018 年年末，公司自有、管理及订单飞机合计达到 1005 架，自有和管理的集装箱合计约 382 万 CEU，在世界各地拥有逾 30 个运营中心，业务范围覆盖全球六大洲，为遍布全球逾 1000 家客户提供飞机、集装箱、基础设施、高端设备及新能源等多样化的租赁服务。

2018 年，公司实现营业收入 412.91 亿元，同比增长 14.91%；实现利润总额 27.01 亿元，同比减少 33.5%；实现归属于母公司的净利润 22.79 亿元，同比减少 13.34%；每股收益 0.37 元。

2018 年，公司毛利率为 36.6%，同比下降 4.54 个百分点；销售净利率 6.45%，同比下降 2.33 个百分点；净资产收益率 6.38%，同比下降 1.93 个百分点。

截至 2018 年年末，公司的资产负债率为 80.72%，同比下降 7.49 个百分点。

（二）蓝色光标

蓝色光标是一家致力于为大型企业提供综合品牌管理与营销服务的营销传播集

团，其服务不仅涵盖广告和公关领域，而且更可为客户提供全套营销解决方案及服务。目前，公司已经为超过3000家优质客户提供服务，其中，包括逾150家行业领先品牌及世界500强企业。公司已通过ISO2007001信息安全管理认证，获得119项软件著作权，所申请的技术专利21项获得授权，20项在审核中，拥有98项注册商标，并将不断依托多年积累的经验和数据，持续增加公司研发投入，在不断提升客户ROI的同时，进一步提升公司各业务板块的毛利率，为客户提供更好的服务，为投资人创造更大的价值。2018年，公司继续开展以营销科技为核心的营销技术与营销产品相结合的变革与创新，并开发出一系列包括分析与策略、创意产出、智能投放及监测评估的营销全产业链产品。公司依托这些营销产品，能够大大提高服务效率，在未来这些产品将有助于公司大幅提升员工的工作效率，让公司将最有效、最有价值的人员用于创造性劳动，并可以根据客户需求增加更为全面与多方位的服务内容。

2018年，公司实现营业收入231.04亿元，同比增长51.69%；实现利润总额5.08亿元，同比增长63.07%；实现归属于母公司的净利润3.89亿元，同比增长74.99%；每股收益0.18元。

2018年，公司毛利率为11.72%，同比下降6.48个百分点；销售净利率1.78%，同比上升0.15个百分点；净资产收益率6.14%，同比上升2.54个百分点。

截至2018年年末，公司的资产负债率为61.95%，同比下降0.13个百分点。

五、上市公司在行业中的影响力

2018年，中国租赁与商务服务业行业总资产为110.83万亿元，其中，上市公司总资产所占比重为0.78%。2016～2018年，中国租赁与商务服务业行业营业收入分别为74823.21亿元、78833.62亿元、85404.9亿元，其中，上市公司营业收入所占比重分别为5.89%、7.79%、7.82%。整体来看，上市公司营业收入规模在行业中占一定的比重，且影响力逐步提升。

审稿人：曹玲燕

撰稿人：徐雪洁

科学研究和技术服务业

一、科学研究和技术服务业总体概况

2018年，中国科学研究和技术服务业公共财政支出预算8322亿元，较2017年同比增长14.5%。中国科学研究和技术服务业固定资产投资额较2017年同比增长13.6%。

科学研究和技术服务业分为研究和试验发展、专业技术服务业以及科技推广和应用服务业3个子行业。

其中，研究和试验发展行业方面，2018年固定资产投资额同比增长8.74%；专业技术服务业方面，2018年固定资产投资额同比下降0.57%；科技推广和应用服务业方面，2018年固定资产投资额同比增长29.34%。

二、行业内上市公司发展概况

（一）行业内上市公司基本情况

表1　　2018年科学研究和技术服务上市公司发行股票概况

门　类	A、B股总数	A股股票数	B股股票数	境内总市值（亿元）	流通A股市值（亿元）	流通B股市值（亿元）
科学研究和技术服务业	49	49	0	2894.15	1454.01	0.00
占沪深两市比重（%）	1.34	1.34	0.00	0.67	0.41	0.00

资料来源：沪深交易所，同花顺。

（二）行业内上市公司构成情况

表2　　2018年科学研究和技术服务上市公司构成情况

门　类	沪市			深市			ST/*ST
	仅A股	仅B股	A+B股	仅A股	仅B股	A+B股	
科学研究和技术服务业（家）	20	0	0	29	0	0	0/0
占行业内上市公司比重（%）	40.82	0.00	0.00	59.18	0.00	0.00	0.00/0.00

资料来源：沪深交易所，同花顺。

（三）行业内上市公司融资情况

表 3　　2018 年科学研究和技术服务上市公司与沪深两市融资情况对比　　单位：家

门　类	融资家数	新股	增发	配股
科学研究和技术服务业	7	2	5	0
沪深两市总数	358	105	238	15
占比（%）	1.96	1.90	2.10	0.00

资料来源：沪深交易所，同花顺。

其中，首发的 2 家公司中，有 1 家在沪市上市，0 家在中小板上市，1 家在创业板上市；增发的 5 家公司中，有 1 家沪市、0 家深市、2 家中小板公司及 2 家创业板公司。

按行业大类划分，进行融资的 7 家公司中，专业技术服务业 4 家，研究和试验发展业 3 家，分别占比 57.1%、42.9%。

从融资效果来看，上述公司实际发行数量为 50790.92 万股；实际募集资金 78.53 亿元，基本完成了融资计划。

2018 年科学研究和技术服务上市公司融资情况明细见附录。

（四）行业内上市公司资产及业绩情况

表 4　　2018 年科学研究和技术服务上市公司资产情况　　单位：亿元

指　标	2018 年	2018 年可比样本增长（%）	2017 年	2017 年可比样本增长（%）	2016 年
总资产	1795.77	19.80	1316.58	20.05	748.83
流动资产	1192.98	19.70	909.33	25.13	482.18
占比（%）	66.43	-0.06	69.07	2.81	64.39
非流动资产	602.79	20.01	407.25	10.06	266.65
占比（%）	33.57	0.06	30.93	-2.81	35.61
流动负债	748.54	20.99	568.43	23.78	292.21
占比（%）	41.68	0.41	43.18	1.30	39.02
非流动负债	75.15	-19.49	79.04	-8.88	39.10
占比（%）	4.18	-2.04	6.00	-1.91	5.22
归属于母公司股东权益	938.91	23.59	647.10	21.67	405.33
占比（%）	52.28	1.60	49.15	0.66	54.13

资料来源：沪深交易所，同花顺。

表 5　　2018 年科学研究和技术服务上市公司收入实现情况　　单位：亿元

指　标	2018 年	2018 年可比样本增长（%）	2017 年	2017 年可比样本增长（%）	2016 年
营业收入	857.56	16.11	642.13	40.31	352.40
利润总额	79.94	-5.09	65.39	32.36	32.87
归属于母公司所有者的净利润	61.41	-5.10	50.02	27.72	26.03

资料来源：沪深交易所，同花顺。

（五）利润分配情况

2018 年全年科学研究和技术服务业上市公司中共有 38 家公司实施了利润分配。其中，18 家上市公司实施送股或转增股，36 家上市公司实施派息，其中 16 家公司既实施了送股、转增，又实施了派息。

2018 年科学研究和技术服务上市公司分红明细见附录。

（六）其他财务指标情况

1. 盈利能力指标

表 6　　2018 年科学研究和技术服务上市公司盈利能力情况

指　标	2018 年	2018 年可比样本变动	2017 年	2017 年可比样本变动	2016 年
毛利率（%）	30.25	0.55	27.68	-3.02	26.93
净资产收益率（%）	6.54	-1.98	7.73	0.37	6.42
销售净利率（%）	7.58	-1.71	8.28	-0.45	7.49
资产净利率（%）	3.95	-1.08	4.41	0.31	3.80

资料来源：沪深交易所，同花顺。

2. 偿债能力指标

表 7　　2018 年科学研究和技术服务上市公司偿债能力指标

指　标	2018 年	2018 年可比样本变动	2017 年	2017 年可比样本变动	2016 年
流动比率	1.59	-0.02	1.60	0.02	1.65
速动比率	1.34	0.03	1.29	0.03	1.34
资产负债率（%）	45.87	-1.63	49.18	-0.60	44.24

资料来源：沪深交易所，同花顺。

3. 营运能力指标

表 8　　2018 年科学研究和技术服务上市公司营运能力情况　　单位：次

营运能力指标	2018 年	2018 年可比样本变动	2017 年	2017 年可比样本变动	2016 年
存货周转率	3.16	0.16	2.81	0.32	2.98
应收账款周转率	2.18	-0.26	2.28	0.24	2.38
流动资产周转率	0.78	-0.04	0.78	0.07	0.79
固定资产周转率	4.01	0.09	4.00	0.99	3.22
总资产周转率	0.52	-0.02	0.53	0.06	0.51
净资产周转率	0.98	-0.06	1.05	0.30	0.96

资料来源：沪深交易所，同花顺。

三、重点细分行业介绍

表 9　　2018 年科学研究和技术服务上市公司数量分布及市值情况

大　类	上市公司家数（家）	占行业内比重（%）	境内总市值（亿元）	占行业内比重（%）
科技推广和应用服务业	1	2.04	38.85	1.34
研究和试验发展	6	12.24	1020.36	35.26
专业技术服务业	42	85.71	1834.94	63.40

资料来源：沪深交易所，同花顺。

（一）研究和试验发展

1. 行业概况

研究和试验发展指在科学技术领域，为增加知识总量（包括人类文化和社会知识的总量），以及运用这些知识去创造新的应用进行的系统的创造性的活动，包括基础研究、应用研究、试验发展 3 类活动。

2018 年，全年研究与试验发展（R&D）经费支出 19657 亿元，比 2017 年增长 11.6%，与国内生产总值之比为 2.18%，其中，基础研究经费 1118 亿元。全年国家重点研发计划共安排 1052 个项目，国家科技重大专项共安排 563 个课题，国家自然科学基金共资助 44504 个项目。截至 2018 年年底，正在运行的国家重点实验室 501 个，累计建设国家工程研究中心 132 个，国家工程实验室 217 个，国家企业技术中心 1480 家。国家科技成果转化引导基金累计设立 21 支子基金，资金总规模 313 亿元。全年境内外专利申请 432.3 万件，比 2017 年增长 16.9%；授予专利权 244.7 万件，增长 33.3%；

PCT专利申请受理量为5.5万件。截至2018年年底，有效专利838.1万件，其中，境内有效发明专利160.2万件，每万人口发明专利拥有量11.5件。全年共签订技术合同41.2万项，技术合同成交金额17697亿元，比2017年增长31.8%。

2. 行业内上市公司发展情况

表10　2018年研究和试验发展上市公司收入及资产增长情况　单位：亿元

指　标	2018年	2018年可比样本增长（%）	2017年	2017年可比样本增长（%）	2016年
营业收入	129.31	26.61	17.22	-9.17	16.55
利润总额	22.15	80.66	-4.70	-285.09	1.93
归属于母公司所有者的净利润	17.89	128.41	-5.31	-329.93	1.79
总资产	334.54	54.97	65.48	-5.14	63.06
归属于母公司股东权益	246.28	95.55	41.92	-8.09	43.02

资料来源：沪深交易所，同花顺。

表11　2018年研究和试验发展上市公司盈利能力情况

指　标	2018年	2018年可比样本变动	2017年	2017年可比样本变动	2016年
毛利率（%）	43.16	-1.72	54.21	15.52	36.97
净资产收益率（%）	7.26	1.04	-12.66	-17.72	4.16
销售净利率（%）	14.43	5.99	-30.53	-38.96	6.54
资产净利率（%）	6.78	2.45	-7.82	-9.98	1.58

资料来源：沪深交易所，同花顺。

表12　2018年研究和试验发展上市公司偿债及营运情况

指　标	2018年	2018年可比样本变动	2017年	2017年可比样本变动	2016年
资产负债率（%）	24.23	-14.42	33.73	2.39	28.96
存货周转率（次）	4.93	0.08	1.72	-1.28	3.17
总资产周转率（次）	0.47	-0.04	0.26	0.00	0.24

资料来源：沪深交易所，同花顺。

（二）专业技术服务业

1. 行业概况

专业技术服务业包括气象服务、地震服务、海洋服务、测绘服务、技术检测、环境监测、工程技术与规划管理、工程管理服务、工程勘察设计、规划管理、其他专业技术服务等。

截至2018年年末，全国共有国家质检中心791家。全国现有产品质量、体系和服务认证机构484个，累计完成对63万家企业的认证。全国共有法定计量技术机构5030个，全年强制检定计量器具10406万台（件）。全年制定、修订国家标准2668项，其中，新制定1935项。全年制造业产品质量合格率为93.93%。

2. 行业内上市公司发展情况

表13　2018年专业技术服务业上市公司收入及资产增长情况　单位：亿元

指　标	2018年	2018年可比样本增长（%）	2017年	2017年可比样本增长（%）	2016年
营业收入	727.30	14.39	624.23	42.51	335.85
利润总额	58.15	-19.60	70.44	51.38	30.94
归属于母公司所有者的净利润	43.87	-23.37	55.70	52.01	24.24
总资产	1457.81	13.98	1247.05	21.70	685.77
归属于母公司股东权益	692.73	9.35	604.93	24.42	362.32

资料来源：沪深交易所，同花顺。

表14　2018年专业技术服务业上市公司盈利能力情况

指　标	2018年	2018年可比样本变动	2017年	2017年可比样本变动	2016年
毛利率（%）	27.91	0.65	26.95	-3.40	26.44
净资产收益率（%）	6.33	-2.70	9.21	1.67	6.69
销售净利率（%）	6.42	-3.07	9.42	0.72	7.54
资产净利率（%）	3.41	-1.78	5.17	0.94	4.04

资料来源：沪深交易所，同花顺。

表15　2018年专业技术服务业上市公司偿债及营运情况

指　标	2018年	2018年可比样本变动	2017年	2017年可比样本变动	2016年
资产负债率（%）	50.78	1.85	49.93	-1.03	45.65
存货周转率（次）	3.01	0.15	2.84	0.36	2.98
总资产周转率（次）	0.53	-0.02	0.55	0.06	0.54

资料来源：沪深交易所，同花顺。

（三）科技推广和应用服务业

1. 行业概况

科技推广和应用服务业包括技术推广服务、科技中介服务、其他科技推广和应用服务业等。技术推广服务指将新技术、新产品、新工艺直接推向市场而进行的相关技术活动，以及技术推广和转让活动。科技中介服务指为科技活动提供社会化服务与管理，在政府、各类科技活动主体与市场之间提供居间服务的组织，主要开展信息交流、技术咨询、技术孵化、科技评估和科技鉴证等活动。其他科技推广和应用服务业指除技术推广、科技中介以外的其他科技服务，但不包括短期的日常业务活动。

全年规模以上服务业中，战略性新兴服务业营业收入比2017年增长14.6%。信息传输、软件和信息技术服务业增加值32431亿元，增长30.7%。

2. 行业内上市公司发展情况

表16　2018年科技推广和应用服务业上市公司收入及资产增长情况　单位：亿元

指　标	2018年	2018年可比样本增长（%）	2017年	2017年可比样本增长（%）	2016年
营业收入	0.95	41.53	0.67	0.21	—
利润总额	-0.36	-0.18	-0.36	-209.03	—
归属于母公司所有者的净利润	-0.35	5.20	-0.37	-270.62	—
总资产	3.43	-15.33	4.05	34.39	—
归属于母公司股东权益	-0.10	-141.60	0.25	367.39	—

资料来源：沪深交易所，同花顺。

表17　2018年科技推广和应用服务业上市公司盈利能力情况

指　标	2018年	2018年可比样本变动	2017年	2017年可比样本变动	2016年
毛利率（%）	65.81	39.39	26.42	-5.80	—
净资产收益率（%）	343.29	493.92	-150.63	-563.26	—
销售净利率（%）	-39.89	13.90	-53.79	-96.76	—
资产净利率（%）	-10.18	0.09	-10.27	-23.90	—

资料来源：沪深交易所，同花顺。

表 18　　2018 年科技推广和应用服务业上市公司偿债及营运情况

指　标	2018 年	2018 年可比样本变动	2017 年	2017 年可比样本变动	2016 年
资产负债率（%）	68.56	0.29	68.27	-5.25	—
存货周转率（次）	1.16	-1.75	2.91	-6.90	—
总资产周转率（次）	0.26	0.06	0.19	-0.13	—

资料来源：沪深交易所，同花顺。

四、重点上市公司介绍

（一）电科院

电科院主要从事各类高低压电器的技术检测服务，主要包括输配电电器、核电电器、机床电器、船用电器、汽车电子电气、太阳能及风能发电设备等。公司是全国性的独立第三方综合电器检测机构，是电器检测行业的龙头企业之一。公司主要业务包括电器检测、环境检测和认证3类。

2018 年，公司实现营业收入 7.08 亿元，同比增长 10.27%；归属于上市公司股东的净利润为 1.27 亿元，同比增长 1.69%；实现每股收益 0.17 元；毛利率达到 49.45%，同比下滑 2.44 个百分点；销售净利率 18.13%，同比下滑 1.54 个百分点；净资产收益率 6.37%，同比下滑 0.12 个百分点。

2018 年年末，公司的资产负债率达到 44.50%，同比下降 2.88 个百分点。

（二）华测检测

华测检测是一家全国性、综合性的独立第三方检测服务机构，主要从事工业品、消费品、生命科学以及贸易保障领域的技术检测服务。在国内拥有近 30 家分支机构组成的业务网络，拥有化学、生物、物理、机械、电磁等领域的 30 个实验室，取得了 CMA 计量认证与 CNAS 国家合格评定委员会实验室认可资格和检查机构认可资格，并依据 ISO17025、ISO17020 进行管理。公司具备向社会独立出具公正数据的资质，检测数据具有较高的市场公信力，检测报告得到包括美国、英国、德国、法国、意大利、日本、韩国、中国台湾和香港地区在内的共 42 个国家和地区的认可。公司为中国制造业产品创新、产业升级提供公共技术服务平台，为中国乃至世界各地的产品质量、安全、环保、健康、节能等提供监督和支持。

2018 年，公司实现营业收入 26.80 亿元，同比增长 26.56%；归属于上市公司股东的净利润为 2.69 亿元，同比增长 123.09%；实现每股收益 0.16 元；毛利率达到 44.80%，同比提升 0.43 个百分点；销售净利率 10.54%，同比提升 4.04 个百分点；净资产收益率 10.28%，同比提升 4.8 个百分点。

2018年年末，公司的资产负债率达到31.64%，同比上升3.81个百分点。

五、上市公司在行业中的影响力

研究与试验发展业上市公司共有6家，2018年共实现营业收入129.31亿元，仅占全国研究与试验发展经费的6.5%，对行业的影响力很小。

专业技术服务业上市公司共有42家，而2018年全国共有法定计量技术机构5030个。与此相比，专业技术服务上市公司对行业的影响力很小。

科技推广和应用服务业上市公司共有1家，2018年共实现营业收入0.95亿元，对行业的影响力很小。

审稿人：张　旭

撰稿人：王　磊

水利、环境和公共设施管理业

一、水利、环境和公共设施管理业总体概况

（一）行业整体运行情况

根据国家统计局的数据，2017 年水利、环境和公共设施管理行业固定资产投资完成额为 82105.30 亿元，2018 年同比增长 3.30%，可以推算出 2018 年水利、环境和公共设施管理行业固定资产投资完成额约为 84814.77 亿元。

其中，水利管理业固定资产投资完成额较 2017 年同比下降 4.90%，推算 2018 年固定资产投资完成额为 9529.81 亿元；生态保护和环境治理业固定资产投资完成额较 2017 年同比增长 43.00%，推算 2018 年固定资产投资完成额为 5465.95 亿元；公共设施管理业固定资产投资完成额较 2017 年下降 2.50%，推算 2018 年固定资产投资完成额为 69968.68 亿元。

（二）细分行业运行概况

1. 公共设施管理业

公共设施管理业包括市政设施管理、环境卫生管理、城乡市容管理、绿化管理、公园管理和游览景区管理。

城市化进程的推进使得城乡市容管理、绿化管理的面积有所增加；2018 年，城市清扫保洁面积为 869328.81 万平方米，同比增长 3.24%；城市园林绿地面积为 3047107.96 公顷，同比增长 4.30%；城市公园面积为 494227.72 公顷，同比增长 11.16%。日益增长的城市人口也带来了生活垃圾总量的上涨，2018 年城市生活垃圾清运量 22801.75 万吨，同比增长 5.95%，已连续 12 年上涨。

2018 年，国内旅游总收入 5.13 万亿元，同比增长 12.30%，连续 9 年实现两位数增长。2018 年，国内旅游人数达 55.39 亿人次，再次刷新历史新高，同比增长 10.76%。

2. 生态保护和环境治理业

生态保护业包括自然保护区管理、野生动物保护、野生植物保护、其他自然保护；环境治理业包括水污染治理、大气污染治理、固体废物治理、危险废物治理、放射性废物治理、其他污染治理。

2013 年来，生态环境保护和治理领域重磅政策相继出台。“水十条”“大气十条”“土十条”均提出了更加明确的治理目标和更加严格的考核标准，督促各地对生态环境进行更为有效的治理。2016 年 12 月 25 日，《中华人民共和国环境保护税法》表决通过，于 2018 年 1 月 1 日开始施行，通过“税负平移”原则，实现排污费制度向环保税制度的转移。

2018年5月，史上规格最高的全国生态环境保护大会召开，总书记亲临会议，共6位常委出席。5月底，中央环保督查“回头看”启动，督察组开始进驻各省份；同时围绕打好污染防治攻坚战的重点领域，同步统筹安排环境保护专项督察。8月底，《土壤污染防治法》获人大审议通过，土壤修复领域有了第一部法律，为中国开展土壤污染防治工作、扎实推进“净土保卫战”提供了法治保障。

二、行业内上市公司发展概况

（一）行业内上市公司基本情况

表1　　2018年水利、环境和公共设施管理业上市公司发行股票概况

门　类	A、B股总数	A股股票数	B股股票数	境内总市值（亿元）	流通A股市值（亿元）	流通B股市值（亿元）
水利、环境和公共设施管理业	49	48	1	2423.74	1838.55	19.48
占沪深两市比重（%）	1.34	1.31	0.03	0.56	0.52	1.42

资料来源：沪深交易所，同花顺。

（二）行业内上市公司构成情况

表2　　2018年水利、环境和公共设施管理业上市公司构成情况

门　类	沪市			深市			ST/*ST
	仅A股	仅B股	A+B股	仅A股	仅B股	A+B股	
水利、环境和公共设施管理业（家）	16	0	1	31	0	0	0/0
占行业内上市公司比重（%）	33.33	0.00	2.08	64.58	0.00	0.00	0.00/0.00

资料来源：沪深交易所，同花顺。

（三）行业内上市公司融资情况

表3　　2018年水利、环境和公共设施管理业上市公司与沪深两市融资情况对比　　单位：家

门　类	融资家数	新股	增发	配股
水利、环境和公共设施管理业	4	2	2	0
沪深两市总数	358	105	238	15
占比（%）	1.12	1.90	0.84	0.00

资料来源：沪深交易所，同花顺。

其中，首发的2家公司中，有1家在主板上市，1家在创业板上市；增发的2家公司中，有1家沪市主板及1家深市中小板公司。

按行业大类划分，进行融资的4家公司中，生态保护和环境治理业3家，公共设施管理业1家。

从融资效果来看，上述公司实际发行数量为25406.85万股；实际募集资金21.50亿元，基本完成了融资计划。

2018年水利、环境和公共设施管理业上市公司融资情况明细见附录。

（四）行业内上市公司资产及业绩情况

表4　　2018年水利、环境和公共设施管理业上市公司资产情况　　单位：亿元

指　标	2018年	2018年可比样本增长（%）	2017年	2017年可比样本增长（%）	2016年
总资产	3628.57	18.75	2598.65	27.90	3065.98
流动资产	1443.91	8.21	1110.00	22.55	1794.03
占比（%）	39.79	-3.88	42.71	-1.86	58.51
非流动资产	2184.65	26.93	1488.64	32.19	1271.95
占比（%）	60.21	3.88	57.29	1.86	41.49
流动负债	1405.39	24.08	935.19	25.20	1317.17
占比（%）	38.73	1.66	35.99	-0.78	42.96
非流动负债	722.82	33.61	441.36	56.53	468.79
占比（%）	19.92	2.22	16.98	3.11	15.29
归属于母公司股东权益	1390.14	6.76	1149.81	21.49	1200.11
占比（%）	38.31	-4.30	44.25	-2.33	39.14

资料来源：沪深交易所，同花顺。

表5　　2018年水利、环境和公共设施管理业上市公司收入实现情况　　单位：亿元

指　标	2018年	2018年可比样本增长（%）	2017年	2017年可比样本增长（%）	2016年
营业收入	1095.98	13.40	784.29	33.22	812.31
利润总额	127.94	-20.42	137.03	36.04	173.85
归属于母公司所有者的净利润	94.99	-25.22	107.78	35.82	132.07

资料来源：沪深交易所，同花顺。

（五）利润分配情况

2018年全年水利、环境和公共设施管理业上市公司中共有35家公司实施了利润分配。其中，9家上市公司实施送股或转增股，35家上市公司实施派息，其中9家公司既实施了送股、转增，又实施了派息。

2018 年水利、环境和公共设施管理业上市公司分红明细见附录。

（六）其他财务指标情况

1. 盈利能力指标

表 6　　2018 年水利、环境和公共设施管理业上市公司盈利能力情况

指　标	2018 年	2018 年可比样本变动	2017 年	2017 年可比样本变动	2016 年
毛利率（%）	28.45	-1.73	31.36	-1.49	42.14
净资产收益率（%）	6.83	-2.92	9.37	0.99	11.00
销售净利率（%）	9.20	-4.40	14.24	0.27	16.97
资产净利率（%）	3.02	-1.89	4.82	0.07	5.12

资料来源：沪深交易所，同花顺。

2. 偿债能力指标

表 7　　2018 年水利、环境和公共设施管理业上市公司偿债能力指标

指　标	2018 年	2018 年可比样本变动	2017 年	2017 年可比样本变动	2016 年
流动比率	1.03	-0.15	1.19	-0.03	1.36
速动比率	0.75	-0.11	0.91	-0.03	0.73
资产负债率（%）	58.65	3.88	52.97	2.33	58.25

资料来源：沪深交易所，同花顺。

3. 营运能力指标

表 8　　2018 年水利、环境和公共设施管理业上市公司营运能力情况　　单位：次

营运能力指标	2018 年	2018 年可比样本变动	2017 年	2017 年可比样本变动	2016 年
存货周转率	2.11	-0.12	2.37	0.08	0.64
应收账款周转率	2.73	-0.23	2.64	-0.02	4.40
流动资产周转率	0.79	-0.03	0.78	0.01	0.52
固定资产周转率	3.17	0.27	2.61	0.33	2.14
总资产周转率	0.33	-0.03	0.34	0.00	0.30
净资产周转率	0.76	-0.01	0.70	0.05	0.69

资料来源：沪深交易所，同花顺。

三、重点细分行业介绍

表 9　　2018 年水利、环境和公共设施管理业上市公司数量分布及市值情况

大　类	上市公司家数（家）	占行业内比重（%）	境内总市值（亿元）	占行业内比重（%）
水利管理业	0	0.00	0.00	0.00
公共设施管理业	15	31.25	407.85	16.83
生态保护和环境治理业	33	68.75	2015.89	83.17

资料来源：沪深交易所，同花顺。

（一）公共设施管理业

1. 行业概况

根据《国民经济行业分类》，公共设施管理业包括市政设施管理、环境卫生管理、城乡市容管理、绿化管理、城市公园管理、游览景区管理 6 个细分行业。

细分行业多具有较强的公用事业属性，相关工程多由政府投资修建，行业发展受政策导向和财政投向影响较大。2002 年，建设部印发《关于加快市政公用行业市场化进程的意见》，开放市政公用行业投资建设、运营、作业市场，推进市政公用行业市场化。此后，大部分细分行业市场化程度逐渐提高，部分行业由事业单位垄断的格局被打破。

2018 年全国各地新签环卫服务合同总金额为 2278 亿元，同比增长 33.92%，环卫服务市场化程度进一步增加。

2017 年 3 月，国务院办公厅《关于转发国家发展改革委、住房城乡建设部生活垃圾分类制度实施方案的通知》，提出到 2020 年年底，基本建立垃圾分类相关法律法规和标准体系，形成可复制、可推广的生活垃圾分类模式，在实施生活垃圾强制分类的城市，生活垃圾回收利用率达到 35% 以上的目标。2018 年 3 月 30 日，广东省第十三届人民代表大会常务委员会第二次会议批准通过《广州市生活垃圾分类管理条例》，决定自 2018 年 7 月 1 日起施行，广州成为中国首先试行垃圾分类的城市。

2. 行业内上市公司发展情况

表 10　　2018 年公共设施管理业上市公司收入及资产增长情况　　单位：亿元

指　标	2018 年	2018 年可比样本增长（%）	2017 年	2017 年可比样本增长（%）	2016 年
营业收入	130.70	19.41	130.52	20.52	459.02
利润总额	32.17	59.35	23.59	60.64	108.25
归属于母公司所有者的净利润	23.23	69.35	16.41	65.53	78.14
总资产	387.24	2.55	438.99	4.28	1874.51
归属于母公司股东权益	245.67	9.07	262.34	8.39	675.91

资料来源：沪深交易所，同花顺。

表 11　　2018 年公共设施管理业上市公司盈利能力情况

指　标	2018 年	2018 年可比样本变动	2017 年	2017 年可比样本变动	2016 年
毛利率（%）	35.15	-4.41	40.60	-1.32	50.49
净资产收益率（%）	9.46	3.37	6.26	2.16	11.56
销售净利率（%）	18.23	5.08	13.15	3.62	18.01
资产净利率（%）	6.23	2.38	3.99	1.31	4.91

资料来源：沪深交易所，同花顺。

表 12　　2018 年公共设施管理业上市公司偿债及营运情况

指　标	2018 年	2018 年可比样本变动	2017 年	2017 年可比样本变动	2016 年
资产负债率（%）	34.43	-3.36	37.70	-2.43	61.09
存货周转率（次）	1.28	0.48	0.90	0.13	0.34
总资产周转率（次）	0.34	0.05	0.30	0.02	0.27

资料来源：沪深交易所，同花顺。

（二）生态保护和环境治理业

1. 行业概况

2018 年，生态文明建设工作继续推进，《土壤污染防治法》的出台完善了土壤污染治理领域的顶层设计，为中国土壤污染治理行业的发展提供了法律基础。

2018 年，全国公共财政支出的污染防治支出达 2441.19 亿元，同比增长 29.65%，连续 7 年保持增长。其中，水体污染防治支出为 1226.33 亿元，占比 50.23%，是全国公共财政重点支持的领域；大气污染防治支出为 695.39 亿元，占比 28.48%，仅次于水体污染防治支出；固体废弃物与化学品防治支出为 84.18 亿元，占比 3.45%。

2. 行业内上市公司发展情况

表 13　　2018 年生态保护和环境治理业上市公司收入及资产增长情况　　单位：亿元

指　标	2018 年	2018 年可比样本增长（%）	2017 年	2017 年可比样本增长（%）	2016 年
营业收入	965.28	12.63	653.76	36.08	353.29
利润总额	95.77	-31.87	113.44	31.84	65.60
归属于母公司所有者的净利润	71.76	-36.67	91.37	31.57	53.93
总资产	3241.33	21.04	2159.65	34.07	1191.48
归属于母公司股东权益	1144.46	6.28	887.47	26.00	524.21

资料来源：沪深交易所，同花顺。

表 14　　2018 年生态保护和环境治理业上市公司盈利能力情况

指　标	2018 年	2018 年可比样本变动	2017 年	2017 年可比样本变动	2016 年
毛利率（%）	27.54	-1.44	29.52	-1.30	31.29
净资产收益率（%）	6.27	-4.25	10.30	0.44	10.29
销售净利率（%）	7.98	-5.68	14.46	-0.51	15.62
资产净利率（%）	2.60	-2.48	5.01	-0.34	5.46

资料来源：沪深交易所，同花顺。

表 15　　2018 年生态保护和环境治理业上市公司偿债及营运情况

指　标	2018 年	2018 年可比样本变动	2017 年	2017 年可比样本变动	2016 年
资产负债率（%）	61.54	4.38	56.08	2.69	53.78
存货周转率（次）	2.29	-0.48	3.26	-0.40	3.89
总资产周转率（次）	0.33	-0.05	0.35	-0.01	0.35

资料来源：沪深交易所，同花顺。

四、重点上市公司介绍

（一）国祯环保

安徽国祯环保节能科技股份有限公司创建于 1997 年，起初从事热电联产业务，于 2000 年收购安徽中联环保设备有限公司，开始从事生活污水处理业务，热电联产业务逐步退出。2006 年以后，国祯环保已成为专业从事生活污水处理的企业，逐步形成以“设备销售、环境工程 EPC、生活污水处理投资运营”为一体的经营模式，为各地方水务局及水务集团提供服务。国祯环保于 2014 年 8 月上市，2015 年收购麦王环境和挪威 BIOVAC 公司，切入工业废水处理和小城镇污水处理领域。国祯环保目前业务范围覆盖城镇污水处理、水环境综合治理、工业污水处理、农村水环境治理以及供排水一体化等领域，具备投融资、设计、制造、建设、运营等系统化水治理综合能力。

截至 2018 年年底，公司拥有百余座污水处理厂，污水处理规模 510 万吨/日；拥有管网运营规模 5371 公里/年，2018 年内公司已投入运营的污水厂处理规模为 372 万吨/日。2018 年，公司申请国家专利 7 项，当年获专利授权 14 项。目前，公司共拥有国家专利 60 项，其中，发明专利 30 项；此外，公司还获得软件著作权 3 项。

2018 年，公司实现主营业务收入 40.01 亿元，同比增长 52.35%；利润总额 3.68 亿元，同比增长 52.89%；归属于母公司所有者的净利润 2.81 亿元，同比增长 44.61%；基本每股收益 0.52 元。

（二）伟明环保

浙江伟明环保股份有限公司成立于2001年，是国内领先的生活垃圾焚烧处理企业，主营业务涵盖城市生活垃圾焚烧发电行业全产业链，包括核心技术研发、关键设备制造销售及项目投资、项目建设、运营管理等领域。截至2018年，公司确立了固废、工程装备、水务、智慧环卫和危废五大业务板块。

伟明环保主要采用BOT模式（建设—经营—移交）/BOO模式（建设—拥有—经营）从事城市生活垃圾焚烧发电业务。在该模式下，公司需要投入大笔资金完成项目建设，并通过25～30年的特许经营获得垃圾处置费和发电收入。BOT/BOO模式的毛利率较高，但经营周期较长。

公司在垃圾焚烧项目建设过程中，核心的垃圾焚烧处理设备、烟气处理设备、自动化控制系统由下属公司伟明设备提供；垃圾焚烧项目运营过程中，由伟明设备提供部分日常检修维护、大修和技改设备。

截至2018年12月31日，公司生活垃圾焚烧已投运项目处理规模约为1.36万吨/日。2018年内各运营项目合计完成生活垃圾入库量424.36万吨，同比增长14.59%，完成上网电量12.91亿度，同比增长14.96%，两项指标创公司年度运营新高。

2018年，伟明环保营业总收入15.47亿元，同比增长50.29%；利润总额8.59亿元，同比增长49.15%；归属于母公司所有者的净利润7.40亿元，同比增长46.01%；基本每股收益1.08元。

（三）黄山旅游

黄山旅游依托拥有世界文化与自然双遗产、世界地质公园、全国首批5A级旅游景区之称的黄山风景区，业务范围涵盖景区开发管理、酒店、索道、旅行社等旅游领域。

具体来看，公司景区管理业务现负责黄山风景区和花山谜窟的日常经营管理、基础设施建设、环境卫生保洁、污水处理等业务；索道业务涵盖黄山云谷索道、玉屏索道、太平索道及西海观光缆车；酒店业务涵盖10余家精品酒店，其中，景区内主要有北海宾馆、狮林大酒店、西海饭店、排云楼宾馆、白云宾馆和玉屏楼宾馆；公司旅行社业务涵盖国内旅游、入境旅游、出境旅游、航空票务、会展服务、广告策划等方面。公司下属的中海国际旅行社管理公司是安徽省旅行社协会会长单位，为安徽省5A级旅行社，全国首批旅游标准化示范企业，连续11年荣获“全国百强旅行社”；公司成立了徽商故里文化发展集团公司，在北京、天津、杭州、合肥、黄山开设连锁主题餐饮品牌门店，形成公司的徽菜餐饮业务。

公司荣获“2018中国旅游大奖·文旅创新企业”“安徽上市公司履行社会责任创新奖”，连续3年荣登中国旅游景区数字资产榜TOP10；徽商故里集团荣获“中国特色餐饮十大领军品牌”；白云宾馆、北海宾馆、西海饭店入围“2017年度全省十强星级饭店”。

2018 年，公司接待进山游客 338 万人，同比增加 2 万人，增幅 0.6%，公司索道及缆车累计运送游客 669.11 万人次，同比增长 0.3%。公司全年实现营业收入 16.21 亿元，同比减少 9.13%；实现利润总额 8.15 亿元，同比增长 36.38%；归属于上市公司股东的净利润 5.83 亿元，同比增长 40.68%；基本每股收益 0.78 元。

审稿人：张红兵

撰稿人：张婉姝

教　育

一、教育业总体概况

2018 年，全国教育经费总投入 46143.00 亿元，较 2017 年同比增长 8.41%；其中，国家财政性教育经费 36995.77 亿元，较 2017 年同比增长 8.15%，国家财政性教育经费占国内生产总值的比例为 4.11%。全国公共财政教育支出 31992.73 亿元，较 2017 年同比增长 6.93%，占公共财政支出的 14.48%，较 2017 年同期降低 0.25 个百分点；其中，中央财政教育支出 5007.72 亿元，较 2017 年同比增长 7.39%。

2018 年，全国各级各类学校 518816 所，同比增加 5017 所。其中，高等教育院校 2940 所，同比增加 27 所；中等教育院校 76746 所，同比减少 272 所；初等教育院校 170209 所，同比减少 6509 所；工读学校 92 所，同比减少 1 所；特殊教育院校 2152 所，同比增加 45 所；学前教育机构 266677 所，同比增加 11727 所。

2018 年，全国教职工数 20258654 人，同比增加 662908 人。其中，高等教育院校 2545252 人，同比增加 39967 人；中等教育院校 8007965 人，同比增加 180158 人；初等教育院校 5751498 人，同比增加 86846 人；工读学校 2855 人，同比减少 67 人；特殊教育院校 68087 人，同比增加 2949 人；学前教育机构 4531454 人，同比增加 338604 人。

二、行业内上市公司发展概况

（一）行业内上市公司基本情况

表 1　　2018 年教育上市公司发行股票概况

门　类	A、B 股总数	A 股股票数	B 股股票数	境内总市值（亿元）	流通 A 股市值（亿元）	流通 B 股市值（亿元）
教育	5	5	0	242.18	160.37	0.00
占沪深两市比重（%）	0.14	0.14	0.00	0.06	0.05	0.00

资料来源：沪深交易所，同花顺。

（二）行业内上市公司构成情况

表 2　　2018 年教育上市公司构成情况

门　类	沪市			深市			ST/*ST
	仅 A 股	仅 B 股	A+B 股	仅 A 股	仅 B 股	A+B 股	
教育（家）	2	0	0	3	0	0	0/0
占行业内上市公司比重（%）	40.00	0.00	0.00	60.00	0.00	0.00	0.00/0.00

资料来源：沪深交易所，同花顺。

（三）行业内上市公司融资情况

表 3　　2018 年教育上市公司与沪深两市融资情况对比　　单位：家

门　类	融资家数	新股	增发	配股
教育	0	0	0	0
沪深两市总数	358	105	238	15
占比（%）	0.00	0.00	0.00	0.00

资料来源：沪深交易所，同花顺。

2018 年教育上市公司无融资发生，但是有两家非教育上市公司通过收购教育资产转型成为教育公司，分别是开元股份（代码 300338.SZ）、三垒股份（代码 002621.SZ，现已更名为美吉姆）。

（四）行业内上市公司资产及业绩情况

表 4　　2018 年教育上市公司资产情况　　单位：亿元

指　标	2018 年	2018 年可比样本增长（%）	2017 年	2017 年可比样本增长（%）	2016 年
总资产	180.11	26.66	99.03	19.00	83.22
流动资产	68.55	6.25	45.59	26.63	36.01
占比（%）	38.06	-7.31	46.04	2.77	43.27
非流动资产	111.56	43.60	53.44	13.19	47.21
占比（%）	61.94	7.31	53.96	-2.77	56.73
流动负债	99.27	47.81	57.35	10.22	52.03
占比（%）	55.12	7.89	57.91	-4.62	62.52
非流动负债	6.67	93.03	2.95	68.89	1.75
占比（%）	3.70	1.27	2.98	0.88	2.10
归属于母公司股东权益	65.09	-1.77	33.71	28.89	26.15
占比（%）	36.14	-10.46	34.04	2.61	31.43

资料来源：沪深交易所，同花顺。

表 5　　2018 年教育上市公司收入实现情况　　单位：亿元

指　标	2018 年	2018 年可比样本增长（%）	2017 年	2017 年可比样本增长（%）	2016 年
营业收入	77.58	13.00	57.08	48.19	38.52
利润总额	2.95	-63.29	5.63	25.07	4.50
归属于母公司所有者的净利润	1.00	-82.24	3.82	15.85	3.30

资料来源：沪深交易所，同花顺。

（五）利润分配情况

2018 年全年教育业上市公司中共有 3 家公司实施了分红配股。其中，2 家上市公司实施派息，1 家公司既实施了转增，又实施了派息。

2018 年教育上市公司分红明细见附录。

（六）其他财务指标情况

1. 盈利能力指标

表 6　　2018 年教育上市公司盈利能力情况

指　标	2018 年	2018 年可比样本变动	2017 年	2017 年可比样本变动	2016 年
毛利率（%）	42.85	0.69	38.34	-1.67	40.00
净资产收益率（%）	1.53	-6.93	11.35	-1.28	12.62
销售净利率（%）	0.76	-7.02	6.12	-2.13	8.25
资产净利率（%）	0.37	-3.97	3.83	-1.38	5.22

资料来源：沪深交易所，同花顺。

2. 偿债能力指标

表 7　　2018 年教育上市公司偿债能力指标

指　标	2018 年	2018 年可比样本变动	2017 年	2017 年可比样本变动	2016 年
流动比率	0.69	-0.27	0.80	0.10	0.69
速动比率	0.58	-0.34	0.78	0.1	0.93
资产负债率（%）	58.82	9.16	60.89	-3.73	64.63

资料来源：沪深交易所，同花顺。

3. 营运能力指标

表 8　　2018 年教育上市公司营运能力情况　　单位：次

营运能力指标	2018 年	2018 年可比样本变动	2017 年	2017 年可比样本变动	2016 年
存货周转率	6.69	-8.18	49.44	17.51	31.94
应收账款周转率	17.60	-0.05	70.97	21.98	48.99
流动资产周转率	1.17	-0.01	1.40	-0.16	1.55
固定资产周转率	5.47	0.42	5.60	1.50	4.11
总资产周转率	0.48	-0.08	0.63	-0.01	0.63
净资产周转率	1.06	-0.08	1.67	0.54	1.58

资料来源：沪深交易所，同花顺。

三、重点上市公司介绍

东方时尚

东方时尚于 2016 年 2 月 5 日登陆 A 股市场，主营业务是机动车驾驶员培训，提供驾培服务、陪练服务、汽车维修、汽车保险代理等汽车消费相关服务和产品。东方时尚设立了招生分部、签约客户服务中心、代办招生机构、网络招生 4 种招生渠道以方便学员报名。

东方时尚拥有多处训练场及相关配套设施，现有宝来、桑塔纳、伊兰特和金龙大型客车、中型客车、大型货车、牵引车、摩托车等各种训练用车 3000 余部，员工 5000 余人，总资产超过 40 亿元，同比增长 26.94%。

2018 年，东方时尚实现营业收入 10.51 亿元，同比减少 10.41%；实现利润总额 3.23 亿元，同比减少 3.52%；实现归属于母公司净利润 2.23 亿元，同比减少 4.97%；每股收益 0.38 元。

2018 年，东方时尚毛利率达 48.98%，同比减少 4.71 个百分点；销售净利率 21.56%，同比提升 2.61 个百分点；净资产收益率 11.59%，同比下降 2.44 个百分点。截至 2018 年年末，公司的资产负债率为 48.49%，同比上升 17.90 个百分点。

四、上市公司在行业中的影响力

截至 2018 年年末，A 股教育业上市公司共有 5 家，2018 年共实现营业收入 77.58 亿元，占全国总投入教育经费 46143.00 亿元的 0.17%，较 2017 年提升 0.03 个百分点。教育资产的证券化进程尚处于初期，且较多企业选择了港股、美股上市，2018 年于港股和美股上市的教育公司分别有 8 家和 4 家。综合来看，目前 A 股教育业上市公司在行业中影响力相对有限。

审稿人：姜　娅

撰稿人：刘济玮

卫生和社会工作

一、卫生和社会工作总体概况

2018年，中国卫生业公共财政支出预算15291.05亿元，较2017年同比增长8.88%；卫生业公共财政支出决算15623.55亿元，较2017年同比增长8.12%；2018年，全国卫生总费用达52598.3亿元，较2017年同比增长10.27%；人均卫生费用4148.10元，较2017年同比增长9.63%。2018年中国城镇卫生和社会工作固定资产投资完成额同比增长8.41%。

截至2018年年末，全国医疗卫生机构总数达997434个，同比增加10785个。其中，医院33009个，基层医疗卫生机构943639个，专业公共卫生机构18034个。与2017年相比，医院增加1953个，基层医疗卫生机构增加10615个，专业公共卫生机构减少1862个。

截至2018年年末，全国医疗卫生机构床位840.4万张，其中，医院652.0万张，占比77.6%，基层医疗卫生机构158.4万张，占比18.8%。与2017年比较，床位增加46.4万张，其中，医院床位增加39.9万张，基层医疗卫生机构床位增加5.5万张。每千人口医疗卫生机构床位数由2017年的5.72张增加到2018年的6.03张。

截至2018年年末，全国民政事业费支出4076.9亿元，占国家财政支出的1.8%；其中，中央财政向各地转移支付的民政事业费1485.6亿元，占全年民政事业费支出的36.4%。民政基本建设在建项目建设规模2029.3万平方米，全年实际完成投资总额188.0亿元。

二、行业内上市公司发展概况

（一）行业内上市公司基本情况

表1　2018年卫生和社会工作上市公司发行股票概况

门　类	A、B股总数	A股股票数	B股股票数	境内总市值（亿元）	流通A股市值（亿元）	流通B股市值（亿元）
卫生和社会工作	10	10	0	1900.85	1454.69	0.00
占沪深两市比重（%）	0.27	0.27	0.00	0.44	0.41	0.00

资料来源：沪深交易所，同花顺。

（二）行业内上市公司构成情况

表 2　　2018 年卫生和社会工作上市公司构成情况

门　类	沪市			深市			ST/*ST
	仅 A 股	仅 B 股	A+B 股	仅 A 股	仅 B 股	A+B 股	
卫生和社会工作（家）	3	0	0	7	0	0	0/1
占行业内上市公司比重（%）	30.00	0.00	0.00	70.00	0.00	0.00	0.00/10.00

资料来源：沪深交易所，同花顺。

（三）行业内上市公司融资情况

表 3　　2018 年卫生和社会工作上市公司与沪深两市融资情况对比　　单位：家

门　类	融资家数	新股	增发	配股
卫生和社会工作	1	0	1	0
沪深两市总数	358	105	238	15
占比（%）	0.28	0.00	0.42	0.00

资料来源：沪深交易所，同花顺。

其中，增发的 1 家公司为深市上市公司。

按行业大类划分，进行融资的 1 家公司为卫生业上市公司，占比 100%。

从融资效果来看，上述公司实际发行数量为 6232.87 万股；实际募集资金 17.20 亿元，基本完成了融资计划。

2018 年卫生和社会工作上市公司融资情况明细见附录。

（四）行业内上市公司资产及业绩情况

表 4　　2018 年卫生和社会工作上市公司资产情况　　单位：亿元

指　标	2018 年	2018 年可比样本增长（%）	2017 年	2017 年可比样本增长（%）	2016 年
总资产	691.60	13.99	544.35	30.74	310.14
流动资产	267.90	1.76	240.58	26.69	146.82
占比（%）	38.74	-4.66	44.20	-1.41	47.34
非流动资产	423.70	23.37	303.77	34.14	163.32
占比（%）	61.26	4.66	55.80	1.41	52.66
流动负债	223.56	10.83	178.87	40.37	105.00

续表

指　标	2018 年	2018 年可比样本增长（%）	2017 年	2017 年可比样本增长（%）	2016 年
占比（%）	32.33	-0.92	32.86	2.25	33.86
非流动负债	86.72	12.70	75.60	74.63	34.96
占比（%）	12.54	-0.14	13.89	3.49	11.27
归属于母公司股东权益	353.53	15.58	268.70	17.26	154.62
占比（%）	51.12	0.70	49.36	-5.67	49.86

资料来源：沪深交易所，同花顺。

表 5　　2018 年卫生和社会工作上市公司收入实现情况　　单位：亿元

指　标	2018 年	2018 年可比样本增长（%）	2017 年	2017 年可比样本增长（%）	2016 年
营业收入	371.61	19.75	269.24	32.45	151.10
利润总额	82.28	135.58	32.95	4.18	26.40
归属于母公司所有者的净利润	57.62	162.08	20.34	-3.96	17.21

资料来源：沪深交易所，同花顺。

（五）利润分配情况

2018 年全年卫生和社会工作行业上市公司中共有 7 家公司实施了分红配股。其中，4 家上市公司实施送股或转增股，6 家上市公司实施派息，其中 3 家公司既实施了送股、转增，又实施了派息。

2018 年卫生和社会工作上市公司分红明细见附录。

（六）其他财务指标情况

1. 盈利能力指标

表 6　　2018 年卫生和社会工作上市公司盈利能力情况

指　标	2018 年	2018 年可比样本变动	2017 年	2017 年可比样本变动	2016 年
毛利率（%）	40.50	1.79	41.56	2.75	38.11
净资产收益率（%）	16.30	9.11	7.57	-1.67	11.13
销售净利率（%）	17.06	9.08	8.72	-2.60	12.47
资产净利率（%）	9.77	5.17	4.89	-1.92	6.99

资料来源：沪深交易所，同花顺。

2. 偿债能力指标

表 7　　2018 年卫生和社会工作上市公司偿债能力指标

指　标	2018 年	2018 年可比样本变动	2017 年	2017 年可比样本变动	2016 年
流动比率	1.20	-0.11	1.35	-0.15	1.40
速动比率	1.11	-0.02	1.15	-0.19	1.30
资产负债率（%）	44.87	-1.06	46.75	5.74	45.13

资料来源：沪深交易所，同花顺。

3. 营运能力指标

表 8　　2018 年卫生和社会工作上市公司营运能力情况　　单位：次

营运能力指标	2018 年	2018 年可比样本变动	2017 年	2017 年可比样本变动	2016 年
存货周转率	7.80	0.98	5.77	1.26	4.85
应收账款周转率	4.72	-0.94	4.97	-0.70	5.62
流动资产周转率	1.40	0.11	1.25	-0.06	1.23
固定资产周转率	4.03	0.21	4.08	0.85	3.09
总资产周转率	0.57	0.00	0.56	-0.04	0.56
净资产周转率	1.05	0.03	1.01	0.25	1.03

资料来源：沪深交易所，同花顺。

三、重点上市公司介绍

迪安诊断

迪安诊断是一家独立的第三方医学诊断服务平台，主要向各级医疗卫生机构提供以医学诊断服务外包为核心业务的医学诊断服务整体解决方案。经过多年的发展，公司现已形成具有迪安特色的“服务+产品”的一体化商业模式，公司不仅可以向各级医疗卫生机构提供医学诊断服务外包业务，而且还可以向其提供国内外知名的诊断产品。公司已在全国布局 20 余家连锁化实验室，并相继通过 ISO15189 与 CAP 国际质量认证认可体系，为全国 12000 多家医疗机构提供以服务外包为核心的医学诊断服务整体解决方案。

2018 年，公司实现营业收入 69.67 亿元，同比增长 39.22%；实现利润总额 7.34 亿元，同比增长 16.61%；实现归属于母公司净利润 3.89 亿元，同比增长 11.16%；每股收益 0.71 元。

2018 年，公司毛利率为 34.04%，同比上升 0.63 个百分点；销售净利率 8.45%，同比下降 0.82 个百分点；净资产收益率10.57%，同比下降4.29个百分点。

截至2018年年末，公司的资产负债率为55.91%，同比下降4.21个百分点。

四、上市公司在行业中的影响力

2016~2018年，中国卫生机构总资产分别为37354.97亿元、43360.61亿元、48082.86亿元，上市公司占比分别为1.26%、1.4%、1.44%。

2016~2018年，中国卫生机构总收入分别为33166.12亿元、36975.32亿元、41111.72亿元，其中，业务收入分别为27099.86亿元、30153.16亿元、33442.79亿元，上市公司营业收入占卫生机构业务收入的比重分别为0.9%、1.03%、1.11%。

2016~2018年，中国卫生机构利润（以总收入减去总支出计算）分别为1241.88亿元、1186.31亿元、1105.06亿元，其中，业务利润（以业务收入减去业务支出计算）分别为1847.16亿元、1830.43亿元、2002.30亿元，上市公司利润总额占比分别为1.86%、1.91%、4.11%。

由此可见，上市公司在行业整体中的占比有限，但比重逐年有所提升。

审稿人：曹玲燕

撰稿人：徐雪洁

文化、体育和娱乐业

一、文化、体育和娱乐业总体概况

（一）行业整体运行情况

2018 年中国传媒产业总规模达 20959.5 亿元，首次突破 2 万亿元大关。传媒产业增长率从 2017 年的 16.6% 继续下降至 10.5%，但依旧保持两位数的增长，传媒产业整体格局在保持稳健的同时进行深度的结构性调整，行业变化由量变进入质变，互联网媒体实质上已经主导传统传媒用户和广告市场，传统媒体通过机构大整合来应对挑战。

2018 年，传媒核心产业的细分领域中，移动数据和互联网业务收入增幅达 21.5%；网络广告收入增幅达 12.6%，与往年超过 25% 的增速相比明显放缓，原因可能在于总体经济增长速度放缓对于广告行业的影响；网络游戏同样遭遇寒冬，受资本市场及版号审核暂停等方面的影响，2018 年中国网络游戏市场规模同比增长 5.3%，是近年来最慢的增速；广播电视媒体方面，广播电视广告收入小幅增加 1.3%，传统电视广告经营遭遇较大压力。

中国传媒业的“政策市”特征尤为突出，传媒业的内容选择、发展取向和业态样式皆与政策框架有着密不可分的关系。2018 年新监管格局基本确立，政策出台密集。“十九大”审议通过的方案要求由中宣部统一管理原国家新闻出版广电总局管理的新闻出版、电影工作；对中央广播电视总台（原国家新闻出版广电总局管理的中央电视台、中央人民广播电台、中国国际广播电台）进行整合并归中宣部统一管理，进而使中宣部的职能得到集中化、实质性的加强。

随后国家又出台相关政策整顿影视及游戏行业：影视行业，广电总局多次发文强调规范电视剧和综艺节目题材内容，要求网播内容监管与台播趋同，“网上网下一把尺子”成为基本原则；整治明星高片酬与逃漏税现象，重申限制艺人薪酬占制作成本比例，并逐步落实惩戒措施；在内容高压监管、税收政策收紧等多种负面因素的冲击下，影视内容制作产业陷入低谷期。游戏行业，规范游戏内容及未成年使用时长，自 3 月起暂停版号发放，直到 2018 年 12 月 29 日，版号审核才恢复常规化，体现了主管部门积极管理、规范管理的决心。严格监管有利于行业秩序的规范，提高行业门槛，但同时也对行业内容创新带来更大约束，并增加了平台的内容监管风险。

（二）细分行业运行概况

按照行业分类，国内文化、体育和娱

乐行业主要可以分为新闻和出版业、广播、电视、电影和影视录音制作业与文化艺术业、体育4个大类，其中，有多家公司的业务同时涵盖几个大类，按照各类业务收入占总收入比例最高为标准。

1. 新闻和出版业

2018年全国共出版图书、期刊、报纸、音像制品和电子出版物465.27亿册，较2017年降低4.11%。其中，出版图书100.09亿册，增长8.28%，占全部数量的21.51%；期刊22.92亿册，降低8.03%，占4.93%；报纸337.26亿份，降低6.96%，占72.49%；音像制品2.41亿盒，降低5.74%，占0.52%；电子出版物2.59亿张，降低7.99%，占0.56%。全国出版图书、期刊、报纸总印张为1937.18亿印张，与2017年相比，降低4.14%。

2. 广播、电视、电影和影视录音制作业

截至2018年年底，全国广播综合人口覆盖率98.94%，电视综合人口覆盖率99.25%，比2017年（广播98.71%，电视99.07%）分别提高0.23个百分点和0.18个百分点。同时全国广播电视服务业总收入、实际创收收入实现大幅增长。电信专网、互联网成为用户收看广播电视节目的重要途径。2018年全国交互式网络电视（IPTV）用户1.54亿户，互联网电视（OTT）用户4.20亿户。2018年全国广播电视服务业总收入6952.14亿元，比2017年（6070.21亿元）增加881.93亿元，同比增长14.53%。其中，财政补助收入774.99亿元，比2017年（699.04亿元）增加75.95亿元，同比增加10.86%。各级财政对广播电视行业的资金支持力度持续加强，助力广播电视事业产业持续发展。截至2018年年底，全国开展广播电视业务的机构4万余家。其中，广播电台、电视台、广播电视台等播出机构2647家，从事广播电视节目制作经营机构近2.7万家。

网络媒体中，截至2018年12月底，中国网络视频（含短视频）用户规模达7.25亿，占整体网民的87.5%。其中，短视频用户规模6.48亿，网民使用率为78.2%，短视频用户使用时长占总上网时长的11.4%，超过综合视频的8.3%，成为仅次于即时通信的第二大应用类型；网络直播用户规模达3.97亿，网民使用率为47.9%，呈下降趋势；网络音频用户规模达3.01亿，网民使用率为36.4%，呈男性化、高学历、城镇化特征，以消费能力较强的20～39岁、二线及以上城市人群为主；互联网电视激活终端规模1.86亿台。

2018年生产完成并获得发行许可证的电视剧总量稳中有增，总计323部电视剧的数量与前两年基本持平，共计13726集，平均单部集数为42.5，与2017年基本持平。其中，现实题材数量平稳上升，历史题材和重大题材相应下降。2018年共播出电视剧新剧382部，其中，上星剧总部数相较前一年下滑，网络剧占到总播出剧集的2/3以上，较2017年实现了23%以上的增长。都市情感、家庭题材依旧占据最大的比重，古装剧的播出数量持续得到控制，且在2018年的电视频道中整体表现低迷。

2018年国内电影市场票房累计609.76亿元（含服务费），同比增长

9.06%，较2017年同期的增速放缓12.1个百分点；观影人次17.16亿人次，同比增长5.93%，较2017年同期增速减慢13.3个百分点；平均票价35.5元，同比增长3.0%。2018年，票房前十影片累计贡献244亿元票房，占总票房40.0%，为近5年新高，票房向头部大片聚集的趋势愈加明显。2018年共有6部影片票房超过20亿元，较2017年全年增加3部，这表明观众对优质作品的需求依然旺盛。

3. 文化艺术业

据对全国规模以上文化及相关产业6.0万家企业调查，2018年，上述企业实现营业收入89257亿元，按可比口径计算，比2017年增长8.2%。

分行业类别来看，文化及相关产业的9个行业中，有7个行业的营业收入实现增长。其中，增速超过10%的行业有3个，分别是：新闻信息服务营业收入8099亿元，比2017年增长24.0%；创意设计服务11069亿元，增长16.5%；文化传播渠道10193亿元，增长12.0%。增速为负的行业有2个，分别是：文化娱乐休闲服务1489亿元，下降1.9%；文化投资运营412亿元，下降0.2%。

分区域来看，东部地区规模以上文化及相关产业企业实现营业收入68688亿元，占全国的77.0%；中部、西部和东北地区分别为12008亿元、7618亿元和943亿元，占全国的比重分别为13.4%、8.5%和1.1%。从增长速度来看，西部地区增长12.2%，中部地区增长9.7%，东部地区增长7.7%，东北地区下降1.3%。

4. 体育

2018年，全国体育产业总规模（总产出）为26579亿元，增加值为10078亿元，体育产业增加值占国内生产总值的比重达到1.1%。

从体育产业内部结构来看，体育服务业保持良好发展势头，增加值为6530亿元，在体育产业中所占的比重达到64.8%，比2017年有所提高；其中，体育用品及相关产品销售、出租与贸易代理规模最大，增加值为2327亿元，占全部体育产业增加值的比重为23.1%。体育用品及相关产品制造的增加值为3399亿元，占全部体育产业增加值的比重为33.7%。体育场地设施建设的增加值为150亿元，占全部体育产业增加值的比重为1.5%。

二、行业内上市公司发展概况

（一）行业内上市公司基本情况

表1　2018年文化、体育和娱乐业上市公司发行股票概况

门　类	A、B股总数	A股股票数	B股股票数	境内总市值（亿元）	流通A股市值（亿元）	流通B股市值（亿元）
文化、体育和娱乐业	58	58	0	5089.02	3464.90	0.00
占沪深两市比重（%）	1.58	1.58	0.00	1.17	0.98	0.00

资料来源：沪深交易所，同花顺。

（二）行业内上市公司构成情况

表 2　　2018 年文化、体育和娱乐业上市公司构成情况

门　类	沪市			深市			ST/*ST
	仅 A 股	仅 B 股	A+B 股	仅 A 股	仅 B 股	A+B 股	
文化、体育和娱乐业（家）	26	0	0	32	0	0	1/0
占行业内上市公司比重（%）	44.83	0.00	0.00	55.17	0.00	0.00	1.72/0.00

资料来源：沪深交易所，同花顺。

（三）行业内上市公司融资情况

表 3　　2018 年文化、体育和娱乐业上市公司与沪深两市融资情况对比　　单位：家

门　类	融资家数	新股	增发	配股
文化、体育和娱乐业	2	0	2	0
沪深两市总数	358	105	238	15
占比（%）	0.56	0.00	0.84	0.00

资料来源：沪深交易所，同花顺。

其中，增发的 2 家公司均在深市创业板。按行业大类划分，进行融资的 2 家公司中，文化艺术业 1 家，新闻和出版业 1 家。

从融资效果来看，上述公司实际发行数量为 65304 万股；实际募集资金 125.74 亿元，基本完成了融资计划。

2018 年文化、体育和娱乐业上市公司融资情况明细见附录。

（四）行业内上市公司资产及业绩情况

表 4　　2018 年文化、体育和娱乐业上市公司资产情况　　单位：亿元

指　标	2018 年	2018 年可比样本增长（%）	2017 年	2017 年可比样本增长（%）	2016 年
总资产	4375.07	1.07	4178.98	13.34	3316.46
流动资产	2525.96	3.24	2337.87	14.73	1800.32
占比（%）	57.74	1.21	55.94	0.68	54.28
非流动资产	1849.11	-1.74	1841.11	11.61	1516.14
占比（%）	42.26	-1.21	44.06	-0.68	45.72
流动负债	1269.80	6.76	1105.72	18.83	806.36
占比（%）	29.02	1.55	26.46	1.22	24.31
非流动负债	325.89	2.80	310.54	7.89	244.38
占比（%）	7.45	0.12	7.43	-0.38	7.37
归属于母公司股东权益	2684.43	-2.21	2682.33	12.65	2185.95
占比（%）	61.36	-2.06	64.19	-0.39	65.91

资料来源：沪深交易所，同花顺。

表 5　　2018 年文化、体育和娱乐业上市公司收入实现情况　　单位：亿元

指　标	2018 年	2018 年可比样本增长（%）	2017 年	2017 年可比样本增长（%）	2016 年
营业收入	2023.08	2.09	1871.24	4.07	1558.92
利润总额	39.10	-86.77	294.13	3.03	250.53
归属于母公司所有者的净利润	1.46	-99.44	257.72	7.33	208.79

资料来源：沪深交易所，同花顺。

（五）利润分配情况

2018 年全年文化、体育和娱乐业上市公司中共有 23 家公司实施了分红配股。其中，1 家上市公司实施送股或转增股，23 家上市公司实施派息，其中 1 家公司既实施了送股、转增，又实施了派息。

2018 年文化、体育和娱乐业上市公司分红明细见附录。

（六）其他财务指标情况

1. 盈利能力指标

表 6　　2018 年文化、体育和娱乐业上市公司盈利能力情况

指　标	2018 年	2018 年可比样本变动	2017 年	2017 年可比样本变动	2016 年
毛利率（%）	31.12	-1.55	32.82	0.43	32.57
净资产收益率（%）	0.05	-9.38	9.61	-0.48	9.55
销售净利率（%）	0.38	-13.20	14.30	0.19	14.27
资产净利率（%）	0.18	-6.49	6.80	-0.69	7.32

资料来源：沪深交易所，同花顺。

2. 偿债能力指标

表 7　　2018 年文化、体育和娱乐业上市公司偿债能力指标

指　标	2018 年	2018 年可比样本变动	2017 年	2017 年可比样本变动	2016 年
流动比率	1.99	-0.07	2.11	-0.08	2.23
速动比率	1.67	-0.08	1.80	-0.08	1.95
资产负债率（%）	36.47	1.67	33.89	0.85	31.68

资料来源：沪深交易所，同花顺。

3. 营运能力指标

表 8　　2018 年文化、体育和娱乐业上市公司营运能力情况　　单位：次

营运能力指标	2018 年	2018 年可比样本变动	2017 年	2017 年可比样本变动	2016 年
存货周转率	3.62	-0.48	4.02	-0.49	4.92
应收账款周转率	4.70	-0.49	5.22	-0.68	5.81
流动资产周转率	0.81	-0.06	0.86	-0.10	0.94
固定资产周转率	5.20	-0.04	4.96	-0.01	5.02
总资产周转率	0.46	-0.03	0.48	-0.06	0.51
净资产周转率	0.72	-0.02	0.72	-0.09	0.76

资料来源：沪深交易所，同花顺。

三、重点细分行业介绍

表 9　　2018 年文化、体育和娱乐业上市公司数量分布及市值情况

大　类	上市公司家数（家）	占行业内比重（%）	境内总市值（亿元）	占行业内比重（%）
广播、电视、电影和影视录音制作业	25	43.10	2171.30	42.67
新闻和出版业	23	39.66	1876.68	36.88
体育	1	1.72	17.37	0.34
文化艺术业	9	15.52	1023.67	20.12

资料来源：沪深交易所，同花顺。

（一）广播、电视、电影和影视录音制作业

1. 行业概况

2018 年中国电影产业发展平稳，国内电影市场票房累计 609.76 亿元（含服务费），同比增长 9.06%。影片质量全面提升，良好口碑拉动票房。2018 年头部国产片和进口片质量较 2017 年全面提升，票房前十影片中共有国产影片 6 部，《红海行动》《唐人街探案 2》《我不是药神》票房分别为 34.22 亿元、31.89 亿元和 28.83 亿元，位列中国电影票房总榜第二、三、五位，实现口碑与票房的双丰收。同时，上映进口片数量 122 部，较 2017 年的 98 部大幅增长，但票房同比下滑 10.6%。票房增长主要来自春节档和暑期档，其中，春节档受益于强劲的观影

需求和高质量的影片供给，档期票房同比增长68.5%；暑期档票房138.0亿元，在2017年高基数下同比仍增长11.2%；而国庆档由于影片质量欠佳叠加票补减少，票房同比减少24.8%。

2. 行业内上市公司发展情况

表10　2018年广播、电视、电影和影视录音制作业上市公司收入及资产增长情况　单位：亿元

指　标	2018年	2018年可比样本增长（%）	2017年	2017年可比样本增长（%）	2016年
营业收入	677.86	-0.02	634.35	12.12	503.48
利润总额	-20.61	-115.81	119.20	-0.17	109.11
归属于母公司所有者的净利润	-45.32	-141.40	98.73	4.54	86.24
总资产	1936.77	-2.29	1829.89	16.82	1456.19
归属于母公司股东权益	1147.91	-5.82	1120.66	13.64	926.91

资料来源：沪深交易所，同花顺。

表11　2018年广播、电视、电影和影视录音制作业上市公司盈利能力情况

指　标	2018年	2018年可比样本变动	2017年	2017年可比样本变动	2016年
毛利率（%）	29.68	-5.08	34.28	-0.55	35.59
净资产收益率（%）	-3.95	-12.93	8.81	-0.77	9.30
销售净利率（%）	-6.41	-23.21	16.25	-1.25	18.06
资产净利率（%）	-2.22	-8.42	6.07	-1.03	6.99

资料来源：沪深交易所，同花顺。

表12　2018年广播、电视、电影和影视录音制作业上市公司偿债及营运情况

指　标	2018年	2018年可比样本变动	2017年	2017年可比样本变动	2016年
资产负债率（%）	38.82	1.76	37.20	1.70	34.70
存货周转率（次）	3.07	-0.43	3.45	-0.50	3.76
总资产周转率（次）	0.35	-0.02	0.37	-0.03	0.39

资料来源：沪深交易所，同花顺。

（二）文化艺术业

1. 行业概况

据国家统计局的调查，2018年全国规模以上文化及相关产业6.0万家企业实现营业收入89257亿元，比2017年增长8.2%。主要亮点在于，首先，互联网文化及相关产业（数字创意产业＋信息服务＋内容产业等）发展速度较快；其次，文化和旅游融合、文化和科技融合加快，

出现了很多创新的项目和产品；再次，供给侧改革方面成绩明显，包括电影和创意秀节目等领域的水平有较大提高。存在的突出问题包括产业跨界融合和转型升级缺乏专业人才、多数文化企业重资产，缺乏持续的知识产权价值实现，盈利能力低，以及部分特色小镇、文旅项目、田园综合体项目过于重资产或者房地产化等。

2. 行业内上市公司发展情况

表 13　　2018 年文化艺术业上市公司收入及资产增长情况　　单位：亿元

指　标	2018 年	2018 年可比样本增长（%）	2017 年	2017 年可比样本增长（%）	2016 年
营业收入	188.49	9.81	88.94	13.66	57.15
利润总额	13.84	-57.51	24.48	9.26	20.11
归属于母公司所有者的净利润	9.25	-65.96	20.01	11.76	15.93
总资产	403.94	9.44	273.39	21.52	198.43
归属于母公司股东权益	249.21	4.76	194.90	12.71	162.71

资料来源：沪深交易所，同花顺。

表 14　　2018 年文化艺术业上市公司盈利能力情况

指　标	2018 年	2018 年可比样本变动	2017 年	2017 年可比样本变动	2016 年
毛利率（%）	41.50	2.51	47.17	3.26	50.40
净资产收益率（%）	3.71	-7.71	10.27	-0.09	9.79
销售净利率（%）	5.20	-11.51	23.18	-0.12	28.45
资产净利率（%）	2.53	-6.75	8.27	-0.75	9.17

资料来源：沪深交易所，同花顺。

表 15　　2018 年文化艺术业上市公司偿债及营运情况

指　标	2018 年	2018 年可比样本变动	2017 年	2017 年可比样本变动	2016 年
资产负债率（%）	34.79	1.54	27.30	6.01	15.91
存货周转率（次）	3.17	-1.31	2.90	-0.33	5.93
总资产周转率（次）	0.49	-0.07	0.36	-0.03	0.32

资料来源：沪深交易所，同花顺。

（三）新闻和出版业

1. 行业概况

2018 年，新闻出版产业营业收入、资产总额和所有者权益继续增长，经济规模稳步提升。全国出版、印刷和发行服务实现营业收入 18687.5 亿元，较 2017 年增长 3.1%；拥有资产总额 23414.2 亿元，增长5.6%；所有者权益11807.2亿元，增长4.4%。新技术与新闻出版业的融合，使新闻出版业的发展呈现出一种复杂局面，突出表现为先进与落后的技术共存、市场竞争百舸争流、新兴企业不断涌现、受众需求参差不齐。

2. 行业内上市公司发展情况

表16　2018年新闻和出版业上市公司收入及资产增长情况　单位：亿元

指　标	2018年	2018年可比样本增长（%）	2017年	2017年可比样本增长（%）	2016年
营业收入	1152.98	2.10	1145.12	-0.56	998.29
利润总额	45.36	-65.63	149.89	4.64	121.31
归属于母公司所有者的净利润	37.15	-69.56	138.58	8.73	106.62
总资产	2028.47	2.83	2070.93	9.40	1661.84
归属于母公司股东权益	1283.03	-0.11	1362.74	11.72	1096.33

资料来源：沪深交易所，同花顺。

表17　2018年新闻和出版业上市公司盈利能力情况

指　标	2018年	2018年可比样本变动	2017年	2017年可比样本变动	2016年
毛利率（%）	30.28	-0.17	30.90	0.48	30.03
净资产收益率（%）	2.90	-6.60	10.17	-0.28	9.72
销售净利率（%）	3.55	-7.62	12.53	0.71	11.55
资产净利率（%）	2.05	-4.64	7.24	-0.37	7.38

资料来源：沪深交易所，同花顺。

表18　2018年新闻和出版业上市公司偿债及营运情况

指　标	2018年	2018年可比样本变动	2017年	2017年可比样本变动	2016年
资产负债率（%）	34.60	1.74	31.88	-0.55	30.92
存货周转率（次）	4.13	-0.35	4.51	-0.42	5.70
总资产周转率（次）	0.58	-0.02	0.58	-0.07	0.64

资料来源：沪深交易所，同花顺。

（四）体育

1. 行业概况

2018年，全国体育产业总规模（总产出）为26579亿元，增加值为10078亿元，体育产业增加值占国内生产总值的比重达到1.1%。近年来中国体育产业发展迅猛，从各种专业赛事到全民普众的跑马，从俱乐部到主题赛，细分领域逐渐出现。尽管整体规模和其他产业相比有一定的差距，但是已经构成了一个独具特色的产业门类。数字化时代下，传统行业的变革已经箭在弦上，电子竞技队对传统体育行业的冲击不容小觑，流媒体时代头部内容的核心正在悄然变化，数字技术与设备的盛行使得赞助商的核心诉求发生了根本性转变，从而进一步改变了版权方的角色与版权价值衡量标准。

2. 行业内上市公司发展情况

表 19　　2018 年体育上市公司收入及资产增长情况　　单位：亿元

指　标	2018 年	2018 年可比样本增长（%）	2017 年	2017 年可比样本增长（%）	2016 年
营业收入	3.75	32.87	2.82	17.15	—
利润总额	0.51	-8.35	0.56	28.87	—
归属于母公司所有者的净利润	0.38	-5.93	0.41	24.68	—
总资产	5.88	23.19	4.77	75.55	—
归属于母公司股东权益	4.28	6.38	4.02	80.77	—

资料来源：沪深交易所，同花顺。

表 20　　2018 年体育上市公司盈利能力情况

指　标	2018 年	2018 年可比样本变动	2017 年	2017 年可比样本变动	2016 年
毛利率（%）	28.69	-6.75	35.45	2.11	—
净资产收益率（%）	8.95	-1.17	10.12	-4.55	—
销售净利率（%）	11.23	-4.29	15.52	1.39	—
资产净利率（%）	7.91	-3.79	11.69	-1.61	—

资料来源：沪深交易所，同花顺。

表 21　　2018 年体育上市公司偿债及营运情况

指　标	2018 年	2018 年可比样本变动	2017 年	2017 年可比样本变动	2016 年
资产负债率（%）	22.65	10.33	12.32	-2.73	—
存货周转率（次）	9.36	-0.46	9.83	-1.02	—
总资产周转率（次）	0.70	-0.05	0.75	-0.19	—

资料来源：沪深交易所，同花顺。

四、重点上市公司介绍

（一）华策影视

华策影视成立于2005年，于2010年登陆创业板，是国内第一家以电视剧为主营业务的上市公司，曾出品多部知名剧集，与主流卫视及视频平台保持良好合作关系。2013年并购全国第二大影视公司上海克顿传媒，大幅提升制作产能形成规模优势，扩大与竞争对手的差距，成为影视制作行业的龙头企业；后续将在规模化生产的基础上，继续做强做精内容，不断提升内容价值，并以内容为核心全面布局泛娱乐产业，深度推动产业革新和生态升级。

2018年，公司实行“内容精品化、产业平台化、华流出海”三大战略，推进业务团队和职能部门快速拥抱变化，充分利用数字化影视产业赋能体系，提高电视剧主打产品的播出率和收视率，同时加快电影、综艺、经纪等新业务的积累和扩张，全年继续保持行业领先的生产能力和市场影响力。

华策影视2018年实现营业收入57.97亿元，同比增长10.52%；归母净利润2.11亿元，同比降低66.71%，每10股派息0.15元。其中，公司全网剧销售营业收入44.98亿元，同比降低2.28%，毛利率23.77%，占总营业收入的77.6%；影院票房营业收入0.75亿元，同比减少3.02%，毛利率16.13%，占总营业收入的1.29%；电影销售3.96亿元，同比增加767.1%，毛利率37.58%，占总营业收入的6.84%。

2018年华策影视全网首播14部615集，《老男孩》排入年度收视率前十，《天盛长歌》成为以Netflix原创剧集最高级别采购的中国古装大剧，被翻译成十几种语言播出。2018年华策影视共参与投资发行电影8部，《反贪风暴3》《地球最后的夜晚》等电影项目分别收获反贪风暴系列电影、文艺片类型电影票房佳绩，后者入围戛纳国际电影节一种关注竞赛单元。2018年华策影视投资并出品综艺节目2部，制作4档大型综艺晚会，与京东合作开展的IP创新系列栏目《极客特勤局》《疯狂电器城》，针对微信生态的微信小程序业务，针对手机观剧特点的竖屏微剧先后推出，不断探索网生内容商业运营模式。

（二）完美世界

自2004年成立以来，完美世界立足游戏和影视逐步发展成为一个综合性的娱乐集团。公司游戏研发运营能力国内领先，游戏收入和毛利占比8成左右，是公司业绩增长的主要推动力。自2013年以来，公司自主研发手游十余款，移动游戏业务迅速增长。未来将把游戏品类拓展到二次元、女性向、格斗、沙盒、SLG、卡牌等领域，以覆盖更多细分市场，各类储备游戏均预约火爆。

2018年公司实现营业收入80.34亿元，同比增长1.31%。全年营业收入增速放缓主要受版号政策影响，新品上线节奏后移以及 2017 年 7 月完成院线资产处置；2018 年公司 2018 年实现归母净利润 17.06 亿元，同比增长 13.38%，扣非后归母净利润 14.47 亿元，同比增长 3.54%。

完美世界收入主要由游戏和影视构成。游戏业务主要包括端游、移动游戏和主机游戏的研发、发行和运营。公司凭借端游起家，2018 年《诛仙》《完美世界国际版》《DOTA2》（代理）等经典大作依旧表现稳定，新上线《隐龙传：踪影》（代理）；新上线手游《烈火如歌》《武林外传手游》《轮回诀》《深海迷航》。2018 年公司同 Valve 达成战略合作，共建 Steam 中国，预计成为公司新的增长点。

2018 年公司影视业务亮眼，坚持精品策略，绑定优秀人才，出品多样化题材的作品以满足不同观众的喜好，其中，参与制作、出品和发行的《娘道》和《香蜜沉沉烬如霜》分列 2018 年电视剧收视率第二和第三。

五、上市公司在行业中的影响力

2018 年国内生产总值为 919281 亿元，第一产业增加值为 64745 亿元，比重为 7.0%；第二产业增加值为 364835 亿元，比重为 39.7%；第三产业增加值为 489701 亿元，比重为 53.3%。2018 年，全国居民人均消费支出中，教育文化娱乐支出 2226 元，同比增长 6.7%，占全部支出的 11.2%。居民教育文化娱乐支出已经成为居民各项支出中仅次于居住、食品烟酒、交通通信后的第四大支出。

城镇居民人均消费支出 26112 元，比 2017 年名义增长 6.8%，其中，教育文化娱乐消费 2974 元，比 2017 年名义增长 4.5%。农村居民人均消费支出 12124 元，比 2017 年名义增长 10.7%。其中，教育文化娱乐消费 1302 元，比 2017 年名义增长 11.3%。党的十九大报告中首次提出"实施乡村振兴战略"，提出要持续推动乡村产业、人才、文化、生态和组织 5 个维度的振兴，文化振兴是乡村振兴的主要部分，尤其对于文化资源比较丰富、独特的乡村来讲，可以作为实现乡村振兴的重要工作抓手，未来传媒行业在此有较大的发展空间。2018 年传媒行业的上市公司有以下几个特点：

（一）5G、4K 带来技术红利，提振娱乐内容消费

资讯费和网速是移动互联网内容消费变迁的核心驱动因素，5G 将进一步推动资讯费价格下降及网速提升。资讯费下降、内容形态丰富均会推动流量使用量的上升，这个过程伴随着移动娱乐内容消费的变迁，随着 5G 的到来，这一趋势将更加明显。5G 不仅给媒体内容展示和信号传输带来更广阔的空间，而且也给三网融合、广电拓展创造了新机遇。2018 年 7 月，中央广播电视总台授权中国国际电视总公司与中国移动展开合作，重点之一是 5G 技术研发。12 月，国家广播电视总局相关领导表示：工信部已经同意广电网参与 5G 建设，国网公司正在申请移动通信

资质和5G牌照。

2018年，4K频道取得快速发展。1月，国家新闻出版广电总局发文针对4K技术、节目制播、节目传输、终端接收等给出了政策、规划和标准；9月，国家广电总局规范了电视台4K超高清电视节目制作和播出系统。在地方层面，作为先行试点，广东部署全省广电系统推进4K产业发展重点工作，明确提出到2020年全省4K电视用户达到2000万户。整体来看，2018年，媒体新技术继续沿着移动化、视频化、数据化、智能化、平台化的方向发展，游戏、视频等行业持续受益于技术进步。

（二）行业深度调整，逐步触底反弹

2018年中国传媒资本市场表现相对较弱，经历深度回调，申万传媒指数下跌39.58%，行业涨幅位居中下游水平，年内仅3月和11月录得正收益，全年几乎没有大的投资机会；传媒公司无论是在上市数量还是市值占比上，都处于较低的水平，2018年没有新上市公司。

从盈利能力来看，2018年传媒行业根据申万传媒一级行业的146家公司整体营业收入5837亿元，同比增长12%，净利润亏损215.6亿元；其中，净利润增长率为正的共53家，净利润增长率为负的共93家。业绩正增长的公司中，共7家净利润增速超过100%，50%～100%的共8家，0～50%的共38家。2018年传媒行业总体销售毛利率为25.34%，销售净利率为－4.58%，板块整体财务费用率呈明显上升趋势，管理费用率相对保持稳定，销售费用率的上升主要是由于行业竞争压力加大所致，而财务费用率的上升主要是由于融资环境收紧下有息负债利率的提升所致。

总体来看，业绩增长情况与2017年相比有较大的下滑，传媒行业整体盈利增速放缓，主要受政策变革背景下大量公司计提商誉影响，商誉占净资产比重最高的行业依次是体育、游戏、教育和营销，广电和出版板块占比最低。2018年传媒行业整体估值为20.49倍，全部A股公司为13.15倍，2018年年底传媒行业开始进行估值修复，逐步向2018年年初水平回调，全年整体营业收入和净利润增速下滑是估值难以迅速提升的主要原因。

审稿人：林起贤

撰稿人：袁　航

综　合

一、综合业总体概况

综合行业共有上市公司 23 家。综合行业的特点是公司经营业务比较繁杂且涉及多个行业，主营业务并不十分突出。从行业内部来讲，其跨度较大，涉及房地产、商业贸易、电力设备、电子元器件、医药、汽车、采掘、钢铁、建材等多种业务。2018 年综合行业上市公司收入 552.53 亿元，可比样本较 2017 年增长 27.49%，增幅较 2017 年同期提升 11.08 个百分点；归属于母公司所有者的净利润 12.31 亿元，同比下降 32.09%，降幅相比 2017 年同期扩大 11.96 个百分点。

二、行业内上市公司发展概况

（一）行业内上市公司基本情况

表 1　　2018 年综合业上市公司发行股票概况

门　类	A、B 股总数	A 股股票数	B 股股票数	境内总市值（亿元）	流通 A 股市值（亿元）	流通 B 股市值（亿元）
综合业	23	23	0	1401.67	1229.37	0.00
占沪深两市比重（%）	0.63	0.63	0.00	0.32	0.35	0.00

资料来源：沪深交易所，同花顺。

（二）行业内上市公司构成情况

表 2　　2018 年综合业上市公司构成情况

门　类	沪市			深市			ST/*ST
	仅 A 股	仅 B 股	A+B 股	仅 A 股	仅 B 股	A+B 股	
综合业（家）	16	0	0	7	0	0	1/1
占行业内上市公司比重（%）	69.57	0.00	0.00	30.43	0.00	0.00	4.35/4.35

资料来源：沪深交易所，同花顺。

（三）行业内上市公司融资情况

表 3　　2018 年综合业上市公司与沪深两市融资情况对比　　单位：家

门　类	融资家数	新股	增发	配股
综合业	1	0	1	0
沪深两市总数	358	105	238	15
占比（%）	0.28	0.00	0.42	0.00

资料来源：沪深交易所，同花顺。

其中未有首发公司；增发的 1 家为沪市公司。

从融资效果来看，上述公司实际发行数量为 54502.34 万股；实际募集资金 32.21 亿元，基本完成了融资计划。

2018 年综合业上市公司融资情况明细见附录。

（四）行业内上市公司资产及业绩情况

表 4　　2018 年综合业上市公司资产情况　　单位：亿元

指　标	2018 年	2018 年可比样本增长（%）	2017 年	2017 年可比样本增长（%）	2016 年
总资产	1889.87	8.02	1727.47	14.07	1458.72
流动资产	823.70	8.95	784.56	7.19	708.97
占比（%）	43.58	0.37	45.42	-2.91	48.60
非流动资产	1066.18	7.32	942.91	20.50	749.75
占比（%）	56.42	-0.37	54.58	2.91	51.40
流动负债	631.25	6.08	589.58	18.49	481.71
占比（%）	33.40	-0.61	34.13	1.27	33.02
非流动负债	305.08	36.92	211.87	2.62	200.66
占比（%）	16.14	3.41	12.26	-1.37	13.76
归属于母公司股东权益	821.31	1.53	820.81	13.25	697.73
占比（%）	43.46	-2.78	47.52	-0.34	47.83

资料来源：沪深交易所，同花顺。

表 5　　2018 年综合业上市公司收入实现情况　　单位：亿元

指　标	2018 年	2018 年可比样本增长（%）	2017 年	2017 年可比样本增长（%）	2016 年
营业收入	552.53	24.47	433.40	16.41	363.46
利润总额	40.37	3.92	30.64	-8.19	33.41
归属于母公司所有者的净利润	12.31	-45.62	18.13	-20.13	22.39

资料来源：沪深交易所，同花顺。

（五）利润分配情况

2018年全年综合业上市公司中共有9家公司实施了利润分配。其中，1家上市公司实施送股或转增股，9家上市公司实施派息，其中1家公司既实施了送股、转增，又实施了派息。

2018年综合业上市公司分红明细见附录。

（六）其他财务指标情况

1. 盈利能力指标

表6　　2018年综合业上市公司盈利能力情况

指　标	2018年	2018年可比样本变动	2017年	2017年可比样本变动	2016年
毛利率（%）	31.57	5.20	24.90	3.51	21.23
净资产收益率（%）	1.50	-1.30	2.21	-0.92	3.21
销售净利率（%）	3.35	-3.25	5.22	-1.74	7.14
资产净利率（%）	1.02	-0.38	1.40	-0.42	1.88

资料来源：沪深交易所，同花顺。

2. 偿债能力指标

表7　　2018年综合业上市公司偿债能力指标

指　标	2018年	2018年可比样本变动	2017年	2017年可比样本变动	2016年
流动比率	1.30	0.03	1.33	-0.14	1.47
速动比率	0.79	0.02	0.82	-0.04	0.86
资产负债率（%）	49.54	0.03	46.39	-0.10	46.78

资料来源：沪深交易所，同花顺。

3. 营运能力指标

表8　　2018年综合业上市公司营运能力情况　　单位：次

营运能力指标	2018年	2018年可比样本变动	2017年	2017年可比样本变动	2016年
存货周转率	1.22	0.11	1.08	0.09	0.98
应收账款周转率	5.52	-0.18	4.94	-0.74	5.72
流动资产周转率	0.70	0.07	0.57	0.02	0.55
固定资产周转率	2.93	0.29	2.88	-0.05	3.12
总资产周转率	0.30	0.03	0.27	0.01	0.26
净资产周转率	0.59	0.07	0.50	0.07	0.52

资料来源：沪深交易所，同花顺。

三、重点上市公司介绍

（一）张江高科

2018年公司作为张江科学城开发建设主力军之一，以科学城物业的开发运营、科技创新企业的投资、服务及孵化为己任，践行作为产业客户“空间服务商+时间合伙人”理念，定位于全产品线的科技地产商、全创新链的产业投资商及全生命周期的创新服务商的“新三商”，坚定不移地推动“新三商”的有机融合、协调发展，紧密对接全球创新资源，加速集聚全球创新要素，构建开放式创新生态圈。公司在持续推进张江高科技园区建设的发展中，不断提升在产业培育与集聚、资本经营及公司内部运营管理等方面的核心能力，积累了创新助力、产业培育、区域开发经验，践行企业客户“时间合伙人”的理念，在物理空间、产业集群、产业投资、金融资源、资本市场和公共资源六大方面形成了独特的优势。

2018 年以来，随着公司治理的持续有效稳定运营，公司持续被纳入上证公司治理指数板块。同时成为被 MSCI 和富时罗素两大全球指数体系覆盖的 A 股上市公司。2018 年公司实现营业总收入 114831.18 万元，较 2017 年同期减少 8.36%，公司实现营业利润 63412.53 万元，较 2017 年同期增长 10.11%，实现利润总额 62002.07 万元，较 2017 年同期增长 10.31%，实现归属于上市公司股东的净利润 54429.15 万元，较 2017 年同期增长 16.42%。截至 2018 年 12 月 31 日，公司总资产达到 1966034.06 万元，比 2017 年年末增长 3.57%。

（二）东阳光

2018 年，因得益于环保治理力度持续加大，公司传统产业整体保持稳中有升，电极箔、电子光箔、制冷剂等多个产品订单量有所提高，销售收入及利润增长明显。其中，电极箔方面，随着低压化成箔进入了规模化生产，中高压腐蚀箔扩产计划顺利推进，整体销售大幅提升。钎焊箔产品因外部整体经济形势的影响，销量与 2017 年基本持平，但整车客户比例明显提高，客户结构更合理。亲水箔及制冷剂随着公司销售渠道的拓宽和新增产能的释放，产品销量同比增长，营业额获得较大增长。

公司于 2018 年度完成了发行股份购买资产暨关联交易事项，香港联交所主板上市公司东阳光药成为公司控股子公司，公司以东阳光药作为主体，进入医药制造行业，形成电子新材料、合金材料、化工产品与医药制造业务多产业并行的业务格局。此外，因完成重大资产重组，公司新增医药制造业务，形成新的业绩增长点，且 2018 年因销售团队的建设取得成效，核心产品可威以及尔同舒的销售量有所提升，整体营业额同比增长。2018 年公司整体经营业绩取得较大幅度增长，实现总营业收入 11680243725.51 元，同比增长 29.74%；实现利润总额 1792842890.40 元，同比增长 31.86%；归属于母公司的净利润 1090592256.44 元，比 2017 年同期增长 28.78%。

审稿人：曹玲燕

撰稿人：谷　茜

第三篇

上市公司地区篇

- 北京地区·天津地区·河北地区·山西地区·内蒙古地区
- 辽宁地区·吉林地区·黑龙江地区
- 上海地区·江苏地区·浙江地区·安徽地区·福建地区·江西地区·山东地区
- 河南地区·湖北地区·湖南地区·广东地区·广西地区·海南地区
- 重庆地区·四川地区·贵州地区·云南地区·西藏地区
- 陕西地区·甘肃地区·青海地区·宁夏地区·新疆地区
- 深圳地区·大连地区·宁波地区·厦门地区·青岛地区

北京地区

一、北京国民经济发展概况

表 1　　2018 年北京国民经济发展概况　　单位：亿元

指　标	1～3 月		1～6 月		1～9 月		1～12 月	
	绝对量	同比增长（%）	绝对量	同比增长（%）	绝对量	同比增长（%）	绝对量	同比增长（%）
地区生产总值（GDP）	6801.47	6.70	14051.23	6.80	21511.10	6.70	30319.98	6.60
全社会固定资产投资	1186.20	-9.70	3054.80	-14.40	—	-12.70	—	-9.90
社会消费品零售总额	2651.73	4.70	5397.95	4.40	8387.62	4.10	11747.68	2.70
规模以上工业增加值	—	5.40	—	8.30	—	7.20	—	4.60
规模以上工业企业实现利润	351.79	-2.00	857.02	9.00	1248.31	-10.00	1530.01	-23.30
居民消费价格指数（CPI）	1～3 月		1～6 月		1～9 月		1～12 月	
	2.50		2.20		2.80		2.00	

资料来源：国家统计局。

二、北京上市公司总体情况

（一）公司数量

表 2　　2018 年北京上市公司数量　　单位：家

公司总数	2018 年新增	股票类别			板块分布			
		仅 A 股	仅 B 股	（A+B）股	沪市主板	深市主板	中小板	创业板
316	10	315	0	1	139	27	52	98

资料来源：沪深交易所，同花顺。

（二）行业分布

表 3　　2018 年北京上市公司行业分布情况

所属证监会行业类别	家数	占比（%）	所属证监会行业类别	家数	占比（%）
采矿业	13	4.11	批发和零售业	14	4.43
电力、热力、燃气及水的生产和供应业	11	3.48	水利、环境和公共设施管理业	5	1.58
房地产业	17	5.38	卫生和社会工作业	0	0.00
建筑业	22	6.96	文化、体育和娱乐业	9	2.85
交通运输、仓储和邮政业	3	0.95	信息传输、软件和信息技术服务业	64	20.25
教育	1	0.32	制造业	114	36.08
金融业	16	5.06	住宿和餐饮业	3	0.95
居民服务、修理和其他服务业	1	0.32	租赁和商务服务业	12	3.80
科学研究和技术服务业	8	2.53	综合	1	0.32
农、林、牧、渔业	2	0.63	合计	316	100.00

资料来源：沪深交易所，同花顺。

（三）股本结构及规模

表 4　　2018 年北京上市公司股本规模在 10 亿股以上公司分布情况

股本规模（亿股）	公司家数	具体公司
1000≤	6	中国银行、中国石油、中国石化、农业银行、建设银行、工商银行
500≤～<1000	1	光大银行
200≤～<500	13	长江电力、中国中冶、北京银行、中信银行、民生银行、中国人保、中国中车、中国建筑、中国联通、中国重工、中国中铁、京东方 A、中国人寿
100≤～<200	14	中国国航、华夏银行、石化油服、中国神华、大唐发电、中国交建、中国电建、中煤能源、中国核电、中国银河、中国铝业、华能国际、金隅集团、中国铁建
50≤～<100	10	三一重工、首钢股份、国投电力、泛海控股、福田汽车、首创股份、京能电力、中信建投、ST 锐电、招商公路

续表

股本规模（亿股）	公司家数	具体公司
20≤～<50	36	中国化学、金融街、首航节能、利亚德、中铝国际、天地科技、安迪苏、*ST信威、节能风电、首开股份、东方园林、碧水源、三聚环保、同方股份、北辰实业、信达地产、燕京啤酒、中信国安、乐视网、蓝色光标、中铁工业、万通地产、神州高铁、大北农、奥瑞金、华联股份、新华保险、东华软件、北汽蓝谷、华远地产、捷成股份、中金黄金、光线传媒、际华集团、掌趣科技、东兴证券
10≤～<20	56	江河集团、合康新能、中化岩土、京运通、惠博普、数码科技、广联达、用友网络、弘高创意、清新环境、昊华能源、北京城建、二元股份、旋极信息、中国国旅、京威股份、万达电影、*ST华业、华润双鹤、中国卫星、人民网、神州泰岳、北京利尔、乐普医疗、华胜天成、中国医药、航天信息、新华联、紫光股份、昆仑万维、中国出版、飞利信、农发种业、歌华有线、石基信息、中科三环、光环新网、神雾环保、中国国贸、北新建材、北信源、千方科技、安泰科技、华电重工、数知科技、电子城、中国电影、五矿发展、中航电子、同仁堂、中工国际、北方导航、中色股份、东方国信、东方雨虹、四维图新

资料来源：沪深交易所、同花顺。

表5　　2018年北京上市公司分地区股权构成情况　　单位：家

股权性质 / 地域分布	央企国资控股	省属国资控股	地市国资控股	民营控股	其他	合计
北京市	89	37	0	161	29	316

资料来源：北京证监局。

（四）市值规模

截至2018年12月31日，北京316家上市公司境内总市值115833.63亿元，占全国上市公司境内总市值的26.64%；其中，上交所上市公司139家，总股本23584.67亿股，境内总市值101480.30亿元，占上交所上市公司境内总市值的37.66%；深交所上市公司177家，总股本2015.32亿股，境内总市值14353.33亿元，占深交所上市公司境内总市值的8.68%。

（五）资产规模

截至2018年12月31日，北京316家上市公司合计总资产1401570.06亿元，归属于母公司股东权益155076.34亿元，与2017年相比，分别增长8.30%、11.38%；平均每股净资产5.13元。

三、北京上市公司经营情况及变动分析

（一）总体经营情况

表 6　　2018 年北京上市公司经营情况

指　标	2018 年	2017 年	变动率（%）
家数	316.00	306	3.27
亏损家数	36	21	71.43
亏损家数比例（%）	11.39	6.86	4.53
平均每股收益（元）	0.53	0.61	-12.74
平均每股净资产（元）	5.13	5.8	-11.57
平均净资产收益率（%）	10.38	10.45	-0.07
总资产（亿元）	1401570.06	1294121.66	8.30
归属于母公司股东权益（亿元）	155076.34	139232.77	11.38
营业收入（亿元）	169415.96	144265.02	17.43
利润总额（亿元）	20968.85	19528.9	7.37
归属于母公司所有者的净利润（亿元）	15403.90	14548.26	5.88

资料来源：沪深交易所，同花顺。

（二）分行业经营情况

表 7　　2018 年北京上市公司分行业经营情况

所属行类	营业收入（亿元）	可比样本变动率（%）	归属于母公司所有者的净利润（亿元）	可比样本变动率（%）
采矿业	57352.48	19.06	1644.23	46.91
电力、热力、燃气及水的生产和供应业	4268.15	12.11	366.99	4.66
房地产业	1640.87	4.69	91.61	-43.83
建筑业	39335.64	9.59	1146.17	6.61
交通运输、仓储和邮政业	1476.35	13.61	115.16	6.49
教育	10.51	-10.41	2.23	-4.97
金融业	44210.34	5.50	11444.99	2.19

续表

所属行类	营业收入（亿元）	可比样本变动率（%）	归属于母公司所有者的净利润（亿元）	可比样本变动率（%）
居民服务、修理和其他服务业	6.31	-6.60	0.27	-31.81
科学研究和技术服务业	109.04	30.66	9.06	33.00
农、林、牧、渔业	40.73	-11.75	0.89	138.51
批发和零售业	1797.51	2.17	31.60	0.06
水利、环境和公共设施管理业	247.38	4.19	23.72	-34.44
卫生和社会工作业	—	—	—	—
文化、体育和娱乐业	399.22	1.28	6.82	-88.18
信息传输、软件和信息技术服务业	4377.72	7.24	35.38	290.91
制造业	12920.88	6.40	435.26	-24.73
住宿和餐饮业	103.98	0.23	9.38	25.32
租赁和商务服务业	1118.59	37.48	40.74	1.12
综合	0.29	-89.13	-0.61	-145.24
合计	169415.96	11.22	15403.90	4.38

资料来源：沪深交易所，同花顺。

（三）业绩变动情况分析

1. 营业收入、毛利率等变动原因分析

2018年，北京地区上市公司实现营业收入169415.96亿元，同比增长17.43%；营业利润21173.46亿元，同比增长6.71%；归属于母公司所有者的净利润15403.90亿元，同比增长5.88%；收入与净利润增速均较2017年有一定下降。平均毛利率为33.56%，较2017年下降0.56个百分点。

2. 盈利构成分析

2018年，北京地区上市公司扣除非经常性损益后归属于母公司股东的净利润为15126.01亿元，同比增长5.72%，非经常性损益金额合计277.89亿元；营业利润占利润总额的比重为100.98%，是上市公司的主要利润来源；投资净收益合计3933.36亿元，在利润总额中占比18.76%，占比有所上升。

3. 经营性现金流量分析

2018年，北京地区上市公司经营活动产生的现金流量净额为30647.25亿元，同比增长16.14%，企业资金状况明显改善；237家上市公司经营活动产生的现金流量净额为正，较2017年增加19.70%。

4. 业绩特点分析

（1）总体业绩稳中有升。2018年北京上市公司营业收入、净利润与2017年相比呈“双升”态势；平均净资产收益率为10.38%，较2017年呈现下降趋势，总体盈利状况下降明显。

（2）亏损面有所扩大。北京地区共

有61家上市公司经营性亏损，比2017年增加20家，约占北京上市公司总数的19%。其中，亏损36家，5家公司连续两年亏损，与2017年持平，另有25家上市公司扣除非经常性损益后的净利润为负。

（3）2018年，国际经济环境错综复杂，中美经贸摩擦不断，国内经济发展进入升级换挡的转型期，经济下行压力不减，企业融资环境持续收紧，大股东股权质押风险频发、公司债兑付压力剧增，尤其是民营上市公司承受了巨大的经营压力，商誉、存货减值金额增幅较大。主板上市公司是绝对主力军，收入利润规模大、增速高，营业收入及归属于母公司股东净利润前六大的公司均为主板公司，分别占全辖区的比重为51.31%和83.38%，中小板、创业板上市公司规模较小，抗风险能力较弱，尤其是创业板在乐视网、华录百纳、掌趣科技等公司巨额亏损的影响下，净利润下滑严重。非金融行业的利润贡献度仍不及金融行业上市公司，2018年金融业上市公司实现的净利润在辖区占比超过70%。

5. 利润分配情况

表8　2018年北京上市公司现金分红情况

2018年分红公司家数			2018年分红金额		
家数	变动率（%）	分红公司家数占地区公司总数比重（%）	金额（亿元）	变动率（%）	分红金额占归属于母公司所有者的净利润比重（%）
243	-6.54	76.90	5169.34	3.18	33.56

资料来源：北京证监局。

四、北京上市公司并购重组情况

（一）并购重组基本情况

2018年，北京地区上市公司涉及重大资产重组27单，涉及主板公司12家、中小板公司6家、创业板公司9家。其中，已完成的16单，占全国的10%，较2017年减少6单，交易金额共计613亿元，占全国的9.6%，较2017年增长56%。新发起的7单①，交易金额约378.82亿元，同比减少73.63%。另外，已明确失败的并购重组交易共4单，与2017年持平。

（二）并购重组特点

2018年，在市场化改革和全链条监管“双轮”驱动下，上市公司并购重组交易保持理性回归态势。并购重组以产业整合为主，相关上市公司在自身熟悉的领域深耕细作、做精专业，盲目跨界扩张大大减少；并购重组“三高”现象有所缓解，合理估值、严控商誉规模已成为市场

① 以2018年披露重大重组预案为准。

共识；高度重视整合效果，不以业绩对赌为由互不干涉，全面掌控标的资产经营、管理和发展方向。

具体来看，2018 年北京地区上市公司重大资产重组主要集中在软件和信息技术服务业，其次是计算机、通信和其他电子设备制造业、专业技术服务业等，体现了北京地区高新技术产业集聚、人才储备丰富、政策支持力度较强等特点。并购重组方式较为多样，其中，发行股份购买资产 17 单、协议收购 4 单，还包括吸收合并、要约收购、资产置换、增资、通过产权交易所摘牌收购等其他方式，发行股份的方式占绝大多数，有利于并购方保持较好的营运能力，被并购方也可以获得股票升值的超额收益。并购重组目的多围绕横向整合和多元化经营展开，其中，同行业横向并购 24 单、产业链上下游垂直并购 1 单、整体上市 1 单和业务转型重组 1 单，例如，王府井吸收合并王府井国际、S *ST前锋收购北汽新能源等，相关上市公司通过兼并优质资产、剥离不良资产或非主要业务等方式，实现了聚焦主业或转型发展的诉求。随着北京地区上市公司“走出去”步伐的加快和全球化资源配置需求的上升，跨境并购方兴未艾，2018 年共有 3 单重大资产重组标的涉及境外资产，有效提升了企业的国际知名度，有利于引进境外先进管理经验，加快海外市场的开拓。

五、北京上市公司募集资金情况、使用情况

（一）募集资金总体情况

表 9　　2018 年北京上市公司募集资金情况

发行类型	代码	简称	募集资金（亿元）
首发	002933. SZ	新兴装备	6. 59
	300674. SZ	宇信科技	3. 34
	300736. SZ	百邦科技	2. 60
	601066. SH	中信建投	21. 68
	601068. SH	中铝国际	10. 21
	601319. SH	中国人保	60. 12
	603516. SH	淳中科技	4. 59
	603590. SH	康辰药业	9. 74
	603871. SH	嘉友国际	8. 38
	小计		127. 25

续表

发行类型	代码	简称	募集资金（亿元）
再融资（增发、配股）	002350. SZ	北京科锐	4. 85
	002373. SZ	千方科技	43. 37
	002713. SZ	东易日盛	2. 40
	002738. SZ	中矿资源	14. 01
	300034. SZ	钢研高纳	3. 72
	300045. SZ	华力创通	4. 00
	300065. SZ	海兰信	6. 63
	300073. SZ	当升科技	15. 00
	300229. SZ	拓尔思	0. 64
	300231. SZ	银信科技	5. 88
	300296. SZ	利亚德	12. 20
	300364. SZ	中文在线	10. 23
	300383. SZ	光环新网	11. 62
	300449. SZ	汉邦高科	2. 67
	300472. SZ	新元科技	7. 93
	300513. SZ	恒泰实达	15. 83
	600008. SH	首创股份	26. 90
	600011. SH	华能国际	32. 60
	600657. SH	信达地产	78. 33
	600733. SH	北汽蓝谷	286. 62
	600855. SH	航天长峰	4. 04
	600859. SH	王府井	42. 12
	600871. SH	*ST油服	40. 00
	601288. SH	农业银行	1，000. 00
	601989. SH	中国重工	219. 63
	601991. SH	大唐发电	83. 34
	小计		1974. 56
其他融资（公司债券、可转换债券）	000046. SZ	泛海控股	62. 00
	000882. SZ	华联股份	7. 70
	001965. SZ	招商公路	30. 00
	002310. SZ	东方园林	0. 50
	002542. SZ	中化岩土	6. 04
	002612. SZ	朗姿股份	4. 00

续表

发行类型	代码	简称	募集资金（亿元）
其他融资（公司债券、可转换债券）	300071. SZ	华谊嘉信	0.70
	300182. SZ	捷成股份	2.09
	300418. SZ	昆仑万维	1.50
	600008. SH	首创股份	20.00
	600011. SH	华能国际	65.00
	600376. SH	首开股份	30.00
	600410. SH	华胜天成	1.00
	600578. SH	京能电力	6.00
	600743. SH	华远地产	15.00
	600886. SH	国投电力	40.00
	600900. SH	长江电力	55.00
	601016. SH	节能风电	7.00
	601186. SH	中国铁建	70.00
	601390. SH	中国中铁	110.00
	601600. SH	中国铝业	50.00
	601618. SH	中国中冶	10.90
	601718. SH	际华集团	10.00
	601886. SH	江河集团	1.00
	601898. SH	中煤能源	70.00
	601992. SH	金隅集团	30.00
	603569. SH	长久物流	7.00
	603588. SH	高能环境	8.40
	603979. SH	金诚信	1.20
	小计		722.03
总计			2823.84

资料来源：北京证监局。

（二）募集资金使用情况及特点

2018 年，资本市场坚持市场化、法治化的改革方向，不断增强服务实体经济的能力，大力发展直接融资特别是股权融资，进一步提高资本形成效率，助力缓解“融资难、融资贵”问题。北京地区上市公司运用多种资本市场工具累计直接融资 3423.83 亿元。其中，IPO 公司 9 家，共计募集资金 127.25 亿元；定向增发、配股融资 26 家，共计募集资金 1974.56 亿元；发行优先股融资 1 家，募集资金600.00亿元；发行公司债、可转债29家，共计募集资金722.03亿元。首发、增发、配股、可转债募投项目共计97个，截至2018年年底已投入募集资金占计划投入募集资金总额的比例约为95.88%。

（三）募集资金变更情况

表10　　2018年北京上市公司募集资金使用项目变更情况

变更募集资金使用项目的公司家数	涉及金额（亿元）	募集资金总额（亿元）	占公司募集资金总额的比例（%）
23	83.44	267.82	31.16

资料来源：北京证监局。

2018年，北京地区有23家上市公司变更募集资金投向，公司数量较2017年有所增加，涉及金额约83.44亿元，均不属于超募资金，变更投向的募集资金约占相关公司募集资金总额的31.16%，变更后的募集资金仍用于主营业务，变更的原因主要是提高募集资金使用效益。其中，变更募集资金投向的上市公司主要集中在软件和信息技术服务业，共有4家公司，约占变更公司总数的17.39%，变更后的募投资金投向集中在永久补充流动资金，涉及金额约33.21亿元，约占变更总金额的39.80%。

六、北京上市公司规范运作情况

（一）上市公司治理专项情况

北京证监局持续关注辖区上市公司公司治理的规范性和内部控制的有效性，以“双随机”抽取的方式开展公司治理专项检查，对新上市公司以及新迁入辖区的公司进行公司治理“普查”，更加突出董监高、控股股东、实际控制人等“关键少数”的作用，有效防范大股东资金占用、违规担保等侵害上市公司利益的行为。全程参与《上市公司治理准则》的修订工作，下发专项通知要求辖区各上市公司加强内部培训、对照修订公司章程等内部治理制度，有效落实本次修订中关于新发展理念、党建入章、环保社会责任的新要求，加强对控股股东、实际控制人及其关联方约束，注重中小投资者保护，鼓励机构投资者参与公司治理，关注公司控制权变更及过渡期稳定，强化董事会审计委员会作用、独立董事履职等。

（二）审计情况及监管情况

截至2018年4月30日，北京地区上市公司已全部披露2018年年报。审计意见类型中，3家为无法表示意见、5家为保留意见、5家为带强调事项段的无保留意见，其他为标准无保留意见；内部控制审计意见类型中，2家为否定意见，7家为带强调事项段的无保留意见，其他为标准无保留意见。北京证监局召开2018年证券资格会计师事务所质量控制工作会议，37家会计师事务所的质量控制负责人参会，通报了会计监管中发现的突出问题，要求各会计师事务所发挥资本市场会计信息质量的“看门人”作用，不断提高审计职业质量和行业公信力，有效提升上市公司质量。

（三）信息披露情况

北京证监局在年初召开辖区上市公司监管工作会、年报披露专题培训会、审计机构工作会等，专题讲解年报披露要求，有效预防违规风险。在年报审核中，充分利用科技监管手段，开展智能化初审与人工复核，有效筛查风险事项。持续关注临时公告事项的合规性，特别是对外担保、关联交易、相关方股份减持等市场影响较大的事项。同时，继续增强与交易所的协作力度，对于重点公司进行联合检查，有效整合监管资源，提升监管效能。

（四）证券市场服务情况

北京证监局将公司章程作为切入点，对投资者保护制度在辖区上市公司的建立和执行情况进行了摸底调研。联合举办辖区首次投资者集体接待日等活动，督促相关上市公司增强投资者保护意识，做好投资者关系管理工作。指导北京上市公司协会创新服务机制，深化辖区上市公司间的沟通与交流，组织年报披露、规范运作、债券风险处置等不同主题的8期上市公司董监事培训，有效传达了监管要求，实现了以培训促合规的监管目标。

（五）其他

北京证监局高度重视舆论引导工作，着力营造良好的市场氛围，率先组织开展“纪念改革开放40周年”特别报道，26家辖区优秀上市公司代表参与宣传，集中展现利用资本市场做大做强、完善公司治理体系、拓宽经营发展思路、服务国家民生事业等方面的努力和成果，社会反响热烈。北京证监局坚决贯彻落实精准扶贫的工作部署，牵头组织部分辖区上市公司，发挥各自优势，积极参与对口扶贫，改善当地基础设施、公共服务，拉动经济增长，扎实推进脱贫工作。

审稿人：陆　倩　孙　林

撰稿人：董　汉

天津地区

一、天津国民经济发展概况

表 1　　2018 年天津国民经济发展概况　　单位：亿元

指　标	1～3 月		1～6 月		1～9 月		1～12 月	
	绝对量	同比增长（%）	绝对量	同比增长（%）	绝对量	同比增长（%）	绝对量	同比增长（%）
地区生产总值（GDP）	4959.42	1.90	9927.60	3.40	14658.36	3.50	18809.64	3.60
全社会固定资产投资	—	-25.60	—	-17.30	—	-14.20	—	-5.60
社会消费品零售总额	—	5.80	—	4.30	—	3.70	—	1.70
规模以上工业增加值	—	0.10	—	3.20	—	3.30	—	2.40
规模以上工业企业实现利润	248.20	0.10	601.90	25.00	933.80	24.30	1200.70	11.10
居民消费价格指数（CPI）	1～3 月		1～6 月		1～9 月		1～12 月	
	1.80		1.90		2.30		1.80	

资料来源：国家统计局。

二、天津上市公司总体情况

（一）公司数量

表 2　　2018 年天津上市公司数量　　单位：家

公司总数	2018 年新增	股票类别			板块分布			
		仅 A 股	仅 B 股	（A+B）股	沪市主板	深市主板	中小板	创业板
50	1	49	0	1	26	7	9	8

资料来源：沪深交易所，同花顺。

（二）行业分布

表 3　　2018 年天津上市公司行业分布情况

所属证监会行业类别	家数	占比（%）	所属证监会行业类别	家数	占比（%）
采矿业	3	6.00	批发和零售业	4	8.00
电力、热力、燃气及水的生产和供应业	2	4.00	水利、环境和公共设施管理业	1	2.00
房地产业	6	12.00	卫生和社会工作业	0	0.00
建筑业	0	0.00	文化、体育和娱乐业	1	2.00
交通运输、仓储和邮政业	3	6.00	信息传输、软件和信息技术服务业	0	0.00
教育	0	0.00	制造业	27	54.00
金融业	0	0.00	住宿和餐饮业	0	0.00
居民服务、修理和其他服务业	0	0.00	租赁和商务服务业	0	0.00
科学研究和技术服务业	2	4.00	综合	1	2.00
农、林、牧、渔业	0	0.00	合计	50	100.00

资料来源：沪深交易所，同花顺。

（三）股本结构及规模

表 4　　2018 年天津上市公司股本规模在 10 亿股以上公司分布情况

股本规模（亿股）	公司家数	具体公司
100≤～<200	1	中远海控
20≤～<50	6	红日药业、中环股份、中储股份、海油工程、中海油服、海航科技
10≤～<20	12	天保基建、天药股份、天房发展、富通鑫茂、国机汽车、泰达股份、*ST津滨、天津港、创业环保、天士力、广宇发展、一汽夏利

资料来源：沪深交易所，同花顺。

表 5　　2018 年天津上市公司分地区股权构成情况　　单位：家

股权性质 / 地域分布	央企国资控股	省属国资控股	地市国资控股	民营控股	其他	合计
天津市	10	19（市属）	1（区属）	18	2	50

资料来源：天津证监局。

（四）市值规模

截至 2018 年 12 月 31 日，天津 50 家上市公司境内总市值 3776.47 亿元，占全国上市公司境内总市值的 0.89%；其中，上交所上市公司 26 家，总股本 413.67 亿股，境内总市值 2555.79 亿元，占上交所上市公司境内总市值的 0.95%；深交所上市公司24家，总股本202.01亿股，境内总市值1220.68亿元，占深交所上市公司境内总市值的0.74%。

（五）资产规模

截至2018年12月31日，天津50家上市公司合计总资产9176.45亿元，归属于母公司股东权益2516.58亿元，与2017年相比，分别增长17.73%、5.99%；平均每股净资产4.09元。

三、天津上市公司经营情况及变动分析

（一）总体经营情况

表6　　2018年天津上市公司经营情况

指　标	2018年	2017年	变动率（%）
家数	50	49	2.04
亏损家数	4	6	-33.33
亏损家数比例（%）	8.00	12.24	-4.24
平均每股收益（元）	0.20	0.24	-16.67
平均每股净资产（元）	4.09	4.02	1.74
平均净资产收益率（%）	4.91	6.05	-1.14
总资产（亿元）	9176.45	7794.16	17.73
归属于母公司股东权益（亿元）	2516.58	2374.37	5.99
营业收入（亿元）	7333.12	6501.83	12.79
利润总额（亿元）	208.23	224.64	-7.31
归属于母公司所有者的净利润（亿元）	123.53	143.6	-13.98

资料来源：沪深交易所，同花顺。

（二）分行业经营情况

表7　　2018年天津上市公司分行业经营情况

所属行类	营业收入（亿元）	可比样本变动率（%）	归属于母公司所有者的净利润（亿元）	可比样本变动率（%）
采矿业	333.95	18.18	1.58	-75.51
电力、热力、燃气及水的生产和供应业	34.94	10.75	5.38	3.80
房地产业	375.46	12.47	23.01	-19.75
建筑业	—	—	—	—
交通运输、仓储和邮政业	1720.34	24.82	23.08	-52.24
教育	—	—	—	—
金融业	—	—	—	—
居民服务、修理和其他服务业	—	—	—	—
科学研究和技术服务业	31.94	6.29	1.89	32.20

续表

所属行类	营业收入（亿元）	可比样本变动率（%）	归属于母公司所有者的净利润（亿元）	可比样本变动率（%）
农、林、牧、渔业	—	—	—	—
批发和零售业	4001.15	3.94	6.91	-61.62
水利、环境和公共设施管理业	5.11	-26.59	1.53	-14.24
卫生和社会工作业	—	—	—	—
文化、体育和娱乐业	9.26	-1.90	2.41	3.80
信息传输、软件和信息技术服务业	—	—	—	—
制造业	813.15	21.37	57.61	74.47
住宿和餐饮业	—	—	—	—
租赁和商务服务业	—	—	—	—
综合	7.81	52.62	0.15	4.71
合计	7333.12	11.16	123.53	-14.99

资料来源：沪深交易所，同花顺。

（三）业绩变动情况分析

1. 营业收入、毛利率等变动原因分析

2018年，天津辖区上市公司共实现营业收入7333.12亿元，比2017年增加831.29亿元，同比增长12.79%，主要原因是中远海控完成对东方海外国际的收购、海航科技子公司美国英迈收入大幅增长，两家公司营业收入分别增长304亿元、210亿元。2018年，辖区公司总体销售毛利率、销售净利率、净资产收益率分别为12.80%、2.07%、4.91%，与2017年相比，变化不大，销售毛利率增长了1.81%，销售净利率及净资产收益率分别下降0.69%、1.14%。

2. 盈利构成分析

2018年，天津辖区共有4家公司亏损，比2017年减少2家。4家亏损公司合计归属母公司股东的净利润-8.50亿元。其他46家盈利公司合计归属于母公司股东的净利润130.04亿元。从盈利构成来看，46家公司利润的主要来源是营业利润，为203.62亿元。

3. 经营性现金流量分析

2018年，天津辖区上市公司经营活动现金流量净额为387.01亿元，较2017年增加201.41亿元，同比增长108.52%。大幅增长的主要原因是中远海控、广宇发展、中海油服、天房发展、海航科技5家公司经营活动现金流量净额大幅增长，增幅均在30亿元以上。其中，海航科技由2017年的-48.08亿元增长为2018年的30.66亿元。50家公司中，有11家公司经营活动现金流量净额为负，较2017年减少7家。

4. 业绩特点分析

一是资产规模持续增长，经营业绩大体持平。2018年年末，辖区上市公司总资产、归属母公司股东的净资产较2017年年末分别增加17.73%、5.99%，资产规模持续增长。全年实现营收7333.12亿元，较2017年同比增长12.79%；归属母公司股东的净利润123.53亿元，较2017年同比下降13.98%，呈现出增收不增利的特点。26家公司的盈利较2017年有所增长，其中，盈利超过亿元的公司共28家，超过5亿元的公司共有8家，中远海控、广宇发展、天士力盈利超过10亿元。

二是国有企业增收不增利，民营企业经营业绩向好。辖区10家中央国有企业及19家市属国有企业2018年均呈现出营业收入增加而净利润下降的特点。其中，辖区中央国有企业2018年营业收入增长19.73%，净利润下降12.98%；市属国有企业2018年营业收入增长5.63%，净利润下降24.43%。辖区18家民营企业2018年营业收入及净利润分别增长15.27%、6.55%，相对于2017年增收不增利的状况有了明显改善，反映出辖区民营企业发展稳中有增的态势。

5. 利润分配情况

表8　　2018年天津上市公司现金分红情况

2018年分红公司家数			2018年分红金额		
家数	变动率（%）	分红公司家数占地区公司总数比重（%）	金额（亿元）	变动率（%）	分红金额占归属于母公司所有者的净利润比重（%）
33	-5.71	66	33.53	7.71	23.04

资料来源：天津证监局。

四、天津上市公司并购重组情况

（一）并购重组基本情况

2018年，天津辖区上市公司中有中远海控、中源协和、中环股份、滨海能源4家公司完成并购重组，涉及金额450.79亿元。

（二）并购重组特点

2018年，天津辖区上市公司并购重组以发行股份购买资产、现金收购及出售资产为主。其中，中远海控并购重组金额较大，中远海控的境外全资子公司以现金方式收购香港联交所主板上市公司东方海外国际，收购金额为428.7亿元。中源协和、中环股份分别以发行股份的方式收购股权，涉及金额18.44亿元。滨海能源出售泰达能源100%股权，涉及金额3.65亿元。

五、天津上市公司募集资金情况、使用情况

（一）募集资金总体情况

表 9　　2018 年天津上市公司募集资金情况

发行类型	代码	简称	募集资金（亿元）
首发	603712	七一二	4.55
	小计		4.55
再融资（增发、配股）	300334	津膜科技	0.60
	002129	中环股份	3.97
	小计		4.57
其他融资（公司债券、短期融资券、中期票据、次级债、金融债、境外发行债券）	600874	创业环保	11（公司债）
	600787	中储股份	15（公司债）
			16.5（超短期融资券）
	300407	凯发电气	3.5（可转债）
	603019	中科曙光	11.2（可转债）
	600535	天士力	10（中期票据）
	601919	中远海控	40（中期票据）
	002129	中环股份	8（中期票据）
	小计		115.2
总计			124.32

资料来源：天津证监局。

（二）募集资金使用情况及特点

2018 年辖区上市公司通过首发、非公开发行、公司债券共募集资金 35.12 亿元，超短期融资券、中期票据分别融资 16.5 亿元、58 亿元，融资方式呈现多元化的特点：一是新增上市公司 1 家，首发融资 4.55 亿元；二是再融资均为发行股份购买资产募集配套资金，津膜科技、中环股份的募集金额分别为 0.60 亿元、3.97 亿元；三是公司债券融资 26 亿元，较 2017 年增长 69.23%，成为上市公司利用资本市场融资的重要方式之一。

（三）募集资金变更情况

表 10　　2018 年天津上市公司募集资金使用项目变更情况

变更募集资金使用项目的公司家数	涉及金额（亿元）	募集资金总额（亿元）	占公司募集资金总额的比例（%）
6	15.02	53.61	28.02

资料来源：天津证监局。

其中，博迈科、利安隆调整了首发募集资金的使用项目，中新药业、天药股份、长荣股份、九安医疗将 2013～2016 年期间非公开发行募集资金的原部分投资项目，变更为新项目或用于偿还借款、永久补充流动资金。

六、天津上市公司规范运作情况

（一）上市公司治理专项情况

2018 年度，天津辖区上市公司治理

结构逐步完善，规范运作水平持续提高。各公司积极开展投资者关系管理工作，完善投资者保护机制。50家公司参与了“年报业绩网上集体说明会”，有效拉近了与投资者之间的距离；33家公司实现了分红，分红公司家数占辖区上市公司总数的66%。另外，辖区有43家公司在披露2018年年报的同时，披露了内部控制自我评价报告。此外，辖区共有18家上市公司披露了社会责任报告。

（二）审计情况及监管情况

在天津辖区上市公司2018年年报审计中，47家公司被出具标准无保留意见的审计报告，3家公司被出具带强调事项段的无保留意见的审计报告。2018年，天津证监局强化和完善事前督导、事中跟踪和事后检查的全过程监管，加大审计监管力度。对上市公司年报审计机构，一方面开展“双随机”抽查，另一方面以风险问题为导向加大重点审计项目检查力度，并在对上市公司现场检查过程中，延伸检查年审机构执业质量，针对发现的问题，对个别会计师事务所及签字会计师印发了检查结果告知书，督促其进一步提高执业质量。

（三）信息披露情况

2018年，天津辖区上市公司合规意识不断增强，信息披露质量不断提高。50家上市公司均在规定时间内披露了2018年年报。但也有个别公司还存在信息披露违规情况，有的公司重大事项未按规定履行股东大会审议程序，有的公司未及时披露重大事项进展，公司及相关责任人员分别被采取行政监管措施；有的公司临时公告存在信息披露瑕疵，被出具监管关注函。

（四）证券市场服务情况

一是开展调研积极建言献策。2018年，天津证监局深入走访调研上市挂牌公司、拟上市公司19家次，赴滨海新区、天津经济技术开发区与23家企业进行座谈调研，探讨辖区资本市场服务高质量发展的方法和路径，聚焦具体问题，提出方法建议。充分利用“双万双服”工作机制，主动包联3家拟上市企业和挂牌公司，创新工作形式，主动上门服务。编发《上市、挂牌、融资情况简报》，动态汇总辖区直接融资情况，定期报送市领导及市有关部门。

二是加大宣传培训力度。召开“银政企投融直通恳谈会”，促进辖区公司与金融机构强化合作、互利共赢，共同解决融资难、融资贵问题。举办IPO及再融资业务和知识暨规范运作专题培训会，向辖区企业讲解IPO、再融资知识及新出台的制度新规。联合市金融局、上交所举办辖区上交所上市公司D股业务座谈会，帮助辖区企业及时了解D股业务，搭建海外融资平台。

审稿人：毛寒松　王子军　李　艳
撰稿人：张智潇

河北地区

一、河北国民经济发展概况

表 1　　2018 年河北国民经济发展概况　　单位：亿元

指　标	1～3 月		1～6 月		1～9 月		1～12 月	
	绝对量	同比增长（%）	绝对量	同比增长（%）	绝对量	同比增长（%）	绝对量	同比增长（%）
地区生产总值（GDP）	7564.02	6.00	16600.54	6.50	25226.33	6.60	36010.27	6.60
全社会固定资产投资	—	6.00	—	5.20	—	5.90	—	6.00
社会消费品零售总额	3690.50	10.60	7371.60	9.70	11436.20	9.50	16537.10	9.00
规模以上工业增加值	—	2.20	—	3.20	—	3.70	—	5.20
规模以上工业企业实现利润	481.20	10.00	1196.10	32.70	1891.10	23.10	2211.70	12.00
居民消费价格指数（CPI）	1～3 月		1～6 月		1～9 月		1～12 月	
	2.50		2.10		3.00		2.00	

资料来源：国家统计局。

二、河北上市公司总体情况

（一）公司数量

表 2　　2018 年河北上市公司数量　　单位：家

公司总数	2018 年新增	股票类别			板块分布			
		仅 A 股	仅 B 股	（A+B）股	沪市主板	深市主板	中小板	创业板
57	1	55	1	1	23	14	10	10

资料来源：沪深交易所，同花顺。

（二）行业分布

表 3　　2018 年河北上市公司行业分布情况

所属证监会行业类别	家数	占比（%）	所属证监会行业类别	家数	占比（%）
采矿业	2	3.51	批发和零售业	1	1.75
电力、热力、燃气及水的生产和供应业	2	3.51	水利、环境和公共设施管理业	0	0.00
房地产业	3	5.26	卫生和社会工作业	0	0.00
建筑业	0	0.00	文化、体育和娱乐业	0	0.00
交通运输、仓储和邮政业	2	3.51	信息传输、软件和信息技术服务业	1	1.75
教育	0	0.00	制造业	42	73.68
金融业	1	1.75	住宿和餐饮业	0	0.00
居民服务、修理和其他服务业	0	0.00	租赁和商务服务业	0	0.00
科学研究和技术服务业	1	1.75	综合	1	1.75
农、林、牧、渔业	1	1.75	合计	57	100.00

资料来源：沪深交易所，Wind 资讯。

（三）股本结构及规模

表 4　　2018 年河北上市公司股本规模在 10 亿股以上公司分布情况

股本规模（亿股）	公司家数	具体公司
100≤～<200	1	河钢股份
50≤～<100	4	长城汽车、庞大集团、东旭光电、唐山港
20≤～<50	6	新兴铸管、冀中能源、荣盛发展、三友化工、华夏幸福、秦港股份
10≤～<20	12	以岭药业、新奥股份、华北制药、冀东水泥、东方能源、沧州明珠、开滦股份、常山北明、建投能源、保变电气、中国动力、华创阳安

资料来源：沪深交易所，Wind 资讯。

表 5　　2018 年河北上市公司分地区股权构成情况　　单位：家

股权性质 / 地域分布	央企国资控股	省属国资控股	地市国资控股	民营控股	其他	合计
石家庄市	1	3	1	11	0	16
唐山市	1	3	1	4	1	10
秦皇岛市	0	1	0	1	1	3

续表

地域分布 \ 股权性质	央企国资控股	省属国资控股	地市国资控股	民营控股	其他	合计
邯郸市	1	0	0	0	1	2
邢台市	0	1	0	1	0	2
保定市	5	0	0	5	0	10
张家口市	0	1	0	0	0	1
承德市	0	0	0	2	0	2
沧州市	1	1	0	3	0	5
廊坊市	0	0	1	3	0	4
衡水市	0	0	1	1	0	2
合计	9	10	4	31	3	57

资料来源：河北证监局。

（四）市值规模

截至2018年12月31日，河北57家上市公司境内总市值5979.52亿元，占全国上市公司境内总市值的1.37%；其中，上交所上市公司23家，总股本434.19亿股，境内总市值3190.34亿元，占上交所上市公司境内总市值的1.18%；深交所上市公司34家，总股本486.30亿股，境内总市值2789.18亿元，占深交所上市公司境内总市值的1.69%。

（五）资产规模

截至2018年12月31日，河北57家上市公司合计总资产16647.34亿元，归属于母公司股东权益4925.08亿元，与2017年相比，分别增长9.68%、12.54%；平均每股净资产5.13元。

三、河北上市公司经营情况及变动分析

（一）总体经营情况

表6　　2018年河北上市公司经营情况

指　标	2018年	2017年	变动率（%）
家数	57	56	1.79
亏损家数	4	3	33.33
亏损家数比例（%）	7.02	5.36	1.66
平均每股收益（元）	0.48	0.42	14.29
平均每股净资产（元）	5.13	4.76	7.77
平均净资产收益率（%）	9.32	8.89	0.43

续表

指　标	2018 年	2017 年	变动率（%）
总资产（亿元）	16647.34	15178.56	9.68
归属于母公司股东权益（亿元）	4925.08	4376.18	12.54
营业收入（亿元）	7512.32	6635.91	13.21
利润总额（亿元）	679.26	546.89	24.20
归属于母公司所有者的净利润（亿元）	458.81	388.88	17.98

资料来源：沪深交易所，Wind 资讯。

（二）分行业经营情况

表 7　　2018 年河北上市公司分行业经营情况

所属行类	营业收入（亿元）	可比样本变动率（%）	归属于母公司所有者的净利润（亿元）	可比样本变动率（%）
采矿业	264.30	2.51	10.06	-22.92
电力、热力、燃气及水的生产和供应业	169.35	29.65	5.71	141.80
房地产业	1402.90	42.30	193.18	32.81
建筑业	—	—	—	—
交通运输、仓储和邮政业	170.15	16.18	24.20	-0.25
教育	—	—	—	—
金融业	18.58	-11.59	1.49	14.16
居民服务、修理和其他服务业	—	—	—	—
科学研究和技术服务业	7.17	—	1.98	—
农、林、牧、渔业	14.54	6.85	1.60	2.45
批发和零售业	420.34	-40.37	-61.55	-3003.23
水利、环境和公共设施管理业	—	—	—	—
卫生和社会工作业	—	—	—	—
文化、体育和娱乐业	—	—	—	—
信息传输、软件和信息技术服务业	30.31	43.82	2.53	10.63
制造业	5013.96	13.25	279.58	28.20
住宿和餐饮业	—	—	—	—
租赁和商务服务业	—	—	—	—
综合	0.73	43.30	0.02	-89.92
合计	7512.32	11.97	458.81	11.71

资料来源：沪深交易所，Wind 资讯。

（三）业绩变动情况分析

1. 营业收入、毛利率等变动原因分析

2018 年度，辖区上市公司累计实现营业总收入 7512.32 亿元，较 2017 年同比增长 13.21%，其中，实现收入增长的 42 家（含 1 家 2018 年新上市公司），收入下降的 15 家；归属于母公司所有者净利润较 2017 年同比增长 17.98%。毛利率方面，有 22 家公司毛利率较 2017 年增长。主要是钢铁、水泥及房地产等行业上市公司营业收入增长明显。

2. 盈利构成分析

2018 年度，河北上市公司累计实现净利润 458.81 亿元，主要来源于房地产、汽车制造及钢铁等行业，其中，华夏幸福、荣盛发展、长城汽车、河钢股份 2018 年归属于母公司股东净利润分别为 117.46 亿元、75.65 亿元、52.07 亿元、36.26 亿元，占河北省所有上市公司总利润的 61.34%；此外，养元饮品、东旭光电、新兴铸管、唐山港、三友化工、冀东水泥、开滦股份、中国动力、新奥股份净利润也超过 10 亿元。

3. 经营性现金流量分析

2018 年度，河北上市公司经营活动产生的现金流量净额为 628.75 亿元，较 2017 年度的 242.56 亿元大幅增加，经营活动产生的现金流量净额为正的 45 家，为负的 12 家，其中，经营活动产生的现金流量净额最大的为长城汽车 196.98 亿元，最小的为庞大集团 -122.32 亿元；增长绝对值较大的分别为长城汽车 207.74 亿元，荣盛发展 152.38 亿元，华夏幸福 88 亿元。

4. 业绩特点分析

2018 年，河北上市公司净利润较 2017 年有较大提升，主营业务发展势头良好。龙头企业效益推动作用明显，民营企业实现净利润占比超过 6 成，其中，河钢股份、长城汽车、华夏幸福、荣盛发展 4 家公司营业收入均在 500 亿元以上，归属于母公司所有者净利润均超 35 亿元，分别占全省上市公司营业总收入和归属母公司所有者净利润总和的 47.97%、61.34%。

5. 利润分配情况

表 8　　2018 年河北上市公司现金分红情况

2018 年分红公司家数			2018 年分红金额		
家数	变动率（%）	分红公司家数占地区公司总数比重（%）	金额（亿元）	变动率（%）	分红金额占归属于母公司所有者的净利润比重（%）
41	2.5	71.93	175.22	36.22	38.19

资料来源：河北证监局，Wind 资讯。

四、河北上市公司并购重组情况

（一）并购重组基本情况

2018 年，河北省上市公司全年实施并购重组并完成 3 家（老白干酒、中嘉博创、四通新材），较 2017 年增加 1 家，并购重组涉及标的资产金额共 40.55 亿元，较 2017 年的 42.98 亿元减少 6%。

（二）并购重组特点

2018 年，河北省上市公司并购重组实施，一是进行行业的横向整合，如老白干酒收购丰联酒业 100% 股权，中嘉博创收购嘉华信息 100% 股权；二是围绕主业进行产业领域延伸发展，四通新材收购天津企管 100% 股权和立中股份 4.52% 股权。

五、河北上市公司募集资金情况、使用情况

（一）募集资金总体情况

表 9　　2018 年河北上市公司募集资金情况

发行类型	代码	简称	募集资金（亿元）
首发	603156	养元饮品	33.89
	小计		33.89
再融资（增发、配股）	002282	博深工具	3.25
	600559	老白干酒	7.8
	600550	保变电气	11.17
	000889	中嘉博创	7.25
	600803	新奥股份	22.73
	小计		52.2
其他融资（公司债券、短期融资券、中期票据、次级债、金融债、境外发行债券）	000709	河钢股份	94（公司债 80，企业债 14）
	600340	华夏幸福	133
	600409	三友化工	12
	002049	紫光国微	3
	002146	荣盛发展	25（资产证券化 20，定向工具 5）
	600480	凌云股份	5（中票）
	000401	冀东水泥	30（中票）
	小计		302
总计			388.09

资料来源：河北证监局，Wind 资讯。

（二）募集资金使用情况及特点

2018年，河北省上市公司首发和增发募集资金使用方面整体上不存在违规变更募集资金或者重大违规情况，但部分公司存在使用进度缓慢、募投项目变动较大，募集资金使用不符合《上市公司监管指引第2号——上市公司募集资金管理和使用的监管要求》有关规定等问题。

（三）募集资金变更情况

2018年，河北省上市公司中有6家变更募集资金使用项目，其中，华夏幸福变更的募集资金为2015年非公开发行股票融资，涉及金额为39.92亿元；中国动力变更的募集资金为2016年并购重组配套融资，涉及金额为32.6亿元；庞大集团变更的募集资金为2014年非公开发行股票融资，涉及金额为5.53亿元；恒信东方变更的募集资金为2016年并购重组配套融资，涉及金额为3.5亿元；东旭光电变更的募集资金为2017年并购重组配套融资，涉及金额为1.92亿元；惠达卫浴变更的募集资金为2017年首次公开发行股票融资，涉及金额为1.18亿元。

表10　2018年河北上市公司募集资金使用项目变更情况

变更募集资金使用项目的公司家数	涉及金额（亿元）	募集资金总额（亿元）	占公司募集资金总额的比例（%）
6	84.65	291.65	29.02

资料来源：河北证监局。

六、河北上市公司规范运作情况

（一）上市公司治理专项情况

2018年，特别是《上市公司治理准则》发布后，河北省上市公司治理水平稳步提升，但仍有部分公司存在股东大会召开程序不规范，个别公司章程与有关规定不符的情况。

（二）审计情况及监管情况

河北省57家上市公司均按时披露了2018年年报和年报审计报告，除庞大集团因持续经营能力存疑被出具保留意见外，其余56家公司的年度审计报告均为标准无保留意见类型，年报审计工作整体推进有序，未出现年报审计风险。在2018年年报审计监管工作中，河北证监局事前调阅审计计划，约谈21家上市公司的会计师，提示风险，督促严格审计程序。年报披露后，河北证监局对辖区上市公司年报进行了审阅，就发现的问题通过监管谈话或下发年报问询函的形式进行深入了解，对部分公司采取了现场检查。针对河北省上市公司2018年年报，河北证监局共约谈5家公司高管，向7家公司下发年报问询函，对5家公司进行现场检查。

（三）信息披露情况

2018年，河北省上市公司信息披露整体良好，有1家公司未及时披露关联交易，河北证监局已对相关责任人采取了监管谈话的行政监管措施。此外，2018年河北证监局还对2家公司既往年度的信息披露违规行为采取了行政监管措施。

（四）证券市场服务情况

2018年，河北证监局坚持把发展直接融资放在更加突出的位置，加大市场培育力度，推动更多符合条件的企业上市融资，有效发挥资本市场资源配置功能，服务辖区实体经济发展。

一是加大市场培育力度。积极开展企业上市巡回宣讲活动，进一步完善上市企业后备资源库；加强政策宣传和指导，先后赴石家庄、沧州、廊坊等市开展调研，提高地方政府和企业利用资本市场发展的意识和能力。

二是着力发挥资本市场资源配置功能。支持符合条件的企业上市融资，2018年，辖区上市公司通过资本市场实现直接融资334.09亿元，其中，1家公司首发筹资33.89亿元，5家公司再筹资52.2亿元，4家公司发行公司债券筹资228亿元，1家公司资产证券化融资20亿元。

三是积极服务地方发展战略。全力支持雄安新区规划建设，成立支持河北雄安新区建设工作小组，积极向证监会汇报沟通，选派干部赴雄安新区帮助工作，指导辖区上市公司参与雄安新区建设；深化资本市场脱贫攻坚，推动全省上市公司开展产业投资、文化教育、医疗卫生、赈灾救济等各类帮扶，全省上市公司累计派出136人驻村帮扶，直接投入资金2.43亿元，协助引进资金31.37亿元，实施帮扶项目61个。

审稿人：房永峰

撰稿人：孙晓雯

山西地区

一、山西国民经济发展概况

表 1　　2018 年山西国民经济发展概况　　单位：亿元

指　标	1～3 月		1～6 月		1～9 月		1～12 月	
	绝对量	同比增长（%）	绝对量	同比增长（%）	绝对量	同比增长（%）	绝对量	同比增长（%）
地区生产总值（GDP）	3122.07	6.20	7482.75	6.80	11640.33	6.10	16818.11	6.70
全社会固定资产投资	627.60	-9.70	2615.20	-19.50	4593.00	-1.60	6050.40	5.70
社会消费品零售总额	1688.30	9.30	3441.80	9.10	5320.70	9.00	7338.50	8.20
规模以上工业增加值	—	5.50	—	5.50	—	3.90	—	4.10
规模以上工业企业实现利润	261.50	37.40	642.40	58.50	1033.20	50.70	1355.90	34.00
居民消费价格指数（CPI）	1～3 月		1～6 月		1～9 月		1～12 月	
	1.40		1.50		2.80		1.90	

资料来源：国家统计局。

二、山西上市公司总体情况

（一）公司数量

表 2　　2018 年山西上市公司数量　　单位：家

公司总数	2018 年新增	股票类别			板块分布			
		仅 A 股	仅 B 股	(A+B) 股	沪市主板	深市主板	中小板	创业板
37	-1	36	0	1	19	11	4	3

资料来源：沪深交易所，同花顺。

（二）行业分布

表 3　　2018 年山西上市公司行业分布情况

所属证监会行业类别	家数	占比（%）	所属证监会行业类别	家数	占比（%）
采矿业	7	18.92	批发和零售业	2	5.41
电力、热力、燃气及水的生产和供应业	3	8.11	水利、环境和公共设施管理业	0	0.00
房地产业	0	0.00	卫生和社会工作业	0	0.00
建筑业	0	0.00	文化、体育和娱乐业	1	2.70
交通运输、仓储和邮政业	2	5.41	信息传输、软件和信息技术服务业	0	0.00
教育	0	0.00	制造业	21	56.76
金融业	1	2.70	住宿和餐饮业	0	0.00
居民服务、修理和其他服务业	0	0.00	租赁和商务服务业	0	0.00
科学研究和技术服务业	0	0.00	综合	0	0.00
农、林、牧、渔业	0	0.00	合计	37	100.00

资料来源：沪深交易所，同花顺。

（三）股本结构及规模

表 4　　2018 年山西上市公司股本规模在 10 亿股以上公司分布情况

股本规模（亿股）	公司家数	具体公司
100≤～<200	2	大秦铁路、永泰能源
50≤～<100	1	太钢不锈
20≤～<50	8	山西证券、潞安环能、漳泽电力、西山煤电、太原重工、美锦能源、阳泉煤业、阳煤化工
10≤～<20	11	山煤国际、英洛华、山西焦化、振东制药、通宝能源、ST 安泰、兰花科创、跨境通、晋西车轴、大同煤业、国新能源

资料来源：沪深交易所，同花顺。

表 5　　2018 年山西上市公司分地区股权构成情况　　单位：家

股权性质 / 地域分布	央企国资控股	省属国资控股	地市国资控股	民营控股	其他	合计
太原市	1	10		7		18
大同市	1	1		2		4
阳泉市		2				2
长冶市		1		1		2

续表

股权性质 地域分布	央企国资控股	省属国资控股	地市国资控股	民营控股	其他	合计
朔州市						
晋城市			1			1
晋中市				2		2
运城市	1	1		2		4
忻州市				1		1
临汾市		2				2
吕梁市		1				1
合计	3	18	1	15		37

资料来源：山西证监局。

（四）市值规模

截至2018年12月31日，山西37家上市公司境内总市值4156.52亿元，占全国上市公司境内总市值的0.96%；其中，上交所上市公司19家，总股本509.06亿股，境内总市值2713.21亿元，占上交所上市公司境内总市值的1.01%；深交所上市公司18家，总股本276.95亿股，境内总市值1443.31亿元，占深交所上市公司境内总市值的0.87%。

（五）资产规模

截至2018年12月31日，山西37家上市公司合计总资产9398.06亿元，归属于母公司股东权益3449.60亿元，与2017年相比，分别增长6.24%、10.18%；平均每股净资产4.39元。

三、山西上市公司经营情况及变动分析

（一）总体经营情况

表6　　2018年山西上市公司经营情况

指　标	2018年	2017年	变动率（%）
家数	37	38	-2.63
亏损家数	4	5	-20.00
亏损家数比例（%）	10.81	13.16	-2.35
平均每股收益（元）	0.45	0.38	18.42
平均每股净资产（元）	4.39	4.02	9.20
平均净资产收益率（%）	10.27	9.47	0.80
总资产（亿元）	9398.06	8846.07	6.24
归属于母公司股东权益（亿元）	3449.6	3130.81	10.18
营业收入（亿元）	4716.39	4125.92	14.31
利润总额（亿元）	513.16	408.55	25.61
归属于母公司所有者的净利润（亿元）	354.21	296.48	19.47

资料来源：沪深交易所，同花顺。

（二）分行业经营情况

表 7　　2018 年山西上市公司分行业经营情况

所属行类	营业收入（亿元）	可比样本变动率（%）	归属于母公司所有者的净利润（亿元）	可比样本变动率（%）
采矿业	1345.43	10.86	89.22	5.46
电力、热力、燃气及水的生产和供应业	283.96	17.01	5.89	140.40
房地产业	—	—	—	—
建筑业	—	—	—	—
交通运输、仓储和邮政业	799.51	30.72	145.93	6.91
教育	—	—	—	—
金融业	68.51	55.96	2.22	-45.78
居民服务、修理和其他服务业	—	—	—	—
科学研究和技术服务业	—	—	—	—
农、林、牧、渔业	—	—	—	—
批发和零售业	596.77	8.62	8.43	-27.71
水利、环境和公共设施管理业	—	—	—	—
卫生和社会工作业	—	—	—	—
文化、体育和娱乐业	7.76	-5.34	-16.01	-1555.46
信息传输、软件和信息技术服务业	—	—	—	—
制造业	1614.45	11.23	118.54	63.08
住宿和餐饮业	—	—	—	—
租赁和商务服务业	—	—	—	—
综合	—	—	—	—
合计	4716.39	14.45	354.21	19.65

资料来源：沪深交易所，同花顺。

（三）业绩变动情况分析

1. 营业收入、毛利率等变动原因分析

2018 年，山西地区上市公司实现营业收入 4716.39 亿元，较 2017 年同比增长 14.31%；净利润 354.21 亿元，较 2017 年同比增长 19.47%；利润总额 513.16 亿元，较 2017 年同比增长 25.61%；营业成本 3444.39 亿元，较 2017 年上升 12.35%；毛利率 36.93%，较 2017 年增长 2.35 个百分点。总体来看，受行业周期以及去产能等因素影响，煤炭行业业绩向好，传统行业上市公司经营情况持续改善，辖区公司整体利润增幅较大，且营业收入增幅大于营业成本增幅，导致整体毛利率上升。

2. 盈利构成分析

从盈利构成来看，2018 年山西地区上市公司利润来源主要是当年营业利润 512.71 亿元，较 2017 年上升 22.69%，占利润总额的比重为 99.91%。其中，山西辖区上市公司投资净收益 80.56 亿元，较 2017 年上升 10.50%，占利润总额的比重为 15.7%；资产减值损失 58.11 亿元，较 2017 年增加 10.85%，占利润总额的比重为 11.32%；营业外净收益、公允价值变动净收益对利润影响较少，分别占利润总额的比重为 0.09% 和 -0.17%。

3. 经营性现金流量分析

2018 年，山西地区上市公司经营现金流量净额为 705.14 亿元，较 2017 年的 636.19 亿元上升 10.84%，其中，大秦铁路经营现金流量净额为 178.88 亿元，占所有公司的 25.37%。37 家上市公司中，31 家经营现金流量净额为正，占比 83.78%，较 2017 年上升 10.1 个百分点。

4. 业绩特点分析

（1）整体业绩水平。2018 年，山西地区 37 家上市公司实现净利润 354.21 亿元，较 2017 年同比增长 19.47%；每股收益 0.45 元，较 2017 年同比增长 18.42%；净资产收益率 10.27%，较 2017 年上升 0.8 个百分点；每股净资产 4.39 元，较 2017 年同比增长 9.2%。

（2）板块情况。2018 年，山西主板上市公司平均每股收益 0.46 元，远低于 0.64 元的全国主板公司平均水平；净资产收益率 10.51%，高于 10.04% 的全国平均水平。山西作为中西部地区，中小板、创业板上市公司还不多（中小板 4 家，创业板 3 家），仅占山西上市公司家数的 18.92%。中小板上市公司平均每股收益 0.25 元，高于深交所中小板 0.23 元的平均每股收益水平；净资产收益率 5.69%，低于深交所中小板 5.83% 的平均净资产收益率。创业板上市公司每股收益 -0.05 元，远低于深交所创业板 0.08 元的平均每股收益水平；净资产收益率 -1.05%，远低于深交所创业板 2.11% 的平均净资产收益率。

5. 利润分配情况

2018 年，山西共有 18 家公司发放现金股利，家数较 2017 年增加 1 家，占山西上市公司总数的 48.65%；派现总额 128.25 亿元，较 2017 年增长 14.32%，分红金额占 37 家上市公司归属于母公司所有者的净利润的 36.21%。

表 8　　2018 年山西上市公司现金分红情况

2018 年分红公司家数			2018 年分红金额		
家数	变动率（%）	分红公司家数占地区公司总数比重（%）	金额（亿元）	变动率（%）	分红金额占归属于母公司所有者的净利润比重（%）
18	5.88	48.65	128.25	14.32	36.21

资料来源：山西证监局。

四、山西上市公司并购重组情况

2018 年，山西共有 7 家公司实施并购重组，涉及金额合计约 139 亿元。从并购重组情况来看，3 家公司为现金收购，2 家为发行股份（及支付现金）购买资产，1 家为资产置换，1 家为资产出售。

（一）并购重组基本情况

1. 山西焦化（600740）

山西焦化通过发行股份及支付现金的方式购买山西焦化集团有限公司持有的山西中煤华晋能源有限责任公司 49% 股权。标的资产的交易价格为 48.92 亿元，其中，以现金方式支付 6 亿元，以发行股份方式支付 42.92 亿元，并募集配套资金不超过 6.5 亿元。2018 年 3 月完成工商变更登记。

2. 大同煤业（601001）

大同煤业以现金方式收购大同煤矿集团有限责任公司持有的同煤大唐塔山煤矿有限公司 21% 股权。标的资产的交易价格为 24.87 亿元。2018 年 5 月完成工商登记变更。

3. 山煤国际（600546）

山煤国际以现金方式收购山西煤炭进出口集团有限公司和山西中汇大地矿业有限公司分别持有的山西煤炭进出口集团河曲旧县露天煤业有限公司 31% 和 20% 的股权。标的资产的交易价格为 23.72 亿元。2018 年 7 月完成工商登记变更。

4. 美锦能源（000723）

美锦能源以现金方式收购美锦能源集团有限公司、姚俊杰、张洁合计持有的山西美锦集团锦富煤业有限公司 100% 股权。标的资产的交易价格为 19.67 亿元。2018 年 8 月完成工商登记变更。

5. *ST三维（000755）

*ST三维以其持有的粘合剂分厂、苯精制车间、公用工程及相关处室的资产及负债、三维国贸 95% 股权、欧美科 75% 股权、三维瀚森 51% 股权作为置出资产，与山西路桥建设集团有限公司持有的山西路桥集团榆和高速公路有限公司 100% 股权的等值部分进行置换。置出资产评估值 7.11 亿元，置入资产评估值 14.85 亿元，置换差额 7.74 亿元由公司以现金方式向路桥集团支付。2018 年 7 月置入资产完成工商变更登记。2018 年 11 月，证券简称变更为“山西路桥”，主营业务转变为高速公路管理运营。

6. 东杰智能（300486）

东杰智能通过发行股份购买梁燕生、祝威、田迪、杜大成、梁春生、寇承伟合计持有的常州海登赛思涂装设备有限公司 100% 股权。标的资产的交易价格为 5 亿元，以发行股份方式支付，并募集配套资金不超过 2.25 亿元。2018 年 3 月完成工商变更登记。

7. *ST南风（000737）

南风化工向控股股东山西焦煤运城盐化集团有限责任公司出售其拥有的日化板块资产、部分其他资产和相关负债，标的资产的交易价格为 1.97 亿元，全部以现金方式进行支付。2018 年 12 月，出售涉及的标的资产已完成过户。2019 年 4 月，证券简称变更为“ST 南风”。

（二）并购重组特点

2018 年，山西地区并购重组呈现较活跃的态势，具有以下几个特点：一是以业务或行业整合为目标，进行横向收购和实施多元化战略，拓宽业务领域，延伸产业链条，稳步推进公司战略目标的实现。二是通过资产置换、出售等方式，剥离亏损资产，变更主营业务，充分发挥资本市场并购重组功能，推动企业实施战略转型，提高盈利能力。

五、山西上市公司募集资金情况、使用情况

（一）募集资金总体情况

表 9　　2018 年山西上市公司募集资金情况

发行类型	代码	简称	募集资金（亿元）
再融资（增发、配股）	002640. SZ	跨境通	18. 23（增发）
	600740. SH	山西焦化	42. 92（增发）
	300486. SZ	东杰智能	5（增发）
	600691. SH	阳煤化工	20（增发）
	小计		86. 15
其他融资（公司债券、短期融资券、中期票据、次级债、金融债、境外发行债券）	002500. SZ	山西证券	50（公司债）
	600348. SH	阳泉煤业	50（公司债）
	000968. SZ	蓝焰控股	7（公司债）
	600546. SH	山煤国际	20（公司债）
	600157. SH	永泰能源	30（短期融资券）
	600617. SH	国新能源	5（短期融资券）
	600157. SH	永泰能源	5（中期票据）
	000825. SZ	太钢不锈	20（中期票据）
	601001. SH	大同煤业	30（超短期融资券）
	600157. SH	永泰能源	1（定向工具）
	小计		218
总计			304. 15

资料来源：山西证监局。

（二）募集资金使用情况及特点

2018 年，山西共有 18 家公司使用募集资金 273. 67 亿元。其中，237. 13 亿元为 2018 年度募集的资金，占年度募集资金使用总额的 86. 65%；36. 54 亿元为以前年度募集的资金，占年度募集资金使用总额的 13. 35%。上市公司使用的 2018 年度募集资金 237. 13 亿元中，86 亿元为短期融资券、中期票据和非公开定向债务融资工具等，主要用于偿还债务及补充流动资金；26. 36 亿元为定向增发融资，124. 77 亿元为公司债，主要用于支付现金对价、偿还债务和补充流动资金。

（三）募集资金变更情况

2018年，山西有1家公司变更募集资金的使用项目，为以前年度募集资金，涉及金额3.6亿元，占辖区公司2018年募集资金总额的1.18%。募集资金变更履行了相关程序，变更的主要原因是根据业务的实际开展情况和行业发展趋势对项目资金需求进行调整。

表10　　2018年山西上市公司募集资金使用项目变更情况

变更募集资金使用项目的公司家数	涉及金额（亿元）	募集资金总额（亿元）	占公司募集资金总额的比例（%）
1	3.6	304.15	1.18%

资料来源：山西证监局。

六、山西上市公司规范运作情况

（一）上市公司治理专项情况

2018年，山西证监局推动市场主体建立长效机制，提升公司治理水平，维护投资者合法权益。一是积极落实公司治理准则要求，向辖区公司下发专项通知，要求组织准则专题培训，最迟于2018年年度股东大会召开时完成章程及制度修订。举办上市公司投资者网上集体接待日活动，引导采用网络投票方式召开股东大会，切实落实好中小投资者单独计票、累计投票制和分红政策，保障中小投资者充分行使股东权利。二是加强诚信体系建设，将辖区公司被采取行政监管措施的情况录入证监会诚信档案系统，构建诚信约束环境。加强投资者风险教育和合法权益保护，进一步拓宽投资者纠纷解决渠道，妥善及时解决投资者诉求。

（二）审计情况及监管情况

在2018年度报告审计过程中，共有17家会计师事务所为37家山西上市公司提供审计服务，其中，8家公司更换了会计师事务所。37家上市公司中，32家上市公司审计报告为标准无保留意见，5家为带强调事项段的无保留意见。在披露内部控制审计报告的辖区34家上市公司中，31家上市公司内部控制审计报告为标准无保留意见，3家为带强调事项段的无保留意见。

年报审计监管中，采取事前督促提醒、事中事后监管、检查整改等方式提升年报监管质量。一是加强事前提醒，要求审计机构报备审计计划、审计策略，召开辖区煤炭类上市公司及年审会计师座谈会，提示切实防控审计风险，传达监管要求。二是强化事中事后监管，提请审计师关注日常监管中掌握的重点事项，列席审计沟通会14家次，并对重点公司审计机构约见谈话；年报披露后及时审核，下发年报问询函8份，进行监管风险分类，选取检查样本。三是加大现场检查力度，以问题和风险为导向，对14家次上市公司、6家中介机构进行了检查，促进公司提高规范运作水平。

（三）信息披露情况

2018年，山西证监局坚持以信息披露为抓手，坚持依法全面从严监管，提升监管的针对性和有效性。一是加强信息披露日常监管，以定期报告事后审核为契机，全面排查公司风险，明确重点公司风险因素和应对措施；把临时公告、媒体报道和投资者诉求等作为日常监管的重要线索来源，主动作为、及时问询，督促公司提升信息披露水平；发挥分行业监管效能，及时了解行业动向和总结行业特征，加强行业分析和横向对比，进一步提高监管能力和效率。二是以信息披露作为现场检查重点，督促有退市或潜在退市风险的上市公司采取措施，改善经营业绩；针对公司债违约风险、股票质押风险、控制权变更风险等开展风险监测预警和应对处置；加大对违法违规行为的处置力度，全年对上市公司现场检查14家次，采取行政监管措施11件。

（四）证券市场服务情况

构建多层次资本市场体系。一是积极推动中小企业在新三板挂牌融资。联合行业协会，继续开展新三板业务培训，全年新增9家挂牌企业，新三板定向增发融资8.31亿元。二是支持区域性股权市场发展。截至2018年12月末，山西股权交易中心挂牌公司175家，股份（股权）托管公司438家，展示企业1569家，股权交易中心挂牌公司融资8.19亿元。三是支持证券公司柜台交易市场建设。截至2018年12月末，证券公司柜台市场融资192.12亿元。

加强资本市场调研和培训。一是深化调研指导，联合沪深交易所、省地方金融监管局等部门深入上市公司、拟上市公司调研，积极听取意见建议，主动为企业答疑解难。二是加强宣传培训，召开上市公司监管工作会议，传递监管政策；联合行业协会举办上市公司董监高培训、公司债券、挂牌公司、会计监管等专题培训，提升合规意识；利用网站、微信公众号等平台，围绕投资者教育、防范打击非法集资等开展舆论宣传。

（五）其他

做好风险防范化解工作。加强市场主体日常监管，督促上市公司、公司债券发行人、挂牌公司、证券期货经营机构及私募基金管理人规范运作。持续关注市场舆情，督促相关公司及时稳妥处置媒体质疑。对高风险公司开展专项检查，促进规范，推动风险化解。开展打非宣传教育活动，打击证券市场违法违规行为，保持稽查执法高压态势，不断加大执法力度，切实维护市场稳定。

审稿人：王　坤

撰稿人：张彩霞

内蒙古地区

一、内蒙古国民经济发展概况

表 1　　2018 年内蒙古国民经济发展概况　　单位：亿元

指　标	1～3 月		1～6 月		1～9 月		1～12 月	
	绝对量	同比增长（%）	绝对量	同比增长（%）	绝对量	同比增长（%）	绝对量	同比增长（%）
地区生产总值（GDP）	3290.47	4.60	7776.67	4.90	12309.17	5.10	17289.22	5.30
全社会固定资产投资	—	-26.20	—	-38.40	—	-32.70	—	-28.30
社会消费品零售总额	1688.58	6.50	3366.49	6.90	5208.51	6.90	7311.07	6.30
规模以上工业增加值	—	4.50	—	5.80	—	6.00	—	7.10
规模以上工业企业实现利润	319.00	31.20	710.90	35.30	1070.70	25.70	1409.40	7.50
居民消费价格指数（CPI）	1～3 月		1～6 月		1～9 月		1～12 月	
	2.00		1.50		2.20		1.60	

资料来源：国家统计局。

二、内蒙古上市公司总体情况

（一）公司数量

表 2　　2018 年内蒙古上市公司数量　　单位：家

公司总数	2018 年新增	股票类别			板块分布			
		仅 A 股	仅 B 股	（A+B）股	沪市主板	深市主板	中小板	创业板
26	0	24	1	1	16	5	2	3

资料来源：沪深交易所，同花顺。

（二）行业分布

表 3　　2018 年内蒙古上市公司行业分布情况

所属证监会行业类别	家数	占比（%）	所属证监会行业类别	家数	占比（%）
采矿业	6	23.08	批发和零售业	0	0.00
电力、热力、燃气及水的生产和供应业	1	3.85	水利、环境和公共设施管理业	1	3.85
房地产业	0	0.00	卫生和社会工作业	0	0.00
建筑业	0	0.00	文化、体育和娱乐业	0	0.00
交通运输、仓储和邮政业	0	0.00	信息传输、软件和信息技术服务业	0	0.00
教育	0	0.00	制造业	17	65.38
金融业	1	3.85	住宿和餐饮业	0	0.00
居民服务、修理和其他服务业	0	0.00	租赁和商务服务业	0	0.00
科学研究和技术服务业	0	0.00	综合	0	0.00
农、林、牧、渔业	0	0.00	合计	26	100.00

资料来源：沪深交易所，同花顺。

（三）股本结构及规模

表 4　　2018 年内蒙古上市公司股本规模在 10 亿股以上公司分布情况

股本规模（亿股）	公司家数	具体公司
200≤～<500	1	包钢股份
50≤～<100	3	伊利股份、君正集团、内蒙华电
20≤～<50	4	伊泰 B 股、远兴能源、亿利洁能、北方稀土
10≤～<20	10	平庄能源、生物股份、内蒙一机、西水股份、蒙草生态、露天煤业、银泰资源、兴业矿业、赤峰黄金、鄂尔多斯

资料来源：沪深交易所，同花顺。

表 5　　2018 年内蒙古上市公司分地区股权构成情况　　单位：家

股权性质 / 地域分布	央企国资控股	省属国资控股	地市国资控股	民营控股	其他	合计
呼和浩特市	1	0	0	2	2	5
包头市	2	2	0	4	0	8
乌海市	0	0	0	2	0	2
赤峰市	1	0	0	2	0	3
通辽市	1	0	0	0	0	1

续表

股权性质 地域分布	央企国资控股	省属国资控股	地市国资控股	民营控股	其他	合计
鄂尔多斯市	0	0	0	4	0	4
锡林郭勒盟	0	0	0	1	0	1
阿拉善盟	1	0	0	0	0	1
乌兰察布市	0	0	0	1	0	1
合计	6	2	0	16	2	26

资料来源：内蒙古证监局。

（四）市值规模

截至2018年12月31日，内蒙古26家上市公司境内总市值4397.99亿元，占全国上市公司境内总市值的1.01%；其中，上交所上市公司16家，总股本834.77亿股，境内总市值3637亿元，占上交所上市公司境内总市值的1.67%；深交所上市公司10家，总股本137.82亿股，境内总市值690.18亿元，占深交所上市公司境内总市值的0.41%。

（五）资产规模

截至2018年12月31日，内蒙古26家上市公司合计总资产7169.69亿元，归属于母公司股东权益2586.15亿元，与2017年相比，分别增长-8.90%、9.68%；平均每股净资产2.66元。

三、内蒙古上市公司经营情况及变动分析

（一）总体经营情况

表6　2018年内蒙古上市公司经营情况

指　标	2018年	2017年	变动率（%）
家数	26	26	0.00
亏损家数	5	1	400.00
亏损家数比例（%）	19.23	3.85	15.38
平均每股收益（元）	0.26	0.27	-3.70
平均每股净资产（元）	2.66	2.45	8.57
平均净资产收益率（%）	9.63	11.15	-1.52
总资产（亿元）	7169.69	7870.2	-8.90
归属于母公司股东权益（亿元）	2586.15	2358	9.68
营业收入（亿元）	3413.86	3100.39	10.11
利润总额（亿元）	345.43	354.73	-2.62
归属于母公司所有者的净利润（亿元）	249.14	262.89	-5.23

资料来源：沪深交易所，同花顺。

（二）分行业经营情况

表 7　　2018 年内蒙古上市公司分行业经营情况

所属行类	营业收入（亿元）	可比样本变动率（%）	归属于母公司所有者的净利润（亿元）	可比样本变动率（%）
采矿业	590.57	8.70	62.72	-24.80
电力、热力、燃气及水的生产和供应业	137.43	16.63	7.83	52.27
房地产业	—	—	—	—
建筑业	—	—	—	—
交通运输、仓储和邮政业	—	—	—	—
教育	—	—	—	—
金融业	232.15	-23.25	3.78	-84.23
居民服务、修理和其他服务业	—	—	—	—
科学研究和技术服务业	—	—	—	—
农、林、牧、渔业	—	—	—	—
批发和零售业	—	—	—	—
水利、环境和公共设施管理业	38.21	-31.52	2.04	-75.85
卫生和社会工作业	—	—	—	—
文化、体育和娱乐业	—	—	—	—
信息传输、软件和信息技术服务业	—	—	—	—
制造业	2415.50	15.12	172.78	21.68
住宿和餐饮业	—	—	—	—
租赁和商务服务业	—	—	—	—
综合	—	—	—	—
合计	3413.86	9.50	249.14	-5.25

资料来源：沪深交易所，同花顺。

（三）业绩变动情况分析

1. 营业收入、毛利率等变动原因分析

2018 年，内蒙古辖区上市公司实现营业收入 3413.86 亿元，同比增加 10.11%；归属于母公司的净利润 249.14 亿元，同比减少 5.23%。然而，由于成本上升等影响，2018 年毛利率为 9.00%，降低了 1.29 个百分点。内蒙古地区煤炭、钢铁、黑色金属冶炼等行业在去产能、去库存政策的积极影响下，整体经营情况向好。

2. 盈利构成分析

从盈利构成来看，2018 年辖区上市

公司利润主要来源于营业利润，占利润总额的100.82%，较2017年上升2.61个百分点，在营业利润中，投资净收益占比29.26%。2018年，辖区上市公司营业外收入3.64亿元，同比下降68.27%，占利润总额的1.05%。因此，上市公司主业贡献了大部分净利润，辖区整体经营情况良好。

3. 经营性现金流量分析

2018年，辖区上市公司经营活动现金流量净额为-707.39亿元，剔除西水股份（经营活动现金流量净额为-1200.27亿元），其余25家上市公司经营活动现金流量净额为492.88亿元，同比增加16.87%。在26家上市公司中，7家上市公司经营活动现金流量净额为负，占比为26.92%，与2017年相比无变化。

4. 业绩特点分析

2018年，辖区上市公司经营情况稳中向好，14家公司净利润较上年有所增加，5家亏损企业中2家由于计提减值导致，行业龙头企业利润增长更为明显。钢铁制造业净利润及归属于母公司的净利润分别同比增长58.20%、64.48%，化学制品制造业净利润及归属于母公司的净利润分别同比增长29.32%、28.65%。

5. 利润分配情况

表8　　2018年内蒙古上市公司现金分红情况

2018年分红公司家数			2018年分红金额		
家数	变动率（%）	分红公司家数占地区公司总数比重（%）	金额（亿元）	变动率（%）	分红金额占归属于母公司所有者的净利润比重（%）
17	-26.09	65.38	101.55	17.94	51.23

资料来源：内蒙古证监局。

四、内蒙古上市公司并购重组情况

（一）并购重组基本情况

2018年，内蒙古共有3家上市公司完成重大资产重组，分别为赤峰黄金、银泰资源和天首发展，涉及交易金额71.05亿元，与2017年相比，完成重大资产重组家数增加2家，但交易金额基本持平。2家公司以协议转让方式、1家公司以发行股份购买资产的方式，实现横向业务整合或业务转型，为企业注入新的资源，加快发展步伐。

（二）并购重组特点

2018年，内蒙古上市公司重大资产重组呈现以下特点：

（1）辖区上市公司并购重组活跃度不高。2016年、2017年、2018年辖区上市公司完成重大资产重组的公司家数分别为3家、1家、3家，占辖区上市公司总数的比例较小，交易金额分别为241.3亿元、70.59亿元、71.05亿元。

（2）横向整合的产业并购成为主流。从并购类型来看，近几年内蒙古地区上市公司通过横向整合的产业并购，提高了产业集中度和核心竞争力。

（3）资产重组的标的比较单一。内蒙古上市公司中资源采矿类企业较多，2018年3家公司重大资产重组的并购标的均为采矿类企业，其中，1家公司通过并购实现业务转型。

五、内蒙古上市公司募集资金情况、使用情况

（一）募集资金总体情况

表9　　2018年内蒙古上市公司募集资金情况

发行类型	代码	简称	募集资金（亿元）
再融资（增发、配股）	000975	银泰黄金	40.31
	小计		40.31
其他融资（公司债券、短期融资券、中期票据、次级债、金融债、境外发行债券）	600863	内蒙华电	40.00
	600010	包钢股份	59.94
	900948	伊泰B股	35.00
	小计		134.94
总计			175.25

资料来源：内蒙古证监局。

（二）募集资金使用情况及特点

2018年，内蒙古4家上市公司通过再融资、发行公司债券和短期融资券融资175.25亿元，融资规模同比有所下降。结合现场检查和日常监管掌握的情况，内蒙古上市公司募集资金使用情况较为规范，主要有以下特点：一是募集资金按照约定用途投入比例较高，占计划投入金额的80%以上，存在个别公司募集资金使用进度较慢的情况；二是暂时闲置的募集资金购买理财产品的情况比较普遍；三是募集资金投向主要是实体经济。

（三）募集资金变更情况

2018年，内蒙古地区有2家上市公司变更募集资金用途：一是远兴能源终止实施原有募集资金投资项目“博源化学50万吨/年合成氨联产50万吨/年尿素、60万吨/年联碱项目”，变更为“河南中源化学股份有限公司40万吨/年精品小苏打项目”和“博源化学粗煤气和净化气综合利用技改项目”；二是内蒙一机终止实施原有募集资金投资项目“新型变速器系列产品产业化建设项目、环保及新能源配套设施生产建设项目”，变更为“增加外贸车辆产业化项目和综合技术改造项目”。上述2家公司募集资金用途变更已经公司股东大会审议通过，程序合法。

表 10　　2018 年内蒙古上市公司募集资金使用项目变更情况

变更募集资金使用项目的公司家数	涉及金额（亿元）	募集资金总额（亿元）	占公司募集资金总额的比例（%）
2	15.17	38.25	39.66

资料来源：内蒙古证监局。

六、内蒙古上市公司规范运作情况

（一）上市公司治理专项情况

2018 年，内蒙古证监局深入推进公司治理监管工作，督促公司完善内部控制体系，稳步提升规范运作水平。一是以现场检查为切入点，重点关注上市公司三会运作、承诺履行、关联交易、再融资、信息披露的合规运作情况，督促公司提高内生规范动力。二是督促上市公司加强对中小投资者权益的保护力度，畅通与中小股东的沟通渠道，积极推进累计投票制，有效落实现金分红长效机制。三是督促上市公司规范关联交易，防范大股东资金占用，从严处理大股东和高管违规减持、短线交易及窗口交易行为。辖区 26 家上市公司均被出具标准无保留意见的内部控制审计报告。

（二）审计情况及监管情况

2018 年，11 家会计师事务所为内蒙古辖区 26 家上市公司提供了 2018 年年报审计服务，其中，25 家公司的审计报告为标准无保留意见，1 家公司的审计报告为带强调事项段的无保留意见。2018 年内蒙古辖区 2 家上市公司更换了年报审计机构。

内蒙古证监局以年报审计为抓手，坚持问题和风险导向，将审计监管与公司监管相结合，确定重点审计项目和审计领域，实施差异化监管，全程跟踪，及时问询。同时，加大现场检查力度，督促审计机构增强责任意识，切实提高审计执业质量和上市公司财务信息质量。2018 年，内蒙古证监局对审计执业项目开展现场检查 7 家次，采取行政监管措施 1 家次，下发检查结果告知书 2 家次。

（三）信息披露情况

内蒙古证监局坚持以信息披露为核心，切实履行监管职责，一是加强对日常信息披露事项的重点审阅，关注舆情监控，对比日常监管掌握的公司情况，确保信息披露的真实、准确、完整。通过举办座谈会、培训等方式引导上市公司强化信息披露意识，提高信息披露的主动性和自觉性。二是加强年报审核监管，结合现场检查，传导监管压力，提高年报信息披露的准确性。2018 年，因信息披露未履行相关程序，被采取行政监管措施 1 家次。

（四）证券市场服务情况

一是坚持不懈抓好拟上市企业培育工

作。深入拟上市企业开展调研，邀请业内专家“一对一”对拟上市企业进行“会诊”，摸清底数，精准指导，解决实际困难，推动质地优良的企业加快上市进程。同时，完善辅导工作流程，增加辅导过程透明度，扎实推进首发上市工作。二是妥善处理投资者投诉举报事项。内蒙古证监局在强化上市公司规范运作的同时，支持企业利用再融资创新发展，引导企业募集资金投向实体经济，通过资产出售或购入新资产等方式，实现转型升级。三是鼓励引导上市公司利用资本市场并购重组再融资。完善信访投诉处理工作制度，健全处理机制，提高信访举报处置效率。密切关注投诉举报事项，积极核实回应，切实把投资者保护工作落到实处。

（五）其他

内蒙古证监局加强与地方政府部门及交易所的密切合作，宣传政策法规，推动辖区多层次资本市场的健康发展。

审稿人：韩永宁　董阅军　侯国祥

撰稿人：胡　洁　石宇涛

辽宁地区

一、辽宁国民经济发展概况

表 1　　2018 年辽宁国民经济发展概况　　单位：亿元

指　标	1~3 月		1~6 月		1~9 月		1~12 月	
	绝对量	同比增长（%）	绝对量	同比增长（%）	绝对量	同比增长（%）	绝对量	同比增长（%）
地区生产总值（GDP）	5125.03	5.10	11383.28	5.60	18012.38	5.40	25315.35	5.70
全社会固定资产投资	—	4.30	—	12.10	—	4.80	—	3.70
社会消费品零售总额	3461.90	7.80	6903.50	7.90	10460.40	7.40	14142.80	6.70
规模以上工业增加值	—	8.50	—	10.30	—	9.70	—	9.80
规模以上工业企业实现利润	355.30	58.50	748.20	79.30	1150.80	54.30	1460.30	41.80
居民消费价格指数（CPI）	1~3 月		1~6 月		1~9 月		1~12 月	
	3.10		2.70		2.00		1.30	

资料来源：国家统计局。

二、辽宁上市公司总体情况

（一）公司数量

表 2　　2018 年辽宁上市公司数量　　单位：家

公司总数	2018 年新增	股票类别			板块分布			
		仅 A 股	仅 B 股	（A+B）股	沪市主板	深市主板	中小板	创业板
45	-2	43	0	2	18	12	6	9

资料来源：沪深交易所，同花顺。

（二）行业分布

表 3　　2018 年辽宁上市公司行业分布情况

所属证监会行业类别	家数	占比（%）	所属证监会行业类别	家数	占比（%）
采矿业	1	2.22	批发和零售业	2	4.44
电力、热力、燃气及水的生产和供应业	3	6.67	水利、环境和公共设施管理业	1	2.22
房地产业	0	0.00	卫生和社会工作业	0	0.00
建筑业	0	0.00	文化、体育和娱乐业	2	4.44
交通运输、仓储和邮政业	2	4.44	信息传输、软件和信息技术服务业	4	8.89
教育	0	0.00	制造业	30	66.67
金融业	0	0.00	住宿和餐饮业	0	0.00
居民服务、修理和其他服务业	0	0.00	租赁和商务服务业	0	0.00
科学研究和技术服务业	0	0.00	综合	0	0.00
农、林、牧、渔业	0	0.00	合计	45	100.00

资料来源：沪深交易所，同花顺。

（三）股本结构及规模

表 4　　2018 年辽宁上市公司股本规模在 10 亿股以上公司分布情况

股本规模（亿股）	公司家数	具体公司
50≤～<100	2	鞍钢股份、营口港
20≤～<50	3	凌钢股份、本钢板材、锦州港
10≤～<20	11	ST 抚钢、华锦股份、联美控股、锌业股份、远大智能、文投控股、东软集团、红阳能源、机器人、*ST金山、金杯汽车

资料来源：沪深交易所，同花顺。

表 5　　2018 年辽宁上市公司分地区股权构成情况　　单位：家

股权性质 地域分布	央企国资控股	省属国资控股	地市国资控股	民营控股	其他	合计
沈阳市	3	3	2	13	1	22
鞍山市	1	0	0	5	0	6
抚顺市	0	0	0	1	0	1
本溪市	0	1	0	0	0	1
丹东市	0	0	0	1	0	1
锦州市	0	0	0	1	1	2

续表

股权性质 / 地域分布	央企国资控股	省属国资控股	地市国资控股	民营控股	其他	合计
营口市	0	1	0	1	0	2
阜新市	0	0	0	2	0	2
辽阳市	0	0	0	2	0	2
盘锦市	1	0	0	0	0	1
铁岭市	0	0	1	0	0	1
葫芦岛市	0	0	0	2	0	2
朝阳市	0	0	1	0	0	1
其他	0	0	1	0	0	1
合计	5	5	5	28	2	45

资料来源：辽宁证监局。

（四）市值规模

截至 2018 年 12 月 31 日，辽宁辖区 45 家上市公司境内总市值 2674.07 亿元，占全国上市公司境内总市值的 0.61%；其中，上交所上市公司 18 家，总股本 255.21 亿股，境内总市值 1255.21 亿元，占上交所上市公司境内总市值的 0.47%；深交所上市公司 27 家，总股本 251.92 亿股，境内总市值 1418.84 亿元，占深交所上市公司境内总市值的 0.86%。

（五）资产规模

截至 2018 年 12 月 31 日，辽宁辖区 45 家上市公司合计总资产 4558.11 亿元，归属于母公司股东权益 2057.32 亿元，与 2017 年相比，分别增长 -1.71%、6.14%；平均每股净资产 3.97 元。

三、辽宁上市公司经营情况及变动分析

（一）总体经营情况

表 6　　2018 年辽宁上市公司经营情况

指　标	2018 年	2017 年	变动率（%）
家数	45	47	-4.26
亏损家数	10	3	233.33
亏损家数比例（%）	22.22	6.38	15.84
平均每股收益（元）	0.34	0.32	6.25
平均每股净资产（元）	3.97	3.82	3.93
平均净资产收益率（%）	8.51	8.47	0.04
总资产（亿元）	4558.11	4637.3	-1.71
归属于母公司股东权益（亿元）	2057.32	1938.37	6.14
营业收入（亿元）	3629.52	3127.85	16.04
利润总额（亿元）	221.21	197.07	12.25
归属于母公司所有者的净利润（亿元）	175.13	164.24	6.63

资料来源：沪深交易所，同花顺。

（二）分行业经营情况

表 7　　2018 年辽宁上市公司分行业经营情况

所属行类	营业收入（亿元）	可比样本变动率（%）	归属于母公司所有者的净利润（亿元）	可比样本变动率（%）
采矿业	73.11	-4.94	1.13	-75.72
电力、热力、燃气及水的生产和供应业	120.83	6.11	5.94	598.97
房地产业	—	—	—	—
建筑业	—	—	—	—
交通运输、仓储和邮政业	107.35	28.57	12.43	83.30
教育	—	—	—	—
金融业	—	—	—	—
居民服务、修理和其他服务业	—	—	—	—
科学研究和技术服务业	—	—	—	—
农、林、牧、渔业	—	—	—	—
批发和零售业	35.48	4.94	-0.37	-122.38
水利、环境和公共设施管理业	15.52	1840.54	0.97	-4.30
卫生和社会工作业	—	—	—	—
文化、体育和娱乐业	44.24	5.13	-5.09	-185.59
信息传输、软件和信息技术服务业	106.85	4.46	0.62	-95.38
制造业	3126.13	15.17	159.52	16.29
住宿和餐饮业	—	—	—	—
租赁和商务服务业	—	—	—	—
综合	—	—	—	—
合计	3629.52	14.58	175.13	2.16

资料来源：沪深交易所，同花顺。

（三）业绩变动情况分析

1. 营业收入、毛利率等变动原因分析

2018 年，辖区 45 家上市公司累计实现营业收入 3629.52 亿元，较 2017 年同比增长 16.04%；归属于母公司所有者的净利润 175.13 亿元，较 2017 年同比增长 6.63%；营业利润 187.80 亿元，较 2017 年下降 3%；利润总额 221.21 亿元，较 2017 年增长 12.25%；平均毛利率 19.13%，较 2017 年减少 5.6 个百分点。辖区以传统制造行业为主，随着经济下行压力的加大，辖区营业收入增幅变窄，相对而言，经营成本却依然保持了较快增长，导致 2018 年度毛利下降较多。

2. 盈利构成分析

2018 年，辖区 45 家上市公司总体实现归属于母公司所有者的净利润 175.13 亿元，较 2017 年同比增长 6.63%。辖区 10 家公司亏损，相比 2017 年亏损面加大，亏损总额30.69亿元。同时，辖区有35家公司盈利，盈利总额205.83亿元，净利润超过10亿元的公司有7家，公司数量相比2017年增加3家，其中，鞍钢股份实现盈利最多，归属母公司所有者净利润79.52亿元。从盈利贡献来看，辖区权重的钢铁类上市公司依然占据了辖区盈利的大部分，辖区4家钢铁上市公司总计实现归属母公司净利润127.93亿元，占辖区总盈利的73.05%。营业利润是辖区上市公司盈利的主要来源，占当期利润总额的比重为84.90%。45家上市公司共确认非经常性损益62.00亿元，较2017年增加34.40%，占归属于母公司所有者净利润的35.40%。其中，抚顺特钢因破产重整产生非经常性损益最多，达28.32亿元，占辖区总额的45.68%。

3. 经营性现金流量分析

2018年，辽宁辖区上市公司经营性现金流量净额为267.72亿元，较2017年减少18.07%。45家上市公司中有35家公司经营性现金流量净额为正，占比77.78%，较2017年增加1.18个百分点。

4. 业绩特点分析

（1）收入规模稳中有升，营运能力保持稳定。

2018年，辖区45家上市公司收入稳中有升，累计实现营业收入3629.52亿元，同比增长16.04%，实现连续两年两位数增长，其中，营业收入最高的鞍钢股份达1051.57亿元，为辖区唯一一家营收突破千亿的上市公司，占辖区收入的28.97%；营业收入增长的公司有35家，公司数量占比77.78%。从营运能力来看，2018年辖区上市公司整体总资产周转率为0.79次，与2017年同期基本持平，应收账款周转率为12.31，存货周转率为4.95，分别上升2.02、0.66，上述指标均高于全国水平，表明辖区上市公司流动资产管理效率逐步提高，营运能力提升。

（2）盈利能力下滑，业绩两极分化加剧。

2018年，辖区45家上市公司利润同比增长6.63%。净资产收益率为8.51%，低于全国平均水平0.93个百分点。剔除抚顺特钢破产重整大幅度扭亏事项影响的39.45亿元，辖区上市公司合计归属母公司所有者净利润实际同比下降13.96%。45家公司中有10家公司亏损，亏损面同比扩大；24家公司盈利出现下滑，数量占比53.33%。盈利的35家公司中，有8家公司处于0～0.5亿元的微利之间，同时，辖区有7家公司实现大额盈利，盈利皆超过10亿元，7家公司合计盈利占辖区总额的92.31%。

（3）民企业绩下滑压力大于国企，融资压力仍然较大。

从经营数据分析，辖区民营上市公司业绩下滑压力大于国有控股上市公司。辖区15家国有控股企业中，12家实现盈利，合计实现归属母公司净利润110.80亿元，同比下降6.63%，国企数量占比33.33%，归属母公司净利润占比63.27%，整体经营业绩基本稳定。28家民营企业中，21家公司实现盈利，合计实现归属母公司净利润60.82亿元，剔除抚顺特钢破产重整偶发事项的影响，合计盈利34.75亿元，同比下降18.38%，下降幅度远超国企水平。14家中小创民营上市公司（辖区共有15家中小创公司，其中，除机器人外全部为民营上市公司）合计实现归属母公司净利润2.40亿元，平均盈利0.17亿元，同比下降74.87%，平均盈利金额和下降幅度超过全国平均水平。从负债结构来看，民营企业仍以短期负债为主，长期负债占比较低，融资压力仍然较大。

5. 利润分配情况

表8　　2018年辽宁上市公司现金分红情况

2018年分红公司家数			2018年分红金额		
家数	变动率（%）	分红公司家数占地区公司总数比重（%）	金额（亿元）	变动率（%）	分红金额占归属于母公司所有者的净利润比重（%）
25	-19.35	55.56	42.03	2.16	24.00

资料来源：辽宁证监局。

四、辽宁上市公司并购重组情况

（一）并购重组基本情况

2018年，辽宁辖区上市公司共发生重大资产并购重组4起，比2017年发生的5起减少20.00%，涉及交易金额11.64亿元，比2017年降低73.87%。在发生的4起并购重组中，完成3起、正在进行1起，其中，横向整合类重组正在实施1起；多元化重组实施完成1起；资产调整实施完成2起。

（二）并购重组特点

2018年，辖区开展并购重组公司数量和交易金额较2017年明显下降，延续了近几年的下降趋势。从开展并购重组公司的性质来看，除1家公司为无实际控制人类公司之外，其余3家皆为民营控股类上市公司。从支付手段来看，2起购入资产重组为发行股份购买资产方式，有1家为股份和现金支付相结合的方式。从重组目的来看，有的公司通过横向并购扩大产业规模，有的公司积极开展业务转型，通过注入优质资产，实现多元化发展，有的公司通过剥离低效资产专注主业，整体质量得到有效提升，充分体现了资本市场优化资源配置的重要作用。

五、辽宁上市公司募集资金情况、使用情况

（一）募集资金总体情况

表 9　　2018 年辽宁上市公司募集资金情况

发行类型	代码	简称	募集资金（亿元）
再融资（增发、配股）	000597	东北制药	8.51
	000761	本钢板材	40.00
	300290	荣科科技	1.68
	小计		50.19
其他融资（公司债券）	300374	德尔股份	5.65
	小计		5.65
总计			55.84

资料来源：辽宁证监局。

（二）募集资金使用情况及特点

2018 年，辖区共有 4 家上市公司通过资本市场进行资金募集，募集资金总额 55.84 亿元，较 2017 年增长 8.45%，但无公司 IPO。其中，有 3 家公司通过非公开发行股票的方式募集资金 50.19 亿元，较 2017 年增长 51.17%；1 家公司通过发行可转债募集资金 5.65 亿元，为近几年的首例。2018 年，已投入使用募集资金 47.04 亿元，占全年股权募集资金总额的 84.24%。近年来，辖区上市公司融资规模稳中有增，募集资金整体使用情况较为规范。主要特点如下：一是募集资金整体使用效率较高，但受经济转型及行业动态变化的影响，个别公司募集资金使用进度较慢，部分募投项目未达预期收益。二是为提高闲置募集资金使用效率，大部分公司对部分闲置募集资金进行了现金管理，主要购买保本型银行理财产品。

（三）募集资金变更情况

2018 年，辖区不存在变更募集资金使用项目的情况。

六、辽宁上市公司规范运作情况

（一）上市公司治理专项情况

2018 年，辽宁证监局继续以强化公司治理监管为重点，多举措督促上市公司完善公司治理结构，提升规范运作水平。一是强化与中小投服的沟通配合，充分利用中小投服持股行权作用，将发现的关于公司治理方面的问题进行研究，并通知辖区相关上市公司及时修订公司章程及内部控制制度。2018 年，对中小投服反映的 29 家公司存在的问题建议向相关公司进行反馈，跟进落实整改情况。二是积极开展“双随机”检查和专项检查工作，将公司治理作为检查的必选项目，对发现的问题严格采取相关监管措施，督促上市公司及时整改。2018 年，对上市公司开展各类现场检查 17 家次，其中，对 1 家重点公司的公司治理和规范运作情况开展了专项检查，发现公司存在独立性和大股东资金占用等问题，已就相关问题向相关责任人下发监管措施。三是针对上市公司治理准则修订等事宜，积极开展辖区上市公司高管培训。召开了2018年度辖区上市公司董秘例会、财务总监例会，通报2018年现场检查中发现的问题，部署查处大股东占用、违规担保、落实公司治理等工作，对上市公司规范运作提出要求。

（二）审计情况及监管情况

2018年，共有18家会计师事务所对辖区45家上市公司进行了年报审计，总计审计费用5306.10万元，较2017年增长14.14%。从出具报告的审计类型来看，有43家公司被出具了标准无保留意见，2家公司被出具了带强调事项段的无保留意见。从内部控制审计报告来看，辖区共有39家公司出具了内部控制审计报告，其中，36家为标准无保留意见，2家为带强调事项段的无保留意见，1家为否定意见。

2018年，辽宁证监局继续坚持以问题风险为导向、坚持审计监管与上市公司监管相结合，通过对会计师事务所审计事项风险提示、约谈提醒、现场检查和问题通报等，提升审计执业监管的深入度和覆盖度，充分发挥审计机构对上市公司财务信息、内部控制等情况的把关作用，实现借力监管。一是根据辖区实际和年度审计监管重点，制定辖区年度审计监管工作方案，对年审项目进行风险分类，确定重点审计项目7家，对不同风险类型项目实施差异化监管方案。做好年报审计的事前风险提示、事中业务指导和事后审计质量评估全过程监管，以保证年报审计高质量完成。二是积极开展审计项目现场检查工作。2018年，开展了3家上市公司年审项目“双随机”现场检查；对3家上市公司年审项目开展了基础审计程序（函证）专项检查；对会计部转交的1家公司审计项目进行了专项检查。检查中对审计机构存在违法违规问题的，及时采取相关监管措施。其中，对1家事务所下发了警示函，对1家事务所进行了立案稽查。三是强化内外部沟通交流，提高监管水平。一方面，继续召开审计监管工作会议，通报审计监管工作情况和监管中发现的问题，做好审计风险提示；另一方面，搭建内外部学习交流和协作机制，强化局内会计小组作用发挥，通过不定期召开专题培训和交流活动，强化系统内部监管协作和与审计机构沟通交流，不断提升业务水平。

（三）信息披露情况

2018年，辽宁证监局紧紧抓住信息披露这个上市公司监管核心，根据信息披露真实、准确、完整、及时、公平五原则，持续加强上市公司信息收集、分析及监管联动。一是强化公司公开披露信息和舆情监测监管，根据监管责任分工，实时审阅并动态研判风险点，做到快速响应、快速处理。本年度对辖区8家公司媒体质疑进行了核实，防范不良舆情的随意扩散；对辖区1家公司年报披露格式错误问题进行了约谈，下发关注函，督促其提高业务水准。二是开展了上市公司环境信息和扶贫信息披露监管工作，督促相关公司履行信息披露义务和社会责任，建立相关工作台账。三是强化年报审阅风险识别作用，采用行业横向比对、历史数据纵向比较等方式，查找问题，全面扫描分析公司情况，完成对机器人、惠天热电等公司的“画像”工作，提高监管精度和效率。四是组织开展投资者接待日集体活动，辖区44家上市公司，140余位公司高管通过网络互动平台参加了网上交流活动，投资者提问1351个，上市公司现场答复1062个，答复率78.6%。

（四）证券市场服务情况

1. 摸清公司发展症结，向相关部门提出解决建议

一是通过现场走访、召开座谈会等积极开展调研工作，主动征集公司发展遇到的问题。局领导带队对沈阳机床等辖区14家公司进行了现场调研，就贯彻习总书记在东北振兴座谈会上讲话、上半年经济金融形势分析召开3次座谈会。二是向沈阳市政府通报沈阳地区上市公司存在的问题和困难，提出意见建议，并联合沈阳市政府开展沈阳部分亏损上市公司座谈会、民营上市公司座谈会、陪同沈阳市政府领导到部分企业调研，推动地方政府解决公司存在的问题和困难。三是陪同地方政府到证监会上市部反映辖区公司资源整合、分拆上市等事宜，了解相关政策；协调地方银行监管部门解决辖区部分公司存在的贷款展期问题；强化与交易所的沟通协调，积极化解辖区部分公司股票质押风险和个别公司实际控制人“名不副实”问题。

2. 加强对辽宁上市公司协会工作指导，打造会员之家

一是指导开展学习交流，推动辖区上市公司提高公司治理水平。指导协会组织辖区上市公司40余位代表赴上海等地学习；组织走进上交所活动；组织召开医药行业上市公司座谈会；推动协会开展了3期走进上市公司活动。二是指导开展集中培训。组织召开了以“专注、变革、发展”为主题的上市公司年会，鼓励辖区公司聚焦主业、变革发展，辖区上市公司、新三板公司近400人参加。此外，还推动举办了1次上市公司规范运作培训会和2次融资业务培训会。三是指导通过新媒体开展培训交流。指导协会创设了微信公众号，构建宣传交流平台。与上海上市公司协会建立网上培训平台，开展了3期培训，合计500人次。

3. 妥善处理信访举报，保护投资者合法权益

辽宁证监局严格遵守《证券期货违法违规行为举报工作暂行规定》的要求，按照信访举报处理指引和流程的规定，依法、按程序、按时对信访举报事项进行处理，做到“有投诉必回应、有线索必核查”，切实维护了投资者的合法权益。2018年，共收到涉及辖区上市公司的信访举报事项40件。

审稿人：狄佳巍

撰稿人：郎丰高

吉林地区

一、吉林国民经济发展概况

表 1　　2018 年吉林国民经济发展概况　　单位：亿元

指　标	1～3 月		1～6 月		1～9 月		1～12 月	
	绝对量	同比增长（%）	绝对量	同比增长（%）	绝对量	同比增长（%）	绝对量	同比增长（%）
地区生产总值（GDP）	2659.29	2.20	6299.07	2.50	9957.68	4.00	15074.62	4.50
全社会固定资产投资	—	-8.60	—	-1.50	—	0.90	—	1.60
社会消费品零售总额	1789.21	5.00	3614.64	5.20	5480.86	5.20	—	4.80
规模以上工业增加值	—	1.20	—	2.00	—	5.00	—	5.00
规模以上工业企业实现利润	268.90	7.20	504.90	26.20	683.30	17.10	817.00	10.70
居民消费价格指数（CPI）	1～3 月		1～6 月		1～9 月		1～12 月	
	1.90		2.20		2.50		1.70	

资料来源：国家统计局。

二、吉林上市公司总体情况

（一）公司数量

表 2　　2018 年吉林上市公司数量　　单位：家

公司总数	2018 年新增	股票类别			板块分布			
		仅 A 股	仅 B 股	（A+B）股	沪市主板	深市主板	中小板	创业板
41	-1	40	0	1	17	14	6	4

资料来源：沪深交易所，同花顺。

（二）行业分布

表 3　　2018 年吉林上市公司行业分布情况

所属证监会行业类别	家数	占比（%）	所属证监会行业类别	家数	占比（%）
采矿业	0	0.00	批发和零售业	2	4.88
电力、热力、燃气及水的生产和供应业	4	9.76	水利、环境和公共设施管理业	2	4.88
房地产业	3	7.32	卫生和社会工作业	0	0.00
建筑业	1	2.44	文化、体育和娱乐业	0	0.00
交通运输、仓储和邮政业	1	2.44	信息传输、软件和信息技术服务业	4	9.76
教育	0	0.00	制造业	23	56.10
金融业	1	2.44	住宿和餐饮业	0	0.00
居民服务、修理和其他服务业	0	0.00	租赁和商务服务业	0	0.00
科学研究和技术服务业	0	0.00	综合	0	0.00
农、林、牧、渔业	0	0.00	合计	41	100.00

资料来源：沪深交易所，同花顺。

（三）股本结构及规模

表 4　　2018 年吉林上市公司股本规模在 10 亿股以上公司分布情况

股本规模（亿股）	公司家数	具体公司
20≤～<50	7	亚泰集团、顺发恒业、通化东宝、吉电股份、东北证券、吉视传媒、苏宁环球
10≤～<20	10	中钢国际、一汽轿车、富奥股份、吉林高速、紫鑫药业、ST 中天、*ST 利源、吉林化纤、诺德股份、吉林敖东

资料来源：沪深交易所，同花顺。

表 5　　2018 年吉林上市公司分地区股权构成情况　　单位：家

地域分布 \ 股权性质	央企国资控股	省属国资控股	地市国资控股	民营控股	其他	合计
长春市	4	4	4	8	4	24
吉林市	1	0	1	5	1	8
四平市	0	0	0	0	0	0
辽源市	0	0	0	1	0	1
通化市	0	0	0	5	1	6

续表

地域分布 \ 股权性质	央企国资控股	省属国资控股	地市国资控股	民营控股	其他	合计
白山市	0	0	0	0	0	0
松原市	0	0	0	0	0	0
白城市	0	0	0	0	0	0
延边州	0	0	1	1	0	2
合计	5	4	6	20	6	41

资料来源：吉林证监局。

（四）市值规模

截至2018年12月31日，吉林41家上市公司境内总市值2542.82亿元，占全国上市公司境内总市值的0.52%；其中，上交所上市公司17家，总股本167.58亿股，境内总市值905.18亿元，占上交所上市公司境内总市值的0.33%；深交所上市公司24家，总股本273.22亿股，境内总市值1637.63亿元，占深交所上市公司境内总市值的0.98%。

（五）资产规模

截至2018年12月31日，吉林41家上市公司合计总资产4589.58亿元，归属于母公司股东权益1772.51亿元，与2017年相比，分别增长2.61%、1.19%；平均每股净资产4.02元。

三、吉林上市公司经营情况及变动分析

（一）总体经营情况

表6　　2018年吉林上市公司经营情况

指　标	2018年	2017年	变动率（%）
家数	41	42	-2.38
亏损家数	5	3	66.67
亏损家数比例（%）	12.20	7.14	5.06
平均每股收益（元）	0.09	0.24	-62.50
平均每股净资产（元）	4.02	4	0.50
平均净资产收益率（%）	2.19	6.11	-3.92
总资产（亿元）	4589.58	4472.66	2.61
归属于母公司股东权益（亿元）	1772.51	1751.72	1.19
营业收入（亿元）	1613.04	1667.08	-3.24
利润总额（亿元）	76.82	173.61	-55.75
归属于母公司所有者的净利润（亿元）	38.73	107	-63.80

资料来源：沪深交易所，同花顺。

（二）分行业经营情况

表 7　　2018 年吉林上市公司分行业经营情况

所属行类	营业收入（亿元）	可比样本变动率（%）	归属于母公司所有者的净利润（亿元）	可比样本变动率（%）
采矿业	—	—	—	—
电力、热力、燃气及水的生产和供应业	167.24	-0.59	-23.43	-586.06
房地产业	65.48	-49.11	21.46	11.66
建筑业	83.67	3.99	4.41	2.07
交通运输、仓储和邮政业	8.51	-12.59	2.44	-17.95
教育	—	—	—	—
金融业	67.80	37.42	3.01	-54.82
居民服务、修理和其他服务业	—	—	—	—
科学研究和技术服务业	—	—	—	—
农、林、牧、渔业	—	—	—	—
批发和零售业	156.32	10.20	2.67	14.19
水利、环境和公共设施管理业	84.38	54.49	4.42	4.80
卫生和社会工作业	—	—	—	—
文化、体育和娱乐业	—	—	—	—
信息传输、软件和信息技术服务业	47.52	0.24	4.70	-5.66
制造业	932.10	-2.03	19.05	-76.48
住宿和餐饮业	—	—	—	—
租赁和商务服务业	—	—	—	—
综合	—	—	—	—
合计	1613.04	-1.14	38.73	-70.33

资料来源：沪深交易所，同花顺。

（三）业绩变动情况分析

1. 营业收入、毛利率等变动原因分析

2018 年，吉林辖区上市公司实现营业总收入 1613.04 亿元，占 A 股上市公司总收入的 0.36%，同比下降 3.24%，与 2017 年基本持平。辖区总体毛利率为 30.56%，较 2017 年同期下降 7.28 个百分点。

2. 盈利构成分析

2018 年，吉林辖区上市公司归属于母公司股东的净利润合计 38.73 亿元，占 A 股上市公司的 0.11%，同比下降 63.80%。其中，投资收益 55.22 亿元，与 2017 年基本持平，资产减值损失 62.66 亿元，较 2017 年的 17.46 亿元增长 258.87%，大额资产减值损失挤占了大部分利润空间。

3. 经营性现金流量分析

2018 年，吉林辖区上市公司经营活动现金流量净额 157.78 亿元，同比下降 44.32%，现金流创造能力减弱，其中，销售商品收到的现金 1414.08 亿元，与 2017 年基本持平。投资活动现金流出

148.75亿元，同比下降40.08%，投资支出减少。筹资活动现金流入19.43亿元，其中，吸收投资现金流入35.90亿元，同比下降70.83%；取得借款现金流入1062.69亿元，同比上升18.65%。经营、投资、筹资活动现金流同比下降，一定程度上反映出市场资金紧张的情况。

4. 业绩特点分析

2018年，吉林辖区汽车板块上市公司收入规模处于领先地位，约占辖区总收入的30%，医药板块上市公司整体盈利能力处于领先地位，占辖区盈利公司净利润的1/3。41家上市公司中，36家盈利，盈利金额105.19亿元，净利润超过5亿元的公司共6家，其中，顺发恒业、苏宁环球、长春高新迈入10亿元大关，江浙地区房价的上涨助推两家房地产企业领跑辖区上市公司，核心技术也为生物制药企业长春高新、通化东宝带来了丰厚的利润。5家公司亏损，合计亏损66.93亿元，其中，*ST利源因营业成本高于营业收入，加之计提大额资产减值损失，成为辖区亏损最多的上市公司。

5. 利润分配情况

表8　　2018年吉林上市公司现金分红情况

2018年分红公司家数			2018年分红金额		
家数	变动率（%）	分红公司家数占地区公司总数比重（%）	金额（亿元）	变动率（%）	分红金额占归属于母公司所有者的净利润比重（%）
23	-28.12	56.09	34.88	-4.75	90.05

资料来源：吉林证监局。

四、吉林上市公司并购重组情况

（一）并购重组基本情况

2018年，吉林辖区2家上市公司完成重大资产重组。其中，金冠股份发行股份及支付现金购买鸿图隔膜100%股权，重组金额14.76亿元；中通国脉发行股份及支付现金购买上海共创100%股权，重组金额4.13亿元。

（二）并购重组特点

2018年，吉林辖区上市公司并购重组日趋主动，上市公司能够积极主动利用资本市场的广阔平台寻求新增长、新发展、新突破。并购重组效果较为明显，上市公司通过收购优质资产，延伸产业链条，拓展业务领域，使得自身的经营规模、盈利能力得到大幅提高，实现了企业做大做强的目标，充分体现了资本市场优化资源配置的重要作用，对地方经济发展的促进作用更加明显，也为服务实体经济发展和供给侧结构性改革战略做出了积极贡献。

五、吉林上市公司募集资金情况、使用情况

（一）募集资金总体情况

表 9　　2018 年吉林上市公司募集资金情况

发行类型	代码	简称	募集资金（亿元）
再融资（增发、配股）	600189	吉林森工	4.22
	601518	吉林高速	4.5
	300510	金冠股份	7.08
	603559	中通国脉	0.93
	601929	吉视传媒	15.6
	000623	吉林敖东	24.13
	小计		56.46
其他融资（公司债券、短期融资券、中期票据、次级债、金融债、境外发行债券）	000766	通化金马	1.5
	000686	东北证券	25
	000686	东北证券	30
	000686	东北证券	15
	小计		71.5
总计			127.96

资料来源：吉林证监局。

（二）募集资金使用情况及特点

2018 年，吉林辖区 6 家上市公司直接使用募集资金 33.92 亿元，占募集资金总额的 60.07%，其中，23.17 亿元用于项目建设，占比 68.30%；10.75 亿元用于补充流动资金、归还银行借款，占比 31.70%。吉林辖区上市公司能够积极利用资本市场的直接融资功能，使用募集资金投资项目建设，助力实体经济发展，同时，适当使用募集资金补充流动资金和归还银行借款，保证正常生产经营、调整资本结构。

（三）募集资金变更情况

表 10　　2018 年吉林上市公司募集资金使用项目变更情况

变更募集资金使用项目的公司家数	涉及金额（亿元）	募集资金总额（亿元）	占公司募集资金总额的比例（%）
2	2.82	5.58	50.53

资料来源：吉林证监局。

2018 年，吉林辖区共有 2 家上市公司变更募集资金使用项目，其中，吉大通信变更募投项目“通信业务服务网点升级改造项目”实施地点；中通国脉将“分支机构建设项目”的剩余募集资金及相关利息和理财收入投入“补充其他与主营业务相关的营运资金项目”。

六、吉林上市公司规范运作情况

（一）上市公司治理专项情况

一是加强新修订的《上市公司治理

准则》的政策宣传和引导工作，要求上市公司对照准则自查整改，推动新政在吉林辖区上市公司的落地。二是提升上市公司监管政治属性，积极推动上市公司参与精准扶贫。近年来，辖区上市公司共支出扶贫资金2600余万元，帮助建档立卡的270余名贫困人口实现脱贫。三是督促上市公司履行社会责任，加强环境保护信息披露监管。督促未披露环境保护信息的公司做好环境信息披露工作，督促环境信息披露不完整的公司进行补充披露。

（二）审计情况及监管情况

2018年，吉林证监局共对辖区11家上市公司开展了年报审计监管，梳理了151个风险事项，累计下发18份监管备忘录，约谈主审会计师、公司高管等42家次，现场督导20家次。通过事中监管，督促3家公司更正完善财务信息，提示1家公司规范财务核算，督导6家审计机构追加完善15项审计程序，有效防范化解风险，构筑了辖区公司风险防范的坚实防线。

（三）信息披露情况

2018年，吉林证监局紧扣信息披露监管核心，认真开展非现场监管工作，着力提升风险线索发现能力。一是强化临时公告审核，全年共审核关注临时公告5036份，做到对重大信息的及时掌握、快速响应和妥善处置。二是深入开展年报审核分析，对辖区上市公司年报进行全面排查摸底，关注事项246个，发出书面问询8份。三是不断拓宽舆情监测渠道，重点做好微博、微信“两微”传播信息筛查监测，及时处置，针对重大媒体质疑，督导公司及时发布公告说明情况。

（四）证券市场服务情况

2018年，吉林证监局坚持以投资者为中心，全方位保护投资者的合法权益。一是压实上市公司投资者保护主体责任。通过下发通知、组织座谈、政策解读等方式，明确投资者保护工作要求，督促上市公司切实承担投保主体责任。二是督促上市公司严格落实规范责任。开展“上市公司章程自查自纠、规整规范”专项活动，找出瑕疵章程条款的“重灾区”，要求限时限期整改规范；督促上市公司严格执行停复牌制度，强力规范大股东、董监高增减持及披露行为，保护中小投资者交易权、知情权。三是着力做好投资者诉求处理，守住投资者权益维护底线。将投诉举报作为发现风险的重要渠道，坚持“疑罪从有”，查明真相。全年，共处理投诉举报45件，对投资者答复率做到100%。

审稿人：张　煜

撰稿人：杨　帆

黑龙江地区

一、黑龙江国民经济发展概况

表 1　　2018 年黑龙江国民经济发展概况　　单位：亿元

指　标	1～3 月		1～6 月		1～9 月		1～12 月	
	绝对量	同比增长（%）	绝对量	同比增长（%）	绝对量	同比增长（%）	绝对量	同比增长（%）
地区生产总值（GDP）	3067.19	5.60	6240.62	5.50	9859.52	5.10	16361.62	4.70
全社会固定资产投资	—	2.50	—	0.30	—	-3.70	—	-4.70
社会消费品零售总额	2138.10	6.30	—	6.40	—	6.40	—	6.30
规模以上工业增加值	—	4.10	—	3.90	—	2.60	—	3.00
规模以上工业企业实现利润	124.70	11.90	292.90	38.60	392.20	26.60	487.00	22.80
居民消费价格指数（CPI）	1～3 月		1～6 月		1～9 月		1～12 月	
	2.40		2.00		1.80		1.20	

资料来源：国家统计局。

二、黑龙江上市公司总体情况

（一）公司数量

表 2　　2018 年黑龙江上市公司数量　　单位：家

公司总数	2018 年新增	股票类别			板块分布			
		仅 A 股	仅 B 股	（A+B）股	沪市主板	深市主板	中小板	创业板
36	0	35	0	1	25	5	4	2

资料来源：沪深交易所，同花顺。

（二）行业分布

表 3　　2018 年黑龙江上市公司行业分布情况

所属证监会行业类别	家数	占比（%）	所属证监会行业类别	家数	占比（%）
采矿业	0	0.00	批发和零售业	2	5.56
电力、热力、燃气及水的生产和供应业	2	5.56	水利、环境和公共设施管理业	0	0.00
房地产业	0	0.00	卫生和社会工作业	0	0.00
建筑业	2	5.56	文化、体育和娱乐业	0	0.00
交通运输、仓储和邮政业	2	5.56	信息传输、软件和信息技术服务业	2	5.56
教育	0	0.00	制造业	22	61.11
金融业	2	5.56	住宿和餐饮业	0	0.00
居民服务、修理和其他服务业	0	0.00	租赁和商务服务业	0	0.00
科学研究和技术服务业	0	0.00	综合	0	0.00
农、林、牧、渔业	2	5.56	合计	36	100.00

资料来源：沪深交易所，同花顺。

（三）股本结构及规模

表 4　　2018 年黑龙江上市公司股本规模在 10 亿股以上公司分布情况

股本规模（亿股）	公司家数	具体公司
50≤～<100	2	中航资本、中国一重
20≤～<50	5	东方集团、哈药股份、金洲慈航、哈投股份、誉衡药业
10≤～<20	7	宝泰隆、龙江交通、北大荒、ST 安通、*ST工新、*ST华源、国中水务

资料来源：沪深交易所，同花顺。

表 5　　2018 年黑龙江上市公司分地区股权构成情况　　单位：家

股权性质 地域分布	央企国资控股	省属国资控股	地市国资控股	民营控股	其他	合计
哈尔滨市	7	2	4	13	0	26
齐齐哈尔市	1	0	0	2	0	3
鸡西市	0	0	0	1	0	1
鹤岗市	0	0	0	0	0	0

续表

股权性质 / 地域分布	央企国资控股	省属国资控股	地市国资控股	民营控股	其他	合计
双鸭山市	0	0	0	0	0	0
大庆市	1	0	0	0	0	1
伊春市	0	0	0	1	0	1
佳木斯市	1	0	0	0	0	1
七台河市	0	0	0	1	0	1
牡丹江市	0	0	1	0	1	2
黑河市	0	0	0	0	0	0
绥化市	0	0	0	0	0	0
合计	10	2	5	18	1	36

资料来源：黑龙江证监局。

（四）市值规模

截至2018年12月31日，黑龙江36家上市公司境内总市值2441.81亿元，占全国上市公司境内总市值的0.56%；其中，上交所上市公司25家，总股本413.91亿股，境内总市值1959.86亿元，占上交所上市公司境内总市值的0.73%；深交所上市公司11家，总股本84.48亿股，境内总市值481.95亿元，占深交所上市公司境内总市值的0.29%。

（五）资产规模

截至2018年12月31日，黑龙江36家上市公司合计总资产6533.11亿元，归属于母公司股东权益1553.91亿元，与2017年相比，总资产增长10.11%，但归属于母公司股东的净利润下降3.92%；平均每股净资产3.12元。

三、黑龙江上市公司经营情况及变动分析

（一）总体经营情况

表6　　2018年黑龙江上市公司经营情况

指　标	2018年	2017年	变动率（%）
家数	36	36	0.00
亏损家数	7	3	133.33
亏损家数比例（%）	19.44	8.33	11.11
平均每股收益（元）	-0.07	0.15	-146.67

续表

指　标	2018 年	2017 年	变动率（%）
平均每股净资产（元）	3.12	3.33	-6.31
平均净资产收益率（%）	-2.1	4.61	-6.71
总资产（亿元）	6533.11	5933.11	10.11
归属于母公司股东权益（亿元）	1553.91	1617.34	-3.92
营业收入（亿元）	1644.65	1529.92	7.50
利润总额（亿元）	0.35	113.07	-99.69
归属于母公司所有者的净利润（亿元）	-32.71	74.64	-143.82

资料来源：沪深交易所，同花顺。

（二）分行业经营情况

表 7　　2018 年黑龙江上市公司分行业经营情况

所属行类	营业收入（亿元）	可比样本变动率（%）	归属于母公司所有者的净利润（亿元）	可比样本变动率（%）
采矿业	—	—	—	—
电力、热力、燃气及水的生产和供应业	102.75	7.91	-7.51	30.80
房地产业	—	—	—	—
建筑业	129.96	9.47	2.49	-42.00
交通运输、仓储和邮政业	107.57	25.84	7.93	-10.75
教育	—	—	—	—
金融业	166.26	23.05	30.24	-3.76
居民服务、修理和其他服务业	—	—	—	—
科学研究和技术服务业	—	—	—	—
农、林、牧、渔业	35.29	8.57	10.29	22.73
批发和零售业	215.61	35.00	9.14	-10.70
水利、环境和公共设施管理业	—	—	—	—
卫生和社会工作业	—	—	—	—
文化、体育和娱乐业	—	—	—	—
信息传输、软件和信息技术服务业	15.86	-66.26	-51.58	-118.93
制造业	871.36	1.74	-33.69	-174.64
住宿和餐饮业	—	—	—	—
租赁和商务服务业	—	—	—	—
综合	—	—	—	—
合计	1644.65	7.48	-32.71	-144.24

资料来源：沪深交易所，同花顺。

（三）业绩变动情况分析

1. 营业收入、毛利率等变动原因分析

2018 年，黑龙江上市公司实现营业收入共计 1644.65 亿元，较 2017 年同比上涨 7.5%，超过 1/3 的公司营业总收入出现负增长（14 家）；营业利润 -10.28 亿元，首次出现负数，其中，秋林集团、工大高新、金洲慈航出现巨亏。辖区归属于上市公司股东的净利润累计约为 -32.7 亿元，首次为负。辖区公司出现两极分化趋势明显，部分主营业务发展良好、势头强劲的公司营业收入呈现高速增长，例如，中航资本营业总收入增长约 30 亿元，而个别公司爆发债务危机，使得营业收入出现巨幅萎缩，例如，秋林集团、工大高新，营业总收入分别减少约 30 亿元。

2. 盈利构成分析

2018 年，归属于母公司股东的净利润合计为 -32.71 亿元（剔除 7 家亏损企业，实现净利润为 97.72 亿元），部分公司风险爆发出现巨亏。净利润在 1 亿元以上的公司有 19 家，较上年减少 4 家，净利润最高为中航资本的 31.66 亿元。

2018 年，黑龙江 4 家上市公司完全依靠非经常性损益实现盈利（即非经常性损益占归属于上市公司股东净利润的比例超过 100%）。非经常性损益占归属于上市公司股东净利润比例在 50% ~100% 的有 2 家，比例在 30% ~50% 的有 4 家。

3. 经营性现金流量分析

2018 年，黑龙江上市公司直接融资大幅度下降，仅龙建股份一家公司通过非公开发行融资 4.7 亿元，同比下降 91.9%。直接融资能力下降造成部分公司在 2018 年度现金流量偏紧，更多依靠银行贷款等短期借款维持正常生产经营，财务费用居高不下，严重影响公司的盈利能力。部分公司控股股东出现财务危机，殃及上市公司，引发公司债券违约、违规担保等一系列问题。剔除金融类上市公司，辖区共 6 家上市公司经营活动产生的现金流量净额为负。

虽然辖区流动比率及速动比率分别为 2.18 及 1.61，整体上尚处于资金流动良好的状态，但是个别公司已暴露出偿债压力大，偿债能力存疑的风险。流动比率小于 1 且速动比率小于 0.5 的企业有 2 家，分别为华电能源、誉衡药业。部分上市公司利息保障倍数较低，其中，东方集团利息保障倍数仅为 0.19，秋林集团、中国一重的利息保障倍数处于 1 ~1.5 的区间，其经营收益无法覆盖或刚刚能偿还现有利息费用。

4. 业绩特点分析

一是业绩分化严重，亏损面扩大。黑龙江 36 家上市公司 2018 年实现营业总收入 1644.65 亿元，同比增长 7.5%，远低于全国上市公司 11.48% 的平均增长率；平均营业收入为 45.68 亿元，与全国平均值 126 亿元亦存在较大差距。东方集团总收入最高为 145.06 亿元，中飞股份的营业收入最低，仅为 1.47 亿元。2018 年度，黑龙江 7 家上市公司亏损，亏损面达 19.44%，远高于上一年度的 8.33%。7 家上市公司累计亏损 137.02 亿元，平均每家公司亏损19.57亿元。中航资本净利润最高为31.66亿元，*ST秋林、*ST信通、*ST工新3家上市公司归属于母公司股东的权益为负值。

二是盈利水平下降，商誉减值压力较大。2018年，黑龙江上市公司非经常性损益合计为-2.43亿元，因*ST工新、*ST信通共计提预计负债20.31亿元，导致非经常性损益为负值。其中，上市公司政府补助合计为11.13亿元，同比增长50%，占营业收入的0.68%。2018年，36家上市公司共计提减值损失120.01亿元，是2017年的4.71倍。减值损失中，坏账损失69.83亿元（超过5亿元的有4家，分别是*ST秋林、金洲慈航、*ST工新和中航资本）。存货跌价损失13.44亿元（其中，*ST工新计提10.17亿元），是2017年的7.51倍。

5. 利润分配情况

表8　2018年黑龙江上市公司现金分红情况

2018年分红公司家数			2018年分红金额		
家数	变动率（%）	分红公司家数占地区公司总数比重（%）	金额（亿元）	变动率（%）	分红金额占归属于母公司所有者的净利润比重（%）
17	-37	47.2	25.66	-37.6	26.2

资料来源：黑龙江证监局。

四、黑龙江上市公司并购重组情况

（一）并购重组基本情况

2018年，辖区没有公司完成重大资产重组。

（二）并购重组特点

2017年以来，随着证监会并购重组监管的加强，辖区上市公司并购活跃程度大幅度下降，主要呈现以下特点：一是规模大幅度缩小，2017年辖区上市公司审核通过并最终实施完成的只有1家，2018年则没有一家上市公司完成并购重组。二是本年度通过并购重组获得直接融资能力下降造成了部分公司现金流量偏紧，更多依靠银行贷款等短期借款维持正常生产经营，财务费用居高不下，影响公司利润。

五、黑龙江上市公司募集资金情况、使用情况

（一）募集资金总体情况

表 9　　2018 年黑龙江上市公司募集资金情况

发行类型	代码	简称	募集资金（亿元）
再融资（增发、配股）		龙建股份	4.7
	小计		4.7
其他融资（公司债券）		东方集团	3.6
		江海证券	10
		威帝股份	2
		大庆城投	30
		牡丹江国投	1.9
		安通控股	3.4
		秋林集团	5
	小计		55.9
总计			60.6

资料来源：黑龙江证监局。

（二）募集资金使用情况及特点

黑龙江共 10 家上市公司 2018 年度使用募集资金 24.04 亿元，募集资金整体运行情况良好。辖区募集资金多为生产经营项目，个别用于补充流动资金。

（三）募集资金变更情况

表 10　　2018 年黑龙江上市公司募集资金使用项目变更情况

变更募集资金使用项目的公司家数	涉及金额（亿元）	募集资金总额（亿元）	占公司募集资金总额的比例（%）
3	4.73	45.52	10.39%

资料来源：黑龙江证监局。

六、黑龙江上市公司规范运作情况

（一）上市公司治理专项情况

一是加强承诺履行监管。向上市公司董事长、高级管理人员及中介机构人员提出明确要求，提醒公司强化承诺履行，注重公司形象。如果变更承诺，要及时召开投资者说明会，充分沟通，切实保护投资者合法权益。针对未如期履行承诺的行为，坚持从严监管。本年度因秋林集团大股东天津嘉颐未如期履行承诺，向天津嘉颐采取出具警示函的行政监管措施。

二是聚焦问题和风险，实施重点盯防

式监管。坚持“从严从快”“抬头就打”。针对亿阳信通、工大高新等风险问题集中爆发的公司，对其违法违规行为严厉查处，绝不手软，并将线索移送立案稽查。

（二）审计情况及监管情况

2018年年报共17家会计师事务所对注册地在黑龙江的36家公司上市公司的年报进行审计，并按期发表审计意见，出具审计报告。其中，31家财务报告审计意见类型为标准无保留，ST安通为带强调事项段的无保留意见，*ST信通、*ST工新、金洲慈航3家为保留意见，*ST秋林为无法表示意见。33家上市公司披露了内部控制报告（中小板和创业板公司自愿披露），28家内部控制审计意见类型为标准无保留，*ST秋林等5家公司内部控制审计意见类型为否定意见。

（三）信息披露情况

信息披露监管作为上市公司监管的核心工作，黑龙江证监局以现场检查为抓手，建立并完善事中事后监管机制，强化与交易所等部门的监管联动。一是加强日常信息披露的审核力度，坚持以问题和风险为导向，深入进行现场检查。二是加大违法违规打击力度，2018年度因信息披露违规，对上市公司及其相关方累计出具行政监管措施12项，创历年之最。

（四）证券市场服务情况

1. 切实维护投资者合法权益

2018年度，黑龙江证监局妥善处置投资者投诉举报，推动市场主体与中小投资者协商解决争议纠纷；将处置投诉举报作为促进监管的切入点，作为促进上市公司规范运作的“助推器”，实现处置投诉举报与监管工作的有效结合。针对重要举报线索，深入开展专项核查，对违法违规事项坚决打击，视情节下发行政监管措施或移送立案稽查。

2. 精心组织策划辖区上市公司培训

2018年度，为了进一步推动辖区上市公司董事、监事、高管等主体各行其权、各司其责，加强内部控制，防止违法违规行为发生，传达最新监管理念，黑龙江证监局联合辖区上市公司协会开展了董监高专题培训及董秘座谈会各一次。通过培训，不仅进一步推动了上市公司的规范运作，提升了辖区上市公司质量，而且也加强了对资本市场业务的学习以及对风险的研判管理。

审稿人：郭若超

撰稿人：韩　瑶

上海地区

一、上海国民经济发展概况

表 1　　2018 年上海国民经济发展概况　　单位：亿元

指　标	1~3月		1~6月		1~9月		1~12月	
	绝对量	同比增长（%）	绝对量	同比增长（%）	绝对量	同比增长（%）	绝对量	同比增长（%）
地区生产总值（GDP）	7863.40	6.80	15558.15	6.90	23656.69	6.60	32679.87	6.60
全社会固定资产投资	1417.28	7.70	3170.27	6.00	—	6.90	—	5.20
社会消费品零售总额	3082.43	7.60	6143.30	7.70	9244.01	7.90	12668.69	7.90
规模以上工业增加值	—	6.00	—	5.20	—	2.20	—	1.40
规模以上工业企业实现利润	782.07	3.90	1786.41	14.00	2540.36	9.30	3350.44	4.30
居民消费价格指数（CPI）	1~3月		1~6月		1~9月		1~12月	
	1.80		1.50		1.50		1.60	

资料来源：国家统计局、上海统计局。

二、上海上市公司总体情况

（一）公司数量

表 2　　2018 年上海上市公司数量　　单位：家

公司总数	2018年新增	股票类别			板块分布			
		仅A股	仅B股	（A+B）股	沪市主板	深市主板	中小板	创业板
287	8	250	4	33	209	2	30	46

资料来源：沪深交易所，同花顺。

（二）行业分布

表 3　　2018 年上海上市公司行业分布情况

所属证监会行业类别	家数	占比（%）	所属证监会行业类别	家数	占比（%）
采矿业	3	1.05	批发和零售业	21	7.32
电力、热力、燃气及水的生产和供应业	3	1.05	水利、环境和公共设施管理业	3	1.05
房地产业	20	6.97	卫生和社会工作业	0	0.00
建筑业	11	3.83	文化、体育和娱乐业	6	2.09
交通运输、仓储和邮政业	19	6.62	信息传输、软件和信息技术服务业	34	11.85
教育	1	0.35	制造业	139	48.43
金融业	13	4.53	住宿和餐饮业	1	0.35
居民服务、修理和其他服务业	0	0.00	租赁和商务服务业	4	1.39
科学研究和技术服务业	4	1.39	综合	3	1.05
农、林、牧、渔业	2	0.70	合计	287	100.00

资料来源：沪深交易所，同花顺。

（三）股本结构及规模

表 4　　2018 年上海上市公司股本规模在 10 亿股以上公司分布情况

股本规模（亿股）	公司家数	具体公司
500≤～<1000	1	交通银行
200≤～<500	3	浦发银行、上港集团、宝钢股份
100≤～<200	8	东方航空、上海电气、上海银行、中远海发、上汽集团、海通证券、绿地控股、上海石化
50≤～<100	10	上海建工、招商轮船、东方证券、中华企业、中国太保、协鑫集成、振华重工、安信信托、国泰君安、东方财富
20≤～<50	29	隧道股份、光大证券、大众公用、中远海能、国投资本、大众交通、上海电力、上海医药、中化国际、光明地产、华域汽车、东方明珠、大名城、城投控股、申能股份、二三四五、方正科技、网宿科技、美凯龙、上海莱士、鹏欣资源、华谊集团、中国核建、美邦服饰、陆家嘴、环旭电子、世茂股份、豫园股份、复星医药

续表

股本规模（亿股）	公司家数	具体公司
10≤～<20	39	大智慧、张江高科、新华传媒、上实发展、华贸物流、光大嘉宝、华鑫股份、*ST毅达、强生控股、华丽家族、海欣股份、*ST中安、紫江企业、航天机电、交运股份、外高桥、上海机场、万达信息、浦东金桥、*ST鹏起、吉祥航空、云赛智联、卫宁健康、中国船舶、华峰超纤、市北高新、益民集团、百联股份、上海凯宝、上海临港、光明乳业、三湘印象、现代制药、置信电气、上海机电、申华控股、丹化科技、氯碱化工、爱建集团

资料来源：沪深交易所，同花顺。

表 5　2018 年上海上市公司分地区股权构成情况　单位：家

地域分布 \ 股权性质	央企国资控股	省属国资控股	地市国资控股	民营控股	其他	合计
上海市	38	57	18	147	27	287

资料来源：上海证监局。

（四）市值规模

截至 2018 年 12 月 31 日，上海 287 家上市公司境内总市值 40251.32 亿元，占全国上市公司境内总市值的 9.25%；其中，上交所上市公司 209 家，总股本 4163.95 亿股，境内总市值 35719.40 亿元，占上交所上市公司境内总市值的 13.25%；深交所上市公司 78 家，总股本 585.92 亿股，境内总市值 4531.92 亿元，占深交所上市公司境内总市值的 2.74%。

（五）资产规模

截至 2018 年 12 月 31 日，上海 287 家上市公司合计总资产 270132.73 亿元，归属于母公司股东权益 37765.64 亿元，与 2017 年相比，分别增长 5.03%、4.02%；平均每股净资产 7.01 元。

三、上海上市公司经营情况及变动分析

（一）总体经营情况

表 6　2018 年上海上市公司经营情况

指　标	2018 年	2017 年	变动率（%）
家数	287	279	2.87
亏损家数	28	12	133.33
亏损家数比例（%）	9.76	4.3	5.46

续表

指 标	2018 年	2017 年	变动率（%）
平均每股收益（元）	0.66	0.67	-1.49
平均每股净资产（元）	7.01	6.71	4.47
平均净资产收益率（%）	9.35	10.03	-0.68
总资产（亿元）	270132.73	257203.61	5.03
归属于母公司股东权益（亿元）	37765.64	36307.47	4.02
营业收入（亿元）	47271.28	44798.91	5.52
利润总额（亿元）	4865.75	4998.99	-2.67
归属于母公司所有者的净利润（亿元）	3532	3641.18	-3.00

资料来源：沪深交易所，同花顺。

（二）分行业经营情况

表 7　　2018 年上海上市公司分行业经营情况

所属行类	营业收入（亿元）	可比样本变动率（%）	归属于母公司所有者的净利润（亿元）	可比样本变动率（%）
采矿业	108.81	26.22	7.02	-15.77
电力、热力、燃气及水的生产和供应业	638.68	13.74	50.73	58.25
房地产业	4681.40	19.67	270.87	3.34
建筑业	2775.62	17.73	64.06	29.87
交通运输、仓储和邮政业	2879.39	10.11	247.50	-19.92
教育	20.95	21.55	-2.67	-316.88
金融业	8615.50	6.11	1799.42	-4.01
居民服务、修理和其他服务业	—	—	—	—
科学研究和技术服务业	133.49	9.74	-16.88	-361.36
农、林、牧、渔业	37.57	20.48	2.92	19.09
批发和零售业	3372.99	12.64	107.07	10.98
水利、环境和公共设施管理业	41.01	8.57	7.81	10.44
卫生和社会工作业	—	—	—	—
文化、体育和娱乐业	61.47	-2.14	6.62	-21.00
信息传输、软件和信息技术服务业	1672.37	17.40	2.32	-96.72
制造业	21881.12	6.88	920.75	-2.64
住宿和餐饮业	146.97	8.20	10.82	22.73
租赁和商务服务业	181.88	20.80	47.07	8.95
综合	22.05	8.11	6.55	14.26
合计	47271.28	9.63	3532.00	-5.35

资料来源：沪深交易所，同花顺。

（三）业绩变动情况分析

1. 营业收入、毛利率等变动原因分析

2018年，上海上市公司实现营业收入47271.28亿元，较2017年同比增长5.52%；营业利润4885.60亿元，较2017年下降1.98%，利润总额4865.75亿元，较2017年同比下降2.67%，呈反向变化。导致收益下降的主要原因包括：2018年毛利率32.72%较2017年（33.15%）有所下降，资产减值损失（增长28.95%）、财务费用（增长32.80%）、销售费用（增长11.60%）等费用损失有所增加。

2. 盈利构成分析

2018年盈利构成与2017年同比变化不大。营业利润仍是上海上市公司盈利的主要来源，几乎与利润总额相等，略高于2017年（98.33%）水平，其中，投资净收益1961.50亿元，占利润总额比重为40.31%，与2017年（39.49%）持平。287家上市公司共确认非经常性损益354.31亿元，占归属于上市公司股东净利润的10.03%，与2017年（10.61%）的占比基本持平。

3. 经营性现金流量分析

2018年，上海上市公司现金流有较大改善，现金及现金等价物净增加590.44亿元，较2017年（－1997.06亿元）实现了由负转正。其中，经营性现金流量净额为1677.54亿元，较2017年（－256.26亿元）出现大幅增加。287家上市公司中，221家经营性现金流量净额为正，占比77.00%，略高于2017年（75.26%）。其中，剔除金融类上市公司，上海275家上市公司经营性现金流量净额为2761.51亿元，与2017年（2699.12亿元）持平。

4. 业绩特点分析

（1）板块表现有所不同，龙头企业优势突出。

从板块来看，主板、中小板、创业板营业收入均稳定增长，但归母净利润呈现不同幅度的下滑。2018年度，主板上市公司实现营业收入44994.75亿元，同比增长10.01%；归母净利润3472.82亿元，同比减少3.10%。中小板上市公司实现营业收入744.24亿元，同比增长2.17%；归母净利润20.02亿元，同比减少60.98%。创业板上市公司实现营业收入1532.22亿元，同比增长22.83%；归母净利润39.13亿元，同比减少40.99%。在内外部经济环境的压力下，各板块企业业绩分化加大，龙头企业盈利能力具有显著优势。主板、中小板、创业板归母净利润前5名的公司，贡献度分别为59%、120%、77%，集中度进一步提高。

（2）金融业净利润占比较大，行业分化较大。

截至2018年年末，上海金融业上市公司12家（银行3家、证券6家、保险1家、信托2家），占同行业上市公司家数的13%。2018年，合计实现归母净利润1798.77亿元，同比减少4.01%，占上海上市公司归母净利润总额的50.93%。其中，银行业保持平稳增长，共实现归母净利润1475.78亿元，同比增长5.56%；保险业归母净利润180.19亿元，同比增长22.90%，连续两年增长比例在20%以上；受资本市场深度调整的影响，证券业和信托业归母净利润分别为149.55亿元、-6.74亿元，同比分别减少52.60%和114.98%。

（3）非金融业净利润下降，重点行业间差异较大。

上海非金融业上市公司275家，2018年共实现营业收入38656.18亿元，同比增长11.22%；归母净利润1733.20亿元，同比减少5.16%，为近3年来首次降低。上海非金融业上市公司主要分布在制造业，房地产业，批发和零售业，交通运输、仓储和邮政业，信息传输、软件和信息技术服务业5个行业。其中，制造业（138家）实现归母净利润920.75亿元，同比减少2.71%；房地产业（20家）实现归母净利润270.87亿元，同比增长5.70%，增速较2017年降低8个百分点；批发和零售业（21家）盈利能力有所改善，共实现归母净利润107.07亿元，同比增长43.85%；交通运输、仓储和邮政业（19家）共实现归母净利润247.50亿元，同比减少19.32%，主要受石油价格上涨和美元升值影响；信息传输、软件和信息技术服务业（34家）实现归母净利润2.32亿元，同比减少96.72%，主要为计提大额资产减值所致。

（4）上海地方国资控股业绩稳定，民营控股盈利缩水。

上海市国资控股上市公司整体业绩良好，贡献率高，特别是实体企业保持了稳定增长。2018年，70家市国资控股上市公司共实现营业收入30298.88亿元，同比增长9.53%，归母净利润2114.97亿元，同比增长0.85%，分别占上海上市公司营业收入总额、归母净利润总额的64.10%和59.88%。147家民营控股上市公司共实现营业收入4970.82亿元，同比增长21.72%，归母净利润170.53亿元，同比减少53.95%，主要原因是计提大量资产减值。

（5）业绩分化有所加大，个别公司面临退市。

2018年，归母净利润排名前20位的上市公司（占上海上市公司家数的6.97%）共计实现归母净利润2975.72亿元，占上海上市公司归母净利润总额的84.25%，较2017年提高5个百分点。28家公司亏损，亏损金额255.81亿元，亏损公司家数和亏损金额较2017年同期均有所扩大。其中，*ST中安、*ST游久、*ST长投因两年连续亏损，被实施退市风险警示，如果2019年未能实现盈利，股票将面临暂停上市风险。*ST上普连续4年亏损，2019年4月9日股东大会通过主动退市议案，并于2019年5月23日股票正式摘牌。

5. 利润分配情况

2018年，上海共有224家公司实施了现金分红，占上海287家上市公司的78.05%，与2017年分红家数（228家）持平。合计分红总额1240.45亿元，占上海上市公司归属于母公司所有者的净利润的35.12%，较2017年分红金额

(1212.43 亿元）增长 2.31%。在归母净利润同比下降的情况下，2018 年上海上市公司现金分红金额、占比不降反升，体现出公司回报投资者意识在不断增强。

表 8　　2018 年上海上市公司现金分红情况

2018 年分红公司家数			2018 年分红金额		
家数	变动率（%）	分红公司家数占地区公司总数比重（%）	金额（亿元）	变动率（%）	分红金额占归属于母公司所有者的净利润比重（%）
224	-1.75	78.05	1240.45	2.31	35.12

资料来源：上海证监局。

四、上海上市公司并购重组情况

（一）并购重组基本情况

2018 年上海共有 12 家上市公司实施并购重组，涉及交易金额 516.33 亿元。上海上市公司积极利用资本市场谋求发展，通过直接融资、并购重组等，不断优化资产负债结构和产业结构，加快创新发展步伐，资本市场服务实体经济成效显著。

表 9　　2018 年上海上市公司并购重组情况

股票代码	公司简称	并购重组方式	涉及金额（亿元）
603009	北特科技	发行股份购买资产	4.53
600655	豫园股份	发行股份购买资产	239.77
601872	招商轮船	发行股份购买资产	35.86
600490	鹏欣资源	发行股份及支付现金购买资产	19.09
600675	中华企业	发行股份及支付现金购买资产	148.51
603131	上海沪工	发行股份及支付现金购买资产	5.80
002669	康达新材	发行股份及支付现金购买资产	3.14
600151	航天机电	重大资产重组现金收购	8.67
603729	龙韵股份	重大资产重组现金收购	2.12
603039	泛微网络	重大资产重组现金收购	1.84
600636	三爱富	重大资产重组现金收购	19.00
		重大资产出售	25.50
300272	开能健康	重大资产出售	2.50
合计			516.33

资料来源：上海证监局。

（二）并购重组特点

2018年，上海上市公司通过资本市场开展并购重组，加快产业结构调整和转型升级，加快推进先进制造业布局，服务上海“四大品牌”建设。伴随国资国企改革日渐深化，上海国有控股上市公司通过资本市场持续优化布局，加快改革创新步伐。同时，上海实施并购重组的12家企业中，有8家为民营上市公司，涉及金额279亿元，占比54%，资本市场在民营纾困、提升民营企业竞争力等方面持续发挥作用。

五、上海上市公司募集资金情况、使用情况

（一）募集资金总体情况

表10　　2018年上海上市公司募集资金情况

发行类型	代码	简称	募集资金（亿元）
首发	603056	德邦股份	4.84
	601828	美凯龙	32.22
	603895	天永智能	3.54
	603214	爱婴室	4.99
	603587	地素时尚	16.79
	603650	彤程新材	7.24
	603713	密尔克卫	4.30
	603192	汇得科技	5.23
	603790	雅运股份	4.04
	小计		83.19
再融资（增发）	600643	爱建集团	17.00
	601021	春秋航空	35.00
	600626	申达股份	7.19
	300493	润欣科技	2.35
	600021	上海电力	13.53
	600675	中华企业	19.94
	603009	北特科技	1.10
	002669	康达新材	1.34
	002565	顺灏股份	1.56
	601607	上海医药	25.30
	小计		124.31

续表

发行类型	代码	简称	募集资金（亿元）
其他融资（公司债券、次级债、金融债）	600170	上海建工	35.00
	601866	中远海发	10.00
	600635	大众公用	16.90
	600611	大众交通	8.00
	601828	美凯龙	30.00
	600643	爱建集团	5.00
	600284	浦东建设	4.00
	600604	市北高新	9.00
	600820	隧道股份	5.00
	601607	上海医药	30.00
	600655	豫园股份	20.00
	600196	复星医药	28.00
	600848	上海临港	12.00
	600663	陆家嘴	15.00
	601211	国泰君安	136.00
	600837	海通证券	150.00
	002195	二三四五	5.00
	600094	大名城	8.00
	600958	东方证券	144.00
	601788	光大证券	276.00
	603659	璞泰来	1.00
	小计		947.90
总计			1155.40

资料来源：上海证监局。

（二）募集资金使用情况及特点

2018 年，上海共有 9 家企业实现 A 股首发上市，募集资金共计 83.19 亿元；31 家公司实施再融资，共计募集资金 1072.21 亿元，包括 A 股股权融资 99.01 亿元、H 股股权融资 25.30 亿元、发行公司债券融资 947.90 亿元。上海上市公司募集资金整体使用情况较为规范。主要特点如下：一是募集资金整体使用效率较高，但受经济转型及行业动态变化的影响，个别公司募集资金使用进度较慢，部分募投项目未达预期收益；二是使用闲置募集资金购买理财产品的现象较为普遍，主要用于购买保本型银行理财产品。

（三）募集资金变更情况

2018 年，上海有 19 家上市公司变更募集资金的使用项目，涉及募集资金 77.07 亿元，占该 19 家上市公司相关募集资金总额的 39.06%。募集资金变更的主要原因包括：一是根据项目行业发展和市场环境变化，暂缓或取消原募投项目，或者变更募投项目的实施方式和实施地点；二是根据公司经营规划和战略转型需要，终止部分原募投项目，改投新项目；三是将原募投项目结余资金投资新项目，进一步提高募集资金的使用效率。

表 11　　2018 年上海上市公司募集资金使用项目变更情况

变更募集资金使用项目的公司家数	涉及金额（亿元）	募集资金总额（亿元）	占公司募集资金总额的比例（%）
19	77.07	197.33	39.06

资料来源：上海证监局。

六、上海上市公司规范运作情况

（一）上市公司治理专项情况

2018 年，上海上市公司继续深入推进公司治理工作，强化制度建设与执行，规范运作意识稳步提升。上海证监局积极采取多种措施，督促上市公司加强对中小投资者权益的保护力度，依法保障股东知情权、决策权和收益权。督促上市公司严格规范关联交易，提醒控股股东、实际控制人依法依规约束自身行为，完善审批审议权限、决策程序和内部控制制度，保障上市公司的独立性，严格履行关联交易决策程序和信息披露义务等，维护上市公司的整体利益。

（二）审计情况及监管情况

2018 年，27 家会计师事务所为上海 287 家上市公司提供了 2018 年年报审计服务。其中，276 家公司的审计报告为标准无保留意见，6 家公司的审计报告为带强调事项段的无保留意见，3 家公司的审计报告为保留意见，2 家公司的审计报告为无法表示意见。上海上市公司非标意见报告数量占比 3.83%，较 2017 年（2.15%）略有上升。上海证监局紧密结合上市公司监管要求，以问题和风险为导向，通过走访督导、现场检查和刊发通讯等形式，督促会计师事务所增强责任意识、诚信意识和规范意识，严格按照审计准则的要求开展执业活动，切实提高执业质量和辖区上市公司财务信息质量，促进辖区市场主体规范发展。

（三）信息披露情况

2018 年，上海上市公司进一步健全

信息披露管理制度，持续提高信息披露的自觉性和主动性。上海证监局坚持以信息披露监管为核心，通过培训、座谈等方式，引导和推动上市公司提高信息披露质量。一是督促上市公司强制性信息披露，做到真实、准确、完整、及时和公平；二是鼓励上市公司增加主动性信息披露，并根据经营情况、业务模式、行业特点进行个性化披露；三是引导上市公司充分利用各类互动平台进行交互式信息披露，加强与投资者的沟通交流，及时答复投资者关心的问题，提升上市公司的透明度。

（四）证券市场服务情况

一是积极引导，提高投资者的保护水平。多措并举，要求上市公司深刻认知自身投资者保护的主体责任，根据《上市公司治理准则》的要求，树立合规意识，提升规范运作水平，切实维护中小投资者的利益。督促上市公司提高信息披露质量并充分借助新媒体优势和互联网技术，实现与投资者之间的无阻沟通和良性互动，保护投资者知情权；推动上市公司完善股东大会相关制度，提高累计投票制普及程度，维护投资者决策权；督促上市公司提高治理水平，严格规范关联交易，防范资金占用行为，落实现金分红机制，保护投资者收益权。

二是加强监管，维护投资者合法权益。健全投资者信访投诉处理工作制度，提高投诉举报处置效率，全力做好信访工作。对辖区公司大股东信息披露违规、违反承诺、董监高违规减持、短线交易等违法行为加大查处力度。2018 年全年，上海证监局共对上市公司及相关股东、上市公司董监高采取行政监管措施 22 家次，下发监管关注函 11 家次，开展各类日常监管谈话约 130 家次、319 人次。

三是强化服务，提升金融服务能级。加大政策宣传，召开辅导监管工作政策指导和专业培训，提高拟上市国内公司和中介机构对政策的把握能力。进一步完善辅导监管工作流程，保障质量、增加工作透明度。主动与地方政府对接，加大走访调研，摸清企业需求，积极支持辖区上市公司围绕主业做优做强，利用资本市场优化结构、转型发展。同时，支持引导资本市场主动对接国家战略与重点领域，积极参与“一带一路”建设，落实金融支持制造强国建设意见，助力科创型企业发展，支持乡村振兴和脱贫攻坚战略。

审稿人：韩少平

撰稿人：贺　瑛　袁同济　金岸睿
许　岚　杨和雄　于晓萌
李　楠　肖　雪

江苏地区

一、江苏国民经济发展概况

表 1　　2018 年江苏国民经济发展概况　　单位：亿元

指　标	1～3 月		1～6 月		1～9 月		1～12 月	
	绝对量	同比增长（%）	绝对量	同比增长（%）	绝对量	同比增长（%）	绝对量	同比增长（%）
地区生产总值（GDP）	21093.31	7.10	44863.52	7.00	67039.28	6.70	92595.40	6.70
全社会固定资产投资	—	3.90	—	5.30	—	5.60	—	5.50
社会消费品零售总额	8332.29	9.70	16333.43	9.20	24448.33	8.80	33230.35	7.90
规模以上工业增加值	—	7.80	—	6.20	—	5.50	—	5.10
规模以上工业企业实现利润	1923.96	5.30	4036.35	7.90	5994.38	7.70	8491.89	9.38
居民消费价格指数（CPI）	1～3 月		1～6 月		1～9 月		1～12 月	
	2.10		2.00		2.20		2.30	

资料来源：国家统计局、江苏统计局。

二、江苏上市公司总体情况

（一）公司数量

表 2　　2018 年江苏上市公司数量　　单位：家

公司总数	2018 年新增	股票类别			板块分布			
		仅 A 股	仅 B 股	（A+B）股	沪市主板	深市主板	中小板	创业板
401	19	397	1	3	173	24	105	99

资料来源：沪深交易所，同花顺。

（二）行业分布

表 3　　2018 年江苏上市公司行业分布情况

所属证监会行业类别	家数	占比（%）	所属证监会行业类别	家数	占比（%）
采矿业	0	0.00	批发和零售业	16	3.99
电力、热力、燃气及水的生产和供应业	5	1.25	水利、环境和公共设施管理业	7	1.75
房地产业	8	2.00	卫生和社会工作业	1	0.25
建筑业	9	2.24	文化、体育和娱乐业	5	1.25
交通运输、仓储和邮政业	8	2.00	信息传输、软件和信息技术服务业	15	3.74
教育	0	0.00	制造业	299	74.56
金融业	11	2.74	住宿和餐饮业	1	0.25
居民服务、修理和其他服务业	0	0.00	租赁和商务服务业	2	0.50
科学研究和技术服务业	10	2.49	综合	4	1.00
农、林、牧、渔业	0	0.00	合计	401	100.00

资料来源：沪深交易所，同花顺。

（三）股本结构及规模

表 4　　2018 年江苏上市公司股本规模在 10 亿股以上公司分布情况

股本规模（亿股）	公司家数	具体公司
100≤～<200	1	江苏银行
50≤～<100	6	三六零、华泰证券、南京银行、宁沪高速、徐工机械、苏宁易购
20≤～<50	31	江苏租赁、常熟银行、华东科技、南京证券、新城控股、南钢股份、恒瑞医药、沙钢股份、奥特佳、江苏有线、鸿达兴业、金螳螂、*ST保千、凤凰传媒、太极实业、江苏国信、爱康科技、海澜之家、中南建设、中天科技、东吴证券、怡球资源、汇鸿集团、东方盛虹、*ST康得、红豆股份、美年健康、国电南瑞、胜利精密、退市海润、南极电商
10≤～<20	67	栖霞建设、四环生物、东华能源、威孚高科、东山精密、张家港行、江苏阳光、沪电股份、苏州高新、南京新百、维维股份、苏农银行、苏垦农发、恩华药业、黑牡丹、海伦哲、通鼎互联、中国天楹、江南高纤、无锡银行、中材科技、吴通控股、亨通光电、苏美达、银河电子、南京医药、通富微电、林洋能源、东方电热、中航高科、今世缘、宏图高科、旷达科技、江阴银行、江苏国泰、华东重机、鱼跃医疗、风范股

续表

股本规模（亿股）	公司家数	具体公司
10≤～<20	67	份、金通灵、文峰股份、天顺风能、双星新材、*ST新海、南京高科、宝胜股份、中超控股、德威新材、永鼎股份、中央商场、中材国际、药明康德、连云港、ST慧业、保税科技、辉丰股份、雷科防务、ST中南、千红制药、国轩高科、锦富技术、洋河股份、航发控制、春兴精工、长电科技、双良节能、亚太科技、综艺股份

资料来源：沪深交易所，同花顺。

表5　　2018年江苏上市公司分地区股权构成情况　　单位：家

股权性质 地域分布	央企国资控股	省属国资控股	地市国资控股	民营控股	其他	合计
南京市	9	13	9	45	8	84
无锡市	1	0	4	66	6	77
徐州市	0	0	1	10	0	11
常州市	1	0	2	35	1	39
苏州市	1	1	5	80	20	107
南通市	1	0	1	28	3	33
连云港市	0	0	1	6	0	7
淮安市	0	1	1	0	0	2
盐城市	0	0	1	4	1	6
扬州市	3	1	1	7	1	13
镇江市	0	0	3	9	0	12
泰州市	1	0	0	5	1	7
宿迁市	0	0	1	2	0	3
合计	17	16	30	297	41	401

资料来源：江苏证监局。

（四）市值规模

截至2018年12月31日，江苏401家上市公司境内总市值31100.69亿元，占全国上市公司境内总市值的7.15%；其中，上交所上市公司173家，总股本1777.97亿股，境内总市值17174.58亿元，占上交所上市公司境内总市值的6.37%；深交所上市公司228家，总股本1805.29亿股，境内总市值13926.11亿元，占深交所上市公司境内总市值的 8.42%。

（五）资产规模

截至 2018 年 12 月 31 日，江苏 401 家上市公司合计总资产 76261.80 亿元，归属于母公司股东权益 17209.30 亿元，与 2017 年相比，分别增长 13.35%、14.18%；平均每股净资产 4.76 元。

三、江苏上市公司经营情况及变动分析

（一）总体经营情况

表 6　　2018 年江苏上市公司经营情况

指　标	2018 年	2017 年	变动率（%）
家数	401	382	4.97
亏损家数	49	16	206.25
亏损家数比例（%）	12.22	4.19	8.03
平均每股收益（元）	0.41	0.43	-4.65
平均每股净资产（元）	4.76	4.66	2.15
平均净资产收益率（%）	8.58	9.19	-0.61
总资产（亿元）	76261.8	67281.69	13.35
归属于母公司股东权益（亿元）	17209.30	15072.67	14.18
营业收入（亿元）	20680.26	17940.23	15.27
利润总额（亿元）	1944.26	1788	8.74
归属于母公司所有者的净利润（亿元）	1476.85	1384.63	6.66

资料来源：沪深交易所，同花顺。

（二）分行业经营情况

表 7　　2018 年江苏上市公司分行业经营情况

所属行类	营业收入（亿元）	可比样本变动率（%）	归属于母公司所有者的净利润（亿元）	可比样本变动率（%）
采矿业	—	—	—	—
电力、热力、燃气及水的生产和供应业	280.97	3.23	26.70	-8.77
房地产业	1167.85	27.50	151.27	73.96
建筑业	566.87	16.23	37.14	-3.44
交通运输、仓储和邮政业	225.97	9.19	49.77	20.40

续表

所属行类	营业收入（亿元）	可比样本变动率（%）	归属于母公司所有者的净利润（亿元）	可比样本变动率（%）
教育	—	—	—	—
金融业	1049.20	2.10	360.88	-4.00
居民服务、修理和其他服务业	—	—	—	—
科学研究和技术服务业	338.21	6.36	40.03	25.45
农、林、牧、渔业	—	—	—	—
批发和零售业	6139.15	7.47	150.78	50.25
水利、环境和公共设施管理业	87.97	10.73	7.54	-30.02
卫生和社会工作业	84.58	34.65	8.21	40.52
文化、体育和娱乐业	168.48	4.30	-14.01	-168.94
信息传输、软件和信息技术服务业	632.65	12.38	84.40	-6.74
制造业	9812.62	13.86	564.16	-8.30
住宿和餐饮业	10.36	10.38	0.77	-25.18
租赁和商务服务业	42.95	158.56	9.85	54.35
综合	72.43	-9.32	-0.64	-114.75
合计	20680.26	11.59	1476.85	1.57

资料来源：沪深交易所，同花顺。

（三）业绩变动情况分析

1. 营业收入、毛利率等变动原因分析

辖区上市公司2018年实现营业收入20680.26亿元，净利润1476.85亿元，同比2017年分别增长15.27%、6.66%。辖区上市公司总数大幅增加、部分行业盈利能力（医药、黑色金属等）提升是辖区上市公司总体收入、利润保持增加的主要原因，但受部分公司巨额亏损及部分制造行业回落、大额商誉计提减值等因素的影响，辖区上市公司收入和利润增速较2017年均放缓。扣除辖区11家金融上市公司，江苏地区上市公司平均毛利率为30.05%，较2017年增长0.26个百分点。

2. 盈利构成分析

从盈利构成来看，2018年江苏地区上市公司利润主要来源于营业利润，为1952.52亿元，占利润总额的100.42%，占比较2017年增加1.52个百分点；其次为营业外收入，总额56.19亿元，占利润总额的2.89%，占比较2017年下降0.24个百分点；营业外支出64.45亿元，占利润总额的3.31%，占比较2017年上升1.28个百分点，营业外利润对上市公司利润的影响进一步下降。

3. 经营性现金流量分析

2018年，江苏非金融类公司经营活动现金流入同比增长17.08%，现金流出同比增长15.67%，净现金流入增加408亿元。体现出受去杠杆及民企信用风险的影响，上市公司外部融资收紧，企业持有现金的意愿更强。

4. 业绩特点分析

一是盈利情况出现分化。352家盈利公司中，净利润超过10亿元的有33家，占辖区公司净利润的比例为79.09%，盈利最高的前90家公司盈利合计1514.40亿元，超过辖区整体盈利，头部效应初显。

二是主板公司盈利情况较优，中小板盈利面最低。2018年江苏主板公司净利润较2017年同期增长8.99%，盈利面为89.55%；中小板净利润较2017年同期减少0.15%，盈利面82.86%；创业板净利润较2017年同期减少39.03%，盈利面89.1%。

三是民企上市公司总体盈利情况不及国企。2018年，江苏297家上市民企实现净利润785.21亿元，同比增长7.74%，亏损面12.12%。剔除苏宁易购、新城控股两家头部企业，其余民营企业实现526.25亿元，较2017年同比下降15.56%。67家国企实现净利润473.01亿元，同比增长4.78%，其中，5家亏损，亏损面7.46%。数量占比73%的民营企业贡献的净利润只占全辖区的51.97%。

5. 利润分配情况

表8　2018年江苏上市公司现金分红情况

2018年分红公司家数			2018年分红金额		
家数	变动率（%）	分红公司家数占地区公司总数比重（%）	金额（亿元）	变动率（%）	分红金额占归属于母公司所有者的净利润比重（%）
307	-5.54	76.56	625.96	53.28	42.38

资料来源：江苏证监局。

四、江苏上市公司并购重组情况

（一）并购重组基本情况

2018年，江苏省公司共有184家次上市公司完成并购重组事项，涉及交易金额699.5亿元，其中，构成重大资产重组或者通过发行股份方式收购的公司共有18家，涉及金额411.58亿元。在2016年6月“最严借壳标准”出台、2017年2月再融资新政和同年5月“减持新规”的影响下，江苏市场并购重组进入小步慢跑的阶段。与2017年相比，实施并购重组的家数和涉及金额均有较大规模的降幅。

（二）并购重组特点

江苏上市公司并购重组的主要特点有：一是并购主体以民营、中小市值公司为主，2018年江苏完成并购重组的上市公司共119家，其中，100家为非国有企业，101家为总市值在100亿元以下的中小上市公司，均占全部并购主体的85%

左右。二是中小市值公司大多并购频次不高，101 家中小市值公司并购事项 149 次，18 家较大市值公司并购 35 次。三是并购以现金收购为主，2018 年全年并购事项中仅 18 家涉及发行股份，占全部并购事项的 10%。四是横向整合和垂直整合是并购主要的方向，旨在通过产业并购拓展业务领域、依托战略协同实现资源互补并构建全产业链，逐渐向新兴行业渗透。五是跨境并购案例较少，共 11 次涉及海外并购，占全部并购总数的 6%。

五、江苏上市公司募集资金情况、使用情况

（一）募集资金总体情况

表 9　　2018 年江苏上市公司募集资金情况

发行类型	代码	简称	募集资金（亿元）
首发	300644. SZ	南京聚隆	2. 88
	300664. SZ	鹏鹞环保	7. 10
	300694. SZ	蠡湖股份	5. 32
	300742. SZ	越博动力	4. 58
	300751. SZ	迈为股份	7. 37
	300753. SZ	爱朋医疗	3. 19
	600901. SH	江苏租赁	40. 00
	601990. SH	南京证券	10. 42
	603013. SH	亚普股份	7. 00
	603059. SH	倍加洁	4. 81
	603161. SH	科华控股	5. 59
	603185. SH	上机数控	10. 74
	603259. SH	药明康德	22. 51
	603486. SH	科沃斯	8. 03
	603629. SH	利通电子	4. 82
	603666. SH	亿嘉和	6. 05
	603680. SH	今创集团	13. 73
	603693. SH	江苏新能	10. 62
	603810. SH	丰山集团	5. 09
	603876. SH	鼎胜新材	8. 80
	小计		188. 65

续表

发行类型	代码	简称	募集资金（亿元）
再融资（增发、配股）	600959. SH	江苏有线	77. 71
	002796. SZ	世嘉科技	2. 14
	000301. SZ	东方盛虹	127. 33
	600584. SH	长电科技	36. 19
	300680. SZ	隆盛科技	1. 95
	600682. SH	南京新百	59. 68
	300320. SZ	海达股份	2. 22
	300394. SZ	天孚通信	1. 90
	601688. SH	华泰证券	142. 08
	000425. SZ	徐工机械	25. 44
	002787. SZ	华源控股	3. 39
	300091. SZ	金通灵	7. 85
	300416. SZ	苏试试验	2. 22
	002172. SZ	澳洋健康	3. 84
	002409. SZ	雅克科技	24. 67
	002564. SZ	天沃科技	10. 71
	002608. SZ	江苏国信	40. 00
	300429. SZ	强力新材	3. 89
	300280. SZ	紫天科技	5. 08
	002255. SZ	海陆重工	7. 51
	600406. SH	国电南瑞	61. 03
	600889. SH	南京化纤	3. 77
	002387. SZ	维信诺	150. 00
	603518. SH	锦泓集团	5. 22
	300500. SZ	启迪设计	3. 94
	603111. SH	康尼机电	11. 13
	002293. SZ	罗莱生活	4. 65
	600713. SH	南京医药	9. 39
	300339. SZ	润和软件	8. 05
	002156. SZ	通富微电	19. 21
	000700. SZ	模塑科技	7. 50
	002309. SZ	中利集团	31. 06
	小计		900. 75

续表

发行类型	代码	简称	募集资金（亿元）
其他融资（公司债券、短期融资券、中期票据、次级债、金融债、境外发行债券）	600522. SH	中天科技	2. 00
	000961. SZ	中南建设	30. 00
	002080. SZ	中材科技	11. 00
	000425. SZ	徐工机械	20. 00
	601155. SH	新城控股	93. 60
	600736. SH	苏州高新	21. 00
	002024. SZ	苏宁易购	100. 00
	600533. SH	栖霞建设	28. 40
	600377. SH	宁沪高速	52. 00
	601990. SH	南京证券	8. 00
	601009. SH	南京银行	180. 00
	600713. SH	南京医药	46. 00
	600064. SH	南京高科	15. 00
	300495. SZ	美尚生态	6. 00
	002044. SZ	美年健康	5. 00
	601008. SH	连云港	9. 00
	600901. SH	江苏租赁	50. 00
	600919. SH	江苏银行	50. 00
	600981. SH	汇鸿集团	7. 00
	601688. SH	华泰证券	124. 00
	600122. SH	宏图高科	12. 00
	600487. SH	亨通光电	1. 00
	600510. SH	黑牡丹	10. 00
	002074. SZ	国轩高科	5. 00
	601555. SH	东吴证券	55. 00
	002221. SZ	东华能源	18. 00
	300215. SZ	电科院	2. 30
	002610. SZ	爱康科技	3. 00
	002450. SZ	* ST康得	15. 00
	小计		979. 30
总计			2068. 70

资料来源：江苏证监局。

（二）募集资金使用情况及特点

2018年度，辖区共有77家公司通过首发、再融资（增发、配股）、其他融资（公司债券、短期融资券、中期票据、次级债、金融债、境外发行债券）方式募集资金2068.70亿元。辖区上市公司募集资金使用情况较为规范，涉及变更募集资金使用项目的公司严格履行了内部审批及对外披露程序。

（三）募集资金变更情况

2018年度，辖区共有21家公司变更了募集资金使用项目，涉及金额31.69亿元，占21家公司募集资金总额（259.72亿元）的12.20%。公司变更募集资金使用项目的主要原因有：一是原有投资项目不再满足市场需求，无法达到理想投资回报，为确保公司投资项目收益而进行变更；二是同一投资目的下，变更后的项目在风险和成本上优于原项目；三是项目募集资金结余，用于公司永久补充流动资金以提高使用效率。

表10　　2018年江苏上市公司募集资金使用项目变更情况

变更募集资金使用项目的公司家数	涉及金额（亿元）	募集资金总额（亿元）	占公司募集资金总额的比例（%）
21	31.69	259.72	12.20

资料来源：江苏证监局。

六、江苏上市公司规范运作情况

（一）上市公司治理专项情况

2018年，江苏证监局围绕“防风险、强监管、促发展、提效能”4个方面，持续督促上市公司加强公司治理。一是以风险问题为导向，强调事前监管，进一步完善了基于风险导向的分类监管工作机制，着力化解股票质押风险，并取得了阶段性实效。二是以提高上市公司质量为目标，依法规范上市公司治理，推动内幕信息管理、解决长期停复牌和公司治理准则落地等工作，在现场检查中督促、引导上市公司按照新修订的《上市公司治理准则》及时修订公司制度。三是推动中介机构归位尽责，督促中介机构履行持续督导职责，加强上市公司治理专项核查。

（二）审计情况及监管情况

2018年，共有32家证券资格会计师事务所为江苏公司出具了2018年度审计报告。在2018年年报审计意见类型中，标准无保留意见的审计报告374份（占93.50%），非标意见审计报告26份（占6.50%）。2018年，江苏辖区共有30家上市公司变更了审计机构，占上市公司总数的7.50%。变更原因主要有会计师事务所项目排期冲突或时间受限、审计合同到期、股东要求等。在督促中介机构规范执业方面，江苏证监局坚持问题导向，加大广度、深度推进现场检查，全年共对会计师事务所、评估师事务所开展现场检查或核查 31 次，对 11 个项目采取行政监管措施。

（三）信息披露情况

2018 年，江苏证监局把提高上市公司信息披露质量作为工作重点，督促上市公司真实、准确、及时披露信息。一是关注上市公司重大信息临时披露情况。督促辉丰股份、蓝丰生化和沙钢股份等受到生态环境部通报的公司及时做好信息披露；督促亚邦股份、南京化纤等 8 家公司披露停产情况。二是加强上市公司并购重组持续信息披露监管。鼓励上市公司通过分阶段信息披露代替不必要的停牌，对于并购重组停牌公司，要求其动态披露重组进展，尽量以信息披露代替、减少停牌情形及缩短停牌时间。三是督促上市公司全面披露年报信息。例如，重点审核重点排污单位上市公司年报，督促公司按照要求补充披露环境相关信息。四是密切监测舆情，督促上市公司及时回应舆论关切。及时监测上市公司舆情情况，特别加强对环保相关事项的舆情监控，督促上市公司对不实报道及时进行澄清。

（四）证券市场服务情况

2018 年，江苏证监局持续做好投资者保护和服务，督促上市公司积极承担社会责任。一是引导上市公司主动参与脱贫攻坚战略。带领上市公司赴甘肃、贵州等地考察，鼓励苏宁易购线上线下助力精准扶贫，南钢股份向甘肃武山县捐赠 700 多万元的环卫处理设备。二是着力推动公司治理准则落地。安排专门培训，要求上市公司认真学习落实并就后续工作安排做出专门说明。三是做好新上市公司入门培训和规范教育。联合金融办、发改委等多部门开展南京新上市公司及新人高管培训；对 39 家新上市公司、实际控制人变更及董监高变化较大的公司进行现场走访培训，培训对象超过 800 人次。

审稿人：陆意琴

撰稿人：陈刚泰　王　玮　马秋霞
孙　蕾　徐祎雯　康　佳

浙江地区

一、浙江国民经济发展概况

表 1　　2018 年浙江国民经济发展概况　　单位：亿元

指　标	1~3月		1~6月		1~9月		1~12月	
	绝对量	同比增长（%）	绝对量	同比增长（%）	绝对量	同比增长（%）	绝对量	同比增长（%）
地区生产总值（GDP）	11691.48	7.40	25674.27	7.60	39795.62	7.50	56197.15	7.10
全社会固定资产投资	—	4.90	—	5.70	—	6.90	—	7.10
社会消费品零售总额	5723.17	11.00	11586.40	10.10	17820.40	9.70	25007.90	9.00
规模以上工业增加值	—	7.60	—	8.20	—	8.00	14714.00	7.30
规模以上工业企业实现利润	830.00	4.60	2048.00	13.20	3332.40	13.80	4452.00	5.30
居民消费价格指数（CPI）	1~3月		1~6月		1~9月		1~12月	
	2.30		2.00		2.90		2.00	

资料来源：国家统计局。

二、浙江上市公司总体情况

（一）公司数量

表 2　　2018 年浙江上市公司数量　　单位：家

公司总数	2018年新增	股票类别			板块分布			
		仅A股	仅B股	（A+B）股	沪市主板	深市主板	中小板	创业板
357	15	355	1	1	147	15	129	66

资料来源：沪深交易所，同花顺。

（二）行业分布

表 3　　2018 年浙江上市公司行业分布情况

所属证监会行业类别	家数	占比（%）	所属证监会行业类别	家数	占比（%）
采矿业	2	0.56	批发和零售业	11	3.08
电力、热力、燃气及水的生产和供应业	3	0.84	水利、环境和公共设施管理业	4	1.12
房地产业	9	2.52	卫生和社会工作业	4	1.12
建筑业	7	1.96	文化、体育和娱乐业	10	2.80
交通运输、仓储和邮政业	1	0.28	信息传输、软件和信息技术服务业	23	6.44
教育	0	0.00	制造业	267	74.79
金融业	4	1.12	住宿和餐饮业	0	0.00
居民服务、修理和其他服务业	0	0.00	租赁和商务服务业	8	2.24
科学研究和技术服务业	2	0.56	综合	2	0.56
农、林、牧、渔业	0	0.00	合计	357	100.00

资料来源：沪深交易所，同花顺。

（三）股本结构及规模

表 4　　2018 年浙江上市公司股本规模在 10 亿股以上公司分布情况

股本规模（亿股）	公司家数	具体公司
100≤～<200	1	浙能电力
50≤～<100	6	海康威视、小商品城、荣盛石化、杭州银行、利欧股份、新湖中宝
20≤～<50	24	杭钢股份、浙江永强、正泰电器、联络互动、浙商证券、新和成、森马服饰、华谊兄弟、浙江龙盛、万丰奥威、物产中大、中国巨石、传化智联、大华股份、康恩贝、美都能源、巨化股份、三花智控、瀚叶股份、滨江集团、财通证券、世纪华通、光启技术、万向钱潮
10≤～<20	57	宋城演艺、完美世界、万里扬、华数传媒、华策影视、金科文化、阳光照明、晶盛机电、海亮股份、士兰微、亿帆医药、浙数文化、华鼎股份、卫星石化、东方通信、报喜鸟、闰土股份、贝因美、东南网架、华峰氨纶、康盛股份、盈峰环境、卧龙电驱、嘉化能源、伟星新材、艾格拉斯、桐昆股份、杭萧钢构、巨星科技、华媒控股、腾达建设、景兴纸业、轻纺城、浙江交科、浙富控股、万马股份、华东医药、亚厦股份、中金环境、华海药业、*ST天马、露笑科技、海利得、普洛药业、海宁

续表

股本规模（亿股）	公司家数	具体公司
10≤～<20	57	皮城、浙大网新、横店东磁、永高股份、金固股份、兴源环境、莱茵体育、嘉凯城、向日葵、申通快递、*ST东南、海翔药业、宋都股份

资料来源：沪深交易所，同花顺。

表 5　　2018 年浙江上市公司分地区股权构成情况　　单位：家

地域分布＼股权性质	央企国资控股	省属国资控股	地市国资控股	民营控股	其他	合计
杭州市	7	10	9	101	5	132
温州市	0	0	1	19	0	20
嘉兴市	1	0	3	27	5	36
湖州市	1	0	0	22	1	24
绍兴市	0	1	4	52	1	58
金华市	0	0	2	21	4	27
衢州市	0	2	0	4	0	6
舟山市	0	0	0	1	0	1
台州市	1	1	4	42	2	50
丽水市	0	0	0	2	1	3
合计	10	14	23	291	19	357

资料来源：浙江证监局。

（四）市值规模

截至 2018 年 12 月 31 日，浙江 357 家上市公司境内总市值 27971.27 亿元，占全国上市公司境内总市值的 6.43%；其中，上交所上市公司 147 家，总股本 1304.82 亿股，境内总市值 10975.35 亿元，占上交所上市公司境内总市值的 4.07%；深交所上市公司 210 家，总股本 1786.94 亿股，境内总市值 16995.92 亿元，占深交所上市公司境内总市值的 10.27%。

（五）资产规模

截至 2018 年 12 月 31 日，浙江 357 家上市公司合计总资产 36327.69 亿元，归属于母公司股东权益 13315.01 亿元，与 2017 年相比，分别增长 12.97%、8.22%；平均每股净资产 4.31 元。

三、浙江上市公司经营情况及变动分析

（一）总体经营情况

表 6　　2018 年浙江上市公司经营情况

指　标	2018 年	2017 年	变动率（%）
家数	357	342	4.39
亏损家数	47	13	261.54
亏损家数比例（%）	13.17	3.8	9.37
平均每股收益（元）	0.34	0.44	-22.73
平均每股净资产（元）	4.31	4.36	-1.15
平均净资产收益率（%）	7.93	10.15	-21.87
总资产（亿元）	36327.69	32155.57	12.97
归属于母公司股东权益（亿元）	13315.01	12303.44	8.22
营业收入（亿元）	19193.10	15938.39	20.42
利润总额（亿元）	1414.24	1572.08	-10.04
归属于母公司所有者的净利润（亿元）	1055.93	1248.23	-15.41

资料来源：沪深交易所，同花顺。

（二）分行业经营情况

表 7　　2018 年浙江上市公司分行业经营情况

所属行类	营业收入（亿元）	可比样本变动率（%）	归属于母公司所有者的净利润（亿元）	可比样本变动率（%）
采矿业	31.34	-12.96	-4.81	-1124.59
电力、热力、燃气及水的生产和供应业	607.12	9.40	42.19	-11.21
房地产业	531.97	22.93	36.32	-54.45
建筑业	559.85	18.03	25.38	-8.42
交通运输、仓储和邮政业	170.13	34.41	20.49	37.73
教育	—	—	—	—
金融业	254.03	7.17	70.21	1.72
居民服务、修理和其他服务业	—	—	—	—
科学研究和技术服务业	14.68	61.34	1.28	34.39
农、林、牧、渔业	—	—	—	—
批发和零售业	4707.25	13.71	66.56	20.29
水利、环境和公共设施管理业	54.46	-13.08	-2.09	-118.33
卫生和社会工作业	118.72	35.28	12.23	21.30
文化、体育和娱乐业	241.14	-0.87	-7.62	-116.80

续表

所属行类	营业收入（亿元）	可比样本变动率（%）	归属于母公司所有者的净利润（亿元）	可比样本变动率（%）
信息传输、软件和信息技术服务业	633.30	11.49	2.99	-95.98
制造业	10868.15	17.31	780.94	-4.89
住宿和餐饮业	—	—	—	—
租赁和商务服务业	332.84	-12.24	22.46	139.62
综合	68.11	-25.52	-10.59	-1298.34
合计	19193.10	14.88	1055.93	-16.74

资料来源：沪深交易所，同花顺。

（三）业绩变动情况分析

1. 营业收入、毛利率等变动原因分析

2018 年，浙江辖区上市公司盈利能力略有下降。全年度实现营业总收入 1.92 万亿元，同比增长 20.42%；归属于上市公司母公司的净利润 1055.93 亿元，同比下降 15.41%。企业亏损家数增多，共 47 家公司出现亏损。

2. 盈利构成分析

从盈利构成来看，2018 年辖区上市公司利润来源主要是营业利润，其占利润总额的比重为 99.92%，比 2017 年同期增加 1.22 个百分点。投资收益占利润总额的 20.18%，比 2017 年同期增加 0.93 个百分点。营业外收支净额为 1.17 亿元，占利润总额的比重为 0.08%。

3. 经营性现金流量分析

2018 年，辖区上市公司经营活动现金净流入 1322.49 亿元，同比增加 5.97%。357 家上市公司中，298 家经营性现金流量为正，占比 83.47%，同比增加 2.77 个百分点。

4. 业绩特点分析

供给侧结构性改革成效显现，巨化股份、新安股份等受益于供给侧结构性改革，盈利水平较 2017 年大幅度提高。部分细分行业快速增长，化纤、化学原料药和航运港口物流等细分行业整体增长较快。龙头企业发展势头良好，浙江龙盛、新和成、韵达快递等净利润增长均超 10 亿元，海康威视成为浙江首批净利润超过 100 亿元的上市公司。

5. 利润分配情况

表 8　2018 年浙江上市公司现金分红情况

2018 年分红公司家数			2018 年分红金额		
家数	变动率（%）	分红公司家数占地区公司总数比重（%）	金额（亿元）	变动率（%）	分红金额占归属于母公司所有者的净利润比重（%）
281	-4.75	78.70	476	16.37	45.08

资料来源：浙江证监局。

四、浙江上市公司并购重组情况

（一）并购重组基本情况

2018年，浙江辖区共有158家上市公司实施并购重组265次，比2017年度减少15.79%；交易金额1030.54亿元，比2017年度增加10.89%。

（二）并购重组特点

（1）并购协同效应增强，部分上市公司及区域围绕行业龙头企业、新动能产业，通过并购重组形成较为完整的产业链，加速产业结构调整，引领地方经济发展。

（2）现金收购占比逐年增加，成为重大资产重组的又一重要方式。

（3）伴生问题逐步显现。商誉减值问题引发关注，2018年辖区有7家上市公司商誉减值计提金额超过1亿元。部分业绩承诺人因对业绩承诺完成情况存在异议，引发纠纷；部分未达业绩承诺触发补偿义务，但因其资金恶化、所持股份被质押或被司法冻结、股权限售等原因导致无法及时履行补偿义务，损害上市公司利益。此外，部分上市公司对标的资产管控较为薄弱，尤其是轻资产、人合性强的公司，整合风险凸显。

五、浙江上市公司募集资金情况、使用情况

（一）募集资金总体情况

表9　　2018年浙江上市公司募集资金情况

发行类型	代码	简称	募集资金（亿元）
首发	603045.SH	福达合金	2.37
	300743.SZ	天地数码	2.43
	002931.SZ	锋龙股份	2.75
	300746.SZ	汉嘉设计	2.96
	603506.SH	南都物业	3.22
	603709.SH	中源家居	3.97
	603105.SH	芯能科技	4.25
	002942.SZ	新农股份	4.30
	603657.SH	春光科技	4.43
	603301.SH	振德医疗	4.96
	002940.SZ	昂利康	5.19
	603897.SH	长城科技	7.88
	603733.SH	仙鹤股份	8.43
	603583.SH	捷昌驱动	8.81
	小计		65.95

续表

发行类型	代码	简称	募集资金（亿元）
再融资（增发、配股、优先股）	002632. SZ	道明光学	1. 26
	603901. SH	永创智能	3. 16
	002115. SZ	三维通信	3. 25
	603300. SH	华铁科技	3. 72
	300270. SZ	中威电子	4. 00
	002404. SZ	嘉欣丝绸	4. 10
	300401. SZ	花园生物	4. 22
	603600. SH	永艺股份	5. 36
	000967. SZ	盈峰环境	6. 30
	002061. SZ	浙江交科	6. 47
	600460. SH	士兰微	7. 32
	002712. SZ	思美传媒	7. 40
	002479. SZ	富春环保	7. 82
	600987. SH	航民股份	10. 70
	600572. SH	康恩贝	10. 93
	002203. SZ	海亮股份	20. 78
	300459. SZ	金科文化	42. 00
	002493. SZ	荣盛石化	60. 00
	002602. SZ	世纪华通	83. 13
	601113. SH	华鼎股份	26. 25
	600926. SH	杭州银行	100. 00
	小计		418. 17
其他融资（公司债券、短期融资券、中期票据、次级债、金融债、境外发行债券）	002472. SZ	双环传动	10. 00
	603618. SH	杭电股份	7. 80
	002131. SZ	利欧股份	21. 98
	603225. SH	新凤鸣	21. 53
	002224. SZ	三力士	6. 20
	002758. SZ	华通医药	2. 24
	002793. SZ	东音股份	2. 81
	603816. SH	顾家家居	10. 97
	601233. SH	桐昆股份	38. 00
	603055. SH	台华新材	5. 33
	603568. SH	伟明环保	6. 70
	603799. SH	华友钴业	7. 20
	600175. SH	美都能源	0. 44
	600208. SH	新湖中宝	23. 00
	002011. SZ	盾安环境	1. 00
	300426. SH	唐德影视	1. 00
	002010. SZ	传化智联	10. 00
	600704. SH	物产中大	20. 00
	小计		196. 20
总计			680. 32

资料来源：浙江证监局。

（二）募集资金使用情况及特点

2018年，辖区上市公司募集资金使用情况总体较好，但也存在募集资金专户设立未经董事会审议、专户存放非募集资金、募集资金使用违规、闲置募集资金管理未履行程序及披露、募集资金置换未及时履行程序及披露、内部控制不规范等问题。

（三）募集资金变更情况

表10　　2018年浙江上市公司募集资金使用项目变更情况

变更募集资金使用项目的公司家数	涉及金额（亿元）	募集资金总额（亿元）	占公司募集资金总额的比例（%）
129	870.19	2525.83	34.45

资料来源：浙江证监局。

六、浙江上市公司规范运作情况

（一）上市公司治理专项情况

2018年，浙江证监局在中国证监会领导下和浙江省委省政府指导下，坚持稳中求进的工作总基调，深入践行依法全面从严监管理念，立足浙江民营企业为主的省情，坚定不移地把防范化解上市公司风险、支持民营经济发展作为工作重心，以信息披露为中心，积极探索科技监管，以监管促发展、以服务提质量。2018年，下发监管问询函111份、监管关注函41份，谈话提醒135人次，开展各类现场检查34家次，采取行政监管措施36份，较好地维护了辖区资本市场秩序。

（二）审计情况及监管情况

2018年年报审计中，浙江辖区357家上市公司中有1家未按时披露、15家被出具非标准意见财务报告审计报告（其中，8家为带强调事项段的无保留意见）。

浙江证监局在日常监管中强化年报审核在非现场监管中的作用。就年报监管中发现的情况和问题，向上市公司下发年报监管关注函17份、监管问询函21份，正式约谈上市公司董事长、高级管理人员及年审会计师等98人次，加大对中介机构的监管力度。

（三）信息披露情况

2018年，浙江证监局坚持以信息披露监管为核心，以信息披露的真实、及时、准确、完整和公平为重点，持续加强上市公司信息收集、分析以及监管协作。推动上市公司建立环境信息披露机制，主动披露环保相关信息。对发生控制权变更的上市公司实施监管聚焦，从信息披露等方面提出明确要求；强化违规业绩“变脸”监管，区别采取督促披露、约谈、现场检查等措施；严格查处违规担保、资金占用等事项。加强与交易所、稽查部门等的联动，发挥监管合力，力求给投资者一个真实的上市公司。

（四）证券市场服务情况

投资者保护是证券市场的基础性工作。浙江证监局积极落实证券市场保护投资者的各种举措。2018 年，妥善处理上市公司类举报事项 150 件、12386 转办事项 39 件，内容涉及上市公司生产经营、信息披露、资产收购等方面问题；妥善处理投资者关注度高、利益影响面广的诉求，充分保障投资者的合法权益。开展高管培训，强化规范意识，健全公司治理。引导、督促上市公司健全利润分配机制，强化现金分红日常监管，鼓励上市公司回报股东。召开上市公司投资者关系管理座谈会，督促公司重视投资者关系管理，保持与投资者互动渠道的畅通，积极回应投资者关心的问题。落实证券期货纠纷多元化解机制，抓好纠纷日常化解和协调对接。积极组织辖区省级投资者教育基地的学习交流和培育工作，持续监督省级投资者教育基地规范运行，充分发挥基地公益性、一站式的投教服务优势，切实尊重、保护投资者。

审稿人：俞　峰　孔艳清　张连锋

撰稿人：崔　艳　张可军

安徽地区

一、安徽国民经济发展概况

表 1　2018 年安徽国民经济发展概况　单位：亿元

指　标	1～3 月		1～6 月		1～9 月		1～12 月	
	绝对量	同比增长（%）	绝对量	同比增长（%）	绝对量	同比增长（%）	绝对量	同比增长（%）
地区生产总值（GDP）	6601.41	8.10	14263.97	8.30	21632.94	8.20	30006.82	8.00
全社会固定资产投资	—	11.50	—	11.80	—	11.90	—	11.80
社会消费品零售总额	2952.70	11.60	5847.10	12.00	8830.90	12.00	12100.10	11.60
规模以上工业增加值	—	8.60	—	8.90	—	9.10	—	9.30
规模以上工业企业实现利润	477.10	14.90	982.70	22.90	1524.20	21.90	2448.20	27.80
居民消费价格指数（CPI）	1～3 月		1～6 月		1～9 月		1～12 月	
	1.70		1.50		2.60		2.00	

资料来源：国家统计局。

二、安徽上市公司总体情况

（一）公司数量

表 2　2018 年安徽上市公司数量　单位：家

公司总数	2018 年新增	股票类别			板块分布			
		仅 A 股	仅 B 股	（A+B）股	沪市主板	深市主板	中小板	创业板
103	1	100	0	3	47	15	27	14

资料来源：沪深交易所，同花顺。

（二）行业分布

表 3　　2018 年安徽上市公司行业分布情况

所属证监会行业类别	家数	占比（%）	所属证监会行业类别	家数	占比（%）
采矿业	3	2.91	批发和零售业	5	4.85
电力、热力、燃气及水的生产和供应业	2	1.94	水利、环境和公共设施管理业	4	3.88
房地产业	2	1.94	卫生和社会工作业	0	0.00
建筑业	3	2.91	文化、体育和娱乐业	2	1.94
交通运输、仓储和邮政业	2	1.94	信息传输、软件和信息技术服务业	5	4.85
教育	0	0.00	制造业	69	66.99
金融业	3	2.91	住宿和餐饮业	0	0.00
居民服务、修理和其他服务业	0	0.00	租赁和商务服务业	0	0.00
科学研究和技术服务业	1	0.97	综合	0	0.00
农、林、牧、渔业	2	1.94	合计	103	100.00

资料来源：沪深交易所，同花顺。

（三）股本结构及规模

表 4　　2018 年安徽上市公司股本规模在 10 亿股以上公司分布情况

股本规模（亿股）	公司家数	具体公司
100≤～<200	1	铜陵有色
50≤～<100	2	马钢股份、海螺水泥
20≤～<50	11	华安证券、众泰汽车、山鹰纸业、国元证券、长信科技、三七互娱、淮北矿业、科大讯飞、*ST华信、新集能源、皖江物流
10≤～<20	19	中鼎股份、皖通高速、ST新光、阳光电源、恒源煤电、华孚时尚、精达股份、江南化工、江淮汽车、皖新传媒、梦舟股份、皖能电力、中粮生化、盛运环保、安徽建工、楚江新材、长虹美菱、皖维高新、精工钢构

资料来源：沪深交易所，同花顺。

表 5　　2018 年安徽上市公司分地区股权构成情况　　单位：家

股权性质 地域分布	央企国资控股	省属国资控股	地市国资控股	民营控股	其他	合计
合肥市	3	12	6	22	2	45
芜湖市	0	3	0	9	1	13
蚌埠市	2	1	0	0	0	3
淮南市	1	0	0	1	0	2
马鞍山市	1	1	1	4	0	7
淮北市	0	2	0	2	0	4
铜陵市	0	1	2	3	0	6
安庆市	0	0	1	2	0	3
黄山市	0	0	1	1	1	3
阜阳市	0	0	1	0	0	1
宿州市	0	0	0	0	0	0
滁州市	0	0	1	3	0	4
六安市	0	0	0	2	0	2
宣城市	0	0	0	8	0	8
池州市	0	0	1	0	0	1
亳州市	0	0	1	0	0	1
合计	7	20	15	57	4	103

资料来源：安徽证监局。

（四）市值规模

截至 2018 年 12 月 31 日，安徽 103 家上市公司境内总市值 7908.08 亿元，占全国上市公司境内总市值的 1.82%；其中，上交所上市公司 47 家，总股本 547.95 亿股，境内总市值 4015.75 亿元，占上交所上市公司境内总市值的 1.49%；深交所上市公司 56 家，总股本 575.56 亿股，境内总市值 3892.32 亿元，占深交所上市公司境内总市值的 2.35%。

（五）资产规模

截至 2018 年 12 月 31 日，安徽 103 家上市公司合计总资产 12649.57 亿元，归属于母公司股东权益 5556.74 亿元，与 2017 年相比，分别增长 5.50%、4.79%；平均每股净资产 3.67 元。

三、安徽上市公司经营情况及变动分析

（一）总体经营情况

表 6

2018 年安徽上市公司经营情况

指　标	2018 年	2017 年	变动率（%）
家数	103	102	0.98
亏损家数	9	9	0.00
亏损家数比例（%）	8.74	8.82	-0.08
平均每股收益（元）	0.30	0.42	-28.14
平均每股净资产（元）	3.67	4.38	-16.26
平均净资产收益率（%）	8.23	9.57	-1.34
总资产（亿元）	12649.57	11990.56	5.50
归属于母公司股东权益（亿元）	5556.74	5302.94	4.79
营业收入（亿元）	8810.64	7949.99	10.83
利润总额（亿元）	867.16	685.2	26.56
归属于母公司所有者的净利润（亿元）	642.00	507.28	26.56

资料来源：沪深交易所，同花顺。

（二）分行业经营情况

表 7

2018 年安徽上市公司分行业经营情况

所属行类	营业收入（亿元）	可比样本变动率（%）	归属于母公司所有者的净利润（亿元）	可比样本变动率（%）
采矿业	693.38	8.50	50.31	25.45
电力、热力、燃气及水的生产和供应业	166.57	12.72	7.33	185.68
房地产业	41.36	-13.12	0.35	-97.64
建筑业	514.93	14.69	11.30	44.82
交通运输、仓储和邮政业	140.55	13.19	15.39	9.06
教育	—	—	—	—
金融业	48.33	-20.28	12.77	-17.33
居民服务、修理和其他服务业	—	—	—	—
科学研究和技术服务业	16.49	20.04	4.37	51.23
农、林、牧、渔业	28.37	18.51	1.22	63.94
批发和零售业	365.35	-22.65	3.11	114.24
水利、环境和公共设施管理业	65.03	27.73	10.16	36.94
卫生和社会工作业	—	—	—	—
文化、体育和娱乐业	162.69	6.22	14.16	-0.03

续表

所属行类	营业收入（亿元）	可比样本变动率（%）	归属于母公司所有者的净利润（亿元）	可比样本变动率（%）
信息传输、软件和信息技术服务业	202.37	32.59	18.80	-19.26
制造业	6365.23	15.60	492.72	31.85
住宿和餐饮业	—	—	—	—
租赁和商务服务业	—	—	—	—
综合	—	—	—	—
合计	8810.64	12.37	642.00	29.62

资料来源：沪深交易所，同花顺。

（三）业绩变动情况分析

1. 营业收入、毛利率等变动原因分析

2018年，辖区103家上市公司共实现营业总收入8810.64亿元，同比增长10.83%，高于全国11.48%的增速，增速较2017年下降4.86个百分点；实现净利润642亿元，同比增长26.56%，增速较2017年下降10.61个百分点，主要原因是部分公司业绩下滑，个别公司亏损金额较大；上市公司平均净资产收益率为8.23%，较2017年均略有下降，销售毛利率为28.04%，同比上升约2个百分点。淮北矿业、中粮科技等公司完成重大资产重组，实现煤炭能源、生物化学等优质资产上市，并购资产的盈利状况较为良好，提升了辖区公司资产盈利能力、销售毛利率和净利润水平。

2. 盈利构成分析

2018年，辖区103家上市公司实现净利润642亿元，其中，净利润超过10亿元的有13家，超过5亿元的有27家，较2017年增长18.52%。海螺水泥、马钢股份分别实现净利润298.14亿元、59.43亿元，同比增长88.05%、43.94%；另外，有9家公司亏损，亏损面为8.74%，9家公司亏损89.92亿元，相比2017年9家公司亏损47.05亿元、2016年3家公司亏损3.96亿元，有较大幅度增长。从净利润分布来看，辖区公司业绩状况两级分化较为明显，利润主要集中在水泥、钢铁、煤炭等大型国有传统行业，科技型企业和民营企业业绩表现一般。

3. 经营性现金流量分析

2018年，辖区103家上市公司经营活动现金流量净额为910.79亿元，同比增长229.32%，较2017年增速明显上升。同时，辖区上市公司平均经营性现金流净额为1.46亿元，有77家上市公司经营现金流净额为正，占辖区上市公司的比例为74.76%；其中，海螺水泥继续保持辖区经营性现金流净额的最高水平，为360.59亿元，江淮汽车经营性现金流净额最低，为-34.54亿元。

4. 业绩特点分析

一是过剩行业“去产能”有序推进。2018年，辖区4家钢铁、煤炭类上市公司固定资产与在建工程合计占总资产的比重为52.65%，同比下降3.24个百分点，存量产能持续消化。二是房地产行业“去库存”持续进行。2家房地产上市公司2018年年末待售库存占总资产的比重由2017年的32.65%下降至28.45%，表明商品房库存水平持续下降。三是“去杠杆”效果不彰。2018年年末，辖区上市公司资产负债率为53.32%，较2017年上涨0.39个百分点；100家非金融类上市公司资产负债率为51.56%，较2017年上涨0.58个百分点。四是实体经济“降成本”取得进展。非金融类上市公司营业总成本占营业总收入的92.07%，下降1.05个百分点；营业成本占营业总收入的78.33%，下降2.22个百分点。五是“补短板”领域表现良好。研发投入方面，辖区上市公司2018年共发生研发费用141.64亿元，研发投入进一步加大。

5. 利润分配情况

表8　2018年安徽上市公司现金分红情况

2018年分红公司家数			2018年分红金额		
家数	变动率（%）	分红公司家数占地区公司总数比重（%）	金额（亿元）	变动率（%）	分红金额占归属于母公司所有者的净利润比重（%）
78	8.33	75.73	181.78	83.43	35.83

资料来源：安徽证监局。

四、安徽上市公司并购重组情况

（一）并购重组基本情况

2018年，安徽辖区有淮北矿业、科大国创、楚江新材等8家上市公司依托资本市场实施完成重大资产重组，实现交易金额356.23亿元，同比增长约3.89%。2018年实施并购重组的8家上市公司总计实现营业收入930.4亿元，归属母公司股东的净利润55.18亿元，经营活动产生的现金流净额合计84.25亿元，同比全部实现大幅提升，通过并购重组进一步提升公司规模，逐渐形成新的利润增长点。

（二）并购重组特点

2018年，辖区并购重组市场坚持发挥服务实体经济发展的根本功能，推动并购重组市场优化增量发展、深化存量改革，进一步把好市场入口关，坚持做到增量与存量并重。一是推动混合所有制改革取得重要进展。辖区淮北矿业实现重组上市，成功将安徽重要煤炭能源资产注入到上市公司，成为体量达到数百亿元的能源生产企业；中粮科技通过收购生化能源、生物化学等资产，成为中粮集团唯一的玉米深加工业务平台，大力发展燃料乙醇等清洁能源。通过整体上市等方式推动国有资本做优做强，实现国有资产保值增值。二是推动上市公司高质量发展不断拓展。2018年实施并购重组的上市公司，通过注入大体量的优质资产，一方面，实现上市公司营业收入、净利润水平及资产规模同比大幅上升，为上市公司高质量发展增添新的活力；另一方面，通过重组优质资产的证券化，强化上市规范治理要求，进一步推动建立规范、有效、透明的上市公司治理体系。三是推动创新驱动力进一步强化。2018 年，辖区并购重组标的涵盖了金属材料、交通技术、清洁能源及软件科技等各类创新驱动产业，持续提升辖区上市公司的创新能力，推动创新成果不断涌现，有效实现了辖区市场主体“双创”活力加快释放。

五、安徽上市公司募集资金情况、使用情况

（一）募集资金总体情况

表 9　　2018 年安徽上市公司募集资金情况

发行类型	代码	简称	募集资金（亿元）
首发	601606	长城军工	4.93
	603596	伯特利	6.17
	603356	华菱精工	3.4
	小计		14.5
再融资（增发、配股）	603599	广信股份	14.35
	600496	精工钢构	9.57
	000868	安凯客车	1.95
	002331	皖通科技	4.3
	002226	江南化工	24.99
	600985	淮北矿业	210.36
	000930	中粮科技	82.85
	300520	科大国创	8.77
	002171	楚江新材	12.79
	000713	丰乐种业	2.72
	小计		372.65
其他融资（公司债券、短期融资券、中期票据、次级债、金融债、境外发行债券）	000728	国元证券	90
	600909	华安证券	35
	600567	山鹰纸业	23
	小计		148
总计			535.15

资料来源：安徽证监局。

（二）募集资金使用情况及特点

2018年度，安徽辖区共有3家公司实现首发上市，首发募集资金14.5亿元；10家上市公司成功实行非公开发行及资产重组，增发募集资金372.65亿元，主要用于公司募投项目、购买资产及补充流动资金等；3家上市公司通过证券公司债、可转债等方式募集资金148亿元，合计实现募集资金总额535.15亿元，同比实现直接融资增加43.24%。从报告期内募集资金使用现场检查及非现场监管情况来看，辖区上市公司募集资金管理及使用情况规范，基本能够按照预期投资计划使用，及时准确地披露募集资金使用的具体情况，主要存在问题是：个别上市公司利用闲置募集资金进行现金管理，超出公司董事会审批额度；部分公司募集使用进度较为缓慢，公司募集资金大部用于补流，实际投入募投项目资金大部为等额置换银行承兑汇票、信用证等前期投入，募投项目建设未有实质性进展。

（三）募集资金变更情况

2018年度，辖区上市公司按照证券法律、法规的要求规范使用募集资金，并及时披露了募集资金的使用情况，但有山鹰纸业、长城军工等7家上市公司因募投项目环境发生变化，经履行相关审议及披露程序后，存在部分募集资金使用项目及拟投募资金额发生变更的情形。

表10　　2018年安徽上市公司募集资金使用项目变更情况

变更募集资金使用项目的公司家数	涉及金额（亿元）	募集资金总额（亿元）	占公司募集资金总额的比例（%）
长城军工	1.04	3.28	31.71%
华孚时尚	1.27	8.96	14.17%
山鹰纸业	19.7	19.7	100%
长信科技	0.8	12.08	6.62%
德力股份	0.1	9.37	1.07%
铜峰电子	3.92	7.56	51.85%
美亚光电	1.55	2.48	62.5%

资料来源：安徽证监局。

六、安徽上市公司规范运作情况

（一）上市公司治理专项情况

2018年，辖区以新修订的《上市公司治理准则》发布为契机，结合现场走访、年报检查等监管方式，联合安徽上市公司协会，主动服务上门，先后走进20余家公司，开展《上市公司治理准则》宣讲及规范运作现场督导活动。一是提炼应知应会，由简入深强化理解掌握。针对部分上市公司治理落实不佳，规则学习掌握难度大的客观现实，结合规范公司治理“防范先行”的实践思考，选取“独立性、信息披露、财务核算、关联交易、董监高履职、投资者保护、杜绝违规担保和资金占用”等十个方面，提炼“十个应当、十个不得”底线性规范要求，并借助海报张贴、媒体报道、辖区监管交流群分享、微信H5页面转载推广等线上线下方式进行治理规范普及和讲解，帮助上市公司及董监高人员高效、简便地知悉和遵守底线性治理要求。与此同时，加强相关培训引导，联合辖区上市公司协会，邀请高校教授进行公司治理专题交流讲座，开展走进上市公司“高管讲堂”、董监高“点对点”宣讲交流、“董事长访谈”、公司治理典型案例征集与宣传等系列活动，促使上市公司及相关各方认清监管形势，自觉将公司治理的规范要求入脑入心。二是坚持管少管精原则，发挥关键少数表率作用。对主要为重组类以及新上市类公司的董监高、实际控制人，开展了“十个应当、十个不得”规范运作承诺书现场签署鉴证活动，督促上市公司关键人员强化责任意识，充分发挥规范公司治理的带头表率作用。

（二）审计情况及监管情况

2018年，紧紧围绕防范化解重大金融风险攻坚战部署要求，按照事前督促提醒、事中排查化解、事后妥善处置的总体思路，通过召开年报部署会、集中约谈、风险提示、年报督导、现场核查等，切实维护辖区资本市场平稳健康发展。一是前移监管端口，抓好风险源头管控。紧盯年报审计进场前关键节点，从风险源头抓起，提前筹划防控，切实遏制住风险性苗头隐患。抓重点公司，督促关键少数“不越位”；抓重点所，督促合伙人“不缺位”；抓重点领域，确保监管“做到位”。二是扎紧防范篱笆，抓好风险预警识别。通过建立健全财务风险动态监测机制，拓宽监管线条，强化对风险演变感知，提前介入年报披露前“博弈时点”，对上市公司财务舞弊风险进行全覆盖摸排，力争把财务信息披露风险化解在事中。强化日常监控，健全风险甄别体系。强化现场督导，做好风险早期识别。强化过程把控，预防风险演变传染。紧盯市场疑点，实时关注年报进展、网络质疑、投诉举报等重大事项，及时了解审计进展及目前审计中重大分歧解决情况。三是凝聚监管合力，抓好风险化解处置。突出查深查透，公司与中介双向延伸。注重“相互延伸”，达到一次检查“双重效果”。以上市公司问题风险为直接切入点，顺藤摸瓜，彻底摸清公司风险底数，并对审计机构质量进行核查，倒逼其完善审计程序，督促其提升财务规范水平。突出紧密衔接，日常与稽查双向发力。牢固树立“一盘棋”思维，坚持“一案双查”，将稽查思维贯彻日常监管全过程。突出稳妥处置，力度与节奏贯穿始终。充分发挥辖区会计咨询专家委员会职能优势，对检查发现的有关问题，有针对性采取谈话提醒、出具行政监管措施等。

（三）信息披露情况

2018 年，辖区上市公司信息披露总体情况较为良好，绝大部分公司积极主动通过交易所投资者关系互动平台、公司网站等多种途径与投资者进行交流，信息披露意识和义务履行进一步增强。一是优化监管流程，进一步做好非现场监管针对性。督导公司严格履行强制性信息披露义务，进一步完善内部信息披露制度和流程；试点开展自愿性信息披露，引导公司以投资者需求为导向，结合行业特点和自身实际，开展自愿性信息披露；强化对公司发生敏感事件时信息披露的动态监管，健全信息披露异常情形问责机制。二是借助科技监管手段，进一步做好信息披露监管有效性。充分借助信息平台、科技执法、大数据分析、舆情监测、科技培训“五位一体”的科技监管手段，充分运用上市公司监管平台、画像系统等科技监管平台，利用好科技资源，深化局所间监管机构协作，切实提升上市公司信息披露的有效性。

（四）证券市场服务情况

近年来，安徽辖区始终坚持将保护投资者合法权益作为各项工作的出发点和落脚点，贯彻监管全过程，切实维护广大投资者的知情权、参与权、决策权等合法权益。一是加强信息披露监管，切实保护投资者知情权。督导上市公司严格落实信息披露要求，完善以投资者需求为导向的信息披露体系，力争给投资者一个真实、透明的上市公司。二是提升上市公司质量，不断增强投资者满意度、获得感。在入口方面，强化辅导全过程监管，压实中介机构责任，切实防止企业“带病申报”。在持续监管方面，抓住上市公司大股东、实际控制人、董监高等“关键少数”，强化监管压力传导，不断提升公司治理和规范运作水平。三是防范化解重大风险，积极维护广大投资者的合法权益。加强股权质押、债券违约等重点风险监管，“一司一策”制定风险预案，密切与交易所、地方政府协作，多措并举推进风险处置。四是健全多元纠纷化解机制，多途径保障投资者求偿权。推动法院、仲裁、行业协会、中证中小投资者服务中心等建立“开庭 + 调解”、诉调对接、小额速调、示范判决等多元纠纷化解机制。

审稿人：张文生

撰稿人：蒋　诚　祝庆松

福建地区

一、福建国民经济发展概况

表 1　　2018 年福建国民经济发展概况　　单位：亿元

指　标	1～3 月		1～6 月		1～9 月		1～12 月	
	绝对量	同比增长（%）	绝对量	同比增长（%）	绝对量	同比增长（%）	绝对量	同比增长（%）
地区生产总值（GDP）	7307.22	7.90	14840.93	8.20	23311.80	8.30	35804.04	8.30
全社会固定资产投资	—	13.80	—	13.40	—	13.20	—	11.50
社会消费品零售总额	3543.96	12.70	6863.94	12.20	10294.61	11.90	14317.43	10.80
规模以上工业增加值	—	7.90	—	8.90	—	9.10	—	9.10
规模以上工业企业实现利润	709.45	9.90	1526.01	16.00	2406.51	16.70	3537.14	16.10
居民消费价格指数（CPI）	1～3 月		1～6 月		1～9 月		1～12 月	
	1.50		1.10		1.90		1.20	

资料来源：国家统计局。

二、福建上市公司总体情况

（一）公司数量

表 2　　2018 年福建上市公司数量　　单位：家

公司总数	2018 年新增	股票类别			板块分布			
		仅 A 股	仅 B 股	（A+B）股	沪市主板	深市主板	中小板	创业板
86	1	86	0	0	35	11	25	15

资料来源：沪深交易所，同花顺。

（二）行业分布

表 3　　2018 年福建上市公司行业分布情况

所属证监会行业类别	家数	占比（%）	所属证监会行业类别	家数	占比（%）
采矿业	1	1.16	批发和零售业	5	5.81
电力、热力、燃气及水的生产和供应业	4	4.65	水利、环境和公共设施管理业	0	0.00
房地产业	4	4.65	卫生和社会工作业	0	0.00
建筑业	0	0.00	文化、体育和娱乐业	1	1.16
交通运输、仓储和邮政业	2	2.33	信息传输、软件和信息技术服务业	11	12.79
教育	0	0.00	制造业	52	60.47
金融业	2	2.33	住宿和餐饮业	0	0.00
居民服务、修理和其他服务业	0	0.00	租赁和商务服务业	0	0.00
科学研究和技术服务业	1	1.16	综合	0	0.00
农、林、牧、渔业	3	3.49	合计	86	100.00

资料来源：沪深交易所，同花顺。

（三）股本结构及规模

表 4　　2018 年福建上市公司股本规模在 10 亿股以上公司分布情况

股本规模（亿股）	公司家数	具体公司
200≤～<500	2	紫金矿业、兴业银行
50≤～<100	2	永辉超市、兴业证券
20≤～<50	9	天广中茂、福建高速、宁德时代、恺英网络、福耀玻璃、阳光城、华映科技 、合力泰、ST 冠福
10≤～<20	14	平潭发展、国脉科技、新大陆、航天发展、纳川股份、龙净环保、中国武夷、泰禾集团、三钢闽光、福能股份、青山纸业、圣农发展、达华智能、冠城大通

资料来源：沪深交易所，同花顺。

表 5　　2018 年福建上市公司分地区股权构成情况　　单位：家

地域分布＼股权性质	央企国资控股	省属国资控股	地市国资控股	民营控股	其他	合计
福州市	2	8	2	26	5	43
泉州市	1	0	0	14	2	17
南平市	0	2	0	4	1	7

续表

股权性质 地域分布	央企国资控股	省属国资控股	地市国资控股	民营控股	其他	合计
漳州市	0	0	3	2	0	5
三明市	0	1	2	1	0	4
龙岩市	0	0	2	2	0	4
宁德市	0	0	1	3	0	4
莆田市	0	0	0	2	0	2
合计	3	11	10	54	8	86

资料来源：福建证监局。

（四）市值规模

截至2018年12月31日，福建86家上市公司境内总市值11351.19亿元，占全国上市公司境内总市值的2.61%；其中，上交所上市公司35家，总股本813.07亿股，境内总市值6968.91亿元，占上交所上市公司境内总市值的2.59%；深交所上市公司51家，总股本442.97亿股，境内总市值4382.28亿元，占深交所上市公司境内总市值的2.65%。

（五）资产规模

截至2018年12月31日，福建86家上市公司合计总资产80487.40亿元，归属于母公司股东权益8520.16亿元，与2017年相比，分别增长7.19%、13.26%；平均每股净资产6.78元。

三、福建上市公司经营情况及变动分析

（一）总体经营情况

表6　　2018年福建上市公司经营情况

指　标	2018年	2017年	变动率（%）
家数	86	85	1.18
亏损家数	12	7	71.43
亏损家数比例（%）	13.95	8.24	5.71
平均每股收益（元）	0.69	0.74	-6.76
平均每股净资产（元）	6.78	6.27	8.13
平均净资产收益率（%）	10.16	11.81	-1.65
总资产（亿元）	80487.4	75085.93	7.19
归属于母公司股东权益（亿元）	8520.16	7522.89	13.26
营业收入（亿元）	7237.61	5797.65	24.84
利润总额（亿元）	1108.51	1071.09	3.49
归属于母公司所有者的净利润（亿元）	865.44	888.29	-2.57

资料来源：沪深交易所，同花顺。

（二）分行业经营情况

表7　　2018年福建上市公司分行业经营情况

所属行类	营业收入（亿元）	可比样本变动率（%）	归属于母公司所有者的净利润（亿元）	可比样本变动率（%）
采矿业	1059.94	12.11	40.94	16.71
电力、热力、燃气及水的生产和供应业	109.18	27.61	9.07	-18.94
房地产业	1004.31	46.48	66.37	31.91
建筑业	—	—	—	—
交通运输、仓储和邮政业	95.02	31.52	9.01	9.46
教育	—	—	—	—
金融业	1647.86	10.75	607.55	2.14
居民服务、修理和其他服务业	—	—	—	—
科学研究和技术服务业	6.86	21.62	0.74	-4.50
农、林、牧、渔业	126.51	13.14	15.79	318.83
批发和零售业	945.83	18.16	19.09	-7.36
水利、环境和公共设施管理业	—	—	—	—
卫生和社会工作业	—	—	—	—
文化、体育和娱乐业	5.58	18.37	0.40	11.70
信息传输、软件和信息技术服务业	170.70	5.15	24.82	-24.46
制造业	2065.81	17.36	71.66	-61.22
住宿和餐饮业	—	—	—	—
租赁和商务服务业	—	—	—	—
综合	—	—	—	—
合计	7237.61	18.22	865.44	-8.20

资料来源：沪深交易所，同花顺。

（三）业绩变动情况分析

1. 营业收入、毛利率等变动原因分析

2018年，福建辖区86家上市公司实现营业收入7237.61亿元，同比增长24.84%；营业成本6193.63亿元，同比增长29.32%；营业利润1122.80亿元，同比增长4.39%；利润总额1108.51亿元，同比增长3.49%；毛利率为14.42%，同比下降2.97个百分点。总体来看，营业收入增幅低于营业成本增幅是毛利率下降的主要原因。

2. 盈利构成分析

从盈利构成来看，2018年，福建辖区上市公司利润来源主要是营业利润，其占利润总额的比重为101.29%，营业外收入总额占利润总额的比重为1.34%，营业外支出总额占利润总额的比重为-2.63%。

3. 经营性现金流量分析

2018年，福建辖区65家上市公司经营现金流量净额为正，占86家上市公司的75.58%，低于2017年77.65%的水平。

4. 业绩特点分析

2018年度，福建辖区上市公司总体发展形势良好，资产规模平稳增长，盈利水平小幅下降。具体情况如下：

（1）资产规模持续扩大。截至2018年12月31日，福建辖区上市公司资产总额为80487.40亿元，较2017年同期增长7.19%；归属于母公司股东权益总额为8520.16亿元，较2017年同期增长13.26%。

（2）盈利能力总体保持增长。2018年度，福建辖区86家上市公司共实现营业收入7237.61亿元，同比增长24.84%；实现净利润总额865.44亿元，同比减少2.57%；平均净资产收益率10.16%，同比减少1.65个百分点；平均每股收益0.69元，同比减少6.76%。

（3）亏损面、亏损金额增加。2018年度福建辖区上市公司亏损家数有所增加，亏损金额有所增长，辖区86家上市公司中有12家出现亏损，亏损总额为143.4亿元，与2017年度相比，亏损公司家数增加5家，亏损金额增加7.79倍。

（4）积极回报股东。2018年，福建辖区共有64家公司提出利润分配或资本公积金转增股本方案，占盈利公司家数的86.49%；63家发放现金股利，占利润分配家数的98.44%；派发现金总额291.37亿元，占福建辖区公司净利润总额的33.67%。

5. 利润分配情况

表8　　2018年福建上市公司现金分红情况

2018年分红公司家数			2018年分红金额		
家数	变动率（%）	分红公司家数占地区公司总数比重（%）	金额（亿元）	变动率（%）	分红金额占归属于母公司所有者的净利润比重（%）
63	-4.55	73.26	291.37	7.03	33.67

资料来源：福建证监局。

四、福建上市公司并购重组情况

（一）并购重组基本情况

2018年，福建辖区上市公司并购重组活跃度较低。据统计，全年共有15家上市公司进行并购重组，涉及金额合计73.06亿元。截至目前，5家公司已完成，10家公司已终止。

（二）并购重组特点

近年来，辖区上市公司借力资本市场，积极开展并购重组进行转型升级，但是部分公司并购重组的负面效应也开始显现。一是商誉规模较大，减值风险影响公司发展后劲。二是因行业差异、文化差异等原因，部分上市公司并未真正有效地控制并购标的。三是部分并购标的业绩承诺期满出现业绩变脸。

五、福建上市公司募集资金情况、使用情况

（一）募集资金总体情况

表 9　　2018 年福建上市公司募集资金情况

发行类型	代码	简称	募集资金（亿元）
首发	300750	宁德时代	54.62
	小计		54.62
再融资（增发、配股）	603636	南威软件	6.61
	小计		6.61
其他融资（公司债券、短期融资券、中期票据、次级债、金融债、境外发行债券）	601377	兴业证券	45.00
	000536	华映科技	2.00
	603555	贵人鸟	3.00
	600203	福日电子	1.00
	603668	天马科技	3.05
	000632	三木集团	3.00
	600388	龙净环保	1.00
	601377	兴业证券	20.00
	000671	阳光城	10.00
	000671	阳光城	6.00
	000671	阳光城	10.00
	000732	泰禾集团	15.00
	601377	兴业证券	50.00
	000732	泰禾集团	15.00
	601899	紫金矿业	45.00
	000671	阳光城	11.00
	601166	兴业银行	300.00
	000671	阳光城	4.00
	000671	阳光城	17.00
	601166	兴业银行	300.00
	600660	福耀玻璃	3.00
	600483	福能股份	28.3
	600067	冠城大通	6.00
	000671	阳光城	15.00
	小计		913.35
总计			974.58

资料来源：福建证监局。

（二）募集资金使用情况及特点

2018年，福建辖区共有54家上市公司使用募集资金，金额111.33亿元，其中，19.32亿元为2018年度募集资金，占全年使用募集资金总额的17.35%；92.01亿元为以前年度募集资金，占年度使用募集资金总额的82.65%。福建辖区上市公司共涉及11个行业，除金融业之外的10个行业均涉及募集资金的使用。

（三）募集资金变更情况

2018年，福建辖区有9家上市公司变更募集资金的使用项目，涉及金额23.34亿元，占9家公司募集资金总额106.32亿元的21.95%。募集资金变更程序合法，均经过公司董事会和股东大会批准。变更的原因主要包括：一是拟投资项目的市场环境等发生改变，导致募投项目无法实施或进展缓慢；二是公司战略发展规划调整。

表10　2018年福建上市公司募集资金使用项目变更情况

变更募集资金使用项目的公司家数	涉及金额（亿元）	募集资金总额（亿元）	占公司募集资金总额的比例（%）
9	23.34	106.32	21.95

资料来源：福建证监局。

六、福建上市公司规范运作情况

（一）上市公司治理专项情况

以新公司治理准则为主线，完善公司治理结构。一是积极督导贯彻执行。通过编发工作简报、组织专题培训、下发专门文件、要求公司自查等一系列工作，督促各公司切实贯彻执行新治理准则。二是推动公司党建工作，梳理24项党建工作内容，对各公司开展专题调研，引导21家国有控股上市公司将党建内容写进公司章程，督导45家民营上市公司充分发挥党组织在公司治理中的重要作用。三是引导落实社会责任。督促上市公司强化环境保护、精准扶贫、食药品安全等社会责任方面的信息披露义务，督促9家次公司及时整改。四是规范实际控制人行为。将1家上市公司控股股东利用上市公司名义进行违规担保、对外借款、违规开具商业承兑汇票，变相占用上市公司资金的违法违规线索及时移送稽查。

（二）审计情况及监管情况

完成证监会会计部安排的9个审计项目函证程序专项检查和3个审计项目执业质量线索核查，自主安排4个审计项目执业质量专项检查，延伸检查1个审计项目。根据检查结果，对1家会计师事务所及4名签字注册会计师采取出具警示函的行政监管措施，对1家会计师事务所的2名签字注册会计师采取监管谈话的行政监管措施。

（三）信息披露情况

全年重点审核21家上市公司的年报披露情况。约谈公司及审计机构49人次，提示风险29项，参加6家次审计沟通会。全年各类现场检查累计投入539人天，制作相关人员询问笔录21份，要求公司提交说明50份。发现各类问题213项。累计有4起违法违规行为被移送稽查立案或初步调查，采取22项行政监管措施，下发13项监管关注函。此外，通过全辖区发文通报，证监局门户网站、《公司监管简报》等渠道公示违法违规处罚信息，加大警示和震慑力度。

（四）证券市场服务情况

进一步加强证券市场投资者保护工作机制，指定专人负责投诉举报台账管理和处理把关工作。对投资者的诉求积极引导相关公司和人员妥善处理，对涉及侵害投资者合法权益的举报事项开展深入核查，对发现的违法违规行为依法严肃处理。全年累计接收各类举报投诉101件，都得到妥善处理。其中，针对1家公司的举报投诉高达45件，组织对举报的具体内容和风险特征进行专题分析，排查潜在风险，征询交易所意见并向上市部请示，规范答复口径。

（五）其他

结合投资者关系管理问卷调查情况，上市公司信息披露文件更正情况，被有权机关采取监管措施、行政处罚或立案调查情况等，对辖区上市公司投资者关系管理质量进行评价。对47家评价为B、C、D的上市公司，详细列出存在的问题，要求相关上市公司提升投资者关系管理水平。对2家评价等级为D的上市公司，约谈公司董事长、董事会秘书和相关工作人员，督促重视投资者关系管理工作，强化投资者权益保护意识。

审稿人：商丹丹

撰稿人：陈燕苹　潘琼芳　王佳炜

熊　刚　张轶飞

江西地区

一、江西国民经济发展概况

表 1　　2018 年江西国民经济发展概况　　单位：亿元

指　标	1～3 月		1～6 月		1～9 月		1～12 月	
	绝对量	同比增长（%）	绝对量	同比增长（%）	绝对量	同比增长（%）	绝对量	同比增长（%）
地区生产总值（GDP）	5048.28	9.00	10124.53	9.00	15592.53	8.80	21984.78	8.70
全社会固定资产投资	—	12.00	—	11.70	—	11.30	—	11.10
社会消费品零售总额	1709.30	11.00	3404.00	11.20	5204.30	11.20	7566.40	11.00
规模以上工业增加值	—	8.80	—	9.10	—	9.00	—	8.90
规模以上工业企业实现利润	404.30	24.40	899.10	29.90	1460.10	22.30	2157.80	16.50
居民消费价格指数（CPI）	1～3 月		1～6 月		1～9 月		1～12 月	
	2.00		2.00		2.00		1.70	

资料来源：国家统计局。

二、江西上市公司总体情况

（一）公司数量

表 2　　2018 年江西上市公司数量　　单位：家

公司总数	2018 年新增	股票类别			板块分布			
		仅 A 股	仅 B 股	（A+B）股	沪市主板	深市主板	中小板	创业板
42	3	41	0	1	17	8	9	8

资料来源：沪深交易所，同花顺。

（二）行业分布

表 3　　2018 年江西上市公司行业分布情况

所属证监会行业类别	家数	占比（%）	所属证监会行业类别	家数	占比（%）
采矿业	1	2.38	批发和零售业	1	2.38
电力、热力、燃气及水的生产和供应业	2	4.76	水利、环境和公共设施管理业	0	0.00
房地产业	0	0.00	卫生和社会工作业	0	0.00
建筑业	0	0.00	文化、体育和娱乐业	1	2.38
交通运输、仓储和邮政业	2	4.76	信息传输、软件和信息技术服务业	0	0.00
教育	0	0.00	制造业	34	80.95
金融业	1	2.38	住宿和餐饮业	0	0.00
居民服务、修理和其他服务业	0	0.00	租赁和商务服务业	0	0.00
科学研究和技术服务业	0	0.00	综合	0	0.00
农、林、牧、渔业	0	0.00	合计	42	100.00

资料来源：沪深交易所，同花顺。

（三）股本结构及规模

表 4　　2018 年江西上市公司股本规模在 10 亿股以上公司分布情况

股本规模（亿股）	公司家数	具体公司
20≤～<50	4	赣粤高速、江西铜业、新钢股份、正邦科技
10≤～<20	8	中文传媒、赣锋锂业、诚志股份、方大特钢、三川智慧、天音控股、江特电机、仁和药业

资料来源：沪深交易所，同花顺。

表 5　　2018 年江西上市公司分地区股权构成情况　　单位：家

股权性质 / 地域分布	央企国资控股	省属国资控股	地市国资控股	民营控股	其他	合计
南昌市	3	4	2	10	1	20
九江市	0	0	0	0	0	0
景德镇市	0	0	2	1	1	4
萍乡市	0	1	0	0	0	1
新余市	0	2	0	2	0	4
鹰潭市	0	1	0	1	0	2
赣州市	0	0	1	2	1	4

续表

地域分布 \ 股权性质	央企国资控股	省属国资控股	地市国资控股	民营控股	其他	合计
宜春市	0	0	0	3	0	3
上饶市	0	1	2	0	0	3
吉安市	0	0	0	0	0	0
抚州市	0	0	0	0	1	1
合计	3	9	7	19	4	42

资料来源：江西证监局。

（四）市值规模

截至2018年12月31日，江西42家上市公司境内总市值2950.72亿元，占全国上市公司境内总市值的0.68%；其中，上交所上市公司17家，总股本176.76亿股，境内总市值1360.87亿元，占上交所上市公司境内总市值的0.50%；深交所上市公司25家，总股本187.80亿股，境内总市值1589.85亿元，占深交所上市公司境内总市值的0.96%。

（五）资产规模

截至2018年12月31日，江西42家上市公司合计总资产4548.49亿元，归属于母公司股东权益2143.72亿元，与2017年相比，分别增长11.12%、10.70%；平均每股净资产5.88元。

三、江西上市公司经营情况及变动分析

（一）总体经营情况

表6　　2018年江西上市公司经营情况

指　标	2018年	2017年	变动率（%）
家数	42	39	7.69
亏损家数	5	1	400.00
亏损家数比例（%）	11.90	2.56	9.34
平均每股收益（元）	0.54	0.52	3.85
平均每股净资产（元）	5.88	5.74	2.44
平均净资产收益率（%）	9.19	9.05	0.14
总资产（亿元）	4548.49	4093.44	11.12
归属于母公司股东权益（亿元）	2143.72	1936.51	10.70
营业收入（亿元）	4936.82	4597.45	7.38
利润总额（亿元）	255.39	234.23	9.03
归属于母公司所有者的净利润（亿元）	196.92	175.3	12.33

资料来源：沪深交易所，同花顺。

（二）分行业经营情况

表 7　　2018 年江西上市公司分行业经营情况

所属行类	营业收入（亿元）	可比样本变动率（%）	归属于母公司所有者的净利润（亿元）	可比样本变动率（%）
采矿业	50.49	22.24	0.64	109.31
电力、热力、燃气及水的生产和供应业	69.45	22.49	5.25	80.87
房地产业	—	—	—	—
建筑业	—	—	—	—
交通运输、仓储和邮政业	71.38	-0.31	11.94	19.00
教育	—	—	—	—
金融业	8.15	7.82	2.84	-12.28
居民服务、修理和其他服务业	—	—	—	—
科学研究和技术服务业	—	—	—	—
农、林、牧、渔业	—	—	—	—
批发和零售业	424.66	7.16	-2.31	-198.58
水利、环境和公共设施管理业	—	—	—	—
卫生和社会工作业	—	—	—	—
文化、体育和娱乐业	115.13	-13.48	16.19	11.51
信息传输、软件和信息技术服务业	—	—	—	—
制造业	4197.56	7.15	162.37	5.25
住宿和餐饮业	—	—	—	—
租赁和商务服务业	—	—	—	—
综合	—	—	—	—
合计	4936.82	6.76	196.92	9.17

资料来源：沪深交易所，同花顺。

（三）业绩变动情况分析

1. 营业收入、毛利率等变动原因分析

2018 年，辖区上市公司整体营业总收入 4936.82 亿元，同比增长 7.38%；平均毛利率 28.65%，同比下降 0.82%。主要原因是辖区上市公司整体经营稳健，但是亏损企业较 2017 年增加 4 家，个别公司盈利水平波动较大，例如，有的企业生产经营停滞，有的企业计提大额资产减值侵蚀了生产经营盈利。

2. 盈利构成分析

2018 年，辖区上市公司净利润 196.92 亿元，同比增长 12.33%；整体营业利润 253.59 亿元，增幅达 10.28%；整体营业利润率 5.14%，高于 2017 年 0.17 个百分点。辖区整体盈利能力的提升主要来源于少数公司盈利增长，大部分公司主业盈利能力下降。

3. 经营性现金流量分析

2018 年，辖区上市公司经营活动产生的现金流量净额 315.82 亿元，同比增长24.98%，经营活动产生的现金流量净额负值公司6家，比2017年减少4家，个别公司经营性现金流量净额连续3年为负，存在一定流动性风险。

4. 业绩特点分析

一是整体业绩稳中有进，个别公司盈利水平波动较大。辖区上市公司营业收入的变动幅度在－98.82%～67.84%之间，而净利润的变动幅度达－690.29%～1045.90%，净利润的波动幅度显著高于营业收入的波动幅度。

二是发展主要依靠主业，大部分公司主业盈利能力有所下降。辖区上市公司主业的发展为企业提供了稳定的利润支撑，是企业内生增长的原动力。部分公司因体量较大，营业利润率小幅度增长，支撑了整体营业利润率的增长；部分公司营业利润率的增长主要源于营业利润的扭亏为盈；大部分公司受生产经营疲软、资产减值计提等因素影响营业利润率有所下降。

三是财务结构整体稳健，个别公司财务风险较高。截至2018年12月31日，辖区上市公司整体产权比率为1.06，基本与2017年持平。辖区上市公司整体流动比率1.32，较2017年同期增长0.02，大部分公司具备短期偿债能力。

四是整体商誉余额不大，但个别公司计提大额商誉减值，对公司盈亏产生较大影响。截至2018年12月31日，辖区上市公司商誉余额为149.29亿元，同比下降7.67%。2018年，辖区12家上市公司计提商誉减值损失共计17.76亿元，同比增长了12.06倍；商誉减值损失在净利润的占比为9.02%，高于2017年8.26个百分点。

5. 利润分配情况

表8　　2018年江西上市公司现金分红情况

2018年分红公司家数			2018年分红金额		
家数	变动率（%）	分红公司家数占地区公司总数比重（%）	金额（亿元）	变动率（%）	分红金额占归属于母公司所有者的净利润比重（%）
32	－3.03	76.19	72.67	－15.25	36.90

资料来源：江西证监局。

四、江西上市公司并购重组情况

（一）并购重组基本情况

2018年辖区实施股权再融资（包括发行股份购买资产、非公开发行）公司3家，融资金额为31.94亿元，同比下降50.12%。

（二）并购重组特点

一是并购重组家数和金额同比下降。2018年，股权再融资公司减少3家，股权再融资金额减半。二是并购重组仍为企业转型升级、推动实体经济进一步发展的有效途径。例如，国泰集团通过发行股份的方式购买威源民爆100%股权和江铜民爆100%股权，在上市公司中新增混装炸药业务，有效促进了公司产业结构的优化升级，使公司成为中国民爆行业产品种类最齐全的企业之一；江中药业配合控股股东江中集团推进华润医药重组，为江中药业的发展提供了产业资源和资本优势，有力地推动了产业协同以及资源整合，助力企业打造成为江西中医药产业龙头。三是均为资产置入，无资产置出。

五、江西上市公司募集资金情况、使用情况

（一）募集资金总体情况

表 9　　2018 年江西上市公司募集资金情况

发行类型	代码	简称	募集资金（亿元）
首发	603773	沃格光电	7.89
	300748	金力永磁	2.24
	小计		10.13
再融资（增发、配股）	300294	博雅生物	10
	603977	国泰集团	8.54
	002176	江特电机	13.40
	小计		31.94
其他融资（公司债券、短期融资券、中期票据、次级债、金融债、境外发行债券）	000990	诚志股份	10（公司债券）
	002036	联创电子	6.3（公司债券）
	小计		16.3
总计			58.37

资料来源：江西证监局。

（二）募集资金使用情况及特点

2018 年，辖区上市公司通过首发、增发方式共募集资金 42.07 亿元，本年度募集资金用途包括补充流动资金、建设技术中心、股权收购以及升级改造生产线等。

（三）募集资金变更情况

表 10　　2018 年江西上市公司募集资金使用项目变更情况

变更募集资金使用项目的公司家数	涉及金额（亿元）	募集资金总额（亿元）	占公司募集资金总额的比例（%）
1	0.47	4.25	11.06

资料来源：江西证监局。

六、江西上市公司规范运作情况

（一）上市公司治理专项情况

2018年，江西证监局结合日常监管和现场检查情况，重点关注辖区上市公司人员和财务独立性、承诺履行、关联交易、三会运作、大股东资金占用、环境信息披露以及再融资等方面规范运行情况。通过培训、问询、约见谈话、现场检查等方式有序推进公司内部控制规范执行，督促公司人员、财务、业务与大股东保持独立，防范大股东资金占用。2018年，推动辖区上市公司将党建有关要求写入公司章程工作。

（二）审计情况及监管情况

42家上市公司均如期披露了2018年年报，除1家公司被出具无法表示意见之外，其余均被出具了标准无保留意见。江西证监局加强年报审阅工作，重点审阅15家公司的总体审计策略、具体审计计划与审计总结，约谈年审会计师11家次，了解审计的进展情况和关注的风险领域，向年审会计师明确监管要求。根据上市公司日常监管情况，精准定位审计风险类型，细化业绩变脸、商誉减值、股票质押、资金占用、内部控制治理等风险维度，以商誉减值、大股东资金占用专项审计监管为抓手，排查相关风险隐患，推动上市公司风险化解工作。

（三）信息披露情况

2018年，江西证监局就辖区上市公司信息披露方面存在的问题，对2家上市公司采取行政监管措施，向8家上市公司下发监管关注函。做好上市公司年报审计监管，向上市公司审计机构下发年报审计监管备忘录3家次。加强辖区上市公司环境信息披露监管，督促相关上市公司履行信息披露义务。

（四）证券市场服务情况

2018年，江西证监局组织了辖区上市公司董监高培训会、部分公司生产经营座谈会等培训交流活动，宣传资本市场政策形势，引导企业树立规范意识，转变发展理念，利用资本市场加快发展。积极支持辖区上市公司通过发行股票、公司债券等形式再融资，有效推动辖区上市公司利用资本市场提升质量、转型发展。

（五）其他

江西证监局多措并举推动辖区资本市场发展，增强服务实体经济能力。一是成立辖区资本市场服务实体经济推动工作小组，积极推动辖区资本市场发展。二是加大现场调研企业力度。深入园区企业调研，本年度共计赴9个设区市78家企业调研走访，了解实体企业经营情况。三是与地方政府部门加强监管协作，积极建言献策，推动江西资本市场健康稳定发展。

审稿人：唐理斌　洪　漫　史达宁

撰稿人：贾春仙

山东地区

一、山东国民经济发展概况

表 1　　2018 年山东国民经济发展概况　　单位：亿元

指标	1~3月		1~6月		1~9月		1~12月	
	绝对量	同比增长（%）	绝对量	同比增长（%）	绝对量	同比增长（%）	绝对量	同比增长（%）
地区生产总值（GDP）	18900.62	6.70	39658.06	6.60	59607.54	6.50	76469.67	6.40
全社会固定资产投资	—	6.60	—	6.10	—	5.80	—	4.10
社会消费品零售总额	7840.01	9.80	15726.70	9.30	23962.61	9.30	—	8.80
规模以上工业增加值	—	5.20	—	5.30	—	5.50	—	5.20
规模以上工业企业实现利润	1717.35	13.20	3706.81	17.40	5375.06	15.50	—	10.30
居民消费价格指数（CPI）	1~3月		1~6月		1~9月		1~12月	
	2.30		2.30		3.20		2.00	

资料来源：国家统计局。

二、山东上市公司总体情况

（一）公司数量

表 2　　2018 年山东上市公司数量　　单位：家

公司总数	2018 年新增	股票类别			板块分布			
		仅 A 股	仅 B 股	（A+B）股	沪市主板	深市主板	中小板	创业板
166	-1	162	1	3	56	26	59	25

资料来源：沪深交易所，同花顺。

（二）行业分布

表 3　　2018 年山东上市公司行业分布情况

所属证监会行业类别	家数	占比（%）	所属证监会行业类别	家数	占比（%）
采矿业	5	3.01	批发和零售业	5	3.01
电力、热力、燃气及水的生产和供应业	3	1.81	水利、环境和公共设施管理业	0	0.00
房地产业	2	1.20	卫生和社会工作业	0	0.00
建筑业	3	1.81	文化、体育和娱乐业	2	1.20
交通运输、仓储和邮政业	5	3.01	信息传输、软件和信息技术服务业	5	3.01
教育	0	0.00	制造业	124	74.70
金融业	0	0.00	住宿和餐饮业	0	0.00
居民服务、修理和其他服务业	0	0.00	租赁和商务服务业	0	0.00
科学研究和技术服务业	1	0.60	综合	5	3.01
农、林、牧、渔业	6	3.61	合计	166	100.00

资料来源：沪深交易所，同花顺。

（三）股本结构及规模

表 4　　2018 年山东上市公司股本规模在 10 亿股以上公司分布情况

股本规模（亿股）	公司家数	具体公司
100≤～<200	2	山东钢铁、南山铝业
50≤～<100	3	潍柴动力、新潮能源、华电国际
20≤～<50	12	山东黄金、山东出版、山东高速、兖州煤业、歌尔股份、太阳纸业、通裕重工、金正大、日照港、晨鸣纸业、万华化学、合力泰
10≤～<20	25	康欣新材、好当家、科达股份、山东路桥、鲁商发展、华泰股份、滨化股份、山推股份、齐翔腾达、山东矿机、金晶科技、华鲁恒升、新能泰山、玲珑轮胎、中航沈飞、瑞茂通、史丹利、双塔食品、瑞康医药、东方电子、鲁西化工、天润曲轴、美晨生态、浪潮信息、博汇纸业

资料来源：沪深交易所，同花顺。

表 5　　2018 年山东上市公司分地区股权构成情况　　单位：家

股权性质 地域分布	央企国资控股	省属国资控股	地市国资控股	民营控股	其他	合计
济南市	2	9	2	9	3	25
淄博市	0	5	2	15	1	23

续表

地域分布 \ 股权性质	央企国资控股	省属国资控股	地市国资控股	民营控股	其他	合计
枣庄市	0	0	0	1	0	1
东营市	0	0	0	3	2	5
烟台市	2	1	5	28	2	38
潍坊市	3	2	2	15	0	22
济宁市	0	3	0	5	1	9
泰安市	2	1	0	1	0	4
威海市	1	0	1	9	0	11
日照市	0	0	1	0	0	1
莱芜市	0	0	0	1	0	1
临沂市	1	0	0	1	2	4
德州市	0	1	0	7	1	9
聊城市	1	1	1	1	0	4
滨州市	0	0	3	4	0	7
菏泽市	0	0	0	2	0	2
合计	12	23	17	102	12	166

资料来源：山东证监局。

（四）市值规模

截至 2018 年 12 月 31 日，山东 166 家上市公司境内总市值 12153.22 亿元，占全国上市公司境内总市值的 2.79%；其中，上交所上市公司 56 家，总股本 851.47 亿股，境内总市值 5727.81 亿元，占上交所上市公司境内总市值的 2.12%；深交所上市公司 110 家，总股本 872.11 亿股，境内总市值 6425.41 亿元，占深交所上市公司境内总市值的 3.88%。

（五）资产规模

截至 2018 年 12 月 31 日，山东 166 家上市公司合计总资产 21750.44 亿元，归属于母公司股东权益 8448.96 亿元，与 2017 年相比，分别增长 9.72%、10.45%；平均每股净资产 4.74 元。

三、山东上市公司经营情况及变动分析

（一）总体经营情况

表 6　　2018 年山东上市公司经营情况

指　标	2018 年	2017 年	变动率（%）
家数	166	167	-0.60
亏损家数	15	12	25.00
亏损家数比例（%）	9.04	7.19	1.85
平均每股收益（元）	0.46	0.45	2.22

续表

指　标	2018 年	2017 年	变动率（%）
平均每股净资产（元）	4.74	4.53	4.64
平均净资产收益率（%）	9.69	9.85	-0.16
总资产（亿元）	21750.44	19823.63	9.72
归属于母公司股东权益（亿元）	8448.96	7649.89	10.45
营业收入（亿元）	14548.54	12958.22	12.27
利润总额（亿元）	1172.19	1043.7	12.31
归属于母公司所有者的净利润（亿元）	818.33	753.66	8.58

资料来源：沪深交易所，同花顺。

（二）分行业经营情况

表 7　　2018 年山东上市公司分行业经营情况

所属行类	营业收入（亿元）	可比样本变动率（%）	归属于母公司所有者的净利润（亿元）	可比样本变动率（%）
采矿业	2193.46	7.47	89.25	24.91
电力、热力、燃气及水的生产和供应业	956.44	11.76	28.71	5136.69
房地产业	103.26	-0.73	1.98	155.45
建筑业	195.07	7.59	2.46	-80.73
交通运输、仓储和邮政业	384.36	9.76	43.83	9.94
教育	—	—	—	—
金融业	—	—	—	—
居民服务、修理和其他服务业	—	—	—	—
科学研究和技术服务业	5.23	-30.59	0.40	-29.84
农、林、牧、渔业	85.05	27.33	4.52	391.53
批发和零售业	1010.63	15.05	17.32	-16.96
水利、环境和公共设施管理业	—	—	—	—
卫生和社会工作业	—	—	—	—
文化、体育和娱乐业	97.32	4.85	15.17	8.65
信息传输、软件和信息技术服务业	194.03	39.60	-15.85	-263.20
制造业	9220.89	12.66	623.45	6.35
住宿和餐饮业	—	—	—	—
租赁和商务服务业	—	—	—	—
综合	102.82	106.76	7.09	1063.11
合计	14548.54	12.33	818.33	9.06

资料来源：沪深交易所，同花顺。

（三）业绩变动情况分析

1. 营业收入、毛利率等变动原因分析

2018年，辖区上市公司共实现营业收入14548.54亿元，较2017年同比增长12.27%；辖区上市公司2018年平均毛利率为7.29%，较2017年平均毛利率下降0.41个百分点。总体来看，在国内外经济环境日趋复杂的情况下，辖区上市公司营业收入增速有所放缓；辖区上市公司2018年营业总成本13560.44亿元，较2017年增长12.91%；由于营业总收入增长幅度低于营业总成本增长幅度，导致辖区上市公司平均毛利率同比略有下降。

2. 盈利构成分析

从盈利构成来看，2018年辖区上市公司利润来源主要为营业利润，占利润总额的比重为101.43%，较2017年下降0.03个百分点；同时，2018年辖区上市公司营业外收入为40.56亿元，较2017年减少2.62亿元，下降比例为6.08%；资产减值损失增幅较大，2018年辖区上市公司资产减值损失150.48亿元，较2017年增加24.35%。

3. 经营性现金流量分析

2018年，山东辖区166家上市公司中经营活动产生的现金流量净额为正值的公司家数占比83.73%，高于2017年81.44%的水平。其中，经营活动产生的现金流量净额合计1814.77亿元，比2017年增加57.90%，同时，高于2018年归属于母公司所有者的净利润。

4. 业绩特点分析

2018年，山东辖区上市公司总体业绩保持了增长，涉及12个门类行业中有11个行业实现盈利，1个行业亏损。2018年，山东辖区上市公司实现归属于母公司股东的净利润818.33亿元，较2017年同比增长8.58%。电力、热力、燃气及水生产和供应业，房地产业及农、林、牧、渔业业绩增长较快，信息传输、软件和信息技术服务业出现亏损。2018年，辖区上市公司亏损15家，亏损金额合计85.25亿元，较2017年上升31.93%。

5. 利润分配情况

2018年，山东辖区共有129家上市公司提出了利润分配方案，其中，109家采用单纯现金分红的方式，4家采取单纯转股的方式，16家采取现金分红和转股相结合的方式。

2018年，山东辖区上市公司现金分红家数为125家，分红总额227.25亿元，分红总额较2017年的155.41亿元增长46.23%。

表8　　2018年山东上市公司现金分红情况

2018年分红公司家数			2018年分红金额		
家数	变动率（%）	分红公司家数占地区公司总数比重（%）	金额（亿元）	变动率（%）	分红金额占归属于母公司所有者的净利润比重（%）
125	20.19	75.30	227.25	46.23	27.77

资料来源：山东证监局。

四、山东上市公司并购重组情况

（一）并购重组基本情况

2018 年度，辖区上市公司涉及并购重组事项 50 家次，其中，9 家次涉及上市公司控制权变更事项，41 家次涉及重大资产重组事项。截至 2018 年 12 月 31 日，8 家公司已完成控制权变更，1 家公司正在实施控制权变更；8 家公司完成发行股份购买资产交易事项，涉及资产金额 139.57 亿元，其中，3 家公司完成募集配套资金 25.73 亿元，2 家公司尚未完成募集配套资金 4.58 亿元；2 家公司完成现金购买重大资产，涉及资产 7.36 亿元；3 家公司完成重大资产出售，涉及资产 30.06 亿元。1 家公司发行股份吸收合并交易事项已经证监会核准正在实施，涉及资产 522.18 亿元；3 家公司已发布发行股份购买资产等交易预案，涉及资产 60.33 亿元，其中，1 家公司涉及募集配套资金 6.5 亿元；1 家公司重大资产出售正处于实施阶段，涉及资产 8 亿元；2 家公司涉及重大资产重组，尚未发布预案；1 家公司发行股份购买资产并募集配套资金交易事项被并购重组委否决，涉及资产金额 9.41 亿元，募集配套资金 5.8 亿元；3 家公司因市场形势发生变化，由发行股份购买资产变为现金购买或者由重大资产购买变为非重大资产购买；17 家次重大资产重组事项因不符合监管政策或交易各方未能就关键条款达成一致等原因终止实施。

（二）并购重组特点

2018 年度，辖区上市公司并购重组呈现以下特点：一是辖区上市公司并购重组活跃度较 2017 年度有所下降，特别是受股票发行政策的影响，募集配套资金金额大幅下滑，2 家公司在上会审核前取消了募集配套资金，涉及金额 5.11 亿元，1 家公司在上会审核前调减募集配套资金 4.61 亿元。二是实施并购重组的目的仍以产业整合和转型升级为主。2018 年，3 家公司出售了原有火电、矿石、铝箔等资产 30.06 亿元，2 家公司涉及重组上市。三是重组中购入资产的评估增值率普遍较高，由此导致的高业绩承诺、高商誉问题值得关注。根据公司公告的 2018 年度报告，6 家公司因完成发行股份购买资产交易事项形成商誉 99.7 亿元，约占所购入标的资产金额的 78.56%。

五、山东上市公司募集资金情况、使用情况

（一）募集资金总体情况

表 9　　2018 年山东上市公司募集资金情况

发行类型	代码	简称	募集资金（亿元）
定向增发、配股	300391	康跃科技	4.17
	000639	西王食品	16.7
	603223	恒通股份	3.89
	002355	兴民智通	10.38
	002376	新北洋	4.2
	002526	山东矿机	0.1
	300423	鲁亿通	5.18
	600789	鲁抗医药	8.84
	002086	东方海洋	5.74
	000682	东方电子	17.4
	002675	东城药业	2.18
	002382	蓝帆股份	18.37
	300121	阳谷华泰（配股）	5.98
	600219	南山铝业（配股）	45.89
	小计		149.02
股权激励	002242	九阳股份	0.048
	300659	中孚信息	0.055
	002088	鲁阳节能	0.92
	002810	山东赫达	0.42
	300243	瑞丰高材	0.24
	300308	中际旭创	0.52
	603586	金麒麟	0.76
	609167	渤海轮渡	0.74
	300423	鲁亿通	0.04
	300434	联创互联	0.68
	600760	中航沈飞	0.71
	300699	光威复材	0.45
	小计		5.58
公司债券	600022	山东钢铁	50.00
	600188	兖州煤业	50.00
	000488	晨鸣纸业	9.00
	002589	瑞康医药	8.50
	600017	日照港	6.00
	002270	华明装备	7.00
	300185	通裕重工	6.00
	600027	华电国际	50.00
	000830	鲁西化工	9.00
	小计		195.5
可转债	600547	玲珑轮胎	20
总计			370.1

资料来源：山东证监局。

（二）募集资金使用情况及特点

2018年，山东辖区共有59家公司使用募集资金，金额117.89亿元。其中，40.98亿元为2018年度募集的资金，占全年募集资金使用总额的34.76%；76.91亿元为以前年度募集资金，占年度募集资金使用总额的65.24%。募集资金的使用总额较2017年有所下降。

（三）募集资金变更情况

2018年度，22家次公司涉及募集资金变更事项，涉及金额35.24亿元，其中，5家次将原有募投项目变更为其他投资项目，涉及金额13.43亿元；1家次新增募投项目，涉及金额1.15亿元；5家次将原有募投项目终止，结余资金用于永久性补充流动资金，涉及金额12.62亿元；12家次将募投项目结余用于永久性补充流动资金，涉及金额8.04亿元。

表10　　2018年山东上市公司募集资金使用项目变更情况

变更募集资金使用项目的公司家数	涉及金额（亿元）	募集资金总额（亿元）	占公司募集资金总额的比例（%）
22	35.24	195.34	18.04

资料来源：山东证监局。

六、山东上市公司规范运作情况

（一）上市公司治理专项情况

一是辖区上市公司全面梳理风险状况、摸清风险底数。全年组织开展2次全面风险排查专项活动，并组织开展食品药品行业上市公司风险、大股东股票质押、对外担保、非银机构及个人融资、参与设立并购基金、商誉减值、重大资产重组业绩承诺、“两融绕标”等方面专项风险排查十余次。对排查出的风险公司，逐家制定应对措施和工作预案。

二是辖区上市公司积极落实《上市公司治理准则》，及时修改公司章程，完善内部控制制度，提升公司治理规范水平。

三是各公司认真贯彻落实中国证监会现金分红相关要求，严格执行公司章程中确定的现金分红政策及决策程序，125家公司实施现金分红，分红金额227.25亿元，现金分红家数再创历史新高。

四是山东证监局持续推进上市公司规范运作水平，以风险为导向，有针对性地加大对“借壳上市”、媒体质疑、投诉举报、业绩“变脸”、业绩承诺“不达标”等事项现场检查力度，促进上市公司核心层人员有效履责。继续从严整治上市公司股东和高管违规增减持、短线交易、窗口期交易行为。

（二）审计情况及监管情况

截至2019年4月30日，山东辖区

166 家上市公司按期披露了 2018 年年报。26 家审计机构为上述公司出具了审计报告，其中，标准无保留意见 157 份，带强调事项段的无保留意见 3 份，保留意见 4 份，无法表示意见 2 份。125 家上市公司披露了 2018 年内部控制审计报告，其中，标准无保留意见 120 份，带强调事项段的无保留意见 1 份，否定意见 4 份。2018 年，辖区有 10 家上市公司更换会计师事务所。

山东证监局在召开年报审计监管座谈会明确监管要求的基础上，认真开展年报审核和现场检查工作，有效提高了年报监管效率效果。年内共对 11 家上市公司的年报审计机构开展了延伸检查，对 16 个年报审计项目开展了函证专项检查工作。

（三）信息披露情况

2018 年，辖区上市公司信息披露情况总体较好，能够按照相关法律法规的要求履行信息披露义务，合理处理投资者来电来访，及时回应媒体质疑。但是仍有个别上市公司或其他信息披露义务人因信息披露问题被监管部门出具监管关注函、监管意见函或采取行政监管措施，3 家上市公司因信息披露违法违规被移送立案稽查。

（四）证券市场服务情况

一是充分利用各类会议和培训，督导上市公司提高规范运作意识。全年共组织各类会议、董事监事培训等共计 6 期，参会、培训人员 1600 余名。二是扎实做好投资者权益保护工作。妥善处理投资者投诉举报事项，全年共处理信访、举报、投诉事项 491 起。

审稿人：邵珠东　殷　茵

撰稿人：孙素美　邵烈娜　马　雷

河南地区

一、河南国民经济发展概况

表 1　　**2018 年河南国民经济发展概况**　　单位：亿元

指　标	1~3月		1~6月		1~9月		1~12月	
	绝对量	同比增长（%）	绝对量	同比增长（%）	绝对量	同比增长（%）	绝对量	同比增长（%）
地区生产总值（GDP）	10611.00	7.90	22244.51	7.80	35537.40	7.40	48055.86	7.60
全社会固定资产投资	—	9.50	—	9.30	—	8.30	—	8.10
社会消费品零售总额	—	—	—	—	—	—	—	—
规模以上工业增加值	—	7.70	—	7.70	—	7.30	—	7.20
规模以上工业企业实现利润	1140.20	6.50	2036.70	8.10	1425.20	6.10	3053.40	24.50
居民消费价格指数（CPI）	1~3月		1~6月		1~9月		1~12月	
	2.50		2.50		2.20		1.50	

资料来源：国家统计局。

二、河南上市公司总体情况

（一）公司数量

表 2　　**2018 年河南上市公司数量**　　单位：家

公司总数	2018 年新增	股票类别			板块分布			
		仅 A 股	仅 B 股	（A+B）股	沪市主板	深市主板	中小板	创业板
79	1	79	0	0	30	10	26	13

资料来源：沪深交易所，同花顺。

（二）行业分布

表 3　　2018 年河南上市公司行业分布情况

所属证监会行业类别	家数	占比（%）	所属证监会行业类别	家数	占比（%）
采矿业	4	5.06	批发和零售业	1	1.27
电力、热力、燃气及水的生产和供应业	3	3.80	水利、环境和公共设施管理业	0	0.00
房地产业	0	0.00	卫生和社会工作业	0	0.00
建筑业	0	0.00	文化、体育和娱乐业	1	1.27
交通运输、仓储和邮政业	2	2.53	信息传输、软件和信息技术服务业	2	2.53
教育	0	0.00	制造业	60	75.95
金融业	2	2.53	住宿和餐饮业	0	0.00
居民服务、修理和其他服务业	0	0.00	租赁和商务服务业	0	0.00
科学研究和技术服务业	1	1.27	综合	0	0.00
农、林、牧、渔业	3	3.80	合计	79	100.00

资料来源：沪深交易所，同花顺。

（三）股本结构及规模

表 4　　2018 年河南上市公司股本规模在 10 亿股以上公司分布情况

股本规模（亿股）	公司家数	具体公司
200≤～<500	1	洛阳钼业
50≤～<100	1	郑州银行
20≤～<50	11	大有能源、牧原股份、中原高速、中原证券、双汇发展、雏鹰农牧、龙蟒佰利、中信重工、平煤股份、宇通客车、安阳钢铁
10≤～<20	19	郑煤机、银鸽投资、神火股份、科迪乳业、豫能控股、新乡化纤、恒星科技、平高电气、许继电气、中孚实业、新天科技、豫光金铅、莲花健康、焦作万方、郑州煤电、中原传媒、黄河旋风、豫金刚石、瑞贝卡

资料来源：沪深交易所，同花顺。

表 5　　2018 年河南上市公司分地区股权构成情况　　单位：家

地域分布＼股权性质	央企国资控股	省属国资控股	地市国资控股	民营控股	其他	合计
郑州市	0	6	2	18	2	28
开封市	0	1	0	0	0	1
洛阳市	5	0	0	5	0	10
商丘市	0	0	1	2	0	3
安阳市	0	2	0	1	0	3
平顶山市	1	2	0	0	0	3
新乡市	0	0	1	1	0	2
焦作市	1	1	0	3	2	7
濮阳市	0	0	0	2	0	2
许昌市	1	0	0	4	0	5
漯河市	0	0	0	1	1	2
三门峡市	0	1	0	0	0	1
鹤壁市	0	0	0	0	0	0
周口市	0	0	0	2	0	2
驻马店市	0	0	0	0	0	0
南阳市	1	0	1	3	0	5
信阳市	0	0	1	1	0	2
济源市	1	0	1	1	0	3
合计	10	13	7	44	5	79

资料来源：河南证监局。

（四）市值规模

截至 2018 年 12 月 31 日，河南 79 家上市公司境内总市值 6815.90 亿元，占全国上市公司境内总市值的 1.57%；其中，上交所上市公司 30 家，总股本 546.73 亿股，境内总市值 2605.12 亿元，占上交所上市公司境内总市值的 0.97%；深交所上市公司 49 家，总股本 458.03 亿股，境内总市值 4210.78 亿元，占深交所上市公司境内总市值的 2.55%。

（五）资产规模

截至 2018 年 12 月 31 日，河南 79 家上市公司合计总资产 14011.64 亿元，归属于母公司股东权益 3955.60 亿元，与 2017 年相比，分别增长 58.96%、12.81%；平均每股净资产 3.66 元。

三、河南上市公司经营情况及变动分析

（一）总体经营情况

表 6　　2018 年河南上市公司经营情况

指　标	2018 年	2017 年	变动率（%）
家数	79.00	78	1.28
亏损家数	15	7	114.29
亏损家数比例（%）	18.99	8.97	10.02
平均每股收益（元）	0.23	0.31	-25.81
平均每股净资产（元）	3.66	3.54	3.39
平均净资产收益率（%）	6.38	8.71	-2.33
总资产（亿元）	14011.64	8814.74	58.96
归属于母公司股东权益（亿元）	3955.60	3506.51	12.81
营业收入（亿元）	4998.50	4460.67	12.06
利润总额（亿元）	340.67	404.48	-15.78
归属于母公司所有者的净利润（亿元）	252.17	305.58	-17.48

资料来源：沪深交易所，同花顺。

（二）分行业经营情况

表 7　　2018 年河南上市公司分行业经营情况

所属行类	营业收入（亿元）	可比样本变动率（%）	归属于母公司所有者的净利润（亿元）	可比样本变动率（%）
采矿业	587.88	2.35	61.54	18.06
电力、热力、燃气及水的生产和供应业	112.42	-4.07	-5.79	-250.30
房地产业	—	—	—	—
建筑业	—	—	—	—
交通运输、仓储和邮政业	78.04	-28.79	13.81	-21.11
教育	—	—	—	—
金融业	128.06	3.76	31.25	-33.83
居民服务、修理和其他服务业	—	—	—	—
科学研究和技术服务业	11.38	21.74	3.02	31.14
农、林、牧、渔业	222.93	12.23	-32.25	-230.46
批发和零售业	19.30	457.89	0.21	10.16
水利、环境和公共设施管理业	—	—	—	—
卫生和社会工作业	—	—	—	—
文化、体育和娱乐业	90.01	10.12	7.34	5.95
信息传输、软件和信息技术服务业	85.11	19.12	8.10	25.12
制造业	3663.36	11.14	164.94	-12.19
住宿和餐饮业	—	—	—	—
租赁和商务服务业	—	—	—	—
综合	—	—	—	—
合计	4998.50	9.01	252.17	-27.78

资料来源：沪深交易所，同花顺。

（三）业绩变动情况分析

1. 营业收入、毛利率等变动原因分析

2018 年，河南上市公司实现营业收入 4998.50 亿元，同比增长 12.06%；营业利润 340.22 亿元，同比减少 14.54%；利润总额 340.67 亿元，同比减少 15.78%；整体销售毛利率 21.13%，同比减少 1.94 个百分点；营业成本 4746.32 亿元，同比增长 15.66%；营业成本占营业收入的比重为 94.95%，同比增加 2.96 个百分点。

2. 盈利构成分析

营业利润仍是河南上市公司盈利的主要来源，其占利润总额的比重为 99.87%，略高于 2017 年（98.43%）的水平，其中，投资收益 59.45 亿元，占利润总额的比重为 17.45%，较 2017 年（6.93%）有所增长。79 家上市公司共确认非经常性损益 59.00 亿元，占归属于上市公司股东净利润的 23.40%，较 2017 年（9.70%）有所增长，非经常性损益对公司的影响增加。

3. 经营性现金流量分析

2018 年，河南上市公司经营性现金流量净额为 299.67 亿元，低于 2017 年的 343.11 亿元，79 家上市公司中 67 家经营性现金流量净额为正，占比 84.81%，高于 2017 年的 76.92%，其中，2018 年河南 77 家非金融业上市公司经营性现金流量净额为 541.94 亿元，高于 2017 年的 384.65 亿元。

4. 业绩特点分析

一是行业持续分化，公司表现各异。受宏观经济、行业政策、行业周期等因素的影响，采矿业上市公司表现较好，农、林、牧、渔业上市公司亏损较多，传统制造业上市公司盈利能力较差，医药生物、金融业、计算机、传媒类公司发展势头良好。

二是民营企业依旧是辖区中坚力量。民营企业为辖区上市公司贡献净利润最多，但净利润占比有所下降，2018 年为 31.65%；地方国有企业净利润占比明显上升，2018 年为 27.91%；其他所有制企业净利润占比变化有限。

5. 利润分配情况

表 8　　2018 年河南上市公司现金分红情况

2018 年分红公司家数			2018 年分红金额		
家数	变动率（%）	分红公司家数占地区公司总数比重（%）	金额（亿元）	变动率（%）	分红金额占归属于母公司所有者的净利润比重（%）
58	1.75	73.42	124.84	-7.53	49.51

资料来源：河南证监局。

四、河南上市公司并购重组情况

（一）并购重组基本情况

2018 年度，河南共有洛阳玻璃、轴研科技 2 家上市公司完成重大资产重组，均为国有上市公司，涉及金额 13.23 亿元。

（二）并购重组特点

一是并购重组节奏放缓。受经济增长趋缓、中美贸易摩擦、行业周期下行等因素叠加影响，2018 年辖区上市公司并购重组家数、金额与 2017 年相比均有所减少，尤其对民营企业影响更大。

二是紧紧围绕供给侧结构性改革与国企改革，以“同行业、上下游”的产业并购，提高产业集聚和整合能力，发挥对实体经济的服务作用。例如，轴研科技通过收购掌握超硬材料核心技术的国机精工，实现轴承制造与高效精密磨削加工技术的协同发展，促进产业升级与技术革新，延伸产业链，完善产业布局，为中国制造业发展提供更强动力。

五、河南上市公司募集资金情况、使用情况

（一）募集资金总体情况

表 9　　2018 年河南上市公司募集资金情况

发行类型	代码	简称	募集资金（亿元）
首发	002936	郑州银行	27.54
	小计		27.54
再融资（增发、配股、优先股）	600595	中孚实业	12.50
	333481	濮阳惠成	2.00
	002407	多氟多	7.05
	002046	轴研科技	5.48
	600876	洛阳玻璃	7.75
	002714	牧原股份	24.76
	小计		59.54
其他融资（公司债券、可转债）	601666	平煤股份	9.7
	002179	中航光电	13
	600020	中原高速	28
	小计		50.7
总计			137.78

资料来源：河南证监局。

（二）募集资金使用情况及特点

2018 年度，辖区共有 10 家上市公司募集项目资金共计 137.78 亿元，其中，首发募集资金 27.54 亿元，再融资募集资金 110.24 亿元。总体来讲，辖区上市公司募集资金使用情况较为规范，资金使用严格履行决策程序，涉及变更使用项目的公司依法依规履行审批程序及信息披露程序，但也存在个别公司募集资金使用制度不健全、未按要求出具并披露专项报告等问题。

（三）募集资金变更情况

2018 年度，河南共有辉煌科技、林州重机等 8 家上市公司变更募集资金使用项目，涉及金额 15.38 亿元，占募集资金总额的 20.73%。募集资金使用项目变动的主要原因分别是结余超募资金永久补充流动资金以及外部经营环境的重大变化。

表 10　　2018 年河南上市公司募集资金使用项目变更情况

变更募集资金使用项目的公司家数	涉及金额（亿元）	募集资金总额（亿元）	占公司募集资金总额的比例（%）
8	15.38	74.19	20.73

资料来源：河南证监局。

六、河南上市公司规范运作情况

（一）上市公司治理专项情况

2018 年，河南证监局深入推进依法全面从严监管，以推动落实《上市公司治理准则》为契机，督促上市公司全面梳理自查公司章程中需要修改补充的内容，及时更新公司制度，规范公司治理；督促上市公司提高现金分红，积极回报投资者；以信息审阅和举报投诉为切入点，结合现场检查，挖掘公司治理问题的根源，督促上市公司依法合规履行决策程序；加大对违规减持、承诺履行不规范、非经营性关联方资金占用等违规行为的问责追责力度。

（二）审计情况及监管情况

1. 河南辖区 79 家上市公司 2018 年年报审计情况

79 家上市公司均按时披露了 2018 年年报和审计报告。其中，73 家公司的审计报告为标准无保留意见，2 家公司的审计报告为带强调事项段的无保留意见，3 家公司的审计报告为保留意见，1 家公司的审计报告为无法表示意见。

2. 年报审计监管工作情况

一是提前部署。2018 年年初，制定 2017 年年报审计监管工作方案和监管流程表，明确各阶段工作要求和核心流程，确保年报监管不留死角。

二是加强对中介机构约谈督导。2018 年，对 68 家上市公司的年报审计会计师进行风险提示谈话，对 5 家上市公司

2017年年报审计情况进行现场督导并发送监管备忘录，强化年报审计过程监管。

三是加强年报审阅分析。结合日常监管问题线索和风险情况，选取22家上市公司作为2017年年报审阅重点对象，共发现和关注问题88项，并通过监管谈话等方式督促公司落实。

四是加大现场检查力度。按照问题风险导向和“双随机”相结合，对5家公司进行2017年年报现场检查，根据检查发现的问题，对公司及相关中介机构采取相应措施。

（三）信息披露情况

一是强化信息披露日常监管。2018年，共审阅上市公司公告10273条，重点关注承诺履行、控股权争夺、大股东资金占用、违规增减持、内幕信息知情人制度落实等重点问题，通过约见谈话、下发关注函、列席相关会议等方式，及时处置违规苗头。

二是发挥与交易所在信息披露监管中的协同效应。2018年，累计处理交易所协助调查函1份、联合监管函8份、提请关注函6份，采取现场核查、约见谈话等方式，要求公司整改相关问题。

（四）证券市场服务情况

一是主动对接服务全省重大战略实施。围绕打好河南省“四张牌”，引导市场主体积极对接服务全省基础设施建设、普惠金融、自贸区建设等重大建设项目；推动上市公司加大研发投入，助力转型升级、创新驱动和绿色发展；推动贫困县企业抓住绿色通道机遇，主动对接多层次资本市场发展。

二是加大上市培育工作力度。通过专题培训、现场调研等形式，“一司一策”协调解决企业上市中存在的问题和难题。2018年，新增在会审核企业1家，拟申报企业2家，新增在辅导企业13家。

三是维护投资者合法权益。开展投资者咨询电话接听情况突击检查，推动上市公司畅通与投资者互动渠道；以保护投资者合法权益为出发点和落脚点，稳妥处理信访举报事项。2018年，共办理涉及上市公司举报投诉事项24起126人次。

审稿人：陈　敏　王　勐

撰稿人：彭　博　吕　品　郝敬敬　贾明星

湖北地区

一、湖北国民经济发展概况

表 1　　　　2018 年湖北国民经济发展概况　　　　单位：亿元

指　标	1～3 月		1～6 月		1～9 月		1～12 月	
	绝对量	同比增长（%）	绝对量	同比增长（%）	绝对量	同比增长（%）	绝对量	同比增长（%）
地区生产总值（GDP）	8188.84	7.60	17958.17	7.80	27634.35	7.90	39366.55	7.80
全社会固定资产投资	—	10.80	—	10.50	—	10.90	—	11.00
社会消费品零售总额	4301.97	11.93	8646.23	11.57	13126.26	11.30	18333.60	10.90
规模以上工业增加值	—	7.80	—	7.80	—	7.80	—	7.1
规模以上工业企业实现利润	592.52	11.60	1332.16	15.60	1973.96	10.90	2755.38	19.00
居民消费价格指数（CPI）	1～3 月		1～6 月		1～9 月		1～12 月	
	1.80		1.60		2.50		2.00	

资料来源：国家统计局。

二、湖北上市公司总体情况

（一）公司数量

表 2　　　　2018 年湖北上市公司数量　　　　单位：家

公司总数	2018 年新增	股票类别			板块分布			
		仅 A 股	仅 B 股	（A+B）股	沪市主板	深市主板	中小板	创业板
102	5	99	1	2	41	26	13	22

资料来源：沪深交易所，同花顺。

（二）行业分布

表 3　　2018 年湖北上市公司行业分布情况

所属证监会行业类别	家数	占比（%）	所属证监会行业类别	家数	占比（%）
采矿业	0	0.00	批发和零售业	10	9.80
电力、热力、燃气及水的生产和供应业	5	4.90	水利、环境和公共设施管理业	2	1.96
房地产业	4	3.92	卫生和社会工作业	0	0.00
建筑业	5	4.90	文化、体育和娱乐业	3	2.94
交通运输、仓储和邮政业	3	2.94	信息传输、软件和信息技术服务业	3	2.94
教育	0	0.00	制造业	64	62.75
金融业	3	2.94	住宿和餐饮业	0	0.00
居民服务、修理和其他服务业	0	0.00	租赁和商务服务业	0	0.00
科学研究和技术服务业	0	0.00	综合	0	0.00
农、林、牧、渔业	0	0.00	合计	102	100.00

资料来源：沪深交易所，同花顺。

（三）股本结构及规模

表 4　　2018 年湖北上市公司股本规模在 10 亿股以上公司分布情况

股本规模（亿股）	公司家数	具体公司
50≤～<100	3	长江证券、湖北能源、天风证券
20≤～<50	8	中航机电、葛洲坝、三安光电、东风汽车、*ST凯迪、天茂集团、安道麦 A、航天电子
10≤～<20	18	三峡新材、新洋丰、南国置业、启迪环境、百川能源、长航凤凰、华新水泥、中珠医疗、长江传媒、*ST高升、烽火通信、华工科技、华灿光电、楚天高速、九州通、人福医药、长源电力、东方金钰

资料来源：沪深交易所，同花顺。

表 5　　2018 年湖北上市公司分地区股权构成情况　　单位：家

股权性质 / 地域分布	央企国资控股	省属国资控股	地市国资控股	民营控股	其他	合计
武汉市	14	4	8	27	4	57
黄石市	1	0	1	4	1	7
十堰市	0	0	0	1	0	1
荆州市	1	0	0	6	0	7
宜昌市	1	0	4	1	0	6

续表

股权性质 地域分布	央企国资控股	省属国资控股	地市国资控股	民营控股	其他	合计
襄阳市	3	1	0	4	0	8
鄂州市	0	0	0	2	1	3
荆门市	0	0	1	3	0	4
黄冈市	0	1	0	0	0	1
孝感市	0	0	1	2	0	3
咸宁市	0	0	0	1	0	1
随州市	0	0	0	1	0	1
仙桃市	0	0	0	1	0	1
潜江市	0	0	0	2	0	2
合计	20	6	15	55	6	102

资料来源：湖北证监局。

（四）市值规模

截至 2018 年 12 月 31 日，湖北 102 家上市公司境内总市值 8313.80 亿元，占全国上市公司境内总市值的 1.91%；其中，上交所上市公司 41 家，总股本 451.73 亿股，境内总市值 4462.67 亿元，占上交所上市公司境内总市值的 1.65%；深交所上市公司 61 家，总股本 578.62 亿股，境内总市值 3851.13 亿元，占深交所上市公司境内总市值的 2.33%。

（五）资产规模

截至 2018 年 12 月 31 日，湖北 102 家上市公司合计总资产 15358.15 亿元，归属于母公司股东权益 4995.61 亿元，与 2017 年相比，分别增长 15.24%、9.2%；平均每股净资产 4.83 元。

三、湖北上市公司经营情况及变动分析

（一）总体经营情况

表 6　　2018 年湖北上市公司经营情况

指　标	2018 年	2017 年	变动率（%）
家数	102	97	5.15
亏损家数	11	10	10.00
亏损家数比例（%）	10.78	10.31	0.47
平均每股收益（元）	0.29	0.35	-17.14
平均每股净资产（元）	4.83	4.95	-2.42
平均净资产收益率（%）	5.93	7.11	-1.18
总资产（亿元）	15358.15	13327.26	15.24
归属于母公司股东权益（亿元）	4995.61	4574.81	9.20
营业收入（亿元）	7265.02	6914.87	5.06
利润总额（亿元）	448.34	467.31	-4.06
归属于母公司所有者的净利润（亿元）	296.08	325.48	-9.03

资料来源：沪深交易所，同花顺。

（二）分行业经营情况

表 7　　2018 年湖北上市公司分行业经营情况

所属行类	营业收入（亿元）	可比样本变动率（%）	归属于母公司所有者的净利润（亿元）	可比样本变动率（%）
采矿业	—	—	—	—
电力、热力、燃气及水的生产和供应业	274.78	2.73	-15.04	30.61
房地产业	222.27	10.08	16.88	34.74
建筑业	1103.20	-4.34	50.77	-10.92
交通运输、仓储和邮政业	59.08	6.29	6.01	-18.51
教育	—	—	—	—
金融业	385.97	-37.80	18.87	-42.50
居民服务、修理和其他服务业	—	—	—	—
科学研究和技术服务业	—	—	—	—
农、林、牧、渔业	—	—	—	—
批发和零售业	1510.71	9.51	38.57	-11.56
水利、环境和公共设施管理业	116.42	17.62	7.79	-38.06
卫生和社会工作业	—	—	—	—
文化、体育和娱乐业	157.79	6.93	10.94	1.58
信息传输、软件和信息技术服务业	31.48	20.31	-19.97	-654.62
制造业	3403.30	8.21	181.26	13.60
住宿和餐饮业	—	—	—	—
租赁和商务服务业	—	—	—	—
综合	—	—	—	—
合计	7265.02	2.38	296.08	-6.94

资料来源：沪深交易所，同花顺。

（三）业绩变动情况分析

1. 营业收入、毛利率等变动原因分析

2018 年，湖北 102 家上市公司实现营业收入 7265.02 亿元，较 2017 年同比增长 5.06%，其中，73 家公司营业收入同比增长，29 家公司营业收入同比下降，平均毛利率为 27.33%，营业收入下降的公司主要集中在制造业，占比 62.07%。

2. 盈利构成分析

2018 年，湖北 102 家上市公司实现归属于母公司所有者的净利润 296.08 亿元，比 2017 年同比减少 9.03%，11 家公司出现亏损，比 2017 年多出 1 家，营业利润占利润总额的比例为 104.77%，营业外收入贡献有所减少，投资收益贡献持续增加，分别实现 12.77 亿元和 192.82 亿元，占利润总额的比例分别为 2.85% 和 43.01%。

3. 经营性现金流量分析

2018 年，湖北 102 家上市公司经营活动现金流量净额 729.85 亿元，扣除天茂集团和长江证券两家金融类公司，其余上市公司经营活动现金流量净额为 471.59 亿元，有85家公司经营活动现金为净流入，占湖北上市公司总家数的83.33%，其中，华新水泥、三安光电、闻泰科技的经营性现金净流入金额靠前，均超过30亿元。从行业来看，房地产业的公司均为经营性现金净流入；制造业中，有51家公司的经营性现金流为净流入，14家公司的经营性现金流为净流出。

4. 业绩特点分析

湖北上市公司2018年整体业绩特点：一是资产规模持续扩大，102家公司资产合计15358.15亿元，同比增长15.24%；二是营业收入增速放缓，102家公司合计实现营业收入7265.02亿元，同比增长5.06%，而2017年实现同比增长18.89%；三是归母净利润有所下滑，102家上市公司实现归属于母公司所有者的净利润296.08亿元，较2017年同比下降9.03%；四是非经常性损益回调，97家公司合计确认非经常性损益81.45亿元，较2017年下降14.24%。

5. 利润分配情况

2018年，有72家实施了现金分红，占上市公司总家数的70.59%，现金分红金额114.98亿元，现金分红金额占归属于母公司所有者净利润的比重为38.83%。现金分红超过5亿元的有7家，分别为华新水泥、济川药业、葛洲坝、三安光电、湖北能源、长飞光纤和百川能源。

表8　2018年湖北上市公司现金分红情况

2018年分红公司家数			2018年分红金额		
家数	变动率（%）	分红公司家数占地区公司总数比重（%）	金额（亿元）	变动率（%）	分红金额占归属于母公司所有者的净利润比重（%）
72	-1.37	70.59	114.98	7.92	38.83

资料来源：湖北证监局。

四、湖北上市公司并购重组情况

（一）并购重组基本情况

2018年共有7家公司完成资产并购重组，合计购买资产金额达230.43亿元，配套融资金额达27.85亿元，平均重组交易金额达32.92亿元。并购重组数量较2017年有所上升，但并购重组体量有所缩减，从平均交易金额来看，较2017年减少33.36%。

（二）并购重组特点

一是以产业横向整合为主，2018年完成资产并购重组的公司中，有6家公司进行了相关产业链的横向整合，进一步完善了主营业务，1家公司通过并购重组实现了资产调整。二是并购重组效果显著，2018年完成并购重组的公司总资产比2017年增加5.3%，营业总收入比2017年增加34.03%，净利润比2017年增加148%，其中，ST宜化通过并购重组，2018年业绩实现由亏转盈。三是配套融资比例有所下降，2018 年并购重组的数量增多，但配套融资金额占交易金额的比重有所下降，2018 年的比重为 12.09%，相比 2017 年下降 9.67 个百分点。

五、湖北上市公司募集资金情况、使用情况

（一）募集资金总体情况

表 9　　2018 年湖北上市公司募集资金情况

发行类型	代码	简称	募集资金（亿元）
首发	300747. SZ	锐科激光	12. 2
	002932. SZ	明德生物	3. 4
	601869. SH	长飞光纤	20. 24
	601162. SH	天风证券	9. 27
	300580. SZ	贝斯特	6. 63
	小计		51. 74
再融资（增发、配股）	000821. SZ	京山轻机	0. 98
	600141. SH	兴发集团	14
	300276. SZ	三丰智能	9. 4
	603716. SH	塞力斯	6. 26
	300323. SZ	华灿光电	18. 37
	000971. SZ	高升控股	5. 05
	300387. SZ	富邦科技	2. 94
	小计		57
其他融资（公司债券、短期融资券、中期票据、次级债、金融债、境外发行债券）	600006. SH	东风汽车	33
	601162. SH	天风证券	42
	600136. SH	当代明诚	6
	000783. SZ	长江证券	150
	000665. SZ	湖北广电	17. 34
	002013. SZ	中航机电	21
	002783. SZ	凯龙股份	3. 29
	600998. SH	九州通	15
	小计		287. 63
总计			396. 37

资料来源：湖北证监局。

（二）募集资金使用情况及特点

2018年，湖北上市公司股票直接融资募集资金108.74亿元，其他融资287.63亿元。主要有以下几个特点：一是IPO平均融资额大幅增长，同比增长50%；二是再融资金额大幅缩减，同比下降了89.3%；三是其他融资金额有所下降，同比降幅达12.71%。

（三）募集资金变更情况

表10　　2018年湖北上市公司募集资金使用项目变更情况

变更募集资金使用项目的公司家数	涉及金额（亿元）	募集资金总额（亿元）	占公司募集资金总额的比例（%）
6	6.06	19.89	30.47

资料来源：湖北证监局。

2018年度内共有6家上市公司变更了募集资金用途，比2017年减少40%，涉及的变更金额较2017年减少63.18%，在变更募集资金项目的公司中，有2家公司将募集资金变更为补充流动资金，涉及金额达0.82亿元，占比达13.53%，有4家公司变更了募集资金使用项目的标的，涉及金额达5.24亿元，占比达86.47%。

六、湖北上市公司规范运作情况

（一）上市公司治理专项情况

2018年，湖北证监局通过落实各项治理工作，推动辖区上市公司规范运作水平不断提高。一是落实公司治理准则新要求，督促辖区上市公司及时修订公司章程等制度，严格执行上市公司治理准则新增要求，推动准则落地生根。二是以现场检查为抓手依法从严监管，完成各类检查项目16次，对12家上市公司的公司治理情况进行现场检查，重点关注信息披露和公司治理情况。三是抓好热点难点问题监管，通过下发问题通告和监管要求，要求辖区上市公司关注承诺履行、股份回购、长期停牌等热点问题，做好商誉减值等难点专项监管，督促公司和审计机构做好商誉减值测试和计提工作。

（二）审计情况及监管情况

2018年，共有16家审计机构为辖区提供年报审计服务，盈方微、ST昌鱼、ST仰帆被出具带强调事项段的无保留意见，东方金钰和中珠医疗被出具保留意见，*ST高升和*ST凯迪被出具无法表示意见，其他95家上市公司均为标准无保留意见。2018年年报中，94家上市公司披露了内部控制审计报告，其中，盈方微、ST昌鱼、ST仰帆被出具带强调事项段的无保留意见，*ST高升、*ST凯迪、东方金钰和中珠医疗被出具否定意见，其余均为标准无保留意见。

在审计监管方面，湖北证监局一是开展年报审计监管活动，根据重大资产重组、承诺履行、新上市公司等多个维度确定需要督导的项目，开展22次年报审计现场督导，向中介机构及上市公司提出监管建议近40条，并完成辖区全部102家上市公司的2018年年报审核工作。二是严格执行多种监管措施。根据现场检查和日常监管情况，全年共下发监管关注函19份，采取行政监管措施22家次，立案稽查4家次，采取监管措施和立案调查数量大幅增加。

（三）信息披露情况

2018年，湖北证监局强化多角度检测，督促上市公司提高披露质量。一是全面跟踪日常经营情况，全年审阅上市公司公告8306份，跟踪重大资产重组事项7家次，持续关注再融资事项28家次。二是做好舆情监控，全年搜集舆情信息2366条，重点加强了对负面舆情的梳理。三是加强监管联动，在日常监管中，与交易所监管员形成常态沟通机制。

（四）证券市场服务情况

湖北证监局一直坚持寓监管于服务，传递规范要求，着力做好中小投资者保护、服务资本市场工作。一是下发系列监管热点问题通告，解读新政策，传导新要求，全年先后下发了5次监管通告；二是组织系列座谈会，促进上市公司相互交流，先后组织辖区上市公司开展了1次专项视频培训、2次专题座谈会，形成上市公司之间的良性互动；三是组织系列调研，了解上市公司需求，通过实地调研、会议调研等方式开展上市公司调研52家次，形成调研报告；四是坚持做好投诉举报工作，全年共收到信访投诉举报事项51起，完成调查并回复51起，较圆满地完成了投诉举报的调查分析和回复工作；五是做好投资者保护工作，组织开展“理性投资从我做起”投资者教育专项活动、湖北上市公司投资者网上集体接待日活动、“股东来了”投资者权益知识竞赛等各项不同类型的活动，把保护投资者工作落到实处。

审稿人：刘　恒
撰稿人：刘忠民

湖南地区

一、湖南国民经济发展概况

表 1　　2018 年湖南国民经济发展概况　　单位：亿元

指　标	1~3月		1~6月		1~9月		1~12月	
	绝对量	同比增长（%）	绝对量	同比增长（%）	绝对量	同比增长（%）	绝对量	同比增长（%）
地区生产总值（GDP）	7777.65	8.00	16405.00	7.80	25321.58	7.80	36425.78	7.80
全社会固定资产投资	—	11.90	—	10.30	—	10.00	—	10.00
社会消费品零售总额	3541.80	11.10	7165.71	10.30	11010.53	—	15638.26	—
规模以上工业增加值	—	7.60	—	7.00	—	6.90	—	7.40
规模以上工业企业实现利润	410.90	15.60	808.10	17.40	1228.30	17.30	1726.90	9.30
居民消费价格指数（CPI）	1~3月		1~6月		1~9月		1~12月	
	1.80		1.60		2.40		2.00	

资料来源：国家统计局。

二、湖南上市公司总体情况

（一）公司数量

表 2　　2018 年湖南上市公司数量　　单位：家

公司总数	2018 年新增	股票类别			板块分布			
		仅 A 股	仅 B 股	（A+B）股	沪市主板	深市主板	中小板	创业板
104	3	103	0	1	30	19	30	25

资料来源：沪深交易所，同花顺。

（二）行业分布

表 3　　2018 年湖南上市公司行业分布情况

所属证监会行业类别	家数	占比（%）	所属证监会行业类别	家数	占比（%）
采矿业	1	0.96	批发和零售业	6	5.77
电力、热力、燃气及水的生产和供应业	3	2.88	水利、环境和公共设施管理业	3	2.88
房地产业	0	0.00	卫生和社会工作业	1	0.96
建筑业	0	0.00	文化、体育和娱乐业	5	4.81
交通运输、仓储和邮政业	2	1.92	信息传输、软件和信息技术服务业	5	4.81
教育	1	0.96	制造业	67	64.42
金融业	4	3.85	住宿和餐饮业	1	0.96
居民服务、修理和其他服务业	0	0.00	租赁和商务服务业	0	0.00
科学研究和技术服务业	2	1.92	综合	0	0.00
农、林、牧、渔业	3	2.88	合计	104	100.00

资料来源：沪深交易所，同花顺。

（三）股本结构及规模

表 4　　2018 年湖南上市公司股本规模在 10 亿股以上公司分布情况

股本规模（亿股）	公司家数	具体公司
50≤～<100	3	大康农业、方正证券、中联重科
20≤～<50	7	爱尔眼科、华菱钢铁、蓝思科技、旗滨集团、尔康制药、长沙银行、五矿资本
10≤～<20	16	中南传媒、岳阳林纸、ST 天润、天桥起重、华天酒店、中兵红箭、山河智能、加加食品、电广传媒、湖南黄金、拓维信息、现代投资、华银电力、友阿股份、科力远、隆平高科

资料来源：沪深交易所，同花顺。

表 5　　2018 年湖南上市公司分地区股权构成情况　　单位：家

股权性质 / 地域分布	央企国资控股	省属国资控股	地市国资控股	民营控股	其他	合计
长沙市	5	13	3	38	2	61
岳阳市	2	0	1	7	0	10
常德市	0	1	0	3	0	4

续表

股权性质 / 地域分布	央企国资控股	省属国资控股	地市国资控股	民营控股	其他	合计
张家界市	0	1	0	0	0	1
益阳市	0	0	0	6	0	6
湘潭市	1	1	1	1	0	4
娄底市	0	0	0	0	0	0
怀化市	0	0	0	1	0	1
湘西州	1	0	0	0	0	1
邵阳市	0	0	0	0	0	0
永州市	0	1	0	1	0	2
衡阳市	2	0	0	1	0	3
郴州市	0	0	1	2	0	3
株洲市	2	2	0	4	0	8
合计	13	19	6	64	2	104

资料来源：湖南证监局。

（四）市值规模

截至2018年12月31日，湖南104家上市公司境内总市值7058.33亿元，占全国上市公司境内总市值的1.62%；其中，上交所上市公司30家，总股本347.34亿股，境内总市值2515.23亿元，占上交所上市公司境内总市值的0.93%；深交所上市公司74家，总股本610.57亿股，境内总市值4543.1亿元，占深交所上市公司境内总市值的2.75%。

（五）资产规模

截至2018年12月31日，湖南104家上市公司合计总资产15072.48亿元，归属于母公司股东权益4178.78亿元，与2017年相比，分别增长61.64%、14.32%；平均每股净资产4.3元。

三、湖南上市公司经营情况及变动分析

（一）总体经营情况

表6　　2018年湖南上市公司经营情况

指　标	2018年	2017年	变动率（%）
家数	104	101	2.97
亏损家数	19	10	90.00
亏损家数比例（%）	18.27	9.9	8.37
平均每股收益（元）	0.22	0.28	-21.43
平均每股净资产（元）	4.3	4.18	2.87
平均净资产收益率（%）	5.13	6.68	-1.55
总资产（亿元）	15072.48	9324.48	61.64
归属于母公司股东权益（亿元）	4178.78	3655.33	14.32

续表

指　标	2018 年	2017 年	变动率（%）
营业收入（亿元）	4941.81	4677.01	5.66
利润总额（亿元）	312.47	311.69	0.25
归属于母公司所有者的净利润（亿元）	214.46	244.22	-12.19

资料来源：沪深交易所，同花顺。

（二）分行业经营情况

表 7　　2018 年湖南上市公司分行业经营情况

所属行类	营业收入（亿元）	可比样本变动率（%）	归属于母公司所有者的净利润（亿元）	可比样本变动率（%）
采矿业	124.61	20.68	2.70	-10.46
电力、热力、燃气及水的生产和供应业	126.00	24.69	1.92	118.48
房地产业	—	—	—	—
建筑业	—	—	—	—
交通运输、仓储和邮政业	121.60	5.15	10.04	0.89
教育	14.54	48.21	0.99	-38.38
金融业	328.36	3.10	73.34	-6.93
居民服务、修理和其他服务业	—	—	—	—
科学研究和技术服务业	12.78	92.48	1.15	61.79
农、林、牧、渔业	66.91	13.21	7.73	-6.32
批发和零售业	594.17	11.42	9.17	-40.89
水利、环境和公共设施管理业	19.24	-12.82	-0.46	-117.64
卫生和社会工作业	80.09	34.30	10.09	35.79
文化、体育和娱乐业	211.24	2.94	10.61	-57.14
信息传输、软件和信息技术服务业	128.64	20.82	-16.18	-367.70
制造业	3104.07	12.53	108.15	-30.14
住宿和餐饮业	9.58	-9.87	-4.78	-538.18
租赁和商务服务业	—	—	—	—
综合	—	—	—	—
合计	4941.81	12.06	214.46	-27.24

资料来源：沪深交易所，同花顺。

（三）业绩变动情况分析

1. 营业收入、毛利率等变动原因分析

2018 年，辖区 104 家上市公司全年实现营业收入 4941.81 亿元，较 2017 年同比增长 5.66%；营业成本 3609.01 亿元，较 2017 年增长 11.78%。整体毛利率 26.97%，较 2017 年上升 6.56 个百分点。

2. 盈利构成分析

从盈利构成来看，2018 年湖南上市公司利润来源于营业利润，其占利润总额的比例为 103.59%，比 2017 年上升 7.9 个百分点。营业外收支净额占利润总额的比例下降至 -3.47%。净利润超过 10 亿元的有 7 家，分别是华菱钢铁、长沙银行、五矿资本、中联重科、中南传媒、旗滨集团、爱尔眼科，合计占上市公司净利润的 88.51%，同比上升 30.85 个百分点。

3. 经营性现金流量分析

2018 年，湖南 104 家上市公司经营活动产生的现金流净额为 47.34 亿元，较 2017 年下降 85.58%（主要原因是 2018 年新增上市公司长沙银行）。剔除金融类上市公司长沙银行、方正证券和五矿资本后，辖区上市公司经营活动产生的现金流净额为 483.14 亿元，较 2017 年增长 66.82%。2018 年，湖南 72 家上市公司经营活动产生的现金流量净额为正，占全部上市公司的 69.23%，同比下降 4.04 个百分点。

4. 业绩特点分析

2018 年，辖区上市公司业绩特点：一是龙头企业业绩稳定，引领高质量发展。2018 年爱尔眼科、方正证券、芒果超媒等市值排辖区前十的公司营业收入合计 2111.60 亿元，同比增长 18.88%，贡献了辖区上市公司营业收入的 42.73%，占辖区上市公司净利润的 96.26%。头部公司表现出强劲发展态势，进一步增强了引领带动效应。二是供给侧改革效果明显，部分强周期行业盈利显著改善。华菱钢铁受益于钢铁行业市场环境变化，企业效益持续改善，2018 年盈利 67.8 亿元，创历史新高。中联重科 2018 年盈利 20.20 亿元，同比增长 51.34%。三是上市公司风险意识增强，资产拨备计提金额提高。2018 年，辖区 19 家上市公司亏损，亏损家数较 2017 年增加 9 家，亏损面为 18.27%，较 2017 年上升 8.37 个百分点。2018 年，辖区 104 家上市公司计提资产减值损失 177.56 亿元；其中，商誉减值 44.79 亿元，同比增长 286.76%，对部分公司当期业绩产生一定影响，反映出在强监管、防风险的背景下，辖区上市公司风险意识逐步增强。

5. 利润分配情况

表 8　　2018 年湖南上市公司现金分红情况

2018 年分红公司家数			2018 年分红金额		
家数	变动率（%）	分红公司家数占地区公司总数比重（%）	金额（亿元）	变动率（%）	分红金额占归属于母公司所有者的净利润比重（%）
67	-1.47	64.42	100.5	26.3	46.86

资料来源：湖南证监局。

四、湖南上市公司并购重组情况

（一）并购重组基本情况

2018 年，在并购重组政策支持及市场化改革的大环境下，辖区上市公司并购重组活跃度较 2017 年趋缓，呈现理性回归态势。2018 年全年湖南共有 5 家上市公司实施了 5 单重大资产重组，涉及资产金额 171.30 亿元。与 2017 年的 15 家和 315.71 亿元相比，实施并购重组的家数和金额有所下降。

（二）并购重组特点

辖区并购重组呈现出3个特点：一是注重产业转型。2018年芒果超媒通过发行股份购买资产的方式，以115.5亿元并购芒果系5家公司100%股权，由传统电视购物转型为新媒体运营平台。公司2018年实现营业收入95.6亿元，同比增长16.8%，实现净利润8.66亿元，同比增长21.03%。二是聚焦做强主业。隆平高科通过发行股份购买资产的方式，以13.8亿元收购联创种业90%股份，加大在国内玉米种子行业的布局，巩固国内种业龙头地位。公司2018年实现营业收入35.08亿元，同比增长12.22%，实现净利润7.91亿元，同比增长35.88%。三是提升规模效应。爱尔眼科2018年通过非公开发行募集资金17.2亿元，成功完成部分体外医院收购，“上市公司+并购基金”双轮驱动加快推进医院网络纵向布局。公司2018年实现营业收入80.09亿元，同比增长34.31%，实现净利润10.66亿元，同比增长35.88%。益丰药房通过发行股份及现金支付作价13.8亿元收购新兴药房86.31%股份，实施区域市场门店密集布局战略，形成区域优势和规模效应。公司2018年实现营业收入69.13亿元，同比增长43.79%，实现净利润4.42亿元，同比增长32.83%。

五、湖南上市公司募集资金情况、使用情况

（一）募集资金总体情况

表9　　2018年湖南上市公司募集资金情况

发行类型	代码	简称	募集资金（亿元）
首发	300740.SZ	御家汇	8.492
	600929.SH	湖南盐业	5.565
	601577.SH	长沙银行	27.3382
	002943.SZ	宇晶股份	4.4025
	小计		45.80
再融资（增发、配股）	300015.SZ	爱尔眼科	17.2027
	002397.SZ	梦洁股份	5.7028
	600731.SH	湖南海利	2.1015
	300298.SZ	三诺生物	5.2793
	300298.SZ	三诺生物	5.0265
	300413.SZ	芒果超媒	115.5075
	300490.SZ	华自科技	3.696
	603939.SH	益丰药房	5.9874
	000998.SZ	隆平高科	13.869
	300474.SZ	景嘉微	10.88
	小计		185.2527

续表

发行类型	代码	简称	募集资金（亿元）
其他融资（公司债券、短期融资券、中期票据、次级债、金融债、境外发行债券）	123003. SZ	蓝思转债	48
	113504. SH	艾华转债	6. 91
	117119. SZ	18 太控 EB	1. 69
	小计		56. 6
总计			287. 6527

资料来源：湖南证监局。

（二）募集资金使用情况及特点

2018 年，辖区共有 15 家公司通过首发、再融资等方式募集资金 285. 96 亿元，1 家公司大股东通过发行可交换债募集资金 1. 69 亿元。辖区上市公司募集资金使用情况总体规范，涉及变更募集资金使用项目的公司严格履行了内部审批及对外披露程序。

（三）募集资金变更情况

2018 年度，辖区共有 13 家公司变更了募集资金使用项目，涉及金额 15. 92 亿元，占上市公司募集资金总额的 10. 92%。公司变更募集资金使用项目主要原因有：一是部分公司募集资金实施方式、主体和地点发生了变化；二是募集资金到位后，拟使用项目所处行业发生变化，继续投资难以实现预期效益；三是为提高资金使用效率，变更了募集资金投向。

表 10　　2018 年湖南上市公司募集资金使用项目变更情况

变更募集资金使用项目的公司家数	涉及金额（亿元）	募集资金总额（亿元）	占公司募集资金总额的比例（%）
13	15. 92	145. 75	10. 92

资料来源：湖南证监局。

六、湖南上市公司规范运作情况

（一）上市公司治理专项情况

2018 年，湖南证监局开展专项行动推进上市公司完善公司治理、提升规范运作水平。一是开展“三高”并购监管专项行动。撰写《上市公司并购“三高”问题的影响及监管对策》调研报告，加强事前事中事后监管，督促辖区 6 家公司相关方严格履行业绩补偿义务，3 家公司主动终止异常并购行动，基于产业整合的并购重组逐渐成为主流。二是开展资金占用、违规担保专项治理活动。对预付账款异常增加、银行存款异常下降、关联方交易占比和股票质押比例高企的上市公司重点排查。对出现违规占用问题的上市公司及相关股东采取行政监管措施、移送立案稽查，督促相关股东偿还贷款本息，解除担保，切实维护上市公司及投资者利益。三是强化上市公司内幕信息管理。对上市公司内幕信息防控开展检查，督促公司及时整改问题，加强警示教育，从源头上遏制内幕交易问题。

（二）审计情况及监管情况

2018 年年报审计中，湖南辖区 104 家上市公司，98 家公司被出具标准无保留意见审计报告，3 家公司被出具带强调事项段的无保留意见审计报告，2 家公司被出具保留意见的审计报告，1 家公司被出具无法表示意见。2018 年年报审计被出具非标意见的公司比 2017 年增加 2 家。湖南证监局结合风险评估分析结果，重点加强高风险、次高风险公司的现场检查，实施专人负责年报审核，明确将业绩和业绩承诺异常、商誉减值压力大、媒体质疑和举报投诉较多的 16 家公司作为年报审核重点，全年约谈 43 家次上市公司董事长、财务负责人和年审会计师 80 余人次。2018 年，湖南证监局完成上市公司全面现场检查 8 家，专项检查 12 家，发现问题 200 余个，对公司及相关责任人采取行政监管措施 13 次，将 4 家公司移送立案稽查。

（三）信息披露情况

湖南证监局督促上市公司真实、准确、完整、及时、公平披露信息，不断提升上市公司信息披露质量。一是对上市公司披露的各类定期报告、临时公告均由责任人负责逐一审阅，并对有关问题和疑点进行问询或采取监管措施。二是坚持做好网络舆情监测，设置专职舆情监控员，每日定期对辖区公司公告、媒体报道进行排查，形成每日舆情专报，全年编写专报 232 期，密切关注舆论报道、股价异动，较好地履行了信息披露监管核心职责。

（四）证券市场服务情况

湖南证监局坚持把保护投资者合法权益作为工作的出发点和落脚点，全面服务和保护资本市场投资者。一是妥善处理投诉举报，2018 年投诉举报数量大幅增长，湖南证监局坚持举报必查，认真对待每一起投诉，通过查实投诉举报发现问题和风险，保护投资者合法权益。二是举办“改革开放 40 周年，走进湖南上市公司”系列活动，走进 13 家上市公司，促进上市公司与投资者有效沟通，保障中小投资者的参与权。三是加强上市公司培训，举办 5 次上市公司高管培训，加强《上市公司治理准则》、并购重组、年报编制、投资者保护等方面的学习，不断提高公司投资者保护意识和公司治理水平。

审稿人：李金玉

撰稿人：樊晓晖　刘新云

广东地区

一、广东国民经济发展概况

表 1　　2018 年广东国民经济发展概况　　单位：亿元

指　标	1～3 月		1～6 月		1～9 月		1～12 月	
	绝对量	同比增长（%）	绝对量	同比增长（%）	绝对量	同比增长（%）	绝对量	同比增长（%）
地区生产总值（GDP）	21705.29	7.00	46341.93	7.10	70635.22	6.90	97277.77	6.80
全社会固定资产投资	—	11.30	—	10.10	—	10.20	—	10.70
社会消费品零售总额	9525.74	9.90	19206.33	9.30	29155.67	9.10	39501.12	8.80
规模以上工业增加值	7076.12	6.70	15121.95	6.20	23173.86	6.00	32305.16	6.30
规模以上工业企业实现利润	1647.17	5.50	3078.97	9.40	6168.49	7.00	8309.69	-0.10
居民消费价格指数（CPI）	1～3 月		1～6 月		1～9 月		1～12 月	
	2.20		2.0		2.1		2.2	

资料来源：国家统计局、广东统计局。

二、广东上市公司总体情况

（一）公司数量

表 2　　2018 年广东上市公司数量　　单位：家

公司总数	2018 年新增	股票类别			板块分布			
		仅 A 股	仅 B 股	（A+B）股	沪市主板	深市主板	中小板	创业板
303	5	298	2	3	59	39	119	86

资料来源：沪深交易所，同花顺。

（二）行业分布

表 3 2018 年广东上市公司行业分布情况

所属证监会行业类别	家数	占比（%）	所属证监会行业类别	家数	占比（%）
采矿业	1	0.33	批发和零售业	4	1.32
电力、热力、燃气及水的生产和供应业	10	3.30	水利、环境和公共设施管理业	2	0.66
房地产业	10	3.30	卫生和社会工作业	2	0.66
建筑业	3	0.99	文化、体育和娱乐业	3	0.99
交通运输、仓储和邮政业	12	3.96	信息传输、软件和信息技术服务业	18	5.94
教育	0	0.00	制造业	220	72.61
金融业	4	1.32	住宿和餐饮业	1	0.33
居民服务、修理和其他服务业	0	0.00	租赁和商务服务业	5	1.65
科学研究和技术服务业	4	1.32	综合	2	0.66
农、林、牧、渔业	2	0.66	合计	303	100.00

资料来源：沪深交易所，同花顺。

（三）股本结构及规模

表 4 2018 年广东上市公司股本规模在 10 亿股以上公司分布情况

股本规模（亿股）	公司家数	具体公司
100≤～<200	5	分众传媒、广汽集团、南方航空、保利地产、TCL 集团
50≤～<100	7	温氏股份、格力电器、广发证券、广州港、美的集团、领益智造、粤电力 A
20≤～<50	23	大洋电机、宝新能源、金发科技、粤高速 A、海格通信、粤泰股份、生益科技、中远海特、东阳光、华发股份、越秀金控、白云机场、海天味业、搜于特、ST 康美、巨轮智能、格力地产、易事特、海印股份、韶钢松山、珠江啤酒、广电运通、广州发展
10≤～<20	43	白云山、国盛金控、华铁股份、*ST 德豪、普邦股份、勤上股份、东风股份、奥飞娱乐、岭南股份、蓝盾股份、三环集团、星辉娱乐、佳都科技、东莞控股、汤臣倍健、粤传媒、南洋股份、珠江钢琴、中船防务、中顺洁柔、纳思达、梅雁吉祥、塔牌集团、冠豪高新、奥马电器、劲胜智能、粤水电、韶能股份、科达洁能、佛山照明、海大集团、中山公用、珠海中富、木林森、高新兴、宜华生活、*ST欧浦、海信家电、东方精工、省广集团、贤丰控股、维信诺、棕榈股份

资料来源：沪深交易所，同花顺。

表 5　　2018 年广东上市公司分地区股权构成情况　　单位：家

股权性质 / 地域分布	央企国资控股	省属国资控股	地市国资控股	民营控股	其他	合计
广州市	6	8	19	56	9	98
珠海市	1	0	5	18	4	28
汕头市	0	0	1	27	4	32
韶关市	1	0	0	1	1	3
佛山市	1	3	3	26	4	37
江门市	0	0	0	11	1	12
湛江市	1	0	0	1	0	2
茂名市	0	0	0	1	0	1
肇庆市	0	3	0	4	0	7
惠州市	0	0	1	7	3	11
梅州市	0	0	0	5	2	7
汕尾市	0	0	0	0	0	0
河源市	0	0	0	0	0	0
阳江市	0	0	0	2	0	2
清远市	0	0	0	0	0	0
东莞市	0	0	1	20	6	27
中山市	0	0	1	19	1	21
潮州市	0	0	0	5	2	7
揭阳市	0	0	0	7	0	7
云浮市	0	0	0	1	0	1
合计	10	14	31	211	37	303

资料来源：广东证监局。

（四）市值规模

截至 2018 年 12 月 31 日，广东 303 家上市公司境内总市值 30403.65 亿元，占全国上市公司境内总市值的 6.99%；其中，上交所上市公司 59 家，总股本 964.89 亿股，境内总市值 9694.02 亿元，占上交所上市公司境内总市值的 3.60%；深交所上市公司 244 家，总股本 2229.41 亿股，境内总市值 20709.63 亿元，占深交所上市公司境内总市值的 12.52%。

（五）资产规模

截至 2018 年 12 月 31 日，广东 303 家上市公司合计总资产 45553.60 亿元，归属于母公司股东权益 15184.46 亿元，与 2017 年相比，分别增长 14.28%、9.22%；平均每股净资产 4.75 元。

三、广东上市公司经营情况及变动分析

（一）总体经营情况

表 6　　2018 年广东上市公司经营情况

指　标	2018 年	2017 年	变动率（%）
家数	303	298	1.68
亏损家数	35	17	105.88
亏损家数比例（%）	11.56	5.70	5.86
平均每股收益（元）	0.42	0.59	-29.53
平均每股净资产（元）	4.75	4.75	0.00
平均净资产收益率（%）	8.75	12.51	-3.76
总资产（亿元）	45553.60	39859.52	14.28
归属于母公司股东权益（亿元）	15184.46	13902.7	9.22
营业收入（亿元）	21914.97	19262.51	13.77
利润总额（亿元）	1857.21	2201.28	-15.63
归属于母公司所有者的净利润（亿元）	1328.04	1738.6	-23.61

资料来源：沪深交易所，同花顺。

（二）分行业经营情况

表 7　　2018 年广东上市公司分行业经营情况

所属行类	营业收入（亿元）	可比样本变动率（%）	归属于母公司所有者的净利润（亿元）	可比样本变动率（%）
采矿业	45.80	14.93	2.14	31.31
电力、热力、燃气及水的生产和供应业	779.33	6.85	41.31	-9.53
房地产业	2316.51	25.84	232.10	14.13
建筑业	174.43	12.83	2.94	-52.16
交通运输、仓储和邮政业	1825.17	10.95	39.86	-65.40
教育	—	—	—	—
金融业	241.32	-19.61	40.25	-59.77
居民服务、修理和其他服务业	—	—	—	—
科学研究和技术服务业	27.14	64.20	4.16	94.34
农、林、牧、渔业	619.82	3.73	41.89	-39.25
批发和零售业	257.45	14.16	13.27	12.26

续表

所属行类	营业收入（亿元）	可比样本变动率（%）	归属于母公司所有者的净利润（亿元）	可比样本变动率（%）
水利、环境和公共设施管理业	90.94	83.24	8.52	48.47
卫生和社会工作业	67.29	13.90	4.11	13.46
文化、体育和娱乐业	83.60	2.33	-4.64	-139.02
信息传输、软件和信息技术服务业	388.52	21.42	-13.40	-143.97
制造业	14425.39	14.39	849.09	-23.80
住宿和餐饮业	70.78	10.73	2.05	15.75
租赁和商务服务业	379.38	12.78	52.95	-8.90
综合	122.11	28.78	11.45	27.96
合计	21914.97	14.35	1328.04	-24.03

资料来源：沪深交易所，同花顺。

（三）业绩变动情况分析

1. 营业收入、毛利率等变动原因分析

2018 年，广东上市公司实现营业收入 21914.97 亿元，较 2017 年同比增长 13.77%；实现利润总额 1857.21 亿元，较 2017 年同比下降 15.63%；实现归属于母公司所有者的净利润 1328.04 亿元，较 2017 年同比下降 23.61%；实现平均每股收益 0.42 元，较 2017 年同比下降 29.53%；平均净资产收益率 8.75%，较 2017 年同比下降 3.76 个百分点；毛利率 25.44%，较 2017 年增长 0.42 个百分点。

2. 盈利构成分析

从盈利构成来看，2018 年上市公司利润来源主要是营业利润，金额为 1860.23 亿元，占利润总额的 100.16%，其中，投资净收益占利润总额的比重为 19.06%。营业外收支净额为 -3.01 亿元。

3. 经营性现金流量分析

2018 年，广东上市公司经营活动产生的现金净流入为 2570.32 亿元，较 2017 年增长 185.34%。其中，有 249 家上市公司经营活动产生的现金流量为正，占辖区 303 家上市公司的 82.18%，较 2017 年增加 4.66 个百分点；54 家上市公司经营性现金流量为负，占比 17.82%。

4. 业绩特点分析

2018 年，广东上市公司经营情况呈现以下特点：一是上市公司营业收入持续增加，但利润水平有所下降。辖区上市公司营业收入较 2017 年同比增长 13.77%，但由于营业成本与 2017 年相比增长了 16.22%，导致归属于母公司所有者的净利润、平均每股收益和平均净资产收益率均较 2017 年出现了一定程度的下降。二是主板上市公司抗风险能力较强，支柱作用凸显。上海、深圳主板的广东上市公司实现净利润共计 1255.49 亿元，较 2017 年略有下降，约占辖区上市公司净利润总额的 94.54%，占比较 2017 年增加 21.46 个百分点。广东上市公司 2018 年净利润贡献前十位的企业除温氏股份、分众传媒外，其余均为主板大型上市公司，上述8家公司共实现净利润918.14亿元，占广东上市公司净利润总额的69.13%。三是不同行业之间经营情况出现分化。除金融业外，其他行业的广东上市公司均实现了不同程度的营业收入的增长，但只有采矿业，房地产业，科学研究和技术服务业，批发和零售业，水利、环境和公共设施管理业，卫生和社会工作业，住宿和餐饮业，综合业等实现净利润增长。另外，信息传输、软件和信息技术服务业，文化、体育和娱乐业2个行业整体净利润为负。

5. 利润分配情况

表8　　2018年广东上市公司现金分红情况

2018年分红公司家数			2018年分红金额		
家数	变动率（%）	分红公司家数占地区公司总数比重（%）	金额（亿元）	变动率（%）	分红金额占归属于母公司所有者的净利润比重（%）
225	-12.11	74.26	645.80	21.08	48.63

资料来源：广东证监局。

四、广东上市公司并购重组情况

（一）并购重组基本情况

2018年，广东上市公司并购重组活动稳步推进，共有16家上市公司实施并完成重大资产重组，分别为广东甘化、道氏技术、邦宝益智、汤臣倍健、博敏电子、东阳光、量子生物、南兴股份、木林森、白云山、万泽股份、中京电子、航新科技、文化长城、白云电器、领益智造，涉及金额425.51亿元，实施完成重大资产重组上市公司家次较2017年持平，并购金额较2017年下降22.03%。其中，9家公司以发行股份购买资产的方式整合行业资源或实施多元化发展战略，6家公司以协议收购的方式进行资产调整或业务转型，1家公司完成借壳上市。并购完成后，上市公司质量有所提升，这16家公司平均总资产、净资产、营业收入、净利润同比分别增加了63.98%、34.30%、75.53%、23.33%，远远高于广东上市公司的总体水平。

（二）并购重组特点

整体来看，2018年广东上市公司并购重组呈现以下特点：一是以横向整合或多元化战略为目的的并购重组仍然占主要地位。广东甘化、道氏技术、汤臣倍健、博敏电子、东阳光、量子生物、南兴股份、白云山、中京电子、航新科技、文化长城、白云电器12家公司收购资产向横向整合或多元化发展。二是发行股份购买资产的方式成为并购重组的主要形式。在完成的16家次并购重组中，以发行股份购买资产方式的有9家次，为广东上市公司并购重组的主要形式。三是民营企业并购重组活跃度明显高于国有企业。在完成的16家次并购重组中，15家次为民营控股上市公司，1 家次为国有控股上市公司，民营企业参与并购重组的积极性高于国有企业。四是板块全覆盖、行业集中度高。已实施完成重大资产重组的上市公司涵盖了资本市场主要板块，其中，上海主板 5 家，深圳主板 2 家，中小板 4 家，创业板 5 家。按照证监会行业分类标准，包括制造业 14 家，食品行业 1 家，综合消费服务 1 家，并购重组公司主要集中在制造业。

五、广东上市公司募集资金情况、使用情况

（一）募集资金总体情况

表 9　　2018 年广东上市公司募集资金情况

发行类型	代码	简称	募集资金（亿元）
首发	300737	科顺股份	15.19
	603348	文灿股份	8.39
	300756	中山金马	5.39
	002930	宏川智慧	5.19
	002923	润都股份	4.25
	300749	顶固集创	3.48
	300738	奥飞数据	2.96
	小计		44.85
再融资（增发、配股）	002600	领益智造	207.30
	002387	维信诺	150.00
	600029	南方航空	95.00
	000987	越秀金控	62.92
	600673	东阳光	32.21
	002745	木林森	31.42
	300409	道氏技术	14.85
	300149	量子生物	12.41
	300053	欧比特	10.82
	603936	博敏电子	10.55
	002806	华锋股份	8.27
	300089	文化长城	8.22
	300482	万孚生物	7.20
	002292	奥飞娱乐	7.00

续表

发行类型	代码	简称	募集资金（亿元）
再融资（增发、配股）	002757	南兴股份	6.37
	603861	白云电器	6.17
	002045	国光电器	4.87
	002717	岭南股份	4.76
	300328	宜安科技	4.30
	300098	高新兴	3.30
	002076	雪莱特	2.73
	002063	远光软件	0.60
	小计		691.27
其他融资（公司债券、短期融资券、中期票据、次级债、金融债、境外发行债券）	000776	广发证券	300.00
	600518	康美药业	45.00
	600325	华发股份	40.00
	000100	TCL 集团	30.00
	600185	格力地产	22.20
	600029	南方航空	20.00
	600684	珠江实业	14.00
	002446	盛路通信	10.00
	000685	中山公用	10.00
	300057	万顺股份	9.50
	600728	佳都科技	8.75
	002432	棕榈股份	7.00
	300381	溢多利	6.65
	002717	岭南股份	6.60
	002169	智光电气	6.00
	300297	蓝盾股份	5.38
	600673	东阳光	4.00
	002741	光华科技	2.49
	002745	木林森	2.00
	300147	香雪制药	2.00
	000150	宜华健康	2.00
	002291	星期六	1.70
	300424	航新科技	1.20
	002292	奥飞娱乐	1.00
	小计		557.47
总计			1293.59

资料来源：广东证监局。

（二）募集资金使用情况及特点

2018年度，广东辖区上市公司募集资金总体使用情况良好，呈现以下特点：一是投向实体经济比例高，投向制造业的募集资金占全年募集资金总额的比例在90%以上；二是投入民营企业比例高，投入民营企业融资额占全部融资额的比例在70%以上。

（三）募集资金变更情况

2018年，广东辖区有25家公司变更募集资金的使用项目，涉及金额约为75亿元，占该类公司原计划投入募集资金的20.92%。变更的原因主要包括：一是为提高募集资金使用效率，结合市场形势和公司未来发展战略的需要对募投项目进行调整；二是外部的宏观经济和市场环境发生了较大变化，原有产品市场开拓不如预期；三是公司募投项目地块规划发生变化；四是原投资项目可行性和假设条件发生了较大变化，将剩余募集资金改投其他项目。

表10　　2018年广东上市公司募集资金使用项目变更情况

变更募集资金使用项目的公司家数	变更后投入募集资金（亿元）	原计划投入募集资金（亿元）	变更比例（%）
25	284.96	360.36	20.92

资料来源：广东证监局。

六、广东上市公司规范运作情况

（一）上市公司治理专项情况

2018年，广东证监局依法从严监管，继续推进公司治理监管工作，持续提高上市公司质量，将公司治理列为年报审核和现场检查的一项重点内容，切实抓紧抓好。根据对辖区上市公司年报审核和现场检查的情况来看，除少部分公司存在内控制度未有效执行、“三会”运作不规范、关联交易未及时履行审议程序、财务核算不规范等问题外，大部分公司治理运作都比较规范。

（二）审计情况及监管情况

广东辖区上市公司均已披露了2018年年度报告，其中，有286家公司被出具标准无保留意见的审计报告，7家公司被出具带强调事项段的无保留意见的审计报告，7家公司被出具保留意见的审计报告，3家公司被出具无法表示意见的审计报告。广东证监局对披露2018年年报的上市公司实施年报监管。在年报监管期间，广东证监局对辖区所有上市公司年报进行全面审核；以风险为导向，按照问题导向和双随机原则，选取16家上市公司进行年报现场检查，同时延伸检查年报审计机构的审计工作底稿。

（三）信息披露情况

2018 年，广东辖区上市公司基本能够按照信息披露的有关法律法规，依法履行信息披露义务，在指定信息披露报纸和网站真实、准确、完整、及时地披露公司动态信息，保障信息披露的公平、公正。

（四）证券市场服务情况

2018 年，广东证监局认真贯彻落实全国证券期货监管工作会议精神和各项工作部署，切实做好保护投资者尤其是中小投资者合法权益相关工作。一是强化现金分红监管。督促辖区上市公司建立差异化分红制度，规范、完善利润分配的内部决策程序和机制，增强现金分红透明度和持续回报投资者能力。2018 年，广东辖区 225 家上市公司实施了现金分红，分红金额 645.80 亿元。二是认真做好承诺履行监管工作。持续跟进业绩承诺履行情况，将相关方是否能够及时进行业绩补偿作为日常监管关注的重点，督促相关方及时履行业绩补偿义务。三是认真做好信访投诉举报处理工作。进一步优化投资者诉求处理机制，压实上市公司处理投资者投诉举报的首要责任，督促上市公司建立完善纠纷处理工作机制。四是加强上市公司诚信教育引导。坚持惩防并举、预防为先的思路，通过会议和培训增强上市公司完善内控机制、提高规范发展的意识，开展新上市公司及发生并购重组的上市公司“监管第一课”培训，要求公司不断增强规范意识，完善治理结构，健全内部控制机制，确保规范运作。

（五）其他

2018 年，广东证监局坚决落实证监会党委提出的“守土有责、守土尽责”要求，以提高上市公司质量为目标，积极稳妥地推进辖区上市公司风险防控和处置工作。一是全面排查风险。先后多次对辖区上市公司存在的风险隐患进行摸底排查，建立风险台账，进行分类监管，有针对性地制订风险处置预案，确保对公司风险做到“心中有数、应对有策”。二是强化动态监测。持续开展舆情监控和信息收集工作，加强对辖区上市公司风险的动态监测，紧盯媒体质疑集中、投诉举报频繁等存在风险隐患的公司，提前介入、及时处置，对公司的风险隐患抓早抓小，及早防范。三是实施贴身监管。将风险排查与分类监管紧密结合，在监管资源分配、现场检查和非现场监管方面向高风险公司倾斜，按照“一司一策”原则对高风险公司实施贴身监管，有效防范和化解公司风险。

审稿人：张敏聪　白连江

撰稿人：张卿萌　唐大勇　刘　毅
李凤鸣

广西地区

一、广西国民经济发展概况

表 1　　2018 年广西国民经济发展概况　　单位：亿元

指 标	1～3月		1～6月		1～9月		1～12月	
	绝对量	同比增长（%）	绝对量	同比增长（%）	绝对量	同比增长（%）	绝对量	同比增长（%）
地区生产总值（GDP）	4271.31	7.10	8762.63	6.20	12863.07	7.00	20352.51	6.80
全社会固定资产投资	—	12.40	—	11.50	—	11.20	—	10.80
社会消费品零售总额	1939.55	11.20	3881.29	9.80	—	9.70	8291.59	9.30
规模以上工业增加值	—	6.20	—	3.00	—	4.90	—	4.70
规模以上工业企业实现利润	287.00	18.20	489.00	21.80	744.30	18.90	1100.10	1.90
居民消费价格指数（CPI）	1～3月		1～6月		1～9月		1～12月	
	2.50		1.70		2.70		2.30	

资料来源：国家统计局。

二、广西上市公司总体情况

（一）公司数量

表 2　　2018 年广西上市公司数量　　单位：家

公司总数	2018 年新增	股票类别			板块分布			
		仅 A 股	仅 B 股	（A+B）股	沪市主板	深市主板	中小板	创业板
37	1	37	0	0	17	12	7	1

资料来源：沪深交易所，Wind 资讯。

（二）行业分布

表 3　　2018 年广西上市公司行业分布情况

所属证监会行业类别	家数	占比（%）	所属证监会行业类别	家数	占比（%）
采矿业	0	0.00	批发和零售业	3	8.11
电力、热力、燃气及水的生产和供应业	3	8.11	水利、环境和公共设施管理业	2	5.41
房地产业	1	2.70	卫生和社会工作业	0	0.00
建筑业	0	0.00	文化、体育和娱乐业	0	0.00
交通运输、仓储和邮政业	2	5.41	信息传输、软件和信息技术服务业	6	16.22
教育	0	0.00	制造业	18	48.65
金融业	1	2.70	住宿和餐饮业	0	0.00
居民服务、修理和其他服务业	0	0.00	租赁和商务服务业	0	0.00
科学研究和技术服务业	0	0.00	综合	0	0.00
农、林、牧、渔业	1	2.70	合计	37	100.00

资料来源：沪深交易所，Wind 资讯。

（三）股本结构及规模

表 4　　2018 年广西上市公司股本规模在 10 亿股以上公司分布情况

股本规模（亿股）	公司家数	具体公司
50≤ ~ <100	1	桂冠电力
20≤ ~ <50	4	国海证券、中恒集团、恒逸石化、柳钢股份
10≤ ~ <20	7	五洲交通、柳工、北部湾港、ST 银河、广西广电、丰林集团、天夏智慧

资料来源：沪深交易所，Wind 资讯。

表 5　　2018 年广西上市公司分地区股权构成情况　　单位：家

股权性质 地域分布	央企国资控股	省属国资控股	地市国资控股	民营控股	其他	合计
防城港市	0	0	0	0	0	0
南宁市	1	3	3	5	2	14

续表

股权性质 地域分布	央企国资控股	省属国资控股	地市国资控股	民营控股	其他	合计
崇左市	0	0	0	0	0	0
柳州市	0	2	2	1	0	5
来宾市	0	0	0	0	0	0
桂林市	0	0	1	4	1	6
梧州市	0	1	0	1	0	2
贺州市	0	0	1	0	0	1
玉林市	0	0	0	1	0	1
贵港市	0	1	0	0	0	1
百色市	0	0	0	0	0	0
钦州市	0	0	0	0	0	0
河池市	0	0	0	0	1	1
北海市	0	1	0	5	0	6
合计	1	8	7	17	4	37

资料来源：广西证监局。

（四）市值规模

截至2018年12月31日，广西37家上市公司境内总市值2381.486亿元，占全国上市公司境内总市值的0.50%；其中，上交所上市公司17家，总股本218.04亿股，境内总市值1080.552亿元，占上交所上市公司境内总市值的0.35%；深交所上市公司20家，总股本191.51亿股，境内总市值1300.934亿元，占深交所上市公司境内总市值的0.78%。

（五）资产规模

截至2018年12月31日，广西37家上市公司合计总资产3825.15亿元，归属于母公司股东权益1433.32亿元，与2017年相比，分别增长14.59%、11.73%；平均每股净资产3.5元。

三、广西上市公司经营情况及变动分析

（一）总体经营情况

表 6　　2018 年广西上市公司经营情况

指　标	2018 年	2017 年	变动率（%）
家数	37	36	2.78
亏损家数	8	4	100.00
亏损家数比例（%）	21.62	11.11	10.51
平均每股收益（元）	0.28	0.32	-12.50
平均每股净资产（元）	3.5	3.42	2.34
平均净资产收益率（%）	7.98	9.43	-1.45
总资产（亿元）	3825.15	3338.18	14.59
归属于母公司股东权益（亿元）	1433.32	1282.85	11.73
营业收入（亿元）	2390.11	1922.25	24.34
利润总额（亿元）	154.63	152.32	1.52
归属于母公司所有者的净利润（亿元）	114.43	120.98	-5.41

资料来源：沪深交易所，同花顺。

（二）分行业经营情况

表 7　　2018 年广西上市公司分行业经营情况

所属行类	营业收入（亿元）	可比样本变动率（%）	归属于母公司所有者的净利润（亿元）	可比样本变动率（%）
采矿业	0.00	—	0.00	—
电力、热力、燃气及水的生产和供应业	227.84	12.44	27.32	-6.52
房地产业	2.89	-45.91	0.11	-92.46
建筑业	0.00	—	0.00	—
交通运输、仓储和邮政业	60.30	19.01	10.70	17.70
教育	0.00	—	0.00	—
金融业	21.23	-20.17	0.73	-80.55
居民服务、修理和其他服务业	0.00	—	0.00	—
科学研究和技术服务业	0.00	—	0.00	—
农、林、牧、渔业	31.34	30.89	0.57	-49.43
批发和零售业	140.69	19.55	4.62	14.57
水利、环境和公共设施管理业	32.97	-27.33	3.16	-32.69
卫生和社会工作业	0.00	—	0.00	—
文化、体育和娱乐业	0.00	—	0.00	—
信息传输、软件和信息技术服务业	101.00	108.16	3.38	-33.31
制造业	1771.87	26.43	63.84	2.22
住宿和餐饮业	0.00	—	0.00	—
租赁和商务服务业	0.00	—	0.00	—
综合	0.00	—	0.00	—
合计	2390.11	20.28	114.43	-8.01

资料来源：沪深交易所，同花顺。

（三）业绩变动情况分析

1. 营业收入、毛利率等变动原因分析

2018 年，广西上市公司实现营业收入合计 2390.11 亿元，较 2017 年同比上升 24.34%；平均净资产收益率为 7.98%，较 2017 年同比下降 1.45 个百分点；整体销售毛利率为 19.5%，较 2017 年下降 0.12 个百分点。

2. 盈利构成分析

从盈利构成来看，2018 年广西上市公司利润来源构成中，主要是营业利润，占比为 94.50%，其中，投资净收益占利润来源的比重为 20.2%，公允价值变动净收益占利润来源的 2.07%。

3. 经营性现金流量分析

2018 年，广西地区上市公司经营活动产生的现金流量净额为 193.78 亿元，较 2017 年增长 32.97%，其中，25 家上市公司经营现金流量净额为正，12 家上市公司经营现金流量净额为负。

4. 业绩特点分析

2018 年，广西上市公司利润总额 154.63 亿元，较 2017 年同比增加 1.52%；归属母公司所有者的净利润 114.43 亿元，较 2017 年同比减少 5.41%。经营情况呈现以下特点：

总体业绩情况。2018 年广西上市公司营业收入、净利润与 2017 年相比呈现“一升一降”的特点，平均净资产收益率较 2017 年同比下降 1.45%。

亏损面有所扩大。2018 年共有 8 家上市公司亏损，比 2017 年增加 4 家，约占广西上市公司总数的 21.62%。

不同行业之间的经营情况存在较大差别。2018 年，交通运输、仓储和邮政业，批发零售业保持良好增长态势；制造业稳健发展，业绩情况与 2017 年基本持平；受国家政策影响，房地产、金融行业业绩下滑较大，但总量占比较小，因此，对广西总体业绩情况影响不大；广西上市公司营业收入和净利润呈现“一升一降”的业绩特点，主要受信息传输、软件和信息技术服务业和电力、热力、燃气及水的生产和供应业的影响。

业绩情况两极分化。2018 年，业绩排名前三位的上市公司共计实现净利润 95.64 亿元，占广西上市公司净利润总额的 83.58%。共有 8 家上市公司亏损，亏损金额合计 39.28 亿元。

5. 利润分配情况

表 8　　**2018 年广西上市公司现金分红情况**

2018 年分红公司家数			2018 年分红金额		
家数	变动率（%）	分红公司家数占地区公司总数比重（%）	金额（亿元）	变动率（%）	分红金额占归属于母公司所有者的净利润比重（%）
21	-22.22	56.76	56.11	-2.40	49.03

资料来源：广西证监局。

四、广西上市公司并购重组情况

（一）并购重组基本情况

2018年，广西共有2家上市公司完成并购重组工作，分别为恒逸石化、北部湾港，2家上市公司正在进行重大资产重组（*ST河化、ST慧球）。其中，恒逸石化通过发行股份并募集资金的方式购买嘉兴逸鹏、太仓逸枫及双兔新材料100%股权，横向整合收购浙江恒逸物流及宁波恒逸物流100%股权，有利于优化资源配置，实现公司“石化+物流”的战略布局，提高经营效率。北部湾港以现金收购公司实控人持有的广西北部湾外轮理货有限公司84%股权，有利于业务的横向整合，提升公司港口服务及相关业务的综合服务能力和竞争力。

（二）并购重组特点

2018年，广西上市公司并购重组热情持续不减，多家公司积极利用资本市场并购重组，通过横向纵向或多元化产业整合，进一步拓展上下游产业链和业务范围，做大做强做优企业，提升公司的经营实力和盈利能力。

五、广西上市公司募集资金情况、使用情况

（一）募集资金总体情况

表9　　2018年广西上市公司募集资金情况

发行类型	代码	简称	募集资金（亿元）
首发	002929.SZ	润建股份	13.22
	小计		13.22
再融资（增发、配股）	000582.SZ	北部湾港	33.33
	601996.SH	丰林集团	6.45
	000703.SZ	恒逸石化	44.95
	000716.SZ	黑芝麻	6.48
	小计		91.21
其他融资（公司债券、中期票据、金融债、可转债）	000703.SZ	恒逸石化	30
	000750.SZ	国海证券	17.5
	002329.SZ	皇氏集团	5
	300422.SZ	博世科	4.3
	小计		56.8
总计			161.23

资料来源：广西证监局。

（二）募集资金使用情况及特点

2018年，广西1家IPO公司募集资金13.22亿元，4家公司通过定向增发、配股融资91.21亿元，4家公司通过发行公司债券、可转债等方式融资56.8亿元。截至2018年年底已投入使用募集资金约70.76亿元，占当年募集资金总额的比例约为43.89%。

（三）募集资金变更情况

2018年，广西共有3家上市公司变更募集资金投向，涉及金额约6.52亿元，变更金额约占相关公司募集资金总额的22.47%。辖区多数公司能按照原计划使用募集资金，变更募投项目的公司数量比2017年减少2家，涉及金额减少3.86亿元。

表10　　2018年广西上市公司募集资金使用项目变更情况

变更募集资金使用项目的公司家数	涉及金额（亿元）	募集资金总额（亿元）	占公司募集资金总额的比例（%）
3	6.52	29.02	22.47

资料来源：广西证监局。

六、广西上市公司规范运作情况

（一）上市公司治理专项情况

2018年，广西证监局持续推动落实各项治理工作，引导市场主体不断提高规范运作意识，提升公司治理水平。一是强化教育引导，推动上市公司规范治理运作。通过组织开展辖区上市公司董秘座谈会、2018年公司债券业务监管工作座谈会，印发公司债券监管情况通报，组织辖区上市公司参加专题培训等多种形式，及时解读监管政策、加强警示教育、传导监管压力、明确监管要求，持续强化监管对象合法经营意识。二是加强沟通引导，约见辖区上市公司及相关主体51家次。对2家上市公司进行走访调研，了解公司经营运作情况，沟通监管形势和关注的问题，提醒公司规范治理运作和信息披露行为。三是强化监管约束。通过现场检查，及时发现上市公司在公司治理方面存在的问题，并及时采取监管措施，督促相关公司限期整改、规范运作。

（二）审计情况及监管情况

2018年，广西辖区37家上市公司均如期披露2018年年度报告。其中，除3家公司被出具带强调事项段的无保留意见，2家公司被出具保留意见，1家公司被出具无法表示意见之外，其余31家公司审计报告均为标准无保留意见。31家上市公司披露内部控制审计报告或内部控制鉴证报告，其中，2家公司被出具否定意见，1家公司被出具带强调事项段的无保留意见，其余28家均为标准无保留意见。

广西证监局坚持“依法全面从严监管”的理念，强化中介机构市场主体地位，加强持续督导。对4家上市公司2018

年年报审计开展现场督导，完成辖区9家重点类公司的年报审计项目监管。要求2家上市公司年报审计机构出具专项核查意见。对3家上市公司2017年年报审计项目进行现场检查，对5家会计师事务所开展基础审计程序（函证）专项核查，督促审计机构勤勉尽责，提高执业质量。

（三）信息披露情况

广西证监局坚持以信息披露为核心，强化监管力度。一是强化敏感舆情监测和信息审核，及时发现并处置违规事项和风险问题。二是强化年报监管。开展“看年报说监管”活动，全面审核上市公司定期报告，及时调整公司风险分类。三是强化监管问责，严抓违规行为。2018年，广西证监局对存在信息披露违规问题的3家上市公司及4名相关责任主体采取了行政监管措施。

（四）证券市场服务情况

广西证监局始终坚持“监管与服务并重”的理念，全面加强投资者保护，提升资本市场服务实体经济的水平。一是举办辖区2018年投资者网上集体接待日活动。通过集体接待日活动，上市公司共回答问题1588个。为辖区上市公司与投资者搭建沟通交流平台，推动上市公司加强投资者关系管理，保障中小投资者的知情权。二是妥善处理投资者的信访投诉。2018年共处理10家上市公司信访投诉13起。其中，对东方网络、南宁百货投诉举报事项开展专项核查，对莱茵生物、柳工举报事项开展非现场核查，督促桂冠电力、桂林旅游、ST慧球、天夏智慧强化投资者接待电话管理，责成公司主动联系投诉人，做好投资者沟通工作。

审稿人：高瑞启

撰稿人：吴思颖

海南地区

一、海南国民经济发展概况

表 1　　2018 年海南国民经济发展概况　　单位：亿元

指　标	1~3 月		1~6 月		1~9 月		1~12 月	
	绝对量	同比增长（%）	绝对量	同比增长（%）	绝对量	同比增长（%）	绝对量	同比增长（%）
地区生产总值（GDP）	1185.25	5.10	2434.88	5.80	3546.92	5.40	4832.05	5.80
全社会固定资产投资	—	25.30	—	-4.80	—	-13.10	—	-12.50
社会消费品零售总额	434.79	10.10	849.05	9.40	1251.46	7.70	1717.08	6.80
规模以上工业增加值	—	-4.90	—	3.70	—	3.00	—	6.00
规模以上工业企业实现利润	27.30	-1.40	77.50	29.40	121.70	34.60	145.30	35.50
居民消费价格指数（CPI）	1~3 月		1~6 月		1~9 月		1~12 月	
	3.30		2.50		2.70		1.70	

资料来源：国家统计局。

二、海南上市公司总体情况

（一）公司数量

表 2　　2018 年海南上市公司数量　　单位：家

公司总数	2018 年新增	股票类别			板块分布			
		仅 A 股	仅 B 股	（A+B）股	沪市主板	深市主板	中小板	创业板
31	1	27	0	4	11	13	4	3

资料来源：沪深交易所，同花顺。

（二）行业分布

表 3　　2018 年海南上市公司行业分布情况

所属证监会行业类别	家数	占比（%）	所属证监会行业类别	家数	占比（%）
采矿业	3	9.68	批发和零售业	0	0.00
电力、热力、燃气及水的生产和供应业	0	0.00	水利、环境和公共设施管理业	0	0.00
房地产业	3	9.68	卫生和社会工作业	1	3.23
建筑业	1	3.23	文化、体育和娱乐业	1	3.23
交通运输、仓储和邮政业	3	9.68	信息传输、软件和信息技术服务业	1	3.23
教育	0	0.00	制造业	12	38.71
金融业	1	3.23	住宿和餐饮业	1	3.23
居民服务、修理和其他服务业	0	0.00	租赁和商务服务业	0	0.00
科学研究和技术服务业	0	0.00	综合	1	3.23
农、林、牧、渔业	3	9.68	合计	31	100.00

资料来源：沪深交易所，同花顺。

（三）股本结构及规模

表 4　　2018 年海南上市公司股本规模在 10 亿股以上公司分布情况

股本规模（亿股）	公司家数	具体公司
100≤～<200	1	海航控股
20≤～<50	3	海航基础、洲际油气、海南橡胶
10≤～<20	8	罗牛山、华闻传媒、海南海药、*ST海马、海南矿业、神农科技、海航创新、海南瑞泽

资料来源：沪深交易所，同花顺。

表 5　　2018 年海南上市公司分地区股权构成情况　　单位：家

地域分布 \ 股权性质	央企国资控股	省属国资控股	地市国资控股	民营控股	其他	合计
海口市	3	7	0	11	5	26
三亚市	0	0	0	2	1	3
澄迈县	0	0	0	1	0	1
昌江黎族自治县	0	0	0	1	0	1
合计	3	7	0	15	6	31

资料来源：海南证监局。

（四）市值规模

截至 2018 年 12 月 31 日，海南 31 家上市公司境内总市值 2027.56 亿元，占全国上市公司境内总市值的 0.47%；其中，上交所上市公司 11 家，总股本 328.90 亿股，境内总市值1029.72亿元，占上交所上市公司境内总市值的0.38%；深交所上市公司20家，总股本165.30亿股，境内总市值997.85亿元，占深交所上市公司境内总市值的0.60%。

（五）资产规模

截至2018年12月31日，海南31家上市公司合计总资产4353.03亿元，归属于母公司股东权益1568.77亿元，与2017年相比，分别减少0.58%、3.94%；平均每股净资产3.17元。

三、海南上市公司经营情况及变动分析

（一）总体经营情况

表6　　2018年海南上市公司经营情况

指　标	2018年	2017年	变动率（%）
家数	31	30	3.33
亏损家数	10	7	42.86
亏损家数比例（%）	32.26	23.33	8.93
平均每股收益（元）	-0.17	0.1	-270.00
平均每股净资产（元）	3.17	3.45	-8.12
平均净资产收益率（%）	-5.47	2.94	-8.41
总资产（亿元）	4353.03	4378.4	-0.58
归属于母公司股东权益（亿元）	1568.77	1633.08	-3.94
营业收入（亿元）	1340.15	1363.13	-1.69
利润总额（亿元）	-87.19	79.62	-209.51
归属于母公司所有者的净利润（亿元）	-85.78	47.98	-278.78

资料来源：沪深交易所，同花顺。

（二）分行业经营情况

表7　　2018年海南上市公司分行业经营情况

所属行类	营业收入（亿元）	可比样本变动率（%）	归属于母公司所有者的净利润（亿元）	可比样本变动率（%）
采矿业	71.24	-35.84	-9.63	-501.62
电力、热力、燃气及水的生产和供应业	—	—	—	—
房地产业	121.31	-2.41	18.60	-16.08
建筑业	1.60	6.56	0.08	117.99
交通运输、仓储和邮政业	699.31	12.82	-33.22	-192.25
教育	—	—	—	—
金融业	3.39	66.94	1.21	65.24
居民服务、修理和其他服务业	—	—	—	—

续表

所属行类	营业收入（亿元）	可比样本变动率（%）	归属于母公司所有者的净利润（亿元）	可比样本变动率（%）
科学研究和技术服务业	—	—	—	—
农、林、牧、渔业	80.76	-35.92	6.38	602.17
批发和零售业	—	—	—	—
水利、环境和公共设施管理业	—	—	—	—
卫生和社会工作业	0.53	20.57	1.14	116.51
文化、体育和娱乐业	37.85	10.63	-49.91	-1901.66
信息传输、软件和信息技术服务业	0.95	-48.11	-1.88	-1204.47
制造业	307.04	-8.64	-9.78	-40.33
住宿和餐饮业	0.30	5.41	0.01	-78.22
租赁和商务服务业	—	—	—	—
综合	15.89	-0.90	-8.78	-4281.97
合计	1340.15	-2.44	-85.78	-291.26

资料来源：沪深交易所，同花顺。

（三）业绩变动情况分析

1. 营业收入、毛利率等变动原因分析

2018年，海南上市公司实现营业收入1340.15亿元，较2017年同比降低1.69%；营业成本1495.72亿元，较2017年增长9.16%；营业利润-84.14亿元，较2017年下降184.40%；利润总额-87.19亿元，较2017年同比下降209.51%。从毛利率来看，海南31家上市公司整体毛利率为-11.61%，较2017年下降12.02个百分点，其中，10家毛利率上升，21家毛利率下降；营业收入大幅下降，营业成本大幅上升，营业收入降幅高于营业成本增幅是毛利率大幅下降的主要原因。

2. 盈利构成分析

从盈利构成来看，2018年海南上市公司利润来源主要是营业利润，其占利润总额的比重为96.50%，较2017年上升2.66个百分点。其中，投资净收益21.71亿元，营业外收支净额为-3.05亿元，公允价值变动净收益为6.5281亿元，分别占利润总额的比重为-24.90%、3.50%、-7.49%；资产减值损失为96.53亿元，较2017年增长73.03亿元，占利润总额的比重为-110.72%。

3. 经营性现金流量分析

2018年，海南上市公司经营性现金流量净额为184.01亿元，比2017年上升24.19%。31家上市公司中，19家上市公司经营性现金流量净额为正，占31家上市公司的61.29%，较2017年上升4.62个百分点，其余12家上市公司经营现金流量净额为负。经营现金流量净额增幅最大的是海航基础，较2017年增长30.54亿元，降幅最大的是海航控股，较2017年减少37.36亿元。

4. 业绩特点分析

2018年，海南上市公司整体业绩呈现以下特点：一是总体盈利水平和2017年相比大幅下降。海南31家上市公司

2018年归属于母公司所有者的净利润为－85.78亿元，较2017年同比下降278.78%；31家上市公司中有21家实现盈利，10家出现亏损，较2017年亏损家数小幅增长。二是经营情况行业分化明显。海南上市公司2018年营业收入整体较2017年有所下降，其中，农林牧渔业、采矿业、制造业、交运仓储邮政业、房地产业、文体娱乐业6个行业2016年合计营业收入1341.01亿元，占比98.38%，2017年营业收入合计1317.50亿元，占比98.31%，2018年营业收入较2017年下降1.71%，6个行业中除农林牧渔业、制造业、采矿业以外，交运仓储邮政业、房地产业、文体娱乐业营业收入出现小幅度增长。

5. 利润分配情况

表8　　2018年海南上市公司现金分红情况

2018年分红公司家数			2018年分红金额		
家数	变动率（%）	分红公司家数占地区公司总数比重（%）	金额（亿元）	变动率（%）	分红金额占归属于母公司所有者的净利润比重（%）
11	9.1	35.48	3.95	-81.01	-4.6

资料来源：海南证监局。

四、海南上市公司并购重组情况

（一）并购重组基本情况

2018年，海南辖区有7家上市公司开展并购重组，分别为海南瑞泽、国新健康、海航基础、海南海药、洲际油气、海航控股、览海投资，涉及交易金额242.93亿元，其中，ST东电、国新健康重组2018年正在进行中，海南瑞泽、览海投资2018年重组完成，海航基础、海南海药、洲际油气、海航控股重组失败，其中，重组成功的2家上市公司，涉及资产交易金额17.92亿元。

（二）并购重组特点

海南上市公司通过并购重组实现资源整合与业务转型。览海投资本次重组主要用于建设上海市外滩金融集聚带内的国际高端医院，完善医疗健康服务全产业链布局，增强上市公司竞争实力；海南瑞泽通过并购重组，新增了市政环卫业务，扩宽了公司经营范围，有利于推进上市公司向园林绿化、生态环保行业战略转型，增强上市公司的盈利能力和发展潜力。

五、海南上市公司募集资金情况、使用情况

（一）募集资金总体情况

表 9　　2018 年海南上市公司募集资金情况

发行类型	代码	简称	募集资金（亿元）
再融资（增发、配股）	000567	海德股份	38
	002596	海南瑞泽	6.9
	601118	海南橡胶	17.97
	小计		62.87
其他融资（公司债券、短期融资券、中期票据、次级债、金融债、境外发行债券）	136960	海航控股（18 海航 Y1）	5
	136956	海航控股（18 海航 Y2）	8
	136946	海航控股（18 海航 Y3）	15
	136934	海航控股（18 海航 Y4）	8
	136901	海航控股（18 海航 Y5）	14
	128050	海航控股（18 海航 Y6）	3.2
	小计		53.2
总计			116.07

资料来源：海南证监局。

（二）募集资金使用情况及特点

2018 年，海南 14 家公司使用募集资金 62.07 亿元，较 2017 年增加 27.16%。其中，使用 2018 年度募集资金 37.84 亿元，占全年使用募集资金总额的 61%；使用以前年度募集资金 24.23 亿元，占全年使用募集资金总额的 39%。

（三）募集资金变更情况

表 10　　2018 年海南上市公司募集资金使用项目变更情况

变更募集资金使用项目的公司家数	涉及金额（亿元）	募集资金总额（亿元）	占公司募集资金总额的比例（%）
4	11.8	227.46	5.19

资料来源：海南证监局。

六、海南上市公司规范运作情况

（一）上市公司治理专项情况

2018 年，海南证监局不断加强辖区上市公司监管，着力提升海南上市公司整体公司治理水平。针对辖区大股东质押比例过高的普遍问题，向 14 家公司下发了关注函，要求排查大股东股权质押风险，消除公司治理结构不稳定因素。举办辖区上市公司规范运作警示教育培训，督促公司应专注主业发展、强化规范运作意识、完善公司治理、重视投资者保护，不断提高公司质量。

（二）审计情况及监管情况

海南证监局 2018 年度年报审计监管工作主要围绕以下几点：一是防范于未然，开展前瞻性监管。年初组织全面摸排上市公司风险和审计业务风险，分别向上市公司和审计机构下发关注函 29 份，关注公司重点事项 31 个，提醒会计师风险 41 项，主要围绕商誉减值、违规担保、资金占用、业绩真实性等事项，督促强化信息披露的主体责任和审计责任。二是针对重点审计项目，约谈年审会计师和独立董事 11 家次。通过参加审计委员会沟通会等方式开展现场督导，了解年审提示事项审计工作进展情况，问询审计过程中发现的重大问题，关注双方沟通的重点，为后续年报审核提供线索。三是多措并举，不断增强监管实效。在上市公司披露年报后，海南证监局按照“监管员独立审核、集体分析复核、年报审核全覆盖、监管措施差异化”的工作思路，对辖区全部上市公司年报审核关注点进行逐家讨论，并填写《年报审核意见表》。针对各上市公司的年报审核意见，结合审计项目风险分类及近 3 年检查核查情况，重新调整上市公司的风险分类。四是开展专项检查，排查重点风险。结合各上市公司商誉余额及 2018 年减值情况，抽取了 3 家公司审计项目作为检查对象，抽取 4 家内部控制审计为否定意见的审计项目作为检查对象。

（三）信息披露情况

海南证监局坚持以信息披露监管为核心，督促上市公司不断提高上市公司透明度及披露信息质量。一是借助上市公司监管信息系统、Wind 资讯等信息平台，及时收集、分析上市公司信息，通过对信访举报反映情况的排查，对媒体质疑、网络舆情、微博微信等信息监控，及时全面了解上市公司情况，掌握上市公司风险底数。二是强化主动意识，开展重点公司、重点领域的舆情监测，针对市场热点，采取逐日盯市、约谈等方式，开展“两会”“博鳌论坛”“建省 30 周年”等敏感时期海南板块股价情况，以及海航系公司舆情监测工作；自 2018 年 7 月开始，将海南板块股价监测改成日报制度，防范市场主体以海南全岛建设自由贸易试验区为由，违规信息披露以提升股价；提高应对能力，加强与海南主流媒体的沟通交流，通过媒体发声，进行正面舆情引导。三是以快速接入、纠正偏乱为目标，及时介入，通过检查、约谈等手段对公司信息披露事项进行核查。通过地方媒体推送海南证监局为化解上市公司股票质押风险开展的现场服务会和上市公司纾困对接会等新闻，向市场传达正能量，增加市场信心。

（四）证券市场服务情况

2018 年，海南证监局不断提升服务资本市场能力，坚持监管与服务并重。一是举办辖区上市公司规范运作警示教育培训，督促公司应专注主业发展、强化规范运作意识、完善公司治理、重视投资者保护，不断提高公司质量。二是推进企业落实精准脱贫、污染防治工作，全面梳理辖区上市公司扶贫、环保披露信息情况，督促未完整、准确披露社会责任信息的公司完善信息披露工作 3 家次。三是召开辖区上市公司上半年经济金融形势调研座谈会，为证监会研究相关政策和市场环境变化对资本市场的影响提供基础材料。四是对辖区公司开展“一对一”合规培训 6 家次，督促相关人员提高合规守法意识。

审稿人：杨宗儒　贺　玲　辛　欣

撰稿人：廖玉琪

重庆地区

一、重庆国民经济发展概况

表 1　　2018 年重庆国民经济发展概况　　单位：亿元

指　标	1～3月		1～6月		1～9月		1～12月	
	绝对量	同比增长（%）	绝对量	同比增长（%）	绝对量	同比增长（%）	绝对量	同比增长（%）
地区生产总值（GDP）	4661.12	7.00	9821.09	6.50	14773.30	6.30	20363.19	6.00
全社会固定资产投资	—	4.50	—	5.50	—	7.20	—	7.00
社会消费品零售总额	—	11.35	—	10.13	—	9.52	—	8.66
规模以上工业增加值	—	2.50	—	1.80	—	1.60	—	0.50
规模以上工业企业实现利润	240.70	-1.40	529.40	-4.40	826.50	-4.60	1218.70	-7.90
居民消费价格指数（CPI）	1～3月		1～6月		1～9月		1～12月	
	1.90		1.70		2.30		2.20	

资料来源：国家统计局。

二、重庆上市公司总体情况

（一）公司数量

表 2　　2018 年重庆上市公司数量　　单位：家

公司总数	2018 年新增	股票类别			板块分布			
		仅 A 股	仅 B 股	（A+B）股	沪市主板	深市主板	中小板	创业板
50	0	48	1	1	26	12	7	5

资料来源：沪深交易所，同花顺。

（二）行业分布

表 3　　2018 年重庆上市公司行业分布情况

所属证监会行业类别	家数	占比（%）	所属证监会行业类别	家数	占比（%）
采矿业	1	2.00	批发和零售业	3	6.00
电力、热力、燃气及水的生产和供应业	5	10.00	水利、环境和公共设施管理业	1	2.00
房地产业	4	8.00	卫生和社会工作业	0	0.00
建筑业	2	4.00	文化、体育和娱乐业	1	2.00
交通运输、仓储和邮政业	2	4.00	信息传输、软件和信息技术服务业	2	4.00
教育	0	0.00	制造业	28	56.00
金融业	1	2.00	住宿和餐饮业	0	0.00
居民服务、修理和其他服务业	0	0.00	租赁和商务服务业	0	0.00
科学研究和技术服务业	0	0.00	综合	0	0.00
农、林、牧、渔业	0	0.00	合计	50	100.00

资料来源：沪深交易所，同花顺。

（三）股本结构及规模

表 4　　2018 年重庆上市公司股本规模在 10 亿股以上公司分布情况

股本规模（亿股）	公司家数	具体公司
50≤～<100	3	金科股份、重庆钢铁、西南证券
20≤～<50	7	长安汽车、重庆水务、隆鑫通用、华邦健康、太阳能、迪马股份、巨人网络
10≤～<20	10	重药控股、福安药业、宗申动力、国城矿业、重庆燃气、重庆路桥、力帆股份、重庆建工、智飞生物、*ST瑞德

资料来源：沪深交易所，同花顺。

表 5　　2018 年重庆上市公司分地区股权构成情况　　单位：家

地域分布＼股权性质	央企国资控股	省属国资控股	地市国资控股	民营控股	其他	合计
重庆市	9	9	3	23	6	50

资料来源：重庆证监局。

（四）市值规模

截至2018年12月31日，重庆50家上市公司境内总市值4700.27亿元，占全国上市公司境内总市值的1.08%；其中，上交所上市公司26家，总股本394.93亿股，境内总市值1997.08亿元，占上交所上市公司境内总市值的0.74%；深交所上市公司24家，总股本313.08亿股，境内总市值2703.19亿元，占深交所上市公司境内总市值的1.63%。

（五）资产规模

截至2018年12月31日，重庆50家上市公司合计总资产9221.75亿元，归属于母公司股东权益2772.77亿元，与2017年相比，分别增长13.16%、4.40%；平均每股净资产3.22元。

三、重庆上市公司经营情况及变动分析

（一）总体经营情况

表6　　2018年重庆上市公司经营情况

指　标	2018年	2017年	变动率（%）
家数	50.00	50	0.00
亏损家数	6	0	0.00
亏损家数比例（%）	12.00	0	12.00
平均每股收益（元）	0.28	0.39	-27.50
平均每股净资产（元）	3.22	3.8	-15.15
平均净资产收益率（%）	8.77	10.16	-1.39
总资产（亿元）	9221.75	8149.31	13.16
归属于母公司股东权益（亿元）	2772.77	2655.93	4.40
营业收入（亿元）	4074.43	3855.11	5.69
利润总额（亿元）	262.29	320.89	-18.26
归属于母公司所有者的净利润（亿元）	198.20	269.87	-26.56

资料来源：沪深交易所，同花顺。

（二）分行业经营情况

表7　　2018年重庆上市公司分行业经营情况

所属行类	营业收入（亿元）	可比样本变动率（%）	归属于母公司所有者的净利润（亿元）	可比样本变动率（%）
采矿业	12.26	-1.18	4.05	-1.79
电力、热力、燃气及水的生产和供应业	203.26	8.82	31.94	-16.00

续表

所属行类	营业收入（亿元）	可比样本变动率（%）	归属于母公司所有者的净利润（亿元）	可比样本变动率（%）
房地产业	639.67	23.97	57.38	71.41
建筑业	477.02	3.71	4.86	0.30
交通运输、仓储和邮政业	66.06	0.73	3.61	-52.75
教育	—	—	—	—
金融业	27.44	-10.34	2.27	-66.08
居民服务、修理和其他服务业	—	—	—	—
科学研究和技术服务业	—	—	—	—
农、林、牧、渔业	—	—	—	—
批发和零售业	620.58	6.59	16.33	-16.67
水利、环境和公共设施管理业	36.76	12.20	1.26	15.61
卫生和社会工作业	—	—	—	—
文化、体育和娱乐业	13.28	-15.23	3.25	-23.09
信息传输、软件和信息技术服务业	40.14	25.63	10.19	-23.55
制造业	1937.96	0.57	63.09	-53.53
住宿和餐饮业	—	—	—	—
租赁和商务服务业	—	—	—	—
综合	—	—	—	—
合计	4074.43	5.53	198.20	-26.25

资料来源：沪深交易所，同花顺。

（三）业绩变动情况分析

1. 营业收入、毛利率等变动原因分析

2018年，实现营业收入4074.43亿元，同比增长5.69%，营业收入规模增速放缓；实现归属于上市公司股东的净利润198.20亿元，同比下降26.56%，6家上市公司亏损；销售毛利率21.09%，同比上升2.14%。总体来看，盈利能力有所下降，亏损面扩大。

2. 盈利构成分析

从盈利构成来看，2018年50家重庆上市公司非经常性损益105.18亿元，占当期归属于上市公司股东净利润的53.07%，非经常性损益占净利润的比例同比上升42.71个百分点。部分上市公司对非经常性损益依赖度扩大，其中，5家上市公司扣除非经常性损益后净利润为负，30家上市公司扣除非经常性损益后净利润同比下滑，较2017年增加18家；49家非金融类公司扣除非经常性损益后净利润与净利润之比为43.06%，聚焦主业的盈利能力较2017年有所下滑。

3. 经营性现金流量分析

2018 年，重庆上市公司经营活动产生的现金流量净额为 284.77 亿元，较 2017 年同期增长 600.74%，剔除房地产板块后，经营活动产生的现金流量净额较 2017 年同期下降 16.29%，经营占款压力进一步增大；现金及现金等价物净增加额为 -76.79 亿元。现金流状况总体表现较 2017 年进一步下降。

4. 业绩特点分析

（1）盈利能力有所下降，亏损面扩大。2018 年重庆辖区 50 家上市公司共有 6 家公司亏损，较 2017 年增加 1 家（奥瑞德 2019 年 4 月进行前期重大会计差错更正，经调整后 2017 年业绩由盈利转为亏损），亏损面扩大。50 家上市公司共实现归属于母公司股东的净利润 198.20 亿元，同比下降 -26.56%，持续盈利风险较 2017 年加大。

（2）负债率仍整体偏高，偿债能力有所削弱。在宏观经济整体稳步推进结构性去杠杆背景下，2018 年 50 家上市公司整体资产负债率为 66.36%，较 2017 年增加 0.95 个百分点，增长幅度较小。部分公司资产负债率仍处于高位，其中，有 11 家上市公司资产负债率在 70% 以上，较 2017 年增加 1 家，剔除房地产行业上市公司，仍有 8 家公司资产负债率超过 70%，较 2017 年增加 1 家，偿债压力进一步加大。50 家上市公司 2018 年度财务费用总额为 46.93 亿元，可比增长 0.06%，企业“融资贵”问题有所缓解。

5. 利润分配情况

表 8　2018 年重庆上市公司现金分红情况

2018 年分红公司家数			2018 年分红金额		
家数	变动率（%）	分红公司家数占地区公司总数比重（%）	金额（亿元）	变动率（%）	分红金额占归属于母公司所有者的净利润比重（%）
35	2.94	70	86.92	8.84	44.11

资料来源：重庆证监局。

四、重庆上市公司并购重组情况

2018 年度，重庆地区 1 家上市公司完成并购重组，涉及金额 7.53 亿元，ST 嘉陵向中电力神发行股份购买其持有的空间电源 100% 股权，向力神股份发行股份购买其持有的力神特电 85% 股权。此次重大资产重组完成后，ST 嘉陵剥离全部盈利能力较弱的资产，实现上市公司主营业务转型，改善公司经营状况、增强公司持续盈利能力和抗风险能力，有效地保护上市公司全体股东尤其是中小股东的利益。

五、重庆上市公司募集资金情况、使用情况

（一）募集资金总体情况

表 9　　2018 年重庆上市公司募集资金情况

发行类型	代码	简称	募集资金（亿元）
再融资（增发、配股）	600129. SH	太极集团	19.97
	300363. SZ	博腾股份	14.87
	小计		34.84
其他融资（公司债券、短期融资券、中期票据、次级债、金融债、境外发行债券）	113510. SH	再升科技	1.14
	000656. SZ	金科股份	35.8
	603717. SH	天域生态	2.5
	600369. SH	西南证券	76.4
	000736. SZ	中交地产	17
	002907. SZ	华森制药	3
	600939. SH	重庆建工	16.6
	小计		152.44
总计			187.28

资料来源：重庆证监局。

（二）募集资金使用情况及特点

2018 年，重庆 2 家上市公司通过增发股票募集资金，计划投入募集资金 34.84 亿元，已投入募集资金 8.58 亿元，完成比例 23.22%。同时，公司利用暂时闲置募集资金购买安全性高的理财产品，以提高资金使用效益。

（三）募集资金变更情况

表 10　　2018 年重庆上市公司募集资金使用项目变更情况

变更募集资金使用项目的公司家数	涉及金额（亿元）	募集资金总额（亿元）	占公司募集资金总额的比例（%）
2	14.64	45.80	32.63

资料来源：重庆证监局。

六、重庆上市公司规范运作情况

（一）上市公司治理专项情况

2018 年，上市公司治理进一步规范，共有持续加强上市公司日常监管。一是充分运用科技监管、风险监测、非现场监管、投诉举报等手段和渠道，提升发现违法违规线索的能力；二是督促上市公司贯彻落实新修订的《上市公司治理准则》，并在现场检查中充分关注贯彻落实情况；三是开展上市公司董监高培训和违法违规上市公司规范督导专题培训，着眼当前监管政策要求，紧扣风险处置、公司治理、并购重组等问题，并就典型违法违规案例开展警示教育，进一步提高上市公司规范运作水平。

（二）审计情况及监管情况

重庆50家上市公司均按时披露了2018年年度报告和审计报告。其中，46家公司的审计意见类型为标准无保留意见，2家公司的审计意见类型为带强调事项段的无保留意见，1家公司的审计意见类型为保留意见，1家公司的审计意见类型为无法表示意见。为提高年报审计监管的前瞻性，重庆证监局周密部署，制定上市公司年报监管工作方案，逐家约谈审计机构，通报监管关注问题，列席会计师与上市公司独立董事、审计委员会的沟通会。开展上市公司董监高培训和违法违规上市公司规范督导专题培训，着眼当前监管政策要求，紧扣风险处置、公司治理、并购重组等问题，并就典型违法违规案例开展警示教育，进一步提高上市公司规范运作水平。

（三）信息披露情况

2018年，重庆证监局立足信息披露监管，持续督促辖区上市公司提升信息披露质量。一是通过多渠道提升发现违法违规线索的能力，充分运用科技监管、风险监测、非现场监管、投诉举报等手段和渠道，压实公司信息披露的主体责任。二是借力中介机构，通过约见谈话、审阅审计计划、现场督导、开展募集资金专项检查等手段，督促保荐机构、审计机构等中介机构勤勉尽责，提高上市公司信息披露质量。三是持续加强与沪深交易所的监管协作，形成优势互补，进一步提升信息披露监管的及时性和全面性。2019年，辖区上市公司能够按照要求及时披露定期报告和临时公告，2家公司因存在信息披露不及时、不完整的情况，已被立案调查。

（四）证券市场服务情况

持续深化投资者保护工作。一是坚持把投资者保护的要求全面嵌入日常监管，妥善处理投诉举报。二是开展投资者网上集体接待日活动，举办“我是股东”走进上市公司专题活动，引导上市公司积极回应投资者关切。三是持续推动上市公司健全投资者回报机制开展现金分红，2018年辖区上市公司实施现金分红86.92亿元。在加大监管力度的同时，重庆证监局持续开展多种形式的合规培训，包括IPO公司及新任董监高培训，赴部分上市公司开展现场培训等，促进辖区上市公司提高规范运作水平。

审稿人：余　沛

撰稿人：刘　然

四川地区

一、四川国民经济发展概况

表 1　　2018 年四川国民经济发展概况　　单位：亿元

指　标	1～3 月		1～6 月		1～9 月		1～12 月	
	绝对量	同比增长（%）	绝对量	同比增长（%）	绝对量	同比增长（%）	绝对量	同比增长（%）
地区生产总值（GDP）	8590.21	8.20	18327.01	8.20	30853.50	8.10	40678.13	8.00
全社会固定资产投资	—	10.80	—	11.00	—	10.60	—	10.20
社会消费品零售总额	4277.04	12.40	8724.96	11.70	13143.10	11.40	18254.54	11.10
规模以上工业增加值	—	8.20	—	8.00	—	8.40	—	8.30
规模以上工业企业实现利润	392.42	20.00	1012.50	22.80	1690.20	23.50	2402.00	19.00
居民消费价格指数（CPI）	1～3 月		1～6 月		1～9 月		1～12 月	
	1.40		1.30		1.90		2.10	

资料来源：国家统计局。

二、四川上市公司总体情况

（一）公司数量

表 2　　2018 年四川上市公司数量　　单位：家

公司总数	2018 年新增	股票类别			板块分布			
		仅 A 股	仅 B 股	（A+B）股	沪市主板	深市主板	中小板	创业板
121	6	121	0	0	41	23	29	28

资料来源：沪深交易所，同花顺。

（二）行业分布

表 3　　2018 年四川上市公司行业分布情况

所属证监会行业类别	家数	占比（%）	所属证监会行业类别	家数	占比（%）
采矿业	1	0.83	批发和零售业	3	2.48
电力、热力、燃气及水的生产和供应业	9	7.44	水利、环境和公共设施管理业	1	0.83
房地产业	1	0.83	卫生和社会工作业	0	0.00
建筑业	3	2.48	文化、体育和娱乐业	2	1.65
交通运输、仓储和邮政业	2	1.65	信息传输、软件和信息技术服务业	11	9.09
教育	0	0.00	制造业	79	65.29
金融业	3	2.48	住宿和餐饮业	0	0.00
居民服务、修理和其他服务业	0	0.00	租赁和商务服务业	3	2.48
科学研究和技术服务业	2	1.65	综合	1	0.83
农、林、牧、渔业	0	0.00	合计	121	100.00

资料来源：沪深交易所，同花顺。

（三）股本结构及规模

表 4　　2018 年四川上市公司股本规模在 10 亿股以上公司分布情况

股本规模（亿股）	公司家数	具体公司
50≤～<100	2	攀钢钒钛、和邦生物
20≤～<50	15	川投能源、中铁工业、国金证券、五粮液、四川长虹、成都银行、蓝光发展、四川成渝、通威股份、新希望、四川路桥、东方电气、宏达股份、兴蓉环境、华西证券
10≤～<20	21	盛和资源、四川九洲、茂业商业、川能动力、科伦药业、华西能源、*ST印纪、广汇物流、天齐锂业、云图控股、博瑞传播、利君股份、红旗连锁、新华文轩、ST正源、鹏博士、泸天化、易见股份、泸州老窖、三泰控股、创维数字

资料来源：沪深交易所，同花顺。

表 5　　2018 年四川上市公司分地区股权构成情况　　单位：家

股权性质 地域分布	央企国资控股	省属国资控股	地市国资控股	民营控股	其他	合计
成都市	8	6	5	46	8	73
自贡市	0	0	1	2	0	3
攀枝花市	1	0	0	0	0	1

续表

股权性质 地域分布	央企国资控股	省属国资控股	地市国资控股	民营控股	其他	合计
泸州市	1	0	2	0	0	3
德阳市	0	0	0	1	0	1
什邡市	0	0	0	2	0	2
绵阳市	0	0	2	5	1	8
峨眉山市	0	0	1	1	0	2
遂宁市	2	0	0	3	1	6
内江市	0	1	0	0	0	1
乐山市	0	0	0	4	1	5
南充市	0	0	1	1	0	2
眉山市	0	0	0	2	0	2
宜宾市	0	0	3	1	0	4
广安市	0	0	1	0	0	1
达州市	0	0	0	1	0	1
雅安市	0	0	0	1	0	1
阿坝藏族羌族自治州	1	0	0	0	0	1
西昌市	1	0	0	0	0	1
江油市	0	0	0	1	0	1
简阳市	0	0	0	2	0	2
合计	14	7	16	73	11	121

资料来源：四川证监局。

（四）市值规模

截至 2018 年 12 月 31 日，四川 121 家上市公司境内总市值 10894.97 亿元，占全国上市公司境内总市值的 2.50%；其中，上交所上市公司 41 家，总股本 641.11 亿股，境内总市值 3669.30 亿元，占上交所上市公司境内总市值的 1.36%；深交所上市公司 80 家，总股本 649.49 亿股，境内总市值 7225.67 亿元，占深交所上市公司境内总市值的 4.37%。

（五）资产规模

截至 2018 年 12 月 31 日，四川 121 家上市公司合计总资产 18208.77 亿元，归属于母公司股东权益 5696.43 亿元，与 2017 年相比，分别增长 70.18%、23.86%；平均每股净资产 3.46 元。

三、四川上市公司经营情况及变动分析

（一）总体经营情况

表 6　　2018 年四川上市公司经营情况

指　标	2018 年	2017 年	变动率（%）
家数	121	115	5.22
亏损家数	19	7	171.43
亏损家数比例（%）	15.70	6.09	9.61
平均每股收益（元）	0.24	0.37	-33.81
平均每股净资产（元）	3.46	3.97	-12.80
平均净资产收益率（%）	7.07	9.25	-2.18
总资产（亿元）	18208.77	10699.91	70.18
归属于母公司股东权益（亿元）	5696.43	4598.96	23.86
营业收入（亿元）	6446.46	5543.04	16.30
利润总额（亿元）	660.62	565.03	16.92
归属于母公司所有者的净利润（亿元）	494.25	425.4	16.18

资料来源：沪深交易所，同花顺。

（二）分行业经营情况

表 7　　2018 年四川上市公司分行业经营情况

所属行类	营业收入（亿元）	可比样本变动率（%）	归属于母公司所有者的净利润（亿元）	可比样本变动率（%）
采矿业	0.00	-100.00	0.00	100.00
电力、热力、燃气及水的生产和供应业	146.30	7.79	47.95	1.18
房地产业	308.21	25.53	22.24	62.91
建筑业	436.98	23.71	12.48	12.32
交通运输、仓储和邮政业	69.29	-23.52	8.87	-10.57
教育	—	—	—	—
金融业	179.01	7.09	65.05	6.13
居民服务、修理和其他服务业	—	—	—	—
科学研究和技术服务业	16.56	25.33	2.95	16.37
农、林、牧、渔业	—	—	—	—
批发和零售业	232.98	1.40	15.38	26.56
水利、环境和公共设施管理业	10.72	-0.62	2.09	6.42
卫生和社会工作业	—	—	—	—
文化、体育和娱乐业	87.71	6.45	0.91	-90.52
信息传输、软件和信息技术服务业	150.31	-5.24	-6.36	-135.48
制造业	4624.68	11.54	319.57	5.77
住宿和餐饮业	—	—	—	—
租赁和商务服务业	162.90	-16.07	-2.37	-110.60
综合	20.81	89.05	5.51	58.01
合计	6446.46	10.35	494.25	0.33

资料来源：沪深交易所，同花顺。

(三) 业绩变动情况分析

1. 营业收入、毛利率等变动原因分析

2018年，四川上市公司营业总收入6446.46亿元，较2017年同比增长16.30%；营业成本4598.60亿元，较2017年增加11.06%；销售费用、管理费用和财务费用合计858.46亿元，较2017年增加10.45%；毛利率28.65%，较2017年上升1.73个百分点。总的来讲，营业收入增幅大于营业成本增幅，毛利率小幅上升。

2. 盈利构成分析

从盈利结构来看，2018年四川上市公司营业利润其占利润总额的比重进一步提升，达到102.33%，比2017年上升1.26个百分点。归属母公司净利润在5亿元以上的27家，比2017年增加3家，总额523.23亿元，占四川上市公司归属母公司净利润总额的105.86%。其中，华泽退未披露2018年年报，*ST印纪和富临精工分别亏损23.24亿元和26.72亿元，对整体经济效果影响较大。

3. 经营性现金流量分析

2018年，四川92家上市公司经营现金流量净额为正，占121家上市公司的76.03%，较2017年增加2.99个百分点。

4. 业绩特点分析

2018年，四川上市公司实现归属母公司所有者净利润494.25亿元，较2017年同比增加16.18%。平均每股收益0.24元，较2017年同比下降33.81%。

5. 利润分配情况

2018年，四川共有77家上市公司进行分红，总计分红198.83亿元，占四川公司归属母公司所有者净利润的40.23%。其中，分红5亿元以上的公司8家，共计分红139.29亿元，占总分红的70.05%，白酒类上市公司现金分红占据前两位，共计88.69亿元，占总分红的44.61%。

表8　2018年四川上市公司现金分红情况

2018年分红公司家数			2018年分红金额		
家数	变动率（%）	分红公司家数占地区公司总数比重（%）	金额（亿元）	变动率（%）	分红金额占归属于母公司所有者的净利润比重（%）
77	-7.23	63.64	198.83	25.15	40.23

资料来源：四川证监局。

四、四川上市公司并购重组情况

(一) 并购重组基本情况

2018年，四川共有19家公司完成重大并购重组事项25单，涉及交易金额366.72亿元，完成并购重组数量较2017年同期上涨1.08倍，交易金额较2017年同期下降6.66%。

(二) 并购重组特点

一是横向整合的产业并购成为主流。2018年，四川完成的25单并购重组交易中，绝大部分为同行业收购，上市公司通过并购重组实现整合，提高了产业集中度和核心竞争力，不少企业降低了成本，培育了发展新动能。二是民营经济并购重组持续活跃。四川 2018 年并购重组交易中，民营企业占比 63.15%。

五、四川上市公司募集资金情况、使用情况

（一）募集资金总体情况

表 9　　2018 年四川上市公司募集资金情况

发行类型	代码	简称	募集资金（亿元）
首发	002926	华西证券	49.67
	601838	成都银行	25.25
	300504	天邑股份	8.73
	002953	天奥电子	5.17
	300733	西菱动力	5.16
	小计		93.98
再融资（增发、配股）	600875	东方电气	67.93
	600378	昊华科技	59.83
	000858	五粮液	18.53
	002798	帝欧家居	17.45
	002466	天齐锂业（配股）	16.34
	002386	天原集团	6.90
	002777	久远银海	4.48
	小计		191.46
其他融资（公司债券、短期融资券、中期票据、次级债、金融债、境外发行债券）	600466	蓝光发展（4 次）（公司债）	43.00
	002422	科伦药业（2 次）（公司债）	14.00
	600804	鹏博士（公司债）	10.00
	002466	天齐锂业（公司债）	3.00
	002386	天原集团（公司债）	2.80
	600979	广安爱众（公司债）	2.00
	002258	利尔化学（可转债）	8.52
	603027	千禾味业（可转债）	3.56
	600109	国金证券（金融债）	30.00
	002926	华西证券（金融债）	10.00
	600466	蓝光发展（中期票据）	10.00
	002422	科伦药业（中期票据）	5.00
	000598	兴蓉环境（中期票据）	5.00
	小计		146.88
总计			432.32

资料来源：四川证监局。

（二）募集资金使用情况及特点

2018年，四川上市公司通过资本市场直接融资432.32亿元（不含H股融资），其中，A股首发股本融资（IPO）93.98亿元，再融资191.46亿元，公司债融资74.80亿元，可转债融资12.08亿元，金融债融资40亿元，中期票据融资20亿元，资本市场有力地支持了四川上市公司的持续健康发展。上市公司募集资金主要用于以下3个方面：一是增资或收购外部资产；二是用于新建扩建自有项目；三是补充流动资金、归还银行贷款。2018年度募集资金使用情况整体正常，基本符合募投项目计划安排。

（三）募集资金变更情况

2018年，四川有8家公司变更募集资金的使用项目，变更项目涉及金额约为31.27亿元。变更募集资金用途的主要原因有：将结余募集资金永久补充流动资金以及投入新的项目。上述公司募集资金的变更均经过董事会或股东大会批准并公告披露。

表10　　2018年四川上市公司募集资金使用项目变更情况

变更募集资金使用项目的公司家数	涉及金额（亿元）	募集资金总额（亿元）	占公司募集资金总额的比例（%）
8	31.27	51.91	60.23

资料来源：四川证监局。

六、四川上市公司规范运作情况

（一）上市公司治理专项情况

一是派员全程参与《上市公司治理准则》的修订及《释义》的编写，准确把握准则精神、修订重点及监管要求；二是培训宣传全覆盖，对成都片区、宜宾片区分别开展公司治理准则专题培训，推动协会开展四川辖区上市公司治理准则培训，做到全体公司、全体董监高培训工作的全覆盖；三是向四川辖区上市公司下发《关于做好贯彻落实〈上市公司治理准则〉工作的通知》，要求公司内部组织控股股东、董监高、下属子公司董监高开展深入学习，同时自查、报告、整改不符合准则要求的有关制度、流程和工作，并按照相关法律、法规及《准则》的要求，在年报中全面反映和披露公司治理情况及其对上市公司当前和潜在的影响。

（二）审计情况及监管情况

2018年，四川辖区121家上市公司中120家按期披露了年度财务报表审计报告，其中，*ST华泽无法在法定期限内披露年报。从审计意见类型来看，标准无保留意见110家，带强调事项段的无保留意见6家，无法表示意见3家，保留意见1家。

四川证监局将科技监管贯穿2018年年报监管工作始终，聚焦突击确认利润等风险点，综合运用日常监管、监督检查以及稽查调查等手段，较好地完成年报监管工作。

（三）信息披露情况

经过不断的监管引导和培训教育，四川辖区上市公司信息披露事务管理能力逐年加强，信息披露质量不断提升，有效地维护了广大投资者的知情权。四川证监局运用科技监管系统快速、高效地对上市公司信息进行全方位收集、分析、整理，实时关注媒体舆情，对重大媒体质疑事项及时反应与核查。2018 年，针对上市公司信息披露等违规事项，四川证监局下发各类监管函件 80 件，对上市公司及相关方采取行政监管措施共计 20 次，通过加强监管及时纠偏，提高了四川资本市场的透明度。

（四）证券市场服务情况

一直以来，四川证监局高度重视投资者保护工作，2018 年持续推进提升上市公司投资者关系管理水平。一是指导协会积极推进上市公司的投资者保护及投资者关系管理，与上证所信息网络有限公司、深圳市全景网络有限公司联合举办四川辖区上市公司投资者集体接待日，搭建投资者与公司的互动平台，辖区 96 家上市公司参与活动，活动期间共收到提问 3105 个，回答数 2579 个，回答率达到 83%；二是指导协会，开展了 6 次“中小投资者走进上市公司”活动，活动增进了企业与投资者的相互了解和联系。

审稿人：侯　睿　姜志华

撰稿人：刘　飞　熊城棋

贵州地区

一、贵州国民经济发展概况

表 1　　2018 年贵州国民经济发展概况　　单位：亿元

指　标	1～3 月		1～6 月		1～9 月		1～12 月	
	绝对量	同比增长（%）	绝对量	同比增长（%）	绝对量	同比增长（%）	绝对量	同比增长（%）
地区生产总值（GDP）	2904.79	10.10	6632.86	10.00	10401.39	9.00	14806.45	9.10
全社会固定资产投资	—	17.80	—	17.40	—	16.30	—	15.80
社会消费品零售总额	943.43	12.40	1848.71	11.20	2816.12	10.10	3971.21	8.20
规模以上工业增加值	—	9.60	—	9.60	—	8.70	—	9.00
规模以上工业企业实现利润	223.20	37.60	480.70	45.20	724.40	29.30	899.10	20.70
居民消费价格指数（CPI）	1～3 月		1～6 月		1～9 月		1～12 月	
	1.50		1.30		1.90		1.80	

资料来源：国家统计局。

二、贵州上市公司总体情况

（一）公司数量

表 2　　2018 年贵州上市公司数量　　单位：家

公司总数	2018 年新增	股票类别			板块分布			
		仅 A 股	仅 B 股	（A+B）股	沪市主板	深市主板	中小板	创业板
29	2	29	0	0	14	5	9	1

资料来源：沪深交易所，同花顺。

（二）行业分布

表3　　2018年贵州上市公司行业分布情况

所属证监会行业类别	家数	占比（%）	所属证监会行业类别	家数	占比（%）
采矿业	1	3.45	批发和零售业	1	3.45
电力、热力、燃气及水的生产和供应业	2	6.90	水利、环境和公共设施管理业	0	0.00
房地产业	1	3.45	卫生和社会工作业	0	0.00
建筑业	0	0.00	文化、体育和娱乐业	0	0.00
交通运输、仓储和邮政业	1	3.45	信息传输、软件和信息技术服务业	2	6.90
教育	0	0.00	制造业	19	65.52
金融业	1	3.45	住宿和餐饮业	0	0.00
居民服务、修理和其他服务业	0	0.00	租赁和商务服务业	0	0.00
科学研究和技术服务业	1	3.45	综合	0	0.00
农、林、牧、渔业	0	0.00	合计	29	100.00

资料来源：沪深交易所，同花顺。

（三）股本结构及规模

表4　　2018年贵州上市公司股本规模在10亿股以上公司分布情况

股本规模（亿股）	公司家数	具体公司
50≤～<100	1	中天金融
20≤～<50	1	贵阳银行
10≤～<20	6	贵广网络、贵州茅台、圣济堂、贵州百灵、信邦制药、盘江股份

资料来源：沪深交易所，同花顺。

表5　　2018年贵州上市公司分地区股权构成情况　　单位：家

地域分布 \ 股权性质	央企国资控股	省属国资控股	地市国资控股	民营控股	其他	合计
贵阳市	8	1	1	8	2	20
遵义市	0	2	0	2	0	4
六盘水市	0	1	0	0	0	1
安顺市	0	0	1	1	0	2
黔南州	0	0	0	2	0	2
合计	8	4	2	13	2	29

资料来源：贵州证监局。

（四）市值规模

截至2018年12月31日，贵州29家上市公司境内总市值9391.48亿元，占全国上市公司境内总市值的2.17%；其中，上交所上市公司14家，总股本123.35亿股，境内总市值8301.15亿元，占上交所上市公司境内总市值的3.09%；深交所上市公司15家，总股本153.10亿股，境内总市值1090.33亿元，占深交所上市公司境内总市值的0.66%。

（五）资产规模

截至2018年12月31日，贵州29家上市公司合计总资产9337.29亿元，归属于母公司股东权益2365.18亿元，与2017年相比，分别增长8.97%、18.97%；平均每股净资产8.56元。

三、贵州上市公司经营情况及变动分析

（一）总体经营情况

表6　　2018年贵州上市公司经营情况

指　标	2018年	2017年	变动率（%）
家数	29	27	7.41
亏损家数	2	1	100.00
亏损家数比例（%）	6.90	3.7	3.20
平均每股收益（元）	1.63	1.59	2.52
平均每股净资产（元）	8.56	8.2	4.39
平均净资产收益率（%）	19.02	19.43	-0.41
总资产（亿元）	9337.29	8568.61	8.97
归属于母公司股东权益（亿元）	2365.18	1988.09	18.97
营业收入（亿元）	1928.31	1682.97	14.58
利润总额（亿元）	624.47	524.32	19.10
归属于母公司所有者的净利润（亿元）	449.97	386.2	16.51

资料来源：沪深交易所，同花顺。

（二）分行业经营情况

表7　　2018年贵州上市公司分行业经营情况

所属行类	营业收入（亿元）	可比样本变动率（%）	归属于母公司所有者的净利润（亿元）	可比样本变动率（%）
采矿业	60.90	0.14	9.45	7.75
电力、热力、燃气及水的生产和供应业	59.94	15.32	5.40	17.80
房地产业	181.84	5.33	14.67	-29.55
建筑业	—	—	—	—

续表

所属行类	营业收入（亿元）	可比样本变动率（%）	归属于母公司所有者的净利润（亿元）	可比样本变动率（%）
交通运输、仓储和邮政业	42.60	23.55	2.47	-33.83
教育	—	—	—	—
金融业	126.45	1.35	51.37	13.38
居民服务、修理和其他服务业	—	—	—	—
科学研究和技术服务业	21.52	11.65	3.53	7.26
农、林、牧、渔业	—	—	—	—
批发和零售业	92.65	3.22	0.34	-81.03
水利、环境和公共设施管理业	—	—	—	—
卫生和社会工作业	—	—	—	—
文化、体育和娱乐业	—	—	—	—
信息传输、软件和信息技术服务业	36.89	23.59	4.16	-22.80
制造业	1305.52	14.04	358.58	20.49
住宿和餐饮业	—	—	—	—
租赁和商务服务业	—	—	—	—
综合	—	—	—	—
合计	1928.31	11.57	449.97	14.99

资料来源：沪深交易所，同花顺。

（三）业绩变动情况分析

1. 营业收入、毛利率等变动原因分析

2018年，贵州上市公司营业收入较2017年可比样本增长11.57%，增速下降10.69个百分点。营业收入最高的3家公司为贵州茅台（771.99亿元）、中天金融（181.84亿元）、贵阳银行（126.45亿元）。3家公司营业收入占贵州上市公司总营业收入的56.02%；2018年营业收入较2017年增加172.25亿元，占贵州上市公司总增加额的82.97%。2018年贵州上市公司整体毛利率55.10%，较2017年提高2.62%。

2. 盈利构成分析

2018年，贵州上市公司归属母公司股东的净利润为449.97亿元，投资净收益25.87亿元，占归属于母公司股东净利润的5.75%；非经常性损益19.80亿元，占归属于母公司股东净利润的4.40%，较2017年的2.71%提高1.69%。

3. 经营性现金流量分析

2018年度，贵州上市公司经营活动现金流入2386.33亿元，较2017年可比样本下降9.20%；经营活动现金流出2297.70亿元，较2017年可比样本增长6.83%；经营活动现金流量净额88.63亿元，较2017年可比样本下降81.43%；其中，勘设股份、贵州百灵、天成控股、信邦制药、久联发展、中天金融、高鸿股份、贵阳银行8家经营活动现金流量净额为负数，较2017年增加5家。

4. 业绩特点分析

一是盈利能力实现提升，2018 年总资产净利率、销售净利率、成本费用利润率较 2017 年均有所提高。二是收益质量进一步提升，2018 年利润总额/营业收入实现了同比增长。三是资本结构更加合理，2018 年加权平均资产负债率、权益乘数［1/（1－资产负债率）］同比 2017 年均有所下降。四是贵州茅台业绩表现突出，2018 年实现归属母公司股东净利润 352.04 亿元，占贵州上市公司该项指标总额 449.97 亿元的 78.24%。

5. 利润分配情况

表 8　　2018 年贵州上市公司现金分红情况

2018 年分红公司家数			2018 年分红金额		
家数	变动率（%）	分红公司家数占地区公司总数比重（%）	金额（亿元）	变动率（%）	分红金额占归属于母公司所有者的净利润比重（%）
23	4.55	79.31	211.36	29.70	46.97

资料来源：贵州证监局。

四、贵州上市公司并购重组情况

（一）并购重组基本情况

2018 年度，贵州上市公司仅久联发展实施了并购重组。

久联发展通过发行股份，获得贵州盘江民爆有限公司 100% 股权、贵州开源爆破工程有限公司 94.75% 股权和山东银光民爆器材有限公司 100% 股权，交易价格 11.25 亿元，向交易对方发行股份 1.60 亿股，本次交易中，交易对方包括公司的控股股东，以及控股股东所控制的企业，因此，构成关联交易。

本次交易完成后，公司的生产规模将进一步扩大，公司的规模优势及竞争优势将更加明显。新旧资产整合完成后，公司的销售网络将覆盖贵州全省并延伸至省外更多区域，公司的生产规模、市场份额、盈利能力等都将得到较大幅度提升。

（二）并购重组特点

一是 2018 年贵州辖区上市公司开展的并购重组数量较少，仅久联发展实施了并购重组。二是公司收购标的与上市公司原有业务相同，属于横向收购。三是通过向交易对方发行股份的方式支付重组对价。四是交易对方包括上市公司控股股东、控股股东控制的企业，因此，构成关联交易。

五、贵州上市公司募集资金情况、使用情况

（一）募集资金总体情况

表 9　　2018 年贵州上市公司募集资金情况

发行类型	代码	简称	募集资金（亿元）
首发	002927	泰永长征	3.47
	002928	华夏航空	8.36
	小计		11.83
再融资（增发、配股）	601997	贵阳银行	50.00
	000733	振华科技	4.81
	小计		54.81
其他融资（公司债券、短期融资券、中期票据、次级债、金融债、境外发行债券）	112698	南方汇通	2.85
	小计		2.85
总计			69.49

资料来源：贵州证监局。

（二）募集资金使用情况及特点

2018 年度，贵州 4 家上市公司通过股权融资方式合计募集资金总额 66.64 亿元，截至 2018 年年底累计使用募集资金 57.96 亿元，变更募集资金 2.17 亿元，尚未使用募集资金 8.95 亿元。

募集资金使用特点：一是存在 1 家上市公司进行募投项目变更。二是募集资金使用效率较高，累计已使用募集资金占募集资金总额的比重达 87%。三是部分上市公司在不影响募投项目投资进度的前提下，经履行必要审批程序后，动用尚未使用募集资金暂时补充流动资金、购买理财产品等，提高闲置募集资金的使用率。

（三）募集资金变更情况

表 10　　2018 年贵州上市公司募集资金使用项目变更情况

变更募集资金使用项目的公司家数	涉及金额（亿元）	募集资金总额（亿元）	占公司募集资金总额的比例（%）
1	2.17	66.64	3.26

资料来源：贵州证监局。

六、贵州上市公司规范运作情况

（一）上市公司治理专项情况

现场检查是发现和核实上市公司在公司治理方面是否存在问题的主要抓手。2018 年，贵州证监局持续推进上市公司治理工作，以“防范风险、化解风险”为出发点，以风险和问题为导向，对 9 家上市公司分别开展各类现场检查，对公司三会运作、内部控制规范体系建设和运转、内幕信息知情人登记、专门委员会职能发挥、财务核算基础规范等方面进行了较为详细的检查。根据检查结果，对 4 家公司下发年报、半年报问询函，对 4 家公司采取下发监管关注函的日常监管措施。

（二）审计情况及监管情况

贵州辖区29家上市公司全部如期披露2018年年报和审计报告。除天成控股被出具保留意见审计报告之外，其余均为标准无保留意见审计报告。

2018年，贵州证监局按照证监会会计部部署要求，通过“双随机”抽查、项目延伸检查等多种方式，进一步加强对会计师事务所的监管。一是加强上市公司年报审计监管，督促会计师事务所勤勉尽责。年报审计前，及时审阅审计计划，约谈辖区所有上市公司审计机构，做到计划早、范围广、重点明。年报审计中，适时跟进审计进度，及时掌握审计情况，督促审计机构提高审计质量。二是通过上市公司延伸检查、“双随机”抽查对3个年报审计项目认真开展现场检查。检查中发现函证程序、存货盘点、审计底稿中存在的问题，向3家会计师事务所下发结果告知书。三是对3家上市公司年报审计机构开展函证专项检查。检查中发现审计机构存在函证控制不完善、函证替代测试简单同质等问题，检查后向3家审计机构下发结果告知书。

（三）信息披露情况

在日常监管中，贵州证监局围绕上市公司信息披露、信访投诉、媒体质疑等情形，进一步加强沟通协作，不断强化风险防范和及时处置，督促上市公司提高信息披露质量，坚决维护市场稳定，充分保障投资者权益。一是及时审阅贵州辖区上市公司公告3000多份，对发现的疑点或问题及时关注，并第一时间与交易所和上市公司进行沟通，对重大问题及时向证监会上市部请示，对需要进行现场核查的事项果断采取行动，确保做到不遗漏问题、不忽视隐患、不延误处置。二是对辖区全部5家上市药企开展信息披露专项检查，了解公司药品质量控制情况、重大事项披露程序、披露标准等，就检查中发现的不规范问题向公司传达监管要求。三是强化舆情监控，提升舆论风险应对能力。通过辖区资本市场舆情监控系统、中央信息监控平台以及四大法批媒体等平台和渠道，实时监测辖区上市公司舆情状况，对发现的上市公司所存在的问题，及时与上市公司沟通。四是加强投资者保护，妥善处理信访投诉。全年共通过电话问询、约见谈话等方式处理信访投诉32起。

（四）证券市场服务情况

一是举办2018年辖区上市公司董事、监事培训班。针对证监会出台的并购重组、股票停复牌、股份回购、再融资等一系列法规政策，进一步做好政策宣讲解读，帮助辖区上市公司准确理解相关法规制定或修改的背景、适用条件、主要内容和具体要求，熟练运用资本市场政策工具，促进上市公司规范发展。辖区100余名上市公司董事、监事参加培训。

二是深入维康子帆、振华新材、中伟新材、国台酒业、万峰电力等拟上市企业调研，了解各家企业历史沿革、发展规划、财务状况、公司治理、股权结构、销售模式等，掌握企业改制规范、业务发展、上市准备等情况，听取企业意见建议，为企业登陆资本市场问诊把脉、献计献策。

三是举办了“真诚沟通，规范发展”贵州辖区上市公司2017年度业绩说明会暨投资者集体接待日活动。贵州辖区28家上市公司的主要负责人、财务总监和董事会秘书等共80余人与投资者在线沟通交流，共回复投资者提问近1100个，答复率近90%。就公司经营情况、发展战略、融资计划、可持续发展、公司治理、参与脱贫攻坚等投资者关心的问题集中进行了网络在线回答，投资者权利得到充分行使，辖区上市公司透明度得到进一步增强。

审稿人：程催禧

撰稿人：朱　涵

云南地区

一、云南国民经济发展概况

表 1　　2018 年云南国民经济发展概况　　单位：亿元

指　标	1～3 月		1～6 月		1～9 月		1～12 月	
	绝对量	同比增长（%）	绝对量	同比增长（%）	绝对量	同比增长（%）	绝对量	同比增长（%）
地区生产总值（GDP）	3393.06	9.30	7008.86	9.20	11619.76	9.10	17881.12	8.90
全社会固定资产投资	—	14.60	—	11.00	—	10.40	—	11.60
社会消费品零售总额	1557.82	12.10	3194.42	11.57	4958.54	11.35	6825.97	11.05
规模以上工业增加值	—	11.90	—	12.50	—	12.50	—	11.80
规模以上工业企业实现利润	183.02	-18.40	363.52	-5.20	602.09	10.80	925.21	21.00
居民消费价格指数（CPI）	1～3 月		1～6 月		1～9 月		1～12 月	
	1.00		1.20		2.20		1.90	

资料来源：国家统计局、云南省统计局。

二、云南上市公司总体情况

（一）公司数量

表 2　　2018 年云南上市公司数量　　单位：家

公司总数	2018 年新增	股票类别			板块分布			
		仅 A 股	仅 B 股	（A+B）股	沪市主板	深市主板	中小板	创业板
33	-1	33	0	0	13	8	10	2

资料来源：沪深交易所，同花顺。

（二）行业分布

表 3　　2018 年云南上市公司行业分布情况

所属证监会行业类别	家数	占比（%）	所属证监会行业类别	家数	占比（%）
采矿业	1	3.03	批发和零售业	1	3.03
电力、热力、燃气及水的生产和供应业	2	6.06	水利、环境和公共设施管理业	2	6.06
房地产业	3	9.09	卫生和社会工作业	0	0.00
建筑业	0	0.00	文化、体育和娱乐业	0	0.00
交通运输、仓储和邮政业	0	0.00	信息传输、软件和信息技术服务业	1	3.03
教育	0	0.00	制造业	20	60.61
金融业	1	3.03	住宿和餐饮业	0	0.00
居民服务、修理和其他服务业	0	0.00	租赁和商务服务业	0	0.00
科学研究和技术服务业	0	0.00	综合	0	0.00
农、林、牧、渔业	2	6.06	合计	33	100.00

资料来源：沪深交易所，同花顺。

（三）股本结构及规模

表 4　　2018 年云南上市公司股本规模在 10 亿股以上公司分布情况

股本规模（亿股）	公司家数	具体公司
100≤～<200	1	华能水电
50≤～<100	2	太平洋、驰宏锌锗
20≤～<50	3	我爱我家、美好置业、云铝股份
10≤～<20	8	沃森生物、云天化、云南白药、云南城投、云内动力、ST 云维、锡业股份、云南铜业

资料来源：沪深交易所，同花顺。

表 5　　2018 年云南上市公司分地区股权构成情况　　单位：家

股权性质 地域分布	央企国资控股	省属国资控股	地市国资控股	民营控股	其他	合计
昆明市	5	8	1	6	3	23
曲靖市	0	2	1	0	0	3
玉溪市	0	0	0	0	1	1
保山市	0	0	0	1	0	1
丽江市	0	0	0	1	0	1

续表

地域分布＼股权性质	央企国资控股	省属国资控股	地市国资控股	民营控股	其他	合计
普洱市	0	0	0	1	0	1
大理市	0	0	0	1	0	1
临沧市	0	0	0	1	0	1
文山市	1	0	0	0	0	1
合计	6	10	2	11	4	33

资料来源：云南证监局。

（四）市值规模

截至2018年12月31日，云南33家上市公司境内总市值3554.55亿元，占全国上市公司境内总市值的0.82%；其中，上交所上市公司13家，总股本371.33亿股，境内总市值1294.36亿元，占上交所上市公司境内总市值的0.48%；深交所上市公司20家，总股本202.57亿股，境内总市值2260.19亿元，占深交所上市公司境内总市值的1.37%。

（五）资产规模

截至2018年12月31日，云南33家上市公司合计总资产6587.62亿元，归属于母公司股东权益1874.52亿元，与2017年相比，分别增长6.37%、8.77%；平均每股净资产3.27元。

三、云南上市公司经营情况及变动分析

（一）总体经营情况

表6　　2018年云南上市公司经营情况

指　标	2018年	2017年	变动率（%）
家数	33	34	－2.94
亏损家数	5	5	0.00
亏损家数比例（%）	15.15	14.71	0.44
平均每股收益（元）	0.23	0.18	27.78
平均每股净资产（元）	3.27	3.04	7.57
平均净资产收益率（%）	7.02	5.92	1.10
总资产（亿元）	6587.62	6193.08	6.37
归属于母公司股东权益（亿元）	1874.52	1723.43	8.77
营业收入（亿元）	3097.44	3024.58	2.41
利润总额（亿元）	177.56	139.69	27.11
归属于母公司所有者的净利润（亿元）	131.56	101.97	29.02

资料来源：沪深交易所，同花顺。

（二）分行业经营情况

表 7　　2018 年云南上市公司分行业经营情况

所属行类	营业收入（亿元）	可比样本变动率（%）	归属于母公司所有者的净利润（亿元）	可比样本变动率（%）
采矿业	189.51	2.61	6.23	-46.08
电力、热力、燃气及水的生产和供应业	175.42	17.87	60.99	159.97
房地产业	227.56	12.94	13.71	36.99
建筑业	—	—	—	—
交通运输、仓储和邮政业	—	—	—	—
教育	—	—	—	—
金融业	3.93	-69.97	-13.22	-1239.88
居民服务、修理和其他服务业	—	—	—	—
科学研究和技术服务业	—	—	—	—
农、林、牧、渔业	8.79	18.56	-2.49	46.61
批发和零售业	91.76	18.39	5.21	23.18
水利、环境和公共设施管理业	29.39	8.32	6.79	145.98
卫生和社会工作业	—	—	—	—
文化、体育和娱乐业	—	—	—	—
信息传输、软件和信息技术服务业	27.80	20.03	0.75	239.87
制造业	2343.30	-0.10	53.60	-8.51
住宿和餐饮业	—	—	—	—
租赁和商务服务业	—	—	—	—
综合	—	—	—	—
合计	3097.44	2.26	131.56	22.60

资料来源：沪深交易所，同花顺。

（三）业绩变动情况分析

1. 营业收入、毛利率等变动原因分析

2018 年，云南上市公司共实现营业收入 3097.44 亿元，较 2017 年同比增加 2.41%，金融行业上市公司营业收入降幅较大。32 家非金融企业总体毛利率为 18.91%，较 2017 年增加 1.87 个百分点，其中，1 家上市公司毛利率为负数。水利、环境和公共设施管理行业类上市公司毛利下降较快。

2. 盈利构成分析

2018 年，云南上市公司实现归属母公司股东净利润 131.56 亿元，同比增长 29.02%。其中，28 家盈利公司实现归属母公司股东净利润 165.26 亿元，5 家亏损公司归属母公司股东净利润 -33.70 亿元，大额资产减值和财务费用对上市公司盈利能力影响较大。

3. 经营性现金流量分析

2018 年，云南上市公司经营活动产生的现金流量净额为 305.25 亿元，同比增加 30.63%；33 家公司中有 5 家经营活动产生的现金流量净额为净流出，28 家实现净流入。

4. 业绩特点分析

2018 年，云南 33 家上市公司营业收入、实现归属母公司股东净利润较2017年增速放缓。部分公司主业盈利能力不强，10家上市公司扣非后归属母公司股东净利润为负数。从行业来看，新材料和旅游行业增速较快，电力行业利润贡献突出，非银行金融公司则收入和利润双降，亏损较为严重。随着去产能的深化，绿色环保、安全生产监管要求的趋严，云南国有化工、有色行业上市公司营业收入小幅下降，但在规模、合规、产品质量方面优势逐渐体现，因受技术改造升级导致设备减值、存货跌价、应收账款坏账等因素的影响，有色金属行业盈利能力下降较快。生物医药行业公司营业收入增长平稳，因疫苗行业盈利能力恢复，生物医药行业整体净利润较2017年有较大增幅。房地产行业收入增速放缓，但盈利能力有所提升。

5. 利润分配情况

表8　　2018年云南上市公司现金分红情况

2018年分红公司家数			2018年分红金额		
家数	变动率（%）	分红公司家数占地区公司总数比重（%）	金额（亿元）	变动率（%）	分红金额占归属于母公司所有者的净利润比重（%）
20	-4.76	57.58	40.14	5.49	30.51

资料来源：云南证监局。

四、云南上市公司并购重组情况

（一）并购重组基本情况

2018年，云南辖区共有3家上市公司完成或获批开展重大资产重组，占辖区上市公司总数的9.09%，涉及交易金额119.69亿元。其中，昆百大A发行股份并支付现金收购北京我爱我家房地产经纪有限公司，创新股份非公开发行并购买上海恩捷新材料科技股份有限公司股权事项已于年内完成；云南铜业非公开发行股份用于收购迪庆有色股权、建设东南铜业冶炼基地、滇中有色完善项目和补充流动资金获批。

（二）并购重组特点

2018年，云南上市公司并购重组活跃。从参与并购主体的所有制方面来看，民营企业在并购重组中活跃度不断提高，本年完成并购重组的2家上市公司均为民营企业。从并购目的来看，本年并购以横向整合为主，创新股份、昆百大A等公司通过并购重组拓宽业务领域，积极实现转型协同发展。云南铜业则通过同类企业并购，优化产业布局，发挥规模效应，提升上市公司的核心竞争力。

五、云南上市公司募集资金情况、使用情况

（一）募集资金总体情况

表 9　　2018 年云南上市公司募集资金情况

发行类型	代码	简称	募集资金（亿元）
再融资（增发、配股）	002812. SZ	恩捷股份	49. 99
	000560. SZ	我爱我家	16. 60
	小计		66. 59
其他融资（公司债券、短期融资券、中期票据、次级债、金融债、境外发行债券）	600025. SH	华能水电	126. 00
	600239. SH	云南城投	33. 60
	000960. SZ	锡业股份	18. 00
	000667. SZ	美好置业	10. 00
	小计		187. 60
总计			254. 19

资料来源：云南证监局。

（二）募集资金使用情况及特点

2018 年，云南 6 家公司通过定向增发、发行短期融资券等方式募集资金 254. 19 亿元，较 2017 年增长 6. 36%。募集资金主要用于股权收购、偿还金融机构借款以及补充流动资金。

（三）募集资金变更情况

表 10　　2018 年云南上市公司募集资金使用项目变更情况

变更募集资金使用项目的公司家数	涉及金额（亿元）	募集资金总额（亿元）	占公司募集资金总额的比例（%）
1	0. 11	6. 99	1. 57

资料来源：云南证监局。

2018 年，云南辖区 1 家上市公司将结余募集资金永久补充流动资金，用于公司日常生产经营，涉及金额 0. 11 亿元，占该公司本次募集资金总额 6. 99 亿元的 1. 57%。2018 年，辖区上市公司基本能够按照原计划使用募集资金，变更募集资金使用项目的公司家数和涉及金额均较 2017 年显著减少。

六、云南上市公司规范运作情况

（一）上市公司治理专项情况

2018 年，云南辖区上市公司以贯彻落实新修订的《上市公司治理准则》为契机，不断增强自我规范意识，持续推进建立、完善规范运作的长效机制。上市公司控股股东、实际控制人、董事、监事和高级管理人员等“关键少数”不断提升履职尽责能力，促进上市公司治理水平稳步提升。云南证监局持续关注上市公司规范运作情况，通过培训会、座谈会等方式，引导和推动上市公司提高治理水平。同时，在日常监管中，重点关注上市公司治理规范性，督促上市公司严格规范关联交易，强化重大对外投资和对子公司的管理，保持上市公司的独立性，加强“关键少数”的行为约束，维护上市公司和中小投资者的合法权益。

（二）审计情况及监管情况

2018年，云南辖区33家上市公司中，除1家公司被出具带强调事项段的无保留意见外，其余32家公司审计报告均为标准无保留意见。31家上市公司披露内部控制审计报告或内部控制鉴证报告，均为标准无保留意见。云南证监局采用现场督导、约谈、下发问询函、现场检查等多种方式，对2018年年报审计进行持续监管，对多家上市公司年报审计业务进行检查，并对商誉减值审计进行专项检查，对未履职尽责的中介机构及签字会计师采取监管措施，督促整改，同时向辖区上市公司、会计师事务所、云南省财政厅、云南省注册会计师协会通报审计监管中发现的问题。

（三）信息披露情况

云南辖区上市公司信息披露情况整体良好，但仍有部分上市公司存在信息披露不真实、不准确、不完整的问题。云南证监局坚持以信息披露为中心的监管要求，严肃查处信息披露违法违规行为，从严追究违法违规主体责任。2018年全年，云南辖区1家上市公司因涉嫌环境信息披露重大遗漏被立案查处；5家上市公司及信息披露主要责任人因信息披露违规被采取了行政监管措施。

（四）证券市场服务情况

投资者服务方面：一是多措并举增强投资者学法守法用法意识。举办《宪法》修正案、《监察法》专题讲座，开展“2018年云南省防范非法证券投资咨询有奖公益知识竞答活动”等大型投资者教育和普法宣传活动，增强投资者学法守法用法意识。二是稳妥做好投诉举报办理工作。完善投诉办理流程，举办辖区投诉专员培训班，提升诉求处理效率和质量。扎实开展投诉试点评价，督促机构不断加强客户服务质量。三是推动证券期货纠纷多元化解决机制建设见实效。指导调解中心规范运行，理顺与法院等单位的对接机制，引导投资者通过调解化解纠纷。四是督导证券期货服务机构全面落实适当性管理办法。召开适当性管理办法落实情况座谈会，并对32家机构开展适当性执行情况检查，针对部分违规行为及时采取行政监管措施，形成监管震慑。

上市公司服务方面：一是加强政策宣传和市场培育，直接融资供给持续加强和改进。二是充分发挥市场功能，在推进供给侧结构性改革、支持创新创业企业发展、助力脱贫攻坚等方面取得积极进展。三是督导证券期货基金机构聚焦主业合规发展，行业服务实体经济能力进一步提升。

审稿人：林　林　蒋厚贤

撰稿人：张　瑶　李俊松

西藏地区

一、西藏国民经济发展概况

表 1　　2018 年西藏国民经济发展概况　　单位：亿元

指　标	1～3 月		1～6 月		1～9 月		1～12 月	
	绝对量	同比增长（%）	绝对量	同比增长（%）	绝对量	同比增长（%）	绝对量	同比增长（%）
地区生产总值（GDP）	302.22	9.50	615.86	9.80	1044.03	9.00	1477.63	9.10
全社会固定资产投资	—	27.00	—	14.10	—	9.40	—	9.80
社会消费品零售总额	—	—	—	—	—	—	—	—
规模以上工业增加值	—	14.00	—	14.40	—	14.50	—	12.50
规模以上工业企业实现利润	2.30	-45.20	7.10	-39.30	13.60	-26.50	17.40	-37.90
居民消费价格指数（CPI）	1～3 月		1～6 月		1～9 月		1～12 月	
	1.50		1.90		1.60		2.00	

资料来源：国家统计局。

二、西藏上市公司总体情况

（一）公司数量

表 2　　2018 年西藏上市公司数量　　单位：家

公司总数	2018 年新增	股票类别			板块分布			
		仅 A 股	仅 B 股	（A+B）股	沪市主板	深市主板	中小板	创业板
17	2	17	0	0	9	2	4	2

资料来源：沪深交易所，同花顺。

（二）行业分布

表 3　　2018 年西藏上市公司行业分布情况

所属证监会行业类别	家数	占比（%）	所属证监会行业类别	家数	占比（%）
采矿业	3	17.65	批发和零售业	0	0.00
电力、热力、燃气及水的生产和供应业	0	0.00	水利、环境和公共设施管理业	1	5.88
房地产业	1	5.88	卫生和社会工作业	0	0.00
建筑业	1	5.88	文化、体育和娱乐业	0	0.00
交通运输、仓储和邮政业	0	0.00	信息传输、软件和信息技术服务业	1	5.88
教育	0	0.00	制造业	10	58.82
金融业	0	0.00	住宿和餐饮业	0	0.00
居民服务、修理和其他服务业	0	0.00	租赁和商务服务业	0	0.00
科学研究和技术服务业	0	0.00	综合	0	0.00
农、林、牧、渔业	0	0.00	合计	17	100.00

资料来源：沪深交易所，同花顺。

（三）股本结构及规模

表 4　　2018 年西藏上市公司股本规模在 10 亿股以上公司分布情况

股本规模（亿股）	公司家数	具体公司
20≤ ~ <50	1	梅花生物
10≤ ~ <20	1	海思科

资料来源：沪深交易所，同花顺。

表 5　　2018 年西藏上市公司分地区股权构成情况　　单位：家

股权性质 / 地域分布	央企国资控股	省属国资控股	地市国资控股	民营控股	其他	合计
拉萨市	0	3	1	10	0	14
山南市	0	0	0	2	0	2
林芝市	0	0	0	1	0	1
合计	0	3	1	13	0	17

资料来源：西藏证监局。

（四）市值规模

截至2018年12月31日，西藏17家上市公司境内总市值1129.72亿元，占全国上市公司境内总市值的0.24%；其中，上交所上市公司9家，总股本71.66亿股，境内总市值565.80亿元，占上交所上市公司境内总市值的0.18%；深交所上市公司8家，总股本33.42亿股，境内总市值563.93亿元，占深交所上市公司境内总市值的0.34%。

（五）资产规模

截至2018年12月31日，西藏17家上市公司合计总资产780.64亿元，归属于母公司股东权益426.56亿元，与2017年相比，分别增长26.41%、35.93%；平均每股净资产4.06元。

三、西藏上市公司经营情况及变动分析

（一）总体经营情况

表6　　2018年西藏上市公司经营情况

指　标	2018年	2017年	变动率（%）
家数	17	15	13.33
亏损家数	2	1	100.00
亏损家数比例（%）	11.76	6.67	5.09
平均每股收益（元）	0.44	0.44	0.00
平均每股净资产（元）	4.06	3.28	23.78
平均净资产收益率（%）	10.73	13.29	-2.56
总资产（亿元）	780.64	617.55	26.41
归属于母公司股东权益（亿元）	426.56	313.81	35.93
营业收入（亿元）	346.85	263.11	31.83
利润总额（亿元）	59.15	52.78	12.07
归属于母公司所有者的净利润（亿元）	45.77	41.71	9.73

资料来源：沪深交易所，同花顺。

（二）分行业经营情况

表7　　2018年西藏上市公司分行业经营情况

所属行类	营业收入（亿元）	可比样本变动率（%）	归属于母公司所有者的净利润（亿元）	可比样本变动率（%）
采矿业	36.91	-8.62	9.44	-35.01
电力、热力、燃气及水的生产和供应业	—	—	—	—
房地产业	11.77	21.96	1.04	27.10

续表

所属行类	营业收入（亿元）	可比样本变动率（%）	归属于母公司所有者的净利润（亿元）	可比样本变动率（%）
建筑业	50.21	39.83	4.50	36.23
交通运输、仓储和邮政业	—	—	—	—
教育	—	—	—	—
金融业	—	—	—	—
居民服务、修理和其他服务业	—	—	—	—
科学研究和技术服务业	—	—	—	—
农、林、牧、渔业	—	—	—	—
批发和零售业	—	—	—	—
水利、环境和公共设施管理业	1.79	25.77	0.21	126.92
卫生和社会工作业	—	—	—	—
文化、体育和娱乐业	—	—	—	—
信息传输、软件和信息技术服务业	5.46	16.97	0.83	19.81
制造业	240.71	21.74	29.75	-15.83
住宿和餐饮业	—	—	—	—
租赁和商务服务业	—	—	—	—
综合	—	—	—	—
合计	346.85	19.70	45.77	-15.06

资料来源：沪深交易所，同花顺。

（三）业绩变动情况分析

1. 营业收入、毛利率等变动原因分析

2018 年，西藏辖区上市公司实现营业收入 346.85 亿元，同比增长 31.82%；营业成本 190.52 亿元，同比增长 26.97%；平均毛利率 44.57%。营业收入增长主要系辖区新增 2 家上市公司，此外，西藏天路、海思科、灵康药业收入大幅增长。从毛利率来看，辖区上市公司总体毛利增长主要由万兴科技、灵康药业毛利率大幅增长带动。

2. 盈利构成分析

2018 年，辖区上市公司实现净利润总额 49.98 亿元，同比增长 10.94%；主要原因是辖区新增 2 家上市公司且多数上市公司净利润较 2017 年稳步增长。归属于母公司所有者的净利润 45.77 亿元，同比上升 7.9%。各公司利润主要来自于公司主营业务收入。

3. 经营性现金流量分析

2018 年，西藏辖区上市公司经营性活动现金流量净额为 64.2 亿，较 2017 年增加 16.45 亿元，同比增长 34.45%，平均每家公司经营性活动现金流量净额 3.77 亿元。2018 年辖区 17 家上市公司中有 15 家经营性活动现金流量净额为正。

4. 业绩特点分析

2018 年，西藏辖区上市公司除 * ST西发和西藏矿业 2 家外全部盈利。从板块方面来看，上海主板上市的公司整体盈利能力持续增强，梅花生物净利润超过 10 亿元，西藏珠峰净利润超过 9 亿元，西藏天路净利润超过 8 亿元；深圳主板、中小板、创业板上市公司业绩平稳增长，华宝股份净利润超过11亿元。

5. 利润分配情况

表8　　2018年西藏上市公司现金分红情况

2018年分红公司家数			2018年分红金额		
家数	变动率（%）	分红公司家数占地区公司总数比重（%）	金额（亿元）	变动率（%）	分红金额占归属于母公司所有者的净利润比重（%）
15	50	7.14	44.72	117.72	81.42

资料来源：西藏证监局。

四、西藏上市公司并购重组情况

（一）并购重组基本情况

2018年，辖区1家企业完成并购重组，为西藏城投。2017年，上海市静安区国资委、厦门达沃斯及上海明捷、厦门西咸、厦门国锂、国能工业、东方国金6名法人将其持有的藏投酒店100%股权、泉州置业14.99%股权及陕西国锂25.92%股权转让给西藏城投，用以认缴西藏城投非公开发行股份增加的股本，上述股权出资额合计人民币11.67亿元，2018年完成发行股份及支付现金购买资产的新增股份登记。

（二）并购重组特点

本次重组后，西藏城投持有藏投酒店、泉州置业、陕西国锂100%股权。藏投酒店稳定的现金流可为上市公司带来持续的现金，缓解公司在项目开发前期资金短缺的情况。另外，公司收购泉州置业、陕西国锂全部股权后，将在泉州、西咸新区等地区发展商业地产项目，更好地与住宅进行配套，形成现代化开发布局，一定程度上提升公司的行业地位。本次重组后，上市公司的现金流量、持续经营能力和行业地位将有一定提升。

五、西藏上市公司募集资金情况、使用情况

（一）募集资金总体情况

表9　　2018年西藏上市公司募集资金情况

发行类型	代码	简称	募集资金（亿元）
首发	300624	万兴科技	3.31
	300741	华宝股份	23.77
	小计		27.08
再融资（增发、配股）	600773	西藏城投	11.67
	小计		11.67
总计			38.75

资料来源：西藏证监局。

（二）募集资金使用情况及特点

2018 年，西藏辖区共有 9 家上市公司使用募集资金，共计 11.63 亿元。其中，7.32 亿元为 2018 年募集资金投入：4.31 亿元为以前年度募集资金投入。9 家使用募集资金的上市公司中，有 3 家为医药企业，占比 33.34%；募集资金主要用于药品研发、新建生产线、购买药品产品、品牌、渠道等相关资产。也有部分公司经过相关程序将闲置募集资金用于补充公司流动资金。

无募集资金变更情况。

六、西藏上市公司规范运作情况

（一）上市公司治理专项情况

2018 年，西藏辖区上市公司规范运作水平进一步强化。一是持续督促公司实施内部控制规范。西藏辖区主板上市公司全部实施内部控制规范并进行内部控制审计。对于不要求进行内部控制审计的中小板上市公司，鼓励在做好内部控制自我评价的基础上有条件的也进行内部控制审计，同时对公司实施内部控制规范情况全程进行监管，在现场检查中将内部控制规范列为重要检查对象。二是及时化解治理风险。2018 年，西藏证监局坚持以问题为导向，加强公司治理，辖区上市公司质量进一步提升，规范运作意识进一步增强。

（二）审计情况及监管情况

2018 年，对 5 家年审机构进行检查，发现问题 20 多个，均督促整改，通过加强对中介机构的监管，向中介机构传导监管压力，督促其勤勉尽责，提升执业质量，进而提升辖区上市公司信息披露质量。公司监管中发现问题 72 个。针对发现的问题，出具行政监管措施 3 个、监管关注函 9 份、检查结果告知书 4 份；约见谈话 7 人次。

（三）信息披露情况

2018 年，通过审核辖区上市公司定期公告、临时公告、年报等方式，督促上市公司履行信息披露义务，全年未发现上市公司存在信息披露违规情况。

（四）证券市场服务情况

联合上海证券交易所、深圳证券交易所、证券业协会等，多次深入西藏多个地市，通过开展培训、授课、论坛、走进交易所、调研指导等方式，帮助西藏优质企业法人增进对企业 IPO 上市、企业改制上市流程及关注重点等方面知识的了解，加强市场培育，引导其通过资本市场发展壮大。

（五）其他

继续加强与地方政府的密切合作，共同做好辖区资本市场风险化解，推动辖区资本市场发展。一是强化信息通报。每月以《西藏资本市场月度统计表》形式向自治区政府及有关部门通报当月辖区资本市场大事件，内容涉及市场基本数据、公司风险状况与存在的主要问题等。二是合力推动辖区公司化解风险。针对辖区资本市场获得的重大成就及上市公司存在的重点问题，以《资本市场要情专报》形式报地方政府，提请政府关注公司存在的风险，协调帮助公司解决问题。三是帮助地方从事经济金融的干部树立资本意识。在企业上市时，西藏证监局牵头组建由自治区相关部门及各地市领导、西藏优质企业代表组成的西藏资本市场调研团，赴上海、深圳证券交易所和拟上市公司调研培训，通过多种方式促进西藏从事经济金融工作的干部和优秀企业家增强金融意识和资本意识。

审稿人：张　松　孙秀振

撰稿人：松　隅　张上弓　吴咏利

陕西地区

一、陕西国民经济发展概况

表 1　　2018 年陕西国民经济发展概况　　单位：亿元

指　标	1～3 月		1～6 月		1～9 月		1～12 月	
	绝对量	同比增长（%）	绝对量	同比增长（%）	绝对量	同比增长（%）	绝对量	同比增长（%）
地区生产总值（GDP）	4989.14	8.50	10702.55	8.60	16867.92	8.40	24438.32	8.30
全社会固定资产投资	—	13.10	—	12.90	—	11.00	—	10.40
社会消费品零售总额	2159.42	11.40	4202.58	11.00	6394.66	10.90	8938.27	10.20
规模以上工业增加值	—	9.50	—	9.70	—	9.20	—	9.20
规模以上工业企业实现利润	551.80	34.60	1164.90	31.00	1786.70	24.20	2436.30	17.10
居民消费价格指数（CPI）	1～3 月		1～6 月		1～9 月		1～12 月	
	2.40		2.00		2.00		2.10	

资料来源：国家统计局、陕西省统计局。

二、陕西上市公司总体情况

（一）公司数量

表 2　　2018 年陕西上市公司数量　　单位：家

公司总数	2018 年新增	股票类别			板块分布			
		仅 A 股	仅 B 股	（A+B）股	沪市主板	深市主板	中小板	创业板
49	2	49	0	0	22	11	7	9

资料来源：沪深交易所，同花顺。

（二）行业分布

表 3　　2018 年陕西上市公司行业分布情况

所属证监会行业类别	家数	占比（%）	所属证监会行业类别	家数	占比（%）
采矿业	3	6.12	批发和零售业	1	2.04
电力、热力、燃气及水的生产和供应业	1	2.04	水利、环境和公共设施管理业	2	4.08
房地产业	2	4.08	卫生和社会工作业	1	2.04
建筑业	1	2.04	文化、体育和娱乐业	0	0.00
交通运输、仓储和邮政业	0	0.00	信息传输、软件和信息技术服务业	1	2.04
教育	0	0.00	制造业	31	63.27
金融业	2	4.08	住宿和餐饮业	1	2.04
居民服务、修理和其他服务业	0	0.00	租赁和商务服务业	2	4.08
科学研究和技术服务业	0	0.00	综合	1	2.04
农、林、牧、渔业	0	0.00	合计	49	100.00

资料来源：沪深交易所，同花顺。

（三）股本结构及规模

表 4　　2018 年陕西上市公司股本规模在 10 亿股以上公司分布情况

股本规模（亿股）	公司家数	具体公司
100≤～<200	1	陕西煤业
50≤～<100	2	中国西电、供销大集
20≤～<50	8	中航飞机、彩虹股份、西部证券、陕国投 A、金钼股份、坚瑞沃能、隆基股份、航发动力
10≤～<20	7	陕西黑猫、陕天然气、国际医学、中再资环、延安必康、兴化股份、陕鼓动力

资料来源：沪深交易所，同花顺。

表 5　　2018 年陕西上市公司分地区股权构成情况　　单位：家

股权性质 / 地域分布	央企国资控股	省属国资控股	地市国资控股	民营控股	其他	合计
西安市	5	9	7	11	2	34
咸阳市	0	1	1	2	0	4

续表

地域分布 \ 股权性质	央企国资控股	省属国资控股	地市国资控股	民营控股	其他	合计
宝鸡市	1	3	0	0	1	5
渭南市	0	0	0	1	0	1
安康市	0	0	0	0	0	0
商洛市	0	0	0	1	0	1
汉中市	1	0	0	0	0	1
榆林市	0	0	0	0	0	0
延安市	0	0	0	1	0	1
铜川市	0	0	0	0	1	1
杨凌示范区	0	1	0	0	0	1
合计	7	14	8	16	4	49

资料来源：陕西证监局。

（四）市值规模

截至2018年12月31日，陕西49家上市公司境内总市值4869.17亿元，占全国上市公司境内总市值的1.12%；其中，上交所上市公司22家，总股本370.04亿股，境内总市值2831.67亿元，占上交所上市公司境内总市值的1.05%；深交所上市公司27家，总股本319.48亿股，境内总市值2037.50亿元，占深交所上市公司境内总市值的1.23%。

（五）资产规模

截至2018年12月31日，陕西49家上市公司合计总资产6916.53亿元，归属于母公司股东权益3077.35亿元，与2017年相比，分别增长13.53%、10.26%；平均每股净资产4.46元。

三、陕西上市公司经营情况及变动分析

（一）总体经营情况

表6　　2018年陕西上市公司经营情况

指　标	2018年	2017年	变动率（%）
家数	49	47	4.26
亏损家数	4	5	-20.00
亏损家数比例（%）	8.16	10.64	-2.48
平均每股收益（元）	0.28	0.29	-3.45

续表

指　标	2018 年	2017 年	变动率（%）
平均每股净资产（元）	4.46	4.40	1.36
平均净资产收益率（%）	6.24	6.61	-0.37
总资产（亿元）	6916.53	6092.22	13.53
归属于母公司股东权益（亿元）	3077.35	2790.95	10.26
营业收入（亿元）	2773.76	2577.80	7.60
利润总额（亿元）	316.59	292.53	8.22
归属于母公司所有者的净利润（亿元）	192.11	184.51	4.12

资料来源：沪深交易所，同花顺。

（二）分行业经营情况

表 7　　2018 年陕西上市公司分行业经营情况

所属行类	营业收入（亿元）	可比样本变动率（%）	归属于母公司所有者的净利润（亿元）	可比样本变动率（%）
采矿业	675.95	9.11	114.78	8.27
电力、热力、燃气及水的生产和供应业	89.99	17.75	4.04	2.22
房地产业	53.17	34.07	4.25	68.44
建筑业	75.72	-4.20	2.81	44.37
交通运输、仓储和邮政业	—	—	—	—
教育	—	—	—	—
金融业	32.65	-24.44	5.20	-52.93
居民服务、修理和其他服务业	—	—	—	—
科学研究和技术服务业	—	—	—	—
农、林、牧、渔业	—	—	—	—
批发和零售业	163.16	-41.29	7.62	-46.10
水利、环境和公共设施管理业	22.31	19.81	1.72	292.91
卫生和社会工作业	20.39	-49.77	21.84	1022.83
文化、体育和娱乐业	—	—	—	—
信息传输、软件和信息技术服务业	27.14	-4.89	1.05	-40.33
制造业	1520.54	8.81	32.47	-35.79
住宿和餐饮业	4.96	0.46	0.09	181.66
租赁和商务服务业	85.98	-1.93	-3.81	-252.45
综合	1.79	16.28	0.03	-27.79
合计	2773.76	2.16	192.11	-2.37

资料来源：沪深交易所，同花顺。

（三）业绩变动情况分析

1. 营业收入、毛利率等变动原因分析

2018 年度，陕西 49 家上市公司共实现营业收入 2773.76 亿元，较 2017 年度同比增长 7.60%；归属于上市公司股东的净利润 192.11 亿元，较 2017 年度同比增长 4.12%。增量方面，2018 年延安必康、天地源迁入陕西省，收入及盈利贡献较大；存量方面，有色金属等个别行业市场回暖，同时，部分公司通过优化产品结构、实施并购重组等，盈利能力有所提高。扣除陕国投 A、西部证券两家金融企业之外，其余 47 家上市公司平均毛利率 24.19%，受成本上升等因素的影响，较 2017 年下降 2.08 个百分点。

2. 盈利构成分析

2018 年度，陕西 49 家上市公司的利润来源主要为营业利润，金额为 310.80 亿元，占陕西上市公司利润总额的比重为 98.17%，与 2017 年度基本持平。其中，投资净收益 86.89 亿元，占利润总额的 27.45%，较 2017 年上升 8.98 个百分点，主要为个别公司处置子公司股权取得大额收益所致；资产减值损失 77.23 亿元，占利润总额的 24.40%，较 2017 年下降 6.50 个百分点，主要为商誉减值损失计提减少所致。

3. 经营性现金流量分析

2018 年度，陕西 49 家上市公司经营活动产生的现金流量净额为 374.98 亿元，较 2017 年度增加 77.90%。一方面，销售商品、提供劳务收到的现金整体大幅增加，占营业收入的比重为 96.10%，较 2017 年上升 2.19 个百分点。陕西煤业、陕鼓动力等公司 2018 年销售回款较好，经营活动获现能力较强。另一方面，供销大集、坚瑞沃能等公司由于业务规模缩减，购买商品、接受劳务支付的现金同比大幅减少。

4. 业绩特点分析

2018 年度，陕西上市公司经营呈现以下特点：一是整体经营情况保持良好态势，营业收入实现稳步增长，9 成以上公司实现盈利，约 6 成的公司业绩实现增长。二是个别上市公司经营风险凸显。坚瑞沃能 2018 年由于爆发债务危机，生产经营基本停滞，2018 年继续出现大额亏损；宝德股份等 3 家公司主营业务盈利能力较差，转型迫在眉睫。三是部分公司对非经常性损益依赖较大，主业盈利能力有待提高。2018 年度扣除非经常性损益后亏损的公司有 10 家，其中，6 家公司依靠子公司股权处置损益、政府补助、获得拆迁补偿以及土地处置收益实现盈利。

5. 利润分配情况

表 8　　2018 年陕西上市公司现金分红情况

2018 年分红公司家数			2018 年分红金额		
家数	变动率（%）	分红公司家数占地区公司总数比重（%）	金额（亿元）	变动率（%）	分红金额占归属于母公司所有者的净利润比重（%）
29	16	59.18	61.41	-8.26	31.97

资料来源：陕西证监局。

四、陕西上市公司并购重组情况

（一）并购重组基本情况

2018 年，陕西上市公司通过积极实施并购重组，改善资产质量，提升盈利能力，增强核心竞争力，并购重组继续保持活跃态势。全年共计 12 家上市公司实施或启动重组，占陕西上市公司总数的 24.49%。国际医学、中再资环、延长化建、中环装备 4 家上市公司完成重大资产重组，涉及交易金额 61.20 亿元。达刚路机正在筹划重大资产重组，金花股份等 7 家公司终止了重大资产重组。

（二）并购重组特点

2018 年，陕西上市公司并购重组主要呈现以下特点：一是重组形式多样化。延长化建以发行股份方式购买资产，中再资环以支付现金方式购买资产，中环装备以发行股份和支付现金相结合的方式购买资产。二是重组目的多样化。2018 年，陕西上市公司围绕主业进行产业并购，通过资源整合，实现整体上市、横向整合、多元化战略等目标。国际医学通过出售商业资产，专注发展医疗健康业务，主业更加突出；中再资环、中环装备通过重组，注入优质资产，延伸产业链，进一步巩固行业地位；延长化建通过发行股份购买控股股东下属资产，实现集团内优质资产整体上市。

五、陕西上市公司募集资金情况、使用情况

（一）募集资金总体情况

表 9　　2018 年陕西上市公司募集资金情况

发行类型	代码	简称	募集资金（亿元）
再融资（增发、配股）	600080	金花股份	6.38
	000697	炼石航空	15.96
	600248	延长化建	16.20
	000563	陕国投 A	22.71
	小计		61.25
其他融资（公司债券、可转债）	601225	陕西煤业	20.00
	600831	广电网络	8.00
	小计		28.00
总计			89.25

资料来源：陕西证监局。

（二）募集资金使用情况及特点

2018 年，陕西上市公司再融资方式不断丰富，通过增发、配股、发行公司债、可转债等方式，利用资本市场共计融资 89.25 亿元。有 32 家上市公司共使用

募集资金112.59亿元。辖区上市公司募集资金使用效率整体较高，但个别公司受行业市场变化以及环保政策等影响，募投项目进展较为缓慢。部分公司仍然存在使用闲置募集资金购买理财产品、补充流动资金的情况。

（三）募集资金变更情况

2018年，陕西有7家上市公司变更了募集资金投向，涉及金额36.08亿元，较2017年增幅较大。募集资金变更的原因主要包括：一是部分公司根据国家政策、行业布局变化和公司战略规划，终止部分原募投项目改投新项目。如陕西黑猫综合考虑陕西省环保政策及公司发展战略等因素，终止了原计划在陕西省投资的项目，将23.51亿元资金全部改投位于内蒙古的新项目；彩虹股份结合市场布局变化，将原用于建设“8.5代液晶玻璃基板生产线建设项目”的部分资金进行了调整，用来投资8.6代及以上玻璃基板相关项目。二是个别公司根据外部市场环境发生的变化，取消了原募投项目后，永久补充流动资金。三是部分公司募投项目结项，节余资金用于永久补充流动资金。

表10　2018年陕西上市公司募集资金使用项目变更情况

变更募集资金使用项目的公司家数	涉及金额（亿元）	募集资金总额（亿元）	占公司募集资金总额的比例（%）
7	36.08	294.25	12.26

资料来源：陕西证监局。

六、陕西上市公司规范运作情况

（一）上市公司治理专项情况

2018年，陕西证监局积极开展上市公司专项监管工作。一是组织上市公司落实新修订的《上市公司治理准则》，夯实规范发展基础。通过下发通知、监管通讯、利用微信群共享解读文章等形式，督导上市公司认真学习、深刻领会，并在日常运作中贯彻落实各项要求。二是加大对业绩承诺履行监管力度，对业绩承诺履行方有意变更业绩承诺计算方式等行为，通过约谈有关方予以坚决制止。针对1家公司有关方超期未履行业绩承诺，对其采取责令改正的监管措施，并通过多次约谈等方式，督促相关方履行了业绩补偿承诺，维护了上市公司及中小股东的合法权益。

（二）审计情况及监管情况

2018年度财务报表审计方面，陕西49家上市公司中，有48家被出具标准无保留意见审计报告，有1家公司被出具无法表示意见审计报告。内部控制审计方面，有3家公司分别因关联交易审议不规范、违规担保等事项被出具了带强调事项段的无保留意见内部控制审计报告。

年报审计期间，陕西证监局持续加大审计监管力度。一是梳理2017年年报审计监管中发现的主要问题，召集辖区上市公司及执业的主要审计机构负责人，集中通报问题，有针对性地进行风险提示。二是加强 2018 年年报及审计工作安排，通过下发通知等形式，要求上市公司“守规矩、说实话、不造假”，督导审计机构秉持职业操守，审慎执业。三是通过出具监管备忘录、约见谈话、现场督导等多种形式，充分提示风险。共走访上市公司及年审机构 16 家次，出具审计监管备忘录 15 份，评估监管备忘录 2 份，提示各类风险事项 70 余项，督导相关方化解风险隐患。

（三）信息披露情况

2018 年，陕西上市公司及相关信息披露义务人基本能够依法履行信息披露义务，但是个别公司仍存在信息披露不规范事项。对此，陕西证监局以信息披露为中心，以非现场监管和现场检查为抓手，依法从严处置，持续督促上市公司提高信息披露质量。针对发现的业绩预告不准确，重大合同、政府补助、委托理财、关联交易、行政处罚等披露不及时，或有事项披露不完整等问题，共计采取行政监管措施 14 项，督促公司切实提高信息披露质量和规范运作水平。

（四）证券市场服务情况

2018 年，陕西证监局发挥职能优势，推动陕西企业利用多层次资本市场扩大融资规模，提高证券市场服务实体经济能力。一是大力推进企业上市工作。及时了解拟上市企业存在的障碍，会同陕西省有关部门协调解决公司实际问题，促成西安银行首发申请过会，成为西北地区首家 A 股上市商业银行。二是积极培育上市公司后备资源。联合陕西省有关部门多次赴陕北、陕南等地开展调研，推动 1 家公司成功迁址延安。举办座谈会，邀请审核专家为企业推进上市提供有针对性的意见和建议。三是推动上市公司再融资，通过举办培训、加大政策宣传力度等，引导陕西上市公司通过多种形式募集资金，利用资本市场进一步做大做强。

（五）其他

为落实党中央及证监会党委关于打赢脱贫攻坚战的决策部署，陕西证监局积极引导辖区上市公司深入开展扶贫工作。一是组织辖区公司开展教育扶贫。联合陕西上市公司协会主动对接陕西省 11 个国家级深度贫困县、21 个国家级贫困县，组织上市公司积极开展教育扶贫，筹集善款 190 余万元，帮扶 657 名学生圆梦大学。二是引导辖区上市公司采取多种方式进行精准扶贫。除教育扶贫之外，还引导辖区上市公司通过投资生产、定点帮扶“送温暖”等，结合主营业务开展特色扶贫，积极履行社会责任。

审稿人：王宝卷

撰稿人：赵　南

甘肃地区

一、甘肃国民经济发展概况

表 1　　2018 年甘肃国民经济发展概况　　单位：亿元

指　标	1~3月		1~6月		1~9月		1~12月	
	绝对量	同比增长(%)	绝对量	同比增长(%)	绝对量	同比增长(%)	绝对量	同比增长(%)
地区生产总值（GDP）	1575.79	5.30	3497.62	5.00	6043.71	6.30	8246.07	6.30
全社会固定资产投资	—	2.70	—	-9.00	—	-6.10	—	-3.90
社会消费品零售总额	—	8.10	—	7.90	—	8.00	—	7.40
规模以上工业增加值	—	6.20	—	3.60	—	6.10	—	4.60
规模以上工业企业实现利润	80.80	272.40	152.40	95.40	254.30	69.90	270.40	20.10
居民消费价格指数(CPI)	1~3月		1~6月		1~9月		1~12月	
	2.60		2.10		1.80		1.50	

资料来源：国家统计局。

二、甘肃上市公司总体情况

（一）公司数量

表 2　　2018 年甘肃上市公司数量　　单位：家

公司总数	2018年新增	股票类别			板块分布			
		仅A股	仅B股	(A+B)股	沪市主板	深市主板	中小板	创业板
33	0	33	0	0	16	8	6	3

资料来源：沪深交易所，同花顺。

（二）行业分布

表 3　　2018 年甘肃上市公司行业分布情况

所属证监会行业类别	家数	占比（%）	所属证监会行业类别	家数	占比（%）
采矿业	3	9.09	批发和零售业	2	6.06
电力、热力、燃气及水的生产和供应业	1	3.03	水利、环境和公共设施管理业	0	0.00
房地产业	1	3.03	卫生和社会工作业	0	0.00
建筑业	0	0.00	文化、体育和娱乐业	1	3.03
交通运输、仓储和邮政业	0	0.00	信息传输、软件和信息技术服务业	0	0.00
教育	0	0.00	制造业	22	66.67
金融业	0	0.00	住宿和餐饮业	0	0.00
居民服务、修理和其他服务业	0	0.00	租赁和商务服务业	0	0.00
科学研究和技术服务业	0	0.00	综合	0	0.00
农、林、牧、渔业	3	9.09	合计	33	100.00

资料来源：沪深交易所，同花顺。

（三）股本结构及规模

表 4　　2018 年甘肃上市公司股本规模在 10 亿股以上公司分布情况

股本规模（亿股）	公司家数	具体公司
50≤～<100	2	白银有色、酒钢宏兴
20≤～<50	3	华天科技、靖远煤电、ST 银亿
10≤～<20	6	*ST刚泰、亚盛集团、恒康医疗、兰石重装、方大炭素、中核钛白

资料来源：沪深交易所，同花顺。

表 5　　2018 年甘肃上市公司分地区股权构成情况　　单位：家

股权性质 / 地域分布	央企国资控股	省属国资控股	地市国资控股	民营控股	其他	合计
兰州市	2	8	1	9	0	20
嘉峪关市	0	1	0	1	0	2
金昌市	0	0	0	0	0	0
白银市	0	1	0	1	1	3
天水市	0	0	0	2	0	2
武威市	0	0	0	2	0	2

续表

股权性质 / 地域分布	央企国资控股	省属国资控股	地市国资控股	民营控股	其他	合计
张掖市	0	0	0	0	0	0
酒泉市	0	0	1	1	0	2
平凉市	0	0	0	0	0	0
庆阳市	0	0	0	0	0	0
定西市	0	0	0	0	0	0
陇南市	0	0	0	2	0	2
合计	2	10	2	18	1	33

资料来源：甘肃证监局。

（四）市值规模

截至2018年12月31日，甘肃33家上市公司境内总市值1794.39亿元，占全国上市公司境内总市值的0.41%；其中，上交所上市公司16家，总股本250.07亿股，境内总市值1085.82亿元，占上交所上市公司境内总市值的0.40%；深交所上市公司17家，总股本171.17亿股，境内总市值708.57亿元，占深交所上市公司境内总市值的0.43%。

（五）资产规模

截至2018年12月31日，甘肃33家上市公司合计总资产2898.88亿元，归属于母公司股东权益1192.39亿元，与2017年相比，分别增长0.15%、1.06%；平均每股净资产2.83元。

三、甘肃上市公司经营情况及变动分析

（一）总体经营情况

表6　　2018年甘肃上市公司经营情况

指　标	2018年	2017年	变动率（%）
家数	33	33	0.00
亏损家数	8	3	166.67
亏损家数比例（%）	24.24	9.09	15.15
平均每股收益（元）	0.2	0.25	-20.00
平均每股净资产（元）	2.83	2.8	1.07
平均净资产收益率（%）	7.06	9.04	-1.98
总资产（亿元）	2898.88	2894.54	0.15
归属于母公司股东权益（亿元）	1192.39	1179.92	1.06
营业收入（亿元）	1933.2	1768.79	9.30
利润总额（亿元）	128.03	137.11	-6.62
归属于母公司所有者的净利润（亿元）	84.13	106.69	-21.15

资料来源：沪深交易所，同花顺。

（二）分行业经营情况

表 7　　2018 年甘肃上市公司分行业经营情况

所属行类	营业收入（亿元）	可比样本变动率（%）	归属于母公司所有者的净利润（亿元）	可比样本变动率（%）
采矿业	48.76	4.67	5.30	-6.69
电力、热力、燃气及水的生产和供应业	23.06	16.05	4.85	85.90
房地产业	0.38	-18.00	0.11	222.25
建筑业	—	—	—	—
交通运输、仓储和邮政业	—	—	—	—
教育	—	—	—	—
金融业	—	—	—	—
居民服务、修理和其他服务业	—	—	—	—
科学研究和技术服务业	—	—	—	—
农、林、牧、渔业	42.01	27.66	-0.21	-107.86
批发和零售业	43.10	0.95	17.16	549.97
水利、环境和公共设施管理业	—	—	—	—
卫生和社会工作业	—	—	—	—
文化、体育和娱乐业	7.61	-8.46	0.42	-44.84
信息传输、软件和信息技术服务业	—	—	—	—
制造业	1768.28	8.11	56.49	-40.25
住宿和餐饮业	—	—	—	—
租赁和商务服务业	—	—	—	—
综合	—	—	—	—
合计	1933.20	8.22	84.13	-22.69

资料来源：沪深交易所，同花顺。

（三）业绩变动情况分析

1. 营业收入、毛利率等变动原因分析

2018 年，甘肃上市公司实现营业收入 1933.20 亿元，较 2017 年同比增长 9.30%；营业利润 129.41 亿元，较 2017 年同比下降 6.78%；利润总额 128.03 亿元，较 2017 年同比下降 6.62%；平均毛利率为 18.20%，较 2017 年可比样本下降 4.52 个百分点。营业收入增加主要是由于国家供给侧结构性改革的深入推进，钢铁、水泥、炭素等行业市场总体供需矛盾得以改善，产品价格上升，上述行业上市公司营业收入较 2017 年上涨 12.73%，占 2018 年辖区营业收入的 35.75%。

2. 盈利构成分析

2018 年，甘肃上市公司盈利状况不佳，实现归属于母公司所有者的净利润

84.13 亿元，较 2017 年同比下降 21.15%，主要原因是共计 6 家上市公司业绩由盈转亏，净利润较 2017 年合计下降 71.68 亿元。从盈利构成来看，2018 年上市公司利润主要来源于营业利润，金额为 129.41 亿元，占利润总额的 101.09%，营业外收支净额为 -1.39 亿元，投资净收益为 32.38 亿元，占利润总额的比重分别为 -1.09% 和 25.29%。

3. 经营性现金流量分析

2018 年，甘肃上市公司经营活动产生的现金流量净额为 211.96 亿元，较 2017 年增长 155.04%，其中，27 家公司经营活动产生现金流量净额为正，占 33 家上市公司的 81.82%，较 2017 年增加 12.12 个百分点。

4. 业绩特点分析

2018 年，甘肃上市公司实现归属于母公司所有者净利润 84.13 亿元，较 2017 年同比下降 21.15%；平均每股收益 0.20 元，较 2017 年同比下降 20.00%；平均净资产收益率 7.06%，较 2017 年同比下降 1.98 个百分点。分板块来看，辖区创业板公司净利润较 2017 年上升 28.79%，主板和中小板公司净利润相比 2017 年，都有所下降。每股净收益主板、中小板及创业板分别为 0.27 元，-0.04 元和 0.12 元，相比 2017 年分别上升 -1.59%、-121.12% 和 28.79%。

5. 利润分配情况

表 8　　2018 年甘肃上市公司现金分红情况

2018 年分红公司家数			2018 年分红金额		
家数	变动率（%）	分红公司家数占地区公司总数比重（%）	金额（亿元）	变动率（%）	分红金额占归属于母公司所有者的净利润比重（%）
18	-18.18	54.55	28.72	-60.82	34.14

资料来源：甘肃证监局。

四、甘肃上市公司并购重组情况

（一）并购重组基本情况

2018 年，甘肃 3 家上市公司启动资产重组，涉及交易金额合计 47 亿元。三毛派神为进一步优化产业结构，实现由“毛纺业 + 工程咨询服务业”双主业格局向“工程咨询服务业”单主业经营目标，开展重大资产重组。白银有色为深化境外贵金属产业发展战略，通过发行股份和支付现金方式收购境外第一黄金少数股东股权，进一步提升了公司持续经营能力，亚太实业也拟通过并购重组置入优质资产，增强持续经营能力。截至 2018 年年底，3 家上市公司并购重组交易尚未完成。

（二）并购重组特点

2018 年，甘肃上市公司并购重组目的可以分为两种：一是通过横向并购，加强对原有业务的优化和调整，拓宽现有产业布局，不断扩大产业规模。二是通过多元化并购，在跨行业重组的同时，出售不良资产寻求业务转型，提升公司抵御风险的能力，为公司寻找新的利润增长点，有效促进了公司持续健康发展。

五、甘肃上市公司募集资金情况、使用情况

（一）募集资金总体情况

2018 年甘肃辖区上市公司未新增募集资金。

（二）募集资金使用情况及特点

2018 年，甘肃辖区共 18 家上市公司使用募集资金，合计金额 14.52 亿元，主要用于股权投资、项目建设和补充流动资金等。截至 2018 年年末，有 17 家公司募集资金尚未使用完毕。

（三）募集资金变更情况

2018 年，甘肃上市公司银亿股份、庄园牧场、读者传媒、众兴菌业 4 家上市公司存在变更部分募集资金使用用途的情况，变更的资金均为 2018 年以前募集的资金。

表 9　　2018 年甘肃上市公司募集资金使用项目变更情况

变更募集资金使用项目的公司家数	涉及金额（亿元）	募集资金总额（亿元）	占公司募集资金总额的比例（%）
4	6.52	27.03	24.12

资料来源：甘肃证监局。

六、甘肃上市公司规范运作情况

（一）上市公司治理专项情况

2018 年，甘肃证监局坚持以问题和风险为导向，通过现场检查、非现场检查相结合的方式，传导监管压力，持续推动上市公司提高公司治理水平。一是高度重视上市公司股份减持、并购重组承诺履行情况，督促公司及时履行并披露相关信息。二是督促上市公司严格执行公司章程中确定的现金分红政策及决策程序，鼓励上市公司现金分红，积极回报投资者。三是在现场检查中加强对上市公司三会运作、关联交易、财务管理等公司治理情况的检查，及时向公司反馈检查发现的问题，督促公司进一步完善治理机制。2018 年对 15 家公司治理情况进行检查，检查发现的问题均得到及时整改。

（二）审计情况及监管情况

2018 年，辖区 33 家上市公司的财务报告审计报告中，28 家公司为标准无保留意见审计报告，3 家公司为带强调事项的无保留意见审计报告，1 家公司为保留意见审计报告，1 家公司年报被出具了无法表示意见。在纳入内部控制实施范围的 29 家公司的内部控制审计报告中，26 家为标准无保留意见报告，1 家为带强调事

项的无保留意见报告，2家为否定意见报告。在年报审计监管工作中，甘肃证监局详细制定方案，合理进行监管风险分类，督促会计师事务所提高执业质量、规范执业行为。2018年共列席年报审计沟通会6家次，召集16家上市公司年报签字会计师、项目负责人举行年报审计监管集体沟通会，对5家上市公司年报审计项目开展现场检查。

（三）信息披露情况

2018年，甘肃证监局坚持以信息披露监管为中心，一方面，持续强化上市公司非现场检查监管，通过Wind资讯、全景网等加大对上市公司的舆情监控，增强对上市公司信息的敏感度，做到快速反应和及时处置，督促公司做好信息披露和舆情管理。

另一方面，在现场检查中将信息披露作为重要检查内容，不断加大检查频次，对检查中发现的违法违规行为严格依法惩处。全年因信息披露违法违规，向2家上市公司及其10名公司相关责任人出具行政监管措施。严格要求上市公司及负责人履行信息披露义务，增加沟通渠道与沟通方式的多样化，提高公司透明度，进一步提升上市公司信息披露的透明性、及时性、完整性及准确性。

（四）证券市场服务情况

2018年，甘肃证监局以提高多层次资本市场利用水平为突破口，积极推动企业首发上市融资，大力支持已上市公司实施并购重组和再融资，主动研判融资政策变化，引导公司通过发行公司债券、可转换债券等方式融资。同时，进一步提升服务意识，开展“汇聚资本力量，助力实体经济”系列活动，开展“纪念改革开放40周年——甘肃资本市场巡礼”宣传活动，以提高上市公司社会贡献为目标，推动上市公司服务国家脱贫攻坚，召开辖区扶贫工作座谈会，组织辖区上市公司签订《服务脱贫攻坚倡议书》，截至2018年年底，已有18家上司公司披露了年度精准扶贫工作信息，投入扶贫资金和物资约2800万元，产业发展脱贫项目27个，帮助2100余建档立卡贫困人口脱贫。

审稿人：柴小平　贾汝明

撰稿人：杨丽萍

青海地区

一、青海国民经济发展概况

表 1　　2018 年青海国民经济发展概况　　单位：亿元

指　标	1～3 月		1～6 月		1～9 月		1～12 月	
	绝对量	同比增长（%）	绝对量	同比增长（%）	绝对量	同比增长（%）	绝对量	同比增长（%）
地区生产总值（GDP）	532.58	7.20	1196.99	5.90	1926.54	6.80	2865.23	7.20
全社会固定资产投资	—	9.80	—	-2.60	—	4.30	—	7.30
社会消费品零售总额	184.70	9.70	379.11	8.40	605.74	8.10	835.56	6.70
规模以上工业增加值	—	8.50	—	8.60	—	8.30	—	8.60
规模以上工业企业实现利润	15.90	29.30	37.60	4.40	65.70	15.30	62.70	-14.00
居民消费价格指数（CPI）	1～3 月		1～6 月		1～9 月		1～12 月	
	2.70		2.10		2.80		2.60	

资料来源：国家统计局。

二、青海上市公司总体情况

（一）公司数量

表 2　　2018 年青海上市公司数量　　单位：家

公司总数	2018 年新增	股票类别			板块分布			
		仅 A 股	仅 B 股	（A+B）股	沪市主板	深市主板	中小板	创业板
12	0	12	0	0	8	3	1	0

资料来源：沪深交易所，同花顺。

（二）行业分布

表 3　　2018 年青海上市公司行业分布情况

所属证监会行业类别	家数	占比（%）	所属证监会行业类别	家数	占比（%）
采矿业	2	16.67	批发和零售业	0	0.00
电力、热力、燃气及水的生产和供应业	0	0.00	水利、环境和公共设施管理业	0	0.00
房地产业	0	0.00	卫生和社会工作业	0	0.00
建筑业	1	8.33	文化、体育和娱乐业	0	0.00
交通运输、仓储和邮政业	0	0.00	信息传输、软件和信息技术服务业	1	8.33
教育	0	0.00	制造业	8	66.67
金融业	0	0.00	住宿和餐饮业	0	0.00
居民服务、修理和其他服务业	0	0.00	租赁和商务服务业	0	0.00
科学研究和技术服务业	0	0.00	综合	0	0.00
农、林、牧、渔业	0	0.00	合计	12	100.00

资料来源：沪深交易所，同花顺。

（三）股本结构及规模

表 4　　2018 年青海上市公司股本规模在 10 亿股以上公司分布情况

股本规模（亿股）	公司家数	具体公司
20≤～<50	3	*ST盐湖、西部矿业、智慧能源
10≤～<20	2	西宁特钢、藏格控股

资料来源：沪深交易所，同花顺。

表 5　　2018 年青海上市公司分地区股权构成情况　　单位：家

股权性质 / 地域分布	央企国资控股	省属国资控股	地市国资控股	民营控股	其他	合计
西宁市	0	3	0	6	0	9
海东市	0	0	0	1	0	1
格尔木市	0	1	0	1	0	2
合计	0	4	0	8	0	12

资料来源：青海证监局。

（四）市值规模

截至2018年12月31日，青海12家上市公司境内总市值994.10亿元，占全国上市公司境内总市值的0.23%；其中，上交所上市公司8家，总股本77.15亿股，境内总市值482.17亿元，占上交所上市公司境内总市值的0.18%；深交所上市公司4家，总股本59.96亿股，境内总市值511.93亿元，占深交所上市公司境内总市值的0.31%。

（五）资产规模

截至2018年12月31日，青海12家上市公司合计总资产1873.93亿元，归属于母公司股东权益526.25亿元，与2017年相比，分别增长1.56%、-12.05%；平均每股净资产3.84元。

三、青海上市公司经营情况及变动分析

（一）总体经营情况

表6　　2018年青海上市公司经营情况

指　标	2018年	2017年	变动率（%）
家数	12	12	0.00
亏损家数	4	2	100.00
亏损家数比例（%）	33.33	16.67	16.66
平均每股收益（元）	-0.41	-0.14	-192.86
平均每股净资产（元）	3.84	4.35	-11.72
平均净资产收益率（%）	-10.6	-3.3	-7.30
总资产（亿元）	1873.93	1845.15	1.56
归属于母公司股东权益（亿元）	526.25	598.38	-12.05
营业收入（亿元）	819.43	729.13	12.38
利润总额（亿元）	-46.92	-12.76	-267.71
归属于母公司所有者的净利润（亿元）	-55.76	-19.74	-182.47

资料来源：沪深交易所，同花顺。

（二）分行业经营情况

表7　　2018年青海上市公司分行业经营情况

所属行类	营业收入（亿元）	可比样本变动率（%）	归属于母公司所有者的净利润（亿元）	可比样本变动率（%）
采矿业	288.70	2.08	-20.40	-519.83
电力、热力、燃气及水的生产和供应业	—	—	—	—
房地产业	—	—	—	—
建筑业	28.12	83.69	0.70	58.58

续表

所属行类	营业收入（亿元）	可比样本变动率（%）	归属于母公司所有者的净利润（亿元）	可比样本变动率（%）
交通运输、仓储和邮政业	—	—	—	—
教育	—	—	—	—
金融业	—	—	—	—
居民服务、修理和其他服务业	—	—	—	—
科学研究和技术服务业	—	—	—	—
农、林、牧、渔业	—	—	—	—
批发和零售业	—	—	—	—
水利、环境和公共设施管理业	—	—	—	—
卫生和社会工作业	—	—	—	—
文化、体育和娱乐业	—	—	—	—
信息传输、软件和信息技术服务业	7.35	42.47	0.93	45.75
制造业	495.26	14.00	-36.99	-56.73
住宿和餐饮业	—	—	—	—
租赁和商务服务业	—	—	—	—
综合	—	—	—	—
合计	819.43	11.08	-55.76	-215.75

资料来源：沪深交易所，同花顺。

（三）业绩变动情况分析

1. 营业收入、毛利率等变动原因分析

2018年，青海上市公司实现营业收入819.43亿元，同比增长12.38%；营业利润-42.47亿元，同比下降210.45%；归属于母公司股东的净利润-55.76亿元，同比下降182.47%；毛利率19.27%，同比下降0.62个百分点。2018年，青海上市公司营业收入同比增长，但净利润同比下降的主要原因是：盐湖股份计提资产减值损失28.64亿元，西部矿业确认长期股权投资减值损失25.22亿元，西宁特钢计提存货减值损失3.56亿元，智慧能源计提存货跌价准备0.35亿元。

2. 盈利构成分析

2018年，青海上市公司利润来源主要是营业利润，剔除4家亏损公司后，其他8家公司实现营业利润20.76亿元，占利润总额的比重为91.98%。其中，投资收益2.16亿元，占营业利润的10.40%。6家上市公司确认投资收益金额较大，主要来源于投资理财、处置资产等，对年报利润贡献力度大。3家上市公司扣除非经常性损益后净利润为负，主营业务盈利能力有待提高。

3. 经营性现金流量分析

2018年，青海上市公司经营性现金流入863.79亿元，现金流出777.43亿元，现金流入净额86.36亿元，同比下降323.13%。其中，8家公司经营性现金流量净额为正，4 家公司经营性现金流量净额为负。5 家公司 2018 年经营性现金流量净额同比下降，7 家公司 2018 年经营性现金流量净额同比上升。2 家公司持续 3 年以上经营性现金流量净额为负。

4. 业绩特点分析

（1）部分上市公司经营业绩回升。2018 年，辖区 8 家上市公司盈利，7 家上市公司营业收入、归属于母公司股东的净利润较 2017 年均呈现不同程度的增长。主要原因是辖区已完成资产重组的上市公司经营业绩均有明显改善，顺利办实现净利润 1.11 亿元，同比增长 43.12%；正平股份实现净利润 0.95 亿元，同比增长 94.56%；智慧能源实现净利润 1.87 亿元，同比增长 108.99%。

（2）个别公司主营业务盈利能力不佳。青海春天 2018 年实现归属于上市公司股东的净利润为 6844.69 万元，其中，确认投资收益 6921.52 万元，确认营业外收入 4378.03 万元，投资收益与营业外收入合计金额已远高于公司实现的归属于上市公司股东的净利润，公司主营业务持续盈利能力须持续关注。青海华鼎从事机械设备的研发、生产、销售，传统机床行业长期受市场环境不景气影响，公司扣除非经营性损益后的净利润已连续 8 年为负，主营业务盈利能力弱。

（3）部分公司经营困难，财务风险较高。盐湖股份 2018 年负债总额 562 亿元，资产负债率 74.95%，公司 2019 ~ 2020 年为偿债高峰期，公司面临资金流动性紧张和债务偿付双重风险；公司已持续两年巨额亏损，目前公司股票已被实施退市风险警示（即“*ST”），面临较大暂停上市风险。西宁特钢 2018 年负债总额 218.56 亿元，资产负债率高达 92.93%，公司偿债压力大，融资能力不足，资金链紧张，存在较高的财务风险。

5. 利润分配情况

表 8　　2018 年青海上市公司现金分红情况

2018 年分红公司家数			2018 年分红金额		
家数	变动率（%）	分红公司家数占地区公司总数比重（%）	金额（亿元）	变动率（%）	分红金额占归属于母公司所有者的净利润比重（%）
4	-33.33	33.33	2.84	-69.66	/

资料来源：青海证监局。

四、青海上市公司并购重组情况

（一）并购重组基本情况

支持上市公司并购重组，推动上市公司产业整合，提高上市公司质量，实现高质量发展。一是西宁特钢对辅助性产业进行剥离、淘汰，报告期内出售其温查汉西、野马泉两家矿山企业 85% 股权，物业公司、福利厂、哈密博伦、肃北博伦、格尔木西钢 100% 股权。二是顺利办为进一步提升公司盈利能力，以现金方式购买快马财税 60% 股权、易桥快马 25% 股权、神州开元20%股权。三是正平路桥为进一步拓宽公司业务领域，提高盈利能力，先后收购了科盛环保100%股权、正平建设60%股权、贵州水利51%股权。四是为增加公司资源储备，提高矿产资源潜在价值，西部矿业购买会东大梁100%股权、双利矿业50%股权。五是智慧能源跨行业重组实现产业结构调整，购买京航安49%股权，加速拓展国内军民融合通用航空行业和"一带一路"机场基础设施建设领域，贡献了新的盈利点。六是为转型升级发展，改善公司主业不佳的现状，青海春天购买西藏听花酒业100%股权，开拓酒业务板块。七是青海华鼎为了落实发展战略对投资板块的部署，调整装备制造板块的组织架构，将辅助资产调整、剥离，出售青海东大重装钢构有限公司51%股权。

（二）并购重组特点

2018年，青海上市公司充分利用资本市场资源优化配置功能，积极开展了以产业整合、结构调整及产业转型升级为目的的并购重组，并购重组方式多样化，主要包括重大资产出售、现金收购、小额多频次资产收购等。一是西宁特钢剥离亏损资产，化解过剩产能，理顺公司架构，整合内部资源，专注优势主业发展，减轻资产负担，提高公司盈利能力，为扭亏脱困奠定良好基础。二是顺利办重大资产重组，整合行业优质资源，形成规模优势，增强公司实力和核心竞争力，提高上市公司质量，增强上市公司经营业绩。三是正平路桥金额小、多频次资产重组，不断向上下游延伸和拓展业务链，有效推动了上下游产业整合，为企业持续做大做强夯实了基础。四是西部矿业整合行业优质资源，增加公司资源储备，提高核心竞争力。五是智慧能源实现对行业系统龙头京航安100%控股，紧抓中国从民航大国向民航强国转变的战略机遇，提供新的利润增长点。六是青海春天开拓酒业务板块，改善主业不佳现状，提高公司盈利能力。七是青海华鼎剥离传统亏损资产，实现产业转型升级发展，提升整体盈利能力，为上市公司主营业务的发展做出贡献。

五、青海上市公司募集资金情况、使用情况

（一）募集资金总体情况

表9　　2018年青海上市公司募集资金情况

发行类型	代码	简称	募集资金（亿元）
其他融资（公司债券、短期融资券、中期票据、次级债、金融债、境外发行债券）	601168	西部矿业	7
	000792	*ST盐湖	15（超短期融资券）
	小计		22

资料来源：青海证监局。

（二）募集资金使用情况及特点

2018年，青海辖区1家上市公司通过发行公司债券募集资金7亿元，4家公司使用募集资金48.79亿元，其中，使用本年度募集资金21.96亿元，使用以前年度募集资金26.83亿元。募集资金主要用于募集资金投资项目建设、补充流动资金和偿还银行借款。辖区上市公司募集资金使用整体较为规范，募集资金严格按照募集说明书约定投向使用。

（三）募集资金变更情况

表10　　2018年青海上市公司募集资金使用项目变更情况

变更募集资金使用项目的公司家数	涉及金额（亿元）	募集资金总额（亿元）	占公司募集资金总额的比例（%）
0	0	0	0

资料来源：青海证监局。

六、青海上市公司规范运作情况

（一）上市公司治理专项情况

2018年，青海证监局以证监会修订《上市公司治理准则》为契机，通过日常监管、现场检查、约谈等多种方式，督促辖区上市公司提高公司治理能力和“三会”规范运作水平。一是组织召开2018年公司监管工作座谈会，传达证监会系统2018年工作会议精神，分析辖区资本市场面临的形势与挑战，部署2018年公司监管重点工作。二是高度重视上市公司高管培训，要求上市公司董事长、总经理认真参加由证监会上市部、青海证监局及中国上市公司协会举办的各类专题培训，切实加强上市公司董事长、总经理等关键少数的合法合规意识、自律意识。三是向辖区上市公司下发《关于贯彻落实〈上市公司治理准则〉的通知》，要求各公司认真学习，全面梳理，自查公司章程等规章制度中需要补充、修改的内容，及时予以完善，并加强内部培训。四是在上市公司年报现场检查中，重点对公司治理情况做专项检查，经整改，辖区上市公司治理进一步完善，规范运作水平进一步提升。

（二）审计情况及监管情况

扎实做好2017年报监管工作，向辖区上市公司印发《关于做好上市公司2017年报编制和披露工作的通知》，加强对上市公司年末突击调节利润行为的监管。结合日常监管掌握的情况，在年报审计前，与12家上市公司及其年报审计机构现场沟通年报编制审计披露中的重大风险问题及重大事项，向审计机构出具监管关注函12份。要求审计机构认真贯彻风险导向理念，强化项目质量控制，关注重点风险领域，实施恰当审计程序，获取充分审计证据，勤勉尽责，切实提高上市公司实质性信息披露质量、财务信息披露质量。年报披露后，认真审核上市公司年报，发现信息披露、会计处理、募集资金等问题或需进一步说明事项105项，同比增长12.9%，向上市公司出具问询函，要求公司核实并整改。对3家上市公司2017年度审计报告执业质量开展现场检查，发现审计问题25项，向相关审计机构出具《现场检查情况告知书》3份，收到整改报告3份。经整改，上市公司信息披露质量和审计质量进一步提升。

（三）信息披露情况

2018年，青海证监局持续以信息披露监管为核心，强化信息披露监管力度，提高上市公司透明度，保障投资者知情权。一是在上市公司年报现场检查中，重点对公司信息披露情况做专项检查，经整改，辖区上市公司信息披露透明度、及时性、完整性、准确性进一步提高。二是加强信息披露监管，高度关注上市公司信息披露敏感问题，高度关注股价异动、媒体质疑或市场传言，及时向公司询问或核查。2018年，辖区上市公司没有因为内幕交易而被立案查处，内幕信息管理工作整体较为规范。三是进一步加大环保信息披露监管力度，督促盐湖股份、西宁特钢、西部矿业、青青稞酒、广誉远在2017年、2018年定期报告中切实履行环境信息披露义务。四是加强食品药品行业上市公司信息披露监管工作，要求广誉远切实履行规范经营和信息披露义务，深入开展自查工作，并制定有效可行的整改措施。

（四）证券市场服务情况

2018年，青海证监局以提升资本市场服务实体经济能力、助力供给侧结构性改革、服务国家战略、促进企业产品结构调整与产业转型升级、增强地方经济活力为工作目标，积极利用多层次资本市场体系服务青海经济建设。一是支持辖区企业依托多层次资本市场体系，实现多元化融资29.29亿元，其中，发行公司债券融资7亿元。充分发挥债券融资主渠道的作用，优化公司债务结构，减少对短期融资的依赖，一定程度上解决了期限错配问题。二是积极服务、协调青海省政府通过沪深交易所政府债券发行系统成功发行地方政府债券234.58亿元，对拓宽政府融资渠道、推动基础设施建设、支持全省经济发展具有重要的促进作用。三是积极支持配合辖区上市公司债转股，助力供给侧结构性改革，去杠杆、降成本。积极支持盐湖股份、西宁特钢、西矿集团按照市场化、法制化要求实施债转股，优化资本结构、减轻财务负担，促进公司可持续健康发展。四是践行绿色发展理念。深入贯彻落实习近平总书记视察青海时提出的“四个扎扎实实”重大要求，结合省情实际，扎实开展省内旅游资源、锂资源、光伏产业调研工作，助力绿色产业高质量发展。

审稿人：胡巍东　肖雪维　陈建鑫

撰稿人：张雅洁　张　婷

宁夏地区

一、宁夏国民经济发展概况

表 1　　2018 年宁夏国民经济发展概况　　单位：亿元

指　标	1～3月		1～6月		1～9月		1～12月	
	绝对量	同比增长（%）	绝对量	同比增长（%）	绝对量	同比增长（%）	绝对量	同比增长（%）
地区生产总值（GDP）	673.71	7.90	1603.58	7.70	2784.66	7.00	3705.18	7.00
全社会固定资产投资	—	-17.70	—	-18.40	—	-19.10	—	-18.20
社会消费品零售总额	227.23	7.00	430.55	5.20	678.93	5.50	935.76	4.80
规模以上工业增加值	—	7.50	—	4.90	—	6.90	—	8.30
规模以上工业企业实现利润	33.90	21.90	88.00	21.50	133.70	35.10	174.20	16.00
居民消费价格指数（CPI）	1～3月		1～6月		1～9月		1～12月	
	2.10		2.50		2.50		1.90	

资料来源：国家统计局。

二、宁夏上市公司总体情况

（一）公司数量

表 2　　2018 年宁夏上市公司数量　　单位：家

公司总数	2018 年新增	股票类别			板块分布			
		仅 A 股	仅 B 股	（A+B）股	沪市主板	深市主板	中小板	创业板
13	0	13	0	0	5	7	1	0

资料来源：沪深交易所，同花顺。

（二）行业分布

表 3　　2018 年宁夏上市公司行业分布情况

所属证监会行业类别	家数	占比（%）	所属证监会行业类别	家数	占比（%）
采矿业	0	0.00	批发和零售业	1	7.69
电力、热力、燃气及水的生产和供应业	2	15.38	水利、环境和公共设施管理业	0	0.00
房地产业	0	0.00	卫生和社会工作业	0	0.00
建筑业	0	0.00	文化、体育和娱乐业	0	0.00
交通运输、仓储和邮政业	1	7.69	信息传输、软件和信息技术服务业	0	0.00
教育	0	0.00	制造业	9	69.23
金融业	0	0.00	住宿和餐饮业	0	0.00
居民服务、修理和其他服务业	0	0.00	租赁和商务服务业	0	0.00
科学研究和技术服务业	0	0.00	综合	0	0.00
农、林、牧、渔业	0	0.00	合计	13	100.00

资料来源：沪深交易所，同花顺。

（三）股本结构及规模

表 4　　2018 年宁夏上市公司股本规模在 10 亿股以上公司分布情况

股本规模（亿股）	公司家数	具体公司
10≤～<20	3	嘉泽新能、*ST中绒、西部创业

资料来源：沪深交易所，同花顺。

表 5　　2018 年宁夏上市公司分地区股权构成情况　　单位：家

股权性质 / 地域分布	央企国资控股	省属国资控股	地市国资控股	民营控股	其他	合计
银川市	2	1	0	4	0	7
石嘴山市	2	0	0	1	0	3
吴忠市	0	0	0	2	0	2
固原市	0	0	0	0	0	0
中卫市	0	0	0	1	0	1
合计	4	1	0	8	0	13

资料来源：宁夏证监局。

（四）市值规模

截至2018年12月31日，宁夏13家上市公司境内总市值466.20亿元，占全国上市公司境内总市值的0.1%；其中，上交所上市公司5家，总股本37.92亿股，境内总市值226.29亿元，占上交所上市公司境内总市值的0.08%；深交所上市公司8家，总股本69.08亿股，境内总市值239.91亿元，占深交所上市公司境内总市值的0.15%。

（五）资产规模

截至2018年12月31日，宁夏13家上市公司合计总资产619.46亿元，归属于母公司股东权益264.17亿元，与2017年相比，分别增长-7.22%、-11.93%；平均每股净资产2.56元。

三、宁夏上市公司经营情况及变动分析

（一）总体经营情况

表6　　2018年宁夏上市公司经营情况

指　标	2018年	2017年	变动率（%）
家数	13	13	0.00
亏损家数	3	2	50.00
亏损家数比例（%）	23.08	15.38	7.70
平均每股收益（元）	-0.36	0.06	-700.00
平均每股净资产（元）	2.56	2.91	-12.03
平均净资产收益率（%）	-13.97	1.94	-15.91
总资产（亿元）	619.46	667.66	-7.22
归属于母公司股东权益（亿元）	264.17	299.94	-11.93
营业收入（亿元）	255.68	258.44	-1.07
利润总额（亿元）	-33.43	9.06	-468.98
归属于母公司所有者的净利润（亿元）	-36.9	5.81	-735.11

资料来源：沪深交易所，同花顺。

（二）分行业经营情况

表7　　2018年宁夏上市公司分行业经营情况

所属行类	营业收入（亿元）	可比样本变动率（%）	归属于母公司所有者的净利润（亿元）	可比样本变动率（%）
采矿业	—	—	—	—
电力、热力、燃气及水的生产和供应业	22.64	25.01	3.22	2403.33
房地产业	—	—	—	—
建筑业	—	—	—	—

续表

所属行类	营业收入（亿元）	可比样本变动率（%）	归属于母公司所有者的净利润（亿元）	可比样本变动率（%）
交通运输、仓储和邮政业	7.61	15.29	1.47	69.38
教育	—	—	—	—
金融业	—	—	—	—
居民服务、修理和其他服务业	—	—	—	—
科学研究和技术服务业	—	—	—	—
农、林、牧、渔业	—	—	—	—
批发和零售业	76.26	2.55	1.37	28.36
水利、环境和公共设施管理业	—	—	—	—
卫生和社会工作业	—	—	—	—
文化、体育和娱乐业	—	—	—	—
信息传输、软件和信息技术服务业	—	—	—	—
制造业	149.18	-7.40	-42.97	-1418.17
住宿和餐饮业	—	—	—	—
租赁和商务服务业	—	—	—	—
综合	—	—	—	—
合计	255.68	-1.72	-36.90	-829.26

资料来源：沪深交易所，同花顺。

（三）业绩变动情况分析

1. 营业收入、毛利率等变动原因分析

2018年，辖区13家上市公司共实现营业总收入255.68亿元，同比下降1.07%；营业利润-34.67亿元，同比下降523.32%；利润总额-33.43亿元，同比下降468.98%；毛利率-14.71%，较2017年下降12.54个百分点。辖区上市公司营业总收入下降，主要原因是辖区1家公司剥离原主营业务、1家公司整体经营情况不佳，导致营业收入大幅下降。

2. 盈利构成分析

2018年，辖区13家上市公司归属母公司股东的净利润-36.90亿元，较2017年大幅下降，主要原因是辖区3家上市公司计提大额商誉减值、大额资产减值等，导致亏损金额较大。

3. 经营性现金流量分析

2018年，辖区13家上市公司经营活动产生的现金流量净额合计22.44亿元，同比下降29.81%，辖区有3家上市公司经营活动产生的现金流量净额大幅下降，下降的主要原因包括：重大资产重组新收购业务盈利不及预期、主营业务变更、应付票据到期兑付及原材料采购增加等。

4. 业绩特点分析

2018年，辖区上市公司剔除3家亏

损上市公司后，其余10家公司实现扣非后净利润11.49亿元，为2017年扣非后净利润的6.88倍；同时，10家公司扣非后净利润占净利润的平均比重为94.18%，上市公司聚焦实业、专注主业、提升质量效果有所显现。

5. 利润分配情况

表8　　2018年宁夏上市公司现金分红情况

2018年分红公司家数			2018年分红金额		
家数	变动率（%）	分红公司家数占地区公司总数比重（%）	金额（亿元）	变动率（%）	分红金额占归属于母公司所有者的净利润比重（%）
4	33.33	30.77	5.55	190.58	-15.04

资料来源：宁夏证监局。

四、宁夏上市公司并购重组情况

（一）并购重组基本情况

2018年，宁夏辖区6家次公司开展并购重组，涉及金额53.77亿元，但重组效果不佳，仅1家公司完成重组，成交额4600万元，系该公司通过现金购买海外资产。

（二）并购重组特点

一是并购重组相对活跃。辖区上市公司利用资本市场实现产业转型升级的意识逐步增强，希望通过并购重组拓展产业链、化解过剩产能、处置无效资产等。二是并购重组效果不佳。大部分上市公司并购重组缺乏审慎，决策不全面、准备不充分，重组过程中受到各种因素的影响，进展缓慢、困难重重，最终导致重组未能按计划完成。

五、宁夏上市公司募集资金情况、使用情况

宁夏辖区上市公司2018年度直接融资整体不活跃，首发、再融资及债权融资均为0。2018年度，宁夏辖区2家上市公司变更募集资金使用，将募集资金投向由收购股权、项目投资变更为补充流动资金，合计3.85亿元。

表9　　2018年宁夏上市公司募集资金使用项目变更情况

变更募集资金使用项目的公司家数	涉及金额（亿元）	募集资金总额（亿元）	占公司募集资金总额的比例（%）
2	3.85	21.52	17.89

资料来源：宁夏证监局。

六、宁夏上市公司规范运作情况

（一）上市公司治理专项情况

2018年，宁夏证监局依法开展上市公司日常监管工作，以保护投资者合法权益为目标，以依法行政为准绳，切实督促上市公司完善治理结构，全面提升上市公司规范运作水平。在现场检查汇总，落实风险导向理念，密切关注上市公司治理规范性，履行派出机构一线监管的核心职责。持续督促上市公司完善内部管理制度，有效执行内部决策流程，严格执行内幕信息知情人登记管理制度，防范内幕交易。

（二）审计情况及监管情况

2018年，辖区上市公司分别由信永中和银川分所、立信、大华、利安达、天职国际、中审众环、中兴财光华7家会计师事务所审计，其中，4家公司年报、2家公司内部控制被年审会计师出具非标审计意见。宁夏证监局持续加强与证监会会计部、沪深交易所的监管协作，贯彻事前防范、事中督导、事后审核的监管理念，扎实推进年报审计监管工作，增强监管的针对性和有效性。一是全面掌握市场主体风险情况，通过综合分析，对辖区上市公司进行分类，确定监管思路。二是积极部署年报监管，对上市公司和年审机构分别下发做好年报工作的通知，对2018年度报告的编制、审计和披露做出明确要求。三是有效开展年报审核，形成包括公司经营业务、重大事项、监管建议等在内的信息快报。四是加大审计机构执业检查力度，落实审计监督职责。

（三）信息披露情况

2018年，辖区上市公司信息披露规范化程度有所提高，各公司以体现投资价值为导向，强化了投资者关心事项的披露，定期报告、临时公告披露涵盖了经营业绩、公司治理、内控规范体系实施、利润分配、社会责任等，通过及时、有效的信息披露，公司重大风险得到充分揭示。

（四）证券市场服务情况

1. 扩大增量，推动宁夏企业上市

一是持续加大培训力度，着力转变企业发展理念。召开3次宁夏企业IPO推进会，深入了解辖区企业上市筹备情况，发掘企业上市融资需求，推动辖区企业家充分认识资本市场融资与优化资源配置等功能，摈弃陈旧观念。二是积极开展企业调研，发掘培育储备并进。实地走访20余家新三板公司及5家非上市、非挂牌民营企业，掌握企业经营状况、财务情况、上市意向，介绍IPO辅导备案工作，为企业正在推进的上市筹备工作提供政策建议。三是正确引导，积极服务，做好IPO辅导备案工作。严格按照证监会有关规定对辖区企业首次公开发行股票并上市的辅导备案进行监管，积极督导保荐机构勤勉尽责，严格履行辅导协议，及时报送辅导工作进展报告。

2. 改善存量，着力提高上市公司质量

持续引导辖区上市公司改善并购重组质量，提倡“谨慎并购、健康并购”。一是开展上市公司调研。对4家上市公司开展现场调研，掌握企业生产经营情况，总结并购重组成功的经验和失败的教训，对下一步产业转型工作提出有指导性、操作性的意见和建议。二是约谈并购重组公司及中介机构。就3家上市公司重组进展缓慢、受到交易所多次问询、媒体质疑等问题约谈相关负责人，对重点关注事项进行提醒，保持监管高压和持续关注。

3. 助力脱贫攻坚，引导上市公司履行社会责任

1家公司向贫困县扶贫点捐款；1家公司在贫困县开设零售网点，帮助拓展地方特色优质产品销售渠道，实现农民增收；1家公司帮助建设农村技能培训中心。

4. 多措并举，提升投资者保护工作

一是继续与深圳市全景网络有限公司合作，举办“宁夏地区上市公司业绩说明会暨网上集体接待日”活动，加强宁夏上市公司与投资者的沟通与联系。二是深化诉调、仲调对接协作的投资者多元化调解机制。与投资者服务中心合作建成投资者服务中心宁夏调解工作站。三是积极应对媒体质疑与市场传闻，让市场充分了解情况，减少误读误判。

审稿人：陈　玲　孔艳芬

撰稿人：刘燕强　李东升　弭杨囡

新疆地区

一、新疆国民经济发展概况

表 1　　2018 年新疆国民经济发展概况　　单位：亿元

指　标	1~3月		1~6月		1~9月		1~12月	
	绝对量	同比增长（%）	绝对量	同比增长（%）	绝对量	同比增长（%）	绝对量	同比增长（%）
地区生产总值（GDP）	2020.00	6.70	4892.47	5.60	8502.39	5.30	12199.08	6.10
全社会固定资产投资	—	-30.30	—	-48.90	—	-42.90	—	-25.20
社会消费品零售总额	—	7.90	—	6.10	—	6.10	3187.00	5.20
规模以上工业增加值	—	6.20	—	3.10	—	2.30	—	4.10
规模以上工业企业实现利润	207.10	22.70	459.00	26.00	692.60	21.10	788.80	11.50
居民消费价格指数（CPI）	1~3月		1~6月		1~9月		1~12月	
	2.30		2.30		1.50		0.90	

资料来源：国家统计局。

二、新疆上市公司总体情况

（一）公司数量

表 2　　2018 年新疆上市公司数量　　单位：家

公司总数	2018 年新增	股票类别			板块分布			
		仅 A 股	仅 B 股	（A+B）股	沪市主板	深市主板	中小板	创业板
55	3	55	0	0	29	8	13	5

资料来源：沪深交易所，同花顺。

（二）行业分布

表 3　　2018 年新疆上市公司行业分布情况

所属证监会行业类别	家数	占比（%）	所属证监会行业类别	家数	占比（%）
采矿业	5	9.09	批发和零售业	5	9.09
电力、热力、燃气及水的生产和供应业	6	10.91	水利、环境和公共设施管理业	0	0.00
房地产业	0	0.00	卫生和社会工作业	0	0.00
建筑业	2	3.64	文化、体育和娱乐业	0	0.00
交通运输、仓储和邮政业	2	3.64	信息传输、软件和信息技术服务业	2	3.64
教育	0	0.00	制造业	24	43.64
金融业	2	3.64	住宿和餐饮业	0	0.00
居民服务、修理和其他服务业	0	0.00	租赁和商务服务业	2	3.64
科学研究和技术服务业	1	1.82	综合	0	0.00
农、林、牧、渔业	4	7.27	合计	55	100.00

资料来源：沪深交易所，同花顺。

（三）股本结构及规模

表 4　　2018 年新疆上市公司股本规模在 10 亿股以上公司分布情况

股本规模（亿股）	公司家数	具体公司
200≤～<500	1	申万宏源
50≤～<100	4	渤海租赁、中油工程、广汇能源、中油资本
20≤～<50	5	中粮糖业、金风科技、中泰化学、特变电工、德展健康
10≤～<20	11	天富能源、同济堂、卓郎智能、*ST中葡、美克家居、西部建设、青松建化、八一钢铁、新研股份、天山股份、*ST新亿

资料来源：沪深交易所，同花顺。

表 5　　2018 年新疆上市公司分地区股权构成情况　　单位：家

地域分布＼股权性质	央企国资控股	省属国资控股	地市国资控股	民营控股	其他	合计
乌鲁木齐市	5	4	3	16	3	31
克拉玛依市	2	0	0	2	0	4
昌吉市	1	0	0	4	0	5
库尔勒市	1	0	0	0	0	1
石河子市	0	0	3	0	0	3
五家渠市	0	0	2	0	0	2
伊犁哈萨克自治州	0	0	1	0	0	1

续表

地域分布＼股权性质	央企国资控股	省属国资控股	地市国资控股	民营控股	其他	合计
阿拉尔市	0	0	1	0	0	1
阿克苏市	0	0	1	1	0	2
和田市	0	0	0	1	0	1
塔城市	0	0	0	1	0	1
喀什市	0	0	0	1	0	1
双河市	0	0	0	1	0	1
铁门关市	0	0	1	0	0	1
合计	9	4	12	27	3	55

资料来源：新疆证监局，Wind 资讯。

（四）市值规模

截至 2018 年 12 月 31 日，新疆 55 家上市公司境内总市值 5474 亿元，占全国上市公司境内总市值的 1.26%；其中，上交所上市公司 29 家，总股本 370.10 亿股，境内总市值 1956.73 亿元，占上交所上市公司境内总市值的 0.73%；深交所上市公司 26 家，总股本 561.65 亿股，境内总市值 3517.28 亿元，占深交所上市公司境内总市值的 2.13%。

（五）资产规模

截至 2018 年 12 月 31 日，新疆 55 家上市公司合计总资产 21783.27 亿元，归属于母公司股东权益 4081.35 亿元，与 2017 年相比，分别增长 5.71%、12.42%；平均每股净资产 4.38 元。

三、新疆上市公司经营情况及变动分析

（一）总体经营情况

表 6　2018 年新疆上市公司经营情况

指　标	2018 年	2017 年	变动率（%）
家数	55	52	5.77
亏损家数	8	6	33.33
亏损家数比例（%）	14.55	11.54	3.01
平均每股收益（元）	0.32	0.34	-5.88
平均每股净资产（元）	4.38	4.19	4.53
平均净资产收益率（%）	7.21	8.07	-0.86
总资产（亿元）	21783.27	20606.94	5.71
归属于母公司股东权益（亿元）	4081.35	3630.35	12.42
营业收入（亿元）	4653.44	3917.97	18.77
利润总额（亿元）	463.88	462.44	0.31
归属于母公司所有者的净利润（亿元）	294.17	292.94	0.42

资料来源：沪深交易所，同花顺。

（二）分行业经营情况

表 7　　2018 年新疆上市公司分行业经营情况

所属行类	营业收入（亿元）	可比样本变动率（%）	归属于母公司所有者的净利润（亿元）	可比样本变动率（%）
采矿业	736.94	12.09	24.14	69.36
电力、热力、燃气及水的生产和供应业	89.83	28.73	5.65	-19.92
房地产业	—	—	—	—
建筑业	156.04	-7.83	4.06	37.12
交通运输、仓储和邮政业	11.19	-7.87	2.65	287.63
教育	—	—	—	—
金融业	491.63	15.21	113.98	-0.39
居民服务、修理和其他服务业	—	—	—	—
科学研究和技术服务业	4.19	-0.07	-8.08	-43.21
农、林、牧、渔业	26.30	-10.69	-1.73	45.38
批发和零售业	259.47	11.37	11.46	166.38
水利、环境和公共设施管理业	—	—	—	—
卫生和社会工作业	—	—	—	—
文化、体育和娱乐业	—	—	—	—
信息传输、软件和信息技术服务业	13.20	-25.50	0.64	-60.38
制造业	2450.64	21.55	138.03	2.79
住宿和餐饮业	—	—	—	—
租赁和商务服务业	413.96	14.58	3.34	-87.35
综合	—	—	—	—
合计	4653.44	16.42	294.17	-1.01

资料来源：沪深交易所，同花顺。

（三）业绩变动情况分析

1. 营业收入、毛利率等变动原因分析

2018 年，新疆上市公司实现营业收入 4653.44 亿元，较 2017 年同比增长 18.77%；营业成本 4277.80 亿元，较 2017 年增长 19.01%；营业利润 470.70 亿元，较 2017 年增长 0.65%；归属于母公司所有者净利润 294.17 亿元，较 2017 年同比增长 0.42%；毛利率 8.07%，较 2017 年下降 2.01 个百分点。总体来看，受供给侧改革以及行业周期等因素的影响，传统行业上市公司经营情况持续改善，辖区 55 家上市公司中 37 家实现营业收入增长。

2. 盈利构成分析

从盈利构成来看，2018 年新疆上市公司利润来源主要是营业利润，占利润总额的 101.48%，较 2017 年增长 1.5 个百分点。其中，投资净收益 97.02 亿元，较 2017 年增长 19.10%，占利润总额的比重为 20.92%；资产价值损失 83.66 亿元，较 2017 年增长 7.31%，占利润总额的比重为 18.04%；资产处置收益 12.91 亿元，较 2017 年增长 442.57%，占利润总额的比重为 2.78%；公允价值变动净收益对利润影响较小，占利润总额的比重为0.77%。

3. 经营性现金流量分析

2018年，新疆上市公司产生经营性现金流净额122.26亿元，较2017年下降82.38%。55家上市公司中，33家经营活动产生的现金流量净额为正，22家为负。其中，经营活动现金流入5067.06亿元，较2017年增长7.34%；经营活动现金流出4805.98亿元，较2017年增长29.16%。

4. 业绩特点分析

（1）上市公司经营业绩保持稳定。2018年，新疆上市公司共计实现营业收入4653.44亿元，同比增长18.77%，实现归属于母公司股东的净利润294.17亿元，同比略增0.42%，整体经营保持稳定。

（2）工业企业经济贡献大。经统计，35家工业类上市公司合计实现归属于母公司股东的净利润135.69亿元，占全疆3025家规模以上工业企业利润总额的17.20%，为新疆工业经济发展做出了积极贡献。

（3）金融类企业盈利能力强。2018年，中油资本、申万宏源、渤海租赁3家公司合计实现归属于母公司股东的净利润136.77亿元，业绩占比达到46.50%。

（4）财务杠杆不断优化，水泥行业收益明显。随着供给侧结构性改革深入推进，大力破除无效低效供给，促进结构调整、转型升级，尤其是水泥行业改革成效明显。天山股份、青松建化2家上市公司加快产业结构调整步伐，2018年净利润分别增长3.68倍、6.22倍。

5. 利润分配情况

2018年，新疆55家上市公司中有35家进行了现金分红，较2017年减少一家，35家现金分红上市公司占47家盈利上市公司的74.47%，较2017年现金分红家数占盈利家数的比例下降3.79%；分红金额总计75.57亿元，较2017年下降4.10%；分红金额占其归属于母公司所有者净利润的25.69%，较2017年下降1.21%。新疆有14家上市公司已连续3年实施现金分红。

表8　2018年新疆上市公司现金分红情况

2018年分红公司家数			2018年分红金额		
家数	变动率（%）	分红公司家数占地区公司总数比重（%）	金额（亿元）	变动率（%）	分红金额占归属于母公司所有者的净利润比重（%）
35	－2.78	63.64	75.57	－4.10	25.69

资料来源：新疆证监局。

四、新疆上市公司并购重组情况

（一）并购重组基本情况

2018年，新疆共有5家上市公司推进实施重大资产重组，合计交易金额74.48亿元，其中，4家在2018年完成全部交易，1家于2019年1月完成标的公司股权过户，对助推企业提质增效和转型升级发挥了积极作用。5家上市公司重大资产重组基本情况如下：光正集团现金收购新视界眼科 51% 股权；新天然气收购亚美能源 50.5% 股权；天山生物通过发行股份及支付现金的方式购买 36 名交易对方持有的大象股份 96.21% 股权；立昂技术收购沃驰科技 100% 股权，收购大一互联 100% 股权；德新交运持有的 2 个汽车站等资产被沙区征收办征收，同时补偿置入高铁投资持有的公铁联客运站及蓄车场等资产。

（二）并购重组特点

2018 年，新疆上市公司并购重组呈现如下特点：

（1）产业转型、整合和多元化发展逐渐成为主流。如新天然气通过并购重组横向整合清洁能源资源，为公司带来了新的业绩增长点，在业务开拓、地域布局、产业链整合等方面形成良好的协同效应；立昂技术通过并购重组垂直整合信息技术和互联网行业优质资产。

（2）现金收购案例呈上升趋势。2014~2016 年辖区上市公司并购重组支付方式主要以发行股份为主，且占比呈逐年上升趋势。2018 年，新疆 5 家上市公司在实施重大资产重组时，有 4 家公司选择现金收购或发行股份及支付现金相结合的方式，有利于加快并购重组事项的进展。

（3）民营上市公司逐步成为并购重组的主力。2018 年推进实施重大资产重组的 5 家上市公司均为民营上市公司。一方面，由于民营上市公司大股东更有积极性通过并购重组实现产业转型升级；另一方面，在转型发展过程中，民营企业相对于国有企业经营压力更大，获得资源能力相对较弱，通过并购重组转型需求更为迫切。

五、新疆上市公司募集资金情况、使用情况

（一）募集资金总体情况

表 9　　2018 年新疆上市公司募集资金情况

发行类型	代码	简称	募集资金（亿元）
首发	603080. SH	新疆火炬	4.83
	603706. SH	东方环宇	5.24
	002941. SZ	新疆交建	4.67
	小计		14.74
再融资（增发、配股）	000166. SZ	申万宏源	120.00
	300313. SZ	天山生物	17.96
	600256. SH	广汇能源	38.65
	小计		176.61

续表

发行类型	代码	简称	募集资金（亿元）
其他融资（公司债券）	600256. SH	广汇能源	6. 00
	600089. SH 0089. SH 特变电工	特变电工	22. 30
	000415. SZ	渤海租赁	40. 00
	000166. SZ	申万宏源	70. 00
	002092. SZ	中泰化学	23. 86
	小计		162. 16
总计			353. 51

资料来源：新疆证监局，Wind 资讯。

（二）募集资金使用情况及特点

2018 年，新疆辖区上市公司共募集资金 353. 51 亿元，其中，首发募集资金 14. 74 亿元，再融资募集资金 176. 61 亿元，其他融资募集资金 162. 16 亿元。辖区上市公司募集资金使用具有以下特点：一是 2018 年新疆辖区上市公司募集资金主要用于项目建设和补充运营资金。2018 年，共有 6 家上市公司使用首发及再融资募集资金 160. 10 亿元，占其 2018 年募集资金使用总额的 90. 79%。二是募集资金整体使用效率较好，但受经济转型及行业动态变化的影响，部分公司募集资金使用进度较慢、出现募投项目变更或终止。

（三）募集资金变更情况

2018 年，有 4 家公司变更募集资金投资项目 7 个，涉及金额 1. 54 亿元，占公司募集资金总额的 9. 41%。募集资金变更经过了相应审批程序。募集资金的变更主要有以下原因：一是公司业务调整，终止投入无法为公司带来稳定业绩的项目。二是募集资金投资项目结项后，节余募集资金永久性补充流动资金。

表 10　　2018 年新疆上市公司募集资金使用项目变更情况

变更募集资金使用项目的公司家数	涉及金额（亿元）	募集资金总额（亿元）	占公司募集资金总额的比例（%）
4	1. 54	16. 36	9. 41

资料来源：新疆证监局，Wind 资讯。

六、新疆上市公司规范运作情况

（一）上市公司治理专项情况

2018 年，新疆证监局在日常监管工作中，以提升上市公司规范运作水平为主要目标，通过非现场监管和现场监管，不断深化对上市公司日常经营管理、商业模式、信息披露及内部管控等方面的了解，就存在的合规问题及时提示、督促整改，积极引导上市公司坚决树立合规意识，不断提高公司质量。

（二）审计情况及监管情况

2018 年，共有 18 家会计师事务所承做新疆 55 家上市公司 2018 年年报审计业务。其中，49 家上市公司审计报告被出具标准无保留意见，3 家上市公司审计报告被出具带强调事项段的无保留意见，2 家上市公司审计报告被出具保留意见，1 家上市公司审计报告被出具无法表示意见。

新疆证监局在 2018 年审计监管过程中，多措并举发挥事前提醒、事中督导及事后监督监察功能，强化全流程监管。一是全面梳理新疆上市公司风险情况，确定重点类审计项目和重点监管公司。二是通过组织专题培训、座谈、下发监管提示函等多途径开展事前提醒，强化年审会计师的责任意识和风险意识。三是突出风险及问题导向，通过约谈主审会计师、局领导带队现场督导、列席会计师与上市公司独立董事或审计委员会的沟通及时关注审计计划和落实情况。四是审阅重点类项目审计总结、审核公司年报、召开年报审核研析会扎实开展非现场监管，深化年报事后审核工作。五是以问题和风险为导向开展专项、专题和重点类线索现场检查，督促审计机构勤勉尽责。

（三）信息披露情况

2018 年，新疆证监局以重点信息为切入点，持续做好上市公司信息披露事后审核工作。以定期报告事后审核为抓手，细致研判，从信息披露、经营情况和财务会计数据及日常关注事项 4 个方面问询，2018 年向辖区上市公司发送定期报告事后审核意见函 15 家次，提出问题和建议 180 余项。2018 年共审阅上市公司信息披露文件 5325 份，约谈上市公司 74 家次、142 人次，下达行政监管措施 4 家次，移送稽查立案 1 家次。

（四）证券市场服务情况

2018 年，新疆证监局积极促进辖区资本市场规范发展，着力提升资本市场服务实体经济的能力。一是针对辖区上市公司家数日益增多、行业集中度愈加显著的发展趋势，积极探索建立同行业公司归口监管新模式，统一同行业公司监管人员，调研走访 6 家辖区燃气供应业上市公司，形成行业调研报告。二是加强投资者保护力度，提高信访回复质量，对投资者诉求特别是涉及稳定的诉求及时受理、全程跟踪办理，第一时间、第一地点妥善解决。三是积极开展调研共 41 家次，举办培训、座谈会传递监管理念、宣讲监管新政策，加强监管部门和辖区上市公司彼此之间的互动互联，2018 年共举办上市公司相关业务培训 4 场，培训公司 162 家次，492 人次。

审稿人：童　惟　李　杜

撰稿人：唐　婕

深圳地区

一、深圳国民经济发展概况

表 1　　2018 年深圳国民经济发展概况　　单位：亿元

指　标	1～3 月		1～6 月		1～9 月		1～12 月	
	绝对量	同比增长（%）	绝对量	同比增长（%）	绝对量	同比增长（%）	绝对量	同比增长（%）
地区生产总值（GDP）	5209.81	8.10	11009.38	8.00	17530.69	8.10	24221.98	7.60
全社会固定资产投资	—	28.10	—	22.00	—	18.90	6191.01	20.60
社会消费品零售总额	1332.53	9.00	2855.97	8.40	4473.56	8.20	6168.87	7.60
规模以上工业增加值	1852.88	8.90	3955.31	7.40	6306.21	8.30	9109.54	9.50
规模以上工业企业实现利润	275.23	－19.90	943.78	－8.00	1476.39	2.70	2022.14	－4.00
居民消费价格指数（CPI）	1～3 月		1～6 月		1～9 月		1～12 月	
	2.50		2.50		2.60		2.80	

资料来源：国家统计局。

二、深圳上市公司总体情况

（一）公司数量

表 2　　2018 年深圳上市公司数量　　单位：家

公司总数	2018 年新增	股票类别			板块分布			
		仅 A 股	仅 B 股	（A＋B）股	沪市主板	深市主板	中小板	创业板
285	11	268	0	17	22	58	116	89

资料来源：沪深交易所，同花顺。

（二）行业分布

表 3　　2018 年深圳上市公司行业分布情况

所属证监会行业类别	家数	占比（%）	所属证监会行业类别	家数	占比（%）
采矿业	0	0.00	批发和零售业	17	5.96
电力、热力、燃气及水的生产和供应业	4	1.40	水利、环境和公共设施管理业	3	1.05
房地产业	17	5.96	卫生和社会工作业	0	0.00
建筑业	17	5.96	文化、体育和娱乐业	0	0.00
交通运输、仓储和邮政业	7	2.46	信息传输、软件和信息技术服务业	31	10.88
教育	0	0.00	制造业	166	58.25
金融业	8	2.81	住宿和餐饮业	0	0.00
居民服务、修理和其他服务业	0	0.00	租赁和商务服务业	10	3.51
科学研究和技术服务业	4	1.40	综合	1	0.35
农、林、牧、渔业	0	0.00	合计	285	100.00

资料来源：沪深交易所，同花顺。

（三）股本结构及规模

表 4　　2018 年深圳上市公司股本规模在 10 亿股以上公司分布情况

股本规模（亿股）	公司家数	具体公司
200≤～<500	1	招商银行
100≤～<200	5	工业富联、中国平安、平安银行、中信证券、万科 A
50≤～<100	5	华侨城 A、国信证券、招商蛇口、广深铁路、招商证券
20≤～<50	29	兆驰股份、金地集团、顺丰控股、中兴通讯、格林美、立讯精密、深圳能源、中金岭南、第一创业、香江控股、长城证券、中集集团、中国长城、深圳燃气、南玻 A、比亚迪、欧菲光、南山控股、海王生物、深康佳 A、鹏鼎控股、铁汉生态、深高速、中国宝安、怡亚通、奋达科技、深圳机场、深天马 A、世联行
10≤～<20	48	盐田港、健康元、达实智能、兆新股份、海能达、大悦城、招商港口、*ST 神城、农产品、汇川技术、华测检测、*ST 飞马、欣旺达、广田集团、美盈森、劲嘉股份、兴森科技、东旭蓝天、深科技、天健集团、科陆电子、深振业 A、宝鹰股份、长园集团、聚飞光电、沃尔核材、洪涛股份、海普瑞、爱施德、拓日新能、深赛格、迈瑞医疗、天虹股份、英飞拓、皇庭国际、绿色动力、方大集团、深粮控股、新纶科技、华联控股、*ST 北讯、英唐智控、大族激光、世纪星源、信立泰、拓邦股份、深深房 A、华控赛格

资料来源：沪深交易所，同花顺。

表 5　　2018 年深圳上市公司分地区股权构成情况　　单位：家

股权性质 / 地域分布	央企国资控股	省属国资控股	地市国资控股	民营控股	其他	合计
深圳市	23	2	26	194	40	285

资料来源：深圳证监局。

（四）市值规模

截至 2018 年 12 月 31 日，深圳 285 家上市公司境内总市值 46017.31 亿元，占全国上市公司境内总市值的 10.58%；其中，上交所上市公司 22 家，总股本 931.24 亿股，境内总市值 18023.90 亿元，占上交所上市公司境内总市值的 6.69%；深交所上市公司 263 家，总股本 2604.18 亿股，境内总市值 27993.41 亿元，占深交所上市公司境内总市值的 16.95%。

（五）资产规模

截至 2018 年 12 月 31 日，深圳 285 家上市公司合计总资产 240328.55 亿元，归属于母公司股东权益 30784.32 亿元，与 2017 年相比，分别增长 12.61%、17.02%；平均每股净资产 8.71 元。

三、深圳上市公司经营情况及变动分析

（一）总体经营情况

表 6　　2018 年深圳上市公司经营情况

指　标	2018 年	2017 年	变动率（%）
家数	285	273	4.4
亏损家数	40	14	185.71
亏损家数比例（%）	14.04	5.13	8.91
平均每股收益（元）	1.05	1.04	0.96
平均每股净资产（元）	8.73	8.06	8.31
平均净资产收益率（%）	12.00	12.96	-0.96
总资产（亿元）	240328.55	213409.85	12.61
归属于母公司股东权益（亿元）	30846.81	26306.27	17.26
营业收入（亿元）	40874.48	31182.18	31.05
利润总额（亿元）	5535.97	4921.33	12.49
归属于母公司所有者的净利润（亿元）	3695.33	3408.83	8.4

资料来源：沪深交易所，同花顺。

（二）分行业经营情况

表 7　　2018 年深圳上市公司分行业经营情况

所属行类	营业收入（亿元）	可比样本变动率（%）	归属于母公司所有者的净利润（亿元）	可比样本变动率（%）
采矿业	—	—	—	—
电力、热力、燃气及水的生产和供应业	418.3	13.73	28.59	30.17
房地产业	5443.95	18.28	748.01	17.93
建筑业	692.32	10.07	-0.14	-100.62
交通运输、仓储和邮政业	1317.1	22.76	111.64	4.38
教育	—	—	—	—
金融业	14051.99	8.84	2307.30	12.26
居民服务、修理和其他服务业	—	—	—	—
科学研究和技术服务业	59.56	22.93	7.75	23.39
农、林、牧、渔业	—	—	—	—
批发和零售业	2980.05	17.42	34.96	-25.09
水利、环境和公共设施管理业	92.90	-2.25	7.26	23.39
卫生和社会工作业	—	—	—	—
文化、体育和娱乐业	—	—	—	—
信息传输、软件和信息技术服务业	460.50	18.45	-7.84	-120.14
制造业	13765.18	16.21	526.10	-27.63
住宿和餐饮业	—	—	—	—
租赁和商务服务业	1474.94	-8.08	-70.43	-439.25
综合	117.68	66.43	2.14	60.74
合计	40874.48	13.00	3695.33	-0.03

资料来源：沪深交易所，同花顺。

（三）业绩变动情况分析

1. 营业收入、毛利率等变动原因分析

深圳辖区 285 家公司 2018 年实现营业收入 4.09 万亿元，实现归属于上市公司股东的净利润（以下简称“净利润”）3695.33 亿元，分别同比增长 31.05%、8.4%，营业收入突破 4 万亿元，但净利润增速较 2017 年度明显下滑。其中，金融业和房地产业营业收入及净利润仍保持快速增长，但受成本增长、资产减值等原因的影响，非房地产金融业公司增收不增利，民营企业业绩下滑较为明显。

2. 盈利构成分析

从盈利构成来看，2018 年深圳上市公司利润来源主要是营业利润，占利润总额的比重为100.96%，比2017年上升1.63个百分点；营业外收支净利润占总额的比重为-0.96%，比2017年降低1.63个百分点。在营业利润中，投资净收益占总额的比重为27.07%，较2017年下降18.3个百分点；公允价值变动净收益占利润总额的比重为-4.22%。

3. 经营性现金流量分析

2018年，深圳上市公司经营活动现金流量净额3364.26亿元，其中，扣除金融、房地产业其他上市公司的经营活动现金流量净额为1006.4亿元，较2017年增加81.11%。

4. 业绩特点分析

2018年深圳上市公司业绩呈现以下几个特点：一是整体业绩增速明显放缓，亏损面有所增加。深圳辖区285家公司2018年实现营业收入4.09万亿元，实现归属于上市公司股东的净利润（以下简称"净利润"）3695.33亿元，分别同比增长31.05%、8.4%。285家公司中245家盈利，40家亏损，亏损面明显扩大。二是金融业和房地产业仍保持快速增长，8家金融业公司营业收入、净利润分别为14051.99亿元、2307.30亿元，同比增长8.84%、12.26%。17家房地产业公司营业收入、净利润分别为5440.08亿元、748.01亿元，同比增长18.73%、18.56%，继续保持快速增长。三是实体经济增收不增利，民营企业业绩下滑尤为明显。2018年，受成本增长、资产减值的影响，深圳260家非金融房地产业公司营业收入和净利润分别为21371.59亿元、640.02亿元，分别同比增长16.21%、-35.63%，净利润近3年首次出现下降，实体经济出现"增收不增利"的情况。四是坚持创新发展，始终围绕主业坚持科技创新，加大研发投入，辖区部分公司业绩保持快速增长，实现辖区企业高质量发展。

5. 利润分配情况

表8 2018年深圳上市公司现金分红情况

2018年分红公司家数			2018年分红金额		
家数	变动率（%）	分红公司家数占地区公司总数比重（%）	金额（亿元）	变动率（%）	分红金额占归属于母公司所有者的净利润比重（%）
212	-7.02	74.39	1169.93	10.86	31.66

资料来源：深圳证监局。

四、深圳上市公司并购重组情况

（一）并购重组基本情况

2018年，深圳上市公司共发生重大资产并购重组13宗，完成10宗，失败3宗。其中，发生借壳式重组1宗，完成1宗。10宗完成的重大资产重组分别是：

（1）深赤湾A定增收购招商局港口38.72%股权；

（2）超频三定增收购炯达能源49%

股权；

（3）深深宝 A 定增收购深粮集团 100% 股权；

（4）实益达收购实益达工业 100% 股权；

（5）麦格米特定增收购怡和卫浴 34.00% 的股权，深圳驱动 58.70% 的股权和深圳控制 46.00% 的股权；

（6）南山控股吸收合并深基地 B；

（7）王子新材收购及增资富易达获其 51% 股权；

（8）民德电子收购泰博迅睿 100% 股权；

（9）香江控股收购森岛宝地，森岛鸿盈和森岛置业各 65% 股权；

（10）深天马 A 定增收购厦门天马 100% 股权和天马有机发光 60% 股权。

（二）并购重组特点

2018 年，深圳上市公司的重大资产重组较 2017 年 18 宗有所下降。从并购类型来看，8 宗为行业整合式重组，1 宗为多元化战略，1 宗为借壳上市，整合效益明显。

五、深圳上市公司募集资金情况、使用情况

（一）募集资金总体情况

表 9　　2018 年深圳上市公司募集资金情况

发行类型	代码	简称	募集资金（亿元）
首发	300752. SZ	隆利科技	3. 79
	002939. SZ	长城证券	19. 58
	300760. SZ	迈瑞医疗	59. 34
	002938. SZ	鹏鼎控股	37. 14
	300724. SZ	捷佳伟创	11. 33
	601330. SH	绿色动力	3. 82
	601138. SH	工业富联	271. 20
	300745. SZ	欣锐科技	3. 34
	300454. SZ	深信服	12. 03
	300634. SZ	彩讯股份	2. 87
	300739. SZ	明阳电路	6. 87
	小计		431. 31

续表

发行类型	代码	简称	募集资金（亿元）
再融资（增发、配股）	002851. SZ	麦格米特	8.83
	300506. SZ	名家汇	8.8
	002340. SZ	格林美	18.36
	000040. SZ	东旭蓝天	20
	000050. SZ	深天马 A	111.09
	000019. SZ	深粮控股	58.76
	001872. SZ	招商港口	246.5
	002341. SZ	新纶科技	4.1
	002341. SZ	新纶科技	11.17
	600446. SH	金证股份	2.59
	300457. SZ	赢合科技	14.13
	002402. SZ	和而泰	1.1
	002837. SZ	英维克	2.86
	002654. SZ	万润科技	5.84
	300647. SZ	超频三	1.72
	300112. SZ	万讯自控	1.85
	002528. SZ	英飞拓	6
	300207. SZ	欣旺达	25.54
	002751. SZ	易尚展示	4.43
	600380. SH	健康元	17.16
	002775. SZ	文科园林	8.41
	小计		579.24
其他融资（公司债券、短期融资券、中期票据、次级债、金融债、境外发行债券）	000002. SZ	万科 A	35
	000027. SZ	深圳能源	50
	000039. SZ	中集集团	20
	000050. SZ	深天马 A	10
	000058. SZ	深赛格	8
	000069. SZ	华侨城 A	95
	000078. SZ	海王生物	11.55
	000090. SZ	天健集团	18
	001979. SZ	招商蛇口	70
	002183. SZ	怡亚通	10
	002359. SZ	*ST北讯	20
	002583. SZ	海能达	10
	002594. SZ	比亚迪	56
	300131. SZ	英唐智控	4.62
	300199. SZ	翰宇药业	5
	600162. SH	香江控股	10.6
	600383. SH	金地集团	90
	601139. SH	深圳燃气	19
	小计		542.77
总计			1553.32

资料来源：深圳证监局。

（二）募集资金使用情况及特点

2018年，11家公司通过IPO募集资金431.31亿元；40家公司通过增发、配股及其他融资方式共筹集1122.01亿元。与2017年相比，2018年IPO融资项目下降29家，但IPO募集资金增加233.19亿元。再融资减少9家。

（三）募集资金变更情况

2018年，深圳有18家上市公司变更募集资金投向，涉及额80.38亿元。相比2017年，变更家数增加8家，涉及金额增加65.73亿元。变更募集资金新投35个项目，其中，21个项目用于补充流动资金，另外14个项目与上市公司主营业务相关。

表10　　2018年深圳上市公司募集资金使用项目变更情况

变更募集资金使用项目的公司家数	涉及金额（亿元）	募集资金总额（亿元）	占公司募集资金总额的比例（%）
18	80.38	541.87	14.83

资料来源：深圳证监局。

六、深圳上市公司规范运作情况

（一）上市公司治理专项情况

深圳证监局牢牢把握监管职责定位，始终坚持将上市公司治理情况作为现场检查的重点，对发现的违法违规行为严肃问责。2018年，共对上市公司开展检查70余家次，对上市公司及相关责任人累计采取100余项行政监管措施，着力解决关联方侵害上市公司利益、“三会”运作不规范、信息披露不合规、财务核算不规范、内部控制管理薄弱等公司治理失效问题，通过强化内部和外部的监督制约，督促上市公司切实建立健全、有效、透明的公司治理机制。

（二）审计情况及监管情况

2018年，深圳证监局根据辖区上市公司的风险状况和日常监管掌握到的公司存在的重大事项，确定了2018年年报审计监管43家重点公司，约谈相关年审会计师，积极督促会计师事务所尽职履责。

（三）证券市场服务情况

深圳证监局始终围绕资本市场服务实体经济原则，大力支持和鼓励优质潜力企业IPO和开展市场化再融资、并购重组，积极引导优质企业用好市场化资源配置平台。持续优化对创新创业型企业的辅导和支持，对企业实行绿色通道，优先进行辅导验收，并通过召开辖区辅导企业培训会、实地走访调研等机制，深入一线了解企业在发行上市过程中遇到的困难，积极予以政策指导和协调。

2018年，工业富联首发募资271.2亿元，创下近3年IPO募集金额之最，成为资本市场支持独角兽企业首例；迈瑞医疗首发募资59.34亿元，回归A股后市值达1300亿元，估值为原来的6倍，企业价值得到进一步提升；中集集团自成立以来多次通过境内外并购完善集装箱、道路运输车辆、能源化工设备等九大业务板块布局，公司的干货、罐式集装箱产销量以及半挂车市场占有率均全球第一，成为总资产近1500亿的跨国集团；顺丰控股于2017年重组上市后，总资产从441.35亿元迅速攀升至660.08亿元，一举奠定国内领先的快递物流综合服务商地位。

（四）其他

目前，深圳上市公司在科技创新领域已形成多个较为成熟的产业集群，构建了完整的上下游产业链，成为带动地区经济发展的关键动力。工业富联、长盈精密、欧菲科技等组成的智能手机产业，成就了华为、OPPO、VIVO国产前三手机品牌；洲明科技、超频三、雷曼股份等组成的LED产业，助力深圳成为全国乃至世界LED显示屏第一生产制造基地；深南电路、景旺电子、崇达技术、兴森科技等组成的PCB产业，为深圳3C电子、汽车电子以及5G和人工智能等产业的引领创新提供了保障；国药一致、海王生物、华润三九、健康元、康泰生物等组成的生物医药产业，助推深圳在中国医药城市市值排名榜单中高居第二。一些优势集群代表释放出的规模效应和溢出效应形成辐射全国乃至全球的影响力。精密零组件制造商代表立讯精密目前已是苹果公司第一大核心零组件供应商，其连接上下游供应商和企业客户约5800家，全球半数的电脑和1/3的手机中含有立讯精密的产品。

审稿人：赵江平

撰稿人：彭　凰　吕　哲

大连地区

一、大连国民经济发展概况

表 1　　2018 年大连国民经济发展概况　　单位：亿元

指　标	1~3 月		1~6 月		1~9 月		1~12 月	
	绝对量	同比增长（%）	绝对量	同比增长（%）	绝对量	同比增长（%）	绝对量	同比增长（%）
地区生产总值（GDP）	—	—	—	—	—	—	7668.50	6.50
全社会固定资产投资	—	—	—	—	—	—	—	10.10
社会消费品零售总额	—	—	—	—	—	—	—	7.80
规模以上工业增加值	—	—	—	—	—	—	—	15.90
规模以上工业企业实现利润	—	—	—	—	—	—	—	34.40
居民消费价格指数（CPI）	1~3 月		1~6 月		1~9 月		1~12 月	
	—		—		—		3.00	

资料来源：国家统计局。

二、大连上市公司总体情况

（一）公司数量

表 2　　2018 年大连上市公司数量　　单位：家

公司总数	2018 年新增	股票类别			板块分布			
		仅 A 股	仅 B 股	（A+B）股	沪市主板	深市主板	中小板	创业板
29	0	26	2	1	15	5	7	2

资料来源：沪深交易所，同花顺。

（二）行业分布

表 3　　2018 年大连上市公司行业分布情况

所属证监会行业类别	家数	占比（%）	所属证监会行业类别	家数	占比（%）
采矿业	0	0.00	批发和零售业	6	20.69
电力、热力、燃气及水的生产和供应业	2	6.90	水利、环境和公共设施管理业	1	3.45
房地产业	1	3.45	卫生和社会工作业	0	0.00
建筑业	0	0.00	文化、体育和娱乐业	0	0.00
交通运输、仓储和邮政业	3	10.34	信息传输、软件和信息技术服务业	2	6.90
教育	1	3.45	制造业	11	37.93
金融业	0	0.00	住宿和餐饮业	0	0.00
居民服务、修理和其他服务业	0	0.00	租赁和商务服务业	0	0.00
科学研究和技术服务业	1	3.45	综合	0	0.00
农、林、牧、渔业	1	3.45	合计	29	100.00

资料来源：沪深交易所，同花顺。

（三）股本结构及规模

表 4　　2018 年大连上市公司股本规模在 10 亿股以上公司分布情况

股本规模（亿股）	公司家数	具体公司
100≤～<200	2	国电电力、大连港
50≤～<100	2	恒力石化、广汇汽车
20≤～<50	1	圆通速递
10≤～<20	7	晨鑫科技、*ST大控、铁龙物流、海航投资、辽宁成大、大连重工、中广核技

资料来源：沪深交易所，同花顺。

表 5　　2018 年大连上市公司分地区股权构成情况　　单位：家

股权性质 / 地域分布	央企国资控股	省属国资控股	地市国资控股	民营控股	其他	合计
大连市	3	2	6	15	3	29

资料来源：大连证监局。

（四）市值规模

截至2018年12月31日，大连29家上市公司境内总市值2893.31亿元，占全国上市公司境内总市值的0.67%；其中，上交所上市公司15家，总股本495.96亿股，境内总市值2416.08亿元，占上交所上市公司境内总市值的0.90%；深交所上市公司14家，总股本108.15亿股，境内总市值477.22亿元，占深交所上市公司境内总市值的0.29%。

（五）资产规模

截至2018年12月31日，大连29家上市公司合计总资产7462.83亿元，归属于母公司股东权益2176.39亿元，与2017年相比，分别增长16.96%、7.94%；平均每股净资产3.3元。

三、大连上市公司经营情况及变动分析

（一）总体经营情况

表6　　2018年大连上市公司经营情况

指　标	2018年	2017年	变动率（%）
家数	29	29	0.00
亏损家数	8	2	300.00
亏损家数比例（%）	27.59	6.9	20.69
平均每股收益（元）	0.05	0.22	-77.27
平均每股净资产（元）	3.3	3.18	3.77
平均净资产收益率（%）	1.66	6.97	-5.31
总资产（亿元）	7462.83	6380.74	16.96
归属于母公司股东权益（亿元）	2176.39	2016.38	7.94
营业收入（亿元）	4155.28	3580.97	16.04
利润总额（亿元）	106.57	200.28	-46.79
归属于母公司所有者的净利润（亿元）	36.08	140.54	-74.33

资料来源：沪深交易所，同花顺。

（二）分行业经营情况

表7　　2018年大连上市公司分行业经营情况

所属行类	营业收入（亿元）	可比样本变动率（%）	归属于母公司所有者的净利润（亿元）	可比样本变动率（%）
采矿业	0.00	—	0.00	—
电力、热力、燃气及水的生产和供应业	662.20	9.25	13.72	-38.39

续表

所属行类	营业收入（亿元）	可比样本变动率（%）	归属于母公司所有者的净利润（亿元）	可比样本变动率（%）
房地产业	2.70	178.25	3.49	2583.40
建筑业	0.00	—	0.00	—
交通运输、仓储和邮政业	498.58	22.51	29.35	29.08
教育	2.65	49.92	0.32	75.29
金融业	0.00	—	0.00	—
居民服务、修理和其他服务业	0.00	—	0.00	—
科学研究和技术服务业	1.52	34.74	0.37	113.90
农、林、牧、渔业	27.98	-12.73	0.32	104.44
批发和零售业	2113.28	3.14	28.52	-54.56
水利、环境和公共设施管理业	3.48	0.77	0.58	4.83
卫生和社会工作业	0.00	—	0.00	—
文化、体育和娱乐业	0.00	—	0.00	—
信息传输、软件和信息技术服务业	28.43	-18.60	-77.86	-704.53
制造业	814.45	16.94	37.28	-14.63
住宿和餐饮业	0.00	—	0.00	—
租赁和商务服务业	0.00	—	0.00	—
综合	0.00	—	0.00	—
合计	4155.28	8.41	36.08	-76.77

资料来源：沪深交易所，同花顺。

（三）业绩变动情况分析

1. 营业收入、毛利率等变动原因分析

2018年，辖区上市公司营业收入总额较2017年同期增长16.04%，延续了2015年以来营业收入增长的趋势，在全国36个辖区排名第20；平均营业收入143.29亿元，全国排名第5，主要由于广汇汽车营业收入1661.73亿元，是辖区上市公司营业收入总额最大的公司。辖区有8家上市公司营业收入增幅超过25%，14家上市公司营业收入增长率为负，辖区平均营业收入增长率为3.62%，低于全国17.51%的平均增长率。

从盈亏结构来看，辖区8家公司亏损，较2017年增加6家；亏损公司占比27.59%，其中，天神娱乐亏损69.78亿元，主要原因为商誉减值达40.6亿元。辖区上市公司归属母公司股东的净利润合计53.6亿元，同比下降61.85%。29家公司中利润过亿元的公司13家，占比44.82%，同比减少4个百分点；盈利增长100%的公司4家，较2017年减少3家；盈利下降100%的公司8家，较2017

年增加6家。辖区上市公司盈利水平明显下降。

2. 盈利构成分析

从盈利情况来看，辖区12家上市公司净利润保持增长态势，但行业分布较为分散，其中，增长率前3位的公司为：海航投资（房地产行业）净利润增长4265.60%、美吉姆（教育行业）净利润增长118.24%、易世达（科学研究和技术服务业）净利润增长率113.68%，海航投资和易世达净利润增幅较大的主要原因为出售资产互动获得收益，美吉姆净利润增幅较大原因为报告期内原大股东转让股权，公司由制造业企业转型为教育企业，经营模式和行业发生变化；2018年度辖区净利润下降的公司多数集中在制造业、信息传输、软件和信息技术服务业和批发和零售业，由此可见，公司利润增长与行业分布相关性较小，与公司经营战略、管理水平、产品结构、是否进行资本运作等因素有关。

3. 经营性现金流量分析

经营活动现金流总体增长。辖区上市公司2017年经营活动产生的现金流量净额为369.54亿元，较2017年同期增加23.72%。13家公司经营活动现金流量净额同比下滑，占比45%，比2017年统计趋势有所下降；其中，7家公司现金流降幅超过100%，较2017年增加3家。8家公司现金流为负值，同比增加3家。分行业来看，现金流为负值的行业主要涉及制造业、信息技术软件与服务行业等。

4. 业绩特点分析

从利润分配情况来看，辖区12家上市公司在2018年实施分红，较2017年减少42.86%，占辖区上市公司总数的41.38%，低于全国71.96%的比例。受经营业绩等因素的影响，辖区上市公司分红能力和分红意愿下降，分红水平尚需进一步提高。从股息率分析，2018年度，辖区上市公司中股息率最高的为大商股份（3.72%），另有2家公司股息率在3%以上，分别为广汇汽车和国电电力，超过6成公司的股息率低于1%。辖区上市公司2018年度报告期股息率平均为0.87%，低于全国A股上市公司1.21%的水平，投资收益率普遍偏低，上市公司回报股东的能力有待进一步增强。

5. 利润分配情况

表8　　2018年大连上市公司现金分红情况

2018年分红公司家数			2018年分红金额		
家数	变动率（%）	分红公司家数占地区公司总数比重（%）	金额（亿元）	变动率（%）	分红金额占归属于母公司所有者的净利润比重（%）
12	-42.86	41.38	46.76	9.61	129.60

资料来源：大连证监局。

四、大连上市公司并购重组情况

2018 年度，有 1 家公司恒力石化实施重大资产重组项目，发行股份购买资产同时配套募集资金，区间增发募集资金合计 187.04 亿元，实际增发募集资金 70.73 亿元。2018 年度有 3 家公司：晨鑫科技、海航投资、派思股份，公告终止重大资产重组项目。

五、大连上市公司募集资金情况、使用情况

（一）募集资金总体情况

表 9　　2018 年大连上市公司募集资金情况

发行类型	代码	简称	募集资金（亿元）
再融资（增发、配股）	600346	恒力石化	187.04
	小计		187.04
其他融资（公司债券、短期融资券、中期票据、次级债、金融债、境外发行债券）	600795	国电电力	250
	600739	辽宁成大	60.5
	601880	大连港	25
	600297	广汇汽车	55
	000530	大冷股份	1.76
	600125	铁龙物流	7.5
	600233	圆通速递	36.5
	小计		436.26
总计			623.30

资料来源：大连证监局。

（二）募集资金使用情况及特点

2018 年度，有 1 家公司恒力石化定向增发募集资金，该公司是于 2017 年度启动的重大资产重组项目，2018 年度完成发行，增发募集资金合计 187.04 亿元，实际增发募集资金 70.73 亿元。

（三）募集资金变更情况

表 10　　2018 年大连上市公司募集资金使用项目变更情况

变更募集资金使用项目的公司家数	涉及金额（亿元）	募集资金总额（亿元）	占公司募集资金总额的比例（%）
0	0	0	0

资料来源：大连证监局。

六、大连上市公司规范运作情况

（一）上市公司治理专项情况

2018年度，辖区资本市场监管重点工作是防范化解辖区市场风险。一是全力推进上市公司股票质押风险化解工作。大连证监局公司监管处结合辖区情况，制定完善风险台账，并及时更新，掌握辖区上市公司股权质押数据，确保情况清、底数明。对风险叠加的重点公司，密切关注股价波动情况，预判风险走向，及时约谈公司大股东、高管和质押券商等相关方，提示风险，传导压力，确保质押风险可控，防范风险外溢。同时，注重辖区实际，多方呼吁，争取支持。分别向省、市政府报送关于股票质押平仓风险的专题报告，梳理其他地区的相关做法第一时间通报地方政府，呼吁地方政府出手纾困。二是全力防范化解公司债券违约风险。强化日常监管和预研预判。根据辖区风险情况分析，年初即召开公司债券风险防控工作会议，强调“强监管、防风险、知底数”的监管理念，要求受托管理人到期前3个月摸情况、1个月前每周跟踪上报，明确要求，落实责任。分别对5家发行人2017年年报进行非现场分析审核，对4家发行人进行年报现场检查，以此为抓手，了解分析检查发行人经营状况、资金状况与合规运作情况，提前准确掌握相关信息，预判风险。同时，开展债券发行人专题调研。局领导带队对2家年内有大额到期兑付压力的政府平台债券发行人开展专题调研，深入了解发行人持续经营、资金偿付安排等情况，督促发行人高度重视，提前谋划，确保不出现兑付违约。经过积极努力，大连辖区全年成功化解“16园口01”“16普湾01”“15星海湾”等多笔政府类平台公司债券违约风险。

（二）审计情况及监管情况

以年报审核监管工作为基础，做好全年各项监管工作。2017年年报，辖区有4家公司被会计师事务所出具保留意见，数量之多在辖区前所未有。其中，獐子岛、ST大控、晨鑫科技3家本身均为重要风险公司，大连局在审计跟踪、年报审核过程中，向会计师事务所下发提示函，多次约谈公司高管和执业会计师提示风险，了解核实重要信息，年报后持续跟踪保留意见涉及事项消除情况。2018年年报，上述3家公司保留意见涉及事项均未彻底消除，个别公司存在违规担保问题或潜在风险。对此，大连局采取点面结合的方式，对重点公司约谈签字会计师和公司高管，下发风险提示函，召集全辖区29家上市公司签字会计师召开年审专题会，通报2017年审计监管中发现的问题，分析2017年审计情况，提出监管要求，督导上市公司严格履行信披义务，中介机构勤勉尽责、归位尽责，确保公司财务信息真实准确。

（三）信息披露情况

持续完善舆情监测监控机制，加强网

络舆情和股价异动监控，及时跟踪掌握公司近况。督导上市公司建立健全信访投诉和矛盾纠纷调处机制，严格落实内幕信息知情人登记制度。组织董秘专题工作会议、年度例会和财务总监培训，通报辖区上市公司主要问题和风险隐患，讲解新治理准则和新会计准则相关知识，培训和督导各公司董秘和财务总监勤勉尽责。加强投资者保护，持续组织开展“中小投资者走进上市公司”和上市公司网上集体接待日活动。有效利用易董平台的第三方资源，完善通知发布、信息收集、案例搜集、法规查询等监管辅助机制。针对大连辖区“注册地中心”的特点，继续将管理总部和主要资产在异地的上市公司作为日常监管的重点，在宣传培训、日常监管、现场检查中重点倾斜，切实提高监管的针对性和有效性。

（四）证券市场服务情况

不断增强服务意识，积极促进资本市场服务地方经济发展。2018 年度，大连局局领导分别带队先后赴 10 余家上市公司走访调研，组织新三板公司进行座谈，辅以约谈、数据收集等方式，及时了解公司生产经营、结构调整、发展规划、资本运作等情况以及存在的困难和需求，进行政策指导，总结上报了相关调研报告，向有关方面反映辖区企业的困难和需求。大力支持上市公司特别是依法合规经营的民营上市公司利用资本市场融资发展，2018 年促成恒力股份完成了发行股份购买资产 115 亿元，并配套募集资金 72 亿元，带动国开行牵头的 300 余亿元银团贷款陆续分批到位，有力保证了大连市 2000 万吨炼化一体化重大项目的顺利建设和投料试产，为支持民营经济发展、促进东北老工业基地振兴做出了积极贡献。

审稿人：滕兆滨

撰稿人：周子歆

宁波地区

一、宁波国民经济发展概况

表 1　　2018 年宁波国民经济发展概况　　单位：亿元

指　标	1～3 月		1～6 月		1～9 月		1～12 月	
	绝对量	同比增长（%）	绝对量	同比增长（%）	绝对量	同比增长（%）	绝对量	同比增长（%）
地区生产总值（GDP）	2351.40	7.60	5037.30	7.80	7601.60	7.10	10745.50	7.00
全社会固定资产投资	1223.57	1.60	2699.80	0.10	4139.14	2.80	5189.95	3.60
社会消费品零售总额	911.90	10.60	1860.90	9.60	2933.40	8.90	4154.90	8.10
规模以上工业增加值	804.50	8.40	1793.60	8.50	2749.40	7.10	3730.80	6.30
规模以上工业企业实现利润	281.30	6.80	630.70	14.20	972.90	10.80	1227.50	-1.40
居民消费价格指数（CPI）	1～3 月		1～6 月		1～9 月		1～12 月	
	1.90		1.80		2.10		2.20	

资料来源：国家统计局。

二、宁波上市公司总体情况

（一）公司数量

表 2　　2018 年宁波上市公司数量　　单位：家

公司总数	2018 年新增	股票类别			板块分布			
		仅 A 股	仅 B 股	（A+B）股	沪市主板	深市主板	中小板	创业板
75	2	75	0	0	45	1	13	16

资料来源：沪深交易所，同花顺。

（二）行业分布

表 3　　2018 年宁波上市公司行业分布情况

所属证监会行业类别	家数	占比（%）	所属证监会行业类别	家数	占比（%）
采矿业	0	0.00	批发和零售业	3	4.00
电力、热力、燃气及水的生产和供应业	1	1.33	水利、环境和公共设施管理业	0	0.00
房地产业	4	5.33	卫生和社会工作业	0	0.00
建筑业	4	5.33	文化、体育和娱乐业	0	0.00
交通运输、仓储和邮政业	3	4.00	信息传输、软件和信息技术服务业	1	1.33
教育	0	0.00	制造业	54	72.00
金融业	1	1.33	住宿和餐饮业	0	0.00
居民服务、修理和其他服务业	0	0.00	租赁和商务服务业	3	4.00
科学研究和技术服务业	1	1.33	综合	0	0.00
农、林、牧、渔业	0	0.00	合计	75	100.00

资料来源：沪深交易所，同花顺。

（三）股本结构及规模

表 4　　2018 年宁波上市公司股本规模在 10 亿股以上公司分布情况

股本规模（亿股）	公司家数	具体公司
100≤～<200	1	宁波港
50≤～<100	1	宁波银行
20≤～<50	2	荣安地产、雅戈尔
10≤～<20	12	宏润建设、三星医疗、ST 围海、韵达股份、亿晶光电、天邦股份、杉杉股份、宁波海运、宁波韵升、百隆东方、宁波富达、龙元建设

资料来源：沪深交易所，同花顺。

表 5　　2018 年宁波上市公司分地区股权构成情况　　单位：家

股权性质 / 地域分布	央企国资控股	省属国资控股	地市国资控股	民营控股	其他	合计
宁波市	1	2	3	60	9	75

资料来源：宁波证监局。

（四）市值规模

截至2018年12月31日，宁波75家上市公司境内总市值5151.97亿元，占全国上市公司境内总市值的1.19%；其中，上交所上市公司45家，总股本418.16亿股，境内总市值2788.42亿元，占上交所上市公司境内总市值的1.03%；深交所上市公司30家，总股本222.10亿股，境内总市值2363.55亿元，占深交所上市公司境内总市值的1.43%。

（五）资产规模

截至2018年12月31日，宁波75家上市公司合计总资产17477.50亿元，归属于母公司股东权益3385.92亿元，与2017年相比，分别增长11.06%、15.87%；平均每股净资产5.29元。

三、宁波上市公司经营情况及变动分析

（一）总体经营情况

表6　　2018年宁波上市公司经营情况

指　标	2018年	2017年	变动率（%）
家数	75	73	2.74
亏损家数	6	6	0.00
亏损家数比例（%）	8.00	8.22	-0.22
平均每股收益（元）	0.49	0.44	11.36
平均每股净资产（元）	5.29	4.85	9.07
平均净资产收益率（%）	9.26	9.1	0.16
总资产（亿元）	17477.50	15737.45	11.06
归属于母公司股东权益（亿元）	3385.92	2922.12	15.87
营业收入（亿元）	3541.70	2975.29	19.04
利润总额（亿元）	409.55	352.97	16.03
归属于母公司所有者的净利润（亿元）	313.40	266.02	17.81

资料来源：沪深交易所，同花顺。

（二）分行业经营情况

表7　　2018年宁波上市公司分行业经营情况

所属行类	营业收入（亿元）	可比样本变动率（%）	归属于母公司所有者的净利润（亿元）	可比样本变动率（%）
采矿业	—	—	—	—
电力、热力、燃气及水的生产和供应业	17.41	11.75	1.54	60.89

续表

所属行类	营业收入（亿元）	可比样本变动率（%）	归属于母公司所有者的净利润（亿元）	可比样本变动率（%）
房地产业	267.41	9.25	53.90	1771.70
建筑业	491.83	12.76	16.95	29.79
交通运输、仓储和邮政业	383.06	26.40	58.18	29.92
教育	—	—	—	—
金融业	289.30	14.29	111.86	19.85
居民服务、修理和其他服务业	—	—	—	—
科学研究和技术服务业	6.34	117.09	0.54	21.99
农、林、牧、渔业	—	—	—	—
批发和零售业	91.71	-22.38	3.97	198.27
水利、环境和公共设施管理业	—	—	—	—
卫生和社会工作业	—	—	—	—
文化、体育和娱乐业	—	—	—	—
信息传输、软件和信息技术服务业	9.96	18.28	2.57	-8.04
制造业	1837.50	24.08	98.36	-7.82
住宿和餐饮业	—	—	—	—
租赁和商务服务业	147.17	-10.09	-34.47	-1073.83
综合	—	—	—	—
合计	3541.70	17.01	313.40	16.15

资料来源：沪深交易所，同花顺。

（三）业绩变动情况分析

1. 营业收入、毛利率等变动原因分析

2018年，宁波75家上市公司实现营业收入3541.70亿元，同比增长19.04%，其中，制造业与交通运输、仓储和邮政业增幅较大，分别实现营业收入1837.50亿元、383.06亿元，同比增长24.08%、26.40%。

2018年，宁波75家上市公司毛利率7.66%，同比减少2.18个百分点，主要受原材料涨价、人工成本持续攀升等多种因素的影响。2018年，宁波上市公司共有24家毛利率同比增长，占74家上市公司（剔除宁波银行）的32.43%，其中，制造业公司18家，虽在经济增速放缓趋势下，但受行业影响较小，生产经营能力仍较为稳健。

2. 盈利构成分析

2018年，宁波上市公司实现归属于母公司股东的净利润313.40亿元，同比上升17.81%，扣除非经常性损益后的净利润264.39亿元，同比上升15.85%，房地产业和批发、零售业增幅较快，同比分别增长1771.70%和198.27%。

3. 经营性现金流量分析

2018年，宁波上市公司经营活动现金流较为稳健，货币资金保有量相对较高，全年经营活动产生的现金流量净额为 -181.44 亿元，主要原因是宁波银行 2018 年客户贷款增加导致经营活动产生的现金净流出增加 509.79 亿元，74 家上市公司（剔除宁波银行）全年经营活动产生的现金流量净额为 328.35 亿元。2018 年年末，有 49 家上市公司的货币资金余额较 2017 年同期增长，占 74 家上市公司（剔除宁波银行）的 66.22%。

4. 业绩特点分析

（1）制造业整体面临较大压力，盈利水平略有下降。2018 年度，宁波辖区共有制造业上市公司 54 家，占辖区全部上市公司数量的 72%，54 家制造业实现营业收入 1837.50 亿元，同比增长 24.08%，实现归属于母公司股东的净利润 98.36 亿元，同比下降 7.82%，呈现增收不增利的情况。

（2）建筑业盈利较为稳健。宁波 4 家建筑业上市公司 2018 年实现营业收入 491.83 亿元，同比增长 12.76%；实现归属于母公司股东的净利润 16.95 亿元，同比上升 29.79%。其中，龙元建设因 PPP 业务利润的贡献，净利润同比大幅增长 52.05%。

（3）汽车零部件行业整体增速趋缓。宁波 11 家汽车零部件上市公司实现营业收入 925.42 亿元，同比增长 54.81%；实现归属于母公司股东的净利润 42.24 亿元，同比上升 18.03%。2018 年度，均胜电子完成购买高田公司除 PSAN 业务以外主要资产的交割，通过并购实现跨越式发展，公司资产规模和营收规模跨上新的台阶。剔除均胜电子后，其余 10 家汽车制造业上市公司实现营业收入 363.61 亿元，同比增长 9.62%，低于 2017 年同期 22.99% 的增长率；实现归属于母公司股东的净利润 29.06 亿元，同比下滑 8.70%。

5. 利润分配情况

表 8　　2018 年宁波上市公司现金分红情况

2018 年分红公司家数			2018 年分红金额		
家数	变动率（%）	分红公司家数占地区公司总数比重（%）	金额（亿元）	变动率（%）	分红金额占归属于母公司所有者的净利润比重（%）
63	0.00	84.00	107.60	18.52	34.33

资料来源：宁波证监局。

四、宁波上市公司并购重组情况

（一）并购重组基本情况

2018 年，宁波有围海股份、双林股份 2 家上市公司实施完成重大资产重组，交易总价值 37.29 亿元，实施重大资产重组公司数量同比减少 1 家，标的资产金额同比增加 11.85%。其中，围海股份以发行股份及支付现金方式取得千年设计 88.23% 股权；双林股份以发行股份及支付现金方式取得双林投资 100% 股权。

（二）并购重组特点

2018年，宁波上市公司并购重组主要呈现以下特点：一是并购标的规模较大，2家实施完成的重大资产重组平均标的18.65亿元，另有3家上市公司发布重大资产重组预案，涉及标的合计63.95亿元。二是并购行业重归理性，更倾向于与公司主营业务具有协同效应、基于产业链整合的标的企业，为公司长期发展注入新的动力。

五、宁波上市公司募集资金情况、使用情况

（一）募集资金总体情况

表9　　2018年宁波上市公司募集资金情况

发行类型	代码	简称	募集资金（亿元）
首发	603297	永新光学	5.43
	002937	兴瑞科技	4.57
	小计		10.00
再融资（增发、配股）	002120	韵达股份	39.15
	600491	龙元建设	28.67
	601116	三江购物	14.66
	002142	宁波银行	100.00
	小计		182.48
其他融资（公司债券、短期融资券、中期票据、次级债、金融债、境外发行债券）	300539	横河模具	1.40
	603305	旭升股份	4.20
	603677	奇精机械	3.30
	600683	京投发展	20.00
	小计		28.90
总计			221.38

资料来源：宁波证监局。

（二）募集资金使用情况及特点

2018年，宁波上市公司使用募集资金约155.23亿元，占当期募集资金总额201.39亿元（公司债除外）的77.08%。宁波上市公司在募集资金使用方面的特点如下：一是绝大部分公司均按要求执行募集资金管理、使用制度，募集资金管理、使用程序符合规范要求；二是募集资金使用进度整体情况较好，较2017年募集资金使用占比有较大上升；三是募集资金主要投于公司主业，上市公司利用资本市场融资工具进一步做大主业。

（三）募集资金变更情况

2018年，宁波有26家上市公司变更部分募集资金的投资项目、投资金额、实施主体、地点或实施进度等内容，涉及金额约147.92亿元，占上述公司募集资金总额263.44亿元的56.15%。募集资金变更程序合法合规，均经过公司股东大会的审议通过。

表10　　2018年宁波上市公司募集资金使用项目变更情况

变更募集资金使用项目的公司家数	涉及金额（亿元）	募集资金总额（亿元）	占公司募集资金总额的比例（%）
26	147.92	263.44	56.15

资料来源：宁波证监局。

六、宁波上市公司规范运作情况

（一）上市公司治理专项情况

宁波证监局持续关注上市公司治理情况，积极开展公司治理专项监管工作。一是结合年报审阅情况开展公司治理专项约谈，约谈长期不参与、履职明显有问题的公司董事，督促相关人员勤勉尽职。二是在现场检查中关注公司治理方面的问题，对于存在“三会”运作不规范、关联交易预计情况与承诺不符、采购与销售内部控制不完善、重大投资未按公司制度提交专门委员会审议的3家公司下发监管关注函并要求及时整改。三是借助董秘例会等平台，邀请专家就新公司治理准则进行解读，提高上市公司对公司治理准则的理解与运用。四是通过日常约谈、现场调研等方式，督促上市公司做好投资者保护工作，据中国证券投资者保护基金有限责任公司的统计报告显示，2018年宁波上市公司投资者保护状况评价得分为76.85分，较2017年度上升1.84%。

（二）审计情况及监管情况

宁波75家上市公司均按时披露了2018年年度报告和审计报告，其中，2家上市公司的年报审计意见类型为保留意见，2家为带强调事项段的无保留意见，其余均为标准无保留意见。

2018年，宁波证监局坚持依法全面从严监管，以促进上市公司提高信息披露质量和规范运作水平为目标，全面加强审计监管工作。一是在审计机构入场前约谈年报审计机构35家次，与每个项目具体签字会计师及现场负责人面对面沟通，提醒审计项目组关注收入确认与计量、资产减值等风险点。根据日常监管掌握线索及年报分析情况开展专项检查，全年开展审计机构检查共15家次。二是加强开展年报监管工作，采取事前提示审计风险、事中督导、事后检查等方式，督促公司规范运作，加强内部控制建设，提升信息披露质量。三是开展上市公司函证专项检查和对上市公司境外子公司或资产组审计质量进行专项检查，督促提高上市公司审计机构审计质量。

（三）信息披露情况

宁波证监局不断强化信息披露审核工作，切实提高上市公司信息披露治理。一是突出重点，保质保量完成年报信息披露监管。年报披露前，下发4期监管通报，严防公司年末突击交易，重点要求做好并购重组业绩承诺等信息披露工作。约谈年报审计机构35家次，提醒风险点100余个。二是以风险和问题为导向，对上市公司进行分类审核。2018年，共对16家公司年报进行重点审核，对57家公司重点科目审核。三是坚持信息披露的日常审核，针对审核关注问题，以电话、问询函等各种手段了解情况。突出与交易所开展问询事项的互补性，做到问询事项各有侧重。四是严格要求，落实环保信息披露。按照信息披露内容与格式指引的新修订要求，严格要求辖区公司及时、准确、完整地披露有关环境信息。

（四）证券市场服务情况

2018年，宁波证监局在做好日常监管的基础上，全面加强信息调研、培训等工作，不断提升服务上市公司的水平。一是以监管第一课为基础，抓好新任命董事长、董事会秘书的培训，解读监管框架、监管目标、监管“红线”、典型监管案例等方面。二是召开辖区新上市公司座谈会，解答上市以来信息披露、投资者管理等方面的问题。三是联合宁波上市公司协会举办上市公司董监高培训、董秘证代例会、财务总监例会等，开展培训交流活动共6次，培训上市公司368家次，受训人员871人次，分别就新公司治理准则、并购重组新政、新会计准则、定期报告披露新规范等内容邀请专家进行政策解读和案例分析，切实强化董监高合规意识，提高公司规范运作能力。四是加大对上市公司调研力度，主要就企业转型升级动向，行业发展前景，受中美贸易摩擦、汇率变动、社保税收、境外并购等影响，了解公司存在的困难，及时梳理相关情况，深入了解公司生产经营实际与需求。

审稿人：方乐乐
撰稿人：郑　怡

厦门地区

一、厦门国民经济发展概况

表 1　　2018 年厦门国民经济发展概况　　单位：亿元

指标	1～3月		1～6月		1～9月		1～12月	
	绝对量	同比增长(%)	绝对量	同比增长(%)	绝对量	同比增长(%)	绝对量	同比增长(%)
地区生产总值（GDP）	1012.00	7.50	2081.51	8.00	3297.75	7.60	4791.41	7.70
全社会固定资产投资	—	11.80	—	10.50	—	11.70	—	10.10
社会消费品零售总额	397.94	10.90	786.73	8.10	1146.93	7.60	1542.42	6.60
规模以上工业增加值	356.01	7.90	786.14	8.60	1191.59	8.80	1611.35	8.80
规模以上工业企业实现利润	—	—	—	—	—	—	337.61	-1.60
居民消费价格指数(CPI)	1～3月		1～6月		1～9月		1～12月	
	2.50		2.00		1.90		1.80	

资料来源：国家统计局。

二、厦门上市公司总体情况

（一）公司数量

表 2　　2018 年厦门上市公司数量　　单位：家

公司总数	2018年新增	股票类别			板块分布			
		仅A股	仅B股	(A+B)股	沪市主板	深市主板	中小板	创业板
47	0	46	1	0	16	4	15	12

资料来源：沪深交易所，同花顺。

（二）行业分布

表 3　　2018 年厦门上市公司行业分布情况

所属证监会行业类别	家数	占比（%）	所属证监会行业类别	家数	占比（%）
采矿业	1	2.13	批发和零售业	5	10.64
电力、热力、燃气及水的生产和供应业	0	0.00	水利、环境和公共设施管理业	0	0.00
房地产业	0	0.00	卫生和社会工作业	0	0.00
建筑业	0	0.00	文化、体育和娱乐业	0	0.00
交通运输、仓储和邮政业	2	4.26	信息传输、软件和信息技术服务业	5	10.64
教育	1	2.13	制造业	30	63.83
金融业	0	0.00	住宿和餐饮业	0	0.00
居民服务、修理和其他服务业	0	0.00	租赁和商务服务业	1	2.13
科学研究和技术服务业	2	4.26	综合	0	0.00
农、林、牧、渔业	0	0.00	合计	47	100.00

资料来源：沪深交易所，同花顺。

（三）股本结构及规模

表 4　　2018 年厦门上市公司股本规模在 10 亿股以上公司分布情况

股本规模（亿股）	公司家数	具体公司
20≤～<50	2	厦门象屿、建发股份
10≤～<20	4	合兴包装、厦门钨业、厦门国贸、盛屯矿业

资料来源：沪深交易所，同花顺。

表 5　　2018 年厦门上市公司分地区股权构成情况　　单位：家

股权性质／地域分布	央企国资控股	省属国资控股	地市国资控股	民营控股	其他	合计
厦门市	1	2	7	37	0	47

资料来源：厦门证监局。

（四）市值规模

截至 2018 年 12 月 31 日，厦门 47 家上市公司境内总市值 2771.51 亿元，占全国上市公司境内总市值的 0.64%；其中，上交所上市公司 16 家，总股本 137.09 亿股，境内总市值 1232.96 亿元，占上交所上市公司境内总市值的 0.46%；深交所上市公司 31 家，总股本 127.36 亿股，境内总市值 1538.55 亿元，占深交所上市公司境内总市值（165409.01 亿元）的0.93%。

（五）资产规模

截至2018 年12 月31 日，厦门47 家上市公司合计总资产5567.37 亿元，归属于母公司股东权益1528.04 亿元，与2017 年相比，分别增长15.47%、6.68%；平均每股净资产5.78 元。

三、厦门上市公司经营情况及变动分析

（一）总体经营情况

表6　　2018 年厦门上市公司经营情况

指　标	2018 年	2017 年	变动率（%）
家数	47	47	0.00
亏损家数	3	4	-25.00
亏损家数比例（%）	6.38	8.51	-2.13
平均每股收益（元）	0.60	0.59	1.31
平均每股净资产（元）	5.78	5.96	-3.05
平均净资产收益率（%）	10.34	9.94	0.40
总资产（亿元）	5567.37	4821.38	15.47
归属于母公司股东权益（亿元）	1528.04	1432.4	6.68
营业收入（亿元）	9586.13	7744.62	23.78
利润总额（亿元）	270.07	222.14	21.58
归属于母公司所有者的净利润（亿元）	158.07	142.34	11.05

资料来源：沪深交易所，同花顺。

（二）分行业经营情况

表7　　2018 年厦门上市公司分行业经营情况

所属行类	营业收入（亿元）	可比样本变动率（%）	归属于母公司所有者的净利润（亿元）	可比样本变动率（%）
采矿业	307.54	48.80	4.20	-31.11
电力、热力、燃气及水的生产和供应业	—	—	—	—
房地产业	—	—	—	—
建筑业	—	—	—	—
交通运输、仓储和邮政业	151.68	-1.33	5.31	2.28
教育	28.93	2.87	0.13	-46.04
金融业	—	—	—	—
居民服务、修理和其他服务业	—	—	—	—
科学研究和技术服务业	33.46	42.87	3.17	25.31
农、林、牧、渔业	—	—	—	—
批发和零售业	5702.61	25.59	70.84	27.27

续表

所属行类	营业收入（亿元）	可比样本变动率（%）	归属于母公司所有者的净利润（亿元）	可比样本变动率（%）
水利、环境和公共设施管理业	—	—	—	—
卫生和社会工作业	—	—	—	—
文化、体育和娱乐业	—	—	—	—
信息传输、软件和信息技术服务业	49.35	12.51	7.71	27.99
制造业	972.48	19.08	56.74	-16.46
住宿和餐饮业	—	—	—	—
租赁和商务服务业	2340.08	15.11	9.98	39.74
综合	—	—	—	—
合计	9586.13	22.18	158.07	4.82

资料来源：沪深交易所，同花顺。

（三）业绩变动情况分析

1. 营业收入、毛利率等变动原因分析

2018年度，厦门47家上市公司实现营业收入9586.13亿元，同比增长23.78%；归属于母公司所有者的净利润合计158.07亿元，同比增长11.05%。平均毛利率为7.38%，与2017年度基本持平。从产业发展情况来看，供应链行业公司延续了良好的发展态势；在行业政策环境变化、前期并购重组风险释放等因素的综合影响下，高端装备制造产业、新能源汽车产业和新能源产业业绩同比下滑较多。基于上述因素影响的叠加，厦门上市公司2018年营业收入、毛利率等总体平稳。

2. 盈利构成分析

2018年度，厦门47家上市公司利润总额为270.07亿元，其中，营业利润266.44亿元，营业外收支3.62亿元；扣除非经营性损益后的净利润占净利润的比重为72.77%，与2017年度相比，对非经营性损益的依赖程度有所降低。

3. 经营性现金流量分析

2018年度，厦门47家上市公司经营性现金流量净额为222.66亿元，与2017年度的-226.47亿元相比，整体经营性现金净流入大幅增加。

4. 业绩特点分析

一是经营业绩整体向好。2018年，厦门上市公司在全国上市公司整体业绩负增长的背景下显现出了较强的韧性，44家上市公司实现盈利，28家公司实现收入与净利润的双增长，亏损公司家数相比2017年同期减少1家。

二是增长态势有所放缓。2018年，厦门上市公司实现营业收入的同比增速23.78%，虽高于全国上市公司平均12.37%的增速，但较2017年度51.79%的增幅下降了28.01个百分点。

三是国有企业业绩贡献率高。10家国有上市公司实现净利润84.25亿元，同比增长 8.18%，占净利润总额的 53.32%。

5. 利润分配情况

表 8 2018 年厦门上市公司现金分红情况

2018 年分红公司家数			2018 年分红金额		
家数	变动率（%）	分红公司家数占地区公司总数比重（%）	金额（亿元）	变动率（%）	分红金额占归属于母公司所有者的净利润比重（%）
40	2.56	85.11	66.17	47.44	41.85

资料来源：厦门证监局。

四、厦门上市公司并购重组情况

（一）并购重组基本情况

2018 年，厦门 39 家次上市公司完成并购重组交易，涉及交易总额为 95.62 亿元，均不构成重大资产重组，并购重组数量及交易规模较 2017 年大幅提升，交易总额较 2017 年增长 195.21%。

（二）并购重组特点

2018 年，厦门上市公司实施完成的并购重组以上市公司及其子公司购买股权等资产为主，共 35 家次，涉及交易金额 88.70 亿元，占比 92.76%，其余 7.24% 的交易金额为厦门上市公司转让公司或子公司股权。另外，厦门上市公司并购重组支付方式仍以现金支付为主，只有 1 家次通过发行股份购买资产，涉及交易金额 12 亿元。

五、厦门上市公司募集资金情况、使用情况

（一）募集资金总体情况

表 9 2018 年厦门上市公司募集资金情况

发行类型	代码	简称	募集资金（亿元）
首发	002925	盈趣科技	16.88
	小计		16.88
再融资（增发、配股）	600711	盛屯矿业	14.39
	小计		14.39
其他融资（公司债券、短期融资券、中期票据、次级债、金融债、境外发行债券）	600755	厦门国贸	100.00
	600711	盛屯矿业	1.00
	603345	安井食品	5.00
	002228	合兴包装	1.00
	600153	建发股份	119.5
	600549	厦门钨业	20.00
	000701	厦门信达	40.00
	600057	厦门象屿	15.00
	小计		301.5
总计			332.77

资料来源：厦门证监局。

（二）募集资金使用情况及特点

2018 年，厦门有 23 家上市公司使用募集资金，共计 24.64 亿元，占 23 家上市公司募集资金总额的 14.97%。厦门上市公司使用募集资金情况呈现以下特点：一是大部分上市公司募集资金使用程序基本符合规范要求，少数上市公司存在募集资金未存放于专项账户管理，募集资金使用情况披露不准确等；二是募集资金使用进度整体情况良好，但也存在部分上市公司募投项目大幅度延缓或搁置、效益低于预期等情形；三是上市公司暂时闲置的募集资金均通过现金管理或购买理财产品进行盘活使用。

（三）募集资金变更情况

2018 年，厦门 7 家上市公司变更募集资金使用项目，涉及金额 8.76 亿元，其中，4 家上市公司将募集资金投资项目资金或结项后的节余资金用于永久补充流动资金，涉及金额 6.51 亿元。

表 10　　2018 年厦门上市公司募集资金使用项目变更情况

变更募集资金使用项目的公司家数	涉及金额（亿元）	募集资金总额（亿元）	占公司募集资金总额的比例（%）
7	8.76	35.81	24.46

资料来源：厦门证监局。

六、厦门上市公司规范运作情况

（一）上市公司治理专项情况

2018 年，厦门上市公司在厦门证监局的督导下，持续深化公司治理，一是认真落实新修订的《上市公司治理准则》，进一步修订完善公司章程和内部规章制度，不断提高“三会”规范运作水平；二是股东回报机制逐步健全，有效规范做好分红相关信息披露行为，增强分红决策和执行情况的透明度，回报股东的意识不断提高，分红总额创新高；三是强化投资者关系管理，畅通投资者热线，积极回应投资者诉求，进一步提升服务水平和态度。

（二）审计情况及监管情况

2018 年度，除 *ST厦工、ST 厦华的财务报告因持续经营存在重大不确定性被出具带强调事项段的无保留审计意见、厦门象屿的内部控制审计报告被出具带强调事项段的无保留审计意见外，其他 45 家上市公司年度财务报告、33 家上市公司内部控制报告均被出具标准无保留审计意见。

厦门证监局成立年报审计监管小组，有序开展年报审计监管工作。向上市公司年审机构下发了 18 份年报审计监管提示函，参加审计委员沟通会 15 家次，根据年报审核情况下发年报监管问询函 9 份。抓实现场检查质效，确保重大问题查深查透。对上市公司年审机构、评估机构采取出具警示函等行政监管措施3份，下发《检查结果告知书》8份。

（三）信息披露情况

2018年，厦门上市公司信息披露工作基本能够做到及时、准确、完整。在证券交易所信息披露工作评价考核中，厦门4家上交所上市公司、7家深交所上市公司被评为A级。针对3家上市公司出现业绩“变脸”的情况，厦门证监局及时约谈公司，了解原因，督促公司全面披露业绩变化的相关信息，保护中小投资者知情权。同时，下发监管关注函，对公司业绩“变脸”行为提出批评，并督促公司加强财务核算，审慎评估重大会计事项的影响，切实提高信息披露质量。

（四）证券市场服务情况

2018年，厦门证监局以助推实体经济发展为落脚点，坚持问题导向，以调研促监管、促服务、促发展。联合地方政府部门带着问题共同深入科技创新型企业实地走访调研，宣讲资本市场最新政策法规，听取意见和建议，设计调研问卷，全面摸查厦门地区“四新”企业总体情况，切实将群众路线贯彻到公司监管和服务的日常工作中。

认真维护投资者的合法权益，全年共办理投资者信访投诉24件。督促公司利用各种有效平台，加强与投资者的良性互动，利用投资者热线、业绩说明会等方式，及时回应投资者关切。组织47家上市公司出席“厦门辖区上市公司2017年年报网上集体说明会暨投资者网上集体接待日”活动，为投资者答疑释惑。

结合厦门上市公司自身产业特点和优势，在多次摸底的基础上，探讨产业对接和产业扶贫方式，积极调动上市公司参与扶贫的积极性，强化社会责任意识。在与四川剑阁县建立扶贫战略合作协议后，推动安井食品联合四川当地知名供应商共同对接剑阁生猪养殖业，针对剑阁县医疗、教育等方面急需的资金缺口，发动24家上市公司力所能及给予捐助640余万元，以实现精准扶贫。

审稿人：李永春　叶　敏　陈永强
撰稿人：林文杰　许雯婷

青岛地区

一、青岛国民经济发展概况

表 1　　2018 年青岛国民经济发展概况　　单位：亿元

指　标	1～3 月		1～6 月		1～9 月		1～12 月	
	绝对量	同比增长（%）	绝对量	同比增长（%）	绝对量	同比增长（%）	绝对量	同比增长（%）
地区生产总值（GDP）	2845.57	7.80	5985.40	7.60	9086.10	7.40	12001.52	7.40
全社会固定资产投资	—	5.00	—	6.90	—	3.20	—	7.90
社会消费品零售总额	1109.90	10.70	2228.98	10.20	3426.50	10.10	4842.50	10.00
规模以上工业增加值	—	7.00	—	7.10	—	6.50	—	6.80
规模以上工业企业实现利润	—	—	—	—	—	—	—	6.00
居民消费价格指数（CPI）	1～3 月		1～6 月		1～9 月		1～12 月	
	2.40		2.20		2.30		2.10	

资料来源：国家统计局。

二、青岛上市公司总体情况

（一）公司数量

表 2　　2018 年青岛上市公司数量　　单位：家

公司总数	2018 年新增	股票类别			板块分布			
		仅 A 股	仅 B 股	(A+B) 股	沪市主板	深市主板	中小板	创业板
30	1	29	1	0	14	3	8	5

资料来源：沪深交易所，同花顺。

（二）行业分布

表 3　　2018 年青岛上市公司行业分布情况

所属证监会行业类别	家数	占比（%）	所属证监会行业类别	家数	占比（%）
采矿业	0	0.00	批发和零售业	1	3.33
电力、热力、燃气及水的生产和供应业	0	0.00	水利、环境和公共设施管理业	0	0.00
房地产业	0	0.00	卫生和社会工作业	0	0.00
建筑业	0	0.00	文化、体育和娱乐业	1	3.33
交通运输、仓储和邮政业	0	0.00	信息传输、软件和信息技术服务业	2	6.67
教育	0	0.00	制造业	24	80.00
金融业	1	3.33	住宿和餐饮业	0	0.00
居民服务、修理和其他服务业	0	0.00	租赁和商务服务业	0	0.00
科学研究和技术服务业	0	0.00	综合	0	0.00
农、林、牧、渔业	1	3.33	合计	30	100.00

资料来源：沪深交易所，同花顺。

（三）股本结构及规模

表 4　　2018 年青岛上市公司股本规模在 10 亿股以上公司分布情况

股本规模（亿股）	公司家数	具体公司
50≤～<100	1	海尔智家
20≤～<50	2	汉缆股份、赛轮轮胎
10≤～<20	5	海信电器、青岛啤酒、海联金汇、东方铁塔、华仁药业

资料来源：沪深交易所，同花顺。

表 5　　2018 年青岛上市公司分地区股权构成情况　　单位：家

股权性质 / 地域分布	央企国资控股	省属国资控股	地市国资控股	民营控股	其他	合计
青岛市	1	1	6	21	1	30

资料来源：青岛证监局。

（四）市值规模

截至 2018 年 12 月 31 日，青岛 30 家上市公司境内总市值 2491.46 亿元，占全国上市公司境内总市值的 0.57%；其中，上交所上市公司 14 家，总股本 159.55 亿股，境内总市值1659.01亿元，占上交所上市公司境内总市值的0.62%；深交所上市公司16家，总股本131.70股，境内总市值832.45亿元，占深交所上市公司境内总市值的0.50%。

（五）资产规模

截至2018年12月31日，青岛30家上市公司合计总资产3827.46亿元，归属于母公司股东权益1477.65亿元，与2017年相比，分别增长13.60%、15.55%；平均每股净资产5.07元。

三、青岛上市公司经营情况及变动分析

（一）总体经营情况

表6　　2018年青岛上市公司经营情况

指　标	2018年	2017年	变动率（%）
家数	30	29	3.45
亏损家数	1	1	0.00
亏损家数比例（%）	3.33	3.45	-0.12
平均每股收益（元）	0.46	0.5	-8.00
平均每股净资产（元）	5.07	4.58	10.70
平均净资产收益率（%）	9.13	10.88	-1.75
总资产（亿元）	3827.46	3369.15	13.60
归属于母公司股东权益（亿元）	1477.65	1283.29	15.15
营业收入（亿元）	3393.72	2921.1	16.18
利润总额（亿元）	198.71	196.49	1.13
归属于母公司所有者的净利润（亿元）	134.94	139.68	-3.39

资料来源：沪深交易所，同花顺。

（二）分行业经营情况

表7　　2018年青岛上市公司分行业经营情况

所属行类	营业收入（亿元）	可比样本变动率（%）	归属于母公司所有者的净利润（亿元）	可比样本变动率（%）
采矿业	—	—	—	—
电力、热力、燃气及水的生产和供应业	—	—	—	—
房地产业	—	—	—	—
建筑业	—	—	—	—
交通运输、仓储和邮政业	—	—	—	—

续表

所属行类	营业收入（亿元）	可比样本变动率（%）	归属于母公司所有者的净利润（亿元）	可比样本变动率（%）
教育	—	—	—	—
金融业	0.81	13.54	0.20	-25.99
居民服务、修理和其他服务业	—	—	—	—
科学研究和技术服务业	—	—	—	—
农、林、牧、渔业	10.23	10.75	0.90	-1.87
批发和零售业	114.14	8.15	2.02	-48.84
水利、环境和公共设施管理业	—	—	—	—
卫生和社会工作业	—	—	—	—
文化、体育和娱乐业	21.70	10.22	3.48	5.78
信息传输、软件和信息技术服务业	27.57	13.57	3.82	-29.17
制造业	3219.26	10.39	124.51	-4.05
住宿和餐饮业	—	—	—	—
租赁和商务服务业	—	—	—	—
综合	—	—	—	—
合计	3393.72	10.34	134.94	-6.03

资料来源：沪深交易所，同花顺。

（三）业绩变动情况分析

1. 营业收入、毛利率等变动原因分析

2018年，辖区上市公司共实现营业总收入3393.72亿元，同比增长16.18%。26家公司收入实现增长，占公司总数的近9成，其中，3家公司收入增长幅度超过50%。辖区上市公司整体毛利率27%，较2017年下滑1个百分点。辖区上市公司整体收入稳中有进，反映出实体经济稳中向好，经济发展质量和效益逐步提升。同时，业绩增速放缓、利润出现下滑等反映出部分公司经营出现一定困难，需要有针对性采取措施提升上市公司质量。

2. 盈利构成分析

2018年度，辖区上市公司共实现利润总额198.71亿元，同比增长1.13%。从利润构成来看，营业利润195.82亿元，同比增长3%；资产减值损失27.86亿元，同比上升80%；公允价值变动净收益-0.79亿元，同比下降超1倍；投资收益28.01亿元，同比增长10%；营业外收支净额2.90亿元，同比下降60%。

3. 经营性现金流量分析

2018年度，辖区上市公司经营活动产生的现金流量净额合计281.88亿元，同比增长22%。其中，7家公司当年度经营活动产生的现金流量净额为负数。

4. 业绩特点分析

辖区上市公司 2018 年业绩呈现以下特点：一是整体业绩稳中有进，发展质量总体向好。12 家公司实现营业收入、利润双增。二是头部业绩稳定，引领高质量发展。2 家公司净利润超过 10 亿元，合计贡献了辖区上市公司 62% 的营业收入和 59% 的净利润。三是半数公司业绩下滑，个别公司收入、利润双降。受经济下行的影响，17 家公司净利润同比下滑。四是减值损失大幅增长，商誉减值影响较大。2018 年 6 家上市公司计提商誉减值 6.2 亿元，对公司业绩产生较大影响。五是并购重组持续活跃，助力新旧动能转换。全年完成并购重组 16 起，交易金额 129 亿元。六是研发投入继续增加，创新能力持续增强。上市公司研发队伍不断扩大，研发投入持续增长，增幅超过营业收入增幅。

5. 利润分配情况

表 8　　2018 年青岛上市公司现金分红情况

2018 年分红公司家数			2018 年分红金额		
家数	变动率（%）	分红公司家数占地区公司总数比重（%）	金额（亿元）	变动率（%）	分红金额占归属于母公司所有者的净利润比重（%）
26	4%	87	42.02	-1%	31

资料来源：青岛证监局。

四、青岛上市公司并购重组情况

（一）并购重组基本情况

2018 年青岛辖区共发生并购重组 16 起，交易金额合计 129 亿元，涉及 15 家上市公司，每单平均交易金额 8.06 亿元。上述并购重组交易中，1 起构成重大资产重组。

（二）并购重组特点

2018 年，辖区资本市场并购重组主渠道作用进一步发挥，持续助力供给侧结构性改革。全年辖区并购重组呈现以下特点：一是并购重组交易持续活跃，助力企业加速转型升级和实现高质量发展。交易数量和交易规模持续保持较高水平。二是海外并购规模持续扩大，上市公司国际竞争力提升。海信电器完成收购日本东芝电视业务，天华院收购德国橡塑机械行业龙头 KM 集团接近尾声，青岛海尔启动收购欧洲知名家电企业 Candy 公司。三是并购效应持续发力，助推公司业绩增长。青岛海尔借助海外并购，发挥全球协同优势，近 3 年业绩增长较快，相对于 2015 年，收入已实现翻番，净利润增幅超 70%。东方铁塔自 2016 年完成重大资产重组以来，公司实现主营业务由单一的钢结构制造转变为钢结构与钾肥产业并行的双主业，2017 年、2018 年净利润分别增长 84%、78%。

五、青岛上市公司募集资金情况、使用情况

（一）募集资金总体情况

表 9　　2018 年青岛上市公司募集资金情况

发行类型	代码	简称	募集资金（亿元）
首发	603187. SH	海容冷链	6. 45
	小计		6. 45
再融资（增发、配股）	300110. SZ	华仁药业	6. 98
	000599. SZ	青岛双星	9. 00
	002768. SZ	国恩股份	7. 50
	002094. SZ	青岛金王	3. 44
	小计		26. 92
其他融资（公司债券、短期融资券、中期票据、次级债、金融债、境外发行债券）	600690. SH	青岛海尔	22. 12
	600680. SH	青岛海尔	30. 07
	603421. SH	鼎信通讯	6. 00
	002094. SZ	青岛金王	2. 00
	小计		60. 19
总计			93. 56

资料来源：青岛证监局。

（二）募集资金使用情况及特点

2018 年，青岛辖区上市公司通过资本市场融资 93. 56 亿元。其中，1 家公司首发融资 6. 45 亿元，4 家公司通过配股、定向增发融资 26. 92 亿元，1 家公司境外 D 股融资 22. 12 亿元，3 家公司发行可转债、公司债融资 38. 07 亿元。资本市场有力支持辖区上市公司持续健康发展。募集资金使用呈现以下特点：一是募集资金脱虚向实。辖区上市公司募集资金主要用于投入生产经营、补充流动资金或偿还债务，有力支持公司聚焦主业实现做大做强。二是募集资金使用整体较为规范。

（三）募集资金变更情况

2018 年，青岛辖区共 4 家公司变更募集资金用途，涉及金额 10. 14 亿元，占 5 家公司募集资金总额的 32. 72%。4 家公司募集资金变更程序合规。辖区多数上市公司按照所计划募投项目和进度使用募集资金，个别公司使用进度较慢。

表 10　　2018 年青岛上市公司募集资金使用项目变更情况

变更募集资金使用项目的公司家数	涉及金额（亿元）	募集资金总额（亿元）	占公司募集资金总额的比例（%）
4	10.14	30.99	32.72

资料来源：青岛证监局。

六、青岛上市公司规范运作情况

（一）上市公司治理专项情况

2018 年，青岛证监局坚持依法全面从严监管理念，保持监管高压态势，推动提升上市公司治理水平。一是第一时间向上市公司传达公司治理、并购重组、回购股份等监管新规，督促公司学习贯彻，引导公司规范运作。二是举办辖区上市公司董事、监事培训班，鼓励上市公司参加中国上市公司协会举办的辖区公司规范督导专题培训，解读最新政策，提升上市公司关键人员的规范意识。三是举办辖区上市公司投资者网上集体接待日活动，引导公司积极参加辖区“投资者教育和保护百日讲坛”活动，强化上市公司与投资者之间的交流互动，督促上市公司依法保障股东权利。四是扎实开展现场检查，对 6 家上市公司开展现场检查，重点关注公司信息披露、公司治理、规范运作、内部控制等，对 2 家公司采取行政监管措施。

（二）审计情况及监管情况

辖区 30 家上市公司 2018 年年报审计涉及 9 家审计机构，均被出具标准无保留意见审计报告。对 2 家会计师事务所年审项目、5 家年审函证开展现场检查。

2018 年，青岛证监局以风险和问题为导向，扎实开展年报监管工作。一是及时转发证监会相关政策，传达监管要求，督导上市公司和审计机构做好年报编制与披露工作；二是做好年报审阅，发现情况第一时间问询约谈，发现问题立即核查处置；三是开展中介机构延伸监管，督促审计机构完善质量控制制度，提高审计工作质量，全年开展会计师事务所年审项目现场检查 2 家次，开展会计师事务所年审函证专项检查 5 家次。

（三）信息披露情况

2018 年，青岛证监局持续加强信息披露监管，督促公司做好信息披露工作，维护中小投资者合法权益。一是持续做好上市公司定期报告监管，重点关注年报披露，及时开展审阅、撰写情况分析。二是加强临时公告监管，对重要公告及时开展监管问询和约见谈话。三是充分运用中央监管信息平台、交易所信息系统及 Wind 等舆情监测工具，持续做好辖区上市公司舆情监测，发现负面舆情及时开展问询和专项检查。四是加强环境信息披露监管，督促 2 家上市公司完成补充披露，鼓励上市公司主动披露环保信息。五是坚持依法全面从严监管落到实处，对 1 家上市公司信息披露违规、议事规则不完善采取出具警示函的行政监管措施。

（四）证券市场服务情况

2018 年，青岛证监局认真落实证监会党委决策部署，坚持稳中求进工作总基调，以“监管与服务并举、规范与发展并重”的监管理念，服务辖区资本市场健康稳定发展。一是分类施策，防范化解股票质押风险。向 10 家公司下发关注函，强调信息披露和风险报告义务，督促制度预案。二是持续推动优质企业上市，服务实体经济高质量发展。年内新增上市公司 1 家、过会企业 6 家，境内上市公司数量突破 30 家。三是鼓励支持上市公司并购重组，助力企业转型升级和新旧动能转换。全年辖区 15 家上市公司完成并购重组。四是持续推动直接融资规模扩大，支持企业高质量发展。全年上市公司通过股债等方式融资 93.5 亿元。

审稿人：万景初

撰稿人：任　路　高丽萍

第四篇

上市公司治理篇

- 海南橡胶：诚信为本，相伴前行，持续夯实和完善投资者沟通体系
- 中航光电在投资者关系维护上的实践
- 珠海港：完善投资者关系管理 共享公司成长价值
- 华新水泥投资者关系管理实践与创新
- 金融街：不忘初心，积极引领投资者实现价值投资
- 日就月将，精进不休——宝钢股份投资者关系管理实践
- 保利地产：悉心服务投资者，传递公司价值，实现共同成长
- 恒力股份：真诚沟通、传播价值、深耕主业、现金回报
- 粤电力A：厚德善能 益邦惠民 践行企业使命 做中小投资者的守护者
- 驰宏锌锗：浅析大数据时代下的投资者关系管理

海南橡胶：诚信为本，相伴前行，持续夯实和完善投资者沟通体系

近年来，随着中国资本市场市场化程度的不断提高和市场运行机制的不断完善，投资者关系管理对于上市公司而言愈发重要。海南橡胶认为投资者关系管理的核心就是通过有效的沟通促进投资者对公司的了解和认同，只有以诚相待每一位投资者，高度关注投资者的利益，广泛倾听投资者的声音，才能赢得投资者长期的信任与支持，才能真正做好投资者关系管理工作。

海南橡胶自上市以来，一直高度重视维护投资者关系，通过不断地摸索和学习，积累经验，努力做好投资者关系管理工作。在与投资者的沟通中，始终秉持尊重与坦诚的态度，认真倾听和解答投资者的问题，充分尊重投资者提出的发展建议和意见，并通过持续创新工作方式和不断探索沟通渠道，积极构建多层次、全方位的投资者沟通和保护体系。海南橡胶的主要做法和经验分享如下：

一、高度重视，时刻以投资者的利益和关注为出发点

海南橡胶以“诚信、稳健、共赢”为经营理念，坚持以诚相待每一位投资者，充分认识到维护好投资者关系的重要性和必要性，在日常工作中，一方面，牢固树立尊重投资者、服务投资者、回报投资者的理念，始终把投资者关切摆在第一位，设立各种渠道为投资者解疑答惑，通过规范公司治理，提升经营管理水平，主动承担为投资者创造收益的社会责任；另一方面，高度重视监管机构的要求，按照监管机构的最新政策法规及时调整公司规章制度，积极主动配合监管机构开展各项活动，致力于在监管机构的引导和支持下，与投资者建立长期稳定的互动关系。海南橡胶的努力也获得了广大投资者的认可，分别荣获了海南证监局颁发的“2013年公司获投资者关系管理最佳互动奖”和中国上市公司协会颁发的“2015中国最受投资者尊重的百家上市公司”奖。

二、注重投资者回报，坚持贯彻落实分红政策

为充分保障投资者的收益权，海南橡胶制定了明确、持续的分红政策，重视对投资者的现金回报，适时修改现金分红管理相关制度并严格执行。2011～2014年，海南橡胶持续实现分红，累计现金分红5.97亿元，超过上述年份累计实现归属于上市公司股东净利润的50%。因天然

橡胶行业持续低迷，海南橡胶2015年、2017年出现亏损而未进行分红，2016年为顺利推进非公开发行股票工作而未进行分红。

三、持续做好信息披露工作，夯实投资者关系基础

上市公司的对外信息披露是投资者了解上市公司的最主要途径，也是上市公司投资者关系管理工作的基础。海南橡胶自上市以来，严格按照法律法规、《上海证券交易所股票上市规则》和《公司章程》等要求披露各类定期报告和临时公告，不存在虚假记载、误导性陈述或者重大遗漏等任何违反信息披露规定的情形，确保了信息披露的真实、准确、完整、及时、公平，为投资者提供了有效的决策依据。自2011年上市以来，海南橡胶未发生信息披露违规情形，并已连续7年荣获上海证券交易所信息披露工作评价A级。

同时，海南橡胶始终高度重视内幕信息管理，制订了《内幕交易知情人登记管理制度》《重大事项内部报告办法》以及《对外信息报送管理制度》等制度，对内幕信息及内幕信息知情人的认定标准、保密义务、登记备案方法做了明确细致的规定，并在其内部构建了覆盖各子公司、各部门的内部信息披露专员机制，负责本单位的规范运作监督、重大信息报告制度等，构建了完善的内幕信息管理体系，坚决杜绝内幕交易。海南橡胶自上市以来未发生内幕信息泄露和利用内幕信息违规交易的情况，有效地保护了投资者的合法权益。

四、不断优化沟通方式，多途径做好投资者沟通交流和互动工作

为增强与投资者的沟通交流，海南橡胶不断优化沟通方式，一方面，坚持“线上”与“线下”相结合；另一方面，坚持“迎进来，走出去”构建多层次的投资者沟通体系。

（一）利用通信工具及互联网，搭建和拓展远程沟通交流渠道

海南橡胶向广大投资者提供了电话、邮箱、投资者关系互动平台等多种方式的沟通交流渠道，安排专人负责维护，一方面，确保投资者反馈的信息能够及时传递到公司，并及时、认真解答投资者的疑问，答复率达到100%；另一方面，广泛听取投资者的声音，充分尊重投资者提出的发展建议和意见，积极引导投资者树立长期投资、价值投资、理性投资的理念。

同时，海南橡胶致力于打造更多沟通交流渠道，海南橡胶在官方网站上开通投资者关系专栏，设置了证券信息、临时公告、定期报告、公司治理、监管动态、投资者问答环节，在不违背信息披露原则的前提下，适时地将公司新闻、最新经营状况等情况予以公布，便于投资者了解和掌握。

（二）积极参加监管机构组织的各类投资者交流活动

海南橡胶积极参加证监会、上海证券交易所、上市公司协会等机构组织的“走进上市公司”、业绩网上说明会等各类投资者交流活动，通过此类活动，促进和加深投资者对公司的了解和认识。例如，海南橡胶配合上海证券交易所和海南证监局举办了“我是股东——中小投资者走进海南橡胶”和“走进上市公司活动”；海南橡胶参加了“2018 年新财富区域金融力发展论坛（海南站）”活动，海南橡胶董秘作为海南唯一的上市公司代表，受邀向参会嘉宾介绍了公司的基本情况，并交流、分享了海南橡胶规范运作的经验；海南橡胶每年都参加海南辖区上市公司业绩网上集体说明会活动，公司总裁、董事会秘书、财务总监等高管参加活动，并与投资者进行“一对一”形式的沟通，回复率达 100%。

（三）迎进来，走出去，主动加强与投资者面对面的互动交流

海南橡胶非常欢迎机构投资者和中小投资者到公司实地调研，自上市以来，共接待了超过 500 余家机构投资者现场调研，合计 900 余名研究人员和个人投资者到访公司。在调研过程中，海南橡胶认真倾听投资者意见、解答投资者疑惑，并安排来访投资者参观天然橡胶博物馆、橡胶园、加工厂、热带水果种植基地等，让投资者深入了解公司的产业发展历程，了解橡胶种植、加工的基本情况，得到了投资者的充分肯定。例如，2016 年海南橡胶接待了证券时报组织的华东地区上市公司 200 余人来公司参观调研活动。除此之外，海南橡胶也会定期走出去拜访投资者、参加证券机构投资策略会，通过主动创新调研活动让投资者深入了解公司的生产经营情况，增强投资者对公司的认同、信心和忠诚度。

五、精心组织股东大会，充分保障股东的知情权和决策权

股东大会是公司治理的重要一环，也是股东行使知情权和决策权的集中体现形式，海南橡胶充分尊重和保障股东的知情权和决策权，积极鼓励中小股东参与股东大会表决，并为之便利条件，例如，优化参会登记程序，耐心为投资者解答参会和表决流程等。另外，海南橡胶积极鼓励中小股东的提问发言，并在现场会议安排公司董事、高管与股东的沟通环节，充分保障中小股东的提问和沟通时间。股东大会结束后，海南橡胶还会根据与会股东的需求，安排参观海南农垦博物馆、加工厂、胶园、鳗鱼养殖及水果种植基地等，使投资者更加全面和深入直观地了解海南橡胶的生产经营和产业发展情况。

六、加强媒体关系维护，拓宽投资者获取信息渠道

海南橡胶高度重视媒体关系维护，积

极与媒体进行沟通和联系，主动邀请媒体对公司重大新闻进行报道并提供便利条件，为投资者及时知晓公司最新动态创造条件，海南橡胶致力于与媒体形成长期的、稳定的、亲善的公共关系。例如，2018 年，海南橡胶主动邀请海南日报、证券日报、新华社会客厅等媒体对公司科技研发进展、胶园综合利用、非胶产业发展等情况进行报道，并及时发布在公司网站和微信公众号上，为投资者知晓公司最新动态创造了便利条件。同时，海南橡胶鼓励媒体对公司董事长、高管进行访谈，以增强投资者对公司成长历程及未来发展战略的了解和认识。

（中国上市公司协会投资者关系管理委员会　供稿）

中航光电在投资者关系维护上的实践

“顾客就是上帝”，对于上市公司而言，投资者也是上帝。上市公司在专注自身发展的过程中，增加公司信息披露透明度，改善公司治理，加强对投资者关系的维护有助于建立稳定和优质的投资者基础，获得长期的市场支持，从而实现公司整体利益的最大化。而中航光电对于投资者关系的维护则处处彰显了对于投资者的保护。

一、上市十余年的坚持

投资者权益的保护是中航光电对于投资者关系维护的出发点，而投资者的知情权和收益权是中航光电关注的焦点。上市十余年以来中航光电与投资者之间密切交流、相处融洽，这种良好的合作共赢关系与公司一直以来秉承的投资者关系维护理念密不可分。

（一）快速发展是对投资者最好的回馈

中航光电以“成为全球领先的互联方案提供商”为愿景，业务上以连接为主，相关多元发展；产品定位在中高端、集成化连接产品并提供连接技术解决方案。坚持专注自身发展的中航光电已经从航空接插件三线厂发展到军民业务各半、军工领域全覆盖，全球连接器企业排名第十三，全球军工连接器第二的市场地位，拥有上市十年营业收入年均增长 26%、净利润年均增长 24%、十年收入增长 10 倍的优良业绩，专注发展主业的中航光电尝到了潜心经营、砥砺奋进的硕果。

在坚持发展主业的同时，中航光电也通过投资并购不断壮大自己的版图，使公司的发展规模进一步扩大。上市至今中航光电的子公司也由沈阳兴华 1 家增加了中航海信、中航富士达、深圳翔通、中航精密、泰兴航空光电 5 家。子公司的加入弥补了中航光电在光模块、射频连接器、光纤连接器、消费类电子连接器、液冷源等领域的空缺，初步形成优势互补、产业链持续完善、产品谱系逐步优化、协同发展的格局。中航光电在行业内“领头羊”的形象逐渐树立，也使得投资者对于中航光电的信心不断增强。

（二）利润分配让投资者真正尝到甜头

中航光电上市以来坚持现金分红，给投资者稳定的回报预期，持续稳健地推出送红股和资本公积金转增方案，每股收益基本保持在 1 元/股，送转股后实现快速填权。利润分配的有效实施给投资者吃了一剂“定心丸”，使投资者们在长期持有公司股票的过程中也不担心自身收益得不到应有的回报。

（三）信息披露是投资者信任的基石

信息披露是投资者了解上市公司信息的主要途径，上市公司合规进行信息披露，使公司信息让所有投资者同步了解到，不仅是对投资者知情权的保护，这种有价值的信息传递也使上市公司和投资者之间依赖性增强。中航光电深知信息披露的重要性，在做好公司定期信息披露的基础上，及时统计公司预计发生的重大事项并在其达到披露标准时予以披露。真实、准确、完整、及时是中航光电对待信息披露的基本要求，而信息披露连续 3 年获深交所考核优秀评级也是对中航光电信息披露工作的认可。

（四）日常互动维系投资者关系健康发展

面对面的沟通交流能使上市公司和投资者的关系更加密切，合规开展投资者调研是加深交流最好的选择。中航光电在严格遵照监管部门对调研时期限制的前提下，努力满足所有投资者对于调研的需求，每年主动开展多次投资者调研活动。为了简化开展调研的前期准备环节，中航光电利用调查问卷小程序提前统计参加调研的具体人员和调研目的，这种信息化的操作手段也使得投资者的交流活动更加有针对性，也更加的顺畅。交流结束后中航光电还会应投资者的要求组织其去公司展厅参观，让他们对公司的产品有所了解，这也使投资者清楚地认识到中航光电的实力。调研结束后，中航光电会立即在深交所网站上传《投资者调研记录表》，方便所有投资者知悉此次调研活动的全过程。

实地调研虽然可以使投资者直观了解到上市公司的经营情况，但是距离和时间都会限制投资者通过实地调研的方式去了解上市公司，这时投资者就会选择互动易平台和电话咨询来随时了解上市公司信息。而中航光电也针对这一实际情况，认真履行自身对于投资者的信息告知义务，互动易回复率 100%，投资者打来电话咨询问题也会及时接听并耐心回答，这些坚持不懈的小举动也让中航光电在投资者心中树立起可信赖的上市公司形象。

除此之外，信息时代信息的传递更加少不了媒体的参与，上市公司与投资者的信息传递也需要媒体的帮助。中航光电与《中国证券报》、《证券时报》、每日财经新闻、航空新闻网、《中国航空报》等媒体合作关系良好，舆情状态良好。

这些良好的互动使中航光电与投资者相互信赖的关系在点滴相处中不断形成，良好的互动也成就了中航光电投资者关系维护的基石，推动其他相关工作的有效进行。

（五）良好关系促进公司发展

中航光电与投资者之间的良好关系，不仅保护了投资者的权益，而且也给中航光电带来了合作共赢的结果。2013 年中航光电获准向社会公开发行面值不超过 5 亿元人民币的公司债券，最终确定债券票面利率为5.08%，这在当时已经是十分低的利率水平。可是，中航光电在资本市场树立的良好形象让“12光电债”在发行初期便被抢购一空，中航光电很快就募集到5亿元用来满足公司更加长远的发展，这种与投资者合作共赢的关系在满足投资者合法权益的同时，也促进中航光电向更高的目标努力奋进。

二、深刻思考，努力朝更好的未来

《上市公司与投资者关系工作指引》中指出，投资者关系工作的目的是：(1)促进公司与投资者之间的良性关系，增进投资者对公司的进一步了解和熟悉；(2)建立稳定和优质的投资者基础，获得长期的市场支持；(3)形成服务投资者、尊重投资者的企业文化；(4)促进公司整体利益最大化和股东财富增长并举的投资理念；(5)增加公司信息披露透明度，改善公司治理。

纵观中航光电上市十余年的投资者关系维护工作，中航光电也是朝着这5个目标在努力，合规的信息披露提高了公司的透明度，改善了公司的治理；与投资者良好的互动建立起了与投资者的良性关系；利润分配以及公司良好的企业形象使中航光电获得投资者的长期支持，也实现了公司和股东的利益最大化，实现了合作共赢的局面；“更精、更快、更周到”的服务文化也适用在投资者身上，将其融汇形成中航光电独有的投资者关系维护文化。

虽然中航光电已经在最大限度内优化着投资者关系的维护，但是随着时代进步、科技发展以及自身在实践中的思考，也使得中航光电对于投资者关系的维护有了一些认识。

科技的发展、信息时代的来临，人类所有的行为都变得信息化、程序化，今后的投资者管理工作也应如此，面对面的实地调研可能不需要过于频繁，视频会议、手机APP今后将会成为投资者交流的主会场，未来的投资者应该像上市公司手机里的微信好友一样每天都可以随时联系。而对于他们的保护也不仅限于在制度里，而是在日常工作相处中处处体现对投资者的保护，对于投资者关系的维护或者管理都要以投资者保护为核心。

中航光电在投资者关系维护上的实践中虽然收获颇多，但是仍存在一些尚要解决的问题，投资者过于分散，组织调研活动并不能考虑全面，虽然已经在利用手机程序来改善调研报名不及时的现状，但是投资者实地调研人员的范围比较固定，需要寻求新的突破。除此之外，在与投资者交流过程中上市公司总是在扮演“讲说家”的角色，今后应该增加上市公司聆听的部分，让上市公司不仅说出自己的心声，而且也让上市公司听到来自投资者的声音。

（中国上市公司协会投资者关系管理委员会　供稿）

珠海港：完善投资者关系管理，共享公司成长价值

珠海港股份有限公司董事局主席欧辉生先生在2018年度投资者关系管理培训会议上强调：“公司的每位员工都是投资者关系管理的主体，在面向投资者时，应在符合信息披露要求的前提下充分展示公司的特色，帮助投资者挖掘公司的发展价值”。2018年，在董事局和经营层的领导下，秉承“善待投资者、回报投资者”的发展理念，珠海港举办了2018年投资者集体接待日、2018年半年度网上业绩说明会、2018年分析师联合调研等投资者关系活动，备受广大投资者的认可，提升了公司在资本市场的形象。

一、及时答疑与主动沟通双管齐下

“港珠澳大桥预计什么时候开通，对公司会产生怎样的影响?”在与投资者的定期交流中，珠海港经常听到这样的问题。面对国家深入推进“一带一路”战略、粤港澳大湾区建设、港珠澳大桥即将建成通车、深中通道开工建设、珠江—西江经济带加快发展等重大机遇，投资者对珠海港的关注度也持续提高，希望能在信息披露的基础上更全面地了解珠海港所处区域、行业以及业务发展机会等。珠海港一方面确保在收到投资者在深交所互动易上的提问时，及时结合实际情况给予客观、准确回答；在接受特定机构、个人投资者调研后，及时将调研记录在互动易上公告；另一方面，珠海港建立了与投资者的定期沟通机制，主动向投资者询问对公司治理、发展的看法和建议，引导投资者主动关注公司公告、新闻等官方渠道信息，更好地传递价值投资理念。

二、利用新媒体让投资者关系管理工作“更接地气”

过去，也曾有投资者反映，认为珠海港的官方网站内容不够全面、索引不够清晰。对此，在多次专门会议的研究部署下，珠海港针对在与投资者沟通过程中收集到的反馈意见，为利用好网站这一最直接、最高效的窗口，2018年，珠海港对公司网站投资者关系板块进行了全面升级。目前，投资者打开珠海港“投资者关系栏目”，即可以从“公司治理、公告与新闻、财务摘要、投资者交流、股票信息”5个版块全面了解珠海港经营、发展信息。其中，投资者可以在投资者保护栏目看到每周更新的转载自证监会、交易所等的投资者教育文章，学习投资者教育知识，接受理性投资的观念。在珠海港网站的投资者问答平台上，投资者可以直接链

接到深交所互动易提出问题，相关工作人员会针对这些问题，做到在信息披露的界限内有问必答。2018 年以来，珠海港互动平台已收到广大投资者近 50 个问题，并实现 100% 回复。

近年来，微信成为了公众生活中不可或缺的社交工具，在每年年报、半年报披露的同时，珠海港利用易企秀制作“微报告”，向投资者展示公司经营发展、战略实施、财务状况等情况，实现用最简单、生动的方式读懂公司。同时珠海港应时而动，由公司副总裁兼董事局秘书薛楠女士统筹组织珠海港投资者关系微信小程序开通及运营工作，借助其互动实时性、信息公开性和操作便捷性，顺应了投资者的日常操作习惯，强化了公司与投资者沟通渠道的实用性。目前，珠海港投资者关系微信小程序让公司公告、股东大会召开情况、近期投资者关系活动等信息真正地集中在投资者的掌心，实现“一站式”阅览。

三、积极响应监管部门开展投资者关系管理活动

自 2018 年 5 月开展投资者关系管理月以来，珠海港办公楼大厅的 LED 显示屏滚动播放“携手共建互信共赢投资者关系”等宣传标语，全面展开投资者教育工作。“作为中小投资者，可以有更多的机会跟公司领导进行交流么?”针对投资者这样的询问，珠海港积极开展与投资者互动的活动。5 月 3 日，珠海港副总裁兼董事局秘书薛楠女士及财务总监陈虹女士积极参加广东证监局主办的“上市公司投资者集体接待日”活动，代表珠海港与全体投资者进行在线沟通交流，共回答投资者近 30 个问题。8 月 28 日，珠海港举办 2018 年半年度网上业绩说明会，珠海港董事、总裁黄志华等领导与广大投资者就珠海港的战略实施、经营情况、财务状况及未来发展规划等多项主题进行了充分的探讨和交流。8 月 30 日，珠海港举办 2018 年分析师联合调研活动，珠海港董事局主席欧辉生先生为到场的机构投资者朋友深入解读了公司践行四大战略、构建五大业务板块、落实事业部制改革等工作思路与成果。除此之外，珠海港办公楼大厅的书报架不时有来访的投资者驻足，他们正在翻阅公司的《港通天下》内刊和投资者保护宣传资料，以多样的方式了解理性投资文化。

针对珠海港领导和员工希望持续提升服务投资者能力的诉求，珠海港始终坚持将投资者保护宣传的触角延伸到公司内部的每个员工身上，定期开展投资者教育培训工作，让每位员工都成为投资者关系管理的主人翁，在考虑信息披露的前提下，形成接待投资者的回复口径。同时，珠海港每月向公司董事、监事、高管传阅刊载投资者关系案例的月报，每年向全体员工举办信息披露及投资者关系管理的培训工作，强化服务投资者、回报投资者的意识。

四、提高现金分红水平

近年来，证监会在始终坚持依法全面

从严监管的理念下，积极倡导上市公司现金分红，引导上市公司更加注重投资者回报，强化股东回报机制，推动上市公司不断提高现金分红水平。在2018年1月19日召开的2018年第一次临时股东大会上，珠海港通过了公司章程中关于利润分配政策条款的修订意见，将之前公司章程关于现金分红的条款中规定单一年度以现金方式分配的利润不少于当年实现可供分配利润的10%上调至目前的20%。在2017年珠海港归属于母公司净利润实现34.92%的增长的同时，积极回报投资者，从2017年向全体股东每10股派发现金0.36元（含税），每股分红金额同比实现80%的增长幅度。目前，珠海港正处于战略发展重要阶段，主业重点项目的建设需要大量的资金投入，但珠海港始终坚持现金分红，与携手相伴的投资者共享丰硕的经营发展成果。

2018年7月2日，深圳证券交易所发布了《关于2017年度深市主板上市公司信息披露考核结果的通报》，考核结果显示，珠海港股份2017年凭借扎实严谨的信息披露工作再度荣获最优A类评级，目前已经连续两年获得最优A类评级，同时也成为2017年珠海唯一“信息披露A类”的深交所主板上市公司，珠海港在完善公司治理、加强信息披露以及规范投资者关系管理等方面做出的辛勤努力和取得的成效获得全面肯定。这一阶段性成果的获得，离不开投资者一路以来的理解与支持。2017年以来，在面对战略升级的新形势下，珠海港夯实主业，多措并举，发展提速，盈利水平连续3年保持良好增长，并以丰硕的发展经营成果回馈投资者，向广大投资者传递公司投资价值，获取市场的认可。未来，珠海港将继续把严谨、细致的工作作风落实到日常工作当中，以优质的信息披露质量为广大的投资者进一步了解珠海港及全面看待投资价值做好服务，继续营造开放、和谐、共赢的投资者关系文化，切实保护投资者权益。

（中国上市公司协会投资者关系管理委员会　供稿）

华新水泥投资者关系管理实践与创新

优质的投资者关系管理工作，是上市公司在资本市场上树立形象、赢得口碑和信任、赢得投资者青睐，进而促进上市公司发展战略的落地、投资者得到良好的投资回报，公司市值提升的良性局面形成的重要环节。业绩亮眼、市值提升，是对投资者的最好回报。

华新水泥股份有限公司（以下简称“华新水泥”），在投资者关系管理实践上不断摸索与创新，形成了具有特色的投资者关系管理。

一、公司简介

华新水泥始创于1907年，历史悠久，文化底蕴厚重。1994年，华新水泥成为中国建材行业第一家A、B股上市公司。经过多年的发展，现已成为集规模优势、技术优势、人才优势、管理优势、质量优势为一体的大型建材集团，综合实力为中国制造业500强和财富中国500强企业，为中国500最具价值品牌百强的大型企业集团。

华新水泥的投资者关系管理工作，是通过信息披露与投资者及潜在投资者之间的沟通，增进投资者对华新水泥的了解和认同，提升公司治理水平，以实现公司整体利益最大化和保护投资者合法权益的重要工作。资本市场期许高度的公平、公开、公正，而公司的投资者关系管理工作是实现这一目的的重要环节和抓手。华新水泥自上而下对投资者关系管理工作十分重视，大家的信念都是给股东和投资者提供更好的服务和回报。以诚恳和耐心的工作态度、娴熟和一流的技能来服务好投资者。受到业内券商、分析师、基金经理和股东、投资者的一致好评。

二、公司投资者关系管理制度建设和实际运行情况

（一）建立规范的投资者关系管理制度

为切实做好投资者关系管理和保护投资者工作，华新水泥制定了一系列制度：《董事会议事规则》《监事会议事规则》《董事会各专门委员会工作细则》《总裁工作细则》等规则制度，以切实提高公司治理水平。

同时，为全面实施投资者关系管理工作，华新水泥先后制定了《董事会秘书工作制度》《公司信息披露事务管理办法》《公司投资者关系管理制度》《内幕信息知情人登记制度》《年报披露重大差错责任追究制度》《外部单位报送信息管理制度》《公司内部重大信息报送制度》

等各项与投资者关系管理工作相关的制度。通过这些制度，对投资者关系管理的基本原则、内容、职责、程序、公司重大信息和事件的报送程序，以及投资者关系管理相关工作人员的职责和义务、违规处罚措施等各方面做出了明确的规定，各项制度均符合中国法律、法规和监管规范的要求。

以上制度体系的建立，旨在促进华新水泥与投资者之间的良性关系，增进投资者对华新水泥的进一步了解和熟悉；建立稳定和优质的投资者基础，以获得长期的市场支持；形成服务投资者、尊重投资者的企业文化；促进形成公司整体利益最大化和股东财富增长并举的投资理念。在以上规范制度的指导下，华新水泥不断完善公司治理的水平，在合规的基础上充分披露公司信息，最大限度地保护了投资者利益，平等地对待所有投资者。

（二）建立高效的投资者关系管理工作机构

公司投资者关系管理工作由华新水泥总裁统一领导，由副总裁/董事会秘书兼证券与投资者关系总监具体负责日常的管理工作。华新水泥设立了负责投资者关系管理的职能部门——证券及投资者关系部，专人专职，专事投资者关系管理工作，完善内部信息互通互联机制，确保信息发布渠道集中、口径统一、明确权威。部门内部还定期组织相关业务培训，以提高投资者关系管理工作人员的综合素质和技能。除此之外，在华新水泥每一项相关制度设立后，华新水泥证券与投资者关系部都会为各事业部和职能部门给相关员工提供培训，提高全员信息管理质量及投资者关系管理意识。

华新水泥投资者关系管理工作专班主动作为，尽职尽责，高效准确地执行公司确立的任务，让公司放心，让投资者满意。华新水泥还发挥考核作用，有效推动投资者关系管理工作。根据投资者关系管理工作的特点，运用绩效考核、目标任务考核等考核方法，有的放矢地对相关岗位进行考核，激励和促进该项工作的不断完善和提高。在多年的工作中，投资者关系管理专员也形成了主动的工作方式，提前做好相关的准备工作，主动公关，引导投资者向有利于企业的方向思考。

（三）董事会秘书在投资者关系管理工作中扮演主角

华新水泥董事会秘书是中国上市公司中仅有的20多年以上资历的资深董秘之一。具有非常强的专业知识和丰富的从业经验，其一直以积极、诚信的态度，亲自督导公司投资者关系管理事务，在上交所组织的董事会秘书年度考核中，一直为优、良等级。其个人先后被中国证券报、上海证券报和证券时报评为信息披露先进个人、优秀董秘、资深董秘，华新水泥也被上海证券交易所评为2001年度、2012年度信息披露先进单位，2018年还被Aon和《财富》海评为2018年中国最佳董事会。

与此同时，凭借多年的投资者关系管

理工作的实践和创新，华新水泥还获得了2012年度上市公司治理专项奖——信息披露奖的殊荣，这也是交易所对华新水泥在信息披露工作的充分肯定，对华新水泥证券与投资者关系部门长期致力于提升公司治理水平的褒奖。

三、公司投资者关系管理工作的特色实践与创新

华新水泥自上市以来，一直将提高投资者关系管理工作的质量作为提升公司治理水平的一个评判标准，不断完善投资者关系管理的规章制度，加强知识的学习和人员的培训，并以投资者关系管理工作作为突破口，在保持和维护好与投资者良好互动关系的基础上，提升公司的市场价值。长年来，华新水泥的投资者关系管理工作积极高效，不仅满足监管部门的规范要求，而且形成了一套深得投资者欢迎的特色实践。华新水泥积极履行信息披露义务，不断提高信息披露质量，与投资者建立良性互动，充分沟通和交流，切实保障了投资者的知情权。

（一）公司信息披露工作具有规范化、流程化、时效性与计划性强、专业把控力强的特点，有助于投资者做好公司价值的预判

华新水泥作为1994年就已上市的一家企业，经历了中国证券市场的发展历程，从高级管理人员到担任信息披露管理工作的专业工作人员，绝大部分自上市以来就一直在华新水泥工作，因此，无论是信息披露的相关责任人，还是高级管理人员对信息披露工作的理解和重要性的把握，对信息披露的内容和信息披露方式的选择，都具有很强的专业性和职业判断性。同时，为确保华新水泥披露信息的准确性和完整性，自2000年以来，华新水泥就已聘请专业的法律顾问，对信息披露等证券事务进行专业咨询和服务。华新水泥的信息披露工作，不仅体现了企业内部不同部门的专业判断，而且还具有保荐机构、法律顾问等相关中介机构的知识结晶。

另外，华新水泥自1999年以来，一直将预算管理作为大股东、董事会控制、约束、管理和衡量公司高管层经营绩效的有效手段。预算管理不仅包括财务预算管理，而且还包括战略管理、工程预算管理、流动性预算管理、董事/监事/高管层下一年度工作预先安排管理等。预算管理的硬约束机制和预先判断机制，使华新水泥的经营运行处于一种预先可控制、判断的状态，提高了董事会的运行效率，减少了不可预测风险的发生概率。华新水泥这种由预算管理而带来的信息集中披露的做法，有助于广大投资者公平、准确地掌握公司信息，有助于投资者预先对公司价值做出合理的判断，减少了因信息披露的不连贯、不全面性而导致的不确定性风险因素。

（二）公司定期报告作为展示公司形象的一个平台，最大限度客观、公正地展示公司相关信息

定期报告作为上市公司的重要信息披

露形式之一，承担着向投资者传递阶段性经营业绩和未来经营规划信息的职责。为编制好华新水泥每年的年度报告，华新水泥证券及投资者关系部都会提前收集国内外经济信息、行业信息以及公司内部经营信息。华新水泥定期报告所披露的内容，不仅符合法定信息披露框架性要求，而且还披露了一些公司的发展情况和投资者关心的问题，丰富了信息披露内容。多年来，华新水泥定期报告信息新颖、资料详实、客观公正，知识性和可读性均很强，深受投资者尤其是行业研究员及分析师的喜爱。

（三）积极主动、有计划性地做好与投资者的沟通工作，创新服务手段，积极拓展投资者沟通渠道，与投资者良性互动，提升公司投资者关系管理的水平与质量

华新水泥证券及投资者关系部有专人负责收集和整理水泥行业、公司的资料，并及时归纳和总结公司财务、销售、战略发展等最新动态，不定期地更新和充实公司基本情况数据库，制作并定期更新 PPT 演示文稿，对公司经营情况、行业情况、其他企业情况以及投资者感兴趣的问题，定期与行业研究员和分析师进行信息分享。

华新水泥的投资者关系管理工作注重全年的、整体的规划。自 2011 年起，华新水泥在每年 3 月，都会对外公布本年度投资者公开接待总体安排，对接待日的时间、地点及参会人员等情况予以明确，并通过公告的形式告知广大投资者，便于投资者和分析师能合理安排时间，与公司的高管或相关业务负责人进行面对面的充分沟通和交流。近年来，华新水泥持续实施投资者接待周活动（从每年 3 月起每月一周），有计划地管控公司的投资者关系管理。

（四）充分发挥公司网页的作用，保持同投资者的零距离接触

华新水泥官方网站十分重视信息披露和与投资者关系管理的工作。华新水泥网页上专设了投资者关系栏目，同时在投资者关系栏目下又设了董秘信箱、来访预约、投资者服务等子栏目，对华新水泥任何信息感兴趣的投资者，均可以通过董秘信箱对华新水的任何情况进行提问，华新水泥做到了有问必答。想到华新水泥来调研的个人和机构，也均可以通来访预约同公司联系并确定来访事宜。投资者服务专线与投资者关系管理专员手机并联，便于随时随地接受各类投资者的电话咨询。电子化的联络沟通手段，使公司同投资者的联系更加方便，成本也更加节约。

（五）积极采取灵活多样的方式与投资者进行充分有效的沟通

除了在交易所及指定报刊披露定期公告及临时公告外，华新水泥通过现场股东大会的形式使投资者与公司管理层面对面沟通交流；华新水泥董事会秘书定期携证券与投资者关系部相关人员积极参与券商分析师组织的各项会议或说明会，与投资者、行业研究员及基金进行面对面沟通，介绍华新水泥的经营发展情况并解答他们感兴趣或关注的问题；华新水泥每月一周的投资者接待活动，通过现场及电话会议的方式与投资者进行一对一或一对多的沟通；华新水泥每年至少安排 1 ~ 2 次网上路演，运用互联网手段与投资者进行充分沟通。此外，华新水泥还积极配合媒体采访与报道，安排投资者和分析师对工厂进行现场调研，多渠道增加公司的透明度，让投资者全方位了解华新水泥的情况。

（中国上市公司协会投资者关系管理委员会　供稿）

金融街：不忘初心，积极引领投资者实现价值投资

为了让投资者对金融街（000402）的公司价值有一个全面客观正确的认识，金融街在投资者关系管理工作上始终不忘维护投资者合法权益的初心，不断夯实以“引领公司价值实现”“引领公司价值经营”“引领公司价值稳定”三个价值引领为核心的投资者关系管理工作体系，积极引领投资者对公司未来投资价值做出正确决策，有效保障了投资者利益，增强了投资者信心。

一、牢固树立“积极引领投资者实现价值投资”的理念

金融街自上市以来，投资者关系管理工作始终遵循“以商务地产为主导，适当增持优质自持物业，实现公司持续、稳定、健康发展”的公司战略指引，紧紧围绕“以开发销售业务和资产管理业务为双轮”的公司业务发展战略开展工作。持续客观公正地向投资者传递公司内在价值，并将“在目前国内开发业务总量见顶的背景下，抓住行业转型升级带来的经营机遇，一方面，以合理价格积极获取项目，实现房地产开发扩张带来的规模利润；另一方面，不断提升持有物业的经营能力，收入和息税前利润屡创新高”的业务战略和经营模式客观、准确地传递给投资者，成为金融街投资者关系管理工作的重点。

在实际工作中，金融街始终以“实现经营业绩的稳定增长”为抓手来向投资者充分展示金融街的稳健成长性。在国家政策密集出台、资本市场波动较大的阶段，金融街持续地让投资者认识到国家房地产政策从“促销售、去库存”“因城施策化解房地产库存，推进房地产市场平稳健康发展”“房子是用来住的，不是用来炒的”等总基调不断演变过程中所包含的内在投资逻辑。根据这些投资逻辑并结合市场现状，金融街在定期报告中对全国市场形势、行业政策变化、重点城市市场等房地产政策及房地产重要经济指标进行公正、客观、深入的分析，让投资者充分掌握行业发展趋势和公司经营动态，从而对公司内在价值有一个合理的判断。

金融街认识到投资者关系管理工作除了做好充分信息披露，准确传递公司的内在价值和未来的成长性之外，还需积极引导投资者对公司价值的预期，保障其投资行为的合理性和有效性。为此，金融街形成了以“三个价值引领”为核心的投资者关系管理工作体系。

二、不断夯实以“三个价值引领“为核心的投关工作体系

一直以来，金融街高度重视股东和投资者的长远利益，通过“三个价值引领”的投资者关系管理工作体系向资本市场传递公司内在价值，强化公司长期价值投资的吸引力。

（一）不断健全信息交流渠道，引领公司价值实现

自上市以来，金融街坚持信息披露真实、准确、完整、及时的原则，把依法合规信息披露作为投资者关系管理工作的首要任务来抓，并连续9年获得深交所信息披露考核“优秀”。金融街所有对外发布的公告信息和定期报告等均通过公司管理层和董事长审批，有力保障了公司对外信息披露的准确性与合规性。

在此基础上，金融街还通过投资者交流专用电话、投资者专用邮箱、深圳证券交易所互动易平台、公司官网投资者关系专栏、微信公众号等多种渠道确保了沟通的顺畅，并在这些渠道上对投资者普遍关注的问题及时准确回答。同时，金融街安排专人对其中的重点问题进行收集整理后及时汇报给管理层，让公司管理层直接参与到投资者关系管理工作中来。这不仅使管理层能及时洞察投资者的真实想法，而且也能很好地确保公司向资本市场信息传递的准确、完整和及时性，更能为公司治理结构的日臻完善助一臂之力。

为进一步打通信息交流渠道，金融街创新沟通方式，设定每周三为投资者接待日，实现公司管理层与投资者的面对面交流，接访人员覆盖了行业分析师、机构投资者、新闻媒体、中小投资者等所有市场相关方。同时伴随着中国金融业对外开放的有序稳步扩大，金融街的投资价值也得到了高度认可，被纳入了MSCI指数。金融街抓住这一有利机会，积极主动接待境外分析师的调研，有效打通了向国际资本市场的价值传递渠道。截至目前，已与摩根大通、瑞银证券等众多境外研究机构建立良好的沟通平台。

（二）完善价值双向传递机制，引领公司价值经营

不断完善投资者与公司之间的价值双向传递机制，充分发挥投资者关系管理工作在资本市场与公司之间的沟通桥梁作用，引领公司实现价值经营是金融街这些年一直在坚持和践行的重要工作。

1. 传递公司经营价值，增强投资者信心

金融街通过众多有效渠道向市场传递公司经营价值和成长性来增强投资者对公司的信心。鉴于A股资本市场中小投资者占绝大多数，管理好中小投资者的预期就十分必要。及时知晓、搜集和分析中小投资者的意见和建议，并在整个投资者关系管理工作中给予重视，才能有效保障中小投资者理性的价值判断。同时，也只有让中小投资者得到受重视的获得感、幸福感、安全感，公司才能和中小投资者一起

共同促进整个资本市场形成和谐的环境。

针对上述情况，金融街安排专人实时跟踪二级市场股票波动情况，在每个交易日收盘后及时整理公司股价波动情况，对标整个市场、行业指数以及同行业可比公司情况分享给公司相关人员，以便于大家及时、准确地把握相关媒体、分析师和投资者的咨询。在此基础上，金融街还以半月报、月报的形式定期向公司管理层汇报资本市场最新动态，包括但不限于全球经济形势、宏观经济政策，同行业公司动态、投资者关注焦点、公司股东变化等情况，以确保信息向公司管理层的全面准确传递，便于管理层在经营决策中合理采纳投资者建议，间接地让投资者适时参与到公司治理活动中来。

针对机构投资者和媒体，除了日常的互动与沟通之外，金融街在 2017 年共接待 112 家机构投资者的现场调研 20 次。在 2017 半年报发布后的 8 月 30 日，金融街在广州举行了全国 30 多家媒体参与的见面会，在通过媒体向市场传递公司业绩的同时，还向市场宣扬了金融街“融社区”的品牌价值；同时，在定期报告披露后，金融街还通过微信公众号适时地向广大投资者宣传公司发展战略和项目经营情况。

2. 吸取市场价值信息，发挥投资者关系战略管理优势

投资者关系管理工作是资本市场与上市公司整体运作之间的信息纽带。上市公司在维护股东利益、传递公司价值的基础上，还应该充分发挥投资者关系的战略管理功能，形成投资者关系管理工作自身的良性循环以及与公司整体运作的互动。

作为一家房地产上市公司，金融街不仅是专注自身专业领域的价值提升，而且还注重对宏观环境、国家政策走势等市场价值信息的吸取和学习，投资者关系管理工作正是金融街对接市场的主要桥梁。一直以来，金融街积极参加权威研究机构举办的行业策略会、上市公司交流会，在国家出台重大政策后，组织进行专题研究，跟踪解读，将获取的信息形成系统性的研究报告定期向公司管理层汇报，从而使公司的投资者关系管理工作能得到公司管理层的高度重视和积极支持。

金融街在投资者关系管理工作中这种独特的、通过不断学习吸收资本市场价值信息并向公司管理层及董事长传递输送的工作模式，充分发挥了战略管理能动优势，为公司管理层提供了有力的信息保障和有效的经营决策支持，公司董事会在制定公司战略时有了更充分的市场依据，真正实现了投资者关系管理工作自身的良性循环以及与公司整体运作的互动。

（三）及时正确管理股权价值，引领公司价值稳定

金融街十分重视股东，尤其是中小股东的权益分派，在年度利润分配前会发布公告征求广大股东的意见，充分考虑中小股东诉求。在房地产行业屡受调控，现金流压力不断上升的情况下，金融街自 2000 年以来，连续 18 年坚持现金分红。仅在 2008 ~ 2017 年，金融街累计现金分

红超过70亿元，年均现金分红占归属于母公司净利润的比例约32%。

金融街通过不断优化资本结构来实现公司价值最大化。2014年金融街股价受宏观环境和证券市场波动等多种因素的影响，股票的市场价格低于公司净资产。金融街果断以2.5亿元自有资金累计完成回购公司股份3815万股股份，向资本市场传递了对公司持续稳健发展的信心。

在金融街业绩良好但二级市场估值中心发生偏移时，公司管理层为彰显公司发展信心，主动在2009年、2012年、2013年和2018年分别用自有资金增持公司股票，累计增持396.15万股，有效提振了市场信心，维护了公司长期的投资价值。

三、努力开创投资者关系管理工作的新局面

相对于成熟资本市场，中国A股资本市场具有投资品种较少，中小投资者居多，资金短期行为明显的特征，上市公司的长期投资价值往往会受到很大程度的忽略。这既是公司投资者关系管理工作的难点，又是公司开创投资者关系管理新局面的突破口。

为此，金融街正以加强投资者与公司治理的互动为抓手，寻求投资者关系管理工作的全新路径。在实际经营工作中，金融街已十分注重与投资者的互动和交流，日常经营活动受到广大投资者的关注，通过踊跃参加股东大会参与公司治理活动的各类股东也越来越多。未来，金融街将从如何全面征集股东意见，如何更好地与投资者交流，如何准确向投资者传递公司价值等各方面进行积极探索和不懈努力。

上市公司具有实业和资本的双重属性，其管理经营的好坏不仅关乎实体经济的健康发展，也关乎资本市场的健康发展。金融街以近20年的资本运营经验，形成了“三个价值引领”为核心的投关工作体系，它的“价值实现”“价值经营”“价值稳定”功能，既是金融街主动管理资本市场赋予溢价和企业价值出现偏差的有效工具，又是实现公司内在价值稳步增长、促进资本市场稳定发展的重要保障机制。

（中国上市公司协会投资者关系管理委员会　供稿）

日就月将，精进不休——宝钢股份投资者关系管理实践

宝钢股份于2000年由宝钢集团独家发起成立，同年年底在上交所挂牌上市。上市伊始，投资者关系管理工作的开展与推进就得到了宝钢股份自上而下的高度重视，这是基于公司管理层对资本市场及投资者关系重要性的认同。宝钢股份现任董事长戴志浩就曾多次表示，作为公司董事长，需要用1/3的时间和精力投入到与股东和资本市场投资人的沟通和交流中。因为宝钢股份坚信，在公司为股东创造价值的同时，与投资者持续深入沟通，将帮助投资人更好地认识、理解公司，对公司价值及业绩形成合理预期，帮助公司在资本市场树立蓝筹绩优股的形象。

一、完善的制度建设，是投资者关系工作有序开展的基石

“无以规矩，不能成方圆”，持续的制度建设是保证工作顺利开展的基础。随着宝钢股份上市后投资者关系工作的开展，《信息披露管理办法》和《投资者关系管理办法》等制度的相继制定出台，用以指导规范工作。并随着监管要求的变化和公司业务的发展，与时俱进，多次修订制度来确保条款适应不断更新的监管要求和实际情况。

在基本制度之外，宝钢股份针对各类投资者交流活动都制定了相应的流程或操作细则，确保了投资者活动的有序开展。上市十多年来，随着宝钢股份投资者关系活动范围的扩充，服务水平的逐步提升，相关操作细则还在不断增加：投资人接待安排、投资者关系网页维护和更新、定期报告网上路演、业绩实地发布会、自媒体发布流程……

二、“真”与“诚”，是推动投资者关系工作的一双翅膀

面对行业和资本市场的起伏跌宕，宝钢股份始终以“告诉投资者真实的故事”为原则，坚持沉稳低调的工作作风，在定期报告信息披露中，坚持“既报喜也抱报忧”；在与资本市场的沟通交流中，将投资者利益放在首位，交流沟通中全面揭示风险，保障投资者获得准确的信息，避免市场投机风潮或炒作给投资者带来不必要的损失。

十几年来，每次定期报告发布后的第一时间，宝钢股份都会举办网上业绩说明会，董事长、总经理、财务总监及董秘等管理层出席，与广大投资人深入的沟通交流。为了进一步强化与机构投资人的互动

交流，宝钢股份自2009年起开始邀请主要券商分析师和股东来公司与管理层会晤交流；2013年起宝钢股份定期召开年报及中报的业绩发布会，公司高层主持会议，不仅与投资人通报业绩和经营情况，而且还与投资人分享对行业发展的观点和看法。兼顾投资人的分布和需求，宝钢股份分别在上海、深圳、武汉、湛江等地召开会议，并安排参会投资人到相关厂区和实验室参观。

在坚持与国内投资人持续互动沟通的同时，宝钢股份也没有忽略国际投资人。事实上，“网上路演+业绩发布会+海外投资人电话会议”已经成为宝钢股份业绩公告日的“标准套餐”。在业绩公告日当天即安排电话会议，保障了域外投资人也能够第一时间掌握宝钢股份的经营近况。而随着沪港通的实施，A股逐步纳入明晟指数，宝钢股份还在加大对国际投资人的服务和覆盖。近年来宝钢股份定期进行海外非交易路演，由公司管理层主动走访国际股东，体现了宝钢股份的高度诚意。

为了更好地帮助投资人理解认识公司，宝钢股份持续提供各类电子信息产品服务。自2009年起，在宝钢股份网站上公布分析师会议的全程录像及PPT材料；2014年起开设董秘室微信公众号，发布内容涵盖公司行业新闻、数据，公司价格及业绩等；2016年起以“一张图+H5网页”方式宣传中报及年报业绩，美观且直观的设计令人一目了然；收集整理公司生产、经营、环保、研发等各方面的综合数据，年度编制《公司实录》供投资人参考；向国内投资人提供《钢铁信息摘编》，向海外投资人提供《Information Express》，内容涉及公司、行业新闻和行业基础数据等。丰富的信息产品受到广大投资人的高度好评，特别是中小投资者。

三、披露中一视同仁，散户股东既是股东也是朋友

公平披露一直是宝钢股份投资者关系工作的重要原则之一。宝钢股份长期致力于保障中小散户全面知情的权益，积极迎合实地了解公司的需求，接待中小股东来公司实地考察与调研；宝钢股份投资者关系服务热线在工作时间必有应答，热心接听中外股民来电；在全景与上证E互动等网络投资者关系互动平台、公司微信公众号上及时回复各方的提问。

截至目前，宝钢股份股东总数约35万户，对宝钢股份来讲，他们既是重要的股东，又是亲切的朋友。正是因为有了他们，宝钢股份才更加体会到投资者关系的重要性，有了做好投资者工作的动力和源泉，宝钢股份的投资者关系工作才能取得越来越多的肯定。股东无大小之分，公司不因持股多少而区别对待各类股东。公司和股东之间互相信任和尊重，良好的沟通和互动，才是公司做好投资者关系工作的根本。

四、宝武吸并资本市场广受支持

宝钢股份吸收合并武钢股份项目自

2016年10月正式启动。吸并方案向资本市场推出后，“如何争取两家上市公司股东的认可”成为摆在宝钢股份面前的难题，尽管方案中已通过市值换股来平衡换股双方股东的利益，但是持有股份的股东天然地认为宝钢股份股票价值不止于当前价格，以市值换股总是觉得吃了亏。

宝钢股份在第一时间与各类投资人开展了大量的沟通和交流：在吸并方案公告日的前一天夜晚，组织针对券商分析师的电话会议；公告日开始，宝钢股份管理层带队在北上广深4地实施巡回路演，走访基金、QFII等机构股东；同时在纸媒、网媒等新闻渠道，对宝钢股份资本运作方案的详细介绍和重点解读，帮助广大的散户和媒体更好地了解方案细节和重点。

宝钢股份与资本市场广泛交流，就吸并方案、未来宝武吸并的协同效应等热点关注做出充分说明，引导、说服投资人着眼于上市公司长远的价值提升，最终与广大投资人达成了理解与互信。宝钢股份临时股东大会的投票情况，体现出资本市场对公司高度的理解与支持。除部分机构股东因不熟悉系统而未能投票，大部分社会股东都对方案给出了支持的投票。非关联股东支持总股数达到27.36亿股，支持比例高达99.47%。

2017年宝钢股份完成了宝钢历史上，也是中国钢铁发展史上的里程碑事件——换股吸收合并武钢股份。宝武吸并项目全过程中，宝钢股份积极与投资者及时沟通、充分沟通、多渠道沟通，确保项目进展情况与相关重要信息披露到位，宣贯宝武吸并后对公司整体竞争力的夯实和长期意义，以令广大散户与机构投资者都能充分知情为目标，最终取得了既保障项目顺利实施又保护投资者权益的双赢成果。

五、长期稳定分红，重视回报投资人

作为板块中的绩优公司，宝钢股份上市以来的每一年都实施了现金分红。上市至今，宝钢股份累计分红742亿元，在所有A股中排名第十六；累计平均股利分配率50.5%。此外，在钢铁行业处于底部，宝钢股份盈利欠佳的2015年，为更好地维护投资人利益，宝钢股份将当年实现的归母净利全额用于现金红利分配。

经测算，如果一位股东自宝钢股份上市之日购入1万股股票，并坚持在每年分红后利用分红所得立即购入，则截至2018年年末，其持有的股票市值已由最初的4万元上升至18万元，复合收益率8.69%。依此类推，持股30年，股票市值将达50万元；持股40年，将达116万元；持股50年，市值将高达268万元。

（中国上市公司协会投资者关系管理委员会　供稿）

保利地产：悉心服务投资者，传递公司价值，实现共同成长

2006 年 7 月，保利地产正式登陆上海证券交易所。上市以来，保利地产把握资本市场机遇，依托资本市场股权融资、债权融资功能，实现了从区域性公司迅速成长为全国性地产龙头的跨越式发展，打造了公司“行业龙头，优质蓝筹”的市场形象。与此同时，保利地产高度重视投资者关系工作，形成“五位一体”的投资者的关系工作体系，保持与投资者的充分沟通，不断提升公司的行业地位；通过业绩增长及分红积极回报投资者，实现与投资者共同成长。

一、投资者关系是公司战略的重要组成

资本战略是公司发展战略的重要组成，而投资者关系工作是公司资本战略不可或缺的一环。从 2002 年保利地产制定的“三个为主、两个结合”的发展战略到 2009 年保利地产制定的“三个为主、三个结合”的发展战略，均将“资产经营与资本经营相结合”作为重要组成部分。而保利地产投资者关系工作作为资本战略的重要组成部分，围绕“服务投资者、传递公司价值”的理念，构建了多层次、立体化的工作体系，与保利地产资本运作、资产经营相互促进、相辅相成，共同助力公司发展。

二、建立健全“五位一体”的投资者关系工作体系

保利地产不断健全、完善投资者管理体系，开辟创新投资者沟通渠道，形成了集“完善的制度保障，高质量的信息披露，与股东共同成长的回报机制，全方位的投资者保护，多层次的投资者沟通”于一体的“五位一体”投资者关系工作体系。

（一）以制度建设为本，夯实投资者关系工作基础

从基础制度到议事规则再到具体的管理制度，保利地产为投资者权益提供了完备的制度保障。《公司章程》作为保利地产基础制度，明确规定对于影响中小投资者利益的事项应对中小投资者表决单独计票；对于利润分配的审议需充分听取中小投资者的意见和诉求。保利地产《股东大会议事规则》明确规定应充分保护中小投资者投票权，不得损害中小投资者利益；保利地产通过开通网络投票通道的方式，为投资者提供便捷的投票渠道。保利

地产制定了《投资者关系管理制度》，明确投资者关系管理的工作基本原则、主要职责、与投资者沟通的主要内容、与投资者沟通的主要方式以及相应的工作程序，保证保利地产在投资者关系管理运作过程中有法可依，有章可循。

（二）高质量的信息披露，巩固投资者沟通基石

信息披露是公司面向资本市场的窗口，是投资者了解公司经营动态最基本的通道。保利地产上市以来未发生信息披露重大失误和遗漏，自2013年度上交所启动上市公司信息披露工作评价以来，已连续5年取得A类评级。保利地产凭借完善的信息披露管理制度体系和健全的操作流程，保障了信息披露的规范性，切实保障了每一位资本市场投资人的基本权益。

在法定信息披露的基础上，保利地产主动加大自主信息披露力度。一方面，在2008年起率先开始通过临时公告每月披露销售情况及项目拓展情况，方便投资者及时了解保利地产最新的经营动态。另一方面，保利地产是最早一批在定期报告中披露完整在建拟建项目数据的企业，并根据行业指标及时进行匹配调整；通过管理层讨论分析综合展示公司、行业发展概况及未来趋势，方便投资者能够更全面、系统地了解行业特征和公司经营运作。

（三）注重股东回报，与股东共同成长

保利地产在实现自身的快速发展的同时，高度重视投资者的合理回报，通过优异的经营业绩和合理的分红回报，与投资者分享发展红利，实现与投资者的共同成长。

上市以来，保利地产把握市场机遇，实现了资产规模和经营规模的跨越式发展。截至2018年6月末，保利地产资产、净资产已达8139亿元、1683亿元，分别较上市首年的2006年年末增长了48倍、42倍。2017年，保利地产的销售金额、营业收入、净利润达到3092亿元、1463亿元、197亿元，分别较上市首年的2006年增长了48倍、36倍、26倍。

上市以来，保利地产累计现金分红213亿元，其中，2017年度分红47.43亿元，现金分红的年均复合增长率达67%，是A股仅有的几家连续12年保持现金分红持续增长的企业之一。在分红比例上，2010～2014年保利地产分红比例提升至20%，并于2015年开始大幅提升至30%以上。为保持保利地产分红政策的持续性和稳定性，充分保障股东利益，保利地产制定了《分红管理制度》《股东回报规划》，并根据公司发展阶段和投资者的需求进行动态调整。2016年，保利地产修订了《2015～2017年股东回报规划》，进一步将保利地产在2016年度和2017年度的现金分红比例提升至不低于当年归母净利润的30%，为投资者提供更高的分红回报。

（四）深入参与投资者保护宣传活动

坚持长期有效、努力不懈地开展投资

者保护宣传工作，形成投资者保护宣传工作的长效机制，是保障资本市场平稳运行、良性发展的重要举措，是资本市场的一项重要的基础性制度建设。保利地产将投资者保护宣传工作作为公司投资者关系工作的重要一环，依托全国化的平台优势，充分融入到规范资本市场环境、建立健全投资者长效保护机制的工作之中。而保利地产作为资本市场的一员，也将在资本市场良性发展的过程中充分受益，实现进一步发展。

上市以来，保利地产开展了各类投资者保护活动，积极动员每一位员工参与到投资者保护活动中，依托公司平台力量推进投资者保护观念的传播。

2016 年，广东证监局“进社区、进楼宇”的投资者教育进社区系列活动中，保利地产在广州、佛山等十余个地级市开展了为期一个月的投资者保护宣传活动，通过社区互动宣传平台、社交软件平台等多种宣传方式，向中小投资者展示非法投资的危害，让中小投资者可以从真实案例中吸取经验和教训，增强了对非法证券投资的防范意识和投资中的自我保护能力。

2017 年，在中国证监会指导下，保利地产组织了“投资者保护·明规则、识风险”专项投资者保护宣传活动，同步整合公司官网、官方公众号、总部大楼宣传平台等渠道，围绕内幕交易、市场操纵等违法违规行为开展多形式、多渠道的投资者教育与保护活动，向投资者尤其是中小投资者普及投资知识，帮助投资者认清违法违规主体惯用骗术及手段，增强守法意识和风险防范意识。

（五）开展多层次的投资者沟通

保利地产通过构建多层次的沟通渠道，与投资者开展全方位的主动交流，倾听投资者心声，用实际行动服务投资者。

针对中小投资者，保利地产提供了专业、高效的沟通渠道。公司投资者热线电话、证券邮箱、交易所投资者互动网站多个沟通途径均由投资者关系团队核心成员专人负责，充分保障沟通的专业性和效率。截至目前，保利地产 2018 年接听投资者热线电话超过 2000 个，回复交易所投资者互动网站中的投资者问题近 100 个，并通过证券邮箱、公司官网投资者留言板块等与投资者进行了充分的交流。

针对机构投资者，保利地产通过投资者大会、券商策略会、机构调研等途径，与国内外机构投资人、数十家主流券商形成了稳定的沟通机制。在沟通频率上，保利地产保持月均一次的电话会议，定期向投资者分享公司及行业的最新动态；主流券商策略会基本做到全覆盖，仅 2018 年上半年参加策略会及路演超过 20 场；投资者调研悉心接待，仅 2018 年上半年接待超过 30 家机构投资者调研。此外，保利地产举办年度投资者大会，目前已连续举办 10 年，由公司董事长带队，总经理及主要管理层出席，为投资者提供了一场分享企业发展和行业判断的沟通盛宴。

三、专业化体系保障投资者关系工作质量

（一）配套专业团队，形成立体化协调体系

保利地产设立了专门的投资者管理关系岗位，在董秘的带领下形成 6 ~ 7 人的专业团队。此外，保利地产从总部到下属超过 40 个一级子公司均设置了专门的投资者关系岗位，对各项投资者关系工作进行统筹安排和协调处理，形成了覆盖全国近 100 个城市的投资者关系管理网络；各职能管理条线包括投资、营销、财务等均配备相关人员协助开展工作，由上而下形成了投资者关系工作的立体化协调体系。

（二）专业化研究团队提供高质量研究成果

保利地产建立了“总部战略研究院—子公司研究部门”的两级市场研究体系，对宏观政策、市场走势、城市投资价值进行紧密的跟踪研究，及时准确地反应行业的运行态势和发展方向；对重点行业政策及投资者关心的热点问题开展专项讨论研究，深挖政策本质，为保利地产与投资者沟通提供了科学的研究体系支撑，为投资者了解公司、了解行业提供了全面、高质量的信息。

（中国上市公司协会投资者关系管理委员会　供稿）

恒力股份：真诚沟通、传播价值、深耕主业、现金回报

恒力石化股份有限公司（以下简称“恒力股份”）是世界500强企业恒力集团的核心上市子公司，目前控股股东恒力集团现位列世界500强第235位。上市公司恒力股份作为恒力集团聚酯化纤全产业链一体化运营的上市平台，主营业务已涵盖炼化、石化、芳烃、PTA、民用涤纶长丝、工业涤纶长丝、工程塑料和聚酯薄膜等产业领域，分别在大连、苏州、南通、营口和宿迁5地建立了大型生产基地。

自恒力股份2016年完成重组上市以来，3年两次成功运作重大资产重组，累计募集配套资金86亿元有余，为恒力股份发展提供了强有力的支持。在此过程中，离不开广大股东的支持与厚爱。作为资本市场的新兵，恒力股份深知保护中小投资者权益的重要性，始终高度重视投资者保护工作，建立投资者回报长效机制。

《国务院办公厅关于进一步加强资本市场中小投资者合法权益保护工作的意见》（以下简称“意见”）作为投资者保护工作的纲领性文件，就优化投资回报、保障投资者参与权和知情权、强化投资者纠纷解决和赔偿救助、投资教育和完善投资者保护组织体系等9个方面做出了有针对性的制度安排。作为资本市场重要参与者之一，3年来恒力股份通过完善公司治理，深耕主业，大幅提升公司持续盈利能力，为回报投资者奠定了坚实的基础；通过现金分红的方式，为投资者提供实实在在的收益回报；通过积极做好信息披露与投资者关系管理等方式，切实保护投资者知情权。恒力股份用实际行动积极践行了保护中小投资者的责任与义务，切实维护了广大投资者特别是中小投资者的合法权益，实现了投资者回报与公司价值的协调持续增长，公司价值获得资本市场充分认可与肯定，具体情况如下：

一、真诚沟通、传播价值，切实保障投资者知情权

《意见》要求保障中小投资者知情权，主要包括增强信息披露的针对性、提高市场透明度、切实履行信息披露职责3个方面的内容，具体包括：作为上市公司，应当真实、准确、完整、及时地披露对投资决策有重大影响的信息，披露内容做到简明易懂，充分揭示风险，方便中小投资者查阅等；应当对显著影响股票及衍生品价格的信息，及时履行报告、信息披露和提示风险的义务；应当保障投资者信息获取机会平等；上市公司控股股东、实际控制人的承诺应当具体可操作。

恒力股份按照《意见》的要求，通过法定及主动的信息披露，真实、准确、完整、及时地向资本市场披露公司相关信息，不断丰富投资者关系管理内涵，畅通投资者互动渠道，保障投资者平等的获取信息，切实保障投资者知情权。

（一）推进积极信息披露

以法定信息披露为基础，整合内部信息渠道，并针对资本市场特性和行业特点，加强对自愿性信息披露的标准及内容的研究，按市场规律和经营进展，及时、准确地向市场和投资者传递企业的投资价值。同时，深度挖掘信息披露内涵，以规则为基石，结合资本市场风向，站在投资者角度思考，保证了信息披露更加“接地气”，使得信息披露不仅仅是恒力股份法定的义务，更是投资者了解恒力股份的最佳渠道。

（二）搭建专业投资者关系沟通团队

由恒力股份董事会秘书牵头，证券事务代表、投资者关系经理及主管具体负责相关事宜。恒力股份化纤板块、PTA 板块、炼化项目板块等负责人积极配合，组成了专业投资者关系沟通团队，使得信息沟通顺畅、客观。

（三）全方位、多渠道沟通方式

一是采取“请进来、走出去”相结合的双向沟通模式，深度推介公司价值。一方面，组织机构投资者及行业分析师，实地考察恒力股份经营及重大投资项目——炼化项目建设现场进展情况，加强投资者直观认知，充分全面对外展现公司企业文化、经营实力和发展前景；另一方面，恒力股份积极“走出去”，开展专门路演活动，参加券商组织的交流活动等方式，一对一或一对多重点聚焦潜在的资金实力雄厚、中长期持股的财务投资者以及业务合作空间大、投资周期长的战略投资者。二是畅通中小投资者信息沟通渠道。做好电话接待、上证 E 互动平台、公司邮箱，投资者来访等工作，及时有效地回复投资者问题，认真做好记录，在遵守信息披露管理制度的前提下，真实、完整、有效地解决投资者的疑惑。三是与新闻媒体、社会机构良性互动，维护资本市场良好形象。恒力股份借助外部专业机构，对各种市场信息实施分类监控，与各类证券媒体保持良好互动，同时加强风险实时评价与危机预案处置，防控各类突发性风险，为恒力股份发展营造良好的外部氛围。

（四）切实做好沟通内容管理，主动传递价值

沟通内容直接影响着沟通效果。一是以法定信息披露为基础，加强深层次内容研究。譬如，年度报告公告后，恒力股份董事会办公室从行业、经营、财务等方面进行深层次剖析，挖掘价值推介点，及时、准确地向市场和投资者传递企业的积极信号和投资价值，实现公司对资本市场的持续正向引导和价值传递。二是重视投资者提出的问题。在不违反信息披露相关

规定的前提下，本着实事求是的原则，结合行业特点和公司实际情况，恒力股份对投资者关注和关心的问题进行全面且客观的解答。

二、深耕主业、现金回报，切实保障投资者收益回报权

《意见》要求优化投资回报机制，主要包括引导和支持上市公司增强持续回报能力、完善利润分配制度、建立多元化投资回报体系、发展服务中小投资者的专业化中介机构4个方面的内容。其中，与上市公司直接相关的是，应当完善公司治理，提高盈利能力，主动积极回报投资者；应当披露利润分配政策尤其是现金分红政策的具体安排和承诺等。

恒力股份按照《意见》的要求，高度重视投资者收益回报权。多年来，恒力股份专注主业发展，持续做优、做强全产业链业务体系，强劲的持续盈利能力为回报投资者提供了现实基础；制定稳定的利润分配机制，坚持现金分红，给投资者带来稳定回报。

（一）深耕主业，持续为股东创造价值

自2016年3月实现恒力聚酯化纤资产上市，恒力股份通过第二次重大资产重组注入在产业链中、上游环节的660万吨/年PTA产能资产与2000万吨炼化一体化项目，并随后启动了150万吨乙烯工程项目、135万吨聚酯新材料项目和250万吨PTA项目，横向强化恒力股份在现有的聚酯与PTA业务领域的产能规模与工艺技术的综合领先优势，纵向延伸至产业链上游的炼化、芳烃和乙烯环节，打开了恒力股份发展的原材料瓶颈和一体化协同发展空间，恒力股份逐步打造并不断完善从“原油—芳烃、乙烯—PTA、乙二醇—聚酯—民用丝、工业丝、聚酯切片、聚酯薄膜、工程塑料”的全产业链一体化的上市平台发展模式，推动实现恒力从“一滴油”到“一根丝”的聚酯化纤各个产业链条环节的全链条战略布局和全覆盖业务经营。恒力股份立足实体产业，聚焦主业发展，持续做优、做强恒力的聚酯化纤全产业链业务体系。

第二次重大资产重组大幅降低了内部关联交易，进一步提升恒力股份规范独立水平。同时，优质资产的注入大幅提升了一体化协同、持续盈利以及经营抗风险能力，实现了资产高效一体化运营。恒力股份经营规模质量与持续盈利能力实现跨越式发展。恒力股份总股本由重组前的6.68亿股增至50.53亿股，增加近7.6倍；恒力股份总市值由重组前的56亿元左右增至820亿元左右，市值增长近15倍。

根据2017年度备考审阅报告，恒力股份2017年1～12月实现营业收入474.81亿元，较上年同期增长146.78%；净利润31.91亿元，较上年同期增长170.42%；2018年1～6月，实现营业收入264.52亿元，同比增长26.87%；净利润18.82亿元，同比增长132.61%。持续

稳定的盈利能力，为回报股东提供了强有力的支持。

（二）坚持现金分红，持续回报股东

一是在利润分配机制方面。恒力股份《章程》明确规定了积极的利润分配政策和决策程序，规定每年原则上进行一次现金分红，增强了公司现金分红的透明度，形成了稳定的股东回报机制。二是现金分红实施方面。2016 年度，恒力股份每 10 股派现金 1.5 元（含税），共计支付现金股利 4.23 亿元，占 2016 年度归母净利润的 35.92%；2018 年半年度，恒力股份每 10 股派现金 2.5 元（含税），共计支付现金股利 12.63 亿元，占 2018 年半年度归母净利润的 67.11%。持续稳定的现金分红，给股东带来了丰厚的回报。

三、结语

投资者权益保护是一项任重道远的工作。恒力股份将不断完善公司治理结构，聚焦主业，做大做强，持续提升公司盈利能力，保证持续稳定的现金分红；将继续以投资者需求为导向，真实、准确、完整、及时地履行信息披露义务，增强信息披露的有效性。

（中国上市公司协会投资者关系管理委员会　供稿）

粤电力 A：厚德善能 益邦惠民 践行企业使命 做中小投资者的守护者

厚德，语出《易·坤》："地势坤，君子以厚德载物"，意指心胸宽广，厚公薄私，体现了承担责任和肩负崇高使命的追求。"厚德善能，益邦惠民"具化为广东电力发展股份有限公司（以下简称"粤电力"）对利益相关方的承诺：落实国家能源产业战略，保障社会用电需求；合理利用各类资源，促进节能减排，保护环境；信守商业承诺，保护客户权益，为客户提供可靠、清洁的能源与服务；遵守行业规范和商业道德，努力实现互利共赢；恪守职业操守，规范信息披露，保护中小投资者利益；依法纳税，严格遵守国家法律法规及政府监管规定；提供良好的工作环境和发展空间，成就员工价值；热心公益环保，努力回报社会。

粤电力是广东省最早的股份制改制企业和中国首批电力上市公司之一。粤电力在 1993 年、1995 年分别发行 A 股、B 股，现今为一家同时拥有 A、B 股，总股本为 52.5 亿股的大型电力上市公司。秉承"合和共生，守正出新"的企业哲学和"厚德善能，益邦惠民"的企业使命，粤电力长期坚持稳健经营、规范运作，为股东创造了持续、稳定、高水平的利润回报，以实际行动做中小投资者的守护者。

一、务实稳健，用心创造绿色能源

粤电力主要从事电力项目的投资、建设和经营管理，电力的生产和销售业务，属中国证监会《上市公司行业分类指引》中的电力、热力生产和供应业。自上市以来，粤电力始终专注于电力主业，积极落实国家能源产业战略，丰富能源结构，通过持续的投资建设和技术改造，拥有一批高容量、高参数、低能耗、环保性能优越的发电机组，通过电网公司向广大用户提供可靠、清洁的能源。截至 2017 年年底，粤电力已投产可控装机容量 2015 万千瓦，累计发电量 7336 亿千瓦时，切实保障社会用电需求，助力广东改革开放和经济发展。

粤电力始终以发展与风险控制并重、发展速度与发展质量并重为经营原则，以务实稳健的工作作风，以对公司股东认真负责的工作态度，扎实推进经营管理各项工作。截至 2017 年年底，粤电力可控发电装机从上市之初的 60 万千瓦发展到 2015 万千瓦，总资产从 13.8 亿元发展到 710.07 亿元，累计实现净利润 263 亿元，以优良的业绩在资本市场树立了良好的企业形象。

二、诚信合规，规范运作水平持续提升

完善的治理结构、良好的治理水平、科学的治理机制是提高企业核心竞争力、促进健康经营、降低风险的重要保障。粤电力一直严格按照《公司法》等法律法规要求，通过梳理与公司生产经营活动密切相关的法律法规，建立健全企业内部控制体系，不断完善治理结构，全面提升依法治企的能力。

作为广东省财政厅、国资委选定的内部控制建设第一批试点单位和中国证监会广东辖区选定的上市公司内部控制建设第一批试点单位，粤电力于2011年年底圆满完成内部控制建设工作，构造了以风险控制为导向的公司治理体系，建立了规范的公司治理结构和健全的内部控制制度，进一步明确了股东大会、董事会、监事会和经理层为主体架构的决策与经营管理体系及其在决策、监督、执行等各方面的职责权限、程序和义务，形成了权力机构、决策机构、监督机构和经营机构科学分工、各司其责、有效制衡的治理结构。

根据国家和有关部门新颁布的法律法规和业务规则，粤电力及时完善股东大会运作机制，平等对待全体股东。通过修订公司《章程》相关条款，切实保障全体股东依法享有的知情权、查询权、分配权、质询权、建议权、股东大会召集权、提案权、提名权、表决权等权利，积极为股东行使权利提供便利，切实保障股东特别是中小股东的合法权益。自中国证监会推行上市公司股东大会网络投票以来，对于历次召开的股东大会，粤电力均提供网络投票服务；对股东大会审议影响中小投资者利益的重大事项时，对中小投资者的表决均实行单独计票并及时公开披露；在公司董事、监事选举中积极推行累积投票制度，充分反映中小股东的意见；在中小股东对公司经营和相关议案提出建议或者质询时，粤电力董监高在遵守公平信息披露原则的前提下，对每一条质询均给予真实、诚恳的答复。

粤电力充分尊重公司独立董事、独立监事对重大事项发挥独立决策、监督的作用，积极支持配合独立董事、监事对公司生产经营状况、管理和内部控制等制度的建设及执行情况进行现场检查，确保独立董事充分行使特别职权，独立公正地履行职责，切实维护公司股东特别是中小股东的合法权益。

三、有利必分，做资本市场的“现金奶牛”

重视分红是成熟企业的重要标志之一，上市公司稳定、可预期的分红不仅可以实现投资者回报、培育资本市场中长期投资理念，增强市场活力和吸引力，而且有利于市场对公司进行价值评估，维护市场稳定。粤电力历来倡导价值投资，高度重视对投资者特别是中小投资者持续稳定的投资回报，把“有利必分”作为长期

的、一贯的利润分配政策，在公司《章程》中制定了科学、完善的分红政策，并严格贯彻执行。

自1993年上市以来，粤电力坚持每年分红，平均年度利润分红比例超过50%，其中，有5年在现金分红同时还进行了送股或转增股。截至2017年，粤电力已连续25年分红，共计派现110.52亿元（含税），在沪深两市中名列前茅，为股东带来了丰厚的回报，更被中小投资者誉为资本市场的“现金奶牛”。未来，粤电力将一如既往地保持现金分红的连续性、合理性和稳定性，通过持续加强经营管理提升经营业绩、科学制定利润分配规划做好投资者回报工作，与中小投资者共享公司发展成果。

四、公开透明，多举措提高信息披露质量

信息披露是实现社会公众与公司信息沟通的桥梁，是中小投资者进行投资决策的重要依据。粤电力始终遵循真实、准确、完整、及时、公平的信息披露原则，严格按照法律法规及监管部门的要求，以严谨负责的态度做好信息披露工作。一是制定实施《信息披露事务管理制度》《内幕信息及知情人管理制度》等涉及信息披露的事务的管理规定，全面规范了信息披露责任主体、信息披露标准和信息披露流程，确保所有投资者可以平等获取同一信息，保障投资者对公重大事项和经营情况的知情权。二是积极组织董、监、高参加监管部门组织的各类培训，及时向管理层传递监管动态，增强管理层信息披露的责任意识。三是加强信息披露组织机构建设与人员培养，加强对资本市场最新法律法规的学习，不断提高信息披露质量和风险防控水平。

2013～2017年，粤电力连续5年在深圳证券交易所主板上市公司信息披露年度考核中评定为A，获得了监管部门对公司信息披露工作的充分肯定。

五、互信互利，建立与投资者之间长期稳定的良性关系

粤电力自上市以来，一直将投资者关系管理作为公司战略管理的重要内容和提升公司价值的重要途径，强调保护投资者合法权益的重要性。粤电力制定了《投资者关系管理制度》，明确董事会秘书是公司投资者关系管理负责人，董事会事务部负责投资者关系管理的日常事务，为投资者关系管理工作提供制度保障。粤电力设置了投资者咨询热线，以及通过公司官网、电邮、微信公众号、互动易等线上方式与投资者互动，及时回应投资者关注的话题，引导投资者客观、理性地认识公司。2012年以来，粤电力累计回答投资者提问千余次，接待投资者来访调研数百人次，与投资者建立起长期稳定的良性关系。

六、重诺守信，大股东肩负责任与担当

粤电力控股股东广东省粤电集团有限

公司作为中国华南地区最大的独立发电商，把粤电力定位为其境内发电资产整合的唯一上市平台，且在境内电源项目开发、资产收购等方面给予粤电力优先选择权。粤电集团长期以来利用其资源、技术和规模等优势，大力支持粤电力的发展和扩张。2012 年年底，粤电集团将旗下符合上市条件的优质电力资产注入粤电力，粤电力在装机规模、资产规模、经营业绩及市场竞争力等各方面实现了跨越式发展，综合实力显著增强。2015 年，粤电力实现归属于母公司股东净利润 32.38 亿元，创造上市以来的最佳业绩。作为控股股东，粤电集团依法行使股东权利，严格履行做出的公开声明和各项承诺，严格按照有关规定履行信息披露义务，与粤电力在业务、人员、资产、机构、财务等方面做到“五分开”，积极维护粤电力和中小股东的合法权益。作为控股股东，粤电集团专注于提升粤电力公司价值，坚定持有粤电力股份，从未做过将粤电力股份进行质押或减持套现等可能引起二级市场股价波动的事项，以实际行动体现大股东的责任和担当，与广大中小投资者一起与公司同呼吸、共命运。

万理澄彻，则一心愈精而愈谨；一心凝聚，则万理愈通而愈流。作为中国资本市场发展初期的优质上市公司之一，粤电力始终服从服务于广东省改革发展大局，致力于广东省电力建设，坚持“取资于民、用资于电、惠之于众”的经营宗旨，践行“厚德善能，益邦惠民”的企业使命，切实履行上市公司的社会责任，努力实现经济、社会、环境和股东、员工可持续发展的总体社会责任目标。未来，粤电力将进一步增强回报中小投资者的责任意识，积极履行上市公司对股东的义务，不断提高信息披露工作质量，引导投资者理性判断公司价值，树立正确的投资理念，持续提高投资者保护工作水平，与投资者共享发展成果，共创美好未来。

（中国上市公司协会投资者关系管理委员会　供稿）

驰宏锌锗：浅析大数据时代下的投资者关系管理

自2010年以来，在信息科技及物联网技术高速发展的推动下，多样化信息数据分析的出现，在商业、经济等领域中掀起了一场变革，大数据时代随之到来。在大数据时代，凭借互联网金融的敏锐嗅觉，市场数据的维度越来越多，对数据及时性的要求也越来越高，推动上市公司投资者关系管理朝着智能化、高效化、社群化方向快速发展。

大数据时代在为资本市场参与者提供更丰富资源的同时，也给投资者关系管理工作带来了新的挑战。本文简要梳理和分析了当前中国投资者关系管理在大数据时代背景下的现状及存在的问题，并提出了相应的意见和建议。

一、大数据及投资者关系管理

（一）大数据时代

大数据时代是指信息的集中存储、分析和处理的一个时代，每个人的每一个信息都是大数据的一个构成部分。据最新统计数据显示，截至2018年6月，中国网民规模达到了8.02亿，互联网普及率达57.7%。而在互联网爆炸性扩张的同时，中国资本市场投资者规模亦迅猛增长，截至2018年6月30日，中国共有上市公司6842家（不包括新三板、B股），总市值92.03万亿元。两者的高速发展赋予了大数据时代下投资者关系管理“数据信息化、股权分散化”的显著特征。

（二）投资者关系管理

投资者关系管理是指上市公司通过充分信息披露，运用金融和市场营销的原理加强与投资者沟通，增进投资者对公司的了解和认同，提升公司治理水平，从而实现公司整体利益的最大化，是上市公司管理与提升市值的重要手段。

（三）大数据时代对投资者关系管理的影响

1. 大数据时代为投资者关系管理带来的有利影响

（1）丰富了资本市场投资者了解上市公司的渠道和方式。通过充分运用大数据技术，从更宽领域、更长时段、更多元化的平台以最快的效率、最低的成本掌握多元化市场资讯，进一步消除了资本市场信息壁垒和信息不对称问题。

（2）推动了信息披露由强制性向更主动性、更全方位方向发展；推动了资本市场风险预防部署由被动响应向主动预测防范方向发展。通过大数据的运用，在确保信息传播的高速度和精确度的同时，提高了投资者对上市公司的关注度和认可度，推动了投资者关系管理向专业化、社群化方向发展。

2. 大数据时代下投资者关系管理面临的挑战

大数据信息平台较多且信息分散，数据信息资讯的复杂多变易导致偏激性、失真性、暴力性信息充斥资本市场，在大数据时代，敏感数据泄露事件和媒体暴力事件不断增多，危害也持续攀升。这对投资者关系管理信息的挖掘与识别、有效舆情管理、线上线下协调共治提出了更高的技术要求。

二、现状浅析

（一）当前国内上市公司的投资者关系管理现状

1. 国内投资者关系管理的主要内容

国内上市公司投资者管理主要是面向政府监管部门、投资者（机构、个人）、社交媒体等对象，管理涵盖了对投资者的分析研究、信息交流、公共关系管理、危机预防处理等。目前投资者对上市公司互动沟通和信息披露的认可度、对投资者需求的反应速度和反应质量、股价波动率、股东忠诚度、分析师的研究报告、上市公司投资者关系管理的机构设置和制度的规范性等均已成为衡量投资者关系管理水平的重要指标。

2. 国内投资者关系管理的主要方式

信息披露：通过网站、公告、社交媒体等多元化信息披露平台及时、准确、完整、合规地将公司发展战略、经营状况、行业动态、市场地位、财务信息、法规政策等重要内容进行及时披露。

投资者沟通交流：通过网络会议、路演、推介会、研讨会、投资者接待等活动开展投资者沟通交流，与监管部门、行业协会、交易所等保持沟通，掌握和解决投资者所需，形成良好的互动关系，提高市场对公司的关注度，稳定市场信心。

3. 投资者关系管理的规定

目前，国内对于投资者关系的管理尚未颁布独立的法律法规及部门规章制度，投资者关系管理的规定只是散见于上市公司信息披露相关法律法规之中。

（二）大数据时代下投资者关系管理存在的问题

1. 监管部门

（1）监督体系不健全。中国的法律法规中缺少针对投资者关系管理的具体规定，对于投资参与的市场主体行为的责任及边界未进行有效约束和识别，法律监管更多的侧重于上市公司，对于投资者及第三方机构的约束缺失，对于大数据时代下数据的发布者、传媒机构等关键性企业监督不足。另外，对违规违法行为的查处力度不够，处罚措施多以通报批评、警告、罚款为主，法律震慑力不足。

（2）监管渠道单一，未充分发挥出政府引导、行业自律、舆情监督等社会效用。另外，投诉和举报机制畅通性、普遍性、通用性不足，维权成本仍然居高不下。

2. 上市公司

（1）投资者关系管理重视度不足，管理水平参差不齐。国内大部分上市公司并未将投资者关系管理上升至长远发展的战略高度，主要表现为投资者关系管理体系缺失、专业部门及专业管理团队人员配置不足、公司高层参与度不高、投资者关系管理缺乏主动性、管理主要依靠信息披露、投资者关系研究和维护缺失等。

（2）投资者关系管理信用意识有待加强。部分上市公司将信息披露变成一种公关宣传工具，存在信息披露不全、选择性披露、虚假性披露等问题，误导投资者。

（3）危机公关及防范意识不足。目前，国内大部分上市公司的投资者关系管理更多的是浮于事后关系的维护，对于公司投资者关系管理潜在的风险、公司生产经营活动的一系列变化背后蕴藏的投资者危机都未有提前的系统分析、识别和预防，危机来临时被动消化。

3. 投资者

中国资本市场投资者主要由个人投资者、机构投资者和一般法人及国家队组成。目前，机构投资者的整体规模占比仍然偏小、持股期偏短、交易频繁，且容易通过利用网络大数据影响力控制互联网舆论走向，从而获取不法利益；中小投资者信息数据分析、识别能力不足、投资方向分散模糊，交易行为易受舆论引导，投机心理较重，而上市公司对中小投资者关注较低，中小投资者缺乏与上市公司双向交流意识，信息获得较为片面。

三、相关建议

（一）监管部门

1. 完善相关监管法律体系

根据大数据背景下投资者关系管理的新特点，重点明确在大数据搜集、存储、使用、加工利用等环节中相关各方的权利、义务和权限边界，增加舆情监管，加大处罚力度。投资者关系管理应形成独立系统的法律规章，切实做到从源头上遏制损害投资者关系的各种违法违规行为。

2. 加大监管力度，提高对投资者关系管理的重视程度

（1）畅通投资者投诉及举报渠道，加大对维权的宣传，并通过事前审查、事中抽查、事后追究等对大数据时代下的数据提供方、投资者进行全面的监督。

（2）充分发挥政府部门、监管部门、各行业协会在投资者关系管理中的社会监督作用，推动投资者关系管理健康发展。

（3）搭建大数据时代下投资者关系监督管理评价机制。在上市公司投资者关系管理制度制定、实施与反馈的全过程中引入评价指标，并定期对上市公司投资者管理水平进行评价及披露，带动投资者关系管理战略意识构建与延伸。

3. 引入大数据等新兴信息技术研究，为监管提供支撑

充分借助大数据技术手段，提升投资市场网络舆情监督能力，通过分析舆情受

关注程度、传播情况、发展趋势、投资者情绪变化，辅助决策和判断舆情走向，为提前做好风险防范工作打好基础。加强对智能终端、应用程序、平台等的检测评估，防止相关软硬件产品无限制地获取用户数据。

（二）上市公司

1. 夯实投资者关系管理基础工作

（1）将投资者关系管理工作提升到长远发展的战略地位，健全内部投资者关系管理体系，成立一支由公司董监高参与，囊括法律、金融、营销、公共关系、财务和互联网技术等多方面专业知识的投资者管理团队，并通过多样化的培训、交流活动提升投资者关系管理人员对各类创新产品、最新业务发展状况、宏观政策、行业发展趋势等方面的把控能力。提高公司董监高对于投资者关系管理的重视度和参与度，让各层次人员都不同程度地参与到公司投资者关系管理工作中。

（2）强化对投资者关系管理与产出的价值研究，根据行业特点，利用大数据资源，完善公司内部投资者关系管理制度和工作流程，利用数据安全技术，包括身份验证、入侵检测、网络关防等，保障数据安全。

2. 强化信息双向管理

（1）改进信息披露方式。借助电话、现场调研、“互动易”或“E互动”，微博、微信、网站App、社交媒介等新媒体平台，疏通公司信息传播和外部信息反馈双向渠道，提高信息披露的准确性、公开性和及时性，消除信息壁垒，避免信息披露差异化问题。

（2）提高信息披露的主动性。杜绝将信息披露变成公司的一种宣传工具，应该主动、全方位地将公司未来发展规划、公司治理、环境保护、社会责任等信息进行披露，主动回复投资者质疑及关注的要点问题，定期收集反馈投资者意见和建议，并持续改进，以此促进投资者对公司价值的认同。高质量的信息披露，才可以提高上市公司股票的流动性，有利于上市公司实现价值的最大化。

3. 强化舆情管理，提升危机公关意识

利用大数据资源优势，通过对股吧、投资者论坛、贴吧等多种媒体平台言论、高频数据、图片、视频等信息的全面抓取、识别、分析，掌握舆情走势，提前防范敏感信息可能产生的公关危机。

（中国上市公司协会投资者关系管理委员会　供稿）

第五篇

上市公司并购重组篇

- 2018 年上市公司并购市场综述
- 招商轮船收购经贸船务航运资产整合案例
- 中粮地产并购大悦城地产——央企 A + H 互动的示范
- 衡水老白干并购丰联酒业案例
- 万华化学整体上市案例
- 新天然气：助推清洁能源革命 共创美好未来发展
- 领益科技重组上市案例
- 阿里巴巴并购饿了么——中国互联网史上最大的全现金收购

2018 年上市公司并购市场综述

第一节　概述

2018 年，在外部资本市场环境出现大幅波动的背景下，中国并购市场仍旧延续了蓬勃发展的势头。伴随着供给侧改革的深入实施和“一带一路”战略的不断推进，上市公司充分借助资本市场的价值发现、融资等功能，出于产业升级、实现业务转型等目的不断开展并购活动。据统计，2018 年全市场并购重组交易金额为 4152.31 亿美元，案例 7250 宗，仍处于历史高位；其中，上市公司并购交易金额占比 74.21%，继续在并购市场中发挥着当之无愧的“主力军”的重要作用。具体如图 1 和图 2 所示。

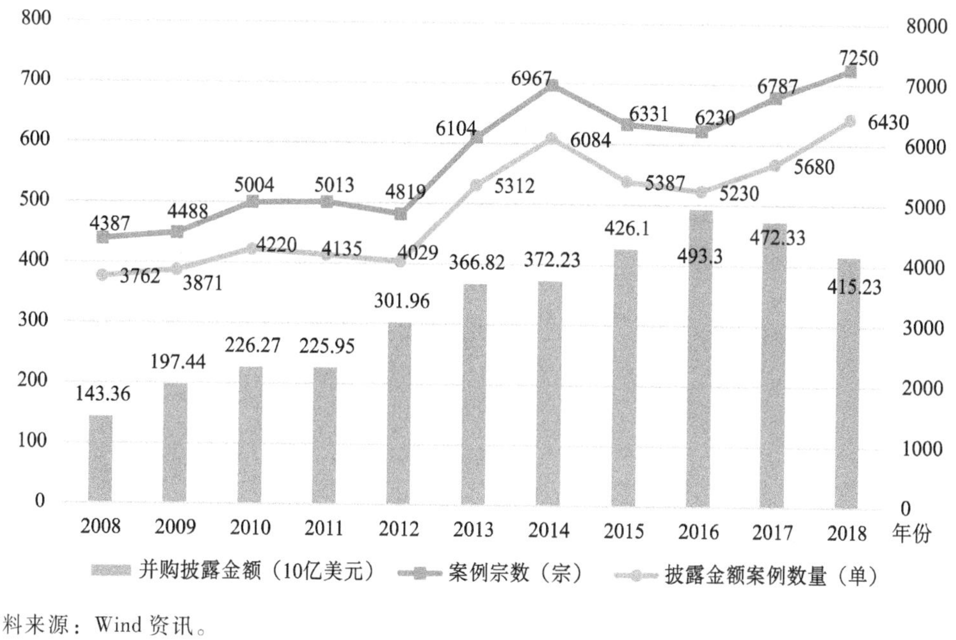

资料来源：Wind 资讯。

图 1　2008 ~ 2018 年中国并购市场概况

按交易金额统计，2018 年中国上市公司前十大并购交易中，制造业占 3 席，软件与信息服务业占 2 席，纺织与服装、交通运输、化工、有色金属、医药与医疗服务各占 1 席。动态观察，2018 年上市公司前十大并购交易总金额是 2017 年的 1.26 倍，这表明资本市场出现的波动并没有停止大型上市公司通过并购重组实现产业升级的步伐；在前十大并购案例中，有 5 宗是国有企业的兼并整合和重组上

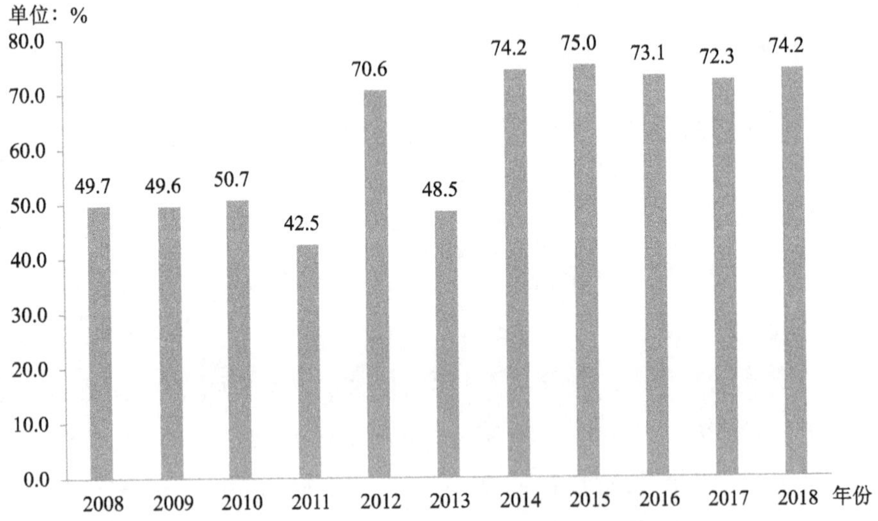

资料来源：Wind 资讯。

图 2　2008～2018 年上市公司并购交易金额占中国企业并购交易总金额的比重

市，也充分彰显了资本市场的并购重组在支持国有企业改革、促进国有企业做大做强方面无可替代的重要作用。具体如表 1 所示。

表 1　2018 年中国上市公司前十大并购交易　　单位：亿美元

排名	宣布日期	目标方			收购方			交易金额	收购股比（%）
		公司名称	行业	性质	公司名称	股票代码	性质		
1	2018/4/2	饿了么	软件与信息服务业	民企	阿里巴巴	BABA	民企	95.00	100
2	2018/2/24	戴姆勒公司	制造业	外企	吉利汽车	00175	民企	90.00	9.69
3	2018/5/10	万华化工	化工	国企	万华化学	600309	国企	74.60	100
4	2018/11/2	白药控股	医药与医疗服务	国企	云南白药	000538	国企	72.91	100
5	2018/2/27	江南造船	制造业	国企	中国船舶	600150	国企	53.39	100
6	2018/12/7	亚玛芬	纺织与服装	外企	安踏体育	02020	民企	51.29	100
7	2018/9/12	盛跃网络	软件与信息服务业	民企	世纪华通	002602	民企	42.58	100
8	2018/1/23	北汽新能源	制造业	国企	SST 前锋	600733	民企	41.21	100
9	2018/5/18	SQM	有色金属	外企	天齐锂业	002466	民企	40.66	23.77
10	2018/6/21	招商局港口	交通运输	国企	招商港口	001872	国企	35.21	38.72

第二节 上市公司并购分析

1. 并购目标的行业分布

从 2018 年上市公司并购重组交易宗数的行业分布来看，软件和信息服务业独占鳌头，占当年并购交易总数的 18.96%；制造业、医药与医疗服务、电子紧随其后，分别占并购交易总数的 10.76%、9.21% 和 6.75%；从并购重组交易金额的行业分布来看，软件和信息服务业、制造业和房地产行业交易规模分别为 419.28 亿美元、328.14 亿美元和 329.86 亿美元，占比 12.58%、9.84% 和 8.72%，位列前三。具体如图 3 所示。

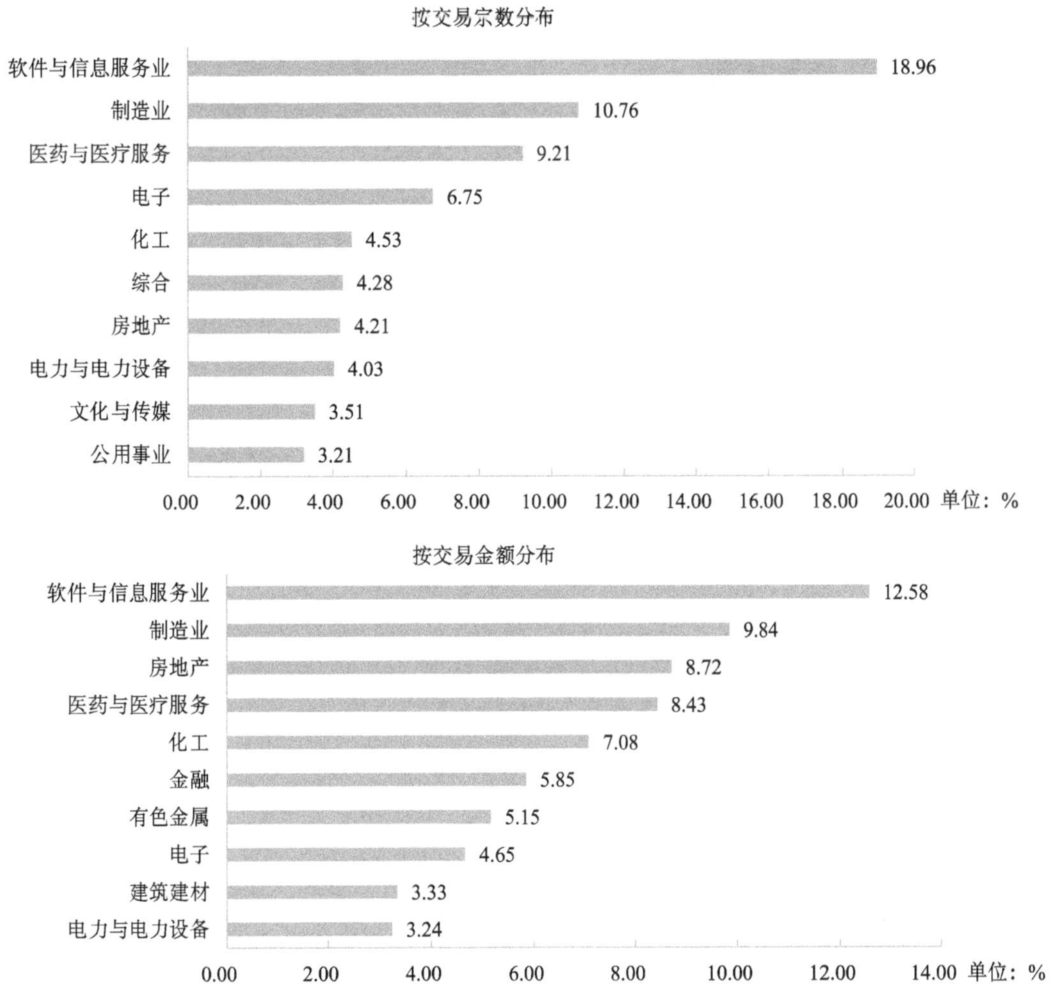

资料来源：Wind 资讯。

图 3 2018 年中国上市公司并购按行业分布

2. 并购交易的规模分布

从并购重组的交易金额和交易宗数分布区间来看，2018 年中国上市公司单笔成交额小于 1 亿美元的并购占并购交易总数的 83.81% 和交易总金额的 10.03%；

交易金额大于5亿美元、小于10亿美元的并购案例占交易总数的3.32%和交易总金额的14.58%；交易金额大于10亿美元的并购案例占交易总数的1.85%，但合计交易金额却达到整个并购市场交易的51.08%。具体如图4所示。

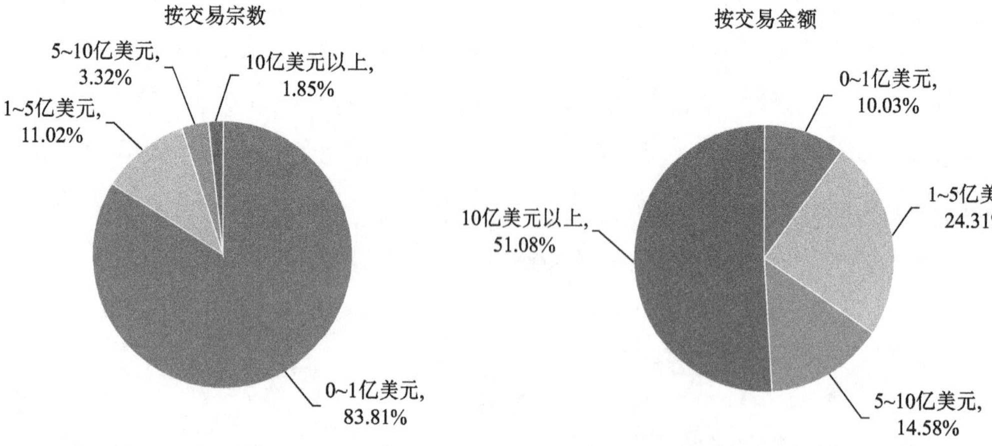

资料来源：Wind资讯。

图4 2018年中国上市公司交易规模分布

从上市公司并购的行业分布观察，钢铁、煤炭等重资产行业在2018年平均单笔交易金额上名列前茅，发生在钢铁行业的鞍钢股份兼并朝阳钢铁是2018年钢铁企业最大金额并购交易案例，交易金额达8.43亿美元；2018年3月宣布的开滦股份出资5.07亿美元收购内蒙开滦100%股权是2018年煤炭行业交易金额最大的并购重组案例。具体如图5所示。

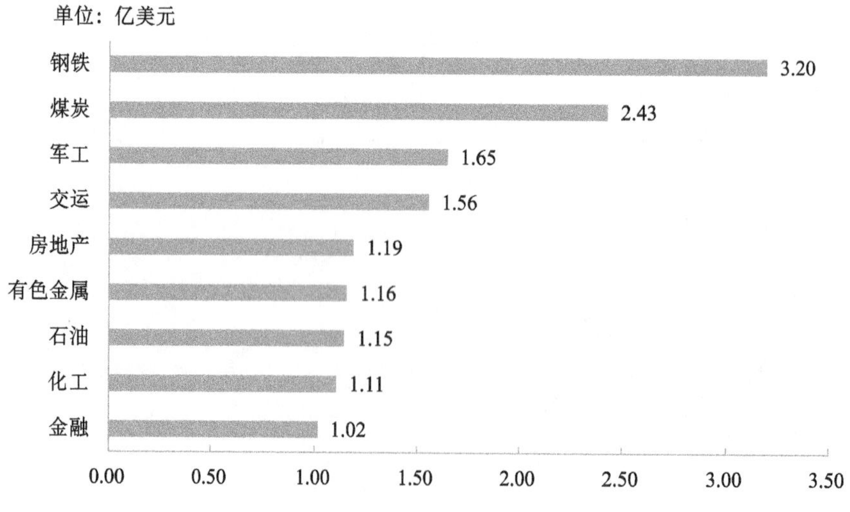

资料来源：Wind资讯。

图5 2018年中国上市公司单笔交易金额行业分布

3. 并购交易的类型分析

从并购类型来看，境内并购一直是中国并购市场的主要类型。2018 年，境内并购交易金额和交易宗数占比均超过 80%。外部环境不确定因素的增加在一定程度上对中国企业的海外并购活动带来了不利影响，数据显示，2018 年中资企业海外并购的总金额为 465.97 亿美元，较 2017 下降 32.98%。而相比之下，2018 年外资企业的入境并购市场火热，交易金额创达 314.23 亿美元，是 2017 年的 1.59 倍，并且达到近年来的新高。具体如图 6 所示。

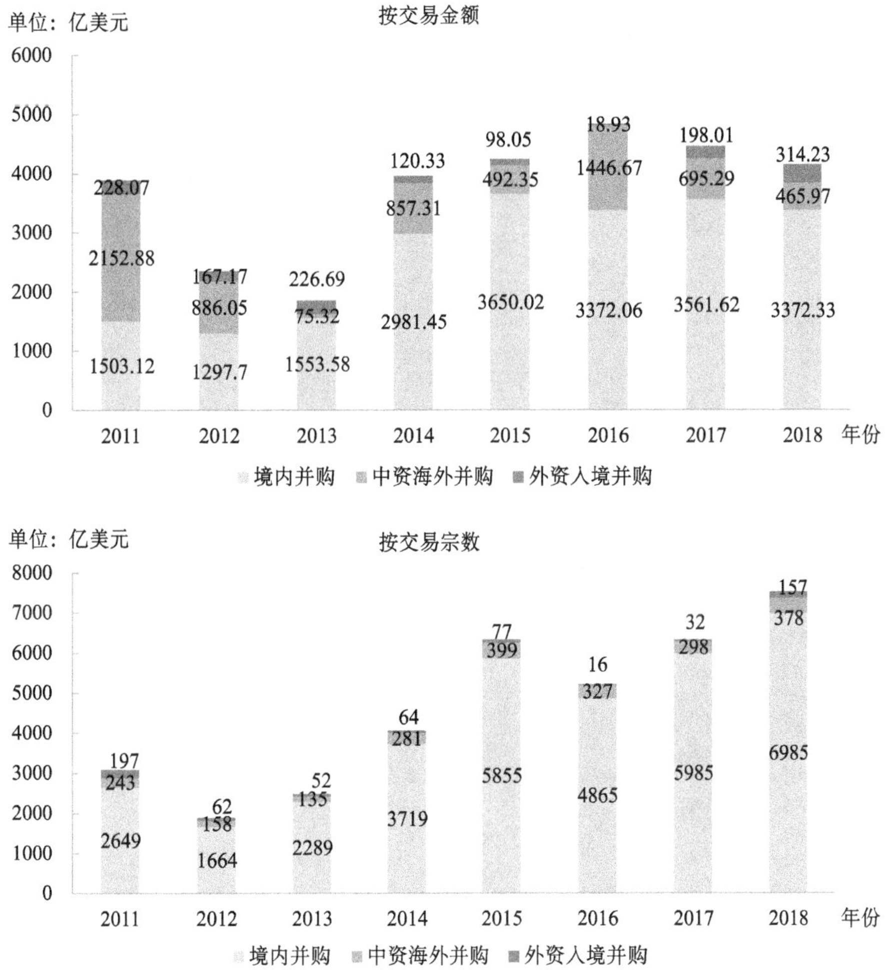

资料来源：Wind 资讯。

图 6　2011～2018 年中国上市公司交易并购类型分布

动态观察，制造业、交通运输、房地产和多元金融等行业是 2018 年中资企业海外并购的活跃板块。2018 年，尽管中国企业的跨境并购活动面临着越来越多的境外监管部门的审查，但是在国家“一带一路”倡议和监管部门的支持下，相当一批中国企业逆风前行，积极通过高质量的跨境并购助力企业再发展，典型案例包括吉利集团收购戴姆勒 9.69% 股份和联想集团收购卢森堡国际银行 100% 股权等。具体如图 7 所示。

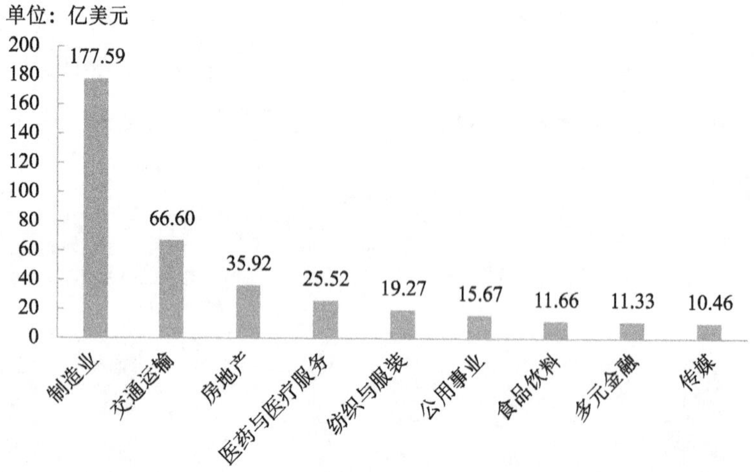

资料来源：Wind 资讯。

图 7　2018 年中国上市公司出境并购按行业分布

数据显示，批发与零售、房地产、软件和信息服务业是 2018 年外资入境并购所青睐的行业，交易金额分别为 91.60 亿美元、51.87 亿美元和 29.68 亿美元，创交易金额的历史新高。具体如图 8 所示。

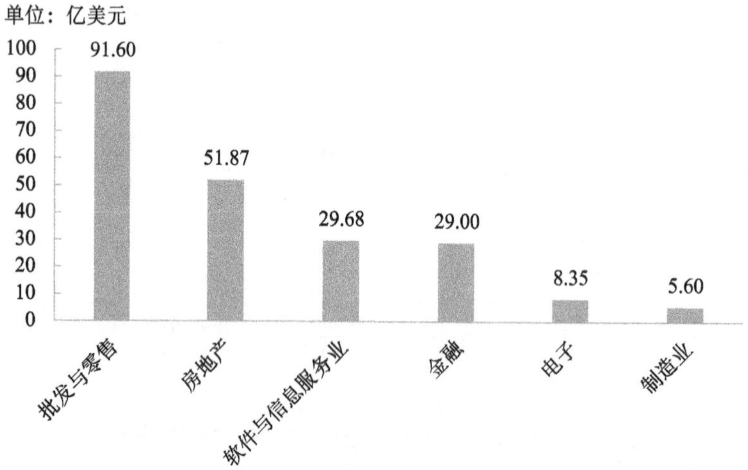

资料来源：Wind 资讯。

图 8　2018 年中国上市公司外资入境并购按行业分布

第三节 并购市场发展趋势

1. 并购重组支持新技术、新业态、新产品走向资本市场

2018年，中国证监会在从严监管的基础上，着力提升主动服务国家战略大局和上市公司发展的意识和能力，重点支持新技术、新业态、新产品通过并购重组注入上市公司，继续支持产能过剩行业的兼并重组和产能出清，打造了一批助力国家经济发展、具备新经济要素、主动承担社会责任、积极回报投资者的新蓝筹上市公司。优秀上市公司通过并购重组不断做大做强，治理水平不断提升，综合实力和行业竞争力也稳步提升。

2. 并购重组政策不断“松绑”，市场化水平不断提升

因中美贸易摩擦等外部波动对中国经济和A股市场的影响，中国证监会在2018年陆续出台了一系列为并购重组市场“松绑”的政策措施，以期稳定投资者情绪，提升市场流动性和市场信心，并提高并购重组监管的市场化水平，主要政策措施包括出台定价双向调整机制、“小额快速”并购审核机制、快速/豁免通道、定向可转债并购试点等。新出台的政策从定价、审核、配套资金、信息披露和再融资渠道等多个方面支持促进产业升级的并购重组，并购重组的市场化水平不断提升，并购市场交易的规模和宗数也有望进入新一轮增长阶段。

3. 并购重组收购方与标的方的估值差缩小有助于上市公司业绩提升

对于A股市场上的新兴技术和新兴产业企业（主要集中在创业板和中小板），并购重组是其经营壮大的重要手段。在均衡的市场条件下，收购方与标的方的P/E、P/B等估值指标之差越大，重组实施后上市公司估值的提升幅度将越高，上市公司进行并购重组的动力则越强。随着近年来并购市场的去伪存真，收购方与标的方的估值之差逐渐缩小。据统计，2016～2018年，A股公司完成并购的标的P/E中位数分别为25.02、23.51、22.32；而从P/B角度观察，2018年上市公司并购标的的P/B为3.15，显著低于2016年的4.19和2017年的4.18。随着并购重组市场化水平的提升和估值趋于合理，市场预期A股市场（特别是中小板、创业板）上市公司的业绩增速和估值水平都将迎来反弹。

4. 并购重组中的高商誉问题受到监管的高度重视

并购重组中的高商誉和商誉减值问题得到监管部门和资本市场的普遍关注。由于之前几个年度的高溢价并购，初步统计截至2018年年末A股市场上市公司商誉余额达到1.31万亿元，是2011年的2.84倍。资本市场中的高商誉和商誉集中减值风险高企，而一旦风险从财务报表、股权交易传导至资本市场、金融体系、实体经济，将使资本市场受到冲击、功能弱化或丧失，不利于资本市场和中国经济的健康发展。有鉴于此，2018年11月，中国证

监会发布《会计监管风险提示第8号——商誉减值》，强化商誉减值的会计监管，进一步规范上市公司商誉减值的会计处理及信息披露，督促会计师事务所、资产评估机构及其从业人员勤勉尽责、规范执业，提高资本市场会计信息披露质量。该法规从制度上明确强化减值测试要求，是防止资本市场商誉减值集中出现的纲领性文件。同时，监管部门重点关注收购过程中的高商誉、高质押、高估值和异常业绩承诺等行为，对于暗箱操作、利益输送等行为重拳出击，加大打击力度，“三高”交易失败比例明显增加，在一定程度上对高商誉问题实现了甄别和阻隔。

（中国上市公司协会并购融资委员会　供稿）

招商轮船收购经贸船务航运资产整合案例

招商局能源运输股份有限公司（证券简称“招商轮船”），是大型驻港央企招商局集团旗下航运板块的核心上市公司，成立于2004年，并于2006年在A股上市，股票代码601872。经过多年发展，尤其是近几年的资本运作和资产整合，招商轮船形成了“油、散、气、特”业务格局，主营业务包括原油运输、干散货运输、LNG运输、滚装运输、件杂货运输等。2017年，招商轮船以发行股份的方式，收购了中国经贸船务有限公司（以下简称“经贸船务”）下属航运资产，此次重组推动了招商局集团航运板块的业务转型升级，促进了集团航运板块规模效益上的提升，进一步提高了上市公司的盈利能力和经营效益。

重组完成后，2018年招商轮船实现营业收入109.31亿元，同比增长13.78%，实现归属于上市公司股东净利润11.67亿元，同比增长38.15%。截至2019年6月底，招商轮船经营管理船舶376艘（含订单），总运力4543万载重吨，其中，30万吨的超大型油轮VLCC和40万吨的超大型矿砂船VLOC船队规模位居全球第一，滚装船队规模位居国内第一，跻身世界领先航运企业之列，各项经营绩效和资本市场表现均领先同行。

一、整合背景

十八届三中全会发布《关于全面深化改革若干重大问题的决定》以来，中国正处在新一轮深化改革开放、经济结构转型的重要历史关口。国有上市公司既是推动国有经济发展的重要力量，又是国企混合所有制改革的重要平台。2015年证监会、财政部、国资委和银监会联合发布《关于鼓励上市公司兼并重组、现金分红及回购股份的通知》，鼓励国有控股上市公司依托资本市场加强资源整合，调整优化产业布局结构，通过国有企业向上市公司注入优质资产，解决同业竞争、关联交易等问题，提高上市公司经营质量和发展潜力，实现国有资产的保值增值。

2015年12月28日，经国务院批准，中外运长航集团以无偿划转的方式整体划入，成为招商局集团的全资子企业。为切实贯彻、落实国务院国资委有关“整合实现效果1+1>2”的要求，招商局集团以“机制更优、规模更大、发展更快、盈利更高、竞争力更强、员工发展更好”为目标，依法依规、统筹推进整合工作，以实现在战略、管理、业务、文化4个方面的全面融合。

招商轮船（SH.601872）是招商局集

团航运业务的核心上市公司，与中外运长航集团下属航运业务载体经贸船务在业务上有着较强的重叠性。2016 年，招商局集团启动了有关深入重组中外运长航的工作，推动优质资源向上市平台集中，利用资本运作的手段，打造专业化的旗舰上市公司。

二、实施过程

2017 年 9 月 1 日，招商轮船第五届董事会第六次会议审议通过《关于公司向特定对象发行股份购买资产方案的议案》等与本次收购相关的议案。公司拟向关联方经贸船务以发行股份购买资产的方式购买其持有的恒祥控股有限公司（以下简称“恒祥控股”）100% 股权、深圳长航滚装物流有限公司（以下简称“深圳滚装”）100% 股权、上海长航国际海运有限公司（以下简称“上海国际”）100% 股权及中国经贸船务（香港）有限公司（以下简称“经贸船务香港”）100% 股权。本次发行股份购买资产的定价基准日为公司第五届董事会第六次会议决议公告日，本次发行股份购买资产的股份发行价格为定价基准日前 60 个交易日股票均价的 90%，即 4.81 元/股。

2017 年 9 月 25 日，国务院国资委批准本次交易方案。

2017 年 9 月 28 日，公司 2017 年第三次临时股东大会审议批准本次交易，并批准招商局集团及其一致行动人免于以要约方式增持公司股份。

2017 年 10 月 27 日，公司第五届董事会第九次会议审议通过了补充审计、审阅相关报告等议案。

2018 年 1 月 30 日，中国证监会核准本次交易（证监许可〔2018〕221 号）。

2018 年 3 月 13 日，国家发改委出具了《境外投资项目备案通知书》（发改办外资备〔2018〕169 号），对公司增发股份收购恒祥控股以及经贸船务香港 100% 股权项目予以备案。

2018 年 6 月 12 日，商务部出具了《企业境外投资证书》（境外投资证第 N1000201800233 号），对招商轮船收购经贸船务香港涉及的境外投资予以备案；2018 年 6 月 28 日，商务部出具了《企业境外投资证书》（境外投资证第 N1000201800252 号），对招商轮船收购恒祥控股涉及的境外投资予以备案。

2018 年 6 月 28 日，恒祥控股 100% 的股权完成过户至公司名下的相关手续；2018 年 7 月 5 日，深圳滚装 100% 的股权完成过户至公司名下的工商登记手续；2018 年 7 月 6 日，上海国际 100% 的股权完成过户至公司名下的工商登记手续；2018 年 7 月 13 日，经贸船务香港 100% 的股权完成过户至公司名下的相关手续。

2018 年 7 月 13 日，信永中和会计师对本次发行股份购买资产新增注册资本以及实收资本进行了审验，出具了《验资报告》（XYZH/2018SZA40721 号）。经信永中和会计师审验，截至 2018 年 7 月 13 日，招商轮船变更后的累计股本金额为人民币 6066612657 元。

2018 年 7 月 19 日，本次交易新增对价股份 767154545 股在中国证券登记结算有限责任公司上海分公司办理完毕登记托管手续。本次交易新增对价股份为有限售条件流通股，限售期为 36 个月。

三、整合意义

（一）经营规模稳步扩大，持续盈利能力显著增强

油运方面，交易前上市公司招商轮船持有油轮 VLCC 资产平台中国能源运输有限公司（以下简称“CVLCC”）51% 的股权，购入恒祥控股后，上市公司持有 CVLCC 100% 的股权。CVLCC 成为公司全资子公司有助于显著增强公司核心业务和提升持续盈利能力。截至 2019 年 6 月，CVLCC 拥有 51 艘 VLCC，总载重吨 1580 万吨，平均船龄 5 岁，订单 4 艘，数量居全球第一，是承运中国进口原油的骨干力量。公司拥有了 CVLCC 的全部股权后，还将提升自身融资能力，为船队进一步发展提供动力和支持。

干散货运输方面，本次交易前上市公司主要经营 VLOC、Capesize 以及 Ultramax 三类干散货船型，全部运营国际航线。购入的干散货运输资产中，长航国际主要从事国内外大宗干散货、件杂货以及特种货物运输，本次交易后，上市公司将增加干散货船队种类，提高干散货船队服务覆盖范围，强化在中小船型市场的竞争优势，形成国内外联动的综合运输网络，产生协同效应。

新业务方面，上市公司将通过本次交易进入内贸滚装船运输市场，成为第一家拥有国内规模化、网络化滚装业务的航运上市公司，该业务未来有望被打造成为公司的利润增长点。截至 2018 年年底，深圳滚装拥有和控制汽车滚装船 25 艘，市场份额全国第一，是唯一能够实现近洋、沿海和长江内河全程运输的滚装服务商，并实现连续 13 年盈利。此外，上市公司通过本次交易进入活畜运输行业，活畜运输公司将以海运为平台，聚合招商局集团内部冷链、陆运等优势，从供给侧打造进口澳牛育、养、贸、运、检、宰、销的完整产业链。

本次收购有利于丰富上市公司的船型和航线，加强上市公司抵抗行业周期波动能力，提高归属上市公司股东净利润。

（二）在业务管理、财务管理等方面形成协同效应，降低公司运营成本

收购完成后，上市公司将会提高业务管理效率，统一管理标准，控制管理成本。上市公司将运用国际化管理理念提高整体管理水平，并通过集中采购、船员资源共享等措施降低运营成本。

整合前，标的公司的融资成本高于上市公司，整合后，标的公司有望依托上市公司显著降低财务成本。

（三）进一步提升客户服务能力

收购完成后，招商轮船完全控制 VLCC 船队的经营和发展，提高运营和决策

效率，坚定“大客户”战略，继续深化与央企和国内外石油公司的合作，进一步提升与中石油、中化、中海油等的合作层次，坚持国际化运营，深化与埃克森美孚、壳牌石油等国际客户的合作，为客户提供优质的全球原油运输服务。

本次收购丰富了上市公司干散货船型，向国际、国内全程运输发展，为干散货客户提供海运全链条服务。以交易前的VLOC为核心，打造Capesize、Panamax、Ultramax、Handymax、Handysize船队，服务范围覆盖大宗及小宗散货主要航线，并进入内贸市场，成为国际市场有益的补充，提高对客户的服务种类和范围。

四、经验启示

（一）明确目标，提高决策效率

项目初期，即明确以下几个方面的目标，并围绕目标制定最优方案、积极落实，并在进程中提高决策效率，确保整合项目高质、高效完成。

1. 航运业务整合，打造综合航运运营平台

以上市公司招商轮船为核心，对招商局集团非上市航运资产进行整合，集中优势资源打造具有领先地位的综合航运平台，增强招商局集团航运板块的整体竞争力。

2. 增强上市公司的盈利能力，维护全体股东利益

本次收购，将招商局集团油运业务、干散货业务、滚装业务、件杂货以及特种船业务等未上市资产注入上市公司，有助于与上市公司现有业务发挥协同效应，提升上市公司持续盈利能力，维护全体股东利益。

3. 落实国有企业改革，实现国有资产保值增值

本次整合是招商局集团贯彻落实国有企业改革、推动体制创新的重要尝试。交易充分、合理地利用现有的上市公司平台进行整合，发挥上市公司的整合功能，推动资本运营工作。利用招商轮船这一上市平台，进一步提升招商局集团的资产证券化水平，推动旗下航运板块的业务转型升级，有利于进一步提高国有资产流动性，促进国有资产保值增值。

（二）严格依法合规、确保项目顺利开展，切实维护股东权益

本次交易对方经贸船务实际控制人为招商局集团，与招商轮船为同一实际控制人。根据上交所《股票上市规则》和《招商局能源运输股份有限公司章程》，本次发行股份购买资产事项构成关联交易。

整个交易过程，上市公司按照相关法律、法规要求，在保证关联交易价格合理、公允的基础上，严格执行证监会、上交所等监管机关的有关规定，履行相应决策程序并订立协议或合同，出具承诺函，进行利润承诺，并及时履行信息披露义务。在保障重组项目顺利进行的同时，也维护了广大股东的合法权益。

（上海证监局　供稿）

中粮地产并购大悦城地产
——央企 A + H 互动的示范

房地产开发业务是中粮集团的三大主营业务之一。2005 年 11 月，中粮集团成功受让深圳市宝安区投资管理有限公司持有的上市公司“深宝恒 A”的国家股，成为“深宝恒 A”的第一大股东。2006 年 2 月，“深宝恒 A”完成股权分置改革。2006 年 4 月，经国家工商行政管理总局批准，上市公司全称由“深圳市宝恒（集团）股份有限公司”变更为“中粮地产（集团）股份有限公司”。依托中粮集团的强力支持，中粮地产大力整合中粮集团、香港鹏利国际以及上市公司的广泛资源，建立了中粮集团地产业务开发的平台，充分发挥优势，使中粮地产成为具有品牌优势的专业房地产开发公司。

大悦城地产有限公司（HK 00207）主要从事开发、经营、销售、出租及管理综合体和商业物业，例如，购物中心、酒店、办公楼、酒店式公寓以及休闲度假旅游物业。

2018 年 12 月 4 日，经中国证监会上市公司并购重组委员会召开会议审核，中粮地产以 144.47 亿元收购明毅有限公司持有的大悦城地产（00207.HK）全部股权事项获证监会无条件通过。

一、重组背景

并购前，中粮地产虽为央企，但体量并不大，2017 年营业收入 140.42 亿元，单从业绩方面来看，并购前的中粮地产在收入水平和盈利能力方面与其他几家央企中的地产企业还有一些距离。同时，并购前的中粮地产也存在负债率较高的问题。一方面，中粮地产以商品房销售为主营业务，2015 ~ 2017 年连续 3 年上市公司营业收入的 90% 来自于商品房开发；另一方面，中粮地产的布局主要分布在一二线城市，对国家房地产调控政策敏感，房地产整体市场政策和波动情况对中粮地产收入的冲击较大。因此，在这样的背景下，中粮地产决定进行资产重组，以改变这种收入来源单一，抗风险能力较弱的局面。

大悦城地产以商业地产为主要经营业务，是大型商业地产的开发商和运营商。中粮地产可以通过与之并购进行资产整合，优势互补，迅速做大做强。

并购前，中粮地产和大悦城同是中粮集团旗下的上市公司，分别独立在 A 股和港股上市，这两家上市公司在股权上不存在交叉关系。明毅是大悦城的控股股东，但明毅的实控方是中粮集团，因此，此次交易属于关联交易。此次重组完成后，大悦城成为中粮地产的控股子公司。

二、重组过程

2017 年 7 月 22 日，中粮地产宣布停牌筹划重大事项。

2018 年 3 月 31 日，中粮地产披露重组交易预案。中粮地产拟以发行股份的方式向明毅收购其持有的大悦城地产 91.34 亿股普通股股份（占大悦城地产已发行普通股股份总数的 64.18%，占大悦城地产已发行普通股及可转换优先股合计股份数的 59.59%），交易预估值为 147.56 亿元。此外，公司拟向不超过 10 名特定投资者发行股份募集配套资金不超过 24.26 亿元。

2018 年 10 月 25 日，证监会官网发布的并购重组委 2018 年第 50 次会议审核结果公告显示，中粮地产发行股份购买资产未获通过。审核意见指出，本次交易标的资产定价的公允性缺乏合理依据，不符合《上市公司重大资产重组管理办法》第十一条的相关规定。

2018 年 11 月 15 日，中粮地产发布公告称将继续推进重组方案，以发行股份的方式向明毅收购其持有的大悦城地产 91.33 亿股普通股股份。2018 年 11 月 16 日中粮地产再次披露草案，估值仍不变，但是中粮地产对定价公允性进行了说明，补充了评估报告和业绩承诺及补偿协议。

2018 年 12 月 4 日，中粮地产发行股份购买资产事项获无条件通过。

三、经验与教训

中粮地产对大悦城地产的收购，历时 17 个月，这个案例带来不少可供借鉴的央企重组经验，是大型央企“A + H”互动的一个精彩实例。

（1）中粮地产并购大悦城地产，是属于中粮集团下属两个无股权关系的上市公司关联并购被否案例。中粮地产发行股份购买明毅（系上市公司控股股东中粮集团控制的企业）其持有大悦城地产（香港上市公司）已发行普通股的 64.18%，估值为 144.47 亿元。该交易在证监会审核之前，已获得中粮集团、国务院国资委、国家发改委和国家市场监督管理总局的批准。结果，2018 年 10 月 25 日，第一次上会被否。

（2）高溢价无业绩对赌：中粮地产给予本次交易标的的估值较之市价溢价近 70%，这也是第一次上会被否的原因：“定价公允性缺乏合理依据”。

（3）无业绩对赌：第一次草案中，仅有安永出具的《估值报告》和交易双方签订的《减值补偿协议》《减值补偿协议之补偿协议》，并无资产评估机构出具的评估报告和交易对方签订的《盈利预测补偿协议》。

2018 年 11 月 16 日，中粮地产再次披露并购重组草案，估值仍不变，但是中粮地产对定价公允性进行了说明，补充了评估报告和业绩承诺及补偿协议。对定价公允性的说明主要包括以下 5 个方面：第一，交易定价位于估值机构出具的估值范围；第二，交易定价低于每股净资产；第三，交易定价低于多家投资银行出具的研究报告的估值；第四，中粮集团 2012 年取得大悦城地产的历史成本是 1.74 港元/股，本次收购的定价是 1.90 港元/股，考虑到时间成本，本次收购溢价率很低；第五，与大悦城地产历史定增和股权转让的价格相对比，说明本次定价具有合理性。

四、重组的意义

重组完成后，无论是资产规模、资金实力和业务规模，中粮地产都得到了大幅上升。中粮地产成为集住宅、商业板块的多业态综合房企，业务板块更加多样化。不仅通过商业地产持续获得了现金回流，而且也同时享有了持有型物业带来的稳定收益和增值，盈利和变现模式多元化，资金收回更加灵活。并且，中粮地产在融资、土地等方面有了更多话语权和竞争优势，赢得了更好的发展机遇。

在国家鼓励上市公司通过并购重组提质增效的大背景下，中粮地产并购大悦城的案例，给央企重组带来了一定的参考，凸显了业绩承诺的重要性，为大型央企“A + H”互动提供了经验借鉴。

（中国上市公司协会并购融资委员会
国睿金融与产业发展研究会　供稿）

衡水老白干并购丰联酒业案例

河北衡水老白干酒业股份有限公司（以下简称“衡水老白干”或“公司”）是新中国第一家白酒生产企业。2002 年 10 月 29 日在上海证券交易所上市（股票代码：600559），是河北省酿酒行业唯一一家上市公司。公司开创了“老白干香型”白酒，是中国白酒行业老白干香型中生产规模最大的厂家。目前，公司总占地面积 4000 余亩，拥有员工 5900 余人，优质白酒年生产能力 12 万吨。丰联酒业控股有限公司（以下简称“丰联酒业”）是联想控股有限公司全资子公司。丰联酒业不谋求推出自有品牌的白酒，而是坚持通过并购建立起“区域名牌 + 全国性品牌”的架构。衡水老白干和丰联酒业并购前，丰联酒业已经拥有文王贡酒、板城烧锅酒、武陵酒、孔府家酒 4 个知名白酒品牌。2018 年 3 月 20 日晚衡水老白干发布公告称，公司关于发行股份及支付现金购买资产并募集配套资金获得中国证监会核准批复，至此老白干酒收购丰联酒业正式完成。

一、收购背景

1. 资本运作成为白酒行业发展新契机

2018 年以来，白酒行业的发展趋势向集中度提高、品牌分化和消费升级方向快速转变，众多白酒企业发展存在极大的自身局限性。白酒品牌集中度越来越高，在中高端酒上体现尤其明显。品牌分化，行业产量增速低于营收增速和利润增速。次高端兴起，规模以上白酒企业在次高端集中发力。区域品牌与全国品牌的竞争加剧，一线白酒企业业绩不断向好，而中小白酒企业发展压力增大。衡水老白干通过资本市场运作，实现企业规模效益和品牌协同效益，有助于增加市场份额。

2. 渠道合作助力全国化发展

衡水老白干一直以来主要市场集中在河北省范围内，在全国市场上表现并不突出。公司一直谋求向全国市场突围，而丰联酒业则拥有全国范围内不同区域市场的 4 家知名品牌，渠道相对完善。双方合作后，公司可以通过丰联酒业的既有渠道打通全国化扩展之路。

二、收购过程

衡水老白干自 2017 年 1 月 21 日发布《河北衡水老白干酒业股份有限公司重大资产重组停牌公告》后，就着手与丰联酒业协商合作事宜。2017 年 10 月 12 日晚，衡水老白干发布公告，称公司于 2017 年 10 月 12 日收到中华人民共和国商务部反垄断局出具的《不实施进一步审查通知》（商反垄初审函〔2017〕第256号），主要内容如下："根据《中华人民共和国反垄断法》第二十五条，经初步审查，现决定，对河北衡水老白干酒业股份有限公司收购丰联酒业控股集团有限公司股权案不实施进一步审查，从即日起可以实施集中"。2018年3月20日晚，衡水老白干发布公告称，公司拟以非公开发行股份及支付现金的方式向佳沃集团等购买丰联酒业100%股权，已获得证监会核准批复。至此，老白干酒收购丰联酒业正式完成。交易完成后，丰联酒业成为上市公司的全资子公司，丰联酒业100%股权作价为13.99亿元。

三、收购意义

1. 推进衡水老白干规模化发展之路

衡水老白干是地方性白酒品牌，从事白酒行业历史悠久，对白酒行业有着深刻的理解。但是白酒的地方文化因素对销售具有重要影响，老白干香型迟迟打不开全国大发展的局面，规模化发展之路受限。丰联酒业则属于管理型企业，通过并购4家区域性白酒企业实践了多元化品牌管理之路。衡水老白干并购成功后，在规模化发展方面有两点巨大收获：一是在河北白酒市场的地位进一步巩固，公司与板城烧锅可以进一步整合省内市场。二是衡水老白干与其他品牌白酒香型互补、渠道互补，有助于进一步打开全国市场。

2. 提升衡水老白干在行业中的地位

白酒市场集中度不断提升的趋势愈加明显，公司并购后有利于提升在行业中的品牌影响力。一线品牌稳稳地占据了高端市场，并通过副品牌等多种方式进行产品下探抢占中低端市场，而这会进一步弱化二线白酒品牌的竞争力。衡水老白干并购后，则极大地增强了自身实力，成为行业内拥有多家区域性品牌、横跨多个白酒香型的全国性白酒企业，这对衡水老白干提升全国知名度具有重要意义。

四、经验启示

1. 资本市场合作是白酒行业发展的重要方向

白酒市场竞争白热化，通过资本市场兼并重组有助于二线品牌快速突破。国内百强白酒企业中，除了头部的一线品牌在产销规模和盈利能力上遥遥领先，二线品牌的发展压力逐步增加。国内白酒市场品牌众多，但受区域白酒文化的影响较大，往往是区域强势而走不出去，在一线品牌进攻中处于下风。通过资本市场合作，二线品牌抱团取暖，可以快速形成规模上和品牌知名度上的合力，有助于二线白酒品牌向一线突围。

2. 多元化品牌发展中渠道合作应发挥协同作用

企业并购后会带来多品牌运作的难题，如何协同发展形成"1+1>2"的结果才是重中之重。企业多元化运营不可避免地对渠道和产品都带来一定的冲击，一方面不同品牌的高中低档产品带来的内部竞争需要妥善解决，另一方面不同品牌的潜在消费者群体不同也需要避免盲目铺货带来的收益过低情况。总的来讲，多元化品牌发展，注重渠道的协同作用，根据不同的消费者类型，合理分配品牌和不同档次产品，才能更好地实现并购的预期收益。

（中国上市公司协会并购融资委员会
国睿金融与产业发展研究会　供稿）

万华化学整体上市案例

2017 年 12 月，烟台市政府批复同意万华实业集团有限公司（以下简称“万华实业”）先分立后吸收合并的整体上市方案。2018 年 1 月 30 日万华实业分立为万华实业（存续）和烟台万华化工有限公司（以下简称“万华化工”）（新设），根据《分立协议》，本次分立，万华实业聚氨酯化工产品生产业务划入万华化工，其他业务保留在万华实业中。即万华实业分立前所持有的万华化学集团股份有限公司（以下简称“万华化学”）47.92% 股权、万华化学（宁波）有限公司（以下简称“万华宁波”）25.5% 股权、烟台新益投资有限公司（以下简称“新益投资”）100% 股权、万华国际资源有限公司（以下简称“万华国际资源”）100% 股权、烟台新源投资有限公司（以下简称“新源投资”）100% 股权、烟台辰丰投资有限公司（以下简称“辰丰投资”）100% 股权划归万华化工名下，其余的与聚氨酯化工产品业务不直接相关的资产保留在万华实业。

分立后新设的万华化工为持股型公司，其股权架构如图 1 所示。

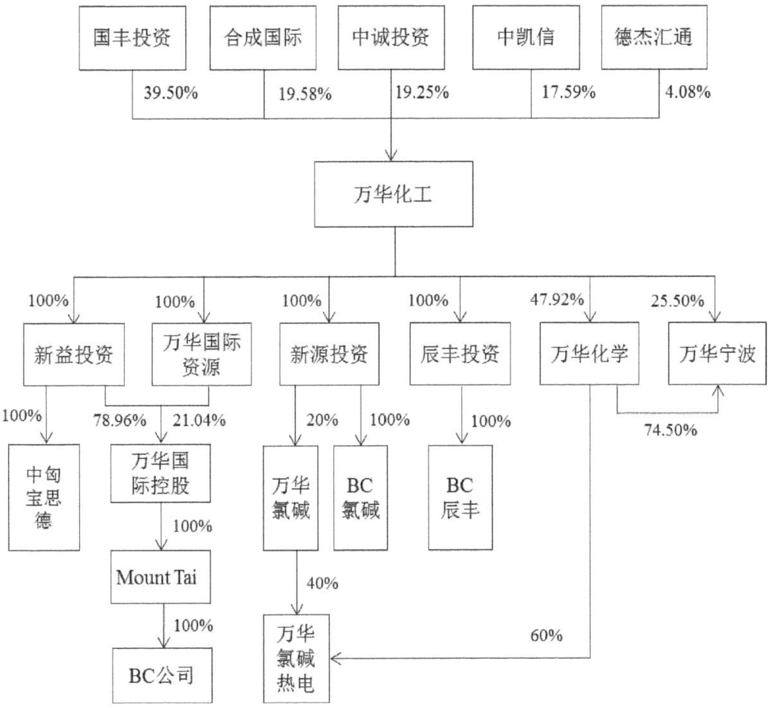

图 1　分立后新设的万华化工股权架构

本次吸收合并方案为万华化学向烟台国丰投资控股有限公司（以下简称“国丰投资”）发行677764654股股份、向Prime Partner International Limited（以下简称“合成国际”）发行336042361股股份、向烟台中诚投资股份有限公司（以下简称“中诚投资”）发行330379594股股份、向深圳市中凯信创业投资股份有限公司（以下简称“中凯信”）发行301808357股股份、向北京德杰汇通科技有限公司（以下简称“德杰汇通”）发行69995240股股份吸收合并烟台万华化工有限公司（以下简称“万华化工”），同时注销烟台万华化工原持有的上市公司1310256380股。

本次吸收合并完成后，万华化工注销，上市公司新的股权结构如图2所示。

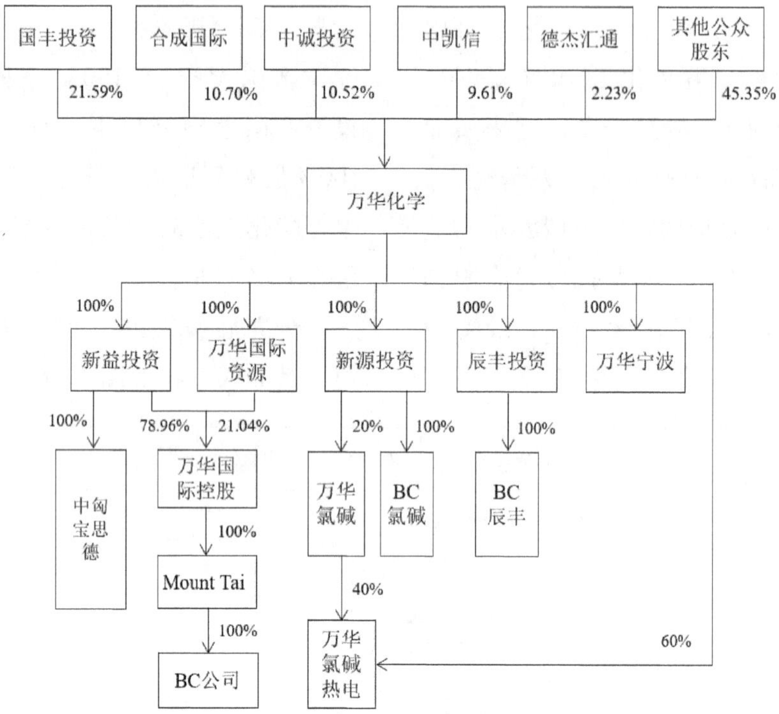

图2　新的股权结构

一、并购过程

2017年12月4日，烟台市政府下发《关于万华实业集团有限公司整体上市有关问题的批复》，原则同意万华实业集团有限公司整体上市方案。

2017年12月5日开始，万华化学集团股份有限公司（以下简称“万华化学”）停牌，开始筹划整体上市事宜。

2018年5月9日，万华化学召开第七届董事会2018年第六次临时会议，审议通过《万华化学吸收合并万华化工预案》及相关议案。

2018年6月29日，山东省国资委下发《关于万华化学集团股份有限公司重大资产重组及非公开发行股份有关问题的批复》（鲁国资产权字〔2018〕28号），核准吸收合并方案。

2018年7月19日，万华化学召开2018年第三次临时股东大会，审议通过本次吸收合并方案。

2018年9月13日，万华化学收到中国证券监督管理委员会（以下简称“中国证监会”）核发的《关于核准万华化学集团股份有限公司向烟台国丰投资控股有限公司等发行股份吸收合并烟台万华化工有限公司的批复》（证监许可〔2018〕1449号），公司发行股份吸收合并烟台万华化工有限公司暨关联交易事项获得中国证监会核准。

二、实施情况

2019年1月31日，上市公司与万华化工就本次吸收合并涉及的资产、负债签署《资产交割协议》，双方约定以2019年1月31日作为本次吸收合并的资产交割日。自资产交割日起，万华化工的全部资产、负债、合同以及其他一切权利、义务和责任将由万华化学享有和承担。

2019年2月1日，北京天圆全会计师事务所（特殊普通合伙）对上市公司本次吸收合并进行了验资并出具了《验资报告》（天圆全验字〔2019〕000001号），截至2019年2月1日，上市公司已收到万华化工的股东国丰投资、合成国际、中诚投资、中凯信、德杰汇通以万华化工净资产缴纳的新增注册资本人民币405733826.00元，变更后的注册资本为人民币3139746626.00元。

2019年2月12日，万华化学已于中国证券登记结算有限责任公司上海分公司办理完毕本次吸收合并事项发行股份登记，本次发行的1715990206股A股股份已登记至烟台国丰投资控股有限公司等5名交易对方名下。同时，万华化工持有的上市公司1310256380股股份已办理股份注销手续。

2019年4月3日，被吸收合并方万华化工完成工商注销工作。同日，万华化学本次吸收合并的工商变更工作已经完成，变更后的注册资本为人民币3139746626.00元。

三、整体上市的意义

（一）切实推动国家“一带一路”倡议的贯彻落实

本次交易标的的主要组成部分是匈牙利BC公司（万华化工间接持有BC公司100%股权），BC公司的生产基地分别位于匈牙利东北部的卡辛克巴契卡市和捷克东北部的俄斯特拉发市，地处欧洲中心，区位优势突出，交通物流发达，素有“欧洲门户”之称。

本次整体上市完成后，BC公司将成为上市公司全资子企业，依托上市公司强大的融资能力和盈利能力，扩大对中匈宝思德经贸合作区的主导力，树立中资企业在欧洲的良好形象，以点带面，将中匈宝思德经贸合作区打造成中国在中东欧的加工制造基地，充分利用丝绸之路经济带的发展机遇，用好匈牙利在中东欧地区优越的区位条件和良好的投资环境，助力“一带一路”建设。

（二）有效应对全球化工行业的并购变化，实现跨洲际联动的产业布局

本次整体上市完成后，BC公司成为上市公司的子公司，并将纳入上市公司的整体战略布局，上市公司将成为全球第一大MDI供应商，并将实现在亚洲、欧洲和美洲三大主要市场均建有（和筹建）生产基地的布局，从而也将实现全球化、跨洲际联动的生产和运营，更好地与跨国行业巨头展开竞争，更好地应对全球化工行业集中度上升、竞争加剧的局面。

（三）实现万华化工整体上市，增强上市公司的盈利能力

万华化学和BC公司均为全球知名的化工企业，深耕聚氨酯行业多年，均具有较强的核心技术积累和采购销售渠道覆盖。整体上市前，BC公司作为万华化学控股股东的子公司，受到上市公司独立性和同业竞争限制的约束，上市公司只能通过受托管理的方式影响BC公司的管理能力、企业文化，在资金、技术、市场、信息等资源共享方面均存在严格限制，这不利于上市公司整体战略的实施，也桎梏了BC公司的发展速度和规模。整体上市完成后，上市公司将能够与BC公司形成全面的资源支持和共享，上市公司的规模效应、协同效应将进一步凸显，上市公司的盈利能力和抵御经营风险能力将得到进一步提升，从而助力“中国万华”向“世界万华”的转变。

（四）解决上市公司的同业竞争，显著减少关联交易

上市公司与BC公司的主营业务均为聚氨酯产品的研发、生产和销售，虽面向不同市场，但BC公司与上市公司存在潜在的同业竞争关系。同时，万华化工及其下属BC公司与上市公司存在较大金额的采购、销售、受托管理等关联交易。本次吸收合并交易完成后，万华化工作为被合并方将予以注销，万华化工旗下资产将实现整体上市，BC公司与上市公司之间的潜在同业竞争问题得到根本解决，上市公司原控股股东万华实业对市场作出的关于解决BC公司同业竞争的承诺也得到妥善履行，同时上市公司的关联交易也将大幅减少。本次交易有利于增强上市公司的独立性，进一步促进上市公司规范化运作，切实保护上市公司及中小股东的合法权益。

（五）有效改善上市公司治理结构，助力上市公司的全球化发展战略

万华化学正在实施全球化的发展战略，并制定了成为全球化工企业10强和世界500强企业的中长期发展目标。然而，目前公司治理层级较多，在股权结构透明度、治理机制、组织架构和决策效率等方面与大型跨国化学公司仍存在较大的差距，这在一定程度上影响了上市公司的国际化进程和全球综合竞争力。通过本次万华化工的整体上市，万华化学的股权结构将更加透明、清晰，上市公司的治理机制将更为扁平化，组织架构将得到进一步的精简，决策效率将实现进一步提升，员工积极性将得到进一步释放，从而助推上市公司治理结构的转型升级。

（山东证监局　供稿）

新天然气：助推清洁能源革命　共创美好未来发展

新疆鑫泰天然气股份有限公司（以下简称“新天然气”，股票代码：603393）成立于2000年3月，2016年9月12日在上海证券交易所主板挂牌上市。19年来，新天然气在天山南北9个城市长期从事城市天然气输配销售与安装业务，涵盖民用、商用、车用和工业园区天然气等领域，创造了良好的经济效益和社会效益。2018年8月，新天然气通过现金重大资产购买方式，以自有资金及并购贷款26亿元人民币，在香港联交所完成对港股上市公司亚美能源的收购，持有亚美能源50.5%的股份。

一、产业并购的背景

近年来，新天然气牢牢把握国家实施“西部大开发”和“一带一路”的重要战略机遇，扎根新疆“一带一路”桥头堡战略地位，按照“立足新疆、面向全国、走国际化发展道路”的发展战略规划，制定了“能源全产业链化、高新科技化、国际化、金融化”的战略路径和发展目标，力争实现“上游有气源、中游有管道、下游有市场”的天然气全产业链模式，从而提高公司的核心竞争力及其持续盈利能力。

随着国家《天然气产业利用政策》《大气污染防治行动计划》和《能源十三五规划》等文件的陆续出台和实施，天然气在中国能源消耗中所占的比重将进一步提高，国内天然气产销缺口将进一步加大，中国天然气行业将迎来快速发展的成长期，而煤层气作为高成长、高回报的清洁新能源，是常规天然气最重要的补充和替代气源，也是国家“十三五”规划重点发展的清洁能源。

亚美能源控股有限公司（以下简称“亚美能源”）是一家注册于开曼群岛，在香港联交所主板上市的公司（股票代码：2686. HK）。主要运营资产在山西省沁水盆地潘庄和马必区域从事煤层气的勘探、开发和生产，具有较为丰富的煤层气资源，其煤层气探明地质储量居中国各盆地之首。基于行业快速发展的背景以及难逢的投资机遇，为实现新天然气能源全产业链化的战略目标，新天然气于2018年2月底正式启动了对亚美能源的要约收购，向国家发改委、商务部等部门履行了ODI审批程序，通过自有资金和并购贷款的形式筹集26亿元人民币，通过现金重大资产购买方式，在香港联交所对亚美能源全体股东发起部分要约收购。

基于新天然气19年来在新疆天山南北中游城市天然气输配管理和下游用户拓展方面积累的经验，受益于国家宏观经济总体平稳和清洁能源的稳步推进，新天然气于2018年8月24日在较短的时间内完成了对香港上市公司亚美能源跨境跨省煤层气的收购，初步实现了全产业链化经营格局。

二、产业并购的积极影响

新天然气通过对亚美能源的收购，获得优质的煤层气勘探、开发和运营资产，同时控股境外上市公司搭建国际资本平台。A+H股的“双轮格局”，对长期发展具有深远的战略意义和价值。这不仅符合新天然气能源全产业链化、高新科技化、国际化、金融化的“四化发展战略”，而且也符合并满足国家中长期煤层气产业发展的政策要求。

新天然气收购亚美能源，除了产业链能向上游开采延伸外，同时依托邻近天然气管道以及即将成立的国家油气管网公司管道更好地辐射中原以及全国下游优质客户，实现从区域性向全国性的重大转变。通过这起产业并购，获取较好的发展机会，取得了较好的投资收益，今后将积极增加产能，提升盈利水平，忠实维护公司广大中小股民的利益。

2018年8月，新天然气对亚美能源收购后，立即完成了对董事会、管理层的改选，撤销北京总部到生产基地联合办公，完成了人员优化，削减了管理成本（人力成本节约近亿元），修定了勘探生产计划，较大幅度地提高了生产效率和产量，使得2018年度亚美能源总产气量同比2017年度增长27.3%，达到8.02亿m^3，营收同比增长80.77%，至人民币9.79亿元，净利润同比上升125.40%，至人民币4.13亿元。在新天然气大股东的主导下，2019年6月亚美能源全体股东也迎来了自公司2015年上市以来的首次分红。截至2019年三季度末，亚美能源通过先进的开发技术、卓越的成本管控能力、一流的要素整合能力，实现营收10.43亿元，同比增长27%，实现净利润5.39亿元，同比增长83%。未来将一如既往致力于夯实管理基础、提升盈利能力，为股东创造长期稳定收益，致力于为投资者带来长期稳定回报。

三、产业并购的示范意义

纵观整个产业并购过程，在规范运作方面，新天然气面对境内外两个投资群体，严格接受境内外各层级执法主体的监管和制约。面对不同的地域文化、法律环境以及监管要求，一开始就把依法合规、严格保密和信息披露作为生命线，做到及时、准确、真实、完整地与境外上市公司互联互通，同步协同发布相关信息，得到了广大关注资本市场媒体和投资者的一致好评。

新天然气通过并购亚美能源，最重要的是完善了其能源全产业链模式。当今市场经济环境的变化迫使企业从传统熟悉的行业，向产业链各个环节延伸，通过并购整合实现产业聚集联合，深化发展全产业链战略。新天然气产业并购亚美能源对于中国资本市场的“示范意义”主要体现在以下几点：

（一）对采取“部分要约”方式跨境并购案例具有较大的参考意义及借鉴意义

本次案例是资本市场上“部分要约”方式收购香港上市公司较为成功的案例，此处“部分要约”收购指的是未与原标的公司实际控制人或经营管理层达成一致意见或同意的前提下实施的收购，收购的实施难度较大，成功的概率也较低，以至于市场上此类收购案例较少。

在总体层面上，只要收购本身对收购标的公司和广大股东是有利的，一般会得到股东的认可和支持；在操作细节方面，由于是部分要约收购，对收购时间及整个交易过程的合法合规性要求非常高。此次新天然气对亚美的收购在交易结构的设计、收购资金筹集方式、ODI 审批程序、境内重大资产重组信息披露等方面，对境外部分要约收购具有一定的参考意义。

（二）对民营企业以小博大跨境收购具有较高的示范激励意义

随着中国进一步对外开放，在全球范围内配置资源是遵循市场经济发展规律的内生性需求，经过 40 年改革开放时间，一批优秀民营企业已经成为在某些行业或细分领域的龙头，在全球范围内的寻求资源、技术、市场是国内企业做大做强的必经路径。以前年度的跨境并购主要由大型国有企业或一流民企在主导，此次新天然气跨境并购亚美能源的收购对市场一些民营企业走出去实施跨境收购具有较高的引导和示范意义。

另外，新天然气此次收购是一笔典型的以小博大的收购，收购前，亚美能源的总资产、净资产是新天然气的约 2.5 倍，收购资金比新天然气 2017 年年末总资产规模还大。这次成功收购启示广大优秀民营企业，标的公司规模比自身规模要大并非收购的拦路虎，只要在做好充分的可行性分析、把控整体风险的前提下，实施以小博大的收购实现公司的跨越式发展也是具有可能性的。

（三）对境内上市公司通过重大资产重组方式收购境外上市公司具有较大的参考借鉴意义

通常来讲，上市公司的跨境并购案例都是先完成境内重大资产重组程序后，再进行 ODI 核准或备案程序；由于本次是“部分要约收购”，为避免收购信息被泄露，缩短公开披露重组报告书至发起要约收购的时间，本次交易使用两次董事会和股东大会的方式。第一次董事会和股东大会审议对外设立公司、注资及融资事项，并以此为投资主体的决策文件履行境外投资相关备案程序；在完成 ODI 备案程序、收购资金出境后，再召开第二次董事会审议重组资产购买并披露标的公司及重大资产购买报告书等信息。

（新疆证监局　供稿）

领益科技重组上市案例

广东领益智造股份有限公司（以下简称“领益智造”“上市公司”“公司”）原名为广东江粉磁材股份有限公司（以下简称“江粉磁材”），成立于1975年，于2011年在深交所中小板首次公开发行股票上市。

2018年1月，江粉磁材完成发行股份购买领益科技（深圳）有限公司（以下简称“领益科技”）100%股权，交易金额207.30亿元，且交易完成上市公司实际控制人变更为曾芳勤，本次交易构成重组上市。公司于2018年3月更名为领益智造。

本次重组一箭双雕，一步完成领益科技的重组上市和产业整合，是真正的市场化产业并购；领益科技与江粉磁材通过并购进行深度产业整合，符合2017年全国金融工作会议精神和党的十九大报告要求，是并购重组、资本市场和金融工作服务实体经济发展的典范。

一、收购背景

自设立至2014年，上市公司专注于磁性材料的研发、生产和销售。为积极寻求多元化发展和新的利润增长点，上市公司着眼于切入迅速扩张的消费电子产业链。2015年，上市公司发行股份收购主营液晶显示模组、触摸屏等平板显示器件的深圳市帝晶光电科技有限公司100%股权；2016年，上市公司发行股份收购主营智能手机精密结构件的深圳市东方亮彩精密技术有限公司100%股权。基于消费电子产业的飞速发展和更新换代，上市公司寻求在产品结构和客户结构上的进一步转型升级。

领益科技成立于2012年，主营业务为消费电子产品精密功能器件产品的设计、研发、生产和销售，以自主研发的先进精密模具和生产设备为支撑，凭借多年的行业服务经验和技术积累与国内外众多知名终端品牌商保持密切合作，为客户提供高品质的功能器件产品及一站式解决方案，广泛应用于智能手机、平板电脑、可穿戴设备、笔记本电脑等消费类电子产品行业。领益科技盈利能力良好、运作规范，拟在A股上市。

2015～2016年，手机供应链产业快速加强资本化运作，不断通过并购重组、共同投资，进行横向联合、拓展上下游或者布局周边产业，领益科技与江粉磁材在产品、客户、资产等方面协同性强。

二、实施情况

2017年2月，领益科技决定与江粉

磁材进行重大资产重组，一次性完成A股上市和产业整合；2017年7月，江粉磁材召开第三届董事会第四十七次会议，审议通过了本次重组协议、重组报告书等议案；2017年8月，江粉磁材召开2017年第六次临时股东大会，审议通过了本次重组报告书等相关议案，并同意豁免交易对方以要约方式收购上市公司股份的义务；2017年11月，取得商务部反垄断局出具的关于本次交易导致的经营者集中的《不实施进一步审查通知》（商反垄初审函〔2017〕第285号）；2017年12月，江粉磁材发行股份购买资产获得中国证监会并购重组委员会工作会议审核通过。

2018年1月，中国证监会出具证监许可〔2018〕139号《关于核准广东江粉磁材股份有限公司向领胜投资（深圳）有限公司等发行股份购买资产的批复》，核准本次交易。2018年1月完成资产交割；2018年2月，本次交易新增发行股份在深交所中小板上市。

三、收购意义

（一）客户资源整合，上市公司转型升级

本次重组前，江粉磁材和领益科技均为智能手机产业链中的重要零部件供应商，但两者在产品类别和客户资源等方面具有很强的互补性。本次重组后，上市公司整合原有帝晶光电和东方亮彩以及领益科技的产品与客户资源，一方面扩大了上市公司原有业务板块和领益科技的客户群，另一方面为客户提供打包采购服务，使上市公司成为客户的一体化、一站式供应商。

（二）生产技术协同，适应行业发展趋势

随着技术的发展和消费电子产品轻薄化、精密化的趋势，下游客户为减少零部件数量、降低供应链管理难度的需求，部分消费电子产品零部件将以组件或模组的形式交货。

例如，无线充电模组部分零部件是用到磁性材料的模切产品，通过上市公司原有磁性材料与领益科技模切技术的协同，可为客户提供无线充电模组；机身防水功能的实现需要各结构件和功能器件与防水密封圈的配合，通过领益科技CNC技术与上市公司原有注塑技术的协同，可为客户提供实现防水功能的CNC产品。

（三）促进双方共同发展

领益科技通过多年积累，已成为一家实力雄厚的精密功能器件产品供应商，在生产、管理、人员、设备、研发等方面均有较大优势，并维持良好的发展势头。上市公司在本次收购后，保持了领益科技原有核心人员的稳定，实现内部多板块资源的共享，扩大了领益科技在消费电子产品零部件领域的优势，增强了领益科技的持续盈利能力，从而达成双方共赢，进一步提高了上市公司的核心竞争力。

四、经验启示

（一）精选标的，实现了产业整合

本次重组前，领益科技在智能手机零部件产业链的主要产品是消费电子精密功能器件，是苹果、华为等知名品牌厂商，以及富士康、和硕、广达、蓝思科技、伯恩光学等大型EMS厂商的供应商，江粉磁材的主要产品是精密结构件、平板显示器件和磁性材料，主要客户是OPPO、小米等国内中高端品牌客户，以及天珑、龙旗、华勤、闻泰等手机方案公司；双方产品类别不同，客户资源有很强的互补性。

通过本次重组，领益科技和江粉磁材实现了智能手机零部件产业链的产业整合，充分利用了双方在客户资源、产品类别等方面具有的差异性和协同性，实现了产业整合。

（二）抓住机遇，快速推进交易

江粉磁材于2017年2月停牌筹划重大资产重组，2018年2月增发的新股上市，交易过程仅用了一年时间。领益科技和江粉磁材的重组符合2017年全国金融工作会议精神和党的十九大报告要求，抓住股利并购重组、资本市场和金融工作服务实体经济发展的机遇，快速推进，一步完成江粉磁材的产业整合与领益科技的重组上市，是真正的市场化并购和深度产业整合。

（广东证监局　供稿）

阿里巴巴并购饿了么
——中国互联网史上最大的全现金收购

阿里巴巴集团成立于1999年，总部位于杭州，从1999年成立开始，就把电子商务业务摆在了首要位置，主要经营业务分为网上交易业务、第三方支付业务等。发展至今，阿里巴巴已成为横跨电子商务、互联网金融、物流等多领域的互联网巨头，为240多个国家和地区的客户提供服务，是中国最大、世界第二大的网络技术公司。

饿了么创建于2008年，由拉扎斯网络科技（上海）有限公司开发运营，是一家专业餐饮O2O平台，主要经营业务为在线外卖业务、即时配送业务等。

2018年4月，阿里巴巴、蚂蚁金服和饿了么发布公告，阿里巴巴将联合蚂蚁金服以95亿美元的价格全资收购饿了么。

一、并购动因

阿里巴巴并购饿了么的动因主要有以下3点：一是源于外卖市场的吸引力。近年来在线外卖行业发展迅速，虽然目前增长速度已放缓，但是其仍是一个值得投入的市场，2015～2019年中国在线外卖收入占全国餐饮业收入的比重持续增长，从当前发展趋势与市场需求来看，在线外卖行业仍然具有较大的发展空间。二是契合阿里巴巴的新零售战略布局。本地生活服务是阿里巴巴新零售战略布局的重要内容，口碑作为阿里巴巴旗下的本地生活服务平台，其经营状况不理想，收购完成后，饿了么与口碑协同，形成对本地生活服务的拓展。三是饿了么的优质物流配送系统。饿了么拥有智能高效的物流配送系统，此次收购有利于提高阿里巴巴的物流配送能力。此外，饿了么配送系统可以为阿里巴巴新零售方向下的大型商超、天猫小店、盒马生鲜等提供即时配送服务，进一步深化阿里巴巴的新零售布局。对于饿了么来讲，通过此次并购，一是可以融入阿里生态系统，增加其在餐饮外卖行业中的竞争力；二是可以依托阿里资金的支持，维持自身的高速增长。

二、并购类型和模式

善意收购：由于本次并购事件是经过双方协商一致情况下发生的，因此，阿里巴巴并购饿了么属于善意并购。

股权投资收购：阿里巴巴为了更好地实现控制权，采取了股权投资收购的方式，阿里巴巴对饿了么的收购是经过4轮持续投资，持股比例不断提高，因此，属于股权投资收购。

纵向并购：从行业隶属关系来看，阿里巴巴和饿了么都属于互联网行业，但是阿里巴巴侧重点主要在电子商务业务，而饿了么主要是网上订餐业务，因此，两者经营的侧重点不同，属于纵向并购类型。

现金收购：2018 年 4 月阿里巴巴以 95 亿美元的现金完成对饿了么的全资收购，此案例被称为中国互联网最大的全现金收购案例，这也是本案例最大的特点。

因此，这是一个基于双方未来发展战略和竞争需要，能够形成优势互补，实现互利双赢的并购案例。

三、并购过程

阿里巴巴全面完成并购饿了么共花费了近两年时间。

2016 年 4 月阿里向饿了么投资 12.5 亿美元，此时阿里获得饿了么 22% 的股权。

2017 年 4 月，阿里联合蚂蚁金服又对饿了么增资 4 亿美元，占饿了么股权的 32.94%，成为饿了么的最大股东。

2017 年 6 月饿了么又获得了阿里领头的 10 亿美元战略投资。

2018 年 4 月，阿里巴巴、蚂蚁金服和饿了么发布公告，阿里巴巴将联合蚂蚁金服以 95 亿美元的价格全资收购饿了么，至此长达两年之久的收购活动终于结束。

四、经验与教训

（一）提高对被并购企业估值的准确度

此次并购，阿里巴巴对饿了么估值为 95 亿美元，也完全反映出阿里巴巴对新零售战略布局的重视，对并购后发挥协同效应的未来潜力看好。但是以 95 亿美元远超饿了么市值的收购堪称中国互联网史上最大的全现金收购，依然在当时饱受外界争议，引发资本市场热议。95 亿美元的并购估值可能高于饿了么的实际价值，这一高估值直接导致了高并购成本，并购后短期内阿里巴巴难以产生足够收益来弥补过高的并购成本。因此，在并购前，并购方应对被并购方进行全面地了解，关注与并购相关的内外部因素，选取合理的估值方法、恰当的估值模型，对被并购企业的价值做出合理且准确的评估。

（二）选择合理的并购支付方式

此次阿里巴巴并购饿了么采取全现金支付，通常来讲，过多的现金支付往往会加重企业负担，甚至造成财务危机，对阿里巴巴来讲，由于其具有强大的实力，此次大额现金支付不至于造成其财务危机，但短期内必然会在一定程度上加重其负担，这对此次并购后的资源整合也会产生不利影响。因此，企业应结合自身经营状况和财务状况选择并购支付方式，尽量避免选择单一的并购支付方式。

（三）注重并购后的资源整合

完成并购并不意味着并购顺利结束，并购整合才是决定并购能否成功的关键。作为一次跨行业的纵向并购，做好并购后的资源整合是阿里巴巴实现成功并购的关键。然而，基于上述两个因素的考虑——

高估值导致高支付成本、短期内收益难以弥补高成本、高支付成本和全现金支付产生大额现金支付，短期内难以有充足的资金进行资源整合，此次并购后短期内阿里巴巴难以实现有效的资源整合。企业并购后的资源整合包括战略整合、人力资源整合、财务资源整合等方面。在战略整合方面，阿里巴巴须组织专门人员考察饿了么的发展战略，在此基础上制定相应的战略整合规划；在人力资源整合方面，增进饿了么员工对阿里巴巴的认同，提高员工工作效率，预防关键人员流失；在财务资源整合方面，发挥财务部门的核心作用，提高财务资源整合效率，促使财务整合与企业战略目标相吻合。

（中国上市公司协会并购融资委员会
国睿金融与产业发展研究会　供稿）

大事记

大事记

2018 年 1 月 1 日 财政部、税务总局、国家发展和改革委员会、工业和信息化部发布的《关于集成电路生产企业有关企业所得税政策问题的通知》（财税〔2018〕27 号）开始施行，进一步支持集成电路产业发展。

2018 年 1 月 1 日 财政部、税务总局发布的《关于继续实施企业改制重组有关土地增值税政策的通知》（财税〔2018〕57 号）开始施行，截至 2020 年 12 月 31 日，对改制前的企业将房地产等转移、变更到改制后的企业，暂不征收土地增值税，以支持企业改制重组，优化市场环境。

2018 年 1 月 1 日 财政部、税务总局发布的《关于延长高新技术企业和科技型中小企业亏损结转年限的通知》（财税〔2018〕76 号）开始施行，延长高新技术企业和科技型中小企业亏损结转年限，支持高新技术企业和科技型中小企业发展。

2018 年 1 月 1 日 财政部、税务总局、国家发展和改革委员会、商务部联合发布的《关于扩大境外投资者以分配利润直接投资暂不征收预提所得税政策适用范围的通知》（财税〔2018〕102 号）开始施行，对境外投资者从中国境内居民企业分配的利润，用于境内直接投资暂不征收预提所得税政策的适用范围，由外商投资鼓励类项目扩大至所有非禁止外商投资的项目和领域。

2018 年 1 月 3 日 财政部、国资委发布并实施《关于钢铁煤炭行业化解过剩产能国有资产处置损失有关财务处理问题的通知》（财资〔2018〕1 号），明确要求去产能企业应当及时确认和处理去产能过程中发生的资产损失，做到账实相符并符合规定。

2018 年 1 月 9 日 全国中小企业股份转让系统有限责任公司发布并实施《全国中小企业股份转让系统挂牌公司信息披露指引——软件和信息技术服务公司》，进一步规范全国中小企业股份转让系统挂牌公司年度报告、临时报告的编制及信息披露行为，提高行业信息披露的针对性和有效性。

2018 年 1 月 11 日 国家发展和改革委员会发布并实施《国家产业创新中心建设工作指引（试行）》（发改高技规〔2018〕68 号），明确了国家产业创业中心建设体制机制、布局组建、运行管理及政策支持等方面的内容。

2018 年 1 月 19 日 中国人民银行发布《关于优化企业开户服务的指导意见》（银发〔2017〕288 号）和《关于开展优化企业开户服务督导工作的通知》（银办发〔2018〕10 号），优化企业开户服务，推动改善营商环境。

2018 年 1 月 25 日 普惠金融定向降准全面实施。

2018 年 1 月 26 日 上海证券交易所发布并实施《上海证券交易所上市公司股份协议转让业务办理指引》（上证发〔2018〕6 号），进一步规范上市公司股份协议转让业务。

2018 年 2 月 4 日 国家发展和改革委员会发布的《企业投资项目事中事后监管办法》（中华人民共和国国家发展和改革委员会令第 14 号）开始施行，加强对企业投资项目的事中事后监管，规范企业投资行为。

2018 年 2 月 5 日 中国人民银行发布《关于加强绿色金融债券存续期监督管理有关事宜的通知》（银发〔2018〕29 号），进一步完善绿色金融债券存续期监督管理，提升信息披露透明度。

2018 年 2 月 8 日 国家发展和改革委员会、财政部发布《关于进一步增强企业债券服务实体经济能力严格防范地方债务风险的通知》（发改办财金〔2018〕194 号），规范企业债券工作有关事项。

2018 年 2 月 11 日 银监会发布《中国银监会办公厅关于 2018 年推动银行业小微企业金融服务高质量发展的通知》（银监办发〔2018〕29 号），着力缓解小微企业金融服务供给不充分、结构不均衡的问题，引导银行业小微企业金融服务由高速增长转向高质量发展。

2018 年 3 月 2 日 上海证券交易所发布并实施《关于开展“一带一路”债券试点的通知》，促进“一带一路”资金融通，发挥交易所债券市场服务“一带一路”建设的作用。

2018 年 3 月 2 日 沪深交易所发布《关于开展“一带一路”债券试点的通知》，深化交易所债券市场对外开放，引导交易所债券市场进一步服务“一带一路”建设，促进沿线国家（地区）的资金融通。

2018 年 3 月 2 日 证监会发布《上市公司创业投资基金股东减持股份的特别规定》，进一步明确创业投资基金所投资的企业其上市解禁期与投资期限反向挂钩政策。

2018 年 3 月 12 日 深圳证券交易所发布的《股票质押式回购交易及登记结算业务办法（2018 年修订）》开始施行，进一步聚焦股票质押式回购交易服务实体经济定位，防控业务风险，规范业务运作。

2018 年 3 月 22 日 国务院办公厅转发证监会《关于开展创新企业境内发行股票或存托凭证试点若干意见的通知》（国办发〔2018〕21 号），进一步加大资本市场对实施创新驱动发展战略的支持力度，按照市场化、法治化原则，借鉴国际经验，开展创新企业境内发行股票或存托凭证试点。

2018 年 3 月 23 日 深圳证券交易所发布并实施《深圳证券交易所上市公司信息披露直通车业务指引（2018 年修订）》，进一步发挥交易所一线监管职能，维护市场秩序，防控市场风险，保护投资者合法权益。

2018 年 3 月 28 日 财政部发布并实施《关于规范金融企业对地方政府和国

有企业投融资行为有关问题的通知》（财金〔2018〕23 号），进一步督促金融企业加强风险管控和财务管理，严格执行国有金融资本管理制度。

2018 年 3 月 30 日 中央网信办和中国证监会联合发布《关于推动资本市场服务网络强国建设的指导意见》，进一步发挥资本市场服务网络强国建设的积极作用，加快实施网络强国战略，促进网信企业规范发展。

2018 年 4 月 2 日 国务院关税税则委员会发布的《国务院关税税则委员会对原产于美国的部分进口商品中止关税减让义务的通知》（税委会〔2018〕13 号）开始施行，对原产于美国的部分进口商品中止关税减让义务。

2018 年 4 月 10 日 国家发展和改革委员会、财政部、商务部、人民银行、中国银行保险监督管理委员会、证监会联合发布《关于引导对外投融资基金健康发展的意见》（发改外资〔2018〕553 号），以"一带一路"建设为重点，着力优化募资方式、提升运行效率、完善监管体系，引导对外投融资基金健康有序发展。

2018 年 4 月 20 日 中国证券登记结算有限责任公司和深圳证券交易所联合发布并实施《H 股"全流通"试点业务实施细则（试行）》，落实 H 股"全流通"试点，规范股份的登记存管和交易结算业务。

2018 年 4 月 20 日 证监会发布并实施《公开发行证券的公司信息披露编报规则第 14 号——非标准审计意见及其涉及事项的处理》（2018 年修订），改进和完善了非标准审计意见涉及事项的信息披露要求。

2018 年 4 月 24 日 上海证券交易所发布并实施《上海证券交易所、中国证券登记结算有限责任公司债券质押式三方回购交易及结算暂行办法》（上证发〔2018〕22 号），规范债券质押式三方回购交易及结算业务，促进债券市场发展。

2018 年 4 月 27 日 中国人民银行、中国银行保险监督管理委员会、中国证券监督管理委员会联合发布《关于加强非金融企业投资金融机构监管的指导意见》（银发〔2018〕107 号），规范非金融企业投资金融机构的行为，强化对非金融企业投资金融机构的监管，促进实业和金融业良性互动发展。

2018 年 4 月 27 日 证监会发布并实施《公开发行证券的公司信息披露编报规则第 19 号——财务信息的更正及相关披露》（2018 年修订），针对现行规则执行中出现的问题并结合新审计准则的变化，进一步完善财务信息更正的信息披露监管要求。

2018 年 5 月 1 日 财政部、税务总局发布的《关于调整增值税税率的通知》（财税〔2018〕32 号）开始施行。

2018 年 5 月 1 日 中国证监会、香港证券及期货事务监察委员会同意扩大互联互通每日额度，将沪股通及深股通每日额度分别调整为 520 亿元人民币，沪港通下的港股通及深港通下的港股通每日额度分别调整为 420 亿元人民币。

2018 年 5 月 2 日 全国股转公司按照《全国中小企业股份转让系统挂牌公司分层管理办法》正式启动 2018 年市场分层调整工作。

2018 年 5 月 3 日 小米科技正式向香港联交所提交 IPO 申请文件，成为港交所“同股不同权”第一股，并成为 2014 年以来全球最大的 IPO。

2018 年 5 月 11 日 深圳证券交易所发布并实施《深圳证券交易所资产支持证券存续期信用风险管理指引（试行）》和《深圳证券交易所资产支持证券定期报告内容与格式指引》（深证上〔2018〕200 号），加强资产支持证券存续期信用风险管理力度，提升资产支持证券定期报告披露质量，切实维护投资者合法权益。

2018 年 5 月 11 日 上海证券交易所发布并实施《上海证券交易所资产支持证券存续期信用风险管理指引（试行）》（上证发〔2018〕28 号），加强资产支持证券存续期信用风险管理，切实维护投资者合法权益。

2018 年 5 月 18 日 全国中小企业股份转让系统有限责任公司发布并实施《挂牌公司信息披露及会计业务问答（五）——股权质押、冻结信息披露》，规范挂牌公司股权质押、冻结信息披露行为。

2018 年 5 月 25 日 全国中小企业股份转让系统有限责任公司发布 2018 年创新层挂牌公司名单。

2018 年 6 月 1 日 中国人民银行发布决定适当扩大中期借贷便利（MLF）担保品范围的公告，将不低于 AA 级的小微、绿色和“三农”金融债，AA +、AA 级公司信用类债券、优质的小微企业贷款和绿色贷款纳入 MLF 担保品范围，进一步加大对小微企业、绿色经济等领域的支持力度，并促进信用债市场的健康发展。

2018 年 6 月 1 日 全国中小企业股份转让系统有限责任公司、中国证券登记结算有限责任公司联合发布并实施《全国中小企业股份转让系统挂牌公司股份特定事项协议转让业务暂行办法》，满足市场参与人并购重组等特定事项协议转让需求，规范挂牌公司股份特定事项协议转让行为。

2018 年 6 月 2 日 深圳证券交易所发布的《深圳证券交易所上市公司创业投资基金股东减持股份实施细则》开始施行，鼓励创业投资基金长期健康发展，规范上市公司创业投资基金股东减持股份的行为。

2018 年 6 月 2 日 上海证券交易所发布的《上海证券交易所上市公司创业投资基金股东减持股份实施细则》开始施行，以促进创业投资基金发展，规范上海证券交易所上市公司创业投资基金股东减持其持有的首次公开发行前股份的行为，维护市场秩序。

2018 年 6 月 8 日 深圳证券交易所发布并实施《深圳证券交易所基础设施类资产支持证券挂牌条件确认指南》和《深圳证券交易所基础设施类资产支持证券信息披露指南》，规范基础设施类资产证券化业务，便于管理人和原始权益人等参与机构开展业务和加强风险管理，保护投资者合法权益，促进资产证券化业务健康发展。

2018年6月15日 深圳证券交易所发布并实施《深圳证券交易所试点创新企业股票或存托凭证上市交易实施办法》，规范试点创新企业股票、存托凭证在深交所的上市和交易，保护投资者合法权益，维护证券市场秩序。

2018年6月15日 上海证券交易所发布并实施《上海市场首次公开发行股票网上发行实施细则（2018年修订）》（上证发〔2018〕40号）、《上海市场首次公开发行股票网下发行实施细则（2018年修订）》（上证发〔2018〕41号），进一步规范上海市场首次公开发行股票网上、网下发行行为。

2018年6月15日 国务院发布《国务院关于积极有效利用外资推动经济高质量发展若干措施的通知》（国发〔2018〕19号），营造更加公平透明便利、更有吸引力的投资环境，进一步促进外商投资稳定增长，实现以高水平开放推动经济高质量发展。

2018年6月15日 证监会、银保监会联合发布并实施《关于商业银行担任存托凭证试点存托人有关事项规定》，同时修订并实施《证券发行与承销管理办法》《创新企业境内发行股票或存托凭证上市后持续监管实施办法（试行）》《存托凭证存托协议内容与格式指引（试行）》，明确了商业银行担任存托人的资质条件、审批程序和持续监管要求等。

2018年6月27日 财政部、税务总局发布并实施《关于2018年退还部分行业增值税留抵税额有关税收政策的通知》（财税〔2018〕70号），2018年对部分行业增值税期末留抵税额予以退还，助力经济高质量发展。

2018年6月28日 中国人民银行发布《中国人民银行办公厅关于加大再贷款再贴现支持力度，引导金融机构增加小微企业信贷投放的通知》（银办发〔2018〕110号），进一步完善信贷政策支持再贷款、再贴现管理，支持金融机构扩大对小微信贷投放。

2018年7月1日 证监会发布的《区域性股权市场信息报送指引（试行）》开始施行，规范区域性股权市场信息报送工作，促进区域性股权市场稳定健康发展。

2018年7月1日 财政部、税务总局发布的《关于创业投资企业和天使投资个人有关税收政策的通知》（财税〔2018〕55号）开始施行，其中规定的天使投资个人所得税政策自2018年7月1日起执行，其他各项政策自2018年1月1日起执行，进一步支持创业投资发展。

2018年7月1日 财政部发布的《上市公司国有股权监督管理办法》开始施行，规范上市公司国有股权变动行为，推动国有资源优化配置，平等保护各类投资者合法权益，防止国有资产流失。

2018年7月1日 国务院国资委、财政部、证监会联合发布的《上市公司国有股权监督管理办法》（国资委、财政部、证监会令第 36 号）开始施行，规范上市公司国有股权变动行为，推动国有资源优化配置，平等保护各类投资者合法权益，防止国有资产流失。

2018 年 7 月 1 日 全国中小企业股份转让系统有限责任公司发布并实施《全国中小企业股份转让系统公开转让说明书信息披露指引——医药制造公司》《全国中小企业股份转让系统挂牌公司信息披露指引——医药制造公司》，进一步规范医药制造业申请挂牌公司、挂牌公司的信息披露行为。

2018 年 7 月 6 日 证监会开出首张债券欺诈发行罚单，完成对五洋建设涉嫌欺诈发行公司债券、信息披露违法一案的听证和复核程序，对五洋建设及 20 名相关责任人做出行政处罚决定及市场禁入决定。

2018 年 7 月 27 日 证监会发布《关于修改〈关于改革完善并严格实施上市公司退市制度的若干意见〉的决定》，进一步完善重大违法强制退市的内容，提高规则的可操作性，强化证券交易所的一线监管职能。

2018 年 7 月 30 日 国家发展和改革委员会发布的《自由贸易试验区外商投资准入特别管理措施（负面清单）（2018 年版）》（国家发展和改革委员会、商务部令第 18 号）开始施行，进一步提出更为开放的试点措施，实施更高水平的对外开放。

2018 年 7 月 30 日 国务院发布《国务院关于推进国有资本投资、运营公司改革试点的实施意见》（国发〔2018〕23 号），完善国有资产管理体制，推动国有经济布局优化和结构调整，提高国有资本配置和运营效率，更好服务国家战略需要。

2018 年 8 月 30 日 财政部发布并实施《工业企业结构调整专项奖补资金管理办法》（财建〔2018〕462 号），进一步规范和加强工业企业结构调整专项奖补资金的管理和使用。

2018 年 9 月 1 日 财政部、税务总局发布的《关于金融机构小微企业贷款利息收入免征增值税政策的通知》（财税〔2018〕91 号）开始施行，截至 2020 年 12 月 31 日，对金融机构向小型企业、微型企业和个体工商户发放小额贷款取得的利息收入，免征增值税。

2018 年 9 月 7 日 国家税务总局发布《全国税务系统进一步优化税收营商环境行动方案（2018 ~ 2022 年）》（税总发〔2018〕145 号），进一步推进税收营商环境的优化，切实提高税收服务经济高质量发展水平。

2018 年 9 月 15 日 证监会发布的《关于修改〈证券登记结算管理办法〉的决定》和《关于修改〈上市公司股权激励管理办法〉的决定》开始施行，进一步放开符合规定的外国人开立 A 股证券账户的权限，丰富资本市场投资主体，拓宽资金入市渠道。

2018 年 9 月 18 日 财政部、科技部、国资委发布并实施《关于扩大国有科技型企业股权和分红激励暂行办法实施范围等有关事项的通知》（财资〔2018〕54

号），推动国有科技型企业建立健全激励分配机制，进一步增强技术和管理人员的获得感。

2018 年 9 月 30 日 证监会修订、发布并实施《上市公司治理准则》，在保留原《上市公司治理准则》对上市公司治理主要规范要求的基础上，适应境内外市场变化和公司治理发展趋势，增加了一系列新要求。

2018 年 10 月 1 日 国家税务总局发布的《关于进一步优化办理企业税务注销程序的通知》（税总发〔2018〕149 号）开始施行，实行清税证明免办服务，优化税务注销即办服务，简化税务注销办理的资料和流程，进一步优化办理企业税务注销程序。

2018 年 10 月 1 日 财政部、税务总局、商务部、海关总署联合发布的《关于跨境电子商务综合试验区零售出口货物税收政策的通知》（财税〔2018〕103 号）开始施行，对综合试验区电子商务出口企业出口未取得有效进货凭证的货物试行增值税、消费税免税政策，进一步促进跨境电子商务健康快速发展。

2018 年 10 月 1 日 财政部、税务总局发布的《关于去产能和调结构房产税城镇土地使用税政策的通知》（财税〔2018〕107 号）开始施行，截至 2020 年 12 月 31 日，对按要求停产停业的企业自停产停业次月起免征房产税、城镇土地使用税，以推进去产能、调结构，促进产业转型升级。

2018 年 10 月 12 日 证监会发布并实施《关于上海证券交易所与伦敦证券交易所互联互通存托凭证业务的监管规定（试行）》，做好沪伦通相关准备工作，进一步完善相关配套业务规则，进一步扩大资本市场双向开放。

2018 年 10 月 19 日 国务院发布并实施《优化口岸营商环境促进跨境贸易便利化工作方案》（国发〔2018〕37 号），进一步优化口岸营商环境，实施更高水平跨境贸易便利化措施，促进外贸稳定健康发展。

2018 年 10 月 22 日 中国人民银行设立民营企业债券融资支持工具，稳定和促进民营企业债券融资。

2018 年 10 月 25 日 全国中小企业股份转让系统有限责任公司发布并实施《关于挂牌公司股票发行有关事项的规定》等业务规则，加强对挂牌公司股票发行业务的监督管理，规范股票发行行为。

2018 年 10 月 26 日 中国人民银行发布《关于加大支小再贷款再贴现支持力度，引导金融机构增加小微企业和民营企业信贷投放的通知》（银发〔2018〕259 号），增加再贷款和再贴现额度 1500 亿元，支持金融机构扩大对小微企业、民营企业的信贷投放。

2018 年 10 月 26 日 全国中小企业股份转让系统有限责任公司发布并实施《全国中小企业股份转让系统非上市公众公司重大资产重组业务指引》《挂牌公司权益变动与收购业务问答》《挂牌公司重大资产重组业务问答》，进一步规范股票在全国中小企业股份转让系统公开转让的公众公司重大资产重组的信息披露和相关业务办理流程，优化全国中小企业股份转让系统挂牌公司并购重组管理机制。

2018 年 10 月 26 日 全国股转系统发布并实施《全国中小企业股份转让系统挂牌公司权益分派业务指南》，进一步规范挂牌公司权益分派业务办理和信息披露行为。

2018 年 11 月 1 日 财政部、税务总局发布的《关于延长对废矿物油再生油品免征消费税政策实施期限的通知》开始施行，实施期限延长 5 年，截至 2023 年 10 月 31 日。

2018 年 11 月 6 日 证监会发布《关于完善上市公司股票停复牌制度的指导意见》，规范上市公司股票停复牌行为，缓解上市公司股票随意停牌、长期停牌、信息披露不充分等问题。

2018 年 11 月 9 日 证监会修订发布《发行监管问答——关于引导规范上市公司融资行为的监管要求》，明确使用募集资金补充流动资金和偿还债务的监管要求，对再融资时间间隔的限制做出调整，引导规范上市公司融资行为。

2018 年 11 月 9 日 证监会、财政部、国资委联合发布并实施《关于支持上市公司回购股份的意见》，拓宽回购资金来源、适当简化实施程序、引导完善治理安排，鼓励各类上市公司实施股权激励或员工持股计划，提升公司管理风险的能力，提高上市公司质量。

2018 年 11 月 12 日 习近平主席在首届中国国际进口博览会开幕式主旨演讲中宣布“将在上海证券交易所设立科创板并试点注册制”。

2018 年 11 月 14 日 财政部、国家发展和改革委员会、工业和信息化部、海关总署、税务总局、能源局联合发布《关于调整重大技术装备进口税收政策有关目录的通知》（财关税〔2018〕42 号），对重大技术装备进口税收政策有关目录进行修订。

2018 年 11 月 16 日 深圳证券交易所发布并实施《深圳证券交易所股票上市规则（2018 年 11 月修订）》《深圳证券交易所创业板股票上市规则（2018 年 11 月修订）》《深圳证券交易所上市公司重大违法强制退市实施办法》《深圳证券交易所退市公司重新上市实施办法（2018 年修订）》，进一步完善上市公司退市制度，健全资本市场功能，提升上市公司质量，保护投资者合法权益。

2018 年 11 月 16 日 上海证券交易所发布并实施《上海证券交易所上市公司重大违法强制退市实施办法》《上海证券交易所退市公司重新上市实施办法（2018 年 11 月修订）》，规范交易所终止上市公司的重新上市行为，进一步完善退市机制。

2018 年 11 月 16 日 国家税务总局发布《关于实施进一步支持和服务民营经济发展若干措施的通知》（税总发〔2018〕174 号），认真落实和完善政策，促进民营企业减税降负，增进民营企业办税便利，严格规范税收执法，保障民营企业合法权益。

2018 年 11 月 16 日 证监会修订并发布《公开发行证券的公司信息披露内容与格式准则第 26 号——上市公司重大资产重组（2018 年修订）》（证监会公告〔2018〕36 号），进一步鼓励支持上市公司并购重组，落实股票停复牌制度改革，减少上市公司并购重组预案披露要求。

2018 年 11 月 23 日 沪深证券交易所发布并实施《上海证券交易所上市公司高送转信息披露指引》《深圳证券交易所上市公司信息披露指引第 1 号——高比例送转股份》，规范证券交易所上市公司高比例送转股份的信息披露行为。

2018 年 11 月 29 日 财政部、海关总署、税务总局发布的《关于完善跨境电子商务零售进口税收政策的通知》（财关税〔2018〕49 号）自 2019 年 1 月 1 日开始施行，提高跨境电子商务零售进口商品的单次交易限值、年度交易限值，促进跨境电子商务零售进口行业的健康发展。

2018 年 11 月 29 日 全国中小企业股份转让系统有限责任公司发布并实施《全国中小企业股份转让系统挂牌公司股票限售及解除限售业务指南》，进一步规范挂牌公司股票限售及解除限售业务办理。

2018 年 12 月 1 日 国家发展和改革委员会、人民银行、财政部、中央组织部、中央宣传部、中央编办、中央文明办、中央网信办、最高人民法院、科技部、工业和信息化部等联合发布《关于对会计领域违法失信相关责任主体实施联合惩戒的合作备忘录》（发改财金〔2018〕1777 号），明确联合惩戒对象、信息共享与联合惩戒的实施方式、联合惩戒措施。

2018 年 12 月 10 日 国家发展和改革委员会发布的《汽车产业投资管理规定》（中华人民共和国国家发展和改革委员会令第 22 号）自 2019 年 1 月 10 日开始施行，严格控制新增传统燃油汽车产能，积极推动新能源汽车健康有序发展，着力构建智能汽车创新发展体系。

2018 年 12 月 21 日 中国人民银行发布《关于设立定向中期借贷便利，支持小微企业和民营企业融资的通知》（银发〔2018〕337 号），创设定向中期借贷便利，根据金融机构对小微企业、民营企业贷款增长情况，向其提供长期稳定资金来源。

2018 年 12 月 22 日 国务院修订并发布《中华人民共和国个人所得税法实施条例》，自 2019 年 1 月 1 日起施行。

2018 年 12 月 26 日 国家发展和改革委员会发布《企业境外经营合规管理指引》（发改外资〔2018〕1916 号），更好地服务企业开展境外经营业务，推动企业持续加强合规管理。

2018 年 12 月 28 日 深圳证券交易所发布并实施《关于持续规范和完善可交换公司债券发行业务事项的通知》，持续规范和完善深圳证券交易所可交换公司债券发行等业务。

2018 年 12 月 28 日 深圳证券交易所发布并实施《深圳证券交易所上市公司

信息披露指引第2号——停复牌业务》，进一步规范上市公司股票及其衍生品种停复牌业务。

2018年12月28日 深圳证券交易所发布并实施《上海证券交易所上市公司可转换公司债券发行实施细则（2018年修订）》《深圳证券交易所可转换公司债券业务实施细则（2018年12月修订）》，进一步完善可转换公司债券的发行上市业务。

2018年12月28日 上海证券交易所发布并实施《上海证券交易所上市公司筹划重大事项停复牌业务指引》，规范上市公司筹划重大事项期间股票及其衍生品种的停复牌行为。

2018年12月28日 上海证券交易所发布《上市公司行业信息披露指引第二十一号至第二十八号及修订部分上市公司行业信息披露指引》（上证发〔2018〕116号），并自2019年1月1日起施行，引导上市公司披露行业经营性信息，提高信息披露有效性。

2018年12月28日 全国中小企业股份转让系统有限责任公司发布并实施《全国中小企业股份转让系统挂牌公司回购股份实施办法》，明确了竞价或做市方式回购、要约回购、定向回购、日常监管等相关内容，进一步完善新三板市场功能，支持、规范挂牌公司回购股份。

2018年12月28日 全国股转系统发布并实施《全国中小企业股份转让系统证券指数管理办法（试行）》，规范全国中小企业股份转让系统证券指数运营管理相关事宜。

2018年12月28日 中弘股份退市，是A股历史上首只因股价连续20个交易日低于1元而被强制退市的上市公司。

2018年12月29日 国务院关税税则委员会发布《中华人民共和国进出口税则（2019）》，自2019年1月1日起实施。